COMENTÁRIOS À LEI DE LICITAÇÕES E CONTRATOS ADMINISTRATIVOS

LEI Nº 14.133, DE 1º DE ABRIL DE 2021

CRISTIANA FORTINI
RAFAEL SÉRGIO LIMA DE OLIVEIRA
TATIANA CAMARÃO
Coordenadores

Prefácio
Benjamin Zymler

COMENTÁRIOS À LEI DE LICITAÇÕES E CONTRATOS ADMINISTRATIVOS

LEI Nº 14.133, DE 1º DE ABRIL DE 2021

Volume 2

Artigos 71 ao 194

3ª edição

Belo Horizonte
FÓRUM
CONHECIMENTO
2025

FORUM
CONHECIMENTO

Luís Cláudio Rodrigues Ferreira
Presidente e Editor

Coordenação editorial: Leonardo Eustáquio Siqueira Araújo
Thaynara Faleiro Malta
Assistente editorial: Luisa Freitas
Revisão: Érico Barboza
Capa, projeto gráfico e diagramação: Walter Santos

Rua Paulo Ribeiro Bastos, 211 – Jardim Atlântico – CEP 31710-430
Belo Horizonte – Minas Gerais – Tel.: (31) 99412.0131
www.editoraforum.com.br – editoraforum@editoraforum.com.br

Técnica. Empenho. Zelo. Esses foram alguns dos cuidados aplicados na edição desta obra. No entanto, podem ocorrer erros de impressão, digitação ou mesmo restar alguma dúvida conceitual. Caso se constate algo assim, solicitamos a gentileza de nos comunicar através do *e-mail* editorial@editoraforum.com.br para que possamos esclarecer, no que couber. A sua contribuição é muito importante para mantermos a excelência editorial. A Editora Fórum agradece a sua contribuição.

Dados Internacionais de Catalogação na Publicação (CIP) de acordo com ISBD

C732 Comentários à lei de licitações e contratos administrativos / Cristiana Fortini, Rafael Sérgio Lima de Oliveira, Tatiana Camarão (coord.). -- 3. ed. --. Belo Horizonte: Fórum, 2025. v. 2.

684 p. 17x24cm
v. 2 de 2
ISBN impresso: 978-85-450-0980-1
ISBN digital 978-85-450-0977-1

1. Contratação pública. 2. Licitação. 3. Controle. I. Fortini, Cristiana. II. Oliveira, Rafael Sérgio Lima de. III. Camarão, Tatiana. IV. Título.

CDD: 342
CDU: 342

Ficha catalográfica elaborada por Lissandra Ruas Lima – CRB/6 – 2851

Informação bibliográfica deste livro, conforme a NBR 6023:2018 da Associação Brasileira de Normas Técnicas (ABNT):

FORTINI, Cristiana; OLIVEIRA, Rafael Sérgio Lima de; CAMARÃO, Tatiana (coord.). *Comentários à lei de licitações e contratos administrativos*. 3. ed. Belo Horizonte: Fórum, 2025. 684 p. ISBN 978-85-450-0980-1. v. 2.

Art. 75

Art. 76

Art. 77

Art. 78

Art. 79

Art. 80

Art. 81

Art. 82

Art. 95

Art. 96

Art. 97

Art. 98

Art. 99

Art. 100

Arts. 151 a 154

Art. 155

Art. 156

Art. 157

Art. 158

Art. 159

Art. 160

Art. 161

Art. 162

Art. 163

Art. 164

Art. 165

Art. 166

Art. 167

Art. 181

Art. 182

Art. 183

Art. 184

Art. 185

Art. 186

Art. 187

Art. 189

Art. 190

Art. 191

Art. 192

Art. 193

Art. 194

As constantes alterações da realidade mercadológica, das necessidades da Administração, bem como das inovações tecnológicas provocaram o descompasso entre a Lei nº 8.666/1993 e o seu objeto regulado, situação que clamava por uma urgente atualização da Lei Geral de Licitações e Contratos Administrativos.

Como resposta a essa antiga demanda, houve a promulgação da Lei nº 14.133/2021, que representou, inegavelmente, um importante instrumento de modernização legislativa dos procedimentos de contratação pública, trazendo diversas inovações e institutos que, se forem bem empregados, podem resultar em inúmeras melhorias tanto em aspectos procedimentais do certame licitatório quanto nos resultados finalísticos que se almeja alcançar em uma licitação.

Contudo, para aplicação da Nova Lei de Licitações e Contratos Administrativos, o gestor público precisará estar mais qualificado do que no passado, pois necessitará realizar opções que nunca antes fez, bem como motivar adequadamente suas decisões em busca do atendimento ao interesse público e da seleção da proposta mais vantajosa.

Creio, portanto, que tal fato ilustre ao leitor a importância deste livro, cuidadosamente coordenado por Cristiana Fortini, Rafael Sérgio Lima de Oliveira e Tatiana Camarão, que compartilham a experiência comum de atuarem não apenas na produção doutrinária, mas, também, no ensino de temas afetos às compras governamentais.

O maior mérito dos coordenadores da obra *Comentários à Lei de Licitações e Contratos Administrativos:* Lei nº 14.133, de 1º de abril de 2021, foi a organização e a seleção cuidadosa dos diversos autores, que são renomados especialistas na área e poderão compartilhar com o leitor sua grande experiência nas contratações públicas, brindando-o com visões de escritores que integram tanto os quadros da advocacia pública ou privada quanto as carreiras de órgãos de controle.

É digno de louvor o sucesso obtido pelos autores ao conseguirem aliar clareza didática e linguagem descomplicada ao conteúdo consistente deste profícuo guia, revelando por completo os aspectos práticos da Lei nº 14.133/2021, com abalizados esclarecimentos sobre os seus novos métodos e conceitos.

Portanto, está sendo premiada a sociedade com uma obra de valor incalculável, ante a sua efetiva contribuição, no sentido de informar adequadamente aqueles que, direta ou indiretamente, lidam com o assunto.

Benjamin Zymler
Ministro do Tribunal de Contas da União.

CAPÍTULO VII

DO ENCERRAMENTO DA LICITAÇÃO

Art. 71. Encerradas as fases de julgamento e habilitação, e exauridos os recursos administrativos, o processo licitatório será encaminhado à autoridade superior, que poderá:

I – determinar o retorno dos autos para saneamento de irregularidades;

II – revogar a licitação por motivo de conveniência e oportunidade;

III – proceder à anulação da licitação, de ofício ou mediante provocação de terceiros, sempre que presente ilegalidade insanável;

IV – adjudicar o objeto e homologar a licitação.

§1º Ao pronunciar a nulidade, a autoridade indicará expressamente os atos com vícios insanáveis, tornando sem efeito todos os subsequentes que deles dependam, e dará ensejo à apuração de responsabilidade de quem lhes tenha dado causa.

§2º O motivo determinante para a revogação do processo licitatório deverá ser resultante de fato superveniente devidamente comprovado.

§3º Nos casos de anulação e revogação, deverá ser assegurada a prévia manifestação dos interessados.

§4º O disposto neste artigo será aplicado, no que couber, à contratação direta e aos procedimentos auxiliares da licitação.

RAFAEL SÉRGIO LIMA DE OLIVEIRA

71 O encerramento da licitação

Nos termos do art. 17, *caput,* da NLLCA, a última etapa da licitação é a homologação. Ou seja, atendidos os requisitos de interesse público (oportunidade e conveniência) e de legalidade, a autoridade superior deve encerrar o procedimento com a sua homologação, conforme art. 71, inciso IV, em comento. Observados esses pressupostos, a autoridade competente deve adjudicar o objeto ao vencedor do certame e homologar a licitação, pondo fim ao procedimento.

A adjudicação é o ato pelo qual se atribui ao vencedor da licitação o direito de a Administração contratar com ele. É o reconhecimento de que esse operador econômico será o contratado no caso de o órgão ou entidade licitante demandar o objeto adjudicado.

O ato de homologação corresponde a uma confirmação. Homologar é referendar, sob os aspectos da legalidade e do interesse público, tudo o que foi realizado. Nessa linha, a autoridade competente deve analisar o processo antes de tomar a medida prevista no inciso IV do art. 71.

Cabe a ela avaliar se os pressupostos legais e regulamentares foram observados. Caso não, poderá agir de acordo com o inciso I do dispositivo ora comentado, determinando o retorno do procedimento para a etapa na qual ocorreu a irregularidade, a fim de que tal vício seja sanado.

Se, por outro lado, o defeito procedimental for irreparável, a postura adequada será a do inciso III do art. 71 c/c o §1º, que determina o retorno dos autos ao momento no qual foi praticado o ato ilícito, com a declaração da nulidade de todos os atos subsequentes. Em tal situação, ainda deverá ser apurada a responsabilidade de quem deu causa à nulidade.

Há, ainda, a possibilidade de ter ocorrido algum fato após a publicação do edital que tornou a licitação desinteressantes à luz dos fins públicos. Com isso, de acordo com o art. 71, II, c/c o §2º do mesmo dispositivo, é o caso de a autoridade competente decidir pela revogação da licitação.

Nos casos de anulação e de revogação, por se tratar de situação que colide com interesses dos envolvidos no processo, sobretudo do licitante vencedor, é indispensável que a Administração instaure o contraditório e ouça os interessados na manutenção do certame antes de decidir pelo desfazimento da licitação ou de algum de seus atos (§3º do art. 71).

Segundo o §4º do art. 71, as regras postas no dispositivo em comento também devem ser aplicadas aos procedimentos auxiliares, naquilo que for cabível.

CAPÍTULO VIII

DA CONTRATAÇÃO DIRETA

Seção I

Do Processo de Contratação Direta

Art. 72. O processo de contratação direta, que compreende os casos de inexigibilidade e de dispensa de licitação, deverá ser instruído com os seguintes documentos:

I – documento de formalização de demanda e, se for o caso, estudo técnico preliminar, análise de riscos, termo de referência, projeto básico ou projeto executivo;

II – estimativa de despesa, que deverá ser calculada na forma estabelecida no art. 23 desta Lei;

III – parecer jurídico e pareceres técnicos, se for o caso, que demonstrem o atendimento dos requisitos exigidos;

IV – demonstração da compatibilidade da previsão de recursos orçamentários com o compromisso a ser assumido;

V – comprovação de que o contratado preenche os requisitos de habilitação e qualificação mínima necessária;

VI – razão da escolha do contratado;

VII – justificativa de preço;

VIII – autorização da autoridade competente.

Parágrafo único. O ato que autoriza a contratação direta ou o extrato decorrente do contrato deverá ser divulgado e mantido à disposição do público em sítio eletrônico oficial.

FELIPE BOSELLI

72 Da contratação direta

O Capítulo VIII da Lei nº 14.133/2021, com os artigos 72 a 75, abordou o tema das contratações diretas na Lei de Licitações. O texto legal trouxe, basicamente, uma herança da Lei nº 8.666/1993 naquilo que estava disciplinado nos artigos 24 (dispensa de licitação), 25 (inexigibilidade de licitação) e 26 (procedimentos para a realização da contratação direta).

A Lei nº 14.133/2021 apresenta uma melhor organização da contratação direta quando comparada à Lei nº 8.666/1993, visto que a Nova Lei dedica um capítulo específico para as contratações que são feitas sem prévio procedimento licitatório, diferentemente de como era na Seção I do Capítulo II da Lei nº 8.666/1993, que englobava os artigos 20 a 26 reunindo as modalidades, os limites de valores dessas modalidades, a dispensa e a inexigibilidade.

Também foi um avanço organizacional da Lei nº 14.133/2021 a alteração da ordem em que foram apresentados os dispositivos legais relacionados às contratações diretas no texto, com o processo de contratação direta (Seção I), a inexigibilidade de licitação (Seção II) que antecede logicamente o conceito de dispensa, e, por fim, o rol de hipóteses de licitações dispensáveis (Seção III).

De outro lado, várias são as críticas que podem ser feitas a este Capítulo da Lei nº 14.133/2021, quanto às oportunidades perdidas pelo legislador. O texto legal poderia trazer muitas melhorias e dirimir discussões que existiam em alguns pontos da inexigibilidade e das dispensas de licitação na Lei nº 8.666/1993, mas permaneceu dando margem para diferentes interpretações, o que causa uma insegurança jurídica que poderia ter sido afastada.

O capítulo da contratação direta permanece com um desarranjo estrutural latente. São apresentadas 31 hipóteses de dispensas,[1] com vários casos sobrepostos, nas quais o legislador deixou escapar a chance de fazer uma melhor sistematização tornando a disciplina mais racional.

Como exemplo, cita-se as alíneas f, g, h, e i do inciso IV e os incisos VI e VII do artigo 75. São seis hipóteses de dispensa de licitação, todas elas relacionadas ao conceito de atividades militares ou de segurança nacional, que poderiam, tranquilamente, estar desenhadas em um único caso mais bem estruturado.

Isso vale para as contratações que tratam do Sistema Único de Saúde (SUS), em que o legislador tem previsões de dispensa na alínea *m* do inciso IV e nos incisos XII e XVI, com três dispositivos ligados à mesma situação que também poderiam estar reunidos, com suas peculiaridades específicas, o que tornaria mais coerente o texto legal.

Também é o caso das contratações ligadas à tecnologia, pesquisa, desenvolvimento ou inovação, que o legislador destinou as alíneas *c* e *d* do inciso IV, além dos incisos V e XV. Novamente, são quatro dispositivos distintos com finalidades muito próximas, que poderiam ser unificadas em um único caso mais bem definido.

Na Lei nº 8.666/1993, de onde essa notória confusão foi herdada, até é compreensível esse imbróglio, pois a maior parte dos casos de dispensa foram acrescentados ao artigo 24 ao longo do tempo,[2] quase sempre por medida provisória, conforme se identificava a necessidade de mais uma situação de dispensa, ou de uma condição que não estava perfeitamente amparada pelos dispositivos até então existentes.

---

[1] O texto original do artigo 75 da Lei nº 14.133/2021 tinha 16 incisos, sendo que o inciso III tem dois casos de dispensa e o inciso IV tem 13 alíneas, completando 29 casos originais de dispensa previstos no artigo 75; no entanto, após a publicação da Lei nº 14.133/2021, sobreveio uma alteração com a Lei nº 14.628/2023, que criou duas novas hipóteses de dispensa, hoje totalizando 31 (e contando).

[2] A redação original do artigo 24 da Lei nº 8.666/1993, sancionada em 21 de junho de 1993, continha apenas 15 incisos, que traziam os casos de dispensa de licitação, que foram sendo acrescidos de outras situações, até alcançar 35 incisos na sua última versão.

Em uma Nova Lei, nada justifica manter os vícios organizativos que foram cometidos ao longo de mais de duas décadas de vigência da Lei nº 8.666/1993.

Quanto às confusões entre os casos de dispensa e os casos de inexigibilidade, o legislador acertou corrigindo a lei anterior, ao lançar o então inciso X do artigo 24 da Lei nº 8.666/1993 (compra e locação de imóvel), que era uma clara situação de inviabilidade de competição, ao rol das inexigibilidades (inciso V do art. 74 da Lei nº 14.133/2021). Entretanto, vários outros casos que deveriam ser arrolados como inexigibilidade permanecem como dispensa de licitação, como acontece nas alíneas a, b e k do inciso IV, e incisos X e XIII do artigo 75.

Ainda quanto à organização do texto legal, o legislador insistiu no erro cometido pela Lei nº 8.666/1993 quanto às alienações. O Capítulo IX, ao tratar das alienações, traz muito mais questões relacionadas à contratação direta (chamada de licitação dispensada tanto na Nova Lei quanto na anterior) do que efetivamente o mérito das alienações, o que faz com que o texto legal devesse, a nosso ver, estar reunido no capítulo das contratações diretas.

Feito esse sobrevoo à organização das contratações diretas, passamos à análise dos dispositivos da Lei.

72.1 A obrigação constitucional de licitar

Para tratar da contratação direta, inicialmente precisamos abordar a obrigação imposta pela Constituição Federal de realizar um procedimento licitatório para selecionar a proposta que deve ser contratada pela Administração Pública. A Carta Magna de 1988 foi a primeira a trazer a obrigatoriedade de licitar para o âmbito constitucional, demonstrando, assim, a importância dada a essa espécie de controle da Administração Pública.

O artigo 37, que rege a Administração Pública na Constituição Brasileira de 1988, traz, em seu inciso XXI, a obrigatoriedade de licitar nos casos de obras, serviços, compras e alienações, excetuadas as hipóteses especificadas na legislação.

O Constituinte fez uma opção pela licitação como requisito prévio e essencial à contratação pública. Isso significa afirmar que a Constituição Federal oferece uma baliza interpretativa importante aos juristas, qual seja: a necessidade de se realizar um procedimento licitatório que garanta a igualdade de condições a todos os concorrentes para que se façam as contratações públicas.

Tomando por base um cenário de igualdade de condições técnicas e de eficiência processual, o dever de realizar um procedimento licitatório prévio à contratação pública tende a tornar o sistema, como um todo, mais moroso do que uma contratação que se abstenha de licitar.

Quando comparados dois processos administrativos em um mesmo cenário, sendo o primeiro composto de três fases (planejamento, licitação e contratação) e o segundo de apenas duas (planejamento e contratação), este segundo rito processual tenderá a ser mais célere e ter um ganho em eficiência.

Logo, é possível concluir que, ao criar o dever constitucional de licitar, a Constituição Brasileira de 1988 fez uma opção pelo princípio da isonomia (igualdade de condições a todos os concorrentes) na contratação pública, mesmo que em detrimento da eficiência.

72.2 As contratações diretas na Constituição

O inciso XXI do artigo 37 da Constituição Federal é um dispositivo dotado de diversos elementos balizadores, do qual se pode extrair uma série de determinações explícitas ao legislador infraconstitucional, como, por exemplo: a) a possibilidade de dispensa de licitações; b) a obrigatoriedade de licitar; c) a publicidade do certame; d) a isonomia na competição; e) a obrigação de pagamento pela administração; f) a manutenção do equilíbrio econômico-financeiro do contrato; e g) a vedação a exigências desnecessariamente restritivas no instrumento convocatório.

Não há dúvidas que tal dispositivo constitucional enumera uma série de diretrizes ao legislador infraconstitucional, de modo a delimitar sobre quais parâmetros deverão ser construídas as normas licitatórias.

Ao legislador e, consequentemente, ao intérprete, cabe o respeito a essas delimitações, sob pena de retirar da constituinte a sua necessária eficácia. É o que ensina Bonavides,[3] acerca da necessidade de respeito às diretrizes constitucionais como instrumento de reforço normativo da própria lei suprema. Para o autor, não existe estabilidade da Constituição sem o respeito, por parte dos textos legais, da força normativa do texto constitucional.

Desses limites gestados pela constituinte, debrucemos sobre a locução inicial do inciso XXI do artigo 37: "Ressalvados os casos especificados na legislação, as obras, serviços, compras e alienações serão contratados mediante processo de licitação".

À primeira vista, alguns autores extraem deste trecho constitucional o conceito de contratação direta apenas em sua forma explícita, contida na expressão "ressalvados os casos especificados na legislação", ou seja, aqueles casos em que a legislação permitiu que não houvesse prévio procedimento licitatório para se chegar ao contrato administrativo.

Nesta linha segue, por exemplo, Moraes,[4] ao interpretar a norma constitucional como uma obrigatoriedade absoluta que só pode ser afastada por força de ato normativo. Desta forma, tanto as dispensas quanto as inexigibilidades dependeriam de autorização legal para existir.

Com respeito ao autor, a interpretação de que a dispensa e a inexigibilidade estariam sujeitas a uma interpretação restrita e taxativa não condiz com o texto constitucional, com a prática e nem mesmo com a interpretação da imensa maioria da doutrina especializada em licitações e contratos administrativos.

Ocorre que a Constituição, ao trazer a regra de obrigatoriedade de licitação, indicou a sua ideia de direcionamento a essa forma de contratação. O dever de licitar como imposição constitucional é uma inovação da Constituição Brasileira de 1988, sem precedente nos textos anteriores.

Em uma leitura mais atenta do dispositivo, é possível verificar a possibilidade de fazer ressalvas legais à regra constitucional da licitação. Essas ressalvas, disciplina a constituinte, devem ser "casos especificados na legislação". A Lei nº 14.133/2021, seguindo uma tradição já de outros diplomas legais, denominou essas exceções de dispensa de licitação.

---

3 BONAVIDES, Paulo. *Teoria geral do Estado*. 8. ed. São Paulo: Malheiros, 2010. p. 352.

4 MORAES, Alexandre de. *Direito constitucional*. 34. ed. São Paulo: Atlas, 2018. p. 514.

Assim, foi dada ao legislador ordinário a possibilidade de excetuar casos em que a regra geral (obrigação de licitar) seria excepcionada, concedendo ao gestor público a autorização para não licitar.

Sobre este tema, precisamos compreender a questão de fundo no tocante ao procedimento licitatório. Em um sistema de tripartição de poderes (executivo, legislativo e judiciário), a obrigação constitucional de licitar é emanada pelo legislativo, em sua forma originária, enquanto poder constituinte.

Sem pretender entrar em discussões acerca da validade ou da eficácia desse modelo político, é possível afirmar que, em regra geral, a representação da população, por meio do poder legislativo, utilizando-se de sua prerrogativa de fonte exclusiva do poder, insculpida no artigo 1º, parágrafo único, da Constituição Brasileira de 1988, determinou à Administração (poder executivo) a realização do procedimento licitatório.

O entendimento dessa característica do dever de licitar é fundamental para que se compreendam os conceitos de contratação direta. O Poder Constituinte, na qualidade de representante do povo, determinou ao estado a obrigatoriedade de contratar obras, serviços, compras e alienações precedido de procedimento licitatório.

Por uma questão de racionalidade, o termo *legislação*, inserido no inciso XXI do artigo 37, deve ser compreendido como lei no seu sentido estrito, ou seja, lei que tenha sido objeto de deliberação e aprovação no âmbito do Poder Legislativo.

Logo, não seria possível a criação de hipóteses de dispensa de licitação por meio de atos normativos que não sejam uma lei propriamente dita, emanada pelo Poder Legislativo. Exclui-se, portanto, a possibilidade de criação ou ampliação de casos de dispensa de licitação por meio de Decretos, Resoluções, Instruções Normativas ou outros atos normativos infralegais.

O dever de licitar é, portanto, praticado por dois agentes: a) aquele que obriga a licitar (Poder Legislativo); e b) aquele que é obrigado a licitar (em regra, Poder Executivo, mas, por extensão, toda a Administração Pública ao exercer as atividades de gestão).

Neste contexto, a interpretação das normas dispensadoras de licitação deve ocorrer sempre de forma restritiva, respeitando os casos relacionados pelo legislador.

Trata-se de uma norma autorizadora, que possibilita ao gestor público deixar de cumprir uma obrigação constitucional que lhe foi imposta. Não pode, portanto, o gestor público ou o intérprete dessa norma ultrapassar os limites legais definidos pelo ente que autoriza a não realização de licitação.

Desse entendimento decorre a ideia de uma interpretação restritiva das hipóteses de dispensa de licitação, previstas no artigo 75 da Lei nº 14.133/2021, que determina "é dispensável a licitação:", sendo seguido por uma lista de 18 incisos que contemplam 31 situações diferentes.

Nesta análise, cabe discutir se o legislador ordinário estaria, de alguma forma, limitado por essa autorização do constituinte para que a norma infraconstitucional dispensasse o procedimento licitatório em casos específicos.

A doutrina também caminha na direção de estabelecer limites ao legislador infraconstitucional, como em Martines Júnior e Latance Neto,[5] para quem a leitura do dispositivo constitucional deve ser feita à luz dos princípios do republicanismo, da

---

[5] MARTINES JÚNIOR, Eduardo; LATANCE NETO, Valdemar. *Dispensa e inexigibilidade de licitação*: a responsabilidade civil e criminal de seus agentes. São Paulo: Verbatim, 2009. p. 44-45.

impessoalidade e da isonomia. Neste sentido, o legislador ordinário estaria atrelado a essas amarras ao estabelecer as normas dispensatórias do procedimento licitatório.

Desse conceito decorre outro dever imposto pelo Poder Constituinte: o de controle de constitucionalidade material das normas legais que dispensam o procedimento licitatório.

A dispensa do procedimento licitatório somente será legítima e constitucional quando o legislador a criar com respeito aos princípios constitucionalmente postos. Esta também é a visão de Niebuhr,[6] para quem é óbvio que o legislador infraconstitucional não pode subverter a lógica da Constituição Brasileira de 1988, fazendo com que a exceção passe a se tornar a regra.

Logo, a constitucionalidade da norma dispensatória da licitação deve ser analisada tanto do ponto de vista formal quanto do ponto de vista material. Esta duplicidade da análise constitucional é abordada por Silva,[7] ao explicar que nesta fundamentação dupla de validade das normas infraconstitucionais é que está presente a supremacia da Carta Magna e a própria eficácia das normas constitucionais e infraconstitucionais.

Além deste conceito, da possibilidade de a licitação ser legalmente dispensada por lei ordinária, há também a noção de inexigibilidade, podendo ser caracterizada como a impossibilidade de exigir do gestor público a realização do certame licitatório quando este for impossível.

A construção da inexigibilidade como categoria jurídica ocorreu de forma doutrinária e jurisprudencial, mesmo antes de uma previsão legal para que se admitisse a não realização do procedimento licitatório.

Não existindo menção expressa à inexigibilidade no texto constitucional, deve-se analisar se seria possível considerá-la como um conceito implícito. A Constituição Brasileira de 1988 determina que, ressalvados os casos legais, as obras, serviços, compras e alienações devem ser precedidas de licitação.

Há duas observações a serem feitas sobre esse mandamento constitucional.

A primeira decorre de uma interpretação *a contrario sensu* do texto constitucional. Ou seja, se a Constituição Brasileira de 1988 determina a realização de procedimento licitatório para as obras, serviços, compras e alienações, significa afirmar que, para as atividades administrativas que não estiverem enquadradas nessas categorias, não há a obrigação de licitar. Ou seja, seriam essas hipóteses em que a licitação não poderia ser exigida, casos em que a licitação poderia ser considerada, portanto, inexigível.

São exemplos desses casos os contratos de trabalho com os gestores públicos, os convênios, os consórcios públicos ou a execução direta de serviços, em que a Administração presta o serviço para si própria.

De outro lado, tem-se a inviabilidade de realizar licitação ainda que se tenha uma obrigação constitucional definida. Independentemente da vontade do legislador e do mandamento constitucional, é uma decorrência lógica de qualquer texto normativo que a obrigação legal só pode ser considerada imperativa quando passível de realização no mundo real.

---

6 NIEBUHR, Joel de Menezes. *Dispensa e inexigibilidade de licitação pública*. 4. ed. Belo Horizonte: Fórum, 2015. p. 125.

7 SILVA, José Afonso da. *Aplicabilidade das normas constitucionais*. 3. ed. São Paulo: Malheiros, 1998. p. 216.

Ninguém pode ser punido por deixar de praticar ato determinado por lei quando este é impossível. Por esta razão, seria inviável legislar sobre impedimentos a fenômenos naturais, como a ocorrência ou não de chuvas, o canto dos pássaros ou o acontecimento de catástrofes.

No mesmo sentido, a obrigatoriedade de licitar, por vezes, é confrontada com a sua inviabilidade prática. Como exemplo mais clássico tem-se o caso em que exista um único fornecedor possível para se fornecer determinado produto. Neste caso, seria irrelevante ser a licitação uma obrigação legal, constitucional ou um tratado humanitário mundial. Não será plausível promover uma disputa pela melhor proposta por meio de licitação.

A inexistência de interessados inviabiliza a competição, torna impossível a realização de um efetivo procedimento licitatório e, consequentemente, não permite que seja exigido o cumprimento do dever de licitar, daí o conceito de inexigibilidade.

A inexigibilidade trata da situação em que a realidade fática não deixa alternativa ao gestor público. A inexigibilidade seria, portanto, aquela situação para a qual nem a lei nem os fatos poderia exigir que se realizasse uma licitação para selecionar quem seria contratado. É o reconhecimento normativo de que existem particularidades efetivas que afastam a aplicabilidade do texto constitucional, tornando absolutamente impossível a realização de um procedimento licitatório.[8]

No mesmo sentido, Bandeira de Mello,[9] ao diferenciar os institutos da dispensa e da inexigibilidade de licitação, aponta que a inexigibilidade resulta da singularidade do objeto licitado ou da falta de pressupostos jurídicos ou fáticos que não foram considerados no momento de arrolamento dos casos de licitação dispensável.

Quanto à análise exclusiva do texto constitucional, seria possível, portanto, extrair da Constituição Brasileira de 1988 duas hipóteses de afastamento do dever de licitar. A primeira, explícita, nos casos especificados em lei que autorizam o gestor público a realizar contrato sem licitação – dispensa de licitação. A segunda, implícita, nos casos em que há inviabilidade de cumprimento da ordem constitucional – inexigibilidade de licitação.

Para uma correta compreensão das condições de contração direta tratadas na Lei nº 14.133/2021, há, portanto, que se bem diferenciar a contratação direta por dispensa de licitação, daquilo que poderia ser classificado como hipótese de inexigibilidade.

Feita essa introdução conceitual, passamos à análise do Capítulo VIII, que trata das contratações diretas nessa norma, com seu processo, inexigibilidade e dispensas.

72.3 Do processo de contratação direta

Quando discutimos a dispensa de licitação ou a inexigibilidade de licitação, a percepção daqueles que desconhecem a norma é a de que está sendo realizado um procedimento de contratação simplório, sem nenhum tipo de controle, publicidade ou formalização. Este pensamento não é verdade. Não há embasamento técnico, legal ou jurisprudencial para se acreditar nessa premissa.

---

8 MOREIRA, Egon Bockmann; GUIMARÃES, Fernando Vernalha. *Licitação Pública*: a Lei Geral de Licitações/LGL e o Regime Diferenciado de Contratações/RDC. São Paulo: Malheiros, 2012. p. 405.

9 BANDEIRA DE MELLO, Celso Antônio. *Curso de direito administrativo*. 32. ed. São Paulo: Malheiros, 2015. p. 557.

O artigo 26 da Lei nº 8.666/1993 já exigia, como condição de eficácia da dispensa ou inexigibilidade: a) caracterização da situação que justifique a dispensa; b) razão da escolha do contratado; c) justificativa do preço; e d) documento de aprovação dos projetos de pesquisa, quando aplicável.

Vê-se que há uma procedimentalização mínima, que já existia requisitos formais que deveriam ser cumpridos. Justen Filho chega a falar em uma modalidade de licitação anômala:

> Por isso tudo, não seria absurdo afirmar que a contratação direta deve ser aplicada como uma modalidade anômala de licitação. Explica-se a afirmativa. Não se confunde a contratação direta com os casos de concorrência, tomada de preços etc. Mas a contratação direta pressupõe um procedimento formal prévio, destinado a produzir a melhor escolha possível para a Administração. Esse procedimento envolve autonomia variável para a Administração, mas que versa apenas sobre as providências concretas a serem adotadas. Não há margem de discricionariedade acerca da observância de formalidades prévias, as quais devem ser suficientes para comprovar a presença dos requisitos de contratação direta e para legitimar as escolhas da Administração quanto ao particular contratado e o preço adotado.[10]

No que tange ao controle desses atos administrativos, não há dúvidas de que existe fiscalização sobre as contratações diretas. São inúmeras as decisões dos tribunais de contas que versam sobre as dispensas e inexigibilidades.

A estrutura de uma contratação direta é apresentada, portanto, por elementos essenciais e um sistema de controle que teria, ao menos em tese, o condão de garantir a lisura desses procedimentos.

A contratação direta não difere da essência de um procedimento licitatório, no que se refere à sua estrutura de justificativa. Há que se caracterizar a situação, justificar o critério de seleção do fornecedor e o seu preço, além de uma espécie de homologação (ratificação) pela autoridade superior e o atendimento ao princípio da publicidade.

Atendidas as exigências legais estruturantes, não há fundamento que explique o afastamento das contratações diretas, sobretudo nos casos em que é inviável a realização do procedimento licitatório e em que a proibição da inexigibilidade implicará na paralisia da Administração Pública.

O artigo 72 da Lei nº 14.133/2021 estabeleceu o rol de elementos necessários para instrução do processo de contratação direta, com uma ampliação do rol de elementos necessários, quando comparado com o artigo 26 da Lei nº 8.666/1993.

Enquanto a legislação anterior exigia apenas a justificativa da razão de escolha do fornecedor e do preço, com a caracterização da situação emergencial e os documentos de aprovação dos projetos de pesquisa nos casos específicos, a Lei nº 14.133/2021 trouxe um rol com oito requisitos formais.

---

[10] JUSTEN FILHO, Marçal. *Comentários à Lei de Licitações e Contratos Administrativos*. 16. ed. São Paulo: Revista dos Tribunais, 2014. p. 391.

72.3.1 Documentos preparatórios da contratação (art. 72, inciso I)

A preocupação com a fase de planejamento da contratação é uma das tônicas centrais da Lei nº 14.133/2021, o que também se vê refletido no processo de contratação direta, com a exigência de formalização de demanda, estudo técnico preliminar, análise de risco e detalhamento do objeto a ser contratado.

Sobre o conceito de cada um desses elementos, remetemos nosso leitor aos comentários do artigo 6º e do artigo 18 da Lei nº 14.133/2021, em que essas noções foram trabalhadas mais exaustivamente.

O dispositivo permite certa liberdade aos órgãos da Administração Pública, ao utilizar a expressão "se for o caso", indicando que esses elementos não serão obrigatórios em todos os casos. Por exemplo, nos casos das dispensas de licitação de pequeno valor, a elaboração de toda essa fase de planejamento da contratação, com um alto nível de detalhamento, seria uma atitude antieconômica, com uma redução da eficiência e um desperdício de recursos públicos.

O planejamento não deve e nem pode ser um fim em si mesmo, não se pode planejar por planejar, há que se ter uma política clara e bem definida de elaboração desses documentos quando sua utilização importar em uma melhoria da gestão pública, na melhor consecução do interesse público em razão dessa fase preparatória da contratação direta.

É importante trazermos aqui o texto do §5º, do artigo 53, da Lei nº 14.133/2021, que prevê a possibilidade de dispensar a análise jurídica nos casos de baixo valor, baixa complexidade da contratação, de entrega imediata do bem ou de utilização de instrumentos padronizados. A nosso ver, esse mesmo conceito pode ser estendido aos documentos da fase de planejamento. Ainda que não haja texto expresso em lei, similar ao §5º citado, o próprio artigo 72 concede essa discricionariedade ao utilizar a expressão "se for o caso".

A discussão que poderia ser travada aqui é quanto à competência para definir quando será o caso e quando não será de compor esses documentos no processo de contratação direta.

Em princípio, essa competência deveria ser do gestor que está instruindo o processo de contratação direta de, justificadamente, a cada caso, decidir pela desnecessidade de instrução processual com esses documentos.

No entanto, ainda que se entenda possível que a decisão se dê no caso concreto, a depender das situações fáticas impostas, é uma prática interessante a construção de uma regulamentação interna que definisse parâmetros para considerar quais casos serão passíveis de exigência desses documentos preparatórios e quais não serão. Isso porque, sobretudo neste primeiro momento de aplicação da Lei nº 14.133/2021, no qual haverá uma curva de aprendizado para sua melhor interpretação, é compreensível que se criem expectativas distintas quanto à necessidade, ou não, de se adotar estudos técnicos preliminares para cada espécie de contratação direta.

Como exemplo, citamos Sales,[11] em que o autor rejeita a tese de que a expressão "se for o caso" seria aplicável aos estudos técnicos preliminares e à análise de riscos,

---

[11] SALES, Hugo. Artigo 72. *In*: SARAI, Leandro (Org.). *Nova Lei de licitações e contratos administrativos nº 14.133/21 comentada por advogados públicos*. São Paulo: JusPodivm, 2021. p. 864.

entendendo que a casualidade se aplicaria, exclusivamente, aos casos de contratações emergenciais, em que o planejamento pudesse ser impedidor da execução da necessidade administrativa.

Respeitosamente divergimos desse entendimento. Não nos parece ser razoável a elaboração de análise de riscos e estudo técnico preliminar para se fazer uma aquisição de pequeno valor, que muitas vezes pode ser uma contratação de montante irrisório e que não justificaria essa fase de planejamento mais estendida.

72.3.2 Estimativa de despesa (art. 72, inciso II)

O inciso II do artigo 72 exige que seja juntada aos autos da contratação direta a estimativa de despesas que deve ser elaborada nos termos do artigo 23 da Lei nº 14.133/2021. O artigo 23 detalha, com bastante profundidade, as condições para realização da pesquisa de preços, em uma divisão entre as compras e serviços em geral, no seu §1º, e as obras e serviços de engenharia, no §2º. Com isso, foram compostas duas listas distintas de parâmetros, uma para cada um desses dois grupos de casos.

Nos casos de compras e serviços em geral, a Administração deverá realizar a estimativa de preços utilizando os seguintes critérios, que podem ser combinados ou não: a) bancos de preços; b) contratações similares feitas pela Administração Pública; c) pesquisa publicada em mídia especializada com tabela de referência; d) pesquisa direta com pelo menos três fornecedores; e e) base nacional de notas fiscais eletrônicas.

Já para as contratações de obras e serviços de engenharia, o legislador definiu critérios sequenciais a serem obedecidos, na ordem: a) SICRO/SINAPI; b) pesquisa publicada em mídia especializada com tabela de referência; c) contratações similares feitas pela Administração Pública; e d) notas fiscais.

Esses mesmos critérios serão utilizados para fundamentar a estimativa de despesa das contratações diretas, conforme estabelece o inciso II do artigo 72 da Lei nº 14.133/2021. A exceção a esses critérios foi estabelecida no §4º do artigo 23, com regra específica para os casos em que não é possível estimar o valor do objeto na forma tradicional, como ocorre, sobretudo, nos casos de inexigibilidade de licitação.

Tomemos como exemplo a inexigibilidade prevista no inciso I do artigo 74, em razão da exclusividade de fornecimento ou de prestação de serviços.

Em havendo uma única empresa (ou pessoa física, se for o caso) possível de ser contratada, os critérios de pesquisa de preços disponibilizados nos §§1º e 2º do artigo 23 serão provavelmente insuficientes para aferir uma estimativa de despesa, tendo em vista a inexistência de outros preços para composição de uma média de valores.

Nestes casos, o legislador incorporou ao texto legal um conceito já há muito moldado pela doutrina e pela jurisprudência, com a autorização para estimar o preço baseado em contratações anteriores da mesma empresa que será contratada, por notas fiscais emitidas para outros contratantes, públicos ou privados, por serviços similares que tenham ocorrido no período de até um ano antes da data da contratação agora realizada.

Ainda na pesquisa de preços, questão que percebemos gerar dúvidas é a realização da pesquisa de preços nos casos da dispensa de pequeno valor, sobretudo quando se trata da dispensa eletrônica regulamentada no Governo Federal, pela Instrução Normativa nº 67/2021.

O Governo Federal criou uma formatação processual para a dispensa eletrônica em que se realiza uma etapa competitiva com lances, conforme será mais bem explanado nos comentários ao artigo 75, §3º.

Ocorre que, com essa formatação, muitos passaram a apelidar essa estrutura da dispensa de "preguinho", dadas as similaridades entre a estrutura procedimental da dispensa eletrônica e o pregão eletrônico.

Isso gera um questionamento em muitos de nossos alunos quanto à possibilidade de realização da dispensa eletrônica sem a realização prévia de uma pesquisa de preços, antes da abertura da etapa competitiva, conforme disposto no art. 7º, §4º, da Instrução Normativa SEGES/ME nº 65/2021:

> § 4º Na hipótese de dispensa de licitação com base nos incisos I e II do art. 75 da Lei nº 14.133, de 1º de abril de 2021, a estimativa de preços de que trata o caput poderá ser realizada concomitantemente à seleção da proposta economicamente mais vantajosa.

A questão do "concomitantemente" gera dúvidas sobre a possibilidade de ocorrer um procedimento competitivo sem a prévia pesquisa de preços que sustente essa disputa.

No entanto, se dermos um passo atrás, veremos que não existe nenhuma dificuldade na aplicação de tal conceito. Durante a vigência da Lei nº 8.666/1993, todas as dispensas de licitação eram produzidas do mesmo modo: a Administração solicita o encaminhamento de cotações, e a menor das cotações, desde que em condições adequadas, é contratada.

Perceba-se que sempre fizemos a pesquisa de preços de forma concomitante com a disputa pelo menor preço. A mesma cotação que serve de pesquisa se presta também para identificar qual o menor preço do mercado e, assim, contratá-lo.

A regra exposta no §4º do artigo 7º da Instrução Normativa SEGES/ME nº 65/2021 nos parece acertada e torna a dispensa eletrônica um procedimento mais célere, como deve ser.

Ainda assim, deve ser feito um destaque quanto à legalidade na aplicação do dispositivo. O artigo 23, §1º, IV, da Lei nº 14.133/2021 estabelece que, quando utilizada a pesquisa com fornecedores, a Administração deve apresentar, no mínimo, três fornecedores.

Dessa forma, nos casos em que menos que três propostas forem apresentadas durante a fase competitiva da dispensa eletrônica, deveria a Administração buscar outras formas de pesquisa de preços para justificar a adequação do preço contratado ou, em não sendo possível, apresentar justificativas para a ausência de cotações suficientes.

Esse cuidado, ainda que não recomendado pela Instrução Normativa SEGES/ME nº 65/2021 nos parece fundamental para garantir o efetivo cumprimento do disposto no artigo 23 da Lei nº 14.133/2021.

72.3.3 Pareceres quanto ao atendimento dos requisitos exigidos (art. 72, inciso III)

Como terceiro requisito para a instrução do procedimento de contratação direta vem o parecer jurídico e os pareceres técnicos, novamente, quando for o caso.

Assim como trabalhamos no primeiro item, este dispositivo legal deve ser lido em conjunto com o §5º do artigo 53, também da Lei nº 14.133/2021, que admite a possibilidade de dispensar o parecer jurídico para os casos de baixo valor ou baixa complexidade.

Para que seja possível afastar a necessidade do parecer jurídico, é necessário que exista, nos termos do próprio §5º do artigo 53, ato da autoridade jurídica máxima do órgão.

Sobre o tema, há que se destacar a Orientação Normativa nº 46/2014 da AGU, que desobriga a manifestação jurídica nas contratações de valor inferior ao disposto nos incisos I e II do artigo 24 da Lei nº 8.666/1993, assim como nas inexigibilidades limitadas àqueles valores, desde que utilizem as minutas padronizadas.

A Lei nº 14.133/2021 torna mais clara essa possibilidade, inclusive permitindo que se estabeleçam outros critérios, mais amplos ou mais restritivos que o valor das dispensas de pequeno valor, assim como critérios ligados à complexidade técnica das contratações diretas, para definir a necessidade, ou não, de elaboração de pareceres.

Trata-se de uma medida de governança eficiente. Não é racional a realização indiscriminada de pareceres jurídicos e técnicos para todo e qualquer caso. Essa prática acaba por amontoar processos e mais processos nas assessorias jurídicas dos órgãos, tornando os pareceres mais morosos e desviando importantes recursos dos casos efetivamente mais importantes e que mereceriam um debruçar mais dedicado.

Deve, portanto, cada autoridade jurídica máxima, conhecendo a realidade de sua assessoria jurídica e suas viabilidades, definir em ato próprio, os critérios de alçada para afastamento desses pareceres.

72.3.4 Previsão de recursos orçamentários (art. 72, inciso IV)

A contratação direta é, em última análise, uma forma de se chegar à efetiva contratação sem passar pelo rito procedimental da licitação em uma das suas modalidades.

Logo, as hipóteses de contratação direta geram, na maioria dos casos, um contrato administrativo com a criação de obrigações à Administração, que precisarão ser cumpridas. Assim, é requisito fundamental para a contratação direta a demonstração da previsão de recursos orçamentários suficientes para honrar com a obrigação que está sendo definida.

A exceção à regra fica por conta da hipótese prevista no §6º do artigo 82 da Lei nº 14.133/2021, em que o legislador possibilitou a contratação direta com a utilização do Sistema de Registro de Preços.

Nestes casos, a regra específica do Sistema de Registro de Preços afasta a obrigatoriedade de dotação orçamentária para a formalização da ata de registro de preços, sendo esse requisito exigível apenas quando da efetiva formalização do contrato (ou do instrumento equivalente) oriundo daquela ata.

72.3.5 Habilitação e qualificação do contratado (art. 72, inciso V)

O processo de contratação direta também deverá ser instruído com os documentos de habilitação e proposta da empresa que será contratada, demonstrando o atendimento aos requisitos necessários de habilitação e o atendimento às condições de classificação, para aceitação da proposta.

Os documentos de habilitação a serem apresentados no processo de contratação direta serão aqueles atinentes aos artigos 62 a 70 da Lei nº 14.133/2021, conforme já apresentado nos comentários desses artigos.

Quanto à classificação, o instrumento de especificação do objeto (termo de referência, projeto básico ou projeto executivo, conforme o caso) deverá ser atendido pela empresa que apresenta proposta para executar esse contrato.

Como dito anteriormente, a contratação direta é como se fosse uma modalidade de licitação com uma formatação especial, com um rito procedimental diferenciado, mas que não afasta a necessidade de cumprimento de requisitos mínimos atinentes ao atendimento do interesse público.

Dentre esses requisitos está a necessidade de a proposta apresentada para a dispensa ou a inexigibilidade atender às necessidades da Administração e ser suficientemente detalhada de forma que viabilize a boa execução e fiscalização da fase contratual.

É importante que nosso leitor tenha claro que a simplificação procedimental das contratações diretas, quando comparadas às modalidades tradicionais de licitação, não implica ausência absoluta de regras ou instrumento de contrato elaborado sem atenção a requisitos formais.

O inciso III do artigo 70 da Lei nº 14.133/2021 admite que seja dispensada a documentação de habilitação, total ou parcialmente, nas contratações para entrega imediata, nas contratações em valores inferiores a 1/4 do limite para dispensa de licitação para compras em geral e nas contratações de produto para pesquisa e desenvolvimento até o valor de R$343.249,96, atualizado até 2023.

Importa destacar que, baseado em uma leitura literal desse inciso III do artigo 70, poder-se-ia interpretar que para os demais casos, todos os documentos relacionados no Capítulo VI do título II seriam sempre obrigatórios.

Esse não deve ser o entendimento doutrinário e jurisprudencial, posto que a Lei nº 8.666/1993 tem dispositivo semelhante no §1º do artigo 32 para os casos de convite, concurso, fornecimento de bens para pronta entrega e leilão, e não se entende que deve ser solicitado todos os documentos dos artigos 28 a 31 da Lei nº 8.666/93 em todos os demais casos que são regidos por aquela lei.

Nesse sentido cabe trazer o entendimento de Justen Filho, comentando o §1º do artigo 32 da Lei nº 8.666/1993:

> 3.2) Elenco exemplificativo da lei
>
> Reputa-se que a previsão do §1º do art. 32 não é exaustiva. A dispensa da apresentação dos documentos será admissível não apenas quando o montante quantitativo da contratação for reduzido ou quando a natureza do contrato não exigir maiores indagações sobre a situação subjetiva do interessado. Também se admitirá que o ato convocatório deixe de exigir a comprovação de outras exigências facultadas em lei se tal for desnecessário para assegurar a execução satisfatória da futura contratação. Assim, por exemplo, não teria sentido exigir a comprovação da experiência anterior em toda e qualquer contratação, eis que há aquelas em que tal poderá ser dispensada.[12]

[12] JUSTEN FILHO, Marçal. *Comentários à Lei de Licitações e Contratos Administrativos*. 16. ed. São Paulo: Revista dos Tribunais, 2014. p. 650.

Assim sendo, também para a Lei nº 14.133/2021, a permissão de dispensa parcial dos documentos de habilitação prevista no inciso III do artigo 70 não deve ser vinculada apenas aos casos lá citados.

72.3.6 Razão de escolha do contratado (art. 72, inciso VI)

O procedimento de contratação direta configura, em sua essência, a seleção de uma empresa em um rito procedimental distinto da licitação, mas não deixa de haver a escolha de uma empresa (ou pessoa física) para executar o contrato.

Dentro deste modelo mais simplificado de seleção de fornecedores, a Administração segue vinculada aos requisitos do ato administrativo, dentre eles, o dever motivar as suas decisões, como é o caso da decisão de escolha de um contratado.

O tema poderia parecer simplório, e por vezes até é, quando se está a fazer, por exemplo, uma dispensa de pequeno valor e a seleção do contratado que apresentou o menor preço.

Nos casos de uma dispensa eletrônica, em que é realizada uma disputa entre os fornecedores, ainda que em menor escala, essa justificativa se torna ainda mais simples, visto a tranquilidade de se explicar que foi contratado aquele que venceu o procedimento de disputa da dispensa eletrônica.

O tema se torna mais espinhoso em outros casos de contratação direta, nos quais existam no mercado outros fornecedores com preços menores do que o escolhido, mas, que por algum motivo, não atendem às necessidades da Administração para aquela contratação, seja por indisponibilidade de fornecimento no prazo exigido, seja por questões técnicas, seja por algum impedimento legal.

A situação também nem sempre é fácil no caso de fornecedor exclusivo, em que deve estar muito bem evidenciado que aquele é o único fornecedor passível de contratação pela Administração, afastada aqui a confusão com fabricante exclusivo.

Deve o gestor, portanto, nesses casos, apresentar justificativa e documentos hábeis a comprovar que o único fornecedor ou prestador de serviços capaz de atender às necessidades da Administração seria aquele que está sendo apresentado no processo de contratação direta e as razões que fundamentam a inviabilidade de seleção de outros agentes privados.

Dificuldade similar decorre das contratações que carregam em si um grau de fortíssima subjetividade, como é o caso das contratações de artistas (inciso II do artigo 74) ou de serviços de natureza técnica especializada (inciso III do artigo 74), em que o gestor acaba por fazer uma escolha em detrimento de diversas outras que seriam possíveis.

Não temos dúvidas de que os dispositivos citados comportam decisão discricionária por parte do agente público contratante, que poderá, sim, escolher, a seu critério subjetivo, um artista em detrimento de outro, não cabendo aos órgãos de controle discutir o porquê da contratação do artista A, B ou C.

Não estamos a defender a discricionariedade irresponsável, que se afasta das noções de oportunidade e conveniência, com o cometimento de abusos ou de atos flagrantemente corruptivos.

Seria o caso, por exemplo, de um prefeito que contrata como artista para realizar um show em evento municipal seu irmão, que não é um cantor, que nunca fez um show na vida e que é um desconhecido do público. Isso não é discricionariedade. Isso é ilegalidade com fantasia de decisão discricionária.

O que estamos a defender é que quando o gestor seleciona para o show um determinado cantor, conhecido pela população e que realiza inúmeros shows país a fora, não cabe aos órgãos de controle discutir a contratação daquele artista em detrimento das inúmeras outras opções disponíveis no mercado.

Ainda assim, mesmo que, nesses casos, se tenha clara essa noção da discricionariedade do gestor, não nos é desconhecido o expressivo volume de atos de controle nos mais variados entes em que discussão similar é travada.

Por essas razões, é prudente ao gestor, sobretudo nessas contratações diretas carregadas de maior discricionariedade, que se empenhe de maneira rigorosa a justificar a seleção daquele prestador de serviços, de modo a afastar eventuais discussões junto aos órgãos de controle.

72.3.7 Justificativa de preço (art. 72, inciso VII)

Assim como no item anterior, a justificativa de preços dependerá da hipótese de contratação direta que está sendo realizada.

Nos casos de dispensa de licitação por pequeno valor, nas contratações emergências ou em outras em que há alguma espécie de disputa direta entre as empresas, a motivação do preço contratado se dará justamente em razão do resultado dessa competição.

A dispensa de licitação de pequeno valor, assim como a licitação em si, também pode admitir diferentes modos de disputa, sendo admitida a dispensa baseada em cotação de preços, assim como a realização de uma disputa de lances, no formato de uma dispensa eletrônica.

O §3º do artigo 75 da Lei nº 14.133/2021 remete a essa ideia ao colocar que, preferencialmente, as dispensas de licitação de pequeno valor deverão ser antecedidas por um aviso no Portal Nacional de Compras Públicas, com três dias de antecedência.

Nesses casos, a justificativa de preços se dará pela simples demonstração da competição. O mesmo não ocorre nos casos em que a competitividade é mais restrita, como nas inexigibilidades.

Nas contratações por inexigibilidade junto a fornecedor exclusivo, a justificativa de preços se dará, como já dito, pela apresentação de notas fiscais com outros contratantes para serviços ou fornecimentos similares, desde que emitida em data de até um ano, como estabelece o §4º do artigo 23 da Lei nº 14.133/2021.

Esse período de um ano como máximo para consideração das notas fiscais é uma questão com potencial para gerar discussões. O que acontecerá quando a Administração precisar contratar determinado produto ou serviço e o único contratado possível não dispor de notas fiscais similares no último ano?

Nos parece que, nesses casos, excepcionalmente, o gestor poderá apresentar justificativas para considerar notas fiscais em período superior ao mencionado no dispositivo legal, atendendo à ideia da viabilidade prática e da impossibilidade de vedação à contratação em razão de uma pendência burocrática dessa natureza, que não deve ter o condão de interromper a atividade administrativa.

A propósito, é possível, inclusive, que o fornecedor exclusivo ainda não tenha feito nenhuma venda daquele produto, por ser um produto recém-lançado, por exemplo, o que implicará na inclusão de uma justificativa demonstrando tal situação.

72.3.8 Autorização da autoridade competente (art. 72, inciso VIII)

O último dos incisos do artigo 72 da Lei nº 14.133/2021, o inciso VIII, determina que o processo seja instruído com a autorização da autoridade competente para a realização da contratação direta.

Com essa autorização, a autoridade competente chama para si a responsabilidade pelo procedimento da contratação direta, mantendo, no entanto, a responsabilidade solidária dos demais agentes envolvidos, como será mais bem detalhado ao tratarmos do artigo 73.

Cumpre salientar que houve uma modificação no texto da Lei nº 14.133/2021 em relação ao dispositivo similar da Lei nº 8.666/1993. O artigo 26 da Lei nº 8.666/1993 determina que as dispensas (exceto as de pequeno valor) e as inexigibilidades deverão ser comunicadas à autoridade superior para ratificação, enquanto o inciso VIII do artigo 72 da Lei nº 14.133/2021 exige que o processo seja instruído com a autorização da autoridade competente.

Notem que na nova legislação é exigida apenas a autorização, não a ratificação, como consta na Lei nº 8.666/1993, e pela autoridade competente, e não pela autoridade superior.

72.3.9 Divulgação da autorização da contratação direta ou extrato do contrato (Parágrafo único do art. 72)

O parágrafo único exige que o ato que autoriza a contratação direta ou o extrato decorrente do contrato deve ser publicizado e mantido à disposição do público no sítio eletrônico oficial do ente federado que executou a contratação.

Como visto, o processo de contratação direta também demanda a autorização da autoridade competente, cuja publicidade deve ser feita em sítio eletrônico oficial, segundo o texto do parágrafo único do artigo 72.

Como em outros dispositivos, o legislador aqui utilizou a expressão "sítio eletrônico oficial", que é definida no inciso LII do art. 6º da Lei nº 14.133/2021 como sendo o sítio da internet no qual o ente federativo divulga, de forma centralizada, as informações e os serviços de governo digital dos seus órgãos e entidades.

O conceito desse inciso LII do artigo 6º não se confunde com o previsto no artigo 174, também da Lei nº 14.133/2021, que cria o Portal Nacional de Contratações Públicas (PNCP). Enquanto o sítio eletrônico oficial é o do ente federativo, o PNCP, expressamente, é um instrumento nacional de divulgação de todas as licitações e contratos realizadas no Brasil.

Ocorre que o artigo 94 da Lei nº 14.133/2021 estabelece a divulgação no Portal Nacional de Contratações Públicas como condição de eficácia para os contratos e seus aditamentos, com o prazo de dez dias úteis para sua divulgação nos casos de contratação direta.

O §2º do artigo 94 é ainda mais detalhado para a contratação de artistas por inexigibilidade de licitação (artigo 74, II, da Lei nº 14.133/2021), demandando que a divulgação no PNCP deverá identificar os custos do cachê do artista, dos músicos ou da banda, quando houver, do transporte, da hospedagem, da infraestrutura, da logística do evento e das demais despesas específicas.

Logo, o contrato decorrente da contratação direta deverá, por força do artigo 94, ser publicado no PNCP como condição de eficácia, previamente ao início de sua execução.

O próprio artigo 94 traz situação excepcional, em seu §1º, com a possibilidade de início da execução na assinatura do contrato e divulgação dentro dos prazos previstos do instrumento contratual, nos casos de urgência.

A nosso ver, a utilização do termo urgência, em detrimento do conceito de emergência, previsto na contratação via dispensa emergencial do inciso VIII do artigo 75, leva à interpretação de que esta contratação de urgência não está adstrita aos casos de contratações emergenciais, podendo ser utilizada em outras contratações, inclusive oriundas de procedimento licitatório tradicional, desde que justificada a urgência do caso, que impende aguardar a publicação para dar início à execução do contrato, sendo fundamental a inserção dessa justificativa no processo de contratação.

Chama atenção que há aparente contradição no texto legal. O parágrafo único do artigo 72 determina a divulgação do "ato que autoriza a contratação direta ou do extrato decorrente do contrato". De outro lado, o artigo 94 exige a divulgação do contrato no PNCP.

O extrato do contrato não se confunde com o contrato em si, são elementos distintos. O extrato é o resumo das informações contratuais mais relevantes, usualmente publicado em jornais e diários oficiais, por exemplo, como forma de dar publicidade aos atos administrativos, mas sem gerar o custo de publicação elevado que teria a divulgação da íntegra dos contratos nesses jornais.

O extrato do contrato é uma "semipublicidade". Um arremedo de divulgação à população do gasto público, admitido sob a justificativa de não gerar um imenso ônus ao erário com a publicação em jornais e diários oficiais cujos custos mudam de acordo com o tamanho da publicação.

Essa redução do dever de publicidade não se justifica em sítio eletrônico. A divulgação da íntegra do contrato no site do ente federado não acresceria nenhum custo considerável à Administração Pública, logo, não há razões que justifiquem essa redução do princípio da publicidade, com a divulgação apenas do extrato.

O dispositivo também não se coaduna com a Lei nº 12.527/2011 (Lei de Acesso à Informação), que determina, no inciso IV, §1º de seu artigo 8º, a divulgação em sítio eletrônico oficial dos editais e de todos os contratos celebrados.

Não há nada que fundamente a publicação de mero extrato no site do ente, quando se pode publicar o contrato, sem nenhum acréscimo relevante de custos para fazê-lo. Ademais, a divulgação do contrato na íntegra é a medida que atende à Lei de Acesso à Informação e, também, será a medida necessária quando da publicação do contrato no PNCP.

O dispositivo também merece especial atenção pela utilização da conjunção alternativa "ou", ao tratar do ato que autoriza a contratação direta ou o extrato do contrato.

Os documentos são claramente distintos. O ato que autoriza a contratação direta é antecedente à realização da contratação, enquanto o contrato é obviamente sucessor do processo de contratação direta.

A questão aqui a ser analisada é se os documentos são alternativos e quando será possível utilizar um ou outro. A Lei não trouxe esses parâmetros.

Se analisarmos o texto da legislação anterior, o artigo 26 da Lei nº 8.666/1993 exige do gestor a comunicação à autoridade superior para ratificação e publicação apenas nos casos dos incisos III e seguintes do artigo 24 (dispensa de licitação), além do artigo 25 (inexigibilidade) e 17 (licitação dispensada).

Logo, as dispensas de licitação de pequeno valor (incisos I e II do artigo 24 da Lei nº 8.666/1993) foram excluídas dessa obrigação de comunicação à autoridade superior para ratificação e publicação na legislação anterior.

O novo texto legal não trouxe tal regramento. Contudo, a conjunção alternativa utilizada entre o ato que autoriza e o extrato de contrato possibilita algumas interpretações.

A primeira linha interpretativa seria a de que os dois documentos são exigidos para todas as contratações diretas e que caberia ao gestor optar por qual deles divulgar no site.

A interpretação é possível, mas não parece ser a melhor de acordo com o que determina o artigo 94, com o dever de publicação dos contratos no PNCP, à luz da Lei de Acesso à Informação ou mesmo considerando o princípio da publicidade previsto no artigo 5º da Lei nº 14.133/2021.

Outro norte interpretativo possível seria que a conjunção deveria ser analisada, conforme o caso, de acordo com o instrumento existente na hipótese específica de contratação. Quanto ao contrato firmado entre a Administração e o particular, o instrumento contratual será considerado aquele que for utilizado no caso concreto.

Há que se lembrar do texto do artigo 95 da Lei nº 14.133/2021, que prevê que o contrato administrativo poderá ser substituído por outro instrumento hábil, como a carta-contrato, a nota de empenho de despesa ou a ordem de execução de serviço. As opções de substituição do instrumento contratual envolvem os casos de dispensa de licitação em razão do valor e as compras de entregas imediatas, sem obrigações futuras. Logo, nesses casos, a Administração deverá divulgar o instrumento substituto.

O mesmo ocorre com o texto do §2º do artigo 95, com uma regra invertida, que estabelece como nulo o contrato verbal da Administração, exceto aqueles inferiores a dez mil reais para contratos de pronto pagamento.

A regra invertida, que trabalha a vedação como exceção, ao invés de admitir o contrato verbal para contratos inferiores a dez mil reais, demonstra que existe, além da possibilidade de substituição do contrato por outros instrumentos, a hipótese de contratação verbal da Administração, ou seja, sem a formalização de um contrato administrativo.

Nestes casos, a Administração não teria o contrato, nem seu extrato, para divulgação no site. Ainda assim, entendemos ser dever de publicidade o extrato de despesas, nos termos do §4º do artigo 75 da Lei nº 14.133/2021, que estabelece que, preferencialmente, as despesas de pequeno valor deverão ser pagas por meio de cartão de pagamento, com a publicação do extrato no Portal Nacional de Contratações Públicas.

O que se percebe é que nem toda contratação direta terá um instrumento contratual nos exatos termos legais, devendo ser publicado o instrumento adequado a cada caso. Situação similar ocorre com a autorização da autoridade competente.

Na Lei nº 8.666/1993, o artigo 26 exige a ratificação pela autoridade superior nos casos de licitações dispensadas, de inexigibilidades e nas hipóteses do inciso III e seguintes da dispensa de licitação. Ou seja, nas dispensas em razão do valor não havia tal exigência.

A Lei nº 14.133/2021 não deixa clara essa possibilidade de afastamento. Pelo contrário, uma leitura mais apressada do artigo 72 traria ao intérprete a ideia de que todas as contratações diretas agora demandariam uma autorização da autoridade competente para ser perfectibilizada.

Esta não nos parece ser a melhor das interpretações. Essa linha de raciocínio faria com que a Administração precisasse desenvolver um processo de contratação direta com autorização formal para comprar um item de valor ínfimo, por exemplo, de R$50,00. O custo processual nesses casos seria muito mais gravoso que o próprio custo da aquisição, afastando, por completo, o conceito de eficiência na gestão administrativa.

Ao lermos o §4º do artigo 75 da Lei nº 14.133/2021, temos que as contratações fundadas nos incisos I e II serão preferencialmente pagas por meio de cartão de pagamento.

A nosso ver, não faria sentido entender que a compra pode se dar por cartão de pagamento, mas que para isso seria necessário um processo de contratação completo, com toda a estrutura exigida às inexigibilidades, por exemplo.

Logo, assim como ocorre com o parecer jurídico, nos termos do já mencionado §5º do artigo 53, que pode ser dispensado em contratações de pequeno valor, entendemos que também é possível norma da mesma natureza dispensando a autorização para compras de valor reduzido ou criada uma delegação dessa competência para o agente que fará a contratação, o que deverá ser definido, a cada órgão, de acordo com a gestão de riscos estabelecida pela Administração.

Art. 73. Na hipótese de contratação direta indevida ocorrida com dolo, fraude ou erro grosseiro, o contratado e o agente público responsável responderão solidariamente pelo dano causado ao erário, sem prejuízo de outras sanções legais cabíveis.

FELIPE BOSELLI

73 Da responsabilização do agente público e do contratado no caso da contratação direta

O artigo 73 da Lei nº 14.133/2021 trouxe o conceito de responsabilização solidária do agente público responsável e do contratado no caso de contratação direta indevida, desde que comprovado o dolo, a fraude ou o erro grosseiro.

Em que pese ser um artigo curto, o legislador adotou diversos conceitos que demandam uma análise mais detida da doutrina e da jurisprudência e que, certamente, fomentarão grandes debates sobre o assunto, à medida que a Lei nº 14.133/2021 for sendo mais utilizada.

73.1 Contratação direta indevida

O primeiro tema que certamente gerará grande debate é a definição do que será considerado uma contratação direta indevida.

A princípio, o conceito de indevida poderia ser interpretado de forma literal, pela simples oposição ao que seria uma contratação direta "devida", ou seja, uma contratação direta 100% regular. Por essa interpretação literal, qualquer espécie de irregularidade na contratação direta já poderia gerar a aplicação do dispositivo, desde que fosse demonstrado dolo, fraude ou erro grosseiro.

Caso esta fosse a interpretação adotada, todas as falhas formais no processo de contratação direta já levariam à condenação solidária, o que poderia se dar pela simples omissão de um documento, pela ausência de um parecer, pela consideração de que um parecer foi insuficiente a demonstrar algum requisito formal ou pela simples alocação de uma dispensa de licitação em um dispositivo menos aplicável em detrimento de outro que seria mais apropriado.

Em suma, essa leitura mais severa faria com que qualquer requisito insignificante da contratação direta, quando não cumprido, tivesse o condão de gerar uma condenação solidária à devolução de recursos públicos. Esta não parece ser a melhor interpretação do dispositivo. O próprio artigo 73 define que o contratado e o agente público responsável responderão solidariamente pelo *dano causado ao erário*.

Se a condenação se dá pelo dano causado ao erário, a contratação somente poderá ser considerada indevida quando houver dano causado ao erário. Logo, não se poderia falar em condenação por qualquer espécie de inconsistência no processo de contratação direta, mas, tão somente, naquelas nas quais o dano ao erário fosse demonstrado.

A questão a ser debatida aqui é o tema do dano *in re ipsa* (presunção do dano) e sua admissibilidade, ou não, neste caso. A expressão *in re ipsa* vem do latim e tem como significado "da própria coisa". Trata das situações em que o dano advém da própria situação da contratação direta indevida, ou seja, não existe a necessidade de se comprovar o dano ao erário. Nos casos de contratação direta indevida, haveria, inexoravelmente, um dano ao erário.

O entendimento do Superior Tribunal de Justiça é pacífico nesse sentido, como mostra o AgrInt em Agr em REsp nº 1450600/SP, relator Ministro Benedito Gonçalves, julgado em 31.05.2021:

> O Superior Tribunal de Justiça tem entendimento consolidado segundo o qual a dispensa indevida de licitação configura dano *in re ipsa*, permitindo a configuração do ato de improbidade que causa prejuízo ao erário. Precedentes: AgInt no REsp nº 1.604.421/MG, Rel. Ministro Sérgio Kukina, Primeira Turma, julgado em 26.08.2018, DJe 02.08.2018; AgInt no REsp nº 1.584.362/PG, Rel. Ministro Francisco Falcão, Segunda Turma, julgado em 19.06.2018, DJe 22.06.2018; AgInt no REsp nº 1.422.805/SC, Rel. Ministro Francisco Falcão, Segunda Turma, julgado em 14.08.2018, DJe 17.08.2018.

Sobre o tema, é fundamental fazer um importante destaque. A aplicação do dano *in re ipsa* na contratação direta indevida ocorre nos casos em que a contratação indireta substituiu indevidamente a licitação e não nas hipóteses de vício formal dos processos de contratação direta.

A presunção do dano é um conceito oriundo do direito do consumidor, em que há uma estrutura de proteção ao consumidor em razão de uma suposta superioridade das grandes empresas e da hipossuficiência dos consumidores. Nestes casos, admite-se a presunção do dano moral, por exemplo, nas hipóteses de registro indevido do consumidor nos órgãos de proteção de crédito.

Importante registrar que mesmo no direito do consumidor o dano moral *in re ipsa* não ocorre em toda e qualquer situação indistintamente. Ao oposto, existem inúmeras decisões em que o Poder Judiciário declara que determinadas situações são consideradas "mero dissabor", não sendo a empresa condenada à indenização por dano moral.

Logo, é possível verificar que, mesmo no caso do direito do consumidor, de onde provém o conceito de dano *in re ipsa*, não existe a possibilidade de se condenar dano moral por todas as situações indiscriminadamente.

Nesse mesmo sentido não se poderia compreender um conceito amplo e irrestrito para um entendimento de dano presumido para os casos em que a discussão sobre a contratação direta estiver restrita à questão meramente formal quanto ao rito processual.

73.2 Dolo, fraude ou erro grosseiro

Compreendido o conceito de contratação direta indevida, como sendo aquela decorrente de dispensa, inexigibilidade e mesmo na licitação dispensada (prevista no artigo 76 da Lei nº 14.133/2021) feita em detrimento do dever legal de licitar sem autorização legal ou na condição de inviabilidade de competição, passamos à exigência do elemento subjetivo do dispositivo legal.

O artigo 73 exige, para a condenação por contratação direta indevida, que o agente tenha agido com dolo, fraude ou erro grosseiro. Isso significa que para que haja condenação do agente, deve estar evidenciado o elemento de vontade (dolo ou fraude) ou de culpa grave (erro grosseiro).

O dolo é a vontade de praticar o ato ilícito, a intenção premeditada, planejada e realizada. Atua com dolo o agente, público ou privado, que, sabendo da ilicitude de seus atos, os executa da mesma forma.

A fraude é o conceito de burla, da tentativa de ludibriar o sistema. Age com fraude aquele que adultera informações, que omite propositadamente dados, que falsifica documentos, entre outros.

O erro grosseiro é aquele decorrente de culpa grave. Comete erro grosseiro o agente que pratica ato que é largamente reconhecido como ilícito. Erro grosseiro é o erro amplamente reconhecido pela doutrina e pela jurisprudência.

A formação do elemento subjetivo na Lei nº 14.133/2021 é interessante e está alinhada às recentes alterações promovidas na Lei de Introdução às Normas do Direito Brasileiro – LINDB (Decreto-Lei nº 4.657/1942), em seu artigo 28, ao determinar que o agente público responderá nos casos de dolo ou erro grosseiro.

Sobre o erro grosseiro, há que se fazer importante distinção. A nosso ver, não comete erro grosseiro aquele que adota posição doutrinária relevante ou que, em situação de difícil interpretação, acabou por ter entendimento distinto do órgão controlador. Texto similar estava no §1º do artigo 28 da LINDB, que foi vetado pelo Presidente da República sob a justificativa de que a pacificação da jurisprudência é um objetivo a ser alcançado.

Não há dúvida de que não seria razoável um agente público adotar um posicionamento isolado, defendido em um único comentário ou decisão, em detrimento da jurisprudência absolutamente pacífica em todos os demais casos, discutindo situações idênticas e superando aquela decisão.

Mas, nem sempre o direito é tão matemático assim. É muito comum que o mesmo tribunal tenha decisões em sentidos distintos, ou ainda, que outros tribunais as tenham. Nesse cenário, qual é o critério para se considerar jurisprudência pacificada? É o número de decisões? A relevância do tribunal que as expede? Consideraremos as decisões mais recentes?

O tema é polêmico, sem dúvida, mas insistimos. Não é razoável condenar um agente por erro grosseiro quando ele segue linha jurisprudencial ou doutrinária embasada, em razão do agente de controle entender, por critérios absolutamente subjetivos, que aquela linha não seria o entendimento pacificado. Sobretudo em temas que não estejam efetivamente pacificados na doutrina e na jurisprudência.

A estrutura da LINDB buscou dar mais segurança jurídica aos gestores ao afastar o conceito de culpa simples, evidenciada pela mera imprudência, negligência ou imperícia na gestão administrativa.

O advento do erro grosseiro no direito brasileiro tem relação direta com a teoria administrativa da paralisia das canetas ou direito administrativo do medo. A noção aqui apresentada é simples: o ânimo punitivo de alguns agentes de controle, gerando condenações nos casos em que há culpa, mas sem erro grosseiro, cria nos gestores públicos um natural medo de errar.

Pelo medo de errar, acaba a inovação na Administração Pública e, nos casos mais extremados, cria-se a paralisia dos atos administrativos, visto que os gestores, com receio de tomar decisões e serem posteriormente condenados, deixam de agir, o que acaba levando à interrupção da própria atividade administrativa.

Visando minimizar esses impactos na gestão, sobreveio a Lei nº 13.655/2018, alterando a LINDB e trazendo o conceito de erro grosseiro. Na mesma linha, o artigo 73 da Lei nº 14.133/2021 também exige dolo, fraude ou erro grosseiro para gerar a condenação.

Um bom exemplo para discutirmos o impacto desse conceito na legislação é a dispensa de licitação prevista nos incisos I e II do artigo 75 (contratações de pequeno valor) e a regra do inciso II do §1º do artigo 75:

> §1º Para fins de aferição dos valores que atendam aos limites referidos nos incisos I e II do caput deste artigo, deverão ser observados:
>
> I – o somatório do que for despendido no exercício financeiro pela respectiva unidade gestora;
>
> II – o somatório da despesa realizada com objetos de mesma natureza, entendidos como tais aqueles relativos a contratações no mesmo ramo de atividade.

A regra do inciso II do §1º estipula que os valores máximos para os contratos de pequeno valor deverão considerar o somatório das despesas realizadas com objetos da mesma natureza.

A questão, ainda que pareça simples, quando buscados exemplos genéricos, como material de escritório ou produtos de limpeza, pode ganhar contornos bem mais complexos quando os produtos adquiridos são extremamente específicos.

Nesses casos, em que há razoável dúvida na classificação de determinado item na categoria X ou Y, não nos parece que o conceito de erro grosseiro seria de admissível aplicação em razão de uma interpretação divergente por conta do órgão de controle.

Não se está aqui a defender a prática de atos danosos à Administração Pública e a contratação direta indevida, em detrimento da realização do procedimento licitatório adequado. Contudo, é fundamental que se garanta segurança jurídica ao gestor público, para que este possa tomar as decisões administrativas necessárias à condução dos serviços públicos.

73.3 Responsabilidade solidária

A responsabilidade solidária entre o contratado e o agente público responsável também é questão tormentosa a ser definida neste dispositivo. A interpretação literal do dispositivo leva a um entendimento simplório: em todos os casos de contratação direta indevida, o agente público responsável pela contratação direta (que poderá ser mais de um) e o contratado serão condenados solidariamente.

Ainda que essa regra ampliada pareça ser a intenção do legislador, em uma leitura sistêmica do dispositivo, a questão merece um maior debate. Isso por conta do artigo 169 da Lei nº 14.133/2021, que trata do controle das contratações e aborda a teoria clássica das três linhas de defesa.

No §3º do artigo 169, a Lei nº 14.133/2021 determina que os integrantes das linhas de defesa devem observar dois requisitos:

> §3º Os integrantes das linhas de defesa a que se referem os incisos I, II e III do caput deste artigo observarão o seguinte:
>
> I – quando constatarem simples impropriedade formal, adotarão medidas para o seu saneamento e para a mitigação de riscos de sua nova ocorrência, preferencialmente com o aperfeiçoamento dos controles preventivos e com a capacitação dos agentes públicos responsáveis;
>
> II – quando constatarem irregularidade que configure dano à Administração, sem prejuízo das medidas previstas no inciso I deste §3º, adotarão as providências necessárias para a apuração das infrações administrativas, *observadas a segregação de funções e a necessidade de individualização das condutas*, bem como remeterão ao Ministério Público competente cópias dos documentos cabíveis para a apuração dos ilícitos de sua competência. (Grifou-se).

O inciso II desse §3º deixa claro o dever de observar a segregação de funções e a necessidade de individualização das condutas para apurar as infrações administrativas. Um conceito amplo e genérico de condenação solidária não se harmoniza com a observância da segregação de funções e, sobretudo, com o dever de realizar a individualização das condutas.

Primeiramente, analisemos o conceito de agente público responsável. Em razão do princípio da segregação de funções, a contratação direta, na maioria das vezes, será conduzida por mais de um agente público. Teremos o agente responsável pela definição da demanda, pelos estudos técnicos preliminares, pela contratação em si, pela fiscalização e pelo pagamento.

São diversos os agentes públicos envolvidos na contratação direta que poderá ser declarada como indevida. A questão aqui a ser debatida é: em uma contratação direta declarada indevida, todos os agentes públicos responsáveis seriam condenados solidariamente em conjunto com a empresa contratada.

Por conta do inciso II do §3º do artigo 169, combinado com o artigo 73 em comento, a resposta é negativa. A condenação somente pode se operar àquele agente que agiu com dolo, fraude ou erro grosseiro.

É possível que, em determinados casos, exista mais de um agente público responsável que tenha agido com dolo, fraude ou erro grosseiro e, em assim sendo, a condenação deverá recair solidariamente a todos. Esse mesmo entendimento nos parece ser extensível ao contratado.

Deve o contratado ser responsabilizado solidariamente pelo dano ao erário sempre que houver uma contratação direta indevida? A resposta aqui é igualmente negativa. A condenação pelo dano causado ao erário somente pode ocorrer, repita-se, com dolo, fraude ou erro grosseiro.

Imaginemos situação em que houve uma contratação direta na qual o particular não teve nenhuma participação, direta ou indireta, para que fosse considerado indevido o afastamento da licitação. Não é razoável que se condene alguém por atos de terceiros, sem seu envolvimento.

Seria um exemplo a dispensa de licitação pelo inciso II do artigo 75, para realizar uma compra de material de expediente no valor de R$40.000,00, portanto, dentro do limite admitido pela legislação. Supondo que essa mesma Administração já tivesse feito outra aquisição de material de limpeza no valor de R$40.000,00, neste caso, essa nova contratação direta se tornaria indevida, posto ter ultrapassado na soma, o limite legal.

Nestes casos não nos parece razoável a condenação do contratado solidariamente por dano ao erário. O particular não agiu com dolo, com fraude e nem com erro grosseiro. Não seria possível ele ter conhecimento das contratações feitas anteriormente pela Administração.

Sobre esse conhecimento prévio, é importante fazer um esclarecimento: não estamos esquecendo dos portais de transparência e da Lei de Acesso à Informação, que obriga todos os órgãos da Administração Pública a divulgar os dados de suas contratações. Na prática, no entanto, a situação é absolutamente distinta daquela preconizada pela Lei de Acesso à Informação. Obter dados sobre as compras públicas nos portais de transparência país a fora é, na esmagadora maioria dos casos, uma verdadeira *via crucis*. Muitos portais possuem informações desatualizadas, noutros os dados estão incompletos, há ainda aqueles que não possuem mecanismos mínimos de pesquisa que permitam a um cidadão médio encontrar uma informação dentro do seu portal de transparência.

A nosso ver, essa situação de contratação direta não poderia ser enquadrada como erro grosseiro por parte do contratado, que não teria condições, considerando o esforço de um homem medianamente diligente, de ter conhecimento das contratações anteriores por parte da Administração.

Vale ressaltar que, caso fique evidenciado que o contratado tinha conhecimento das contratações anteriores (se o órgão tiver fornecido, por exemplo) a configuração do caso será modificada e passa a ser devida a sua condenação solidária junto aos gestores responsáveis.

O mesmo conceito é válido para os gestores públicos, nos casos de ausência de dolo, fraude ou erro grosseiro.

Consideremos outra situação, na qual uma determinada empresa adultera um documento que comprovaria sua situação de fornecedor exclusivo. Supondo ser uma fraude bem elaborada e de impossível percepção. Em uma situação como esta, o gestor público não teria atuado com dolo, nem com fraude e nem com erro grosseiro. Logo, não caberia a condenação solidária por dano ao erário.

A condenação solidária somente será possível nos casos em que tanto o(s) agente(s) público(s), quanto o contratado, puderem ser enquadrados no elemento subjetivo do dispositivo legal.

Seção II
Da Inexigibilidade de Licitação

Art. 74. É inexigível a licitação quando inviável a competição, em especial nos casos de:

I – aquisição de materiais, de equipamentos ou de gêneros ou contratação de serviços que só possam ser fornecidos por produtor, empresa ou representante comercial exclusivos;

II – contratação de profissional do setor artístico, diretamente ou por meio de empresário exclusivo, desde que consagrado pela crítica especializada ou pela opinião pública;

III – contratação dos seguintes serviços técnicos especializados de natureza predominantemente intelectual com profissionais ou empresas de notória especialização, vedada a inexigibilidade para serviços de publicidade e divulgação:

a) estudos técnicos, planejamentos, projetos básicos ou projetos executivos;

b) pareceres, perícias e avaliações em geral;

c) assessorias ou consultorias técnicas e auditorias financeiras ou tributárias;

d) fiscalização, supervisão ou gerenciamento de obras ou serviços;

e) patrocínio ou defesa de causas judiciais ou administrativas;

f) treinamento e aperfeiçoamento de pessoal;

g) restauração de obras de arte e de bens de valor histórico;

h) controles de qualidade e tecnológico, análises, testes e ensaios de campo e laboratoriais, instrumentação e monitoramento de parâmetros específicos de obras e do meio ambiente e demais serviços de engenharia que se enquadrem no disposto neste inciso;

IV – objetos que devam ou possam ser contratados por meio de credenciamento;

V – aquisição ou locação de imóvel cujas características de instalações e de localização tornem necessária sua escolha.

§1º Para fins do disposto no inciso I do caput deste artigo, a Administração deverá demonstrar a inviabilidade de competição mediante atestado de exclusividade, contrato de exclusividade, declaração do fabricante ou outro documento idôneo capaz de comprovar que o objeto é fornecido ou prestado por produtor, empresa ou representante comercial exclusivos, vedada a preferência por marca específica.

§2º Para fins do disposto no inciso II do caput deste artigo, considera-se empresário exclusivo a pessoa física ou jurídica que possua contrato, declaração, carta ou outro documento que ateste a exclusividade permanente e contínua de representação, no País ou em Estado específico, do profissional do setor artístico, afastada a possibilidade de contratação direta por inexigibilidade por meio de empresário com representação restrita a evento ou local específico.

§3º Para fins do disposto no inciso III do caput deste artigo, considera-se de notória especialização o profissional ou a empresa cujo conceito no campo de sua especialidade, decorrente de desempenho anterior, estudos, experiência, publicações, organização, aparelhamento, equipe técnica ou outros requisitos relacionados com suas atividades, permita inferir que o seu trabalho é essencial e reconhecidamente adequado à plena satisfação do objeto do contrato.

§4º Nas contratações com fundamento no inciso III do caput deste artigo, é vedada a subcontratação de empresas ou a atuação de profissionais distintos daqueles que tenham justificado a inexigibilidade.

§5º Nas contratações com fundamento no inciso V do caput deste artigo, devem ser observados os seguintes requisitos:

I – avaliação prévia do bem, do seu estado de conservação, dos custos de adaptações, quando imprescindíveis às necessidades de utilização, e do prazo de amortização dos investimentos;

II – certificação da inexistência de imóveis públicos vagos e disponíveis que atendam ao objeto;

III – justificativas que demonstrem a singularidade do imóvel a ser comprado ou locado pela Administração e que evidenciem vantagem para ela.

FELIPE BOSELLI

74 Da inexigibilidade de licitação

O artigo 74 da Lei nº 14.133/2021 trouxe as hipóteses de inexigibilidade de licitação, aqueles casos em que há inviabilidade de realizar a competição ou, como já visto, as situações em que é impossível licitar.

A estrutura é de um rol exemplificativo, como entendeu o Tribunal de Contas da União no Acórdão nº 2.503/2017-Plenário para a Lei nº 8.666/1993, cuja situação era a mesma da Lei nº 14.133/2021:

As situações elencadas nos incisos I a III do artigo 25 são exemplificativas (observe-se a redação do *caput* do art. 25: "é inexigível a licitação quando houver inviabilidade de competição, *em especial*"). Na presença de situações outras em que o atendimento das necessidades da administração implique a inviabilidade de competição, admite-se a contratação direta, por inexigibilidade. Somente o exame dos casos concretos permitirá avaliar se a situação com a qual se defronta o administrador o autorizaria, ainda que com certa e inevitável margem de dúvida, a promover a contratação direta, ou, se inequivocamente, o interesse público melhor estaria atendido por meio de um processo licitatório.

Essa inviabilidade de competição se dá nos casos em que inexiste a possibilidade de realização de um procedimento licitatório que atenda ao interesse público ali perseguido. Realizar um procedimento licitatório apenas como mecanismo formal de aparente disputa de mercado não pode ser compreendido como realizar a licitação. Nesse sentido vêm os ensinamentos de Bandeira de Mello:

> Posto que a função de tal instituto é servir – e não *desservir* – o interesse público, em casos tais percebe-se que falece o pressuposto jurídico para sua instauração. Com efeito: a licitação não é um fim em si mesmo; é um *meio* para chegar utilmente a um dado resultado: o travamento de uma certa relação jurídica. Quando nem mesmo em tese pode cumprir tal função, *seria descabido* realizá-la. Embora fosse logicamente possível realizá-la, seria ilógico fazê-lo em face *do interesse jurídico a que se tem que atender*. Diante de situações desta ordem é que se configuram os casos acolhidos na legislação como de "dispensa" de certame licitatório ou os que terão que ser considerados como de "inexigibilidade" dele.[1]

O mesmo entendimento é acompanhado por Torres, que assim afirma:

> No caso de inexigibilidade, em virtude da inviabilidade de competição, não há sentido em se exigir submissão do negócio ao procedimento licitatório se este não é apto (ou é prejudicial) ao atendimento do interesse público (objetivo pretendido com determinada contratação), pois, a finalidade, a razão de ser do formalismo licitatório, é tal atendimento, através da seleção da melhor proposta.
>
> Esse objetivo é um valor maior que o formalismo em si mesmo, que é instrumento de seu alcance, motivo pelo qual a necessidade e a exigência do procedimento licitatório devem sempre ser aferidas à luz dos princípios da proporcionalidade e da razoabilidade.[2]

Ainda que se tenha conhecimento de outros posicionamentos doutrinários, a exemplo de Niebuhr,[3] nos filiamos ao entendimento aqui apresentado.

A Lei nº 14.133/2021 consagrou esse entendimento, por exemplo, ao adotar o modelo de credenciamento como espécie de inexigibilidade, trata-se de clara hipótese em que a licitação seria formalmente possível, mas sem ser o melhor mecanismo para atingir o interesse público.

---

1 BANDEIRA DE MELLO, Celso Antônio. *Curso de direito administrativo*. 32. ed. São Paulo: Malheiros, 2015. p. 556.

2 TORRES, Ronny Charles Lopes de. *Leis de licitações públicas comentadas*. 12. ed. Salvador: JusPodivm, 2021. p. 1280.

3 NIEBUHR, Joel de Menezes. *Dispensa e inexigibilidade de licitação pública*. 4. ed. Belo Horizonte: Fórum, 2015. p. 40.

74.1 A confusão jurídica entre casos de licitação dispensável e inexigibilidade de licitação

Assim como acontecia na Lei nº 8.666/1993, na Lei nº 14.133/2021 também estão mantidos os casos em que o legislador confunde os conceitos de dispensa e inexigibilidade. Isso porque, como visto, a dispensa é a autorização legal para não realizar um procedimento licitatório, enquanto a inexigibilidade decorre da inviabilidade de sua realização.

Ao inserir hipóteses em que a contratação é inviável no rol das dispensas, o legislador criou uma confusão conceitual, dificultando a compreensão e a utilização dos institutos pelos operadores jurídicos.

Um exemplo que foi corrigido, como já dito, é o inciso X do artigo 24 da Lei nº 8.666/1993, que dispensa a licitação para a compra ou locação de imóvel necessário à Administração "cujas finalidades de instalação e localização condicionem a sua escolha".

O dispositivo legal, largamente utilizado na Administração Pública para locação de imóveis, é um claro equívoco legislativo que se verifica na Lei nº 8.666/1993. Ao aplicar no dispositivo os conceitos fundamentais da licitação dispensável, nota-se que o dispositivo não se sustenta teoricamente.

Se as necessidades da Administração condicionam a escolha a um único imóvel possível, por conseguinte, não existe uma pluralidade de opções a serem escolhidas, capazes de serem comparadas objetivamente por meio de procedimento licitatório. Não há aqui faculdade legislativa de se afastar a licitação, mas sim, um impedimento fático de se realizar o certame, sob pena de se criar um pretenso certame, uma licitação simulada, que em nada atenderia ao mandamento constitucional. Esse vício foi corrigido pelo legislador, que agora prevê a situação como inexigibilidade de licitação, no inciso V do artigo 74 da Lei nº 14.133/2021, conforme discutido.

Não obstante, essa mesma observação se aplica à alínea 'e' do inciso IV do artigo 75 da Lei nº 14.133/2021, que faculta o gestor público a comprar produtos perecíveis enquanto não for concluído o procedimento licitatório. Ora, em se tratando de produtos que não podem ser armazenados até a conclusão do procedimento licitatório, tem-se evidente hipótese de inexigibilidade, na qual o administrador não tem a opção de contratar realizando prévio certame licitatório, pois a licitação já está em andamento, mas ainda não foi concluída, em um momento no qual o estoque precisa ser reabastecido de imediato. É como também entende Motta.[4]

Trata-se de inviabilidade fática de realizar o procedimento licitatório em decorrência da questão temporal. O momento não permite realizar licitação, visto que o processo já está aberto e não será concluído em tempo hábil para atender às necessidades da Administração. Notem que, nesses casos, mesmo se o legislador não tivesse previsto esta hipótese de dispensa, ainda assim seria necessário fazer uma contratação direta, sem prévia licitação, pois os fatos assim obrigariam.

O mais relevante aqui é que a distinção entre os conceitos de dispensa e inexigibilidade não é mera retórica ou banalidade teórica sem maiores efeitos práticos.

Enquanto a dispensa de licitação tem como pressuposto fundamentador a previsão legal de uma autorização de não fazer o procedimento licitatório, a inexigibilidade

---

[4] MOTTA, Carlos Pinto Coelho. *Eficácia nas licitações e contratos*. 10. ed. Belo Horizonte: Del Rey, 2005. p. 223.

tem como elemento de definição a inviabilidade prática de se realizar o procedimento licitatório. Em outras palavras, a dispensa deriva de lei enquanto a inexigibilidade deriva da realidade fática.

Significa que, para alterar uma hipótese de dispensa, seja para criá-la, seja para extingui-la, é necessário haver alteração normativa. De outro lado, constatação de casos de inexigibilidade é decorrência do mundo real. Não se cria ou se altera os fatos por ato administrativo ou norma legal, eles simplesmente ocorrem e dessa forma devem ser tratados.

74.2 O mito de presunção de fraude pela inexistência do processo licitatório

A realização da licitação em detrimento da contratação direta foi a opção realizada pelo constituinte, derivada de um mito de que a licitação seria capaz de produzir sempre a melhor contratação. Esta ideia foi trabalhada na obra de Mendes e Moreira:

> Assim, é preciso superar a máxima de que a licitação é capaz de sempre produzir a melhor contratação e reduzir a corrupção, pois isso não é verdade. Trata-se apenas de uma meia verdade, ou seja, uma verdade relativa ou apenas parcial (que traz consigo uma "meia mentira"). Precisamos rejeitar o mito de que a licitação é o caminho que conduz necessariamente ao céu, pois ela também tem levado a Administração a conhecer reiteradamente o inferno. Essa é uma realidade triste e que tem atentado contra a ideia fundamental de que as ações administrativas devem propiciar o melhor negócio, a melhor relação benefício-custo. Temos um grande desafio cultural a superar. Precisamos urgentemente de um novo referencial.[5]

Os autores seguem ao afirmar que não existe o afastamento da corrupção na licitação ou a predisposição aos atos ímprobos na inexigibilidade, pelo contrário:

> Sempre que as palavras "polícia federal" e "operação" aparecem juntas, em seguida, ouvimos outra associada: "licitação". Raramente aparece a palavra "inexigibilidade" no lugar da licitação. A razão é simples. Quem tem predisposição para praticar corrupção não contrata por dispensa ou inexigibilidade, faz licitação (muitas vezes, do tipo técnica e preço) e sucessivos e inexplicáveis termos aditivos. É assim que os cartéis funcionam: por meio de pactos que dirigem o resultado de várias licitações, a beneficiar indevidamente a todos os envolvidos. É mais fácil fazer a licitação mesmo que ela não seja cabível, como nos casos em que não é possível definir, comparar ou julgar por critérios objetivos.[6]

A realização de um procedimento licitatório não é, por si, um atestado de probidade e idoneidade para uma determinada contratação. É possível, e existem exemplos diários veiculados pela mídia que comprovam a possibilidade de se ter uma contratação ímproba por meio de um procedimento licitatório.

---

[5] MENDES, Renato Geraldo; MOREIRA, Egon Bockmann. *Inexigibilidade de licitação*: repensando a contratação pública e o dever de licitar. Curitiba: Zênite, 2016. p. 83.

[6] MENDES, Renato Geraldo; MOREIRA, Egon Bockmann. *Inexigibilidade de licitação*: repensando a contratação pública e o dever de licitar. Curitiba: Zênite, 2016. p. 83-84.

Da mesma forma, a contratação mediante dispensa ou inexigibilidade de licitação não implica em ser um ato de improbidade ou de imoralidade. As contratações diretas representam a maioria das contratações públicas e não se pode afirmar que isso significa que todos esses processos sejam irregulares. É importante ficar claro que não se está aqui a propor livre contratação sem licitação, independentemente do enquadramento de hipótese legal de dispensa ou de situação fática que justifique a inexigibilidade de licitação.

Justen Filho[7] ensina que as distinções entre os institutos são evidentes, não sendo apenas uma questão irrelevante ou meramente retórica, mas sim, processos de natureza e regime jurídico diversos.

A inexigibilidade é um conceito logicamente anterior ao da dispensa. A inexigibilidade não é instaurada porque não é possível a competição. Nestes casos, deflagrar o procedimento licitatório implicaria em não receber proposta nenhuma, ou receber uma proposta inadequada. Em resumo, a inexigibilidade é uma imposição da realidade, enquanto a dispensa é uma criação legislativa.

Nesta mesma linha, Gasparini[8] explica que a inexigibilidade se difere da dispensabilidade porque, nesta última, a licitação é possível, mas não se realiza por conveniência administrativa. Enquanto naquela é impossível, por impedimento de ordem fática.

De outro lado, autores importantes abordam de forma simplificada o tema das inexigibilidades e acabam por reforçar a ideia de que a inexigibilidade se daria apenas nos casos em que há exclusividade.

Os conceitos apresentados por essa segunda corrente de autores estão, com o mais elevado respeito, equivocados. Basta ler os incisos II e III do artigo 25 da Lei nº 8.666/1993, agora nos incisos II a V do artigo 74 da Lei nº 14.133/2021, para verificar que a inviabilidade de competição não se dá apenas nos casos de exclusividade.

Não obstante, a quantidade de autores que apresentam esse conceito equivocado é tamanha que a informação acaba se propagando como uma verdade, dando a equivocada impressão de que inexigibilidade de licitação é quase um sinônimo de fornecedor exclusivo. Diante disso, são frequentes as conclusões equivocadas quando apreciadas as inexigibilidades, gerando no gestor público um sentimento de medo e paralisia, por estar contornado por esta forte insegurança jurídica, que, diante da ausência de norma expressa, acaba sendo surpreendido por ações dos órgãos de controle, ainda que atuando dentro da legalidade.

A inexigibilidade de licitação é configurada pela inviabilidade mundana de se atender ao comando constitucional que determina a obrigatoriedade da licitação. Ocorre que, ainda que o constituinte queira que todos os contratos sejam licitados, a realidade dos fatos, em alguns casos, não permite que se realize um procedimento licitatório prévio.

Aqui reside o núcleo fundamental da licitação inexigível: trata-se de hipótese na qual é inviável a competição.[9] Contudo, este texto, na forma como está na Lei nº 14.133/2021, contribui para uma conclusão equivocada, que confunde a inexigibilidade de licitação com a exclusividade de fornecimento.

---

7 JUSTEN FILHO, Marçal. *Comentários à lei de licitações e contratações administrativas*: Lei nº 14.133. São Paulo: Thomson Reuters, 2021. p. 959.

8 GASPARINI, Diógenes. *Direito administrativo*. 13. ed. São Paulo: Saraiva, 2008. p. 548.

9 CITADINI, Antonio Roque. *Comentários e jurisprudência sobre a lei de licitações públicas*. 2. ed. São Paulo: Max Limonad, 1997. p. 188.

A realização de um procedimento licitatório não prescinde da possibilidade de obter pluralidade de propostas, uma vez que não há como realizar uma competição com um único participante. Nesse sentido, Bandeira de Mello[10] explica a inviabilidade lógica do certame pela falta de seus "pressupostos lógicos", que classifica em duas possibilidades: a) singularidade do objeto, a existência de um único objeto possível com um único fornecedor; ou b) singularidade do ofertante, quando há diversos objetos que podem atender à demanda da administração, mas todos dominados por um único fornecedor.

A visão que compreende a ausência de competição de forma mais restrita, resumida à exclusividade de fornecimento (por singularidade de objeto ou de fornecedor), é amplamente difundida na doutrina, por exemplo, por autores como, além do já mencionado Prof. Celso Antônio Bandeira de Mello, Tanaka,[11] Gasparini[12] ou Leite Junior.[13]

Que a inviabilidade de competição gera a inexigibilidade de licitação não há dúvida. A leitura do artigo 74 da Lei nº 14.133/2021 já possibilita essa análise. O verdadeiro problema reside, no entanto, em tentar definir limites teóricos e precisos para o que estaria englobado no conceito de inviabilidade de competição.

Meirelles enfrenta este tema conceituando a inexigibilidade de licitação como a "impossibilidade jurídica de competição entre contratantes, quer pela natureza específica do negócio, quer pelos objetivos sociais visados pela Administração".[14] Este conceito de impossibilidade jurídica de competição é mais didático, a nosso ver, que o conceito positivado de inviabilidade de competição. Isso porque a inviabilidade de competição, quando lida isoladamente, traz a ideia imediata de exclusividade de fornecimento, o que explicaria uma hipótese de inexigibilidade, mas não a totalidade dos casos.

Em obra fruto de sua tese de doutoramento, Niebuhr[15] reforça o conceito da inexigibilidade com outro importante ponto explicativo da noção de inviabilidade de competição: a impossibilidade de realizar comparação objetiva entre os possíveis licitantes.

Essa noção, ainda que não se considere claramente presente no *caput* do artigo 74 da Lei nº 14.133/2021, sob a expressão "inviabilidade de competição", foi exemplificada nos incisos II e III do artigo 74 (contratação de artistas e serviços técnicos especializados) que demonstram que a inviabilidade de competição pode ocorrer em situações nas quais existe competição sob o ponto de vista privado-mercadológico.

A inviabilidade de competição prevista na Lei nº 14.133/2021 deve ser compreendida sob a ótica da Lei de Licitações, o que significa que só haverá viabilidade de competição nos casos em que houver a possibilidade de comparação objetiva das propostas. Do contrário, não se tem licitação, mas sim um simulacro, mais ou menos arremedado.

---

[10] BANDEIRA DE MELLO, Celso Antônio. *Curso de direito administrativo*. 32. ed. São Paulo: Malheiros, 2015. p. 557.

[11] TANAKA, Sônia Yuriko. Dispensa e inexigibilidade da licitação. *In*: GARCIA, Maria (Coord.). *Estudos sobre a lei de licitações e contratos*. Rio de Janeiro: Forense Universitária, 1995. p. 52.

[12] GASPARINI, Diógenes. *Direito administrativo*. 13. ed. São Paulo: Saraiva, 2008. p. 550.

[13] LEITE JÚNIOR, Edgard Hermelino. Dispensa e inexigibilidade de licitação. *In*: ALVIM, Arruda; ALVIM, Eduardo Arruda; TAVOLARO, Luiz Antonio (Coords.). *Licitações e contratos administrativos*. 1. ed. 2. reimpr. Curitiba: Juruá, 2011. p. 244.

[14] MEIRELLES, Hely Lopes. *Direito administrativo brasileiro*. 42. ed. São Paulo: Malheiros, 2016. p. 333-334.

[15] NIEBUHR, Joel de Menezes. *Dispensa e inexigibilidade de licitação pública*. 4. ed. Belo Horizonte: Fórum, 2015. p. 37.

Cardoso[16] trata da inviabilidade de competição como a consequência da ausência de algum pressuposto lógico do certame, seja pela singularidade do objeto, seja pela exclusividade do ofertante, ou quaisquer outros não exemplificados, mas que tornariam inconcebível a realização da licitação.

Uma situação pouco explorada na doutrina, de inviabilidade da realização da licitação para selecionar aquele que será contratado pela Administração é a limitação temporal. Muitas vezes, a Administração é obrigada a fazer uma contratação num prazo que não lhe permite realizar um regular procedimento licitatório, obedecendo aos prazos impostos pela legislação.

Exemplo comum desses casos é a ordem judicial para fornecer medicamentos de alto custo a um paciente, no qual o magistrado determina que se cumpra aquela ordem em um prazo muito curto, 48 horas, três dias ou um pouco mais, o que inviabiliza, por completo, a realização de um certame licitatório para fazer a aquisição daquele produto, obrigando a Administração a comprar sem prévio procedimento licitatório, mesmo havendo muitos possíveis fornecedores, mesmo sendo possível (mercadologicamente) fazer uma competição entre eles. O que é impossível não é a competição de mercado, mas sim a licitação.

Nota-se, assim, que o espectro de abrangência do conceito de inviabilidade de competição começa a se expandir já nos exemplos trazidos pelo legislador no artigo 74. É possível delinear duas espécies claras de inviabilidade de competição na legislação: a) por exclusividade de fornecimento (inciso I e V); e b) por ausência de critérios objetivos que possibilitem a realização da licitação (incisos II, III e IV).

Essa ausência de critérios objetivos é denominada por Cammarosano[17] como os casos em que há a "inviabilidade de competição legalmente presumida".

Na mesma linha, Ferreira[18] esclarece que a doutrina caminha no sentido de pacificar o conceito de que o rol de hipóteses do artigo 25, ao tratar da Lei nº 8.666/1993, não é exaustivo, podendo ser ampliado a todos os casos em que não for viável a competição, conceito este que pode ser estendido ao artigo 74 da Lei nº 14.133/2021.

O conceito de competição trazido pelo legislador deve ser pensado em uma visão sistêmica da legislação como um todo. É um equívoco comum fazer a leitura do dispositivo sob o ponto de vista mercadológico, da inexistência de competição, por monopólio.

Contudo, não é este o conceito adotado pelo legislador. Ao conceituar a inviabilidade de competição na Lei de Licitações deve-se ter em mente a ideia de competição seguindo os regramentos definidos pela mesma legislação, sobretudo no que tange ao artigo 5º da Lei nº 14.133/2021, com os princípios a ela aplicáveis.

---

16 CARDOSO, Renato Augusto Hilel. Contratação Direta entre empresas subsidiárias/controladas: como preencher a lacuna? *Fórum de Contratação e Gestão Pública – FCGP*, Belo Horizonte, a. 12, n. 140, ago. 2013. Disponível em: https://bit.ly/2TjfJ2O. Acesso em 19 jul. 2021.

17 CAMMAROSANO, Márcio. Inexigibilidade de licitação – Conceito e preconceito. *Fórum de Contratação e Gestão Pública – FCGP*, Belo Horizonte, a. 15, n. 170, fev. 2016. Disponível em: https://bit.ly/3kzCwTa. Acesso em 19 jul. 2021.

18 FERREIRA, Roberto Tolomelli. A contratação direta de serviços técnicos singulares e especializados para treinamento e aperfeiçoamento de pessoal e sua adequada fundamentação sob a égide da eficiência. *Fórum de Contratação e Gestão Pública – FCGP*, Belo Horizonte, a. 17, n. 193, p. 58-76, jan. 2018. Disponível em: https://bit.ly/3BmgRDZ. Acesso em 19 jul. 2021.

Logo, o termo "inviabilidade de competição" utilizado pelo legislador deve ser interpretado como a inviabilidade de realização de procedimento licitatório, vez que é neste formato que se adota a competição para a realização de contratos administrativos.

Para considerar se é viável a realização de procedimento licitatório, certamente não deve ser observada apenas a quantidade de competidores existentes no mercado, mas também se é possível realizar um procedimento licitatório em conformidade com as regras estabelecidas pela legislação, inclusive quanto aos prazos necessários para uma determinada situação concreta.

A inexigibilidade de licitação é um instituto fático. São os contornos da situação real que delimitam se é cabível, ou não, a inexigibilidade de licitação. Em suma, qualquer situação concreta em que for inviável a competição estará caracterizada a inexigibilidade. Nas palavras de Pereira Júnior: "O leque de situações em que se apresenta tal impossibilidade é largo e variado, por vezes surpreendente".[19]

Um dos exemplos de situação fática que não viabiliza a competição por meio de procedimento licitatório é a hipótese de contratação de atividades cujo critério é eminentemente subjetivo.

Tiossi Junior[20] explica que para a licitação ser exigível deve ser possível assegurar que a Administração possa comparar propostas em condições de igualdade, e inexigível quando não for possível garantir tais condições.

Em outras palavras, a licitação só será aceitável nos casos em que a paridade entre os licitantes puder ser definida, comparada e julgada por critérios objetivos, ao passo que a subjetividade em qualquer um desses parâmetros conduzirá à inexigibilidade de licitação.

A impossibilidade de adotar critérios objetivos para a contratação de um determinado objeto impede a consecução do princípio do julgamento objetivo e, consequentemente, inviabiliza a própria realização de uma competição via procedimento licitatório.

Não existe licitação com critérios subjetivos, pois o procedimento licitatório depende, por força do disposto no artigo 5º da Lei nº 14.133/2021, de um sistema objetivo que permita comparar propostas a serem apresentadas de forma técnica e imparcial, garantindo o princípio constitucional da isonomia, objetivo da realização do certame público, nos termos do inciso II do artigo 11 da Lei nº 14.133/2021.

Assim sendo, nas contratações em que não existe a possibilidade de se realizar uma competição que adote critérios objetivos, está caracterizada a inviabilidade de competição formulada no *caput* do artigo 74, tornando a licitação inexigível e, portanto, lícita a contratação sem procedimento licitatório prévio.

O próprio legislador demonstra a aplicabilidade desse raciocínio ao adotar dois exemplos que se enquadram na situação ora descrita. São os incisos II e III do artigo 74 da Lei nº 14.133/2021.

---

19 PEREIRA JÚNIOR, Jessé Torres. *Comentários à lei das licitações e contratações da administração pública*. 8. ed. Rio de Janeiro: Renovar, 2009. p. 343.

20 TIOSSI JÚNIOR, José Roberto. Inexigibilidade de licitação para contratação de serviços advocatícios na Lei das Estatais. *In*: REIS, Luciano Elias; CHIESORIN JÚNIOR, Laérzio. *Lei das empresas estatais*: responsabilidade empresarial e o impacto para o desenvolvimento econômico nacional. Curitiba: OAB-PR, 2017. p. 154.

Se tomada a contratação de artistas para a realização de um show como exemplo, existe uma pluralidade de competidores no mercado, mas não é possível, com a atual legislação de licitações, cotejar propostas para selecionar o artista que se apresentará em um evento público. Nenhum dos critérios possíveis de julgamento é capaz de selecionar a melhor proposta para contratar o show. Seja o menor preço, o maior desconto, a melhor técnica ou conteúdo artístico, a técnica e preço, o maior lance (só cabível no caso de leilão), ou o maior retorno econômico, todos os critérios possíveis pelo que disciplina o artigo 33 da Lei nº 14.133/2021.

É justamente desta definição de impossibilidade de se realizar o procedimento licitatório que deriva a interpretação extensiva do artigo 74. O legislador tomou o cuidado de, no *caput* do artigo, afirmar que a licitação será inexigível quando houver inviabilidade de competição e ainda concluiu com a expressão "em especial".

É muito clara a interpretação extensiva atribuída pelo próprio legislador. Nem poderia ser diferente. A inexigibilidade é a resposta para os casos insolucionáveis, que, por razões óbvias, jamais poderiam ser previstos em sua totalidade pelo legislador.

A inexigibilidade, portanto, nada mais é que a autorização legal implícita para que o gestor público não realize um certame quando este não for possível, quando não alcançará resultados práticos. Ora, se o certame é impossível, pouco importa se o legislador teria autorizado ou não a contratação direta. Esta é a conclusão de Rigolin,[21] para quem o artigo 25 da Lei nº 8.666/1993 (que corresponde ao artigo 74 da Lei nº 14.133/2021) nem precisaria existir e, inclusive, seria melhor se não existisse, pois os exemplos trazidos pelo legislador acabam confundindo mais do que esclarecendo.

O apontamento feito por Rigolin é acertado ao perceber a dificuldade ainda presente de a doutrina conseguir apresentar uma base sólida para conceituar a noção de inviabilidade de competição e as consequências que essa dificuldade gera na atuação prática, seja na realização de contratações diretas que deveriam ser objeto de licitação, seja pela realização de licitações em situações que não deveriam ser objeto de licitação, gerando ineficiência e o direcionamento de editais.

A contratação direta amplia significativamente o grau de discricionariedade do gestor público, que pode, em detrimento da isonomia, optar por esta ou aquela contratação. Em situações que são passíveis de competição e que não foram objeto de dispensa pelo legislador, é dever do gestor público realizar a licitação.

Ocorre que, nos casos em que a licitação é inviável, a sua realização pode gerar consequências nefastas à Administração Pública, com a realização de um certame com regras abertas e que resultem na contratação de objeto que não tem serventia nenhuma àquela Administração.

Tome-se, como exemplo, a contratação de um profissional para dar consultoria a um órgão público. A realização de uma licitação que tenha por exigência, exclusivamente, o nível acadêmico do profissional poderá gerar a contratação de um profissional sem o perfil adequado, e que fará com que o resultado prático daquela consultoria possa ser desastroso, gerando custo ao poder público sem o necessário retorno e, em casos excepcionais, podendo até mesmo levar a uma orientação em sentido equivocado.

---

[21] RIGOLIN, Ivan Barbosa. *Contrato administrativo*. Belo Horizonte: Fórum, 2007. p. 119.

Por outro lado, a escolha prévia de profissional, ainda que altamente qualificado, e o direcionamento do instrumento convocatório com determinadas exigências que apenas serão possíveis àquele sujeito inicialmente pretendido, tampouco atende ao interesse público.

Nota-se que a definição precisa dos contornos da inexigibilidade de licitação não pode ser relegada a uma mera retórica discussão conceitual. Trata-se de importante problema a ser respondido e que não vem sendo satisfatoriamente abordado pela doutrina.

Caminhando nessa direção vem Justen Filho, que tenta sintetizar as possibilidades em quatro categorias:

> É difícil sistematizar todos os eventos que podem conduzir à inviabilidade de competição. A dificuldade é causada pela complexidade do mundo real, cuja riqueza é impossível de ser delimitada por meio de regras legais. Uma tentativa de síntese está adiante exposta:
>
> – por ausência de pluralidade de alternativa
>
> Inviabilidade de – por ausência de "mercado concorrencial"
>
> Competição – por impossibilidade de julgamento objetivo
>
> – por ausência de definição objetiva da prestação.[22]

A essas quatro categorias poderíamos acrescentar, ainda que exemplificativamente, uma quinta, decorrente da ausência de tempo para realizar a licitação, quando a contratação tem que ser feita quase que de imediato, sem possibilitar transcorrer por todos os trâmites de um procedimento licitatório.

A dificuldade em sistematizar os eventos que podem gerar a inviabilidade de competição é inequívoca. Não obstante, é possível tomar as ideias do autor e avançar nessas categorias propostas, trazendo um corpo mais completo, ainda que, saiba-se, de antemão, da impossibilidade prática de se prever um rol extensivo de categorias, mas sim um sistema mais explicativo do que as propostas atualmente vigentes.

A categorização proposta anteriormente por Justen Filho é a mais completa encontrada na doutrina atualmente, de forma sistematizada. Ainda assim, por ser a inviabilidade de competição um instituto ligado aos problemas fáticos que podem ocorrer, a categorização poderia ser ampliada com outros casos possíveis.

Dentre os infinitos casos de inexigibilidade que podem ocorrer, o legislador entendeu conveniente citar cinco exemplos, arrolados nos incisos do artigo 74 da Lei nº 14.133/2021.

74.3 Fornecedor ou prestador de serviços exclusivos (art. 74, inciso I)

No primeiro exemplo de inexigibilidade de licitação apresentado na Lei nº 14.133/2021 de Licitações está a situação de inviabilidade de licitar por ausência de múltiplos competidores.

---

[22] JUSTEN FILHO, Marçal. *Comentários à lei de licitações e contratos administrativos*. 16. ed. São Paulo: Revista dos Tribunais, 2014. p. 492.

Em havendo no mercado um material, equipamento ou gênero que só possa ser fornecido por produtor, empresa ou representante comercial exclusivo, está caracterizada a inviabilidade de licitar por absoluta falta de outros possíveis interessados em disputar o contrato com aquele fornecedor ou prestador de serviços exclusivo.

Não se confunde a situação de exclusividade de fornecimento com a exclusividade de fabricação. É absolutamente comum que a Administração Pública esteja diante de uma necessidade que apenas um fabricante no mundo consegue atender, é o caso, por exemplo, da aquisição do sistema operacional *Windows*, adquirido nos casos de padronização. Ainda que apenas a Microsoft produza esse sistema, existem inúmeros fornecedores possíveis, o que afasta a exclusividade de fornecimento e, consequentemente, a inviabilidade de competição.

Deve a Administração, nesses casos, realizar o processo licitatório, mesmo indicando a marca que, justificadamente, é a única apta a atender às necessidades do órgão.

Na Lei nº 8.666/1993, essa situação está prevista no inciso I do artigo 25, trazendo a hipótese de contratação direta, por inexigibilidade, destinada à aquisição de materiais, equipamentos ou gêneros que sejam fornecidos com exclusividade por determinado agente privado. Naquela norma, essa hipótese de contratação direta só está pautada para os contratos de fornecimento, não abrangendo, portanto, as contratações de serviços.

Logo, em uma leitura restritiva do dispositivo legal, as contratações de serviços prestados com exclusividade por determinada empresa não se realizariam por inexigibilidade, nos termos daquele inciso I do artigo 25 da Lei nº 8.666/1993, que expressamente trata do contrato de fornecimento.

Mesmo antes do advento da Lei nº 14.133/2021, já defendíamos que essa interpretação, no entanto, não mereceria guarida, ao passo que, como visto, a inexigibilidade de licitação, ao contrário da dispensa, compõe uma lista de hipóteses exemplificativas, em que será inexigível a licitação, mas sem esgotar os casos de afastamento do procedimento licitatório.

Chaves[23] classifica como "desimportante" a questão de a exclusividade ser sobre compra ou serviço. A distinção seria apenas que na exclusividade de serviço o enquadramento seria no *caput* do artigo 25 da Lei nº 8.666/1993 e não no seu inciso I.

Se há um único possível contratado no mercado, existe a inexigibilidade por exclusividade, seja ela para compra ou para qualquer outra espécie de contrato, seja na Lei nº 8.666/1993, cuja redação é mais fechada, seja na Lei nº 14.133/2021, que sepulta qualquer dúvida quanto à abrangência da inexigibilidade no caso de uma única possível pessoa a ser contratada, pois estende a hipótese de inexigibilidade para a aquisição de materiais, de equipamentos ou de gêneros ou contratação de serviços.

Exemplo dessa contratação de serviço que usualmente ocorre por inexigibilidade é o dos contratos de manutenção de software, em que exista condição de exclusividade com determinado prestador de serviços, em geral o detentor da licença de uso.

Se não é possível que outros competidores apresentem propostas em um procedimento licitatório para disputar a prestação de determinado serviço, não há que se falar em licitação, mas sim em inexigibilidade.

---

[23] CHAVES, Luiz Cláudio de Azevedo. A contratação por inexigibilidade de licitação com fornecedor ou prestador de serviço exclusivo – Breve análise do art. 25, I da Lei nº 8.666/93. *Revista Brasileira de Direito Público – RBDP*, Belo Horizonte, a. 13, n. 49, p. 139-154, abr./jun. 2015. p. 20.

Logo, acertou o legislador ao ampliar o dispositivo legal da Lei nº 14.133/2021 para estabelecer de forma mais clara que a contratação por inexigibilidade é viável, também, para os casos de prestação de serviços.

Outra condição que deve ser observada no emprego desse inciso I do artigo 74 da Lei nº 14.133/2021, para fundamentar uma contratação direta, é a vedação do legislador à preferência de marca feita no §1º desse mesmo artigo.

Isso não significa que o gestor está totalmente impedido de definir uma marca do produto que pretende adquirir. Cretella Júnior[24] defende a definição de marca em situações nas quais isso se faça necessário para atender às necessidades da Administração.

Na Lei nº 14.133/2021, em inovação com relação à Lei nº 8.666/1993, está bem clara a possibilidade de estabelecimento de marca nos casos previstos nas alíneas a e b[25] do inciso I do artigo 41.

É possível a eleição de uma marca para o objeto, desde que essa marca seja, de fato, necessária à Administração. São exemplos nesse sentido os casos de padronização, em razão da compatibilidade com itens pré-existentes, como peças para manutenção ou insumos nos casos em que há regra específica para vigência da garantia do equipamento, entre outros.

O que não se admite é a escolha de uma marca sem que essa opção esteja apoiada no real interesse público, baseado apenas na predileção ou aversão pessoal do administrador, diga-se de passagem, preferência subjetiva que é muito razoável e até admitida na sua vida privada, mas que não pode ser imposta numa contratação pela Administração Pública.

Em havendo fundamentação concreta que imponha a necessidade de estabelecer uma marca e que isso leve a um único fornecedor é perfeitamente possível a contratação direta, por inexigibilidade, assentada no *caput* do artigo 74 da Lei nº 14.133/2021.

No entanto, o gestor deve estar seguro de que aquele objeto somente poderá ser fornecido por aquele sujeito e essa segurança não será dada, de fato, pela documentação prevista no §1º do artigo 74, que passamos a tratar.

74.3.1 Documentação apta a atestar a exclusividade (§1º do art. 74)

O artigo 74 traz cinco exemplos de inexigibilidade, acompanhados de cinco parágrafos, cada qual disciplinando uma das inexigibilidades. Por esta razão, entendemos que a apresentação do tema seria mais didática com a explanação de cada inciso em conjunto com seu parágrafo, ao invés do modelo de comentário tradicional de todos os incisos e depois todos os parágrafos.

Nas contratações promovidas pela Lei nº 8.666/1993, o legislador prevê como único documento passível de comprovar a exclusividade o atestado fornecido pelo órgão de registro do comércio local ou por sindicato, federação ou confederação patronal.

Esse modelo é engessado e limita as possibilidades de ateste da característica exclusiva do fornecimento, desconsiderando que nem todos os objetos seriam passíveis desse tipo de atestado.

---

[24] CRETELLA JÚNIOR, José. *Das Licitações Públicas*. 18. ed. Rio de Janeiro: Forense, 2008. p. 241-242.

[25] As hipóteses das alíneas *c* e *d* do inciso I tratam da marca como uma referência e, portanto, em condição de não exclusividade, o que não se aplicaria ao caso da exclusividade prevista neste dispositivo.

Além disso, as entidades usualmente empregadas para conceder o atestado de exclusividade, muitas vezes, têm base territorial restrita à cidade ou ao estado e não têm conhecimento sobre o que é fornecido pela totalidade das empresas disponíveis no mercado, cumprindo tão somente um papel burocrático para atendimento àquela exigência legal.

Neste ponto, o texto da Lei nº 14.133/2021 é mais moderno e produz mais segurança jurídica, ao ampliar o rol de documentos e tornar mais viável a sua obtenção, sendo mais eficaz para demonstrar o que se pretende saber, que é a condição de exclusividade do fornecimento.

Importante destacar que a exclusividade de fornecimento deve ser comprovada a cada situação. A inviabilidade de licitação é condição fática e momentânea e que pode ser modificada ao longo do tempo.

Nesse sentido lembramos que as relações comerciais no país mudaram muito desde 1967, quando a situação do fornecedor exclusivo foi prevista na legislação como uma condição para a contratação direta[26] e até mesmo depois do Decreto-Lei nº 2.300/1986,[27] quando essa situação passou a ser considerada uma hipótese de inexigibilidade de licitação.

Hoje é possível importar diversos produtos, o que até alguns anos não era permitido, assim como é caracterizada infração à ordem econômica[28] a recusa de venda de um produto a outrem em condições de mercado.

Logo, em geral, excetuando atividades *sui generis* altamente regulamentadas, um distribuidor qualquer pode comprar o produto do fabricante, que não pode se negar a fornecer-lhe, e depois vender à Administração, quebrando o raciocínio já enraizado da exclusividade de fornecimento.

Não basta que o contratado tenha apresentado um atestado de exclusividade emitido pelas entidades relacionadas no §1º do artigo 74 da Lei nº 14.133/2021 para caracterizar a inviabilidade de licitação. Até porque, muitas vezes, esses documentos atestam apenas que a empresa é o fabricante (não o fornecedor) exclusivo daquele produto no País, como alerta Boselli.[29]

Um produto pode ser produzido por apenas um único fabricante no país, ou até mesmo no mundo, mas ser comercializado normalmente no mercado por diversas empresas, como distribuidoras, o que possibilita a realização da licitação e, por conseguinte, afasta a inexigibilidade de licitação.[30]

Neste cenário, é imperativo que o gestor verifique, no caso concreto, se na situação específica é, de fato, impossível licitar. E essa verificação deve ser repetida a cada nova contratação. Isso porque um mercado que possui fornecedor exclusivo hoje

---

[26] A contratação direta, no caso de fornecedor exclusivo, era considerada como um dos casos de dispensa de licitação pela alínea *d* do §2º do artigo 126 do Decreto-Lei nº 200/1967, já revogado.

[27] A redação do inciso I do artigo 23 do Decreto-Lei nº 2.300/1985, já revogado, dava como um dos exemplos de inexigibilidade de licitação a aquisição de materiais, equipamentos ou gêneros que só possam ser fornecidos por produtor, empresa ou representante comercial exclusivo.

[28] O inciso XI do art. 36 da Lei nº 12.529/2011 caracteriza como infração da ordem econômica recusar a venda de bens ou a prestação de serviços, dentro das condições de pagamento normais aos usos e costumes comerciais. Esse dispositivo é praticamente o mesmo do inciso XIII do artigo 21 da Lei nº 8.884, de 11 de junho de 1994, que foi revogada pela Lei nº 12.529/2011.

[29] BOSELLI, Paulo José Braga. *Como ter sucesso nas licitações.* São Paulo: Edicta, 1998. p. 90.

[30] Neste sentido, Acórdão nº 2950/2020 – Plenário – do Tribunal de Contas da União.

pode ser modificado com a entrada de novos participantes, o que retiraria a condição de exclusividade daquela empresa.

74.4 Contratação de artistas (art. 74, inciso II)

O segundo exemplo apresentado pelo legislador para a inexigibilidade de licitação é a contratação de profissionais de qualquer setor artístico, consagrado pela crítica especializada ou pela opinião pública.

Este é um claro exemplo em que se nota a inviabilidade de competição em função das características absolutamente subjetivas de avaliação do que seria a proposta mais vantajosa para a Administração.

A escolha de um artista para apresentar-se em um show é permeada de critérios altamente subjetivos e que são incompatíveis, portanto, com a realização do procedimento licitatório em si.

As variáveis para se definir a melhor escolha são infinitas, desde o estilo, a afinidade com o público específico, os valores cobrados por esses artistas, a disponibilidade de agenda do artista, o tipo de estrutura exigido por cada um, dentre muitos outros.

O que fundamenta a inviabilidade de competição para a contratação de artistas é a impossibilidade de cotejamento de propostas com critérios objetivos e não a existência de uma única solução possível.

Niebuhr traz a discussão sobre a viabilidade da contratação de artistas amadores com base nesse mesmo dispositivo, entendendo pela inexigibilidade:

> Outrossim, advirta-se que o referido inciso III do artigo 25 não proíbe a contratação de artistas amadores. Ele apenas preceitua que a contratação deles não é feita por inexigibilidade, obrando em contradição, já que para os artistas profissionais reconhece a inviabilidade de competição e, por conseguinte, a inexigibilidade. Mas, para admitir tal distinção, a natureza do contrato de artista amador deve ser diversa da natureza do contrato de artista profissional, o que, evidentemente, não é verdadeiro. Num e noutro caso, a escolha do artista depende de critério subjetivo, calcado na criatividade, o que torna inviável a competição e, por efeito, autoriza a inexigibilidade. Ademais, é possível que artista amador seja consagrado pela crítica e pelo público, seja mais renomado do que uma plêiade de artistas profissionais. A arte depende da sensibilidade e da expressão, não dos registros da Delegacia do Trabalho.[31]

Nos afiliamos a esse entendimento. Há que se lembrar, sempre, que o rol de incisos previstos no artigo 74 é meramente exemplificativo e, portanto, admite a possibilidade de uma interpretação extensiva de seu texto, ao contrário do que ocorrerá quando tratarmos dos casos de dispensa de licitação previstos no artigo 75 da Lei nº 14.133/2021.

74.4.1 Documentação de empresário exclusivo (§2º do art. 74)

O legislador impôs como condição para que se utilize esse dispositivo para a inexigibilidade de licitação, além de o artista ser renomado, que a contratação seja

[31] NIEBUHR, Joel de Menezes. *Dispensa e inexigibilidade de licitação pública*. 4. ed. Belo Horizonte: Fórum, 2015. p. 188.

feita diretamente com o artista ou por intermédio de seu empresário exclusivo. Ou seja, teoricamente, se o artista for representado por vários empresários diferentes, seria possível a realização da competição entre esses empresários, para se chegar à proposta mais vantajosa para a Administração.

Na prática, não existe esse mecanismo. Ainda que outros empresários possam agenciar um mesmo artista, as regras de contratação entre eles com critérios de datas, regiões, tipos de eventos, dentre outros, inviabilizam a competição de qualquer maneira.

A limitação de empresário exclusivo implica tornar o assunto apenas mais um tema de avaliação dos órgãos de controle, que acabam por apontar irregularidades nos casos em que essa condicionante não existe, como se fosse possível licitar um artista, situação que é efetivamente verificada na prática, como pode ser observado, por exemplo, no Acórdão nº 1.435/2017 – Plenário do Tribunal de Contas da União.

O referido acórdão trata de situação em que o artista poderia ser contratado pelos critérios do artigo 25, III, da Lei nº 8.666/1993, mas que o empresário utilizado para intermediar a contratação teria apresentado carta de exclusividade apenas para a data daquele evento específico.

Com respeito à posição divergente da Corte de Contas, o entendimento de que o empresário exclusivo o ano todo é condicionante à inexigibilidade de licitação e que, sem essa estrutura, seria viável a competição não é atinente à estrutura exemplificativa da inexigibilidade de licitação.

Ainda que o artista não tenha um empresário exclusivo para o ano todo, isso não confere ao caso concreto a possibilidade de licitar.

Imagine-se o exemplo em que determinado artista, nacionalmente renomado e reiteradamente presente no "Carnaval de Salvador", firme contrato de exclusividade com uma empresa que o agencie pelos próximos anos no período do carnaval, só nos carnavais. Não há dúvida que não existe a viabilidade de competição no caso concreto. Mesmo com uma declaração de exclusividade por um período e não pelo ano todo, a situação permaneceria como inexigível.

A licitação neste caso seria impossível. O contrato entre artista e empresa estabelece que, durante o período do carnaval, há uma relação de exclusividade. Logo, não há como licitar.

O entendimento contrário implicaria na ideia de que não seria possível contratar esse artista específico, o que não faz sentido, posto que o inciso III do artigo 25 da Lei nº 8.666/1993, assim como o inciso II do artigo 74 da Lei nº 14.133/2021, não tem o seu pressuposto lógico calcado na inviabilidade de competição, mas sim, na impossibilidade de estabelecer requisitos objetivos de comparação das propostas.

Na prática, a questão se torna ainda mais complexa. A exigência (legal e jurisprudencial) de que se tenha um empresário exclusivo para que determinado artista seja contratado por inexigibilidade também dá azo a todo tipo de desvio e fraude documental.

O que impediria determinado artista de forjar um contrato permanente e firmar uma contratação pública por inexigibilidade para, dias depois, rescindir esse contrato e firmar outro contrato permanente e assim seguir sucessivamente?

A restrição nos parece um equívoco, ao passo que confunde o pressuposto lógico da contratação por inexigibilidade nesse caso concreto.

Não obstante, em que pese a crítica que aqui tecemos, é evidente que deve o gestor agir com cautela e seguindo as diretrizes legais e jurisprudenciais. A crítica aqui travada é tecida do ponto de vista da necessidade da evolução normativa e jurisprudencial, mas não como um salvo-conduto ao gestor para praticar atos contrários à regra vigente.

A inexigibilidade de licitação decorre de uma situação factual, cujo conjunto completo é impossível de ser listado, dessa forma, sempre que estiver bem caracterizada a inviabilidade de licitar, estará caracterizada a inexigibilidade. Portanto, o texto do §2º do artigo 74 não deveria ter o condão de impedir que se faça uma contratação direta nos casos em que não cumprir todas as condições estabelecidas naquele parágrafo.

Em suma, independentemente do texto dado pelo legislador na redação dos incisos e parágrafos do artigo 74 da Lei nº 14.133/2021, é imperativo que se demonstre, de fato, para aquele caso concreto, que não é possível realizar a licitação, para que então seja legal a contratação direta por inexigibilidade.

Demonstrada essa inviabilidade, a escolha do artista, desde que devidamente justificável, passa a compor o espectro da discricionariedade do gestor e não poderia, salvo demonstração da mais clara dissonância com os princípios que regem a Administração Pública, ser questionada pelos órgãos de controle.

Por medida de cautela, se a contratação direta por exclusividade pretendida não se amoldar perfeitamente num dos incisos do artigo 74 da Lei nº 14.133/2021, mas for um caso em que é impossível de licitar, o enquadramento deve ser feito no *caput* do artigo 74, mesmo sendo um fornecedor exclusivo, serviços técnicos especializados de natureza predominantemente intelectual, artista ou imóvel.

74.5 Serviços técnicos especializados com profissional de notória especialização (art. 74, inciso III)

O terceiro exemplo de inexigibilidade trazido no artigo 74 da Lei nº 14.133/2021 é a contratação de serviços técnicos especializados de natureza predominantemente intelectual, com profissionais ou empresas de notória especialização.

O dispositivo modificou a topografia da legislação ao trazer o artigo 13 da Lei nº 8.666/1993, que era utilizado como rol de serviços especializados aptos a gerar a contratação por inexigibilidade.

A mudança tornou mais simples a leitura do dispositivo e trouxe um novo item ao rol da lei anterior, previsto na alínea h do inciso III do artigo 74 da Lei nº 14.133/2021, destinado à contratação de controles de qualidade e tecnológico, análises, testes e ensaios de campo.

Um tema que sempre gerou grande debate em torno deste dispositivo é o caráter da lista apresentada no então artigo 13 da Lei nº 8.666/1993, agora dentro do próprio inciso III do artigo 74.

Há importante discussão aqui quanto ao rol de serviços ser extensivo ou restritivo, ou seja, se seria possível que outros serviços fossem contratados, ampliando a lista apresentada pelo legislador.

Como já apresentamos, a inexigibilidade de licitação, ao contrário da dispensa, caracteriza-se pela sua natureza fática, não jurídica. Logo, a inexigibilidade deriva da condição do contrato a ser realizado, não de uma construção normativa. Essa característica é bastante evidenciada no caput do artigo 74, ao utilizar a expressão "em especial" para listar os exemplos de inexigibilidade. Se a própria lista de incisos que tratam dos casos de inexigibilidade é uma lista não restritiva, não faria sentido interpretarmos a lista de serviços especializados, que nada mais é do que uma lista dentro da lista de inexigibilidades, como sendo um rol taxativo.

Na inexigibilidade para serviços singulares também vale a afirmativa quanto às inexigibilidades de licitação exemplificadas na Lei de Licitações. A hipótese trazida no inciso III do artigo 74 da Lei nº 14.133/2021 é exemplificativa e não poderia, portanto, ser usada como impedimento de se fazer contratações diretas em situações semelhantes em que não estejam cumpridas algumas das condições ali impostas.

Também é caso de inexigibilidade por inviabilidade de competição a contratação de um serviço que não esteja relacionado no artigo 13 da Lei nº 8.666/1993, desde que tal atividade, por sua tecnicidade, implique que seja executado por pessoa que possua uma habilidade muito específica, que, aliás, pode até nem estar enquadrada nos conceitos de notório especialista estabelecido na Lei.

Nesse sentido vem o entendimento de Niebuhr,[32] ao afirmar que não seriam apenas os casos do artigo 13 da Lei nº 8.666/1993 que poderiam ser objeto de inexigibilidade. O autor discute o tema argumentando que a Lei nº 8.666/1993, em seu artigo 25, vedou a realização de inexigibilidade para publicidade e divulgação. Ocorre que este serviço não está no rol dos serviços especializados do artigo 13. Logo, há claro indicativo de que a lista é meramente exemplificativa.[33]

Duas são as linhas a serem analisadas aqui. Se de um lado a lista deve ser interpretada exemplificativamente, de outro, temos que recordar que o que gera a situação de inexigibilidade do inciso III do artigo 74 é a inviabilidade de competição pela característica do serviço técnico especializado de natureza predominantemente intelectual. Logo, ao mesmo tempo que a lista é exemplificativa, os casos nela relacionados nem sempre serão contratados por inexigibilidade de licitação. Isso porque é possível que a Administração pretenda contratar serviço arrolado no inciso III, mas sem grau de complexidade relevante. Serviço que esteja na lista normativa, mas seja ordinário, corriqueiro a todos os profissionais da área. Neste cenário, a licitação mostra-se como o caminho a ser seguido.

Alternativa ao processo licitatório, para os casos em que o serviço é relativamente corriqueiro, mas a licitação se afasta do interesse público, teríamos a possibilidade do credenciamento, que abordaremos com mais profundida no inciso IV do artigo 74 da Lei nº 14.133/2021.

A inexigibilidade significa a inviabilidade de realizar uma licitação que atenda ao interesse público, valendo-se da lei geral de licitações. A realização de uma licitação de publicidade pela Lei nº 14.133/2021 ou mesmo pela Lei nº 8.666/1993 não atende ao

---

32 NIEBUHR, Joel de Menezes. *Dispensa e inexigibilidade de licitação pública*. 4. ed. Belo Horizonte: Fórum, 2015. p. 164.

33 Embora não estivesse no rol original do artigo 13, a Lei nº 8.883/1994 buscou inserir o inciso VIII, que traria para os casos de serviços técnicos especializados a atividade de publicidade e divulgação, mas foi vetado pelo então Presidente da República. Ainda assim, o argumento permanece válido, posto que não estava na redação original do artigo 13 e a vedação do artigo 25 já constava do texto legal em 1993.

interesse público, sendo um procedimento ineficaz. Por isso, criou-se um procedimento específico para esse tipo de contratação, a Lei nº 12.232/2010, que dispõe sobre as normas gerais para licitação e contratação pela Administração Pública, de serviços de publicidade prestados por intermédio de agências de propaganda.

Por essas razões, filiamo-nos à corrente doutrinária que entende pela possibilidade de ampliação do rol de serviços técnicos especializados de natureza predominantemente intelectual, previsto no inciso III do artigo 74 da Lei nº 14.133/2021, desde que, repisa-se, seja impossível realizar licitação para tal.

Outro tema complexo desse caso sempre foi a singularidade exigida pela Lei nº 8.666/1993. Para que se caracterize a inviabilidade de licitação, o serviço deve ser singular, atípico, muito especial. Não é possível usar essa condição de inexigibilidade para a contratação de um serviço corriqueiro.

O requisito da singularidade é tema que gera frequente embate na doutrina e na jurisprudência. O conceito de singularidade é de árdua definição e a justificativa, no caso concreto, por vezes mostra-se bastante espinhosa.

Como exemplo, cita-se a Súmula nº 04/2012 do Conselho Federal da Ordem dos Advogados do Brasil, que afirma:

> ADVOGADO. CONTRATAÇÃO. ADMINISTRAÇÃO PÚBLICA. INEXIGIBILIDADE DE LICITAÇÃO. Atendidos os requisitos do inciso II do art. 25 da Lei nº 8.666/1993, é inexigível procedimento licitatório para contratação de serviços advocatícios pela Administração Pública, dada a singularidade da atividade, a notória especialização e a inviabilização objetiva de competição, sendo inaplicável à espécie o disposto no art. 89 (*in totum*) do referido diploma legal.

A súmula aponta que a contratação de serviços advocatícios pela Administração Pública seria caso de inexigibilidade, por considerar a singularidade da atividade.

Essa súmula é frequentemente relativizada em decisões dos órgãos de controle, quando entendem que existem serviços advocatícios impossíveis de serem enquadrados como serviço de natureza singular, ainda que seja serviço técnico, previsto no artigo 13 da Lei nº 8.666/1993.[34]

Nesse sentido, recentemente tivemos a publicação da Lei nº 14.039/2020, que alterou o Estatuto da OAB, para incluir o artigo 3º-A, com a previsão de que os serviços dos advogados são, por sua natureza, técnicos e singulares. A mesma norma alteradora também promoveu mudança no artigo 25 do Decreto-Lei nº 9.295/1946, com o escopo de estabelecer que os serviços de contabilidade também são técnicos e singulares.

Essas normas tentam trazer essas atividades para uma contratação por inexigibilidade em todos os casos que envolvam advocacia e contabilidade, em contrariedade às decisões proferidas pelo Tribunal de Contas da União.

---

[34] Afastando essa discussão, a Lei nº 13.303/2016, que regulamenta as estatais, traz em seu artigo 30, II, regra similar de inexigibilidade, mas excluindo a expressão "natureza singular". Com isso, em relação às estatais, a regra da inexigibilidade resume-se aos fatores: a) serviço técnico especializado; e b) profissional de notória especialização. De outro lado, a Resolução nº 958/2012, que regulamenta as licitações e contratos no âmbito do SENAC, estabelece, em seu artigo 10, II, a ideia de inexigibilidade para serviços com empresa ou profissional de notória especialização, deixando de exigir tanto a natureza singular do serviço quanto o caráter técnico especializado.

Buscando definir a abstração do conceito de singular, Rigolin e Copola[35] afirmam que o conceito denota o trabalho inimitável, irrepetível, artesanal dentro de sua essencial intelectualidade. Em linha muito mais branda, Carvalho Filho[36] define a singularidade como o trabalho que apresente carga de particularização ou peculiaridade. Outro posicionamento é o apresentado por Mukai,[37] que define a singularidade como o serviço que não é vulgar, mas que seja distinto ou dotado de criatividade ímpar.

A definição é, sem dúvida, matéria complexa, e o conceito permanece dotado de larga margem interpretativa. Todos os autores mencionados e analisados utilizam de outros conceitos abstratos para definir a singularidade. Não se vislumbra a possibilidade de objetivar esse conceito na doutrina ou na jurisprudência.

Por esta razão, mostra-se bastante positiva a inovação da Lei nº 14.133/2021 ao excluir a expressão singularidade da condição dos serviços técnicos especializados de natureza predominantemente intelectual, para enquadrá-los como passíveis de serem contratados por exclusividade.

Com a exclusão da expressão "serviço singular", cabe ao gestor demonstrar a natureza técnica especializada e predominantemente intelectual do serviço. Note-se que, ainda que não exista mais a condição de ser singular, isso não significa que o caso de inexigibilidade passa a admitir que se contrate objetos ordinários e corriqueiros, que sejam perfeitamente passíveis de seleção da contratada por um regular procedimento licitatório.

74.5.1 Conceito de notória especialização (§3º do art. 74)

Ainda como requisito para a contratação por inexigibilidade de serviços técnicos previsto no inciso III do artigo 74, é exigido que o contratado tenha notória especialização, ou seja, aquele cuja excelência do trabalho naquela área específica possibilita entender que ele é indicado para executar o contrato pretendido pela Administração.

O §3º do artigo 74 da Lei nº 14.133/2021 define a notória especialização. Trata-se do profissional ou empresa com alto grau de especialização e renome, derivados de seus trabalhos profissionais, como publicações, formação acadêmica, palestras, estrutura, equipe técnica, dentre outros.

Referido dispositivo, ao tentar definir o conceito de notória especialização, oferece uma série de possibilidades para que se possa chegar à conclusão que determinado profissional seria passível de ser qualificado como um notório especialista.

As possibilidades de comprovação desse *status* profissional passam pela sua experiência profissional, publicações, equipe, estrutura ou outros requisitos que demonstrem que aquele profissional é adequado à satisfação do contrato.

---

35 RIGOLIN, Ivan Barbosa; COPOLA, Gina. Serviço singular não se licita!: a jurisprudência. *Fórum de Contratação e Gestão Pública – FCGP*, Belo Horizonte, a. 10, n. 110, fev. 2011. Disponível em: https://bit.ly/3hPeySl. Acesso em 19 jul. 2021.

36 CARVALHO FILHO, José dos Santos. *Manual de direito administrativo*. 32. ed. São Paulo: Atlas, 2018. p. 340.

37 MUKAI, Toshio. O sentido e o alcance da expressão "natureza singular" para fins de contratação por notória especialização. *Interesse Público IP*, Belo Horizonte, n. 25, a. 6, mai./jun. 2004. Disponível em: https://bit.ly/2UTBmqY. Acesso em 19 jul. 2021.

Cumpre destacar que na Lei nº 8.666/1993 a definição de notória especialização, dada pelo §1º do artigo 25, implicava ser o profissional ou a empresa "indiscutivelmente o mais adequado" para executar o contrato:

> §1º Considera-se de notória especialização o profissional ou empresa cujo conceito no campo de sua especialidade, decorrente de desempenho anterior, estudos, experiências, publicações, organização, aparelhamento, equipe técnica, ou de outros requisitos relacionados com suas atividades, permita inferir que o seu trabalho é essencial e *indiscutivelmente o mais adequado* à plena satisfação do objeto do contrato. (Grifou-se).

A redação dada pela Lei nº 14.133/2021 corrigiu essa condição e, segundo o que disciplina o §3º do artigo 74, o que precisa ser demonstrado para caracterizar a notória especialização é que o profissional ou a empresa é "reconhecidamente adequado à plena satisfação do objeto do contrato". Não havendo mais a comparação com outros para determinar que ele é o mais adequado.

Oliveira e Schiefler,[38] referindo-se à redação do §1º do artigo 25 da Lei nº 8.666/1993, que é muito parecida com a redação do §3º do artigo 74 da Lei nº 14.133/2021, alertam para o fato de o texto legal demandar notória especialização do profissional a ser contratado. Essa característica exige do gestor público uma motivação profunda e que indique, com a razoabilidade da seleção, as justificativas que comprovem que a escolha feita pelo gestor atende ao interesse público.

Essa notória especialização não pode ser compreendida como uma característica de exclusividade. O que caracteriza a inviabilidade de competição neste caso não é a falta de competidores, mas sim a dificuldade de estabelecer critérios objetivos de seleção que atendam às necessidades da Administração para resolver aquele problema que é muito peculiar.

74.5.2 Subcontratação nos casos de inexigibilidade (§4º do art. 74)

Ainda como requisito da inexigibilidade para contratação de serviços técnicos especializados, o legislador trouxe ao corpo da Lei um conceito já estabelecido pela doutrina e pela jurisprudência na vigência da Lei nº 8.666/1993. Trata-se da vedação à subcontratação de empresas ou alteração dos profissionais que justificaram a inexigibilidade.

A questão posta aqui é simples: a inexigibilidade está intimamente ligada à notória especialização daquele profissional que está sendo contratado, sendo uma decorrência lógica a inviabilidade de alteração desse prestador de serviço.

Tomemos como exemplo a contratação de um palestrante por inexigibilidade, com observância na sua experiência, nas suas obras publicadas, nos seus títulos acadêmicos. Após a efetiva contratação, este profissional não poderia subcontratar a apresentação da palestra para outra pessoa, sem a capacitação que embasou a contratação.

---

[38] OLIVEIRA, Gustavo Justino de; SCHIEFLER, Gustavo Henrique Carvalho. *Contratação de serviços técnicos especializados por inexigibilidade de licitação pública*. Curitiba: Zênite, 2015. p. 103-104.

Se o elemento justificador da inexigibilidade é a notória especialização daquele que está sendo contratado, é evidente que o profissional não pode ser substituído, sob pena de esvaziar a contratação em si.

O mesmo vale para a empresa que foi contratada sem licitação, por conta da sua notória especialização naquela atividade específica, comprovada por intermédio de sua experiência, sua equipe técnica e seu aparelhamento disponível para executar aquele serviço. Não faz o menor sentido que, depois de toda essa demonstração – que justificou a inexigibilidade de licitação – a execução do serviço seja repassada para uma subcontratada.

74.6 Credenciamento (art. 74, inciso IV)

Além das hipóteses que já estavam previstas na Lei nº 8.666/1993, em seu artigo 25, a doutrina e a jurisprudência foram definindo parâmetros sobre a possibilidade de desenvolver um modelo conhecido como credenciamento ou chamamento público.

Trata-se de um formato de contratação destinado às situações em que o interesse público será mais bem atendido com uma pluralidade de contratados, ao invés de um único contrato com a melhor proposta. Esse modelo já é trabalhado pela doutrina há muitos anos, como comenta, por exemplo, Sundfeld:

> Se a administração pretende credenciar médicos ou hospitais privados para atendimento à população e se admite credenciar todos os que preencham os requisitos indispensáveis, não se há de falar em licitação. É que o credenciamento não pressupõe qualquer disputa, que é desnecessária, pois todos os interessados aptos serão aproveitados.[39]

O credenciamento possibilita que a Administração contrate diversos prestadores de serviços para realizar uma mesma atividade, nos casos em que essa multiplicidade de contratados seja vantajosa.

Os critérios preço e qualidade são fixados pela Administração e fica o sistema disponível para aquele que tiver interesse em participar, desde que cumpra as regras de ingresso estabelecidas no edital de credenciamento.

Esse modelo é utilizado, por exemplo, para a contratação de laboratórios destinados à realização de exames médicos à população. A Administração estabelece o valor a ser pago por cada exame, normalmente baseado na tabela do Sistema Único de Saúde (SUS). Todos aqueles que cumpram os requisitos mínimos para prestação do serviço e aceitem ser remunerados naquelas condições podem participar do processo e ser credenciados para prestação do serviço, ampliando-se, assim, o leque de laboratórios disponíveis para a população, permitindo que o usuário do serviço escolha, dentre os credenciados, aquele que mais convier.

O sistema de credenciamento mostra-se bastante vantajoso quando utilizado adequadamente e permite a contratação de inúmeras atividades que, pelas regras das licitações convencionais previstas na Lei nº 14.133/2021, seriam inviáveis ou não atenderiam adequadamente ao interesse público.

---

[39] SUNDFELD, Carlos Ari. *Licitação e contrato administrativo:* de acordo com as Leis nº 8.666/93 e 8.883/94. São Paulo: Malheiros, 1994, p. 42.

Também pode ser considerada dentro deste modelo de credenciamento a prestação de serviços profissionais corriqueiramente necessários à Administração, como tradutores juramentados, por exemplo.

Outro caso frequente de utilização desse instituto é o credenciamento de professores nas escolas de governo, como é o caso da Escola Nacional de Administração Pública (ENAP), no governo federal, ou da Fundação Escola de Governo (ENA), no caso do Estado de Santa Catarina, dentre outras.

Essas instituições de ensino, dedicadas ao aperfeiçoamento dos servidores públicos, possuem bancos de cadastro, admitindo o credenciamento de professores, respeitando requisitos mínimos de qualificação e aceitando determinada remuneração, pré-fixada.

Recentemente, com o avanço da tecnologia e a proliferação dos aplicativos para celulares (*apps*), algumas prefeituras têm adotado o modelo de credenciamento também para disponibilizar a venda de tickets de estacionamento rotativo (zona azul), como é o caso de Curitiba e de Belo Horizonte, por exemplo.

Esse modelo de contratação para os aplicativos de zona azul possibilita que o usuário tenha uma maior gama de possibilidades de serviço para estacionar o veículo nas áreas da cidade delimitadas para tal, além de evitar a interrupção do serviço em caso de descontinuidade do sistema por parte de uma das empresas credenciadas.

Também pode ser mencionada a política de credenciamento de pequenos produtores regionais para o fornecimento de gêneros alimentícios. Essa política foi objeto de consulta ao Tribunal de Contas da União no Acórdão nº 351/2010 – Plenário:

> 9.2.3. Embora não esteja previsto nos incisos do art. 25 da Lei nº 8.666/1993, o credenciamento tem sido admitido pela doutrina e pela jurisprudência como hipótese de inexigibilidade inserida no caput do referido dispositivo legal, porquanto a inviabilidade de competição configura-se pelo fato de a Administração dispor-se a contratar todos os que tiverem interesse e que satisfaçam as condições por ela estabelecidas, não havendo, portanto, relação de exclusão;
>
> 9.2.4. Na hipótese de opção pelo credenciamento dos agricultores que formarão a rede de suprimento de gêneros para as organizações militares distribuídas na Amazônia Ocidental, deve ser observado que, para a regularidade da contratação direta, é indispensável a garantia da igualdade de condições entre todos os interessados hábeis a contratar com a Administração, pelo preço por ela definido.

Acertou o legislador ao positivar essa hipótese de inexigibilidade de licitação, que não estava prevista na Lei nº 8.666/1993, mas que já era bastante utilizada com base na doutrina e na jurisprudência.

Para o desenvolvimento do modelo de credenciamento, deve o gestor adotar um modelo isonômico e objetivo de utilização dos credenciados, de forma a não gerar o direcionamento da contratação a um único participante ou a um pequeno grupo.

Esse modelo rotativo de fornecedores possibilita garantir a isonomia buscada na contratação. Essa rotatividade é trabalhada por Torres em seu comentário sobre o tema:

> Deve-se evitar que, a despeito de uma pluralidade de particulares credenciados, possa a escolha do credenciado chamado a atender a demanda administrativa concreta decorrer da vontade do gestor público. Uma vez que não há vencedor, mas uma pluralidade de

> credenciados aptos ao atendimento da demanda administrativa, necessário resguardar a devida rotatividade, impedindo o beneficiamento a um ou a outro credenciado.[40]

Essa mesma isonomia pode ser garantida em outros formatos de seleção, quando, por exemplo, há a escolha do prestador de serviço pelo próprio público usuário, é o caso de credenciamento de oficinas para realização de vistoria veicular que é necessária por ocasião da transferência de propriedade ou de domicílio intermunicipal ou interestadual do proprietário do veículo. Nesses casos, o próprio usuário do serviço faz a seleção da oficina que irá realizar a vistoria, com o pagamento do serviço a partir de um critério previamente definido.

Esse modelo demonstra que a estrutura relevante é a existência de um critério apartado da escolha do gestor para seleção dos prestadores dentro do grupo dos credenciados, de forma a afastar a discussão sobre a quebra da isonomia na seleção desses fornecedores.

74.7 Aquisição ou locação de imóveis (art. 74, inciso V)

As contratações imobiliárias são tratadas em diversos dispositivos na Lei nº 8.666/1993. Analisando o texto legal, os bens imóveis possuem uma situação de contratação direta quase que exclusiva, no inciso I do artigo 17, com oito hipóteses de licitação dispensada que se confundem com os conceitos teóricos da inexigibilidade.

Ao mesmo passo, a locação e a compra de imóveis possuem dispositivo expresso no inciso X do artigo 24 da Lei nº 8.666/1993, que já estabelecia claríssimo caso de inexigibilidade de licitação ao facultar a realização do certame nos casos de compra e locação de imóvel "cujas necessidades de instalação e localização condicionem a sua escolha".

Esse erro conceitual foi corrigido com a redação da Lei nº 14.133/2021 e previsão dessa situação no inciso V do artigo 74, como exemplo de inexigibilidade de licitação.

Se as necessidades de instalação e localização condicionam a escolha do imóvel, isso significa que existe um único imóvel no mercado que atende às necessidades da Administração, tanto nas condições de estrutura do imóvel (instalação), quanto na região em que está situado (localização).[41] Ou seja, a possibilidade de dispensa prevista no inciso X do artigo 24 da Lei nº 8.666/1993 estava mal apontada como uma licitação dispensável, uma vez que, à luz dos conceitos teóricos estabelecidos, configura uma inexigibilidade.

Como visto, a dispensa de licitação pressupõe a faculdade de realizar, ou não, o procedimento licitatório. No caso em tela, se só há um imóvel que atenda às exigências da Administração, não existe a possibilidade de abertura de um certame público para que múltiplos candidatos apresentem suas propostas.

---

[40] TORRES, Ronny Charles Lopes de. *Leis de licitações públicas comentadas*. 11. ed. Salvador: JusPodivm, 2021. p. 433.

[41] Sobre a localização dos imóveis a serem locados, merece destaque o teor do artigo 3º, §2º, do Decreto Federal nº 7.689/2012, que estabelece critérios para a União, obrigando que na aquisição ou locação de imóvel deve ser levada em consideração todas as opções do mercado, não sendo admitidas restrições a regiões ou bairros, exceto nos casos em que há atendimento ao público, quando pode haver privilégio de localização para facilitar o acesso do público-alvo.

O caso é de inexigibilidade, com a inviabilidade de competição em seu motivo mais elementar, a exclusividade no mercado, a inexistência de concorrência dentre aqueles que atendem à demanda do órgão licitante.

A questão torna-se ainda mais complexa nos casos em que existem vários imóveis que atendem às necessidades da Administração ou quando não existe nenhum que atenda ao órgão, sendo necessário algum tipo de adaptação nos imóveis existentes.

Aqueles que demandam algum tipo de adaptação formam a hipótese de contratação *built-to-suit*, um modelo em que o particular ajusta o imóvel às necessidades da Administração.[42]

Esse modelo tem previsão legal no artigo 47-A da Lei nº 12.462/2011, que permite e estrutura contratos de locação em que, previamente à locação, o locador realizará aquisição, construção ou reforma substancial para atender a questões especificadas pela Administração.

A Lei nº 12.462/2011, que institui o Regime Diferenciado de Contratações,[43] não tem sua aplicabilidade estendida a todos os órgãos e contratos. O seu artigo 1º limita a possibilidade de utilização desse regime a casos específicos.[44]

Em que pese a existência da contratação *built-to-suit* apenas no Regime Diferenciado de Contratações, que não poderia ser aplicado a todos os contratos, trata-se de prática existente na Administração, sobre a qual já se deteve a doutrina e a jurisprudência.

A questão é como afirmar que um imóvel a ser locado no modelo de *built-to-suit* é o único que atende às necessidades de instalação e localização. Se o modelo de locação prevê alterações substanciais no imóvel, isso significa, ao menos em tese, que a estrutura locada não atende às exigências da Administração e, portanto, não seria passível de contratação por inexigibilidade de licitação.

Ou, em situação ainda mais complexa, como seriam operados os casos em que existisse uma pluralidade de imóveis aceitáveis, em maior ou menor grau?

É possível afirmar que existem duas correntes sobre esta hipótese da existência de diversos imóveis que atendam às necessidades da Administração.

A primeira corrente, que aqui denominaremos de legalista, segue o disposto no inciso IV do artigo 24 da Lei nº 8.666/1993 (agora inciso V do artigo 74 da Lei nº 14.133/2021), no seu texto estrito, ou seja, nos casos em que há um único imóvel possível é dispensável a licitação. Caso contrário, deve ser realizado o procedimento licitatório. Assim entendem autores como Justen Filho[45] e Pereira Júnior.[46]

---

42 O modelo do contrato *buit-to-suit* na Administração Pública pode ser mais bem explorado na obra de Cristóvam e Bertoncini (CRISTÓVAM, José Sérgio da Silva; BERTONCINI, Eduardo Junqueira. *Contrato built to suit na administração pública*. Curitiba: Juruá, 2018).

43 Sobre o Regime Diferenciado de Contratações, foi feita pesquisa por este autor durante o mestrado na Universidade Federal de Santa Catarina (BOSELLI, Felipe Cesar Lapa. *O regime diferenciado de contratações e uma análise da sua constitucionalidade sob seu aspecto principiológico*. Dissertação (Mestrado em Direito) – Programa de Pós-Graduação em Direito, Universidade Federal de Santa Catarina, Florianópolis, 2013. Disponível em: https://bit.ly/33yL15Y. Acesso em 19 jul. 2021).

44 Há hoje outros dispositivos legais que também admitem, excepcionalmente, a utilização do RDC, além dos casos previstos no art. 1º da Lei nº 12.462/2011.

45 JUSTEN FILHO, Marçal. *Comentários à lei de licitações e contratações administrativas*: Lei nº 14.133. São Paulo: Thomson Reuters, 2021. p. 998.

46 PEREIRA JÚNIOR, Jessé Torres. *Comentários à lei das licitações e contratações da administração pública*. 8. ed. Rio de Janeiro: Renovar, 2009. p. 310.

De outro lado, uma corrente minoritária, que aqui denominaremos de pragmática, entende que quando o imóvel é único seria caso para inexigibilidade de licitação e que quando existirem outros imóveis aceitáveis, seria o caso de aplicação da dispensa de licitação, ainda que não exista a condição de exclusividade. Nessa vertente, pode ser citada a obra de Barcelos e Torres,[47] o Parecer nº 01/2013/CPLC/DEPCONSU/PGF/AGU, da Advocacia Geral da União,[48] e o Tribunal de Contas da União no Acórdão 2.420/2015-Plenário.

Apesar de ser uma questão complexa, a corrente majoritária (legalista) trata o problema pela letra fria da lei, aplicando a dispensa de licitação nos casos em que exista apenas um imóvel e pugnando pela necessidade de se realizar um procedimento licitatório nos casos em que houver multiplicidade de propostas.

Ocorre que não existe essa possibilidade. Na prática, é impossível realizar uma licitação para locação ou aquisição de um imóvel, observando os princípios do julgamento objetivo, da impessoalidade e da isonomia, tendo em vista que as variáveis definidoras da escolha da proposta mais vantajosa são infinitas e complementares. Não se trata de escolher critérios objetivos, como quantidade de vagas de garagens, região do município ou tamanho do imóvel.

Ao realizar uma operação imobiliária, as características que influem na escolha de um imóvel são incomensuráveis, sendo impossível alocar os fatores decisórios de forma objetiva. O gestor irá se deparar com elementos que vão desde a localização do imóvel, a facilidade de acesso, o trânsito da região, o tamanho da estrutura, a disposição das salas, a iluminação, a ventilação, a temperatura, os sistemas de segurança, a acessibilidade, entre muitos outros, até critérios ainda mais complexos como sustentabilidade ambiental, reaproveitamento de água, isolamento acústico e térmico, impacto econômico, social e ambiental do órgão naquela localidade.

Os critérios discriminadores entre os imóveis são praticamente infinitos e não há como mensurá-los de forma sensata e objetiva em um procedimento licitatório. Daí o nascimento de uma corrente mais pragmática que acaba extrapolando o conceito teórico-legal para possibilitar a dispensa de licitação, inclusive nos casos em que há multiplicidade de possibilidades.

Neste tema, merece destaque a obra dos professores Barcelos e Torres, que apresentam como solução a estratégia do chamamento público para viabilizar a escolha do imóvel:

> Apresenta-se como boa prática administrativa a realização de "chamamentos públicos" em que se anuncia o interesse em alugar ou em adquirir um imóvel, divulgando-se ao mercado as características e a localização aptas a atender a necessidade da empresa estatal.
>
> Além de arregimentar subsídios à escolha do imóvel, a prospecção de mercado por meio de chamamento público, auxilia o gestor a decidir, de maneira mais segura, pela realização de certame ou pela dispensa de licitação.[49]

---

[47] BARCELOS, Dawison; TORRES, Ronny Charles Lopes de. *Licitações e contratos nas empresas estatais*. Salvador: JusPodivm, 2018. p. 136.

[48] BRASIL. Advocacia Geral da União. *Parecer nº 01/2013/CPLC/DEPCONSU/PGF/AGU*. Relator: Bráulio Gomes Mendes Diniz. 25 abr. 2013. Disponível em: https://bit.ly/3kCvoFI. Acesso em 19 jul. 2021.

[49] BARCELOS, Dawison; TORRES, Ronny Charles Lopes de. *Licitações e contratos nas empresas estatais*. Salvador: JusPodivm, 2018. p. 136.

Ainda que a obra citada tenha por objeto a Lei das Estatais, inciso V do artigo 29 da Lei nº 13.303/2016, o dispositivo em comento é muito semelhante ao texto do inciso V do artigo 74 da Lei nº 14.133/2021, possibilitando a utilização da obra sem nenhum conflito.

A linha seguida pelos autores, de formar um modelo de chamamento público para coletar propostas e decidir quem será o contratado pela Administração, mostra-se bastante razoável. A ressalva se restringe apenas quanto à utilização do conceito de dispensa de licitação atrelado a essa forma de contratação.

Fato é que não existe possibilidade de se fazer licitação com ampla competitividade para a compra ou locação de um imóvel. Os critérios de seleção da proposta não se resumem a preço e não podem ser objetivamente definidos no edital, há que se construir um novo modelo que viabilize, de forma republicana, que a Administração pratique essas operações imobiliárias.

O ponto aqui a ser apresentado é que se contrate por meio da inexigibilidade, mas que se construa um modelo transparente, minimamente isonômico e justificável de seleção da proposta mais vantajosa.

Pode, por exemplo, ser este modelo um chamamento público das possibilidades apresentadas à Administração para seleção justificadamente mais vantajosa, o que seria perfeitamente viável no caso da locação de uma sala, em um edifício comercial recém-construído, que tenha várias unidades com as mesmas características disponíveis para alugar.

Essa proposta advém da condição especialíssima desses contratos. Ainda que existisse uma pluralidade de interessados viáveis e em condições de firmar esses contratos, o procedimento licitatório tradicional não daria conta da complexidade da seleção da melhor proposta.

Mesmo com diversos possíveis contratados, a Administração teria que formar um modelo atípico de licitação, uma espécie de credenciamento, de chamamento público ou outra estrutura que se mostre adequada.

O que estamos aqui a propor é que esse modelo atípico seja qualificado como inexigibilidade de licitação, mas que se possibilite a execução da atividade administrativa e que o estado possa realizar suas operações, sem o engessamento de uma legislação que não se aplica à hipótese fática em questão.

Este modelo encontra paralelo na doutrina e na legislação estrangeira. O artigo 4º, 2, c, do Código de Contratações Públicas de Portugal exclui os "contratos de compra e venda, de doação, de permuta e de arrendamento de bens imóveis ou contratos similares". Com redação muito semelhante, o artigo 9.2 da *Ley del Sector Público* da Espanha também faz a mesma exclusão dos contratos de natureza imobiliária com relação à norma geral de contratações públicas espanhola.

Há razão de existir nas normas portuguesa e espanhola. Um contrato imobiliário não pode ser licitado de acordo com as mesmas regras construídas para realizar uma obra.

A estrutura vigente no Brasil, tanto na legislação quanto nos aspectos trazidos pela doutrina, é um convite à ineficiência e ao "jeitinho". Não há como se realizar uma licitação no mercado imobiliário, dadas as suas peculiaridades, seja ela destinada a comprar, a vender, a locar, a arrendar, a financiar, a doar, a dar em pagamento, a permutar ou a qualquer outro modelo.

Mesmo que tratemos dos casos em que seja possível chegar mais próximo de uma licitação, seja um pregão ou uma concorrência, isso seria um simulacro de licitação, nunca um procedimento licitatório nos moldes da Lei, posto que o critério de seleção de fornecedores seria, neste caso, o critério de menor preço. Nesse caso, tal critério notoriamente não atende ao interesse público.

Assim como a Lei nº 14.133/2021 trouxe a ideia de ciclo de vida do objeto, previsto no inciso I do artigo 11, com o escopo de estruturar a contratação mais vantajosa à Administração, a contratação de imóveis também possui uma estrutura multifacetada que precisamos avançar para viabilizar a comparação entre diferentes imóveis em diferentes condições.

74.7.1 Requisitos para contratação de imóveis (§5º do art. 74)

O inciso X do artigo 24 da Lei nº 8.666/1993 traz a previsão, um tanto mais genérica, quanto à necessidade de realizar avaliação prévia do imóvel para que a contratação seja realizada com preço compatível com o valor de mercado.

Na mesma linha, mas com uma redação ampliada, o §5º do artigo 74 da Lei nº 14.133/2021 estabelece a necessidade de avaliação prévia do bem, considerando seu estado de conservação, os custos de adaptação (se existentes) e os prazos para amortização de investimentos.

O dispositivo está alinhado ao objetivo da licitação previsto no inciso I do artigo 11 da Lei nº 14.133/2021, que trouxe o conceito de ciclo de vida para aferição da contratação mais vantajosa.

É possível ir além do disposto no §5º do artigo 74 e trazer as ideias estabelecidas no §1º do artigo 34, também da Lei nº 14.133/2021, ao trabalhar o conceito de ciclo de vida de forma ampliada, com a consideração dos custos indiretos do imóvel, aqui considerando, por exemplo, questões de sustentabilidade, ao avaliar, exemplificadamente, o custo de um imóvel, o seu conforto térmico e, consequentemente, qual será o seu consumo de energia com a utilização maior ou menor do sistema de ar condicionado do órgão.

Os custos indiretos poderão ser considerados sempre que forem passíveis de cálculo objetivo, ainda nos termos do §1º do artigo 34 da Lei nº 14.133/2021.

A segunda exigência trazida pela norma é a necessidade de certificação da inexistência de imóveis públicos vagos, disponíveis e capazes de atender ao objeto.

Trata-se de medida fundamental de economicidade. Ao longo dos anos, são frequentes as notícias que tratam do tema e que apresentam, em todas as esferas, a quantidade absurda de imóveis públicos desocupados.[50] Em havendo imóvel público disponível e utilizável, não é razoável que a Administração promova a aquisição ou a locação de outro imóvel, aumentando o custo ao erário e deixando desocupado e inutilizado parte de seu patrimônio imobiliário.

Questão que não foi resolvida pelo legislador é de quem seria a competência para realizar tal certificação.

---

[50] FONSECA, Bruno; FARAH, Caroline. *Milhares de imóveis da União estão vagos para uso*. 21 jun. 2018. Disponível em: https://apublica.org/2018/06/milhares-de-imoveis-da-uniao-estao-vagos-para-uso/. Acesso em 14 mai. 2021; ODILLA, Fernanda. Mesmo com mais de 10 mil imóveis vazios, governo gasta 1,6 bi com aluguel. *BBC News*, 27 out. 2017. Disponível em: https://www.bbc.com/portuguese/brasil-41719519. Acesso em 14 mai. 2021; Cf.: União tem 18 mil imóveis desocupados. *Jornal do Comércio*, 20 mar. 2021. Disponível em: https://www.jornaldocomercio.com/_conteudo/2017/03/economia/552622-uniao-tem-18-mil-imoveis-desocupados.html. Acesso em 14 mai. 2021.

A nosso ver, em cada caso específico, deverá ser identificado qual é o órgão capaz de fornecer tal certificação. No caso da União, por exemplo, entendemos que tal certificação deveria ser fornecida pela Secretaria de Coordenação e Governança do Patrimônio da União.

Como terceiro requisito, o legislador estabeleceu a necessidade de justificativas que demonstrem que o imóvel é o único que atende às necessidades da Administração e as vantagens que serão decorrentes da contratação. O texto está alinhado ao artigo 72, VI, da Lei nº 14.133/2021, que exige que o processo de inexigibilidade deve estar acompanhado das razões de escolha do contratado.

74.8 Outras hipóteses de inexigibilidade de licitação não previstas

Para ilustrar a absoluta inviabilidade de estabelecer todos os casos de inexigibilidade de licitação que podem levar à contratação direta, apresentaremos a seguir alguns casos, frequentemente utilizados pela Administração Pública que são contratados sem a realização de um procedimento licitatório prévio, dada a impossibilidade de licitar, portanto, casos de inexigibilidade de licitação que não estão exemplificados no artigo 74 da Lei nº 14.133/2021.

74.8.1 Participação em feiras e congressos

O inciso III do artigo 74 da Lei nº 14.133/2021 estabelece a possibilidade de contratação por inexigibilidade de serviços técnicos especializados com profissional de notória especialização.

Como já visto, os serviços identificados como serviços técnicos especializados de natureza predominantemente intelectual estão arrolados nas alíneas 'a' a 'h' do inciso III do artigo 74, cuja alínea 'f' estabelece treinamento e aperfeiçoamento de pessoal, sendo, portanto, possível a sua contratação por inexigibilidade.

Não se pode confundir notória especialização com viabilidade de execução por um único profissional ou empresa. É evidente que existirá, para cada caso, uma pluralidade de empresas e profissionais capacitados (com notória especialização) a prestar os serviços técnicos especializados, inclusive aqueles dotados da singularidade que é exigência da Lei nº 8.666/1993.[51]

O que se deve observar é se o serviço detém o conceito de especialidade, de algo diferenciado, impossível de execução pelos profissionais do órgão ou que não seja algo corriqueiro no mercado, que poderia ser realizado, sem grandes diferenças, por inúmeros profissionais.

O elemento central desta inexigibilidade decorre da ausência de elemento objetivo que possibilite a comparação entre os eventuais participantes de um procedimento licitatório.

---

[51] CAMMAROSANO, Márcio. Inexigibilidade de licitação – Conceito e preconceito. *Fórum de Contratação e Gestão Pública – FCGP*, Belo Horizonte, a. 15, n. 170, fev. 2016. p. 63. Disponível em: https://bit.ly/3kzCwTa. Acesso em 19 jul. 2021.

Quando da verificação de cursos e palestras, a doutrina e a jurisprudência têm se assentado de forma basicamente pacífica no sentido de possibilitar tal contratação como inexigibilidade de licitação.

O problema aqui exposto é abordar a contratação de inscrições para congressos e feiras. Note-se que, nesses casos, não há como se identificar a notória especialização de um profissional, até porque o evento é composto por diversos profissionais, das mais variadas expertises.

Assim, há que se identificar, inicialmente, se existe alguma relação entre o evento que está sendo realizado, a finalidade da Administração e as necessidades do órgão que está contratando.

No que tange à contratação de congressos e palestras, até seria possível avaliar a expertise dos profissionais que realizarão as palestras, os cursos ou os eventos, ainda que isso configure tarefa muito difícil, dada a multiplicidade de profissionais.

O que fazer, por exemplo, se um dos palestrantes não estiver dentro do conceito de notório especialista? Ou quando nem todas as palestras moldam-se às exatas necessidades do órgão contratante?

São perguntas sem respostas que demonstram a dificuldade de adequar a contratação de congressos no conceito de serviços técnicos especializados de natureza predominantemente intelectual.

Contudo, quando analisamos uma feira, por exemplo, a questão mostra-se muito mais complexa. Não existe como avaliar a contratação de inscrições para uma feira.

Uma feira de *startups*, por exemplo, com diversos desconhecidos apresentando novas tecnologias que poderiam impactar sobremaneira a atividade da Administração Pública.

Como contratar serviços dessa natureza por meio do procedimento fechado da Lei de Licitações? Não há, nestes casos, viabilidade de competição, não pela exclusividade do serviço que será prestado (existem inúmeros congressos, feiras e eventos dessa natureza), mas sim pela ausência de critérios objetivos que viabilizem a competição por meio da realização de um procedimento licitatório.

No Estado de Santa Catarina, a Instrução Normativa Conjunta da Secretaria da Fazenda e da Secretaria da Casa Civil nº 05/2018 estabeleceu para as estatais catarinenses os modelos de referência para atendimento à Lei nº 13.303/2016.[52] Assim, diversas estatais catarinenses adotaram, como regulamento de licitações e contratos, o anexo XXI da IN SEF-SCC nº 05/2018.

Neste regulamento, o artigo 116, que trata da inexigibilidade nas estatais catarinenses, trouxe dois incisos[53] específicos, o inciso IV e o inciso V, para abordar a contratação

---

[52] A Lei nº 13.303/2016 – Lei das Estatais – estabeleceu, em seu artigo 91 c/c artigo 40, que as empresas públicas e as sociedades de economia mista teriam o prazo de 24 meses para elaboração de regulamento de licitações e contratos, além de outras adaptações necessárias. Em Santa Catarina, à exceção das Centrais Elétricas de Santa Catarina (CELESC), as empresas não criaram normas próprias para cada uma das estatais. O governo do Estado, por intermédio da Secretaria da Fazenda, em conjunto com a Secretaria da Casa Civil, editou instrução normativa com 23 anexos, destinados às adaptações das estatais catarinenses à nova legislação federal.

[53] Dispõe o artigo 116, incisos IV e V, do Anexo XXI da IN SEF-SCC/SC nº 05/2018: Art. 116. A contratação por inexigibilidade de licitação será feita quando houver inviabilidade de competição, em especial na hipótese de: [...] IV – Na participação da EE em congressos, feiras e exposições, nacionais e internacionais, com vistas a promover o seu objetivo social em eventos no país e no exterior, inclusive mediante a compra ou locação de espaços físicos, registrando as motivações e benefícios em processo administrativo; V – Para inscrições em

de eventos, feiras, congressos, seminários, inclusive com a compra ou locação de espaços físicos para exposições.

A análise do disposto na regulamentação da Lei das Estatais em Santa Catarina caminha no sentido do aqui exposto, da inviabilidade de competição nesses casos, autorizando a inexigibilidade de licitação.

74.8.2 O cumprimento de determinações judiciais

Tendo claro o conceito de que a inviabilidade de competição decorre da impossibilidade de se realizar o procedimento licitatório, e não necessariamente da exclusividade de fornecimento, é possível desenvolver outras hipóteses que seriam classificadas como inexigibilidade de licitação. Outra delas é a execução de atividades que foram interrompidas ou requeridas por determinação judicial.

Veja-se exemplo corrente na Administração Pública: um contrato de prestação de serviços continuados que, ao aproximar-se o término do seu limite de prorrogações, foi deflagrado novo procedimento licitatório para dar seguimento ao serviço.

Aberto o procedimento licitatório, sobrevém decisão judicial determinando, liminarmente, a suspensão do certame em razão de algum questionamento das regras editalícias. Neste cenário, a Administração se vê diante de um impasse, tendo em vista que o contrato atualmente vigente está prestes a ser encerrado e não pode mais ser prorrogado.

A decisão judicial que suspende a licitação não tem o condão de suspender a necessidade do serviço, que precisa ser continuado. Assim, a Administração não pode mais prorrogar o contrato, porque ultrapassaria o limite legalmente previsto. Tampouco pode deflagrar outro procedimento licitatório, tendo em vista a existência de um processo já aberto para esta finalidade.

Não existe a possibilidade de anulação do certame,[54] visto que a decisão judicial em tela determina a suspensão do processo e não sua anulação, tendo sido dada em caráter provisório e que, após o transcurso do processo judicial na íntegra, será confirmada, ou não, em decisão de mérito a ser proferida pelo Poder Judiciário.

Ou seja, ainda que exista concorrência no mercado em questão, a Administração, por razões que fogem ao seu controle, encontra-se, nestes casos, impossibilitada de realizar um procedimento licitatório. Logo, é inviável a competição.

A doutrina e a jurisprudência admitem, nestas situações, a contratação emergencial, com base no inciso IV do artigo 24 da Lei nº 8.666/1993, que se assemelha ao inciso VIII do artigo 75 da Lei nº 14.133/2021. A exemplo, Justen Filho assim afirma:

> Pode haver hipótese em que, não obstante a pendência da decisão judicial provisória impeditiva da continuidade do certame ou da contratação, a Administração repute que a

congressos, seminários, treinamentos e eventos similares, quando ultrapassado o valor estabelecido pelo inciso II do art. 115 deste Regulamento.

[54] Em alguns casos, quando o mérito da discussão for pela anulação do certame, a Administração teria o poder de concordar com a tese formulada pelo autor na ação judicial e anular administrativamente o processo, nos itens que estão sendo questionados, o que possibilitaria a reabertura do certame. Contudo, impende lembrar que essa possibilidade implicaria no reconhecimento por parte da Administração do pedido inicialmente formulado e, se o rito processual assim estabelecer, o pagamento de honorários sucumbenciais.

> solução questionada é a única adequada ou a mais satisfatória. Em tais casos, não caberá a revogação, mas será necessário aguardar a decisão jurisdicional definitiva. Até que tal ocorra, a alterativa será a contratação fundada no inc. VIII do art. 75 da Lei nº 14.133/2021. A Administração deverá justificar de modo exaustivo e satisfatório as condições da contratação emergencial.[55]

Ocorre que, seguindo a definição estabelecida para as dispensas de licitação, estas se dão quando há viabilidade de licitar, mas o gestor recebeu a faculdade do legislador de contratar de forma direta, ou seja, a Administração pode escolher, nos casos em que a lei permitir, se é melhor licitar ou contratar diretamente.

De pronto nota-se que no caso em tela não existe a opção de licitar, e mais, as dispensas de licitação são um rol taxativo e, como tal, devem ser interpretadas restritivamente, logo, a hipótese de contratação emergencial não se amolda ao caso concreto ora apontado.

A contratação emergencial, na Lei nº 14.133/2021, assim como na Lei nº 8.666/1993, apresenta uma série de requisitos formais para que possa ser adotada, em detrimento da licitação:

A legislação exige o preenchimento de diversos requisitos: a) situação emergencial ou calamitosa; b) que ocasione prejuízo ou comprometa a segurança; c) somente para os bens necessários à situação emergencial; d) somente para as parcelas de obras ou serviços que possam ser concluídos em até 180 dias, no caso da Lei nº 8.666/1993, e em um ano, no caso da Lei nº 14.133/2021; e) que a contagem do prazo se dê a partir da emergência ou calamidade; e f) que esse contrato não possa ser prorrogado.

A contratação emergencial de serviços continuados por dispensa de licitação deixa de cumprir vários desses requisitos legais.

Primeiramente, a necessidade de concluir as atividades no prazo estabelecido pela Lei. O serviço a ser contratado é continuado e, portanto, não será concluído, nem no prazo legal e nem posteriormente.

Aqueles que defendem a tese da contratação emergencial celebram contratos de 180 dias de vigência, dando a aparência de cumprimento do disposto no inciso IV do artigo 24 da Lei nº 8.666/1993, provavelmente passarão a celebrá-los no prazo de um ano, como se fosse para cumprir o estabelecido no disposto do inciso VIII do artigo 75 da Lei nº 14.133/2021.

Ocorre que nenhuma das duas leis de licitações exigiu contratos com aqueles limites de prazos, mas sim, que o serviço a ser contratado fosse concluído naqueles prazos, o que não é possível em um serviço continuado como a terceirização de limpeza ou vigilância, por exemplo.

Segundo, a contagem do prazo limite para a conclusão dos serviços deve ser feita a partir do evento que causou a emergência e não da assinatura do contrato. Essa imposição é cristalina tanto na redação do inciso VIII do artigo 74 da Lei nº 14.133/2021, quanto na redação do inciso IV do artigo 24 da Lei nº 8.666/1993.

Por fim, a questão da necessidade de eventual prorrogação do contrato. Ambas as leis de licitação – Lei nº 8.666/1993 e Lei nº 14.133/2021 – vedam expressamente que

[55] JUSTEN FILHO, Marçal. *Comentários à lei de licitações e contratações administrativas*: Lei nº 14.133. São Paulo: Thomson Reuters, 2021. p. 1051.

os contratos derivados de dispensas emergenciais sejam prorrogados. Neste caso, se a vigência da decisão liminar que suspende a licitação ultrapassar o período limitado pela legislação, a Administração se verá forçada a prorrogar o contrato a arrepio do que foi estabelecido no texto legal.

Nesse sentido, o Tribunal de Contas da União tem diversas decisões possibilitando ultrapassar o limite de 180 dias definido pela Lei nº 8.666/1993. Por exemplo:

> 9.1.1. Comunicar ao Comitê Gestor da Operação de Reconstrução e à Procuradoria Geral do Estado de Pernambuco que, com fulcro na jurisprudência do TCU, o limite de 180 dias referido no inciso IV do art. 24 da Lei nº 8.666/93 pode ser ultrapassado quando o objeto contratual a ser executado além desse prazo preencher as seguintes condições do referido dispositivo legal: "urgência de atendimento de situação que possa ocasionar prejuízo ou comprometer a segurança de pessoas, obras, serviços, equipamentos e outros bens, públicos ou particulares" e "somente para os bens necessários ao atendimento da situação emergencial ou calamitosa"; (Tribunal de Contas da União, Acórdão nº 3.238/2010 – Plenário).

Ocorre que essa interpretação ampliativa das hipóteses de dispensa de licitação vai de encontro a todas as definições jurídicas do conceito, que o definem como um rol taxativo, com interpretação restritiva.

Na Lei nº 14.133/2021 essa linha interpretativa foi incluída na norma, no §6º do artigo 75, ao prever que se considera emergencial a contratação destinada a manter a continuidade dos serviços públicos. O que, a nosso ver, segue sendo um equívoco conceitual.

O que se verifica é que a contratação emergencial implica, nestes casos, a flexibilização de conceitos formulados na dispensa de licitação, o que não poderia ocorrer, segundo a teoria vigente. Nesses casos, o que nos parece mais acertado é a contratação por meio da inexigibilidade de licitação, justificada a inviabilidade de se realizar o procedimento licitatório, enquadrando a situação no *caput* do artigo 74 da Lei nº 14.133/2021.

Essa inviabilidade é circunstância fática momentânea e, portanto, não pode ser perpetuada infinitamente. Não obstante, a legislação não estabeleceu prazo limite para inexigibilidade e nem poderia fazê-lo.

A inexigibilidade decorre do mundo dos fatos. É um ser (*sein*), não um dever (*sollen*). Portanto, não poderia ser limitada por normas jurídicas. Como já dito, o direito não pode colocar limites à realidade fática.

De outro lado, a inexigibilidade perdurará enquanto a condição fática permanecer. Deve a Administração, portanto, pactuar o contrato por um prazo determinado, em respeito aos prazos limites estabelecidos na Lei de Licitações, que só admite o prazo de vigência indeterminado quando for usuário de serviço público oferecido em regime de monopólio, conforme estabelece o artigo 109 da Lei nº 14.133/2021. Entretanto, esse contrato deverá possuir cláusula resolutiva condicionada à retomada da viabilidade de competição.

74.8.3 Compensações, multas e termos de ajustamento de conduta

Além das determinações judiciais que impedem a realização de procedimento licitatório, também há a possibilidade de decisões que determinem a realização de determinado fornecimento, obra ou serviço por parte de uma empresa privada à Administração.

Enquanto no tópico anterior tratou-se de ordem externa de condão negativo, ou seja, uma obrigação de não realizar o procedimento licitatório, que impede a Administração de contratar determinada atividade e a obriga a realizar o procedimento de contratação via inexigibilidade de licitação, neste tópico serão tratadas as determinações positivas, ou seja, decisões que estimulem a Administração a contratar determinada empresa em situações específicas.

Essas decisões podem ser de variadas formatações e procedimentalizações, destacando, dentre elas, o Termo de Ajustamento de Conduta, firmado entre uma empresa e o Ministério Público, por exemplo, para o pagamento de uma multa e realização de determinada compensação ambiental.

Nesse exemplo de Termo de Ajustamento de Conduta, é usual que a empresa que foi sancionada tenha que adotar medidas compensatórias do dano ambiental causado. Essas medidas podem envolver desde a doação de determinados equipamentos ou insumos (fornecimento de bens à Administração), prestação de serviços, até a execução de obras públicas.

À primeira vista, seria possível afirmar que a empresa está fazendo uma doação à Administração Pública e que, ocorrendo sem encargos, não se estaria diante de uma hipótese de contratação, mas sim, de simples entrega de um bem privado ao poder público. A estrutura prática, no entanto, nem sempre permitirá essa leitura.

Se tratarmos de uma obrigação de dar, com a definição de que a empresa terá que entregar bens móveis à Administração ou até mesmo estabelecer uma obrigação pecuniária, a questão estaria solucionada.

No entanto, se o termo de ajustamento de conduta envolver a prestação de serviços ou a execução de uma obra, não é razoável tratar essa espécie de contrato como mera doação. Admitir que isso seria uma doação e que não seria necessário estabelecer condições contratuais para aquela empresa implicaria em uma série de restrições práticas à Administração.

Se o contrato em tela é uma simples doação, não seria possível, por exemplo, a Administração fiscalizar a execução do serviço ou da obra durante a sua execução. Não seria possível, ao menos em tese, a aplicação de penalidades por vícios nessa execução. Tampouco seria possível o pagamento de qualquer valor à empresa, que pudesse, eventualmente, superar o valor da compensação aplicada.

A hipótese de inexigibilidade de licitação possibilitaria que a execução de obra pública, a prestação de serviços e até mesmo o fornecimento de bens fosse procedimentalizado por meio de um contrato administrativo, superando todas essas questões retro apontadas.

74.8.4 As contratações de consultoria em regime de êxito

O mercado de consultoria oferece uma série de possibilidades às empresas em contratos de êxito, ou contratos de risco, que podem ser formulados para a obtenção de determinada vantagem em que o pagamento é realizado em percentual do valor obtido pelo contratante.

Um exemplo desses instrumentos é o contrato de recuperação de créditos tributários firmados com escritórios de advocacia.

Veja-se a complexidade desses acordos para inseri-los no sistema licitatório tradicional. O escritório para realizar o trabalho toma conhecimento da contabilidade da empresa, ou do órgão público, e, com isso, elabora um parecer do volume de tributos que podem ser creditados àquele órgão e que não estão sendo utilizados. Sobre esses recursos é cobrado um percentual de êxito como remuneração do escritório contratado.

A princípio, a contratação seria simples: realiza-se um pregão que tenha como critério de julgamento o menor percentual de êxito e, com isso, firma-se o contrato com o escritório vencedor. A prática, no entanto, mostra-se muito mais desafiadora, por dois motivos essenciais, ambos atrelados à noção matemática de base de incidência.

Primeiramente, um determinado percentual só faz algum sentido quando ligado a uma base de incidência, ou seja, 10% só será transformado em um valor concreto, quando informado sobre o que se aplica esse percentual. É completamente diferente ser remunerado em um determinado percentual sobre mil reais ou sobre um milhão de reais.

Compreendendo esse raciocínio, é possível desdobrar a complexidade do contrato de êxito. Uma determinada licitante poderia ofertar uma remuneração de 10% e, aparentemente, ser mais vantajosa que outra proposta de 15%. Ocorre que, como não se sabe, de antemão, o montante do crédito que será obtido durante a análise, as propostas não poderiam ser comparadas desta forma.

Imagine-se que a licitante vencedora, com 10% de remuneração, obtenha um milhão de reais de crédito, recebendo, portanto, R$100.000,00. Nesse caso, a Administração teria um êxito real de R$900.000,00.

Por sua vez, a segunda colocada, com 15%, poderia ter uma técnica mais eficiente de obtenção de crédito e chegar a um êxito de dois milhões de reais, tendo, assim, R$300.000,00 de remuneração, mas deixando a Administração com um proveito econômico real de R$1.700.000,00.

De outro lado, há que se destacar uma preocupação: em contratos dessa natureza, caso o escritório de advocacia contratado cobre um valor do contribuinte maior do que o que ele realmente deveria arcar, este valor será objeto de questionamento posterior e aquilo que parecia um êxito da Administração pode vir a configurar um grande problema no futuro.

As hipóteses apresentadas expõem a inviabilidade de se tomar um raciocínio simplista de licitação do tipo maior desconto para esta espécie de contratação. Seria possível, em tese, desdobrar esse procedimento licitatório em uma licitação do tipo técnica e preço, pela modalidade concorrência.[56]

[56] A modalidade pregão não admite o critério de julgamento de técnica e preço, sendo obrigatório o uso da modalidade concorrência conforme estabelecido na alínea 'c' do inciso XXXVIII do artigo 6º da Lei nº 14.133/2021.

Ocorre que, mesmo utilizando o critério de julgamento da técnica e preço, a Administração ainda se encontra adstrita ao princípio do julgamento objetivo e à vinculação ao instrumento convocatório, o que significa estabelecer critérios de pontuação prévios e objetivos.

Não é possível, com a qualidade necessária, firmar critérios objetivos que garantam à contratante o maior retorno econômico e a obtenção da proposta mais vantajosa.

Critérios de qualificação usualmente adotados como tempo de experiência, titulações acadêmicas ou publicações não são suficientes para selecionar e garantir o sucesso desse tipo de contratação.

Há, ainda, uma terceira via, que seria a celebração desses contratos por inexigibilidade com fundamento no inciso III do artigo 74 da Lei nº 14.133/2021. Ocorre que, como visto, os serviços técnicos especializados de natureza predominantemente intelectual listados neste artigo precisam atender às já citadas exigências impostas.

Novamente, o que parece ser o caminho mais adequado é a contratação por inexigibilidade como solução para aquilo que não seria solucionável. Se a licitação é impossível de se proceder, em sua estrutura formal, que se proponha modelo de inexigibilidade de licitação que viabilize a contratação e o êxito.

Cabe destacar que esse exemplo de inexigibilidade foi parcialmente absorvido pela norma ao incorporar o maior retorno econômico como critério de julgamento, disciplinado no artigo 39 da Lei nº 14.133/2021, para os contratos de eficiência, nos quais o contratado é remunerado em função da economia que ele consegue gerar para a Administração.

Seção III

Da Dispensa de Licitação

Art. 75. É dispensável a licitação:

I – para contratação que envolva valores inferiores a R$125.451,15 (cento e vinte e cinco mil quatrocentos e cinquenta e um reais e quinze centavos), no caso de obras e serviços de engenharia ou de serviços de manutenção de veículos automotores;

II – para contratação que envolva valores inferiores a R$62.725,59 (sessenta e dois mil setecentos e vinte e cinco reais e cinquenta e nove centavos), no caso de outros serviços e compras;

III – para contratação que mantenha todas as condições definidas em edital de licitação realizada há menos de 1 (um) ano, quando se verificar que naquela licitação:

a) não surgiram licitantes interessados ou não foram apresentadas propostas válidas;

b) as propostas apresentadas consignaram preços manifestamente superiores aos praticados no mercado ou incompatíveis com os fixados pelos órgãos oficiais competentes;

IV – para contratação que tenha por objeto:

a) bens, componentes ou peças de origem nacional ou estrangeira necessários à manutenção de equipamentos, a serem adquiridos do fornecedor original desses equipamentos durante o período de garantia técnica, quando essa condição de exclusividade for indispensável para a vigência da garantia;

b) bens, serviços, alienações ou obras, nos termos de acordo internacional específico aprovado pelo Congresso Nacional, quando as condições ofertadas forem manifestamente vantajosas para a Administração;

c) produtos para pesquisa e desenvolvimento, limitada a contratação, no caso de obras e serviços de engenharia, ao valor de R$376.353,48 (trezentos e setenta e seis mil trezentos e cinquenta e três reais e quarenta e oito centavos);

d) transferência de tecnologia ou licenciamento de direito de uso ou de exploração de criação protegida, nas contratações realizadas por instituição científica, tecnológica e de inovação (ICT) pública ou por agência de fomento, desde que demonstrada vantagem para a Administração;

e) hortifrutigranjeiros, pães e outros gêneros perecíveis, no período necessário para a realização dos processos licitatórios correspondentes, hipótese em que a contratação será realizada diretamente com base no preço do dia;

f) bens ou serviços produzidos ou prestados no País que envolvam, cumulativamente, alta complexidade tecnológica e defesa nacional;

g) materiais de uso das Forças Armadas, com exceção de materiais de uso pessoal e administrativo, quando houver necessidade de manter a padronização requerida pela estrutura de apoio logístico dos meios navais, aéreos e terrestres, mediante autorização por ato do comandante da força militar;

h) bens e serviços para atendimento dos contingentes militares das forças singulares brasileiras empregadas em operações de paz no exterior, hipótese em que a contratação deverá ser justificada quanto ao preço e à escolha do fornecedor ou executante e ratificada pelo comandante da força militar;

i) abastecimento ou suprimento de efetivos militares em estada eventual de curta duração em portos, aeroportos ou localidades diferentes de suas sedes, por motivo de movimentação operacional ou de adestramento;

j) coleta, processamento e comercialização de resíduos sólidos urbanos recicláveis ou reutilizáveis, em áreas com sistema de coleta seletiva de lixo, realizados por associações ou cooperativas formadas exclusivamente de pessoas físicas de baixa renda reconhecidas pelo poder público como catadores de materiais recicláveis, com o uso de equipamentos compatíveis com as normas técnicas, ambientais e de saúde pública;

k) aquisição ou restauração de obras de arte e objetos históricos, de autenticidade certificada, desde que inerente às finalidades do órgão ou com elas compatível;

l) serviços especializados ou aquisição ou locação de equipamentos destinados ao rastreamento e à obtenção de provas previstas nos incisos II e V do caput do art. 3º da Lei nº 12.850, de 2 de agosto de 2013, quando houver necessidade justificada de manutenção de sigilo sobre a investigação;

m) aquisição de medicamentos destinados exclusivamente ao tratamento de doenças raras definidas pelo Ministério da Saúde;

V – para contratação com vistas ao cumprimento do disposto nos arts. 3º, 3º-A, 4º, 5º e 20 da Lei nº 10.973, de 2 de dezembro de 2004, observados os princípios gerais de contratação constantes da referida Lei;

VI – para contratação que possa acarretar comprometimento da segurança nacional, nos casos estabelecidos pelo Ministro de Estado da Defesa, mediante demanda dos comandos das Forças Armadas ou dos demais ministérios;

VII – nos casos de guerra, estado de defesa, estado de sítio, intervenção federal ou de grave perturbação da ordem;

VIII – nos casos de emergência ou de calamidade pública, quando caracterizada urgência de atendimento de situação que possa ocasionar prejuízo ou comprometer a continuidade dos serviços públicos ou a segurança de pessoas, obras, serviços, equipamentos e outros bens, públicos ou particulares, e somente para aquisição dos bens necessários ao atendimento da situação emergencial ou calamitosa e para as parcelas de obras e serviços que possam ser concluídas no prazo máximo de 1 (um) ano, contado da data de ocorrência da emergência ou da calamidade, vedadas a prorrogação dos respectivos contratos e a recontratação de empresa já contratada com base no disposto neste inciso;

IX – para a aquisição, por pessoa jurídica de direito público interno, de bens produzidos ou serviços prestados por órgão ou entidade que integrem a Administração Pública e que tenham sido criados para esse fim específico, desde que o preço contratado seja compatível com o praticado no mercado;

X – quando a União tiver que intervir no domínio econômico para regular preços ou normalizar o abastecimento;

XI – para celebração de contrato de programa com ente federativo ou com entidade de sua Administração Pública indireta que envolva prestação de serviços públicos de forma associada nos termos autorizados em contrato de consórcio público ou em convênio de cooperação;

XII – para contratação em que houver transferência de tecnologia de produtos estratégicos para o Sistema Único de Saúde (SUS), conforme elencados em ato da direção nacional do SUS, inclusive por ocasião da aquisição desses produtos durante as etapas de absorção tecnológica, e em valores compatíveis com aqueles definidos no instrumento firmado para a transferência de tecnologia;

XIII – para contratação de profissionais para compor a comissão de avaliação de critérios de técnica, quando se tratar de profissional técnico de notória especialização;

XIV – para contratação de associação de pessoas com deficiência, sem fins lucrativos e de comprovada idoneidade, por órgão ou entidade da Administração Pública, para a prestação de serviços, desde que o preço contratado seja compatível com o praticado no mercado e os serviços contratados sejam prestados exclusivamente por pessoas com deficiência;

XV – para contratação de instituição brasileira que tenha por finalidade estatutária apoiar, captar e executar atividades de ensino, pesquisa, extensão, desenvolvimento institucional, científico e tecnológico e estímulo à inovação, inclusive para gerir administrativa e financeiramente essas atividades, ou para contratação de instituição dedicada à recuperação social da pessoa presa, desde que o contratado tenha inquestionável reputação ética e profissional e não tenha fins lucrativos;

XVI – para aquisição, por pessoa jurídica de direito público interno, de insumos estratégicos para a saúde produzidos por fundação que, regimental ou estatutariamente, tenha por finalidade apoiar órgão da Administração Pública direta, sua autarquia ou fundação em projetos de ensino, pesquisa, extensão, desenvolvimento institucional, científico e tecnológico e de estímulo à inovação, inclusive na gestão administrativa e financeira necessária à execução desses projetos, ou em parcerias que envolvam transferência de tecnologia de produtos estratégicos para o SUS, nos termos do inciso XII deste *caput*, e que tenha sido criada para esse fim específico em data anterior à entrada em vigor desta Lei, desde que o preço contratado seja compatível com o praticado no mercado.

XVII – para contratação de entidades privadas sem fins lucrativos para a implementação de cisternas ou outras tecnologias sociais de acesso à água para consumo humano e produção de alimentos, a fim de beneficiar as famílias rurais de baixa renda atingidas pela seca ou pela falta regular de água; e

XVIII – para contratação de entidades privadas sem fins lucrativos, para a implementação do Programa Cozinha Solidária, que tem como finalidade fornecer alimentação gratuita preferencialmente à população em situação de vulnerabilidade e risco social, incluída a população em situação de rua, com vistas à promoção de políticas de segurança alimentar e nutricional e de assistência social e à efetivação de direitos sociais, dignidade humana, resgate social e melhoria da qualidade de vida.

§1º Para fins de aferição dos valores que atendam aos limites referidos nos incisos I e II do caput deste artigo, deverão ser observados:

I – o somatório do que for despendido no exercício financeiro pela respectiva unidade gestora;

II – o somatório da despesa realizada com objetos de mesma natureza, entendidos como tais aqueles relativos a contratações no mesmo ramo de atividade.

§2º Os valores referidos nos incisos I e II do caput deste artigo serão duplicados para compras, obras e serviços contratados por consórcio público ou por autarquia ou fundação qualificadas como agências executivas na forma da lei.

§3º As contratações de que tratam os incisos I e II do caput deste artigo serão preferencialmente precedidas de divulgação de aviso em sítio eletrônico oficial, pelo prazo mínimo de 3 (três) dias úteis, com a especificação do objeto pretendido e com a manifestação de interesse da Administração em obter propostas adicionais de eventuais interessados, devendo ser selecionada a proposta mais vantajosa.

§4º As contratações de que tratam os incisos I e II do caput deste artigo serão preferencialmente pagas por meio de cartão de pagamento, cujo extrato deverá ser divulgado e mantido à disposição do público no Portal Nacional de Contratações Públicas (PNCP).

§5º A dispensa prevista na alínea "c" do inciso IV do caput deste artigo, quando aplicada a obras e serviços de engenharia, seguirá procedimentos especiais instituídos em regulamentação específica.

§6º Para os fins do inciso VIII do caput deste artigo, considera-se emergencial a contratação por dispensa com objetivo de manter a continuidade do serviço público, e deverão ser observados os valores praticados pelo mercado na forma do art. 23 desta Lei e adotadas as providências necessárias para a conclusão do processo licitatório, sem prejuízo de apuração de responsabilidade dos agentes públicos que deram causa à situação emergencial.

§7º Não se aplica o disposto no §1º deste artigo às contratações de até R$10.036,10 (dez mil trinta e seis reais e dez centavos) de serviços de manutenção de veículos automotores de propriedade do órgão ou entidade contratante, incluído o fornecimento de peças.

FELIPE BOSELLI

75 A Contratação direta por dispensa de licitação

O conceito de dispensa pode ser extraído da própria nomenclatura utilizada, trata-se de possibilidades nas quais o legislador infraconstitucional, por alguma motivação específica, permitiu ao gestor público o descumprimento do mandamento constitucional de se realizar o procedimento licitatório para chegar às contratações públicas.

A dispensa pode, portanto, ser definida como a autorização legislativa que permite ao gestor público afastar o procedimento licitatório, gerando uma possibilidade de contratação sem a realização de uma licitação prévia. Esta autorização cria uma faculdade, não uma obrigação de não licitar.

Este conceito da licitação dispensável possibilita ao intérprete duas conclusões imediatas e fundamentais: a) os casos em que se admite a dispensa de licitação deve constar de uma lista restritiva; e b) deve haver uma motivação para que seja elaborada lei autorizando a dispensa.

O primeiro conceito é dedução direta do texto constitucional e da norma positivada pelo legislador infraconstitucional. Se a Constituição estabeleceu a obrigatoriedade de se realizar o procedimento licitatório, o gestor público somente estará autorizado a realizar a contratação afastando a licitação nas hipóteses em que for expressamente autorizado pelo legislativo. Este conceito é pacífico e está claramente expresso no *caput* do artigo 75 da Lei nº 14.133/2021, onde se lê: "É dispensável a licitação:" que é seguido por 16 incisos.

Note-se que o legislador, claramente, utilizou uma redação que permite inferir que a lista de incisos desse artigo 75 é uma lista restritiva, impossibilitando, portanto, interpretações extensivas, analogias ou ampliações de qualquer gênero. Nem poderia ser diferente.

Há que se lembrar que, ao afastar o procedimento licitatório, o gestor público está deixando de atender ao mandamento constitucional, o que só poderia fazer nas hipóteses em que estivesse expressamente autorizado pelo legislador.

Para Carvalho Filho,[1] esta é a essência da dispensa de licitação, caracterizada por uma circunstância em que poderia ser realizada a licitação, mas o legislador, por alguma razão, decidiu dispensar essa obrigação.

Deste conceito se desdobra a segunda ideia das dispensas de licitação: a questão da motivação para que o legislador infraconstitucional crie hipótese de licitação dispensável.

A licitação dispensável pode ser caracterizada, portanto, como uma situação bem específica na qual o legislador autorizou o gestor público a não realizar o procedimento licitatório prévio para formalizar a contratação daquele objeto. Isso não significa, entretanto, que o gestor está proibido de realizar o certame nesses casos. É, sim, uma faculdade de afastar a licitação, quando isso for do interesse público, portanto, que pode ser utilizada ou não, como ensina Gasparini.[2]

Não há restrição à realização do procedimento licitatório em detrimento da dispensa de licitação. Do contrário, o artigo 337-E do Código Penal tipifica a realização de dispensa fora das hipóteses previstas em lei. De outra sorte, não há tipificação da promoção da licitação em detrimento da dispensa de licitação.

Do ponto de vista teórico, até seria possível discutir eventual improbidade administrativa pela realização do procedimento licitatório em detrimento da dispensa de licitação sob o argumento de estar tornando a Administração menos eficiente. Isso porque a Lei nº 8.429/1992 possui, em seu artigo 11, dispositivo que possibilita a condenação por improbidade administrativa por ato que atente contra os princípios da Administração Pública.

Em interpretação bastante forçosa seria possível discutir se a realização de licitação em detrimento de uma contratação direta configuraria afronta aos princípios da administração pública. Entretanto, apesar de vislumbrar essa possibilidade do ponto de vista teórico, não concordamos com essa análise.

---

1 CARVALHO FILHO, José dos Santos. *Manual de direito administrativo*. 32. ed. São Paulo: Atlas, 2018. p. 319.

2 GASPARINI, Diógenes. *Direito administrativo*. 13. ed. São Paulo: Saraiva, 2008. p. 520.

Compreendido o conceito, passamos a construir as balizas constitucionais para admissão da dispensa de licitação no ordenamento jurídico pátrio.

Como já apresentado, em que pese a existência de um dever constitucional de licitar, a contratação direta é admitida como uma possibilidade de exceção. Dentre as hipóteses de contratação sem prévia licitação, as mais numerosas são as licitações dispensáveis, previstas no artigo 75 da Lei nº 14.133/2021, que contempla 29 hipóteses nas quais o legislador autorizou dispensar a licitação, além das dispensas previstas em normas esparsas, que continuam existindo.

A Lei nº 14.133/2021 excluiu algumas hipóteses que eram equivocadamente previstas como dispensa na legislação anterior, Lei nº 8.666/1993, como os incisos XXIV, XXX, XXXIII e XXXV do artigo 24.

À primeira vista, outras dispensas de licitação pareceriam ter sido excluídas do texto legal. Contudo, o que houve foi apenas a sua realocação, como no artigo 24 da Lei nº 8.666/1993, inciso X (compra e locação de imóveis), que foi para o artigo 74, V (inexigibilidade) da Lei nº 14.133/2021; inciso XI (remanescente de obra), agora deslocado para o artigo 90, §7º da Lei nº 14.133/2021; inciso XVI (impressão de diários oficiais e TI com pessoa jurídica de direito público), que está reunida no inciso IX da Lei nº 14.133/2021; inciso XXII (energia elétrica e gás natural), lançado para inexigibilidade de serviço, quando cabível; e inciso XXIII (subsidiárias de estatais), regulado pela Lei nº 13.303/2016.

75.1 A baliza formal da norma dispensatória sob o ponto de vista do ente federativo – a dispensa como norma geral

Ao tratar da competência legislativa para disciplinar as licitações, o constituinte fixou, no inciso XXVII do artigo 22, a competência privativa da União para legislar sobre:

> Normas gerais de licitação e contratação, em todas as modalidades, para as administrações públicas diretas, autárquicas e fundacionais da União, Estados, Distrito Federal e Municípios, obedecido o disposto no art. 37, XXI, e para as empresas públicas e sociedades de economia mista, nos termos do art. 173, §1º, III.

Muito embora a Constituição Brasileira de 1988 tenha inovado ao tratar da obrigatoriedade do procedimento licitatório para a Administração Pública em *status* constitucional, a competência da União para legislar sobre *normas gerais* não é de todo inovadora.

Neste ponto, há que se discordar parcialmente de Bandeira de Mello quanto à afirmativa de que "dispositivo constitucional algum autorizava a União a impor normas de licitação a sujeitos alheios *à* sua *órbita*".[3]

Isso porque a Emenda Constitucional nº 1, de 17 de outubro de 1969, modificou os termos da alínea *c* do inciso XVII do artigo 8º da Constituição Brasileira de 1967, e conferiu à União a competência para legislar sobre "normas gerais sôbre orçamento, *despesa* e gestão patrimonial e financeira de natureza pública".

[3] BANDEIRA DE MELLO, Celso Antônio. *Curso de direito administrativo*. 32. ed. São Paulo: Malheiros, 2015. p. 543.

Ao estabelecer competência para normas gerais sobre despesa, a Emenda Constitucional nº 1/1969 criou a possibilidade de a União legislar sobre despesas públicas, o que incluiria a regulamentação da forma de realizar as despesas e, consequentemente, traçar normas sobre licitação.

Fato é que a União, ainda que tivesse tal prerrogativa, não a utilizou. O Decreto-Lei nº 2.300/1986, promulgado anos depois da Emenda Constitucional nº 1/1969, seguiu a mesma lógica anteriormente padronizada de regular apenas a Administração Federal, mantendo a competência dos estados e municípios.

A competência privativa da União determinada pela Constituição Brasileira de 1988 refere-se à edição de normais gerais que serão complementadas pelos demais entes da federação, que disciplinarão a matéria, de forma suplementar, para atender às peculiaridades de suas administrações, nos limites da sua competência, na forma do parágrafo 2º do art. 24 da própria Constituição.

Como assevera Justen Filho,[4] a União não teria o poder amplo e irrestrito de legislar sobre essa matéria. Não há uma competência privativa de legislar, mas sim de criar normas gerais.[5]

Para o autor, cujo raciocínio é compartilhado de forma quase unânime, ainda que a União tenha competência conferida no inciso XXVII do artigo 22 da Constituição, não se pode limitar competências locais por lei federal. Isto é, não há permissão no dispositivo para a violação ao Princípio da Federação.

O problema reside no fato de a Lei nº 14.133/2021, assim como na Lei nº 8.666/1993, ter sido redigida de forma bastante prolixa, sem uma divisão clara sobre o que seria norma geral e o que seria norma específica.

Não se desconhece o artigo 1º da Lei nº 14.133/2021 que afirma que a lei estabelece "normas gerais de licitação e contratação". Entretanto, a Lei nº 8.666/1993 possui, também no artigo 1º, redação praticamente idêntica e foram algumas as decisões do Supremo Tribunal Federal que declararam determinados trechos da Lei nº 8.666/1993 como normas específicas e, portanto, passíveis de serem alteradas pelo legislador estadual, distrital ou municipal.

Logo, não vemos razões para uma guinada jurisprudencial sobre o tema.

É fato que a Lei nº 14.133/2021 adentrou o campo das matérias específicas e o legislador não estabeleceu o que estava fazendo sob a tutela de seu poder de regulamentação geral ou na ideia de norma específica.

Genoso,[6] ao tratar do tema, busca definir as chamadas normas gerais pelo desenho do perfil básico e fundamental da matéria, mas sem chegar às minúcias.

Adotando-se as palavras do Ministro Carlos Velloso, no julgamento da Medida Cautelar na Ação Direta de Inconstitucionalidade nº 927-3/RS, "a norma geral federal,

---

4 JUSTEN FILHO, Marçal. *Comentários à lei de licitações e contratos administrativos*. 16. ed. São Paulo: Revista dos Tribunais, 2014. p. 21.

5 O mesmo autor, em sua obra "Curso de Direito Administrativo", defende que, do contrário, a Constituição não teria feito o uso da expressão "normas gerais" no artigo 22, XXVII, e deixado de adotá-la no artigo 22, I, que determina a competência exclusiva da união para dispor sobre normas de direito civil, comercial, penal etc. (JUSTEN FILHO, Marçal. *Curso de direito administrativo*. 12. ed. Belo Horizonte: Fórum, 2016. p. 536).

6 GENOSO, Gianfrancesco. Normas gerais de licitações e seus reflexos no princípio da publicidade: uma análise do art. 17 da Lei Municipal de São Paulo nº 13.278, de 01.07.2002. *In*: ALVIM, Arruda; ALVIM, Eduardo Arruda; TAVOLARO, Luiz Antônio (Coord.). *Licitações e contratos administrativos*. Curitiba: Juruá, 2011. p. 273.

melhor será dizer nacional, seria a moldura do quadro a ser pintado pelos Estados e Municípios no *âmbito* de suas competências".

A complexidade reside, no entanto, em reconhecer a norma federal, ou seus dispositivos, quando geral, de equânime aplicação em todas as esferas e poderes da federação, e quando especial ou específica (não geral), de aplicação restrita à União.

Bulos[7] coloca as competências federativas como um símbolo da harmonia entre os entes federados. Para o autor, o equilíbrio no uso dessas atribuições é responsável pela manutenção do pacto federativo e daí deriva o impedimento de que um ente invada as competências de outro.

Em igual extensão, não se revela das mais fáceis a tarefa de identificar os limites da liberdade conferida aos demais entes da federação para legislar na contramão das normas balizadas pela União.

Com efeito, o trabalho de definição do que seria norma geral e o que seria norma específica, dentro do truncado texto da Lei nº 14.133/2021, é tarefa das mais árduas.

Na esteira do que lecionava Bandeira de Mello quando da promulgação da Lei nº 8.666/1993, a pretensão do seu artigo primeiro e parágrafo único, de indistinta aplicação de todas as normas daquela Lei aos entes da federação (e seus poderes), embora um absurdo jurídico, prevaleceria diante das normas locais.[8]

De fato, até hoje não são muitas as normas legais tidas como específicas e o resultado é a aplicação quase que indiscriminada dos procedimentos descritos pela legislação federal em todos os processos licitatórios do País.

Demonstrando a complexidade da matéria, Jacoby Fernandes discute a aplicabilidade do parágrafo único do artigo 22 da Constituição Brasileira de 1988 que reza: "Lei complementar poderá autorizar os Estados a legislar sobre questões específicas das matérias relacionadas neste artigo",[9] ao definir que as matérias relacionadas no artigo teriam suas competências conferidas aos estados por meio de lei complementar.

Como até hoje não sobreveio essa norma complementar que conceda tal autorização aos estados, o autor defende a tese de que a totalidade da norma federal deve ser seguida pelos estados e municípios, cabendo a esses entes federados apenas a competência suplementar, ou seja, a de regulamentar temas que não foram definidos pela Lei de Licitação.

O princípio constitucional da isonomia é princípio fundamental da Administração Pública e é tido pela Lei nº 14.133/2021 como objetivo do procedimento licitatório em seu artigo 11, inciso II.

A realização de um regular procedimento em que qualquer interessado possa competir com seus pares em iguais condições para contratar com a Administração Pública é a concretização do próprio princípio, cuja obrigatoriedade foi elevada à condição de norma constitucional.

A licitação, enquanto instrumentalização do princípio isonômico, é um dever da Administração. Dever este que comporta flexibilização, destacada na locução inicial

---

[7] BULOS, Uadi Lammêgo. *Curso de direito constitucional*. São Paulo: Saraiva, 2008. p. 764.

[8] BANDEIRA DE MELLO, Celso Antônio. *Curso de direito administrativo*. 5. ed. São Paulo: Malheiros, 1994. p. 268.

[9] JACOBY FERNANDES, Jorge Ulisses. Da competência para legislar sobre licitações e contratos e o poder regulamentar conferido pela Lei Federal de Licitações e Contratos. *Fórum de Contratação e Gestão Pública – FCGP*, Belo Horizonte, a. 7, n. 74, fev. 2008. Disponível em: https://bit.ly/3eAdtLZ. Acesso em 19 jul. 2021.

do próprio inciso XXI do artigo 37 da Constituição Brasileira de 1988: "Ressalvados os casos especificados na legislação".

A norma constitucional inicia com a hipótese de dispensar o procedimento licitatório por meio de ressalva infralegal. Se a obrigação de licitar deriva de norma constitucional e este mesmo dispositivo admite a possibilidade de a legislação infraconstitucional dispensá-la, a norma dispensadora teria eminente caráter geral.

Dispensar a licitação é, portanto, o resultado do exercício do equilíbrio estabelecido pelo legislador entre o princípio constitucional da isonomia e os demais princípios, como, por exemplo, o da eficiência.

Neste sentido, Furtado[10] traz a definição das modalidades de licitação e das hipóteses de contratação direta como exemplos de normas gerais. Para Furtado, se um estado ou município legisla sobre essas matérias, incorre em inconstitucionalidade formal.

Também Pereira Junior[11] classifica as dispensas de licitação como "induvidosamente geral", tendo em vista que tratam justamente do poder de excepcionar o mandamento constitucional de licitar.

Trata-se de uma discussão eminentemente principiológica, matéria nuclear das normas gerais. Normas gerais de licitação e contratação são aquelas assim consideradas indispensáveis ao cumprimento do comando constitucional da licitação, de modo que as normas que albergam hipóteses de afastar o procedimento, certa e necessariamente, também o são.

A Constituição Brasileira de 1988 estabelece a obrigatoriedade de licitar, facultando ao legislador a possibilidade de criar dispensas de licitação. Essas dispensas devem, portanto, ser interpretadas como norma geral, posto que são normas que afastariam a obrigação constitucionalmente imposta.

Amorim[12] corrobora o entendimento de que o rol de hipóteses de dispensa de licitação estaria caracterizado como norma geral e, portanto, de competência exclusiva do legislativo federal. Registra o autor, no entanto, que os procedimentos atinentes à realização das dispensas poderiam ser alterados em norma específica.

No mesmo sentido, Jacoby Fernandes[13] afirma que se trata de uma questão mais lógica do que jurídica. Não faria sentido que o legislador federal definisse os regramentos gerais e deixasse ao livre-arbítrio dos demais entes firmar as exceções à regra geral de licitar.

Em sendo admitida a compreensão das hipóteses de dispensa da obrigação de licitar como norma geral, é possível o controle de constitucionalidade formal sob o ponto de vista do ente federado que edita a lei.

---

[10] FURTADO, Lucas Rocha. *Curso de licitações e contratos administrativos*. 6. ed. rev. ampl. Belo Horizonte: Fórum, 2015. p. 29.

[11] PEREIRA JÚNIOR, Jessé Torres. *Comentários à lei das licitações e contratações da administração pública*. 8. ed. Rio de Janeiro: Renovar, 2009. p. 290.

[12] AMORIM, Victor Aguiar Jardim de. Contributos para o estabelecimento de critérios de resoluções de conflitos de competência legislativa em matéria de licitação e contratos administrativos. *Revista de Direito da Administração Pública*, a. 1, v. 1, n. 2, jun./dez. 2016. p. 124.

[13] JACOBY FERNANDES, Jorge Ulisses. *Contratação direta sem licitação*. 10. ed. Belo Horizonte: Fórum, 2016. p. 38.

75.2 A baliza formal da norma dispensatória sob o ponto de vista do diploma normativo utilizado

Ainda no campo das balizas formais estabelecidas pelo legislador, deve ser aprofundada a natureza jurídica da norma que autoriza a não realização de licitação.

O Constituinte, ao estabelecer a obrigatoriedade de licitação, no inciso XXI do artigo 37, criou a possibilidade de se estabelecer ressalvas a essa imposição. Ao fazê-lo, a Constituição Brasileira de 1988 utiliza a expressão "ressalvados os casos especificados na *legislação*".

A questão em tela, portanto, é analisar a natureza normativa a ser adotada para atender ao mandamento constitucional quando do emprego da expressão "legislação".

Legislação é nomenclatura de uso genérico que pode ser utilizada em diversos sentidos, a depender do contexto em que está sendo apresentada. Usualmente, faz referência a um conjunto de normas que compõem o ordenamento jurídico.

O problema reside na existência de diversas categorias de diplomas normativos, desta forma, é necessário um olhar mais atento à questão para construir um parâmetro que possibilite a análise do aspecto formal da dispensa.

75.3 O uso da expressão *legislação* na Constituição

Ao analisar o uso da expressão *legislação*, deve ser feito estudo sobre a abrangência do tema. O artigo 59 da Constituição Brasileira de 1988 estrutura o processo legislativo com a possibilidade de elaboração de sete normas: a) emendas à Constituição; b) leis complementares; c) leis ordinárias; d) leis delegadas; e) medidas provisórias; f) decretos legislativos; e g) resoluções.

Kelsen[14] já trazia, em sua teoria positivista, a autorregulação criativa do direito, de forma que é uma norma jurídica que define os parâmetros para criação e validade de outras normas jurídicas. Assim, uma norma serve como fundamento de validade à norma seguinte.

A primeira hipótese, de pronto descartada, seria a necessidade de se promover emenda constitucional para ressalvar os casos em que não seria necessária licitação.

Ao afirmar que a legislação poderia criar ressalvas, o constituinte excluiu a necessidade de se alterar a carta magna por uma emenda constitucional, posto que não seria necessária a previsão de que emenda constitucional possa autorizar a ressalva.

Neste caso, a constituição adota lógica inversa, são os casos inalteráveis, mesmo por emenda constitucional, que são expressos pela Constituição Brasileira de 1988, é o caso, por exemplo, do seu artigo 60, §4º.

A segunda possibilidade a ser discutida são as leis complementares. A Constituição definiu especificamente os casos em que a competência normativa foi delegada à lei complementar, a ser aprovada por maioria absoluta. Assim o fez, por exemplo, na definição dos direitos trabalhistas (art. 7º, I), nos casos de inelegibilidade (art. 14, §9º), nas matérias relacionadas à organização político-administrativa (art. 18), dentre outros.

---

[14] KELSEN, Hans. *Teoria geral do direito e do estado.* (Trad. João Baptista Machado). 6. ed. São Paulo: Martins Fontes, 1998. p. 181.

No caso das dispensas de licitação, não tendo o constituinte feito menção expressa à exigência de lei complementar, a competência queda como residual, podendo ser matéria regida por lei ordinária.[15]

A lei ordinária é o mecanismo vigente e aceito para aprovação de matéria relacionada à dispensa de licitação. Em princípio, junto a ela estaria atrelada a possibilidade de edição de medida provisória, não sendo a dispensa de licitação vedada pela Constituição Brasileira de 1988 no artigo 62, §1º. Contudo, permaneceria necessária a comprovação de relevância e urgência, nos termos do *caput* do artigo 62.

No caso das leis delegadas, há que se fazer duas considerações. A primeira é que não existe ato de delegação ao Presidente para elaboração de lei delegada sobre a matéria. A segunda é que se trata da competência de ressalvar uma obrigação constitucionalmente imposta ao executivo, que será discutida com maior profundidade no tópico seguinte.

Por fim, quanto aos decretos legislativos e resoluções, são atos regulamentares do poder legislativo e que não poderiam ser utilizados para criação de dispensa de licitação.

75.4 A vedação à criação de dispensa por decreto

Canotilho[16] explica o conceito alemão *Vorbehalt des Gesetzes*, como o conceito de reserva de lei, com a delimitação de um grupo de temas que precisam ser regulados pela lei. A Constituição define que o regime jurídico de cada matéria deve ser regulado por lei e, com isso, exclui as demais fontes normativas.

Temos que diferenciar o conceito de lei e decreto emanado pelo poder executivo. Enquanto a lei cria direitos e deveres, o decreto os regulamenta, definindo a forma de sua operacionalização.

Ferraz Júnior[17] explica que o termo legislação, em sentido amplo, inclui, além das medidas provisórias, outros atos emanados pelo poder executivo. Os decretos, explica o autor, agem como regulamentadores das normas gerais, possibilitando a sua execução e dando-lhes a necessária eficácia por meio dos necessários detalhamentos.

Recordamos aqui da base de sustentação da teoria de tripartição de poderes entre o executivo, o legislativo e o judiciário. O mandamento constitucional de se realizar o procedimento licitatório é do legislativo (enquanto constituinte) para o executivo, essencialmente.

As nomenclaturas utilizadas para cada poder não são excludentes das demais atividades, mas sim da sua atuação preponderante.

O poder executivo também exerce atividade judicante ao apreciar seus processos administrativos, assim como legisla ao estabelecer decretos, portarias, resoluções ou instruções normativas.

---

[15] Não há hierarquia entre as leis ordinárias e as leis complementares, mas, tão somente, uma separação por competência. No entanto, por ter quórum qualificado para sua aprovação, a lei complementar pode também trazer matérias que seriam admitidas em lei ordinária, não podendo ser feito o inverso.

[16] CANOTILHO, José Joaquim Gomes. *Direito constitucional e teoria da constituição*. 7. ed. Coimbra: Almedina, 2003. p. 724.

[17] FERRAZ JÚNIOR, Tercio Sampaio. *Introdução ao estudo do direito*: técnica, decisão, dominação. 10. ed. São Paulo: Atlas, 2018. p. 246.

O poder legislativo, ao mesmo passo, exerce atividade judicante quando analisa, por exemplo, o processo de impeachment do Presidente da República e executa quando faz as suas atividades internas, licitando e realizando obras.

Idem ao poder judiciário, que legisla por meio de suas resoluções e executa para sua atividade administrativa.

Mas não se pode afastar o conceito de que, preponderantemente, a obrigação constitucional de licitar é ato emanado do poder legislativo ao poder executivo.

Nesse sentido, em havendo uma obrigação imposta de um poder a outro, não há como se admitir que o receptor desse dever de realizar a licitação tenha, ao mesmo tempo, a obrigação e o poder para se eximir de tais responsabilidades.

Admitir que um decreto firme a possibilidade de isentar o dever de licitar seria o mesmo que possibilitar que o próprio executivo definisse em quais casos seria cumprido, e em quais não seria, o mandamento constitucional de licitar.

Esse entendimento foi trabalhado por autores como Acunha:

> Ora, como a dispensa envolve um juízo de valoração a respeito das situações em que a realização de um certame é ou não é *conveniente*, entende-se que tal margem de escolha foi atribuída, única e exclusivamente, ao legislador, o qual, ao fixar o rol legal de situações nas quais vê a licitação como não pertinente, esgotou a possibilidade de deliberação sobre o tema. O interesse público e a forma de seu atendimento já foram, assim, previamente estabelecidos pelo legislador.[18]

Também Amorim[19] aponta que apenas uma lei editada pela União poderia afastar a obrigação de licitar, em contraposição ao conceito de normas gerais já trabalhado no tópico anterior.

Este conceito, de apenas a lei poder ressalvar a regra geral de licitar, é acompanhado também em outros países, como ensina Pino Ricci,[20] ao relacionar que se a regra geral de licitar é uma lei, somente uma norma de igual hierarquia poderia criar suas exceções.

75.5 A baliza material das normas dispensatórias

A terceira importante baliza acerca das normas que autorizam a não realização do procedimento licitatório é a de ordem material, a que trata do mérito da contratação que está sendo dispensada.

Nos tópicos anteriores estruturamos os aspectos formais da norma dispensatória, sendo eles: a) competência normativa da União; e b) exigência de lei, sendo ela ordinária ou complementar.

O ponto a se debruçar neste terceiro tópico é se, ao receber a autorização da Constituição Brasileira de 1988 de ressalvar hipóteses em lei para que não fosse realizado

---

18 ACUNHA, Fernando José Gonçalves. Contratação de fundação por dispensa de licitação: aplicação do inciso XIII do art. 24 da Lei nº 8.666/1993. *Fórum de Contratação e Gestão Pública – FCGP*, Belo Horizonte, a. 7, n. 76, abr. 2008. Parecer. Disponível em: https://bit.ly/3kA8gYj. Acesso em 19 jul. 2021.

19 AMORIM, Victor Aguiar Jardim de. *Licitações e contratos administrativos*: teoria e jurisprudência. Brasília: Senado Federal, 2017. p. 169.

20 PINO RICCI, Jorge. *Régimen jurídico de los contratos estatales*. Bogotá: Universidad Externado de Colombia, 2005. p. 228.

o procedimento licitatório, o legislador infraconstitucional teria sido outorgado com poderes ilimitados para decidir ou se existiriam balizas de mérito também que pudessem implicar na verificação de parâmetros mínimos ao produzir lei que autorize a não realização da licitação.

Ferraz, ao falar sobre a interpretação da norma, em artigo específico sobre a contratação direta e sua excepcionalidade, afirma que a lei deve ser interpretada a partir dos princípios estabelecidos no ordenamento jurídico:

> Interpretar a lei não é buscar aplicá-la como régua de figuras geométricas para facilitar o desenho. Interpretar a lei é buscar convergência entre o fato e a norma, a partir, sobretudo, dos princípios jurídicos estabelecidos no ordenamento jurídico (boa-fé, moralidade, finalidade, eficiência, segurança jurídica).[21]

O texto do início do inciso XXI do artigo 37, ao ressalvar os casos da legislação, deve ser lido em conformidade com o preceito geral de licitar que ali está insculpido.[22]

Já abordamos este tema em artigo sobre o importante juízo material acerca da norma que excetua a regra licitatória. Do contrário, seria concedido ao legislador o poder irrestrito para revogar a regra constitucional de licitar.

Defendeu-se, na oportunidade, que a norma dispensadora da licitação obrigatoriamente deve estar dotada de justificativa técnica, econômica ou fática que fundamente o afastamento da obrigação constitucional.

A questão ultrapassa a simples análise literal do texto da Constituição. A Constituição Brasileira de 1988 definiu como regra geral a obrigação de realizar o procedimento licitatório. A contratação direta, neste cenário, deveria ser a exceção.

O volume de dispensas de licitação vem crescendo paulatinamente a cada nova formatação normativa no Brasil. Fazendo um levantamento ao longo do tempo, é possível desenvolver uma estrutura linear de avanço das contratações diretas em cada diploma legal.

Em apanhado histórico[23] da construção das dispensas de licitação, é possível construir o seguinte quadro,[24] adaptado a partir de Motta:[25]

---

21 FERRAZ, Luciano. Contratação direta sem licitação e seu caráter de excepcionalidade. *Fórum de Contratação e Gestão Pública – FCGP*, Belo Horizonte, a. 5, n. 56, ago. 2006. Disponível em: https://bit.ly/3eBghZw. Acesso em 19 jul. 2021.

22 Sobre o abuso do poder legislativo, Tácito trabalha importante análise acerca dos limites constitucionais ao poder de legislar, sem que se interprete o poder normativo infraconstitucional como uma liberdade irrestrita, sob pena de ser considerado desvio de finalidade. (TÁCITO, Caio. Desvio de Poder Legislativo. *Revista Trimestral de Direito Público – RTDP*, São Paulo, n. 58, 2014).

23 Outras normas esparsas foram elaboradas no período, mas tomou-se em conta as consideradas mais relevantes para a matéria.

24 Este quadro foi corrigido e complementado com a atualização dos casos de dispensa de licitação, dentro da própria vigência da Lei nº 8.666/1993. A Lei Geral de Licitações foi sancionada em 1993, com 15 hipóteses de dispensa de licitação. No momento da publicação deste livro já são 35 possibilidades, além dos casos previstos em normas esparsas.

25 MOTTA, Carlos Pinto Coelho. *Eficácia nas licitações e contratos*. 10. ed. Belo Horizonte: Del Rey, 2005. p. 3, 209-210.

DIPLOMA LEGAL	DISPOSITIVO	NÚMERO DE HIPÓTESES
Ordenações Filipinas (1592)	Título 76, 17, 37	Valor mínimo para obras, mas ainda sem nome de dispensa
Lei de 29 de agosto de 1828	art. 5º	Apenas para obras, não trazia dispensas
Lei nº 2.221/1909	art. 54	Apenas diretrizes para concorrências, sem referência a dispensas.
Código de Contabilidade/1922 6 hipóteses	art. 244	1 – Pequeno valor
	art. 246	5 – Dispensa
Decreto-Lei nº 200/1967 9 hipóteses	art. 126	9 – Dispensa
Decreto nº 73.140/1973 7 hipóteses[26]	art. 8º	7 – Dispensa
Lei nº 6.946/1981	art. 3º	Atualiza a referência de valor da dispensa de pequeno valor[27]
Decreto-Lei nº 2.300/1986 24 hipóteses	art. 15	8 – Dispensada
	art. 22	11 – Dispensa
	art. 23	5 – Inexigibilidade
Lei nº 8.666/1993 original 33 hipóteses	art. 17	10 – Dispensada
	art. 24	15 – Dispensa
	art. 25	3 – Inexigibilidade
Lei nº 8.666/1993 final 42 hipóteses	art. 17	15 – Dispensada
	art. 24	35 – Dispensa
	art. 25	3 – Inexigibilidade
Lei nº 14.133/2021 (original) 40 hipóteses	art. 74	5 – Inexigibilidades
	art. 75	29 – Dispensa
	art. 76	16 – Dispensada
Lei nº 14.133/2021 (atual) 42 hipóteses	art. 74	5 – Inexigibilidades
	art. 75	31 – Dispensa
	art. 76	16 – Dispensada

Fonte: Elaborado pelo Autor a partir de MOTTA, 2005.[26] [27]

Ainda que pareça ter ocorrido uma redução das contratações diretas na Lei nº 14.133/2021, a realidade é justamente oposta. A maioria das dispensas que foi excluída estão, na verdade, realocadas em outro dispositivo legal. Além disso, como será tratado, os limites das três principais hipóteses de dispensa de licitação foram dobrados (os dois casos de pequeno valor e a contratação emergencial).

---

[26] O Decreto nº 73.140/1973 tinha por escopo exclusivo os contratos relativos às obras e serviços de engenharia. Assim, em que pese parecer ter reduzido o número de dispensas de licitação, em relação ao Decreto-Lei nº 200/1967, foram omitidas duas hipóteses, que diziam respeito à aquisição ou ao arrendamento de imóveis (artigo 126, §2º, g, do Decreto-Lei nº 200/1967) e aquisição de obras de arte e objetos históricos (artigo 126, §2º, e, do Decreto-Lei nº 200/1967). Como o Decreto nº 73.140/1973 não revogava o Decreto-Lei nº 200/1967, não houve a redução do número de dispensas, mas, tão somente, a inaplicabilidade dessas duas hipóteses ao escopo do decreto que regulamentava obras e serviços de engenharia.

[27] A Lei nº 6.946/1981 alterou a referência de valores para o Decreto-Lei nº 200/1967. O critério, que era baseado no valor do salário-mínimo, foi alterado por força da Lei nº 6.205/1975, que dissociou as atualizações do índice salário-mínimo para um novo índice de atualização, o extinto Maior Valor de Referência – MVR. Tomando por base a data de entrada em vigor da Lei nº 6.946/1981, as dispensas para compras e serviços aumentaram de CR$42.324,00 para CR$61.075,50 (44%), enquanto as dispensas para obras tiveram acréscimo de CR$423.240,00 para CR$508.962,50 (18%).

Além disso, é importante registrar que a quantidade de dispositivos legais que autorizam a contratação direta não significa, necessariamente, um alargamento, ou não, da contratação direta.

Niebuhr[28] alerta que não se pode adulterar a sistemática do texto constitucional. O legislador não teria autorização para definir tantas hipóteses de contratação direta, de modo que esses casos chegassem ao status inconstitucional de regra. O autor advoga a tese de que somente em casos justificáveis do ponto de vista do interesse público o legislador poderia criar dispensas.

No mesmo sentido, Dallari já apontava essa limitação. Referido autor afirma que "a dispensa indevidamente dada pela lei não pode valer perante a constituição".[29] Não se pode largar, à vontade do legislador, a liberdade para dispensar o que não é razoável à luz da Constituição.

Também Sundfeld[30] defende que, sob pena de inconstitucionalidade, o legislador não foi outorgado com um cheque em branco para poder livremente dispensar a obrigação constitucional de licitação. Essa expressão da impossibilidade de se conceder total liberdade ao legislador para que possa, sem limites constitucionais, criar dispensas de licitação é compartilhada também por Mendes.[31]

Em obra sobre o perfil constitucional da licitação, Britto[32] faz correlação entre o estabelecimento das normas gerais e as regras da Constituição, que devem conferir identidade ao processo licitatório. As regras e os princípios constitucionais devem ter por objetivo aumentar a funcionalidade do instituto licitatório.

Também Petian[33] trabalha o conceito do limite de validade da norma dispensatória sob o ponto de vista material. Há que se mostrar o nexo de pertinência lógica e a finalidade que se pretende atingir com a dispensa de licitação.

Em que pese todas essas considerações e a vasta posição doutrinária acerca da possibilidade de análise material da constitucionalidade das normas dispensatórias, são poucas as decisões, no Supremo Tribunal Federal, que tenham analisado as dispensas sobre esse aspecto.

Ocorre que, em algumas decisões, o Supremo Tribunal Federal acaba analisando o mérito de dispensas criadas por norma estadual, mas utiliza como fundamento teórico a invasão de competência da União, como já discutido.

75.6 As contratações de pequeno valor (art. 75, incisos I e II)

Quando tratamos das dispensas de licitação, certamente os casos mais lembrados são as contratações de pequeno valor, ou seja, aqueles casos nos quais o legislador ofertou

---

28 NIEBUHR, Joel de Menezes. *Dispensa e inexigibilidade de licitação pública*. 4. ed. Belo Horizonte: Fórum, 2015. p. 125.

29 DALLARI, Adilson Abreu. *Aspectos jurídicos da licitação*. 4. ed. São Paulo: Saraiva, 1997. p. 45.

30 SUNDFELD, Carlos Ari. *Licitação e contrato administrativo*: de acordo com as Leis nº 8.666/93 e 8.883/94. São Paulo: Malheiros, 1995. p. 58.

31 MENDES, Renato Geraldo. A licitação é regra ou exceção: repensando a contratação direta. *Revista Diálogo Jurídico, Centro de Atualização Jurídica (CAJ)*, Salvador, n. 9. a. I, dez. 2001.

32 BRITTO, Carlos Ayres. *O perfil constitucional da licitação*. Curitiba: Editora ZNT, 1997. p. 31.

33 PETIAN, Angélica. *Contratação direta por emergência*. Tese (Doutorado em Direito) – Pontifícia Universidade Católica de São Paulo, São Paulo, 2015. p. 46. Disponível em: https://bit.ly/2Z6qgAc. Acesso em 19 jul. 2021.

ao gestor público a possibilidade de contratar diretamente, sem realizar o procedimento licitatório, em razão do baixo valor da contratação e, consequentemente, do impacto que o custo de realização do procedimento licitatório teria diante do pequeno potencial de economicidade que a licitação traria.

A dispensa de licitação é, além de a mais comum das contratações diretas, a mais antiga, estando presente nas normas licitatórias desde as Ordenações Filipinas, em 1592.

A lógica aqui presente é evidente: realizar um procedimento licitatório é um controle do sistema de contratação pública. Entretanto, a realização desse controle possui um custo que não pode ser desprezado (custo-hora dos gestores públicos envolvidos).

Não há dúvida que a realização de um procedimento licitatório, expondo a contratação à competição mercadológica, tem um potencial de economia superior ao da contratação direta. Ainda assim, nos casos de contratações com valor muito reduzido, esse potencial de economia não é compensatório, à luz do custo que a licitação nos traz.

Essa ineficiência dos processos de controle já era enfrentada pelo antigo Decreto-Lei nº 200/1967, na alínea i do §2º do artigo 126, que foi revogado[34] pelo Decreto Lei nº 2.300/1986:

> Art. 126. As compras, obras e serviços efetuar-se-ão com estrita observância do princípio da licitação.
>
> §1º A licitação só será dispensada nos casos previstos nesta lei
>
> §2º É dispensável a licitação:
>
> [...]
>
> i) nas compras ou execução de obras e serviços de pequeno vulto, entendidos como tal os que envolverem importância inferior a cinco vêzes, no caso de compras, e serviços, e a cinqüenta vêzes, no caso de obras, o valor do maior salário-mínimo mensal.

A grande questão que se verifica, para dosar a economicidade da dispensa de licitação por conta do pequeno valor da contratação, é como definir esse limite até o qual é razoável que a licitação seja dispensável.

75.6.1 Os valores estabelecidos pela Lei nº 14.133/2021

A Lei nº 14.133/2021 ampliou significativamente os valores que estão previstos nos incisos I e II do artigo 24 da Lei nº 8.666/1993.

Desde 2018, os valores da Lei nº 8.666/1993 estavam limitados a R$17.600,00 para compras e serviços gerais, e a R$33.000,00 para obras e serviços de engenharia.

O legislador da Lei nº 14.133/2021 decidiu aumentar esses tetos de contratação direta para valores inferiores a R$50.000,00 para compras e serviços gerais, e a R$100.000,00 para obras, serviços de engenharia e serviços de manutenção de veículos automotores.

[34] A alínea i do §2º do artigo 126 do Decreto-Lei nº 200/1967 havia sido revogada pela Lei nº 6.946/1981, que atualizou os valores das licitações, trazendo em seu artigo 3º a seguinte redação: "Art. 3º – É dispensável a licitação nas compras ou execução de obras e serviços cujo valor seja inferior a 15 (quinze) MVR, tratando-se de compras ou serviços, e inferior a 125 (cento e vinte e cinco) MVR, tratando-se de obras". Essa Lei nº 6.946/1981 também foi revogada pelo Decreto-Lei nº 2.300/1986.

O primeiro item que deve ser observado nessa alteração normativa é a alteração da expressão utilizada para limitar os valores à Administração Pública. Enquanto na Lei nº 8.666/1993 os valores eram "até" o limite, na Lei nº 14.133/2021 a norma vale-se da expressão "inferior a".

Significa dizer que os limites dados ao gestor para fazer a contratação direta não é R$50.000,00 e R$100.000,00, mas sim, R$49.999,99 para compras e serviços gerais e de R$99.999,99 para obras, serviços de engenharia e serviços de manutenção de veículos automotores.

Isso porque, ao afirmar que é dispensável a contratação de valor "inferior a R$50.000,00", o legislador excluiu o valor de R$50.000,00, visto que este não está incluído no conjunto "inferior a".

Importante relembrar que, por força do artigo 182 da Lei nº 14.133/2021, todos os valores previstos na Lei nº 14.133/2021 são atualizados anualmente, sendo estes valores, em 2025, de R$62.725,59 (sessenta e dois mil setecentos e vinte e cinco reais e cinquenta e nove centavos) e R$125.451,15 (cento e vinte e cinco mil quatrocentos e cinquenta e um reais e quinze centavos), por força do Decreto nº 12.343/2024, em vigor a partir de 1º de janeiro de 2025.

As regras de interpretação desses incisos foram estabelecidas nos parágrafos do artigo 75. Para dar maior sistematização a esta obra, faremos os comentários dos parágrafos em conjunto com esses incisos.

75.6.2 A regra de somatório anual das dispensas de licitação (§1º do art. 75)

O §1º do artigo 75 da Lei nº 14.133/2021 trouxe o teor da pacífica jurisprudência do Tribunal de Contas da União para o corpo da Lei. Segundo a regra estabelecida, a Administração não pode, para se enquadrar no limite legal, fracionar uma contratação maior, que deveria levar à licitação, em duas ou mais contratações diretas.

Por exemplo, se a Administração precisa fazer uma contratação de R$90.000,00 para aquisição de produtos de informática, é uma prática ilegal o fracionamento dessa compra em duas dispensas de licitação de R$45.000,00 cada, com o objetivo de afastar a necessidade de utilização do procedimento licitatório.

Para realizar este cálculo devemos tomar todas as contratações realizadas ao longo do exercício financeiro (janeiro a dezembro) que estejam categorizadas como mesmo ramo de atividade.

Na teoria, a questão é bastante simples: basta somar as contratações de mesma natureza que serão feitas ao longo do ano para se considerar se a Administração estará autorizada, ou não, a fazer dispensa de licitação de pequeno valor. Caso o valor anual dispendido com determinada natureza de objeto seja superior aos limites definidos nos incisos I e II do artigo 75, será considerado fracionamento a realização de dispensa de licitação.

Na prática, o tema é mais complexo do que isso. Há inúmeras situações limítrofes, em que é bastante subjetiva a análise se o objeto está, ou não, na mesma natureza. Nesses casos, entendemos que jamais o gestor público poderia ter suas contas rejeitadas ou ser punido, penal ou administrativamente, por uma questão que é duvidosa. Não obstante, considerando o cenário em que vivemos, recomendamos aos gestores prudência e muita cautela. Na dúvida, é preferível fazer a licitação a afastá-la e correr o risco de uma interpretação mais restritiva dos órgãos de controle.

75.6.3 O limite dobrado para consórcios públicos e agências executivas (§2º do art. 75)

Os valores limites previstos nos incisos I e II do artigo 75 ainda poderão ser dobrados em situações específicas, nos casos estabelecidos pelo §2º do artigo 75, para as contratações dos consórcios públicos ou das agências executivas.

A formação de consórcios públicos é uma figura incentivada pela Lei nº 14.133/2021, por força do parágrafo único do artigo 181, que aponta como preferencial a formação de consórcios públicos para os municípios de até 10.000 habitantes.

Logo, dois municípios com menos de 10.000 habitantes serão estimulados a formar um consórcio público entre si e, com isso, perceberão o limite de R$125.451,18 para compras e serviços gerais e de R$250.902,30 para obras, serviços de engenharia e serviços de manutenção de veículos automotores. Isso para um consórcio que possuirá menos de 20 mil habitantes, o que seria considerado uma cidade de pequeno porte.

Como será tratado no próximo tópico, a nosso ver, errou o legislador ao definir limites tão alargados de contratação sem licitação.

75.6.4 A questão específica da manutenção de veículos automotores (§7º do art. 75)

Outra novidade quanto aos valores limites para que a licitação seja dispensável foram os serviços de manutenção de veículos automotores.

Na Lei nº 8.666/1993, esses serviços estariam enquadrados na hipótese prevista no inciso II do artigo 24 (compras e serviços gerais) e, portanto, receberiam o limite de R$17.600,00.

Com a Lei nº 14.133/2021, este caso está previsto no inciso I do artigo 75, portanto, o valor foi mais que quintuplicado, se comparado com a legislação anterior, subindo de R$17.600,00 para R$100.000,00, ou R$99.999,99 para ser mais preciso.

Mas o acréscimo não ficou apenas na realocação da dispensa e no aumento de valor. Apenas para esses casos de manutenção de veículos automotores, o legislador criou o §7º, que exclui do cálculo, para considerar fracionamento da contratação, as manutenções de valor inferior a R$10.036,10.

Ou seja, pelo estrito teor do §7º do artigo 75, uma prefeitura poderia contratar um milhão de reais em serviços de manutenção de veículos automotores, desde que os contratos tivessem ocorrido de forma separada, com contratações em valores inferiores a R$10.036,10.

Novamente, tem-se um alargamento exacerbado das contratações diretas, deturpando o mandamento constitucional de realizar o procedimento licitatório e ferindo a baliza material das dispensas de licitação, que trabalhamos anteriormente.

Mas este tópico merece nosso maior cuidado e redobrada atenção.

Após a publicação da norma, todos os tipos de interpretação passaram a ser debatidos sobre o tema. Isso porque o texto da lei não foi claro ao definir qual o conceito de contratações para a definição de que o valor é inferior ao limite legal.

Por exemplo, poderia o gestor público enviar uma ambulância para a manutenção e, ao identificar que o conserto seria de R$20.000,00, dividir esse valor em uma nota fiscal de R$10.000,00 para o serviço e R$10.000,00 para peças. Com isso, teria esse gestor duas contratações com valor inferior ao limite do §7º e, consequentemente, não seria comprometido o seu total para a dispensa de licitação em manutenções veiculares.

A resposta aqui é categórica. Não! O legislador afirma que não se aplica o cálculo do §1º nos casos de contratações até R$10.036,10, *incluído o fornecimento de peças*. Logo, não pode o gestor público retirar as peças da conta para reduzir o valor da nota fiscal. Seria esta hipótese clara de fracionamento de despesa.

Mas vamos além. Imaginemos uma prefeitura municipal que possua vinte veículos e encaminhe todos esses veículos no mesmo dia para a manutenção em uma mesma oficina. Suponhamos que cada veículo tenha um custo de R$8.000,00, já incluídas as peças.

Neste exemplo fictício, o Município poderia dispender R$160.000,00 em um único dia com uma única oficina, sob o pretexto de que são 20 veículos distintos e, consequentemente, cada nota fiscal, para cada veículo, ficou em valor inferior a R$10.036,10 e, portanto, não consumiu do limite do inciso I do artigo 75.

Não nos parece acertado esse entendimento. As manutenções veiculares realizadas em mais de um veículo, mas no mesmo momento, nos parece estarem enquadradas dentro de uma mesma contratação, sob pena de fracionamento.

Sem dúvida, este é um tema polêmico e que ainda será objeto de construção doutrinária e jurisprudencial. No entanto, sobretudo no momento em que escrevemos o presente texto, considerando a ausência de uma regra clara, quer seja em regulamentações ou em decisões dos órgãos de controle e, principalmente, considerando que a dispensa de licitação fora das hipóteses previstas em lei é crime e a gravidade dessa consequência ao gestor, recomendamos uma cautela redobrada na utilização desse dispositivo.

75.6.5 A análise constitucional dos valores estabelecidos

Para discutirmos a constitucionalidade dos incisos I e II do artigo 75 da Lei nº 14.133/2021, temos que realizar uma digressão do seu processo legislativo e suas justificativas.

O dispositivo foi inserido em uma das diversas revisões do Projeto de Lei nº 1.292/1995, não sendo parte objetiva de nenhum dos 257 projetos apensados ao projeto de lei que busca alterar a Lei de Licitações.

Logo, não há no processo legislativo nenhuma justificativa específica para o aumento do valor das dispensas, que segue os mesmos valores do artigo 29 da Lei nº 13.303/2016, sem que na Lei das Estatais exista a previsão de serviço de manutenção de automotores enquadrada como dispensa junto com as obras.

Quando do advento da Lei nº 13.303/2016, a justificativa para o aumento do valor da dispensa para as estatais foi a necessidade que essas empresas têm de competir com o mercado privado e, portanto, precisariam de uma maior agilidade nas suas contratações.

É importante relembrar que o §1º do artigo 24 da Lei nº 8.666/1993 já estabelecia que as estatais teriam o dobro do valor da dispensa de licitação quando comparado aos demais órgãos. Novamente, reforça-se o conceito de que as estatais precisavam de uma maior flexibilidade, o que desconstitui o argumento de que a Lei nº 14.133/2021 deveria adotar os mesmos limites da Lei das Estatais, porque esse seria um número já absorvido pelo ordenamento jurídico.

Essa falácia argumentativa gerou uma grave inconsistência em nosso ordenamento: hoje, uma estatal como a Petrobrás ou os Correios possuem a metade do limite de dispensa de licitação de um consórcio de pequenos municípios ou, até mesmo, que uma agência executiva, que ainda têm seus limites dobrados nos termos do §2º do artigo 75 da Lei nº 14.133/2021.

O projeto de lei jamais poderia utilizar dessa mesma justificativa. Ainda que o projeto tenha recebido o número do projeto mais antigo a ele apensado, o Projeto de Lei nº 1.292/1995, a apresentação do substitutivo global e a elevação dos limites para R$50.000,00 e R$100.000,00 se deram após a entrada em vigor da Lei nº 13.303/16, que exclui as estatais do âmbito do projeto, sendo esse tema inclusive mencionado no §1º do artigo 1º da Lei nº 14.133/2021.

Logo, se foram excluídas as estatais do âmbito de aplicação da norma em debate, não se poderia utilizá-las como justificativa para o aumento do teto para a dispensa de licitação.

Entretanto, é possível discutir outra justificativa, que seria o alto custo para se realizar um procedimento licitatório, visto que esses dados são frequentemente propalados por aqueles que defendem o aumento dos limites.

Aqui, é fundamental que se estabeleça um critério para definição desses valores. O custo para se realizar um procedimento licitatório é um critério razoável e que busca promover a eficiência na contratação pública. O Brasil carece de dados estatísticos abrangentes sobre o tema, que consigam de fato enfrentar a questão. Os estudos utilizados são comumente realizados em processos na esfera federal e isso demanda duas críticas a esses dados, tal como será visto a seguir.

A primeira crítica diz respeito aos valores obtidos. Os dados usualmente apresentados são distorcidos pelos salários da esfera federal. Em regra geral, a média de remuneração da esfera federal é significativamente maior que a média dos salários dos servidores municipais.

A diferença salarial entre as esferas de governo traz impacto relevante no custo de se realizar uma licitação, tendo em vista que o custo de pessoal representa parcela mais relevante dos gastos com uma licitação.

Não é razoável universalizar o custo de licitação do governo federal como se fosse aplicável para todos os estados e municípios, visto que o valor hora-homem dos servidores da União é expressivamente superior aos dos demais entes federados.

Também se tem o problema da metodologia para inferir os custos sobre o procedimento licitatório. Aqui, cita-se a Nota Técnica nº 1081/2017/CGPLAG/DG/SFC da Controladoria Geral da União, em que se analisa o custo de um procedimento licitatório quando comparado à dispensa de licitação.

Para isso, a nota técnica apresenta como metodologia para calcular o custo das dispensas de licitação a consideração de um prazo de 3 (três) dias para realizar a dispensa e que um servidor trabalha 100% do dia para concluir aquela dispensa. Logo, o custo da dispensa é igual a 3 (três) dias de trabalho de um servidor.

Custo_Dispensa = 3*1*1*salário por_dia

De outro lado, o custo de uma licitação é aferido com outra metodologia. Toma-se a média de prazo que dura um processo licitatório e considera-se que, durante todo esse período, dois servidores trabalharam 25% do dia sobre esse processo:

Custo_Pregão = dias*2*0.25*salário_por_dia

A metodologia aplicada claramente distorce a realidade dos fatos. Quando é para calcular a dispensa de licitação estima-se 3 (três) dias, e quando é para calcular as modalidades considera-se o prazo real de realização, o que inclui inúmeros dias parados, aguardando prazos de publicação, de recursos, de diligências etc.

Justamente aí reside a segunda importante incongruência dessa metodologia. Ao considerar simplesmente o tempo de duração, um processo que fica seis meses ou um ano suspenso em razão de uma decisão judicial ou por qualquer outro motivo teria seu custo processual absurdamente elevado, o que obviamente não é uma verdade.

Em suma, a metodologia acaba apenas apurando que a média de duração de uma licitação é muito maior do que 3 (três) dias, que foi a estimativa de prazo arbitrada para considerar o custo da dispensa de licitação.

Outro problema na análise do custo atual dos processos reside na estruturação de incentivos errados na discussão sobre eficiência na contratação pública. Para justificar o limite de dispensa de licitação por pequeno valor analisa-se quanto custa um processo licitatório e, com esse número, faz-se uma projeção de quanto seria razoável dispensar a licitação. Há, pelo menos, dois equívocos nessa metodologia e argumentação.

O primeiro é que essa metodologia opera muitas vezes ignorando ou reduzindo o custo de uma contratação direta, como se não houvesse custo para se realizar o processo de uma dispensa de pequeno valor. A fase interna do processo licitatório é essencialmente parecida com uma contratação direta, logo, se há um custo significativo na realização de uma licitação, também há na preparação de dispensas e inexigibilidades.

O outro equívoco é o incentivo errado. Ao estabelecer um critério de custo atual da licitação para definição da margem para contratação sem licitação, o poder legislativo passa um recado claro ao poder executivo: quanto mais caro (mais ineficiente) for a elaboração de um procedimento licitatório, maior será sua margem de contratação sem licitação.

A Constituição Brasileira de 1988 estabeleceu a regra de se realizar o procedimento licitatório e essa regra vem sendo distorcida pelos alargamentos da dispensa de licitação, ao argumento de que fazer licitação é caro e ineficiente.

O problema não está na realização do procedimento licitatório, mas sim, em como se faz a licitação, que é de modo caro e ineficiente. Não há nenhuma determinação na Constituição para que a licitação seja feita de forma burocrática e custosa ao erário, não pode ser esse o argumento para definição do valor da dispensa de licitação.

Há que se analisar quanto deveria custar um processo licitatório, se eficiente e bem realizado. Esse sim pode ser um parâmetro de definição dos limites das dispensas de pequeno valor.

Quando a legislação brasileira é comparada às normas europeias, tem-se que o Brasil está na contramão do que vem sendo desenvolvido lá fora. Por exemplo, a *Ley de Contratos del Sector Público* da Espanha, ao atualizar o Real Decreto Legislativo nº 3/2011, em 2017, reduziu, considerando-se a inflação, em 30% (trinta por cento) o valor limite para a contratação direta. Os valores estabelecidos no artigo 138.3 são de 50.000 euros para obras e de 18.000 euros para outros contratos. Para se fazer uma comparação, esse valor corresponde a 47,6 salários-mínimos e a 17,1 salários-mínimos, respectivamente.

Se importássemos essa realidade de 47,6 salários-mínimos para obras e 17,1 salários-mínimos para outros contratos, com o salário brasileiro de 2021, teríamos R$52.360,00 para obras e R$18.810,00 para compras e demais serviços, valor muito inferior ao estabelecido na Lei nº 14.133/2021.

O mesmo ocorre se analisarmos a experiência portuguesa, com o Código dos Contratos Públicos, a norma adota para o chamado 'ajuste direto', com o limite de 30.000 euros para obras e de 20.000 euros para compras e outros serviços, nos artigos 19 e 20, respectivamente.

Em nossa tese de doutoramento[35] apresentamos estudo que demonstra o acréscimo do valor da dispensa de licitação ao maior patamar histórico já visto no país. Quando corrigido os valores da dispensa de licitação para compras pelo Índice Geral de Preços (IGP-DI), desde 1967, é visível esse expressivo aumento:

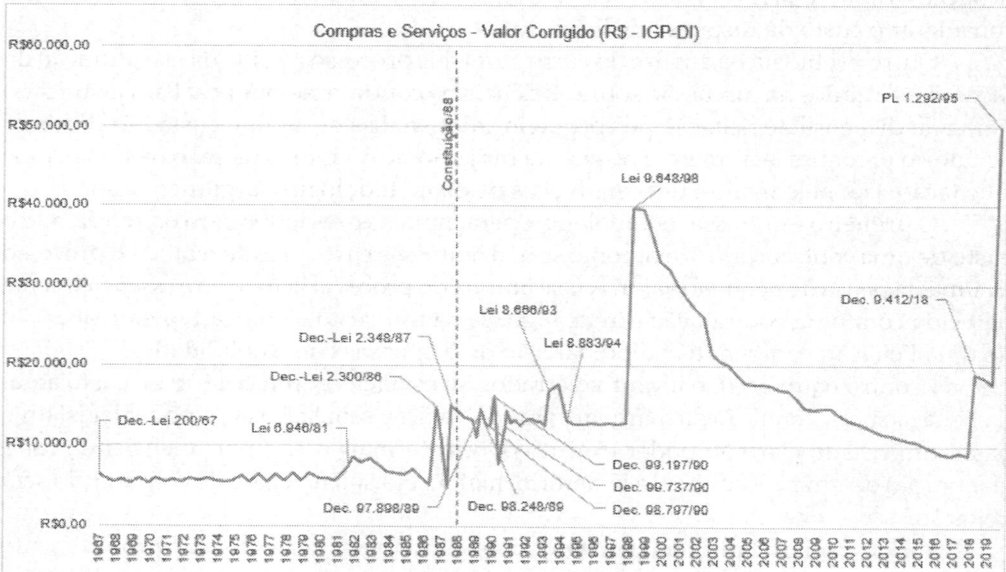

Fonte: BOSELLI, 2020.

O Brasil passou a adotar na Constituição Brasileira de 1988 o mandamento constitucional de se realizar a licitação. Trata-se da norma máxima do ordenamento jurídico determinando a realização de procedimentos licitatórios. Logo, deveríamos estar traçando o caminho inverso do alargamento das dispensas de licitação.

[35] BOSELLI, Felipe Cesar Lapa. *Dispensa e inexigibilidade de licitação*: o marco normativo constitucional e infraconstitucional da contratação direta no Brasil. Tese de doutoramento apresentada ao Programa de Pós-Graduação em Direito da UFSC. Florianópolis, 2020, p. 163.

75.6.6 Solução para o problema e possibilidade de avanço (§3º do art. 75)

Como visto anteriormente, nas palavras de Justen Filho,[36] a dispensa de licitação é uma modalidade anômala de licitação. Logo, a discussão sobre o alargamento, ou não, das dispensas de licitação poderia ser apenas uma teoria acerca de uma nomenclatura e sem nenhuma repercussão prática.

Atualmente, isso não é uma verdade.

A dispensa de licitação no modelo em que ela é executada hoje difere essencialmente da contratação por licitação em razão da ausência de uma competição ampliada, o que afasta o potencial de redução de preços trazido pela concorrência entre os licitantes.

Esse modelo pode ser significativamente melhorado com a divulgação ampliada das dispensas de licitação e regras mais transparentes para apresentação de valores.

Nesse sentido, a Lei nº 14.133/2021 estabelece, no §3º de seu artigo 75, que as contratações de pequeno valor serão preferencialmente precedidas de divulgação de aviso em sítio eletrônico oficial pelo prazo de três dias úteis, possibilitando uma maior competição entre os fornecedores, em detrimento do modelo tradicional de simples envio de pedido de cotação a três empresas.

Entra aqui a ampliação da divulgação das dispensas, que poderiam ser cotadas com todas as empresas do cadastro de fornecedores, maximizando a disputa, sobretudo se relembrarmos que, na Lei nº 14.133/2021, esse banco de fornecedores será unificado, nos termos do artigo 87, com um único registro cadastral para toda a Administração Pública. Nesse sentido, já temos o artigo 7º da Instrução Normativa SEGES/ME nº 67/2021, que determina o envio automático da dispensa a todos os fornecedores cadastrados naquela linha de fornecimento no SICAF.

Esse modelo, se efetivamente aplicado por todo o país, sem dúvida, tem o potencial de reduzir o impacto negativo à gestão trazido pelo alargamento desarrazoado das dispensas de licitação em razão do valor na Lei de Licitações.

75.6.7 O pagamento das contratações por cartão de pagamento (§4º do art. 75)

O §4º do artigo 75 estabelece que as contratações das dispensas em razão do valor serão preferencialmente pagas por cartão de pagamento, com divulgação do extrato e manutenção à disposição no Portal Nacional de Compras Públicas.

A regra não obriga a utilização do cartão de pagamento, mas adota a expressão preferencialmente, o que significa afirmar que o uso do cartão será a regra, sendo excepcional sua não adoção. Nestas situações, em que a Administração, por alguma razão, deixar de pagar as contratações com esse mecanismo, deverá o gestor justificar as razões que levaram ao pagamento no modelo tradicional, em detrimento de um sistema mais eficiente e organizado de gestão, sobretudo para as pequenas compras.

O §4º também traz obrigação de publicidade dos extratos, com a divulgação e sua manutenção no Porta Nacional de Compras Públicas. A medida é salutar e deve

---

[36] JUSTEN FILHO, Marçal. *Comentários à lei de licitações e contratos administrativos*. 16. ed. São Paulo: Revista dos Tribunais, 2014. p. 391.

ser observada pelos entes da Administração Pública, visando dar maior publicidade e ampliar os mecanismos de controle, sobretudo o social, das compras públicas. A norma deixou de estabelecer, mas há que se ter atenção à qualidade da informação divulgada, atualizada e em arquivos que possam ser pesquisáveis, possibilitando, de fato, o conhecimento do cidadão sobre os gastos públicos.

75.7 Os casos de licitações frustradas ou desertas (art. 75, inciso III)

O inciso III do artigo 75 trouxe a hipótese de dispensa de licitação dedicada às licitações frustradas, seja em razão da deserção (não comparecimento de proponentes), seja pela ausência de propostas válidas ou em razão da apresentação de propostas com preços incompatíveis com os preços de mercado.

Essas hipóteses de dispensas previstas nas alíneas *a* e *b* do inciso III do artigo 75 da Lei nº 14.133/2021 é a junção ampliada de dois casos previstos no artigo 24 da Lei nº 8.666/1993, os incisos V e VII.

Além da reunião em um único dispositivo, o legislador ampliou a abrangência da hipótese de contratação direta do inciso V do artigo 24 da Lei nº 8.666/1993, que prevê a possibilidade de dispensa nos casos em que não acudiram interessados à licitação, ou seja, a licitação foi deserta.

Agora, na alínea *a* do inciso III do artigo 75, além da possibilidade de dispensa por não terem surgido interessados (licitação deserta), apresenta-se a possibilidade de realizar a contratação direta em razão das propostas apresentadas não serem consideradas válidas (licitação frustrada).

Também é o caso para a dispensa de licitação disposta no inciso III do artigo 75 da Lei de Licitações a apresentação de propostas com preços manifestamente superiores aos praticados no mercado, em texto similar ao que consta no inciso VII do artigo 24 na Lei nº 8.666/1993.

O caso de dispensa de licitação é uma cópia viciosa da legislação anterior. Explicamos.

Já havia discussão sobre a possibilidade de ampliar, ou não, a interpretação do inciso V do artigo 24 da Lei nº 8.666/1993 com os casos das licitações fracassadas e interpretando que ao prever a dispensa de licitação para os casos de licitação deserta também estaria abarcando os casos de licitações frustradas.[37]

À época não concordávamos com essa tese. As dispensas de licitação são, como visto, uma autorização legal concedida pelo Congresso Nacional para que o gestor público possa se afastar do mandamento constitucional de licitar. Logo, comportam uma lista restritiva, que deve ser interpretada da mesma forma.

Assim, quando o legislador da Lei nº 8.666/1993 estabeleceu que a dispensa ocorre "quando não acudirem interessados *à* licitação" é admitida essa hipótese apenas nos casos em que efetivamente ninguém participou da licitação, ou seja, a licitação foi deserta.

---

[37] Como exemplo de autor que defende essa possibilidade temos Niebuhr: a incidência desse inciso pressupõe a ocorrência de licitação anterior que não tenha sido bem-sucedida, por não terem acudido nela interessados. Isso ocorre nas seguintes hipóteses: (a) ninguém se interessou em participar da licitação, (b) todos os interessados foram inabilitados, ou (c) todas as propostas ofertadas por licitantes habilitados foram desclassificadas, porque incompatíveis com o edital ou inexequíveis. (NIEBUHR, Joel de Menezes. *Dispensa e inexigibilidade de licitação pública*. 4. ed. Belo Horizonte: Fórum, 2015. p. 276).

A Lei nº 14.133/2021 entendeu por bem ampliar essa hipótese para os casos em que não foram recebidas propostas válidas, ou seja, a licitação foi aberta, empresas participaram do certame licitatório, mas as propostas apresentadas foram desclassificadas e não puderam ser admitidas. Logo, na Lei nº 14.133/2021 é admitida a dispensa para as licitações fracassadas.

Ocorre que com a inclusão da dispensa para licitações fracassadas a alínea *b* (cópia do inciso VII do artigo 24 da Lei nº 8.666/1993) perdeu completamente o sentido.

A alínea *b* trata dos casos em que as propostas apresentadas consignam preços manifestamente superiores aos praticados no mercado. Nesses casos, as propostas seriam, igualmente, desclassificadas. Assim sendo, como as propostas foram desclassificadas, o gestor estará, automaticamente, no caso da alínea anterior, em que todas as propostas foram desclassificadas.

A alínea *b* só fazia sentido no texto da Lei nº 8.666/1993, em que havia duas hipóteses: a) dispensa porque a licitação foi deserta; e b) dispensa por conta de a licitação ter sido frustrada no específico caso de propostas superiores ao preço de mercado.

Com a Lei nº 14.133/2021 ficamos com: a) dispensa porque a licitação foi deserta e em todos os casos de licitação frustrada; e b) dispensa porque a licitação foi frustrada no específico caso de propostas superiores ao preço de mercado.

É evidente a contradição do texto e pecou o legislador ao trazer o texto anterior sem o necessário critério.

75.7.1 O conceito de propostas válidas no texto legal

Na alínea a do inciso III da Lei nº 14.133/2021 o legislador adotou, para dispensar a licitação, o conceito de quando "não forem apresentadas propostas válidas".

Há que se ter cuidado nessa leitura. A utilização da expressão "propostas válidas" poderia gerar a interpretação de que esse conceito se aplica exclusivamente ao caso de propostas desclassificadas, ou seja, aquelas empresas em que seu alijamento do certame se deu por descumprimento de regra de proposta, excluída a fase de habilitação.

Não nos parece ser esta a melhor interpretação. Nos casos de empresas inabilitadas, também poderíamos considerar que a proposta apresentada não é válida, posto que não é aproveitável para a Administração.

Aqui deve ler-se proposta válida de forma distinta de proposta classificada. Caso o texto da dispensa fosse "não foram apresentadas propostas classificadas", sem dúvida, estaríamos excluindo os casos de empresas que foram inabilitadas. Contudo, tendo o legislador optado pelo termo propostas válidas, devemos ler o dispositivo considerando as propostas que possam ser aceitas pela Administração, ou seja, tanto aquelas que foram desclassificadas quanto as apresentadas por empresas que foram inabilitadas.

75.7.2 A estrutura da licitação anterior

Essa hipótese de dispensa de licitação gera importante preocupação com a realização da licitação anterior e o seu formato que tenha levado à licitação deserta ou frustrada.

Questões precisam ser analisadas antes de se fazer a dispensa. A licitação foi devidamente divulgada? Suas regras de habilitação e proposta eram razoáveis para o mercado? Os prazos definidos e condições de execução do contrato são aceitáveis para os fornecedores?

O grande ponto a ser observado aqui é qual razão levou uma licitação a ser deserta ou frustrada e, magicamente, desapareceu quando da realização da contratação direta.

Deve-se ter especial atenção à licitação anterior.

O texto da alínea *b* desse inciso III, com a hipótese específica de licitação frustrada, hoje é distinto, na sua parte final, quando comparado com o texto do inciso VII do artigo 24 da Lei nº 8.666/1993. Isso porque a dispensa de licitação na Lei nº 8.666/1993 faz ressalva específica para que fosse aplicada, antes da dispensa, a previsão do §3º do artigo 48, daquela norma (equivocadamente direcionando ao parágrafo único, em razão das várias alterações feitas na Lei nº 8.666/1993), em que o legislador previa a hipótese de dar aos licitantes a chance de apresentar novas propostas ou nova documentação sem os vícios que levaram à desclassificação.

A Lei nº 14.133/2021 não possui tal ressalva, até porque não possui regra similar ao §3º do artigo 48 da Lei nº 8.666/1993. Contudo, em uma leitura sistêmica da Nova Lei, devemos observar o disposto no inciso I do artigo 59, que estabelece que serão desclassificadas as propostas que contiverem vícios insanáveis.

Significa dizer que, mesmo ausente uma regra de reapresentação das propostas como a prevista no §3º do artigo 48 da Lei nº 8.666/1993, ao utilizar a Lei nº 14.133/2021 deve o agente de contratação (ou pregoeiro) tomar as medidas necessárias para viabilizar a licitação, realizando as diligências cabíveis.

A licitação que antecede a dispensa não pode estar constituída em mera simulação de competição, deve ser um processo real de disputa, em que sejam respeitadas as regras esculpidas na Lei nº 14.133/2021, com amplo acesso à competição e divulgação.

75.7.3 As condicionantes da hipótese

A primeira condicionante dessa dispensa de licitação é a necessidade de manter todas as condições do edital da licitação anteriormente realizada para viabilizar a contratação direta.

Trata-se de importante regra de controle a tentar evitar a fraude à licitação. Seria muito simples a abertura de um procedimento licitatório com regras de impossível cumprimento já com o objetivo de, após a frustração do certame, realizar a contratação direta com empresa previamente selecionada em manifesto desvio de finalidade do dispositivo. O objetivo é garantir que a licitação tenha se dado de forma lícita.

O ponto a ser observado pelo gestor é o que houve com o procedimento licitatório que foi feito e declarado frustrado, sem conseguir atingir uma proposta válida, mas, depois da licitação, mostra-se possível a realização de uma contratação direta. Se a proposta é válida para a dispensa de licitação, por que não o foi quando da realização do certame?

É importante que o gestor realize essa análise como forma de garantir que não se está diante do desrespeito à regra de manutenção das condições do edital.

Como segunda condicionante, a Lei nº 14.133/2021 inovou ao limitar o prazo de um ano entre a realização da licitação e a dispensa. Requisito que é bastante razoável. Não faria sentido a Administração realizar contratação direta anos depois da realização de uma licitação frustrada, posto que a situação do mercado e até dos competidores poderiam ter sido largamente alteradas.

75.8 Componentes e peças para manutenção (alínea a do inciso IV do art. 75)

O inciso IV reuniu 13 hipóteses de dispensa de licitação que estavam espalhadas pelo artigo 24 da Lei nº 8.666/1993. Na Nova Lei, esse inciso reúne hipóteses de contratações com objetos específicos entre a alínea *a* até a alínea *m*.

O primeiro desses dispositivos, previsto na alínea *a*, é dedicado à aquisição de bens componentes ou peças de origem nacional ou estrangeira, que sejam necessários à manutenção de equipamentos, podendo ser adquiridos durante o período de garantia técnica, do fornecedor original, quando a condição de exclusividade for indispensável à vigência da garantia.

O caso estava previsto no inciso XVII do artigo 24 da Lei nº 8.666/1993, com redação basicamente idêntica à da Nova Lei. As únicas alterações, a nosso ver, sem grande relevância, foi a inserção da palavra "bens" antes de "componentes ou peças" e uma inversão de redação.

Quando a Administração adquire determinado produto recebe, com ele, a garantia técnica das condições atinentes à manutenção do produto durante determinado período.

É regra bastante comum, no mercado fornecedor, a cláusula de garantia que estabelece a vedação, durante o período de proteção do produto, à utilização de peças ou insumos de terceiros, sob pena de extinção dessa cobertura especial.

Neste cenário, caso a Administração adquira peças no chamado mercado paralelo, que podem ser até compatíveis com o produto, mas que não são originais do fabricante, o órgão perderá a cobertura da garantia, podendo lhe gerar custos bastante expressivos com a manutenção, em caso de defeito, daquele determinado bem.

Esta é a razão por trás dessa hipótese de dispensa vinculada, necessariamente, à aquisição de peças originais e, exclusivamente, durante o período de garantia, como condição de manutenção dessa garantia.

Duas questões são aqui relevantes, a primeira é a evidente característica de inexigibilidade de licitação presente nessa hipótese de dispensa de licitação, o que já era objeto de crítica desde a criação da Lei nº 8.666/1993, como se verifica, por exemplo, no posicionamento de Pereira Júnior.[38] Perdeu o legislador a chance de corrigir esse equívoco de enquadramento ao atualizar a Lei nº 8.666/1993.

A segunda questão também diz respeito a essa característica de inexigibilidade. Quando do advento da Lei nº 8.666/1993, o mercado brasileiro era muito mais incipiente do que é hoje, com relação à quantidade de marcas e, sobretudo, de fornecedores.

À época era muito mais comum a vinculação de peças a fornecedores exclusivos do que a realidade atual. Hoje, ainda que subsistam determinados segmentos e fabricantes com a realidade de revendedores exclusivos, o mercado encontra-se mais amplo e disputado.

---

[38] PEREIRA JÚNIOR, Jessé Torres. *Comentários à lei das licitações e contratações da administração pública*. 8. ed. Rio de Janeiro: Renovar, 2009. p. 324.

A dispensa de licitação prevista nesta alínea somente será possível nos casos em que "essa condição de exclusividade for indispensável para a vigência da garantia".

Essa condição de exclusividade opera nas situações em que apenas uma empresa é autorizada a revender o bem, componente ou peça necessário à manutenção do equipamento que se pretende.

Caso se tenha uma pluralidade de fornecedores disponíveis, a dispensa de licitação não é mais aplicável, devendo a Administração realizar o procedimento licitatório com a vinculação àquela determinada marca, nos termos da alínea *c* do inciso I do artigo 41 da Lei nº 14.133/2021.

Igual raciocínio valeria para os casos em que a Administração precisa da contratação de um serviço de manutenção que, por restrição de garantia, é exclusivo de determinado prestador.

A base teórica para aplicação ao caso de manutenção é idêntica ao caso de aquisição. Em sendo a manutenção com prestador de serviço exclusivo condição para sustentação da cláusula de garantia, justifica-se a contratação desse serviço.

Importa destacar, no entanto, que não se está aqui a apregoar a possibilidade de interpretação ampliativa das hipóteses de dispensa de licitação, que já refutamos diversas vezes, o caso seria de inexigibilidade de licitação e deveria ter sua aplicação vinculada ao inciso I do artigo 74 da Nova Lei, pela condição de exclusividade do fornecedor ou do prestador de serviços.

75.9 Acordos internacionais (alínea b do inciso IV do art. 75)

A alínea *b* do inciso IV do artigo 75 da Lei nº 14.133/2021 trata das contratações realizadas nos termos de acordo internacional específico, aprovado pelo Congresso Nacional, desde que as condições sejam manifestamente vantajosas para a Administração. A hipótese é uma cópia do texto apresentado no inciso XIV do artigo 24 da Lei nº 8.666/1993.

A primeira questão a ser abordada neste tema é a existência de um acordo internacional, com a necessidade de aprovação pelo Congresso Nacional. O texto é condizente com a norma constitucional. O inciso I do artigo 49 da Constituição Brasileira de 1988 determina como competência exclusiva do Congresso Nacional resolver definitivamente sobre acordos internacionais que acarretem encargos ao patrimônio nacional.

Logo, em sendo uma hipótese de dispensa de licitação e, portanto, de contratação, trata-se de encargos ao patrimônio nacional e, como tal, há a necessidade de aprovação pelo Congresso Nacional para viabilizar a existência do acordo.

Esse acordo internacional, ao ser aprovado pelo Congresso Nacional, recebe, no mínimo, o status de lei ordinária, tendo os tratados de direitos humanos aprovados com quórum específico o status de emenda constitucional, nos termos do §3º do artigo 5º da Constituição, e aqueles tratados sobre direitos humanos que não tiveram seu rito legislativo compatível com as emendas constitucionais recebem o status de norma supralegal, ainda que infraconstitucional.

Logo, as disposições estabelecidas em um acordo internacional devidamente aprovado pelo congresso nacional, sendo recebidas com status de lei ou de norma hierarquicamente superior, teria, por si, a capacidade de criar dispensa de licitação, como já falamos anteriormente acerca das balizas constitucionais sobre as dispensas de licitação, em sede de controle formal, sob o prisma do diploma normativo e do ente federado – Lei Federal.

A dispensa de licitação seria, desse modo, prescindível, ao passo que o acordo internacional já definiria, em si próprio, a dispensa de licitação.

Dito isso, merece ser analisado o segundo requisito da dispensa de licitação: as condições manifestamente vantajosas à Administração.

A regra se alinha ao que defendemos quanto às balizas constitucionais da dispensa de licitação. Mesmo o Congresso Nacional, na qualidade de poder constituinte derivado, tem as suas limitações constitucionais para criar hipóteses de contratação direta.

Nesse sentido, a regra traz, explicitamente, o conceito que o processo legislativo teria, implicitamente. Ao aprovar o acordo internacional e estabelecer condição de dispensa de licitação, deve o legislador atentar-se à vantajosidade à Administração.

Não obstante, é dever reconhecer que o texto, ainda que bem-intencionado, é bastante abstrato. O conceito de vantajosidade é amplo e pode ser analisado sob diversos prismas e não apenas quanto ao valor econômico dispendido na contratação, mas também, às questões ligadas à sustentabilidade ambiental, econômica e social, ou, ainda, por se tratar de acordo internacional, relacionado às transações do Brasil no mercado internacional.

Nesse sentido, questão complexa a ser definida é de quem seria a competência para apurar a vantajosidade da contratação, em uma análise de elevado grau de subjetividade.

Nos casos de acordos internacionais que vinculem a contratação a determinadas características e, consequentemente, a determinado fornecedor, chegando próximo ao conceito de inexigibilidade, seriam os órgãos de controle tradicionais competentes a avaliar a vantajosidade da contratação? Ou, em sendo o acordo recepcionado como norma legal, essa análise seria objeto de estudo do Supremo Tribunal Federal, em sede de controle de constitucionalidade da norma que dispensou a licitação?

Temos, pela segunda hipótese, por entender que não caberia aos órgãos de controle administrativo interno ou externo apurar a constitucionalidade de norma com status de lei ordinária, em detrimento do sistema adequado que seria essa análise pelo Supremo Tribunal Federal.

75.10 Produtos e obras para pesquisa e desenvolvimento (alínea c do inciso IV do art. 75)

A alínea *c* do inciso IV do artigo 75 traz hipótese de dispensa de licitação para aquisição de produtos para pesquisa e desenvolvimento, limitada a contratação no caso de obras e serviços de engenharia, ao valor de R$376.353,48. O texto é a reprodução do inciso XXI do artigo 24 da Lei nº 8.666/1993, em versão desatualizada.

O inciso XXI do artigo 24 da Lei nº 8.666/1993 tem a seguinte redação:

> Para a aquisição ou contratação de produto para pesquisa e desenvolvimento, limitada, no caso de obras e serviços de engenharia, a 20% (vinte por cento) do valor de que trata a alínea "b" do inciso I do *caput* do art. 23;

Até o Decreto nº 9.412/2018, o valor referenciado no citado inciso correspondia a R$300.000,00 (20% do valor de R$1.500.000,00). Com a atualização dos valores da Lei nº 8.666/1993, em 2018, o valor passou a ser de R$660.000,00.

A Lei nº 14.133/2021 copiou o texto da Lei nº 8.666/1993, mas sem a atualização de valores promovida pelo decreto, fazendo com que o limite estabelecido ficasse muito aquém do patamar da legislação anterior.

Para se ter uma referência, na Lei nº 8.666/1993, o valor desta dispensa correspondia a 20 vezes o limite da dispensa para obras e serviços de engenharia em razão do valor previsto no inciso I do artigo 24. Na Lei nº 14.133/2021, o limite é apenas três vezes o valor da dispensa para obras e serviços de engenharia previsto no inciso I do artigo 75.

Dito isso, apresentemos a análise do dispositivo e de suas condicionantes.

O primeiro tema a ser trabalhado é qual objeto pode ser contratado por meio desse caso de dispensa de licitação.

Em uma primeira leitura, o dispositivo parece ter uma contradição interna. A redação afirma que é dispensável a licitação para *aquisição de produtos* para pesquisa e desenvolvimento, contudo, o texto limita a utilização da dispensa, nos casos de obras e serviços de engenharia, ao valor de R$376.353,48.

O texto precisa ser lido em conjunto com o inciso LV do artigo 6º da mesma Lei nº 14.133/2021, que estabelece a definição de produtos para pesquisa e desenvolvimento como sendo o conceito genérico, abrangendo os bens, insumos, serviços e obras necessários para atividade de pesquisa científica e tecnológica, desenvolvimento de tecnologia ou inovação tecnológica, discriminados em projeto de pesquisa. Logo, a dispensa de licitação aqui analisada é destinada à pesquisa científica e tecnológica e ao desenvolvimento de tecnologia ou inovação tecnológica.

Tal observação é importante para afastarmos interpretações mais ampliativas da norma. Os conceitos de pesquisa e de desenvolvimento são bastante abrangentes, quando estudados isoladamente, o que poderia nos levar a uma interpretação irrestrita de que todo e qualquer órgão poderia, em qualquer espécie de pesquisa ou de desenvolvimento, fazer uma dispensa de licitação com base na alínea *c* do inciso IV do artigo 75 da Lei nº 14.133/2021.

Não nos parece ser este o melhor entendimento. A definição dada pelo inciso LV do artigo 6º da Lei nº 14.133/2021, acompanhada do conceito da dispensa de licitação como lista de interpretação restritiva, leva à compreensão de que o dispositivo é destinado às contratações vinculadas à pesquisa e ao desenvolvimento de tecnologias, como incentivo à inovação.

Essa leitura é corroborada pela exigência de projeto de pesquisa, prevista no inciso LV do artigo 6º da Lei nº 14.133/2021. Não se trata aqui de um desenvolvimento institucional ou de um conceito genérico de pesquisa, mas sim do fomento ao avanço tecnológico no país.

75.10.1 As obras e serviços de engenharia da alínea c do inciso IV (§5º do art. 75)

No §5º do artigo 75 da Lei nº 14.133/2021, o legislador trouxe regra interpretativa sobre essa dispensa de licitação na alínea *c* do inciso IV. Para as contratações de obras e serviços de engenharia, que estão limitadas a R$376.353,48, os procedimentos seguirão regulamentação específica.

Para as contratações fundadas no inciso XXI do artigo 24 da Lei nº 8.666/1993, com texto muito similar ao da dispensa em comento, a regulamentação já estava prevista no Decreto nº 9.283/2018, nos artigos 61 a 66.

Para a Nova Lei, poderá ser elaborada nova regulamentação. Nada obstante, enquanto não sobrevier tal norma, a Administração poderá se valer do Decreto nº 9.283/2018, nos termos do artigo 189 da Lei nº 14.133/2021, que dispõe sobre a aplicabilidade, à Nova Lei, das menções legislativas à Lei nº 8.666/1993, à Lei nº 10.520/2002 e aos artigos 1º a 47-A da Lei nº 12.462/2011.

75.11 Transferência de tecnologia por ICT (alínea d do inciso IV do art. 75)

A alínea *d* do inciso IV dispensou a licitação para os casos que tenham por objeto a transferência de tecnologia nas contratações realizadas por Instituição Científica, Tecnológica e de Inovação (ICT) ou por agência de fomento. A dispensa é reprodução do inciso XXV do artigo 24 da Lei nº 8.666/1993, com a inclusão da expressão "desde que demonstrada vantagem para a Administração".

Este dispositivo é mais um dos vários casos de dispensa de licitação relacionados à pesquisa científica na Lei nº 14.133/2021. Como dito anteriormente, o legislador perdeu a oportunidade de melhor organizar as hipóteses de dispensa de licitação, reunindo casos similares e dando maior sistematização a este capítulo.

Quanto à dispensa de licitação em si, duas são as análises a serem feitas sobre o caso: a) quanto ao requisito subjetivo, ou seja, quem pode realizar a contratação por dispensa; e b) quanto ao requisito objetivo, ou seja, quais objetos podem ser contratados com base nesta hipótese de contratação direta.

No que tange aos entes contratantes, a hipótese de dispensa está limitada às instituições científicas, tecnológicas e de inovação e às agências de fomento. A definição dessas figuras está presente nos incisos I e V do artigo 2º da Lei nº 10.973/2004, que assim estabelece:

> Art. 2º Para os efeitos desta Lei, considera-se:
>
> I – agência de fomento: órgão ou instituição de natureza pública ou privada que tenha entre os seus objetivos o financiamento de ações que visem a estimular e promover o desenvolvimento da ciência, da tecnologia e da inovação;
>
> V – Instituição Científica, Tecnológica e de Inovação (ICT): órgão ou entidade da administração pública direta ou indireta ou pessoa jurídica de direito privado sem fins lucrativos legalmente constituída sob as leis brasileiras, com sede e foro no País, que inclua em sua missão institucional ou em seu objetivo social ou estatutário a pesquisa básica ou aplicada de caráter científico ou tecnológico ou o desenvolvimento de novos produtos, serviços ou processos;

Nos casos das ICTs, vale lembrar que a dispensa de licitação vinculou a hipótese às instituições públicas, o que é uma decorrência lógica da inexistência de obrigação de licitar destinadas às privadas.

Quanto às agências de fomento, vale trazer a crítica de Niebuhr,[39] que explica que o dispositivo, ainda que faça referência expressa às agências de fomento, a elas não se aplica, visto que do artigo 6º da Lei nº 10.973/2004 extrai-se a interpretação de que o agente com capacidade para firmar contratos de transferência de tecnologia e de licenciamento para outorga de direito de uso ou de exploração de criação é a ICT. Logo, não cabe à agência de fomento firmar tais contratos, o que afasta, logicamente, a incidência desta hipótese de contratação direta às agências de fomento, restando sua aplicabilidade restrita às ICTs.

Quanto ao objeto dos contratos relacionados à dispensa da alínea *d* do inciso IV do artigo 75, trata-se de contratações exclusivamente destinadas à transferência de tecnologia, licenciamento para outorga de direito de uso ou de exploração de criação.

Significa afirmar que a ICT não poderá, com base nessa alínea, dispensar as licitações para a realização de quaisquer pesquisas, mas sim, apenas para os contratos que tenham por objeto essa categoria de transferência de tecnologia.

A dispensa de licitação em tela tem fundamento lógico na complexidade e na multiplicidade de fatores que poderá envolver uma negociação dessa natureza, para a transferência de tecnologia desenvolvida pelo Poder Público.

Os critérios previstos na Lei nº 14.133/2021 não seriam suficientes para fazer frente à complexidade negocial de tais contratos que podem envolver inúmeras variáveis, desde pagamentos de valores que podem se dar de forma fixa inicial, parcelada, sobre êxito, sobre produtividade, entre outros, até as formas e restrições como a tecnologia que será transferida e quais serão as contrapartidas apresentadas pelo parceiro privado.

O §1º do artigo 6º da Lei nº 10.973/2004 determina que a contratação seja precedida de publicação do extrato da oferta tecnológica nesses casos de exclusividade do parceiro privado. A regra não prevê a realização da licitação, mas a necessidade de aviso sobre a transferência tecnológica e a condição de exclusividade que será a ela aplicada, possibilitando a outros interessados a apresentação de propostas.

Há que se compreender a lógica por trás da regra. Quando a ICT faz a contratação cedendo tecnologia a um particular, mas sem caráter de exclusividade, os demais interessados também poderão firmar contrato similar e assim terão a possibilidade de receber a mesma oferta que foi apresentada à primeira empresa. Por tal razão, no §2º do artigo 6º da Lei nº 10.973/2004, está prevista a possibilidade de firmar a transferência de tecnologia em um ajuste direto.

De outro lado, quando se trata da contratação com caráter de exclusividade, os particulares que poderiam ter interesse em firmar parceria com a ICT para transferência daquela tecnologia seriam preteridos sem nem ao menos ter a condição de tomar conhecimento acerca da possibilidade, o que teria o potencial de afastar empresas interessadas no contrato e, consequentemente, condições mais vantajosas para a Administração, desrespeitando a condicionante estabelecida na hipótese de dispensa.

Essa possibilidade, que se afigura como espécie de chamamento público para convocação de interessados não se confunde com a realização de um procedimento licitatório, mas sim com o dever de a Administração apresentar a oferta ao mercado,

[39] NIEBUHR, Joel de Menezes. *Dispensa e inexigibilidade de licitação pública*. 4. ed. Belo Horizonte: Fórum, 2015. p. 307.

da forma mais ampla possível, com o escopo de obter a proposta mais vantajosa para aquela possibilidade. Sobre este tema, traz-se as palavras de Justen Filho:

> Assim, imagine-se um invento apto a gerar resultados econômicos de grande relevo, cuja produção tenha demandado investimentos vultosos dos cofres públicos. A dispensa de licitação não significa que a Administração estaria liberada para produzir contratação por valores ínfimos (ou incompatíveis com os investimentos públicos e com o valor econômico do invento). Nem poderia adotar tratamento preferencial em favor de determinados particulares, sem assegurar a possibilidade de disputa por todos os possíveis interessados.[40]

Com isto, vê-se cumprido, também, o requisito da contratação direta, de demonstração de vantagem à Administração, viabilizando a utilização desta hipótese de dispensa de licitação.

75.12 Gêneros perecíveis até a realização da licitação (alínea e do inciso IV do art. 75)

A hipótese prevista na alínea e do inciso IV do artigo 75 trata da aquisição de gêneros perecíveis no período necessário à realização do procedimento licitatório, com restrição à aplicação do preço praticado no dia. O dispositivo tem redação idêntica àquela do inciso XII do artigo 24 da Lei nº 8.666/1993.

O caso de dispensa adota como fundamento lógico a inviabilidade de se estocar produtos perecíveis. Ao contrário dos objetos tradicionais, nos quais a Administração pode se organizar minimamente para planejar a contratação e manter um estoque caso tenha algum problema na realização da licitação subsequente, nos casos de produtos perecíveis essa possibilidade é inviabilizada.

A dispensa tem como primeiro requisito essencial o objeto da contratação que deve ser destinado à contratação de gêneros perecíveis, afastando a possibilidade de a Administração adquirir qualquer espécie de produto, de maneira indiscriminada. Deve o gestor, aqui, demonstrar o caráter perecível do produto que está adquirindo com base neste dispositivo.

Não estariam enquadrados nesta hipótese de dispensa, portanto, aqueles produtos que possuem prazos de validade mais alargados, como alimentos congelados, e alimentos tidos, popularmente, como não perecíveis, sendo os alimentos secos, como arroz, feijão, macarrão, sal, dentre outros.

O segundo requisito para que se possa dispensar a licitação trata do momento em que está autorizada a contratação direta. Trata-se de hipótese intimamente vinculada ao tempo da aquisição, podendo ser realizada, exclusivamente, após o encerramento do contrato que estava vigente e enquanto perdurar o procedimento licitatório destinado à nova contratação.

Aqui há importante destaque a ser feito. Como comentaremos quando da análise do inciso VIII, que trata da contratação emergencial, ao analisar a presente dispensa de licitação é fundamental que o gestor tenha o zelo processual de planejar devidamente

---

[40] JUSTEN FILHO, Marçal. *Comentários à lei de licitações e contratações administrativas*: Lei nº 14.133. São Paulo: Thomson Reuters, 2021. p. 1.025.

a organização dos processos licitatórios e, consequentemente, buscar não ser necessária a realização da dispensa de licitação em comento.

Ao debruçar-se sobre esta hipótese de dispensa de licitação, podem os agentes de controle, interno e externo, avaliar se houve, no caso concreto, a desídia do gestor público que tenha levado ao encerramento contratual sem o necessário contrato novo pronto para ser firmado.

Nesse sentido, convém relembrar que os ajustes dessa natureza podem ser objeto de contratação via sistema de registro de preços que, por sua vez, possibilita a realização de licitações durante a vigência de ata de registro de preços preexistente e, inclusive, a concomitância de duas atas de registro de preços, evitando, assim, a necessidade dessa contratação excepcional por dispensa de licitação.

Por fim, o terceiro requisito da dispensa de licitação previsto na alínea *e* do artigo 75 é a realização da contratação com base no preço do dia. O dispositivo deve ser lido em conjunto com o §1º do artigo 23, também da Lei nº 14.133/2021, que prevê as regras para pesquisa de preços.

No caso desta hipótese de dispensa de licitação, considerando o regramento da dispensa que exige a aplicação do preço do dia e, sobretudo, a alta variância dos preços nestes mercados, nos parece que a pesquisa em bancos de preços a existirem no Portal Nacional de Compras Públicas não serão suficientes para aferir o preço do dia, mas sim preços em momentos anteriores à contratação.[41] Esta mesma dificuldade seria encontrada no inciso II do artigo 23 da Lei nº 14.133/2021, que prevê a realização de pesquisa baseada em contratações similares feitas pela Administração Pública até um ano antes da contratação.

Desta forma, para se fazer a pesquisa de preços e aferir o preço do dia exigido para a dispensa de licitação de hortifrutigranjeiros, pães e outros gêneros perecíveis, no período necessário para a realização dos processos licitatórios correspondentes, deverá o gestor, nos termos dos incisos III e IV do §1º artigo 23 da Lei nº 14.133/2021 realizar pesquisa em mídias especializadas, tabelas de referências e sítios eletrônicos, caso existentes, ou fazer a pesquisa direta com no mínimo três fornecedores, para aferição do preço do dia.

75.13 Bens ou serviços nacionais com alta complexidade e defesa nacional (alínea f do inciso IV do art. 75)

A hipótese prevista na alínea f do inciso IV estabelece a possibilidade de dispensa de licitação para os contratos que tenham por objeto o fornecimento de bens ou a prestação de serviços, produzidos ou prestados no País, que envolvam, ao mesmo tempo, atividade de alta complexidade tecnológica e defesa nacional. O caso é similar ao previsto no inciso XXVIII do artigo 24 da Lei nº 8.666/1993, com exclusão de trecho da legislação anterior, que prevê a necessidade de "parecer de comissão especialmente designada pela autoridade máxima do órgão".

---

[41] Quando da redação da presente obra, o Portal Nacional de Compras Públicas ainda não estava publicado, sendo possível que quando do seu advento ou em uma de suas atualizações a cotação de preço do dia dos alimentos venha a ser viável no Portal.

Este caso de contratação direta reúne, em um único inciso, dois temas reiterados das dispensas de licitação: a pesquisa científica (alta complexidade tecnológica) e as contratações ligadas à área militar (defesa nacional).

Para que se viabilize a dispensa de licitação aqui entabulada, é necessário que os dois requisitos estejam presentes cumulativamente, ou seja, ao mesmo tempo. Apenas nos casos em que o contrato envolver tema de alta complexidade tecnológica e a defesa nacional, que a dispensa de licitação poderá ser autorizada.

A definição destes conceitos é tarefa das mais árduas. As noções são vagas e genéricas e não possibilitam uma clareza na aplicação que traga maior segurança jurídica ao gestor. Como afirma Niebuhr:

> Demais disso, o legislador também exige que o bem ou serviço envolva, cumulativamente, alta tecnologia e defesa nacional, expressões fluidas e subjetivas. O que é alta tecnologia? O que é defesa nacional? Tais expressões podem significar tudo ou podem significar nada, dependendo do humor do interlocutor. Advirta-se que o legislador não ofereceu sequer pista do que seja alta tecnologia ou defesa nacional. Não há parâmetros legais. Logo, a extensão de tais expressões deve ser delimitada pela doutrina – que, diga-se de passagem, não vem se empenhando na tarefa – e pelas práxis administrativa, juntamente com os órgãos de controle.[42]

Além disso, o legislador também exigiu a procedência nacional dos produtos ou prestação no País dos serviços que serão contratados, como requisito intrínseco desta hipótese de dispensa de licitação. Sobre o tema, há manifesto equívoco ao se exigir que os serviços sejam prestados no país. Se os serviços são contratados pela Administração Pública brasileira, é um pressuposto lógico de que serão, em regra, prestados no país. Outrossim, o local de prestação do serviço deveria ser elemento absolutamente indiferente para a constituição da dispensa. Nos parece que o legislador pretendia exigir que a empresa prestadora do serviço fosse brasileira ou que utilizasse tecnologia aqui desenvolvida, mas o conceito legal estabelecido está flagrante equivocado.

Já no que tange à limitação do objeto a bens e serviços, merece destaque o Acórdão nº 2.650/2007, Plenário, Relator: Benjamin Zymler, do Tribunal de Contas da União, em que aquela Corte entendeu que a dispensa de licitação aqui debatida também seria utilizável para obras e serviços de engenharia, compreendendo o conceito de bens e serviços de forma genérica.

Ainda sobre o dispositivo é importante trazer a este texto a Lei nº 12.598/2012, que estabelece normas especiais para as compras, as contratações e o desenvolvimento de produtos e de sistemas de defesa; dispõe sobre regras de incentivo à área estratégica de defesa.

A criação da dispensa de licitação do inciso XXVIII do artigo 24 da Lei nº 8.666/1993 deu-se de forma bastante controvertida, em conversão para lei de uma medida provisória que tratava da TV digital, com um tema absolutamente alienígena, em prática legislativa comum e que recebe o nome de contrabando legislativo.[43]

---

[42] NIEBUHR, Joel de Menezes. *Dispensa e inexigibilidade de licitação pública*. 4. ed. Belo Horizonte: Fórum, 2015. p. 309.

[43] O nome contrabando legislativo é dado à prática legislativa de inserir dispositivos absolutamente estranhos ao teor de determinada norma, buscando criar texto legal ou alterar texto existente. Esta prática é ainda mais

Ainda que seu nascimento tenha se dado de forma controvertida, a dispensa de licitação tinha, à época, uma razão de ser diante da complexidade de se realizar processos licitatórios desta natureza, seguindo as regras previstas na Lei nº 8.666/1993, que não são compatíveis com a alta complexidade desses processos licitatórios.

Ocorre que, com o advento da Lei nº 12.598/2012 foi criada uma norma especial de compras justamente dedicada a esses objetos, com aplicação subsidiária da Lei nº 8.666/1993.

Com isso, a utilização desta hipótese de dispensa de licitação fica restrita aos casos em que a Administração justificar a inviabilidade de aplicação da Lei nº 12.598/2012, considerando a regra geral de se realizar o procedimento licitatório e a especificidade daquela norma.

Por fim, salientamos que, caso utilizada esta hipótese de dispensa de licitação, o artigo 108 da Lei nº 14.133/2021 prevê a possibilidade de estabelecer a duração desses contratos em até dez anos, sendo regra especial no capítulo relacionado à extensão dos contratos administrativos.

75.14 Materiais de uso das forças armadas (alínea g do inciso IV do art. 75)

A alínea *g* tratou de dispensar a licitação nos casos de contratações que tenham objeto materiais de uso das forças armadas, exceto materiais de uso pessoal e administrativo, em que houver necessidade de padronização e com autorização por ato do comandante da força militar. A regra é bastante similar ao disposto no inciso XIX do artigo 24 da Lei nº 8.666/1993, que, por sua vez, exigia parecer de comissão instituída por decreto, o que foi substituído, na Nova Lei, pela exigência de autorização por ato do comandante da força militar.

Passamos ao requisito legal da dispensa de licitação, que tem como regra quanto ao objeto da contratação a que é destinada à hipótese de dispensa de licitação, que deverá ser material de uso das forças armadas com necessidade de padronização, excetuado materiais dedicados ao uso pessoal ou administrativo.

Significa dizer que os materiais a serem adquiridos com base nessa dispensa, além do requisito da padronização, devem atender à norma que exclui os itens administrativos, relacionados à gestão da atividade burocrática das forças armadas, sendo admitida a dispensa, tão somente, daqueles itens referentes à atividade finalística das forças armadas.

No que tange à padronização, Justen Filho[44] aponta que esta deve ser formal com definição no âmbito interno da Administração, guiada por rigorosos critérios.

A padronização exigida no dispositivo não pode se confundir com um ato de liberalidade do gestor que está à frente do processo de contratação. Não se trata de

danosa à concepção do processo legislativo quando praticada dentro de uma medida provisória, durante a sua conversão em lei, em razão do regime de urgência aplicado a essas votações. Bom exemplo de contrabando legislativo na área de licitações foi a criação do Regime Diferenciado de Contratações, a Lei nº 12.462/2011, que trouxe uma Nova Lei de licitações dentro de uma medida provisória que tratava da estrutura administrativa da Agência Nacional de Aviação Civil, sem nenhuma relação com o sistema de contratação pública.

[44] JUSTEN FILHO, Marçal. *Comentários à lei de licitações e contratações administrativas*: Lei nº 14.133. São Paulo: Thomson Reuters, 2021. p. 1.028.

decisão discricionária desse gestor, mas sim de decisão da Alta Administração, em que se define a padronização em razão de requisitos técnicos.

Com essa padronização preestabelecida, essa hipótese de dispensa de licitação nos abre duas possibilidades: a) os casos em que a padronização acaba vinculando a Administração a um único possível contratado; e b) os casos em que haverá uma pluralidade de competidores e que, ainda que padronizada, a compra seria licitável.

Na primeira hipótese, em que a padronização acaba gerando a situação de exclusividade de um único possível contratado, a hipótese de dispensa é cabível e acaba por confundir-se com a inexigibilidade de licitação prevista no inciso I do artigo 74 (fornecedor exclusivo).

De outro lado, no segundo caso, em que há a multiplicidade de fornecedores, ainda que o ato do comandante da força militar tenha autorizado e tenha sido emitido marco de padronização pelas Forças Armadas, entendemos que não é cabível a dispensa de licitação. Isso porque, como trabalhamos anteriormente, a dispensa de licitação demanda uma justificativa material para a sua existência, sob pena de ser declarada inconstitucional. No caso em tela, a dispensa de licitação, nos casos em que há multiplicidade de fornecedores, é injustificável à luz do regramento constitucional que determina o dever de realizar a licitação.[45]

Ante esta possibilidade de interpretação, não é admissível ler uma norma aplicando-lhe entendimento que lhe confere caráter ilegal ou inconstitucional.

Logo, temos que a dispensa de licitação deve ser vista sempre de forma restritiva, aplicando-se apenas aos casos em que a padronização levar à inviabilidade de se realizar o procedimento licitatório e afastando a interpretação mais ampla que poderia levar a Administração ao entendimento de que qualquer situação poderia gerar a dispensa de licitação.

Também para essa hipótese de dispensa, disciplinada na alínea *g* do inciso IV do artigo 75, o artigo 108 da Lei nº 14.133/2021 prevê a possibilidade de estabelecer a duração desses contratos em até dez anos.

75.15 Atendimento das forças militares no exterior (alínea h do inciso IV do art. 75)

A alínea *h* do inciso IV da Lei nº 14.133/2021 tratou da dispensa para compras e prestação de serviços que busque o atendimento a operações de paz brasileiras no exterior. O dispositivo é idêntico ao inciso XXIX do artigo 24 da Lei nº 8.666/1993 e prevê que a compra deverá ser justificada quanto ao preço e quanto ao fornecedor e que deverá ser ratificada pelo comandante da força militar.

O dispositivo apresenta três requisitos materiais para a dispensa: a) quanto ao objeto que pode ser contratado; b) quanto a quem pode utilizar essa dispensa de licitação; e c) quanto às situações de enquadramento do dispositivo. Passemos a tratar de cada um deles.

---

45 Neste mesmo sentido, NIEBUHR, Joel de Menezes. *Dispensa e inexigibilidade de licitação pública*. 4. ed. Belo Horizonte: Fórum, 2015. p. 303.

O primeiro requisito material trata do objeto a ser contratado. Ao definir que a dispensa de licitação em tela está dedicada a bens e serviços exclusivamente dedicados às operações militares de paz em território estrangeiro. Faz-se um recorte de objetos passíveis de contratação com base nesse dispositivo, o que, em tese, excluiria as obras e serviços de engenharia, posto que não elencadas pela hipótese de dispensa de licitação. Fazemos ressalva aqui quanto aos contratos de locação.

Em que pese entendermos que os contratos de locação seriam apartados dos contratos de prestação de serviços, o que se confirma pela leitura do artigo 2º desta Nova Lei, que separa os dois objetos nos incisos II e V, a lógica legislativa da Lei nº 14.133/2021 não respeita essa distinção. Praticamente toda a Lei utiliza a expressão serviços referindo-se, também, aos contratos de locação.[46] Logo, por uma análise sistêmica, o dispositivo também faz referência aos contratos de locação.

Em outra situação estão os contratos de obras e serviços de engenharia. A Lei nº 14.133/2021, assim como já fazia a Lei nº 8.666/1993, sempre que tratou da possibilidade de serviços gerais, serviços de engenharia e obras trouxe as três categorias, de forma expressa. Logo, entendemos que a hipótese de dispensa de licitação não pode ser utilizada para obras e serviços de engenharia, em razão da omissão legislativa. Isso porque, como já trabalhado exaustivamente, a dispensa de licitação comporta um rol restritivo e, consequentemente, deve ser interpretada de forma também restritiva. A interpretação ampliativa da norma, ainda que pareça fazer sentido ou que nesse caso fosse positiva pela nossa opinião, gera a quebra das regras hermenêuticas, o que torna a ciência do direito o direito do achismo, da simples opinião. Essa linha de raciocínio leva à insegurança jurídica ao desestruturar as bases interpretativas da legislação e fazem com que cada operador do direito leia o dispositivo com uma ideia distinta, sem respeito às bases conceituais da dispensa ou da inexigibilidade de licitação.

O segundo requisito diz respeito ao agente público capaz de utilizar esta dispensa de licitação. Ainda que o texto não faça menção expressa quanto a essa limitação, é uma decorrência lógica em razão do objeto que poderá ser contratado. Se a dispensa é destinada à contratação de bens e serviços para operações militares, essa limitação de objeto acaba, necessariamente, por cercear quais são os órgãos capazes de realizar essa contratação sem licitação. Neste caso, apenas as forças armadas dedicadas a operações dessa natureza teriam autorização para executar tais operações.

No que tange ao terceiro requisito, tratamos da utilização da hipótese de dispensa exclusivamente nas situações de enquadramento elencadas pela legislação. Ou seja, há que existir a autorização para uma operação de paz no exterior para que se possa formalizar a contratação direta fulcrada nesta hipótese. Não seria o caso, por exemplo, de justificar esta dispensa para as contratações destinadas a operações em solo brasileiro, que demandariam o enquadramento em outro dos incisos relacionados no artigo 75, a depender do caso concreto.

Tendo analisado os requisitos materiais, passamos à discussão dos requisitos formais para a contratação direta. A dispensa de licitação em comento faz três exigências formais ao gestor: a) justificativa do preço praticado na contratação; b) justificativa quanto à escolha do fornecedor; e c) ratificação da dispensa pelo comandante da força militar.

---

[46] À exceção do artigo 2º citado, o único dispositivo que trata da locação como categoria separada da prestação de serviços é a dispensa de licitação da alínea l do inciso IV do artigo 75 que trataremos mais à frente.

As exigências formais são desnecessárias no teor do artigo 75 da Lei nº 14.133/2021. O artigo 72 já disciplinou os requisitos processuais para formalização das contratações diretas, o que inclui esta hipótese de dispensa de licitação. A justificativa quanto ao preço praticado está exposta no inciso VII do artigo 72, a motivação para a escolha do contratado é exigência do inciso VI, e a ratificação da dispensa pelo comandante da força militar é o passo exigido pelo inciso VIII, também do artigo 72, ao demandar a autorização da autoridade competente.

Acerca do mérito da dispensa de licitação, interessante citar os comentários realizados por Jacoby Fernandes,[47] em que o autor afirma que no plano teórico e jurídico não existiria fundamentação técnica para essa dispensa de licitação. A organização de missões de paz no exterior se dá em tempos de paz em solo nacional e deveria estar envolvida em um adequado planejamento das ações, o que viabilizaria a realização da licitação para as atividades. No entanto, o autor reconhece as dificuldades práticas e a forma açodada como essas missões são decididas, o que impossibilitaria essa organização teórica.

Concordamos com o autor, ainda assim, tendemos a tecer consideração adicional. Mesmo que entendamos as dificuldades de planejamento dessas operações, o objetivo da norma é melhorar o planejamento das contratações, inclusive tendo a Lei nº 14.133/2021 incluído o planejamento no rol dos princípios expressamente indicados no artigo 5º. Desta forma, considerando o dever constitucional de, como regra, realizar o procedimento licitatório, deve o gestor primar pela competição entre os interessados, quando isso for viável, utilizando-se da hipótese de dispensa quando tal, justificadamente, comprometer a realização das atividades militares em solo estrangeiro.

75.16 Abastecimento de efetivos militares em movimentação (alínea i do inciso IV do art. 75)

Em mais uma das dispensas dedicadas ao militarismo no Brasil, a hipótese da alínea *i* do inciso IV da Lei nº 14.133/2021 prevê a possibilidade de contratação direta para abastecimento ou suprimento de efetivos militares em estada eventual de curta duração em localidades diferentes de sua sede. O caso é similar à dispensa prevista no inciso XVIII do artigo 24 da Lei nº 8.666/1993, tendo sido excluído o limite de R$176.000,00 que era previsto na legislação anterior.

O caso de dispensa da alínea *i* é absurdamente específico. Neste caso são apresentadas exigências bastante peculiares, quanto ao objeto, quanto ao agente contratante, quanto ao momento e quanto às razões que levam o contratante a estar onde ele está.

O objeto da contratação é destinado ao abastecimento ou ao suprimento de efeitos militares. Estão enquadrados nesse dispositivo as contratações relacionadas a combustível, alimentação, água, munição e demais necessidades elementares para a estada dos efetivos militares naquela localidade distinta da sede.

O agente contratante são os *efetivos militares*. O legislador foi específico quanto à abrangência da hipótese de contratação. Como já dito anteriormente, a dispensa de licitação não admite interpretações extensivas. Dessa forma, não caberia a utilização dessa

[47] JACOBY FERNANDES, Jorge Ulisses. *Contratação direta sem licitação*. 10. ed. Belo Horizonte: Fórum, 2016. p. 441.

hipótese de dispensa de licitação para atender a outras necessidades da Administração Pública, em casos de deslocamentos de outras entidades, por quaisquer razões que sejam.

Vale destacar que esse posicionamento não é unânime. Pelo contrário, Niebuhr[48] e Jacoby Fernandes[49] possuem entendimento diverso e compreendem que a lógica estabelecida nesta hipótese de dispensa acaba por possibilitar que, por exemplo, a FUNAI utilize do mesmo dispositivo para missões especiais fora de sua sede ou a Presidência da República utilize esse dispositivo para seus deslocamentos.

Respeitosamente, divergimos. A dispensa de licitação comporta um rol restritivo e, como tal, deve ser lido. O texto estabelecido pelo legislador é ruim? Sim, e muito! Não obstante, o caminho para corrigir isso não pode ser a hermenêutica de ocasião, que faz com que a dispensa seja lida restritivamente quando eu quero e lida de forma a ampliar as suas hipóteses quando eu não gosto daquilo que o legislador escreveu. Temos que ter técnica interpretativa e isso faz com que algumas interpretações acabem sendo mais restritivas e não atendam àquilo que o bom senso apregoaria.

Ademais, nos exemplos citados pelos autores, havendo inviabilidade de realizar a licitação e estando a missão comprometida, a Administração poderia realizar a contratação com a ferramenta da inexigibilidade de licitação, com base no *caput* do artigo 74 da Lei nº 14.133/2021. Como já tratamos exaustivamente, sendo inviável a competição por meio de procedimento licitatório naqueles casos, não é razoável que a Administração simplesmente suspenda suas atividades administrativas. Pode e deve abastecer seus veículos com uma contratação direta embasada na inexigibilidade.

O terceiro requisito é o tempo que esses efetivos estarão em localidade distinta da sua sede. O legislador estabeleceu a dispensa de licitação para estadias eventuais de curta duração. Trata-se de conceito jurídico duplamente indeterminado. A uma para o conceito de eventuais e a duas para a noção de curta duração.

O caso deve ser analisado de acordo com a situação concreta. De fato, se aquela localidade é frequentemente visitada e para períodos mais alargados, o planejamento se torna obrigatório e a Administração poderia lançar mão de uma licitação via sistema de registro de preços, por exemplo. Mas é evidente que se tem aqui uma zona de penumbra de difícil conceituação em que a curta estada poderia ser considerada como horas, dias, semanas ou, excepcionalmente, até meses, como afirma Cabral.[50]

O quarto requisito é a localidade em que se está fazendo a operação. O legislador trata de portos, aeroportos ou localidades diferentes de suas sedes. A expressão "localidades diferentes de suas sedes", a nosso ver, já abarcaria o conceito de portos e aeroportos, até porque a dispensa de licitação só faria sentido em portos e aeroportos que estejam fora da sede da Administração. Logo, o que se discute aqui é a localidade diferente da sede.

Novamente temos conceito indeterminado, a localidade poderia ser compreendida como o país, o estado, o município, o bairro ou até mesmo a rua em que está sediada a

---

[48] NIEBUHR, Joel de Menezes. *Dispensa e inexigibilidade de licitação pública*. 4. ed. Belo Horizonte: Fórum, 2015. p. 274.

[49] JACOBY FERNANDES, Jorge Ulisses. *Contratação direta sem licitação*. 10. ed. Belo Horizonte: Fórum, 2016. p. 397.

[50] CABRAL, Flávio Garcia. Artigo 75. *In*: SARAI, Leandro (Org.). *Nova Lei de Licitações e Contratos Administrativos nº 14.133/21 comentada por advogados públicos*. São Paulo: JusPodivm, 2021. p. 915.

Administração. Cabral[51] entende que aqui deveria ser compreendida como sede a menor divisão federativa, ainda assim, o autor esclarece que este conceito pode ser flexibilizado em municípios limítrofes.

Temos entendimento similar, mas com contornos um pouco distintos, entendemos que o conceito de sede aqui deve ser interpretado de acordo com o caso concreto e com a viabilidade de se realizar o procedimento licitatório para a localidade onde está acontecendo o deslocamento. A regra geral deve ser sempre a realização da licitação e a dispensa ser analisada como exceção, ao analisar a situação específica.

Por fim, o legislador impôs requisito quanto aos motivos que levam o efetivo militar a estar ali. É surreal que a dispensa de licitação tenha ingressado nesse nível de detalhamento para realizar uma determinada contratação. Segundo a alínea *i* do artigo 75, a dispensa de licitação somente será devida se os efetivos militares estiverem naquela localidade para movimentação operacional ou para treinamento.

O legislador exigiu a explicitação dos motivos que levam os militares a estarem ali posicionados, mas aquilo que parece uma restrição à dispensa é tão somente uma exigência burocrático-formal-justificatória absolutamente descabida. Os motivos aceitos pela hipótese de dispensa são a movimentação operacional ou o adestramento.

Por movimentação operacional deve ser compreendida todas as movimentações ligadas à área tática militar, à sua área fim, às atividades militares concretamente. De outro lado, a atividade de adestramento são os treinamentos realizados pelos efetivos militares.

Ora, se os efetivos militares não estão ali por atividade operacional e não estão ali para fazer um treinamento, o que estariam fazendo as tropas fora da sua sede? O legislador limita os motivos que possibilitam a utilização da dispensa, mas ao estabelecer os critérios define conceitos genéricos que basicamente todas as situações possíveis e imagináveis estariam embutidas nas cláusulas entabuladas. Desta sorte, o requisito serve, tão somente, como trabalho burocrático de justificativa de explicar o óbvio, que as operações serviam à atividade militar direta ou a atividade de treinamento.

Ainda na hipótese desenhada na alínea *i* do artigo 75 da Lei nº 14.133/2021, ressalta-se que o legislador excluiu limite previsto na Lei nº 8.666/1993, que estipulava o valor de R$176.000,00 para essas contratações além da regra de que a dispensa só seria admitida quando a exiguidade dos prazos legais puder comprometer a normalidade e os propósitos das operações.

No que tange ao valor, seguindo a linha das demais contratações diretas, o legislador acabou por ampliar essa hipótese, admitindo que sejam feitas contratações acima do valor anteriormente fixado pela Lei nº 8.666/1993.

De outro lado, para a regra que exige a justificativa quanto à exiguidade dos prazos legais comprometendo a normalidade e os propósitos das operações, nos parece que, ainda que excluída, a necessidade de justificativa permanece implícita. Isso porque o texto apenas esclarecia o óbvio, a Administração deve justificar porque está optando pela dispensa de licitação em detrimento da realização do procedimento licitatório, sobretudo nos casos em que a autorização legislativa se dá justamente em razão da exiguidade dos prazos poder comprometer as operações realizadas.

---

51 CABRAL, Flávio Garcia. Artigo 75. *In*: SARAI, Leandro (Org.). *Nova Lei de Licitações e Contratos Administrativos nº 14.133/21 comentada por advogados públicos*. São Paulo: JusPodivm, 2021. p. 915.

Promover entendimento contrário e entender que essa hipótese de dispensa de licitação seria admissível em toda e qualquer hipótese significaria interpretar o dispositivo ausente à fundamentação legislativa para a criação da dispensa de licitação em primeiro plano. Essa forma de analisar o caso de contratação direta conduziria à inconstitucionalidade do dispositivo sob o prisma material, posto que estariam ausentes os elementos autorizadores ao poder legislativo para se afastar o dever constitucional de licitar.

Fato é que o dispositivo possui contornos de inexigibilidade de licitação, como afirma Torres,[52] o que deve estar presente na justificativa e acaba, inclusive, por fundamentar a exclusão do limite de valor, posto que a hipótese está calcada na inviabilidade de competição, o que pode demandar valores maiores que aqueles definidos pela Lei, sem o conhecimento do caso concreto.

75.17 Resíduos sólidos recicláveis ou reutilizáveis (alínea j do inciso IV do art. 75)

A alínea *j* do inciso IV traz hipótese de dispensa de licitação destinada à coleta, ao processamento e à comercialização de resíduos sólidos recicláveis, em áreas com sistema de coleta seletiva, realizado por associação ou cooperativa formada por pessoas físicas de baixa renda. Trata-se de hipótese de dispensa reproduzida do texto do inciso XXVII do artigo 24 da Lei nº 8.666/1993.

A contratação direta em tela tem por objetivo a realização de três políticas públicas, simultaneamente. A uma, beneficia diretamente o sistema de cooperativas e associações, privilegiando esse modelo de estrutura e atendendo ao disposto no §2º do artigo 274 da Constituição Brasileira de 1988, que estabelece o dever estatal de apoiar o cooperativismo e outras formas de associativismo. A duas, fomenta a realização da coleta seletiva de materiais recicláveis ou reutilizáveis. A três, atua com uma política sustentável sob o aspecto social, ao inserir pessoas físicas de baixa renda no mercado de trabalho, gerando emprego e renda a esses cidadãos. Trata-se de legítima hipótese de dispensa de licitação, em que razões políticas, definidas pelo Poder Legislativo, autorizam a Administração Pública a afastar a procedimento licitatório, com o escopo de desenvolver políticas públicas.

Ao trabalhar essa hipótese de contratação, assim comentou Jacoby Fernandes:

> Essa evidente preocupação com a gestão social e ambientalmente correta do lixo urbano merece aplauso, visto a importância da inclusão econômica e social dos catadores de lixo em associações e cooperativas, promovendo a geração de emprego e renda e auxiliando esses trabalhadores a enfrentar as numerosas dificuldades que se impõem, diante das condições de extrema penúria que os colocam em situação de pouca ou nenhuma possibilidade de competir no mercado de trabalho. A legislação equacionou adequadamente a questão, vez que garantiu a proteção pela necessidade de equipamentos adequados. Caberá a fiscalização do contrato, prevista no art. 67 da Lei nº 8.666/1993, fiscalizar o atendimento aos requisitos previstos em lei.[53]

---

[52] TORRES, Ronny Charles Lopes de. *Leis de licitações públicas comentadas*. 12. ed. Salvador: JusPodivm, 2021. p. 390.

[53] JACOBY FERNANDES, Jorge Ulisses. *Contratação direta sem licitação*. 10. ed. Belo Horizonte: Fórum, 2016. p. 438.

Tratemos, então, dos requisitos dessa dispensa de licitação: a) objeto da contratação; b) local da contratação; c) características do contratado; e d) técnica utilizada nos trabalhos.

A dispensa dedica-se à coleta, ao processamento e à comercialização de resíduos sólidos urbanos recicláveis ou reutilizáveis. Logo, não se pode adotar essa hipótese de contratação direta para realizar toda a coleta de resíduos da municipalidade, sob pena de infringir em requisito essencial estabelecido pelo legislador.

No que tange ao local da contratação, o legislador estabeleceu que somente poderia ocorrer em áreas com sistema de coleta seletiva de lixo, critério este que não nos parece se justificar. A dispensa tem por escopo a realização de coleta de resíduos sólidos recicláveis ou reutilizáveis.

A Lei nº 14.133/2021 estabelece diversos aspectos ligados ao tratamento adequado ao meio ambiente, como no artigo 5º, com o princípio do desenvolvimento nacional sustentável, no inciso XII do §1º do artigo 18, que prevê que o estudo técnico preliminar deve descrever os possíveis impactos ambientais e suas medidas mitigatórias, no artigo 45, que determina que as obras devem respeitar a disposição final ambientalmente adequada dos resíduos sólidos, entre outros.

Nesse sentido, se não há sistema de coleta seletiva de lixo na área em que se pretende, caberia ao Município estabelecer e viabilizar a contratação. Não faz sentido deixar de promover a política pública de coleta seletiva porque não existe coleta seletiva.

Quanto a quem pode ser contratado, temos outra faceta da política pública, a hipótese de dispensa de licitação é focada na contratação de associações ou cooperativas formadas exclusivamente por pessoas de baixa renda reconhecidas pelo poder público como catadores de materiais recicláveis.

Faz sentido a regra, se o que se pretende é praticar uma política pública de fomento a emprego e remuneração, a contratação de empresa, ainda que esta empregue pessoas de baixa renda, levaria à lógica licitatória tradicional, em que há uma redução do preço, em busca da vitória pelo critério menor preço, o que acaba impactando diretamente nos salários pagos pelas empresas vencedoras dos certames.

Ao mesmo passo, vem a questão do preço praticado por essas cooperativas. Não é objetivo da dispensa de licitação ser uma contratação de menor preço. Se assim fosse, a política pública seria aplicada com a simples abertura de procedimento licitatório e a cooperativa já se sagraria vencedora.

De outro lado, também não podemos esquecer da obrigação prevista no inciso VII do artigo 72, com o dever de justificar o preço praticado na dispensa de licitação. O preço, ainda que não seja o mais baixo do mercado, deve ser razoável com o que é praticado no setor. Não se justificaria, sob a alegação de se estar desenvolvendo política pública, pagar exorbitantemente mais do que a Administração dispenderia em um cenário licitatório. Caso assim se apresente a situação real, deve a Administração realizar licitação e valer-se dos recursos públicos economizados com a redução de custos para praticar política pública de incentivo direto, que seja mais eficiente para a promoção dos objetivos pretendidos.

Por fim, há que se ter atenção especial à técnica utilizada para realização dos trabalhos. O legislador dedicou-se a prever condição específica quanto ao uso de equipamentos compatíveis com as normas técnicas, ambientais e de saúde pública. É válida a condição. O setor de coleta de resíduos, durante muitos anos, aplicou condições subumanas a seus empregados, com trabalho em condição análoga à escravidão e estruturas que desrespeitam critérios mínimos de dignidade da pessoa humana. Não faria sentido nenhum a Administração desenvolver uma política pública focada na sustentabilidade social, econômica e ambiental e, ao mesmo tempo, admitir a prática do trabalho escravo, de condições inadequadas de saúde pública ou colocar em risco a integridade física dos trabalhadores que a política pública pretende atingir.

75.18 Aquisição ou restauração de obras de arte (alínea k do inciso IV do art. 75)

A alínea *k* do inciso IV trouxe hipótese de dispensa de licitação dedicada à compra ou restauração de obras de arte ou objetos históricos, em redação trazida do inciso XV do artigo 24 da Lei nº 8.666/1993. Errou o legislador quanto a este dispositivo e sua manutenção na qualidade de dispensa de licitação. Ao comentar a Lei nº 8.666/1993, a doutrina já apontava para esta hipótese de contratação como caso de inexigibilidade de licitação, conforme ensinam Jacoby Fernandes,[54] Niebuhr,[55] Justen Filho[56] e Cabral.[57]

O equívoco nesse enquadramento é ainda mais relevante, posto que o Decreto-Lei nº 2.300/1986 já tratava esta hipótese, acertadamente, como inexigibilidade.

No que tange ao objeto da dispensa, o legislador formou três balizas definidoras: a) a espécie de contrato; b) o objeto a ser contratado; e c) a Administração contratante.

Quanto ao tipo de contrato a ser firmado, optou o legislador por autorizar a aquisição ou a restauração de obras de arte, não prevendo, por exemplo, a possibilidade de dispensa para locação de determinada obra de arte para a realização de um evento. Nesses casos, se a obra de arte a ser selecionada for exclusiva e a única que atenderia à Administração, caberia a inexigibilidade de licitação em razão do inciso I do artigo 74. Caso não fosse esta a hipótese, se cabível no caso concreto, a Administração poderia solucionar tal dificuldade administrativa com a hipótese de credenciamento, também na inexigibilidade, prevista no inciso IV do artigo 74.

Há na norma também regramento quanto ao objeto a ser contratado. Exige a dispensa que a contratação seja dedicada a bem artístico ou objetos históricos e que o objeto da contratação, seja para a aquisição ou para a restauração, tenha sua autenticidade certificada. A regra é evidente, à Administração não seria lícito contratar, sobretudo por dispensa de licitação, a compra ou restauração de réplica, de uma simples cópia ou uma fraude. Se o objeto fosse, de fato, a contratação de uma réplica, como uma miniatura de uma obra de arte copiada, para se utilizar como brinde em determinado evento, por exemplo, a licitação mostra-se obrigatória, visto que os elementos caracterizadores da dispensa de licitação não subsistem mais.

---

[54] JACOBY FERNANDES, Jorge Ulisses. *Contratação direta sem licitação*. 10. ed. Belo Horizonte: Fórum, 2016. p. 376.

[55] NIEBUHR, Joel de Menezes. *Dispensa e inexigibilidade de licitação pública*. 4. ed. Belo Horizonte: Fórum, 2015. p. 300.

[56] JUSTEN FILHO, Marçal. *Comentários à lei de licitações e contratações administrativas*: Lei nº 14.133. São Paulo: Thomson Reuters, 2021. p. 1.033.

[57] CABRAL, Flávio Garcia. Artigo 75. *In*: SARAI, Leandro (Org.). *Nova Lei de Licitações e Contratos Administrativos nº 14.133/21 comentada por advogados públicos*. São Paulo: JusPodivm, 2021. p. 916.

Como terceiro critério necessário à comprovação da viabilidade da dispensa, o legislador impôs regra relacionada ao ente contratante, restringindo a possibilidade de utilização desta contratação direta exclusivamente aos órgãos que tenham finalidades inerentes ou compatíveis ao objeto que está sendo contratado.

A regra se alinha com o princípio da economicidade. Não seria razoável admitir que um tribunal, por exemplo, adquirisse obras de arte ou objetos históricos, apenas para embelezar seus corredores. Tal aquisição não tem relação com a finalidade do órgão e em nada melhoraria a prestação do serviço jurisdicional dessa hipotética corte. No texto da Lei nº 14.133/2021, essa contratação seria expressamente vedada, inclusive por licitação, pela regra exposta no artigo 20, com a proibição de artigos de luxo. Isso não quer dizer que um órgão não dedicado à exploração da atividade artística jamais possa utilizar-se da dispensa de licitação. Há que se destacar que o legislador opôs ao gestor o critério da inerência (aquilo que é inseparável), mas também da compatibilidade, que é requisito bastante mais abrandado. Nesse sentido, tem-se o Acórdão nº 3033/2015 – Plenário – em que o Tribunal de Contas da União entendeu pela admissibilidade da utilização desta dispensa de licitação para o Tribunal Regional Eleitoral da Paraíba, em razão da existência de memorial dedicado ao acervo histórico do judiciário eleitoral e das eleições paraibanas. Naquela oportunidade, decidiu o Tribunal de Contas da União, acertadamente a nosso ver, que a contratação era compatível com o órgão que a estava realizando.

Por fim, dada a particularidade dos bens artísticos quanto ao seu valor para a aquisição ou restauração desses bens, interessante trazer o magistério de Jacoby Fernandes:

> Tradicionalmente, por serem esses bens singulares, firmou-se uma visão deformada de que o valor destes é incomensurável. Não pode haver equívoco maior.
>
> A valoração do bem não deprecia o talento artístico e é, na sociedade, a forma adequada e única de "traduzir" a sua expressão. Só uma Administração ineficiente e pouco atenta ao interesse público deixa de promover uma avaliação idônea de uma obra de arte ou de um bem de valor histórico como medida prévia à aquisição. Qualquer particular, cidadão comum, antes de fazer uma aquisição, procuraria saber o real valor do bem. Se essa conduta é a ordinária do *bonus pater familis*, com muito mais razão não se pode relegá-la quando o adquirente é um agente remunerado pelo erário, responsável pelo emprego de verbas públicas.[58]

Nos alinhamos aos ensinamentos de Jacoby Fernandes. A Administração, ao trabalhar, o faz com dinheiro público do pagador de impostos. Não se pode admitir que o gestor público seja displicente com o trato da coisa pública. Deve o órgão ser cuidadoso ao utilizar esta hipótese de dispensa de licitação e instruir adequadamente o processo, nos termos do artigo 72, sobretudo quanto à justificativa do preço.

---

[58] JACOBY FERNANDES, Jorge Ulisses. *Contratação direta sem licitação*. 10. ed. Belo Horizonte: Fórum, 2016. p. 337-378.

75.19 Equipamentos destinados a investigações sigilosas (alínea l do inciso IV do art. 75)

A alínea l do inciso IV da Lei nº 14.133/2021 estabeleceu uma dispensa de licitação nova quando comparada à Lei nº 8.666/1993. Trata-se da possibilidade de contratação de serviços, compra ou de locação de equipamentos destinados às atividades de rastreamento e à obtenção de provas, nos casos em que houve necessidade justificada de sigilo.

A hipótese de dispensa, como dito, não estava prevista na Lei nº 8.666/1993, contudo, não se pode afirmar que se trata de novo caso de contratação direta no ordenamento jurídico brasileiro. A Lei nº 12.850/2013, em seu artigo 3º, §1º, já admitia que a licitação fosse dispensada nos casos em que o sigilo fosse indispensável.

Em verdade, o caso não é de uma dispensa de licitação, mas sim de uma inexigibilidade. A dispensa de licitação pressupõe que a Administração tem a faculdade de fazer ou não o procedimento licitatório, o gestor é dispensado da obrigação constitucional de realizar o certame, mas pode fazer, se por algum motivo assim o desejar.

No caso em tela, a escolha não é discricionária em nenhuma hipótese, mas sim, vinculada. Caso não exista necessidade de sigilo, a dispensa é inaplicável e a licitação se torna obrigatória. Havendo a necessidade de sigilo, o gestor é obrigado a fazer a contratação direta, não sendo facultada a realização do certame licitatório. Fazer a licitação seria quebrar o sigilo fundamental à execução da investigação.

A hipótese assemelha-se, em certa medida, ao §1º do artigo 23 do Decreto-Lei nº 2.300/1986 que, dentro do artigo das inexigibilidades, já afirmava:

> Art. 23. É inexigível a licitação, quando houver inviabilidade de competição, em especial:
> §1º É vedada a licitação quando houver possibilidade de comprometimento da segurança nacional, a juízo do Presidente da República.

Vê-se que a licitação era proibida para os casos em que houvesse possibilidade de comprometimento da segurança nacional. Tinha razão o legislador do Decreto-Lei nº 2.300/1986, se a licitação nos levará a um ponto de risco, ela não pode ser realizada, sob nenhuma hipótese. É o caso em análise, não se trata de dispensa do dever de licitar, mas sim de inviabilidade de competição pelas regras licitatórias, que demandam, em tese, a publicidade do certame. O que justifica esta hipótese é o sigilo da contratação e, em sendo este necessário, será uma inexigibilidade, com aplicabilidade do *caput* do artigo 74, ainda que não estejam presentes os requisitos da dispensa da alínea l do artigo 75 da Lei nº 14.133/2021.

No que tange à regra definida pela legislação para dispensa, tem-se texto bastante amplo. O legislador, ao copiar o texto do §2º do artigo 3º da Lei nº 12.850/2013, aplicou a dispensa aos serviços especializados, aquisição ou locação, separando os conceitos de serviços e de locação, ao contrário do que é feito ao longo da Lei nº 14.133/2021, que reúne esses conceitos em seus artigos. De toda forma, a gama de contratos é ampla e possibilita a prestação de serviços ou a compra ou locação de equipamentos.

A prestação de serviços técnicos especializados é uma categoria separada do segundo eixo que trata da compra ou locação. Tem-se aqui a possibilidade de contratação de serviços destinados ao rastreamento e à obtenção de provas.

O conceito de serviços técnicos especializados é um conceito indeterminado e sua interpretação deve ser cuidadosa. Relembre-se que, em uma técnica legislativa sofrível, o legislador copiou o dispositivo da Lei nº 12.850/2013. Naquela norma, a noção de serviço técnico especializado é um conceito indeterminado, a ser justificado em cada caso. Ocorre que, na Lei nº 14.133/2021, para onde foi copiado esse conceito indeterminado, "serviços técnicos especializados" é um conceito *determinado*, insculpido no inciso XVIII do artigo 6º e trata de um rol de serviços que não tem nenhuma relação com o tema da dispensa de licitação em comento.

Em que pese o equívoco legislativo, nos parece bastante evidente que não se pode interpretar o conceito de serviços técnicos especializados à luz do artigo 6º da Lei nº 14.133/2021, sob pena de inviabilizar o dispositivo e de criar uma antinomia com o texto do §2º do artigo 3º da Lei nº 12.850/2013, que possui redação muito similar. Deve o intérprete ler o conceito sob a ótica da lei específica acerca da investigação criminal e, com este conceito, analisar no caso concreto se o serviço que está sendo contratado estaria enquadrado na noção de serviço técnico especializado.

Quanto ao objeto a ser contratado trata-se de atividade de rastreamento e de obtenção das provas previstas nos incisos II e V do artigo 3º da Lei nº 12.850/2013, ou seja, a captação ambiental de sinais eletromagnéticos, ópticos ou acústicos e a interceptação de comunicações telefônicas e telemáticas.

Ao final do dispositivo, tem-se o principal requisito desta situação de dispensa de licitação, a necessidade de manutenção do sigilo. Como dito, em não sendo necessário o sigilo para a garantia da investigação, a contratação direta não pode ser realizada e a licitação se torna obrigatória.

Por fim, importante trazer o alerta de Justen Filho,[59] acerca da não subordinação desta hipótese de dispensa de licitação à publicidade exigida no artigo 72 da Lei nº 14.133/2021. Se a licitação é afastada em razão da necessidade de sigilo, não faria sentido publicar a contratação direta, que levaria ao mesmo problema que se buscava evitar com a dispensa de licitação.

75.20 Medicamentos destinados ao tratamento de doenças raras (alínea m do inciso IV do art. 75)

A última das alíneas do inciso IV estabeleceu a possibilidade de contratação sem licitação de medicamentos destinados ao tratamento de doenças raras definidas pelo Ministério da Saúde. O dispositivo é novo e não tinha equivalência na Lei nº 8.666/1993 ou em outros diplomas legais.

O mercado de medicamentos de doenças raras é um mercado complexo. Em essência, o custo de um medicamento está relacionado a dois fatores: a) custos com a pesquisa e desenvolvimento do medicamento; e b) custos de produção.

Quando se tem um medicamento com alto índice de consumo, os custos de pesquisa são dissolvidos por um grande mercado consumidor e os custos com a produção são reduzidos por economia de escala. Além disso, um grande mercado consumidor

[59] JUSTEN FILHO, Marçal. *Comentários à lei de licitações e contratações administrativas*: Lei nº 14.133. São Paulo: Thomson Reuters, 2021. p. 1.034-1035.

acaba servindo de incentivo para novas farmacêuticas desenvolverem produtos para aquelas enfermidades, o que traz mais competição para o setor, pressionando os preços para baixo.

Por outro lado, os medicamentos dedicados às doenças raras acabam sofrendo com o cenário diametralmente oposto: a) os custos de pesquisa e desenvolvimento precisam ser dissolvidos por um pequeno mercado consumidor; b) a baixa produção e consumo não possibilita o barateamento dos custos produtivos; e c) o pequeno mercado consumidor acaba servindo de barreira de entrada de novos *players* no mercado, reduzindo a competição e deixando de incentivar a eficiência das empresas farmacêuticas.

Soma-se a este fator a característica brasileira da judicialização da saúde, em que as pessoas, amparadas pelo direito constitucional à saúde, ingressam no Poder Judiciário para buscar medicamentos e tratamentos que não estão arrolados na Relação Nacional de Medicamentos Essenciais (Rename), que é atualizada pela Comissão Nacional de Incorporação de Tecnologias no SUS (Conitec).

O relatório de 2019 do Conselho Nacional de Justiça acerca da judicialização da saúde no Brasil[60] traz dados alarmantes sobre a questão. Os processos ligados à judicialização da saúde cresceram, de 2008 a 2017, mais que o dobro quando comparado aos demais processos.

Com este cenário, as compras de medicamentos já são uma determinação frequente do Poder Judiciário à Administração, em todas as esferas, e, comumente, com prazos bastante exíguos para cumprimento das ordens judiciais. Como consequência, as contratações costumam ocorrer por dispensa de licitação em razão da emergência ou, para os órgãos mais estruturados e planejados, desenvolve-se uma Ata de Registro de Preços ao menos com os medicamentos que geram mais condenações historicamente.

Logo, a dispensa de licitação vem mais no sentido de dar maior segurança ao gestor que já está fazendo contratação direta emergencial, do que no sentido de criar uma hipótese propriamente dita de contrato sem licitação. A hipótese é enxuta e possui dois requisitos: a) quanto ao tipo de contrato; e b) quanto ao objetivo da contratação.

Para o tipo de contrato, o texto focou nos contratos de aquisição de medicamentos. A nosso ver, errou o legislador. O dispositivo não contempla os mais variados tratamentos não medicamentosos e que poderiam ser necessários, também para doenças raras, e nas mesmas condições e complexidades que possui a compra de medicamentos.

O segundo requisito é que o medicamento se destine exclusivamente ao tratamento de doenças raras definidas pelo Ministério da Saúde. O texto veda a dispensa para compra de medicamentos que possam ser utilizados para doenças raras, mas que também são utilizados para outras enfermidades. O raciocínio está correto. Se o medicamento é aplicável de forma mais universalizada, a estrutura mercadológica não justifica a compra sem licitação, ainda que se utilize o mesmo medicamento para doenças raras.

Quanto ao conceito de doenças raras, a Portaria nº 199/2014 do Ministério da Saúde define, no seu artigo 3º, que doenças raras são aquelas que acometem até 65 pessoas para cada 100.000 pessoas.

---

[60] BRASIL. Conselho Nacional de Justiça (CNJ). *Judicialização da Saúde no Brasil:* perfil das demandas, causas e propostas de solução. Brasília: Conselho Nacional de Justiça, 2019, p. 45-46. Disponível em: https://www.cnj.jus.br/wp-content/uploads/conteudo/arquivo/2019/03/f74c66d46cfea933bf22005ca50ec915.pdf. Acesso em: 18 ago. 2021.

Por fim, quanto à realização da dispensa de licitação e sua formalização processual, é importante destacar que este segmento possui característica peculiar que é a existência da Câmara de Regulação do Mercado de Medicamentos (CMED), que publica, mensalmente, lista com todos os medicamentos, laboratórios, preços máximos de venda e o preço máximo de venda ao governo, que possui um desconto obrigatório denominado coeficiente de adequação de preços.

Com isso, deve o gestor atentar-se à tabela, tanto no que tange aos preços máximos a serem praticados, quanto aos possíveis fornecedores que podem ser consultados para a realização da dispensa de licitação, favorecendo a competitividade e facilitando a justificativa de preço e de seleção do fornecedor, nos termos do artigo 72 da Lei nº 14.133/2021.

75.21 Incentivos à inovação (art. 75, inciso V)

O inciso V traz texto bastante genérico de dispensa de licitação, em que se remete a contratação aos artigos 3º, 3º-A, 4º, 5º e 20 da Lei nº 10.973/2004, desde que cumpridos os princípios ligados à contratação daquela lei. A regra da dispensa é cópia idêntica do inciso XXXI do artigo 24 da Lei nº 8.666/1993.

A dispensa de licitação do inciso V é uma autorização legal com requisitos extrínsecos, suas exigências não estão no texto da dispensa, mas sim em outra norma por ela referenciada. Logo, para analisarmos essa hipótese, é necessário que nos aprofundemos na norma em questão.

75.21.1 Artigo 3º da Lei nº 10.973/2004

> Art. 3º A União, os Estados, o Distrito Federal, os Municípios e as respectivas agências de fomento poderão estimular e apoiar a constituição de alianças estratégicas e o desenvolvimento de projetos de cooperação envolvendo empresas, ICTs e entidades privadas sem fins lucrativos voltados para atividades de pesquisa e desenvolvimento, que objetivem a geração de produtos, processos e serviços inovadores e a transferência e a difusão de tecnologia.
>
> Parágrafo único. O apoio previsto no caput poderá contemplar as redes e os projetos internacionais de pesquisa tecnológica, as ações de empreendedorismo tecnológico e de criação de ambientes de inovação, inclusive incubadoras e parques tecnológicos, e a formação e a capacitação de recursos humanos qualificados.

O artigo 3º da Lei nº 10.973/2004 traz a possibilidade de a Administração Pública formar alianças estratégicas entre empresas, Instituições Científica e Tecnológicas (ICTs) e entidades privadas sem fins lucrativos, com o objetivo de fomentar a pesquisa e o desenvolvimento, a geração de produtos, processos e serviços inovadores.

O dispositivo trata da formação de parcerias institucionais e dispensa a licitação para construção desses acordos. O texto tem coerência, trata-se de política pública de fomento à inovação que, para ser viabilizada, demandaria a autorização legal de contratação direta para essas espécies de contrato. São ajustes entre as partes nos quais diversos fatores são negociáveis e a licitação, no formato tradicional, não possui mecanismos adequados para viabilizar a execução das políticas públicas.

75.21.2 Artigo 3º-A da Lei nº 10.973/2004

> Art. 3º-A. A Financiadora de Estudos e Projetos – FINEP, como secretaria executiva do Fundo Nacional de Desenvolvimento Científico e Tecnológico – FNDCT, o Conselho Nacional de Desenvolvimento Científico e Tecnológico – CNPq e as Agências Financeiras Oficiais de Fomento poderão celebrar convênios e contratos, nos termos do inciso XIII do art. 24 da Lei nº 8.666, de 21 de junho de 1993, por prazo determinado, com as fundações de apoio, com a finalidade de dar apoio às IFES e demais ICTs, inclusive na gestão administrativa e financeira dos projetos mencionados no caput do art. 1º da Lei nº 8.958, de 20 de dezembro de 1994, com a anuência expressa das instituições apoiadas.

A referência ao artigo 3º-A da Lei nº 10.973/2004 é um dos piores textos deste capítulo de contratação direta da Nova Lei. Explicamos: o inciso V do artigo 75 afirma que é dispensável a licitação para cumprimento do disposto no artigo 3º-A da Lei nº 10.973/2004.

Ocorre que o artigo 3º-A, por sua vez, é um artigo que cria uma dispensa e não um contrato. Em verdade, ele amplia a interpretação de uma dispensa já existente, que era a hipótese do inciso XIII do artigo 24 da Lei nº 8.666/1993, com vistas a viabilizar a dispensa para realizar gestão administrativa e financeira. Esse dispositivo foi trazido à Lei nº 14.133/2021, no inciso XV do artigo 75. Ocorre que o inciso XV do artigo 75 foi alterado justamente para incluir o texto do artigo 3º-A da Lei nº 10.973/2004.

Em resumo, o trecho do inciso V, que se refere ao artigo 3º-A da Lei nº 10.973/2004, é absolutamente descartável.

75.21.3 Artigo 4º da Lei nº 10.973/2004

> Art. 4º A ICT pública poderá, mediante contrapartida financeira ou não financeira e por prazo determinado, nos termos de contrato ou convênio:
>
> I – compartilhar seus laboratórios, equipamentos, instrumentos, materiais e demais instalações com ICT ou empresas em ações voltadas à inovação tecnológica para consecução das atividades de incubação, sem prejuízo de sua atividade finalística;
>
> II – permitir a utilização de seus laboratórios, equipamentos, instrumentos, materiais e demais instalações existentes em suas próprias dependências por ICT, empresas ou pessoas físicas voltadas a atividades de pesquisa, desenvolvimento e inovação, desde que tal permissão não interfira diretamente em sua atividade-fim nem com ela conflite;
>
> III – permitir o uso de seu capital intelectual em projetos de pesquisa, desenvolvimento e inovação.
>
> Parágrafo único. O compartilhamento e a permissão de que tratam os incisos I e II do caput obedecerão às prioridades, aos critérios e aos requisitos aprovados e divulgados pela ICT pública, observadas as respectivas disponibilidades e assegurada a igualdade de oportunidades a empresas e demais organizações interessadas.

O artigo 4º da Lei nº 10.973/2004 estabelece a possibilidade de a Instituição Científica e Tecnológica formar contratos com ou sem contrapartida financeira, com o objetivo de compartilhar estruturas, equipamentos e pessoal. O inciso V do artigo 75 da Lei nº 14.133/2021 possibilita a dispensa de licitação para formação desses contratos.

75.21.4 Artigo 5º da Lei nº 10.973/2004

Art. 5º São a União e os demais entes federativos e suas entidades autorizados, nos termos de regulamento, a participar minoritariamente do capital social de empresas, com o propósito de desenvolver produtos ou processos inovadores que estejam de acordo com as diretrizes e prioridades definidas nas políticas de ciência, tecnologia, inovação e de desenvolvimento industrial de cada esfera de governo.

§1º A propriedade intelectual sobre os resultados obtidos pertencerá à empresa, na forma da legislação vigente e de seus atos constitutivos.

§2º O poder público poderá condicionar a participação societária via aporte de capital à previsão de licenciamento da propriedade intelectual para atender ao interesse público.

§3º A alienação dos ativos da participação societária referida no caput dispensa realização de licitação, conforme legislação vigente.

§4º Os recursos recebidos em decorrência da alienação da participação societária referida no caput deverão ser aplicados em pesquisa e desenvolvimento ou em novas participações societárias.

§5º Nas empresas a que se refere o caput, o estatuto ou contrato social poderá conferir às ações ou quotas detidas pela União ou por suas entidades poderes especiais, inclusive de veto às deliberações dos demais sócios nas matérias que especificar.

§6º A participação minoritária de que trata o caput dar-se-á por meio de contribuição financeira ou não financeira, desde que economicamente mensurável, e poderá ser aceita como forma de remuneração pela transferência de tecnologia e pelo licenciamento para outorga de direito de uso ou de exploração de criação de titularidade da União e de suas entidades.

O artigo 5º trata da possibilidade de o poder público atuar com participação minoritária no capital social de empresa, com o escopo de desenvolver produtos ou processos inovadores. Essa participação é regulamentada pelo Decreto nº 9.283/2018, no seu artigo 4º.

A participação societária do poder público em empresas comporta situação atípica que não admite a realização de procedimento licitatório nos moldes previstos pela Lei nº 14.133/2021. As negociações aqui envolvidas abrangem direitos das partes, investimentos de capital ou recursos não pecuniários, cláusulas de barreira e participações nos lucros e prejuízos aferidos pela empresa. Nos termos do §5º deste artigo, até mesmo o poder de veto às deliberações dos demais sócios é uma possibilidade de negociação.

A situação não é uma dispensa de licitação, mas sim uma hipótese de inexigibilidade. Autorizada a participação societária do poder público em empresas, com o objetivo de inovação, não é possível fazer licitação para a concretização desses negócios.

75.21.5 Artigo 20 da Lei nº 10.973/2004

Art. 20. Os órgãos e entidades da administração pública, em matéria de interesse público, poderão contratar diretamente ICT, entidades de direito privado sem fins lucrativos ou empresas, isoladamente ou em consórcios, voltadas para atividades de pesquisa e de reconhecida capacitação tecnológica no setor, visando à realização de atividades de pesquisa, desenvolvimento e inovação que envolvam risco tecnológico, para solução de problema técnico específico ou obtenção de produto, serviço ou processo inovador.

§1º Considerar-se-á desenvolvida na vigência do contrato a que se refere o caput deste artigo a criação intelectual pertinente ao seu objeto cuja proteção seja requerida pela empresa contratada até 2 (dois) anos após o seu término.

§2º Findo o contrato sem alcance integral ou com alcance parcial do resultado almejado, o órgão ou entidade contratante, a seu exclusivo critério, poderá, mediante auditoria técnica e financeira, prorrogar seu prazo de duração ou elaborar relatório final dando-o por encerrado.

§3º O pagamento decorrente da contratação prevista no caput será efetuado proporcionalmente aos trabalhos executados no projeto, consoante o cronograma físico-financeiro aprovado, com a possibilidade de adoção de remunerações adicionais associadas ao alcance de metas de desempenho no projeto.

§4º O fornecimento, em escala ou não, do produto ou processo inovador resultante das atividades de pesquisa, desenvolvimento e inovação encomendadas na forma do caput poderá ser contratado mediante dispensa de licitação, inclusive com o próprio desenvolvedor da encomenda, observado o disposto em regulamento específico.

§5º Para os fins do caput e do §4º, a administração pública poderá, mediante justificativa expressa, contratar concomitantemente mais de uma ICT, entidade de direito privado sem fins lucrativos ou empresa com o objetivo de:

I – desenvolver alternativas para solução de problema técnico específico ou obtenção de produto ou processo inovador; ou

II – executar partes de um mesmo objeto.

§6º Observadas as diretrizes previstas em regulamento específico, os órgãos e as entidades da administração pública federal competentes para regulação, revisão, aprovação, autorização ou licenciamento atribuído ao poder público, inclusive para fins de vigilância sanitária, preservação ambiental, importação de bens e segurança, estabelecerão normas e procedimentos especiais, simplificados e prioritários que facilitem:

I – a realização das atividades de pesquisa, desenvolvimento ou inovação encomendadas na forma do caput;

II – a obtenção dos produtos para pesquisa e desenvolvimento necessários à realização das atividades descritas no inciso I deste parágrafo; e

III – a fabricação, a produção e a contratação de produto, serviço ou processo inovador resultante das atividades descritas no inciso I deste parágrafo.

O artigo 20 da Lei nº 10.973/2004 traz a possibilidade de a Administração contratar ICT, entidade de direito privado *ou empresas*, visando a realização de atividades de pesquisa, desenvolvimento e inovação que envolvam risco tecnológico, para solução de problema técnico específico ou obtenção de produto, serviço ou processo inovador.

O dispositivo é bastante amplo. Primeiro, porque possibilita qualquer órgão da Administração Pública firmar contrato com qualquer instituição, inclusive empresas, ou seja, não há nenhuma limitação quanto à capacidade contratual. Segundo, porque seu objeto adota conceitos jurídicos indeterminados, ao limitar essa hipótese de dispensa de licitação às atividades de pesquisa, desenvolvimento e inovação.

É importante que o gestor justifique cuidadosamente a utilização deste dispositivo. Não podemos banalizar o conceito de dispensa, sob pena de desvirtuar o dever constitucional de licitar. Como exemplo, são inúmeros os casos em que órgãos da Administração utilizam da dispensa prevista no inciso XIII do artigo 24 da Lei nº 8.666/1993, com o conceito de dispensa para desenvolvimento institucional, para a realização de concursos públicos, o que já foi tema de diversos acórdãos do Tribunal de Contas da União em sentido contrário a este entendimento, mas que ainda encontra amparo em alguns entendimentos isolados.

Nos alinhamos, nesta hipótese, ao entendimento do Tribunal de Contas da União. Como dito, a dispensa de licitação não pode ser alargada a ponto de afastar o dever de licitar. O objetivo desta hipótese de dispensa é o fomento à pesquisa e à inovação, este é o único requisito da contratação prevista no artigo 20 da Lei nº 10.973/2004 e deve estar bem evidenciado nos autos que autorizarem a contratação direta.

75.21.6 Princípios da Lei nº 10.973/2004

I – promoção das atividades científicas e tecnológicas como estratégicas para o desenvolvimento econômico e social;

II – promoção e continuidade dos processos de desenvolvimento científico, tecnológico e de inovação, assegurados os recursos humanos, econômicos e financeiros para tal finalidade;

III – redução das desigualdades regionais;

IV – descentralização das atividades de ciência, tecnologia e inovação em cada esfera de governo, com desconcentração em cada ente federado;

V – promoção da cooperação e interação entre os entes públicos, entre os setores público e privado e entre empresas;

VI – estímulo à atividade de inovação nas Instituições Científica, Tecnológica e de Inovação (ICTs) e nas empresas, inclusive para a atração, a constituição e a instalação de centros de pesquisa, desenvolvimento e inovação e de parques e polos tecnológicos no País;

VII – promoção da competitividade empresarial nos mercados nacional e internacional;

VIII – incentivo à constituição de ambientes favoráveis à inovação e às atividades de transferência de tecnologia;

IX – promoção e continuidade dos processos de formação e capacitação científica e tecnológica;

X – fortalecimento das capacidades operacional, científica, tecnológica e administrativa das ICTs;

XI – atratividade dos instrumentos de fomento e de crédito, bem como sua permanente atualização e aperfeiçoamento;

XII – simplificação de procedimentos para gestão de projetos de ciência, tecnologia e inovação e adoção de controle por resultados em sua avaliação;

XIII – utilização do poder de compra do Estado para fomento à inovação;

XIV – apoio, incentivo e integração dos inventores independentes às atividades das ICTs e ao sistema produtivo.

O inciso V tem como requisito a observação dos princípios gerais de contratação constantes da Lei nº 10.973/2004. O rol trazido pelo parágrafo único do artigo 1º é bastante extenso, com um total de 14 princípios. Ocorre que os princípios ali arrolados são destinados às medidas de incentivo à inovação e pesquisa científica e tecnológica no ambiente produtivo, não são princípios de contratação, o que significa que caberá ao gestor seguir todos os princípios ali arrolados.

Por fim, importante destacar que os contratos firmados com base nesta dispensa de licitação, por força do artigo 108 da Lei nº 14.133/2021, poderá ser celebrado com prazo de duração de até 10 anos.

75.22 Comprometimento da segurança nacional (art. 75, inciso VI)

A dispensa de licitação prevista no inciso VI trata dos casos em que a contratação puder comprometer a segurança nacional, nos casos estabelecidos pelo Ministro da Defesa, por demanda das Forças Armadas ou dos demais ministérios. O texto é similar ao inciso IX do artigo 24 da Lei nº 8.666/1993, com as ressalvas que na legislação anterior havia a necessidade de ouvir o Conselho de Defesa Nacional e os casos deveriam ser estabelecidos em decreto do Presidente da República.

Esta dispensa de licitação tem por objetivo tutelar situações em que a segurança nacional pudesse ser comprometida em razão dos trâmites burocráticos de um procedimento licitatório, obviamente este não é nem nunca poderia ser a ideia do dever constitucional de licitar.

O dispositivo é antigo na legislação, como visto anteriormente, ao comentarmos a alínea do inciso IV do artigo 75 da Lei nº 14.133/2021. O Decreto-Lei nº 2.300/1986 já estabelecia que a licitação seria vedada quando houvesse o comprometimento da segurança nacional, como hipótese de inexigibilidade.

Aqui tratamos da mesma situação. É evidente a situação de inexigibilidade. Se a licitação não compromete a segurança nacional, a dispensa é descabida e deixa de ser uma opção do gestor; por outro lado, se existe o comprometimento da segurança nacional, a licitação não pode ser realizada, diante da publicidade que é imposta ao procedimento licitatório e, portanto, inexigível.

O cerne desta hipótese de contratação direta está no conceito de "segurança nacional". Niebuhr[61] destaca que durante os governos militares o conceito de segurança nacional foi altamente alargado e utilizado para embasar atos dos mais diversos. Este alargamento não é compatível com o Estado Democrático de Direito, há que se ter efetiva ameaça à soberania do Estado para que seja admitida a hipótese de contratação direta.

Esta ameaça à segurança nacional pode se dar pela necessidade de sigilo da contratação, pela urgência da contratação ou pela inviabilidade de competição em razão da complexidade do objeto e do alto risco de comprometimento da segurança nacional.

Outra questão importante a ser analisada é se a segurança nacional envolve, necessariamente, uma ameaça de uma nação estrangeira. Nesse sentido, nos alinhamos ao posicionamento de Justen Filho,[62] para quem a segurança nacional pode ser lida também no sentido de proteção do Estado Nacional com relação aos grupos criminosos organizados ou, até mesmo, para as situações de terrorismo.

Quanto à formalização do processo, como dito, a Lei nº 14.133/2021 alterou o texto anterior, que demandava edição de decreto[63] do Presidente da República. Com o

---

[61] NIEBUHR, Joel de Menezes. *Dispensa e inexigibilidade de licitação pública*. 4. ed. Belo Horizonte: Fórum, 2015. p. 293.

[62] JUSTEN FILHO, Marçal. *Comentários à lei de licitações e contratações administrativas*: Lei nº 14.133. São Paulo: Thomson Reuters, 2021. p. 1.037.

[63] Para as contratações reguladas pela Lei nº 8.666/1993, este dispositivo é regulamentado pelo Decreto nº 9.637/2018.

novo texto, ato do Ministro de Estado da Defesa passa a ter o condão de autorizar esses processos de dispensa. Em princípio, esse ato deve ser público, ressalvadas, obviamente, as situações em que o comprometimento da segurança nacional decorrer da publicidade do procedimento licitatório.

Também este inciso encontra-se entre as hipóteses de dispensa de licitação que podem ter seu contrato celebrado por até 10 anos, nos termos do artigo 108 da Lei nº 14.133/2021.

75.23 Grave perturbação da ordem (art. 75, inciso VII)

O inciso VII tratou de dispensar a licitação nas hipóteses de guerra, estado de defesa, estado de sítio, intervenção federal ou grave perturbação da ordem. O inciso é uma ampliação do caso previsto no inciso III do artigo 24 da Lei nº 8.666/1993, que estabelecia apenas as situações de guerra ou grave perturbação da ordem.

Ainda que textualmente tenha sido ampliada a hipótese de dispensa de licitação, na prática, não se tem ampliação. O conceito de grave perturbação da ordem é bastante genérico e possibilitaria o enquadramento de todas as situações aparentemente novas na legislação.

Inclusive, neste sentido, há o Acórdão nº 1.358/2018 – Plenário – do Tribunal de Contas da União, em que, respondendo a consulta do Interventor Federal do Estado do Rio de Janeiro, entendeu-se pela admissibilidade da dispensa do inciso III do artigo 24 da Lei nº 8.666/1993, desde que cumpridos os seguintes requisitos:

> 9.2.1.1. Demonstração de que a contratação está restrita à área temática abrangida pelo documento que decretou a intervenção, assim entendidos os bens e serviços essenciais à consecução dos seus objetivos, sejam eles relacionados com as atividades finalísticas ou de apoio dos órgãos formalmente envolvidos com a intervenção federal, por meio da descrição das circunstâncias fáticas, documentos e dados que ensejaram essa conclusão;
>
> 9.2.1.2. Caracterização da urgência que acarreta a impossibilidade de se aguardar o tempo necessário a um procedimento licitatório regular;
>
> 9.2.1.3. Limitação e justificativa dos quantitativos de bens e serviços a serem adquiridos, os quais devem ser suficientes ao atendimento da demanda;
>
> 9.2.1.4. Vigência dos contratos firmados limitada à data final estabelecida para a intervenção, não admitidas prorrogações; e
>
> 9.2.1.5. Comprovação nos autos do atendimento às disposições do art. 26, parágrafo único, da Lei nº 8.666/1993, em especial a razão da escolha do fornecedor ou executante e a justificativa do preço contratado, a partir de pesquisa prioritariamente junto a fontes públicas, na linha preconizada na jurisprudência deste Tribunal de Contas da União;

Os critérios são importantes porque balizam, não apenas aquelas situações, mas as contratações dos demais casos elencados no inciso VI do artigo 75 da Lei nº 14.133/2021.

Sobre as exigências daquela Corte, nota-se um conceito central e que é fundamental a esta hipótese tão ampla de contratação direta. A dispensa de licitação deve estar intimamente ligada à situação de grave perturbação da ordem. Não seria razoável admitir que a Administração utilize dessa hipótese de afastamento da licitação em razão de grave perturbação da ordem para comprar algo que não tem nenhuma relação com a gravidade da situação.

75.24 Contratações emergenciais (art. 75, inciso VIII)

O inciso VIII traz o caso de dispensa de licitação mais frequente depois das contratações de pequeno valor. Trata-se das conhecidas contratações emergenciais, previstas no inciso IV do artigo 24 da Lei nº 8.666/1993. O texto é bastante similar ao da legislação anterior, com três novidades: a) a expressão 'continuidade dos serviços públicos', que foi inserida junto ao comprometimento da segurança; b) o prazo de um ano para a contratação emergencial, em substituição aos 180 dias da Lei nº 8.666/1993; e c) uma vedação nova à recontratação de empresa já contratada com base nessa dispensa.

A contratação emergencial tem seu pressuposto de existência no prazo necessário para se realizar um procedimento licitatório. Fazer uma licitação toma tempo, sendo possível que a Administração não tenha esse período essencial para aguardar todas as etapas necessárias desde a fase preparatória até a homologação, que autoriza a assinatura do contrato.

O legislador criou, então, uma hipótese de dispensa com o objetivo de viabilizar a prestação do serviço público nas situações concretas em que esperar pela formalização de um processo irá prejudicar a contratação. Para isso, definiu o conceito de emergência ou calamidade pública.

Cumpre salientar, de novo, que, na concepção mais pura de licitação dispensável, deve haver a possibilidade de o gestor optar por realizar ou não o procedimento licitatório. Assim, só deveriam estar enquadradas como casos de licitação dispensável por conta da emergência, prevista no inciso VII do artigo 75 da Lei nº 14.133/2021, aquelas situações em que seja possível realizar a licitação, mas a conveniência administrativa indica que a contratação direta atende melhor o interesse público, preenchidas todas as imposições para tal dispensa.

75.24.1 Conceito de emergência ou calamidade pública

O conceito de emergência na Lei de Licitações é um conceito truncado, que utiliza expressões vagas e de difícil delimitação de tais situações. À época do Decreto-Lei nº 200/1967 e do Decreto-Lei nº 2.300/1986 tínhamos uma redação bem mais simples: "Nos casos de emergência, caracterizada a urgência de atendimento de situação que possa ocasionar prejuízos ou comprometer a segurança de pessoas, obras, bens ou equipamentos".

O legislador copiou o texto da Lei nº 8.666/1993 e manteve as noções de emergência e calamidade pública como as situações caracterizadoras da situação emergencial que justificaria a contratação direta. Esta redação leva à interpretação de que, para haver dispensa por emergência, há que se ter declaração de estado de calamidade pelo poder legislativo, o que é uma interpretação equivocada.

A situação emergencial ou calamitosa deve ser interpretada à luz do que explica o próprio dispositivo: "Quando caracterizada urgência de atendimento de situação que possa ocasionar prejuízo ou comprometer a continuidade dos serviços públicos ou a segurança de pessoas, obras, serviços, equipamentos e outros bens, públicos ou particulares".

O conceito já era bastante ampliado no texto da Lei nº 8.666/1993 e, com o advento da Lei nº 14.133/2021, passou a receber ainda a justificativa de continuidade dos serviços públicos. Ainda que pareça que há neste ponto inovação na legislação, aumentando a hipótese de cabimento da dispensa, a continuidade dos serviços públicos era causa frequente de utilização da dispensa de licitação emergencial.

São frequentes os casos em que a Administração tem o contrato encerrado sem que seja possível a conclusão do procedimento licitatório dedicado à formalização do próximo contrato. Um exemplo é a situação em que há decisão judicial determinando a suspensão do procedimento licitatório, o que inviabiliza a sua conclusão e faz com que a Administração possa ter uma quebra de continuidade na prestação dos serviços. Nesses casos, a doutrina e a jurisprudência já admitiam a contratação emergencial como ferramenta para viabilizar a gestão administrativa.

75.24.2 A emergência fabricada ou desidiosa

Tema comum das decisões dos órgãos de controle é a análise acerca dos motivos que deram causa à situação emergencial enfrentada pelo órgão. A emergência não pode ser gerada pela desídia dos gestores que deixaram de tomar as providências necessárias para a realização do procedimento licitatório a tempo de formalizar o novo contrato antes do encerramento do acordo anterior.

Trata-se da mais flagrante quebra do dever de licitar neste dispositivo, a possibilidade de a Administração retardar a prática dos atos administrativos necessários, como ferramenta intencional de gerar a situação emergencial. Nesses casos, deve o gestor ser penalizado por não ter tido o zelo necessário para a conclusão da licitação dentro do prazo devido.[64]

Registramos que mesmo se o retardo na realização do procedimento licitatório não tenha sido uma prática dolosa, ou que se tenha dificuldade na comprovação da intenção de postergar a licitação, deve o gestor responder pela culpa no atraso do procedimento licitatório. Não obstante, é fundamental relembrar do dever estabelecido no inciso III do §3º do artigo 169 da Lei nº 14.133/2021, em que se exige a individualização das condutas pelos órgãos de controle.[65] Não se pode sancionar indiscriminadamente, é importante que se responsabilize os gestores desidiosos, mas que isso seja feito de forma coerente e com respeito às garantias processuais.

75.24.3 A destinação dos contratos firmados por emergência

A hipótese de emergência também faz requisito quanto ao objeto do contrato a ser firmado. Tem-se aqui questão lógica, que seria devida ainda que não houvesse

---

[64] Neste sentido temos o Acórdão nº 1876/2007 – Plenário – Tribunal de Contas da União: 1. A situação prevista no art. 24, IV, da Lei nº 8.666/93 não distingue a emergência real, resultante do imprevisível, daquela resultante da incúria ou inércia administrativa, sendo cabível, em ambas as hipóteses, a contratação direta, desde que devidamente caracterizada a urgência de atendimento a situação que possa ocasionar prejuízo ou comprometer a segurança de pessoas, obras, serviços, equipamentos e outros bens, públicos ou particulares. 2. A incúria ou inércia administrativa caracteriza-se em relação ao comportamento individual de determinado agente público, não sendo possível falar-se da existência de tais situações de forma genérica, sem individualização de culpas.

[65] Citamos aqui a referência ao Acórdão nº 1.122/2017 – Plenário – Tribunal de Contas da União: é necessário avaliar corretamente as responsabilidades dos gestores, de modo a segregar a conduta daqueles que concorreram para originar a situação emergencial e, eventualmente, de agentes que apenas atuaram para elidir o risco de dano. [...] O gestor que dá causa a situação emergencial pode ser responsabilizado, em face de sua omissão quanto ao dever de agir a tempo, adotando as medidas cabíveis para a realização de um regular procedimento licitatório.

previsão legal. O contrato firmado em razão da emergência deve, obrigatoriamente, ser destinado a objetos diretamente relacionados ao atendimento da situação emergencial.

A aquisição de bens sem nenhuma relação com a situação emergencial é hipótese que deve ser rechaçada e que será alvo de controle. Não se pode admitir que a Administração se afaste do dever de licitar em razão de uma situação emergencial e se valha dessa situação excepcional para adquirir bens que em nada colaborariam com as consequências da emergência que está sendo combatida.

75.24.4 O prazo de um ano para a execução da emergência

A Lei nº 14.133/2021 alargou o prazo de duração dos contratos emergenciais. Na Nova Lei, são entendidos como emergenciais as parcelas de obras e serviços que possam ser concluídas em até um ano, contado da data da emergência. O texto dobra o prazo da Lei nº 8.666/1993, que estabelecia como condicionante para elencar uma atividade como emergência o prazo de 180 dias.

O prazo estabelecido pela legislação não pode ser aleatório, é necessário que se tenha uma base para definir este prazo. No caso concreto, o que estamos analisando é o tempo necessário para realizar uma licitação. Caso não seja promovida a dispensa de licitação, o tempo necessário para a conclusão daquela atividade será o prazo de execução somado ao prazo para realização do procedimento licitatório. A questão aqui a ser definida é quanto tempo leva uma licitação e qual impacto isso tem em uma determinada contratação emergencial.

Em resumo, se uma licitação leva 30 dias para ser concluída, quem espera mais de um ano para concluir uma obra emergencial pode perfeitamente esperar mais 30 dias para tramitar o procedimento licitatório. O critério para definição do tempo para enquadramento da situação emergencial deveria ser se o impacto da morosidade da licitação será mais ou menos relevante.

Quando da redação original da Lei nº 8.666/1993, a modalidade genérica de licitações era a concorrência. Tomada de preços e convite eram modalidades para contratos de menor vulto.

Em uma concorrência, o prazo geral de publicação é de 30 dias, tendo duas fases recursais, uma após a habilitação e outra após a proposta. Cada uma dessas fases recursais possui quatro prazos de cinco dias úteis para cada, sendo: a) recurso; b) impugnação de recurso; c) reconsideração da comissão; d) decisão da autoridade superior. Portanto, cada fase recursal demora cerca de 20 dias úteis, ou seja, aproximadamente, um mês.

Somando-se os prazos legalmente estabelecidos, seria possível chegar à conclusão, portanto, que o prazo legal de uma concorrência em que aconteçam as duas fases recursais é de cerca de 90 dias.

Evidentemente, esse período poderá sofrer variações de acordo com a celeridade da administração em cumprir os prazos que lhe foram estabelecidos, pela ausência de recursos, ou até mesmo pela judicialização do certame.

Nesse cenário, a Lei nº 8.666/1993 adotou o prazo de 180 dias como limite para conclusão dos trabalhos daquilo que seria considerado emergencial. Ainda que passível de críticas, o prazo estimado para a realização da licitação era proporcional ao período de 180 dias para enquadramento na situação emergencial.

Na Lei nº 14.133/2021, a principal modalidade já não é mais a concorrência, mas sim, o pregão. Mais do que isso, a concorrência na Nova Lei segue o mesmo rito procedimental que o pregão, muito mais simplificado do que estava na Lei nº 8.666/1993, nos termos do artigo 29.

Se considerarmos os mesmos prazos na Lei nº 14.133/2021, teremos que a licitação deve ser publicada, nos objetos comuns, com oito ou dez dias úteis;[66] os prazos para recursos e contrarrazões de três dias úteis em fases unificadas; o prazo para reconsideração pelo agente de contratação de três dias úteis e de decisão da autoridade em 10 dias úteis. Isso significa um prazo total de 29 dias úteis, cerca de 42 dias corridos. O prazo é menos da metade do que era necessário para realizar uma licitação pela Lei nº 8.666/1993.

Enquanto a relação de proporcionalidade entre o prazo para se realizar uma licitação e o prazo máximo de um contrato emergencial era de 50% (90 dias para licitação e 180 dias para emergência na Lei nº 8.666/1993), na Lei nº 14.133/2021, essa proporção é de apenas 11% (42 dias para licitação e 365 dias para emergência).

O impacto da realização de um procedimento licitatório neste caso é muito reduzido e não justificaria, a nosso ver, o afastamento da regra constitucional.

Comadira[67] trabalha esse conceito da contratação emergencial na Argentina, ao afirmar que o contrato celebrado sem licitação, tendo por fundamento a emergência sem que esta esteja devidamente justificada, padece de nulidade absoluta e insanável.

Ao tratar dessa desídia do gestor público, para que se torne emergencial aquilo que não é, Dotti[68] destaca a importância do planejamento da contratação pública, a necessidade de se ter uma gestão profissionalizada e capaz de reduzir riscos e incertezas. Esse planejamento, alerta a autora, é o princípio da eficiência, como uma faceta do direito à boa administração.

O que se vê com a possibilidade de ampliação do prazo de emergência, já bastante dilatado, não é o exercício regular da competência legislativa, mas sim, um excesso do uso desse poder, aquilo que a doutrina francesa denomina de *détournement de pouvoir*, o desvio de poder.

Tácito,[69] ao comentar sobre o desvio de poder legislativo, sustenta que ao legislador não se atribuiu total e irrestrita discricionariedade, ainda que esteja praticando ato cuja competência seja formalmente a validade. Há que se observar a finalidade da norma para, assim, apurar a legitimidade da ação do legislador.

Estabelecer que o prazo para uma contratação emergencial ser executada é de um ano é a institucionalização da ineficiência processual da Administração Pública. Estimula-se, por incentivos errôneos, que se sedimente uma política pública de retardo processual para que se possa afastar o procedimento licitatório.

---

66 O artigo 55 divide os prazos de publicação de acordo com o objeto, tendo as compras com critério de menor preço prazo de 8 (oito) dias úteis de divulgação e as obras e serviços comuns prazo de 10 (dez) dias úteis.

67 COMADIRA, Julio Rodolfo. *Derecho administrativo acto administrativo. Procedimiento administrativo. Otros estudios*. 2. ed. Buenos Aires: Lexis Nexis, 2003. p. 308.

68 DOTTI, Marinês Restelatto. Contratação emergencial e desídia administrativa. *Revista do Tribunal de Contas da União*, Brasília, n. 108, a. 38, p. 51-62, jan./abr. 2007. p. 55. Disponível em: https://bit.ly/3ispKDo. Acesso em 19 jul. 2021.

69 TÁCITO, Caio. Desvio de Poder Legislativo. *Revista Trimestral de Direito Público – RTDP*, São Paulo, n. 58, 2014. p. 280.

75.24.5 Uma possibilidade de solução: a experiência europeia

Uma estrutura de análise possível à luz do direito comparado é a análise da solução adotada pelos países europeus, como Portugal e Espanha, que adotam duas formatações distintas de contratação para os casos que seriam enquadrados como emergência no modelo brasileiro.

A primeira é destinada aos casos tidos como urgentes, ou seja, em que há elevada demanda por celeridade, mas não se trata de situação emergencial. Essa modalidade é denominada de *procedimento de tramitação urgente*. Nesse formato, todos os prazos processuais são reduzidos pela metade e todas as decisões administrativas dadas neste processo devem ser operadas como prioritárias, o que permite reduzir ainda mais o prazo de execução. Esse cenário viabilizaria a realização de um procedimento licitatório em cerca de 15 dias, com alto grau de celeridade processual.

Essa experiência foi introduzida na legislação brasileira no artigo 4º-G da Lei nº 13.979/2020, destinada ao atendimento dos insumos necessários ao enfrentamento da COVID-19, que passamos a denominar de "pregão express".[70] Nosso legislador perdeu a oportunidade de aproveitar uma excelente experiência internacional e que já havia sido internalizada na nossa legislação antes da publicação da Lei nº 14.133/2021.

Com isso, seria possível evitar o afastamento do procedimento licitatório na grande maioria das contratações emergenciais, restando a hipótese de dispensa de licitação para os casos nos quais, efetivamente, se tenha uma demanda por celeridade tão grande que o retardo de 15 dias seria um obstáculo insuperável à consecução do interesse público. Nas palavras de Correa,[71] a contratação direta ocorre quando existem razões provadas que impedem a realização de um processo de seleção a tempo, o que precisa estar justificado nos autos e aprovado pela autoridade.

Isso é emergência de fato. Estimular a ineficiência administrativa ampliando o prazo de admissão da contratação emergencial é caminhar no sentido oposto daquele definido pela Constituição Brasileira de 1988.

75.24.6 A vedação à prorrogação dos contratos

Ao construir essa hipótese de dispensa de licitação, o legislador criou importante mecanismo de governança, com o escopo de evitar criações artificiais, em que o gestor pudesse justificar uma situação emergencial para aquilo que, de fato, não era emergencial.

Imaginemos o seguinte cenário: uma rodovia precisa ser construída e o prazo da obra é de 3 (três) anos. Buscando contratar sem licitação, o gestor poderia afirmar que o prazo para realização da obra é de apenas um ano e, ao final desse ano, sem a obra concluída, o prazo seria prorrogado e teríamos afastado a licitação indevidamente.

Por essa razão, a Lei nº 14.133/2021 define que é vedada a prorrogação dos contratos firmados pela dispensa emergencial de licitação.

---

70 PEDRA, Anderson. *Pregão express x contratação direta*: efeito coronavírus. 2020. Disponível em: https://bit.ly/2URMqVA. Acesso em 19 jul. 2021.

71 CORREA, José Luis. Los contratos administrativos o de la administración en argentina. *In*: MORENO MOLINA, Jose Antonio; MATILLA CORREA, Andry (Coord.). *Contratos públicos en España, Portugal y América Latina*. Madrid: Difusión Jurídica, 2008. p. 77.

Quando se trata de uma obra, de um serviço que tem início, meio e fim, que são aqueles para os quais foi desenvolvida a hipótese de dispensa de licitação, o tema é tranquilo e não gera maiores dissabores.

75.24.7 A emergência em serviços continuados (§6º do art. 75)

A grande questão aqui são os casos de serviços continuados que, tecnicamente, nem deveriam ser caso de dispensa de licitação com base na emergência, deveriam ser caso de inexigibilidade, mas foram erroneamente alocados como dispensa pela prática da legislação anterior e, agora, pelo §6º do artigo 75. A dispensa de licitação exige que as parcelas das obras ou serviços sejam *concluídas* no prazo de até um ano, contado da emergência. Se um serviço é contínuo, ele não será concluído. No máximo, o contrato será firmado com um ano de prazo. Não obstante, a doutrina e a jurisprudência fazem tal flexibilização.

Aqui entram os casos, por exemplo, em que a Administração está realizando um procedimento licitatório e durante a licitação sobrevém decisão judicial determinando a suspensão do certame. Sem licitação, o contrato anterior chega ao seu término e a liminar que interrompe a licitação permanece ativa.

Nesses casos, convencionou-se firmar um contrato anual (na Lei nº 8.666/1993 era um contrato semestral) para dar continuidade aos serviços. É justamente aqui que entra nossa celeuma: e se acabar o prazo contratual e a situação emergencial ainda perdurar? A Lei nº 14.133/2021 (assim como fazia a Lei nº 8.666/1993) veda a prorrogação dos contratos emergenciais.

Nestes cenários, é comum na Lei nº 8.666/1993 a formalização de nova dispensa de licitação por emergência, comumente com a mesma empresa que já estava executando o contrato de forma emergencial, sem licitação, condição agora expressamente proibida.

Ainda sobre o §6º do artigo 75, o legislador estabeleceu duas regras específicas, a primeira quanto à necessidade de pesquisa de preços no formato estabelecido pelo artigo 23. Lembramos, neste tema, a previsão do artigo 72, VII, da Lei nº 14.133/2021, com a regra que toda contratação direta deve apresentar estimativa de despesa calculada na forma do artigo 23. A regra, portanto, é apenas um reforço daquilo que já é estabelecido para todos os contratos.

O segundo é a necessidade de apurar a responsabilidade dos agentes públicos que deram causa à situação emergencial. Ainda que continuemos a contratação, dando andamento ao serviço público, é fundamental que se corrijam as falhas que levam à falta de planejamento, quando elas existirem. Por evidente, haverá casos em que não se pode culpabilizar os gestores pela morosidade do processo licitatório, sendo possível que tenha ocorrido por fatores externos e alheios à vontade ou ingerência da Administração. Nestes cenários, a apuração de responsabilidade levará à conclusão de que não se configurou a desídia e a culpa dos gestores.

75.24.8 A vedação à recontratação da mesma empresa

Aqui entramos na condição final da Lei nº 14.133/2021 ao tratar das dispensas por emergência, novidade com relação à Lei nº 8.666/1993. A vedação à recontratação da empresa já contratada com base na dispensa emergencial. Ou seja, caso a Administração formalize contratação emergencial com a empresa X, encerrado o prazo de um ano, aquela empresa X não poderá ser recontratada para continuar a executar o objeto.

A boa intenção do legislador é bastante clara. A norma busca evitar prática frequente do mercado em que as próprias empresas criam imbróglios ao procedimento licitatório com o escopo de prorrogar seus contratos emergenciais indefinidamente. Se inserimos uma vedação à convocação dessa mesma empresa, afastamos, em princípio, a motivação para que tais empresas pratiquem esses atos protelatórios.

O problema aqui está, a nosso ver, na viabilidade prática dessa relação. O contrato firmado por dispensa de licitação nessas condições é um contrato precário, que deve ser realizado com cláusula resolutiva ligada ao encerramento da situação emergencial. Ou seja, é um contrato assinado para um período de um ano, mas que pode ser rescindido em um mês.

Neste cenário, a atual contratada já está com toda a estrutura montada e pode dar seguimento ao trabalho sem grandes dificuldades. Contudo, uma nova empresa teria que montar todas as instalações, contratar pessoal, alugar equipamentos, entre outros, para atuar em um contrato precário que pode ser encerrado a qualquer tempo. Nos parece bastante lógico que, em condições de normalidade, as empresas que não estão prestando o serviço cobrarão valor muito acima daquela que já está executando o trabalho.

De outro lado, a regra tem potencial para se tornar um mecanismo de conluios e de empresas laranjas. Com a dificuldade de que empresas firmem este contrato precário e com o interesse da atual contratada em seguir executando o trabalho, é provável que se formem aqui estruturas empresariais escusas, como uma subcontratação oculta da atual contratada, ou a utilização de empresa de fachada com o aproveitamento da estrutura da empresa que vinha prestando o serviço.

Nesse sentido, já há a propositura de Ação Direta de Inconstitucionalidade nº 6.890, da relatoria do Ministro Ricardo Lewandowski, que busca discutir este tema no Supremo Tribunal Federal.[72]

75.25 Contratação de pessoa jurídica de direito público interno (art. 75, inciso IX)

O inciso IX traz a possibilidade de contratação de bens e serviços produzidos/prestados por órgão que integre a estrutura da Administração Pública e que tenham sido criados para esse fim específico, desde que o preço seja compatível com o praticado no mercado. Trata-se de trecho reproduzido do inciso VIII do artigo 24 da Lei nº 8.666/1993, mas com importante avanço, que foi a exclusão do desarrazoado trecho daquela lei que exige que a pessoa jurídica tenha sido criada em data anterior ao início da vigência da Lei nº 8.666/1993.

O dispositivo possui três requisitos para autorização da dispensa de licitação: a) que o contratado seja órgão ou entidade que integre a Administração Pública; b) que o órgão tenha sido criado para esse fim específico; e c) que o preço contratado seja compatível com o de mercado. Passemos então à análise desses requisitos da norma.

[72] No momento em que escrevemos esta obra, ainda não havia decisão sobre o tema.

Quanto ao primeiro requisito, a hipótese de dispensa do inciso IX somente será facultada nos casos das contratações entre órgãos da Administração Pública, em que o prestador do serviço ou fornecedor dos bens que se pretende seja empresa pública, sociedade de economia mista, fundação pública ou autarquia. Não se admite aqui a contratação de empresas privadas, ainda que sem fins lucrativos.

Trata-se de uma estrutura contratual fundamental a viabilizar políticas de descentralização da Administração Pública. As atividades que eram realizadas pela Administração direta podem passar a ser segmentadas em estatais que atuem com o escopo de prestar esses serviços para a Administração Pública, trata-se dos contratos denominados no direito estrangeiro de *in-house contracts*. Tem-se, como exemplos, no Governo Federal, a Empresa de Planejamento e Logística S.A. (EPL), a Empresa Brasileira de Pesquisa Agropecuária (Embrapa), o Centro Nacional de Tecnologia Eletrônica Avançada (Ceitec), dentre outros.

Se a Administração constitui pessoa jurídica de direito público com o único objetivo de prestar serviços para si própria, não faria sentido que esses contratos tivessem que ser objeto de processo licitatório. Com isso, entramos no segundo requisito da dispensa de licitação.

Para que seja viabilizada a dispensa de licitação, é necessário que a entidade contratada tenha sido criada com a finalidade exclusiva de prestação de serviços ou fornecimento de bens à Administração Pública. As empresas estatais que prestam serviços à iniciativa privada e concorrem neste mercado não podem ser contratadas com base nesta dispensa de licitação.

Não faria sentido que a empresa pública competisse no mercado privado com as empresas privadas e quando se tratasse de contratos com o governo, a mesma estatal que compete mercadologicamente tivesse o privilégio do monopólio, contratando sem licitação com o poder público. Isso geraria um descompasso no mercado, uma competição injusta.[73]

O terceiro requisito trata da compatibilidade de preços com a realidade de mercado. Note-se que o legislador não exigiu que o preço praticado pelo ente público seja o menor valor encontrado pela Administração, mas sim que exista compatibilidade.

Há uma lógica nessa exigência. Demandar que o ente público a ser contratado tenha o menor preço seria eliminar a hipótese de dispensa de licitação. Ora, se o ente público possui o melhor valor do mercado, se já é mais competitivo que as empresas privadas, a dispensa de licitação se mostra desnecessária, posto que mesmo se realizado um procedimento licitatório, o ente público seria vencedor do certame. Não é esta a lógica dessa contratação, é um pressuposto de que o preço praticado pelo órgão da Administração poderá ser eventualmente superior aos valores adotados por algumas empresas.

Sob outro prisma, isto também não significa dizer que a Administração Pública teria a autorização de criar empresas públicas absolutamente ineficientes que servissem como meros cabides de emprego e cujos preços praticados contra o erário fossem

[73] Neste sentido, Cabral nos lembra da Orientação Normativa nº 13/2009, da Advocacia Geral da União, e do Acórdão nº 1800/2016 – Plenário – do Tribunal de Contas da União. (CABRAL, Flávio Garcia. Artigo 75. *In*: SARAI, Leandro (Org.). *Nova Lei de Licitações e Contratos Administrativos nº 14.133/21 comentada por advogados públicos*. São Paulo: JusPodivm, 2021. p. 926).

exorbitantes e fora da realidade do setor. Tal conceito seria flagrantemente contrário ao princípio constitucional da eficiência e essa interpretação deve ser rechaçada.

O gestor deve demonstrar aqui que está contratando pessoa jurídica de direito público, que tenha sido criada para esta finalidade específica, não atuando no mercado privado, e cujo preço esteja dentro da média de referência pesquisada pela Administração contratante.

75.26 Intervenção no domínio econômico (art. 75, inciso X)

O inciso X do artigo 75 da Lei nº 14.133/2021 prevê a possibilidade de a União contratar diretamente nas situações em que tiver que intervir no domínio econômico para regular preços ou normalizar o abastecimento. A dispensa de licitação é uma reprodução do inciso VI do artigo 24 da Lei nº 8.666/1993, sendo decorrência da atuação constitucional do estado na economia, como mecanismo de controlar o desabastecimento e a regulação de preços.

A dispensa de licitação trata do intervencionismo estatal na economia. É política econômica comum que o Estado intervenha na economia, tanto no sentido de buscar evitar a alta descontrolada dos preços em situações específicas, quanto para controlar situações de desabastecimento.

Trata-se de uma dispensa de licitação dedicada especificamente à União, que é quem tem a competência para realizar a intervenção sobre o domínio econômico.

No que tange ao objeto da contratação, este pode ser tudo aquilo que for necessário para regulação de preços. Podemos aqui falar, por exemplo, da compra e venda de gêneros alimentícios na safra e entressafra desses produtos.

Convém destacar, no entanto, que essa espécie de contratação não está necessariamente vinculada à dispensa de licitação, como ensina Niebuhr:

> Importa salientar, já inicialmente, que nem todos os contratos que visam a regular preços ou normalizar o abastecimento devem ser firmados mediante dispensa. Recorde-se, mais uma vez, que a dispensa deve ser interpretada restritivamente, em obediência à regra delineada na parte inicial do inciso XXI do artigo 37 da Constituição Federal, bem como que o artigo 24 prescreve hipóteses em que a licitação pública é dispensável, portanto sujeita à discricionariedade do agente administrativo, a quem foi conferida competência para avaliar se a situação fática realmente propugna pela contratação direta, em vista do risco de perecimento do interesse público, se fosse realizado certame. Quer-se dizer que pode haver caso de contratação, cujo objetivo é regular preços ou normalizar o abastecimento, que pode ser levado a cabo mediante licitação pública, sem risco de gravame ao interesse público. Nesses casos, não cabe a dispensa, e, pois, é imperioso proceder à licitação pública.[74]

Nos alinhamos a este posicionamento. O dever constitucional é de licitar e a dispensa de licitação deve ser sempre tratada como exceção.

---

[74] NIEBUHR, Joel de Menezes. *Dispensa e inexigibilidade de licitação pública*. 4. ed. Belo Horizonte: Fórum, 2015. p. 270.

75.27 Celebração de contrato de programa para prestação de serviços públicos (art. 75, inciso XI)

O inciso XI da Lei nº 14.133/2021 traz a possibilidade de celebração de contrato de programa com ente federativo ou com entidade da Administração Pública indireta que envolva a prestação de serviços públicos de forma associada, nos termos autorizados em contrato de consórcio público ou em convênio de cooperação. O texto é basicamente uma cópia do disposto no inciso XXVI do artigo 24 da Lei nº 8.666/1993, com apenas ajustes de redação que não alteram o sentido.

A hipótese de dispensa de licitação aqui trazida comporta um texto bastante confuso, o que gera muitas críticas da doutrina, inclusive com a apresentação de conceitos, a nosso ver, um pouco equivocados sobre o tema. Para analisarmos o texto com mais segurança, é fundamental que esclareçamos os conceitos trazidos pelo legislador.

O primeiro é definirmos quem é o contratante passível de utilizar essa hipótese de dispensa de licitação. A nosso ver, qualquer órgão da Administração Pública que demande a prestação de serviços públicos pode utilizar-se dessa dispensa, independentemente de estar reunido em consórcio ou não. Logo, a dispensa pode ser utilizada por um órgão de forma isolada, que firmará contrato com outro ente federativo ou entidade, ou pode ser formada entre um consórcio público previamente existente e um determinado órgão ou entidade.

O segundo ponto a ser definido é quem pode ser contratado por meio dessa dispensa de licitação. Embora pareça simples, há importante detalhe que costuma ser ignorado pela prática. O texto legal afirma que o contrato de programa será celebrado com: a) ente federativo (União, Estado, Distrito Federal ou Município); ou b) entidade de *sua* Administração Pública indireta.

Ao demandar que o contrato de programa seja celebrado com entidade de *sua* Administração Pública indireta, vinculou o legislador que um Município apenas poderia celebrar contrato de programa com uma estatal deste mesmo município. Não é o que vemos na prática. No setor de saneamento, por exemplo, até a edição do novo marco legal do saneamento,[75] era a regra de mercado vermos contratos de programa celebrados entre municípios e empresas estatais do Estado, portanto, que não são entidades de sua administração pública indireta.

O terceiro ponto a ser tratado nesta hipótese de dispensa de licitação é como será procedida a prestação dos serviços públicos. Exigiu o legislador que, antes da celebração do contrato de programa, seja firmado instrumento de acordo prévio autorizando a constituição do termo de contrato, que será o consórcio público ou o convênio de cooperação, regulados pela Lei nº 11.107/2005.

Na doutrina encontramos fortes críticas ao que seria um caráter de inexigibilidade ou mesmo ao simples afastamento do procedimento licitatório por tratar a hipótese de dispensa de licitação de um caso de formação de consórcio ou convênio.

[75] O novo marco legal do saneamento, Lei nº 14.026/2020, alterou a Lei de diretrizes do saneamento básico, Lei nº 11.445/2007, para inserir, no artigo 10, vedação à celebração de contratos de programa para a prestação desse serviço público. Os serviços de saneamento devem, a partir da publicação da lei, ser objeto de contrato de concessão, mediante prévia licitação, sendo, portanto, vedada a aplicação da dispensa de licitação em tela para contratos dessa natureza.

Não concordamos com essas críticas. Há que se diferenciar o instrumento de consórcio/convênio do contrato de programa.

A formação de consórcios públicos ou de convênios de cooperação é inegavelmente matéria ilicitável. Não há nesses instrumentos a contraposição de interesses de um contrato administrativo, mas sim, interesses confluentes, no mesmo sentido. Não há como fazer uma licitação para celebrar contrato que tenha por objetivo a cooperação entre duas partes. Esta hipótese de contrato afasta o dever de licitar por conceito prévio à dispensa de licitação ou à inexigibilidade. A Constituição Federal afirma que devem ser objeto de licitação as obras, serviços, compras e alienações. Um consórcio não comporta esse conceito e, portanto, não é objeto de licitação.

O contrato de programa, por sua vez, é instrumento distinto. Trata-se de um contrato, de fato, em que há a prestação de um serviço público por uma parte e a remuneração desse serviço pela outra parte. É um contrato na acepção mais tradicional da expressão, com contraposição de interesses, uma parte desejando o serviço e a outra buscando a remuneração. Ainda que exista, e sempre existirá, uma noção filosófica de cooperação por trás desse contrato, o seu objetivo é a prestação de serviço contra o seu pagamento.

Trata-se, portanto, de matéria claramente licitável e que pode o legislador, por critérios mais estatistas e menos liberais, autorizar a Administração Pública a formar contratos dessa natureza, dispensada a licitação. É uma decisão política e passível de ser tomada pelo Congresso Nacional. Assim como é possível excluir dessa hipótese de dispensa de licitação determinadas situações, como fez a Lei nº 14.026/2020, ao vedar a possibilidade de celebração de contratos de programa para o setor de saneamento básico.

75.28 Produtos estratégicos para o SUS (art. 75, inciso XII)

O inciso XII do artigo 75 autoriza a dispensa de licitação nas situações em que o Sistema Único de Saúde (SUS) buscar a contratação de produtos estratégicos, com transferência de tecnologia. A redação é similar ao texto previsto na Lei nº 8.666/1993, com o acréscimo de esclarecimento quanto aos valores do fornecimento se manterem compatíveis com o instrumento de transferência de tecnologia, ao longo da etapa de absorção tecnológica.

É cediço que o Sistema Único de Saúde demanda produtos estratégicos, como os medicamentos, por exemplo. Esses produtos, muitas vezes, envolvem patentes e restrições de mercado, o que tornam o seu custo bastante expressivo aos cofres públicos. O objetivo desta dispensa de licitação é buscar, junto aos parceiros privados, a transferência de tecnologia para que o Poder Público possa, de forma direta ou associada, fabricar esses produtos evitando a dependência de fornecedores muitas vezes estrangeiros.

Os requisitos dessa dispensa de licitação são dois: a) quanto ao objeto da contratação; e b) quanto à formação da Parceria de Desenvolvimento Produtivo (PDP).

O objeto da contratação demanda duas categorias: deve-se estar diante de produto considerado estratégico para o SUS, o que é definido por ato da direção nacional do SUS. Atualmente, esta lista está definida pela Portaria nº 704, de 8 de março de 2017, do Ministério da Saúde. Além disso, é requisito essencial que o contrato preveja a transferência de tecnologia para o SUS, como condição indispensável para autorizar a contratação sem licitação.

No que tange à estruturação dessa contratação sem licitação, Justen Filho aborda a necessidade de estruturação de uma Parceria para o Desenvolvimento Produtivo (PDP), em que a empresa irá desenvolver, em conjunto com a Administração, com o fornecimento de insumos neste período, aquele determinado produto estratégico, para que se possa viabilizar a transferência completa da tecnologia. O autor destaca a ausência de norma regulamentar específica sobre o tema:

> Não existe lei específica dispondo sobre a figura da Parceria para o Desenvolvimento Produtivo – PDP. Existem normas muito genéricas na Lei nº 10.973/2004 e a instituição e disciplina da figura ocorreu mediante atos administrativos infralegais, originalmente editados pelo Ministério da Saúde. A Portaria nº 837/2012, do Ministério da Saúde, estabeleceu os critérios para o estabelecimento de PDP. Posteriormente, foi editada a portaria nº 2.531/2014, também do Ministério da Saúde. Na sequência, o referido Ministério editou a Portaria nº 5/2017, que promoveu a consolidação das normas pertinentes à matéria. O Decreto nº 9.245/2017 consagrou diversos dispositivos sobre a matéria.[76]

A transferência de tecnologia, na imensa maioria dos casos, não é uma simples informação ou a criação de um passo a passo. A Administração deve se atentar para que a transferência de tecnologia traga, de fato, resultados úteis ao SUS, com a possibilidade real de produção dos medicamentos e redução dos custos a serem desembolsados no futuro. Não se pode, com o escopo de afastar o procedimento licitatório, preparar um simulacro de transferência de tecnologia, em que a Administração Pública restringe a competição e permanece sujeita à necessidade de adquirir esses produtos estratégicos no mercado, sem a possibilidade de autossuficiência.

Há que se destacar, também, a necessidade de que, mesmo na dispensa de licitação, a Administração se atente aos conceitos da impessoalidade, da publicidade, da eficiência e da economicidade. Não é porque estamos diante de hipótese de dispensa de licitação que isso significaria a contratação a esmo, com fornecedor mais caro ou sem tomar os cuidados necessários.

Recomenda-se, para tanto, que a Administração promova chamamento público, viabilizando a competição de mercado e ofertando a possibilidade de formar esta parceria a todos os interessados. Esta condição está prevista no artigo 9º do Decreto nº 9.245/2017, que define:

> A seleção do parceiro privado a ser contratado pela administração pública, no âmbito da PDP, será feita por meio de procedimentos objetivos, transparentes e simplificados, definidos em ato do Ministro de Estado da Saúde, após ouvido o Gecis.

É fundamental que se tenha atenção especial quanto ao preço praticado durante a execução do contrato. Há previsão legal expressa no teor da dispensa do inciso XII, que demanda que os valores sejam compatíveis com aqueles definidos no instrumento firmado para a transferência de tecnologia. Ademais, é sempre bom recordarmos que isso também será uma obrigação para formalização do processo de contratação direta, nos termos do artigo 72, VII.

---

[76] JUSTEN FILHO, Marçal. *Comentários à lei de licitações e contratações administrativas*: Lei nº 14.133. São Paulo: Thomson Reuters, 2021. p. 1.067.

Para esse caso de dispensa prevista no inciso XII do artigo 75, contratação em que houver transferência de tecnologia de produtos estratégicos para o Sistema Único de Saúde, o artigo 108 da Lei nº 14.133/2021 admite que a Administração celebre contratos com prazo de até dez anos.

75.29 Profissionais para compor comissão de avaliação técnica (art. 75, inciso XIII)

O inciso XIII trouxe nova hipótese de dispensa de licitação, sem paralelo na Lei nº 8.666/1993. Segundo a Lei nº 14.133/2021, é dispensável a licitação para contratação de profissionais para compor a comissão de avaliação de critérios de técnica, quando se tratar de profissional técnico de notória especialização.

O objetivo da norma é viabilizar a contratação de profissionais para compor as comissões de avaliação que poderão ser utilizadas nos concursos, nos diálogos competitivos, nas licitações do tipo técnica e preço. O tema é relevante e deve ser tratado com cuidado, visto que essas comissões, na maioria das vezes, possuem em seu julgamento critérios bastante subjetivos, o que pode levar à prática de atos de corrupção ou conluio com as empresas participantes do certame.

Por essa razão, a hipótese exige que o profissional técnico a ser contratado possua notória especialização. Além disso, há importante fator de confiança a ser considerado aqui, em razão da sensibilidade dessas comissões e da possibilidade de fraudes e direcionamentos que se busca impedir.

Dito isso, precisamos pontuar que o dispositivo é um erro da Lei nº 14.133/2021. Claramente, o caso é uma situação de inexigibilidade de licitação, tal qual aquelas previstas no inciso III do artigo 74, em que se exige a contratação de serviço técnico especializado com profissional de notória especialização.

O inciso é tão evidentemente uma inexigibilidade que ainda chega a demandar na dispensa de licitação que a contratação só será uma dispensa de licitação quando se tratar de profissional técnico de notória especialização.

Logo, se estivermos diante de uma contratação para compor comissão de avaliação de critérios de técnica, mas que qualquer pessoa possa executar a atividade, não se estará diante de hipótese de dispensa de licitação, devendo a Administração realizar a contratação via procedimento licitatório.

A princípio, pode parecer que tal confusão é uma simples questão de nomenclatura e que não gera nenhum efeito prático. Isso, porém, não é uma verdade. Essas confusões do legislador, ao misturar dispensas e inexigibilidades, são nefastas para a construção de uma doutrina e uma jurisprudência sólida sobre o tema, tendo em vista que a própria legislação confunde os temas, o que acaba por criar intérpretes que irão misturar os conceitos e declarar indevida determinada contratação direta, em razão de uma salada conceitual.

Nesse sentido, não é demais lembrar aos nossos leitores, que o artigo 337-E do Código Penal tipifica a contratação direta fora das hipóteses previstas em lei como crime passível de reclusão de quatro a oito anos e multa. É inconcebível que uma matéria tão relevante, que pode ser objeto de pena de cerceamento de liberdade do agente público e do contratado, seja com tanta frequência confundida pelo legislador ao lançar hipóteses a esmo entre os casos de dispensa de licitação.

75.30 Contratação de associação de pessoas com deficiência (art. 75, inciso XIV)

O inciso XIV do artigo 75 trouxe a possibilidade de contratar associação de pessoas com deficiência, desde que a associação seja sem fins lucrativos e de comprovada idoneidade, para a prestação de serviços que sejam executados exclusivamente pelas pessoas com deficiência, desde que os preços sejam compatíveis com o praticado no mercado. A hipótese estava prevista no inciso XX do artigo 24 da Lei nº 8.666/1993, com algumas pequenas alterações.

O dispositivo é a possibilidade de o Estado desenvolver uma política pública de geração de emprego e renda para as pessoas com deficiência, o que faz cumprir as obrigações constitucionais do Poder Público, previstas no inciso IV do artigo 203 da Carta Magna, de prestar assistência social às pessoas com deficiência.

Em diversos momentos já criticamos a tentativa estatal de realização de políticas públicas por meio de procedimento licitatório. Via de regra, tais políticas públicas não são feitas com planejamento, mas de forma açodada, sem o necessário estudo de custos x benefícios, sem uma política coerente que envolva diversos segmentos normativos e práticos e, principalmente, sem uma estrutura de análise de resultados e revisões dessas políticas públicas.

Não nos parece ser o caso desta dispensa de licitação. A possibilidade de o Estado incluir associações de pessoas com deficiência ao mercado de trabalho, de forma real, com remuneração adequada, é uma forma de fomentar esses cidadãos de forma inteligente, em que o Poder Público recebe a prestação de serviços e faz um pagamento justo, dentro dos parâmetros de mercado, sem ter um custo significativamente maior para o desenvolvimento dessa política pública.

Nesse sentido vem a hipótese de dispensa, que, como dito, já estava prevista na Lei nº 8.666/1993. O legislador promoveu alteração de nomenclatura que decorre da mudança sofrida pelo tempo. À época da Lei nº 8.666/1993, a denominação utilizada era, de fato, pessoas portadoras de deficiência. Com a ratificação pelo Brasil, da Convenção Internacional sobre os direitos das Pessoas com Deficiência, passamos a adotar a denominação "pessoa com deficiência" (PCD), o que foi corrigido pelo legislador.

Como critério quanto à contratada, a norma estabelece que a associação deve ser sem fins lucrativos e com comprovada idoneidade. Quanto ao caráter sem fins lucrativos, não se confunde com a ausência de interesse remuneratório na prestação dos serviços. As organizações sem fins lucrativos são aquelas que não distribuem lucro entre seus sócios.

Quanto à comprovada idoneidade, temos critério de maior complexidade. A idoneidade é um conceito moral subjetivo, bastante aberto e, principalmente, de difícil (ou impossível) comprovação. Não se confunde comprovada idoneidade com a ausência de condenações criminais ou civis, isso seria de fácil comprovação, por meio de certidão de antecedentes criminais ou de processos cíveis. A comprovada idoneidade é mais do que isso. Assim esclarece Jacoby Fernandes:

> Não há no Brasil cartório de idoneidade onde se possa tirar certidões. Como já foi referido anteriormente, o conceito moral é um tanto etéreo, pouco concreto, mas nem por isso inauferível. A comprovada idoneidade, como prova negativa, se faz na inversa positiva,

ou seja, para provar que alguém não tem comprovada idoneidade, deve-se demonstrar que há máculas de ordem moral que afetam substancialmente o conceito que a sociedade detém da instituição. Não se impõe a necessidade de condenação criminal, porque não se estará buscando a comprovação de prática de crime, mas muito menos, almejar-se-á, apenas, demonstrar a violação de normas de natureza moral, aquelas que provocam a repugnância no *bonus pater familis*.[77]

Quanto ao objeto do contrato, a hipótese de dispensa de licitação admite os contratos de prestação de serviços, com exigência específica para que os serviços contratados sejam prestados exclusivamente por pessoas com deficiência.

Não poderia ser diferente. O objetivo da dispensa de licitação é, nitidamente, a promoção de uma política pública de empregabilidade junto a uma determinada minoria, que são os PCDs. Firmar contrato de compra com associação dessa natureza implicaria restringir a competição da licitação para contratar uma associação que teria uma baixíssima empregabilidade, em razão da natureza dos contratos de aquisição.

Da mesma forma é a exigência da prestação de serviços exclusivamente por pessoas com deficiência. É uma decorrência lógica da hipótese legal de dispensa. Mesmo na Lei nº 8.666/1993, quando não havia essa exigência, a doutrina já fazia tal ressalva, como em Niebuhr.[78]

75.31 Ensino, pesquisa, extensão, desenvolvimento institucional, estímulo à inovação e recuperação social da pessoa presa (art. 75, inciso XV)

A dispensa de licitação prevista no inciso XV do artigo 75 da Lei nº 14.133/2021 é um alargamento da hipótese do inciso XIII do artigo 24 da Lei nº 8.666/1993. Com ela, o legislador autoriza a contratação de instituição brasileira sem fins lucrativos e com inquestionável reputação ética e profissional, para atuar na área de pesquisa ou na recuperação social da pessoa presa.

A dispensa de licitação aqui descrita aumentou enormemente a abrangência do teor previsto na legislação anterior, sobretudo quanto às atividades. Em verdade, o artigo 3º-A da Lei nº 10.973/2004, que é o objeto da dispensa de licitação do inciso V da Lei nº 14.133/2021, já havia ampliado o inciso XIII do artigo 24 da Lei nº 8.666/1993, que agora foi ainda mais alargado. Para que se possa comparar, temos cada diploma legal e as atividades admitidas para a contratação:

[77] JACOBY FERNANDES, Jorge Ulisses. *Contratação direta sem licitação*. 10. ed. Belo Horizonte: Fórum, 2016. p. 407.

[78] NIEBUHR, Joel de Menezes. *Dispensa e inexigibilidade de licitação pública*. 4. ed. Belo Horizonte: Fórum, 2015. p. 318.

Lei nº 8.666/1993	Lei nº 10.973/2004	Lei nº 14.133/2021
Pesquisa	Pesquisa	Pesquisa
Ensino	Ensino	Ensino
Desenvolvimento Institucional	Desenvolvimento Institucional	Desenvolvimento Institucional
Recuperação social da pessoa presa	Recuperação social da pessoa presa	Recuperação social da pessoa presa
	Gestão administrativa	Gestão administrativa
	Gestão financeira	Gestão financeira
		Extensão
		Desenvolvimento científico
		Desenvolvimento Tecnológico
		Estímulo à inovação

Fonte: elaborado pelo Autor.

É notório o aumento da hipótese de dispensa em tela. Também se percebe, como já dito no comentário ao inciso V deste artigo 75 da Lei nº 14.133/2021, que a contratação prevista neste inciso acaba por abarcar a hipótese do artigo 3º-A da Lei nº 10.973/2004, referenciado como parte da dispensa do inciso V do artigo 74 da Lei nº 14.133/2021.

Quanto aos requisitos do contratado, essa dispensa de licitação exige que a instituição a ser contratada seja brasileira e sem fins lucrativos, além de ter inquestionável reputação ética e profissional. Fazemos aqui os mesmos apontamentos que fizemos no inciso anterior: o conceito de reputação ética é bastante aberto e deve ser assim interpretado. Cabe ao gestor afastar a utilização de instituições que sejam alvo de investigações e sobre as quais recaiam denúncias minimamente consistentes.

Não estamos aqui a defender a não presunção de inocência, mas sim, entendendo que o conceito de inquestionável reputação ética e profissional é bem mais abrangente que meramente exigir a condenação de gestores da instituição por crimes ou atos de improbidade. O que se exige aqui é que não se tenha identificadas situações de malversações do erário pela utilização da instituição que se pretende contratar sem licitação.

75.32 Contratação de fundação para insumos estratégicos para a saúde (art. 75, inciso XVI)

A última[79] hipótese trazida pelo legislador original para as dispensas de licitação na Lei nº 14.133/2021 diz respeito à aquisição de insumos estratégicos para a saúde produzidos por fundação que tenha sido criada para esse fim específico e com preço compatível com o mercado. O texto é quase uma cópia do inciso XXXIV do artigo 24 da Lei nº 8.666/1993, com a exclusão da palavra distribuição, conforme comentaremos.

Primeiramente, a dispensa de licitação em tela faz um recorte de quem pode utilizá-la. A dispensa é voltada apenas para pessoa jurídica de direito público interno. Ou seja, não podem utilizar a hipótese de dispensa de licitação as pessoas jurídicas de direito público externo que, de acordo com o artigo 42 do Código Civil, são os Estados estrangeiros e as pessoas jurídicas regidas pelo direito internacional público. É evidente que uma dispensa de licitação na legislação brasileira não poderia regular as contratações públicas de nações estrangeiras.

Quanto ao objeto do contrato, é destinado à "aquisição de insumos estratégicos para a saúde". A nosso ver, em uma leitura sistêmica do dispositivo em conjunto com o inciso XII do artigo 75 da Lei nº 14.133/2021, já comentado aqui, o conceito de insumos estratégicos para a saúde deve ser o de produtos estratégicos para o SUS, conforme ato da direção nacional do SUS.

Também há exigência de que o insumo seja *produzido* pela fundação que será contratada. A Lei nº 14.133/2021 alterou a redação da Lei nº 8.666/1993 que previa a possibilidade de contratar insumo produzido ou distribuído pela fundação.

Quanto à fundação a ser contratada, a Lei nº 14.133/2021 faz duas exigências. A primeira é quanto ao objetivo social da fundação, previsto em seu regimento ou em seu estatuto. Exige o legislador que a fundação tenha a finalidade de apoiar:

> Órgão da Administração Pública direta, sua autarquia ou fundação em projetos de ensino, pesquisa, extensão, desenvolvimento institucional, científico e tecnológico e de estímulo à inovação, inclusive na gestão administrativa e financeira necessária à execução desses projetos, ou em parcerias que envolvam transferência de tecnologia de produtos estratégicos para o SUS, nos termos do inciso XII do caput deste artigo.

A exigência não faz o menor sentido. Se o objeto do contrato é a aquisição de insumos estratégicos, qual é a relevância do estatuto ou regimento da fundação prever que ela tem por finalidade apoiar a Administração Pública em projetos de ensino? De pesquisa? De extensão?

A exigência quanto à finalidade social da fundação a ser contratada não tem nenhuma relação com o objeto que está sendo contratado na dispensa de licitação. O dispositivo foi copiado do inciso anterior, mas destinado a objetos completamente diferentes. Sobre o tema, interessante citar o comentário de Torres sobre o inciso anterior, que possui, nesse trecho, redação muito similar:

---

[79] A última hipótese de dispensa de licitação (inciso XVI) do artigo 75 da Lei nº 14.133/2021, considerando o momento em que este texto foi elaborado. Se analisarmos o que ocorreu com os casos de dispensa de licitação da Lei nº 8.666/1993, não é difícil fazer uma previsão de que outros casos de dispensa virão a engrossar a lista das situações em que o gestor público poderá deixar de fazer prévio procedimento licitatório para alcançar o contrato administrativo.

> Sob a égide da legislação anterior, em hipótese similar de contratação direta, o Tribunal de Contas da União já externou o entendimento de que não é suficiente, para a contratação direta de fundação de apoio, o fato de a entidade contratada preencher os requisitos estatutários, sendo necessário, também, que "o objeto a ser contratado guarde estreita correlação com as atividades de ensino, pesquisa ou desenvolvimento institucional.
>
> Outrossim, é ilegal a contratação de fundação de apoio, com base no referido dispositivo, para a execução de despesas não caracterizadas como projetos de apoio à pesquisa, ensino, extensão ou desenvolvimento institucional, como, por exemplo, se dá em contratos para execução de obras ou aquisição de bens, podendo estas hipóteses se apresentarem como burla ao procedimento licitatório.[80]

O que a presente dispensa está a autorizar é exatamente isto. Estamos diante de uma hipótese legal de burla ao procedimento licitatório em que se vincula a aquisição de insumos estratégicos para a saúde de uma fundação, desde que essa tenha finalidade de apoio à pesquisa, ensino, extensão e outras atividades sem nenhuma correlação com o objeto do contrato, que é a aquisição de insumos estratégicos.

Além desta, a Lei também estabeleceu outra restrição quanto à data da criação da fundação, que deveria ser anterior à entrada em vigor desta Lei. O texto não faz sentido, e por se tratar de uma restrição que sempre foi muito criticada neste dispositivo e no inciso IX deste artigo, como já comentado, o legislador excluiu tal exigência. Em comentário a essa exigência, Jacoby Fernandes já dizia quando da análise da Lei nº 8.666/1993:

> Neste caso, ainda surge uma nova possibilidade para dificultar a compreensão: é que a norma limita a possibilidade de contratar instituições criadas "em data anterior à vigência desta Lei". Esta lei seria a Lei nº 8.666/1993 ou a Lei nº 13.204/2015. Ainda que justificável a dúvida, melhor parece compreender que o legislador quis referir-se à segunda. Justifica-se essa interpretação pelo fato de a inserção é regra disposta na segunda norma e, no contexto da lei criadora da hipótese de dispensa, a referência à lei seria naturalmente aquela que está inserindo a exceção. Se fosse diferente, a norma deveria referir-se à Lei nº 8.666/1993.[81]

Agora, estamos diante da cópia da legislação. Nesse sentido, ainda teríamos uma questão a ser analisada: a data de entrada em vigor, sendo um dispositivo copiado da lei anterior, é a data da Lei nº 13.204/2015 ou da Lei nº 14.133/2021. Temos claro que deve ser da última, mas o texto não faz sentido, posto que sob a égide da Lei nº 8.666/1993, vinculava a data da criação a 2015, agora vincula a 2021, sem nenhuma justificativa plausível para tais restrições.

Na Lei nº 14.133/2021 ainda poderia ser trazido outro tema, em razão do texto do artigo 191, que determina que durante dois anos a nova legislação convive com a norma anterior. Assim, poderia ser suscitada a dúvida se a data da criação da fundação referida pela dispensa do inciso XVI do artigo 75 seria o início do período de dois anos ou o seu final. Temos que seria o início, por força do artigo 194, que estabelece a entrada em vigor na data da publicação. Portanto, dia 1º de abril de 2021, mas reconhecemos a falta de clareza da norma.

---

80 TORRES, Ronny Charles Lopes de. *Leis de licitações públicas comentadas*. 11. ed. Salvador: JusPodivm, 2021. p. 441.

81 JACOBY FERNANDES, Jorge Ulisses. *Contratação direta sem licitação*. 10. ed. Belo Horizonte: Fórum, 2016. p. 461.

Por fim, o legislador estabeleceu critério quanto ao preço, definindo que este deve ser compatível com o preço de mercado. Já tratamos deste tema em outros dispositivos aqui comentados. Ao tratar de preço compatível com o de mercado, devemos interpretar que não há aqui a exigência de o valor ser o menor praticado no setor, mas sim, que esteja dentro de uma faixa razoável quando da realização da pesquisa de preços, nos termos do artigo 23 da Lei nº 14.133/2021.

75.33 Contratação de cisternas para combate à seca (art. 75, inciso XVII)

A Lei nº 14.133/2021 recebeu uma atualização, por força da Lei nº 14.628/2023, que estabeleceu duas novas possibilidades de dispensa ao texto original da norma, sendo a primeira a possibilidade de contratação de empresa privada, desde que sem fins lucrativos, para que possa realizar a implementação de cisternas ou outras tecnologias de acesso à água para consumo humano e produção de alimentos, com o objetivo de beneficiar as famílias rurais de baixa renda atingidas pela seca ou pela falta regular de água.

O dispositivo assemelha-se a outros já analisados em que se busca trazer uma roupagem de construção de política pública e, com isso, justificar o afastamento do processo licitatório.

O tema é delicado. A norma possui uma restrição inicial, que é a vedação à utilização de pessoa jurídica que tenha fins lucrativos, o que traz uma suposta tutela ao interesse público, considerando-se que, em tese, as pessoas jurídicas sem fins lucrativos operam sem nenhum tipo de interesse econômico e apenas voltadas ao benefício social a que se destinam.

Infelizmente essa teoria está muito longe de ser uma realidade.

As pessoas jurídicas privadas sem fins lucrativos possuem uma restrição à distribuição de lucros e dividendos a seus sócios, o que não se confunde com não perseguirem alguma espécie de lucro, ainda que sob a nomenclatura de superávit.

Explica-se: essas empresas não registram em suas contabilidades o conceito de lucro tradicional de uma empresa. No entanto, isso não significa que essas pessoas jurídicas não possam receber um valor maior que os custos operacionais, ou mesmo que os custos operacionais não possam ser maquiados com altas remunerações a diretores ou contratados, ou com o pagamento por atividades que beneficiam diretamente as pessoas envolvidas na gestão da pessoa jurídica.

São diversos os casos em que alguma pessoa jurídica sem fins lucrativos foi objeto de investigações por corrupção, não sendo possível afirmar, apenas em razão da estrutura societária estar configurada como uma pessoa jurídica sem fins lucrativos, que isso seria sinônimo de idoneidade da contratação pública.

Sobre o tema, importa destacar, ainda, que, quando analisamos o inciso XV deste mesmo artigo 75, o legislador tomou o cuidado na norma de exigir que a pessoa jurídica sem fins lucrativos tenha "inquestionável reputação ética e profissional".

Esse mesmo cuidado não foi replicado no inciso XVII, ora comentado. Ao tratar da entidade sem fins lucrativos, o inciso não traz o mesmo texto sobre a reputação ética e profissional da contratada nessa hipótese de dispensa.

Isso não significa afirmar, no entanto, que seria admissível a utilização dessa hipótese de dispensa de licitação para contratar uma entidade sobre a qual pairem dúvidas sobre sua credibilidade e sua ética.

A contratação de uma empresa que é alvo de investigações ou que está sendo processada por fato relevante relacionado à corrupção é sempre um tema que merece grande preocupação.

De fato, quando da realização de um processo licitatório, na ausência de uma decisão condenatória ou, ainda, de uma decisão cautelar que impeça a empresa de participar do certame, não enxergamos a possibilidade de se afastar a participação do licitante que, em princípio, ostenta a presunção de inocência e não pode ser prejudicado em virtude de mera investigação.

No entanto, quando da realização de uma dispensa de licitação, em que a escolha ganha maior contorno de discricionariedade, nos parece um equívoco o mesmo procedimento. Em sendo possível escolher uma empresa sobre a qual não se questione sua reputação ética e profissional, essa conduta é, sem dúvida, o procedimento a ser recomendado.

No mais, quanto ao mérito da dispensa de licitação em si, como já apresentamos em tópicos anteriores, à luz da proposta teórica que aqui desenvolvemos, com a análise de constitucionalidade material da norma, em que se observam a razão de existir da dispensa e a justificativa do legislador para que se dispense a obrigação constitucional de licitar no caso concreto, não identificamos razão sólida que tenha o condão de afastar a obrigatoriedade de licitar.

Não se questiona aqui, obviamente, a relevância do tema da construção de cisternas e tecnologias de acesso à água potável para a população que necessita desse recurso. Tampouco desconhecemos a realidade nacional e as condições precárias de desenvolvimento de muitos municípios.

No entanto, não conseguimos identificar nesse elemento uma base jurídica suficiente para defender a constitucionalidade da dispensa aqui criada.

Sem dúvida o tema é relevante e deveria ser objeto de licitação, com alargada publicidade e grande competição, para que, assim, consigamos nos tornar mais eficientes, com uma utilização mais eficaz dos recursos públicos e com a construção de mais sistemas com um orçamento que, sabemos, é limitado.

A hipótese é, a nosso sentir, inconstitucional.

75.34 Contratação do programa Cozinha Solidária (art. 75, inciso XVIII)

O inciso XVIII do artigo 75 foi criado pela mesma Lei nº 14.628/2023 que o inciso anteriormente comentado. Trata a hipótese de dispensa da contratação de entidade privada sem fins lucrativos para implementação do Programa Cozinha Solidária, com finalidade de fornecer alimentação gratuita à população em situação de vulnerabilidade e risco social.

Todos os comentários desenvolvidos por nós para o inciso anterior se aplicam a este inciso. A situação jurídica aqui debatida é idêntica à anterior.

Novamente, com a roupagem de uma ótima intenção no desenvolvimento de uma política pública fundamental, que é a tentativa de entregar dignidade às pessoas que, provavelmente, estão na mais agravada escala de miséria e comprometimento da humanidade, estamos autorizando o descumprimento do dever constitucional de licitar.

Insistimos, não há nenhum fundamento lógico jurídico que autorize a não realização da licitação nesses dois incisos.

A única razão que poderia ser dada para justificar seria a relevância desses temas. Não obstante, se admitirmos que a importância da contratação autorizaria a não licitação, como ficarão os processos licitatórios para medicamentos? Para equipamentos médicos? A merenda das crianças que vão à escola primeiro para se alimentar e depois para estudar? A limpeza de um hospital? A construção de um sistema de saneamento básico?

Fato é que são inúmeras as mazelas da gestão pública brasileira e não é a realização de dispensa de licitação que resolverá esses problemas.

Muito pelo contrário, não é difícil imaginar os diversos casos de fraudes e corrupção que esse tipo de dispensa pode acabar autorizando. O legislador criou duas hipóteses de dispensa de licitação flagrantemente inconstitucionais e é de se esperar uma atuação firme do Supremo Tribunal Federal, sob pena de se abrir margem à dispensa de basicamente todos os objetos de licitação, sob a ótica de alguma justificativa aparentemente bem-intencionada.

CAPÍTULO IX

DAS ALIENAÇÕES

Art. 76. A alienação de bens da Administração Pública, subordinada à existência de interesse público devidamente justificado, será precedida de avaliação e obedecerá às seguintes normas:

I – tratando-se de bens imóveis, inclusive os pertencentes às autarquias e às fundações, exigirá autorização legislativa e dependerá de licitação na modalidade leilão, dispensada a realização de licitação nos casos de:

a) dação em pagamento;

b) doação, permitida exclusivamente para outro órgão ou entidade da Administração Pública, de qualquer esfera de governo, ressalvado o disposto nas alíneas "f", "g" e "h" deste inciso;

c) permuta por outros imóveis que atendam aos requisitos relacionados às finalidades precípuas da Administração, desde que a diferença apurada não ultrapasse a metade do valor do imóvel que será ofertado pela União, segundo avaliação prévia, e ocorra a torna de valores, sempre que for o caso;

d) investidura;

e) venda a outro órgão ou entidade da Administração Pública de qualquer esfera de governo;

f) alienação gratuita ou onerosa, aforamento, concessão de direito real de uso, locação e permissão de uso de bens imóveis residenciais construídos, destinados ou efetivamente usados em programas de habitação ou de regularização fundiária de interesse social desenvolvidos por órgão ou entidade da Administração Pública;

g) alienação gratuita ou onerosa, aforamento, concessão de direito real de uso, locação e permissão de uso de bens imóveis comerciais de âmbito local, com área de até 250 m^2 (duzentos e cinquenta metros quadrados) e destinados a programas de regularização fundiária de interesse social desenvolvidos por órgão ou entidade da Administração Pública;

h) alienação e concessão de direito real de uso, gratuita ou onerosa, de terras públicas rurais da União e do Instituto Nacional de Colonização e Reforma Agrária (Incra) onde incidam ocupações até o limite de que trata o §1º do art. 6º da Lei nº 11.952, de 25 de junho de 2009, para fins de regularização fundiária, atendidos os requisitos legais;

i) legitimação de posse de que trata o art. 29 da Lei nº 6.383, de 7 de dezembro de 1976, mediante iniciativa e deliberação dos órgãos da Administração Pública competentes;

j) legitimação fundiária e legitimação de posse de que trata a Lei nº 13.465, de 11 de julho de 2017;

II – tratando-se de bens móveis, dependerá de licitação na modalidade leilão, dispensada a realização de licitação nos casos de:

a) doação, permitida exclusivamente para fins e uso de interesse social, após avaliação de oportunidade e conveniência socioeconômica em relação à escolha de outra forma de alienação;

b) permuta, permitida exclusivamente entre órgãos ou entidades da Administração Pública;

c) venda de ações, que poderão ser negociadas em bolsa, observada a legislação específica;

d) venda de títulos, observada a legislação pertinente;

e) venda de bens produzidos ou comercializados por entidades da Administração Pública, em virtude de suas finalidades;

f) venda de materiais e equipamentos sem utilização previsível por quem deles dispõe para outros órgãos ou entidades da Administração Pública.

§1º A alienação de bens imóveis da Administração Pública cuja aquisição tenha sido derivada de procedimentos judiciais ou de dação em pagamento dispensará autorização legislativa e exigirá apenas avaliação prévia e licitação na modalidade leilão.

§2º Os imóveis doados com base na alínea "b" do inciso I do caput deste artigo, cessadas as razões que justificaram sua doação, serão revertidos ao patrimônio da pessoa jurídica doadora, vedada sua alienação pelo beneficiário.

§3º A Administração poderá conceder título de propriedade ou de direito real de uso de imóvel, admitida a dispensa de licitação, quando o uso destinar-se a:

I – outro órgão ou entidade da Administração Pública, qualquer que seja a localização do imóvel;

II – pessoa natural que, nos termos de lei, regulamento ou ato normativo do órgão competente, haja implementado os requisitos mínimos de cultura, de ocupação mansa e pacífica e de exploração direta sobre área rural, observado o limite de que trata o §1º do art. 6º da Lei nº 11.952, de 25 de junho de 2009.

§4º A aplicação do disposto no inciso II do §3º deste artigo será dispensada de autorização legislativa e submeter-se-á aos seguintes condicionamentos:

I – aplicação exclusiva às áreas em que a detenção por particular seja comprovadamente anterior a 1º de dezembro de 2004;

II – submissão aos demais requisitos e impedimentos do regime legal e administrativo de destinação e de regularização fundiária de terras públicas;

III – vedação de concessão para exploração não contemplada na lei agrária, nas leis de destinação de terras públicas ou nas normas legais ou administrativas de zoneamento ecológico-econômico;

IV – previsão de extinção automática da concessão, dispensada notificação, em caso de declaração de utilidade pública, de necessidade pública ou de interesse social;

V – aplicação exclusiva a imóvel situado em zona rural e não sujeito a vedação, impedimento ou inconveniente à exploração mediante atividade agropecuária;

VI – limitação a áreas de que trata o §1º do art. 6º da Lei nº 11.952, de 25 de junho de 2009, vedada a dispensa de licitação para áreas superiores;

VII – acúmulo com o quantitativo de área decorrente do caso previsto na alínea "i" do inciso I do caput deste artigo até o limite previsto no inciso VI deste parágrafo.

§5º Entende-se por investidura, para os fins desta Lei, a:

I – alienação, ao proprietário de imóvel lindeiro, de área remanescente ou resultante de obra pública que se tornar inaproveitável isoladamente, por preço que não seja inferior ao da avaliação nem superior a 50% (cinquenta por cento) do valor máximo permitido para dispensa de licitação de bens e serviços previsto nesta Lei;

II – alienação, ao legítimo possuidor direto ou, na falta dele, ao poder público, de imóvel para fins residenciais construído em núcleo urbano anexo a usina hidrelétrica, desde que considerado dispensável na fase de operação da usina e que não integre a categoria de bens reversíveis ao final da concessão.

§6º A doação com encargo será licitada e de seu instrumento constarão, obrigatoriamente, os encargos, o prazo de seu cumprimento e a cláusula de reversão, sob pena de nulidade do ato, dispensada a licitação em caso de interesse público devidamente justificado.

§7º Na hipótese do §6º deste artigo, caso o donatário necessite oferecer o imóvel em garantia de financiamento, a cláusula de reversão e as demais obrigações serão garantidas por hipoteca em segundo grau em favor do doador.

DANIEL BARRAL

76 Do âmbito de incidência da norma

76.1 Do âmbito subjetivo de incidência da norma

O art. 76 inaugura o capítulo da Lei nº 14.133/2021 destinado ao tratamento da alienação de bens da Administração Pública sem apresentar inovações relevantes às disposições contidas no art. 17 da Lei nº 8.666/1993.

O mencionado artigo estabelece que, salvo as hipóteses nele previstas, a alienação de bens da Administração dependerá de autorização legal para os bens imóveis, demonstração da existência do interesse público no ato de disposição e de prévia avaliação, sendo o leilão a modalidade licitatória cabível (art. 28, IV), por se tratar daquela voltada à venda de bens imóveis ou móveis inservíveis ou ainda aqueles legalmente apreendidos a quem oferecer o maior lance (art. 6º, XL).

A propósito deste dispositivo é importante ter presente, desde logo, que o conceito de bens da Administração Pública não se confunde com o conceito de bens públicos, estando este abrangido naquele.

Bens públicos, segundo o art. 98 do CC,[1] constitui a classe de bens titularizados por pessoas estatais "de direito público interno",[2] enquanto os bens da Administração Pública abrangem tanto estes quanto também aqueles bens titularizados por entidades estatais de direto privado.[3]

Ainda que esta Lei não seja aplicável às empresas estatais,[4] exemplo mais candente de entidades estatais de direito privado, ela incide em relação às outras pessoas jurídicas de direito privado, como aquelas criadas em conformidade com a autorização contida no art. 41, parágrafo único do CC,[5] e demais entidades de direito público que podem assumir a forma de entidades de direito privado, como os consórcios públicos, que segundo o art. 1º, §1º da Lei nº 11.107, de 6 de abril de 2005, podem assumir a natureza jurídica de associação pública ou pessoa jurídica de direito privado.

De mais a mais, a NLLCA incidirá em diversas situações que podem fazer uso deste dispositivo e que não estejam abrangidas pelo conceito de bem público, como é o caso das entidades do Sistema S,[6] que eventualmente não possuam regulamentação

---

1 CC. Art. 98. São públicos os bens do domínio nacional pertencentes às pessoas jurídicas de direito público interno; todos os outros são particulares, seja qual for a pessoa a que pertencerem.

2 Segundo o art. 41 do CC, são pessoas jurídicas de direito público interno a União, os Estados, o Distrito Federal e os Territórios, os Municípios, as autarquias, inclusive as associações públicas e as demais entidades de caráter público criadas por lei.

3 Nesse sentido: MARRARA, Thiago; FERRAZ, Luciano. *Tratado de direito administrativo*: direito administrativo dos bens e restrições estatais à propriedade administrativo. 2. ed. rev. atual. e ampl. São Paulo: Thomson Reuters Brasil, 2019. Edição do Kindle.

4 Como já destacado nesta obra em comentários ao art. 1º da NLLCA, a inaplicabilidade da Lei de Licitações às empresas estatais é justificada pela previsão contida no art. 173, §1º, III, da CRFB, alterado pela EC nº 19/1998, que remeteu à legislação específica a definição das regras de licitações e contratações realizadas pelas referidas entidades administrativas.

5 CC. Art. 41. (...) Parágrafo único. Salvo disposição em contrário, as pessoas jurídicas de direito público, a que se tenha dado estrutura de direito privado, regem-se, no que couber, quanto ao seu funcionamento, pelas normas deste Código.

6 Em nosso entendimento, mesmo o art. 76 da Lei nº 14.133, de 2021, não fazendo mais alusão expressa às entidades paraestatais, como faz o art. 17 da Lei nº 8.666, de 1993, ainda é cabível a aplicação do regime geral àquelas entidades paraestatais que eventualmente não disponham de regime específico de contratação que obedeça aos princípios constitucionais implícitos e explícitos da CRFB. Esse entendimento é extraído da interpretação *a contrario sensu* da Decisão nº 907/97 – Plenário do TCU, utilizada como paradigma para os acórdãos sucessores,

expressa que preveja tratamento específico para a alienação dos seus bens. Por essa razão, acerta o legislador ao manter a terminologia adotada no caput do art. 17 da Lei nº 8.666/1993 a despeito da redução do campo de incidência subjetiva da norma em razão da exclusão das empresas estatais.

Ainda a propósito da terminologia empregada pelo legislador, cumpre destacar que o termo alienação é utilizado numa acepção ampla, dado que o estudo das hipóteses reguladas neste artigo evidencia hipóteses de efetiva alienação patrimonial, entendida esta como forma voluntária de perda da propriedade, mas também situações de outorga, gratuita ou onerosa, da fruição de direitos do bem estatal como consta no art. 76, I, f, que dispensa a licitação para o *"(...), aforamento, concessão de direito real de uso, locação e permissão de uso de bens imóveis residenciais (...)"*, tipos de negócios jurídicos em que não existe a perda da propriedade do bem pelo Ente Estatal.

Outra questão relevante é saber se o art. 76 é norma geral ou não, ou seja, se suas disposições vinculam todos os entes federativos ou se apenas a União. Esta indagação aparece forte neste ponto em razão das decisões do STF que conferiram interpretação conforme a dispositivos do art. 17 da Lei nº 8.666/1993 para limitar a abrangência destes comandos apenas à União.

Marçal Justen Filho[7] sustenta que o art. 76 veicularia duas espécies de normas. De um lado existiriam as normas gerais e, por isso, vinculantes a todos os entes administrativos, em todas as órbitas federativas, existindo ao largo destas também as normas não gerais, que produziriam efeitos vinculantes no âmbito da União.

Por ocasião do julgamento da ADI nº 5.333/TO,[8] o STF, em julgado mais recente sobre a matéria, reiterou sua jurisprudência ao entender que lei federal não pode invadir a competência legislativa dos demais entes federativos, sob pena de infração do sistema de repartição de competências legislativas e administrativas das unidades políticas da federação brasileira. Restou assentado naquele julgado, que as normas não gerais seriam "[a]quelas que disciplinam o destino e a gestão de bens públicos, tema que se enquadra

---

oportunidade em que restou consignado o seguinte entendimento: Denúncia procedente, em parte. Inspeção realizada no local, objetivando apuração dos fatos constantes da peça acusatória relacionados com problemas em processos licitatórios e contratação de pessoal. Natureza jurídica dos serviços sociais autônomos. Inaplicabilidade dos procedimentos estritos da Lei nº 8.666 ao Sistema "S". Necessidade de seus regulamentos próprios. Uso de recursos parafiscais impõe necessidade de obediência aos princípios gerais da legislação federal pertinente. Importância da Auditoria Operacional. Determinações.

[7] JUSTEN FILHO, Marçal. *Comentários à Lei de Licitações e Contratações Administrativas*: Lei nº 14.133/2021. São Paulo: Thomson Reuters Brasil, 2021. p. 1093.

[8] EMENTA: AÇÃO DIRETA DE INCONSTITUCIONALIDADE. CONSTITUCIONAL E ADMINISTRATIVO. ART. 3º E PARÁGRAFO ÚNICO DO ART. 6º DA LEI Nº 2.758/2013 DO TOCANTINS. REGULARIZAÇÃO FUNDIÁRIA POR INTERESSE SOCIAL. AL. F DO INC. I DO ART. 17 DA LEI Nº 8.666/1993. ALEGADA OFENSA AO INC. XXVII DO ART. 22 E AO INC. XXI DO ART. 37 DA CONSTITUIÇÃO DA REPÚBLICA. AUSÊNCIA DE CONTRARIEDADE À CONSTITUIÇÃO. AÇÃO DIRETA JULGADA IMPROCEDENTE. 1. As normas estaduais questionadas referem-se à regularização fundiária sem configurar nova modalidade licitatória. 2. A expressão "interesse social" para os fins de se promover a regularização fundiária passível de dispensa de licitação prevista na al. f do inc. I do art. 17 da Lei nº 8.666/1993 sujeita-se à regulamentação da União, dos Estados e Municípios, conforme peculiaridades de cada ente federado. 3. Lei estadual na qual se indique como interesse social para regularização fundiária de ocupação de áreas públicas: competência do ente estadual. Condições de ocupações consolidadas e reconhecidas pelo Estado até 31.12.12, com comprovação da cadeia possessória de forma mansa e pacífica. Ausência de descumprimento da competência legislativa da União para dispor sobre normas gerais de licitação (inc. XXVII do art. 22 da Constituição da República). 4. Ação direta de inconstitucionalidade conhecida e julgada improcedente.
(ADI Nº 5333, Relator(a): CÁRMEN LÚCIA, Tribunal Pleno, julgado em 14.02.2020, PROCESSO ELETRÔNICO *DJe*-047 DIVULG 05.03.2020 PUBLIC 06.03.2020).

no interesse próprio de cada ente federativo. Nesse sentido, cada ente federativo pode dispor sobre os casos de alienação, gratuita ou onerosa, dos bens móveis ou imóveis integrantes de seu patrimônio".

Ao largo deste *discrímen*, há que se destacar a existência de hipóteses previstas no art. 76 que apenas se aplicam à União em razão de expressa disposição legal (*v.g* art. 76, I, h) ou em razão da titularidade do exercício da política pública implementada por meio da alienação do bem da Administração pública.

Desse modo, ainda que enunciado pelo *caput* do art. 76 em termos abrangentes, "[a] alienação de bens da Administração Pública, (...) obedecerá *às* seguintes normas" o âmbito subjetivo de aplicação da norma deve ser interpretado de maneira orientada pelas particularidades das disposições específicas dos incisos do artigo em comento, pelas particularidades já declinadas.

Outro aspecto de interesse neste ponto é saber se as disposições do art. 76 podem ser aplicadas aos contratos envolvendo bens da União e suas autarquias e fundações em razão do disposto no art. 192 da Lei de Licitações, que estabelece regra de exceção para os contratos de imóveis federais:

> Art. 192. O contrato relativo a imóvel do patrimônio da União ou de suas autarquias e fundações continuará regido pela legislação pertinente, aplicada esta Lei subsidiariamente.

Comentando regra semelhante contida no art. 121, parágrafo único da Lei nº 8.666, de 1993,[9] Marques Neto sustentava a inaplicabilidade do art. 17 aos contratos de bens da União em razão da regra específica. Sustentava o autor a

> [i]naplicabilidade do art. 17 em princípio a todas as prescrições contratuais envolvendo bens da União. Isso por força do disposto no art. 121, parágrafo *único*, da Lei nº 8.666/93. Este dispositivo diz seguirem regidos pela legislação própria os contratos relativos ao patrimônio da União, legislação consubstanciada pelo Decreto-Lei nº 9.760/46 e suas alterações, especialmente aquelas veiculadas pela Lei nº 9.636/98. O que não impede, porém, como sustentamos adiante, a aplicação subsidiária de outras disposições da Lei nº 8.666/93 quando ausente na legislação sobre bens públicos da União, norma suficiente para a disciplina específica.[10]

Entretanto, nos parece mais adequado interpretar o referido dispositivo de modo diverso. A uma, como já anteriormente aludido, existem hipóteses previstas no art. 76 que são exclusivas para a União, como aquela contida no art. 76, I, h, de modo que nos parece evidente sua aplicabilidade a este ente Federativo. De outro modo, a Lei nº 9.636, de 15 de maio de 1998, que regulamenta a matéria para o patrimônio da União, não prevê regras específicas de procedimento licitatório, sendo plenamente aplicável o regramento geral estabelecido na Lei Geral de Licitações.

---

[9] Lei nº 8.666, de 1993. Art. 121. (...) Parágrafo único. Os contratos relativos a imóveis do patrimônio da União continuam a reger-se pelas disposições do Decreto-Lei nº 9.760, de 5 de setembro de 1946, com suas alterações, e os relativos a operações de crédito interno ou externo celebrados pela União ou a concessão de garantia do Tesouro Nacional continuam regidos pela legislação pertinente, aplicando-se esta Lei, no que couber.

[10] MARQUES NETO, Floriano de Azevedo. *Bens públicos*: função social e exploração econômica: o regime jurídico das utilidades públicas. 1. reimpr. Belo Horizonte: Fórum, 2014. p. 307.

76.2 Do âmbito objetivo de incidência da norma

A instrução do processo administrativo para alienação de bens da administração pública é bem mais singela que aquela destinada aos processos de aquisição de bens e serviços. Isso decorre do fato de que na contratação de serviços e compra de bens o Estado precisa da colaboração do particular para satisfazer o interesse público, muitas vezes estabelecendo com ele uma relação jurídica de trato continuado, e, por isso, faz-se necessário impor regras acautelatórias do interesse público contra a inexecução contratual e demais comportamentos oportunistas do contratado.

Já na hipótese de alienação de bens, a preocupação, em regra, é garantir que o Estado receba a maior vantagem pecuniária, sendo desnecessário investigar a capacidade técnica do interessado, entre outros elementos, dada a ausência de relação jurídica futura entre o Estado e o adquirente do patrimônio público alienado. Assim, para esses processos, a Lei se satisfaz com a seguinte instrução processual: i) interesse público devidamente justificado; ii) avaliação prévia; iii) licitação na modalidade leilão; e iv) autorização legislativa para os bens imóveis, salvo aqueles cuja aquisição haja derivado de procedimentos judiciais ou de dação em pagamento (art. 76, §1º). Passaremos ao estudo desses requisitos de maneira individualizada.

76.3 Do interesse público devidamente justificado

É importante perceber que a alienação de patrimônio estatal, móvel ou imóvel, somente será regular quando estiver inserida em um contexto de gestão eficiente do acervo patrimonial. Desse modo, considerando que os bens móveis e imóveis estatais devem estar associados, em princípio, ao atingimento das missões institucionais do ente público detentor da propriedade, faz-se necessário demonstrar que aquele bem em específico não está afetado a um uso público e nem que potencialmente poderia vir a ser empregado nas finalidades institucionais do ente estatal proprietário do bem.

Com isso queremos dizer que a satisfação do primeiro requisito legal, qual seja, a demonstração do interesse público na alienação do bem, deve ser acompanhada da demonstração de que o bem em questão não está afetado,[11] não por desídia, inércia ou ineficiência do administrador responsável, mas que sua alienação está inserida num contexto maior de planejamento patrimonial adequado e eficiente, compatível com a manutenção da regular execução das atividades finalísticas do ente estatal.

Esse plano de gestão do patrimônio deve inclusive demonstrar a adequação do acervo patrimonial ao tamanho compatível com as necessidades de atendimento do cidadão na oferta dos serviços públicos no presente e no futuro, levando-se em consideração os avanços tecnológicos, a exemplo da implementação do chamado Governo Digital, que tem por premissa a oferta preferencial de serviços digitais[12] ou a implementação de

---

[11] É importante registrar que, conforme dispõe o art. 100 do Código Civil, são inalienáveis os bens de uso comum do povo e os de uso especial, ou seja, aqueles que estejam afetados à prestação de um serviço ou estabelecimento de uma repartição pública. Assim, apenas os dominicais, ou seja, aqueles bens desafetados, podem ser alienados.

[12] Neste sentido, a Lei nº 14.129, de 29 de março de 2021, que dispõe sobre princípios, regras e instrumentos para o Governo Digital e para o aumento da eficiência pública e dá outras providências, estabelece a preferência do atendimento digital em detrimento do atendimento presencial. Entretanto, a mesma norma garante a permanência da possibilidade de atendimento presencial, de acordo com as características, a relevância e o

modos de trabalho remotos, medidas que podem reduzir a necessidade de manutenção de parcela do acervo patrimonial do Estado, sem que se desconsidere a necessidade de manutenção de uma reserva prudencial capaz de atender demandas de ampliação de atividades presenciais.

É justamente em razão do potencial prejuízo à prestação dos serviços à população ou a outros interesses protegidos pelo ente estatal com a manutenção do vínculo com a propriedade, que o art. 23 da Lei nº 9.636, de 15 de maio de 1998,[13] estabelece que a alienação de bens da União depende de autorização do Presidente da República e somente poderá ocorrer quando não restar evidenciado, em parecer técnico, o interesse econômico ou social na manutenção do imóvel, nem inconveniência quanto à preservação ambiental e à defesa nacional, no caso de alienação da propriedade.

Nesse sentido, é possível concluir que a regra é a manutenção do acervo patrimonial do Estado, sendo sua alienação um ato excepcional e que reclama fundamentação técnica apta a ilidir a regra conservativa constante na legislação.

Esta observação não tem cabimento, por óbvio, diante das hipóteses de alienação que funcionem como instrumento de implementação de políticas públicas, dado que nessas hipóteses a alienação de bens estatais tem objetivos diversos, como influir no mercado, atender a população carente, distribuir riqueza e implementar políticas públicas sociais. Nessas situações, a promoção de direitos fundamentais por intermédio da alienação de bens públicos subverte a lógica anteriormente destacada e merece tratamento específico.

Nessas hipóteses, a utilização do patrimônio estatal funcionalizada para a implementação de uma política pública deverá atentar para os ditames específicos da gestão desse patrimônio, não militando em seu desfavor o princípio da conservação que comentamos em linhas anteriores. Nesse sentido é oportuno destacar que a Lei nº 13.240, de 30 de dezembro de 2015, fruto da Medida Provisória nº 691, de 2015, estabeleceu mecanismos simplificados de regularização de ocupação de imóveis da União. Com efeito, constou da exposição de motivos da referida MPV a existência de interesse público nessas alienações, dado que a alienação desses imóveis, além de estar associada à prestação de serviços públicos,

> beneficiaria a população em geral e não [imporia] qualquer prejuízo ao Poder Público, visto que estes não se incluem naqueles tidos como essenciais para a administração pública. Pelo contrário, contribuirá para maior eficiência da gestão pública, que poderá concentrar sua atuação naqueles imóveis de fato tidos como essenciais para a prestação de serviços públicos.

---

público-alvo do serviço (art. 3º, XVI da Lei nº 14.129, de 2021). Desse modo, a gestão patrimonial eficiente deve compatibilizar um plano de alienação que reconfigure o tamanho do patrimônio estatal sem que isso signifique prejuízo para o regular exercício das finalidades públicas sob seu encargo.

[13] Confira o mencionado dispositivo: Art. 23. A alienação de bens imóveis da União dependerá de autorização, mediante ato do Presidente da República, e será sempre precedida de parecer da SPU quanto à sua oportunidade e conveniência.
§1º A alienação ocorrerá quando não houver interesse público, econômico ou social em manter o imóvel no domínio da União, nem inconveniência quanto à preservação ambiental e à defesa nacional, no desaparecimento do vínculo de propriedade.
§2º A competência para autorizar a alienação poderá ser delegada ao Ministro de Estado da Fazenda, permitida a subdelegação.

Aqui, o limite da implementação da política pública será ditado pelas disponibilidades patrimoniais e orçamentárias do órgão responsável, bem como pelo atendimento das demais regras incidentes às hipóteses de dispensa elencadas no rol legal e que teceremos comentários em momento oportuno.

76.4 Da avaliação prévia

Outra exigência legal é a realização de avaliação prévia que consiste na observância do princípio da economicidade. Essa avaliação, conduzida de acordo com parâmetros técnicos,[14] deverá indicar o valor de mercado para o bem, como forma de servir de parâmetro para o futuro procedimento licitatório, podendo ser realizada por servidores públicos habilitados ou por profissionais e empresas contratadas para essa finalidade. É de se observar que mesmo nas hipóteses de alienação não onerosa, a avaliação não é dispensada, pois ela servirá tanto para balizar as anotações de baixa patrimonial, quanto contribuirá para aferir o interesse público necessário à decisão pela alienação.[15]

76.5 Licitação na modalidade leilão

Como já destacado, o leilão é a modalidade cabível para a alienação de bens imóveis ou de bens móveis inservíveis ou legalmente apreendidos a quem oferecer o maior lance (art. 6º, XL da Lei nº 14.133, de 2021), sendo esta dispensável nas hipóteses indicadas no próprio dispositivo.

Uma observação importante a ser feita é que a despeito do extenso rol de hipóteses elencadas, o rol ali previsto não é exaustivo. Seja na própria Lei nº 14.133, de 2021 seja em legislação extravagante,[16] existem outras hipóteses de alienação de bens estatais que não são regidas pelo artigo ora comentado. Um exemplo é o art. 75, X, que dispensa a União do procedimento licitatório quando tiver que intervir no domínio econômico para regular preços ou normalizar o abastecimento.[17]

---

[14] Os laudos de avaliação de bens imóveis devem obedecer aos parâmetros técnicos conferidos pela NBR nº 14.653 e demais normas relevantes, como a NBR nº 12.721, como se depreende do art. 14 da Instrução Normativa nº 67, de 20 de setembro de 2022, da Secretaria do Patrimônio da União, do Ministério da Economia:
Art. 14 O valor de mercado será determinado por meio de laudo de avaliação, o qual deverá atender às prescrições contidas na NBR nº 14.653 e suas partes e NBR nº 12.721.

[15] Nesse sentido é o art. 20 da IN nº 67 do SPU/ME, que determina a elaboração de laudo de avaliação tanto em situações de alienação graciosa, quanto de doação sem encargo, como hipóteses de alienação onerosa.

[16] A Lei nº 9.491, de 9 de setembro de 1997, que dispõe sobre o Programa Nacional de Desestatização, estabelece como um dos objetos de desestatização os bens móveis e imóveis da União (art. 2º, V). A rigor, o art. 76 da Lei nº 14.133, de 2021, repete o próprio comando constitucional do inciso XXI do art. 37 da CRFB, que determina que salvo hipóteses previstas em lei, a alienação de bens estatais deve ser precedida de licitação, o que não significa que ele encerre, em si mesmo, todas as hipóteses legalmente admissíveis de afastamento do procedimento licitatório.

[17] Neste sentido a lição de: JUSTEN FILHO, Marçal. *Comentários à Lei de Licitações e Contratações Administrativas*: Lei nº 14.133/2021. São Paulo: Thomson Reuters Brasil, 2021. p. 1.099.

76.6 Da autorização legislativa

A Lei nº 14.133, de 2021, exige, como fazia a Lei nº 8.666, de 1993, prévia autorização legislativa para a alienação de bem imóvel estatal. Para Floriano de Azevedo Marques Neto,[18] esse requisito seria inconstitucional, pois o artigo 188, §1º, da Constituição Federal teria estabelecido a exigência de autorização do Congresso Nacional (cf. artigo 49, XVII, CF) apenas para "a alienação ou a concessão de terras públicas com *área* superior a dois mil e quinhentos hectares". Segundo o autor, não poderia a norma infraconstitucional ter ampliado a exigência para imóveis aquém desse referencial, sob pena de ofensa ao princípio da separação dos poderes.

Em sentido diverso, Marçal Justen Filho[19] afirma que a desafetação de um bem público ocorre, usualmente, em ato legislativo, sendo daí extraível o fundamento de validade da exigência contida no art. 76 da Lei nº 14.133, de 2021. A partir desse raciocínio, o autor conclui pela desnecessidade de autorização legislativa para a alienação dos bens imóveis dominicais, que por definição, não estão afetados a serviço nem se enquadram na classificação de bens de uso comum do povo.

Entretanto, cremos ser necessário diferenciar as questões. A exigência de autorização legislativa para alienação do bem não se confunde com a eventual necessidade prévia de lei para desafetação[20] do bem, tornando-o alienável, nos casos em que não for possível a desafetação por ato infralegal. A avaliação legislativa a respeito da conveniência e oportunidade da alienação não se confunde com o ato de desafetação, que, em determinadas situações, pode ocorrer por ato meio de mero ato ou fato administrativo.[21]

---

[18] MARQUES NETO, Floriano de Azevedo. *Bens públicos*: função social e exploração econômica: o regime jurídico das utilidades públicas. 1. reimpr. Belo Horizonte: Fórum, 2014. p. 305.

[19] JUSTEN FILHO, Marçal. *Comentários à Lei de Licitações e Contratações Administrativas*: Lei nº 14.133/2021. São Paulo: Thomson Reuters Brasil, 2021. p. 1.105.

[20] Segundo uma parcela da doutrina, a desafetação ou desconsagração consistiria na mudança de um bem das duas primeiras categorias do art. 99 do Código Civil (bem de uso comum do povo e bem de uso especial) para a categoria dos bens dominicais. Já Marques Neto entende possível a desafetação sem a mudança de categoria do bem, pela mera supressão de alguma destinação dada anteriormente ao bem. Assim, segundo o autor, quando fosse suprimida uma afetação secundária, mantendo-se a afetação primária, haveria uma desafetação (entendida como a retirada de uma destinação do bem), sem uma transformação do bem em dominical. É o caso do que chama de desafetação fática: "Entendemos, contudo, que pode haver desafetação fática quando advier um fato que torne o bem incompatível com o uso para o qual antes estava afetado, sem que isso faça desaparecer o dever de o poder público seguir executando a atividade pública para a qual o bem antes servia. Se uma enchente faz desaparecer o leito carroçável da estrada, não há razão para se entender que aquele bem siga sendo afetado ao uso comum de circulação de veículos. Se a floresta toma a rodovia que deixou de ser utilizada, não fará sentido dizer que a afetação original perdurará. O que não elide a obrigação do poder público de providenciar a implantação de novos caminhos adequados à necessidade de circulação de pessoas e bens. Se um incêndio consome por inteiro um edifício afetado ao funcionamento de uma escola, razão nenhuma há em dizer que o bem segue afetado à atividade de ensino. O que se terá de verificar é se o fato foi suficiente para tornar o bem afetado incompatível com a finalidade para a qual estava anteriormente qualificado". (MARQUES NETO, Floriano de Azevedo. *Bens públicos*: função social e exploração econômica: o regime jurídico das utilidades públicas. 1. reimpr. Belo Horizonte: Fórum, 2014. p. 288 e sgs.).

[21] Marques Neto registra que, em regra, a desafetação pressupõe um ato formal e, especialmente para os bens de uso comum, exigirá autorização legislativa. Entretanto, concordamos com o autor ao entender possível a alienação de bens afetados quando estes estiverem vinculados à implementação de uma política púbica, como moradia popular, por exemplo. Nessas situações, a afetação do bem não impedirá a destinação a programa de moradia popular, seguindo afetado a uma finalidade especial, *in casu*, moradia popular, podendo, inclusive, ser retomado caso o mutuário lhe der destinação distinta e, não obstante, será ao final do prazo de mútuo definitivamente alienado ao mutuário. Neste caso, prossegue o autor, "temos um bem (i) público (na medida em que titularizado por pessoa jurídica de direito público; na hipótese, a Administração direta ou uma companhia habitacional constituída sob regime público); (ii) afetado a uma finalidade pública (moradia popular); e (iii) que não só

Desse modo, ao discordar do posicionamento apontado, entendemos que a desafetação é, em regra, condição para a realização do negócio, não se confundindo com a exigência contida na Lei nº 14.133, de 2021, voltada à autorização legislativa.

Com isso não queremos dizer que toda alienação de imóvel estatal requer prévia e específica autorização legislativa. A própria Lei nº 14.133, de 2021, já a dispensa para os bens imóveis cuja aquisição tenha decorrido de procedimentos judiciais ou de dação em pagamento (art. 76, §1º). Outro exemplo de autorização legislativa geral é aquela prevista no art. 23 da Lei nº 9.636, de 1998, que subordina a alienação de imóveis da União apenas à autorização do Presidente da República, sendo despicienda a autorização pontual em cada ato de disposição patrimonial.

76.7 Das hipóteses de dispensa de licitação

76.7.1 Dação em pagamento (art. 76, I, "a")

Por meio desta modalidade especial de pagamento, regulamentada no art. 356 do CC, a Administração pode quitar uma dívida sem destinar recursos, mas apenas através da transferência do domínio de um imóvel. A questão que se apresenta nessa hipótese de dispensa é a demonstração da vantajosidade da solução para a Administração em comparação com a solução tradicional de alienação do bem por meio de leilão. A dação em pagamento não poderá representar um negócio menos vantajoso que o procedimento licitatório.

Ademais, considerando que o credor não pode ser obrigado ao recebimento de coisa diversa da prestação originalmente devida (pecúnia), a dação em pagamento exige a prévia anuência do credor à utilização desse modo de pagamento. Como em regra, o rol de credores dos entes estatais é extenso, o recurso a essa hipótese de quitação deve ser precedido de chamamento público, para que os interessados se habilitem e, em havendo mais de um interessado, a licitação se faça obrigatória, em razão da isonomia.

76.7.2 Doação (art. 76, I, "b")

Este dispositivo estabelece que a doação de bens imóveis pode ocorrer apenas entre órgãos ou entidades da Administração Pública, havendo vedação expressa para a doação de imóveis a particulares, salvo as hipóteses autorizadas nas alíneas "f", "g" e "h" do mesmo inciso.

De início, é de se registrar que referida regra se aplica apenas à União, não se tratando de norma geral, conforme já decidiu o STF no julgamento da ADI nº 927 MC/RS.[22] Nesse julgado, o STF concedeu interpretação conforme à Constituição ao

---

pode ser alienado sem perder sua qualificação, como já subjaz a ela a própria vocação a ser alienado (passar para o domínio privado quando quitado o mútuo), como parte do cumprimento dos objetivos do programa habitacional. Segue daí que a qualificação que torna o bem inalienável não é qualquer aplicação do bem a uma finalidade pública, mas sim, aquela finalidade que se incompatibiliza com a transferência da titularidade do bem ao domínio privado". (MARQUES NETO, Floriano de Azevedo. *Bens públicos*: função social e exploração econômica: o regime jurídico das utilidades públicas. 1. reimpr. Belo Horizonte: Fórum, 2014. p. 293).

[22] "Constitucional. Licitação. Contratação administrativa. Lei nº 8.666, de 21.06.93. I – Interpretação conforme dada ao art. 17, I, 'b' (doação de bem imóvel) e art. 17, II, 'b' (permuta de bem móvel), para esclarecer que a vedação tem aplicação no âmbito da União Federal, apenas. Idêntico entendimento em relação ao art. 17, I, 'c' e par. 1º do

art. 17, I, "b" (doação de bem imóvel) e "c" (permuta de bem imóvel) e II, "b" (permuta de bem móvel) e §1º, da Lei nº 8.666/1993. Considerando que as referidas hipóteses, com algumas adaptações, foram incorporadas ao art. 76, I, "b" e "c" e II, "b" e §2º, da Lei nº 14.133, de 2021, é possível inferir que a competência legislativa dos demais entes da federação está preservada para estabelecer outras hipóteses de doação e permuta dos seus bens.[23] A partir dessas considerações é possível concluir que a vedação não apresenta óbice aos Estados, ao Distrito Federal e aos Municípios, que podem legislar de modo diverso. Quanto à União, uma lei ordinária que disponha sobre o tema de maneira diversa poderá estender as hipóteses de doação de bem imóvel a particular para além das hipóteses já autorizadas pela Lei nº 14.133, de 2021.

Por fim, quanto ao parágrafo segundo do art. 76, que estabelece que "os imóveis doados com base na alínea "b" do inciso I do *caput* deste artigo, cessadas as razões que justificaram sua doação, serão revertidos ao patrimônio da pessoa jurídica doadora, vedada sua alienação pelo beneficiário", há que se destacar que o dispositivo reproduz regra contida no parágrafo primeiro do art. 17 da Lei nº 8.666, de 1993, e foi objeto de suspensão de vigência para os Estados, o Distrito Federal e os Municípios no precedente já destacado.

76.7.3 Permuta (art. 76, I, "c")

O dispositivo em comento autoriza a permuta de imóveis da União por outros imóveis que atendam aos requisitos relacionados a finalidades públicas, desde que a diferença apurada não ultrapasse a metade do valor do imóvel que será ofertado pelo ente federal, segundo avaliação prévia, e ocorra a devolução de valores, sempre que for o caso.

Trata-se de hipótese que desafia as mesmas questões que aquelas apresentadas quanto à dação em pagamento, ou seja, sua utilização não pode implicar em realização de negócio menos atrativo que a alienação do patrimônio da União, com posterior aquisição de imóvel que atenda a necessidade de instalação pública.

Ultrapassada esta questão, há que se destacar que a permuta não está condicionada à existência de bens de mesmo valor, podendo a União proceder à permuta de seu patrimônio, desde que o imóvel recebido seja avaliado em valor não inferior à metade do patrimônio da União.

76.7.4 Investidura (art. 76, I, "d")

Segundo a definição legal constante no parágrafo quinto do art. 76, a investidura consiste na alienação de bem imóvel para particular investido de uma de duas condições legais habilitantes.

---

art. 17. Vencido o relator, nesta parte. II – Cautelar deferida, em parte" (STF. Tribunal Pleno, ADI nº 927 MC/RS, Rel. Min. Carlos Velloso, DJ 11.11.1994, p. 30635).

[23] Neste sentido: OLIVEIRA, Rafael Carvalho Rezende. *Nova Lei de Licitações e Contratos Administrativos*. Edição do Kindle. São Paulo: Forense. p. 415-416.

A primeira hipótese consiste na incorporação em um imóvel limítrofe (lindeiro) de uma área remanescente ou resultante de obra pública que se tornar inaproveitável isoladamente.

Para essas situações, o bem imóvel pode ser alienado diretamente ao proprietário do imóvel lindeiro, desde que a avaliação indique como valor de mercado do bem imóvel imprestável um valor máximo de vinte e cinco mil reais. Caso o bem seja apreciado em valor superior, a leilão é necessário.

A segunda hipótese consiste na alienação, ao legítimo possuidor direto ou, na falta dele, ao poder público, de imóvel para fins residenciais construído em núcleo urbano anexo a usina hidrelétrica, desde que considerado dispensável na fase de operação da usina e que não integre a categoria de bens reversíveis ao final da concessão.

76.7.5 Vendas interadministrativas (art. 76, I, "e")

Trata-se de alienação onerosa de bens praticada entre entes integrantes da Administração Pública, que, para que possa regularmente ocorrer, deve observar os condicionamentos já indicados para a alienação de bens imóveis de uma maneira geral, em especial a adequada avaliação patrimonial.

76.7.6 Titulação de imóveis residenciais por interesse social (art. 76, I, "f")

O dispositivo tem por finalidade apoiar a execução de políticas públicas habitacionais que poderiam ser inviabilizadas caso fossem submetidas a procedimento licitatório. Com efeito, caso a alienação desses imóveis fosse submetida à concorrência, não haveria a garantia de cumprimento das políticas habitacionais voltadas ao atendimento da população economicamente hipossuficiente, que se veria alijada da competição em razão da incapacidade de competir com outros interessados.

Em razão do aspecto social vinculado à hipótese de dispensa, é digno de nota a amplitude do dispositivo, seja em razão do amplo leque de instrumentos jurídicos disponíveis para a formalização do benefício (alienação gratuita ou onerosa, aforamento, concessão de direito real de uso, locação e permissão de uso), seja pela variedade de programas abrangidos (habitacionais ou de regularização fundiária de interesse social) seja pela competência do ente promotor da política pública, que pode abranger tanto entes da administração direta quanto da administração indireta, como autarquias e fundações (órgão ou entidade da Administração Pública).

76.7.7 Alienação de imóveis de uso comercial por interesse social (art. 76, I, "g")

Trata-se de hipótese semelhante à anterior, agora voltada a imóveis comerciais, com área de até 250m² (duzentos e cinquenta metros quadrados) e destinados a programas de regularização fundiária de interesse social desenvolvidos por órgão ou entidade da Administração Pública.

76.7.8 Regularização de imóveis rurais da União e do Incra (art. 76, I, "h")

O dispositivo contempla regra para a titulação ou outorga de direito real de uso para pessoas naturais ocupantes de terras públicas rurais da União, com área inferior a dois mil e quinhentos hectares, assim como para áreas de terrenos de marinha, terrenos marginais ou reservados, seus acrescidos e outras áreas insuscetíveis de alienação, conforme dispõem os arts. 4º §1º e 6º §1º ambos da Lei nº 11.952, de 25 de junho de 2009.

Para essa hipótese de dispensa de licitação, o legislador afastou a necessidade de autorização legislativa, desde que atendidos os requisitos elencados no §4º do art. 76 da Lei nº 14.133, de 2021, a saber: I – aplicação exclusiva às áreas em que a detenção por particular seja comprovadamente anterior a 1º de dezembro de 2004; II – submissão aos demais requisitos e impedimentos do regime legal e administrativo de destinação e de regularização fundiária de terras públicas; III – vedação de concessão para exploração não contemplada na lei agrária, nas leis de destinação de terras públicas ou nas normas legais ou administrativas de zoneamento ecológico-econômico; IV – previsão de extinção automática da concessão, dispensada notificação, em caso de declaração de utilidade pública, de necessidade pública ou de interesse social; V – aplicação exclusiva a imóvel situado em zona rural e não sujeito à vedação, impedimento ou inconveniente à exploração mediante atividade agropecuária; VI – limitação a áreas de que trata o §1º do art. 6º da Lei nº 11.952, de 25 de junho de 2009, vedada a dispensa de licitação para áreas superiores; VII – acúmulo com o quantitativo de área decorrente do caso previsto na alínea "i" do inciso I do *caput* deste artigo até o limite previsto no inciso VI deste parágrafo.

76.7.9 Legitimação de ocupação de terra pública (art. 76, I, "I")

Esta hipótese de dispensa está voltada para a legitimação de posse no caso em que o interessado, isoladamente ou em família, ocupa uma área pública e a torna produtiva. De acordo com o art. 29 da Lei nº 6.383, de 7 de dezembro de 1976, essa legitimação está condicionada ao atendimento de três fatores. De um lado, a área deve ser inferior a 100 (cem) hectares e o interessado não pode ser proprietário de imóvel rural, comprovando morada permanente e cultura efetiva pelo prazo mínimo de um ano.

Segundo o referido dispositivo, preenchidos esses requisitos, é necessário que seja emitida uma licença de ocupação por prazo não inferior a 4 anos, finda a qual o interessado terá preferência para a aquisição do lote pelo valor histórico da terra nua, desde que satisfeitos os requisitos de morada permanente e cultura efetiva e comprovada a sua capacidade para desenvolver a área ocupada.

76.7.10 Alienação em caso de legitimação fundiária rural e urbana (art. 76, I, "j")

Este último dispositivo dispensa a licitação para a destinação de bens públicos quando voltados à legitimação fundiária e legitimação de posse de que trata a Lei nº 13.465, de 11 de julho de 2017.

Referido normativo, além de alterar a legislação voltada à regularização fundiária rural, instituiu a Reurb, programa de regularização fundiária urbana que revogou as disposições constantes na legislação pretérita, em especial os arts. 46 a 71-A da Lei nº 11.977, de 07 de julho de 2009, e instituiu um amplo programa de regularização fundiária.[24]

Segundo dispõe o art. 23 da Lei nº 13.465, de 2017, são requisitos para legitimação fundiária de que trata esta Lei; i) a detença consolidada de área pública ou possuir em área privada, como sua, unidade imobiliária com destinação urbana, integrante de núcleo urbano informal consolidado existente em 22 de dezembro de 2016; ii) o beneficiário não seja concessionário, foreiro ou proprietário exclusivo de imóvel urbano ou rural; iii) o beneficiário não tenha sido contemplado com legitimação de posse ou fundiária de imóvel urbano com a mesma finalidade, ainda que situado em núcleo urbano distinto; e iv) em caso de imóvel urbano com finalidade não residencial, seja reconhecido pelo poder público o interesse público de sua ocupação.

76.7.11 Alienação de bens móveis

A alienação de bens móveis da Administração, muito embora não demande autorização legislativa (art. 76, I, *contrario sensu*), está sujeita (como a alienação de bens imóveis) à licitação na modalidade leilão (arts. 6º, XL, 28, IV e 75, II), à demonstração do interesse público e à prévia avaliação (art. 76, caput), dispensando-se a licitação nos seguintes casos:

a) doação, admitida exclusivamente para fins e uso de interesse social, após avaliação de oportunidade e conveniência socioeconômica em relação à escolha de outra forma de alienação (art. 76, II, "a");

---

24 Neste sentido, confirma o art. 15 da referida legislação:
Art. 15. Poderão ser empregados, no âmbito da Reurb, sem prejuízo de outros que se apresentem adequados, os seguintes institutos jurídicos:
I – a legitimação fundiária e a legitimação de posse, nos termos desta Lei;
II – a usucapião, nos termos dos arts. 1.238 a 1.244 da Lei nº 10.406, de 10 de janeiro de 2002 (Código Civil), dos arts. 9º a 14 da Lei nº 10.257, de 10 de julho de 2001, e do art. 216-A da Lei nº 6.015, de 31 de dezembro de 1973;
III – a desapropriação em favor dos possuidores, nos termos dos §§4º e 5º do art. 1.228 da Lei nº 10.406, de 10 de janeiro de 2002 (Código Civil);
IV – a arrecadação de bem vago, nos termos do art. 1.276 da Lei nº 10.406, de 10 de janeiro de 2002 (Código Civil);
V – o consórcio imobiliário, nos termos do art. 46 da Lei nº 10.257, de 10 de julho de 2001;
VI – a desapropriação por interesse social, nos termos do inciso IV do art. 2º da Lei nº 4.132, de 10 de setembro de 1962;
VII – o direito de preempção, nos termos do inciso I do art. 26 da Lei nº 10.257, de 10 de julho de 2001;
VIII – a transferência do direito de construir, nos termos do inciso III do art. 35 da Lei nº 10.257, de 10 de julho de 2001;
IX – a requisição, em caso de perigo público iminente, nos termos do §3º do art. 1.228 da Lei nº 10.406, de 10 de janeiro de 2002 (Código Civil);
X – a intervenção do poder público em parcelamento clandestino ou irregular, nos termos do art. 40 da Lei nº 6.766, de 19 de dezembro de 1979;
XI – a alienação de imóvel pela administração pública diretamente para seu detentor, nos termos da alínea f do inciso I do art. 17 da Lei nº 8.666, de 21 de junho de 1993;
XII – a concessão de uso especial para fins de moradia;
XIII – a concessão de direito real de uso;
XIV – a doação; e
XV – a compra e venda.

b) permuta, admitida exclusivamente entre órgãos/entidades da Administração (art. 76, II, "b");
c) venda de ações negociadas em bolsa (art. 76, II, "c"), de títulos (art. 76, II, "d"), de bens produzidos ou comercializados por entidades que integram a Administração indireta (art. 76, II, "e") e de materiais e equipamentos sem utilização previsível por quem deles dispõe para outros órgãos ou entidades da Administração Pública (art. 76, II, "f").

Art. 77. Para a venda de bens imóveis, será concedido direito de preferência ao licitante que, submetendo-se a todas as regras do edital, comprove a ocupação do imóvel objeto da licitação.

DANIEL BARRAL

77 Do direito de preferência do ocupante do imóvel na licitação para compra

O dispositivo reconhece que, em muitas das hipóteses previstas no art. 76, existem interessados titulares de uma posição jurídica privilegiada em face da política pública que fundamenta a alienação do patrimônio estatal. Assim, presente uma hipótese de alienação patrimonial que tenha por objetivo a regularização da ocupação da área, e não sendo realizada a venda direta com fundamento nos permissivos constantes no artigo 76, ainda assim os atuais ocupantes guardam o direito de preferência na aquisição do imóvel. Registre-se que a referida ocupação dispensa a apresentação de título legitimador, de modo que devem ser admitidos quaisquer meios de prova em direito.

Como a norma qualifica o ocupante como licitante para efeito de incidência da norma, parece razoável inferir que este deve não só atender, abstratamente, as regras do edital do leilão, como efetivamente competir pelo bem, mesmo que oferte um lance simbólico e, em caso de insucesso na oferta do maior lance, lhe será conferida a oportunidade do exercício do direito de preferência.

Trata-se de situação que merece o adequado tratamento no edital do leilão, de modo que não se insiram regras que limitem ou dificultem o exercício deste direito de preferência, com atenção especial para as regras de convocação do ocupante para o exercício do seu direito.

CAPÍTULO X

DOS INSTRUMENTOS AUXILIARES

Seção I

Dos Procedimentos Auxiliares

Art. 78. São procedimentos auxiliares das licitações e das contratações regidas por esta Lei:

I – credenciamento;

II – pré-qualificação;

III – procedimento de manifestação de interesse;

IV – sistema de registro de preços;

V – registro cadastral.

§1º Os procedimentos auxiliares de que trata o caput deste artigo obedecerão a critérios claros e objetivos definidos em regulamento.

§2º O julgamento que decorrer dos procedimentos auxiliares das licitações previstos nos incisos II e III do caput deste artigo seguirá o mesmo procedimento das licitações.

RAFAEL SÉRGIO LIMA DE OLIVEIRA

78 Os instrumentos e procedimentos auxiliares

A Lei nº 14.133/2021 parece querer tratar os procedimentos auxiliares como espécies dos instrumentos auxiliares. No entanto, há uma verdadeira relação de identidade entre um e outro. Os únicos instrumentos auxiliares são os procedimentos auxiliares, de modo que se trata de institutos idênticos.

Os procedimentos auxiliares estão previstos no seu art. 78 em comento. Nos termos desse dispositivo, são procedimentos auxiliares: a) credenciamento; b) pré-qualificação; c) procedimento de manifestação de interesse; d) sistema de registro de preço; e) registro cadastral.

É importante dizer que esses instrumentos auxiliares à contratação não substituem as modalidades de licitação. Trata-se, na verdade, de ferramentas que são aplicadas em conjunto com as modalidades de licitação, sempre buscando incrementar a atuação contratual do Estado.

Os procedimentos auxiliares incrementam a adjudicação dos contratos públicos tramitadas nas formas concorrenciais (licitação) e não concorrenciais (contratação direta).

Neste último caso, temos o credenciamento, que é uma ferramenta voltada a auxiliar situações específicas de inexigibilidade de licitação (art. 74, IV, c/c o art. 79, ambos da Lei nº 14.133/2021).

Os demais instrumentos previstos no art. 78 da NLLCA têm aplicação nos casos de licitação – embora eventualmente também possam ser úteis às contratações diretas[1] – e, por isso, são utilizados de forma combinada com as modalidades de licitação. Ressaltamos que alguns têm utilização prévia à instalação do procedimento licitatório, como são os casos da Pré-qualificação (art. 80) e do Procedimento de Manifestação de Interesse (art. 81). Já o Sistema de Registro de Preços se inicia com a licitação e serve para formalização de uma ata para contratações futuras (art. 6º, XLV). O Registro Cadastral é usado em todo o procedimento licitatório, sendo necessário para colher as informações do licitante previamente (art. 87 e 88).

1 O Sistema de Registro de Preços e o Registro Cadastral são exemplos de instrumentos auxiliares que incrementam as contrações diretas, além de auxiliarem nos casos de licitação.

Seção II

Do Credenciamento

Art. 79. O credenciamento poderá ser usado nas seguintes hipóteses de contratação:

I – paralela e não excludente: caso em que é viável e vantajosa para a Administração a realização de contratações simultâneas em condições padronizadas;

II – com seleção a critério de terceiros: caso em que a seleção do contratado está a cargo do beneficiário direto da prestação;

III – em mercados fluidos: caso em que a flutuação constante do valor da prestação e das condições de contratação inviabiliza a seleção de agente por meio de processo de licitação.

Parágrafo único. Os procedimentos de credenciamento serão definidos em regulamento, observadas as seguintes regras:

I – a Administração deverá divulgar e manter à disposição do público, em sítio eletrônico oficial, edital de chamamento de interessados, de modo a permitir o cadastramento permanente de novos interessados;

II – na hipótese do inciso I do caput deste artigo, quando o objeto não permitir a contratação imediata e simultânea de todos os credenciados, deverão ser adotados critérios objetivos de distribuição da demanda;

III – o edital de chamamento de interessados deverá prever as condições padronizadas de contratação e, nas hipóteses dos incisos I e II do caput deste artigo, deverá definir o valor da contratação;

IV – na hipótese do inciso III do caput deste artigo, a Administração deverá registrar as cotações de mercado vigentes no momento da contratação;

V – não será permitido o cometimento a terceiros do objeto contratado sem autorização expressa da Administração;

VI – será admitida a denúncia por qualquer das partes nos prazos fixados no edital.

RAFAEL SÉRGIO LIMA DE OLIVEIRA

79 O que é credenciamento?

O credenciamento é um instituto que já vinha sendo utilizado no regime de contratação pública da Lei nº 8.666/1993. Nesse sistema tradicional, a base do credenciamento era doutrinária[1] e jurisprudencial,[2] pois não contava com previsão legal.[3]

Apesar de não haver previsão legal, entendia-se que a utilização do credenciamento era possível porque ele seria apenas uma maneira de se operacionalizar uma contratação por inexigibilidade de licitação. A sua base legal, portanto, era o próprio art. 25 da Lei nº 8.666/1993.

No regime da Lei nº 14.133/2021, o credenciamento é hipótese de inexigibilidade prevista no inciso IV do art. 74. O seu conceito está no art. 6º, XLIII, que diz:

> XLIII – credenciamento: processo administrativo de chamamento público em que a Administração Pública convoca interessados em prestar serviços ou fornecer bens para que, preenchidos os requisitos necessários, se credenciem no órgão ou na entidade para executar o objeto quando convocados.

Nessa hipótese, a Administração divulga um ato de chamamento público, a fim de credenciar todos os interessados que preencham os requisitos previstos no instrumento de convocação. Cada um dos credenciados será posteriormente contratado, obedecendo-se a uma ordem alternada de distribuição objetiva dos contratos e aos preços fixados pelo próprio contratante.

É importante dizer que não se trata de um mecanismo de seleção de propostas, motivo pelo qual não se caracteriza como uma modalidade de licitação. O procedimento em estudo não comporta diferenciação de tratamento entre os credenciados. Todos os interessados que preencherem os requisitos exigidos no instrumento convocatório são credenciados em situação de igualdade, ainda que um deles apresente, em tese, um requisito que aponte para uma melhor qualificação.

De certa forma, é possível dizer que o credenciamento é um procedimento de seleção, uma vez que visa a selecionar aqueles que preencham os requisitos previamente definidos no instrumento convocatório para serem contratados por inexigibilidade, nos termos do inciso IV do art. 74 da NLLCA; porém, não se trata de um procedimento seletivo concorrencial, já que não há limites para o número de selecionados e o atendimento das exigências contidas no instrumento de chamamento coloca todos os credenciados em situação de igualdade.

79.1 Cabimento do credenciamento

Consoante já dito, o instituto é aplicado às hipóteses de inexigibilidade de licitação (art. 74, IV, da NLLCA). Ou seja, é um procedimento apto aos casos em que

---

[1] Cf.: NIEBUHR, Joel de Menezes. *Licitação Pública e Contrato Administrativo*. 2. ed. Belo Horizonte: Fórum, 2011. p. 100.

[2] A título de exemplo mencionamos: Acórdão nº 408/2012 – TCU – Plenário; Acórdão nº 351/2010 – TCU – Plenário; Acórdão nº 5.178/2013 – TCU – 1ª Câmara.

[3] No Estado do Paraná, a Lei Estadual nº 15.608/2007, a Lei de Licitações Contratos Administrativos daquele Estado, previa o instituto em estudo no seu art. 24. Em âmbito federal, já havia a Instrução Normativa nº 5/2017, que regulamentava o credenciamento para a contratação de serviços (item 3 do Anexo VII-B).

há inviabilidade de competição. Sabemos que o lugar comum da inexigibilidade é a existência de apenas um sujeito passível de ser contratado para atender à necessidade do Poder Público. Esse é o caso em que a inviabilidade da competição decorre da unicidade do ofertante do bem ou serviço.

É possível, entretanto, haver situações nas quais a competição seja impossível pela pluralidade da demanda da Administração Pública. Nessa hipótese, o interesse público só é satisfatoriamente atendido se o serviço ou bem for prestado ou fornecido por um número ilimitado de contratados. Essa é a hipótese do credenciamento prevista no inciso I do art. 79 em análise. Nesse caso, ocorrem contratações paralelas e não excludentes, sendo "vantajosa para a Administração a realização de contratações simultâneas em condições padronizadas".[4]

O inciso II do art. 79 prevê a hipótese em que a Administração credencia os interessados em ser contratados pela Administração Pública, porque poderá contratar qualquer um deles, a depender da escolha do beneficiário da prestação. É o caso de um órgão que credencia diversas operadoras de planos de saúde e oferece aos seus servidores a possibilidade de escolher qualquer um deles para lhes prestar o serviço.

A hipótese do inciso III do art. 79 é a de mercados fluídos, situação em que há uma variação intensa do valor do objeto a ser contratado, o que inviabiliza a realização de um procedimento concorrencial de seleção da melhor proposta. Em tal hipótese, a Administração acompanha a flutuação do preço e ela mesma fixa o valor a ser pago aos credenciados no momento da contratação (art. 79, parágrafo único, IV).

79.2 O procedimento do credenciamento (Parágrafo único do art. 79)

O credenciamento passa por toda uma fase preparatória, na qual a Administração deve observar, no que couber, os requisitos do art. 72 da Nova Lei de Licitações.

A etapa externa do instituto se inicia com a publicação do edital de chamamento de interessados em sítio eletrônico oficial. Já tivemos a oportunidade de asseverar que o site no qual deve ser publicado esse edital é o PNCP do art. 174 do diploma em comento.[5]

O instrumento convocatório do credenciamento deve se manter à disposição do público para possibilitar o cadastro permanente de novos interessados. Fato é que no credenciamento não se admite uma limitação do número de credenciados. Um dos requisitos do credenciamento é a possibilidade de contratação de quaisquer dos interessados que satisfaçam as condições exigidas, por isso é indispensável que a possibilidade de um novo pretendente se credenciar esteja aberta durante o lapso em que a Administração precisar do objeto a ser contratado pelo credenciamento.

No instrumento de convocação, a Administração já deve definir o objeto a ser contratado e fixar os padrões representativos das condições necessárias para o interessado

---

[4] À luz do regime da Lei nº 8.666/1993, o TCU se manifestou sobre essa hipótese de credenciamento no Acórdão nº 352/2016 – Plenário, oportunidade em que disse no item 9.1.2 do referido julgado: "9.1.2. O credenciamento pode ser utilizado para a contratação de profissionais de saúde para atuarem tanto em unidades públicas de saúde quanto em seus próprios consultórios e clínicas, sendo o instrumento adequado a ser usado quando se verifica a inviabilidade de competição para preenchimento das vagas, bem como quando a demanda pelos serviços é superior à oferta e é possível a contratação de todos os interessados, sendo necessário o desenvolvimento de metodologia para a distribuição dos serviços entre os interessados de forma objetiva e impessoal".

[5] Vide comentários ao art. 54, item 54.

ser credenciado (inclusive os critérios de habilitação previstos no art. 62 da NLLCA). Além desses elementos, o instrumento de convocação deve prever os preços que a Administração está disposta a pagar (art. 79, parágrafo único, III). Vale dizer que a fixação do preço no edital de credenciamento não é necessária no caso de o instituto ser utilizado para contratações *em mercados fluídos* (art. 79, caput, III), pois nesse caso o valor da contratação é baseado na cotação vigente no momento da contratação (art. 79, parágrafo único, IV).

Salvo autorização expressa da Administração, as obrigações assumidas pelo credenciado no momento da contratação são *intuitu personae*, motivo pelo qual não se admite o cometimento a terceiros da execução do objeto contratado sem expressa autorização da Administração (art. 79, parágrafo único, V).

Por último, o ato de credenciamento não é um contrato. Trata-se de um cadastro passível de ser demandado pela Administração. Dessa forma, uma vez credenciada, a empresa pode solicitar o seu descredenciamento, assim como a Administração pode vir a descredenciá-la (art. 79, parágrafo único, VI).

Neste último caso, é preciso observar que, assim como a decisão de credenciar, o ato de descredenciar deve se basear em critérios objetivamente definidos no instrumento de chamamento público.[6] Importante lembrar que deve anteceder a esse ato a oportunidade de contraditório e ampla defesa por parte do credenciado.[7]

79.3 A distribuição objetiva da demanda no caso do inciso I do *caput* do art. 79

O credenciamento não é uma seleção concorrencial. No procedimento auxiliar em estudo, todos são tratados igualmente.[8] Pouco importa se um dos credenciados apresenta uma condição que indique uma melhor qualificação. Nesse sentido, é importante perceber que a distribuição dos futuros contratos deve se realizar com base em critérios objetivos, por isso o inciso II do parágrafo único em foco determina que na hipótese de credenciamento para contratações paralelas e não excludentes (inciso I do *caput* do art. 79), deve haver um critério objetivo de distribuição da demanda.

Esse é um ponto importante. O que não se admite é uma distribuição que favoreça mais a um dos credenciados. A demanda da Administração deve ser distribuída com base em critérios impessoais. Deve ser formada uma ordem de distribuição, caso todos não possam ser contratados simultaneamente. Entendemos ser um bom fator o estabelecimento da ordem de convocação com base na mesma ordem em que aconteceu a apresentação do requerimento de credenciamento. Seriam primeiramente convocados os que apresentaram a manifestação de interesse em se credenciar com mais antecedência.

6 Nesse sentido, o item *f* do Parecer nº 7/2013/CPLC/DEPCONSU/PGF/AGU, emitido para tratar do credenciamento à luz do regime tradicional (Lei nº 8.666/1993), sugeria que houvesse a previsão das situações que justificassem o descredenciamento no edital de abertura do credenciamento.

7 A Lei Estadual nº 15.608/2007, do Estado do Paraná, já previa, em seu art. 25, VII, que o *estabelecimento das hipóteses de descredenciamento, assegurados o contraditório e a ampla defesa*, é um dos requisitos do procedimento de credenciamento.

8 Cf.: Acórdão nº 408/2012 – Plenário do TCU.

Mas, ainda assim, é de se questionar: como distribuir de forma igualitária a demanda da Administração? O objeto a ser contratado deve ser quantificado e o critério de distribuição deve ter em conta um montante, que uma vez atingido, acarrete a distribuição das demandas seguintes para o próximo. Na medida do possível, deve-se evitar que um determinado credenciado seja convocado para atender a uma quantidade x e outro para $2x$.

Seção III

Da Pré-Qualificação

Art. 80. A pré-qualificação é o procedimento técnico-administrativo para selecionar previamente:

I – licitantes que reúnam condições de habilitação para participar de futura licitação ou de licitação vinculada a programas de obras ou de serviços objetivamente definidos;

II – bens que atendam às exigências técnicas ou de qualidade estabelecidas pela Administração.

§1º Na pré-qualificação observar-se-á o seguinte:

I – quando aberta a licitantes, poderão ser dispensados os documentos que já constarem do registro cadastral;

II – quando aberta a bens, poderá ser exigida a comprovação de qualidade.

§2º O procedimento de pré-qualificação ficará permanentemente aberto para a inscrição de interessados.

§3º Quanto ao procedimento de pré-qualificação, constarão do edital:

I – as informações mínimas necessárias para definição do objeto;

II – a modalidade, a forma da futura licitação e os critérios de julgamento.

§4º A apresentação de documentos far-se-á perante órgão ou comissão indicada pela Administração, que deverá examiná-los no prazo máximo de 10 (dez) dias úteis e determinar correção ou reapresentação de documentos, quando for o caso, com vistas à ampliação da competição.

§5º Os bens e os serviços pré-qualificados deverão integrar o catálogo de bens e serviços da Administração.

§6º A pré-qualificação poderá ser realizada em grupos ou segmentos, segundo as especialidades dos fornecedores.

§7º A pré-qualificação poderá ser parcial ou total, com alguns ou todos os requisitos técnicos ou de habilitação necessários à contratação, assegurada, em qualquer hipótese, a igualdade de condições entre os concorrentes.

§8º Quanto ao prazo, a pré-qualificação terá validade:

I – de 1 (um) ano, no máximo, e poderá ser atualizada a qualquer tempo;

II – não superior ao prazo de validade dos documentos apresentados pelos interessados.

§9º Os licitantes e os bens pré-qualificados serão obrigatoriamente divulgados e mantidos à disposição do público.

§10. A licitação que se seguir ao procedimento da pré-qualificação poderá ser restrita a licitantes ou bens pré-qualificados.

RAFAEL SÉRGIO LIMA DE OLIVEIRA

80 A pré-qualificação

A pré-qualificação é o procedimento auxiliar que visa a incrementar a contratação pela antecipação de atos da licitação, especificamente a habilitação (art. 62 e seguintes) e a avaliação do bem indicado na proposta (art. 41, II). Como enuncia o *caput* do art. 80 em estudo, trata-se de um procedimento voltado a selecionar previamente licitantes (habilitação) e bens que atendam aos requisitos técnicos e de qualidade demandados pela Administração.

No caso da pré-qualificação de licitantes, os interessados deverão apresentar os documentos de habilitação, situação em que poderá ser dispensada a apresentação daqueles que já contem com registro cadastral (art. 80, §1º, I).

Na hipótese de pré-qualificação de bens, a Administração poderá exigir a demonstração da qualidade do produto (art. 80, §1º, I), inclusive pela apresentação de amostras (art. 41, II, da NLLCA).

A pré-qualificação poderá ter validade por até 1 (um) ano (art. 80, §8º, I). Durante o seu período de validade, qualquer interessado poderá requerer sua pré-qualificação, pois é imperativo que a inscrição de novos pré-qualificados fique permanentemente aberta (art. 80, §2º).

Esse instrumento auxiliar é iniciado com a publicação do edital que convoca os interessados para a inscrição. É consectário lógico que tal edital seja publicado nos mesmos moldes da licitação que se seguirá à pré-qualificação, incidindo na espécie o art. 54 da NLLCA. Inclusive, o instrumento que convoca para a pré-qualificação deve conter: a) a definição do objeto (art. 80, §3º, I); b) a modalidade da licitação em razão da qual ocorre a pré-qualificação (art. 80, §3º, II); c) o critério de julgamento da licitação (art. 80, §3º, II); d) a forma da licitação futura (art. 80, §3º, II). Em relação a esse último aspecto, a Lei nº 14.133/2021 não define o que é a forma de uma licitação, mas é comum se referir à forma da licitação como presencial ou eletrônica. Isso pode ser verificado no §2º do art. 17 da Nova Lei, que diz que "as licitações serão realizadas preferencialmente sob a forma eletrônica".

A grande vantagem da pré-qualificação na NLLCA é que a licitação que se segue a esse procedimento auxiliar pode ser restrita aos pré-qualificados (art. 80, §10). Se essa for a decisão da Administração, ela deve indicar essa restrição já no edital que inaugura a pré-qualificação, deixando claro para o mercado que a competição pelo contrato exige a pré-qualificação da empresa ou do bem.

Seção IV

Do Procedimento de Manifestação de Interesse

Art. 81. A Administração poderá solicitar à iniciativa privada, mediante procedimento aberto de manifestação de interesse a ser iniciado com a publicação de edital de chamamento público, a propositura e a realização de estudos, investigações, levantamentos e projetos de soluções inovadoras que contribuam com questões de relevância pública, na forma de regulamento.

§1º Os estudos, as investigações, os levantamentos e os projetos vinculados à contratação e de utilidade para a licitação, realizados pela Administração ou com a sua autorização, estarão à disposição dos interessados, e o vencedor da licitação deverá ressarcir os dispêndios correspondentes, conforme especificado no edital.

§2º A realização, pela iniciativa privada, de estudos, investigações, levantamentos e projetos em decorrência do procedimento de manifestação de interesse previsto no caput deste artigo:

I – não atribuirá ao realizador direito de preferência no processo licitatório;

II – não obrigará o poder público a realizar licitação;

III – não implicará, por si só, direito a ressarcimento de valores envolvidos em sua elaboração;

IV – será remunerada somente pelo vencedor da licitação, vedada, em qualquer hipótese, a cobrança de valores do poder público.

§3º Para aceitação dos produtos e serviços de que trata o caput deste artigo, a Administração deverá elaborar parecer fundamentado com a demonstração de que o produto ou serviço entregue é adequado e suficiente à compreensão do objeto, de que as premissas adotadas são compatíveis com as reais necessidades do órgão e de que a metodologia proposta é a que propicia maior economia e vantagem entre as demais possíveis.

§4º O procedimento previsto no caput deste artigo poderá ser restrito a startups, assim considerados os microempreendedores individuais, as microempresas e as empresas de pequeno porte, de natureza emergente e com grande potencial, que se dediquem à pesquisa, ao desenvolvimento e à implementação de novos produtos ou serviços baseados em soluções tecnológicas inovadoras que possam causar alto impacto, exigida, na seleção definitiva da inovação, validação prévia fundamentada em métricas objetivas, de modo a demonstrar o atendimento das necessidades da Administração.

CRISTIANA FORTINI

MARCOS NÓBREGA

81 O Procedimento de Manifestação de Interesse (PMI)

O Procedimento de Manifestação de Interesse (PMI) já estava previsto na ordem jurídica brasileira. Inicialmente previsto no artigo 21 da Lei nº 8.987/1995 – Lei Geral de Concessões e Permissões de Serviços Públicos –, foi mencionado na Lei nº 11.079/2004, que institui as Parcerias Público-Privadas,[1] e é referenciado na Lei nº 13.303/2016, que dispõe sobre o estatuto jurídico das empresas estatais (art. 31).

Também foram editados diversos decretos pelos entes federados disciplinando o instituto, com destaque para o Decreto Federal nº 8.428/2015, que, embora aplicável apenas à Administração Pública federal, foi utilizado, em muitos casos, como baliza para elaboração dos decretos dos demais entes federados. Com a edição do Decreto Federal nº 10.104/2019, expandiu-se ainda mais o seu uso, que não mais se voltaria à concessão ou permissão de serviços públicos, parceria público-privada, arrendamento de bens públicos ou de concessão de direito real de uso, podendo ser utilizado para subsidiar a Administração Pública na estruturação de "desestatização de empresa e de contratos de parcerias, nos termos do disposto no §2º do art. 1º da Lei nº 13.334, de 13 de setembro de 2016".[2]

A noção do procedimento de manifestação de interesse pode ser traduzida da seguinte forma: "Rótulo convencionado para identificar o conjunto de normas que estabelece o rito procedimental a ser observado pela Administração sempre que pretender obter da iniciativa privada colaboração técnica".[3] Esse instituto não é uma inovação legislativa, haja vista que já possui embasamento na Lei de Concessões Públicas e nas Parcerias-Público-Privadas, assim, a Administração Pública, por meio de ofício ou mediante requerimento, poderá requerer a pessoas físicas ou jurídicas estudos para instrução do procedimento licitatório.

O PMI, em sentido amplo, pode surgir de duas maneiras, a partir de solicitação pública ou a partir de manifestação espontânea e independente de particulares, quando

---

1 "Art. 3º As concessões administrativas regem-se por esta Lei, aplicando-se-lhes, adicionalmente, o disposto nos arts. 21, 23, 25 e 27 a 39 da Lei nº 8.987, de 13 de fevereiro de 1995, e no art. 31 da Lei nº 9.074, de 7 de julho de 1995".

2 "Neste ponto cumpre rememorar que contratos de parceria, nos termos da Lei nº 13.334/2016, criadora do Programa de Parcerias de Investimentos (PPI), são 'a concessão comum, a concessão patrocinada, a concessão administrativa, a concessão regida por legislação setorial, a permissão de serviço público, o arrendamento de bem público, a concessão de direito real e os outros negócios público-privados que, em função de seu caráter estratégico e de sua complexidade, especificidade, volume de investimentos, longo prazo, riscos ou incertezas envolvidos, adotem estrutura jurídica semelhante' (art. 1º, §2º, Lei nº 13.334/2016)". (FORTINI, Cristina; RAINHO, Renata Costa. Mudanças no procedimento de manifestação de interesse em face do Decreto nº 10.104/2019. *Consultor Jurídico*, 28 nov. 2019. Disponível em: https://www.conjur.com.br/2019-nov-28/interesse-publico-mudancas-manifestacao-interesse-diante-decreto-101042019?pagina=2. Acesso em 11 fev. 2020).

3 DAL POZZO, Augusto Neves. Procedimento de manifestação de interesse o planejamento estatal de infraestrutura. *In*: DAL POZZO, Augusto Neves *et al*. (Coord.). *Parcerias público-privadas*: teoria geral e aplicação nos setores de infraestrutura. Belo Horizonte: Fórum, 2014. p. 57.

é conhecido pelo nome de Manifestação de Interesse Público.[4] Ou seja, será espontâneo quando for instaurado pela edilidade pública, através da constatação de uma necessidade pública, ou será provocada quando o parceiro privado encaminhar à Administração Pública um requerimento de autorização para apresentar os seus estudos.[5]

A Nova Lei de Licitações faz alusão expressa apenas ao PMI em seu sentido limitado, dado que faz referência tão somente ao caso em que a Administração Pública dá início ao procedimento, convocando os interessados a se manifestarem (art. 81). Diversamente do previsto no Decreto Federal nº 8.428/2015, a Lei nº 14.133/2021 não dispõe sobre a possibilidade de iniciativa privada para instauração do PMI, procedimento conhecido como "Manifestação de Interesse Privado (MIP)" em alguns decretos estaduais e municipais, como o Decreto nº 14.657/2011, do Município de Belo Horizonte. Mas nada obsta que isso ocorra, inclusive, em face de outras leis e atos normativos.

Destaque-se que não há necessidade de elaboração do projeto básico para elaboração do PMI. A doutrina converge, em sua maioria, que o PMI seria a materialização de uma democracia participativa:

> O Procedimento de Manifestação de Interesse, ao conferir oportunidade de planejamento compartilhado com os particulares, expande as possibilidades de participação para além dos interesses econômicos – o que seria representado pelos interessados em explorar a concessão –, pois também confere a mesma oportunidade a interessados em outras matizes do projeto, sejam esses interesses sociais, ambientais ou políticos, que passam a também contar com tal oportunidade de planejamento compartilhado, no mínimo, para conhecer os projetos ou até para influenciar os seus meandros. E estender de forma ampla a oportunidade para colaborar com o planejamento de uma solução pública é um passo firme no sentido da materialização da democracia.
>
> [...]
>
> O procedimento administrativo participativo é reflexo dos caminhos adotados pela Constituição Federal, que conferem prestígio à influência dos particulares na gestão da Administração Pública.[6]

Um dos aspectos mais importantes da NLLCA é a constatação de que a Administração Pública pode auscultar o setor privado toda vez que entender que não há *expertise* técnica suficiente para dar conta de determinados desafios. Assim, o Instituto do PMI caracteriza esse esforço dialógico entre o setor público e o setor privado no sentido de encontrar as melhores soluções possíveis que atendam ao interesse público.

Ouvir o mercado pode favorecer o interesse público. Mas há uma série de cautelas que precisam ser adotadas. O enunciado aprovado na *I Jornada de Direito Administrativo*, realizada pelo STJ e pelo Centro de Estudos Judiciários do Conselho da Justiça Federal, volta-se a isso ao prescrever:

---

4 GUIMARÃES, Fernando Vernalha. *Parceria Público-privada*. 2. ed. São Paulo: Saraiva, 2013. p. 414.

5 LIMA, Mário Márcio Saadi. *O procedimento de manifestação de interesse à luz do ordenamento jurídico brasileiro*. Belo Horizonte: Fórum, 2015. p. 83.

6 SCHIEFLER, Gustavo Henrique Carvalho. *Procedimento de Manifestação de Interesse (PMI)*: solicitação e apresentação de estudos e projetos para a estruturação de concessões comuns e parcerias público-privadas. Dissertação de mestrado apresentada ao Programa de Pós-Graduação em Direito da UFSC. Florianópolis, 2013. p. 191.

> Enunciado 1 – A autorização para apresentação de projetos, levantamentos, investigações ou estudos no âmbito do Procedimento de Manifestação de Interesse, quando concedida mediante restrição ao número de participantes, deve se dar por meio de seleção imparcial dos interessados, com ampla publicidade e critérios objetivos.

Em largo espectro, o PMI se insere no contexto das chamadas Propostas Não Solicitadas (PNS), dos quais são espécies, além do próprio PMI, o Diálogo Competitivo, que, como já vimos (art. 32), é uma nova modalidade de licitação contemplada nesta Lei. Por aqui, o que nos interessa é o PMI.

Algumas características são marcantes em diversos tipos de Propostas Não Solicitadas (PNS),[7] uma delas é a *espontaneidade*. Em regra, as PNSs advêm da iniciativa de um particular, que comumente é chamado de "proponente original" ou "primeiro proponente", não havendo prévia comunicação entre o setor privado e o poder proponente.

Essa não é a característica do PMI que ora analisamos, isso porque o PMI somente se instalará mediante atuação discricionária da Administração pública, que, por seu juízo de conveniência e oportunidade, instaurará o primeiro ato do procedimento mediante publicação de edital de chamamento de interessados.

Outra característica interessante das PNS é a *responsabilidade privada pela modelagem do projeto*. Dessa forma fica claro que o objetivo do PMI é que a iniciativa privada possa contribuir com a *realização de estudos, investigações, levantamentos e projetos de soluções inovadoras que contribuam com questões de relevância pública*. Esse escopo do PMI será explicitado por regulamento específico e, nesse caso, cada ente federado poderá editar o seu próprio decreto, com vistas a aprimorar a elaboração do PMI.

O PMI possui dois grandes escopos. O primeiro deles é produzir estudo e investigações sobre soluções diferenciadas e complexas que atendam ao interesse público e que fujam do grau de *expertise* do setor público. Mas pode também (embora a Lei não seja explícita) contemplar no seu escopo a modelagem financeira de projetos complexos, o que dá uma amplitude ao alcance do instituto.

81.1 Da disponibilidade dos trabalhos resultantes do PMI (§1º do art. 81)

Os estudos que forem elaborados no âmbito do PMI devem ficar à disposição dos interessados, mais especificamente da própria Administração e do vencedor da licitação, para subsidiá-los na execução do contrato. Nesse caso, o valor despendido pelo vencedor do PMI para execução dos estudos será ressarcido pelo vencedor da licitação, se ela vier a ocorrer.

O que incentiva o privado a participar do PMI, salvo se se cuidar de um terceiro sem interesse na licitação que pode ser implementada e na execução de projetos, como

---

[7] BELSITO, Bruno Gazzaneo. *O Procedimento de Manifestação de Interesse - PMI na estruturação de contratos de concessão*: exame crítico e propostas de aperfeiçoamento do instrumento no Direito brasileiro. Dissertação de Mestrado, ao Programa de Pós-Graduação em Direito, da Universidade do Estado do Rio de Janeiro, Rio de Janeiro, 2015. Disponível em: https://web.bndes.gov.br/bib/jspui/bitstream/1408/7581/1/Dissertação_Bruno%20Gazzaneo%20Belsito.pdf. Acesso em 14 jul. 2021.

ocorria com a Empresa Brasileira de Projetos, é impulsionar a ocorrência do futuro certame, que, a depender do seu sucesso no curso do PMI, terá ao menos em parte suas digitais no que toca às definições e especificações.

Ademais, é sabido que em projetos complexos, em regra, 3% dos gastos globais são com estudos iniciais. Sendo assim, participar de um PMI torna-se uma atividade muito arriscada para o particular, até porque, dada a complexidade do objeto, pouquíssimas serão as empresas que teriam capacidade técnica para participar desse certamente do PMI.

81.2 Das regras do PMI (§2º do art. 81)

Esse é um ponto fundamental de alinhamento de interesses. O inciso I diz que a realização de estudo técnico por parte da iniciativa privada não atribuirá ao realizador direito à preferência no processo licitatório. Esse é o contexto no qual está inserido o PMI na Nova Lei. Sendo assim, entendemos que o legislador poderia dar vantagens ao particular que realizou o estudo, isso certamente demandaria muito mais interesse para a participação no PMI. Da forma como os incentivos estão alinhados (ou desalinhados) no projeto, o risco de elaboração dos estudos por parte do setor privado é bastante alto, o que poderia afastar boas empresas da possibilidade de elaboração de modelagens adequadas.

O agir administrativo, por meio do início de um procedimento de manifestação de interesse, não pode servir a interesses eleitoreiros, sinalizando uma falsa preocupação com a solução de um problema e uma inverídica pretensão de recolher dados para uma futura licitação.

O fato de o PMI não implicar despesas públicas – ao menos não diretamente, porque a remuneração do participante se dará a posteriori e pelo licitante vencedor da eventual futura licitação – não autoriza que a máquina pública seja movimentada, com dispêndio de tempo, energia e recursos públicos, para gerar a falsa sensação de que se está em busca de algo voltado ao interesse público. Já se percebe uma frustração da confiança depositada nos administradores públicos diante da baixa conversão dos procedimentos de manifestação de interesse em efetivas contratações.[8]

---

[8] "A principal razão da diminuta efetividade do PMI parece ser o expressivo risco a ser assumido pelos interessados de, mesmo após terem sido autorizados pelo Poder Público, gastarem tempo e recursos para elaborarem estudos que não serão selecionados e, portanto, não serão objeto de ressarcimento, ou realizar estudos que, selecionados, ainda assim não serão ressarcidos, ou serão ressarcidos em valor insuficiente para retribuir os esforços empreendidos". (BRASIL. Tribunal de Contas da União. Relator Ministro Walton Alencar Rodrigues. *Acórdão nº 1873/2016* – TCU – Plenário. Data da Sessão: 20.07.2016). A esse respeito, salienta-se que "há uma série de procedimentos de manifestação de interesse (PMI) e de manifestações de interesse privado (MIP) dos quais emergiram estudos e projetos que, todavia, não foram utilizados parcial ou totalmente em procedimentos licitatórios, não porque rejeitados, mas porque o Poder Público não avançou. Há situações em que sequer se promoveu a análise crítica do material disponibilizado, revelando-se um desinteresse em se prosseguir. Sabe-se que o particular assume o risco de investir na preparação de estudos, já que apenas se houver futuro certame e a celebração do contrato dele resultante haverá a contraprestação pelo trabalho executado. Mas, a ausência de obrigação de remunerar pelo trabalho executado tem sido, na prática, compreendida pelo Poder Público como uma oportunidade de solicitar apoio técnico ou recebê-lo quando a iniciativa parte do particular, sem que exista uma prévia e real reflexão sobre a possibilidade de progredir futuramente com a instauração de um certame. Endereçar esse assunto é importante e não se identifica mudança a esse respeito e nem perspectivas de que a Nova Lei de licitações assim avance. Ainda que não se cogite de transformar o certame em algo cogente, o princípio da confiança objetiva reclamar postura leal por parte da Administração Pública. O que se pretende é evitar que se iluda a iniciativa privada, sem que exista avaliação prévia minimamente madura por parte do ente estatal sobre o interesse real na pavimentação da futura licitação". (FORTINI, Cristina; RAINHO, Renata

Nesse mesmo diapasão, o inciso II determina que, realizado o PMI e definida a proposta vencedora, não haverá obrigação, por parte da Administração, de realizar a licitação. Assim, o resultado do PMI não é vinculante e remanesce a prerrogativa discricionária da Administração em abrir ou não o certame licitatório. Isso parece fazer sentido, porque a Administração poderá apenas desejar ouvir o mercado e ter uma ideia de alguma possibilidade técnica para resolver um problema específico. O problema, repetimos, é: se não há garantia sequer da abertura do certame licitatório, qual o incentivo para o setor privado participar do PMI nessas circunstâncias?

O inciso III estabelece que a participação da empresa privada no PMI não implicará, por si só, direito a ressarcimento de valores envolvidos em sua elaboração. Schiefler, nesse sentido, reverbera que "o lançamento de um Procedimento de Manifestação de Interesse consegue originar benefício à Administração Pública pelo recolhimento de soluções características do empreendedorismo particular sem o dispêndio do erário".[9] Ressalta, ainda, que essa transferência é temporária por se tratar de custos indiretos, mas a vantajosidade é incomensurável ante a antecipação de ações que não poderiam ser implementadas pela edilidade pública com a mesma precisão e *expertise*.

Somente terá o seu valor ressarcido se a Administração resolver fazer a licitação, quando então o valor será ressarcido pela empresa vencedora (inciso IV), deixando a Lei bem claro que não haverá por parte da empresa vencedora do PMI qualquer pagamento por parte do Poder Público. Não está estabelecido na Lei (será objeto de regulamentação, suponho) em que momento se dará esse ressarcimento.

Da forma como o PMI está estruturado, parece haver pouco incentivo à participação da iniciativa privada. Se assim for, estará – talvez – promovendo um caso de seleção adversa, restando apenas as piores empresas do mercado, o que culminará com a elaboração de projetos ruins e não tecnicamente sofisticados.

Em boa parte, no entanto, a intensidade da seleção adversa dependerá da capacidade da Administração Pública em avaliar as propostas participantes do PMI e detectar se são realmente tecnicamente viáveis.[10] Em suma, não gera direito de preferência,

Costa. Mudanças no procedimento de manifestação de interesse em face do Decreto nº 10.104/2019. *Consultor Jurídico*, 28 nov. 2019. Disponível em: https://www.conjur.com.br/2019-nov-28/interesse-publico-mudancas-manifestacao-interesse-diante-decreto-101042019?pagina=2. Acesso em 11 fev. 2020).

9 SCHIEFLER, Gustavo Henrique Carvalho. *Procedimento de Manifestação de Interesse (PMI)*: solicitação e apresentação de estudos e projetos para a estruturação de concessões comuns e parcerias público-privadas. Dissertação de mestrado apresentada ao Programa de Pós-Graduação em Direito da UFSC. Florianópolis, 2013. p. 191.

10 O TCU, discorreu acerca desse risco "96. Percebe-se, portanto, que o relacionamento íntimo entre a empresa projetista, que visa apenas maximizar a rentabilidade de sua carteira de investimentos, e a administração Pública, conjuntura possibilitada pela estrutura atual do PMI, viabiliza a influência direta sobre o modo de agir da Administração Pública capturada, a fim de que esta tome medidas em prol da satisfação de interesses que conflitam com o interesse público.

97. Ademais, deve-se salientar o risco de seleção adversa e de ineficiência do projeto escolhido, ao permitir que o projetista vencedor do PMI participe da licitação subsequente. Sabe-se que, basicamente, há potencialmente dois tipos de empresas que poderão participar de PMIs para a apresentação de estudos/projetos: empresas projetistas independentes e empresas construtoras. A princípio, a empresa independente seria a única que poderia ter interesse apenas na confecção do projeto e na consequente remuneração pelo projeto, caso se consagrasse vencedora.

98. Já a empresa construtora só tem interesse marginal no PMI, em face de seu foco estar principalmente na licitação. Portanto, elas estariam dispostas em até diminuir o valor de ressarcimento pelo projeto, para até abaixo do custo real despendido, a fim de se consagrar vencedora no PMI e, consequentemente, deter o controle de

obrigação de licitar, o direito a ressarcimento deve ser remunerado pelo vencedor da licitação e não há viabilidade para cobrança de quaisquer valores à Administração Pública. O Tribunal de Contas da União traçou alguns requisitos que devem ser sopesados de forma a demonstrar que os riscos de ocorrência de seleção adversa ou de danos decorrentes de assimetria informacional ou de conflitos de interesses foram devidamente tratados e não comprometerão os Princípios da Isonomia, da Ampla Competitividade e da Impessoalidade, quais sejam:

> a) o risco de que a influência exercida pela empresa que tiver os estudos selecionados, no decorrer do processo de desenvolvimento dos estudos de viabilidade e de elaboração do edital e da minuta contratual, gere para si vantagens informacionais em relação a outros competidores nos processos concessórios;
>
> b) o risco de que os objetivos das empresas privadas, tais como a maximização do retorno esperado e a minimização do risco, se sobressaiam ao interesse público de que deve se revestir o processo concessório;
>
> c) o risco de que as soluções de engenharia propostas pela empresa que tiver os estudos selecionados não sejam adequadas, eficientes e econômicas, gerando um excedente econômico indevido resultante do processo de outorga da concessão;
>
> d) o risco de que os editais e minutas contratuais a serem utilizados nos processos licitatórios contenham obrigações ou exigências que gerem vantagens competitivas indevidas para a empresa que tiver os estudos selecionados ou para empresa do grupo econômico de que ela faça parte;
>
> e) o risco de que estudos entregues por consultorias independentes sejam preteridos mesmo quando tiverem melhor qualidade, em razão da possibilidade de empresas construtoras tenderem a solicitar menores valores de ressarcimento no âmbito do PMI.[11]

81.3 Da aceitação dos resultados do PMI (§3º do art. 81)

Percebe-se que o dispositivo coloca três diretrizes básicas para adequação da proposta aos ditames da Administração:

---

todas as nuances e informações estratégicas do projeto, a fim de alavancar as suas possibilidades de se consagrar vencedora na licitação.

99. As projetistas independentes, sabendo disso, teriam dificuldades em competir em preço de ressarcimento com as construtoras, motivo que as faria desistir de participar dos PMIs. Tal conjuntura engendraria a seleção adversa dos concorrentes em prol da participação de apenas aquelas empresas que tenham interesses marginais no PMI, ou seja, os potenciais licitantes. Por conseguinte, o PMI resultaria apenas na confecção de projetos/estudos não otimizados – e, portanto, ineficientes – em vista das vantagens que informações ocultadas (condizentes ao ambiente/espaço em que o projeto será desenvolvido) – e, portanto, não internalizadas na modelagem do projeto/estudo – possam dar à construtora na licitação.

100. Salienta-se que essas são apenas algumas formas em que, em breve análise, pode-se suspeitar que a empresa formuladora dos estudos, que também é um potencial licitante, poderia atuar em causa própria, a fim de obter vantagens que a ajude a vencer a licitação. No entanto, faz-se imperioso que a administração avalie profundamente cada PMI, no caso concreto, de forma a garantir que a projetista vencedora não obtenha vantagens indevidas em relação aos possíveis concorrentes da licitação, caso seja permitido que a empresa projetista que teve seus estudos selecionados participe da fase licitatória. Tal avaliação deve sopesar explicitamente todos os argumentos e resultar na disposição nos editais, termos de referência e outros documentos relevantes do PMI de regras claras que mitiguem tais riscos levantados acima e evitem o descumprimento das normas que regem os processos concessórios". (BRASIL. Tribunal de Contas da União. *RP nº 02812920148*. Relator: Walton Alencar Rodrigues, Data de Julgamento: 09.08.2017. Plenário).

[11] BRASIL. Tribunal de Contas da União. *RP nº 02812920148*. Relator: Walton Alencar Rodrigues, Data de Julgamento: 09.08.2017. Plenário).

a) o produto ou serviço entregue ser adequado e suficiente à compreensão do objeto. Isso significa avaliar tecnicamente se os estudos e análises elaborados pela empresa que teve seu projeto aprovado no PMI de fato preenchem os requisitos determinados pela Administração para atender ao interesse público.
b) as premissas adotadas serem compatíveis com as reais necessidades do órgão. Trata-se de uma avaliação das premissas adotadas no âmbito do estudo desenvolvido. Suponhamos que seja feita uma análise de viabilidade financeira, é importante que as premissas adotadas na análise sejam aderentes à realidade. Suponha também que adotada uma solução de engenharia inovadora, da mesma forma o contexto global deve ser analisado para aferir se, de fato, aquela proposta escolhida é realmente adequada.
c) a metodologia proposta ser a que propicia maior economia e vantagem entre as demais possíveis. Essa premissa deve ser lida em contexto. O uso do PMI não é necessariamente para encontrar a proposta que gere mais economia para a Administração. É perfeitamente possível encontrar uma proposta mais sofisticada, mais completa e que acabe por custar mais para ser executada. Sendo assim, não podemos transferir a "maldição do menor preço", que já aflige outras partes dessa Lei, para a elaboração de projeto sofisticado objeto do PMI.

A melhor compreensão do dispositivo é apostar na ideia de *Best Value fo Money (BVfM)*, que contempla uma análise mais ampla da viabilidade e do retorno que determina o que o projeto poderá ter. Assim, o BVfM deve ser útil para aprimorar a flexibilidade, a qualidade e a eficiência das compras públicas, partindo de uma abordagem mais ampla e considerando aspectos de transparência e equidade.[12] Essa análise de eficiência, qualidade e flexibilidade requer uma avaliação dos custos e benefícios relevantes, juntamente com uma avaliação dos riscos, atributos que vão além do preço e custo total da aquisição.

Contudo, avaliar tudo isso é o grande problema do PMI. Se a Administração não tem condições de definir com exatidão o design de um projeto para atender suas necessidades, como confiar na *expertise* do Poder Público para julgar qual a melhor proposta? Quem será responsável por esse julgamento e quem elaborará o referido parecer fundamentado?

Por óbvio que não se trata de um parecer jurídico, mas sim de parecer técnico com áreas de *expertise* envelopadas pelo projeto vencedor. Assim, aspectos de engenharia, arquitetura e finanças serão fulcrais para compreender o escopo do projeto vitorioso a justificar sua adequação.

O uso do PMI não renderá os proveitos esperados se não houver uma equipe técnica apta a examinar os estudos. Como já dissemos em outra oportunidade.[13]

---

[12] Cf.: Value of Money: guide Note on Procurement. *Asian Development Bank*, jun. 2018. Disponível em: https://www.adb.org/sites/default/files/procurement-value-money.pdf. Acesso em 04 jan. 2021.

[13] FORTINI, Cristiana; RESENDE, Mariana Bueno. A Nova Lei de licitações e contratos e a utilização do Procedimento de Manifestação de Interesse. *In*: VARESCHINI, Julieta Mendes Lopes (Coord.). *Diálogos sobre a Nova Lei de Licitações e Contratações*. Pinhais: Editora JML, 2020.

> [...] a proximidade permitida pelo PMI entre poder público e iniciativa privada pode facilitar a captura da Administração Pública, beneficiando-se setores mais organizados, que detêm meios econômicos e políticos de influenciar, de forma desigual, as decisões administrativas. Assim, questão crucial para o bom resultado do procedimento no novo marco legal de licitações é a existência de equipe técnica capacitada para elaborar, orientar e decidir acerca do PMI.[14] Considerando a influência dos resultados na futura contratação e a possibilidade de participação do privado na licitação, é essencial que o administrador público tenha capacidade para analisar criticamente as propostas em consonância com a realização do interesse público, caso contrário, o instrumento não deverá ser utilizado.[15]

TATIANA CAMARÃO

81.4 Procedimento de Manifestação de Interesse (PMI) e *startup* (art. 81, §4º)

No que concerne o parágrafo 4º, nota-se o firme propósito de incentivar a participação das *startups* no mercado de contratações públicas, visto que permite que os órgãos e entidades públicas, ao lançarem o Procedimento de Manifestação de Interesse (PMI), restrinjam a participação no certame somente às *startups*, aqui considerados os microempreendedores individuais, as microempresas e as empresas de pequeno porte, de natureza emergente e com grande potencial, que se dediquem à pesquisa, ao desenvolvimento e à implementação de novos produtos ou serviços baseados em soluções tecnológicas inovadoras que possam causar alto impacto.

Trata-se de medida voltada a buscar o apoio do mercado para contribuir com a etapa preparatória da licitação, uma das mais sensíveis, visto que os órgãos e entidades públicas, muitas vezes, não têm domínio e conhecimento acerca da solução que deve ser

[14] "O êxito das contratações não depende apenas de variáveis objetivas e, por isso, o legislador também se preocupou com as pessoas que executarão a Lei. Para estimular a profissionalização, outro eixo estruturante do PL, requer que a alta administração promova a gestão por competências, a exigir avaliação da estrutura de recursos humanos, identificação das competências necessárias para cada função, definição clara das responsabilidades e dos papéis a serem desempenhados e, ao final, seleção e designação de agentes públicos que tenham conhecimentos, habilidades e atitudes compatíveis, sem prejuízo das avaliações de desempenho (arts. 7º e 8º, §3º, do PL). Nesse contexto, conforme inclusive já tivemos a oportunidade de expor em outra ocasião, o PL determina, no art. 173, que os 'tribunais de contas deverão, por meio de suas escolas de contas, promover eventos de capacitação para os servidores efetivos e empregados públicos designados para o desempenho das funções essenciais à execução desta Lei, incluídos cursos presenciais e à distância, redes de aprendizagem, seminários e congressos sobre contratações públicas.' Há, nesse dispositivo, a preocupação do legislador ordinário com a capacitação dos agentes públicos, como forma de contribuir para a profissionalização dos recursos humanos". (FORTINI, Cristina; AMORIM, Rafael Amorim de. *Um novo olhar para a futura lei de licitações e contratos administrativos*: a floresta além das árvores. Disponível em: http://www.licitacaoecontrato.com.br/artigo_detalhe.html. Acesso em 11 fev. 2020).

[15] Nesse sentido, o PMI é apenas uma das formas de que a Administração Pública dispõe para se valer da expertise privada na modelagem das contratações, podendo também utilizar a contratação de consultoria especializada, mediante realização de licitação e, eventualmente, da contratação direta. Sobre esse aspecto, importante mencionar que a Lei nº 14.133/2021 possibilita a contratação por inexigibilidade dos serviços técnicos especializados discriminados no inciso III do art. 74, entre eles, "estudos técnicos, planejamentos, projetos básicos ou projetos executivos". Observa-se, contudo, que nas referidas contratações há exigência prévia de disponibilidade orçamentária, uma vez que os valores relativos aos estudos selecionados serão pagos pela Administração em sua integralidade e que o consultor não poderá participar da futura licitação.

adotada e acabam sendo afetados pela assimetria entre informações da Administração e dos fornecedores, levando a escolhas desalinhadas com a demanda apresentada.

Aqui, novamente, temos a Nova Lei recomendando a interação com o mercado fornecedor[16] para construir informações mais assertivas e reduzir riscos na fase de especificação da solução, momento importante e desafiador para os órgãos e entidades públicas.

Para além de servir como alternativa para incrementar os atos praticados na fase interna das contratações, o tratamento particularizado oferecido às *startups* tem o objetivo de promover mudanças na dinâmica das contratações, incentivar o empreendedorismo dessa categoria de empresas[17] e fortalecer o ecossistema de inovação brasileiro.[18]

É importante acentuar que um estudo com o panorama legal das *startups*[19] apontou que essas empresas demandam a adoção de regimes mais favoráveis para as contratações governamentais. Essa diferenciação de participação na licitação, concedida pela Lei nº 14.133/2021, está alinhada com as prerrogativas previstas no marco regulatório das *startups*, Lei Complementar nº 182/2021, a qual reconhece o papel do Estado no fomento desse modelo de negócio e alcance de benefício e solução de problemas públicos mais econômicos e inovadores.[20]

A seguir são apresentados comentários sobre esse marco legal.

81.4.1 Requisitos para qualificação de empresas como *startups*, de acordo com Lei Complementar nº 182/2021

A Lei Complementar nº 182/2021 trouxe condições especiais de contratação das *startups*, com o objetivo de estimular esse ambiente de negócios e o empreendedorismo inovador. Com efeito, esse diploma legal estabelece os requisitos para que essas empresas se enquadrarem nesse regime mais favorável.

De acordo com essa Lei, serão categorizadas como *startups* as organizações empresariais ou societárias, nascentes ou em operação recente, cuja atuação caracteriza-se pela inovação aplicada a modelos de negócios ou a produtos ou serviços ofertados. Podemos citar como empresas adequadas a essa categoria: o empresário individual, a empresa individual de responsabilidade limitada, as sociedades empresárias, as sociedades cooperativas e as sociedades simples, desde que se ajustem aos seguintes parâmetros:

---

[16] Sugerimos leitura dos comentários ao artigo 21.

[17] As *startups* geralmente são pequenas sociedades empresárias, com pouca experiência anterior e sem capital inicial para impulsionar suas atividades. Assim, um dos principais instrumentos nesse sentido, por meio de *startups*, é o desempenho de adequada atividade fomentadora por parte da Administração Pública. (SOUSA, Horácio Augusto Mendes de *et al*. *Direito público das startups*: uma nova governança público-privada nas parcerias entre o Estado e as entidades privadas de tecnologia e inovação. Rio de Janeiro: CEEJ, 2020. p. 6).

[18] "As *startups* são hoje uma das mais importantes fontes de inovação. É delas que, muitas vezes, virão as soluções tecnológicas que permitirão vencer os desafios relacionados ao desenvolvimento e, principalmente, à sustentabilidade de nossa economia e de nossa sociedade neste século. Dessa maneira, a atividade dessas empresas deve ser estimulada por governos e investidores privados". (Cf.: Empreendendo Direito: aspectos legais das *startups*. *NELM – Nogueira, Elias, Laskowski e Matias Advogados*, São Paulo, SP: NELM, 2017. p. 27).

[19] Cf.: Panorama legal das *startups*. *NELM – Nogueira, Elias, Laskowski e Matias Advogados*, 2018. Disponível em: http://www.nelmadvogados.com/pdf/relatorio.pdf. Acesso em 15 ago. 2021.

[20] Art. 3º, inciso VIII, da Lei Complementar nº 182/2021.

a) empresa com receita bruta de até R$16.000.000,00 (dezesseis milhões de reais) no ano-calendário anterior ou de R$1.333.334,00 (um milhão, trezentos e trinta e três mil trezentos e trinta e quatro reais) multiplicado pelo número de meses de atividade no ano-calendário anterior, quando inferior a 12 (doze) meses, independentemente da forma societária adotada;
b) empresa com até 10 (dez) anos de inscrição no Cadastro Nacional da Pessoa Jurídica (CNPJ) da Secretaria Especial da Receita Federal do Brasil do Ministério da Economia.

Para contagem do prazo de 10 anos de inscrição no CNPJ deverão ser observados:
I para as empresas decorrentes de incorporação, será considerado o tempo de inscrição da empresa incorporadora;
II para as empresas decorrentes de fusão, será considerado o maior tempo de inscrição entre as empresas fundidas; e
III para as empresas decorrentes de cisão, será considerado o tempo de inscrição da empresa cindida, na hipótese de criação de nova sociedade, ou da empresa que a absorver, na hipótese de transferência de patrimônio para a empresa existente.

Além disso, essas empresas empreendedoras devem atender, no mínimo, a um dos seguintes requisitos:
a) declaração em seu ato constitutivo ou alterador de utilização de modelos de negócios inovadores para a geração de produtos ou serviços, nos termos do inciso IV do caput do art. 2º da Lei nº 10.973, de 2 de dezembro de 2004; ou
b) enquadramento no regime especial Inova Simples, nos termos do art. 65-A da Lei Complementar nº 123, de 14 de dezembro de 2006.

81.4.2 Abrangência da Lei Complementar nº 182/2021 e sua finalidade

A Lei Complementar nº 123/2021 prevê normas de contratação de *startups* para oferecer soluções inovadoras, devendo ser observada pelos órgãos e entidades da Administração Pública direta, autárquica e fundacional de quaisquer dos Poderes da União, dos Estados, do Distrito Federal e dos Municípios. No caso das empresas públicas, sociedades de economia mista e suas subsidiárias, é necessário que o regulamento interno de contratações aborde esse tema.

As contratações das *startups* têm finalidade de resolver demandas públicas que exijam solução inovadora com emprego de tecnologia e promover a inovação no setor produtivo por meio do uso do poder de compra do Estado. Mais uma vez, temos a utilização da licitação regulamentando o mercado e incentivando o empreendedorismo dessas empresas e, consequentemente, servindo de instrumento de promoção de políticas públicas.

Cumpre esclarecer que a expressão "poder de compra" não significa que a contratação está limitada exclusivamente ao fornecimento de produtos, mas deve-se considerar o conceito abrangente de produto, o qual acolhe serviços, artefatos, estudos, projetos, ideias, dentre outros.

81.4.3 Procedimento para contratação das *startups* para execução de Contrato Público de Solução Inovadora (CPSI)

O art. 13 da Lei Complementar em tela prevê rito especial de contratação de pessoas físicas ou jurídicas, isoladamente ou em consórcio, qualificadas como *startups*, para o teste de soluções inovadoras por elas desenvolvidas ou a serem desenvolvidas, com ou sem risco tecnológico.

O procedimento para esses casos difere do comumente adotado nas contratações, pois a licitação poderá restringir-se à indicação do problema a ser resolvido e dos resultados esperados pela Administração Pública, incluídos os desafios tecnológicos a serem superados. Está dispensada a descrição de eventual solução técnica previamente mapeada e suas especificações técnicas, e caberá aos licitantes proporem diferentes meios para a resolução do problema.

Essa identificação da demanda e os resultados a serem alcançados deverão ser apurados pela área demandante, e servirão de base para a elaboração do ato convocatório. Nesse contexto, vale destacar que se deve dispensar muita atenção ao planejamento e levantamento das informações sobre o problema a ser resolvido, sendo que estes deverão ser lançados no edital captador da melhor solução, de forma clara e objetiva, a fim de que as empresas participantes possam de fato entender as demandas, pois somente assim conseguirão alcançar os resultados desejados pela Administração.

Após a conclusão do documento com os dados preparatórios, o edital da licitação será divulgado, com antecedência de, no mínimo, 30 (trinta) dias corridos, até a data de recebimento das propostas. Essa divulgação deverá ocorrer no sítio eletrônico oficial centralizado de divulgação de licitações ou mantido pelo ente público licitante e no diário oficial do ente federativo.

Recebidas as propostas com as soluções técnicas oferecidas pelos participantes do chamamento, será feita a avaliação e o julgamento por comissão especial integrada por, no mínimo, 3 (três) pessoas de reputação ilibada e reconhecido conhecimento no assunto em tratamento, das quais:

a) 1 (uma) deverá ser servidor público integrante do órgão para o qual o serviço está sendo contratado; e
b) 1 (uma) deverá ser professor de instituição pública de educação superior na área relacionada ao tema da contratação.

A avaliação das propostas deverá considerar os seguintes critérios de julgamento, sem prejuízo de outros definidos no edital:

a) o potencial de resolução do problema pela solução proposta e, se for o caso, da provável economia que será gerada para a Administração Pública;
b) o grau de desenvolvimento da solução proposta;
c) a viabilidade e a maturidade do modelo de negócio da solução;
d) a viabilidade econômica da proposta, considerados os recursos financeiros disponíveis para a celebração dos contratos; e
e) a demonstração comparativa de custo e benefício da proposta em relação às opções funcionalmente equivalentes.

É possível que a licitação selecione mais de uma proposta, desde que esta possibilidade esteja prevista no edital, contendo o limite quantitativo de soluções selecionáveis.[21]

Após a fase de julgamento das propostas, a Administração Pública poderá negociar com os selecionados as condições econômicas mais vantajosas para a Administração e os critérios de remuneração que serão adotados, considerando as condições da remuneração pretendida, de acordo com:

a) preço fixo;
b) preço fixo mais remuneração variável de incentivo;
c) reembolso de custos sem remuneração adicional;
d) reembolso de custos mais remuneração variável de incentivo; ou
e) reembolso de custos mais remuneração fixa de incentivo.

Finalizada a negociação, na hipótese de o preço ofertado pelos participantes permanecer superior ao valor estimado pelo órgão público, é possível, mediante justificativa expressa e fundamentada na demonstração comparativa entre o custo e o benefício da proposta, aceitar o preço ofertado, limitado ao valor máximo que o órgão público se propõe a pagar. Relevante destacar que o aceite do investimento requerido está diretamente vinculado à superioridade da solução proposta em termos de inovações, à redução do prazo de execução ou à facilidade de manutenção ou operação.

Essa fixação entre valor estimado e valor máximo, para efeito de julgamento de proposta, é um desafio para os órgãos públicos que estão buscando solução inovadora, justamente por representar uma demanda que deverá ser adequada à necessidade e à realidade do órgão e, possivelmente, estará fora dos parâmetros mercadológicos.

Dessa forma, denota-se que essa fixação de preço máximo deve merecer atenção dos gestores, lembrando que o valor máximo a ser pago à contratada será de até R$1.600.000,00 (um milhão e seiscentos mil reais) por Contrato Público de Solução Inovadora (CPSI).

Realizado o julgamento das propostas, a Administração Pública poderá negociar com os selecionados as condições econômicas mais vantajosas para si os critérios de remuneração que serão adotados. Se na negociação não for possível alcançar proposta com valor igual ou menor que o máximo fixado, a licitação será declarada fracassada.[22]

De outro lado, se uma vez realizada a negociação, o valor estiver dentro do patamar máximo, será feita a análise da documentação dos proponentes selecionados, conforme os requisitos de habilitação previstos no edital, os quais devem ser pautados de acordo os documentos previstos nos arts. 68, 69 e 70 da Lei nº 14.133/2021.

É possível dispensar, mediante justificativa expressa, no todo ou em parte, os seguintes documentos habilitatórios:

---

21 A possibilidade de contratação de mais de uma solução pode resultar em produtos complementares.

22 "Caso o preço seja superior à estimativa, a Administração pública poderá, por meio de justificativa expressa, levando em consideração a demonstração comparativa entre o custo e o benefício da proposta, aceitar o preço ofertado, desde que seja superior em termos de inovações, redução do prazo de execução ou facilidade de manutenção e operação. (Cf.: Marco legal das Startups. *NELM – Nogueira, Elias, Laskowski e Matias Advogados*. p. 18. Disponível em: https://portais.univasf.edu.br/nit/nucleo-de-inovacao-tecnologica/documentos/guia-pratico-marco-legal-das-startups.pdf. Acesso em 15 ago. 2021).

a) habilitação jurídica, técnica, econômica e fiscal prevista na Lei de Licitações e Contratos, conquanto não deve-se desprezar a comprovação da regularidade com a seguridade social, por força de tratar-se de preceito constitucional (art. 195, §3º da CF/88); e
b) a prestação de garantia para a contratação.

Percebe-se que a fase habilitatória das licitações com participação de *startups* foi simplificada em sintonia com a diretriz de oferecer a essas empresas condição facilitada de viabilização de participação no mercado das contratações públicas.

Após análise da documentação dos participantes qualificados, o processo deve ser encaminhado à autoridade competente para homologar o resultado da licitação.[23] Ato seguinte, os vencedores serão convocados a assinar o termo de contrato de solução inovadora, por meio de contratação direta,[24] resguardados o prazo e as condições estabelecidas no contrato.

Com relação ao contrato de solução inovadora, a Lei Complementar fixa, no art. 14, o prazo de duração do ajuste – limitado a 12 (doze) meses, podendo ser prorrogado pelo mesmo período. Além disso, o supracitado artigo prescreve quais cláusulas o instrumento contratual deverá conter. São elas:

a) as metas a serem atingidas para que seja possível a validação do êxito da solução inovadora e da metodologia para a sua aferição;
b) a forma e a periodicidade da entrega à Administração Pública de relatórios de andamento da execução contratual, que servirão de instrumento de monitoramento; e do relatório final a ser entregue pela contratada após a conclusão da última etapa ou meta do projeto;
c) a elaboração da matriz de riscos entre as partes, incluídos os riscos referentes a caso fortuito, força maior, risco tecnológico, fato do Príncipe e álea econômica extraordinária;
d) a definição da titularidade dos direitos de propriedade intelectual das criações resultantes do CPSI;[25] e
e) a participação nos resultados de sua exploração, assegurados às partes os direitos de exploração comercial, de licenciamento e de transferência da tecnologia de que são titulares.

---

[23] De acordo com a cartilha da Opice Blum, "Marco Legal das *Startups*: o avanço do empreendedorismo inovador", junho 2021. (Cf.: Marco Legal das Startups: o avanço do empreendedorismo inovador. *Opice Blum*, julho 2021. Disponível em: https://opiceblum.com.br/wp-content/uploads/2019/07/Marco-Legal-das-Startups.pdf. Acesso em 19 ago. 2021). Após homologação do resultado da licitação, a Administração Pública poderá testar as soluções inovadoras por meio do Contrato Público para Solução Inovadora (CPSI). Se for aprovado, a mesma empresa pode ser contratada diretamente para fornecer a solução inovadora testada anteriormente.

[24] A contratação direta é uma faculdade oferecida à Administração Pública, que pode optar por realizar processo licitatório para o fornecimento do produto, do processo ou da solução resultante do CPSI ou, se for o caso, para integração da solução à infraestrutura tecnológica ou ao processo de trabalho da Administração Pública.

[25] O registro de ativos intangíveis de uma empresa (propriedade intelectual), que representam patrimônio valioso, deve ser feito nos órgãos competentes e permite garantir a propriedade e a exclusividade de exploração comercial de suas marcas, patentes, softwares, domínios e desenhos industriais (Cf.: Empreendendo Direito: aspectos legais das startups. *NELM – Nogueira, Elias, Laskowski e Matias Advogados*, São Paulo, SP: NELM, 2017. p. 24). Por isso, há que se ter cuidado com a cláusula da definição da titularidade dos direitos de propriedade intelectual decorrentes do contrato de solução inovadora.

É oportuno asseverar que, na hipótese de haver risco tecnológico, os pagamentos serão efetuados proporcionalmente aos trabalhos executados, de acordo com o cronograma físico-financeiro aprovado, observado o critério de remuneração previsto contratualmente.

Na hipótese de a execução do objeto ser dividida em etapas, o pagamento relativo a cada uma delas poderá adotar critérios distintos. Vale alertar que os pagamentos devem ser feitos após a execução dos trabalhos devidamente comprovados pela contratada.

Não se pode esquecer que a solução de inovação eleita na licitação pode não atender aos anseios e necessidades da área demandante. Nesse caso, é possível encerrar a contratação antes do termo final pactuado, mediante justificativa prévia da autoridade competente anotada nos autos, e buscar outras alternativas. A decisão de interromper a execução do contrato de soluções novas não configura situação atípica, tampouco rara, na área de inovação, razão pela qual é deliberadamente aceita, pois o risco da inovação faz parte desse negócio e da pactuação. Por isso, é importante empreender esforços para detalhar, ainda na fase inicial da licitação, as informações e peculiaridades que circundam a contratação, a fim de mitigar o risco de uma contratação frustrada.

Com exceção das remunerações variáveis de incentivo vinculadas ao cumprimento das metas contratuais, a Administração Pública deverá efetuar o pagamento conforme o critério adotado, ainda que os resultados almejados não sejam atingidos em decorrência do risco tecnológico, sem prejuízo da extinção antecipada do contrato, caso seja comprovada a inviabilidade técnica ou econômica da solução.

Para garantir os meios financeiros necessários para a implementação da etapa inicial do projeto pela contratada, o órgão ou entidade pública contratante deverá prever em edital, e mediante justificativa expressa, o pagamento de uma parcela do preço antecipado ao início da execução do objeto. Essa iniciativa tem enorme relevância para a viabilização da contratação dessas empresas, visto que é um segmento que, na maioria das vezes, necessita de crédito para empreender.

Caso seja o pagamento antecipado, deve a contratante certificar-se da execução da etapa inicial e, se houver inexecução injustificada, exigir a devolução do valor antecipado ou efetuar as glosas necessárias nos pagamentos subsequentes, se for o caso.

81.4.4 Procedimento para contratação das *startups* de contrato de fornecimento de produto

Após a conclusão do contrato de solução inovadora, o órgão ou entidade pública contratante poderá celebrar com a *startup* contratada, sem nova licitação, novo contrato para o fornecimento do produto, processo ou solução resultante ou, se procedente, para integração da solução à infraestrutura tecnológica ou ao processo de trabalho da Administração Pública.

Lado outro, se optar pela licitação, deverá detalhar no chamamento as condições do fornecimento do produto.

Na hipótese de mais de uma *startup* contratada cumprir satisfatoriamente as metas estabelecidas no contrato de solução inovadora (CPSI), visto que, nesse tipo de licitação, há a possibilidade de contratação de mais de uma empresa, o contrato adicional de fornecimento supracitado será firmado com aquela *startup* cujo produto, processo ou solução melhor atender às demandas públicas em termos da relação custo *versus*

benefício, com dimensões de qualidade e preço, amparada em justificativa que deverá ser juntada ao processo.

Com relação ao contrato de fornecimento, cumpre também registrar que a vigência será limitada a 24 (vinte e quatro) meses, prorrogável por mais uma vez, pelo mesmo período. Assim, o prazo máximo de execução da solução será de 48 meses.

Já quanto ao valor da contratação, este tem o limite de 5 (cinco) vezes o valor de R$1.600.000,00 (um milhão e seiscentos mil reais), incluídas as eventuais prorrogações, hipótese na qual o limite poderá ser ultrapassado em casos de reajuste de preços e de acréscimos na demanda, sobre o que trata o §1º do art. 65 da Lei nº 8.666, de 21 de junho de 1993.

Em síntese, tem-se que a Lei nº 14.133/2021 oferece tratamento preferencial às *startups* na participação no PMI; e a Lei Complementar nº 182/2021 orienta as diretrizes do procedimento privilegiado para contratação dessa categoria de empresas, com o objetivo desse novo e moderno modal de contratação encontrar novas soluções para aperfeiçoar as estruturas, os processos e sistemas das organizações, além de proporcionar incremento no mercado com a promoção dos mecanismos de apoio ao empreendedorismo.

Seção V

Do Sistema de Registro de Preços

Art. 82. O edital de licitação para registro de preços observará as regras gerais desta Lei e deverá dispor sobre:

I – as especificidades da licitação e de seu objeto, inclusive a quantidade máxima de cada item que poderá ser adquirida;

II – a quantidade mínima a ser cotada de unidades de bens ou, no caso de serviços, de unidades de medida;

III – a possibilidade de prever preços diferentes:

a) quando o objeto for realizado ou entregue em locais diferentes;

b) em razão da forma e do local de acondicionamento;

c) quando admitida cotação variável em razão do tamanho do lote;

d) por outros motivos justificados no processo;

IV – a possibilidade de o licitante oferecer ou não proposta em quantitativo inferior ao máximo previsto no edital, obrigando-se nos limites dela;

V – o critério de julgamento da licitação, que será o de menor preço ou o de maior desconto sobre tabela de preços praticada no mercado;

VI – as condições para alteração de preços registrados;

VII – o registro de mais de um fornecedor ou prestador de serviço, desde que aceitem cotar o objeto em preço igual ao do licitante vencedor, assegurada a preferência de contratação de acordo com a ordem de classificação;

VIII – a vedação à participação do órgão ou entidade em mais de uma Ata de Registro de Preços com o mesmo objeto no prazo de validade daquela de que já tiver participado, salvo na ocorrência de ata que tenha registrado quantitativo inferior ao máximo previsto no edital;

IX – as hipóteses de cancelamento da Ata de Registro de Preços e suas consequências.

§1º O critério de julgamento de menor preço por grupo de itens somente poderá ser adotado quando for demonstrada a inviabilidade de se promover a adjudicação por item e for evidenciada a sua vantagem técnica e econômica, e o critério de aceitabilidade de preços unitários máximos deverá ser indicado no edital.

§2º Na hipótese de que trata o §1º deste artigo, observados os parâmetros estabelecidos nos §§1º, 2º e 3º do art. 23 desta Lei, a contratação posterior

de item específico constante de grupo de itens exigirá prévia pesquisa de mercado e demonstração de sua vantagem para o órgão ou entidade.

§3º É permitido registro de preços com indicação limitada a unidades de contratação, sem indicação do total a ser adquirido, apenas nas seguintes situações:

I – quando for a primeira licitação para o objeto e o órgão ou entidade não tiver registro de demandas anteriores;

II – no caso de alimento perecível;

III – no caso em que o serviço estiver integrado ao fornecimento de bens.

§4º Nas situações referidas no §3º deste artigo, é obrigatória a indicação do valor máximo da despesa e é vedada a participação de outro órgão ou entidade na ata.

§5º O Sistema de Registro de Preços poderá ser usado para a contratação de bens e serviços, inclusive de obras e serviços de engenharia, observadas as seguintes condições:

I – realização prévia de ampla pesquisa de mercado;

II – seleção de acordo com os procedimentos previstos em regulamento;

III – desenvolvimento obrigatório de rotina de controle;

IV – atualização periódica dos preços registrados;

V – definição do período de validade do registro de preços;

VI – inclusão, em Ata de Registro de Preços, do licitante que aceitar cotar os bens ou serviços em preços iguais aos do licitante vencedor na sequência de classificação da licitação e inclusão do licitante que mantiver sua proposta original.

§6º O Sistema de Registro de Preços poderá, na forma de regulamento, ser utilizado nas hipóteses de inexigibilidade e de dispensa de licitação para a aquisição de bens ou para a contratação de serviços por mais de um órgão ou entidade.

CRISTIANA FORTINI

TATIANA CAMARÃO

82 Introdução (art. 82)

A Lei nº 8.666/93 fornece alguma disciplina sobre o Registro de Preços, mas desobriga-se de conceituá-lo, de indicar as situações que sugerem o seu uso e de prever os possíveis envolvidos, por exemplo. Atribui-se especial importância aos decretos, a quem competiria regulamentar e adicionar novos tijolos ao regramento legal. A referida Lei, pode se dizer, convida os entes subnacionais, observados os contornos legais, a disciplinar a operacionalização do Registro de Preços. O art. 15 da Lei nº 8.666/93 introduz o Sistema de Registro de Preços (SRP) apontando algumas diretrizes para a sua utilização, sem se preocupar com a conceituação e operacionalização.[1]

Assim, o §1º condiciona o Registro de Preços a uma ampla pesquisa de mercado, enquanto o §2º prevê a publicação trimestral dos preços registrados, com vistas a favorecer um acompanhamento e, claro, ainda que ali não se afirme, um controle quer pelos próprios órgãos e entes envolvidos, quer pelas instituições e organismos constituídos com essa finalidade, favorecendo, ainda, o controle social. O §3º por sua vez, afirma que a regulamentação do referido sistema será realizada por decreto, atendidas as peculiaridades regionais, e desde que observadas as condições ali arroladas, quais sejam: realização de concorrência, estipulação prévia do sistema de controle e atualização dos preços registrados, cujo prazo de validade não supera um ano. Acresça-se que a Lei nº 10.520/02 versava sobre a possibilidade de o Registro de Preços ser implantado por meio de outra modalidade licitatória, qual seja, o pregão.

A opção do legislador da Lei nº 14.133/21 é diversa.

Em primeiro lugar, optou por conceituar o Sistema de Registro de Preços como o conjunto de procedimentos para realização, mediante contratação direta ou licitação nas modalidades pregão ou concorrência, de registro formal de preços relativos à prestação de serviços, a obras e à aquisição e locação de bens para contratações futuras.[2] Destacam-se a menção a obras e serviços de engenharia e à possibilidade de se utilizar o procedimento em casos de contratação direta. Ao contrário da origem do SRP ligada a compras,[3] o legislador não apenas manteve a utilização para serviços, já contemplada no Decreto nº 3.931/01 e posteriormente chancelada na Lei nº 10.520/02, como também abraçou, não sem polêmica, seu uso para obras e serviços de engenharia,[4] desde que atendidos os requisitos arrolados no art. 85.

Mas as mudanças vão além.

Valendo-se da regra constitucional que lhe assegura competência para editar normas gerais, a União pretende se fazer presente na vida dos entes subnacionais por meio de regras relativas a licitações e contratos.

Em movimento oposto ao que o §3º do art. 15 da Lei nº 8.666/93 preconiza, a Nova Lei não prevê que o SRP será regulamentado (salvo em aspectos pontuais) e nem faz

---

1 O conceito do procedimento, no caso da esfera federal, consta do art. 2º do Decreto nº 7892/13, onde se define o Sistema de Registro de Preços como um conjunto de procedimentos para registro formal de preços relativos à prestação de serviços e aquisição de bens, para contratações futuras.

2 Esse conceito consta do inciso XLV do art. 6º da Lei nº 14.133/21.

3 O art. 15 da Lei nº 8.666/93, raiz do procedimento, era relativo a compras de produtos.

4 Vale lembrar que o art. 88, inciso I, do Decreto Federal nº 7.581/11, que regulamenta o RDC, já previa o SRP para obras e serviços de engenharia.

alusão a peculiaridades regionais. O legislador desceu a detalhes até então oferecidos por Decretos dos diversos níveis de governo, pretendendo reduzir espaços antes reservados aos entes federados.

Isso porque a União transportou parte das regras federais constantes do seu Decreto nº 7.892/13 para a Lei, com o cristalino objetivo de padronizar, uniformizar e vê-las consideradas como normas gerais. Não fosse essa a intenção, por que teria inserido "suas regras" na Lei? Importante observar que o art. 82 da Lei nº 14.133/21, o primeiro a cuidar do tema, claramente menciona a natureza de normas gerais. O legislador quis evitar, a qualquer custo, possível interpretação em desfavor de seu propósito.

O art. 22, inciso XXVII, da Constituição da República preceitua que cabe privativamente à União legislar sobre normas gerais de licitação e contratos administrativos. Estados e Municípios têm competência para elaborar regras a respeito de licitação desde que não colidentes com as editadas pela União a título de regramento geral.

Não é de hoje que se discute o conceito de normas gerais, em especial para os fins de delimitar a competência da União exatamente no que toca ao tema da contratação pública. Por mais que se possa compreender que normas gerais são aquelas que fixam diretrizes e princípios gerais, as dificuldades práticas são muito mais desafiadoras.

Diversos são os julgados do STF a esse respeito, sobretudo diante dos ditames da Lei nº 8.666/93. A criação de hipótese de dispensa de licitação por lei estadual, a exigência de remessa prévia do edital ao Tribunal de Contas para aprovação, a obrigação de divulgar na internet dados relativos a obras e a exigência habilitatória adicional são exemplos de previsões legais confrontadas em ações diretas de inconstitucionalidade.[5] A eles se soma a ADI nº 4.878, relatada pela Ministra Cármen Lúcia, cujo alvo era lei do Estado do Paraná que, em licitação para fins de Registro de Preço, obrigava a Administração Pública a contratar percentual mínimo. Em todos esses casos o STF entendeu violada a norma geral, qual seja, a Lei nº 8.666/93.

Registre-se que, ao contrário do que se poderia cogitar, os embates judiciais não se concentraram nos anos de aplicação inicial da Lei. Em 2020, o STF julgou pelo menos três Ações Diretas de Inconstitucionalidade envolvendo a temática. Portanto, mesmo após duas décadas da Lei nº 8.666/93, as discussões permaneceram. E não parece que será diferente diante da Nova Lei, que nacionaliza regras federais, entre as quais as relativas ao SRP.

A Lei contém normas procedimentais a respeito do SRP. Elas são exatamente as que mais celeuma causam, já que seriam justamente as que poderiam constar de regulamentos editados pelos entes federados.

Entretanto, a Lei não diz em quais situações se faculta ou se incentiva o SRP.

A Lei diz que o procedimento auxiliar poder ser utilizado para o fornecimento de bens e serviços, assim como alude às obras e aos serviços de engenharia que atendam aos requisitos dos incisos I e II do art. 85.

[5] Citem-se, a propósito, os seguintes julgados: ADI nº 4.658, ADI nº 4.878, ADI nº 5.333, ADI nº 3.735, ADI nº 3.336, Ag no RE nº 1.247.930, ADI nº 3.059, ADI nº 2.444.

Contudo, diversamente do revogado Decreto Federal nº 7.892/13,[6] [7] que tanto inspirou a Nova Lei, o legislador não detalha as hipóteses de seu cabimento. O art. 82, que abre a Seção V, não aborda o assunto, nem os dispositivos subsequentes.[8] [9]

Enfim, a nova Lei não estabelece em quais situações o SRP pode ser utilizado, tampouco prevê regulamento voltado a esse tópico. Dessa feita, a conclusão possível que se chega, inclusive em homenagem ao estado federado, é a de que os entes federativos decidirão.

Mas o Decreto Federal nº 11.462, de 31 de março de 2023, prevê, em seu art. 3º, as hipóteses de adoção do SRP, em sintonia com o que já existia no agora revogado Decreto 7.892/13:

> I – Quando, pelas características do objeto, houver necessidade de contratações permanentes ou frequentes;
>
> II – Quando for conveniente a aquisição de bens com previsão de entregas parceladas ou contratação de serviços remunerados por unidade de medida, como quantidade de horas de serviço, postos de trabalho ou em regime de tarefa;
>
> III – Quando for conveniente para atendimento a mais de um órgão ou a mais de uma entidade, inclusive nas compras centralizadas;
>
> IV – Quando for atender a execução descentralizada de programa ou projeto federal, por meio de compra nacional ou da adesão de que trata o §2º do art. 32; ou
>
> V – Quando, pela natureza do objeto, não for possível definir previamente o quantitativo a ser demandado pela Administração.
>
> Parágrafo único. O SRP poderá ser utilizado para contratação de execução de obras e serviços de engenharia, desde que atendidos os seguintes requisitos:
>
> I – Existência de termo de referência, anteprojeto, projeto básico ou projeto executivo padronizados, sem complexidade técnica e operacional; e
>
> II – Necessidade permanente ou frequente de obra ou serviço a ser contratado.

---

6 Em consonância com esse modal próprio de contratação é que o revogado Decreto Federal nº 7.892/13 previu as hipóteses em que o SRP poderia ser adotado:
I – quando, pelas características do bem ou serviço, houver necessidade de contratações frequentes;
II – quando for conveniente a aquisição de bens com previsão de entregas parceladas ou contratação de serviços remunerados por unidade de medida ou em regime de tarefa;
III – quando for conveniente a aquisição de bens ou a contratação de serviços para atendimento a mais de um órgão ou entidade, ou a programas de governo; ou
IV – quando, pela natureza do objeto, não for possível definir previamente o quantitativo a ser demandado pela Administração.

7 A esse respeito, vale lembrar julgado do TCU que tangencia a descrição, via decreto, dos casos a admitir SRP. 9.4. Determinar (...) que se abstenha de autorizar adesões à Ata de Registro de Preços decorrente do Pregão Eletrônico para Registro de Preços (...) preservada tão somente a execução do contrato que vier a ser celebrado, informando, no prazo de quinze dias as providências adotadas, tendo em vista a seguinte irregularidade: 9.4.1. Utilização indevida do sistema de registro de preços para a contratação, tendo em vista se tratar de uma típica contratação de serviços continuados, cujas características não se enquadram em nenhuma das hipóteses do art. 3º do Decreto Federal nº 7.892/2013. (Disponível em: https://www.jusbrasil.com.br/diarios/1123208599/dou-secao-1-26-04-2021-pg-274. Acesso em: 26 jun. 2021).

8 O Decreto Federal nº 11.462/23 prevê as regras do edital no art. 15.

9 Sobre o tema, cite-se Acórdão TCU nº 2197/2015-Plenário: 10. Entendo que essa alegação não deve prosperar, uma vez que a utilização do Sistema de Registro de Preços é adequada em situações como a que se encontra sob comento, ou seja, quando a demanda é incerta, seja em relação à sua ocorrência, seja no que concerne à quantidade de bens a ser demandada. Afinal, não faria sentido realizar uma estimativa prévia e, com base nela, efetivar um processo licitatório, no qual tenham sido definidas quantidades exatas a serem adquiridas, sem saber nem se essas aquisições serão efetivamente necessárias. Num cenário bastante plausível, poderia haver a compra de bens que não seriam necessários.

Não podemos deixar de comentar que o Registro de Preços é um procedimento auxiliar que oferece à Administração Pública a possibilidade de obter a ata, documento no qual estão descritos os objetos (aqui empregado de forma ampla) disponíveis para que ela contrate de acordo com sua necessidade. Esta é a razão pela qual o Registro de Preços, por suas características de aplicação, destina-se a contratações de objetos comuns, de uso frequente e mensurados por unidade ou medida. Historicamente, o SRP está associado a este tipo de demanda.

Considerando essa modulagem diferenciada do procedimento do Registro de Preços, que não obriga a Administração a contratar o que foi licitado, é possível perceber vários benefícios na sua utilização: desnecessidade de indicação de recursos orçamentários;[10] contratação de objetos de difícil previsibilidade; diminuição com despesas de estrutura adequada para o armazenamento e a estocagem dos objetos; redução de pagamento de seguro; diminuição do desperdício de material; ganho de economia de escala com demandas agregadas; racionalização de despesas com a padronização das contratações; redução do número de licitações e, por conseguinte, diminuição de custos transacionais; agilidade na contratação por meio de sistema de compras *just in time*.

Podemos citar, também, que o Registro de Preços é uma ferramenta de gestão que serve como excelente controle de qualidade, já que é possível solicitar um pequeno quantitativo do objeto que se encontra registrado, que, caso não se apresente em conformidade com o especificado ou não atenda a qualidade desejada, pode ser cancelado.[11] É possível, ainda, exigir, durante o prazo de validade da Ata de Registro de Preços, entrega de amostra do produto registrado, desde que essa prerrogativa conste do edital da licitação e seja justificada a necessidade de sua apresentação, conforme preceitua o art. 41, inciso II da Nova Lei.

Por fim, e a título de arremate dos benefícios do Registro de Preços, temos que esse sistema é citado na Nova Lei no art. 23, §1º, inciso II, como fonte de pesquisa mercadológica,[12] e a sua consulta é recomendada, pois esse procedimento é específico para os negócios públicos, oferecendo informações mais adequadas à realidade das organizações públicas.

82.1 Inovações na utilização do Sistema de Registro de Preços

A inovação representa motor de aperfeiçoamento e melhoria de resultados para as contrações públicas. Uma das ferramentas previstas na Lei para incrementar as ações e atividades voltadas às licitações públicas é a central de compras,[13] e o Registro

[10] Art. 17 do Decreto nº 11.462/23.

[11] As cortes de contas incentivam a adoção do Registro de Preços em função de sua dinâmica diferenciada de contratação que permite várias vantagens para os órgãos e entidade públicas. Nesse sentido citem-se os acórdãos do TCU: Acórdão Plenário nº 214/06 e 991/09. O TCE/MG, na Consulta nº 757.798, estimula a adoção do sistema.

[12] Art. 23, §1º, II – contratações similares feitas pela Administração Pública, em execução ou concluídas no período de 1 (um) ano anterior à data da pesquisa de preços, inclusive mediante sistema de registro de preços, observado o índice de atualização de preços correspondente;

[13] Art. 181. Os entes federativos instituirão centrais de compras, com o objetivo de realizar compras em grande escala, para atender a diversos órgãos e entidades sob sua competência e atingir as finalidades desta Lei.
Parágrafo único. No caso dos Municípios com até 10.000 (dez mil) habitantes, serão preferencialmente constituídos consórcios públicos para a realização das atividades previstas no *caput* deste artigo, nos termos da Lei nº 11.107, de 6 de abril de 2005.

de Preços servirá como instrumento positivo e essencial para dar concretude a essas compras centralizadas.

Outra solução que se vale do auxílio do Registro de Preços é a compra compartilhada,[14] que ocorre por meio de aquisição conjunta de bens e serviços, realizada por organizações públicas de diferentes setores ou entre unidades de uma mesma organiz'ação pública, visando fomentar a produção e o consumo sustentáveis no país, também é outro expediente inovador que permite eficiência econômica, com ganho de escala, inclusive com a utilização do registro de preços de bens e serviços.

82.2 Regras do edital de licitação para Registro de Preços (*caput* do art. 82)

O edital da licitação deve observar as regras gerais constantes da Lei nº 14.133/21. Cumpre ao art. 82 arrolar itens de licitação para Registro de Preços de presença obrigatória no ato convocatório.

De início, impõe-se apresentar seu objeto com os detalhamentos e especificidades que permitam aos interessados compreender qual a demanda a ser satisfeita. O dispositivo enfatiza a importância da fase interna, raiz da qual a fase externa é dependente. Desacertos na fase interna podem comprometer o alcance do interesse público, em especial por não permitirem que a entidade/órgão demandante veja atendida a necessidade/utilidade pretendida.

Vale destacar, neste ponto, que a fase preparatória do processo licitatório é caracterizada pelo planejamento e envolve a prática de vários atos que precedem a elaboração do edital, como, por exemplo, a elaboração dos documentos descritos no art. 18, quais sejam, o estudo técnico preliminar, o termo de referência e o projeto básico. Neste momento preparatório da licitação, conforme dispõe o art. 40 da Lei, é necessário avaliar se é pertinente a contratação de fornecimento por meio do Sistema de Registro de Preços. Dúvida que surge diz respeito ao documento que deve dedicar atenção à definição da escolha pela contratação por meio de Registro de Preços. O art. 18, §1º, que trata dos elementos do Estudo Técnico Preliminar, não faz referência à necessidade de estudo da implantação de Sistema de Registro de Preços, mas sim à identificação da melhor solução para atender a demanda apresentada. Lado outro, o art. art. 6º, inciso XXVIII, que trata dos parâmetros que devem ser descritos no termo de referência, prevê, na letra "h", o elemento alusivo à forma e aos critérios de seleção do fornecedor. Ora, a forma está relacionada à avaliação do procedimento que deverá ser adotado para contratação: licitação ou contratação direta. Já o critério de seleção de fornecedor faz referência aos tipos de licitação: menor preço, melhor técnica, técnica e preço, melhor conteúdo artístico, maior retorno econômico e maior desconto.

Essa roteirização descritiva dos dois documentos citados evidencia que é no instrumento do termo de referência que ocorrerá a avaliação e a indicação se a aquisição da solução deverá ocorrer por meio da implantação do Registro de Preços.

Outrossim, no caso de adesão à Ata de Registro de Preços, essa opção ocorrerá depois da consolidação do Termo de Referência e levantamento dos valores

[14] A Resolução nº 347/20 do CNJ, oferece, no inciso II do seu anexo, definição completa de compra compartilhada.

mercadológicos, pois, no mercado, é possível encontrar Ata de Registro de Preços que contenha o bem compatível ao descrito no Termo de Referência[15] [16] [17] e com valores abaixo daqueles que constaram da orçamentação.[18] Destaca-se que essa escolha deve demonstrar ganho de eficiência, viabilidade e economicidade da adesão em detrimento de uma contratação própria.[19]

A propósito, na contramão dessa orientação, a IN SEGES nº 81 estabeleceu, em seu art. 11, que a elaboração do Termo de Referência é dispensada na hipótese de adesão a atas de registro de preços e que caberá ao estudo técnico preliminar conter as informações que bem caracterizam a contratação, tais como o quantitativo demandado e o local de entrega do bem ou da prestação do serviço. Essa orientação nos parece equivocada, visto que o Termo de Referência condensa as principais informações que circunda a contratação: justificativa, requisitos, indicadores, modo de gestão e execução do contrato, dotação e pesquisa de mercado. Assim sendo, como o órgão aderente utilizará informações que são próprias do órgão gerenciador? O Estudo Técnico Preliminar é o documento que visa a encontrar uma solução viável e não detalhar os elementos da contratação.

82.3 Especificidades da licitação para Registro de Preços (art. 82, I)

O legislador impõe que o edital revele os quantitativos máximos de cada item que poderão ou não ser adquiridos.

---

15 Não pode haver o aproveitamento de registro de preços por instituição pública quando as especificações do objeto forem exclusivas para a instituição que realiza a contratação (Informativo de Jurisprudência sobre Licitações e Contratos nº 83 do TCU).

16 A adesão *à* Ata de Registro de Preços está condicionada *à* comprovação da similaridade entre os objetos a serem contratados pelo *órgão* ou entidade carona e aqueles registrados na ata aderida, bem como *à* vantagem do preço registrado em relação aos preços praticados no mercado onde serão adquiridos os bens ou serviços. (Acórdão nº 8.616/2016-TCU-Plenário).

17 Com relação aos valores mercadológicos, o TCU, por meio do Acórdão nº 1.794/2023 – Primeira Câmara, recomenda que seja feita pesquisa abrangente e não apenas junto aos fornecedores: "O mapa comparativo apresentado pela defesa (peça 21, p. 2-5) , atem-se a apenas dois fornecedores, fora a empresa vencedora do PP 2/2019, o que fragiliza muito a referida pesquisa, pois, além de ser feita apenas com fornecedores locais, o quantitativo de empresas pesquisadas é muito pequeno para que se tenha um desenho mais correto dos preços praticados no mercado local, uma vez que caso fosse feito o procedimento licitatório estabelecido em lei, mais fornecedores teriam oferecido seus preços, o que, consequentemente, culminaria em uma contratação mais vantajosa para a administração pública. O mais recomendado nesse caso seria cotações extraídas com potenciais fornecedores (pelo menos três, distintos do registrado em ata), e mais a juntada das outras cotações extraídas de contratações similares, e com isso, sim, se robustecesse o mapa comparativo, certificando, assim, que a Administração Pública municipal cotou os melhores valores e que estes são compatíveis com os preços de mercado, o que corroboraria e justificaria a adesão a uma ARP, ao invés de se realizar a licitação base para tais aquisições. Tal prática permite à Administração Pública ter uma adequada fotografia da realidade praticada no mercado local, sendo, pois, inadequada para delimitar as licitações pesquisas que não apresentam consistência, uma vez que a diferença entre a menor e a maior cotação, em muitos casos, é desarrazoada, e as empresas locais, em resposta a pesquisas realizadas pela Administração Pública, tendem a apresentar propostas de preços com valores muito acima daqueles praticados no mercado, retirando desse instrumento a confiabilidade necessária para balizar contratações que envolvem quantias consideráveis".

18 Informativo nº 223 do TCU: 4. O procedimento de adesão de órgão não participante à Ata de Registro de Preços depende de planejamento prévio que demonstre a compatibilidade de suas necessidades com a licitação promovida e de demonstração formal da vantajosidade da contratação.

19 A Procuradoria Geral da Fazenda manifestou acerca da preferência ou não pela utilização do Sistema de Registro de Preços por meio do Parecer PGF/AGU/ nº 10/2013, nas seguintes situações:
IV. Sistema de Registro de Preço goza de preferência legal, quando constatadas uma das hipóteses previstas no art. 3º, do Decreto nº 7.892/2013.
V. Poderá ser afastada preferência do Sistema de Registro de Preço nos casos em que reste comprovado nos autos da contratação ineficiência econômica ou gerencial decorrente da adoção do Registro de Preços.

A razão de ser dessa exigência é a de antecipar ao mercado o teto de obrigações que atingirão o licitante vencedor e os demais que aceitarem praticar o mesmo preço declarado vitorioso. Durante o prazo de vigência da ata, o licitante está, em princípio,[20] aprisionado ao pactuado, tendo que atender as solicitações que lhe forem encaminhadas.

Vale destacar que a Lei preserva a principal característica do SRP, que se destaca pelo tom franco com que a Administração Pública lida com particular, evitando que exista qualquer argumento em seu desfavor no sentido de ser obrigada a contratar.

Em contrapartida, essa prerrogativa da Administração de contratar os preços registrados, durante o prazo de vigência da ata, de acordo com sua necessidade, não pode ser visto como salvo conduto para que a Administração despreze a ata, fruto de licitação que envolveu terceiros e consumiu tempo, recursos e esforços público e privados. Por isso, a fixação de quantitativos sem critérios é inaceitável. É essencial que o volume do que se pretende contratar seja o mais próximo da realidade, inclusive para o alcance de propostas mais vantajosas. Não é possível desconsiderar que a preocupação com a economia de escala está atrelada à estipulação da quantidade máxima. Afinal, o valor unitário reflete a expectativa de vender/fornecer para a Administração, tendo o quantitativo máximo definido. Se essa informação não for apresentada aos licitantes, o parâmetro de oferta será o mínimo que se pretende adquirir, que elevará o valor de proposta. Por essa razão também faz sentido a trava numérica.

A especificação de quantitativos distantes da realidade do órgão poderá ensejar frustações futuras dos titulares da ata, decorrentes da ausência de contratações ou de pedidos muito inferiores aos quantitativos inicialmente definidos para consumo, gerando descrédito do mercado em relação à participação em novas licitações para Registro de Preços naquele órgão.

É importante destacar que, para o levantamento do quantitativo, devem ser utilizadas adequadas técnicas de estimação. Um dos métodos que pode servir de referência para fixação dos quantitativos máximos é a análise do consumo e utilização dos mesmos bens no exercício financeiro ao que antecede a contratação. Essa metodologia leva em conta a avaliação da série histórica pretérita de contratação do órgão, que pode oferecer uma dimensão aproximada da realidade de demandas da unidade administrativa.

Por fim, vale registrar que a quantidade máxima também é baliza para o cálculo das adesões de que cuidam os §2º a 6º do art. 86. Os órgãos não participantes poderão aderir à Ata de Registro de Preços, observadas as exigências previstas nos incisos do §2º do art. 86 e nos limites descritos nos §4º e 5º.[21] A adesão não é ilimitada e, ao dizer que a quantidade máxima há de ser indicada, reforça-se a contenção aos caronas.

Há de se considerar, ainda, que os quantitativos máximos devem englobar as demandas dos órgãos participantes, segundo dita o art. 86.[22]

O artigo 86 aborda a intenção de Registro de Preços, procedimento já conhecido na esfera federal, que agora se nacionaliza como etapa em regra obrigatória[23] por meio

[20] O inciso IX do caput do art. 82 remete ao edital cuidar das hipóteses de cancelamento da ata e suas consequências.

[21] Uma vez mais observa-se que o legislador adotou os tetos que o Decreto nº 7.892/13 prescrevia, impondo-o a todos os entes subnacionais.

[22] A definição de órgão não participante encontra-se no art. 6º, inciso XLIX: órgão ou entidade não participante: órgão ou entidade da Administração Pública que não participa dos procedimentos iniciais da licitação para registro de preços e não integra a Ata de Registro de Preços;

[23] O IRP não é obrigatório apenas quando o órgão ou a entidade gerenciadora for o único contratante, nos moldes do §1º do art. 86.

do qual se possibilita, ainda na fase interna, a participação de outros órgãos e entidades na licitação conduzida pelo órgão ou entidade gerenciadora. Na hipótese de outros órgãos/entes acudirem ao chamado em face do IRP, ao demandado pelo órgão/entidade gerenciadora, serão adicionados os montantes solicitados pelos participantes.

82.4 Quantidade mínima a ser cotada (art. 82, II)

O edital deve ainda dispor sobre a quantidade mínima a ser cotada de unidade de bens, ou no caso de serviços, de unidades de medida. Ao contrário do que uma leitura apressada pode sugerir, não se está a exigir a fixação de quantidade mínima a ser contratada. Cotada e contratada são coisas distintas.

Este dispositivo reproduz o que se encontrava previsto no art. 9º, inciso IV, do revogado Decreto Federal nº 7.892/113, e passa a ter valia para efeito de apresentação, pelos licitantes, de proposta em quantitativo inferior ao máximo previsto no edital, obrigando-se nos limites dela.[24]

82.5 Hipóteses de previsão de preços diferentes (art. 82, III)

O legislador delega ao edital também admitir a prática de preços diferentes, em razão de circunstâncias que possam justificar a distinção. Se, por exemplo, licita-se o possível fornecimento de bens a serem entregues em locais diversos, é evidente que o preço ofertado será maior ou menor a depender da distância. A licitação não será realizada em lote único, mas, ao contrário, se impõe sua divisão em lotes tantos quantos forem os locais, cumprindo à Administração realizar com cuidado a fase interna, porque ela deverá antever os reflexos das distintas localidades no custo estimado da licitação.

A isso se somam outros fatores que o legislador antecipadamente destaca nas alíneas do inciso III. São eles: o local de entrega ou prestação do serviço; a forma e o local de acondicionamento; e a variação de preço, porque o quantitativo de um lote é maior do que outro, o que pode justificar preços unitários mais baixos.

O legislador ainda permite que outros motivos justificados no processo possam respaldar a aceitação de preços desiguais, já que é possível que existam custos variáveis por localidade e região.

82.6 Possibilidade de oferecer quantitativo inferior (art. 82, IV)

Esse inciso trata da possibilidade, assim consentindo o edital, de o licitante oferecer proposta em quantitativo inferior ao máximo previsto no edital, o que circunscreverá sua obrigação a tal oferta.

Essa prerrogativa do licitante de oferecer quantitativo menor do que o total previsto para contratação do objeto descrito no edital permite maior participação de licitantes e, por conseguinte, fomento da competitividade. Se fosse exigido dos licitantes que atendessem ao volume total de bens e serviços especificados para contratação, vários interessados ficariam excluídos, por não conseguirem entregar o quantitativo fixado para a entrega.

---

[24] Isso é o que preceitua o art. 82, inciso IV, da Lei nº 14.133/21.

Para ilustrar, apresentamos a seguinte hipótese de licitação com oferta de quantitativo inferior ao máximo previsto no edital: um determinado órgão lançou o edital para contratação de 100 pacotes de 5kg de arroz. O edital previu a possibilidade de ofertas com quantitativo mínimo de 50 pacotes. O licitante X apresentou o valor de R$40,00 para o pacote de 5kg e propôs a entrega do quantitativo total. Já o licitante Y, amparado na possibilidade de ofertar quantitativo abaixo do total estipulado, apresentou o valor de R$38,00, mas apenas para 60 unidades, que era o que conseguia entregar. Nesse cenário, o licitante X se sagra vencedor para entrega de 40 pacotes de 5kg e o licitante Y fica responsável pela entrega de 60 pacotes. Assim, a Administração Pública consegue obter proposta mais vantajosa por meio da participação de um maior número de interessados, que não conseguiriam atender ao chamamento se não fosse permitida a oferta com o quantitativo mínimo.

Vale destacar que esse dispositivo é uma faculdade do órgão público e a previsão da oferta parcial deve estar expressa no edital.

82.7 Critérios de julgamento no SRP (art. 82, V)

O critério de julgamento do pregão ou concorrência[25] será menor preço ou maior desconto sobre a tabela de preços praticada no mercado. É de se considerar que o critério menor preço está disciplinado no art. 34 da Lei nº 14.133/21. Ali se afirma que o menor preço, o maior desconto[26] e, quando couber, a técnica e preço, considerará o menor dispêndio para a Administração, atendidos os parâmetros mínimos de qualidade definidos no edital de licitação.

Com relação ao critério de julgamento maior desconto, cumpre asseverar que a fixação de percentual de desconto máximo configura fixação de preço mínimo, o que é vedado pela lei nº 14.133/21, que estabelece, em seu art. 24, parágrafo único, que o desconto deve incidir no preço estimado ou no máximo aceitável que consta do edital.[27]

O Decreto Federal nº 11.462/23 estipula, em seu art. 12, que na licitação para registro de preços será adotado o critério de julgamento de menor preço ou de maior desconto sobre o preço estimado ou utilizada tabela de preços praticada no mercado, sendo permitido o julgamento por grupo de itens quando for demonstrada a inviabilidade de se promover a adjudicação por item e for evidenciada a sua vantagem técnica e econômica. Como dito anteriormente, esses levantamentos deverão constar dos documentos da fase preparatória.

De outro vértice, adotado o menor preço, impõe-se o modo de disputa aberto ou a combinação do modo fechado e aberto, em respeito ao que estabelece o §1º do art. 56.

Assim, quer se adote o pregão, quer se adote a concorrência, o modo de disputa não poderá ser fechado.

---

[25] Art. 14 do Decreto Federal nº 11.462/23.

[26] A propósito do tema, sugere-se leitura do parecer da AGU nº 098/2016/CJU-RN/CGU/AGU, que trata da metodologia para adoção do critério de julgamento maior desconto.

[27] O TCU, por meio do Acórdão nº 818/2008 – 2ª Câmara, Rel. Min. Aroldo Cedraz, DOU de 03.04.2008, recomenda: 9.3.1.2. Estipular percentuais de desconto máximo, haja vista caracterizar fixação de preços mínimos, o que é vedado pelo art. 40, inciso X, da Lei nº 8.666/1993.

Importante considerar que obras demandam uso de concorrência, considerando a circunscrição do pregão para bens e serviços, incluídos os comuns de engenharia.[28]

82.8 Condições para alteração de preços registrados (art. 82, VI)

Deve ser realçada a mudança de tratamento no que toca à alteração de preços, que parece melhor endereçar a questão.

A Ata de Registro de Preços, conforme definição legal, é documento vinculativo e obrigacional, que terá vigência de um ano, podendo ser prorrogado, por igual período, desde que comprovado o preço vantajoso, nos moldes autorizados pelo caput do art. 84. Via de consequência, o laço obrigacional que une o fornecedor à ata pode chegar a 2 (dois) anos. E ainda que não se materialize a prorrogação, em um ano uma série de fatores estranhos à vontade do particular pode impactar o custo do objeto, seja ele qual for refletindo no preço. Portanto, ainda que a regra seja a imutabilidade dos preços registrados, a alteração pode ser imperiosa.

A Lei nº 8666/93 nada dizia a respeito, mas o revogado Decreto nº 7.892/13 previa a possibilidade de alteração de preços apenas quando implicasse a sua redução.

Na hipótese oposta, qual seja, a de majoração dos preços registrados, por exemplo, diante de alteração dos preços dos insumos, a Lei nº 8.666/93 também se manteve silente. O revogado Decreto Federal nº 7.892/13 previa, em seu art. 19, para os casos de o preço de mercado tornar-se superior aos preços registrados e o fornecedor não puder cumprir o compromisso, as seguintes iniciativas:

a) liberação do fornecedor do compromisso assumido, caso a comunicação ocorra antes do pedido de fornecimento;
b) não aplicação da penalidade, se confirmada a veracidade dos motivos e dos comprovantes apresentados; e
c) convocação dos demais fornecedores para assegurar igual oportunidade de negociação.

Ao final, caso não se chegue a bom termo a negociação, contemplava-se a revogação da ata.

O Decreto revogado, ao determinar a revogação, diante do fracasso das negociações, sem criar alternativa gerencial para o administrador, ignorava os percalços que a medida pode provocar. Revogar a licitação pressupõe quase sempre (se a demanda persiste) dar início a novo certame. Para além da questão temporal e do gasto transacional de recursos financeiros envolvidos nas concorrências e pregões, realizar nova licitação pode significar mudanças de agenda e atrasos nos cronogramas, por exemplo.

Vale ainda ressaltar que essas novas licitações impactariam diretamente o cronograma do PAC – Plano de Contratação Anual do órgão –, onde houvesse,[29] alterando a estratégia e o planejamento previamente concebidos.

[28] Ver incisos XXXVIII, XLI, do art. 6º da Lei nº 14.133/21.

[29] O Plano contratações públicas anual não é obrigatório pela Lei nº 14.133/21 (art. 12, VII), mas pode ser cogente a depender das regras criadas pelos próprios entes federados. Na esfera federal já se faz alusão ao citado plano desde a IN SGD/ ME 1/2019.

Soma-se a isso o fato de que instaurar e realizar novo certame não é certeza de que os futuros preços (futuras propostas) serão menores. Na nova licitação é mais provável que novos e mais elevados valores, gestados no ambiente de mercado, sejam apresentados, visto que a proibição de conceder a revisão da Ata faz com que os licitantes passem a considerar e a incorporar na sua proposta todas as margens para o imprevisto, elevando seus custos e, por conseguinte, aumentando o valor registrado. Esse ciclo vicioso faz com que a Administração Pública pague valor mais elevado, pois assume, antecipadamente, os riscos de majoração que, muitas vezes, podem não ocorrer.

Sabe-se, por outro lado, que a LINDB[30] determina, em seu art. 20, que nas esferas administrativas as decisões não sejam tomadas com base em valores jurídicos abstratos sem que sejam consideradas as suas consequências práticas. Determina, ainda, que se apresente a demonstração da necessidade e a pertinência da medida tomada de desfazimento do contrato e a justificativa de não adoção de outras possíveis alternativas.

O caminho do legislador atual apresenta-se mais razoável, especialmente se considerarmos que a Ata, segundo a nova Lei, pode ser prorrogada por mais um ano, caso seja demonstrado que ela permanece vantajosa.

O edital deve dispor a respeito do percurso a ser adotado pelo administrador público, não fazendo sentido que este vede a mudança de preços, ainda que para patamar superior, desde que comprovado o aumento dos preços por fatores reais, dos quais não se pode escapar mesmo que a ata seja abandonada e persiga-se com nova licitação.

A propósito, cumpre registrar entendimento de Victor Amorim e Fabrício Motta, contrário à restrição de alteração de preços registrados:

> Eventual restrição quanto à alteração dos preços registrados, a propósito, seria questionável diante da consagração constitucional do equilíbrio econômico-financeiro da relação contratual, fundada na manutenção das condições efetivas propostas pelo contratante ao Estado (art. 37, XXI). Além do questionamento jurídico-constitucional, eventual vedação de adequação dos preços fatalmente acarretaria contratações mais onerosas para o Estado, uma vez que todos os riscos potenciais que pudessem interferir nos valores apresentados, durante a execução contratual, seriam certamente precificados na proposta apresentada.[31]

Felizmente, o novo Decreto Federal nº 11.462/23 atribui ao órgão ou à entidade gerenciadora a responsabilidade de praticar todos os atos de controle e de administração do SRP, e expressamente fixa a competência para conduzir as negociações para alteração ou atualização dos preços registrados.[32] E, mais adiante, faz referência novamente à idêntica possibilidade, quando o decreto disciplina o edital que deve trazer as condições para alteração ou atualização de preços registrados, conforme a realidade do mercado e observado o disposto nos arts. 25 a 27.

O art. 25, por sua vez, afirma a possibilidade de alterar e atualizar os preços registrados em decorrência de eventual redução dos preços praticados no mercado ou de

[30] LINDB – Lei de Introdução às normas do Direito Brasileiro. Decreto-Lei nº 4.657, de 4 de setembro de 1942, em especial com as alterações incluídas pela Lei nº 13.655, de 25 de abril de 2018.

[31] AMORIM, Victor; MOTTA, Fabrício. Revisão de preços registrados em caso de elevação dos valores praticados em mercado no contexto da crise do coronavírus. *Fórum de Contratação e Gestão Pública – FCGP*, Belo Horizonte, a. 19, n. 221, p. 9-16, mai. 2020.

[32] Art. 7, inciso X.

fato que eleve o custo dos bens, das obras ou dos serviços registrados, nas seguintes situações:

> I – em caso de força maior, caso fortuito ou fato do príncipe ou em decorrência de fatos imprevisíveis ou previsíveis de consequências incalculáveis, que inviabilizem a execução da ata tal como pactuada, nos termos do disposto na alínea "d" do inciso II do *caput* do art. 124 da Lei nº 14.133, de 2021;
>
> II – Em caso de criação, alteração ou extinção de quaisquer tributos ou encargos legais ou superveniência de disposições legais, com comprovada repercussão sobre os preços registrados; ou
>
> III – na hipótese de previsão no edital ou no aviso de contratação direta de cláusula de reajustamento ou repactuação sobre os preços registrados, nos termos do disposto na Lei nº 14.133, de 2021.

O art. 27 do novo Decreto reconhece que se o preço de mercado superar o preço registrado e o fornecedor não puder cumprir as obrigações estabelecidas na ata, será facultado ao fornecedor requerer ao gerenciador a alteração do preço registrado, mediante comprovação de fato superveniente que o impossibilite de cumprir o compromisso. Para tanto, o §1º do art. 27 exige que o fornecedor encaminhe, juntamente com o pedido de alteração, a documentação comprobatória ou planilha de custos que demonstre a inviabilidade do preço registrado em relação às condições inicialmente pactuadas.

E, caso se atualize o preço registrado, diante das alegações e documentos apresentados pelo fornecedor, o órgão ou a entidade gerenciadora devem observar a realidade dos valores praticados pelo mercado, consoante prevê o §5º do mesmo art. 27. Ato subsequente, nos moldes do §6º, serão avisados os órgãos e as entidades que tiverem celebrado contratos decorrentes da ata de registro de preços sobre a efetiva alteração do preço registrado, para que avaliem a necessidade de alteração contratual

A pretensão do fornecedor pode não ser acolhida, porque não comprovado o fato superveniente que inviabilize o preço registrado. Nesta situação, o pedido será indeferido e o compromisso do fornecedor será preservado, sob pena de cancelamento do seu registro, nos termos do disposto no art. 28, sem prejuízo da aplicação das sanções legais (§2º do art. 27). Abre-se, assim, o dever de convocar os fornecedores do cadastro de reserva, observada a ordem de classificação, a fim de checar se eles mantêm os preços registrados. Deve-se proceder ao exame dos documentos habilitatórios dos convocados, um a um, como preconiza o §3º art. 18. Ou seja, o cadastro de reserva será formado sem a prévia realização da habilitação.

Apenas se não houver sucesso nas negociações com os personagens constantes do cadastro de reserva e, claro, apesar de o decreto não mencionar, também na hipótese de um fracasso geral na habilitação, cancela-se a ata de registro de preços, nos termos do disposto no art. 29, e adota-se a medida cabível para a obtenção da contratação mais vantajosa. Não mais se menciona expressamente a revogação. Pergunta-se: a ausência de menção tem algum propósito? Pode-se concluir que cancelada a ata a licitação perde a sua vitalidade, pelo que o efeito prático é o mesmo. Não conseguimos imaginar efeito distinto deste.

Trata-se de redação, felizmente, diversa do revogado art. 19 do Decreto Federal nº 7.892/13, para o qual a única resposta possível, caso o preço de mercado superasse os preços registrados e o fornecedor não pudesse cumprir o compromisso, era liberá-lo do

compromisso assumido, caso a comunicação ocorresse antes do pedido de fornecimento, quando então não seriam aplicadas as penalidades, se confirmada a veracidade dos motivos e dos comprovantes apresentados. Passo seguinte, poder-se-ia convocar os remanescentes para negociação ou revogar a licitação, como antes já mencionado.

Importante destacar que, assim como já ocorria sob a luz do Decreto Federal nº 7.892/13, a alteração dos preços registrados pode se dar para baixo, a fim de acompanhar os preços praticados no mercado. O então art. 18 é hoje substituído pelo art. 26 no atual Decreto Federal nº 11.462/23, com pequenos ajustes.

Deixa-se claro que o fornecedor que não aceitar reduzir o seu preço aos valores praticados pelo mercado será liberado do compromisso assumido quanto ao item registrado, sem aplicação de penalidades administrativas. Ele continuará vinculado no que toca aos demais itens não afetados pela redução (art. 26 §1º).

Na hipótese de se liberar o fornecedor, repetem-se as etapas já previstas no art. 27: convocar os fornecedores do cadastro de reserva, na ordem de classificação, para verificar se aceitam reduzir os seus preços aos valores de mercado. Fracassada a tentativa de negociar, cancela-se a ata e busca-se a medida apta a propiciar a contratação mais vantajosa. O §4º do art. 27 é igual ao §3º, do art. 26.

Se o preço for reduzido serão comunicados os órgãos e as entidades que tiverem celebrado contratos com base na ata, para que avaliem a conveniência e a oportunidade de diligenciarem negociação com vistas à alteração contratual (§4º do art. 27)

Parece haver uma sutil diferença entre o impacto da redução e do aumento do preço no que toca aos contratos celebrados por outros que não o órgão gerenciador. No caso de redução, como descrito em linhas anteriores, os demais contratantes devem avaliar a conveniência de também negociar; mas, no caso do aumento, a redação parece afastar qualquer possibilidade dissonante de também praticar o aumento, ao dizer que haverá comunicação a todos os contratantes sobre "a efetiva alteração do preço registrado", embora também diga que eles devem examinar a necessidade de mudança contratual.[33]

Superada tal questão, faz-se importante registrar que o Sistema de Registro de Preços não funciona bem no mercado volátil, que sofre com aumentos de preços constantes. É preciso ter em mente que esse procedimento auxiliar, para ser implantado, necessita de um panorama econômico estável, com inflação controlada e, mesmo assim, será legítimo apenas para produtos sobre os quais não incidem aumentos frequentes de preço.

Por fim, para gerar segurança jurídica e proteção aos gestores e fornecedores, considerando as regras emanadas da Nova Lei, e avançar nesta temática, é importante despertar nas organizações o dever de regulamentar o registro de preços e fazer figurar no normativo a sistematização do procedimento de revisão e reajuste dos valores registrados e as regras de saída do fornecedor.

Na mesma toada, o Senado e o Estado do Paraná editaram seus normativos revelando as diretrizes e recomendações para os pleitos revisionais.[34] A orientação de

[33] Um alerta importante, que consta do Decreto do SRP do Município de Salvador, diz respeito à mantença do percentual diferencial entre os preços de mercado vigentes à época do julgamento da licitação e aqueles inicialmente propostos pelo fornecedor (art. 23, §2º, do Decreto nº 36.605/23).

[34] BRASIL. Senado Federal. ADG 14/2022. Estabelece, no *âmbito* do Senado Federal, disposições regulamentares acerca das atribuições e procedimentos de licitações e contratos administrativos. *Boletim Administrativo do*

criar um ambiente decisório mais seguro e regulamentar o procedimento de revisão vai ao encontro do previsto no art. 30 da LINDB: "As autoridades públicas devem atuar para aumentar a segurança jurídica na aplicação das normas, inclusive por meio de regulamentos, súmulas administrativas e respostas a consultas", fortalecendo a estabilidade das relações negociais e inibindo incertezas e dúvidas das partes envolvidas no processo de contratação.

Em apoio a essa orientação, o ministro do Tribunal de Contas da União, Benjamin Zymler, assim se expressou: "Vejo com bons olhos a edição de normativos da espécie, pois proporcionam sistematização e incrementam a segurança jurídica dos gestores públicos que serão incumbidos de examinar os pleitos de reequilíbrio econômico-financeiro".[35]

É importante enfatizar que deve constar desse regulamento a procedimentalização a ser adotada na organização, bem como os documentos necessários para oferecimento do pleito pelo titular da Ata. Por tratar-se de tramitação formal, é importante criar o fluxo do procedimento, no qual conste: a definição da área competente que receberá o pedido e o prazo de sua apresentação; o período de tempo para sua análise e decisão; as ponderações da assessoria jurídica; a indicação da disponibilidade orçamentária; a área responsável pela feitura do termo aditivo; e a área responsável pela publicação do extrato.

A propósito, mostra-se pertinente registrar que o art. 123, parágrafo único, da Lei nº 14.133/21, estipula o prazo de 1 (um) mês para a Administração decidir acerca de requerimento apresentado.[36] Dessa feita, não é possível o órgão público silenciar-se ao ser provocado ou manter tardio o tempo de reação.

Lado outro, o normativo deve, ainda, especificar que o pedido será feito por meio de documento formal, devidamente endereçado, com a indicação dos pressupostos jurídicos e as circunstâncias fáticas alicerçados em evidências sólidas dos fatos imprevisíveis e que justificam restaurar o custo inicialmente pactuado (nota fiscal/fatura, publicações em revistas especializadas, entre outros).[37]

Senado Federal, 10 jun. 2022. Disponível em: https://adm.senado.leg.br/normas/ui/pub/normaConsultada;jsessionid=46C4338B96DD5329782E6F5D3183C239.tomcat-2?0&idNorma=14380101#:~:text=Estabelece%2C%20no%20%C3%A2mbito%20do%20Senado,de%20licita%C3%A7%C3%B5es%20e%20contratos%20administrativos. Acesso em 03 nov. 2022; BRASIL. Decreto nº 10086, de 17 de janeiro de 2022. Regulamenta, no *âmbito* da Administração Pública estadual, direta, autárquica e fundacional do Estado do Paraná, a Lei nº 14.133, de 01 de abril de 2021, que "[e]stabelece normas gerais de licitação e contratação para as Administrações Públicas diretas, autárquicas e fundacionais da União, dos Estados, do Distrito Federal e dos Municípios", a aquisição e incorporação de bens ao patrimônio público estadual, os procedimentos para intervenção estatal na propriedade privada e dá outras providências. *DOE*, Paraná, 17 jan. 2022. Disponível em: https://www.legisweb.com.br/legislacao/?id=426484. Acesso em 03 nov. 2022.

35 MONTEIRO, Solange. Ministro Benjamin Zymler, do TCU, analisa reequilíbrio de preços em contratos de obras públicas. *Blog da Conjuntura Econômica*, 04 ago. 2022. Disponível em: https://ibre.fgv.br/blog-da-conjuntura-economica/artigos/ministro-benjamin-zymler-do-tcu-analisa-reequilibrio-de-precos#:~:text=Dito%20de%20outra%20forma%2C%20nos,a%20realiza%C3%A7%C3%A3o%20do%20reequil%C3%ADbrio%20contratual. Acesso em 03 nov. 2022.

36 Art. 123. A Administração terá o dever de, explicitamente, emitir decisão sobre todas as solicitações e reclamações relacionadas à execução dos contratos regidos por esta Lei, ressalvados os requerimentos manifestamente impertinentes, meramente protelatórios ou de nenhum interesse para a boa execução do contrato.
Parágrafo único. Salvo disposição legal ou cláusula contratual que estabeleça prazo específico, concluída a instrução do requerimento, a Administração terá o prazo de 1 (um) mês para decidir, admitida a prorrogação motivada por igual período.

37 Toma-se, como exemplo, o art. 135, §6º, da Lei nº 14.133/21, o qual estabelece a roteirização do pedido que deve ser observado pelo contratado para efeito de obtenção da repactuação: "§6º A repactuação será precedida de solicitação do contratado, acompanhada de demonstração analítica da variação dos custos, por meio de apresentação da planilha de custos e formação de preços, ou do novo acordo, convenção ou sentença normativa que fundamenta a repactuação".

É importante alertar que o pedido deve ser restrito aos insumos que foram impactados pela majoração de preços extraordinária e o desconto que foi dado na licitação deve ser observado na atualização do valor. Soma-se a isso, a necessidade de que o pedido de restabelecimento do equilíbrio econômico-financeiro deverá ser formulado durante a vigência do contrato e antes da eventual prorrogação.[38]

82.9 Registro de mais de um fornecedor ou prestador de serviço (art. 82, VII)

Cumpre observar que, nos moldes do que já permitia o art. 10 do Decreto Federal nº 7892/13, a Ata de Registro de Preços poderá incluir o licitante vencedor e os demais participantes, desde que assumam o compromisso de fornecer o produto, prestar o serviço ou realizar as obras, nas condições fixadas pela proposta que se sagrou ganhadora do certame.

Curiosamente, há dois dispositivos que cuidam do tema. O inciso VII do caput do art. 82 prevê que o edital deve dispor sobre a inclusão do registro de mais de um fornecedor ou prestador de serviço, desde que aceite cotar o objeto em preço igual ao do licitante vencedor. Já o inciso IV, estabelece a possibilidade de licitantes ofertarem quantitativos inferiores ao máximo fixado no edital.

Esses dois dispositivos têm propósitos distintos. O inciso IV busca aumentar a competitividade, tornando o certame mais abrangente com a participação de interessados que ficariam excluídos se não fosse permitida a oferta de quantitativos menores que os fixados como total. Já o inciso VII se apresenta como cadastro de reserva, permitindo que o órgão público tenha à sua disposição outros interessados disponíveis em fornecer ou prestar o serviço, caso o vencedor tenha seu registro de preços cancelado.

Para a construção do cadastro de reserva, a classificação segue a ordem final do julgamento de proposta, quando os licitantes serão chamados para se manifestarem se aceitam ofertar sua proposta no valor do licitante vencedor para efeito de registro no cadastro de reserva. Esse procedimento servirá como aproveitamento de certame, já que evita a realização de nova licitação, caso ocorra alguma hipótese de cancelamento da ata firmada com o vencedor da licitação.[39]

A parte final da redação do inciso VI parece autorizar também a inclusão de outros fornecedores na ata, autores de outras propostas diversas da apresentada pelo vencedor e que não tenham aceitado ajustá-las para os patamares da proposta do vencedor.

82.10 Vedação à participação do órgão ou entidade em mais de uma Ata de Registro de Preços (art. 82, VIII)

A regra tem por propósito evitar que a Administração iluda o licitante. Isso porque aquele que acode ao edital sente-se atraído também pela quantidade de itens que poderá fornecer caso se consagre vitorioso e venha de fato a ser acionado. Se a Administração

[38] Art. 131, parágrafo único, da Lei nº 14.133/21.

[39] O Decreto Federal nº 11.462/23 informa, em seu art. 18, como se dará a formalização da ata e o cadastro de reserva.

puder participar de várias atas com o mesmo objeto, ela estará agindo de forma desleal, porque terá iludido parte dos interessados que apostaram na possibilidade de vir a entregar uma quantidade x de itens, o que justificou a proposta apresentada, quando em verdade, o quantitativo real jamais seria aquele.

82.11 Hipóteses de cancelamento da Ata de Registro de Preços e suas consequências (art. 82, IX)

Interessante assinalar que a nova Lei fala em cancelamento da ata, enquanto o revogado Decreto nº 7.892/13 mencionava ora o cancelamento do registro do fornecedor (art. 20), resultado de um "mau comportamento" do privado, ora o cancelamento do registro de preço (art. 21). Nas duas situações, o revogado Decreto Federal nº 7.892/13 indicava as causas, uniformizando a matéria no âmbito de sua aplicação.

A Nova Lei não aborda o tema e não fala de forma estratificada: cancelamento do registro do fornecedor e cancelamento do registro de preço.

Fez-se, curiosamente, uma opção por não antecipar a disciplina jurídica. Remete-se ao edital tratar do tema. Claro que se o edital pode fazê-lo, a opção do ente federativo poderá ser a de unificar a disciplina fixando em decreto as referidas hipóteses. Padronizar, via atos normativos, estaria, inclusive, em consonância com o que prescreve a Lei em diversos dispositivos, em especial o art. 19, inciso IV. Portanto, ainda que a Lei possibilite distintas abordagens, oscilando de edital a edital, será possível, e desejável, diante da busca de padronização, que os Decretos cuidem do tema.

O Decreto Federal nº 11.462/23, que revogou o Decreto nº 7.892/13, prevê, em seu art. 15, inciso VIII, que o edital deve trazer as hipóteses de cancelamento do registro de fornecedor e de preços, de acordo com o disposto nos arts. 28 e 29. Mantém-se a lógica do decreto revogado que, como dito, tanto cuidava do cancelamento do registro do fornecedor e dos preços.

Nos moldes do art. 28, cancela-se o registro do fornecedor quando:

> I – Descumprir as condições da ata de registro de preços sem motivo justificado;
>
> II – Não retirar a nota de empenho, ou instrumento equivalente, no prazo estabelecido pela Administração sem justificativa razoável;
>
> III – Não aceitar manter seu preço registrado, na hipótese prevista no §2º do art. 27; ou
>
> IV – Sofrer sanção prevista nos incisos III ou IV do caput do art. 156 da Lei nº 14.133, de 2021.

Em todos os incisos, percebe-se que o comportamento do fornecedor desencadeou o cancelamento do registro, o que reforça a necessidade de ampla defesa e contraditório, relembrados no §2º.

No último inciso do art. 28, o comportamento do fornecedor levou à aplicação das sanções de impedimento ou declaração de inidoneidade. Todavia, ainda que no último caso se possa criticar o comportamento, o §1º do art. 28 admite que o órgão ou entidade gerenciadora, motivadamente, mantenha o registro, se os efeitos temporais da sanção na hipótese prevista no inciso não superem o prazo de vigência da ata de registro de preços. Ou seja, se a ata tem prazo de validade que supera o da sanção, o fornecedor

estará impactado enquanto vivencia os efeitos da reprimenda, mas não mais, a depender da decisão administrativa, quando já exaurida a temporalidade. Causa-nos estranheza a aplicação do referido parágrafo, diante da reprimenda de inidoneidade que, à luz do §5º do art. 156, durará, no mínimo, 3 (três) anos.

Cancelado o registro do fornecedor, o §3º prevê a possibilidade de se convocarem os licitantes que compõem o cadastro de reserva, observada a ordem de classificação.

Veja-se que aqui a redação é distinta do que diz o §3º do art. 27, que trata de alteração dos preços com vistas à redução. Lá a convocação é escrita como imperiosa e os convocados devem dizer se aceitam manter os seus preços registrados.

O art. 29 disciplina o cancelamento total ou parcial dos preços registrados, nas seguintes hipóteses, desde que devidamente comprovadas e justificadas:

> I – por razão de interesse público;
>
> II – a pedido do fornecedor, decorrente de caso fortuito ou força maior; ou
>
> III – se não houver êxito nas negociações, nos termos do disposto no §3º do art. 26 e no §4º do art. 27.

O art. 21 do revogado Decreto Federal nº 7892/13 previa o cancelamento diante de caso fortuito ou força maior, que prejudicasse o cumprimento da ata, razão de interesse público ou a pedido do fornecedor.

A regra atual é mais ampla até porque o Decreto Federal nº 11.462 é mais empático ao fornecedor que reclama alterações de preço diante do aumento do preço de mercado em relação ao registrado (art. 27).

82.12 Adoção de julgamento por grupo de itens (art. 82, §1º)

Este parágrafo acolheu orientação consolidada do Tribunal de Contas da União, que entende que nas licitações para registro de preços, a modelagem de aquisição por preço global de grupo de itens é medida excepcional que precisa ser devidamente justificada e somente deve ser utilizada nos casos em que a Administração demonstre a inviabilidade de se promover a licitação por item, por questões técnicas ou econômicas.[40]

Para evitar o jogo de planilha, fica estipulado que o edital deverá fixar o critério de aceitabilidade de preços máximos unitários, que deve ser o menor lance válido na disputa relativa ao item.[41]

---

[40] O art. 13, inciso II do Decreto Federal nº 11.462/23 estabelece que "a contratação posterior de item específico constante de grupo de itens exigirá prévia pesquisa de mercado e demonstração de sua vantagem para o órgão ou a entidade".

[41] Nas licitações para registro de preços, a modelagem de aquisição por preço global de grupo de itens é medida excepcional que precisa ser devidamente justificada, a ser utilizada apenas nos casos em que a Administração pretende contratar a totalidade dos itens do grupo, respeitadas as proporções de quantitativos definidos no certame. Apesar de essa modelagem ser, em regra, incompatível com a aquisição futura de itens isoladamente, admite-se tal hipótese quando o preço unitário ofertado pelo vencedor do grupo for o menor lance válido na disputa relativa ao item. (TCU, Acórdão nº 1650-Plenário).

82.13 Condição para contratação posterior de item específico constante de grupo de itens (art. 82, §2º)

Na mesma linha do §1º de se evitar a utilização indevida de contratação de itens registrados pertencentes a grupo, é necessário que a cada contratação de itens isolados seja realizada pesquisa mercadológica e fique demonstrado que o preço do item registrado é vantajoso para o órgão ou entidade pública.

Neste ponto é importante esclarecer a diferença de grupo de itens e lote de itens. O grupo de itens agrega vários itens distintos que poderiam ser licitados separados. Já o lote de itens diz respeito a um mesmo item que será dividido em várias partes para proporcionar maior participação de interessados e melhores preços.

O art. 13, inciso II do Decreto Federal nº 11.462/23 estabelece que "a contratação posterior de item específico constante de grupo de itens exigirá prévia pesquisa de mercado e demonstração de sua vantagem para o órgão ou a entidade".

82.14 Regras para registro de preços com indicação limitada a unidades de contração, sem indicação do total a ser adquirido (art. 82, §3º e §4º)

Trata-se de hipóteses de exceção à regra prevista no art. 82, inciso I, que estabelece a necessidade de o edital fixar o quantitativo total a ser registrado. As situações são pontuais e taxativas porque a lógica do SRP é indicar a quantidade máxima a ser contratada (caso de fato exista o interesse público), porque o montante é a bússola da atratividade do certame e influenciará a formatação da proposta.

As situações elencadas no parágrafo 3º não permitem aferir as demandas máximas, seja pelo desconhecimento da série histórica de consumo, pela inviabilidade de se aferir o quantum em função de se tratar de produtos perecíveis e, finalmente, porque na situação descrita no inciso III não se sabe de antemão a demanda. Indica-se, como possível exemplo, a manutenção veicular com fornecimento de peças.

Acresça-se, que muito embora o art. 82, §3º tenha permitido que não seja necessário fixar o quantitativo máximo nas hipóteses arroladas nos incisos I, II e III, restou obrigatória a indicação do valor máximo da despesa, com o fito de evitar o uso desregrado do registro, sem limite e aberto a práticas de ilícitos.[42]

Somado a isso, o mesmo dispositivo veda a participação de outro órgão ou entidade na Ata de Registro de Preços, mais uma vez para evitar que a ausência de régua para fixação do máximo a ser adquirido não seja instrumento de práticas espúrias.

O Decreto Federal nº 11.462/22 trata do tema no art. 4º e praticamente repete o que consta do §3º do art. 82 da Lei nº 14.133/21. Como não poderia ser distinto, repetem-se as hipóteses arroladas na lei. Mas o Decreto traz um esclarecimento no inciso I, recordando que a ausência de estimativa pode decorrer não só do fato de que antes não se fez licitação, mas também de não se ter celebrado contratação direta.

---

[42] Vale destacar que essa orientação se faz presente no art. 4º do Decreto Federal nº 11.462/23.

82.15 O Registro de Preços para obras e serviços de engenharia[43] (§5º do art. 82)

O parágrafo 5º prevê a hipótese do registro de preços para obras e serviços de engenharia, desde que tenham características que se enquadrem na modulagem do Registro de Preços. Explicando melhor, a obra em si é uma unidade. Como tal, um conjunto de unidades pode ser divisado. Cada edifício, por exemplo, pode ter seu preço registrado.[44] [45] [46] Além disso, é possível que tenhamos obras e serviços de engenharia comuns que necessitam de contratações frequentes. É possível, ainda, que tenhamos obras e serviços de engenharia de entregas parceladas ou contratação de serviços remunerados por unidade de medida (inclusive por obra construída). Ou ainda, contratação para atender a mais de um órgão (por exemplo, serviços de engenharia de reparos, ou de instalação), ou a programas de governo, tal qual se exemplificará a seguir; e, finalmente, quando não for possível definir previamente o quantitativo exato a ser demandado pela Administração.

É possível utilizar o SRP com base em projeto básico, completo, porém, ainda sem o projeto executivo, que poderá ser elaborado mesmo antes da execução da obra, ou, como a Lei permite, e se for necessário, durante a execução da mesma.

Evidentemente que deve haver previsão orçamentária que assegure o pagamento das obrigações, e isso serve para a licitação de qualquer objeto, por qualquer procedimento. Uma vez registrados os preços de cada obra, como é próprio do SRP, somente antes de contratar deverá ser declarada a disponibilidade orçamentária para garantir o pagamento. Assim também é para o SRP, em que os objetos são aquisições e demais serviços, pelo que ao realizar-se a licitação, tais previsões não são requeridas.

---

[43] Decreto Federal nº 8.080/13 (RDC) prevê, no art. 89, que o sistema de registro de preços poderá ser adotado para a contratação de obras e serviços de engenharia com características padronizadas.

[44] A forma como isso pode acontecer será descrita posteriormente.

[45] É evidente que hoje não mais se discute que o registro de preços não é mais aplicável apenas às compras, mas também a *serviços e obras, inclusive de engenharia*. (...) muito se ponderou a respeito, chegando-se, entretanto, à conclusão de que não havia incompatibilidade desse sistema licitatório para utilização de contratação de obras e serviços, mesmo porque o silêncio do legislador a esse respeito não pode ser interpretado como vedação. (BRASIL. Superior Tribunal de Justiça. MS nº 15.647. 2ª Turma).

[46] O *Superior Tribunal de Justiça*, em decisão da Segunda Turma, em caso envolvendo o Município de São Paulo, proferiu decisão no MS nº 15.647, onde esclareceu que o SRP já abrangia a execução de obras: STJ – Decisão no MS nº 15.647. Administrativo – Licitação – Sistema de Registro de Preços: Artigo 15, Lei nº 8.666/1993 – Limitações. 1. O regime de licitações por registro de preços foi ampliado pelos Decretos Regulamentadores nºs 3.931/2001 e 4.342/2002, sendo extensivo não só a compras, mas a *serviços e obras*. (Sem grifo no original).
2. Embora autoaplicável, o art. 15 da Lei nº 8.666/93 pode sofrer limitações por regulamento estadual ou municipal, como previsto no §3º.
3. Sociedade de economia mista que, na ausência de norma própria, submete-se aos limites municipais, se não contrariarem eles a Lei de Licitações.
4. Legalidade do Decreto nº 17.914/93, do Município de São Paulo, que afastou a incidência do registro de preços para a execução de obras.
5. Recurso ordinário improvido. (Sem grifo no original)
(...)
Como se denota, para esse julgado, está clara para o STJ a possibilidade de que seja utilizado o SRP para obras, a não ser que o ente, por meio de ato administrativo próprio, queira afastar esta incidência.

É indiscutível, ainda, que na Administração Pública temos demandas de obras padronizadas. Aliás, essa possibilidade ocorre com mais frequência do que se imagina, inclusive. Ademais, o art. 85 estabelece a padronização como uma condição para a execução de obras e serviços de engenharia pelo Sistema de Registro de Preços.

Em relação ao interesse de outros órgãos públicos na adesão à Ata de Registro de Preços, da mesma forma há possibilidade. Exemplo já visto é quando a União possui um programa para que Estados ou Municípios possam aderir; ou quando o Estado possui um programa de obras em que os Municípios possam aderir.

Convém ressaltar que o SRP não é para ser utilizado somente quando for conveniente a aquisição de bens ou a contratação de serviços para atendimento a mais de um órgão ou entidade, mas também quando se estiver diante de um programa de governo, o que pode ser realizado dentro de um mesmo órgão.

Apesar de a Lei não fazer referência a essa hipótese, que inclusive consta do art. 3º, do Decreto nº 7.892, de 2013, com semelhante redação no art. 89 do Decreto nº 7.581, de 2011, não há dúvidas de que esse propósito também pode ser acolhido pelo sistema.

Para exemplificar, imagine-se um Estado da Federação que tenha um programa de governo com o objetivo de fazer centenas de Unidades de Pronto Atendimento (UPAs) em diversos de seus municípios. O projeto básico seria padrão, isto é, o mesmo para todos os municípios, ou para todos os municípios da mesma região, do mesmo lote a ser licitado, com alterações na implantação e no projeto executivo.

Além dessas decisões, o TCU também já se pronunciou sobre essa temática, acatando a possibilidade de ser utilizado o SRP, desde que o objeto a ser contratado se conforme com a modulagem e sistemática desse procedimento.[47] [48]

---

[47] É admissível a contratação, mediante Registro de Preços, de serviços de reforma de pouca relevância material e que consistam em atividades simples, típicas de intervenções isoladas, que possam ser objetivamente definidas conforme especificações usuais no mercado, e possuam natureza padronizável e pouco complexa.
Representação versando sobre concorrência promovida pelo Banco do Brasil para Registro de Preços, visando futuras contratações de "obras e serviços de reforma sem ampliação, instalação, relocalização, conservação predial, ambiência e alterações de leiaute" nas agências bancárias, apontara "possível incompatibilidade entre o regime de contratação eleito – Sistema de Registro de Preços – e seu objeto". Em juízo de mérito, o relator registrou que "os serviços contratados incluem tanto atividades típicas de reforma de prédios, tais como demolição, alvenaria, instalações sanitárias, quanto aquelas associadas à mera readequação de ambientes, como remanejamento de divisórias, pontos de energia e dutos de ar condicionado, instalação de carpetes, mobiliário e persianas". Acrescentou que "é relativamente comum que a Administração contrate os serviços de remanejamento de divisórias, móveis, estações de trabalho, forros, pisos e iluminação por meio de Registro de Preços, tendo este Tribunal se deparado algumas vezes com esse tipo de situação sem cogitar a existência de irregularidades [...]". Em relação ao caso concreto, concluiu não haver óbice ao emprego do Sistema de Registro de Preços uma vez que "os serviços de reforma previstos, além de materialmente pouco relevantes, estão decompostos em atividades mais simples, típicas de intervenções isoladas, que podem ser objetivamente definidas, conforme especificações usuais no mercado, e possuem natureza padronizável e pouco complexa". O Tribunal, acompanhando o voto do relator, julgou a Representação improcedente. (Acórdão 3.419/2013-Plenário. *TC nº 015.212/2013-0,* Relator Ministro José Múcio Monteiro, 4.12.2013).

[48] É possível a contratação de serviços comuns de engenharia com base em Registro de Preços quando a finalidade é a manutenção e a conservação de instalações prediais, em que a demanda pelo objeto é repetida e rotineira. Contudo, o Sistema de Registro de Preços não é aplicável à contratação de obras, uma vez que nesta situação não há demanda de itens isolados, pois os serviços não podem ser dissociados uns dos outros.
Ainda na Denúncia relativa ao pregão eletrônico para registro de preços promovido pelo 9º Batalhão de Suprimento do Exército (9º B Sup.), o relator constatou também a utilização do Sistema de Registro de Preços para a contratação de obras, "com base em uma planilha que contempla 797 diferentes itens de serviços, dos quais alguns são bastante característicos de construções, ampliações e reformas". Sobre o assunto, esclareceu o relator que a realização de obras não atende aos requisitos previstos no art. 3º do Decreto nº 7.892/13, que regulamenta o Sistema de Registro de Preços. Em seu entendimento, "o aludido normativo viabiliza a contratação de serviços comuns de engenharia com base no registro de preços quando a finalidade é a manutenção e a conservação

Dessa feita, para a utilização do SRP, deve ser verificado, a um, se as obras a serem realizadas são repetitivas, isto é, possuem a característica de padronizáveis. A dois, se a necessidade é futura, e se, mesmo que se saiba que haverá precisão, não se tem a quantificação exata dessa necessidade, mas uma estimativa. Finalmente, é preciso verificar se o objeto é divisível, e que, uma vez fracionado, não se perderá a qualidade, ao contrário, trará benefícios qualitativos e econômicos para a Administração.

Outra questão a ser levada em conta é definir qual regime de empreitada deverá ser empregado para adoção do SRP nos diversos casos que surgirem, principalmente a escolha entre os regimes de empreitada por preço unitário, por preço global, empreitada integral ou contratação integrada ou contratação semi-integrada ou, ainda, a possível utilização de dois regimes de empreitada em um mesmo contrato. Esses detalhes serão tratados adiante.

---

de instalações prediais, em que a demanda pelo objeto é repetida e rotineira. Mas o uso desse sistema com o intuito de contratar obras não pode ser aceito, uma vez que não há demanda de itens isolados, pois os serviços não podem ser dissociados uns dos outros. Não há, nessa situação, divisibilidade do objeto". Ressaltou ainda o relator que a opção de utilização do registro de preços está prevista na Lei nº 8.666/93, mas, em relação a obras, a Lei explicita, em seu art. 10º, os regimes de contratação (empreitada global, empreitada por preços unitários, tarefa e empreitada integral), "sem fazer menção à possibilidade de emprego do registro de preço". Acrescentou, por fim, que as obras de reforma, ampliação, reparação e construção não seriam padronizadas "a ponto de constarem em Sistema de Registro de Preços e de, eventualmente, suscitarem o interesse de outros órgãos públicos na adesão à ata [...]". Considerando que "os serviços foram quantificados para utilização tanto em manutenção quanto para obras de reforma, ampliação, reparação e construção", concluiu o relator que "não há como contratá-los com a adoção do Sistema de Registro de Preços". Diante dessa e de outras irregularidades, o Tribunal, na linha defendida pela relatoria, julgou a Denúncia procedente, fixando prazo para que o 9º B Sup anulasse o certame. (Acórdão 3.605/2014-Plenário, *TC nº 014.844/2014-1*, Relator Ministro-Substituto Marcos Bemquerer Costa, 09.12.2014).

49 "Observe que o Sistema de Registro de Preços não *é* adequado nas situações em que o objeto não *é* padronizável, tais como os serviços de promoção de eventos, em que os custos das empresas são díspares e impactados por vários fatores, a exemplo da propriedade dos bens ou da sua locação junto a terceiros; de sazonalidades (ocorrência de feiras, festas, shows e outros eventos no mesmo dia e localidade); do local e do dia de realização do evento; e do prazo de antecedência disponível para realização do evento e reserva dos espaços/apartamentos". (Acórdão 1.712/2015 Plenário, *TC nº 004.937.2015-5*, Relator Ministro Benjamin Zymler, 15.07.2015).

50 A propósito cite-se entendimento do TCU: 1. É possível a adoção do registro de preços nas licitações de obras, sob o regime do RDC, em que seja demonstrada a viabilidade de se estabelecer a padronização do objeto e das propostas, de modo que se permitam a obtenção da melhor proposta e contratações adequadas e vantajosas às necessidades dos interessados. Representação formulada por equipe de fiscalização do Tribunal acerca de possíveis irregularidades em editais de Registro de Preços lançados pelo FNDE apontara "ilegalidade da aplicação do Sistema de Registro de Preços (SRP) para obras". As licitações em questão, realizadas mediante Regime Diferenciado de Contratação (RDC), tiveram por objeto a "eventual construção de escolas-padrão" no âmbito do Programa Proinfância, obedecendo às tipologias dos Projetos-Padrão definidos pelo FNDE. Após a oitiva do órgão, o relator destacou que o Decreto nº 7.581/11, que regulamenta o RDC, bem como o Decreto nº 7.892/13, que regulamenta o SRP, não contemplavam previsão para a utilização do instituto do registro de preços para obras. Ponderou, contudo, diante da situação fática evidenciada nos autos, que a anulação do certame não seria cabível em razão dos prejuízos sociais decorrentes da paralisação do programa, destacando que a "visão teleológica da lei" e a publicação posterior do Decreto nº 8.080/13 (que alterou o Decreto nº 7.581/11) são decisivos na análise da questão. Sobre o mencionado decreto, ressaltou que, ao autorizar, de forma literal, a utilização do SRP para obras, não teria extrapolada a Lei nº 12.462/11 (RDC). Explicou que em um SRP os objetos devem ser padronizáveis, sob pena de não oferecer uma contratação vantajosa, e como as obras, em geral, não são padronizáveis, a Lei não dispôs sobre elas de forma direta. No caso concreto, contudo, "a modelagem da licitação foi engenhosamente concebida" de forma a possibilitar a padronização de propostas e a precificação justa das edificações, destacando, além da baixa complexidade técnica e porte das obras, a regionalização dos lotes e a utilização da contratação integrada como fatores determinantes para a padronização da obra. Concluiu, por fim, que "o mens legis do dispositivo questionado foi plenamente atendido. A licitação em escopo teve o poder de escolher a melhor proposta [...]". Ressalvou, por fim, os riscos de se licitar, generalizadamente, obras por registro de preço, motivo pelo qual propôs o acompanhamento do programa, desde a construção até o pós-obra. O Tribunal endossou a proposta do relator quanto a essa questão, julgando a representação parcialmente procedente. (Acórdão nº 2.600/2013-Plenário, TC nº 019.318/2013-8, Relator Ministro Valmir Campelo, 25.09.2013).

O Decreto Federal nº 11.462/2023, ao regulamentar o SRP, especificamente a respeito de obras e serviços de engenharia, explicitou o que vem a ser "projeto" no inciso I do art. 85, ao estabelecer que o objeto pode ser padronizado por meio de termo de referência, anteprojeto, projeto básico ou projeto executivo. Disso se extrai que poderá haver a padronização do objeto por qualquer um desses instrumentos técnicos, portanto, com diferentes regimes de empreitada. Esse tema será discutido nos comentários ao art. 85 deste livro.

Questão que reputamos de grande interesse é ressaltar as vantagens da adoção do Registro de Preços para obras e serviços de engenharia. Para além daqueles benefícios citados, decorrentes da utilizado do sistema, soma-se a melhoria da qualidade em função da repetição dos serviços e a pluralidade de execuções que leva a uma maior agilidade e, com isso, entrega do objeto em um menor tempo.

Quando as obras são padronizadas, a construção civil tem a tendência de industrializar o processo construtivo e internalizar novas tecnologias construtivas, o que resulta num processo mais eficiente, com maior velocidade, menor geração de resíduos e maior controle de qualidade.

> Dentre os maiores benefícios oriundos da padronização da construção civil [está] a possibilidade de se estabelecer algo similar a uma linha de montagem dentro do canteiro de obras. Isso se torna viável a partir do momento em que se utiliza sistemas construtivos industrializados, reduzindo o processo construtivo à simples repetição de tarefas de montagem. Estudos sobre aumento de produtividade concluem que um trabalho executado repetidas vezes, sem interrupções e em grandes quantidades, resulta na experiência da mão de obra e, consequentemente, na melhoria do seu desempenho. No entanto, é importante que além dos sistemas construtivos, os projetos, procedimentos e até mesmo mão de obra sejam padronizados, de forma a evitar desperdícios no processo produtivo.[51]

Tais fatores são coerentes com o a Lei nº 14.133/21, que tem a preocupação de que na contratação de obras e serviços de engenharia seja levado em conta as metas, os padrões de qualidade, os critérios de sustentabilidade ambiental e os prazos de entrega definidos no edital de licitação e no contrato (art. 144).

A padronização de obras e serviços de engenharia tem como resultado melhorias de ordem qualitativa e quantitativa.

Destacam-se entre as vantagens da padronização, característica fundamental para a utilização do Sistema de Registro de Preços, o aumento da produtividade, a diminuição de erros nos processos, o aprendizado técnico-construtivo e gerencial, a melhoria da eficiência de gestão, a transparência nos procedimentos, a redução dos custos e a melhoria da qualidade.

Não se pode descuidar, por óbvio, que a padronização pode trazer desvantagens se a Administração não ficar atenta às características do local onde será implantado o empreendimento público, a exemplo das condições climáticas, as dimensões sociais e culturais da população a ser atendida, e todas as variações possíveis. Tais inconvenientes podem ser minorados ou extirpados com a elaboração do anteprojeto de engenharia

[51] RIBEIRO, Mário Victor de Mattos. *Vantagens da padronização aplicada aos processos executivos de obras de edificações.* Rio de Janeiro: Escola Politécnica, Universidade Federal do Rio de Janeiro, 2014.

ou de projeto básico compatível com as necessidades da comunidade, bem como com a escolha do regime de empreitada ideal para cada caso.

Quanto a esses regimes de empreitada, serão apreciados no próximo tópico, o que poderá trazer a possibilidade de opção da melhor solução para esta questão.

Ao se licitar pelo SRP, conforme se denota do art. 82 da Lei nº 14.133/21, deverá ser estabelecida estimativa da quantidade de obras que serão contratadas a partir daquela licitação. O edital deverá prever a possibilidade de preços diferentes quando a obra for executada em locais diferentes, podendo ser considerada a distância, por exemplo, com consequente custo de transporte; as dificuldades inerentes ao local da construção relativas à mão de obra, às condições mercadológicas de materiais de construção, da própria construção civil, entre outras a serem vistas no caso concreto, inclusive o volume a ser construído, tendo em vista possíveis ganhos de escala.

O edital deverá definir o critério de julgamento da licitação, que será o de menor preço ou o de maior desconto sobre tabela de preços praticada no mercado. No caso do maior desconto, abre-se a possibilidade de utilização do desconto linear sobre uma planilha orçamentária com custos fixos por um ano, a partir da data da proposta ou do orçamento, com base em tabela referencial, tais quais são as tabelas Sinapi[52] e Sicro.[53]

A exigência de se observar a realização prévia de pesquisa de mercado, prevista no §5º do art. 82 da Lei nº 14.133/2021, é facilitada quando se trata de obras, pois esses preços constam, via de regra, nas tabelas Sinapi e Sicro, ou em outra tabela referencial que possa ser adotada, sendo atualizados mensalmente pelos órgãos e entidades contratantes de obras e serviços de engenharia.

Os requisitos para a contratação de obras e serviços de engenharia pelo Sistema de Registro de Preços estão previstos no art. 85 da Lei nº 14.133/2021: (1) existência de projeto padronizado, sem complexidade técnica e operacional; (2) necessidade permanente ou frequente de obra ou serviço a ser contratado.

Possibilita, ainda, conforme se denota do §1º do art. 86, que haja apenas um órgão contratante, o que pode ser muito comum quando se trata de SRP, para atender a um programa de governo, tal qual foi exemplificado anteriormente com a hipótese de um Estado da Federação desejar construir UPAs em diversos de seus municípios. Neste caso, na fase preparatória não há necessidade de realização de procedimento público de intenção de registro de preços.

A seguir se tratará, especificamente, das características das contratações pelos regimes de empreitada previstos em lei, utilizando-se o procedimento auxiliar do Sistema de Registro de Preços.

---

52 O Sistema Nacional de Pesquisa de Custos e Índices da Construção Civil (SINAPI) tem por objetivo a produção de séries mensais de custos e índices para o setor habitacional, e de séries mensais de salários medianos de mão de obra e preços medianos de materiais, máquinas e equipamentos e serviços da construção para os setores de saneamento básico, infraestrutura e habitação. (Cf.: *Sistema Nacional de Pesquisa de Custos e Índices da construção civil – SINAPI*. Disponível em: https://sidra.ibge.gov.br/pesquisa/sinapi/tabelas. Acesso em 01 mar. 2020).

53 O Sistema de Custos Referenciais de Obras (SICRO) é uma ferramenta criada e aperfeiçoada pelo DNIT para manter atualizada a definição de custos, apta a estabelecer os melhores parâmetros para referenciar a elaboração dos orçamentos de projetos rodoviários e licitação de obras. (Cf.: Obras de duplicação da Travessia Urbana de Tianguá, no Ceará, seguem em ritmo acelerado. *Gov.br – Ministério da Infraestrutura*. Disponível em: http://www.dnit.gov.br/noticias/dnit-lanca-novo-sistema-de-custos-referenciais-de-obras-sicro. Acesso em 01 mar. 2020).

82.15.1 Dos regimes de empreitada previstos na Lei nº 14.133/21

A Lei nº 14.133/21 prevê 7 (sete) regimes de empreitada, conforme se verifica no seu art. 46:

> I – Empreitada por preço unitário;
> II – Empreitada por preço global;
> III – Empreitada integral;
> IV – Contratação por tarefa;
> V – Contratação integrada;
> VI – Contratação semi-integrada;
> VII – fornecimento e prestação de serviço associado.

A empreitada por preço global, por preço unitário e a contratação por tarefa estavam previstos anteriormente no Decreto-Lei nº 2.300, de 1986; esses institutos e a empreitada integral já se encontravam na Lei nº 8.666/1993; esses últimos quatro regimes e a contratação integrada também estavam previstos na Lei nº 12.462/2011, a Lei do RDC; esses últimos cinco e mais a contratação semi-integrada estão todos previstos na Lei nº 13.303/2016, a Lei das Estatais. A nova Lei prevê os seis regimes citados anteriormente e ainda o fornecimento e a prestação de serviços associados, regime este que ainda não estava previsto no ordenamento jurídico brasileiro.

A seguir, pretende-se discutir como realizar licitação e contratação de obras pelo SRP com os regimes de empreitada mais recorrentes nas licitações e contratações brasileiras, bem como a possibilidade de utilização de mais de um regime no mesmo contrato.

82.15.1.1 Sistema de Registro de Preços com o regime de empreitada por preço global e empreitada por preço unitário

Antes é necessário fazer uma digressão sobre os regimes de empreitada por preço global e por preço unitário, tendo em vista que a escolha do regime a ser utilizado deve ser feita de acordo com o objeto, e esta opção refletirá na forma de medição, no pagamento à contratada e em eventuais aditivos contratuais.

Na empreitada por preço global a contratação da execução da obra ou do serviço é feita por preço certo e total; na empreitada por preço unitário a contratação da execução da obra ou do serviço se dá por preço certo de unidades determinadas.

Deve ser utilizado o regime de empreitada por preço global quando o projeto básico puder definir, de forma precisa, os quantitativos dos serviços que compõem a obra, com todos os elementos e informações necessários para que os licitantes possam elaborar suas propostas de preços com total e completo conhecimento do objeto da licitação.

Evidente que, mesmo no regime de empreitada por preço global, há uma margem de incerteza, porém tal questão é minorada pelo fato de que, na metodologia do cálculo do BDI, busca-se compensar esses riscos e imprevistos. Incertezas tendem a gerar custos mais elevados pelo fato de que os proponentes tendem a incluir esses riscos em seus preços, elevando o valor do risco contido na composição do BDI em função disso.[54]

---

[54] BONATTO, Hamilton. *Governança e gestão de obras públicas*: do planejamento à pós-ocupação. Belo Horizonte: Fórum, 2018.

A cada etapa executada, a contratada recebe como pagamento o que fora estabelecido no cronograma físico-financeiro.

O regime de empreitada por preço unitário deve ser utilizado quando os quantitativos não puderem ser estabelecidos com uma maior precisão quando da elaboração do projeto básico. Não se trata de projeto incompleto por vício projetual, mas por total impossibilidade de precisão dadas as características inerentes do objeto a ser licitado e contratado. Essa imprecisão é comum, por exemplo, em objeto ou parte dele, que esteja *abaixo da terra*, como fundações e terraplanagem, ou mesmo objetos que podem causar *surpresas* no momento de sua execução, como obras de reformas e serviços de reparos.

No regime de empreitada por preço unitário é preciso *puxar a trena*, medir a quantidade de unidades efetivamente executadas. Se executou a terraplanagem deverá, como dito anteriormente, cubar o volume efetivamente colocado no terreno e pagar exatamente o que fora colocado, nem mais, nem menos.[55]

O Tribunal de Contas da União, por meio de um quadro extraído e adaptado do Roteiro de Auditoria de Obras Públicas do TCU, aprovado pela Portaria SEGECEX nº 38, de 08.11.2011, resume, de forma bastante didática, as vantagens e desvantagens, bem como a indicação de utilização do regime de empreitada por preço global e de empreitada por preço unitário:

Quadro 01 – Vantagens, desvantagens e indicação para utilização da empreitada por preço unitário

VANTAGENS	DESVANTAGENS	INDICADA PARA
Pagamento apenas pelos serviços efetivamente executados; Apresenta menor risco para o construtor, na medida em que ele não assume risco quanto aos quantitativos de serviços (riscos geológicos do construtor são minimizados); e A obra pode ser licitada com um projeto com grau de detalhamento inferior ao exigido para uma empreitada por preço global ou integral.	Exige rigor nas medições dos serviços; Maior custo da Administração para acompanhamento da obra; Favorece o jogo de planilha; Necessidade frequente de aditivos, para inclusão de novos serviços ou alteração dos quantitativos dos serviços contratuais; O preço final do contrato é incerto, pois é baseado em estimativa de quantitativos que podem variar durante a execução da obra; Exige que as partes renegociem preços unitários quando ocorrem alterações relevantes dos quantitativos contratados; e Não incentiva o cumprimento de prazos, pois o contratado recebe por tudo o que fez, mesmo atrasado.	Contratação de serviços de gerenciamento e supervisão de obras; Obras executadas *abaixo da terra* ou que apresentam incertezas intrínsecas nas estimativas de quantitativos, a exemplo de: • Execução de fundações, serviços de terraplanagem, desmontes de rocha, etc.; • Implantação, pavimentação, duplicação e restauração de rodovias; • Canais, barragens, adutoras, perímetros de irrigação, obras de saneamento; • Infraestrutura urbana; • Obras portuárias, dragagem e derrocamento; • Reforma de edificações; • Poço artesiano

Fonte: Tribunal de Contas da União. Acórdão nº 1.977/2013.

[55] BONATTO, Hamilton. *Governança e gestão de obras públicas*: do planejamento à pós-ocupação. Belo Horizonte: Fórum, 2018.

Quadro 02 – Vantagens, desvantagens e indicação para utilização da empreitada por preço global

VANTAGENS	DESVANTAGENS	INDICADA PARA
Simplicidade nas medições (medições por etapa concluída); Menor custo para a Administração Pública na fiscalização da obra; Valor final do contrato é, em princípio, fixo; Restringe os pleitos do construtor e a assinatura de aditivos; Dificulta o jogo de planilha; e Incentiva o cumprimento de prazo, pois o contratado só recebe quando conclui uma etapa.	Como o construtor assume os riscos associados aos quantitativos de serviços, o valor global da proposta tende a ser superior se comparado com o regime de preços unitários; Tendência de haver maior percentual de riscos e imprevistos no BDI do construtor; e A licitação e contratação exige projeto básico com elevado grau de detalhamento dos serviços (art. 47 da Lei nº 8.666/1993).	Contratação de estudos e projetos; Elaboração de pareceres e laudos técnicos; Obras e serviços executados *acima da terra,* que apresentam boa precisão na estimativa de quantitativos, a exemplo de: • Construção de edificações; e • Linhas de Transmissão.

Fonte: Tribunal de Contas da União. Acórdão nº 1.977/2013.

Importante notar que a escolha do regime de empreitada não se dá por mera discricionariedade do gestor, mas por adequação à forma de pagamento e medição do objeto a ser contratado.

Importa ainda frisar que nesses dois regimes, o adjudicatário do contrato recebe um projeto básico ou executivo para a execução da obra e deve executá-la exatamente conforme aquele projeto, podendo variar os quantitativos no regime de empreitada por preço unitário.

Destaque-se, ainda, que para se obter as vantagens de ambos os regimes de empreitada em um mesmo contrato, é possível utilizá-los simultaneamente, de modo que o regime de empreitada por preço global seja utilizado na parte da obra em que haverá precisão no quantitativo, e o regime de empreitada por preço unitário na parte em que não é possível que haja essa precisão.

Um exemplo para adoção de dois regimes de empreitada no mesmo contrato pode ser verificado na hipótese de determinada obra de edificação a ser licitada e contratada possuir serviços de terraplenagem e de construção da edificação propriamente dita. Como visto anteriormente, a empreitada por preço unitário é indicada para obras executadas *abaixo da terra* ou que apresentam incertezas intrínsecas nas estimativas de quantitativos, a exemplo da terraplanagem; e a empreitada por preço global é indicada para obras e serviços executados *acima da terra,* que apresentam boa precisão na estimativa de quantitativos, a exemplo da construção de edificações.

É facilmente perceptível que o contrato poderia, no sentido de minorar os riscos para a contratada e para a Administração, possuir ambos os regimes de execução: para a terraplanagem seria adotado o regime de empreitada por preço unitário, enquanto que para a construção do edifício o regime de empreitada por preço global. Isso é perfeitamente possível se o instrumento convocatório estabelecer claramente quais serviços deverão ser contratados com os respectivos regimes de empreitada.

Uma vez descritas de forma suscinta, mas suficiente, as características dos dois primeiros regimes, suas vantagens e desvantagens, bem como a possibilidade de utilização simultânea de ambos, passaremos a analisar a forma de contratação de obras utilizando um, outro ou ambos.

82.15.1.2 Sistema de Registro de Preços com o regime de empreitada por preço global

Acredita-se que seja oportuno explicar como utilizar cada um dos regimes por meio de exemplos, mesmo que hipotéticos.

Em relação à modalidade, a Nova Lei prevê, no inciso XXXVIII do art. 6º, que concorrência é a *modalidade de licitação para contratação de bens e serviços especiais e de obras e serviços comuns e especiais de engenharia.* O inciso XLV do mesmo artigo estabelece que o *Sistema de Registro de Preços deve ser realizado mediante contratação direta ou licitação nas modalidades pregão ou* concorrência.

Assim, denota-se que para obras deve ser adotada a modalidade concorrência e para serviços de engenharia comuns, isto é, aqueles *serviços de engenharia que têm por objeto ações, objetivamente padronizáveis em termos de desempenho e qualidade, de manutenção, de adequação e de adaptação de bens móveis,* o procedimento é o pregão.

Para se utilizar o regime de empreitada por preço global, assim como a empreitada integral, o projeto deve ser completo, com todos os elementos necessários definidos.

A partir do exemplo dado anteriormente, da construção de Unidades de Pronto Atendimentos (UPAs) em diversos municípios de um Estado da Federação, pode-se visualizar como utilizar o SRP.

Para o caso de utilização do SRP só com o contrato pelo regime de empreitada por preço global, os projetos, tanto o arquitetônico quanto os complementares, devem ser padronizados. Exemplo é o tipo de edificação na qual todas as obras podem ser construídas com fundações do tipo radier, o que implica que estas não variariam de uma obra para a outra, caso em que, alguns serviços de implantação não seriam contratados, mas somente o corpo do edifício totalmente construído.

Essa é a concorrência mais simples de ser realizada pelo SRP. Estabelece-se a estimativa do número de obras a serem construídas e o licitante que apresentar o menor preço ou o maior desconto por obra, com base no projeto básico anexo ao edital, será o adjudicatário do lote (se for dividido em lotes) ou da licitação.

A fórmula para estabelecimento do preço estimado é a seguinte:

$$\text{Preço} = \text{Custo} \times (1 + \text{Taxa de BDI})$$

Para o cálculo do preço a ser pago (preço de venda), no caso de utilização do critério de maior desconto, a fórmula é a mesma, mas acrescida do desconto ofertado (D) pela licitante adjudicatária:

$$\text{Preço} = \text{Custo} \times (1 + \text{Taxa de BDI}) \times (1 - D)$$

Mas, evidentemente, o critério de menor preço é também indicado.

82.15.1.3 Sistema de Registro de Preços com o regime de empreitada por preço unitário

O SRP com o regime de empreitada por preço unitário, de forma individual, pode ser utilizado para serviços de engenharia, especialmente *reparos*, desde que atendidos os requisitos estampados no art. 85: padronização, sem complexidade técnica e operacional e necessidade permanente ou frequente de obra ou serviço a ser contratado.

Exemplificando: suponha-se que um Estado da Federação tenha um programa para execução de reparos em suas unidades escolares distribuídas em todo o seu território.

O objeto da licitação seria *Registro de Preços para eventual contratação de empresa especializada em Construção Civil para a execução de reparos em estabelecimentos da rede pública estadual de ensino em diversos Municípios do Estado X, na Regional Y*. A divisão em lotes se repetiria dividindo o Estado em diversas regiões. Importante para fomentar a participação de um maior número de empresas, fazendo com que uma mesma empresa não fique sobrecarregada e deixe de executar os serviços por falta de logística.

Seria necessário elencar as escolas que pertencem a cada um dos municípios de cada região e estabelecer uma estimativa de recursos que serão destacados para cada uma das regiões.

Neste caso, o melhor critério de aceitabilidade de preços é o maior desconto linear sobre uma tabela com os possíveis serviços necessários à realização de reparos nesse tipo de edificação. Sugere-se que esses serviços sejam selecionados a partir de uma tabela oficial, como a Sinapi, por exemplo, ou de outra tabela semelhante e idônea.

Seria feita uma tabela com os custos de todos esses serviços. Como qualquer reajustamento de preços só é possível após decorrido um ano da proposta ou do orçamento, esta tabela sobre a qual seria dado o desconto, neste período, seria fixa. Considerar-se-ia a vencedora a empresa que ofertasse o maior desconto sobre os custos somados ao BDI para a realização dos possíveis serviços.

O preço unitário de cada serviço estimado será dado pelo custo retirado da tabela de custos formada, multiplicado pelo BDI, da mesma forma do item anterior.

$$\text{Preço} = \text{Custo} \times (1 + \text{Taxa de BDI})$$

Depois de feita a licitação, elaborada e assinada a Ata de Registro de Preços, a empresa estará habilitada a firmar contrato para fazer reparos em qualquer uma das escolas da região em que foi vencedora da licitação, e realizará os serviços quando receber ordem de serviços para executá-los.

A contratante, diante da necessidade de fazer reparos em escola específica, determinará que um ou uns dos seus profissionais de engenharia e arquitetura faça um levantamento e uma planilha orçamentária de todos os serviços que devem ser feitos naquela escola. Essa planilha terá alguns dos serviços que constam na Tabela que foi formada na licitação.

O valor do contrato será o valor do Preço Estimado, deduzindo-se o valor relativo ao desconto, da seguinte forma:

$$\text{Valor do Contrato} = \text{Preço Estimado} \times (1 - D),$$

Ou

Valor do Contrato = Custo dos Serviços x (1 + Taxa de BDI) x (1 – D).

Exemplo prático desta forma é o case do Estado do Paraná, que em um programa bastante exitoso, tem conseguido fazer reparos nas suas, aproximadamente, 2.100 escolas. Essa experiência, nesse Estado da Federação, iniciou no ano de 2008 e tem se repetido com muito sucesso.

O Estado do Paraná nunca licitou obras pelo SRP empregando unicamente o regime de empreitada por preço unitário, somente para serviços de engenharia. Neste caso, tendo em vista que os serviços de reparos são caracterizados como *comuns*, a modalidade sempre foi o *pregão*, e sempre o eletrônico.

82.15.1.4 Sistema de Registro de Preços com o regime de empreitada por preço global e empreitada por preço unitário em um mesmo contrato

Esse é o caso de dois regimes de empreitada em um mesmo contrato, no qual são utilizados os dois métodos que foram demonstrados nos itens anteriores. O mesmo raciocínio pode ser feito para utilização conjunta da empreitada integral e da empreitada por preço unitário.

O exemplo que pode ser dado é o da construção de Unidades de Pronto Atendimento (UPAs) em diversos municípios de um Estado da Federação. Porém, neste caso haveria a possibilidade de variação de fundações, com mais de um tipo e, ainda, outros elementos necessários à implantação dos prédios.

Aqui haveria uma parte contratada por preço certo e total (empreitada por preço global); e outra ou outras seriam contratadas por preço certo de unidades determinadas (empreitada por preço unitário).

O objeto seria o *Registro de Preços para eventual contratação de empresa especializada em Construção Civil para execução de Unidades de Pronto Atendimento (UPAs)* com área de x m^2 – Projeto Padrão (Projeto Arquitetônico e complementares). As unidades a serem contratadas seriam o *corpo do edifício*, as *fundações* e a implantação.

O *corpo do edifício*, como está acima da terra, seria contratado pelo regime de empreitada por preço global, e a implantação e as fundações pelo regime de empreitada por preço unitário. Semelhante ao caso de reparos anteriormente descrito, haveria uma tabela com o registro de preços para os serviços necessários para a implantação e fundação.

O projeto básico poderia oferecer diversas opções de projetos de fundações, conforme o local onde seriam construídas as edificações. E, ainda, projetos padrões para a implantação, tais quais, muros, entrada de luz, calçadas, terraplanagem, entre outros, os quais mereceriam, antes da contratação, a elaboração de projeto executivo e planilha orçamentária com os quantitativos e o preço.

A tabela com a implantação traria serviços que não pertencem ao *corpo do edifício*, mas são necessários para a execução da obra como um todo. Traria, além dos serviços para realizar todos os tipos de fundações propostas no projeto básico, ainda os itens para a implantação.

Caso, ao se analisar os itens, fosse verificada uma certa homogeneidade do comportamento de preço de mercado, seria possível licitar pelo critério de aceitabilidade do maior desconto, de forma muito simples.

Porém, se a equipe de engenharia e arquitetura do setor de orçamentos concluísse que os itens não possuem um comportamento de mercado homogêneo, poderia ser adotada uma outra forma, a de critério do maior desconto, levando em conta o desconto de cada um dos itens, o que evitaria o jogo de planilhas em um eventual aditivo contratual.

Suponha-se três tipos de comportamento de mercado: um para o *corpo do edifício*, um para *fundações* e um para implantação. Assim, haveria o preço do *corpo do edifício* (P1), o preço das *fundações*(P2) e preço da *implantação* (P3).

Os licitantes poderiam, portanto, ofertar um desconto para cada um dos três itens: desconto para o *corpo do edifício* (D1), desconto para *fundações* (D2) e desconto para a implantação (D3).

A licitação seria julgada de forma a classificar a empresa que ofertasse o maior desconto, isto é, o menor preço (menor P) para cada obra, levando-se em conta os descontos sobre os preços de todos os itens, obtido por meio da seguinte fórmula:

$$P = \frac{D1.P1 + D2.P2 + D3.P3}{P1 + P2 + P3}$$

A empresa vencedora do certame licitatório seria aquela que ofertasse o MAIOR DESCONTO, isto é, o MAIOR valor para *P*. Portanto, registrados na Ata de Registro de Preços estariam os descontos *D1*, *D2* e *D3*, para cada um dos itens.

Uma vez obtido o maior desconto, a empresa seria chamada a executar cada uma das obras necessárias na região em que foi vencedora da licitação.

O valor a ser contratado seria calculado com a somatória do preço a ser pago pelo *corpo do edifício*, do preço das *fundações* e do preço da implantação.

O preço estimado do *corpo do edifício* é fixo para todas as obras, em qualquer região, com todos os itens perfeitamente definidos. Por esta razão, para esse item o regime de empreitada seria por preço global. Para a obtenção do preço de venda do *corpo do edifício* (PE), bastaria multiplicar o Preço estimado deste item (P1) pelo desconto ofertado para o mesmo (D1).

O preço da fundação e da implantação variariam de obra para obra, neste caso seria utilizado o regime de empreitada por preço unitário.

Antes de assinar cada contrato, a contratante definiria no projeto executivo o tipo de fundação e seus quantitativos, e estabeleceria o preço com base na tabela referencial, sobre o qual seria aplicado o desconto D2 e teria o valor do preço de venda do item *fundações* (PF).

Para a implantação, a contratante definiria o que seria preciso para a implantação antes da assinatura do contrato: muro, calçadas, etc., calcularia o preço da implantação com a somatória de todos os itens necessários (Custo x BDI) e, sobre este preço, aplicaria o desconto D3, obtendo, assim, o preço de venda do item implantação (PI).

O valor do contrato (VC) seria dado por:

$$VC = PE + PF + PI$$

Com este valor, obtido a partir do projeto executivo, seria feito o cronograma físico-financeiro e assinado o contrato.

Para a medição da obra haveria duas formas de medição e pagamento. O *corpo do edifício* seria tratado como empreitada por preço global, enquanto a *fundação* e a implantação, como empreitada por preço unitário.

Frise-se, é possível calcular tantos itens quantos forem necessários em função de comportamento de mercado. Isto é, o cálculo do valor a ser contratado (VC), de forma genérica é dado por:

$$VC = BDI. [\sum_{1}^{n} CSn\,(1 - Dn)]$$

$$VC = VC1 + VC2 + ... + VCn$$

Onde,

VC1 = CS1. BDI. (1 – D1) = Valor a ser contratado para a execução do *corpo do edifício;*

VC2 = CS2. BDI. (1 – D2) = Valor a ser contratado para a execução do item *fundações;*

VC3 = CS3. BDI. (1 – D3) = Valor a ser contratado para a execução do item implantação;

VCn = CSn. BDI. (1 – Dn) = Valor a ser contratado para a execução dos itens *n;*

e,

D1 = Desconto dado sobre o item *corpo do edifício;*

D2 = Desconto dado sobre o item *fundações;*

D3 = Desconto dado sobre o item *implantação;*

Dn = Desconto dado sobre os itens *n;*

Essa experiência já foi implementada com muito êxito no Estado do Paraná, quando foram construídas 198 (cento e noventa e oito) bibliotecas em diversos municípios daquele ente da Federação, relativo ao programa de governo denominado *Biblioteca Cidadã,* da Secretaria Estadual de Cultura.

Naquele caso, a experiência indicou que tais obras geraram descontos que não seriam obtidos pelo procedimento convencional, em função do ganho de escala.

Figura 01 – Biblioteca pública construída pelo SRP – concorrência pública

Fonte: Secretaria de Estado de Obras Públicas (SEOP/PR)

Ao invés de serem realizadas 198 licitações, foram realizadas somente 15 (quinze), pois o Estado foi dividido em 15 (quinze) regiões e as licitações foram feitas em 15 (quinze) lotes. Caso não fosse utilizado o SRP, teriam que ser realizadas 198 licitações.

Houve ganho em agilidade, preservou-se a competitividade e foi garantida a economia com os procedimentos licitatórios não realizados. Demonstrou-se, neste caso, que os custos administrativos para a realização de 183 licitações a mais (198 – 15 = 183) seriam o equivalente ao preço de 9,8 bibliotecas.

No mesmo Estado também foram construídos, de forma assemelhada, 441 (quatrocentas e quarenta e uma) quadras poliesportivas.

1. Neste caso, o Estado foi dividido em 14 regiões e 22 sub-regiões;
2. Foi elaborado um projeto básico padrão pela Secretaria de Educação do Estado;
3. Foram elencados os municípios, as escolas estaduais e a estimativa de quadras poliesportivas a serem construídas;
4. Para essa licitação houve a divisão da quadra em diversos itens:
   (1) piso da quadra;
   (2) equipamentos esportivos;
   (3) cobertura;
   (4) arquibancadas;
   (5) instalações elétricas;
   (6) implantação e fundação (instalações preliminares, demolições, movimento de terra; drenagem do terreno; preparo de concreto; eletrodutos e conexões, fundações).
5. Os itens de (1) a (5) eram, para todas as obras, exatamente iguais, com os mesmos custos, portanto, foram contratados pelo regime de empreitada por preço global, mas poderiam ser ofertados descontos diferentes, em função de possível alegação de heterogeneidade do comportamento do mercado.

6. Apenas o item (6), relativo à *implantação e fundação*, foi calculado, para fim de determinação do preço máximo, em função de um valor médio, cujos cálculos foram demonstrados nos autos;
7. Semelhante ao caso anterior descrito, o custo total máximo de cada quadra poliesportiva seria dado pela soma dos itens (1) a (5), fixos, mais o item (6), variável de obra a obra, a depender da fundação e dos serviços da implantação, constantes em tabela em anexo.
8. Para obtenção do preço de cada obra foi utilizado o percentual do Bônus e Despesas Indiretas (BDI) relativo à somatória de todos os seus itens.
9. Para estabelecimento do BDI referencial para determinação do preço máximo, foi utilizada metodologia já existente na própria Secretaria de Estado de Obras Públicas, na qual, a partir de todas as considerações feitas em relação à estimativa de lucro e às despesas indiretas, se estabeleceu, em função dos custos diretos, o BDI referencial.
10. A Comissão de Licitação julgou e classificou as propostas das empresas considerando o menor preço ofertado, obtido através da fórmula a seguir:

$$X = \frac{D1.P1 + D2.P2 + D3.P3 + D4.P4 + D5.P5 + D6.P6}{P1 = P2 + P3 + P4 + P5 + P6}$$

11. A empresa vencedora do certame licitatório era a que ofertasse o maior desconto, isto é, o maior valor para X, e o valor a ser contratado, o calculado em função dos serviços (itens) a serem executados, podendo, conforme o caso, haver um ou mais dos itens do quadro anterior.
12. Portanto, na Ata de Registro de Preços registravam-se os descontos *D1, D2, D3, D4, D5 e D6,* para cada um dos itens.
13. A Carta Proposta deveria conter as seguintes informações:
    D1 = Desconto Ofertado pelo Licitante para o item *Piso de Quadra;*
    D2 = Desconto Ofertado pelo Licitante para o item *Equipamentos Esportivos para as Quadras poliesportivas cobertas;*
    D3 = Desconto Ofertado pelo Licitante para o item *Cobertura de Quadra Padrão F2;*
    D4 = Desconto Ofertado pelo Licitante para o item *Arquibancadas;*
    D5 = Desconto Ofertado pelo Licitante para o item *Instalações Elétricas;*
    D6 = Desconto Ofertado pelo Licitante para o item *Implantação e Fundação;*

14. Deveria ser apresentado o quadro de proposta na seguinte forma:

Quadro 03 – Forma de apresentação de proposta de desconto – quadras poliesportivas pelo SRP

ITEM	DESCONTO (%)
Piso da Quadra	D1 = ___ % (por extenso)
Equipamento esportivo	D2 = ___ % (por extenso)
Cobertura em aço e estrutura de concreto	D3 = ___ % (por extenso)
Arquibancada	D4 = ___ % (por extenso)
Instalações Elétricas	D5 = ___ % (por extenso)
Implantação e Fundações	D6 = ___ % (por extenso)

Fonte: Secretaria de Estado de Obras Públicas – SEOP/PR

15. Adotou-se, portanto, dois regimes de empreitada para cada contrato, sendo que para os serviços de (1) a (5) foi adotado o regime de Empreitada por Preço Global, em função de serem sempre os mesmos, enquanto para o item (6), o Regime de Empreitada por Preço Unitário.
16. O Valor do CS6 (custo da implantação e fundação) era obtido para cada uma das obras, após elaborado o projeto executivo, através do cálculo dos serviços referentes à Implantação e Fundação, estando estes constantes na Tabela da SEOP de registro de preços para implantação e fundação (Instalações preliminares; Demolições; Movimento de Terra; Drenagem do Terreno; Preparo de Concreto; Eletrodutos e Conexões; Fundações).
17. O valor a ser contratado seria o de cada item específico, isto é, o seu custo multiplicado pela taxa de BDI. O Preço total de cada obra foi obtido pela soma de todos os itens:

$$VCn = VC1 + VC2 + VC3 + VC4 + VC5 + VC6$$

VC1 = CS1. BDI. (1 – D1) = Valor a ser contratado
para a execução do Piso de Quadra;
Semelhante para VC2, VC3, VC4, VC5, VC6
D1 = Desconto dado sobre o item Piso de Quadra;
Semelhante para D2, D3, D4, D5 e D6

18. Caso em determinada obra não fosse construído um dos itens, o respectivo valor dos Custos dos Serviços seria igual a zero. Por exemplo, se não houvesse arquibancada, o VC4 seria igual a zero.

Figura 02 – Quadra poliesportiva construída pelo SRP – concorrência pública

Fonte: Secretaria de Estado de Obras Públicas – SEOP/PR

Neste caso, foram construídas 441 quadras poliesportivas no Estado do Paraná.

A experiência indicou que tais obras geraram descontos que não seriam obtidos pelo procedimento convencional, em função do ganho de escala.

Ao invés de serem realizadas 441 (quatrocentas e quarenta e uma) licitações, foram realizadas somente 22 (vinte e duas), ganhando em agilidade, preservando a competitividade e garantindo-se economia com os procedimentos licitatórios não realizados.

Nesse caso, ficou demonstrado que os custos administrativos para a realização de 419 licitações a mais (441 – 22 = 419) seriam o equivalente ao preço de 17 (dezessete) quadras poliesportivas.

Como se observa, já existem experiências exitosas para a licitação pelo SRP com contratos pelos regimes de empreitada por preço unitário, para serviços de engenharia, e por dois regimes de empreitada no mesmo contrato, para obras.

Não há notícias de ter havido experiências com utilização da contratação integrada e semi-integrada pelo SRP, no entanto, enxerga-se essa possibilidade, especialmente no caso de contratação integrada, porque o Decreto Federal nº 11.462/2023, como será discutido nos comentários ao art. 85 da Lei nº 14.133/2021 deste livro, ao definir o que é projeto elencou, além do Termo de Referência, o Projeto Básico e Executivo, o Anteprojeto,

que é o elemento técnico instrutor para a adoção da contratação integrada. Passa-se, então, a estudar a viabilidade de adoção do SRP para esses regimes, uma vez que a Lei nº 14.133/21 prevê ambos os regimes, contratação integrada e semi-integrada.

82.15.1.5 Sistema de Registro de Preços com a contratação semi-integrada

A contratação semi-integrada envolve a elaboração e o desenvolvimento do projeto executivo, a execução de obras e serviços de engenharia, a montagem, a realização de testes, a pré-operação e as demais operações necessárias e suficientes para a entrega final do objeto, sendo, obrigatoriamente, precedida pela elaboração de projeto básico, disponível para exame de qualquer interessado. Portanto, como requisito para a publicação do edital, torna-se imprescindível que a licitação tenha o projeto básico como um de seus anexos, tal qual ocorre nos regimes de empreitada por preço global, por preço unitário e empreitada integral, pois sem ele não é possível a utilização deste regime de empreitada.

Em que pese a contratação semi-integrada aparentemente se assemelhar à empreitada integral, (em ambos os regimes é necessário constar o projeto básico e a entrega do objeto ao contratante deve se dar em condições de entrada em operação), há, entre eles, uma diferença fundamental: na contratação semi-integrada, o contratado poderá ser previamente autorizado a alterar o projeto básico, enquanto na empreitada integral não.

Na contratação semi-integrada, a condição para que o projeto básico possa ser alterado é a necessidade de a contratada demonstrar a superioridade das inovações em termos de aumento da qualidade, de redução de custos e do prazo de execução e da facilidade de manutenção ou operação.

Essa possível alteração deve estar prevista e limitada no edital, por meio de documento técnico, com definição precisa das frações do empreendimento em que haverá liberdade de as contratadas inovarem em soluções metodológicas ou tecnológicas, seja em termos de modificação das soluções previamente delineadas no anteprojeto ou no projeto básico da licitação, ou em termos de detalhamento dos sistemas e procedimentos construtivos previstos nessas peças técnicas.

Neste caso, o método para licitar e contratar pelo SRP é muito semelhante ao utilizado no regime de empreitada por preço global, porém, difere nas alterações que o projeto executivo pode sofrer em maior monta que as do projeto básico, conforme o edital preveja e possibilite.

Então, estabelece-se a estimativa do número de obras a serem construídas pelo licitante que der o menor preço ou o maior desconto por obra, o qual será o adjudicatário do lote (se for dividido em lotes) ou da licitação. Podendo, no que for autorizado, o projeto básico er alterado, desde que demonstrada a superioridade das inovações propostas pelo contratado em termos de redução de custos, de aumento da qualidade, de redução do prazo de execução ou de facilidade de manutenção ou operação, assumindo o contratado a responsabilidade integral pelos riscos associados à alteração do projeto básico. A fórmula para o estabelecimento do preço estimado é a seguinte:

Preço = Custo x (1 + Taxa de BDI)

No caso de utilização do critério de maior desconto, para o cálculo do preço a ser pago (preço de venda), a fórmula é a mesma, mas acrescida do desconto ofertado (D) pela licitante adjudicatária:

Preço = Custo x (1 + Taxa de BDI) x (1 – D)

Entretanto, tal qual no caso da empreitada por preço global, o critério de menor preço é bem indicado.

82.15.1.6 Sistema de Registro de Preços com a contratação integrada

De acordo com o inciso XXXII do art. 6º da Lei nº 14.133/21, a contratação integrada é o *regime de contratação de obras e serviços de engenharia em que o contratado é responsável por elaborar e desenvolver os projetos básico e executivo, executar obras e serviços de engenharia, fornecer bens ou prestar serviços especiais e realizar montagem, teste, pré-operação e as demais operações necessárias e suficientes para a entrega final do objeto.*

Como prevê o §2º do art. 46 da referida Lei, a Administração é dispensada da elaboração de projeto básico nos casos de contratação integrada, hipótese em que deverá ser elaborado um *anteprojeto*.

No regime de contratação integrada, assim como no de contratação semi-integrada, em que pese não ser necessário que a obra se revista de complexidade técnica, o objeto é complexo em relação aos seus itens, pois não se restringe somente à execução da obra, mas também às demais atividades previstas no inciso XXXVI do art. 6º da Lei nº 14.133/21. Em ambos os casos não é possível contratar apenas a execução da obra, mas conferir condições para o funcionamento do empreendimento como um todo. É a chamada *turn-key* (chave na mão).

Assim, esta licitação não ocorre fundamentada em projeto básico, mas em um anteprojeto de engenharia e arquitetura que contemple os documentos técnicos destinados à caracterização da obra ou serviço que demonstre e justifique: (i) o programa de necessidades, a visão global dos investimentos e as definições quanto ao nível de serviço desejado; as condições de solidez, segurança, durabilidade e prazo de entrega; (ii) a estética do projeto arquitetônico; e (iii) os parâmetros de adequação ao interesse público, à economia na utilização, à facilidade na execução, aos impactos ambientais e à acessibilidade.

O anteprojeto de engenharia deverá possibilitar a caracterização da obra ou serviço e possuir nível de definição suficiente para proporcionar a comparação entre as propostas recebidas dos licitantes.

Enquanto os regimes tradicionais de empreitada implicam obrigações de meio, isto é, de posse do projeto básico e/ou executivo, a contratada deverá entregar a obra pronta, tal qual projetada; no regime de contratação integrada as obrigações são de resultado, pois a contratada poderá escolher os meios para se chegar ao resultado pretendido pela contratante.

Após análise dos casos anteriores, surge a questão se é possível padronizar o objeto da *obra* por meio de um anteprojeto de engenharia e arquitetura, isto é, sem os mesmos detalhes inerentes a um projeto básico.

Primeiramente, deve ser ressaltado que a Lei nº 14.133/21 prevê, em seu art. 18, inciso II, que a definição do objeto para atendimento da necessidade deve ocorrer por meio de termo de referência, *anteprojeto*, projeto básico ou projeto executivo (conforme o caso), e não excetua a utilização do procedimento do SRP. Portanto, a princípio, não há óbice legal.

Em processo em que foi adotado o regime de *empreitada por preço global,* quando se tratava, na realidade, de *contratação integrada,* o Tribunal de Contas da União aceitou a compatibilidade do SRP com o Regime de Contratação integrada, ao recomendar ao Ministério do Planejamento (com base no art. 250, inciso III, do seu Regimento Interno) avaliar a possibilidade de explicitar no regulamento atinente ao Registro de Preços do RDC, a utilização da Contratação Integrada, com anteprojeto padronizado, em adição ao projeto básico e executivo (art. 89, parágrafo único, inciso II, alínea 'b' do Decreto nº 7.581/2011). Portanto, para aquela Corte de Contas, é possível padronizar uma obra por meio de *anteprojeto*.

Nesse feito, o Tribunal de Contas da União concluiu que as obras que foram licitadas pelo procedimento auxiliar do Sistema de Registro de Preços devem subordinar-se ao regime de contratação integrada, e não ao regime de empreitada por preço global. Para tanto, observou que a licitação foi conduzida com base em anteprojetos de engenharia, como é próprio da contratação integrada e vedado nos demais regimes.

> b) APESAR DE OS EDITAIS FALAREM QUE SE TRATAVAM DE CONTRATAÇÕES SOB O REGIME DE EMPREITADA POR PREÇO GLOBAL, AS CARACTERÍSTICAS OBSERVADAS NOS EDITAIS SERIAM INERENTES AO REGIME DE CONTRATAÇÃO INTEGRADA;
>
> 13. Trata-se de avaliar se a modelagem de contratação realizada pelo FNDE, apesar de os editais falarem no regime de empreitada de preços globais, constituiria na realidade uma contratação integrada, como concluiu o Tribunal em seu julgamento inicial.
>
> 14. No tocante a esse ponto, entendo que a robusta análise feita pela Serur examinou de forma ampla e completa esse aspecto, conforme exposto no item 7 da instrução transcrita no relatório precedente. Por essa razão, incorporo os fundamentos lá explicitados às minhas razões de decidir, sem prejuízo dos seguintes comentários.
>
> 15. A contratação integrada está prevista no art. 9º da Lei nº 12.462/2011, que estabelece que sua utilização deve ser técnica e economicamente justificada e o objeto deve envolver pelo menos uma das seguintes situações:
>
> *I – inovação tecnológica ou técnica;*
>
> *II – possibilidade de execução com diferentes metodologias ou;*
>
> *III – possibilidade de execução com tecnologias de domínio restrito no mercado.*
>
> 16. Conforme ficou plenamente evidenciado nos autos, as obras em questão eram de baixa complexidade, por isso mesmo puderam ser objeto de padronização, de tal modo que fossem replicadas de forma rápida e simplificada. Não se trata, evidentemente, portanto, de situação que envolva inovação tecnológica ou técnica ou que envolva possibilidades de execução com tecnologia de domínio restrito.
>
> 17. Poder-se-ia cogitar que esse regime pudesse ser adotado com fundamento no item II do citado artigo, uma vez que os editais abriam a possibilidade de os licitantes apresentarem alternativas para a execução. No entanto, há que se considerar que a liberdade dos interessados para soluções alternativas não era total. Pelo contrário, era permitido aos licitantes apresentar inovações pontuais, dentro de limites previamente estabelecidos.

Isso afasta, a meu ver, a caracterização do regime de contratação integrada com base no art. 9º, item II, da Lei nº 12.462/2011.

18. Nesse mesmo sentido, manifestou-se o Ministro Augusto Sherman, no voto condutor do Acórdão nº 1.399/2014-Plenário:

Quanto à possibilidade de execução mediante diferentes metodologias, ao que me parece, não seria adequado conferir interpretação puramente literal ao dispositivo. Essa conduziria ao entendimento de que bastaria a presença de diferenças metodológicas na execução, ainda que mínimas ou em menor intensidade, entre as diversas soluções possíveis, para justificar a utilização da contratação integrada. Como praticamente todas as obras e serviços de engenharia podem ser realizados mediante alguma variação metodológica, em diferentes graus de variação, esse tipo de interpretação conduziria ao enquadramento de quase todo tipo de obra ou serviço de engenharia, trazendo uma generalização da aplicação do regime em se tratando de obra ou serviço de engenharia a dispensar enquadramento no disposto nos incisos I ou III do art. 9º.

19. Como bem colocou a unidade técnica, um dos pressupostos necessários para a adoção do regime de contratação integrada é que as obras e os serviços de engenharia a serem contratados sejam de alta complexidade, o que não é o caso. Marçal Justen Filho, por exemplo, pontua que (Comentários ao RDC. São Paulo: Dialética): *não se admite o uso da contratação integrada para contratos cujo objeto seja composto simplesmente de obras ou serviços de engenharia. Não será adequada a solução da contratação integrada para edificar um prédio ou uma rodovia (p. 179).*

20. Tal entendimento também foi corroborado pelo Tribunal no acórdão mencionado no item 18 acima, conforme seguinte trecho do voto proferido naquela oportunidade:

Apesar de afastada a obrigatoriedade de valoração técnica das propostas, devida apenas quando esta for relevante aos fins pretendidos pela Administração (§1º do art. 20), a nova redação daquele dispositivo não abriga, a meu ver, a licitação de serviços comuns na modalidade de contratação integrada. Primeiro, porque a necessidade de justificação técnica e econômica para a escolha do regime de contratação integrada (caput do art. 9º), parece afastar o uso indiscriminado desse regime, em detrimento de outros previstos na lei (ou em outras leis), reservando-se para situações que assim se justifiquem técnica e economicamente.

21. Em que pese a engenhosidade da sistemática desenhada pelo FNDE, de forma a tentar possibilitar a construção mais rápida das creches, não há como se olvidar da baixa complexidade dessas obras, o que afasta a possibilidade do uso do regime de contratação integrada.

Esse entendimento do Tribunal de Contas da União, no que diz respeito à complexidade da obra, não se coaduna com a legislação regente pelos motivos expostos a seguir.

Em momento algum a Lei do RDC sequer se aproximou da ideia de que a contratação integrada só deve ser utilizada como alternativa quando a obra for de alta complexidade. O que aquela Lei exige, em seu art. 9º, e isso o acórdão citou, é que sua utilização deve ser técnica e economicamente justificada e o objeto deve envolver pelo menos uma das seguintes situações:

I inovação tecnológica ou técnica;
II possibilidade de execução com diferentes metodologias; ou
III possibilidade de execução com tecnologias de domínio restrito no mercado.

Não se denota, portanto, da leitura da Lei do RDC, como pressuposto necessário para adoção do regime de contratação integrada, que as obras e os serviços de engenharia a serem contratados devam ser de alta complexidade.

Uma obra simples de edificação, ou uma obra de rodovia, por exemplo, no caso da Lei nº 14.133/2021, pode ser planejada e construída sem os atributos previstos nos incisos I, II e III do art. 9º da Lei do RDC, ou seja, sem a exigência de inovação tecnológica ou técnica, ou a possibilidade de execução com diferentes metodologias; ou, ainda, há a possibilidade de execução com tecnologias de domínio restrito no mercado. A nova Lei de Licitações é, portanto, menos restritiva quanto aos requisitos para adoção da contratação integrada do que o Regime Diferenciado de Contratações. Na Lei nº 14.133/2021 é o projeto que deve ser sem complexidade técnica ou operacional. Entenda-se, o que parece evidente, que a essa dita complexidade deve ser analisado sob o enfoque da engenharia e arquitetura, e não por um leigo nessas áreas, para os quais esses objetos sempre serão complexos.

É preciso observar que é possível que obras simples tenham soluções sofisticadas, que tragam resultados melhores que aqueles que normalmente se conseguiria com sistemas convencionais e mais conhecidos no mercado da construção civil

A complexidade posta em lei diz respeito à existência de mais de uma atividade no mesmo objeto do contrato, isto é, (1) à elaboração e desenvolvimento dos projetos básico e executivo, (2) à execução de obras e serviços de engenharia, (3) à montagem, (4) à realização de testes, (5) à pré-operação e (6) a todas as demais operações necessárias e suficientes para a entrega final do objeto. Portanto, complexidade, neste caso, não se refere à sofisticação técnica.

No caso de Sistema de Registro de Preços, quanto menor a complexidade técnica e operacional da obra, melhor é a sua utilização, pois mais factível é a possibilidade de padronização. A Lei nº 14.133/21, aliás, previu como um dos requisitos para utilização do SRP em obras e serviços de engenharia, a existência de projeto padronizado, *sem complexidade técnica e operacional.*

A exemplo disso, há no Brasil construções de edifícios que têm os três atributos que se exigia na Lei do RDC e agora sequer são exigidos na Lei nº14.133/2021 com tecnologias inovadoras, ou com diferentes metodologias, ou ainda tecnologia de domínio restrito no mercado, mas que podem ser utilizadas em obras simples, a exemplo das construções a seco, como as obras em *wood frame, steel frame,* além de outras obras com técnicas não convencionais como as realizadas com *drywall,* as de paredes duplas de concreto, as estruturas pré-fabricadas de concreto e as de painéis EPS, além de outras.

O regime de contratação integrada deve ser utilizado quando a Administração pretende internalizar o que de mais novo tem em tecnologia, complexa ou não, seja a respeito de materiais, metodologias, sistemas construtivos ou outra característica que traga evolução em relação às tecnologias convencionais utilizadas por ela, e que demonstrem ganhos em relação a aspectos eleitos, tais quais ganhos econômicos, ambientais, culturais, sociais, de tempo, entre outros imagináveis.

Na Lei nº 14.133/2021, sequer são exigidos esses requisitos do art. 9º da Lei do RDC.

Para que se utilize a contratação integrada pelo SRP, os requisitos estão previstos na Lei nº 14.133/2021.

> Art. 85. A Administração poderá contratar a execução de obras e serviços de engenharia pelo Sistema de Registro de Preços, desde que atendidos os seguintes requisitos:
>
> I – Existência de *projeto* padronizado, sem complexidade técnica e operacional;
>
> II – Necessidade permanente ou frequente de obra ou serviço a ser contratado.

Primeiramente, note-se que, para contratar a execução de obras e serviços de engenharia pelo Sistema de Registro de Preços, é preciso que haja um projeto padronizado.

Se nos regimes de empreitada por preço global, preço unitário, empreitada integral e na contratação integrada o projeto básico possibilita a caracterização do objeto, na contratação integrada é um anteprojeto que o faz.

Numa interpretação literal da Lei, pode-se compreender que apenas é possível contratar obras pelo SRP diante da prévia existência de um projeto básico. Porém, ao interpretar sistematicamente, verifica-se a necessidade de um projeto básico caso o contrato a ser firmado seja pelos regimes que exigem esse tipo de peça técnica. Como a contratação integrada requer um anteprojeto de engenharia prévio, não é lógico que se deduza que para registrar o preço seria necessário um projeto básico. Este existirá, mas será desenvolvido pela contratada, somente antes da execução da obra, como a Lei exige. Como já mencionado anteriormente, o Decreto Federal nº 11.462/2023 estabelece que o SRP poderá ser utilizado para a contratação de execução de obras e serviços de engenharia, sendo um dos seus requisitos a existência de termo de referência, *anteprojeto*, projeto básico ou projeto executivo padronizados, sem complexidade técnica e operacional.

Em se tratando de anteprojeto de engenharia, mesmo para o SRP, faz-se necessário que essa peça técnica contenha todos os subsídios necessários à elaboração do projeto básico, e que sejam, no mínimo, os seguintes elementos:

> a) demonstração e justificativa do programa de necessidades, avaliação de demanda do público-alvo, motivação técnico-econômico-social do empreendimento, visão global dos investimentos e definições relacionadas ao nível de serviço desejado;
>
> b) condições de solidez, de segurança e de durabilidade;
>
> c) prazo de entrega;
>
> d) estética do projeto arquitetônico, traçado geométrico e/ou projeto da área de influência, quando cabível;
>
> e) parâmetros de adequação ao interesse público, de economia na utilização, de facilidade na execução, de impacto ambiental e de acessibilidade;
>
> f) proposta de concepção da obra ou do serviço de engenharia;
>
> g) projetos anteriores ou estudos preliminares que embasaram a concepção proposta;
>
> h) levantamento topográfico e cadastral;
>
> i) pareceres de sondagem;
>
> j) memorial descritivo dos elementos da edificação, dos componentes construtivos e dos materiais de construção, de forma a estabelecer padrões mínimos para a contratação;

Portanto, para a utilização do SRP com contratação integrada, os possíveis locais onde se darão as construções devem ser previamente conhecidos e suas características ser estabelecidas no anteprojeto de engenharia e arquitetura.

Assim, com base no anteprojeto padronizado, é possível estabelecer uma fundação padronizada, a exemplo do radier, pois como é característica da contratação integrada, no momento do desenvolvimento do projeto executivo, pode haver a opção da contratada por outro tipo de fundação, contanto que se chegue ao resultado esperado, que, no caso das fundações, é a solidez da obra.

No mais, o *corpo do edifício* seria orçado com a utilização de metodologia expedita ou paramétrica e de avaliação aproximada baseada em outras contratações similares às frações do empreendimento não suficientemente detalhadas no anteprojeto, como prevê o §5º do art. 23 da Lei nº 14.133/21.

Uma vez estimado o preço de cada edificação, poderia ser adotado o critério de menor preço ou maior desconto.

Neste caso, não se vê a possibilidade de utilização da contratação integrada para os serviços de implantação, isto é, aqueles que não estão no *corpo do edifício*. No entanto, se utilizados dois regimes de execução no mesmo contrato, contratação integrada e regime de empreitada por preço unitários, torna-se possível fazer SRP para a obra como um todo, de forma semelhante à referenciada anteriormente para utilização dos regimes de empreitada por preço global e por preço unitário no mesmo contrato.

No caso de se contratar apenas pelo regime de contratação integrada, seria muito simples: a vencedora da licitação seria a empresa que desse o menor preço ou o maior desconto por unidade construída na região.

No caso de se utilizar dois regimes de empreitada no mesmo contrato, contratação integrada e empreitada por preço unitário, sugere-se outra forma, como se passa a explicitar.

A seguir se apresenta, de forma esquematizada, um exemplo hipotético no qual seriam licitadas diversas edificações a partir de um anteprojeto.

Para o "corpo do edifício", que está acima da terra, será adotada a Empreitada por Preço Global (EPG), enquanto que, para a parte que está sob a terra, será adotado o regime de Empreitada por Preço Unitário (EPU).

Figura 03 – Elevação Frontal

Fonte: Paraná Edificações. Anteprojeto Centro de Atendimento ao Turista - Foz do Iguaçu, PR. Arquiteta Silvia Rolim de Moura Januário. 2013.

Figura 04 – Anteprojeto Arquitetônico (parte)

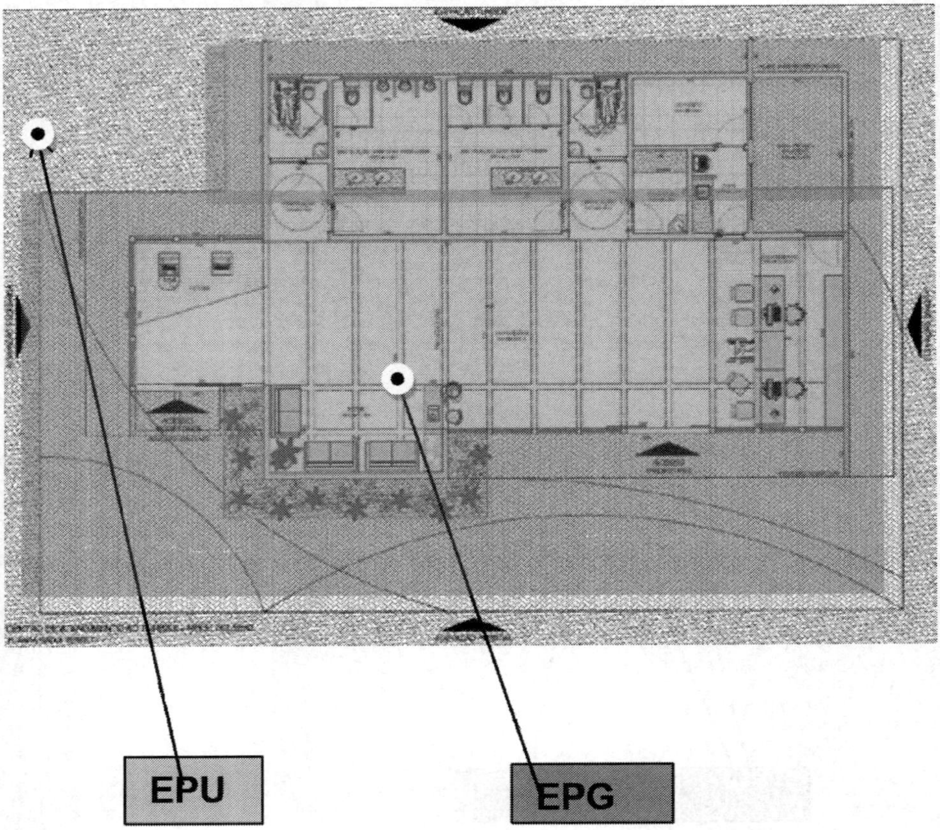

Fonte: Paraná Edificações. Anteprojeto Centro de Atendimento ao Turista - Foz do Iguaçu, PR. Arquiteta Silvia Rolim de Moura Januário. 2013.

Figura 05 – Corte Transversal

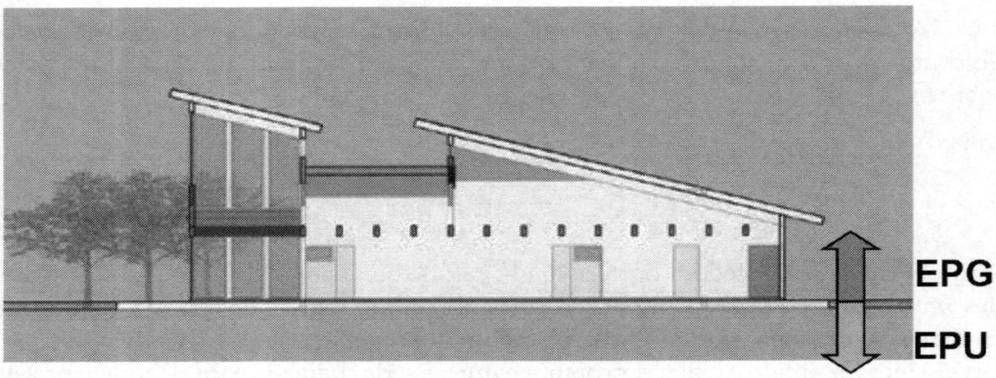

Fonte: Paraná Edificações. Anteprojeto Centro de Atendimento ao Turista - Foz do Iguaçu, PR. Arquiteta Silvia Rolim de Moura Januário. 2013.

Figura 06 – Situação Transversal

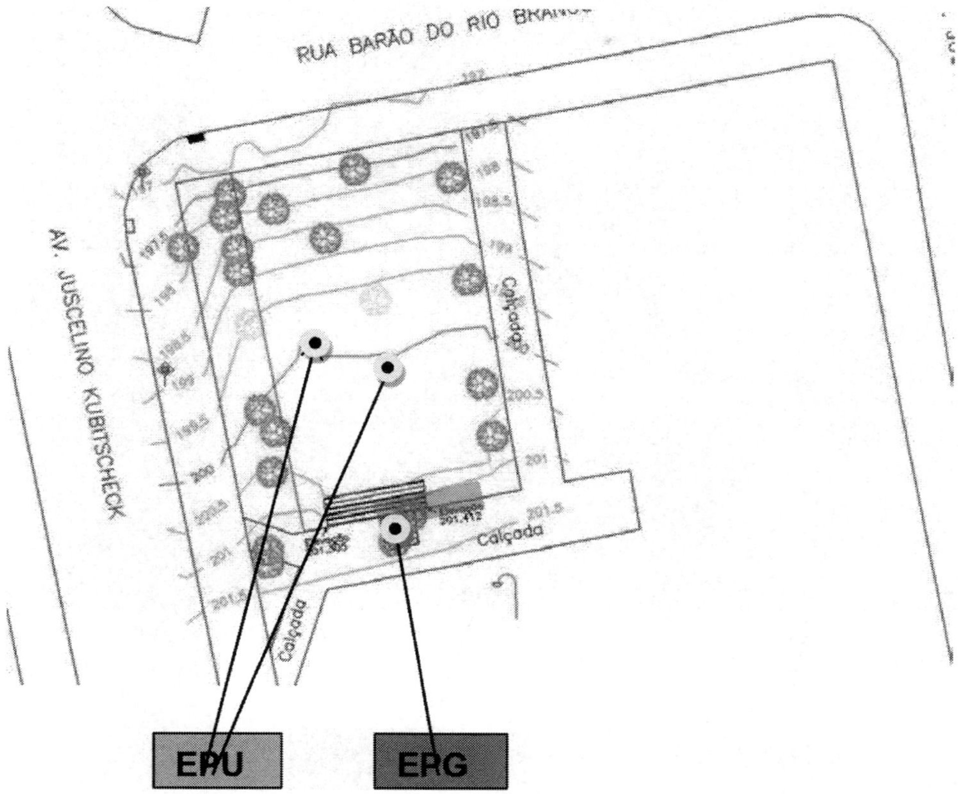

Fonte: Paraná Edificações. Anteprojeto Centro de Atendimento ao Turista - Foz do Iguaçu, PR. Arquiteta Silvia Rolim de Moura Januário. 2013.

A licitação seria julgada de forma a classificar a empresa que ofertasse o maior desconto, isto é, o menor preço (menor P) para cada obra, levando em conta os descontos sobre os preços de todos os itens, obtido por meio da seguinte fórmula:

$$P = \frac{D1.P1 + D2.P2}{P1 + P2}$$

A empresa vencedora do certame licitatório seria aquela que ofertasse o maior desconto, isto é, o maior valor para *P*. Portanto, seriam registrados na Ata de Registro de Preços os descontos *D1* e *D2*, para cada um dos itens.

Uma vez obtido o maior desconto, a empresa seria chamada para elaborar o projeto básico e executivo, para depois executar cada uma das obras necessárias da região em que foi vencedora da licitação, bem como para fornecer bens ou prestar serviços especiais

e realizar montagem, teste, pré-operação e demais operações necessárias e suficientes para a entrega final do objeto.

O valor a ser contratado seria calculado pela somatória do preço a ser pago pelo *corpo do edifício* e do preço da implantação.

O preço estimado do *corpo do edifício* seria fixo para todas as obras, em qualquer região, e obtido pelo valor estimado por meio de metodologia expedita ou paramétrica (P1), deduzido o desconto ofertado pela empresa para este item (D1).

Quanto ao preço da implantação, variariam de obra para obra, neste caso seria utilizado o regime de empreitada por preço unitário.

Antes de assinar cada contrato, a contratante definiria o que seria preciso para a implantação: muro, calçadas, etc., calcularia o preço da implantação com a somatória de todos os itens necessários (Custo x BDI) e, sobre este preço, aplicaria o desconto D2, obtendo, assim, o preço de venda do item implantação (PI).

O valor do contrato (VC) seria dado por:

$$VC = PE + PI$$

Com este valor, obtido a partir do anteprojeto do *corpo do edifício* e do projeto executivo de implantação, seria feito o cronograma físico-financeiro e assinado o contrato.

Assim, haveria duas formas de medição e pagamento. O *corpo do edifício* seria medido da mesma forma que é medida uma obra pelo regime de empreitada por preço global ou empreitada integral, enquanto que a implantação se daria pelo regime de empreitada por preço unitário.

CRISTIANA FORTINI

TATIANA CAMARÃO

82.16 O uso do Registro de Preços por meio das hipóteses de contratação direta (§6º do art. 82)

A Nova Lei prevê a implantação do Registro de Preços por meio da dispensa e inexigibilidade de licitação. Esse procedimento não é novo, pois a Medida Provisória nº 951, editada para atender a situação pandêmica da COVID-19, já o havia previsto.

Nestes termos, escudados na mesma orientação do normativo citado, a Nova Lei estabelece a possibilidade da contratação direta para Registro de Preços. A redação do dispositivo não é primorosa. Na sua literalidade ela parece sugerir que o uso do SRP, nas hipóteses de inexigibilidade e de dispensa de licitação, seria possível para aquisição de bens ou contratação de serviços, *desde que,* por mais de um órgão ou entidade. Ocorre que não faria sentido condicionar o emprego do SRP, em contratações diretas, para a compra ou contratação de serviços apenas quando realizada por mais de um órgão ou entidade. Talvez o legislador pretendesse realçar que também quando houvesse interesse compartilhado fosse possível o uso. Então, defendemos uma interpretação não literal porque nos parece a única racional.

Na hipótese de estruturação compartilhada do Registro de Preços, faz-se necessário que um órgão ou entidade fique responsável pelo seu gerenciamento, divulgando previamente a intenção de registro de preços e oferecendo prazo razoável para que os interessados manifestem.

Não pairam dúvidas acerca das vantagens geradas com adoção desse procedimento para os órgãos e entidades envolvidos. Para além do ganho de economia de escala, com a aglutinação das demandas e obtenção de preços mais vantajosos, é possível se ter uma redução do número de licitações e custos transacionais, já que as unidades administrativas envolvidas deixarão de realizar compras individualizadas.

Ocorre que agrupar os interessados e operacionalizar as compras nesse formato não é tarefa fácil,[56] e a Lei não cita a possibilidade de adoção da contratação direta para registro de preços exclusivamente para um órgão ou entidade pública.

Vale destacar que essa dinâmica da contratação direta para registro vai ao encontro das demandas dos municípios, que, em sua maioria, contratam bens e serviços comuns e de uso frequente plasmados na dispensa em função do valor e poderiam entabular uma única contratação com prazo mais alongado.

Enfim, esse novo arranjo de contratação, por meio da dispensa e inexigibilidade para Registro de Preços, é uma alternativa positiva em função das inúmeras vantagens que o sistema apresenta.

No âmbito federal foi editado o Decreto nº 11.462/2023, o qual prevê, em seu art. 16, o procedimento para contratação direta para registro de preços, inclusive destacando a necessidade de se observarem, evidentemente, os artigos 74 e 75 da Lei nº 14.133/2021. Cabe recordar que os casos de inexigibilidade não são exaurientes. Outras hipóteses podem surgir. Vê-se que o §2º do art. 16 diz que "[o] registro de preços poderá ser utilizado na hipótese de contratação direta, por inexigibilidade de licitação, para a aquisição, por força de decisão judicial, de medicamentos e insumos para tratamentos médicos".

Os requisitos para a dispensa e a inexigibilidade estão listados no art. 72 da Lei nº 14.133/2021. Deve se destacar que a dispensa e inexigibilidade não dispensam instrumento de formalização de demanda e, se for o caso, estudo técnico preliminar, análise de riscos, termo de referência, projeto básico ou projeto executivo. Também se impõem a comprovação de que o contratado preenche os requisitos de habilitação e qualificação mínima necessária, bem como a razão da escolha do contratado.

---

[56] Tatiana Camarão e João Domingues destacam no artigo sobre a Medida Provisória nº 951, as dificuldades dos municípios implementarem o procedimento da contratação direta mediante demandas agregadas de vários órgãos e entidades públicas: "Entretanto, as carências de cultura para o exercício do planejamento nas compras públicas e, ainda, de habilidades técnicas dos servidores públicos municipais para os procedimentos licitatórios, compulsórias para que se promovam aquisições mais céleres sem perda da efetividade nos novos moldes da MP, são constatadas na maioria dos municípios brasileiros, em especial aqueles com menos de 30.000 habitantes 79% (setenta e nove por cento), observada nas falhas do suporte documental e rito processual praticados em condições regulares. Pode-se inferir, por conseguinte, que a redação trazida pela MP, visando aglutinar interessados no SRP unificado, deve alcançar, na prática, órgãos e entidades das esferas federal, estadual e, no tocante ao âmbito municipal, somente aqueles que apresentem domínio técnico das melhores práticas aplicadas às compras públicas". (CAMARÃO, Tatiana. Medida Provisória nº 951 – reflexões sobre a adoção da dispensa de licitação para registro de preços pelos municípios. *ONLL*, 28 mai. 2020. Disponível em: http://www.novaleilicitacao.com.br/2020/05/28/medida-provisoria-951-reflexoes-sobre-a-adocao-da-dispensa-de-licitacao-para-registro-de-precos-pelos-municipios/. Acesso em 10 jul. 2021).

Sabe-se que o legislador está mais rigoroso na utilização de dispensa e inexigibilidade, e prevê que havendo dolo, fraude ou erro grosseiro, o contratado e o agente público responsável responderão solidariamente pelo dano causado ao erário, sem prejuízo de outras sanções legais cabíveis. A responsabilidade solidária é questionável, posto que dolo, erro grosseiro e fraude podem envolver, por exemplo, apenas o contratado, não fazendo sentido penalizar o agente público. É de se lembrar que a LINDB refuta a responsabilidade do agente público por suas decisões ou opiniões técnicas, salvo em caso de dolo ou erro grosseiro.

Caberá à comissão, nos termos do disposto no inciso L do *caput* do art. 6º da Lei nº 14.133/2021, o exame e julgamento dos documentos da proposta e de habilitação. Não se trata de tarefa de que se encarregue apenas um agente público, mas um conjunto de agentes públicos indicados pela Administração, em caráter permanente ou especial, com a função de receber, examinar e julgar documentos relativos às licitações e aos procedimentos auxiliares.

Art. 83. A existência de preços registrados implicará compromisso de fornecimento nas condições estabelecidas, mas não obrigará a Administração a contratar, facultada a realização de licitação específica para a aquisição pretendida, desde que devidamente motivada.

CRISTIANA FORTINI

TATIANA CAMARÃO

83 O compromisso do fornecedor registrado e a faculdade da Administração

Este artigo expressa a principal característica do procedimento para registro de preços, qual seja, cria a possibilidade de a Administração Pública, ao longo do período de vigência da ata, adquirir o objeto que necessita, de acordo com sua necessidade, sem ter, contudo, obrigação de contratar no todo ou em parte o quantitativo registrado.

Nesse contexto, se o órgão ou a entidade responsável pelo registro verificar que o mercado oferece valores e condições melhores que a registrada, é possível que realize licitação específica para aquele objeto, mediante justificativa que motive essa escolha. No caso de se alcançar resultado mais vantajoso que o registrado, é possível cancelar o registro e formalizar nova contratação decorrente de licitação realizada. Essa orientação foi reproduzida no art. 21 do Decreto Federal nº 11.462/2023.

Vale destacar que o art. 83 da Nova Lei não acolheu a hipótese de preferência do titular da ata de registro de preços quando o valor registrado for igual ao preço alcançado na licitação, privilégio que constava da redação do art. 15, §4º da Lei nº 8.666/93.[1]

Dessa feita, realizada nova licitação e obtido o mesmo preço registrado na ata, o seu titular não terá mais a preferência de continuar fornecendo, pois poderá ocorrer nova contratação do licitante que se sagrou vencedor.

[1] Art. 15, §4º da Lei nº 8.666/93. A existência de preços registrados não obriga a Administração a firmar as contratações que deles poderão advir, ficando-lhe facultada a utilização de outros meios, respeitada a legislação relativa às licitações, sendo assegurado ao beneficiário do registro preferência em igualdade de condições.

Art. 84. O prazo de vigência da ata de registro de preços será de 1 (um) ano e poderá ser prorrogado, por igual período, desde que comprovado o preço vantajoso.

Parágrafo único. O contrato decorrente da ata de registro de preços terá sua vigência estabelecida em conformidade com as disposições nela contidas.

CRISTIANA FORTINI

TATIANA CAMARÃO

84 O prazo de vigência da Ata de Registro de Preços (*caput* do art. 84)

O art. 84 estabelece que o prazo de validade da Ata de Registro de Preços é de 1 (um) ano e, ao contrário do disposto no art. 15, §3º, inciso III, da Lei nº 8.666/93, admite a prorrogação da vigência da ata por mais 1 (um) ano, quando a proposta continuar se mostrando mais vantajosa. Tal condição é repetida no art. 15, inciso IX do Decreto Federal nº 11.462/23.

A possibilidade de prorrogação da Ata de Registro de Preços vai ao encontro dos princípios da economicidade e eficiência, previstos no art. 5º.

É importante esclarecer que a contagem do prazo de 1 (um) ano de validade da ata, nos moldes do art. 22 do Decreto Federal nº 11.462/23, será contado do primeiro dia útil subsequente à data de divulgação no PNCP. Nada obsta que se conte de outra forma, havendo norma estadual ou municipal que assim disponha, porque não há na Lei nº 14.133/2021 regra a respeito.

E tem mais: é importante que o fiscal de contratos acompanhe o prazo de validade da ata para que as contratações ocorram durante a sua vigência.[1] Considerando a possibilidade de prorrogação da Ata de Registro de Preços, outro aspecto que merece destaque diz respeito à possibilidade de se admitir o restabelecimento dos quantitativos iniciais registrados, isto é, é possível, na prorrogação da ata, restabelecer os quantitativos ou só é possível contratar o remanescente dos quantitativos previstos inicialmente?

O TCU, no acórdão nº 991/2009, posicionou-se contra o restabelecimento dos quantitativos.[2] Ou seja, se alcançado o termo final da Ata de Registro de Preços no prazo inferior a um ano com consumo total dos quantitativos inicialmente previstos, não haveria que se falar em prorrogação e restabelecimento de novos quantitativos.[3]

---

1 TCE/MG, Consulta nº 872.262: Não é possível promover contratações com base em Ata de Registro de Preços com prazo de vigência vencido. Para contratar, tomando-se por base Ata de Registro de Preços, é necessário que a adesão do interessado e a concordância por parte do possível contratado, além das demais formalidades exigidas do "carona", descritas na Consulta nº 757978, bem como a celebração do respectivo contrato, sejam realizadas durante a vigência da ata.

2 Essa é a mesma orientação do art. 12, §1º do Decreto nº 7.892/13: É vedado efetuar acréscimos nos quantitativos fixados pela ata de registro de preços, inclusive o acréscimo de que trata o art. 65, §1º, da Lei nº 8.66693.

3 Não se pode olvidar que a ata se encerra ou com o término da sua vigência ou com a contratação da totalidade do objeto nela registrado. (TCU. Acórdão nº 113/2012 – Plenário).

Advirta-se que há entendimento contrário a esse posicionamento, aceitando a renovação de quantitativos a cada prorrogação contratual.[4]

Mas não se pode desconsiderar entendimento do TCU segundo o qual "cada ato de prorrogação equivale a uma renovação contratual", compreensão que se afeiçoa à ideia de uma ata que pode durar mais tempo, como autorizado pelo legislador.

Essa é uma questão sobre a qual não há consenso.

84.1 O prazo de vigência dos contratos decorrentes de Ata de Registro de Preços (Parágrafo único do art. 84)

O prazo de validade da Ata de Registro de Preços não se confunde com o prazo do contrato dela decorrente, afinal, são documentos que apresentam características diferentes.[5]

Dito isso, é possível afirmar que a vigência do contrato não precisa coincidir com a da ata. São prazos distintos. O que não é possível ocorrer é a formalização do contrato fora do prazo de vigência da ata.[6]

Vale ressaltar, em relação ao contrato decorrente da Ata de Registro de Preços, que o instrumento mais adequado a ser utilizado é a nota de empenho, que será emitida de

[4] A propósito da prorrogação e renovação de contrato, o TCU decidiu que "cada ato de prorrogação equivale a uma renovação contratual, motivo pelo qual a decisão pela prorrogação de uma contratação direta deve ser devidamente planejada e motivada, principalmente mediante a indicação da hipótese legal ensejadora da dispensa ou inexigibilidade de licitação, válida no momento do ato de prorrogação contratual". (Acórdão nº 213/2017 Plenário, Embargos de Declaração, Relator Ministro Bruno Dantas).

[5] Representação formulada ao TCU apontou indícios de irregularidade no Pregão nº 187/2007, sob o sistema de registro de preços, realizado pelo Governo do Estado de Roraima para eventual aquisição de gêneros alimentícios, destinados a atender aos alunos da rede pública estadual de ensino. Em consequência, foi realizada inspeção pela unidade técnica, tendo sido constatado que a formalização da ata de registro de preços e a celebração do contrato para fornecimento das mercadorias "ocorreram em um mesmo instrumento", isto é, ao mesmo tempo em que foram estabelecidas características de uma ata de registro de preços, tais como a vigência do registro e os prazos e condições para contratação, foram fixadas condições, direitos, obrigações e regras próprias de um termo contratual, tais como o valor pactuado, as penalidades a que se sujeita a contratada e as obrigações das partes. Com base no Decreto Federal nº 3.931/2001 – que regulamenta o registro de preços previsto na Lei nº 8.666/93 –, o relator salientou que a ata de registro de preços tem natureza diversa da do contrato. Na verdade, "a ata firma compromissos para futura contratação, ou seja, caso venha a ser concretizado o contrato, há que se obedecer *às* condições previstas na ata". Ademais, "a ata de registro de preços impõe compromissos, basicamente, ao fornecedor (e não *à* Administração Pública), sobretudo em relação aos preços e *às* condições de entrega. Já o contrato estabelece deveres e direitos, tanto ao contratado quanto ao contratante, numa relação de bilateralidade e comutatividade típicas do instituto". No caso em tela, o contrato foi celebrado pelo valor total da proposta apresentada pela vencedora da licitação, o que significa "desvirtuamento do instituto do registro de preços", além do que, para o relator, nenhuma das situações delineadas no art. 2º do Decreto nº 3.931/2001 – que elenca as hipóteses em que o sistema de registro de preços deve ser preferencialmente utilizado – foi atendida. Após concluir que teria sido "mais apropriada a realização de pregão eletrônico para fornecimento de bens de forma parcelada, na sua forma ordinária, sem a formalização de Ata de Registro de Preços", o relator propôs e a Segunda Câmara decidiu expedir determinação corretiva à Secretaria de Estado da Educação, Cultura e Desporto de Roraima, para a gestão de recursos federais. (Acórdão nº 3273/2010 – 2ª Câmara, TC-018.717/2007-3, Rel. Min-Subst. Augusto Sherman Cavalcanti, 29.06.2010).

[6] Esse é o entendimento que o TCU adotou: "Consulta interpretação de dispositivos do decreto que regulamenta o sistema de registro de preços. Conhecimento. Resposta. Arquivamento. 1. O prazo de vigência da Ata de Registro de Preços não poderá ser superior a um ano, admitindo-se prorrogações, desde que ocorram dentro desse prazo. 2. No caso de eventual prorrogação da Ata de Registro de Preços, dentro do prazo de vigência não superior a um ano, não se restabelecem os quantitativos inicialmente fixados na licitação, sob pena de se infringirem os princípios que regem o procedimento licitatório, indicados no art. 3º da Lei nº 8.666/93". (Acórdão nº 991/2009 – Plenário).

acordo com a demanda da unidade administrativa e a entrega será feita de forma imediata e na integralidade do quantitativo descrito no documento.[7] Afinal, a configuração do registro se presta a servir como um arquivo de preços que fica disponível para ser utilizado de acordo com a necessidade da Administração, sem ter, contudo, obrigação de contratar no todo ou em parte o quantitativo registrado.

Guiando-se por esse raciocínio, decidiu o TCU:[8]

I Há possibilidade jurídica de formalização de contratação de fornecimento de bens para entrega imediata e integral, da qual não resulte obrigações futuras, por meio de nota de empenho, independentemente do valor ou da modalidade licitatória adotada, nos termos do §4º do art. 62 da Lei nº 8.666/1993 e à luz dos princípios da eficiência e da racionalidade administrativa que regem as contratações públicas;

II a entrega imediata referida no art. 62, §4º, da Lei nº 8.666/1993 deve ser entendida como aquela que ocorrer em até trinta dias a partir do pedido formal de fornecimento feito pela Administração, que deve ocorrer por meio da emissão da nota de empenho, desde que a proposta esteja válida na ocasião da solicitação.

---

[7] Se o contrato consistir na compra de bens com entrega imediata e integral dos quais resultem obrigação futura, é recomendada a formalização do contrato. Cite-se, a propósito, o Acórdão TCU nº 9.277/21 – Segunda Câmara e a Orientação Normativa AGU nº 21, de 01 de junho de 2022.

[8] Acórdão nº 1.234/2018 – Plenário, Relator Ministro José Múcio Monteiro.

Art. 85. A Administração poderá contratar a execução de obras e serviços de engenharia pelo sistema de registro de preços, desde que atendidos os seguintes requisitos:

I – existência de projeto padronizado, sem complexidade técnica e operacional;

II – necessidade permanente ou frequente de obra ou serviço a ser contratado.

HAMILTON BONATTO

85 O uso do Registro de Preços para contratação de obras e serviços de engenharia

Se anteriormente à publicação das Leis nº 14.333/2021 e nº 14.133/2021 havia polêmica em relação à adoção do procedimento especial do Sistema de Registro de Preços para Obras e Serviços de Engenharia, agora já não há.

O art. 85 da Lei nº 14.133/2021, inspirado na Lei nº 12.462/2011 (Lei do Regime Diferenciado de Contratações) estabeleceu esta possibilidade e elencou apenas dois requisitos: existência de projeto padronizado, sem complexidade técnica e operacional; e necessidade permanente ou frequente de obra ou serviço de engenharia a ser contratado.

85.1 Existência de projeto padronizado, sem complexidade técnica e operacional

Padronizar um projeto implica uniformizar os serviços, os materiais e os demais componentes do ambiente construído, de modo que englobe as especificações desses elementos e os procedimentos para sua execução.

Um ambiente construído padronizado gera uma expectativa de que com as repetições de sua execução os resultados atingidos serão sempre semelhantes em relação à estética (aparência geral), às dimensões, aos serviços que o compõe e ao resultado relativo ao desempenho da construção.

A padronização exige, portanto, um modelo de projeto composto por um conjunto de informações previamente definidas.

Para que se possa adotar o procedimento auxiliar do Sistema de Registro de Preços, faz-se necessário, portanto, que o edital possua como anexo um projeto com as características anteriormente elencadas. No caso de obras, o objeto a ser registrado para sua contratação deverá ter caracterizado o seu padrão por meio de um anteprojeto, projeto básico ou executivo; no caso de serviços de engenharia, poderá ser caracterizado por meio de um termo de referência, desde que possua elementos técnicos necessários e suficientes e com nível de precisão adequado para caracterizar os serviços a serem contratados ou os bens a serem fornecidos.

85.2 Necessidade permanente ou frequente de obra ou serviço a ser contratado

O outro requisito exigido pela Lei para adoção do procedimento especial de Sistema de Registro de Preços para obras e serviços de engenharia é o de que haja necessidade permanente ou frequente desse objeto a ser contratado.

Entende-se como necessidade permanente aquela que implica contratações constantes e continuamente necessárias. Exemplo típico que ilustra a necessidade permanente no caso de serviços de engenharia é a contratação de manutenção predial ou de manutenção de outro ambiente construído. Esses ambientes, inevitavelmente, sofrem desgastes por diversas razões, necessitando sempre de atividades de manutenção preventiva ou corretiva.

Necessidade frequente é aquela que deve se dar em determinado período, de tempos em tempos. É assídua, mas não contínua. Se dá quando sua necessidade é recorrente em determinado período. Exemplo dessa frequência é a necessidade de construção de edifícios padronizados. Nesse caso, pode ser registrado o preço de cada edifício a partir de um projeto padronizado e, cada vez que surgir a necessidade de construí-lo, aquele que registrou o melhor preço em ata é chamado para assinar o contrato e construir a edificação de acordo com o projeto.

Para outros detalhes a respeito do uso do Sistema de Registro de Preços para obras e serviços de engenharia sugere-se a leitura dos comentários ao §5º do art. 82, nesta obra, onde a matéria foi abordada com uma maior exaustão.

85.3 O SRP no Decreto nº 11.462/2023

A Lei nº14.133/2021 estabelece que a Administração poderá contratar a execução de obras e serviços de engenharia pelo Sistema de Registro de Preços, desde que um dos requisitos seja a existência de *projeto* padronizado, sem complexidade técnica e operacional.

O Decreto federal nº 11.462/2023, que regulamentou a nível federal o Sistema de Registro de Preços, ao tratar da adoção desse procedimento auxiliar para obras e serviços de engenharia, firmou o que vem a ser "projeto", ao estabelecer, no inciso I do parágrafo único do art. 3º, a possibilidade de o SRP ser adotado quando houver como elemento técnico instrutor *termo de referência, anteprojeto, projeto básico ou projeto executivo* padronizados, sem complexidade técnica e operacional. Portanto, projeto pode ser qualquer um desses elementos.

A partir desta definição percebe-se no Regulamento federal,[1] da mesma forma que já havia sido previsto no Decreto nº 10.086/2022 do Estado do Paraná, no inciso I, do §1º do art. 290 c/c o inciso LXXXVIII do art. 2º,[2] a possibilidade de no Sistema de Registro

---

[1] Art. 3º. Parágrafo único. O SRP poderá ser utilizado para a contratação de execução de obras e serviços de engenharia, desde que atendidos os seguintes requisitos:
I – existência de termo de referência, anteprojeto, projeto básico ou projeto executivo padronizado, sem complexidade técnica e operacional; e
(...)

[2] O Sistema de Registro de Preços, no caso de obras e serviços de engenharia, somente poderá ser utilizado se atendidos, cumulativamente, os seguintes requisitos:

de Preços ser adotado outros regimes de execução previstos na Lei nº 14.133/2021, não apenas a regime de empreitada por preço global, mas com outros, inclusive com a contratação integrada, como, aliás, este autor já havia descrito em trabalho anterior.[3]

Em relação à necessidade de que esses elementos não possuam complexidade técnica, é preciso compreender essa definição com a visão da engenharia e arquitetura. Entenda-se como projetos que possuam complexidade técnica aqueles que envolvam alta especialização na área de engenharia e arquitetura, como fator de extrema relevância para garantir a execução do objeto a ser contratado, ou que demonstrem dificuldade no gerenciamento de atividades interconectadas e que não possam ser padronizadas; e complexidade operacional aqueles que possuem propriedades que o tornam difícil de entender, prever e manter seu comportamento geral sob controle, mesmo que existam informações razoavelmente completas sobre o sistema do projeto, e que possuem um alto grau de incerteza e imprevisibilidade, derivadas do próprio projeto e do seu contexto e que não possam ser padronizadas.

Assim, o simples fato de ser um projeto de engenharia e arquitetura não implica que este elemento seja de alta complexidade técnica, podendo sê-lo ou não.

I – existência de projeto padronizado, em conformidade com o inciso LXXXVIII do art. 2º deste Regulamento, sem complexidade técnica e operacional;

(...)

LXXXVIII – Projeto – documento de planejamento para licitação e contratação que pode ser expresso por meio de um dos seguintes instrumentos: termo de referência, anteprojeto, projeto básico e/ou projeto executivo;

[3] BONATTO, Hamilton. *O Sistema de Registro de Preços para Obras e Serviços de Engenharia na Nova Legislação Licitatória*: temas Controversos da nova lei de licitações e contratos. (Coordenadores CARVALHO, Matheus; BELÉM, Bruno; CHARLES, Ronny). São Paulo: Editora JusPodivm, 2021.

Art. 86. O órgão ou entidade gerenciadora deverá, na fase preparatória do processo licitatório, para fins de registro de preços, realizar procedimento público de intenção de registro de preços para, nos termos de regulamento, possibilitar, pelo prazo mínimo de 8 (oito) dias úteis, a participação de outros órgãos ou entidades na respectiva ata e determinar a estimativa total de quantidades da contratação.

§1º O procedimento previsto no caput deste artigo será dispensável quando o órgão ou entidade gerenciadora for o único contratante.

§2º Se não participarem do procedimento previsto no caput deste artigo, os órgãos e entidades poderão aderir à Ata de Registro de Preços na condição de não participantes, observados os seguintes requisitos:

I – apresentação de justificativa da vantagem da adesão, inclusive em situações de provável desabastecimento ou descontinuidade de serviço público;

II – demonstração de que os valores registrados estão compatíveis com os valores praticados pelo mercado na forma do art. 23 desta Lei;

III – prévias consulta e aceitação do órgão ou entidade gerenciadora e do fornecedor.

§3º A faculdade conferida pelo §2º deste artigo estará limitada a órgãos e entidades da Administração Pública federal, estadual, distrital e municipal que, na condição de não participantes, desejarem aderir à Ata de Registro de Preços de órgão ou entidade gerenciadora federal, estadual ou distrital.

§4º As aquisições ou as contratações adicionais a que se refere o §2º deste artigo não poderão exceder, por órgão ou entidade, a 50% (cinquenta por cento) dos quantitativos dos itens do instrumento convocatório registrados na Ata de Registro de Preços para o órgão gerenciador e para os órgãos participantes.

§5º O quantitativo decorrente das adesões à Ata de Registro de Preços a que se refere o §2º deste artigo não poderá exceder, na totalidade, ao dobro do quantitativo de cada item registrado na Ata de Registro de Preços para o órgão gerenciador e órgãos participantes, independentemente do número de órgãos não participantes que aderirem.

§6º A adesão à Ata de Registro de Preços de órgão ou entidade gerenciadora do Poder Executivo federal por órgãos e entidades da Administração Pública estadual, distrital e municipal poderá ser exigida para fins de transferências voluntárias, não ficando sujeita ao limite de que trata o §5º deste artigo se destinada à execução descentralizada de programa ou projeto federal e comprovada a compatibilidade dos preços registrados com os valores praticados no mercado na forma do art. 23 desta Lei.

§7º Para aquisição emergencial de medicamentos e material de consumo médico-hospitalar por órgãos e entidades da Administração Pública federal, estadual, distrital e municipal, a adesão à Ata de Registro de Preços gerenciada pelo Ministério da Saúde não estará sujeita ao limite de que trata o §5º deste artigo.

§8º Será vedada aos órgãos e entidades da Administração Pública federal a adesão à Ata de Registro de Preços gerenciada por órgão ou entidade estadual, distrital ou municipal.

CRISTIANA FORTINI

TATIANA CAMARÃO

86 Da adesão à Ata de Registro de Preços

O art. 86 repete regras que já constavam do art. 22 do revogado Decreto nº 7.892/2013. Até o advento da Lei nº 14.133/2021, não havia regra legal aludindo à carona. Os regulamentos, no amplo espaço que a Lei nº 8.666/1993 tinha conferido a Estados e Municípios, poderiam prever vedações absolutas ao carona ou circunscrever a seu gosto a adesão. Claro que a linha adotada na esfera federal servia de referencial, sobretudo por espelhar o entendimento do TCU,[1] mas nada obstava que limites mais extensos fossem previstos, ainda que assumindo-se um risco de questionamento.

A Lei nº 14.133/2021 não autoriza limites maiores. Fixa-se o alcance máximo das caronas, exatamente usando-se a métrica que o revogado Decreto Federal nº 7.892/2013, em sua redação última, prescreveu.[2] Essa orientação consta do art. 32 do atual Decreto Federal nº 11.462/2023.

[1] No Acórdão nº 1.487/2007, o TCU recomendou que não fosse permitida a utilização ilimitada do carona: 9.2.2. Adote providências com vistas à reavaliação das regras atualmente estabelecidas para o registro de preços no Decreto nº 3.931/2001, de forma a estabelecer limites para a adesão a registros de preços realizados por outros órgãos e entidades, visando preservar os princípios da competição, da igualdade de condições entre os licitantes e da busca da maior vantagem para a Administração Pública, tendo em vista que as regras atuais permitem a indesejável situação de adesão ilimitada a atas em vigor, desvirtuando as finalidades buscadas por essa sistemática, tal como a hipótese mencionada no Relatório e Voto que fundamentam este Acórdão.

[2] 'A consagração do 'carona' favorece a prática da corrupção. Em primeiro lugar, envolve a realização de licitações destinadas ao fornecimento de quantitativos enormes, o que se constitui em incentivo a práticas reprováveis. Isso não significa afirmar que existem desvios éticos apenas nas licitações de grande porte. O que se afirma é que a grande dimensão econômica de uma licitação eleva o risco de corrupção em vista do vulto dos valores envolvidos. Mais grave, consiste na criação de competências amplamente discricionárias. Ao assegurar ao ente administrativo a faculdade de escolher entre utilizar ou não utilizar um registro de preços, abre-se a oportunidade para a corrupção. Não significa que a existência do registro de preços seja um instrumento intrinsecamente propício à corrupção: a figura do 'carona' é intrinsecamente propícia à corrupção. E o é porque uma entidade pode ou não se valer de um registro de preços, segundo uma escolha livre e incondicionada'.

Entendemos importante deixar registrado que o carona pode encarnar medida salutar ao interesse público, a depender do olhar a ele emprestado.

Em outra oportunidade, em artigo escrito com o intuito de homenagear o Professor Carlos Motta, abordamos a figura do carona, quando assinalamos:

> Não se pode ignorar as dificuldades, em especial, em Municípios de pequeno porte, desprovidos de corpo funcional quantitativa e qualitativamente ajustado à solução das demandas com as quais se defrontam.
>
> A ausência de pessoal e/ou o despreparo do corpo funcional para enveredar no campo das licitações públicas fomenta o interesse pela adesão à Ata de Registro de Preços alheia. Em princípio, diante do risco de um certame mal conduzido, malogrado pela realização de uma fase interna sem os cuidados e rigores necessários e a se concretizar em fase externa não submetida às balizas normativas, concluir-se-ia pelo prestígio à adesão, sem que se lhe devesse criar qualquer constrangimento ou limites. Existindo demanda a ser suprida em certo Município, estaria lhe franqueado o acesso à Ata de Registro de Preços, fruto de licitação implementada por outro ente, de maneira a que sua necessidade fosse atendida por quem já se consagrou vencedor, desde que, claro, se comprovasse a vantagem da contratação pretendida.[3]

Vale registrar que o órgão gerenciador assume uma série de atribuições, iniciando com a inclusão no Portal do órgão da intenção de realizar o registro de preços para manifestação dos interessados. Em seguida, serão consolidadas as demandas individuais e totais de consumo apresentadas para feitura do termo de referência. Essa escolha por ampliar o leque de participantes no registro de preços deve ser motivada e apresentadas as razões que tornam mais vantajoso aglutinar pedidos de vários órgãos, bem como a adesão futura de possíveis interessados.

Registra-se, por oportuno, excerto do TCU que orienta os cuidados para a escolha pelo gestor se optar pelo formato de participação prévia abrangente por meio de participação de órgão e entidades interessadas:

> Por se encontrar no âmbito de discricionariedade do gestor, exige justificativa específica, lastreada em estudo técnico referente especificamente ao objeto licitado e devidamente registrada no documento de planejamento da contratação, a decisão de inserir cláusula em edital prevendo a possibilidade de adesão tardia (carona) à Ata de Registro de Preços por órgãos ou entidades não participantes do planejamento da contratação, à luz do princípio da motivação dos atos administrativos, do art. 37, inciso XXI, da CF/1988, do art. 3º da Lei nº 8.666/1993 e do art. 9º, inciso III, *in fine*, do Decreto nº 7.892/2013 (Acórdãos nº 757/2015 e nº 1.297/2015, ambos do Plenário).

A fase preparatória demandará esforços do órgão gerenciador para instrução processual e confecção dos documentos que servirão de espelho para o edital e condução do certame. Além disso, deverá constar expressamente do ato convocatório cláusula

---

[3] Cf.: FORTINI, Cristiana; PIRES, Maria Fernanda; CAMARÃO, Tatiana. Dos aspectos polêmicos da adesão tardia a atas de registros de preços. *In*: BICALHO, Alécia Paolucci Nogueira; DIAS, Maria Tereza Fonseca (Coord.). *Contratações públicas*: estudos em homenagem ao Professor Carlos Pinto Coelho Motta. Belo Horizonte: Fórum, 2013. p. 231-243.

prevendo a possibilidade de adesão à Ata de Registro de Preços por órgãos ou entidades não participantes do planejamento da contratação.[4] [5] [6]

Finalizada a licitação, caberá ao órgão gerenciar a Ata de Registro de Preços, conduzir eventuais negociações dos valores registrados e aplicar penalidades ao titular da ata pelo descumprimento do acordado. As penalidades decorrentes do descumprimento da execução dos contratos oriundos da ata serão aplicadas pelo contratante. O art. 24 do Decreto nº 11.462/2023 prevê que o controle e o gerenciamento das atas de registro de preços serão realizados por meio da ferramenta de Gestão de Atas, quanto aos quantitativos e aos saldos, às solicitações de adesão e ao remanejamento das quantidades, observados os procedimentos estabelecidos no manual técnico operacional que será publicado pela Secretaria de Gestão e Inovação do Ministério da Gestão e da Inovação em Serviços Públicos.

Caberá, ainda, ao gestor do contrato, definir acerca da prorrogação do prazo de validade da Ata de Registro de Preços.

Por outro lado, o carona que aproveita a Ata de Registro de Preços deverá demonstrar a vantagem da adesão tardia. Há requisitos para que a adesão se faça de forma regular. O §2º do art. 86 estabelece que se deve demonstrar que os valores registrados estão compatíveis com os praticados no mercado à luz do que fixa o art. 23 desta Lei.[7] [8] A isso se adiciona a justificativa da vantagem[9] da adesão, inclusive em situações de provável desabastecimento ou descontinuidade de serviço público.

Não são apenas essas as situações em que a vantagem se materializa. Trata-se de exemplos que o legislador quis destacar.

Muito embora a Lei não tenha feito referência à demonstração do ganho de eficiência, da viabilidade da contratação pelo registro e economicidade da utilização da ata,[10] esses elementos são pressupostos de sua utilização e constam, inclusive, do termo de referência que analisará a adesão ao registro como uma das opções disponíveis para atender a demanda apresentada.

---

[4] Nesse sentido é o acórdão TCU nº 311/2018 – Plenário.

[5] A adesão à Ata de Registro de Preços é uma possibilidade anômala e excepcional, e não uma obrigatoriedade a constar necessariamente em todos os editais e contratos regidos pelo Sistema de Registro de Preços. (TCU. Acórdão nº 1.297/2015 – Plenário).

[6] O órgão Gerenciador deve justificar as razões da inserção de cláusula no edital prevendo a possibilidade de adesão tardia à Ata de Registro de Preços por órgãos ou entidades não participantes do planejamento da contratação. (TCU. Acórdão nº 311/2018).

[7] A mera comparação dos valores constantes em Ata de Registro de Preços com os obtidos junto a empresas consultadas na fase interna de licitação não é suficiente para configurar a vantajosidade da adesão à ata, haja vista que os preços informados nas consultas, por vezes superestimados, não serão, em regra, os efetivamente contratados. Deve o órgão não participante ("carona"), com o intuito de aferir a adequação dos preços praticados na ata, se socorrer de outras fontes, a exemplo de licitações e contratos similares realizados no âmbito da Administração Pública. (Acórdão nº 420/2018-Plenário, Min. Relator Walton Alencar Rodrigues).

[8] 9.4. Recomendar à Prefeitura de Santo Antônio do Leverger que, após a aprovação do novo plano de aplicação dos recursos (...), avalie a conveniência e oportunidade de solicitar adesão à Ata de Registro de Preços (...), nos termos do §9º do art. 22 do Decreto nº 7.892/2013, sem prejuízo da prévia averiguação da compatibilidade dos preços registrados com aqueles praticados nas demais licitações públicas constantes do Banco de Preços em Saúde (BPS). (Acórdão nº 2034/2017 – TCU – Plenário).

[9] Sugerimos a leitura do artigo: CAMARÃO, Tatiana. Da necessidade de análise da vantajosidade antes de todas as contratações decorrentes do registro de preços. *Jusbrasil*, 2016. Disponível em: https://professoratatianacamarao.jusbrasil.com.br/artigos/423824668/da-necessidade-de-analise-da-vantajosidade-antes-de-todas-as-contratacoes-decorrentes-do-registro-de-precos. Acesso em 14 mar. 2021).

[10] Essa exigência se faz presente no §1º-A no art. 22, do Decreto Federal nº 7.892/13.

O art. 31 do Decreto Federal nº 11462/23 prevê que devem ser observados os seguintes requisitos:

I – apresentação de justificativa da vantagem da adesão, inclusive em situações de provável desabastecimento ou de descontinuidade de serviço público;

II – demonstração da compatibilidade dos valores registrados com os valores praticados pelo mercado, na forma prevista no art. 23 da Lei nº 14.133, de 2021; e

III – consulta e aceitação prévias do órgão ou da entidade gerenciadora e do fornecedor.

Para além de requisitos que dependem do órgão/ente que pretende aderir, há de se observar se ainda há limite para adesão e se essa vai ao encontro do que deseja o fornecedor. Devemos sempre recordar que o fornecedor se obriga a entregar/executar aquilo que restar consignado em ata para os órgãos gerenciador e participante. A pretensão do aderente pode ser frustrada porque a ela resiste o fornecedor.

86.1 Limites à adesão à Ata de Registro de Preços

Na esfera federal percebeu-se um acirramento contra o carona. O Decreto nº 9.488/2018, que alterou o revogado Decreto Federal nº 7892/2013, revela o olhar de receio para com as adesões e estabelece novos limites. A Lei nº 14.133/2021 fez transplantá-los para que todo o país assim irradiasse as mesmas regras. O que se fez foi repetir os parágrafos 3º e 4º do art. 22 do revogado Decreto Federal nº 7.892/13,[11] cristalizando-os nos parágrafos 4º e 5º. Assim, cada adesão está sujeita a um teto, devendo a soma das adesões também respeitar um limiar.[12]

Percebe-se, primeiro, que o órgão não participante pode postular a adesão à Ata de Registro de Preços em até 50% dos quantitativos dos itens registrados para os órgãos gerenciador e participante.[13] Para além do recorte individual, a soma das adesões não poderá exceder, na totalidade, ao dobro do quantitativo de cada item registrado na ata para o órgão gerenciador e órgãos participantes.[14] Não se trata do dobro do quantitativo do órgão gerenciador (que, até pode não ter interesse no certame, como visto), mas da soma de ambos os quantitativos possíveis: gerenciador e participantes.

Importante considerar que o §4º do art. 31 do Decreto Federal nº 11462/23 prevê a possibilidade de o órgão ou a entidade participante aderir a item da ata de registro de preços, na qualidade de não participante, para aqueles itens para os quais não tenha quantitativo registrado, observados os requisitos previstos neste artigo. Vale dizer, na esfera federal, que a adesão é possível também ao órgão participante, mas para itens outros que não os que ele havia indicado como de seu interesse. Se, por um lado, a

---

[11] §3º As aquisições ou as contratações adicionais de que trata este artigo não poderão exceder, por órgão ou entidade, a cinquenta por cento dos quantitativos dos itens do instrumento convocatório e registrados na Ata de Registro de Preços para o órgão gerenciador e para os órgãos participantes.
§4º O instrumento convocatório preverá que o quantitativo decorrente das adesões à Ata de Registro de Preços não poderá exceder, na totalidade, ao dobro do quantitativo de cada item registrado na Ata de Registro de Preços para o órgão gerenciador e para os órgãos participantes, independentemente do número de órgãos não participantes que aderirem.

[12] Esse limite está previsto no art. 32 do Decreto Federal nº 11.462/23.

[13] A redação original do Decreto Federal nº 7.892/13 limitava em 100% a adesão individual.

[14] A regra anterior do Decreto Federal nº 7.892/13 fixava como marco o quíntuplo do mesmo quantitativo. Novamente se percebe um freio à carona.

previsão deve ser elogiada, porque o participante não pode ser impedido de aderir enquanto a um terceiro se permite, por outro, pensamos que a restrição de adesão apenas para os itens para os quais o participante não demandou pode desestimular a participação e impulsionar a espera da ata com a posterior solicitação de adesão.

Também destacamos que, na esfera federal, há um prazo de até noventa dias para que o carona efetive a contratação, admitindo-se a prorrogação excepcional, mediante solicitação do órgão/entidade interessado na adesão, observado o limite temporal de vigência da ata de registro de preços.[15]

86.2 Da vedação à Administração Pública federal de aderir a atas gerenciadas por órgãos e entidades componentes de outras esferas da federação (§8º do art. 86)

Este parágrafo, ao abordar a adesão tardia pelo órgão não participante, repudia a adesão de integrantes da esfera federal em Ata de Registro de Preços gerenciada por entidades estaduais, distritais e municipais.

Essa vedação consta no art. 33 do Decreto Federal nº 11.462/23.

Trata-se de incorporação do entendimento do Decreto Federal nº 7.892/2013, que teve como substrato orientação da Advocacia Geral da União, constante da Orientação Normativa NAJ nº 21/2009,[16] que não permitia que a Administração federal aderisse à Ata de Registro de Preços de entidade estadual, distrital ou municipal. A Orientação Normativa NAJ-MG nº 30, de 23.03.2009, revisada em 28.02.2013, ao tratar da adesão à Ata de Registro de Preços visando a contratação de serviço, destacava a necessidade de a ata ter sido realizada por órgão integrante do Sistema de Serviços Gerais (SISG), em obséquio ao então disposto no art. 1º da Instrução Normativa nº 02/08 do Ministério do Planejamento, Orçamento e Gestão.[17]

No nosso sentir, ainda que em linhas gerais o dispositivo seja condizente com o pressuposto segundo o qual certames federais exercem maior atratividade e, em regra, preveem estimativas de demanda mais expressivas e capazes de, em tese, contribuir para maior economia de escala, a proibição absoluta impede que organismos federais possam, eventualmente, satisfazer suas demandas, aderindo a licitações lícitas e de positivo grau de economicidade perpetradas em outras "localidades".

Não se pode descurar do fato de que toda e qualquer adesão há de pressupor avaliação no que toca à adequação do valor (entre outros fatores). Tal condição bastaria para acautelar o interesse público a ser tutelado por órgãos e entes federais.

A mesma regra consta no §8º do art. 86.

---

[15] Decreto Federal nº 11.462/23.
Art. 31 §3º O prazo previsto no §2º poderá ser prorrogado excepcionalmente, mediante solicitação do órgão ou da entidade não participante aceita pelo órgão ou pela entidade gerenciadora, desde que respeitado o limite temporal de vigência da ata de registro de preços.
§4º O órgão ou a entidade poderá aderir a item da ata de registro de preços da qual seja integrante, na qualidade de não participante, para aqueles itens para os quais não tenha quantitativo registrado, observados os requisitos previstos neste artigo.

[16] A Orientação Normativa NAJ nº 21, de 1º.04.2009, decidiu que "é vedada aos órgãos públicos federais a adesão à Ata de Registro de Preços, quando a licitação tiver sido realizada pela Administração Pública estadual, municipal ou do distrito federal".

[17] A IN nº 2/08 foi revogada pela IN nº 5/17.

Seção VI
Do Registro Cadastral

Art. 87. Para os fins desta Lei, os órgãos e entidades da Administração Pública deverão utilizar o sistema de registro cadastral unificado disponível no Portal Nacional de Contratações Públicas (PNCP), para efeito de cadastro unificado de licitantes, na forma disposta em regulamento.

§1º O sistema de registro cadastral unificado será público e deverá ser amplamente divulgado e estar permanentemente aberto aos interessados, e será obrigatória a realização de chamamento público pela internet, no mínimo anualmente, para atualização dos registros existentes e para ingresso de novos interessados.

§2º É proibida a exigência, pelo órgão ou entidade licitante, de registro cadastral complementar para acesso a edital e anexos.

§3º A Administração poderá realizar licitação restrita a fornecedores cadastrados, atendidos os critérios, as condições e os limites estabelecidos em regulamento, bem como a ampla publicidade dos procedimentos para o cadastramento.

§4º Na hipótese a que se refere o § 3º deste artigo, será admitido fornecedor que realize seu cadastro dentro do prazo previsto no edital para apresentação de propostas.

MARCOS NÓBREGA

87 O registro cadastral

O cadastramento é um procedimento auxiliar que não representa exatamente uma novidade, até porque já estava consignado na Lei das Estatais (art. 65), na antiga Lei de Licitações (art. 34) e no RDC (art. 31, §2º). No âmbito da Administração federal, o cadastramento vinha sendo feito no Sistema de Cadastramento Unificado de Fornecedores (SICAF).

Em linhas gerais, o cadastramento se aproxima da figura de pré-qualificação e do credenciamento. São todos, como sabemos, procedimentos auxiliares. No caso da pré-qualificação, o licitante habilitado tem o direito de participar de licitações futuras, porque a pré-qualificação caracteriza-se por ser um ato decisório da Administração. No cadastramento, por seu turno, não há ato decisório, mas sim um repositório de documentos dos licitantes, aptos a serem utilizados em licitação vindoura.

O cadastro unificado deverá, entre outras coisas, conter os registros da habilitação jurídica, da regularidade fiscal e da qualificação econômico-financeira dos fornecedores. Também deverá apresentar o histórico de sanções aplicadas pela Administração Pública, sobremodo aquelas que acarretam a proibição de participação em licitações e de celebração de contratos com a Administração Pública.

Embora este artigo necessite de regulamentação, um bom referencial é a Instrução Normativa nº 3, de 26 de abril de 2018, que estabelece regras de funcionamento do Sistema de Cadastramento Unificado de Fornecedores (SICAF), no âmbito do Poder Executivo Federal. Pelo normativo (art. 6º), o cadastro no SICAF deve abranger os seguintes níveis:

I credenciamento;
II habilitação jurídica;
III regularidade fiscal federal e trabalhista;
IV regularidade fiscal estadual, distrital e municipal;
V qualificação técnica; e
VI qualificação econômico-financeira

Nesse ponto, a NLLCA introduz a questão do registro cadastral unificado, que deverá ser parte integrante do Portal Nacional de Contratações públicas (art. 173), de maneira a possibilitar a existência de um cadastro geral e unificado de todos os licitantes. A norma necessitará de regulamentação para ter seus plenos efeitos estabelecidos.

A criação de um cadastro nacional de licitantes é de extrema importância para aprimorar as contratações públicas no Brasil. Os manuais de direito administrativo costumam definir a natureza jurídica da licitação como um procedimento administrativo, ou seja, a concatenação pré-ordenada de atos administrativos para a consecução da aquisição de bens e serviços públicos que atendam ao interesse público.

Ocorre que, do ponto de vista econômico, licitação é um mecanismo de revelação de informação, ou seja, há intrinsecamente uma assimetria de informação entre o Estado comprador e as empresas que participam do certame licitatório. Em outras palavras, a licitação funciona como um "detectador de mentiras" que deve ser modelado de forma a extrair o máximo possível de informações dos tipos de licitantes.

Nesse contexto, uma das maneiras de diminuir a assimetria de informação entre o poder público e os licitantes é criar mecanismos que mostrem o "tipo" dos licitantes, em outras palavras, consiga revelar alguma informação adicional sobre eles. Isso tecnicamente é o que se chama de mecanismo de *signalling*, ou seja, instrumentos que auxiliam o poder público a ter mais informações sobre as empresas.

Além disso, o cadastro pode ser um elemento-chave para a introdução de e-marketplace público no Brasil, na medida em que conferirá uma base para que o sistema eletrônico possa ofertar ao poder público opções de compra estabelecidas pelos licitantes.[1]

Se isso tudo não bastasse, um cadastro único de licitantes também terá por efeito diminuir os custos de transação dos procedimentos licitatórios. Dessa forma, em licitações posteriores, a comprovação dos requisitos de habilitação será facilitada pela existência desse cadastro.

---

[1] NOBREGA, Marcos; CHARLES, Ronny. A nova lei de licitações, credenciamento e *e-marketplace*: o *turning point* da inovação nas compras públicas. *Ronny Charles*, 2020. Disponível em: https://ronnycharles.com.br/a-nova-lei-de-licitacoes-credenciamento-e-e-marketplace-o-turning-point-da-inovacao-nas-compras-publicas/. Acesso em 20 mar. 2001.

87.1 Registro cadastral unificado: amplitude da divulgação e possibilidade de cadastro permanente (§1º do art. 87)

Esse dispositivo consagra um dos princípios mais importante da Administração Pública, que é o da transparência. O sistema de registro cadastral deverá ser público e estar aberto em caráter permanente aos interessados. Por óbvio que é preciso que se defina quais as regras de governança em relação ao uso desse banco de dados.

Um primeiro aspecto a ser definido é como se dará a ampla publicidade requerida pelo dispositivo. Cremos que a informação da existência do cadastro no Portal Nacional de Compras Públicas, com fácil acesso aos licitantes, pode ser suficiente. De fato, a regra é que todos os interessados devem tomar conhecimento da existência do referido cadastro. Outro tema interessante, que certamente será objeto de regulamentação, é definir quem são os interessados que terão acesso imediato e irrestrito ao cadastro. Parece óbvio que a própria Administração terá acesso, o mesmo se diz em relação aos órgãos de controle. Mas, e quanto aos demais licitantes e ao público em geral? Como compatibilizar a necessidade de publicidade e acesso a esse banco de dados com a proteção de dados.

Embora o cadastro fique permanentemente aberto a qualquer interessado que deseje dele participar, a Lei determina que, até para dar mais publicidade ao instituto, que seja feito pelo menos uma vez por ano um chamamento público, pela internet, para as empresas participarem desse cadastro.

87.2 Proibição de exigência de registro cadastral complementar (§2º do art. 87)

O dispositivo é claro ao definir que o cadastro é único e abrangente. Não poderá a Administração fazer exigências adicionais sob pena de infringir regras de competição entre os participantes. Além disso, é único e unificado, a dizer que deve abarcar todos os registros cadastrais dos entes federados. Portanto, não poderá a Administração Pública exigir, como critério para participação de licitação, a inscrição em qualquer outro cadastro que não esse estabelecido nessa Lei.

87.3 Possibilidade de realizar licitação restrita a fornecedores cadastrados (§§3º e 4º do art. 87)

Essa regra é importante porque abre a possibilidade de a Administração ser seletiva para determinados objetos e realizar o certame apenas para alguns licitantes previamente cadastrados e que atendam a requisitos específicos. Isso corrobora a ideia que uma das funções do cadastro único é fornecer informação confiável sobre as características dos licitantes. À medida que o mercado perceber que ser pré-cadastrado é uma coisa importante, certamente essa base de dados ganhará escala. Cumpre reforçar que esse cadastro único não deve se restringir apenas a aspectos de habilitação, mas sim funcionar como instrumento de provimento de informação para aprimorar os dados disponíveis para a Administração, considerando a possibilidade de mitigar o problema de seleção adversa.

O ideal é que os fornecedores estejam no cadastro unificado e a norma em comento, que carece de regulamentação, parece indicar que somente poderão participar do certame

licitatório aquelas empresas que já estão inscritas no cadastro unificado ou aquelas que poderão fazê-lo no prazo indicado no edital.

E se o edital for silente e determinada empresa não estiver inscrita no cadastro, poderá participar do certame licitatório? Acho que a empresa mesmo assim poderá participar, se por vontade própria fizer o devido cadastramento. Se assim não for, a regra e a necessidade do cadastramento perderá muito de sua força no estabelecimento.

Art. 88. Ao requerer, a qualquer tempo, inscrição no cadastro ou a sua atualização, o interessado fornecerá os elementos necessários exigidos para habilitação previstos nesta Lei.

§1º O inscrito, considerada sua área de atuação, será classificado por categorias, subdivididas em grupos, segundo a qualificação técnica e econômico-financeira avaliada, de acordo com regras objetivas divulgadas em sítio eletrônico oficial.

§2º Ao inscrito será fornecido certificado, renovável sempre que atualizar o registro.

§3º A atuação do contratado no cumprimento de obrigações assumidas será avaliada pelo contratante, que emitirá documento comprobatório da avaliação realizada, com menção ao seu desempenho na execução contratual, baseado em indicadores objetivamente definidos e aferidos, e a eventuais penalidades aplicadas, o que constará do registro cadastral em que a inscrição for realizada.

§4º A anotação do cumprimento de obrigações pelo contratado, de que trata o §3º deste artigo, será condicionada à implantação e à regulamentação do cadastro de atesto de cumprimento de obrigações, apto à realização do registro de forma objetiva, em atendimento aos princípios da impessoalidade, da igualdade, da isonomia, da publicidade e da transparência, de modo a possibilitar a implementação de medidas de incentivo aos licitantes que possuírem ótimo desempenho anotado em seu registro cadastral.

§5º A qualquer tempo poderá ser alterado, suspenso ou cancelado o registro de inscrito que deixar de satisfazer exigências determinadas por esta Lei ou por regulamento.

§6º O interessado que requerer o cadastro na forma do caput deste artigo poderá participar de processo licitatório até a decisão da Administração, e a celebração do contrato ficará condicionada à emissão do certificado referido no §2º deste artigo.

MARCOS NÓBREGA

88 O requerimento de cadastramento

O dispositivo reforça a diretiva que a qualquer tempo o interessado poderá pleitear sua inscrição ou atualização dos seus dados no cadastro. O Poder Público poderá negar o cadastro da empresa sob alguma justificativa? Cremos que não. Se porventura

a empresa consignar algum documento falso ou inidôneo, no momento devido sofrerá as devidas penalizações, como de resto já ocorre em licitações hodiernas. Assim, os documentos apresentados digitalmente no registro cadastral são de responsabilidade do interessado, que responderá nos termos da legislação civil, penal e administrativa por eventuais inconsistências ou fraudes.

A autorização para a empresa participar do cadastro não é um ato discricionário da Administração. Preenchidos os requisitos elencados na regulamentação, a empresa terá o direito de se cadastrar. Caso contrário, estaremos diante de um cerceamento do direito de competição.

88.1 A compartimentalização do cadastro de acordo com a área de atuação do fornecedor (§1º do art. 88)

O cadastro será único, mas compartimentalizado de acordo com a categoria do fornecedor. Essa disposição será em função da área de atuação, conforme grupos. Também deverá ser avaliada a qualificação técnica e econômico-financeira do proponente. Todas as regras para determinar o cadastramento devem ser claras e dispostas em sítio da internet.

Resta saber se haverá uma inscrição única para cada fornecedor, considerando que uma mesma empresa pode fornecer diversos bens e serviços que a legitime a ser cadastrada em mais de uma categoria. Como proceder? Cremos que a inscrição se dará pelo CNPJ/CPF e será realmente única, mas nada impede que seja alocada em mais de uma categoria conforme sua área de expertise.

88.2 Do certificado de cadastramento (§2º do art. 88)

Será expedido um certificado que atesta que determinado fornecedor está regulamente cadastrado. Esse certificado demonstra que foram cumpridos os requisitos legais à época. É importante notar que o fornecedor pode utilizar tal certificado para os fins que quiser, no entanto, ele não é condição para participar das licitações. O que é condição é o cadastramento prévio (mesmo que seja no curso do procedimento licitatório, conforme possibilitado no edital). Isso porque o certificado apenas atesta a adequada participação do cadastrado naquele exato momento. Por óbvio, a situação da empresa pode mudar ou mesmo pode o Poder Público aumentar as exigências para participar da licitação. No entanto, o que vai realmente valer é o regular cadastramento no momento de realização do certame licitatório.

88.3 Da avaliação obrigatória da atuação do contratado (§3º do art. 88)

Como já assinalamos, uma das grandes vantagens de um registro cadastral único é aprimorar as regras de *signaling* e diminuir a assimetria de informações existentes entre a Administração e o licitante. Em outra perspectiva, a licitação e a relação contratual que se sucederão estarão inseridas no contexto de um problema tipo agente-principal, na qual a Administração é o principal e deseja que o contratante execute o contrato da melhor forma possível; e o agente é o contratado, que deverá executar o contrato adequadamente.

Assim, é preciso desenhar incentivos suficientes para que o agente atue de acordo com as expectativas do principal. A divulgação de informações via cadastro e a possível criação de mecanismo de rating podem funcionar com alinhamento de incentivos para o que o fornecedor cumpra o contrato adequadamente.

Além das informações sobre a documentação da empresa, esse cadastro deve ser aprimorado para realmente trazer um histórico da atuação de determinado fornecedor em diversas licitações pelo país, com entrega no prazo avençado, índice de rejeição de produtos, prestação adequada de garantidas etc. Isso seria a base para, no futuro, serem formatadas regras que possam dar pontuação adicional às empresas que cumpriram adequadamente seu mister de atender ao interesse público.

Isso porque a reputação não pode ser considerada um parâmetro exógeno ao procedimento licitatório, mas fruto de um processo contínuo de coleta de informações. Dessa forma, é importante estruturar uma base de dados dinâmica, que permita à Administração escolher a melhor contratação, a partir de performances passadas. Por fim, resta lembrar que a reputação é um poderoso instrumento para evitar o comportamento oportunista, possibilitando a escolha de empresas mais qualificadas e reduzindo os custos de transação no sistema.

88.4 Do cadastro de atesto de cumprimento de obrigações (§4º do art. 88)

É o que já foi posto no item anterior. A ideia do cadastro unificado é promover uma relação dinâmica das informações sobre os fornecedores contratados, robustecendo seu rating para eventuais contratações futuras. Tanto melhor e mais útil será o cadastro, quanto mais informações ele contemplar. Aliás, como já dissemos, o cadastro unificado é mais que um simples repositório de informações formais sobre o licitante, mas sim um portfólio que servirá para a construção de rating individualizado de cada fornecedor.

88.5 Da necessidade de cumprir as obrigações legais e regulamentares para a manutenção do cadastro (§5º do art. 88)

Por esse dispositivo fica claro que o fornecedor somente se manterá no cadastro caso cumpra os requisitos determinados em regulamento. Por óbvio que esses requisitos devem ser a fidedignidade dos documentos e a não recorrência em sanções. De qualquer forma, a exclusão do cadastro é medida extrema, desse modo, sempre será necessário dispor prazo para o saneamento das informações cadastradas, garantindo o amplo direito de defesa e o contraditório. A exclusão do cadastro deve ser por prazo certo, permitindo que o licitante retorne quando da resolução das pendências documentais. Tudo isso, é claro, deverá ser claramente explicitado em regulamentação.

88.6 Da possibilidade de participação na licitação em caso de pendência no cadastro (§6º do art. 88)

O licitante, mesmo que não tenha sido previamente cadastrado ou que apresente pendências ou irregularidades, poderá participar da licitação, e, caso sagre-se vencedor,

somente quando da assinatura do contrato deverá apresentar certificado de regularidade cadastral. Dessa forma, não cabe recurso de licitante questionando a falta de ou deficiência no cadastro do concorrente, salvo se o certificado não for apresentado em momento hábil.

Art. 89. Os contratos de que trata esta Lei regular-se-ão pelas suas cláusulas e pelos preceitos de direito público, e a eles serão aplicados, supletivamente, os princípios da teoria geral dos contratos e as disposições de direito privado.

§ 1º Todo contrato deverá mencionar os nomes das partes e os de seus representantes, a finalidade, o ato que autorizou sua lavratura, o número do processo da licitação ou da contratação direta e a sujeição dos contratantes às normas desta Lei e às cláusulas contratuais.

§ 2º Os contratos deverão estabelecer com clareza e precisão as condições para sua execução, expressas em cláusulas que definam os direitos, as obrigações e as responsabilidades das partes, em conformidade com os termos do edital de licitação e os da proposta vencedora ou com os termos do ato que autorizou a contratação direta e os da respectiva proposta.

CHRISTIANNE DE CARVALHO STROPPA

CRISTIANA FORTINI

89 Regime dos contratos

A Lei nº 14.133/2021, reproduzindo expressa disposição constitucional (inciso XXI do art. 37) estabelece normas gerais de licitação e de contratação ("caput" do art. 1º).

De forma geral, a Lei nº 14.133/2021 se aplica aos denominados contratos, entretanto, também poderá incidir nas demais formas de parcerias, quais sejam convênios, acordos, ajustes e outros instrumentos congêneres, mas apenas no que couber e na ausência de normas específica (art. 184). O contrato administrativo pode ser entendido, de forma clássica, como "um tipo de avença travada entre a Administração e terceiros, na qual, por força de lei, de cláusulas pactuadas ou do tipo de objeto, a permanência do vínculo e as condições preestabelecidas assujeitam-se a cambiáveis imposições de interesse público, ressalvados os interesses patrimoniais do contratante privado"[1].

Conceito contemporâneo de contratos administrativos foi proposto por Egon Bockmann Moreira e Flávio Amaral Garcia, no sentido de "um tipo de negócio jurídico-administrativo pelo qual a Administração Pública, após cumprir os requisitos legais, celebra acordos de direitos e obrigações com uma pessoa privada para atender a um interesse público, reservando prerrogativas extraordinárias à própria Administração".[2]

O entendimento predominante na doutrina, pelo menos sob a ótica da vigência da Lei nº 8.666/1993, é de que o contrato administrativo é espécie do gênero contrato, com regime jurídico de direito público, derrogatório e exorbitante do direito comum.

---

1 BANDEIRA DE MELLO, Celso Antônio. *Curso de direito administrativo.* 35. ed. rev. e atual. até a Emenda Constitucional 109, de 15.03.2021 e a Lei 14.133, de 1.4.2021 (Lei de Licitações e Contratos Administrativos). São Paulo: Malheiros, 2021, p. 577.

2 MOREIRA, Egon Bockmann Moreira; GARCIA, Flávio Amaral. *Contratos administrativos na lei de licitações*: comentários aos artigos 89 a 154 da Lei nº 14.133/2021. São Paulo: Thomson Reuters Brasil, 2024. p. 29.

Alice Gonzalez Borges[3], fixando o entendimento de que o contrato "é uma categoria jurídica pertencente à teoria geral do Direito, constituindo uma área comum de conceitos e princípios essenciais que não pertencem a qualquer determinado ramo jurídico específico", traz como características essenciais de qualquer contrato, público ou privado:

a) sua comutatividade, pela equivalência intrínseca entre as obrigações pactuadas;
b) sua natureza sinalagmática, pela reciprocidade das obrigações contraídas por ambas as partes;
c) a prevalência da vontade contratual sobre a vontade individual das partes, expressa no princípio *lex inter* partes;
d) a obrigatoriedade do cumprimento das prestações assumidas pelas partes, bem como do respeito à palavra empenhada, expressa no princípio *pacta sunt servanda*.

A doutrina nacional, de maneira predominante, indica que a grande característica do contrato administrativo está em sua subordinação ao regime de direito público, o qual objetiva consagrar as prerrogativas e sujeições do Poder Público[4]. Ou seja, "o regime jurídico é definido não pelas regras aplicáveis, mas pelos princípios estruturantes e a presença da Administração Pública é indissociável dos princípios da supremacia do interesse público sobre o privado e da indisponibilidade do interesse público e é incompatível com a autonomia da vontade"[5].

---

[3] BORGES, Alice Gonzalez. Considerações obre o futuro das cláusulas exorbitantes nos contratos administrativos. *Contratos com o Poder Público*. São Paulo: Revista do Advogado, Ano XXIX, dezembro de 2009, n. 107, p. 16-24.

[4] Interessante histórico de como foi reconhecida a existência de cláusulas exorbitantes foi feita por Toshio Mukai: Nos primórdios do Estado, as relações deste com os particulares, em termos de ajustes de serviços, compras, execução de obras, etc., eram todas levadas a efeito através de contratos de Direito Privado.
Muito tempo decorreu, até que nos anos 1800, em Bordeaux, ocorreu uma alteração de um contrato de Direito Privado de concessão de iluminação pública da cidade, que foi responsável pelo nascimento concreto do contrato administrativo.
Ocorreu, por essa época, a invenção da eletricidade e o mandatário máximo da cidade exigiu do concessionário que substituísse a iluminação a gás pela iluminação elétrica.
O concessionário não concordou, alegando, pelo contrato, que tal alteração somente poderia ser efetivada se ele com isso concordasse, e a isso ele não atenderia. Então o mandatário da concessão ingressou com ação junto ao Conselho de Estado francês e dele obteve, de forma inédita, o direito de determinar, unilateralmente, que o concessionário fosse obrigado a efetuar tal substituição, sob as penas legais. E, assim, nasceu a denominada cláusula exorbitante do Direito comum, pelo qual, toda vez que o interesse público exigisse, a alteração da cláusula de serviço deveria ser obrigatória, unilateralmente, para que fosse atendida aquela cláusula de interesse público. Manter-se-ia, porém, o princípio da alteração de cláusulas econômicas de comum acordo. Daí em diante diversas características próprias e exclusivas de contrato administrativo foram surgindo, diferentes daquelas dos contratos de Direito Civil, embora algumas dessas tenham sido aplicáveis ao contrato administrativo, supletivamente. (MUKAI, Toshio. Os contratos das empresas estatais que exploram atividades econômicas em confronto com os das que prestam serviços públicos. *Revista do Tribunal Regional Federal da Primeira Região*. v. 30 n. 7/8 julho/agosto 2018. Brasília: TRF 1, 1989, p. 40-46).

[5] MARTINS, Ricardo Marcondes. Contratos Administrativos. *Revista Eletrônica de Direito do Estado (REDE)*. Salvador, Instituto Brasileiro de Direito Público, n. 17, jan./fev./mar. 2009. Disponível em: http://www.direitodoestado.com.br/codrevista.asp?cod=317. Acesso em: 28 jun. 2021.
Analisando os princípios contemporâneos do contrato administrativo, Silvio Luís Ferreira da Rocha afirma que "mesmo a Administração, investida em suas prerrogativas, não pode afastar-se dos deveres criados pela necessária observância da boa-fé, da função social e da justiça nas relações contratuais. Esses princípios podem nas respectivas funções interpretativa, integradora e limitadora diminuir ou mesmo suprimir pretensões ou direitos da Administração em matéria contratual.
(...)
O estudo desses princípios contemporâneos aplicados aos contratos administrativos irá eliminar ou enfraquecer muitas das prerrogativas reconhecidas unilateralmente em favor da Administração e provocarão a unificação

Sob a égide da Lei nº 8.666/1993, ainda que se verifique a existência de contratos administrativos típicos ou atípicos, em ambos, o denominador comum sempre foi a presença das normas de direito público, sendo que se qualificados como típicos, estas predominam perante as normas de direito privado. A redação do artigo 54 da Lei nº 8.666/1993 bem demonstra essa predominância[6]. Já, quando denominado contratos administrativos atípicos, como por exemplo os arrolados no artigo 62, §3º, inciso I da Lei nº 8.666/1993[7], há uma predominância das normas de direito privado sobre as de direito público[8].

A Lei nº 14.133/2021 não reproduz o conteúdo dos dispositivos acima referidos, em verdade, o "caput" do art. 89 ao indicar que serão regidos "pelas suas cláusulas e pelos preceitos de direito público, e a eles serão aplicados, supletivamente, os princípios da teoria geral dos contratos e as disposições de direito privado", pressupõe a adoção do regime jurídico-administrativo (atentar para o nome do Título III - CONTRATOS ADMINISTRATIVOS). "O legislador estabeleceu, pela dicção do dispositivo mencionado (art. 89 da Lei 14.133/2021), uma predominância das cláusulas contratuais na regência da relação, adicionadas pelos preceitos de direito público (sempre que isso seja necessário), e pelos princípios e preceitos de direito privado (o que sempre será necessário)"[9].

Indiscutível que a LLC reafirma a supremacia do regime jurídico-administrativo, mas com maior abertura para soluções consensuais e equilíbrio contratual. Como pontua Luciano Ferraz, a lógica do novo diploma evidencia a predominância das cláusulas contratuais, acrescidas pelas normas de direito público e, subsidiariamente, pelas privadas, ampliando o espaço para maior contratualização.[10]

Por outro lado, o art. 3º, textualmente, diz que a Lei não se aplica: (i) aos contratos que tenham por objeto operação de crédito, interno ou externo, a gestão de dívida pública, incluídas as contratações de agente financeiro e a concessão de garantia relacionadas a esses contratos; e (ii) contratações sujeitas a normas previstas em legislação própria.[11]

---

do tratamento entre os contratos privados e os contratos administrativos." (ROCHA, Silvio Luís Ferreira da. Princípios contemporâneos do contrato administrativo. *In:* ROCHA, Silvio Luís Ferreira da (Org.) *O contrato administrativo e os princípios da boa-fé, justiça contratual e função social do contrato.* Rio de Janeiro: Lumen Juris, 2017, p. 28).

[6] Lei nº 8.666/1993. Art. 54 Os contratos administrativos de que trata esta Lei regulam-se pelas suas cláusulas e pelos preceitos de direito público, aplicando-se-lhes, supletivamente, os princípios da teoria geral dos contratos e as disposições de direito privado.

[7] Lei nº 8.666/1993. Art. 62, § 3o - Aplica-se o disposto nos arts. 55 e 58 a 61 desta Lei e demais normas gerais, no que couber:
I - aos contratos de seguro, de financiamento, de locação em que o Poder Público seja locatário, e aos demais cujo conteúdo seja regido, predominantemente, por norma de direito privado;

[8] "Perceba-se que se está muito além do anêmico 'contrato da Administração' previsto na Lei nº 8.666/1993 (art. 62, §3º, I), que jamais foi capaz de criar uma alternativa de Direito Privado em favor das contratações da Administração (o que é natural em sistemas de inspiração francesa, em que há uma zona de contratos privados). A Lei nº 13.303/2016 não cuida de um contrato administrativo envergonhado, mas sim de um efetivo contrato privado, organizado estruturalmente de modo alheio ao ideário das cláusulas exorbitantes." (GUIMARÃES, Bernardo Strobel; RIBEIRO, Leonardo Coelho; RIBEIRO, Carlos Vinícius Alves; GIUBLIN, Isabella Bittencourt Mäder Gonçalves; PALMA, Juliana Bonacorsi de. *Comentários à lei das estatais (Lei nº 13.303/2016).* Belo Horizonte: Fórum, 2019, p. 376).

[9] FERRAZ, Luciano. Contratos na Nova Lei de Licitações e Contratos. *In:* DI PIETRO, Maria Sylvia Zanella (Coord.). *Licitações e contratos administrativos:* inovações da Lei 14.133/21. Rio de Janeiro: Forense, 2021, p. 192.

[10] FERRAZ, Luciano. Contratos na Nova Lei de Licitações e Contratos. *In*: DI PIETRO, Maria Sylvia Zanella (Coord.). *Licitações e contratos administrativos*: inovações da Lei 14.133/21. Rio de Janeiro: Forense, 2021. p. 192.

[11] Destaca-se: STROPPA, Christianne de Carvalho. O contrato de Facilities da Lei nº 14.011/2020. *In:* PÉRSIO, Gabriela Verona, FORTINI, Cristiana (Coord.). *Inteligência e inovação em contratação pública.* Belo Horizonte: Fórum, 2021.

Importante considerar que não há uma imposição constitucional no sentido de que os contratos celebrados pelas entidades da Administração Pública sejam regidos pelo direito público. A opção é realizada pelo legislador infraconstitucional. A Lei nº 13.303/2016, cujos efeitos recaem sobre todas as empresas estatais, inclusive as que se dedicam à prestação de serviços públicos, logo atuam em área tipicamente estatal, prevê na literalidade do art. 68 contratos submetidos à citada lei e a preceitos de direito privado ou, segundo outro entendimento, "contratos típicos das empresas estatais"[12], sem que isso possa traduzir um desprezo do legislador pelo interesse público. Neste cenário, ganha relevo o Acórdão TCU nº 1008/2025-Plenário, que reconheceu a controvérsia sobre a aplicação da Lei nº 14.133/2021 às estatais, suscitando reflexões sobre compatibilização entre regimes jurídicos distintos.[13]

A Lei nº 14.133/2021 preserva o que se identificava nas leis anteriores ao prescrever que os contratos serão regidos por preceitos de direito público, a eles se aplicando supletivamente os princípios da teoria geral dos contratos e as disposições de direito privado.[14] Portanto, os contratos administrativos, assim denominados não porque envolve pessoa jurídica da Administração, mas porque submetidos a preceitos de direito público, são o alvo principal da Lei.

Mas, entidades públicas também celebram contratos de direito privado, assim denominados porque são contratos cujo regramento se pauta por normas privatistas. Assim, se a Administração Pública pretende locar um imóvel, o núcleo normativo básico é informado pela Lei nº 8.245/1991 e não pela Lei nº 14.133/2021. Neste caso, inverte-se a lógica da primazia. O regramento clássico do direito público cede espaço preferencial para as normas privadas.

Como decorrência, pode-se concluir que a Lei nº 14.133/2021 apenas disciplina o regime jurídico dos contratos administrativos, antes qualificados como "típicos", já que as demais contratações serão regidas por legislação específica, o que acabará por afastar a sua incidência.

Nesse sentido, Ronny Charles lembra que a implicação prática dessa não incidência é que "a seleção do fornecedor/parceiro apto ao atendimento dessas demandas e o formato contratual a ser adotado poderá adotar modelagem diferente da estabelecida pelo regime desta Lei, embora deva respeitar os princípios ínsitos à atividade administrativa"[15].

Em complemento, Marçal Justen Filho assinala que a:

---

[12] STROPPA, Christianne de Carvalho. O regime jurídico dos contratos das empresas estatais prestadoras de serviços públicos na Lei de Responsabilidade das Estatais – Lei nº 13.303/2016. Tese. Doutorado em Direito. Pontifícia Universidade Católica de São Paulo (PUC/SP). São Paulo. 2020.

[13] TCU. Acórdão nº 1008/2025-Plenário. Rel. Min. Benjamin Zymler. Disponível em: https://ronnycharles.com.br/estatais-podem-aplicar-a-lei-14-133-2021-o-acordao-1008-2025-do-tcu-e-o-necessario-debate-seguranca-juridica-e-inovacao-regulatoria/. Acesso em: 20 ago. 2025.

[14] "A aplicação supletiva dos princípios da Teoria Geral dos Contratos e das disposições de direito privado aos contrato administrativos significa suprimento, por esta via, de lacunas e omissões encontradas nesses ajustes, não solucionadas pelas suas cláusulas e pelos preceitos de direito público.Entre os princípios da Teoria Geral dos Contratos estão a autonomia privada, a supremacia da ordem pública, a relatividade dos efeitos do contrato, a função social do contrato, a boa-fé objetiva e a força obrigatória dos contratos (*pata sunt servanda*)" (PÉRCIO, Gabriela Verona. *Contratos administrativos*: manual para gestores e fiscais de acordo com a Lei nº 14.133/21. 4. ed. rev. ampl.e atual. Belo Horizonte: Fórum, 2025. p. 37).

[15] TORRES, Ronny Charles Lopes de. *Leis de licitações públicas comentadas*. 12. ed. rev., ampl e atual. São Paulo: Ed. Juspodivm, 2021. p. 69.

> [...] regra do art. 89 exige interpretação adequada nas hipóteses de contratos de direito privado, pactuados pela Administração. Quando a contratação se insere na sistemática própria da iniciativa privada e a Administração se submete às operações adotadas no mercado econômico, prevalecem as normas próprias de direito privado. Haverá a aplicação subsidiária das normas de direito público e somente na medida em que se verifique a sua compatibilidade com os institutos alheios ao direito público.[16]

Por fim, deve ser destacado que a intepretação sistêmica da Lei nº 14.133/2021 permite concluir por uma maior empatia para com o privado. Trata-se de passo importante que certa forma foi pavimentado por leis outras como a Lei nº 11.079/2004 e a Lei nº 13.303/2016. Os operadores econômicos precisam se sentir atraídos pela ideia de se celebrar contratos com as entidades da Administração Pública o que necessariamente leva à necessidade de reflexão de como acomodar os diversos interesses. O pêndulo não deve pesar demais para um dos lados, ao ponto de afugentar o outro. Há alguma suavização nas cláusulas exorbitantes. Diz o art. 130 que: "Caso ou haja alteração unilateral do contrato que aumente ou diminua os encargos do contratado, a Administração deverá restabelecer, no mesmo termo aditivo, o equilíbrio econômico-financeiro inicial". O art. 137 § 2º por sua vez assegura ao contratado o direito à extinção do contrato por exemplo diante de atraso superior a 2 (dois) meses, contado da emissão da nota fiscal, dos pagamentos ou de parcelas de pagamentos devidos pela Administração por despesas de obras, serviços ou fornecimentos.

A jurisprudência também tem delimitado os contornos da atuação administrativa em situações críticas. O Acórdão TCU nº 886/2025-Plenário examinou pagamentos antecipados realizados durante a pandemia e concluiu pela irregularidade da antecipação integral sem salvaguardas adequadas, determinando a responsabilização apenas de agentes privados. O precedente consolidou a exigência de cláusulas de mitigação de riscos e garantias efetivas quando houver antecipação de pagamento.[17]

No âmbito consultivo, a AGU emitiu dois pareceres relevantes: (i) o Parecer nº 00126/2024, que admite a possibilidade de supressões contratuais superiores a 25%, desde que pactuadas e justificadas, diante da omissão da Lei nº 14.133/21 e da revogação da Lei nº 8.666/93;[18] e (ii) o Parecer Referencial nº 00002/2025, sobre contratações diretas da ECT, que exige Estudo Técnico Preliminar, análise de riscos e motivação robusta para justificar a escolha do regime de exclusividade ou livre concorrência.[19]

Essas manifestações refletem a tendência de maior empatia para com o particular, assegurando a atratividade do regime contratual com o Estado. Reforça-se a importância da matriz de risco (art. 103) como instrumento de governança, reconhecida pelo TCU como ferramenta para alocação eficiente de riscos, e dos mecanismos extrajudiciais de solução de controvérsias (art. 151), em linha com a busca por eficiência e consensualidade.

---

16 JUSTEN FILHO, Marçal. *Comentários à lei de licitações e contratações administrativas*. São Paulo: Thomson Reuters Brasil, 2021, p. 1210.

17 TCU. Acórdão nº 886/2025-Plenário. Rel. Min. Jorge Oliveira. Disponível em: https://observatorionllc.tc.df.gov.br/noticias/pagamentos-antecipados-na-lei-14-133-21-e-o-acordao-886-25-do-tcu/. Acesso em: 20 ago. 2025.

18 AGU. Parecer nº 00126/2024. Disponível em: https://www.licitacaoecontrato.com.br/noticia/em-nota-juridica-agu-defende-supressao-contratual-superior-25-conforme-lei-141332021.php. Acesso em: 20 ago. 2025.

19 AGU. Parecer Referencial nº 00002/2025. Disponível em: https://sapiens.agu.gov.br/valida_publico?id=1895801142 . Acesso em: 20 ago. 2025.

Por fim, quanto às nulidades, a Lei nº 14.133/2021 reforça o caráter consequencialista, em sintonia com a LINDB (arts. 20 a 22). O art. 147 determina que a nulidade somente será declarada quando não houver possibilidade de saneamento e se for medida de interesse público. O art. 148 afasta, como regra, a retroatividade automática da nulidade, impondo à Administração o dever de definir seus efeitos prospectivos. A tendência jurisprudencial, tanto no TCU quanto em tribunais estaduais, tem sido privilegiar a convalidação quando a anulação ocasionaria prejuízos desproporcionais à coletividade. Parece existir mais espaço para a contratualização, dada a menção aos mecanismos extrajudiciais de solução de controvérsias (art. 151) e diante da própria menção à matriz de risco (arts. 22 e 103). Todo modo, deve ser realçado o retrocesso ao não se exigir a realização de audiência ou consulta pública em determinados casos (art. 21).

89.1 Estruturação dos contratos

Acerca da estruturação dos contratos administrativos, estão mantidas as exigências formais: menção aos nomes das partes e os de seus representantes, à finalidade, ao ato que autorizou sua lavratura, ao número do processo da licitação ou da contratação direta e à sujeição dos contratantes às normas desta Lei e às cláusulas contratuais (§1º, do art. 89); e materiais: indicação clara e precisa das condições de sua execução, por meio de cláusulas que definam os direitos, as obrigações e as responsabilidades das partes, em conformidade com os termos do edital de licitação e os da proposta vencedora ou com os termos do ato que autorizou a contratação direta e os da respectiva proposta (§2º, do art. 89).

O não atendimento destas exigências pode acarretar questionamento acerca da regularidade da relação contratual, com as consequências decorrentes, já que, necessário o sopesamento da situação concreta para decidir sobre sua convalidação, manutenção ou invalidação.

A respeito do tema da invalidação, oportuno considerar não apenas o princípio da segurança jurídica, hoje constante do art. 5º da Lei nº 14.133/2021. Também crucial examinar a situação à luz do art. 147 segundo o qual, constatada irregularidade no procedimento licitatório ou na execução contratual, caso não seja possível o saneamento, a decisão sobre a suspensão da execução ou sobre a declaração de nulidade do contrato somente será adotada na hipótese em que se revelar medida de interesse público, sendo necessário considerar, entre outros, os diversos aspectos alinhavados nos incisos a que se refere o "caput". O comando destinado ao gestor, a quem compete ponderar sobre malefícios e benefícios da invalidação, estão em sintonia com o que diz a LINDB[20], que obriga a Administração Pública a sopesar as consequências fáticas, práticas e jurídicas decorrentes de suas eventuais (ou futuras) decisões, inclusive avaliando eventuais medidas alternativas (arts. 20 e 21). Todo modo, eventual decretação de nulidade não produz necessariamente efeitos retroativos, consoante comandos constantes do art. 148 e seus parágrafos. Ao se definir pela nulidade, a Administração Pública terá de estabelecer como se darão os efeitos da nulidade e a partir de quando serão contados, e não poderá

[20] LINDB – Lei de Introdução às normas do Direito Brasileiro. Decreto-Lei nº 4.657, de 4 de setembro de 1942, em especial com as alterações incluídas pela Lei nº 13.655, de 25 de abril de 2018.

desprezar que, nos moldes do art. 149, a nulidade não exonerará a Administração do dever de indenizar o contratado pelo que houver executado até a data em que for declarada ou tornada eficaz, bem como por outros prejuízos regularmente comprovados, desde que não lhe seja imputável, e será promovida a responsabilização de quem tenha dado causa.

Caso a solução seja a da convalidação, necessário lembrar que, pela convalidação, ocorrerá o "suprimento da invalidade, por ato da Administração Pública, com efeito retroativo",[21] enquanto, pela invalidação, haverá a "supressão de um ato administrativo ou da relação jurídica dele nascida, por haverem sido produzidos em desconformidade com a ordem jurídica".[22]

---

[21] ZANCANER, Weida. Convalidação dos atos administrativos. Enciclopédia jurídica da PUC-SP. Celso Fernandes Campilongo, Alvaro de Azevedo Gonzaga e André Luiz Freire (Coords.). Tomo: Direito Administrativo e Constitucional. Vidal Serrano Nunes Jr., Maurício Zockun, Carolina Zancaner Zockun, André Luiz Freire (coord. de tomo). 1. ed. São Paulo: Pontifícia Universidade Católica de São Paulo, 2017. Disponível em: https://enciclopediajuridica.pucsp.br/verbete/8/edicao-1/convalidacao-dos-atos-administrativos. Acesso em: 27 jun. 2021.

[22] BANDEIRA DE MELLO, Celso Antônio. *Curso de direito administrativo*. 35. ed. rev. e atual. até a Emenda Constitucional 109, de 15.03.2021 e a Lei 14.133, de 1.4.2021 (Lei de Licitações e Contratos Administrativos). São Paulo: Malheiros, 2021, p. 380.

Art. 90. A Administração convocará regularmente o licitante vencedor para assinar o termo de contrato ou para aceitar ou retirar o instrumento equivalente, dentro do prazo e nas condições estabelecidas no edital de licitação, sob pena de decair o direito à contratação, sem prejuízo das sanções previstas nesta Lei.

§ 1º O prazo de convocação poderá ser prorrogado 1 (uma) vez, por igual período, mediante solicitação da parte durante seu transcurso, devidamente justificada, e desde que o motivo apresentado seja aceito pela Administração.

§ 2º Será facultado à Administração, quando o convocado não assinar o termo de contrato ou não aceitar ou não retirar o instrumento equivalente no prazo e nas condições estabelecidas, convocar os licitantes remanescentes, na ordem de classificação, para a celebração do contrato nas condições propostas pelo licitante vencedor.

§ 3º Decorrido o prazo de validade da proposta indicado no edital sem convocação para a contratação, ficarão os licitantes liberados dos compromissos assumidos.

§ 4º Na hipótese de nenhum dos licitantes aceitar a contratação nos termos do § 2º deste artigo, a Administração, observados o valor estimado e sua eventual atualização nos termos do edital, poderá:

I - convocar os licitantes remanescentes para negociação, na ordem de classificação, com vistas à obtenção de preço melhor, mesmo que acima do preço do adjudicatário;

II - adjudicar e celebrar o contrato nas condições ofertadas pelos licitantes remanescentes, atendida a ordem classificatória, quando frustrada a negociação de melhor condição.

§ 5º A recusa injustificada do adjudicatário em assinar o contrato ou em aceitar ou retirar o instrumento equivalente no prazo estabelecido pela Administração caracterizará o descumprimento total da obrigação assumida e o sujeitará às penalidades legalmente estabelecidas e à imediata perda da garantia de proposta em favor do órgão ou entidade licitante.

§ 6º A regra do § 5º não se aplicará aos licitantes remanescentes convocados na forma do inciso I do § 4º deste artigo.

§ 7º Será facultada à Administração a convocação dos demais licitantes classificados para a contratação de remanescente de obra, de serviço ou de fornecimento em consequência de rescisão contratual, observados os mesmos critérios estabelecidos nos §§ 2º e 4º deste artigo.

CHRISTIANNE DE CARVALHO STROPPA

CRISTIANA FORTINI

90 Convocação do adjudicatário

Após a elaboração do instrumento contratual, ato contínuo ao procedimento de formalização, a Administração Pública deverá:

1º) convocar o licitante vencedor, lembrando-se que por essa expressão compreende-se a "pessoa física ou jurídica, ou consórcio de pessoas jurídicas, que participa ou manifesta a intenção de participar de processo licitatório, sendo-lhe equiparável, para os fins desta Lei, o fornecedor ou o prestador de serviço que, em atendimento à solicitação da Administração, oferece proposta" (inciso IX, do art. 6º da Lei nº 14.133/2021) julgada mais vantajosa, bem como atende aos requisitos de habilitação.

2º) essa convocação deverá ser regular, ou seja, feita através de ato formal.

3º) o prazo de convocação poderá ser prorrogado 1 (uma) vez, por igual período, mediante solicitação do interessado, devidamente justificado, e aceito pela Administração Pública.

4º) a convocação deve ocorrer dentro do prazo de validade da proposta, o qual deverá estar expressamente definido no edital, após o decurso desse prazo, os licitantes ficam liberados dos compromissos assumidos.

5º) o licitante vencedor deverá assinar o termo de contrato, aceitá-lo ou retirar o instrumento equivalente.

6º) deve o licitante observar o prazo e as condições estabelecidas no edital de licitação.

O dispositivo se assemelha, em parte, ao art. 64 da Lei nº 8.666/1993.

Percebe-se que o mesmo verbo em caráter impositivo está presente. A Administração Pública "convocará" o licitante vencedor. Também se percebe que o "caput" e os parágrafos do art. 90 não fazem referência à revogação, possibilidade expressamente aventada no § 2º do art. 64 da Lei nº 8.666/93.

Nos dois casos (lei nova e lei antiga), se menciona a decadência do direito de contratar, expressão que antes já era contestada porque sob os holofotes da Lei nº 8.666/1993 firmou-se entendimento segundo o qual não haveria direito do vitorioso ao contrato.

Há mudança na lei atual? Os princípios da segurança jurídica, da moralidade e do planejamento a que faz alusão o art. 5º, sem prejuízo do também princípio da boa fé, impõem um comportamento sério por parte da Administração Pública que não pode simplesmente dar início à licitação (sobretudo a fase de disputa) se não estiver de fato interessada em celebrar contrato, diante de proposta que atenda aos requisitos editalícios. A isso se soma o movimento do legislador em prol dos interesses do privado. Assim, parece-nos que, do cotejar de toda a lei, surge mais firme a intolerância com posturas impensadas e irresponsáveis por parte da Administração Pública.

Em reforço, Egon Bockmann Moreira sustenta que a contratação é extensão lógica da adjudicação, compondo o "bloco de integridade da contratação pública".[1]

---

1 MOREIRA, Egon Bockmann. Governança por contratos: integridade e eficiência nas contratações públicas. *Revista de Direito Administrativo Contemporâneo*, v. 12, n. 3, 2024.

Todo modo, também não se pode ignorar que circunstâncias podem alterar o entendimento do órgão/entidade promotor da licitação. Daí que a alternativa da revogação continua presente na lei, embora não no art. 90. O art.71, inciso II, cuida do tema. Portanto, o que se pode afirmar é que há espaço para a não convocação do licitante vencedor, atitude que reclamará motivação.

O não comparecimento do licitante se caracteriza como uma hipótese de extinção do ato administrativo pela recusa do adjudicatário. Isto porque, sua aquiescência é necessária para a produção de efeito[2], qual seja, a formalização da relação contratual.

Se não celebrar o contrato ou retirar o instrumento equivalente, quando demandado, o particular se sujeita a sanções porque sua conduta poderá ser tipificada como descumprimento total da obrigação assumida. Assim prescreve 5º do art. 90[3].

Além de perder a garantia da proposta, caso essa tenha sido requerida, há de se considerar que o art.155, inciso VI, considera infração quando o privado não celebra o contrato ou não entrega a documentação exigida para a contratação, quando convocado dentro do prazo de validade de sua proposta. E tal postura poderá ser punida com impedimento (ou outra sanção mais grave), nos moldes do que diz o § 4º art. 156.

Não necessariamente haverá punição, porque poderá ser apresentada explicação hábil a justificar a recusa.

Destacamos que o privado deve se atentar ao prazo de validade das propostas que variará segundo a previsão editalícia (§ 4º do art. 90). A ele, em princípio, o licitante estará aprisionado, porque também não lhe é autorizado o comportamento desleal, pelo que vale ponderar e até questionar formalmente, quando da impugnação ou de eventual audiência/consulta pública.

O vencedor pode solicitar a prorrogação do prazo, enquanto ele está em curso e indicando as razões que sustentariam seu pedido, conforme prevê o § 1º do art. 90. Cabe à Administração decidir positiva ou negativamente. Todo modo, em princípio, a lógica convida a conceder a prorrogação. Não se trata apenas de acolher pretensão privada, mas sobretudo considerar que celebrar o contrato com o licitante vencedor é honrar o interesse público. Caso não se conceda e com isso não se celebre o contrato com o vencedor, pouco importará a eventual punição. Ela não bastará para acautelar o interesse público. Ele estaria atendido com a existência do vínculo com o vencedor.

Não celebrado o contrato com o licitante vencedor, faculta-se à Administração Pública optar pela convocação dos licitantes remanescentes, devendo fazê-lo no prazo de validade de suas propostas e obedecendo a ordem de classificação, para tentar que aceitem celebrar o contrato nas mesmas condições oferecidas pelo licitante vencedor.

Essa possibilidade já existia na Lei nº 8.666/1993.

As novidades surgem a partir do fracasso desta primeira tentativa negociação. A propósito, o legislador da Lei nº 14.133/2021 de fato viu-se impulsionado a considerar outras etapas após a acima descrita porque preservado o critério do menor lance como o mais usual, tem-se a adoção da disputa aberta (art. 56 § 1º) e com ela a consciência

[2] BANDEIRA DE MELLO, Celso Antônio. *Curso de direito administrativo*. P. 369.

[3] "A recusa injustificada do adjudicatário em assinar o contrato ou em aceitar ou retirar o instrumento equivalente no prazo estabelecido pela Administração caracterizará o descumprimento total da obrigação assumida e o sujeitará às penalidades legalmente estabelecidas e à imediata perda da garantia de proposta em favor do órgão ou entidade licitante."

dos licitantes das demais propostas e lances. Assim, estar em segundo lugar, na ordem de classificação tende a ser cada vez mais resultado da impossibilidade de o licitante "bater" a proposta de seu oponente. Logo, diversamente do que se poderia cogitar sob a luz da Lei nº 8.666/1993, voltada a disputas fechadas, em que o concorrente desconhece a proposta dos demais, e pode se ver na posição de segundo colocado embora topasse assumir a proposta do licitante mais bem colocado, na nova lei essa possibilidade é menor.

Na hipótese de nenhum licitante aceitar a celebração nas condições do adjudicatário, poderá a Administração, tendo como parâmetro o valor estimado e sua eventual atualização, nos termos do edital, sempre obedecendo a ordem de classificação:

(i) convocar os remanescentes para negociar a contratação, objetivando uma proposta vantajosa, mesmo que superior à apresentada pelo adjudicatário;

(ii) se não exitosa a negociação indicada, adjudicar e celebrar o contrato nas condições apresentadas pelos remanescentes. Destaque-se que, a proposta escolhida passa a ser aquela ofertada pelo próprio licitante remanescente na licitação.

Veja-se que as etapas descritas nos incisos I e II do § 4º ocorrem de forma apartada. Primeiro se tenta negociar, observada a linha de classificação, para que se encontre uma posição mais próxima da proposta vitoriosa (inciso I). O alvo é manter, tanto quanto aceito por um dos licitantes, um acordo próximo da proposta referencial. Não há nenhuma obrigação para que com isso aquiesçam porque os licitantes assumem exclusivamente o dever de honrar suas propostas. Por isso não podem sofrer represálias se não concordarem em celebrar contrato com a Administração em condições diferentes de suas respectivas propostas. Por essa razão, o § 6º prescreve que a regra do § 5º não se aplicará aos licitantes remanescentes convocados na forma do inciso I do § 4º deste artigo.

Na hipótese dessa nova rodada de negociação[4] não lograr êxito, os licitantes remanescentes convocados não estão sujeitos à incidência de sanção administrativa, já que pela Lei nº 14.133/2021, não estão obrigados a concordar com a negociação efetuada pela Administração Pública.

Parte-se para a situação descrita no inciso II se não se encontrar nenhuma proposta que seja palatável para a Administração Pública usando-se a etapa do inciso I. Claro que se ao se chamar os concorrentes para tentar identificar um que concorde em reduzir o valor de sua proposta em direção à classificada em primeiro lugar (inciso I), a Administração não poderá perder de vista que há a via do inciso II, ou seja, que ela pode ainda convocar licitantes pelos valores por eles oferecidos.

No caso do inciso II, uma vez chamados os licitantes dentro do prazo de validade das propostas, eles são obrigados a celebrar o contrato ou a retirar o instrumento

---

[4] "A Lei não explica como deve ser feita esta negociação, porém, é necessária a previsão de um formato que evite discussões posteriores sobre eventual desrespeito à isonomia, tendo em vista a sequência negocial.
Uma sugestão para simplificar este momento procedimental, é que a Administração adote uma modelagem similar ao leilão holandês, que funciona de forma diversa ao leilão inglês. No leilão holandês, é definido um determinado patamar de preço, que vai sendo diminuído de forma contínua, até que um dos interessados interrompa o leilão, adquirindo o objeto pelo preço apresentado. Assim, ao iniciar a rodada, seria estabelecido um preço mínimo (acima do preço do licitante vencedor) para tentativa de aceitação entre os licitantes. Em princípio, este preço deve ser inferior ao do segundo colocado, já que para este haveria vinculação ao preço proposto" (TORRES, Ronny Charles Lopes de. Convocação de Licitante Remanescente na Nova Lei de Licitações e um Proposta de Modelo para Negociação. *Dica do Ronny*. Disponível em: https://ronnycharles.com.br/convocacao-de-licitante-remanescente-na-nova-lei-de-licitacoes-e-uma-proposta-de-modelo-para-negociacao/. Acesso em: 10 nov. 2022.

equivalente, quando for o caso. Isso porque no caso do inciso II os licitantes estão sendo convocados para travar a relação jurídica nos moldes das propostas que apresentaram.

Ainda que a Lei nº 14.133/2021 tenha silenciado, cediço que, caso frustradas todas as tentativas de formalização da relação contratual, deverá optar pela revogação da Licitação, como prevê o art. 71.

A convocação do adjudicatário é um ato administrativo vinculado, cuja omissão pode gerar responsabilização. O TCU já alertou que a Administração não pode frustrar a expectativa de contratação sem motivação adequada (Acórdão nº 1.767/2021-Plenário).[5] Em complemento, a doutrina destaca que o ato tem natureza integrativa do procedimento licitatório, encerrando a fase externa e inaugurando a contratual.

90.1 Contratação de remanescente

Diversamente da Lei nº 8.666/1993, a contratação de remanescente na Lei nº 14.133/2021, ou seja, aquela necessária quando o contrato existente é rescindido ou extinto, restando parte do objeto (obra, serviço ou fornecimento) a ser executado, não consta no rol das hipóteses de dispensa de licitação, posto que está disciplinada como "forma de continuidade ao procedimento de adjudicação"[6].

Parece-nos acertada a nova alocação do comando legal porque de fato não se poderia falar tecnicamente em dispensa de licitação, quando houve prévia licitação e contratação que, todavia, não chegou ao seu termo final.

Como consequência, caso a hipótese venha a ocorrer concretamente, deverão ser observados os seguintes requisitos:

1º) existência de uma contratação em execução.

2º) o contrato tenha sido rescindido ou extinto[7], ou seja, o encerramento pode ter decorrido de ato unilateral da Administração Pública ou de ato do próprio contratado. Soa inaplicável imaginar que a extinção decorra de falta de interesse público porque assim fosse não existiria razão para se romper vínculo e ato seguinte se identificar outro operador para dar continuidade à execução.

3º) devem ser observados os mesmos critérios previstos nos §§ 2º e 4º do art. 90. Ou seja, há de se primeiro convocá-los para celebrar o contrato nos patamares da proposta ofertada pelo licitante com o qual se celebrara o contrato ora extinto, com a necessária atualização monetária.[8]

Mas o legislador, em inovação ao que previa o art. 24, inciso XI, da Lei nº 8.666/1993, admite que se tente negociar com os demais licitantes para se tentar encontrar uma solução que vá ao encontro do interesse público mesmo que o valor seja superior ao que

---

5 TCU. Acórdão nº 1.767/2021-Plenário. Rel. Min. Benjamin Zymler. Disponível em: https://pesquisa.apps.tcu.gov.br/documento/acordao-completo/*/NUMACORDAO:1767%20ANOACORDAO:2021%20COLEGIADO:%22Plen%C3%A1rio%22/DTRELEVANCIA%20desc,%20NUMACORDAOINT%20desc/0 . Acesso em: 24 ago. 2025.

6 TORRES, Ronny Charles Lopes de. *Leis de licitações públicas comentadas*. 12. ed. rev., ampl e atual. São Paulo: Ed. Juspodivm, 2021, p. 536.

7 Percebe-se uma falha do legislador que usou a palavra rescisão no § 7º do art. 90, mas, em diversos dispositivos, utilizou a expressão "extinção", a exemplo do art. 137 em que constam as possíveis causas de término da relação contratual entre a Administração e os particulares.

8 No Acórdão nº 3.442/2022-Plenário, o TCU reconheceu a legalidade da negociação com remanescentes desde que respeitados o critério objetivo do edital e a ordem classificatória.

o contrato extinto registrou. O legislador da Lei nº 14.133/2021 não é avesso à negociação e sabe que ela pode "salvar" o esforço já despendido com a licitação.

Convém lembrar, nessa situação, do disposto no § 3º do art. 90, que libera os licitantes de qualquer compromisso depois de decorrido o prazo de validade da proposta indicado no edital sem a convocação para a contratação. E, ao mesmo tempo, ampliando-se a interpretação do contido no § 6º do mesmo artigo, deve-se entender que os licitantes remanescentes, caso não concordem com a contratação, não serão sancionados.

A jurisprudência do TCU consolidou que não existe direito subjetivo ao contrato, mas mera expectativa (Acórdão nº 1.767/2021-Plenário);[9] contudo, a Lei nº 14.133/2021, ao reforçar princípios como os da boa-fé e segurança jurídica (art. 5º), sinaliza maior proteção ao particular contra comportamentos arbitrários da Administração.

Destaque para o Comunicado nº 05/25, que disciplina os procedimentos a serem adotados nos sistemas Compras.gov.br e Contratos.gov.br para a contratação de remanescentes ou convocação de cadastro reserva, inclusive quando se tratar de Sistema de Registro de Preços (SRP), em contratações fundamentadas na Lei nº 14.133/2021.[10]

90.2 IN SEGES/ME nº 73/2022

A Secretaria de Gestão, por meio da Instrução Normativa SEGES/ME nº 73/2022, que dispõe sobre a licitação pelo critério de julgamento por menor preço ou maior desconto, na forma eletrônica, tratou da convocação para a assinatura do termo de contrato ou da ata de registro de preços nos mesmos moldes previstos na Lei nº 14.133/2021:

> Art. 45. Após a homologação, o licitante vencedor será convocado para assinar o termo de contrato ou a ata de registro de preços, ou aceitar ou retirar o instrumento equivalente, no prazo estabelecido no edital de licitação, sob pena de decair o direito à contratação, sem prejuízo das sanções previstas na Lei nº 14.133, de 2021, e em outras legislações aplicáveis.
>
> § 1º O prazo de convocação poderá ser prorrogado 1 (uma) vez, por igual período, mediante solicitação da parte durante seu transcurso, devidamente justificada, e desde que o motivo apresentado seja aceito pela Administração.
>
> § 2º Na hipótese de o vencedor da licitação não assinar o contrato ou a ata de registro de preços, ou não aceitar ou não retirar o instrumento equivalente no prazo e nas condições estabelecidas, outro licitante poderá ser convocado, respeitada a ordem de classificação, para celebrar a contratação ou a ata de registro de preços, ou instrumento equivalente, nas condições propostas pelo licitante vencedor, sem prejuízo da aplicação das sanções previstas na Lei nº 14.133, de 2021, e em outras legislações aplicáveis.
>
> § 3º Caso nenhum dos licitantes aceitar a contratação nos termos do § 2º, a Administração, observados o valor estimado e sua eventual atualização nos termos do edital de licitação, poderá:

---

9 TCU. Acórdão nº 1.767/2021-Plenário. Rel. Min. Benjamin Zymler. Disponível em: https://pesquisa.apps.tcu.gov.br/documento/acordao-completo/*/NUMACORDAO:1767%20ANOACORDAO:2021%20COLEGIADO:%22Plen%C3%A1rio%22/DTRELEVANCIA%20desc,%20NUMACORDAOINT%20desc/0 . Acesso em: 24 ago. 2025.

10 Disponível em: https://www.gov.br/compras/pt-br/acesso-a-informacao/comunicados/2025/no-05-25-procedimentos-para-contratacao-de-remanescentes-ou-convocacao-de-cadastro-de-reserva-em-processos-realizados-pela-lei-n-14-133-21 . Acesso em: 24 ago. 2025.

> I - convocar os licitantes remanescentes para negociação, na ordem de classificação, com vistas à obtenção de preço melhor, mesmo que acima do preço ou inferior ao desconto do adjudicatário;
>
> II - adjudicar e celebrar o contrato nas condições ofertadas pelos licitantes remanescentes, atendida a ordem classificatória, quando frustrada a negociação de melhor condição.
>
> § 4º A recusa injustificada do adjudicatário em assinar o contrato ou a ata de registro de preço, ou em aceitar ou retirar o instrumento equivalente no prazo estabelecido pela Administração caracterizará o descumprimento total da obrigação assumida e o sujeitará às penalidades legalmente estabelecidas e à imediata perda da garantia de proposta em favor do órgão ou entidade promotora da licitação.
>
> § 5º A regra do § 4º não se aplicará aos licitantes remanescentes convocados na forma do inciso I do § 3º.

No Parecer nº 00008/2022/CONJUR-ME/CGU/AGU, a AGU analisou a convocação no contexto da referida Instrução Normativa, reforçando a obrigatoriedade do chamamento e a incidência das sanções do art. 156 em caso de recusa injustificada.

Art. 91. Os contratos e seus aditamentos terão forma escrita e serão juntados ao processo que tiver dado origem à contratação, divulgados e mantidos à disposição do público em sítio eletrônico oficial.

§ 1º Será admitida a manutenção em sigilo de contratos e de termos aditivos quando imprescindível à segurança da sociedade e do Estado, nos termos da legislação que regula o acesso à informação.

§ 2º Contratos relativos a direitos reais sobre imóveis serão formalizados por escritura pública lavrada em notas de tabelião, cujo teor deverá ser divulgado e mantido à disposição do público em sítio eletrônico oficial.

§ 3º Será admitida a forma eletrônica na celebração de contratos e de termos aditivos, atendidas as exigências previstas em regulamento.

§ 4º Antes de formalizar ou prorrogar o prazo de vigência do contrato, a Administração deverá verificar a regularidade fiscal do contratado, consultar o Cadastro Nacional de Empresas Inidôneas e Suspensas (Ceis) e o Cadastro Nacional de Empresas Punidas (Cnep), emitir as certidões negativas de inidoneidade, de impedimento e de débitos trabalhistas e juntá-las ao respectivo processo.

CHRISTIANNE DE CARVALHO STROPPA
CRISTIANA FORTINI

91 Forma dos contratos

Para que os contratos e seus aditamentos sejam válidos, exige-se, como regra e para todos os objetos, a forma escrita[1] e que seus termos sejam juntados ao processo que tiver dado origem à contratação, o que possibilita uma ampla fiscalização dos atores envolvidos, bem como dos órgãos de controle.

A publicidade desses instrumentos, que devem ser divulgados em sítio eletrônico oficial, passou a ser compreendida como obrigação de inserção no Portal Nacional de Contratações Públicas (PNCP), previsto no art. 174 da Lei nº 14.133/2021. Trata-se de medida que possibilita a ampla fiscalização pelos atores envolvidos, pela sociedade e pelos órgãos de controle, reforçando a centralidade da transparência e da *accountability* no novo regime.

Em consonância com a Lei de Acesso à Informação (Lei nº 12.527/2011), admite-se a manutenção em sigilo de contratos e aditivos apenas quando imprescindível à segurança da sociedade e do Estado (§1º).

---

[1] "Diferentemente do processo administrativo, no qual predomina o informalismo ou o formalismo moderado, no contrato administrativo há o predomínio do *formalismo*, para a garantia de transparência e, consequentemente, do controle da administração" (NOHARA, Irene Patrícia. *Direito administrativo*. 10. ed. São Paulo, Atlas, 2020, p. 460).

Nos contratos relativos a direitos reais sobre bens imóveis, permanece a exigência de formalização por escritura pública lavrada em notas de tabelião, cujo teor deverá também deverá ser divulgado e mantido à disposição do público em sítio eletrônico oficial.[2]

Obrigatória a lavratura da escritura em alienações de imóveis da União, mesmo quando precedidas de licitação.

Destaca-se ainda a possibilidade de formalização eletrônica de contratos e aditivos (§3º),[3] já regulamentada pelo Decreto nº 10.543/2020 e pela IN SEGES/ME nº 73/2022, que tratam da assinatura digital com certificado ICP-Brasil[4] ou assinatura eletrônica avançada. Na prática, o Compras.gov.br já viabiliza a celebração e o aditamento integralmente digitais, em consonância com a diretriz de desburocratização e eficiência. A doutrina tem valorizado essa inovação: Egon Bockmann Moreira e Flávio Amaral Garcia apontam a "desmaterialização contratual" como marco da transformação digital na Administração.[5]

91.1 Cuidados antecedentes à formalização dos contratos

Previamente à formalização ou prorrogação da vigência do contrato, mesmo que a análise da regularidade fiscal, social e trabalhista, nos moldes do art. 68 da Lei nº 14.133/2021, já tenha sido realizada, imperioso que a Administração Pública verifique a regularidade fiscal do contratado, consulte o Cadastro Nacional de Empresas Inidôneas e Suspensas (CEIS) e o Cadastro Nacional de Empresas Punidas (CNEP), emitir as certidões negativas de inidoneidade, de impedimento e de débitos trabalhistas, juntando-as ao respectivo processo de contratação. Isso decorre de dispositivo expresso, qual seja, o § 4º do art. 91.[6] Essa exigência reforça a integridade das contratações e encontra amparo também no art. 68 da Lei nº 14.133/2021.

---

2 Nos termos do art. 6º, inciso LII, sítio eletrônico oficial é o "sítio da internet, certificado digitalmente por autoridade certificadora, no qual o ente federativo divulga de forma centralizada as informações e os serviços de governo digital dos seus órgãos e entidades".

3 Sob a temática do uso da tecnologia da informação na formalização de contratos, Mariana Oliveira de Melo Cavalcanti e Marcos Nóbrega noticiam que: "Uma das grandes inovações trazidas pelo uso da tecnologia *Blockchain* são os *smart contracts*. Neles, as partes definem todas as cláusulas que são executadas automaticamente, sem a intervenção de uma terceira parte, nem mesmo o Judiciário. Isso provoca grande mudança nos postulados tradicionais da teoria contratual e perguntas como: São realmente contratos? E se erros forem cometidos? Os impactos sobre governança e teoria dos contratos completos são analisados no texto, bem como os impactos no direito contratual clássico e sob a ótica do neoconstitucionalismo. Sob este último prisma, vislumbra-se tais contratos como novo paradigma para o ajuste de vontades, afetando a ideia de despersonalização do direito civil, em análise cotejada pela Teoria Econômica do Direito. Utilizando a pesquisa bibliográfica como metodologia, conclui-se que os *smart contracts* podem ser considerados contratos à luz do ordenamento jurídico brasileiro, conquanto possuem um enorme potencial de disrupção da teoria tradicional dos contratos" (CAVALCANTI, Mariana Oliveira de Melo; NÓBREGA, Marcos. *Smart contracts* ou "contratos inteligentes": o direito na era da *blockchain*. *Revista Científica DISRUPTIVA*, vol. II, n. 1, jan./jun. 2020. Disponível em: https://ronnycharles.com.br/smart-contracts-ou-contratos-inteligentes-o-direito-na-era-da-blockchain/. Acesso em: 27 jun. 2021).

4 Infraestrutura de Chaves Públicas Brasileiras-ICP-Brasil (Medida Provisória nº 2.200-2/2001).

5 MOREIRA, Egon Bockmann Moreira; GARCIA, Flávio Amaral. *Contratos administrativos na lei de licitações*: comentários aos artigos 89 a 154 da Lei nº 14.133/2021. São Paulo: Thomson Reuters Brasil, 2024.

6 Lei nº 14.133/2021. Art. 91 § 4º Antes de formalizar ou prorrogar o prazo de vigência do contrato, a Administração deverá verificar a regularidade fiscal do contratado, consultar o Cadastro Nacional de Empresas Inidôneas e Suspensas (Ceis) e o Cadastro Nacional de Empresas Punidas (Cnep), emitir as certidões negativas de inidoneidade, de impedimento e de débitos trabalhistas e juntá-las ao respectivo processo.

Desde 2023, houve a integração do PNCP com os cadastros de sanções (CEIS/CNEP), permitindo consulta eletrônica automática. Embora a orientação de consulta não seja formalmente um parecer da AGU, ela reflete entendimento consolidado que segue diretamente as diretrizes legais e consultorias jurídicas que a AGU costuma adotar em seus posicionamentos.[7]

Vale recordar que a punição do impedimento não produz efeitos nacionais. Se alguma dúvida – admitida com boa vontade – a Lei nº 8.666/1993 poderia suscitar, não há espaço para discussões, tendo em vista o § 4º do art. 156.

Mesmo não expressamente referida na Lei nº 14.133/2021, importante também que seja efetuada consulta ao CADIN – Cadastro Informativo de Créditos não Quitados, caso exista, por se tratar de um banco de dados que contêm informações de pessoas físicas e jurídicas que possuem algum tipo de pendência com alguma das esferas federativas (CADIN Federal, Estadual ou Municipal) o que, em geral, implica na impossibilidade de formalização da relação contratual. Tal entendimento foi reforçado pela superveniência da Lei nº 14.973/2024, que incluiu o art. 6º-A na Lei nº 10.522/2002, estabelecendo que a inscrição no CADIN constitui óbice à celebração de convênios, acordos, ajustes ou contratos com desembolso de recursos públicos, bem como a seus aditamentos. Nesse sentido, o Parecer AGU nº 00063/2024/DECOR/CGU/AGU consolidou a interpretação de que a inscrição no CADIN federal acarreta impedimento jurídico à formalização contratual até a regularização da situação cadastral, estendendo essa restrição à celebração de novos ajustes e à prorrogação dos já existentes.[8]

Ressalte-se, porém, que ainda existem desafios: falhas na integração entre PNCP, CEIS, CNEP e CADIN podem gerar situações em que a Administração contrata indevidamente. O TCU, no Acórdão nº 2.075/2021-Plenário,[9] aplicou o princípio da proporcionalidade ao reconhecer que nem toda falha na verificação acarreta nulidade absoluta do contrato, devendo ser avaliado o prejuízo concreto ao interesse público.

---

7 TCU. Portal de Licitações e Contratos – Orientação sobre prorrogação de contrato e consulta aos cadastros CEIS e CNEP. Disponível em: https://licitacoesecontratos.tcu.gov.br/6-3-manutencao-e-prorrogacao-do-contrato/. Acesso em: 24 ago. 2025.

8 AGU. Parecer nº 00063/2024/DECOR/CGU/AGU. Assunto: impedimento de celebração de ajustes e contratos com empresas inscritas no CADIN, à luz da Lei nº 14.973/2024, que acrescentou o art. 6º-A na Lei nº 10.522/2002. Brasília: AGU, 2024. Disponível em: https://sapiens.agu.gov.br/valida_publico?id=1856693438. Acesso em: 24 ago. 2025.

9 TCU. Acórdão nº 2.075/2021-Plenário. Rel. Min. Raimundo Carreiro. Disponível em: https://pesquisa.apps.tcu.gov.br/documento/acordao-completo/*/NUMACORDAO:2075%20ANOACORDAO:2021%20COLEGIADO:%22Plen%C3%A1rio%22. Acesso em: 24 ago. 2025.

Art. 92. São necessárias em todo contrato cláusulas que estabeleçam:

I - o objeto e seus elementos característicos;

II - a vinculação ao edital de licitação e à proposta do licitante vencedor ou ao ato que tiver autorizado a contratação direta e à respectiva proposta;

III - a legislação aplicável à execução do contrato, inclusive quanto aos casos omissos;

IV - o regime de execução ou a forma de fornecimento;

V - o preço e as condições de pagamento, os critérios, a data-base e a periodicidade do reajustamento de preços e os critérios de atualização monetária entre a data do adimplemento das obrigações e a do efetivo pagamento;

VI - os critérios e a periodicidade da medição, quando for o caso, e o prazo para liquidação e para pagamento;

VII - os prazos de início das etapas de execução, conclusão, entrega, observação e recebimento definitivo, quando for o caso;

VIII - o crédito pelo qual correrá a despesa, com a indicação da classificação funcional programática e da categoria econômica;

IX - a matriz de risco, quando for o caso;

X - o prazo para resposta ao pedido de repactuação de preços, quando for o caso;

XI - o prazo para resposta ao pedido de restabelecimento do equilíbrio econômico-financeiro, quando for o caso;

XII - as garantias oferecidas para assegurar sua plena execução, quando exigidas, inclusive as que forem oferecidas pelo contratado no caso de antecipação de valores a título de pagamento;

XIII - o prazo de garantia mínima do objeto, observados os prazos mínimos estabelecidos nesta Lei e nas normas técnicas aplicáveis, e as condições de manutenção e assistência técnica, quando for o caso;

XIV - os direitos e as responsabilidades das partes, as penalidades cabíveis e os valores das multas e suas bases de cálculo;

XV - as condições de importação e a data e a taxa de câmbio para conversão, quando for o caso;

XVI - a obrigação do contratado de manter, durante toda a execução do contrato, em compatibilidade com as obrigações por ele assumidas, todas as condições exigidas para a habilitação na licitação, ou para a qualificação, na contratação direta;

XVII - a obrigação de o contratado cumprir as exigências de reserva de cargos prevista em lei, bem como em outras normas específicas, para pessoa com deficiência, para reabilitado da Previdência Social e para aprendiz;

XVIII - o modelo de gestão do contrato, observados os requisitos definidos em regulamento;

XIX - os casos de extinção.

§ 1º Os contratos celebrados pela Administração Pública com pessoas físicas ou jurídicas, inclusive as domiciliadas no exterior, deverão conter cláusula que declare competente o foro da sede da Administração para dirimir qualquer questão contratual, ressalvadas as seguintes hipóteses:

I - licitação internacional para a aquisição de bens e serviços cujo pagamento seja feito com o produto de financiamento concedido por organismo financeiro internacional de que o Brasil faça parte ou por agência estrangeira de cooperação;

II - contratação com empresa estrangeira para a compra de equipamentos fabricados e entregues no exterior precedida de autorização do Chefe do Poder Executivo;

III - aquisição de bens e serviços realizada por unidades administrativas com sede no exterior.

§ 2º De acordo com as peculiaridades de seu objeto e de seu regime de execução, o contrato conterá cláusula que preveja período antecedente à expedição da ordem de serviço para verificação de pendências, liberação de áreas ou adoção de outras providências cabíveis para a regularidade do início de sua execução.

§ 3º Independentemente do prazo de duração, o contrato deverá conter cláusula que estabeleça o índice de reajustamento de preço, com data-base vinculada à data do orçamento estimado, e poderá ser estabelecido mais de um índice específico ou setorial, em conformidade com a realidade de mercado dos respectivos insumos.

§ 4º Nos contratos de serviços contínuos, observado o interregno mínimo de 1 (um) ano, o critério de reajustamento de preços será por:

I - reajustamento em sentido estrito, quando não houver regime de dedicação exclusiva de mão de obra ou predominância de mão de obra, mediante previsão de índices específicos ou setoriais;

II - repactuação, quando houver regime de dedicação exclusiva de mão de obra ou predominância de mão de obra, mediante demonstração analítica da variação dos custos.

§ 5º Nos contratos de obras e serviços de engenharia, sempre que compatível com o regime de execução, a medição será mensal.

§ 6º Nos contratos para serviços contínuos com regime de dedicação exclusiva de mão de obra ou com predominância de mão de obra, o prazo para resposta ao pedido de repactuação de preços será preferencialmente de 1 (um) mês, contado da data do fornecimento da documentação prevista no § 6º do art. 135 desta Lei.

CHRISTIANNE DE CARVALHO STROPPA

CRISTIANA FORTINI

92 Cláusulas dos contratos[1]

Os contratos administrativos serão compostos por cláusulas necessárias e cláusulas exorbitantes.

No tocante às cláusulas necessárias do art. 92 da Lei nº 14.133/2021, a doutrina de Egon Bockmann Moreira e Flávio Amaral Garcia destaca que a positivação de um rol mínimo de cláusulas contratuais visa não apenas garantir a segurança jurídica das relações firmadas pela Administração, mas também reduzir os custos de transação, compreendidos tanto como os custos de produção e execução quanto como os custos adicionais decorrentes do próprio ato de contratar. Os autores propõem uma classificação entre cláusulas universais ou imprescindíveis, que são aquelas de observância obrigatória em qualquer contrato administrativo, e cláusulas circunstanciais, ajustadas de acordo com a natureza do objeto e as peculiaridades do regime de execução. Trata-se de interpretação que reforça a dimensão funcional das cláusulas contratuais como instrumentos de racionalização e eficiência, evitando excessos formalísticos ao mesmo tempo em que assegura previsibilidade e equilíbrio na execução contratual.[2]

Antes de prosseguir, relevante considerar que, a despeito de se falar em cláusulas necessárias, elas não o são em todos os casos porque a) nem sempre são ajustadas ao caso concreto ou b) há liberdade para se decidir por não as inserir. Nesse contexto, a obrigatoriedade da presença de cada uma delas deve ser interpretada à luz do objeto do contrato e da adequação ao caso concreto. Assim, a lei não impõe formalismo vazio, mas, sim, a previsão de disposições que assegurem governança, transparência e equilíbrio econômico-financeiro.

Assim, prazo para resposta a pedido de repactuação, que consta como cláusula necessária[3], só faz sentido quando o contrato envolve prestação de serviço com dedicação exclusiva ou com predominância de mão de obra[4].

---

1 ENUNCIADO 1 Constitui boa prática da Administração, no momento da instrução da prorrogação, emitir alerta à contratada a respeito dos efeitos da formalização do termo aditivo sem a ressalva do direito aos reajustes nos termos da lei e do contrato. (art. 92 da Lei n. 14.133/2021). (1º Simpósio de Licitações e Contratos da Justiça Federal. Enunciado aprovados em 2022. Disponível em: https://www.cjf.jus.br/cjf/noticias/2022/setembro/conselho-divulga-enunciados-aprovados-no-201ci-simposio-de-licitacoes-e-contratos-da-justica-federal201d . Acesso em 24 jan. 2023).

2 MOREIRA, Egon Bockmann Moreira; GARCIA, Flávio Amaral. *Contratos administrativos na lei de licitações*: comentários aos artigos 89 a 154 da Lei nº 14.133/2021. São Paulo: Thomson Reuters Brasil, 2024. p. 55-57.

3 Lei nº 14.133/2021. Art. 92, inciso X.

4 Ver artigo 6, inciso LIX.

A cláusula sobre matriz de risco é, por regra, opcional. Consequentemente, não se pode de fato considerá-la mandatória, exceto nas situações em que a lei a impõe, descritas no § 4º do art. 22[5].

As cláusulas necessárias, cuja inobservância pode levar ao questionamento da regularidade da relação contratual e que devem ser observadas mesmo quando da substituição do instrumento de contrato, são aquelas que estabelecem:

- o detalhamento do objeto;
- a vinculação ao edital de licitação e à proposta do licitante vencedor ou ao ato que tiver autorizado a contratação direta e à respectiva proposta;
- a legislação aplicável à execução do contrato, inclusive quanto aos casos omissos;
- o regime de execução ou a forma de fornecimento;
- o preço e as condições de pagamento, os critérios, a data-base e a periodicidade do reajustamento de preços e os critérios de atualização monetária entre a data do adimplemento das obrigações e a do efetivo pagamento;
- os critérios e a periodicidade da medição, quando for o caso, e o prazo para liquidação e para pagamento;
- os prazos de início das etapas de execução, conclusão, entrega, observação e recebimento definitivo, quando for o caso;
- o crédito pelo qual correrá a despesa, com a indicação da classificação funcional programática e da categoria econômica;
- a matriz de risco, quando for o caso;
- o prazo para resposta ao pedido de repactuação de preços, quando for o caso;[6]
- o prazo para resposta ao pedido de restabelecimento do equilíbrio econômico-financeiro, quando for o caso;
- as garantias oferecidas para assegurar sua plena execução, quando exigidas, inclusive as que forem oferecidas pelo contratado no caso de antecipação de valores a título de pagamento;
- o prazo de garantia mínima do objeto, observados os prazos mínimos estabelecidos nesta Lei e nas normas técnicas aplicáveis, e as condições de manutenção e assistência técnica, quando for o caso;
- os direitos e as responsabilidades das partes, as penalidades cabíveis e os valores das multas e suas bases de cálculo;
- as condições de importação e a data e a taxa de câmbio para conversão, quando for o caso;
- a obrigação do contratado de manter, durante toda a execução do contrato, em compatibilidade com as obrigações por ele assumidas, todas as condições exigidas para a habilitação na licitação, ou para a qualificação, na contratação direta;

---

[5] Lei nº 14.133/2021. Art. 22 § 4º Nas contratações integradas ou semi-integradas, os riscos decorrentes de fatos supervenientes à contratação associados à escolha da solução de projeto básico pelo contratado deverão ser alocados como de sua responsabilidade na matriz de riscos.

[6] ENUNCIADO 24 O prazo para resposta ao pedido de repactuação de preços determinado no contrato administrativo (art. 92, inciso X, e § 6º da Lei n. 14.133/2021) começa a fluir somente a partir do momento em que o pedido da contratada se encontre correto e completamente instruído (1º Simpósio de Licitações e Contratos da Justiça Federal. Enunciado aprovados em 2022. Disponível em: https://www.cjf.jus.br/cjf/noticias/2022/setembro/conselho-divulga-enunciados-aprovados-no-201ci-simposio-de-licitacoes-e-contratos-da-justica-federal201d . Acesso em 24 jan. 2023).

- a obrigação de o contratado cumprir as exigências de reserva de cargos prevista em lei, bem como em outras normas específicas, para pessoa com deficiência, para reabilitado da Previdência Social e para aprendiz;
- o modelo de gestão do contrato, observados os requisitos definidos em regulamento;
- os casos de extinção.

Embora em princípio tenham sido mantidas as cláusulas indicadas no art. 55 da Lei nº 8.666/1993, há inovações relevantes a merecer destaque. A primeira delas é o prazo para liquidação da despesa.

A Instrução Normativa SEGES/ME nº 77/2022, ao dispor sobre a observância da ordem cronológica de pagamento, indica as providências e prazos par a liquidação e pagamento:

> Art. 5º A ordem cronológica de exigibilidade terá como marco inicial, para efeito de inclusão do crédito na sequência de pagamentos, a liquidação de despesa.
>
> § 1º Considera-se liquidação de despesa o segundo estágio da despesa pública e consiste na verificação do direito adquirido pelo credor, tendo por base os títulos e documentos comprobatórios do respectivo crédito, após a execução do objeto ou de etapa do cronograma físico-financeiro do contrato, conforme o caso.
>
> Art. 6º Os prazos para liquidação e pagamento são cláusulas necessárias nos instrumentos de contrato, nos termos do inciso VI do art. 92 da Lei nº 14.133, de 2021.
>
> Parágrafo único. Nas hipóteses de substituição do instrumento de contrato por outro instrumento hábil, conforme dispõe o art. 95 da Lei nº 14.133, de 2021, os prazos para liquidação e pagamento constarão de instrumento convocatório, de aviso de contratação direta ou de outro documento negocial com o mercado.
>
> Art. 7º Os prazos de que trata o art. 6º serão limitados a:[7]
>
> I – 10 (dez dias) úteis para a liquidação da despesa, a contar do recebimento da nota fiscal ou instrumento de cobrança equivalente pela Administração;
>
> II – 10 (dez dias) úteis para pagamento, a contar da liquidação da despesa.
>
> § 1º Para os fins de liquidação, deverá ser observado o disposto no art. 63 da Lei nº 4.320, de 17 de março de 1964, certificando-se do adimplemento da obrigação do contratado nos prazos e forma previstos no contrato.
>
> § 2º Para as contratações decorrentes de despesas cujos valores não ultrapassem o limite de que trata o inciso II do art. 75 da Lei nº 14.133, de 2021, os prazos de que dos incisos I e II do *caput* serão reduzidos pela metade.
>
> § 3º O prazo de que trata o inciso I do *caput* e o § 2º deste artigo poderão ser excepcionalmente prorrogados, justificadamente, por igual período, quando houver necessidade de diligências para a aferição do atendimento das exigências contratuais.
>
> § 4º O prazo para a solução, pelo contratado, de inconsistências na execução do objeto ou de saneamento da nota fiscal ou de instrumento de cobrança equivalente, verificadas pela Administração durante a análise prévia à liquidação de despesa, não será computado para os fins de que trata o inciso I do *caput* e o § 2º deste artigo.

[7] O TCU tem considerado esse prazo como parâmetro de razoabilidade para aferição de atraso (Acórdão nº 1.174/2023-Plenário).

§ 5º Na hipótese de caso fortuito ou força maior que impeça a liquidação ou o pagamento da despesa, o prazo para o pagamento será suspenso até a sua regularização, devendo ser mantida a posição da ordem cronológica que a despesa originalmente estava inscrita.

§ 6º No caso de insuficiência de recursos financeiros disponíveis para quitação integral da obrigação, poderá haver pagamento parcial do crédito, permanecendo o saldo remanescente na mesma posição da ordem cronológica.

Outra inovação se refere a inserção da figura da matriz de risco[8].

A matriz de risco é expressamente mencionada na jurisprudência do Tribunal de Contas da União, no âmbito do Regime Diferenciado de Contratações Públicas – RDC, nos Acórdãos nºs 1310/2013[9], 1465/2013[10] e 1510/2013[11].

No âmbito das licitações e contratos administrativos, a prevenção pode ser extraída do mapeamento de riscos e elaboração de riscos nos contratos administrativos, sendo forte aliada do controle e monitoramento de práticas ilícitas e imorais, eis que permite averiguar se os atos públicos e privados estão de acordo com as suas finalidades legais e institucionais. Além disso, a prevenção é tipicamente extraída da mitigação e correção de atos fraudulentos ou práticas corruptas para que se evitem danos futuros ao erário e à própria sociedade que usufrui de grande parte dos objetos contratados pelo Poder Público[12].

Nos dias de hoje, passa a ser um dos instrumentos de governança pública[13], porquanto, para o TCU é o meio "para reduzir o impacto negativo dos riscos sobre as metas organizacionais, por meio da adoção de controles internos, concebidos e implementados pelo próprio gestor"[14].

Na parte dedicada à matriz de risco, as autoras retomam o tema e questionam se fato há espaço para a contratualização de uma matriz de risco, seja pela falta de espaço e momentos dialógicos, diante da desobrigação de se realizar audiência ou consulta pública, seja pelo que prevê o art. 103[15].

Outra novidade é a previsão de prazo para resposta ao pedido de repactuação de preços, quando for o caso, e de prazo para resposta ao pedido de restabelecimento do equilíbrio econômico-financeiro, também quando for o caso.

---

8 O critério para alocação de riscos se encontra no art. 103 da Lei nº 14.133/2021.

9 TCU, Acórdão nº 1310/2013 – Plenário. Rel. Min. Walton Alencar Rodrigues.

10 TCU, Acórdão nº 1465/2013 – Plenário. Rel. Min. José Múcio Monteiro.

11 TCU, Acórdão nº 1510/2013 – Plenário. Rel. Min. Valmir Campelo.

12 CASTRO, Rodrigo Pironti Aguirre de; ZILIOTTO, Mirela Miró. *Compliance nas contratações públicas: exigência e critérios* normativos. Belo Horizonte: Fórum, 2019, p. 30-31.

13 Entende-se por governança pública, o conjunto de mecanismos de liderança, estratégia e controle postos em prática para avaliar, direcionar e monitorar a gestão, com vistas à condução de políticas públicas e à prestação de serviços de interesse da sociedade (inciso I, do art. 2º, do Decreto Federal nº 9.203, de 22 de novembro de 2017 – dispõe sobre a política de governança da administração pública federal direta, autárquica e fundacional).

14 Tribunal de Contas da União. *Levantamento de governança e gestão das aquisições*. Brasília: TCU, 2013.

15 Lei nº 14.133/2021. Art. 103 § 5º Sempre que atendidas as condições do contrato e da matriz de alocação de riscos, será considerado mantido o equilíbrio econômico-financeiro, renunciando as partes aos pedidos de restabelecimento do equilíbrio relacionados aos riscos assumidos, exceto no que se refere:
I - às alterações unilaterais determinadas pela Administração, nas hipóteses do inciso I do caput do art. 124 desta Lei;
II - ao aumento ou à redução, por legislação superveniente, dos tributos diretamente pagos pelo contratado em decorrência do contrato.

> Os cidadãos, por sua vez, provocam a Administração Pública para requerer direitos em nome próprio ou da coletividade, para noticiar infrações à lei ou, até mesmo, apenas receber informações de interesse particular ou coletivo. Feito o requerimento de um direito ou noticiada a infração surge para a Administração Pública o dever de "responder". Trata-se de decorrência lógica do direito de petição assegurado constitucionalmente pelas alíneas "a" e "b" do inciso XXXIV do art. 5º da Constituição Federal. O dever de responder é também dado pela legislação infraconstitucional. A título de exemplo pode-se mencionar o art. 48 da Lei 9.784/1999 que estabelece explicitamente o dever de decidir, e o art. 1º da lei 9.051/1995 assegura o direito de obter certidão no prazo de 15 dias a contar do pedido. Pode-se mencionar, ainda, a lei de acesso à informação.
>
> A resposta ao pedido de acesso à informação, por sua vez, é assegurada pelo inciso XXXIII do art. 5º da Constituição Federal e pela Lei 12.527/2011, que é denominada de lei de acesso à informação.[16]

Nesse sentido, tendo o contratado formulado pedido de repactuação de preços, nos moldes indicados no §6º do art. 135, ou pedido de restabelecimento do equilíbrio econômico-financeiro, como indica o parágrafo único do art. 131, tem a Administração Pública o dever de explicitamente emitir decisão (art. 48 da Lei nº 9.784/1999).

Essa obrigação, também retratada no art. 123 da Lei nº 14.133/2021, prevê interessante ressalva, já que parece autorizar o silêncio da Administração Pública nas hipóteses de requerimentos manifestamente impertinentes, meramente protelatórios ou de nenhum interesse para a boa execução do contrato. Em verdade, não se está a prever hipótese de não manifestação da Administração Pública, mas sim, em sentido oposto, deverá ser emitido um ato administrativo, cujo conteúdo, ao invés de decidir sobre a solicitação efetuada, elencará as razões pelas quais não irá tomar a decisão.

O prazo para resposta ao pedido de repactuação de preços será preferencialmente de 1 (um) mês, contado da data do fornecimento da documentação enumerada no § 6º do art. 135, nos contratos para serviços contínuos com regime de dedicação exclusiva de mão de obra ou com predominância de mão de obra. Já, para os pedidos de restabelecimento do equilíbrio econômico-financeiro, será utilizada a regra prevista no parágrafo único do art. 123, *in verbis*:

> Art. 123.
>
> Parágrafo único. Salvo disposição legal ou cláusula contratual que estabeleça prazo específico, concluída a instrução do requerimento, a Administração terá o prazo de 1 (um) mês para decidir, admitida a prorrogação motivada por igual período.

Ainda pode ser indicada como importante novidade a previsão de cláusula indicando que o contratado deve cumprir as exigências de reserva de cargos prevista em lei, bem como em outras normas específicas, para pessoa com deficiência, para reabilitado

---

16 HARGER, Marcelo. Processo administrativo: aspectos gerais. Enciclopédia jurídica da PUC-SP. Celso Fernandes Campilongo, Alvaro de Azevedo Gonzaga e André Luiz Freire (coords.). Tomo: Direito Administrativo e Constitucional. Vidal Serrano Nunes Jr., Maurício Zockun, Carolina Zancaner Zockun, André Luiz Freire (coord. de tomo). 1. ed. São Paulo: Pontifícia Universidade Católica de São Paulo, 2017. Disponível em: https://enciclopediajuridica.pucsp.br/verbete/145/edicao-1/processo-administrativo:-aspectos-gerais. Acesso em: 27 jun. 2021.

da Previdência Social[17] e para aprendiz. Reforça-se a ideia de que a contratação pública contemporânea é um importante instrumento de satisfação de uma justiça distributiva,[18] bem como se alinha ao entendimento do STF (ADI nº 5.625/DF).

Benjamin Zymler destaca não haver impedimento para o Estado buscar, em suas contratações, outros valores, outros bens jurídicos e outros princípios, desde que não desnaturem a ideia de impessoalidade e de eficiência[19].

Sobre o assunto, se posiciona Marçal Justen Filho, no sentido de que "como regra, a contratação administrativa *é* um instrumento para o Estado obter uma prestação apta, em si mesma, a satisfazer as necessidades coletivas. (...) Mas há hipóteses em que o Estado pretende valer-se de uma contratação não apenas para obter uma prestação de que necessita[20]. A execução da prestação *é* visualizada como meio de promoção de outros valores reputados como relevantes. (...) Daí se poderia aludir a uma 'função extra-econômica' da licitação, para indicar a orientação do certame não propriamente *à* obtenção da proposta mais vantajosa, mas *à* seleção da proposta apta *à* realização de outros fins (não diretamente relacionados com a vantagem econômica)".[21]

A cláusula indicativa da necessidade de elaboração de um modelo de gestão do contrato, ainda que condicionado aos requisitos que serão definidos em regulamento, tem por finalidade permitir um aprimoramento do papel do gestor e do fiscal do contrato, já que indicará de forma objetiva, como cada contrato será acompanhado. O TCU (Acórdão nº 2622/2022-Plenário) ressaltou que a ausência de plano de fiscalização ou de clareza sobre papéis compromete a efetividade da execução contratual.

Mesmo não sendo novidade, se comparada à Lei nº 8.666/1993, destaca-se a preocupação da Lei nº 14.133/2021 com o reajustamento de preço dos contratos[22]. O faz com as seguintes disposições:

- todo contrato administrativo, independentemente do prazo de duração, deverá conter cláusula que estabeleça o índice de reajustamento de preço, com data-base vinculada à data do orçamento estimado, e poderá ser estabelecido mais de um índice específico ou setorial, em conformidade com a realidade de mercado dos respectivos insumos.
- especialmente nos contratos de serviços contínuos, o critério de reajustamento de preços, observada a periodicidade mínima de 1 (um) ano, será por:

17 Com relação especificamente à reserva de cargos para pessoas com deficiência, destaca-se a Lei nº 13.146/2015 (institui a Lei Brasileira de Inclusão da Pessoa com Deficiência).

18 BREUS, Thiago Lima. O governo por contrato(s) e a concretização de políticas públicas horizontais como mecanismo de justiça distributiva. Disponível em: https://acervodigital.ufpr.br/handle/1884/40312. Acesso em: 27 jun. 2021.

19 ZYMLER, Benjamin. *Microempresas e empresas de pequeno porte*. Palestra proferida na Jornada de Estudos NDJ de Direito Administrativo, realizado em Brasília – DF, em 22 de novembro de 2007. Disponível em: <http//www.ndj.com.br>. Acesso em: 27 jun. 2021.

20 Para o autor (JUSTEN FILHO, 2012), apenas na situação prevista no inciso XIII do artigo 24 da Lei nº 8.666/1993, que trata sobre a contratação direta de instituição destinada à recuperação social do preso, poderia se falar em 'função social da contratação administrativa', em face do princípio da solidariedade social. (JUSTEN FILHO, Marçal. *Comentários à lei de licitações e contratos administrativos*. 15. ed. São Paulo: Dialética, 2012).

21 JUSTEN FILHO, Marçal. *Comentários à lei de licitações e contratos administrativos*. P. 80.

22 Meio adequado para atualizar o valor do contrato, considerando a elevação ordinária do custo de produção de seu objeto e diante do curso normal da economia. Segundo o TCU, o reajuste por índice e a repactuação constituem espécies do gênero reajuste (TCU – Acórdão 1563/2004 – Plenário. Rel. Min. Augusto Sherman Cavalcanti).

> (i) reajustamento em sentido estrito, quando não houver regime de dedicação exclusiva de mão de obra ou predominância de mão de obra, mediante previsão de índices específicos ou setoriais[23]; (ii) repactuação[24], quando houver regime de dedicação exclusiva de mão de obra ou predominância de mão de obra, mediante demonstração analítica da variação dos custos.

Necessário "perceber que a anualidade poderá ser cumprida antes mesmo que o contrato alcance a vigência de 12 (doze) meses, uma vez que o marco inicial ('data limite para apresentação da proposta') para a anualidade do reajuste poderá anteceder o início da vigência contratual".[25]

O TCU (Acórdão nº 1587/2023-Plenário) considerou irregular reajuste contratual com prazo contado da assinatura do contrato, pois o marco a partir do qual se computa período de tempo para aplicação de índices de reajustamento é: i) a data da apresentação da proposta ou a do orçamento a que a proposta se referir, de acordo com o previsto no edital (art. 40, inciso XI, da Lei nº 8.666/1993); ou então ii) a data do orçamento estimado (art. 25, §7º, da Lei nº 14.133/2021 – nova Lei de Licitações e Contratos Administrativos).[26]

Em complementação ao rol do art. 92 da Lei nº 14.133/2021, outras cláusulas devem ser inseridas no instrumento contratual, quais sejam:

1º) indicativa do foro competente para dirimir questões contratuais, sendo possível a utilização de meios alternativos de resolução de controvérsias.

2º) previsão de período antecedente à expedição da ordem de serviço para verificação de pendências, liberação de áreas ou adoção de outras providências cabíveis para a regularidade do início de sua execução.

3º) previsão de medição mensal, se compatível com o regime de execução, nos contratos de execução de obras ou de prestação de serviços de engenharia.

4º) a possibilidade de o autor ceder todos os direitos patrimoniais a eles relativos, para a Administração Pública, na hipótese de contratações de projetos ou de serviços técnicos especializados, inclusive daqueles que contemplem o desenvolvimento de programas e aplicações de internet para computadores, máquinas, equipamentos e dispositivos de tratamento e de comunicação da informação (software) - e a respectiva documentação técnica associada -, hipótese em que poderão ser livremente utilizados e alterados por ela em outras ocasiões, sem necessidade de nova autorização de seu autor.

Aos contratos administrativos devem ser também inseridas obrigações específicas para respeito e atenção ao disposto na Lei Geral de Proteção de Dados (Lei nº 13.709/2018).

Mostra-se relevante explicitar ao contratado os cuidados que a Administração exige no tratamento dos dados pessoais disponibilizados, inclusive quanto à sua vedação

---

[23] Necessidade de a minuta de contrato contemplar a orientação do TCU no sentido de que o marco inicial, a partir do qual se computa o período de um ano para a aplicação de índices de reajustamento, é a data da apresentação da proposta ou a do orçamento a que a proposta se referir, de acordo com o previsto no edital, conforme Acórdão nº 474/2005 do Plenário (TCU, Acórdão nº 567/2015 - Plenário).

[24] Promove a correção do valor do contrato com base na demonstração da variação de seus componentes de custos, de conformidade com o disposto no art. 54 da Instrução Normativa SEGES/MPDG nº 05/2017. No mesmo sentido: TCU - Acórdão nº 1488/2016 – Plenário – Rel. Min. Vital do Rêgo.

[25] TORRES, Ronny Charles Lopes de. *Leis de licitações públicas comentadas*. 12. ed. rev., ampl e atual. São Paulo: Ed. Juspodivm, 2021, p. 543.

[26] TCU. Acórdão nº 1.587/2023-Plenário. Rel. Min. Antonio Anastasia. Disponível em: https://pesquisa.apps.tcu.gov.br/documento/publicacao/1587/2023. Acesso em: 24 ago. 2025.

para finalidades diversas, especialmente se envolverem proveitos econômicos a terceiros. Ao final do contrato, deverá ser comprovado à Administração como se dará a eliminação ou anonimização dos dados pessoais que receberam tratamento durante a realização do escopo. Ainda, a cláusula de sanções administrativas também deverá estabelecer as penas para o descumprimento específico dessas obrigações.[27]

Atentar que o Parecer AGU nº 00004/2022/CNMLC/CGU/AGU destacou a obrigatoriedade de previsão contratual de mecanismos de conformidade à LGPD.[28]

[27] ZANOTO, Luiz Eduardo. A LGPD e seu impacto nos contratos administrativos. Disponível em: https://www.effecti.com.br/blog/a-lgpd-e-seu-impacto-nos-contratos-administrativos/ . Acesso em: 10 nov. 2022.

[28] AGU. Parecer nº 00004/2022/CNMLC/CGU/AGU. APLICABILIDADE DA LGPD AOS MODELOS DE LICITAÇÃO E CONTRATOS ADMINISTRATIVOS. Brasil, 2022. Disponível em: gov.br. Acesso em: 24 ago. 2025.

Art. 93. Nas contratações de projetos ou de serviços técnicos especializados, inclusive daqueles que contemplem o desenvolvimento de programas e aplicações de internet para computadores, máquinas, equipamentos e dispositivos de tratamento e de comunicação da informação (software) - e a respectiva documentação técnica associada -, o autor deverá ceder todos os direitos patrimoniais a eles relativos para a Administração Pública, hipótese em que poderão ser livremente utilizados e alterados por ela em outras ocasiões, sem necessidade de nova autorização de seu autor.

§ 1º Quando o projeto se referir a obra imaterial de caráter tecnológico, insuscetível de privilégio, a cessão dos direitos a que se refere o *caput* deste artigo incluirá o fornecimento de todos os dados, documentos e elementos de informação pertinentes à tecnologia de concepção, desenvolvimento, fixação em suporte físico de qualquer natureza e aplicação da obra.

§ 2º É facultado à Administração Pública deixar de exigir a cessão de direitos a que se refere o *caput* deste artigo quando o objeto da contratação envolver atividade de pesquisa e desenvolvimento de caráter científico, tecnológico ou de inovação, considerados os princípios e os mecanismos instituídos pela Lei nº 10.973, de 2 de dezembro de 2004.

§ 3º Na hipótese de posterior alteração do projeto pela Administração Pública, o autor deverá ser comunicado, e os registros serão promovidos nos órgãos ou entidades competentes.

CHRISTIANNE DE CARVALHO STROPPA

CRISTIANA FORTINI

93 Cessão de direitos autorais

Mantendo a mesma ideia já disciplinada pela Lei nº 8.666/1993, em seu art. 111,[1] a Lei nº 14.133/2021 indica que o autor deverá ceder todos os direitos patrimoniais a eles relativos para a Administração Pública, hipóteses em que poderão ser livremente utilizados e alterados por ela em outras ocasiões, sem necessidade de nova autorização de seu autos, quando das contratações de projetos ou de serviços técnicos especializados, inclusive daqueles que contemplem o desenvolvimento de programas e aplicações de

[1] Lei nº 8.666/1993. Art. 111. A Administração só poderá contratar, pagar, premiar ou receber projeto ou serviço técnico especializado desde que o autor ceda os direitos patrimoniais a ele relativos e a Administração possa utilizá-lo de acordo com o previsto no regulamento de concurso ou no ajuste para sua elaboração.
Parágrafo único. Quando o projeto referir-se a obra imaterial de caráter tecnológico, insuscetível de privilégio, a cessão dos direitos incluirá o fornecimento de todos os dados, documentos e elementos de informação pertinentes à tecnologia de concepção, desenvolvimento, fixação em suporte físico de qualquer natureza e aplicação da obra.

internet para computadores, máquinas, equipamentos e dispositivos de tratamento e de comunicação da informação (*software*) – e a respectiva documentação técnica associada.

Em acréscimo à cessão de direitos, será incluído o fornecimento de todos os dados, documentos e elementos de informação pertinentes à tecnologia de concepção, desenvolvimento, fixação em suporte físico de qualquer natureza e aplicação da obra, na específica situação do projeto se referir a obra imaterial de caráter tecnológico, insuscetível de privilégio.

A exigência, por outro lado, poderá ser sopesada pela Administração Pública quando o objeto da contratação envolver atividade de pesquisa e desenvolvimento de caráter científico, tecnológico ou de inovação, considerados os princípios e os mecanismos instituídos pela Lei nº 10.973, de 2 de dezembro de 2004, que dispõe sobre incentivos à inovação e à pesquisa científica e tecnológica no ambiente produtivo.

Importante que a Administração Pública tome as cautelas necessárias quando da exigência da cessão dos direitos autorais, porquanto pode implicar em exigência restritiva de participação, ante os custos que pode gerar aos interessados em formalizar contratações com o Poder Público.[2]

No caso analisado pelo Acórdão nº 5.684/2013 – Primeira Câmara, o TCU enfrentou irregularidades no fornecimento de sistema informatizado de gestão e destacou a importância de cláusulas contratuais claras sobre a cessão dos direitos de propriedade intelectual. Em nicho específico da atuação da Administração, o Tribunal enfatizou que, sem previsão expressa de cessão, a titularidade dos direitos permanece com o autor, o que compromete a plena utilização e disponibilidade do sistema para o ente público.[3] Embora não exista, até o momento, um parecer específico (como o nº 00001/2023/ CONJUR-MJSP/CGU/AGU) que trate da obrigatoriedade de cláusulas de *compliance* com a LGPD em contratos de TI, a orientação formal mais relevante está no Parecer nº 00004/2022/CNMLC/CGU/AGU. Esse documento recomenda a inclusão de cláusulas contratuais relativas à transferência internacional de dados, obrigações de segurança e subcontratação de dados (suboperadores), reforçando a adequação contratual à LGPD em termos gerais.

---

2 Sobre a possibilidade da exigência da cessão gerar restrição de competição, destaca-se o apontamento formulado por Ronny Charles (TORRES, Ronny Charles Lopes de. *Leis de licitações públicas comentadas*. 12. ed. rev., ampl e atual. São Paulo: Ed. Juspodivm, 2021, p. 543).

3 TCU. Acórdão nº 5.684/2013 – Primeira Câmara. Rel. Min. Walton Alencar Rodrigues. Disponível em: https://pesquisa.apps.tcu.gov.br/doc/acordao-completo/5684/2013/Primeira%20Câmara . Acesso em: 24 ago. 2025.

Art. 94. A divulgação no Portal Nacional de Contratações Públicas (PNCP) é condição indispensável para a eficácia do contrato e de seus aditamentos e deverá ocorrer nos seguintes prazos, contados da data de sua assinatura:

I - 20 (vinte) dias úteis, no caso de licitação;

II - 10 (dez) dias úteis, no caso de contratação direta.

§ 1º Os contratos celebrados em caso de urgência terão eficácia a partir de sua assinatura e deverão ser publicados nos prazos previstos nos incisos I e II do *caput* deste artigo, sob pena de nulidade.

§ 2º A divulgação de que trata o *caput* deste artigo, quando referente à contratação de profissional do setor artístico por inexigibilidade, deverá identificar os custos do cachê do artista, dos músicos ou da banda, quando houver, do transporte, da hospedagem, da infraestrutura, da logística do evento e das demais despesas específicas.

§ 3º No caso de obras, a Administração divulgará em sítio eletrônico oficial, em até 25 (vinte e cinco) dias úteis após a assinatura do contrato, os quantitativos e os preços unitários e totais que contratar e, em até 45 (quarenta e cinco) dias úteis após a conclusão do contrato, os quantitativos executados e os preços praticados.

§ 4º (VETADO).

§ 5º (VETADO).

CHRISTIANNE DE CARVALHO STROPPA

CRISTIANA FORTINI

94 Divulgação dos contratos

Em atendimento aos princípios da publicidade e da transparência, os contratos e seus aditamentos deverão ser divulgados e mantidos à disposição do público no Portal Nacional de Contratações Públicas (PNCP), que, conforme art. 174 da Lei, é o sítio eletrônico oficial destinado à "divulgação centralizada e obrigatória dos atos exigidos" pelo novo marco legal. Em acréscimo, o art. 175 da Lei ainda prevê a possibilidade de os entes federativos instituírem o próprio sítio eletrônico oficial para "divulgação complementar" das respectivas contratações, aqui se exigindo, nos termos do inciso LII do art. 6º, que ele seja "certificado digitalmente por autoridade certificadora".

Portanto, em conformidade com o art. 94 da Lei nº 14.133/2021, o *locus* principal de transparência dos contratos é o PNCP, cuja divulgação é considerada condição de eficácia, a possibilitar a efetiva eclosão de seus efeitos. Condição de eficácia não se

confunde com validade. A ineficácia se vincula à impossibilidade de produzir efeitos jurídicos. Mas não induz à nulidade do contrato. De se considerar que, na hipótese de o privado ser acionado pela Administração Pública para executar o contrato, e o fizer, ele fará jus ao valor correspondente - observado o sistema remuneratório ajustado no contrato- ainda que tenha havido desrespeito ao disposto no art. 94. Isso porque não pode a Administração Pública valer-se do seu erro para afastar os pagamentos devidos.

Na hipótese de contratos decorrentes de licitação, independentemente da modalidade eleita, a divulgação deverá ocorrer até 20 (vinte) dias úteis contados da data de sua assinatura; já no caso de contratação direta, esse prazo será de 10 (dez) dias úteis.

Em casos de urgência, devidamente justificada pela Administração Pública, a eficácia se inicia com a assinatura do instrumento contratual, sem prejuízo da divulgação, nos prazos assinalados, sob pena de nulidade e de responsabilidade do agente público.

Em face da peculiaridade do objeto contratado, quando da sua divulgação, obrigatoriamente deverão ser informados:

a) os custos do cachê do artista, dos músicos ou da banda, quando houver, do transporte, da hospedagem, da infraestrutura, da logística do evento e das demais despesas específicas, quando da contratação de profissional do setor artístico por inexigibilidade de licitação.
b) no caso de obras, em até 25 (vinte e cinco) dias úteis após a assinatura do contrato, os quantitativos e os preços unitários e totais que contratar e, em até 45 (quarenta e cinco) dias úteis após a conclusão do contrato, os quantitativos executados e os preços praticados.

Excepcionalmente, será admitida a manutenção em sigilo de contratos e de termos aditivos quando imprescindível à segurança da sociedade e do Estado, nos termos da Lei nº 12.527/2011 – Lei de Acesso à Informação. Em reforço argumentativo, destaca-se que a ausência de publicação de contratos no PNCP compromete a eficácia e configura falha grave de transparência.

Lembrar que o STF, no julgamento da ADPF nº 403 (2023), reiterou que restrições à publicidade só se justificam em hipóteses excepcionais, vinculadas à segurança do Estado ou da sociedade.

A falta de divulgação no PNCP enfraquece o controle social, em afronta ao art. 37 da CF/88 e às diretrizes de governança aberta indicadas pelo CONACI (Relatório 2024).

Art. 95. O instrumento de contrato é obrigatório, salvo nas seguintes hipóteses, em que a Administração poderá substituí-lo por outro instrumento hábil, como carta-contrato, nota de empenho de despesa, autorização de compra ou ordem de execução de serviço:

I - dispensa de licitação em razão de valor;

II - compras com entrega imediata e integral dos bens adquiridos e dos quais não resultem obrigações futuras, inclusive quanto a assistência técnica, independentemente de seu valor.

§ 1º Às hipóteses de substituição do instrumento de contrato, aplica-se, no que couber, o disposto no art. 92 desta Lei.

§ 2º É nulo e de nenhum efeito o contrato verbal com a Administração, salvo o de pequenas compras ou o de prestação de serviços de pronto pagamento, assim entendidos aqueles de valor não superior a R$ 10.000,00 (dez mil reais).

CHRISTIANNE DE CARVALHO STROPPA

CRISTIANA FORTINI

95 Instrumentos contratuais

A Lei nº 14.133/2021, no seu art. 95, mantém a ideia da obrigatoriedade da elaboração de instrumento contratual. Em reforço, destacam-se o inciso VI, art. 18 e o § 3º, art. 25, que indicam a minuta de contrato como um documento anexo ao edital.

A possibilidade de substituição por instrumento hábil, como carta-contrato, nota de empenho de despesa, autorização de compra ou ordem de execução de serviço somente pode ocorrer na hipótese de dispensa de licitação em razão de valor[1] ou de compras com entrega imediata e integral dos bens adquiridos e dos quais não resultem obrigações futuras, inclusive quanto a assistência técnica, independentemente de seu valor. Admite-se, ainda, uma interpretação ampliativa das referidas hipóteses, de modo a abarcar serviços de características similares e execuções decorrentes do procedimento auxiliar de credenciamento.

Segundo o Parecer AGU nº 00016/2023/CNLCA/CGU/AGU,[2] a substituição do contrato formal por instrumento simplificado é juridicamente possível nos casos

[1] Atentar para os limites de dispensa previstos nos incisos I e II, do art. 75 da Lei nº 14.133/2021.

[2] AGU. Parecer nº 00016/2023/CNLCA/CGU/AGU. Interpretação do art. 95 da Lei nº 14.133/2021 sobre substituição do instrumento contratual por documento simplificado nos casos de dispensa por valor. Brasília: AGU, 2023. Disponível em: https://sapiens.agu.gov.br/valida_publico?id=1246661466. Acesso em: 24 ago. 2025.

previstos de dispensa por valor, desde que preservada a forma escrita. A AGU reforça, entretanto, que essa flexibilização não deve ser confundida com ausência de formalização: exige-se que a Administração realize um juízo técnico-jurídico fundamentado acerca de quais cláusulas previstas no art. 92 da Lei nº 14.133/2021 são indispensáveis, de modo a incorporá-las ao documento simplificado, garantindo ciência formal ao contratado e resguardo ao interesse público.

Vê-se, pois, que pode não existir contrato formal nos casos expressamente sinalizados pela lei, mas sempre haverá um instrumento alternativo — que, inclusive, nos termos do §1º do art. 95, deve observar a aplicação do art. 92 naquilo que for compatível — para delimitar de forma razoável os direitos e obrigações da Administração e dos particulares. Essas situações concentram-se, em regra, em hipóteses de menor risco, baixa materialidade e pouca criticidade dos objetos contratados.

Nessa perspectiva, a formalização por contrato verbal é admitida apenas em situações excepcionais, restritas a pequenas compras ou à prestação de serviços de pronto pagamento que não envolvam obrigações futuras e tenham valor não superior a R$12.545,11 (doze mil, quinhentos e quarenta e cinco reais e onze centavos),[3] normalmente realizadas pelo denominado regime de adiantamento (ou suprimento de fundos). Trata-se da entrega de numerário a servidor, sempre precedida de empenho em dotação própria, para realizar despesas que não possam se subordinar ao processo normal de aplicação (arts. 65 e 68 da Lei nº 4.320/1964). Nesses casos, sem maiores exigências burocráticas, após o adiantamento concedido pelo ordenador de despesas, o servidor recebe o bem ou serviço necessário e realiza a despesa "pelo mero repasse do montante que lhe foi conferido" — originariamente viabilizado por contas bancárias "Tipo B" e, atualmente, também pelos cartões de pagamento da Administração Pública — apresentando posteriormente a prestação de contas das despesas realizadas.

[3] Atualizado pelo Decreto nº 12.343/2024.

CAPÍTULO II
DAS GARANTIAS

Art. 96. A critério da autoridade competente, em cada caso, poderá ser exigida, mediante previsão no edital, prestação de garantia nas contratações de obras, serviços e fornecimentos.

§1º Caberá ao contratado optar por uma das seguintes modalidades de garantia:

I – caução em dinheiro ou em títulos da dívida pública emitidos sob a forma escritural, mediante registro em sistema centralizado de liquidação e de custódia autorizado pelo Banco Central do Brasil, e avaliados por seus valores econômicos, conforme definido pelo Ministério da Economia;

II – seguro-garantia;

III – fiança bancária emitida por banco ou instituição financeira devidamente autorizada a operar no País pelo Banco Central do Brasil.

IV – título de capitalização custeado por pagamento único, com resgate pelo valor total. (Incluído pela Lei nº 14.770, de 2023)

§2º Na hipótese de suspensão do contrato por ordem ou inadimplemento da Administração, o contratado ficará desobrigado de renovar a garantia ou de endossar a apólice de seguro até a ordem de reinício da execução ou o adimplemento pela Administração.

§3º O edital fixará prazo mínimo de 1 (um) mês, contado da data de homologação da licitação e anterior à assinatura do contrato, para a prestação da garantia pelo contratado quando optar pela modalidade prevista no inciso II do §1º deste artigo.

RAFAEL AMORIM DE AMORIM

96 Das Garantias

O art. 96 da LLCA estabelece a possibilidade de a Administração exigir do particular a apresentação de garantia para fins de celebração de contrato administrativo[1].

[1] As garantias disciplinadas no art. 96 da NLLCA não se confundem com as garantias técnicas, que asseguram, após o fornecimento do bem, a execução da obra ou a prestação do serviço, a responsabilidade do contratado, por determinado período, em relação a vícios, defeitos ou incorreções que comprometam a qualidade, segurança,

Em cada caso concreto, conforme avaliação de riscos realizada na fase preparatória, a autoridade administrativa deverá decidir acerca da exigência ou não de garantia dos licitantes (garantia da proposta, já analisada previamente nos comentários ao art. 58 da LLCA) e/ou do contratado (garantia da execução contratual, agora sob análise). As garantias podem contribuir para mitigação da assimetria informacional entre particulares e Administração e para redução de custos de transação nas contratações públicas, especialmente os custos transacionais relacionados à execução contratual[2].

Destaca-se, a propósito, que a garantia contratual não se destina a vincular o patrimônio do particular à satisfação de eventual crédito da Administração decorrente do seu inadimplemento contratual, porquanto "a simples existência de obrigação implica a vinculação patrimonial ilimitada do particular", que responderá "com a integralidade de seu patrimônio por todas as obrigações assumidas perante a Administração"[3]. Porém, a responsabilização patrimonial do particular não costuma ser célere e pode não ser suficiente para satisfação dos prejuízos eventualmente causados à Administração, prevendo-se, na LLCA, a possibilidade de serem exigidas garantias especiais nas contratações públicas[4].

A fase preparatória, como comentado na análise do art. 18 da LLCA, é quando ocorre o planejamento da contratação pública. É a ocasião em que a Administração considera todas as variáveis capazes de impactar os resultados de cada contratação pública, promovendo, para tanto, "análise dos riscos que possam comprometer o sucesso da licitação e a boa execução contratual" (art. 18, inciso X, da LLCA), para, a partir disso, definir toda a modelagem da contratação, inclusive, no que concerne à mitigação de riscos, os requisitos de habilitação necessários (art. 18, inciso V, c/c art. 25 da Lei n° 14.133/2021) e as garantias a serem apresentadas pelos particulares (art. 18, inciso III, da Lei citada).

Nessas circunstâncias, a exigência ou não de garantia decorrerá de uma decisão discricionária da Administração, a qual deve estar ciente de que sua imposição terá dois desdobramentos: de um lado, ocasionará custos aos particulares, que serão internalizados às suas respectivas propostas, para, se obtiverem êxito na licitação, repassá-los ao órgão ou entidade contratante, que é quem acabará efetivamente suportando os custos relacionados à exigência de garantia[5]; e, de outro lado, provavelmente restringirá a

---

durabilidade e desempenho do objeto, desde que exista previsão no instrumento contratual (ver arts. 40, inciso III do §1º, e 92, inciso XIII, da NLLCA), em normas técnicas ou na própria Lei (ver arts. 119 e 140, §6º, da NLLCA).

2 O conceito de "custos de transação" não é unívoco, aqui se utiliza o conceito elaborado por Robert Cooter e Thomas Ullen como referência, que os compreende como "os custos das trocas", envolvendo: "(1) custos da busca para realização do negócio, (2) custos das negociações, (3) custos da execução do que foi negociado". Há, ao se extrapolar tal conceito, a possibilidade de se identificarem, ao menos, os seguintes custos de transação nas contratações públicas: (1) custos da fase preparatória, (2) custos da fase externa de uma licitação, (3) custos relacionados à execução contratual. In.: COOTER, Robert; ULEN, Thomas. Direito e Economia. Trad. Luis Marcos Sander e Francisco Araujo da Costa. 5. ed. Porto Alegre: Bookman, 2010. p. 105-107.

3 JUSTEN FILHO, Marçal. Garantia Contratual em Contratos de Concessão de Serviços Públicos. p. 207-208. In: JUSTEN FILHO, Marçal; SILVA, Marco Aurélio Barcelos (Coords.). Direito da Infraestrutura: Estudos de Temas Relevantes. Belo Horizonte, Fórum, 2019.

4 ROCHA, Silvio Luis Ferreira da. Comentário ao art. 96. p. 508. In.: DAL POZZO, Augusto Neves; CAMAROSANO, Marcio; ZOCKUN, Mauricio. Lei de Licitações e Contratos Administrativos Comentada – Lei 14.133/21. São Paulo: Revista dos Tribunais, 2022. p. 508-512.

5 Em obras e serviços de engenharia, ato regulamentar do Poder Executivo Federal (Decreto nº 7.983/2013, também aplicável às contratações sob a égide da Lei n° 14.133/2021 por determinação da Instrução Normativa SEGES/ME n° 91, de 16/12/2022) e orientações do Tribunal de Contas da União (Acórdãos nº 2622/2013-Plenário-TCU e

competitividade da licitação, com a redução do número de licitantes no certame devido à dificuldade de obterem as garantias exigidas, seja na licitação (garantia da proposta), seja na celebração do contrato (garantia da execução contratual).

A Administração deverá, na fase preparatória, após análise dos riscos capazes de comprometer a boa execução contratual, avaliar se os requisitos a serem exigidos para fins de habilitação dos licitantes serão suficientes para dar a segurança necessária quanto ao cumprimento das obrigações pelo futuro contratado; e, depois, especialmente quando o objeto da contratação tiver maior materialidade, criticidade e relevância, avaliar a necessidade de exigência de garantia da execução contratual para fins de mitigação de riscos remanescentes, sempre considerando as seguintes finalidades:

(i) no decorrer do certame, dificultar a participação de licitantes que tenham riscos mais consideráveis de não executar o objeto do contrato, pois a simples exigência de garantia representa uma dificuldade a mais a ser superada por empresas aventureiras;

(ii) na execução contratual, incentivar, ainda mais, o particular a cumprir suas obrigações, em razão da possibilidade de liberação ou restituição da garantia pela Administração (art. 100 da LLCA) ou para não comprometer sua reputação perante instituição financeira ou seguradora responsável pela emissão de garantia; e

(iii) na hipótese de inexecução contratual, suportar prejuízos ocasionados à Administração, facilitar o recebimento de multas aplicadas, viabilizar o pagamento de obrigações trabalhistas, fundiárias e previdenciárias não adimplidas e, em algumas situações, promover a conclusão do objeto do contrato pela seguradora (art. 139, inciso III, da LLCA).

No contexto exposto, sem desconsiderar o *trade off* existente entre a competitividade do certame e a mitigação de riscos nas contratações, a Administração exigirá garantia quando a análise dos prováveis custos e benefícios realizada na fase preparatória demonstrar sua vantajosidade[6]. A exigência de garantia deverá, quando for o caso, estar prevista nos instrumentos que disciplinam a licitação e também constituir cláusula necessária do contrato (art. 92, inciso XII, da LLCA), com a especificação dos eventos que deverão ser garantidos e a definição de todos os elementos a serem atendidos para fins de aceitação da garantia pela Administração, que terá a prerrogativa de rejeitá-la quando não estiverem em conformidade com os requisitos estabelecidos.

96.1 Das modalidades de garantia (§1º do art. 96)

A Administração tem a faculdade de exigir ou não garantia e de estabelecer os requisitos necessários para sua aceitação. Por sua vez, o §1º do art. 96 da LLCA deixa, a

---

nº 3034/2014-Plenário-TCU), já previam, no detalhamento da taxa de benefícios e despesas indiretas (BDI), item obrigatório da planilha de custos, a inclusão dos valores relativos às garantias. Ver: BRASIL. Tribunal de Contas da União. *Obras Públicas – Recomendações Básicas para a Contratação e Fiscalização de Obras em Edificações Públicas*. 4. ed. Brasília: TCU, 2014. p. 21.

[6] Como ensina Marcos Nóbrega, "a maioria das ineficiências advém da modelagem inadequada", exigindo-se, na busca de resultados eficientes, que a modelagem da contratação pública considere assimetria de informação e custos de transação e, dentro das balizas legais estabelecidas, promova uma "alocação compatível de incentivos, de maneira que a estratégia adotada pelos jogadores (licitantes/contratados) determine a melhor recompensa possível para o jogador que 'desenhou' o mecanismo [Administração]". E, nesse contexto, as garantias podem, em certas situações, contribuir para redução da assimetria informacional, com a mitigação de riscos, na fase licitatória, da denominada "seleção adversa" e, na fase contratual, do chamado "risco moral" (*"moral hazard"*). In: NÓBREGA, Marcos. Direito e Economia da Infraestrutura. Belo Horizonte: Fórum, 2020. p. 31-32/46.

princípio, a cargo do particular a escolha da modalidade de garantia a ser apresentada à Administração (a exceção está prevista no art. 99 da LLCA, analisado mais a frente), não existindo, na Lei n° 14.133/2021, quando comparada à Lei n° 8.666/1993, inovações muito significativas nas modalidades de garantia admitidas, que, com fundamento em classificação consolidada no Direito Privado[7], podem ser assim divididas:

(i) de um lado, no inciso I do §1º do art. 96 da LLCA, estão as garantias reais – caução em dinheiro e caução em títulos da dívida pública;

(ii) de outro lado, nos incisos II, III e IV do §1º do art. 96 da LLCA, estão as garantias fidejussórias – seguro-garantia, fiança bancária e, com as alterações realizadas pela Lei n° 14.770, de 22/12/2023, título de capitalização.

Como já destacado, os custos relacionados à garantia são repassados pelos contratados ao valor cobrado da Administração, mas, mesmo assim, com a ressalva de que é vedada a escolha de mais de uma modalidade, o particular escolherá a garantia que lhe for mais vantajosa, seja para possibilitar a apresentação de proposta mais competitiva na licitação, seja para obter retornos mais elevados na execução contratual[8]. Por isso, na elaboração dos instrumentos que disciplinarão cada contratação pública, a Administração deve se preocupar com a especificação dos eventos que deverão ser garantidos e com a definição de todos os elementos a serem atendidos para fins de aceitação da garantia[9], em especial das garantias fidejussórias, em que terceiros garantem "o cumprimento da obrigação assumida pelo devedor, caso este não a cumpra espontaneamente"[10].

96.1.1 Caução em Dinheiro

A caução em dinheiro não é, normalmente, a opção adotada pelos particulares, pois, ao exigir volume mais significativo de recursos, acaba comprometendo o caixa disponível do particular para custeio das suas operações, o que a torna, na maioria das vezes, a alternativa mais onerosa em razão do custo do capital.

Caso seja a opção do particular, a caução em dinheiro não exigirá maiores preocupações da Administração, que apenas deverá exigir o comprovante do respectivo depósito dos valores correspondentes à garantia em conta bancária específica,[11] em favor

---

[7] Ao se reportar à classificação consolidada no Direito Privado, Carlos Henrique Loureiro explica: "(i) garantia real [...] se efetiva mediante a separação de um bem, móvel ou imóvel, que ficará com o encargo de responder pelo adimplemento da obrigação, caso esta seja inadimplida pelo devedor, classificação à qual se amoldam a caução em dinheiro e a caução em títulos da dívida pública; e (ii) garantia fidejussória ou pessoal, aquela decorrente de relação assentada na confiança, pela qual um terceiro garante o cumprimento da obrigação assumida pelo devedor, caso este não a cumpra espontaneamente, como é o caso do seguro-garantia e da fiança bancária". LOUREIRO, Carlos Henrique B. N. Comentários ao art. 96. p. 1094. In.: SARAI, Leandro (Org.). Tratado da Nova Lei de Licitações e Contratos Administrativos. São Paulo: Juspodivm, 2021. P. 1093-1103.

[8] Eduardo Fiuza explica que os particulares "dificilmente escolherão a eficiente, já que não têm incentivos para internalizar as externalidades infligidas à Administração por suas escolhas". FIUZA, Eduardo P. S. Licitações e governança de contratos: a visão dos economistas. p. 269. *In*: SALGADO, Lúcia H.; FIUZA, Eduardo P. S. (Org.). *Marcos regulatórios no Brasil*: é tempo de rever regras? Rio de Janeiro: IPEA, 2009. p. 239-274.

[9] FORTINI, Cristiana; AMORIM, Rafael Amorim de. Obras Públicas Inacabadas e Seguro-Garantia: Qual sua Importância e o que Esperar da Nova Lei de Licitações. p. 99. A&C – Revista de Direito Administrativo e Constitucional. Ano 20, n. 82, p. 87-127, out./dez. 2020.

[10] LOUREIRO, Carlos Henrique B. N. Comentários ao art. 96. p. 1094. In.: SARAI, Leandro (Org.). Tratado da Nova Lei de Licitações e Contratos Administrativos. São Paulo: Juspodivm, 2021. P. 1093-1103.

[11] No âmbito federal, conforme art. 35 da Lei nº 14.973, de 16.9.2024, a caução em dinheiro deverá ser depositada na Caixa Econômica Federal, que emite o denominado recibo de depósito caução, com todas as informações necessárias.

do órgão/entidade beneficiária e com a especificação da contratação de referência. E, assim, na hipótese de ocorrência de evento por ela garantido, a Administração poderá executá-la de forma célere e fácil, com o simples levantamento da importância depositada previamente.

96.1.2 Caução em Títulos da Dívida Pública

Em relação à caução em títulos da dívida pública, ela também é uma modalidade de garantia pouco utilizada pelos particulares, mas exige, para sua aceitação, uma série de cautelas da Administração. Logo, além de observar se o título foi emitido sob a forma escritural (meio eletrônico), com o registro em "sistema centralizado de liquidação e custódia autorizado pelo Banco Central do Brasil",[12] [13] e considerar o seu valor econômico na forma estabelecida pelo Ministério da Fazenda, a Administração deverá atentar para a efetivação do gravame nos títulos públicos em seu nome e para a própria liquidez da garantia.[14]

A título de curiosidade, destaca-se que, até a edição da Lei nº 11.079, 30.12.2004, a Lei nº 8.666/1993 não se preocupava, no inciso I do §1º do art. 56, explicitamente com a legitimidade e a liquidez dos títulos da dívida pública, ocasionando, como alertam órgãos públicos,[15] inúmeras fraudes com títulos públicos, em especial com a apresentação de títulos cartulares (em papel) prescritos ou fraudados para fins de caução em garantia de execução contratual. Não são exagerados, pois, os requisitos constantes no inciso I

---

[12] A emissão de títulos públicos federais é disciplinada pela Lei nº 10.179, de 06.02.2001 (regulamentada pelo Decreto nº 11.301, de 21.12.2022), prevendo-se, no art. 5° do diploma legal, que "A emissão dos títulos a que se refere esta Lei processar-se-á exclusivamente sob a forma escritural, mediante registro dos respectivos direitos creditórios, bem assim das cessões desses direitos, em sistema centralizado de liquidação e custódia [...]". Por isso, a Secretaria do Tesouro Nacional alerta que "não existem no mercado doméstico apólices ou títulos de emissão do Tesouro Nacional sob a forma de cártulas (em forma de papel) ainda válidos, vencidos ou repactuados", devendo-se observar o disposto no Decreto nº 11.301, de 21.12.2022 (Cf.: Sobre fraudes títulos públicos antigos. *Tesouro Nacional*, publicado em 29.01.2020 e atualizado em 15.07.2020. Disponível em: https://www.gov.br/tesouronacional/pt-br/divida-publica-federal/sobre-a-divida-publica/titulos-publicos-antigos. Acesso em 14 jul. 2025).

[13] As medidas de responsabilidade fiscal desencadeadas na década de 1990, em especial a consolidação, a assunção e o refinanciamento de dívidas de entes subnacionais pela União, restringiram a emissão de títulos públicos estaduais, distritais e municipais, em razão do disposto, por exemplo, no §5º do art. 3º da Lei nº 9.496/1997, no inciso I do art. 8º da Medida Provisória nº 2.185-35/2001, na Lei Complementar nº 101, de 4/5/2000 (Lei de Responsabilidade Fiscal), nas Resoluções do Senado Federal nº 40, de 21.12.2001, e nº 43, de 21.12.2001 e, mais recentemente, no art. 11 da Lei Complementar nº 148, de 25.11.2014 ("É vedada aos Estados, ao Distrito Federal e aos Municípios a emissão de títulos da dívida pública mobiliária"). Ver: Uma visão geral das dívidas de estados e municípios. *Tesouro Nacional*. Disponível em: https://garantias.tesouro.gov.br/dividas/. Acesso em 14 jul. 2025.

[14] Os títulos públicos federais são custodiados: (i) em sua imensa maioria, no Sistema Especial de Liquidação e de Custódia – Selic, notadamente Letras do Tesouro Nacional (LTN), Letras Financeiras do Tesouro (LFT) e Notas do Tesouro Nacional (NTN); e (ii) os remanescentes na B3 S.A. – Brasil, Bolsa, Balcão (resultado da fusão da BM&FBovespa, Companhia Brasileira de Liquidação e Custódia – CBLC – e Câmara de Custódia e Liquidação – CETIP), a exemplo de Títulos da Dívida Agrária (TDA), Títulos de Compensação de Variações Salariais (CVS) e Certificados Financeiros do Tesouro (CFT). O Selic é regulamentado pela Resolução do Banco Central do Brasil nº 55, de 16.12.2020, exigindo especial atenção para os arts. 115 a 124 do seu Anexo, que disciplinam a realização de "gravames e ônus", com a possibilidade de consulta da sua efetivação em "Certidão de gravames e ônus. *Banco Central do Brasil – Selic Sistema Especial de Liquidação e de custódia*". Disponível em: https://selic.bcb.gov.br/certidao-gravames/app/. Acesso em 15 jul. 2025. Ver: https://www3.bcb.gov.br/rasselic2021/gravames.html. Acesso em: 5 fev. 2023. Não foram identificadas, na B3 S.A. – Brasil, Bolsa, Balcão, informações satisfatórias sobre a realização de gravames e ônus nos títulos públicos por ela custodiados.

[15] Ver: https://www.gov.br/tesouronacional/pt-br/divida-publica-federal/alerta-fraude-com-titulos-publicos . Acesso em 12 jun. 2021.

do §1º do art. 96 da LLCA, bem como as cautelas a serem adotadas pela Administração para assegurar a legitimidade dos títulos públicos.

96.1.3 Fiança Bancária

Há, ainda, a possibilidade de o particular também pode optar pela modalidade "fiança bancária", com a ressalva de que, na Lei n° 14.133/2021, é afastada qualquer dúvida de que ela deve ser "emitida por banco ou instituição financeira devidamente autorizada a operar no País pelo Banco Central do Brasil". O legislador incorporou, no inciso III do §1º do art. 96 da LLCA, entendimento consagrado por órgãos de controle, que, sob a égide da Lei nº 8.666/1993, como forma de assegurar que o terceiro garantidor tivesse condições efetivas de suportar as obrigações do contratado, já tinham reconhecido a irregularidade da fiança "emitida por empresa que não seja instituição financeira autorizada a operar pelo Banco Central do Brasil".[16]

A fiança bancária exige atenção redobrada da Administração quanto ao emitente da garantia, que deve estar autorizado a funcionar pelo Banco Central do Brasil.[17] [18] E, na forma estabelecida nos instrumentos que disciplinam a contratação, a Administração também deve observar se a carta de fiança bancária não contém restrições incompatíveis com os eventos que deverão ser cobertos ou com os elementos que deverão ser atendidos nos termos estabelecidos na licitação e em cláusula do contrato principal, a exemplo da renúncia expressa do benefício de ordem previsto no art. 827 do Código Civil, do prazo de validade da carta fiança e da manutenção do mesmo valor afiançado durante toda a vigência do contrato administrativo, sem redução proporcional à execução contratual.

96.1.4 Título de Capitalização

Com a edição da Lei n° 14.770, de 22/12/2023, o inciso IV foi acrescentado ao art. 96 da LLCA, prevendo, como nova modalidade de garantia, título de capitalização custeado

---

16 Ver: Acórdão nº 2467/2017-Plenário; Acórdão nº 2784/2019-Plenário; Acórdão nº 10.829/2020-Primeira Câmara. Disponível em: https://pesquisa.apps.tcu.gov.br/#/pesquisa/jurisprudencia-selecionada. Acesso em 12 jun. 2021.

17 Não basta que o emitente tenha, em sua razão social e/ou nome fantasia, nomenclatura própria de instituição financeira, é necessário confirmar a autorização do seu funcionamento na página eletrônica do Banco Central do Brasil – BACEN (ver: *Encontre uma instituição regulada/supervisionada pelo BC*. Banco Central do Brasil. Disponível em: https://www.bcb.gov.br/estabilidadefinanceira/encontreinstituicao. Acesso em 12 jun. 2021). Há, para ressaltar a importância da consulta ao BACEN, a necessidade de se destacar o recente Acórdão nº 2439/2021 – Plenário, de 06.10.2021, o qual constatou que, em contrato bilionário da área de saúde relacionado a vacinas para a Covid-19, fora admitida garantia inidônea prestada por empresa não registrada no BACEN, com capital lastreado em terrenos superavaliados em nome de terceiros e sem condições de efetivamente garantir a execução pelo particular do contrato celebrado com a Administração. Disponível em: https://pesquisa.apps.tcu.gov.br/#/documento/acordao-completo/fib%2520bank/%2520/DTRELEVANCIA%2520desc%252C%2520NUMACORDAOINT%2520desc/0/%2520. Acesso em 10 out. 2021.

18 A fiança bancária foi, na década de 1990, equiparada a operações de crédito para fins de definição do nível de alavancagem dos bancos, o que transformou "as cartas de fiança, até então muito oferecidas pela banca, em um pesado e oneroso concorrente entre os produtos internos, tornando-a desinteressante para a venda em público". Por isso, os bancos e as instituições financeiras acabam privilegiando outras operações mais rentáveis, a exemplo dos empréstimos, em detrimento da fiança bancária, que fica normalmente mais onerosa do que o seguro-garantia como modalidade de garantia da execução contratual. (PLASTINA JÚNIOR, Antonio Valentim. O Seguro Garantia. p. 109. *In*: TEIXEIRA, Antônio Carlos (Coord.). *Em Debate, 1. Responsabilidade Civil, Garantia*. Rio de Janeiro: FUNENSEG, 2001. p. 110-147. Disponível em: http://memoria.bn.br/DOCREADER/DocReader.aspx?bib=Bib&pagfis=488. Acesso em 12 jun. 2021).

por pagamento único, com resgate pelo valor total, instrumento emitido por "sociedades de capitalização" previstas no Decreto-Lei n° 261, de 28/2/1967, e disciplinado pelos arts. 32 e 33 da Resolução n° 384, de 9/6/2020, do Conselho Nacional de Seguros Privados (CNSP) e pelos arts. 38 a 42 da Circular n° 656, de 11/3/2022, da Superintendência de Seguros Privados (Susep).

O título de capitalização – na modalidade "instrumento de garantia" – também exige atenção redobrada da Administração, que deverá verificar se: (i) o emitente está autorizado a funcionar pela Susep como sociedade de capitalização[19]; e (ii) a própria regularidade do instrumento de garantia. Deverá constar, no título, o nome e o CNPJ do órgão ou entidade pública a quem se destina a garantia, assim como a constituição de capital (provisão matemática) em valor equivalente ao percentual da garantia exigida na licitação ou contrato administrativo, notadamente para efetivamente assegurar o cumprimento da obrigação assumida pelo particular perante a Administração Pública[20].

96.1.5 Seguro-Garantia

Por último, existe a possibilidade de o particular escolher a espécie seguro-garantia, modalidade de garantia com inovações mais significativas na Lei n° 14.133/2021, que receberá, mais a frente, especial atenção na análise dos arts. 97, 99 e 102 da LLCA. Desde logo, em se tratando de garantia fidejussória, é importante ressaltar a necessidade de a Administração também se preocupar com o emitente e com a própria legitimidade da apólice, promovendo consulta à página eletrônica da Superintendência de Seguros Privados (Susep),[21] bem como com eventuais restrições existentes na apólice incompatíveis com os riscos que deverão ser cobertos ou com os elementos que deverão ser atendidos pela garantia.

96.2 Da desobrigação de renovação da garantia em caso de suspensão da execução contratual (§2º do art. 96)

O §1º do art. 96 da LLCA elenca as modalidades de garantia que podem ser escolhidas pelo particular para fins de garantia da execução contratual, mas, como explica Marçal Justen Filho, em razão do "custo financeiro insuportável", "a hipótese de garantia mediante caução real em dinheiro ou título da dívida pública é uma previsão legal sem aplicação efetiva na prática",[22] o que evidencia a importância da fiança bancária, do seguro-garantia e, naus como instrumentos de garantia da execução dos contratos administrativos.

---

[19] A consulta pode ser feita em https://www2.susep.gov.br/menuatendimento/procura_2011.asp, identificando-se, em julho de 2025, a existência de apenas 18 empresas autorizadas a emitir títulos de capitalização. Acesso em 14 jul. 2025.

[20] Ver: Manual Técnico Títulos de Capitalização. Susep. Disponível em: https://www.gov.br/susep/pt-br/arquivos/arquivos-planos-e-produtos/manual-tecnico-de-capitalizacao.pdf/. Acesso em: 14 jul. 2025.

[21] Ver: Consulta de apólice de seguro garantia. *SUSEP – Superintendência de Seguros Privados*. Disponível em: https://www2.susep.gov.br/safe/menumercado/regapolices/pesquisa.asp. Acesso em 14 jun. 2021.

[22] JUSTEN FILHO, Marçal. *Comentários à Lei de Licitações e Contratações Administrativas*. São Paulo: Thomson Reuters Brasil, 2021. p. 1260.

Por conta disso, quando disciplina as garantias no Capítulo II do Título III da LLCA, o legislador traz comandos legais específicos para a fiança bancária e para o seguro-garantia e, para tanto, considera as especificidades relacionadas à emissão de cartas de fiança pelos bancos e instituições financeiras autorizadas pelo Bacen e de apólices de seguro-garantia pelas seguradoras autorizadas pela Susep, que, no caso das contratações públicas, são emitidas com prazo de vigência igual ou superior ao prazo estabelecido no contrato administrativo.

O §2º do art. 96 da LLCA evidencia a consciência do legislador quanto aos custos de obtenção de uma carta fiança ou de uma apólice de seguro-garantia e às finalidades subjacentes às garantias, que objetivam, depois de celebrado o contrato, aumentar os incentivos à devida execução contratual e, se necessário, suportar eventuais prejuízos decorrentes da inexecução total ou parcial do contrato pelo particular. Todavia, quando ocorre a suspensão do contrato por ordem da Administração ou em razão do seu inadimplemento (incisos II, III e IV do §2º do art. 137 c/c inciso II do §3º do mesmo dispositivo legal), não subsistem, na prática, no interregno da suspensão da execução contratual, riscos a serem efetivamente garantidos.

Logo, como muitas vezes ocorre no exercício da função legiferante, o legislador estabeleceu uma regra bastante lógica no §2º do art. 96 da LLCA, pois estabelece que, se expirar o prazo de vigência da carta de fiança bancária ou da apólice de seguro-garantia no período de suspensão do contrato por ordem ou inadimplemento da Administração, o contratado ficará desobrigado de renovar a garantia ou de endossar a apólice de seguro até a ordem de reinício da execução ou o adimplemento pela Administração.

O §2º do art. 96 da LLCA evitará, assim, despesas desnecessárias (normalmente, repassadas ao órgão ou entidade pública contratante), que ocorreriam caso fosse exigida renovação de carta de fiança pelo banco ou instituição financeira ou endosso pela seguradora da alteração da vigência da apólice de seguro-garantia em período de suspensão da execução contratual por ordem ou inadimplemento da Administração, que é caracterizado pela ausência de riscos de o particular não honrar suas obrigações, logicamente em razão da inexecução contratual no período de sua suspensão por ordem da Administração ou em razão do seu inadimplemento.

96.3 Do prazo para apresentação da apólice de seguro-garantia (§3º do art. 96)

A exigência de garantia da execução contratual é, como já comentado, uma decisão discricionária da Administração, que, ao exigi-la, estabelecerá, nos instrumentos que disciplinam a licitação, as regras a serem observadas para fins de aceitação da garantia apresentada pelo particular. Há, nesse contexto, a necessidade de considerar os potenciais efeitos anticompetitivos indesejados que a exigência de garantia na contratação pública pode ocasionar, impondo-se à Administração a delimitação de um prazo razoável para que o particular, se obtiver êxito na licitação, consiga obter no mercado bancário ou segurador a garantia da execução contratual.

Há, no §3º do art. 96 do LLCA, aplicável exclusivamente na hipótese de o particular optar pela modalidade seguro-garantia, a exigência de o edital estabelecer o prazo mínimo de 1 (um) mês, contado da data de homologação da licitação e anterior à assinatura do contrato, para o particular obter a aceitação da proposta de seguro-garantia

por alguma seguradora, com a consequente emissão da apólice e sua apresentação à Administração. Especialmente em contratações com materialidade, criticidade e relevância mais significativas, não existem óbices à definição pela Administração de um prazo mais amplo para que o particular possa obter a apólice no mercado segurador.

O §3º do art. 96 do LLCA é importante por dois motivos:

(i) disponibilizar um prazo mínimo razoável ao particular para obter no mercado segurador uma apólice em condições satisfatórias, que atenda às exigências estabelecidas pela Administração e tenha um prêmio compatível com o seu orçamento (o valor do prêmio variará de acordo com o perfil do tomador) e exigências de contragarantias que consiga satisfazer;

(ii) conforme será aprofundado na análise dos arts. 97, 99 e 102 da LLCA, incentivar as seguradoras a realizarem uma análise efetiva do risco a ser segurado, seja em relação ao potencial tomador (caráter/reputação, capacidade econômico-financeira, qualificação técnico-operacional)[23], seja em relação ao objeto da obrigação principal a ser segurado.

Destaca-se, ainda, do §3º do art. 96 do LLCA, a necessidade de a Administração, até mesmo pelas finalidades subjacentes à garantia da execução, exigir sua apresentação antes da celebração do contrato, entendimento, aliás, que já tinha sido consagrado pelo TCU sob a égide da legislação anterior.[24] Portanto, quando a Administração exigir do particular garantia da execução contratual, "o contrato não poderá ser firmado sem estar devidamente tutelado por uma das modalidades de garantia previstas na lei".[25]

---

[23] A análise de risco do tomador quanto ao "caráter/reputação" e à "capacidade econômico-financeira" é, normalmente, feita *ex ante* pela seguradora, que, sendo o caso estabelece, anualmente, um limite pré-aprovado para emissão de uma ou mais apólices de seguro-garantia. Ver: FORTINI, Cristiana; BERTRAMELLO, Rafael Grandulpho. *In*.: Seguro-Garantia de Obrigações Contratuais na Nova Lei de Licitações. p. 154. Revista de Direito Público da Economia – RDPE. a. 20, n. 77, p. 151-174, jan./mar. 2022.

[24] Ver: Acórdãos nº 401/2008-Plenário e nº 2292/2010-Plenário. Disponível em: https://pesquisa.apps.tcu.gov.br/#/pesquisa/jurisprudencia-selecionada. Acesso em 12 jun. 2021.

[25] HEINEN, Juliano. *Comentários à Lei de Licitações e Contratos Administrativos*. Salvador: Juspodivm, 2021. p. 575-576.

Art. 97. O seguro-garantia tem por objetivo garantir o fiel cumprimento das obrigações assumidas pelo contratado perante à Administração, inclusive as multas, os prejuízos e as indenizações decorrentes de inadimplemento, observadas as seguintes regras nas contratações regidas por esta Lei:

I – o prazo de vigência da apólice será igual ou superior ao prazo estabelecido no contrato principal e deverá acompanhar as modificações referentes à vigência deste mediante a emissão do respectivo endosso pela seguradora;

II – o seguro-garantia continuará em vigor mesmo se o contratado não tiver pago o prêmio nas datas convencionadas.

Parágrafo único. Nos contratos de execução continuada ou de fornecimento contínuo de bens e serviços, será permitida a substituição da apólice de seguro-garantia na data de renovação ou de aniversário, desde que mantidas as mesmas condições e coberturas da apólice vigente e desde que nenhum período fique descoberto, ressalvado o disposto no §2º do art. 96 desta Lei.

RAFAEL AMORIM DE AMORIM

97 Do seguro-garantia

O seguro-garantia é a modalidade de garantia que mais mereceu atenção do legislador na elaboração da Lei nº 14.133/2021, a qual estabelece, no inciso LIV do art. 6º, que tal modalidade, em tese, "garante o fiel cumprimento das obrigações assumidas pelo contratado"[1], acrescentando, no caput do art. 97, a cobertura de multas, prejuízos e indenizações decorrentes de eventual inexecução contratual pelo particular.

Em verdade, os dispositivos legais elencados devem ser interpretados com muita cautela, sob o risco de gerarem expectativas que não se concretizarão na prática, notadamente quando ocorrer o inadimplemento dos particulares e, assim, exsurgir a necessidade de se acionar o seguro-garantia. Há, ao se parafrasear o professor Carlos Ari Sundfeld, que se evitar idealizações, ingenuidade e lugares-comuns[2], pois o seguro-

[1] O Decreto-Lei nº 73, de 21/11/1966, com as alterações posteriores (inclusive as realizadas pela Lei Complementar nº 213, de 15/1/2025), dispõe sobre o Sistema Nacional de Seguros Privados; e a Lei nº 15.040, de 9/12/2024, estabelece as normas gerais de seguro privado. A Superintendência de Seguros Privados (Susep) é, por força das Leis citadas, o "órgão fiscalizador do Sistema Nacional de Seguros Privados", também responsável por exarar os "atos normativos para a regulamentação das operações de seguro". A Susep regulamentou o seguro-garantia por meio da Circular Susep nº 662/2022 (revogou o Circular Susep nº 477/2013), que assim o define: "Art. 3º O Seguro Garantia destina-se a garantir o objeto principal contra o risco de inadimplemento, pelo tomador, das obrigações garantidas". Disponível em: https://www.in.gov.br/en/web/dou/-/circular-susep-n-662-de-11-de-abril-de-2022-392772088. Acesso em: 24 fev. 2025.

[2] SUNDFELD. Carlos Ari. Direito Administrativo para + Céticos. 3. ed., modificada e ampl. São Paulo: Juspodivm, 2025. p. 18.

garantia, apesar de relacionado a um contrato principal, vincula a seguradora apenas nos limites definidos na apólice, como bem esclarece a própria Superintendência de Seguros Privados:

> "[...] a seguradora obriga-se ao pagamento da indenização, na forma acordada entre as partes, caso o tomador não cumpra a obrigação garantida conforme estabelecido no objeto principal ou em sua legislação específica, **respeitadas as condições e limites estabelecidos no contrato de seguro**".[3]

O seguro-garantia se diferencia dos seguros tradicionais porque o tomador do seguro não é o próprio segurado. Aqui, o tomador é o contratado, enquanto o segurado – verdadeiro beneficiário da apólice - é a Administração Pública. É, em realidade, uma relação securitária *sui generis*, que envolve três partes com interesses potencialmente divergentes:

(i) o tomador (contratado) formula proposta à seguradora, promovendo, caso ela seja aceita, o pagamento do prêmio (valor cobrado pela seguradora) e a apresentação das contragarantias[4];

(ii) a seguradora avalia o tomador e os riscos do contrato principal no denominado "processo de subscrição", define o prêmio e as contragarantias a serem apresentadas para fins de aceitação do risco, posteriormente emitindo a apólice para garantir as obrigações do tomador, nos exatos termos definidos na apólice; e

(iii) o segurado (Administração) avalia os termos da apólice e, em caso de sua aceitação, além de credor do tomador no contrato principal, passa a ser o beneficiário do seguro-garantia.

Dessa forma, o seguro-garantia estará sempre associado a um contrato principal, que define os direitos e as obrigações da Administração (segurada) e do contratado (tomador); mas as responsabilidades da seguradora estarão sempre delimitadas na apólice, documento que representa efetivamente o seguro-garantia, estabelecendo o valor máximo da garantia, os riscos assumidos, as condições de cobertura, hipóteses de perda de direito pelo segurado e exigências relativas à expectativa, caracterização e comunicação do sinistro, incluindo o denominado "procedimento de regulação do sinistro", precedente à efetiva indenização pela seguradora.[5] [6]

---

[3] SUPERINTENDÊNCIA DE SEGUROS PRIVADOS. Manual de Seguro-Garantia. 2023. p. 6. Disponível em: https://www.gov.br/susep/pt-br/arquivos/arquivos-planos-e-produtos/manual-seguro-garantia.pdf. Acesso em: 30 jan. 2025.

[4] Talesh e Gonçalves Filho defendem que o prêmio "não tem a função de constituir o fundo que cobrirá os sinistros segurados", alegando que os sinistros serão cobertos pelas contragarantias. In.: TALESH, Shauhin; GONÇALVES FILHO, Péricles. Surety Bond and the Role of Insurance Companies as Regulators in the Context of Brazilian Infrastructure Projects. p. 75. Revista de Direito Administrativo, Rio de Janeiro. V. 282, n. 1, p. 63-107, jan./abr. 2023.

[5] ESCOLA NACIONAL DE SEGUROS. *Seguro-Garantia.* 7. ed. Rio de Janeiro: Funenseg, 2016. p. 14.

[6] A Circular Susep nº 662, de 11 de abril de 2022, estabeleceu a nova regulamentação do seguro-garantia e revogou a Circular Susep 477, de 30.09.2013, prevendo, nos arts. 17 a 20, as regras relativas à expectativa, caracterização e comunicação do sinistro. Disponível em: https://www.in.gov.br/en/web/dou/-/circular-susep-n-662-de-11-de-abril-de-2022-392772088. Acesso em: 28 jan. 2022. Ver: FORTINI, Cristiana; AMORIM, Rafael Amorim de. Obras Públicas inacabadas e Seguro-Garantia: qual sua importância e o que esperar da Nova Lei de Licitações. *A&C – Revista de Direito Administrativo e Constitucional*, a. 20, n. 82, p. 87-127, out./dez. 2020. p. 114-116.

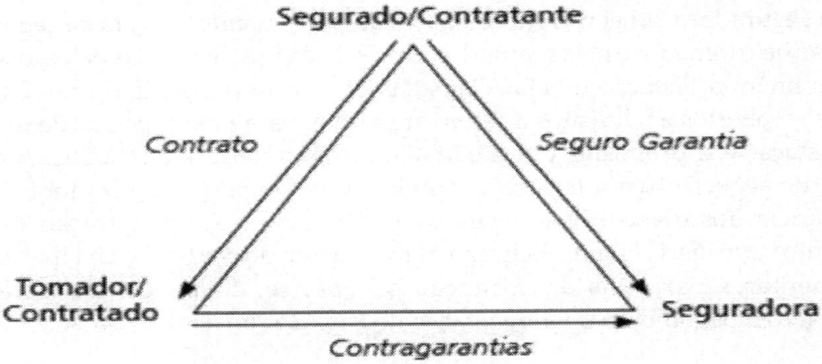

[7]

O seguro-garantia envolve, portanto, três relações jurídicas: (i) contrato principal entre Administração (segurada) e contratado (tomador); (ii) contrato de seguro entre a companhia seguradora e o tomador, em que a Administração não interfere nas relações jurídicas estabelecidas e, muitas vezes, não tem conhecimento das bases acordadas, a exemplo das exigências de contragarantias; (iii) a relação da seguradora com o segurado, que, em caso de inadimplemento do tomador garantido, ensejará a obrigação de cumprir o objeto da apólice.[8]

No contexto exposto, é importante considerar "o interesse das seguradoras de limitarem ao máximo sua exposição ao risco e, ao mesmo tempo, a tendência de os tomadores aceitarem a exclusão de riscos devido à diminuição do prêmio a ser pago e das contragarantias exigidas".[9] [10] A apólice pode não contemplar valores, riscos e elementos suficientes para garantir "o fiel cumprimento das obrigações assumidas pelo contratado" no contrato principal, bem como estabelecer hipóteses de perda do direito pelo segurado que inviabilizam a configuração do sinistro. A ocorrência de inadimplemento do contratado pode, na prática, revelar a insuficiência da apólice quanto à efetiva garantia do objeto do contrato, frustrando, assim, as expectativas do legislador subjacentes ao inciso LIV do art. 6º e ao caput do art. 97 da LLCA.

A LLCA estabelece algumas regras para mitigar os riscos de frustração de expectativas em relação ao seguro-garantia, procurando, assim, fortalecer a confiança dos órgãos e entidades públicas no produto ofertado pelas seguradoras.[11] Como a proposta

---

7 Escola Nacional de Seguros. Seguro-Garantia. 7º ed. Rio de Janeiro: Funenseg, 2016. p. 14.

8 POLETTO, Gladimir Adriani. *O Seguro-Garantia*: em Busca de sua Natureza Jurídica. Rio de Janeiro: FUNSENG, 2003. p. 56-57.

9 FORTINI, Cristiana; AMORIM, Rafael Amorim de. Obras Públicas inacabadas e Seguro-Garantia: qual sua importância e o que esperar da Nova Lei de Licitações. *A&C – Revista de Direito Administrativo e Constitucional*, a. 20, n. 82, p. 87-127, out./dez. 2020. p. 112.

10 Nesse sentido, por exemplo, nos trabalhos que originaram o Acórdão nº 1.214/2013-Plenário, o Tribunal de Contas da União identificou que as apólices "excluíam expressamente os prejuízos causados ao erário em razão do não pagamento de verbas trabalhistas, FGTS e contribuição para a previdência social", o que originou recomendação expressa da responsabilidade do garantidor em tais situações.

11 A Susep, ao realizar consulta pública sobre a nova regulamentação do seguro-garantia (atual Circular Susep nº 662, de 11 de abril de 2022), na exposição de motivos que acompanhou o Edital de Consulta Pública nº 24/2021/ Susep, destacou a existência de "algum prejuízo à própria imagem do seguro-garantia [...]", seja por "problemas nas práticas do mercado", seja pela "pouca clareza quanto ao que se espera desta garantia, bem como sobre a

de emissão da apólice é formulada pelo tomador (contratado) e a emissão da apólice é feita pela seguradora, a Lei nº 14.133/2021 estabelece, *ex ante*, exigências legais a serem observadas pelo tomador e pela seguradora, a serem complementadas pelos instrumentos que disciplinam a licitação e pelas cláusulas do contrato principal (p. ex. riscos que deverão ser cobertos e requisitos a serem atendidos para fins de aceitação de apólice).

Destaca-se, a propósito, que a Circular Susep nº 662, de 11/12/2022[12], ampliou a liberdade de negociação dos termos da apólice entre tomador e seguradora, reforçando a importância dos dispositivos legais da LLCA e de a Administração definir, nos instrumentos que disciplinam a licitação e em cláusula do contrato principal, exigências complementares para fins de aceitação da apólice, cujas "condições e limites" determinarão o pagamento de indenização no caso de sinistro.

> Circular Susep nº 662/2022 [...] Art. 3° O Seguro Garantia destina-se a garantir o objeto principal contra o risco de inadimplemento, pelo tomador, das obrigações garantidas.
>
> Parágrafo único. Pelo contrato de Seguro Garantia, a seguradora obriga-se ao pagamento da indenização, nos termos do art. 21, caso o tomador não cumpra a obrigação garantida, conforme estabelecido no objeto principal ou em sua legislação específica, *respeitadas as condições e limites estabelecidos no contrato de seguro*. (grifo nosso)

A conclusão é que "não basta que o contratado apresente à Administração uma apólice de seguro-garantia". É essencial que as condições do seguro-garantia, além de compatíveis com a LLCA, também contemplem "precisa e exatamente" as exigências estabelecidas pela Administração nos instrumentos que disciplinam a licitação e em cláusula do contrato principal.[13] O seguro-garantia não é um "seguro de danos massificados" (ver Circular SUSEP n° 621, de 12/2/2021), caracterizando-se, em verdade, sobretudo à luz da nova Circular Susep nº 662/2022, como um "seguro de grandes riscos" (ver Resolução CNSP n° 407, de 29/3/2021)[14], o que exige atenção redobrada da Administração na análise das cláusulas estabelecidas na apólice.

De fato, a aceitação da apólice é "uma das questões mais sensíveis e controversas em seguro-garantia, especialmente pelo fato de seu beneficiário não participar das tratativas entre tomador e seguradora",[15] o que, diante da maior liberdade contratual para negociarem as cláusulas da apólice, explica o cuidado que a Administração deve ter para confirmar se existe compatibilidade entre os termos da apólice e as exigências da licitação e do contrato principal,[16] sem "exclusões indevidas de responsabilidade da

---

forma como se processa a regulação do sinistro". (Cf.: Exposição de motivos. *Superintendência de Seguros Privados*, 28 jun. 2021. Disponível em: http://www.susep.gov.br/setores-susep/seger/exposicao-de-motivos-cp-no-24.pdf. Acesso em 5 jul. 2021).

[12] Disponível em: https://www.in.gov.br/en/web/dou/-/circular-susep-n-662-de-11-de-abril-de-2022-392772088. Acesso em: 28 jan. 2022.

[13] JUSTEN FILHO, Marçal. *Comentários* à *Lei de Licitações e Contratações Administrativas*. São Paulo: Thomson Reuters Brasil, 2021. p. 1264.

[14] : FORTINI, Cristiana; BERTRAMELLO, Rafael Grandulpho. *In*.: Seguro-Garantia de Obrigações Contratuais na Nova Lei de Licitações. p. 157-159. Revista de Direito Público da Economia – RDPE. a. 20, n. 77, p. 151-174, jan./mar. 2022.

[15] FORTINI, Cristiana; AMORIM, Rafael Amorim de. Obras Públicas inacabadas e Seguro-Garantia: qual sua importância e o que esperar da Nova Lei de Licitações. *A&C – Revista de Direito Administrativo e Constitucional*, a. 20, n. 82, p. 87-127, out./dez. 2020. p. 112.

[16] A SUSEP destaca, como um dos principais problemas do seguro-garantia detectados pela fiscalização, "a incompatibilidade entre os termos da apólice e os do objeto principal", existindo, muitas vezes, obrigações

seguradora em casos de sinistros".[17] O seguro-garantia não é panaceia: sua efetividade dependerá da qualidade da apólice aceita pela Administração, sob risco de representar mera formalidade desprovida de efetividade prática.

97.1 Do prazo de vigência da apólice do seguro-garantia (incisos I e II do art. 97)

A análise realizada em dispositivos legais precedentes demonstrou, em resumo, que as garantias são exigidas pela Administração quando, na fase preparatória, a análise de custo-benefício demonstrar a vantajosidade de exigências adicionais aos requisitos de habilitação para assegurar "o sucesso da licitação e a boa execução contratual", normalmente em contratações que envolvam objeto com mais materialidade, criticidade e relevância. E, convém repetir, o seguro-garantia não vai garantir o "fiel cumprimento das obrigações assumidas pelo tomador perante o segurado", ele vai, na prática, "garantir o objeto principal contra o risco de inadimplemento, pelo tomador, [exclusivamente] das obrigações garantidas".[18]

Nesse contexto, como uma das principais vantagens do seguro-garantia, o mercado segurador destaca a mitigação da assimetria informacional entre Administração e contratado, pois a análise realizada pela seguradora, no processo de subscrição para fins de aceitação de proposta e emissão da apólice, sinaliza a confiabilidade mínima no tomador (futuro contratado) pelas seguintes razões:

(i) de início, os riscos diretamente associados ao potencial tomador (inclusive, quando for o caso, dos seus sócios/acionistas), especificamente o seu caráter/reputação (o seu nome no mercado), a sua capacidade econômico-financeira[19] e a sua qualificação técnico-operacional, em especial sua experiência no cumprimento de obrigações; e

(ii) depois, os riscos relacionados ao objeto do contrato principal, inclusive o exame do "edital e contrato a ser assinado para verificar se a empresa tomadora tem condições de realizá-lo, observando, principalmente, o preço, as cláusulas e o prazo".[20] [21]

---

previstas no contrato principal que "não estão expressamente garantidas pelo seguro" ou "ainda critérios diferentes de aferição de prejuízos indenizáveis". (SUSEP. *Edital de Consulta Pública nº 24/2021/Susep*. Nova regulamentação do seguro-garantia, em substituição às Circulares Susep nº 477, de 30.09.2013, e nº 577, de 26.09.2018. Exposição de Motivos. p. 3. Disponível em: http://www.susep.gov.br/setores-susep/seger/exposicao-de-motivos-cp-no-24.pdf. Acesso em 5 jul. 2021).

17 Ver, como exemplo, a Carta Circular Eletrônica Susep nº 1/2018 e o Acórdão TCU nº 1216/2019-Plenário, que vedaram a inclusão de cláusulas que excluem a cobertura de prejuízos decorrentes de quaisquer atos de corrupção, com a utilização de "textos genéricos e extremamente abrangentes em relação às situações, atos e pessoas", admitindo apenas a exclusão de cobertura de atos de corrupção quando contam com a participação do segurado ou do seu representante.

18 SUSEP. *Edital de Consulta Pública nº 24/2021/Susep*. Nova regulamentação do seguro-garantia, em substituição às Circulares Susep nº 477, de 30.09.2013, e nº 577, de 26.09.2018. Exposição de Motivos. p. 3. Disponível em: http://www.susep.gov.br/setores-susep/seger/exposicao-de-motivos-cp-no-24.pdf. Acesso em 5 jul. 2021

19 A análise de risco do tomador quanto ao "caráter/reputação" e à "capacidade econômico-financeira" é, normalmente, feita *ex ante* pela seguradora, que, sendo o caso estabelece, anualmente, um limite pré-aprovado para emissão de uma ou mais apólices de seguro-garantia. Ver: FORTINI, Cristiana; BERTRAMELLO, Rafael Grandulpho. *In.*: Seguro-Garantia de Obrigações Contratuais na Nova Lei de Licitações. p. 154. Revista de Direito Público da Economia – RDPE. a. 20, n. 77, p. 151-174, jan./mar. 2022.

20 ESCOLA NACIONAL DE SEGUROS. *Seguro-Garantia*. 7. ed. Rio de Janeiro: Funenseg, 2016. p. 12, 27-30.

21 FORTINI, Cristiana; AMORIM, Rafael Amorim de. Obras Públicas inacabadas e Seguro-Garantia: qual sua importância e o que esperar da Nova Lei de Licitações. *A&C – Revista de Direito Administrativo e Constitucional*, a. 20, n. 82, p. 87-127, out./dez. 2020. p. 110.

A aceitação do risco, o valor do prêmio e as contragarantias exigidas estão na alçada decisória da seguradora, que observará, no processo de subscrição, os riscos associados ao perfil do tomador e as características da contratação pública (objeto, coberturas exigidas, requisitos necessários *etc.*), inclusive as condições estabelecidas pela Administração (futura seguradora) nos instrumentos que disciplinam a licitação e em cláusula do contrato principal para fins de aceitação da apólice. Caso decida emitir a apólice, a seguradora contribuirá para mitigação da assimetria informacional existente entre o futuro contratado e a Administração, pois tacitamente sinalizará que o tomador do seguro provavelmente honrará as obrigações do contrato principal, comprometendo-se com tais obrigações perante a Administação na hipótese de inadimplemento do tomador.[22]

O inciso II do art. 97 da LLCA estabelece, por essa razão, até mesmo para incentivar a realização de análises mais robustas nos processos de subscrição, que o seguro-garantia continuará em vigor mesmo se o contratado não pagar o prêmio nas datas convencionadas,[23] cabendo à seguradora, nessa hipótese, recorrer às contragarantias para o exercício do seu direito de regresso contra o tomador (contratado)[24]. Afinal, como ensina Franciso Galiza, diferentemente do seguro tradicional, no seguro-garantia, "se a seguradora avalia que pode haver algum risco relevante na operação", ela simplesmente não deve emitir a apólice,[25] a explicitar, nessa lógica, que, caso não seja pago o prêmio pelo tomador, a origem do problema decorre de fragilidades na análise empreendida pela própria seguradora antes da aceitação da proposta.[26]

Por sua vez, o inciso I do art. 97 da LLCA[27] define que o prazo de vigência da apólice deverá ser igual ou superior ao prazo de vigência do contrato principal, seja em contratos de serviços não contínuos ou por escopo (inciso XVII do art. 6º), seja em contratos de serviços e fornecimentos contínuos (incisos XV e XVI do art. 6º). Normalmente, a Administração estabelece, nos instrumentos que disciplinam a contratação pública, que o prazo de vigência da apólice deverá ser de, no mínimo, 90 (noventa) dias além

---

22 Ver: LOPES, Pedro Henrique Christófaro. *Análise Econômica do Direito e Contratações Públicas*: o performance bond em contratos de obras públicas como instrumento para mitigar a assimetria de informações. Dissertação (Mestrado em Direito da Regulação). Fundação Getúlio Vargas: Rio de Janeiro, 2019.

23 Não se trata, em verdade, de uma novidade, pois a regulamentação da Susep já contava com exigência análoga, a saber: Circular Susep nº 477, de 30.09.2013 – "Art. 11. [...] §1º O seguro continuará em vigor mesmo quando o tomador não houver pagado o prêmio nas datas convencionadas". A Circular Susep nº 662, de 11 de abril de 2022, tem a mesma disposição: "Art. 16 [...] A apólice continuará em vigor mesmo quando o tomador não houver pago o prêmio nas datas convencionadas".

24 Código Civil - Art. 786. Paga a indenização, o segurador sub-roga-se, nos limites do valor respectivo, nos direitos e ações que competirem ao segurado contra o autor do dano."

25 GALIZA, Francisco. Uma análise comparativa do Seguro Garantia em obras públicas. *Escola Nacional de Seguros*, 2015. p. 17. Disponível em: http://www.ens.edu.br/arquivos/estudos_ed29_fgaliza_1.pdf. Acesso em 15 jun. 2021.

26 Outra peculiaridade, segundo Gladimir Poletto, é que, "no seguro-garantia, o valor do prêmio não está baseado em cálculos atuariais de risco, mas [...] na análise econômico-financeira do tomador [...], aliada, ainda, à análise técnica quanto ao objeto do seguro [...]". (POLETTO, Gladimir Adriani. *O Seguro-Garantia*: em busca de sua Natureza Jurídica. Rio de Janeiro: FUNSENG, 2003. p. 49).

27 Não se trata, em verdade, de uma novidade, pois a regulamentação da Susep já contava com exigência análoga, a saber: Circular Susep nº 477, de 30.09.2013 – "Art. 8º O prazo de vigência da apólice será: I – igual ao prazo estabelecido no contrato principal, para as modalidades nas quais haja vinculação da apólice a um contrato principal; [...]". A Circular Susep nº 662, de 11 de abril de 2022, tem previsão semelhante: "Art. 7º O prazo de vigência da apólice deverá ser igual ao prazo de vigência da obrigação garantida, salvo se o objeto principal ou sua legislação específica dispuser de forma distinta."

do prazo de vigência do contrato principal, de modo a possibilitar o acionamento do seguro-garantia caso venha a constatar obrigações inadimplidas depois do decurso do prazo do contrato principal.[28]

A parte final do inciso I do art. 97 da LLCA estabelece, ainda, que o prazo de vigência da apólice deverá acompanhar eventual modificação da vigência do contrato principal, impondo a emissão do respectivo endosso pela seguradora.[29] Especialmente em "contratos de serviços não contínuos ou contratados por escopo", ou seja, naqueles "que impõem ao contratado o dever de realizar a prestação de um serviço específico em período predeterminado" (inciso XVII do art. 6º), essa determinação ganha relevância, visto que, na redação do art. 111, existe previsão de que o "prazo de vigência será automaticamente prorrogado quando seu objeto não for concluído no período firmado no contrato", o que deverá refletir na forma como se operacionalizará o endosso pela seguradora.

Há, portanto, vinculação da apólice de seguro-garantia ao objeto do contrato principal, que, no caso de contratos por escopo predefinido, exige a realização de um objeto específico pelo contratado (tomador) para que a finalidade do contrato principal seja alcançada, de modo a possibilitar a satisfação da necessidade da Administração. E, na espécie, quando o prazo de vigência for estendido de forma automática nos termos do art. 111 da LLCA, a prorrogação consiste em uma simples ampliação do prazo de execução para que ocorra a conclusão do objeto constante no escopo predefinido do contrato principal, não representando a pactuação de um novo contrato entre a Administração e o particular.

A parte final do inciso I do art. 97 da LLCA determina, assim, a obrigatoriedade de a seguradora emitir o endosso de apólices relacionadas a contratos por escopo sempre que houver prorrogação automática na forma do art. 111, pois as obrigações garantidas pela seguradora, determinantes da aceitação do risco e emissão da apólice, só são cumpridas pela empresa contratada com a entrega final do objeto predeterminado no contrato principal. A Administração deve considerar, inclusive, para fins de aceitação da apólice em contratos por escopo, a seguinte recomendação:

---

[28] A Instrução Normativa nº 5, de 26.05.2017, da Secretaria de Gestão do Ministério da Economia, ao disciplinar as contratações de serviços sob o regime de execução indireta, exige, no Anexo VII-F, item 3.1, que a garantia da execução do contrato tenha "validade durante a execução do contrato e 90 (noventa) dias após o término da vigência contratual, devendo ser renovada em cada prorrogação [...]". (BRASIL. Instrução Normativa nº 5, de 26 de maio de 2017. Dispõe sobre as regras e diretrizes do procedimento de contratação de serviços sob o regime de execução indireta no âmbito da Administração Pública federal direta, autárquica e fundacional. *Diário Oficial da União*, 26 mai. 2017. Disponível em: https://www.in.gov.br/materia/-/asset_publisher/Kujrw0TZC2Mb/content/id/20239255/do1-2017-05-26-instrucao-normativa-n-5-de-26-de-maio-de-2017-20237783. Acesso em 30 jun. 2021).

[29] A Circular Susep nº 662, de 11 de abril de 2022, não tem exatamente a mesma previsão, devendo-se observar o disposto nos seguintes dispositivos: "Art. 8° Caso a vigência da apólice seja inferior à vigência da obrigação garantida, nos termos do art. 7°, a seguradora deve assegurar a manutenção da cobertura enquanto houver risco a ser coberto, de acordo com o art. 9°. § 1º O segurado poderá, a qualquer tempo, se opor à manutenção da cobertura, mediante expressa manifestação. § 2º O tomador não poderá se opor à manutenção da cobertura, exceto se ocorrer a substituição da apólice por outra garantia aceita pelo segurado. Art. 9º Para fins do art. 8°, a seguradora deverá: I - especificar, nas condições contratuais do seguro, os critérios para manutenção da cobertura durante todo o período de risco e o procedimento para renovação da apólice, quando for o caso, os quais não poderão gerar qualquer prejuízo à manutenção da cobertura e aos direitos do segurado; II - assegurar que os procedimentos e a efetivação da manutenção da cobertura e/ou da renovação da apólice ocorram antes do término de vigência da apólice; e III - comunicar ao segurado e ao tomador a proximidade do término de vigência da apólice, com antecedência mínima de 90 (noventa) dias antes desta data."

O seguro pode ser estruturado de uma forma que a prorrogação do contrato gere efeitos imediatos na referida garantia: pode se prever que é considerado sinistro a não renovação ou o não endosso do prazo de seguro, quando assim deveria agir. E, nessa situação, o seguro-garantia se venceria antecipadamente, pagando-se, para tanto, o valor do seguro à Administração Pública contratante.[30]

97.2 Da renovação da vigência da apólice do seguro-garantia nos casos de contratos de execução continuada ou de fornecimento contínuo de bens e serviços (Parágrafo único do art. 97)

O parágrafo único do art. 97 da LLCA tem sua aplicabilidade restrita a contratos de execução continuada ou de fornecimento contínuo de bens e serviços (também denominados pela doutrina como "contratos de duração"), que envolvem necessidades permanentes ou prolongadas da Administração (incisos XV e XVI do art. 6º), cuja execução se estende ao longo do tempo em razão de prestações ou fornecimentos contínuos e sucessivos, *pari passu* com o desenvolvimento da atividade administrativa. Em contratos com essas características, o Capítulo V do Título III da Lei nº 14.133/2021 estabeleceu a possibilidade de eles serem celebrados por prazos mais extensos, com a possibilidade de renovação (prorrogação), conforme art. 107 da LLCA, em regra, por até 10 (dez) anos.

Ciente disso, o legislador estabeleceu, no parágrafo único do art. 97 da LLCA, a possibilidade de substituição da apólice de seguro-garantia na data da renovação ou do aniversário, desde que mantidas as condições e coberturas da apólice vigente e desde que nenhum período fique descoberto, ressalvado o disposto no §2º do art. 95 do mesmo diploma legal. É, obviamente, uma medida compatível com a natureza dos "contratos de duração", possibilitando que os tomadores (contratados) obtenham apólices em condições mais vantajosas no mercado segurador:

(i) seja na hipótese de eventual renovação do contrato principal, que consiste em "ato bilateral, de natureza convencional",[31] e caracteriza um novo contrato, ainda que com a repetição dos termos e condições estabelecidas no período anterior;[32]

(ii) seja na data de aniversário do contrato principal, que exige, para incidência do parágrafo único do art. 97 da LLCA, o decurso de 1 (um) ano após o início da vigência do contrato principal.[33]

---

[30] HEINEN. Juliano. *Comentários à Lei de Licitações e Contratos Administrativos*. Salvador: Juspodivm, 2021. p. 578.

[31] A renovação, explica Marçal Justen Filho, não é uma simples "modificação contratual", configura uma "nova contratação, de conteúdo similar a um contrato anterior, para que tenha vigência por período posterior, mantendo-se as partes em situação jurídica similar à derivada da avença que a precedeu", como decorrência de "cláusulas e condições similares às constantes no contrato extinto". (JUSTEN FILHO, Marçal. *Comentários à Lei de Licitações e Contratações Administrativas*. São Paulo: Thomson Reuters Brasil, 2021. p. 1302, 1303, 1305).

[32] Sobre as diferenças entre prorrogação e renovação, ver: TORRES, Ronny Charles Lopes de. *Lei de Licitações Públicas Comentadas*. 12. ed. São Paulo: JusPodivm, 2021. p. 583-584.

[33] A substituição da apólice na data de aniversário do contrato principal é uma hipótese pouco provável, pois o inciso I do art. 97 da LLCA determina que o prazo de vigência da apólice seja sempre igual ou superior ao prazo de vigência do contrato principal, o que significa que, na data de aniversário do contrato principal (ou seja, um ano após o início da sua vigência) a apólice estará em plena vigência, dificultando, na prática, sua substituição pelo tomador.

Art. 98. Nas contratações de obras, serviços e fornecimentos, a garantia poderá ser de até 5% (cinco por cento) do valor inicial do contrato, autorizada a majoração desse percentual para até 10% (dez por cento), desde que justificada mediante análise da complexidade técnica e dos riscos envolvidos.

Parágrafo único. Nas contratações de serviços e fornecimentos contínuos com vigência superior a 1 (um) ano, assim como nas subsequentes prorrogações, será utilizado o valor anual do contrato para definição e aplicação dos percentuais previstos no caput deste artigo.

RAFAEL AMORIM DE AMORIM

98 Do valor da garantia (*caput* do art. 98)

A Administração, na fase preparatória da licitação, deverá decidir se exigirá ou não garantia da execução, avaliando os custos e benefícios envolvidos em sua decisão. Caso seja vantajosa a exigência de garantia da execução contratual, a Administração deverá se preocupar, em seguida, com a especificação de todos os eventos que deverão ser cobertos pela garantia e com os requisitos que deverão ser atendidos para fins de aceitação da garantia, a exemplo do próprio percentual da garantia. A garantia deverá contribuir para mitigação de riscos capazes de "comprometer [...] a boa execução contratual" e, sendo o caso, suportar os prejuízos provocados à Administração pelo inadimplemento do particular.

Contudo, além de considerar os riscos relacionados à execução contratual, a Administração também deve, na definição do percentual correspondente ao valor da garantia, avaliar os prejuízos potenciais à competitividade do certame e os custos que serão internalizados pelos particulares às suas propostas (e, na hipótese de êxito no certame, depois repassados para os valores a serem cobrados da Administração na execução contratual). Afinal, a Administração acabará suportando os custos relativos às garantias exigidas, devendo considerar, para fins de mitigação de riscos de inexecução contratual, a possibilidade de estabelecer "requisitos de qualificação [habilitação] mais rígidos para determinadas contratações".[1] [2]

---

[1] CARVALHO, Matheus; OLIVEIRA, João Paulo; ROCHA, Paulo Germano. *Nova Lei de Licitações Comentada*. Salvador: Juspodivm, 2021. p. 374.

[2] Explica-se, em trabalho precedente, que "'a seleção da proposta apta a gerar o resultado mais vantajoso para a Administração' [...] será, na fase externa da licitação, normalmente uma simples decorrência da devida especificação do objeto [...], da correta definição dos custos diretos e indiretos que determinarão o menor dispêndio, especialmente no caso de julgamento por menor preço ou maior desconto, e da exigência de qualificação compatíveis com a criticidade, materialidade e relevância da contratação, sempre no sentido de dar mais segurança à Administração de que o licitante a ser contratado honrará suas futuras obrigações. (FORTINI, Cristiana; AMORIM, Rafael Amorim. *Um novo olhar para a futura Lei de licitações e contratos administrativos*: a floresta além das árvores. p. 12-13. Disponível em: http://www.licitacaoecontrato.com.br/assets/artigos/artigo_download_85.pdf. Acesso em 24 mai. 2021.

O art. 98 da LLCA estabelece, como regra, a possibilidade de a Administração exigir garantia em valor equivalente a até 5% (cinco por cento) do valor do contrato administrativo, admitindo-se a majoração desse percentual para até 10% (dez por cento), desde que tal exigência seja compatível com a complexidade do objeto e com os riscos envolvidos na contratação. Em cada caso, a partir da análise da materialidade, criticidade e relevância da contratação, sempre orientada para a busca da melhor correlação entre custos e benefícios, a Administração deverá calibrar o percentual de garantia da execução, sem prejudicar, em demasia, a competitividade da licitação e a economicidade do contrato.

Há, na Lei nº 14.133/2021, maior flexibilidade para a Administração estabelecer a garantia em percentual correspondente a 10% (dez por cento) do valor do contrato principal, exigindo-se que tal determinação seja justificada na fase preparatória da licitação, notadamente quando a contratação envolver objeto com elevada complexidade técnica e/ou tiver riscos consideráveis quanto à boa execução contratual. Não mais se exige, como estava previsto no §3º do art. 56 da Lei nº 8.666/1993, que sejam contratações "de grande vulto[3] envolvendo alta complexidade técnica e riscos financeiros consideráveis, demonstrados em parecer técnico aprovado pela autoridade competente".

A definição do percentual correspondente ao valor da garantia será, enfim, uma decisão discricionária da Administração, que, na motivação do ato decisório, deverá considerar que as garantias equivalentes a 5% (cinco por cento) do valor do contrato principal suportam, no caso de inadimplemento contratual, normalmente apenas os valores das multas aplicadas ao contratado. E, em princípio, conforme previsto no inciso III do art. 139 da LLCA, a execução da garantia deve possibilitar o (i) ressarcimento da Administração por prejuízos ocasionados pelo contratado, (ii) pagamento de obrigações trabalhistas, fundiárias e previdenciárias não adimplidas e (iii) recebimento de multas aplicadas.

98.1 Da base de cálculo do valor da garantia nos casos de contratos de serviço e fornecimento contínuos (parágrafo único do art. 98)

Há, no parágrafo único do art. 98 da LLCA, uma ressalva importante, aplicável aos contratos de fornecimentos contínuos e aos contratos de serviços contínuos, com ou sem dedicação exclusiva de mão de obra, que envolvem necessidades permanentes ou prolongadas da Administração (incisos XV e XVI do art. 6º). Considera-se, nessa regra, o disposto no Capítulo V do Título III da Lei nº 14.133/2021 (arts. 106, 108 e 110), notadamente a possibilidade de os denominados "contratos de duração" serem estabelecidos por prazos mais extensos, de modo a mitigar custos de transação relacionados a licitações e a possibilitar ganhos de escala no decorrer da execução contratual.

[3] Na Lei nº 8.666/1993, as contratações de grande vulto são "aquelas cujo valor estimado seja superior a 25 (vinte e cinco) vezes o limite estabelecido na alínea "c" do inciso I do caput do art. 23 desta Lei" (inciso V do art. 6º). Logo, com a atualização dos valores da Lei nº 8.666/1993 promovidas pelo Decreto nº 9.412, de 18.06.2018, tal dispositivo passou a ter o valor de R$3.300.000,00 (três milhões e trezentos mil), definindo-se, desde então, como contratação de grande vulto, aquelas com valor superior a R$82.500.000,00 (oitenta e dois milhões e quinhentos mil reais).

O parágrafo único do art. 98 da LLCA procura, no contexto exposto, resguardar as garantias de efeitos indesejados que decorreriam de "contratos de duração" celebrados por prazos superiores a 12 (doze) meses, envolvendo prestação de serviços ou fornecimento contínuo. Nessas situações, o dispositivo legal especificado determina que seja considerado o valor anual do contrato para definição e aplicação dos percentuais das garantias, inclusive nas prorrogações (renovações) subsequentes. Não haverá, assim, nos contratos de serviços e fornecimentos contínuos, aumentos desnecessários nos valores das garantias exigidas pela Administração.

Convém, a título ilustrativo, recorrer a um exemplo de serviços de vigilância no valor mensal de R$10.000,00 (dez mil reais) e exigência de garantia de de 5% (cinco por cento):

(i) sob a égide da Lei nº 8.666/1993, o contrato teria prazo máximo inicial de 12 (doze) meses, alcançaria o valor total de R$120.000,00 (cento e vinte mil) e exigiria apresentação de garantia no valor de R$6.000,00 (seis mil reais);

(ii) agora, sob a égide da Lei nº 14.133/2021, o contrato poderá ter prazo inicial de 5 (cinco) anos e, assim, alcançará o valor total de R$600.000,00 (seiscentos mil reais), exigindo, se não existisse a ressalva do parágrafo único do art. 98 da LLCA, a apresentação de garantia no valor de R$30.000,00 (trinta mil reais).

O parágrafo único do art. 98 da LLCA determina que seja considerado o valor anual do contrato, que, no exemplo suscitado, também será de R$120.000,00 (cento e vinte mil), a exigir, caso definido pela Administração o percentual de 5% (cinco por cento), mesmo em um contrato sob a égide da Lei nº 14.133/2021, apresentação de garantia no valor de R$6.000,00 (seis mil reais). A LLCA evita, assim, o aumento desnecessário dos valores das garantias dos contratos de serviços e fornecimentos contínuos, cuja execução se protrai ao longo do tempo e, por isso, como se renova de forma contínua e permanente, não traz prejuízos tão significativos quanto aos contratos por escopo na hipótese do seu inadimplemento.

Art. 99. Nas contratações de obras e serviços de engenharia de grande vulto, poderá ser exigida a prestação de garantia, na modalidade seguro-garantia, com cláusula de retomada prevista no art. 102 desta Lei, em percentual equivalente a até 30% (trinta por cento) do valor inicial do contrato.

RAFAEL AMORIM DE AMORIM

99 Da possibilidade de seguro-garantia com cláusula de retomada no percentual de até 30% (trinta por cento) do valor inicial do contrato de obra ou serviço de engenharia

Em obras e serviços de engenharia de grande vulto,[1] [2] a LLCA estabeleceu as inovações mais importantes em relação às garantias, ciente de que se trata de contratações que possuem, em sua essência, relevância, materialidade e criticidade consideráveis, ou seja, têm importância redobrada para a população atingida pela obra, envolvem quantia vultosa de recursos públicos e estão mais suscetíveis a eventos adversos capazes de comprometer a entrega do objeto e a satisfação da necessidade da Administração (e, principalmente, da população), com potenciais prejuízos materiais e imateriais significativos.

A LLCA estabeleceu, como regra, que a exigência ou não de garantia é uma decisão discricionária da Administração, mas deixou na alçada decisória do futuro contratado a escolha de uma das modalidades de garantia constantes no rol exaustivo do §1º do art. 96 da Lei nº 14.133/2021 (caução em dinheiro ou em títulos da dívida, fiança bancária ou seguro-garantia). Nessas circunstâncias, quando os contratados são livres para escolher a garantia da execução a ser oferecida, Eduardo Fiuza destaca que "dificilmente escolherão a eficiente, já que não têm incentivos para internalizar as externalidades infligidas à Administração por suas escolhas".[3]

---

[1] O inciso XXII do art. 6º da LLCA define, como obras, serviços e fornecimentos de grande vulto, "aqueles cujo valor estimado supera R$200.000.000,00 (duzentos milhões de reais). Com a previsão de atualização dos valores da LLCA prevista no art. 182 do marco legal das contratações, consideram-se contratações de grande vulto, após publicação do Decreto nº 12.343, de 30.12.2024, aquelas que envolvem valores iguais ou superiores a R$250.902.323,87 (duzentos e cinquenta milhões novecentos e dois mil trezentos e vinte e três reais e oitenta e sete centavos).

[2] Em alguns entes subnacionais, leis próprias definiram valores inferiores para caracterização de contratações grande vulto, destacando-se, por exemplo, o Estado de Mato Grosso, que estabeleceu, na Lei nº 12.148, de 15/6/2023, o valor de R$ 50.000.000,00 (cinquenta milhões), passando a exigir seguro-garantia, com cláusula de retomada e em percentual de 30% do valor do contrato, em obras a partir desse valor. Ver: https://leisestaduais.com.br/mt/lei-ordinaria-n-12148-2023-mato-grosso-dispoe-sobre-o-valor-a-ser-considerado-para-contratacoes-de-grande-vulto-no-ambito-do-estado-de-mato-grosso. Acesso em: 14 jul. 2025.

[3] FIUZA, Eduardo P. S. Licitações e governança de contratos: a visão dos economistas. p. 269. *In*: SALGADO, Lúcia H.; FIUZA, Eduardo P. S. (Org.). *Marcos regulatórios no Brasil*: é tempo de rever regras? Rio de Janeiro: IPEA, 2009. p. 239-274.

Constata-se, no art. 99 da LLCA, uma exceção à regra comentada, constante no art. 96, caput e §1º, da Lei nº 14.133/2021. Há, em contratos de obras e serviços de engenharia de grande vulto, a possibilidade de a Administração, conforme análise realizada na fase preparatória da licitação, desde que considere todos os custos e benefícios relacionados à sua decisão, exigir do particular a obrigatoriedade de apresentar apólice de seguro-garantia para fins de garantia da execução contratual, observados os termos estabelecidos nos instrumentos que disciplinam a licitação e no contrato principal.

O art. 99 LLCA faculta à Administração, na hipótese ora comentada, sob influência do *performance bond* dos Estados Unidos,[4] exigir, como elemento obrigatório da apólice, a cláusula de retomada prevista no art. 101 da LLCA, prevendo garantia de quantia equivalente a até 30% (trinta por cento) do valor inicial do contrato. Portanto, em obras de grande vulto, a Administração pode:

(i) decidir pela exigência ou não de garantia;

(ii) caso a exija, estabelecer a obrigatoriedade da modalidade seguro-garantia;

(iii) na definição dos elementos da apólice, prever a necessidade de existência de cláusula de retomada; e

(iv) determinar que a garantia tenha valor equivalente a até 30% (trinta por centro) do valor inicial do contrato principal.

Não há, na Lei nº 14.133/2021, a imposição de exigência obrigatória do seguro-garantia em todas as contratações de grande vulto, especialmente porque a "falta de um mercado preparado para absorver a demanda desse produto poderia resultar na inviabilidade de contratação desse tipo de seguro ou em seguros com prêmios muito altos".[5] E, não custa lembrar, existe um *trade off* a ser considerado pela Administração: "De um lado, ao preparar a licitação, a Administração deve promover o aumento da competitividade; de outro, deve minimizar riscos existentes, o que pode, por sua vez, impactar na própria competitividade da licitação, com reflexos na seleção da proposta mais vantajosa".[6]

A análise dos custos e benefícios realizada na fase preparatória da licitação é que fundamentará, em cada obra de grande vulto, a decisão da Administração quanto à exigência ou não de garantia da execução contratual na modalidade seguro-garantia, com cláusula de retomada e em percentual de até 30% (trinta por cento) do valor do contrato principal. Deve-se considerar, na modelagem da licitação, a existência de relação direta entre o percentual de garantia e os prejuízos potenciais à competitividade do certame e à economicidade do contrato; e, ao mesmo tempo, a relação inversa existente entre o percentual de garantia exigido e os riscos posteriores relacionados à execução contratual.

Há, em relação à competitividade da licitação, a necessidade de considerar que, com o acréscimo dos valores das garantias, as seguradoras realizarão análises mais robustas dos tomadores e, mais do que isso, exigirão contragarantias (pessoais e reais)

---

[4] Ver: USA. Federal Acquisition Regulation. Part 28, Section 28.102-1. Disponível em: https://www.acquisition.gov/far/28.102-1. Acesso em: 4 fev. 2023.

[5] COUTINHO FILHO, Augusto; XAVIER, Vitor Boaventura; MIRANDA, Vitor Leão. O Seguro-garantia e seus impactos na qualidade dos projetos de engenharia e no ambiente de contratação e execução de obras públicas no Brasil. *Fórum de Contratação e Gestão Pública – FCGP*, Belo Horizonte, a. 16, n. 187, jul. 2017. p. 16.

[6] FORTINI, Cristiana; AMORIM, Rafael Amorim de. Obras Públicas inacabadas e Seguro-Garantia: qual sua importância e o que esperar da Nova Lei de Licitações. A&C – *Revista de Direito Administrativo e Constitucional*, a. 20, n. 82, p. 87-127, out./dez. 2020. p. 118.

mais significativas, o que pode inviabilizar, na prática, a obtenção de apólices por muitas empreiteiras, ocasionar barreiras à entrada e promover excessiva concentração de mercado. Em relação à economicidade do contrato, com o acréscimo dos valores das garantias, as seguradoras exigirão prêmios em valores mais elevados, que serão obviamente internalizados às propostas dos licitantes, para que sejam, ao final, repassados à Administração.

Os benefícios de eventual exigência de seguro-garantia com cláusula de retomada (em percentual de 30% - trinta por cento) podem ser assim sintetizados:

(i) antes da celebração do contrato, ocorre a mitigação de riscos de contratação de particulares que não tenham caráter/reputação, capacidade econômico-financeira e/ou qualificação técnica-operacional satisfatórias, aqui se destacando o papel decisivo do mercado segurador na eliminação de agentes privados com riscos exagerados;[7] [8]

(ii) existem mais incentivos ao particular para adimplir o contrato (diminuir o risco moral ou "*moral hazard*"), pois, em caso de inadimplemento, os danos reputacionais perante o mercado segurador inviabilizarão a obtenção de novas apólices e ocasionarão o acionamento das contragarantias em desfavor do tomador;[9]

(iii) em acréscimo à fiscalização do contrato realizado pela Administração, ocorre o acompanhamento da execução contratual pelas seguradoras, o que, além de constranger o particular a adimplir o contrato, contribuirá para a diminuição dos danos causados pelo particular no caso de ocorrência de sinistro;[10] e

(iv) em caso de sinistro, a possibilidade de a seguradora assumir a execução e concluir o objeto do contrato ou pagar indenização em valor bastante significativo.

Portanto, diante dos custos e benefícios relacionados ao seguro-garantia, o art. 99 da LLCA representa uma decisão acertada do legislador no sentido de deixar sob responsabilidade da Administração a análise e a decisão quanto à vantajosidade ou não de exigir seguro-garantia com cláusula de retomada e em percentual de 30% (trinta

---

[7] Sobre as vantagens das análises realizadas pelas seguradoras para fins de aceitação do risco, Eduardo Fiuza destaca que a exigência de seguro-garantia permite "extrair *ex ante* um sinal mais forte sobre o desempenho passado da empreiteira, com base no rating das seguradoras ou, no que é mais fácil observar, no ágio (prêmio de risco) pago pela empreiteira [...]". (FIUZA, Eduardo. P. S. Licitações e governança de contratos: a visão dos economistas. p. 263. *In*: SALGADO, Lúcia H.; FIUZA, Eduardo P. S. (Org.). *Marcos regulatórios no Brasil*: é tempo de rever regras? Rio de Janeiro: IPEA, 2009. p. 239-274).

[8] A Circular Susep nº 662, de 11 de abril de 2022, estabeleceu a nova regulamentação do seguro-garantia e revogou a Circular Susep 477, de 30.9.2013, disciplinando, no art. 28, a política de subscrição e mitigação de risco, a saber: "Art. 28. A política de subscrição de risco da seguradora deve levar em consideração, no mínimo, a avaliação do tomador, assim como do objeto principal e sua legislação específica.
Parágrafo único. A nota técnica atuarial do produto deverá especificar, detalhadamente, os critérios técnicos e os instrumentos utilizados pela seguradora na subscrição de risco do objeto principal e na avaliação de risco do tomador". Disponível em: https://www.in.gov.br/en/web/dou/-/circular-susep-n-662-de-11-de-abril-de-2022-392772088. Acesso em: 14 jul. 2025.

[9] Talesh e Gonçalves Filho defendem, a propósito, que o prêmio "não tem a função de constituir o fundo que cobrirá os sinistros segurados", alegando que os sinistros serão cobertos pelas contragarantias. Ver: TALESH, Shauhin; GONÇALVES FILHO, Péricles. Surety Bond and the Role of Insurance Companies as Regulators in the Context of Brazilian Infrastructure Projects. p. 75. *Revista de Direito Administrativo*, Rio de Janeiro. V. 282, n. 1, p. 63-107, jan./abr. 2023.

[10] A Circular Susep nº 662, de 11 de abril de 2022, estabelece, no art. 29, que, "desde que prévia e expressamente acordado entre as partes, o Seguro Garantia poderá prever, isolada ou conjuntamente, a possibilidade ou a obrigação de a seguradora: I - realizar o acompanhamento e/ou monitoramento do objeto principal; II - atuar como mediadora da inadimplência ou de eventual conflito entre segurado e tomador; ou III - prestar apoio e assistência ao tomador". Disponível em: https://www.in.gov.br/en/web/dou/-/circular-susep-n-662-de-11-de-abril-de-2022-392772088. Acesso em: 14 jul. 2025.

por cento) em cada obra de grande vulto, estabelecendo, se for o caso, as exigências complementares a serem observadas para fins de aceitação da apólice.

Inclusive, o art. 99 da LLCA estimulará o mercado segurador a ofertar apólices que realmente satisfaçam as expectativas do legislador ao editar o diploma legal especificado para demonstrar, com as coberturas devidas e com a superação de excessos procedimentais existentes na regulamentação da Susep editada sob a égide da Lei nº 8.666/1993 (expectativa, caracterização, reclamação e regulação do sinistro),[11] [12] a vantajosidade da exigência de seguro-garantia pela Administração.

O legislador tem a expectativa, sobretudo com as regras previstas nos arts. 99 e 102 da LLCA, de que as seguradoras desempenhem "um papel regulatório positivo" no contexto das obras de grande vulto, mitigando riscos de inexecução contratual e potencializando as chances de conclusão satisfatória dos respectivos objetos. Nessa perspectiva, ao ir além da concepção tradicional e dominante do seguro como simples contrato, aceita-se a "abordagem do seguro como instrumento de regulação", valorizando, a princípio, o papel das seguradoras como "reguladoras do comportamento dos segurados", principalmente ao empreenderem esforços para "evitar sinistros e mitigar perdas resultantes".[13]

---

[11] Ver: FORTINI, Cristiana; AMORIM, Rafael Amorim de. Obras Públicas inacabadas e Seguro-Garantia: qual sua importância e o que esperar da Nova Lei de Licitações. A&C – *Revista de Direito Administrativo e Constitucional*, a. 20, n. 82, p. 87-127, out./dez. 2020. p. 114-117.

[12] A Circular Susep nº 662, de 11 de abril de 2022, delimita, nos arts. 17 a 20, algumas regras bem amplas e genéricas relativas à expectativa, caracterização e comunicação do sinistro, deixando sua especificação para ser definida na apólice. Disponível em: https://www.in.gov.br/en/web/dou/-/circular-susep-n-662-de-11-de-abril-de-2022-392772088. Acesso em: 14 jul. 2025.

[13] Ver: TALESH, Shauhin; GONÇALVES FILHO, Péricles. Surety Bond and the Role of Insurance Companies as Regulators in the Context of Brazilian Infrastructure Projects. p. 78-90. *Revista de Direito Administrativo*, Rio de Janeiro, v. 282, n. 1, p. 63-107, jan./abr. 2023.

Art. 100. A garantia prestada pelo contratado será liberada ou restituída após a fiel execução do contrato ou após a sua extinção por culpa exclusiva da Administração, e, quando em dinheiro, atualizada monetariamente.

RAFAEL AMORIM DE AMORIM

100 Da liberação/restituição da garantia

A Administração tem a discricionariedade de exigir ou não garantia, enquanto o particular, à exceção da hipótese prevista no art. 99 da LLCA, tem a faculdade de optar pela modalidade de garantia que lhe for mais vantajosa. E, como já comentado, a garantia é acessória ao contrato administrativo e tem a finalidade de:

(*i*) mitigar riscos relacionados à execução contratual;

(*ii*) incentivar o particular a cumprir suas obrigações (seja pela possibilidade de liberação ou restituição da garantia – art. 100; seja para não comprometer sua reputação perante a instituição financeira ou seguradora responsável pela emissão da garantia); e

(*iii*) na hipótese de inexecução do contrato, suportar prejuízos ocasionados pelo particular à Administração (inciso III do art. 139).

Nesse contexto, sempre que constatada a fiel execução do contrato principal, com o recebimento definitivo do objeto e o cumprimento das obrigações do contrato pelo particular, a exemplo da comprovação do pagamento das obrigações trabalhistas, fundiárias e previdenciárias, quando cabível, a manutenção da garantia prestada pelo contratado deixará de ser necessária e, de forma análoga à Lei nº 8.666/1993, deverá ser liberada ou restituída pela Administração, inclusive com a devida atualização monetária quando se tratar de caução em dinheiro.

O art. 100 da LLCA também se aplica na hipótese de extinção do contrato principal por culpa exclusiva da Administração, a exigir, com a maior celeridade possível, a liberação ou restituição da garantia pela Administração e, nos termos do §2º do art. 138 da LLCA, a realização dos pagamentos devidos pela execução do contrato até a data da sua extinção, inclusive dos custos suportados pelo particular para fins de desmobilização.

Destaca-se, a propósito, que o alcance do art. 100 da LLCA está adstrito à garantia da execução contratual, disciplinada pelos arts. 96 a 102 da Lei nº 14.133/2021, cuja finalidade se exaure com o recebimento definitivo do objeto e o cumprimento das obrigações do contrato. O art. 100 da LLCA não alcança as garantias técnicas que, após o fornecimento do bem, a execução da obra ou a prestação do serviço, asseguram a responsabilidade do contratado, por determinado período, por vícios, defeitos ou incorreções que comprometam a qualidade, a segurança, a durabilidade e o desempenho do objeto, na forma prevista no contrato, em normas técnicas ou na própria Lei nº 14.133/2021 (ver arts. 119 e 140, §6º).

As garantias técnicas – do bem, serviço ou obra – têm seu termo inicial justamente com o recebimento definitivo do objeto, que, a despeito de atestar a execução contratual de forma satisfatória, não afasta a responsabilidade do particular por defeitos, vícios ou incorreções supervenientes.[1]

[1] CARVALHO, Matheus; OLIVEIRA, João Paulo; ROCHA, Paulo Germano. *Nova Lei de Licitações Comentada*. Salvador: Juspodivm, 2021. p. 376-377.

Art. 101. Nos casos de contratos que impliquem a entrega de bens pela Administração, dos quais o contratado ficará depositário, o valor desses bens deverá ser acrescido ao valor da garantia.

RAFAEL AMORIM DE AMORIM

101 Do acréscimo do valor da garantia no caso da entrega de bens pela Administração ao contratado

Há, em certas contratações públicas, a entrega de bens públicos pela Administração ao particular, necessários para a prestação do serviço ou execução de obra pelo particular em favor da Administração, exsurgindo, quando da análise do art. 101 da LLCA, controvérsia doutrinária sobre o papel desempenhado pelo particular nessas situações.[1] Nessas situações, abstraída a controvérsia comentada, é certo que, além dos riscos relacionados à execução contratual, também existem os riscos relacionados à deterioração ou à perda do bem público entregue ao particular pela Administração.

O art. 101 da LLCA traz a possibilidade de a Administração exigir garantia adicional do particular referente ao valor dos bens públicos (por exemplo, uma máquina, um quadro de arte para restauração, um automóvel, etc.) que lhes serão entregues para viabilizar a prestação do serviço ou a execução de obra, de modo a mitigar os riscos relacionados à deterioração ou à perda do bem público.

Nessa hipótese, assim como na garantia da execução contratual, a Administração deverá prever a exigência de prestação de garantia adicional nos instrumentos que disciplinam a licitação e em cláusula necessária do contrato (art. 92, inciso XII, da LLCA), com a especificação dos eventos que deverão ser garantidos e a definição de todos os elementos que deverão ser atendidos para fins de aceitação da garantia adicional.

O particular poderá escolher a modalidade de garantia que lhe for mais favorável, desde que atenda às exigências da Administração. E, como a redação do art. 101 LLCA deixa claro, o valor da garantia adicional corresponderá ao valor integral dos bens públicos entregues ao particular, pois, na hipótese de deterioração ou perda do bem público, a garantia deverá suportar o prejuízo total.

[1] JUSTEN FILHO, Marçal. *Comentários à Lei de Licitações e Contratações Administrativas*. São Paulo: Thomson Reuters Brasil, 2021. p. 1268-1269.

Art. 102. Na contratação de obras e serviços de engenharia, o edital poderá exigir a prestação da garantia na modalidade seguro-garantia e prever a obrigação de a seguradora, em caso de inadimplemento pelo contratado, assumir a execução e concluir o objeto do contrato, hipótese em que:

I – a seguradora deverá firmar o contrato, inclusive os aditivos, como interveniente anuente, e poderá:

a) ter livre acesso às instalações em que for executado o contrato principal;

b) acompanhar a execução do contrato principal;

c) ter acesso a auditoria técnica e contábil;

d) requerer esclarecimentos ao responsável técnico pela obra ou pelo fornecimento;

II – a emissão de empenho em nome da seguradora, ou a quem ela indicar para a conclusão do contrato, será autorizada desde que demonstrada sua regularidade fiscal;

III – a seguradora poderá subcontratar a conclusão do contrato, total ou parcialmente.

Parágrafo único. Na hipótese de inadimplemento do contratado, serão observadas as seguintes disposições:

I – caso a seguradora execute e conclua o objeto do contrato, estará isenta da obrigação de pagar a importância segurada indicada na apólice;

II – caso a seguradora não assuma a execução do contrato, pagará a integralidade da importância segurada indicada na apólice.

RAFAEL AMORIM DE AMORIM

102 Do seguro-garantia com cláusula de retomada na contratação de obras e serviços de engenharia

O seguro-garantia foi, como destacou Irene Nohara, "um dos pontos mais polêmicos do projeto que deu origem à Nova Lei de Licitações",[1] especialmente os arts. 99 e 102 da LLCA. Havia, na origem da polêmica, preocupações com obras paralisadas espalhadas por todo o País, à época potencializadas pela divulgação de trabalhos do

[1] NOHARA, Irene Patrícia Diom. *Nova Lei de licitações e contratos comparada*. São Paulo: Thomson Reuters Brasil, 2021. p. 416-417.

TCU, especialmente o Acórdão nº 1.079/2019-TCU/Plenário,[2] que, em análise de dados de obras custeadas com recursos federais, identificou que 37,5% (trinta e sete e meio por cento) das obras analisadas estavam paralisadas, totalizando 14.403 (quatroze mil quatrocentos e três) obras e mais de R$144 bilhões de reais.

Em amostra específica utilizada como parâmetro do Acórdão nº 1.079/2019-TCU/Plenário, o TCU identificou os principais motivos das paralisações: 47% (quarenta e sete por cento) das obras paralisadas decorriam de problemas técnicos, normalmente relacionados a "falhas de projeto ou dificuldades de caráter executivo"; e 23% (vinte e três por cento) das obras paralisadas decorriam de abandono da execução pela empresa contratada, totalizando 70% (setenta por cento) do total de obras paralisadas. Logo, na análise do TCU, de cada 3 (três) obras paralisadas no País, ao menos 2 (duas) decorriam de problemas relacionados a falhas de projeto, dificuldades de caráter executivo ou abandono da execução pela empresa contratada.[3]

O seguro-garantia, especialmente com cláusula de retomada (também conhecida como *step-in*), foi considerado, à época, como um instrumento capaz de mitigar riscos relacionados aos problemas especificados. Em meio a fortes controvérsias, diante da realidade do mercado segurador nacional,[4] o legislador consagrou, na Lei nº 14.133/2021, as seguintes regras relativas ao seguro-garantia: de um lado, não impôs a sua obrigatoriedade, posicionamento que era defendido pelo mercado segurador; de outro, não eliminou a possibilidade de exigência do seguro-garantia com cláusula de retomada, posicionamento defendido por pequenas e médias construtoras preocupadas com barreiras à entrada e com eventual concentração excessiva do mercado de obras nacional.[5]

Não se pode dissociar, a partir de agora, a análise dos arts. 99 e 102 da LLCA, a começar, uma vez mais, pelo disposto no art. 99, que facultou à Administração, em contratações de obras de grande vulto[6] exigir do particular seguro-garantia com cláusula

---

2 TCU. Acórdão nº 1.079/2019-TCU/Plenário. Disponível em: www.tcu.gov.br. Acesso em 10 mar. 2020.

3 FORTINI, Cristiana; AMORIM, Rafael Amorim de. Obras Públicas inacabadas e Seguro-Garantia: qual sua importância e o que esperar da Nova Lei de Licitações. *A&C – Revista de Direito Administrativo e Constitucional*, a. 20, n. 82, p. 87-127, out./dez. 2020. p. 94-97.

4 De acordo com dados consolidados pela Susep, no "ramo 0775 – Segurado Setor Público", 30 (trinta) seguradoras emitiram apólices de seguro-garantia em 2019, mas houve, no período, a concentração de aproximadamente 75% (setenta e cinco por cento) de todos os prêmios relativos a seguro-garantia em apenas 8 (oito) seguradoras, sem contar a significativa desproporção entre valores de prêmios auferidos (R$2.648.134.174,00) e valores despendidos com indenizações (R$286.116.515,00). (FORTINI, Cristiana; AMORIM, Rafael Amorim de. Obras Públicas inacabadas e Seguro-Garantia: qual sua importância e o que esperar da Nova Lei de Licitações. *A&C – Revista de Direito Administrativo e Constitucional*, a. 20, n. 82, p. 87-127, out./dez. 2020. p. 106-107). Dados atualizados podem ser consultados em: https://www2.susep.gov.br/menuestatistica/SES/premiosesinistros.aspx?id=54. Acesso em: 14 jul. 2025.

5 Nesse sentido, explicam Matheus Carvalho, João Paulo Oliveira e Paulo Germano Rocha que, "ao se permitir, indistintamente, a exigência de seguro-garantia com cláusula de retomada, as construtoras de pequeno e médio porte perderiam bastante competitividade, isto quando não fossem alijadas da participação em licitações. Isto porque o porte econômico do tomador, nessa modalidade, impacta de forma intensa e inversamente proporcional o custo da apólice. Ou seja, quanto maior o porte do tomador menor tende a ser o custo da apólice". (CARVALHO, Matheus; OLIVEIRA, João Paulo; ROCHA, Paulo Germano. *Nova Lei de licitações comentada*. Salvador: Juspodivm, 2021. p. 384).

6 O inciso XXII do art. 6º da LLCA define, como obras, serviços e fornecimentos de grande vulto, "aqueles cujo valor estimado supera R$200.000.000,00 (duzentos milhões de reais). Com a previsão de atualização dos valores da LLCA existente no art. 182 do mesmo diploma legal, consideram-se contratações de grande vulto, após publicação do Decreto nº 12.343, de 2024, aquelas que envolvem valores iguais ou superiores a R$ R$ 250.902.323,87 (duzentos e cinquenta milhões novecentos e dois mil trezentos e vinte e três reais e oitenta e sete centavos.

de retomada e com valor de garantia de até 30% (trinta por cento) do valor do contrato; até chegar às determinações constantes no art. 102, todas voltadas a dar efetividade à modalidade seguro-garantia, desde o momento da celebração do contrato principal até a efetiva conclusão do objeto, notadamente para sua efetiva contribuição para os recorrentes problemas de obras inacabadas no País.[7]

O seguro-garantia com cláusula de retomada deverá ser um instrumento efetivo de mitigação de riscos de inadimplemento contratual e, caso ocorra algum sinistro, de garantia de que o objeto principal será concluído, com a assunção do contrato principal pela seguradora e com a finalização do seu objeto. E, nessa perspectiva, o inciso I do art. 102 da LLCA impõe à seguradora, quando aceitar riscos de propostas de tomadores de seguro-garantia, além da emissão da apólice (e, se for o caso, de contrato autônomo de contragarantia), a assinatura, como interveniente anuente, do contrato principal e dos respectivos aditivos, de modo a explicitar sua concordância expressa com todos os termos e condições da obrigação principal.[8]

Não há, a partir disso, qualquer dúvida da vinculação da seguradora às obrigações do contrato principal e da cobertura da apólice de todos os riscos relacionados ao tomador na execução contratual, o que justifica, em princípio, o valor de garantia de até 30% (trinta por cento) do valor do contrato, com impactos nos prêmios a serem cobrados e nas exigências de contragarantias definidas pela seguradora.

Há, mais do que nunca, a necessidade de os instrumentos que disciplinam a contratação estabelecerem os requisitos que deverão ser contemplados pela garantia, inclusive em relação às exigências procedimentais para caracterização da responsabilidade da seguradora (caracterização, reclamação e regulação do sinistro), ainda mais agora que a nova regulamentação da Susep trouxe mais liberdade para tomador e seguradora negociarem as cláusulas da apólice, sobretudo para cobertura de grandes riscos[9].

O inciso I do art. 102 da LLCA estabelece, assim, para mitigar riscos de concretizão de inadimplemento contratual, mais incentivos para as seguradoras:

(i) promoverem análises mais robustas dos tomadores e do objeto para fins de aceitação de riscos; e

---

[7] Em princípio, como conjectura Ronny Torres, não há óbice jurídico para a interpretação autônoma do art. 102 da LLCA, possibilitando sua aplicação em qualquer obra ou serviço de engenharia, desde que tais exigências constassem nos instrumentos que disciplinam a contratação (TORRES, Ronny Charles Lopes de. *Lei de licitações públicas comentadas*. 12. ed. São Paulo: Juspodivm, 2021. p. 557). Porém, a interpretação autônoma do art. 102 não é compatível com a realidade do mercado segurador nacional, pois, na prática, em obras e serviços de engenharia de grande vulto, caso exigido seguro-garantia com cláusula de retomada em percentual de 5% (cinco por cento) ou 10% (dez por cento) do valor do contrato, provavelmente não se encontrará seguradora disposta a aceitar o risco nessas condições.

[8] A Susep, na consulta pública sobre a nova regulamentação do seguro-garantia, em substituição às Circulares Susep nº 477, de 30.09.2013, e nº 577, de 26.09.2018, destacou, na exposição de motivos que acompanhou o Edital de Consulta Pública nº 24/2021/Susep, que o "seguro-garantia, para cumprir o papel social que lhe compete, deve garantir integralmente o segurado, prevendo, como regra, a cobertura de todas as obrigações do contrato principal. (Cf.: Exposição de motivos. *SEI/SUSEP – Superintendência de Seguros Privados*, 28 jun. 2021. Disponível em: http://www.susep.gov.br/setores-susep/seger/exposicao-de-motivos-cp-no-24.pdf. Acesso em 5 jul. 2021).

[9] A Circular Susep nº 662, de 11 de abril de 2022, estabelece a nova regulamentação do seguro-garantia, revogando a Circular Susep 477, de 30.09.2013. O art. 34 da Circular Susep n° 662/2022 estabelece: "Art. 34. Além das disposições desta Circular, os contratos e planos de Seguro Garantia deverão observar a legislação e a regulamentação em vigor. Parágrafo único. Aos contratos de Seguro Garantia para cobertura de grandes riscos, emitidos no âmbito da Resolução CNSP nº 407 de 29 de março de 2021, aplicam-se os art. 2° e 3° desta Circular, sendo facultativa a adoção de suas demais disposições." Disponível em: https://www.in.gov.br/en/web/dou/-/circular-susep-n-662-de-11-de-abril-de-2022-392772088. Acesso em: 14 jul. 2025.

(ii) depois da emissão da apólice, acompanharem efetiva e continuamente a execução do contrato principal, com livre acesso às instalações do local de execução do objeto e com a faculdade de requererem esclarecimentos ao responsável técnico mantido pela contratada na obra e de conhecerem os resultados de auditorias técnicas e contábeis, adotando as providências necessárias para evitar a concretização de eventos adversos[10].

No contexto exposto, a LLCA possibilita que as seguradoras atuem como parceiros da Administração Pública, contribuam para a gestão de riscos relacionados ao contrato e inflenciem positivamente o comportamento dos tomadores (contratados), "proporcionando uma camada adicional de proteção que visa à mitigação de riscos que levem à inexecução contratual"[11]. Ocorre que as medidas de prevenção nem sempre evitarão o inadimplemento contratual, existindo a previsão, no §1º do art. 102 da LLCA, de que, quando caracterizado o sinistro, a seguradora poderá

(i) assumir o contrato e executar o objeto, ficando isenta de pagar a importância segurada indicada na apólice; ou

(ii) pagar a integralidade da importância segurada indicada na apólice.

O interesse da Administração é a satisfação da necessidade que desencadeou à contratação pública, o que pressupõe, ao certo, a execução e entrega da obra, assim denotando a necessidade de as seguradoras utilizarem com parcimônia o disposto no inciso II do §1º do art. 102 da LLCA, para não comprometerem a imagem desse tão esperado instrumento securitário.

Há, nos incisos II e III do caput do art. 102 da LLCA, balizas legais que podem estimular as seguradoras a prestigiarem a cláusula de retomada (*step in*), com a assunção do contrato e a conclusão do seu objeto, possibilitando que elas, como não têm *expertise* na execução de obras, sem se desobrigar de suas responsabilidades, promovam a subcontratação total ou parcial para fins de conclusão do objeto do contrato principal, inclusive com a possibilidade de a Administração emitir o empenho (e, consequentemente, promover a liquidação da despesa e o pagamento de valores devidos) em favor da própria seguradora ou a quem ela indicar para conclusão do contrato.

A seguradora, se assumir o contrato e concluir o seu objeto na forma prevista no contrato principal, ficará isenta de pagar a importância segurada indicada na apólice, responsabilizando-se, obviamente, pelos custos adicionais decorrentes do inadimplemento do contrato principal pelo tomador e por outras obrigações alcançadas pelo inciso III do art. 139 da LLCA. A garantia cobrirá, convém repetir, exclusivamente os valores relacionados ao inadimplemento do tomador nos limites estabelecidos na apólice, não afastando a obrigatoriedade de a Administração honrar todos os valores que estavam previstos no contrato principal e que ainda não tinham sido pagos ao contratado inadimplente, a explicitar a possibilidade de a seguradora não precisar despender o valor integral da garantia.

[10] A Circular Susep nº 662, de 11 de abril de 2022, estabelece, no art. 29, que, "desde que prévia e expressamente acordado entre as partes, o Seguro Garantia poderá prever, isolada ou conjuntamente, a possibilidade ou a obrigação de a seguradora: I - realizar o acompanhamento e/ou monitoramento do objeto principal; II - atuar como mediadora da inadimplência ou de eventual conflito entre segurado e tomador; ou III - prestar apoio e assistência ao tomador". Disponível em: https://www.in.gov.br/en/web/dou/-/circular-susep-n-662-de-11-de-abril-de-2022-392772088. Acesso em: 14 jul. 2025.

[11] GONÇALVES FILHO, Péricles. Surety Bond and the Role of Insurance Companies as Regulators in the Context of Brazilian Infrastructure Projects. p. 75. *Revista de Direito Administrativo*, Rio de Janeiro. V. 282, n. 1, p. 63-107, jan./abr. 2023.

Conjectura-se, para facilitar a compreensão, a seguinte situação: em uma obra no valor de R$300 milhões, se exigido seguro-garantia com cláusula de retomada, o valor da garantia poderá ser de 30% (R$90 milhões); em caso de inadimplemento com 50% do contrato executado e com pagamento na ordem de 60% do valor do contrato (R$180 milhões), haverá uma diferença de 10% entre execução e pagamento, correspondente a R$30 milhões; assim, ao assumir o contrato em razão da cláusula de retomada, a seguradora terá que executar os 50% do objeto pendentes, receberá os 40% de valores ainda devidos pela Administração (R$120 milhões) e cobrirá apenas os custos adicionais correspondentes a 10%, no valor de R$30 milhões, muito abaixo do valor total da garantia contratual.

Os arts. 99 e 102 da LLCA trazem mais incentivos ao efetivo acompanhamento da execução contratual, o que pode contribuir, no caso de inadimplemento, para que a diferença entre a parcela executada da obra e o valor pago pela Administração provavelmente seja inferior a 30% do valor do contrato. Portanto, ao limitar o seguro-garantia ao valor correspondente a 30% do valor do contrato, a LLCA adotou uma solução que, provavelmente, contemplará a maioria dos casos de inadimplemento, possibilitando que as seguradoras assumam o contrato e concluam a obra, com efetiva satisfação das necessidades da Administração, sem exigir, muitas vezes, o desembolso do valor total da garantia.

Destaca-se, a propósito, que os valores despendidos pela seguradora em razão de sinistro provocado pelo tomador da garantia ensejarão a execução das contragarantias que foram exigidas para fins de aceitação do risco, o que diminuirá ainda mais os prejuízos suportados pela seguradora. Existem, em conclusão, no marco legal das contratações públicas e na nova regulamentação do seguro-garantia (Circular Susep nº 662, de 11 de abril de 2022),[12] um arcabouço normativo que pode potencializar o papel do seguro-garantia como garantidor das obrigações assumidas pelo tomador perante a Administração Pública, tornando-o, finalmente, um instrumento efetivo de diminuição do número de obras paralisadas espalhadas por todo o País.

O problema, até o momento, é que as experiências de utilização do seguro-garantia são isoladas (por exemplo, no Estado de Mato Grosso), não se conhecendo, em julho de 2025, qualquer caso concreto de acionamento exitoso de seguro-garantia com cláusula de retomada. As expectativas do legislador quanto ao papel positivo a ser exercido pelas seguradoras nas obras de infraestrutura de grande vulto provavelmente serão frustradas com o tempo, pois, como explicam Talesh e Gonçalves Filho, salvo se a Susep assumir um forte papel fiscalizador,[13] as seguradoras, muitas vezes, "exercem uma prevenção de sinistros de forma dissociada do interesse público", existindo, até o momento, flagrante distorção entre as concepções téoricas e os estudos empíricos.[14]

---

[12] Disponível em: https://www.in.gov.br/en/web/dou/-/circular-susep-n-662-de-11-de-abril-de-2022-392772088. Acesso em: 28 jan. 2022.

[13] Destaca-se, nesse contexto, o disposto na Lei nº 13.848, de 25/6/2019, e no Decreto nº 10.411, de 30/6/2020, que, para "incrementar a satisfação dos interesses da sociedade, com foco em resultados", impõem a realização de análise do resultado regulatório, para "proceder à verificação dos efeitos obtidos pelos atos normativos de interesse geral de agentes econômicos ou de usuários de serviços públicos" (art. 13).

[14] Ver: TALESH, Shauhin; GONÇALVES FILHO, Péricles. Surety Bond and the Role of Insurance Companies as Regulators in the Context of Brazilian Infrastructure Projects. *Revista de Direito Administrativo*, Rio de Janeiro. V. 282, n. 1, p. 63-107, jan./abr. 2023.

CAPÍTULO III

DA ALOCAÇÃO DE RISCOS

Art. 103. O contrato poderá identificar os riscos contratuais previstos e presumíveis e prever matriz de alocação de riscos, alocando-os entre contratante e contratado, mediante indicação daqueles a serem assumidos pelo setor público ou pelo setor privado ou daqueles a serem compartilhados.

§1º A alocação de riscos de que trata o caput deste artigo considerará, em compatibilidade com as obrigações e os encargos atribuídos às partes no contrato, a natureza do risco, o beneficiário das prestações a que se vincula e a capacidade de cada setor para melhor gerenciá-lo.

§2º Os riscos que tenham cobertura oferecida por seguradoras serão preferencialmente transferidos ao contratado.

§3º A alocação dos riscos contratuais será quantificada para fins de projeção dos reflexos de seus custos no valor estimado da contratação.

§4º A matriz de alocação de riscos definirá o equilíbrio econômico-financeiro inicial do contrato em relação a eventos supervenientes e deverá ser observada na solução de eventuais pleitos das partes.

§5º Sempre que atendidas as condições do contrato e da matriz de alocação de riscos, será considerado mantido o equilíbrio econômico-financeiro, renunciando as partes aos pedidos de restabelecimento do equilíbrio relacionados aos riscos assumidos, exceto no que se refere:

I – às alterações unilaterais determinadas pela Administração, nas hipóteses do inciso I do caput do art. 124 desta Lei;

II – ao aumento ou à redução, por legislação superveniente, dos tributos diretamente pagos pelo contratado em decorrência do contrato.

§6º Na alocação de que trata o caput deste artigo, poderão ser adotados métodos e padrões usualmente utilizados por entidades públicas e privadas, e os ministérios e secretarias supervisores dos órgãos e das entidades da Administração Pública poderão definir os parâmetros e o detalhamento dos procedimentos necessários a sua identificação, alocação e quantificação financeira.

CRISTIANA FORTINI

MARCOS NÓBREGA

103 A matriz de alocação de riscos dos contratos

O simples passar do tempo, a ocorrência de circunstância desconhecida ou de efeitos incalculáveis à época da licitação, e alterações contratuais afetam ou podem afetar a estrutura econômico-financeira do contrato, fazendo com que o particular seja mais ou menos onerado do que se calculava quando julgada sua proposta.

O inciso XXI do art. 37 da Constituição de 1988 assegura o direito à manutenção das condições efetivas da proposta e traduz, em nosso sentir, o princípio do equilíbrio econômico-financeiro aplicável aos contratos administrativos.[1] A garantia do equilíbrio econômico-financeiro, entendida como a manutenção no tempo dos termos acordados na proposta, reflete expressão do interesse público. Ausente tal regra ao privado, se ainda se interessasse por contratar com a Administração Pública, não restaria senão inflar sua proposta de forma a minimizar o porvir.

O interesse público será atendido por meio da execução do contrato. Esse é o móvel que impulsiona a Administração Pública ao longo do ciclo de contratação. Não é interesse público causar a ruína do contratado,[2] inclusive porque os efeitos daí advindos ultrapassam a figura do contratado e alcançam terceiros inocentes, como empregados, colaboradores externos e outras empresas que com ele se relacionam. A isso se somam efeitos em matéria tributária e a própria redução do contingente de possíveis fornecedores da Administração Pública.

Desta forma, a garantia do equilíbrio econômico-financeiro é importante ferramenta para garantir o bom cumprimento do ajustado. Ao assim ditar, a Constituição tranquiliza as partes, sinalizando que ocorrências futuras (assim nomeadas porque subsequentes à proposta ou reveladas em momento posterior) não macularão a estrutura econômico-financeira antes pactuada.

Todavia, o fato de a Constituição assim prever não impede que as partes disponham sobre os termos do contrato, alocando de forma objetiva os riscos atribuíveis às partes. Não se trata de novidade aportada com a Nova Lei de Licitações.

---

1 Há entendimento no sentido de que a citada regra constitucional não implica garantia ao equilíbrio econômico-financeiro, ou ainda, de que são equívocas as interpretações do art. 37, XXI, que resultam na equivalência entre a manutenção das condições efetivas da proposta e a manutenção da equação econômico-financeira original que advém das efetivas condições da proposta. Nesse sentido, Joisa Dutra, Gustavo Kaercher e Itiberê de Oliveira indicam que "manter a proposta" não significa, necessariamente, "manter ao longo de todo o tempo do contrato a equação econômico-financeira original que decorre da proposta". A proposta pode, simplesmente, não contemplar essa manutenção, ou contemplá-la em base a distintas configurações de riscos. (...) Entendemos que é plenamente possível, à luz do art. 37, XXI, que a proposta seja construída em base em determinado "processo licitatório" que preveja exatamente o oposto da perenização da equação original, a bem de valores como adequada ou justa remuneração, atualização da tarifa a condições de mercado, mudanças do ambiente de investimento etc.

E, de consequência, a proposta contemplará refazimentos periódicos do equilíbrio econômico-financeiro (v.g. Lei nº 8.987/1995). Também nos parece plenamente possível que o edital preveja uma determinada repartição das áleas, o que significará que a proposta contemplará certos riscos e não outros (v.g. Lei nº 11.079/2004). Nesses casos, a equação econômico-financeira original poderá variar (ou não ser recomposta), mas, em qualquer circunstância, restarão respeitadas as condições efetivas da proposta. Repita-se: ao exigir respeito às condições efetivas da proposta, o art. 37, XXI, nada diz sobre como ela será feita e a quais vicissitudes e riscos estará submetido o arranjo econômico-financeiro do contrato. (DUTRA, Joisa *et al. Tem mesmo base constitucional o equilíbrio econômico-financeiro das concessões? Por um modelo flexível do regime econômico das concessões de serviço público.* Disponível em: https://ceri.fgv.br/publicacoes/tem-mesmo-base-constitucional-o-equilibrio-economico-financeiro-das-concessoes-por-um. Acesso em 13 set. 2021.

2 Celso Antônio Bandeira de Mello defende que não se autoriza à Administração, por supostamente cumprir o interesse público, obter vantagens patrimoniais em detrimento dos direitos do particular.

Na Lei nº 8.666/93 há diversos dispositivos que aludem expressamente à manutenção do equilíbrio.[3] A visão mais difundida é a de que tendo a referida Lei delineado as hipóteses que acionariam a necessidade de reequilíbrio, os contratos ordinários apenas as reproduziriam, sem que se admitisse espaço para que as partes ajustassem contratualmente de forma distinta.

Há muito defendemos que esse posicionamento não deveria prevalecer, pois a Constituição não veda a autorregulação das partes, mas sim estabelece que aquilo que foi efetivamente determinado por essas será intangível.

Mas, a prática demonstra que os contratos pautados pela Lei nº 8.666/1993 espelham o que a lei preconiza, sem customizações.

Um olhar diverso surge de forma mais expressiva com a Lei nº 11.079/2004, responsável pelas normas gerais sobre licitação e contratos de Parceria Público Privada. Inspirada em regrar contratos que se alongam durante o tempo e envolvem a execução de atividades diversas, reclamando investimentos pelo privado, apenas posteriormente recuperáveis, a Lei de PPP mira atrair privados com a promessa de uma relação menos verticalizada, em que pontos centrais são pactuáveis. No citado diploma incorpora-se, de forma expressa e obrigatória, a distribuição objetiva de riscos.[4]

A partir da referida norma observou-se franca expansão da utilização da alocação contratual de riscos que incorporou desde trabalhos acadêmicos que defenderam a extensão do mecanismo da Lei de PPP para as concessões comuns,[5] até a inclusão da previsão da matriz de riscos em textos legais, no caso do Regime Diferenciado de Contratação (RDC) (Lei nº 12.462/2011) e na Lei das Estatais (Lei nº 13.303/2016).

A Nova Lei de Licitações insere-se nesse movimento e apropria-se de dispositivos de diversos diplomas legais. Entre eles o relativo à matriz de riscos, que na Lei nº 14.133/2021 (inciso XXVII, do art. 6º) é definido como

> [...] cláusula contratual definidora de riscos e de responsabilidades entre as partes e caracterizadora do equilíbrio econômico-financeiro inicial do contrato, em termos de ônus financeiro decorrente de eventos supervenientes à contratação, contendo, no mínimo, as seguintes informações:
>
> a) listagem de possíveis eventos supervenientes à assinatura do contrato que possam causar impacto em seu equilíbrio econômico-financeiro e previsão de eventual necessidade de prolação de termo aditivo por ocasião de sua ocorrência;
>
> b) no caso de obrigações de resultado, estabelecimento das frações do objeto com relação às quais haverá liberdade para os contratados inovarem em soluções metodológicas ou tecnológicas, em termos de modificação das soluções previamente delineadas no anteprojeto ou no projeto básico;

---

3 Têm-se o art. 57, §1º, segundo o qual a alteração dos prazos de início de etapas de execução, de conclusão e de entrega gera a manutenção, desde que tenha ocorrido 1) alteração do projeto ou especificações, pela Administração; 2) superveniência de fato excepcional ou imprevisível, estranho à vontade das partes, que altere fundamentalmente as condições de execução do contrato; 3) interrupção da execução do contrato ou diminuição do ritmo de trabalho por ordem e no interesse da Administração; 4) aumento das quantidades inicialmente previstas no contrato; 5) impedimento de execução do contrato por fato ou ato de terceiro reconhecido pela Administração; 6) omissão ou atraso de providências a cargo da Administração. Há ainda os artigos 58, §2º, 65, §6º, a prever os efeitos da modificação unilateral; o art. 65, II, d, que cuida da teoria da imprevisão; e o art. 65, §5º, que trata do fato do príncipe.

4 Art. 4º, VI e art. 5º, III.

5 PEREZ, Marcos Augusto. *O risco no contrato de concessão de Serviço Público*. Belo Horizonte: Fórum, 2006.

c) no caso de obrigações de meio, estabelecimento preciso das frações do objeto com relação às quais não haverá liberdade para os contratados inovarem em soluções metodológicas ou tecnológicas, devendo haver obrigação de aderência entre a execução e a solução predefinida no anteprojeto ou no projeto básico, consideradas as características do regime de execução no caso de obras e serviços de engenharia.

Ao assim fazer, a atual Lei transporá para o cenário dos contratos "ordinários" a possibilidade (na nossa avaliação sempre foi possível) de que os riscos sejam previamente distribuídos e alocados para a parte que reúne mais chances de evitar sua ocorrência ou de com eles lidar. Riscos, inclusive ligados à força maior e a caso fortuito, também devem ser considerados quando se pretende dividir riscos.

A Lei nº 14.133/21 "avança na compreensão de que o contrato administrativo pode ser um instrumento de alocação de riscos, inclusive em relação à álea extraordinária, para ganho de eficiência econômica, na relação contratual".[6]

Não há, como linha geral, a obrigatoriedade de se desenhar a matriz de riscos. Os editais poderão prever ou não a citada cláusula, consoante se verifica do *caput* do art. 22. Se o edital assim prescrever, o contrato irá reverberar.[7]

Recordamos que contratos cujo objeto são obras e serviços de grande vulto ou quando adotados os regimes de contratação integrada[8] e semi-integrada necessariamente terão matriz de risco.[9]

No caso de assim fazerem, o cálculo do valor estimado da contratação poderá considerar taxa de risco compatível com o objeto da licitação e com os riscos atribuídos ao contratado, de acordo com metodologia predefinida pelo ente federativo.

Essa é a razão a explicar o *caput* do art. 22 e o §3º do art. 103, segundo o qual "a alocação dos riscos contratuais será quantificada para fins de projeção dos reflexos de seus custos no valor estimado da contratação".

Vale dizer, há de se considerar o valor estimado da contratação contabilizando o impacto que a modelagem de riscos provoca. Evidentemente que editais distintos, ainda que contemporâneos e sobre o mesmo objetivo, provocarão reações distintas em termos de proposta, a depender de quais riscos estão sendo alocados para o privado.

As reflexões sobre esse tema podem apoiar-se na experiência pretérita de aplicação do RDC. O Decreto nº 8.080/2013 estipulou que a taxa de risco (também nomeada de "reserva de contingência") poderá ser considerada no orçamento estimado de acordo com metodologia definida em ato do Ministério supervisor ou da entidade contratante.[10]

---

6 TORRES, Ronny Charles Lopes de. *Leis de licitações públicas comentadas*. 12. ed. rev. ampl. e atual. São Paulo: Ed. JusPodivm, 2021. p. 563.

7 Lei nº 14.133/2021. Art. 92, inciso IX.

8 O Tribunal de Contas da União, durante a aplicação do RDC, trouxe a matriz de riscos como elemento essencial e obrigatório nas licitações que adotassem o anteprojeto de engenharia (regime de contratação integrada), por ser um instrumento que define a repartição objetiva de responsabilidades advindas de eventos supervenientes à contratação, na medida em que é informação indispensável para a caracterização do objeto e das respectivas responsabilidades contratuais, como também é essencial para o dimensionamento das propostas por parte das licitantes. (TCU. Acórdão nº 1510/2013 – Plenário. Rel. Min. Valmir Campelo).

9 Lei nº 14.133/2021. Art. 22, §3º.

10 Art. 75. O orçamento e o preço total para a contratação serão estimados com base nos valores praticados pelo mercado, nos valores pagos pela administração pública em contratações similares ou na avaliação do custo global da obra, aferida mediante orçamento sintético ou metodologia expedita ou paramétrica.
§1º Na elaboração do orçamento estimado na forma prevista no caput, poderá ser considerada taxa de risco compatível com o objeto da licitação e as contingências atribuídas ao contratado, devendo a referida taxa ser

Algumas entidades, como o DNIT, chegaram a elaborar tais metodologias de forma customizada para certos tipos de contratação, como no caso das obras rodoviárias.[11]

O tema foi também objeto de análise do TCU no Acórdão nº 639/2019 – PLENÁRIO, que deu

> ciência à Companhia de Desenvolvimento Urbano do Estado da Bahia acerca de ocorrência identificada quando da auditoria em tela, a fim de que adote providências com vistas a evitar novas falhas da espécie, atinente à ausência de informações, a exemplo de um memorial descritivo, como o embasamento teórico e as justificativas para a escolha do método de cálculo das taxas de risco nos orçamentos da licitação RDC nº 02/2013, não estando explícito, por exemplo, como foram definidos os pesos para os riscos baixo, médio e alto, quem e quantos foram os avaliadores que associaram os riscos **às** suas probabilidades de ocorrência e qual o intervalo de confiança da estimativa, em desrespeito ao art. 9º, §2º, inc. II, e §5º, da Lei nº 12.462/2011.[12]

A construção da matriz há de ter como premissa a maximização da eficiência do contrato, ou seja, "devem ser alocados de forma racional e eficiente, de acordo com a maior ou menor capacidade de cada um dos parceiros de mitigá-los".[13]

Identificar os riscos possíveis pressupõe um olhar cauteloso, de forma a cogitar as interferências possíveis a que o vínculo se sujeitará. Nesse sentido, o caput do art. 103 prescreve que "[o] contrato poderá identificar os riscos contratuais previstos e presumíveis". A listagem dos riscos é etapa inicial e fundamental para viabilizar o passo concretizador da alocação "entre contratante e contratado, mediante indicação daqueles a serem assumidos pelo setor público ou pelo setor privado ou daqueles a serem compartilhados".[14]

E não só. Alocar riscos é tarefa que reclama ponderação, porque sobrecarregar o privado pode afastá-lo do certame ou majorar o valor da proposta. Sobrecarregar o público de forma impensada, lado outro, não salvaguarda o interesse público. Deve-se evitar que o contrato contenha cláusulas pouco elaboradas, resumindo-se na prática a transferir para o privado (situação comum em contratos de PPP mais antigos) ou para o público (hipótese bem menos provável, já que as entidades públicas redigem a minuta do contrato) os riscos residuais que não tenham sido hipnotizados e repartidos.

---

motivada de acordo com metodologia definida em ato do Ministério supervisor ou da entidade contratante. (Incluído pelo Decreto nº 8.080, de 2013).

§2º A taxa de risco a que se refere o §1º não integrará a parcela de benefícios e despesas indiretas (BDI) do orçamento estimado, devendo ser considerada apenas para efeito de análise de aceitabilidade das propostas ofertadas no processo licitatório. (Incluído pelo Decreto nº 8.080, de 2013).

11 Veja-se, por exemplo: O guia de gerenciamento de riscos de obras rodoviárias. *DNIT*, Brasília, 2013. Disponível em: https://www.gov.br/dnit/pt-br/assuntos/planejamento-e-pesquisa/custos-e-pagamentos/custos-e-pagamentos-dnit/documentos/guiadegerenciamentoderiscosfundamentos.pdf. Acesso em 01 ago. 2021.

12 TCU. Processo nº 008.594/2016-3. Acórdão nº 639/2019 – PLENÁRIO. Relator Augusto Sherman. Sessão 20 mar. 2019.

13 CASTRO, Rodrigo Pironti Aguirre de; MENEGAT, Fernando. Matriz de risco nas contratações das estatais e o comprimento da "teoria das áleas" no direito administrativo. *In*: REIS, Luciano Elias; JUNIOR, Laerzio Chiesorin (Orgs.). *Lei das Empresas Estatais*: responsabilidade empresarial e o impacto para o desenvolvimento econômico nacional. Curitiba: OAB, 2017.

14 Art. 103, *caput*.

Compreender qual risco melhor se ajusta ao público e ao privado, ou a ambos de forma repartida, é relevante para atrair ou afugentar possíveis licitantes que tendem a repudiar riscos sobre os quais não tem qualquer governabilidade. Nas palavras de Maurício Portugal Ribeiro e Lucas Navarro Prado, "a distribuição de riscos é uma questão de eficiência econômica, e não de valor".[15]

Neste sentido, o §1º do art. 22 da Nova Lei prevê que a matriz "deverá promover a alocação eficiente dos riscos de cada contrato e estabelecer a responsabilidade que caiba a cada parte contratante, bem como os mecanismos que afastem a ocorrência do sinistro e mitiguem os seus efeitos, caso este ocorra durante a execução contratual".

O §1º do art. 103, em sintonia com o §1º do art. 22, determina aos agentes públicos responsáveis pela fase interna da licitação construir a cláusula editalícia e contratual, contabilizando as obrigações e os encargos atribuídos às partes no contrato, a natureza do risco, o beneficiário das prestações a que se vincula e a capacidade de cada setor para melhor gerenciá-lo.

O §6º do mesmo art. 103 diz da faculdade de se adotarem métodos e padrões usualmente utilizados por entidades públicas e privadas, bem como de ministérios e secretarias supervisores dos órgãos e das entidades da Administração Pública definirem os parâmetros e o detalhamento dos procedimentos necessários à sua identificação, alocação e quantificação financeira.

A liberdade para construção da "melhor cláusula" é de certa forma mitigada pelo §2º do mesmo art. 103, que dita: "Os riscos que tenham cobertura oferecida por seguradoras serão preferencialmente transferidos ao contratado". A justificativa é a de que havendo seguro, o privado pode contratá-los. Claro que o almoço não será de graça. Como explicado, quanto mais riscos, mesmo que cobertos por seguros, mais elevada a proposta e, logo, também o valor do contrato, já que a "ampliação dos riscos atribuídos ao contratado implica a elevação de sua remuneração".[16]

Por outro lado, a redação do §5º do art. 103 parece esvaziar ou, no mínimo, limitar a liberdade de desenhar a matriz de riscos no que toca:

I às alterações unilaterais determinadas pela Administração, nas hipóteses do inciso I do "caput" do art. 124 desta Lei;

II ao aumento ou à redução, por legislação superveniente, dos tributos diretamente pagos pelo contratado em decorrência do contrato.

Ambas as situações decorrem de decisões da Administração e são intrínsecas à própria relação contratual, afetando-a direta ou indiretamente.

Assim, pelo referido dispositivo, esses riscos não podem ser previstos na matriz de riscos; destarte, caso ocorram, não impedem o necessário reequilíbrio econômico-financeiro do contrato, em atendimento à garantia indicada no inciso XXI, do art. 37 da Constituição Federal.

---

15 RIBEIRO, Maurício Portugal; PRADO, Lucas Navarro. *Comentários à Lei de PPP – Parceria Público-Privada*: fundamentos econômico-jurídicos. 1. ed. São Paulo: Sociedade Brasileira de Direito Público – Malheiros, 2010. p. 120.

16 JUSTEN FILHO, Marçal. *Comentários à lei de licitações e contratações administrativas*. São Paulo: Thomson Reuters Brasil, 2021. p. 1277.

A matriz de alocação de riscos definirá o equilíbrio econômico-financeiro inicial do contrato[17] em relação a eventos supervenientes e deverá ser observada na solução de eventuais pleitos das partes, como preconiza o §4º do art.103.

Ao assumir o risco, a parte reconhece que na hipótese de sua ocorrência, os efeitos serão por ela suportados. Assim, na hipótese de risco distribuído para o particular, a ele não se reconhece o direito ao reequilíbrio, ainda que potencializados os seus encargos.

Portanto, na hipótese de contratos que contenham matriz de riscos, faculta-se ao licitante questioná-la em caso de dúvida ou discordância, nos moldes do art. 164 da Nova Lei. Compreendê-la é vital para a adequada preparação das propostas.

[17] Como lembra Maurício Portugal Ribeiro: "A função, portanto, do sistema de equilíbrio econômico-financeiro é o cumprimento permanente da matriz de riscos contratual". (RIBEIRO, Maurício Portugal. *III.5 Distribuição de riscos e equilíbrio econômico-financeiro*. Disponível em: https://portugalribeiro.com.br/ebooks/concessoes-e-ppps/as-melhores-praticas-para-modelagem-de-contratos-de-concessoes-e-ppps-alinhando-os-incentivos-para-a-prestacao-adequada-e-eficiente-dos-servicos/distribuicao-de-riscos-e-equilibrio-economico-financeiro/. Acesso em 21 jul. 2021).

CAPÍTULO IV

DAS PRERROGATIVAS DA ADMINISTRAÇÃO

Art. 104. O regime jurídico dos contratos instituído por esta Lei confere à Administração, em relação a eles, as prerrogativas de:

I – modificá-los, unilateralmente, para melhor adequação às finalidades de interesse público, respeitados os direitos do contratado;

II – extingui-los, unilateralmente, nos casos especificados nesta Lei;

III – fiscalizar sua execução;

IV – aplicar sanções motivadas pela inexecução total ou parcial do ajuste;

V – ocupar provisoriamente bens móveis e imóveis e utilizar pessoal e serviços vinculados ao objeto do contrato nas hipóteses de:

a) risco à prestação de serviços essenciais;

b) necessidade de acautelar apuração administrativa de faltas contratuais pelo contratado, inclusive após extinção do contrato.

§1º As cláusulas econômico-financeiras e monetárias dos contratos não poderão ser alteradas sem prévia concordância do contratado.

§2º Na hipótese prevista no inciso I do caput deste artigo, as cláusulas econômico-financeiras do contrato deverão ser revistas para que se mantenha o equilíbrio contratual.

CRISTIANA FORTINI

104 Das prerrogativas da Administração Pública

Prerrogativas da Administração Pública traduzem faculdades conferidas pela ordem jurídica como mecanismos que possam se revelar necessários à concretização do interesse público.

Não se concebem prerrogativas senão como instrumentos de salvaguarda do interesse público, razão pela qual antes de serem vistas como favores ao agente público que delas poderia lançar mão de forma caprichosa, devem ser utilizadas à medida em que vistas como necessárias ao fim que justifica a sua existência.

O art. 104 apresenta uma lista de prerrogativas que, em artigos seguintes, são detalhadas pelo legislador.

Ao se analisar as cinco prerrogativas alinhadas nos incisos do art. 104, percebe-se que algumas delas revelam de fato uma potestade pública que discrepa do que se reconheceria como juridicamente válido em ambiente contratual a envolver dois atores

privados. Assim, modificar e extinguir unilateralmente, ainda que nos limites que a Lei fixa, implica reconhecer uma posição de destaque para a Administração, como "tutora" do interesse público. Como condutas que de fato desnivelam, exigem um manuseio diligente, responsável e sempre justificado, especialmente pelos impactos gerados na órbita privada. Não se cuida apenas de providenciar o reequilíbrio do contrato ou de pagar indenizações ao contratado – situações possíveis diante de alterações/extinções. Trata-se também de saber que o mau uso do instrumental pode afastar interessados ou aumentar o custo do contrato.

Alterar contratos sem a concordância do privado, ainda que este celebre o contrato ciente dessa possibilidade, não pode ser medida a ser adotada de forma vulgar, assim entendido o desprezo pela imperiosa cautela quando do planejamento da licitação e produção do edital e de seus anexos. O mesmo se diz da extinção prematura, sobretudo quando não apoiada em desacertos atribuíveis ao privado.

Paralelamente a essas reais prerrogativas, a Lei menciona a fiscalização que, em verdade, não encerra faculdade, mas verdadeiro dever. Fiscalização contratual não é algo que traduza uma potestade pública a ser empregada em casos que aqui ou acolá a demandam, mas é antes encargo do qual não escapam as entidades públicas no seio de um vínculo contratual. Portanto, por mais que a Lei a conceba como prerrogativa, melhor seria catalogá-la como dever.

A disciplina mais detalhada sobre a matéria é objeto de diversos artigos ao longo da Lei.

Art. 105. A duração dos contratos regidos por esta Lei será a prevista em edital, e deverão ser observadas, no momento da contratação e a cada exercício financeiro, a disponibilidade de créditos orçamentários, bem como a previsão no plano plurianual, quando ultrapassar 1 (um) exercício financeiro.

CHRISTIANNE DE CARVALHO STROPPA

CRISTIANA FORTINI

105 Considerações iniciais

A Lei nº 14.133/2021 promove importantes alterações no tratamento da duração dos contratos.

As novidades se justificam por várias razões. Resumidamente se poder dizer que são três as razões mais importantes.

De início, a Lei nº 14.133/2021 rompeu a vinculação direta entre duração contratual e exercício financeiro, exigindo apenas a verificação anual da existência de créditos orçamentários e, quando ultrapassar um exercício, compatibilidade com o Plano Plurianual (PPA).

Em alguns casos, o legislador quis conferir maior flexibilidade ao agente público, reconhecendo que a realização de seguidas licitações consome tempo, energia e recursos e que, diante de serviços e fornecimento de bens sempre demandados pela Administração, seria possível já de antemão elastecer o prazo de duração.

Em outros, a duração mais extensa decorreria da própria natureza do contrato, a reclamar vínculos mais longos. São contratos sem equivalência na Lei nº 8.666/1993 e que ao serem tratados na Lei nº 14.133/2021 exigiram ajustes relativos ao aspecto temporal.

A doutrina contemporânea tem associado a disciplina da duração contratual à teoria dos contratos incompletos, destacada por Paula Greco Bandeira.[1] Segundo essa perspectiva, quanto mais longos forem os vínculos contratuais, maior será o grau de incerteza quanto ao seu cumprimento integral, em razão da impossibilidade de as partes anteciparem todas as contingências que podem ocorrer ao longo do tempo. Essa incompletude, fruto da racionalidade limitada dos contratantes, gera a necessidade de constantes ajustes e renegociações, além de elevar os riscos transacionais, tanto para a Administração quanto para o particular. Assim, a ampliação dos prazos contratuais, embora atenda a demandas de planejamento e de economicidade, deve vir acompanhada de mecanismos de governança e gestão de riscos capazes de mitigar a insegurança jurídica decorrente dessas lacunas inevitáveis.

---

[1] Uma das implicações da vigência alongada dos contratos da Lei nº 14.133/2021 é a impossibilidade de as partes deterem *ex ante*, ou seja, no momento da formalização da relação jurídica, todas as informações necessárias para suas perfeitas e adequadas execuções, revelando suas incompletudes, já que decorrentes da racionalidade limitada dos contratantes e da necessidade de reduzir os custos de transação (BANDEIRA, Paula Greco. *Contrato incompleto*. São Paulo: Atlas, 2015).
Sobre a relação entre a nova Lei de Licitações e os contratos incompletos, recomenda-se o debate ocorrido no Portal L&C. Disponível em: https://www.youtube.com/watch?v=-66dUvh0h6c. Acesso em: 17 set. 2021.

Todo modo, ainda que o legislador atual admita contratos mais duradouros, a definição do prazo liga-se à fase interna quando se há de estudar qual o prazo que melhor se harmoniza com as obrigações assumidas pelas partes, que atenda ao interesse público, que permita a recuperação dos investimentos privados, quando for o caso. Ainda que se trate de contratos por prazo determinado, que se caracterizam por não se vincularem à conclusão de determinada tarefa[2], porque inexiste um escopo final a ser alcançado, há de se sopesar vantagens e desvantagens de prazos mais longos. A isso se voltará adiante.

Vale dizer, a lei não está a chancelar a indicação irracional de qualquer marco temporal. Ao contrário, há uma profunda preocupação com o planejamento das licitações, de forma a inibir que o edital e seus anexos, entre eles a minuta contratual, espelhem decisões irrefletidas.

São várias as providências que a Lei nº 14.133/2021 indica serem necessárias na fase preparatória que evidenciam essa preocupação, dentre as quais destacam-se:

- a compatibilização dessa fase com o plano de contratações anual e com as leis orçamentárias;
- a necessária abordagem de todas as considerações técnicas, mercadológicas e de gestão que possam interferir na contratação, quando da fase preparatória;
- análise dos riscos envolvidos;
- o estudo técnico preliminar a ser elaborado deve demonstrar, dentre seus elementos, os resultados pretendidos em termos de economicidade e de melhor aproveitamento dos recursos humanos, materiais e financeiros disponíveis.

105.1 Duração dos contratos

A duração dos contratos está diretamente relacionada à sua vigência, ou seja, indica o período do tempo no qual as obrigações pactuadas pelas partes devam ser adimplidas.

Nos moldes do art. 57 da Lei nº 8.666/1993, os contratos têm duração adstrita à vigência dos créditos orçamentários, "uma vez que nestes encontra-se a previsão dos recursos necessários para adimplir as obrigações assumidas pelo Estado"[3]. Nos termos do art. 34 da Lei nº 4.320/1964[4], como o exercício financeiro coincide com o ano civil, os contratos podem, em regra, vigorar por até 12 (doze) meses, observadas as exceções expressamente admitidas pelos incisos do art. 57.

Se por um lado a previsão, como cláusula editalícia, da duração dos contratos é importante, já que compreensiva do prazo de vigência contratual – contado a partir do momento da sua celebração e considerado apto a produzir os seus efeitos até que seja adimplido o objeto contratado – e do prazo de execução contratual – período disponibilizado ao contratado para que execute a obrigação pactuada[5] –, cediço que está

---

[2] Claro que sempre há o cumprimento de tarefas, mas elas não importam um desfecho final, porque há contínua demanda pelo objeto contratual.

[3] CARVALHO, Raquel. Contrato administrativo: prazo de vigência em caso de transferência de tecnologia ao Estado. Disponível em: http://raquelcarvalho.com.br/2019/07/04/contrato-administrativo-prazo-de-vigencia-em-caso-de-transferencia-de-tecnologia-ao-estado/. Acesso em: 27 jun. 2021.

[4] Estatui Normas Gerais de Direito Financeiro para elaboração e controle dos orçamentos e balanços da União, dos Estados, dos Municípios e do Distrito Federal.

[5] O Tribunal de Contas da União, ao tratar dos prazos contratuais, fixou entendimento no sentido de que a Administração deve considerar, quando da fixação do prazo de vigência do contrato, o período necessário à

diretamente relacionada à obtenção do melhor preço e das condições mais vantajosas para a Administração[6]. E assim deve ser pensada quando de sua fixação.

Na esteira desse entendimento, em sentido diverso daquele expressado na Lei nº 8.666/1993, a Lei nº 14.133/2021 não vincula, de pronto, a duração do contrato à vigência do crédito orçamentário, mas sim ao previsto no edital, exigindo que, no momento da contratação e a cada exercício financeiro, seja verificada a disponibilidade dos créditos nas respectivas leis orçamentárias.[7]

Em se tratando de investimentos[8], na hipótese de ultrapassarem 1 (um) exercício financeiro, deverão também estar prevista no Plano Plurianual (PPA), já que: "Nenhum investimento cuja execução ultrapasse um exercício financeiro poderá ser iniciado sem prévia inclusão no plano plurianual, ou sem lei que autorize a inclusão, sob pena de crime de responsabilidade" (§ 1º do inciso XI do art. 167 da CF/1988). Esse é um "dever que o administrador não pode relegar a segundo plano e, se o fizer, pode ser responsabilizado civil e funcionalmente, a, ainda, sujeito à Lei de Improbidade (LIA)"[9]

O prazo de duração passa a ser fixado em face da própria natureza e especificidade do objeto a ser executado.

---

execução do objeto. Veja-se: "... observe a necessidade de que o período de vigência definido no instrumento contratual abranja o efetivo período de execução dos serviços contratados, uma vez que, transposta a data final de sua vigência, o contrato é considerado extinto, não sendo juridicamente cabível a prorrogação ou a continuidade de sua execução" (TCU. Acórdão 523/2010 - Primeira Câmara. Rel. Min. José Múcio Monteiro).

6 TCU. Acórdão nº 1214/2013 – Plenário. Rel. Min. Aroldo Cedraz.

7 "Portanto, no momento da contratação deverá ser atestada a disponibilidade de recurso orçamentário para fazer frente à despesa decorrente da contratação. Além disso, sempre que a contratação se estender por mais de um exercício financeiro, o referido ateste deverá ocorrer a cada exercício, sem prejuízo da previsão no Plano Plurianual quando for o caso" (ROCHA, Paulo Germano Moreira Neves da. O novo regime das contratações plurianuais na Lei 14.133/2021. *In*: CARVALHO, Matheus; BELÉM, Bruno; CHARLES, Ronny (Coords.). *Temas Controversos da Nova Lei de Licitações e Contratos*. São Paulo: Editora JusPodvim, 2021. p. 341-342.

8 Essa exigência não alcança despesas correntes. Por exemplo, um contrato de serviço continuado de vigilância não precisa estar no PPA.

9 CARVALHO FILHO, José dos Santos. *Manual direito administrativo*. 35. ed. São Paulo: Atlas, 2021, p. 254.

Art. 106. A Administração poderá celebrar contratos com prazo de até 5 (cinco) anos nas hipóteses de serviços e fornecimentos contínuos, observadas as seguintes diretrizes:

I - a autoridade competente do órgão ou entidade contratante deverá atestar a maior vantagem econômica vislumbrada em razão da contratação plurianual;

II - a Administração deverá atestar, no início da contratação e de cada exercício, a existência de créditos orçamentários vinculados à contratação e a vantagem em sua manutenção;

III - a Administração terá a opção de extinguir o contrato, sem ônus, quando não dispuser de créditos orçamentários para sua continuidade ou quando entender que o contrato não mais lhe oferece vantagem.

§ 1º A extinção mencionada no inciso III do caput deste artigo ocorrerá apenas na próxima data de aniversário do contrato e não poderá ocorrer em prazo inferior a 2 (dois) meses, contado da referida data.

§ 2º Aplica-se o disposto neste artigo ao aluguel de equipamentos e à utilização de programas de informática.

CHRISTIANNE DE CARVALHO STROPPA

CRISTIANA FORTINI

106 Vigência dos contratos de serviços e fornecimentos contínuos[1] [2]

O art. 106 da Lei nº 14.133/2021 representa uma das mudanças mais significativas em relação à Lei nº 8.666/1993, ao permitir a celebração de contratos de serviços contínuos[3]

[1] "Outra correspondência relevante é a que diz respeito à duração dos contratos administrativos na Nova Lei, identificada no art. 106, ao regular contratos com prazos de até 5 anos para serviços e fornecimentos contínuos, podendo chegar aos 10 anos. Há muito tempo se verifica uma tendência de que contratos de natureza continuada observassem a duração máxima permitida no art. 57 da Lei nº 8.666/93, principalmente quando firmados com empresas de médio a grande porte. A possibilidade de permitir contratos com prazos iniciais de 5 anos tende a aumentar a competitividade nas licitações, melhorar preços, principalmente pelo fato de permitir a economia na amortização de investimentos mais altos, incentivando o uso de novas tecnologias, além, é claro, de colaborar para a redução dos custos transacionais de gestão contratual com as recorrentes prorrogações anuais" (FORTINI, Cristiana; PAIM, Flaviana Vieira; RAINHO, Renata Costa. Os serviços contínuos na Nova Lei de Licitação. *Fórum e Contratação e Gestão Pública – FCGP*, Belo Horizonte, ano 20, n. 233, p. 13-29, maio 2021).

[2] ENUNCIADOS 12, 13 e 14 elencam hipóteses de objetos a serem caracterizados como fornecimentos contínuos (1º Simpósio de Licitações e Contratos da Justiça Federal. Enunciado aprovados em 2022. Disponível em: https://www.cjf.jus.br/cjf/noticias/2022/setembro/conselho-divulga-enunciados-aprovados-no-201ci-simposio-de-licitacoes-e-contratos-da-justica-federal201d. Acesso em 24 jan. 2023).

[3] Também denominado de contrato de duração, de execução continuada ou por prazo certo, é aquele em que a obrigação principal do contratado é extinta em razão de termo preestabelecido. Melhor explicando, é aquele cujo prazo de execução extingue-se em data preestabelecida, independentemente do que fora ou não realizado pelo

(inclusive de engenharia) e os de fornecimentos contínuos[4] (novidade), relacionados à "manutenção da atividade administrativa", em razão de "necessidades permanentes ou prolongadas" da Administração (inciso XV do art. 6º da LLCA), pelo prazo inicial de até cinco anos, com possibilidade de prorrogação de até dez anos (art. 107). Essa inovação também abrange a figura do fornecimento contínuo, inexistente na legislação anterior, mas já admitido por construção jurisprudencial e normativa.[5]

A *ratio legis* reside no reconhecimento de que a Administração mantém necessidades permanentes ou prolongadas (art. 6º, XV, LLCA), cujo atendimento não se esgota com a extinção da vigência contratual. A demanda é estrutural e reiterada, justificando um vínculo jurídico mais duradouro. Trata-se de racionalidade que busca mitigar os custos de transação relacionados à repetição anual de licitações e à instabilidade contratual.[6]

A lei não qualifica os bens ou serviços salvo dizendo que eles são contínuos. Assim, quer digam respeito a bens/serviços essenciais, quer não digam, será possível, desde que justificada, a vigência mais prolongada.

A lei, contudo, condiciona a adoção de prazos mais longos a duas garantias:

a) declaração administrativa da vantagem econômica[7] decorrente da prorrogação plurianual (art. 106, I);

b) ateste, na contratação e em cada exercício, da existência de créditos orçamentários e da vantagem na manutenção da avença (art. 106, II).

A escolha por prazos mais longos não pode ser motivada apenas pela pretensão de se evitarem licitações constantes. Claro que esse argumento não é desprezível porque o tempo e as despesas com licitação não são irrelevantes. Mas há de se considerar que um vínculo de maior extensão pode implicar – ou ao menos poderia, já que o legislador fez uma verdadeira confusão – maior compromisso da Administração Pública para com o contratado. Afinal, a formatação da proposta considera as especificações editalícias, entre elas o prazo da avença. Prazos maiores podem justificar uma maior agressividade da proposta (valores mais baixos). Nisso, a tal vantagem econômica perseguida pelo legislador no art. 106, inciso I.

Também se deve considerar que prazos mais extensos em tese poderiam causar embaraços para a Administração Pública no tocante a mudanças vistas como convenientes mas que encontram resistência nos limites previstos no art. 124.

---

contratado. Os contratos de prestação de serviços contínuos, como vigilância, limpeza etc., são contratos por prazo certo (NIEBUHR, Joel de Menezes; NIEBUHR, Pedro de Menezes. *Licitações e contratos das* estatais. Belo Horizonte: Fórum, 2018. p. 273).

[4] A questão foi enfrentada, de início, pelo Tribunal de Contas do Distrito Federal, na Decisão Normativa nº 03/1999, admitindo-se a possibilidade de prorrogação de contratos de fornecimento, desde que contínuos e devidamente fundamentados, caso a caso, ou seja, não se pode aplicar extensivamente a qualquer caso, tem que haver fundamentação para o caso concreto.

Para o TCU, no Acórdão nº 766/2010 – Plenário, Rel. Min. José Jorge, as características necessárias são: essencialidade, execução de forma contínua, de longa duração e possibilidade de que o fracionamento em períodos venha a prejudicar a execução do serviço.

[5] Em situação excepcional, o TCU, por meio do Acórdão nº 766/2010 – Plenário, admitiu que os contratos de compra/fornecimento fossem considerados serviços de natureza contínua, possibilitando, assim, a prorrogação dos respectivos ajustes até o limite de 60 (sessenta) meses, nos termos do art. 57, inc. II, da Lei nº 8.666/93.

[6] FORTINI, Cristiana; PAIM, Flaviana; RAINHO, Renata. Os serviços contínuos na Nova Lei de Licitação. *Fórum de Contratação e Gestão Pública – FCGP*, n. 233, maio 2021.

[7] "A vantagem econômica do prazo maior é elemento fundamental para sua fixação, e essa é a razão por que o administrador precisa verificar e atestar a vantajosidade" (CARVALHO FILHO, José dos Santos. *Manual direito administrativo*. 35. ed. São Paulo: Atlas, 2021. p. 254).

Daí sempre se impõe o dever de cotejar vantagens e desvantagens em ultrapassar o prazo de um ano e chegar ao teto (inicial) de cinco anos constante do art.106.

O art.106 bem serviria ao propósito de estimular propostas mais vantajosas, porque o licitante vislumbraria ganhos com contratos mais extensos e assim reduziria a proposta, não fosse a estranha previsão constante do inciso III.

A possibilidade de a Administração extinguir (no próximo aniversário e em período não inferior a dois meses) o contrato, sem ônus, caso inexista crédito orçamentário ou porque se concluiu que o contrato não é mais vantajoso coloca em risco exatamente o desiderato do dispositivo.

Por que o privado irá mergulhar a proposta se a administração pode romper, sem custo (na literalidade da norma), não só porque a Administração poderá alegar ausência de crédito orçamentário – argumento objetivo – mas porque ela pode dizer que não há mais vantagem no elo? Detalhe: a lei não esclarece qual seria a "vantagem na manutenção" não mais presente. O inciso III é mais aberto que o inciso I, esse sim a mencionar a vantagem econômica como parâmetro decisório. E quanto mais aberto, maior o risco que o particular corre, mais ele irá se proteger deixando de oferecer propostas mais vantajosas e mais distante da lógica que inspira o art.106 se estará.

A única forma de se ler o inciso III, inclusive para que ele se amolde à Constituição, por força do que preceitua o art. 37, § 6º, da Constituição (responsabilidade extracontratual objetiva do Estado),[8] é no mínimo garantir o ressarcimento dos prejuízos suportados comprovadamente pelo particular (contratado).

A ON AGU nº 98/2025 esclarece que a extinção antecipada do contrato contínuo, com base no art. 106, III, da Lei nº 14.133/2021, deve ser acompanhada de justificativa formal que contenha elementos objetivos e documentados, respaldando a falta de créditos ou a perda de vantajosidade contratual. Essa extinção, se sem ônus para a Administração, só pode ocorrer na próxima data de aniversário do contrato, respeitando-se prazo mínimo de dois meses para comunicação prévia, conforme o art. 183 da mesma lei. Esse mecanismo não impõe a obrigatoriedade de manutenção do contrato sem recursos, mas estabelece parâmetro temporal para a preservação da segurança jurídica. A Administração pode optar por afastar essa prerrogativa, desde que isso esteja previsto no edital/contrato e devidamente justificado. Caso precise extinguir o contrato antes desse marco temporal, deverá fazê-lo com ônus, conforme disciplina o art. 138, §2º.[9]

106.1 Hipóteses de aluguel de equipamentos e utilização de programas de informática

O §2º do art. 106 confirma que o prazo de até cinco anos se aplica também ao aluguel de equipamentos e utilização de programas de informática, categorias que historicamente já demandavam contratos de maior duração. Essas hipóteses igualmente admitem prorrogação de até dez anos, desde que observados os requisitos de vantajosidade e disponibilidade orçamentária.

---

[8] FERRAZ, Luciano. Contratos na Nova Lei de Licitações e Contratos. *In:* DI PIETRO, Maria Sylvia Zanella (Coord.). *Licitações e contratos administrativos:* inovações da Lei 14.133/21. Rio de Janeiro: Forense, 2021, p. 196.

[9] AGU. Orientação Normativa AGU nº 98/2025: dispõe sobre a extinção antecipada de contratos contínuos sem ônus, fundamento no art. 106, inciso III, c/c §1º da Lei nº 14.133/2021. Brasília, 8 ago. 2025. Disponível em: *site oficial da AGU*. Acesso em: 25 ago. 2025.

Art. 107. Os contratos de serviços e fornecimentos contínuos poderão ser prorrogados sucessivamente, respeitada a vigência máxima decenal, desde que haja previsão em edital e que a autoridade competente ateste que as condições e os preços permanecem vantajosos para a Administração, permitida a negociação com o contratado ou a extinção contratual sem ônus para qualquer das partes.

CHRISTIANNE DE CARVALHO STROPPA

CRISTIANA FORTINI

107 Prorrogação de serviços e fornecimentos contínuos[1]

Também deve ser destacada a possibilidade de prorrogação até 10 (dez) anos, para o mesmo tipo de contratos de que cuida o art. 106 (fornecimento de bens e prestação de serviços de natureza contínua) desde que essa possibilidade conste expressamente do edital e a vantajosidade das condições e dos preços sejam atestadas pela autoridade competente, sem prejuízo de negociação com o contratado ou extinção do contrato sem ônus para as partes (art. 107).

Ou seja, o contrato poderá ao fim e ao cabo chegar a 10 (dez) anos. Não importa que o prazo original seja de um, dois ou cinco anos. As prorrogações podem se dar até o limite máximo de dez anos. Entendemos que é possível que se façam prorrogações ano a ano ou que se faça uma única prorrogação, isso por exemplo no caso de contrato que se inicie com cinco anos e se faça uma única e mais extensa prorrogação. A interpretação deve, contudo, sempre considerar os princípios da economicidade e da vantajosidade, e a redação do art. 107 possibilita essa interpretação.[2]

Novamente o legislador menciona a possibilidade de extinção do contrato sem ônus para as partes. Mas a situação é distante da disciplinada no art.106, inciso III. Isso porque aqui o prazo original do contrato já foi observado. Não há comportamento contraditório por parte da Administração. O contrato chegou ao fim (ou está chegando, já que a decisão consensual da prorrogação há de ocorrer antes do último dia) e as partes podem ou não convergir no sentido de esticar o vínculo.

---

[1] ENUNCIADO 3 A efetivação da prorrogação contratual prevista no art. 107 da Lei nº 14.133/2021 fica condicionada a uma avaliação qualitativa realizada pelo fiscal/gestor do contrato em relação aos serviços prestados pela contratada, devendo utilizar-se de parâmetros objetivos de avaliação (1º Simpósio de Licitações e Contratos da Justiça Federal. Enunciado aprovados em 2022. Disponível em: https://www.cjf.jus.br/cjf/noticias/2022/setembro/conselho-divulga-enunciados-aprovados-no-201ci-simposio-de-licitacoes-e-contratos-da-justica-federal201d. Acesso em 24 jan. 2023).

[2] Lei nº 14.133/2021. Art. 107. Os contratos de serviços e fornecimentos contínuos poderão ser prorrogados sucessivamente, respeitada a vigência máxima decenal, desde que haja previsão em edital e que a autoridade competente ateste que as condições e os preços permanecem vantajosos para a Administração, permitida a negociação com o contratado ou a extinção contratual sem ônus para qualquer das partes.

A negociação mencionada pelo art.107 se justifica sobretudo quando há custos de investimentos já amortizados que não mais se repetirão e que podem impulsionar a Administração a propor a redução. A negociação é uma faculdade e não um dever, porque cabe examinar se há o que de fato negociar. A eventual negociação e o alongamento do casamento ocorrerão se esse for o interesse de ambas as partes.

Ademais, mesmo que o art. 107 não imponha expressamente, a avaliação da capacidade da contratada deve preceder qualquer decisão de prorrogação. O contratado deve manter as condições de habilitação[3] exigidas inicialmente, inclusive regularidade fiscal, trabalhista e integridade cadastral, conforme o §4º do art. 91 da própria lei. Tal obrigação é reforçada pela jurisprudência do TCU (Acórdão nº 1.246/2020 – Plenário, Min. Benjamin Zymler), que veda a prorrogação de contrato de serviços contínuos com empresa declarada inidônea ou sancionada no âmbito da Lei nº 8.443/1992.

Além disso, deve ser verificada a situação do contratado nos cadastros federais – CEIS (Cadastro Nacional de Empresas Inidôneas e Suspensas) e CNEP (Cadastro Nacional de Empresas Punidas)[4] – em consonância com a política nacional de integridade e prevenção à corrupção.

---

[3] TCU. Acórdão nº 1.246/2020 – Plenário. Rel. Min. Benjamin Zymler: "É indevida a prorrogação de contrato de prestação de serviços contínuos celebrado com sociedade empresária que, na vigência do contrato, seja declarada inidônea para contratar com a Administração (art. 46 da Lei 8.443/1992) ou que tenha os efeitos dessa sanção a ela estendidos. Se a contratada deve manter os requisitos de habilitação durante a execução do contrato (art. 55, inciso XIII, da Lei 8.666/1993), deve, por consequência, deter essa condição quando da sua prorrogação".
TCU. Acórdão nº 2.613/2008 – 2ª Câmara. Rel. Min. Raimundo Carreiro: "Verifique mensalmente a manutenção, pelos contratados, durante toda execução do contrato, das condições de habilitação e qualificação exigidas quando da contratação, em atenção ao que dispõe o art. 55, inciso XIII, da Lei nº 8.666/1993, por afronta ao art. 195, §3º da Constituição Federal".
Parecer nº 00105/2018/CONJUR-CGU/CGU/AGU. Dentre as recomendações, destaca-se: deve a autoridade administrativa competente verificar se a contratada mantém as condições que foram exigidas quando da realização da licitação, consignando tal fato nos autos. Em havendo qualquer impedimento quanto à habilitação da empresa contratada, é dever da Administração não realizar a prorrogação contratual. Disponível em: https://repositorio.cgu.gov.br/bitstream/1/45675/1/Parecer_Referencial_105-2018. Acesso em: 21 jul. 2021.

[4] FERRAZ, Luciano. Contratos na Nova Lei de Licitações e Contratos. *In*: DI PIETRO, Maria Sylvia Zanella (Coord.). *Licitações e contratos administrativos*: inovações da Lei 14.133/21. Rio de Janeiro: Forense, 2021. p. 196.

Art. 108. A Administração poderá celebrar contratos com prazo de até 10 (dez) anos nas hipóteses previstas nas alíneas "f" e "g" do inciso IV e nos incisos V, VI, XII e XVI do *caput* do art. 75 desta Lei.

CHRISTIANNE DE CARVALHO STROPPA

CRISTIANA FORTINI

108 Hipóteses específicas de dispensa de licitação

O prazo será de até 10 (dez) anos (art. 108), nas hipóteses de dispensa de licitação e que envolvam utilização e transferência de tecnologias específicas, forças armadas e segurança nacional, ciência e inovação (Lei nº 10.973/2004), arroladas nas alíneas "f" e "g" do inciso IV e nos incisos V, VI, XII e XVI do art. 75. Percebe-se que o legislador reconheceu que, nas hipóteses especificas por ele indicadas, a oscilação do prestador não se afina com o interesse público. De fato, situações que envolvam defesa e segurança nacional, pesquisa e inovação tecnológica pedem por elos mais duradouros, que são necessários para garantir estabilidade em áreas estratégicas.

Art. 109. A Administração poderá estabelecer a vigência por prazo indeterminado nos contratos em que seja usuária de serviço público oferecido em regime de monopólio, desde que comprovada, a cada exercício financeiro, a existência de créditos orçamentários vinculados à contratação.

CHRISTIANNE DE CARVALHO STROPPA

CRISTIANA FORTINI

109 Hipóteses de serviços públicos oferecidos em regime de monopólio[1]

O art. 109 da Lei nº 14.133/2021 consagra a possibilidade de celebração de contratos administrativos com vigência por prazo indeterminado quando a Administração Pública for usuária de serviços públicos prestados em regime de monopólio.[2] Trata-se de exceção expressa à regra geral da vedação de contratos por prazo indeterminado, prevista justamente para atender situações em que a substituição periódica de fornecedores é inviável ou inexistente em razão do regime jurídico do serviço.

Exemplos típicos são os serviços públicos essenciais de energia elétrica, água e esgoto, serviços postais prestados pela Empresa Brasileira de Correios e Telégrafos (ECT) e ajustes firmados com a Imprensa Nacional. Esses serviços, pela natureza monopolística, tornam desnecessária e até antieconômica a realização de licitações periódicas.

Nessa hipótese, necessário que a cada exercício financeiro seja comprovada a existência de créditos orçamentários vinculados à contratação (art. 109). Trata-se de exceção à regra da vedação do contrato por prazo indeterminado, mas já previsto e defendido pela Advocacia-Geral da União na Orientação Normativa nº 36/2011:

> A Administração pode estabelecer a vigência por prazo indeterminado nos contratos em que seja usuária de serviços públicos essenciais de energia elétrica, água e esgoto, serviços postais monopolizados pela ECT (Empresa Brasileira de Correios e Telégrafos) e ajustes firmados com a Imprensa Nacional, desde que no processo da contratação estejam

---

[1] ENUNCIADOS 12, 13 e 14 elencam hipóteses de objetos a serem caracterizados como fornecimentos contínuos (1º Simpósio de Licitações e Contratos da Justiça Federal. Enunciado aprovados em 2022. Disponível em: https://www.cjf.jus.br/cjf/noticias/2022/setembro/conselho-divulga-enunciados-aprovados-no-201ci-simposio-de-licitacoes-e-contratos-da-justica-federal201d. Acesso em: 24 jan. 2023).

[2] "[...] a situação em que só há aquela prestadora de serviço público disponível para dada prestação, a exemplo de algumas contratações dos Correios ou quando só há, por exemplo, uma concessionária de energia elétrica numa dada localidade para fornecer à Prefeitura, por exemplo, daí a Administração terá, necessariamente, de contratar com aquela prestadora, dada a ausência de concorrência, e não precisará ficar todo ano mobilizando esforços para legitimar a continuidade de um contrato que só pode mesmo ser celebrado com aquela concessionária (estatal ou privada)" (NOHARA, Irene Patrícia. *Direito administrativo*. 10. ed. São Paulo, Atlas, 2020. p. 435-436).

explicitados os motivos que justificam a adoção do prazo indeterminado e comprovadas, a cada exercício financeiro, a estimativa de consumo e a existência de previsão de recursos orçamentários.[3]

A doutrina reforça que essa previsão não afasta a necessidade de controle anual da execução, em respeito ao princípio da responsabilidade fiscal.

O TCU também se manifestou sobre a matéria, destacando que a excepcionalidade não deve ser confundida com ausência de planejamento ou flexibilização ilimitada. No Acórdão nº 2.613/2008 – 2ª Câmara, Min. Raimundo Carreiro, o Tribunal reforçou a necessidade de verificação constante das condições de habilitação e qualificação da contratada durante toda a execução contratual.

Do ponto de vista crítico, alguns autores observam que a redação do art. 109 pode gerar riscos de perpetuidade contratual, na medida em que abre espaço para contratos formalmente indeterminados, mas sem mecanismos claros de revisão. Para evitar esse efeito, recomenda-se que os órgãos públicos instituam procedimentos internos de reavaliação periódica (por exemplo, revisões trienais ou quinquenais), ainda que o contrato seja formalmente indeterminado, de modo a assegurar a vantajosidade e adequação do ajuste às políticas públicas.

[3] Disponível em: https://www.in.gov.br/materia/-/asset_publisher/Kujrw0TZC2Mb/content/id/30055006/do1-2014-05-02-orientacao-normativa-n-36-de-13-de-dezembro-de-2011-30055002. Acesso em: 17 set. 2021.

Art. 110. Na contratação que gere receita e no contrato de eficiência que gere economia para a Administração, os prazos serão de:

I - até 10 (dez) anos, nos contratos sem investimento;

II - até 35 (trinta e cinco) anos, nos contratos com investimento, assim considerados aqueles que impliquem a elaboração de benfeitorias permanentes, realizadas exclusivamente a expensas do contratado, que serão revertidas ao patrimônio da Administração Pública ao término do contrato.

CHRISTIANNE DE CARVALHO STROPPA

CRISTIANA FORTINI

110 Hipóteses de contratação que gere receita para a Administração Púbica e no contrato de eficiência

O prazo será de até 10 (dez) anos para a contratação que gere receita para a Administração Pública e no contrato de eficiência, desde que não haja investimento (inciso I, art. 110).

Contratos que geram receita, como os que envolvem a utilização privativa de bens públicos[1], não demandam preocupação com a existência de créditos orçamentários já que não há gastos.

Os contratos de eficiência são conceituados no art. 6º, inciso LIII, como aqueles que envolvem a prestação de serviços, e podem incluir a realização de obras e o fornecimento de bens, se necessários, com o propósito de proporcionar economia ao contratante, por meio da redução de despesas correntes. "Não se destina tão somente a solucionar uma necessidade pública em troca da remuneração devida ao contratado, mas esse também se compromete a oferecer uma solução que gere alguma forma de economia ao ente público contratante, por meio de emprego de uma metodologia mais adequada em substituição à utilizada atualmente, por exemplo. Em suma, é a busca de economia de recursos financeiros pelo aumento da eficiência em determinado setor ou atividade pública introduzido pelo particular contratado"[2].

---

1 O instrumento por meio do qual se admite o uso privativo de bens públicos é determinado pela lei do titular. Não procedem cientificamente as delimitações doutrinárias que estabelecem os contornos e os escopos da autorização, permissão e concessão porque inexiste, em respeito ao federalismo, lei nacional a ditar quando empregar cada um deles. Mas, na hipótese de se utilizar contratos com esse viés, eles se encaixariam no art. 110.

2 BIANCOLINI, Adriano. A provável nova Lei de Licitações: contratos de eficiência e o julgamento pelo maior retorno econômico. Disponível em: https://www.linkedin.com/pulse/prov%C3%A1vel-nova-lei-de-licita%C3%A7%C3%B5es-contratos-efici%C3%AAncia-e-biancolini/. Acesso em: 22 jul. 2021.

Sobre o valor de fato economizado aplica-se o percentual – que constou da proposta de preço apresentada na licitação.[3] [4] O pagamento do contratado está atrelado ao alcance da meta de redução de gastos.[5] Ou seja, não se trata de contrato não oneroso, mas o dispêndio de recursos públicos se dará após a constatação da economia fruto da(s) atividade(s) executada(s) pelo contratado. Ele pode ser visto como contrato sem desembolso, sob certa ótica, porque não se paga pelo trabalho executado pelo contratado, que assume os riscos de não atingi-lo, de nada receber e de inclusive ser punido. Todavia, se o fito for alcançado, ainda que parcialmente, haverá o ônus do pagamento. Neste caso há desembolso, que na verdade é uma fatia do que já se gastaria com despesas de custeio[6]. Então desembolso há, mas não há gasto extra, adicional ao que a Administração já gastaria com as referidas despesas de custeio.

Esses contratos guardam relação direta com os chamados contratos de *performance*, nos quais a remuneração do contratado é vinculada ao alcance de resultados previamente estabelecidos, e também se aproximam da lógica das parcerias público-privadas em escala reduzida (*PPP light*). A característica essencial é a transferência de riscos e a busca de ganhos de eficiência, seja pela redução de custos de operação, seja pelo aumento de receitas decorrentes de exploração econômica do objeto.

A jurisprudência do TCU tem reforçado que a validade desses contratos depende da comprovação objetiva de economicidade e da mensuração transparente dos resultados alcançados. Importante que a contratação de eficiência esteja ancorada em indicadores claros de desempenho, acompanhados por mecanismos de fiscalização aptos a verificar, com precisão, a efetividade das metas.

Do ponto de vista da doutrina, tais ajustes representam uma quebra de paradigma em relação ao modelo tradicional de remuneração, pois deslocam o foco do pagamento pelo insumo (horas trabalhadas, bens fornecidos) para o resultado obtido. Autores como Carlos Ari Sundfeld[7] apontam que, nesse modelo, o risco de ineficiência é alocado ao contratado, o que exige da Administração um planejamento robusto e a definição de métricas verificáveis.

---

3 O art. 39 dita o critério do maior retorno econômico como a régua para se identificar a proposta vencedora. E essa proposta será julgado nos moldes do § 3º segundo o qual o retorno econômico será o resultado da economia que se estima gerar com a execução da proposta de trabalho, deduzida a proposta de preço.

4 A Instrução Normativa SEGES/ME nº 96, de 23 de dezembro de 2022, dispõe sobre a licitação pelo critério de julgamento por maior retorno econômico, na forma eletrônica.

5 A Lei se preocupa com propostas irreais apresentadas por aventureiros. Por essa razão o art. 39, § 4º prescreve que, se não for gerada a economia prevista no contrato de eficiência, que por sua vez, decorre da proposta de trabalho que o licitante ofertou, a diferença entre a economia contratada e a efetivamente obtida será descontada da remuneração do contratado. Se a diferença entre a economia contratada e a efetivamente obtida for superior ao limite máximo estabelecido no contrato, o contratado sujeitar-se-á, ainda, a outras sanções cabíveis.

6 As despesas de custeio se destinam à manutenção dos serviços criados anteriormente à Lei Orçamentária Anula (LOA) vigente, correspondendo, dentre outros gastos, àqueles feitos com pessoal, material de consumo, serviços de terceiros e gastos com obras de conservação e adaptação de bens imóveis, nos termos do §1º, do art. 12 da Lei nº 4.320/1964.

7 SUNDFELD, Carlos Ari. Contratos de performance e a Lei 14.133/2021. *Revista de Direito Público*, São Paulo, v. 57, n. 2, 2022.

110.1 Contratação que não demanda investimento

Se esses contratos que geram receita ou de eficiência não demandarem investimento o seu prazo de duração não ultrapassará dez anos. Cabe aos agentes examinarem qual o prazo adequado para que o intuito que impulsionou a celebração do contrato seja alcançado. Casos de concessão de uso privativo de bens públicos que não demandaram investimentos podem chegar a 10 anos, mas isso não autoriza que assim sempre seja. Há de se perguntar: qual seria o prazo ideal? Por vezes, para inclusive possibilitar uma rotatividade de uso, um prazo menor pode se revelar mais adequado. Essa ponderação sobre o prazo ideal deve ser encampada pela Administração, passando a ser um dos fatores de motivação quando da fase preparatória da Licitação.

110.2 Contratação que demanda investimento

O prazo será de até 35 (trinta e cinco) anos para a contratação que gere receita para a Administração Pública e no contrato de eficiência, desde que haja investimento, entendido como elaboração de benfeitorias permanentes, realizadas exclusivamente às custas do contratado e que serão revertidas ao patrimônio da Administração Pública quando do término do contrato (inciso II, art. 110).

O fato de o particular se interessar pelo uso privativo de bens públicos, e assim celebrar contrato assumindo o ônus de pagar um valor para a Administração Pública – exemplo de contrato que gera receita – não afasta a necessidade de que ele realize investimentos. Os investimentos inclusive podem ser necessários para que de fato seja possível o uso do bem público. O uso de um box em determinado mercado público pode demandar obras. Se tais investimentos são benfeitorias permanentes, pagas pelo privado, que aderem ao bem e serão apropriados pelo seu titular, o prazo do contrato deve considerar o tempo necessário à amortização.

Nos contratos de eficiência também poderão ser necessários investimentos pelo contratado. O prazo do contrato deve ser fixado considerando o volume dos investimentos demandado.

Nessas duas hipóteses, a Lei admite prazos maiores.

O prazo máximo para os contratos que geram receita ou de eficiência faz recordar limite temporal autorizado pela Lei de Parcerias Público-Privada.

Trinta e cinco anos são o teto para contratos que demandam investimentos. Podem e devem ser feitos contratos com menor lapso temporal se os estudos da fase interna indicarem que os investimentos a serem suportados pelo contratado serão amortizados em menor tempo. Mais uma vez destaca-se o cuidado que o gestor público deverá ter na fase preparatória, que deve evidenciar a vantajosidade do prazo de duração fixado em dada relação contratual.

A previsão de prazo de até 35 anos merece atenção crítica. Embora possa ser justificada pelo volume de investimentos necessários, aproxima-se da lógica das concessões de serviço público, reguladas pela Lei nº 8.987/1995 e pela Lei nº 11.079/2004. A ausência de distinção clara entre contratos administrativos de eficiência e concessões pode gerar dificuldades interpretativas, sobretudo no controle da vantajosidade ao longo de décadas de execução.

Art. 111. Na contratação que previr a conclusão de escopo predefinido, o prazo de vigência será automaticamente prorrogado quando seu objeto não for concluído no período firmado no contrato.

Parágrafo único. Quando a não conclusão decorrer de culpa do contratado:

I - o contratado será constituído em mora, aplicáveis a ele as respectivas sanções administrativas;

II - a Administração poderá optar pela extinção do contrato e, nesse caso, adotará as medidas admitidas em lei para a continuidade da execução contratual.

CHRISTIANNE DE CARVALHO STROPPA

CRISTIANA FORTINI

111 Hipóteses em que o contrato prevê a conclusão de um escopo predefinido

Em verdade, todo contrato tem um ou mais escopos. Não se celebra contrato senão visando a que dado objetivo seja alcançado. Porém, há casos em que a demanda por dado serviço e bem é perene. Assim, contratos vários que se sucedem ao longo do tempo serão necessários. Todos esses contratos também têm um escopo. Contudo, a execução mais perfeita por dado particular não esgotará a necessidade incessante da Administração Pública. Os contratados serão substituídos ao longo do tempo, mas o interesse na atividade permanece. Esses contratos, embora também tenham escopo, são usualmente chamados de contratos por prazo (ou contratos de duração).

Em situações outras, o interesse público se encerra na entrega de um dado produto, na execução de um serviço ou na realização de uma obra. Atingido o intuito se satisfaz a necessidade da Administração Pública. Esses contratos são usualmente tratados de contratos por escopo.

Nesses casos, o júbilo da entidade contratante está no cumprimento da meta. Se essa não resta materializada, o contrato não atendeu o propósito que impulsionou sua celebração.

O legislador reconhece que de nada adiantará o passar dos dias se o intuito não se concretizar. Por essa razão, o prazo será automaticamente prorrogado, no caso de contratação com indicação de conclusão de escopo predefinido,[1] ou seja:

[1] Para o TCU, há relevância na diferenciação entre contratos por escopo e contratos de execução continuada, nos seguintes termos: "5.2.53. A implicação prática de tal diferenciação reside no fato de que o contrato por escopo não se extinguiria pela simples ultrapassagem do tempo de vigência, mas sim pela conclusão da obra ou serviço. Assim, mesmo que o prazo de execução dos serviços terminasse, caso o objeto ainda não tivesse sido finalizado totalmente, a avença ainda restaria válida no mundo jurídico. Os prazos estabelecidos teriam, portanto, caráter meramente moratório, e não extintivo. A partir do término dos prazos estabelecidos, poderiam ser aplicadas as

> [...] quando o objeto contratual for dotado de precisão quanto ao *resultado* a ser alcançado (por exemplo, a construção de um muro de arrimo contra deslizamentos), o prazo de vigência será considerado automaticamente prorrogado quando o objeto não for concluído no prazo fixado. Os efeitos, entretanto, variam de acordo com a parte culpada. Se a culpa couber ao contratado, será ele constituído em mora e sujeito às sanções administrativas cabíveis; além disso, a Administração pode optar pela extinção do contrato e adotar as medidas adequadas à continuidade da execução (art. 111 e parágrafo único, I e II). Caso a culpa seja da Administração, poderá haver efeitos gravosos para esta, dependendo da ocorrência dos casos previstos no art. 137 do Estatuto.[2]

Trata-se de situação típica, embora não exclusiva, dos contratos de obras. A eles deverão ser aplicados a regra geral do art. 105, "caput", da Lei nº 14.133/2021, assim como a disciplina do art. 111 (contratos por escopo). "Isto porque as obras são contratos que se baseiam em projetos e que entregam resultados certos e definidos à Administração, servindo a vigência contratual mais para marcar o tempo máximo do cumprimento das obrigações das partes do que para delimitar o início e o fim dos contratos."[3]

Quando se contrata a execução de edifício destinado ao funcionamento de um hospital, importa que esse venha a ser entregue. Se o fim do contrato não foi obtido no prazo incialmente avençado pode se cogitar de prorrogar.

Claro que as razões para a "insuficiência do prazo" devem ser investigadas. Caso decorram de questões atribuídas ao particular, o contratante pode não prorrogar e optar pela extinção, adotando outra medida com vistas a obter o escopo desejado, sem prejuízo de eventuais punições.

Lado outro, pode-se tributar à Administração o insucesso do contrato, assim entendido porque a meta não foi alcançada no tempo assinalado. Em casos dessa natureza e a depender das particularidades do caso concreto, o privado poderá se valer do direito à extinção do contrato, expressamente reconhecido no § 2º do art. 137.[4]

Em reforço, a norma consagra, em termos claros, a distinção ontológica entre contratos por prazo e contratos por escopo. Nestes últimos, o elemento central é a entrega do resultado final, e não o decurso do tempo. O prazo contratual assume, assim, natureza acessória e moratória, servindo apenas como referência para caracterização da mora do contratado, sem acarretar a extinção da avença. Como já apontava a doutrina de Joel de

---

diversas sanções previstas em lei ou no próprio instrumento de ajuste, que, entretanto, não se extinguiria até a consecução do objeto" (TCU, Acórdão 2.406/2010 – Plenário. Rel. Min.-Subs. Marcos Bemquerer Costa).

2 CARVALHO FILHO, José dos Santos. *Manual direito administrativo*. 35. ed. São Paulo: Atlas, 2021, p. 254.

3 FERRAZ, Luciano. Contratos na Nova Lei de Licitações e Contratos. *In:* DI PIETRO, Maria Sylvia Zanella (Coord.). *Licitações e contratos administrativos:* inovações da Lei 14.133/21. Rio de Janeiro: Forense, 2021, p. 196.

4 Art. 137 § 2º contratado terá direito à extinção do contrato nas seguintes hipóteses:
I - supressão, por parte da Administração, de obras, serviços ou compras que acarrete modificação do valor inicial do contrato além do limite permitido no art. 125 desta Lei;
II - suspensão de execução do contrato, por ordem escrita da Administração, por prazo superior a 3 (três) meses;
III - repetidas suspensões que totalizem 90 (noventa) dias úteis, independentemente do pagamento obrigatório de indenização pelas sucessivas e contratualmente imprevistas desmobilizações e mobilizações e outras previstas;
IV - atraso superior a 2 (dois) meses, contado da emissão da nota fiscal, dos pagamentos ou de parcelas de pagamentos devidos pela Administração por despesas de obras, serviços ou fornecimentos;
V - não liberação pela Administração, nos prazos contratuais, de área, local ou objeto, para execução de obra, serviço ou fornecimento, e de fontes de materiais naturais especificadas no projeto, inclusive devido a atraso ou descumprimento das obrigações atribuídas pelo contrato à Administração relacionadas a desapropriação, a desocupação de áreas públicas ou a licenciamento ambiental.

Menezes Niebuhr, no contrato de escopo "o tempo apenas caracteriza ou não a mora, mas não extingue a obrigação principal".[5]

Surge, nesse contexto, o debate sobre o instrumento jurídico adequado para formalizar a prorrogação automática: termo aditivo ou apostilamento. O estudo de Jandeson Barbosa[6] conclui que, como regra, o apostilamento é suficiente e adequado, por não implicar alteração da essência do contrato, mas mero registro administrativo do efeito legal automático. Apenas excepcionalmente, mediante motivação específica, poderá ser exigida a formalização por termo aditivo.

Esse entendimento foi consolidado pela Orientação Normativa AGU nº 92/2024, que fixou a prorrogação automática como hipótese típica de apostilamento. Na mesma linha, o Manual de Licitações e Contratos do TCU (2024) incorporou a distinção, reforçando que o apostilamento garante eficiência administrativa sem comprometer a segurança jurídica.

Importa ainda destacar que a prorrogação automática não exonera a Administração do dever de apurar a responsabilidade do contratado pelo atraso na execução. O próprio dispositivo legal, em seu parágrafo único, prevê que, quando a não conclusão decorrer de culpa do contratado, ele será constituído em mora, sujeito às sanções cabíveis, além de facultar à Administração a extinção do contrato com adoção das medidas legais necessárias à continuidade da execução.

Assim, a inovação do art. 111 deve ser lida sob dupla perspectiva: (i) proteção do interesse público, assegurando a conclusão do objeto pactuado, independentemente de prazo; e (ii) reforço da *accountability* contratual, impondo ao contratado o dever de cumprir o escopo sob pena de sanções.

---

5 NIEBUHR, Joel de Menezes. *Licitações e contratos administrativos*. Belo Horizonte: Fórum, 2021.

6 BARBOSA, Jandeson da Costa. Prorrogação automática de contrato por escopo pode ser registrada por apostilamento. *Virtú Gestão Pública*, 2025. Disponível em: https://virtugestaopublica.com.br/contrato-por-escopo. Acesso em: 23 ago. 2025.

Art. 112. Os prazos contratuais previstos nesta Lei não excluem nem revogam os prazos contratuais previstos em lei especial.

CHRISTIANNE DE CARVALHO STROPPA

CRISTIANA FORTINI

112 Hipóteses previstas em leis especiais

Os prazos contratuais previstos na Lei nº 14.133/2021 não excluem nem revogam os prazos contratuais previstos em lei especial (art. 112). Nesse sentido, a título de exemplo, um contrato de locação de imóvel se regerá pela Lei nº 8.245/1991, já um contrato de gestão de *facilities*, pela Lei nº 14.011/2020.

Art. 113. O contrato firmado sob o regime de fornecimento e prestação de serviço associado terá sua vigência máxima definida pela soma do prazo relativo ao fornecimento inicial ou à entrega da obra com o prazo relativo ao serviço de operação e manutenção, este limitado a 5 (cinco) anos contados da data de recebimento do objeto inicial, autorizada a prorrogação na forma do art. 107 desta Lei.

CHRISTIANNE DE CARVALHO STROPPA

CRISTIANA FORTINI

113 Hipóteses de contratos firmados sob o regime de fornecimento e prestação de serviço associado

A Lei nº 14.133/2021 procurou resolver um problema enfrentado pelos gestores públicos quando da contratação de bens conjugados, tais como fornecimento de bens e, subsequentes, prestações de serviços envolvendo operação, manutenção ou ambas, diretamente decorrentes do referido fornecimento.

Sob a égide da Lei nº 8.666/1993 essa questão não encontrava uma solução adequada, ficando sob a batuta da Administração a identificação do objeto preponderante, para fins de fixação da duração do contrato.

Nos parece que a questão agora está resolvida, pois identificado que os serviços a serem prestados decorrem, precipuamente, de um necessário bem a ser fornecido, deve a Administração adotar o regime de fornecimento e prestação de serviço associado definido no inciso XXXIV, art. 6º da Lei nº 14.133/2021.

O prazo passa a ser o resultante da soma do prazo indicado para o fornecimento inicial ou da entrega da obra (conforme fixado no edital), acrescido do prazo da prestação do serviço de operação e manutenção (fornecimento + serviço; fornecimento + obra; fornecimento + obras + serviço), este limitado a 5 (cinco) anos, contados do recebimento do objeto inicial, podendo ser prorrogado até 10 (dez) anos (art. 113).

Não se pode desconsiderar, a depender da modelagem da contratação, que, no regime de fornecimento e prestação de serviço associado, poderão existir incentivos ao particular para o fornecimento de bens ou a execução de obras com qualidade acentuada, de modo a reduzir despesas subsequentes relacionadas a operação e manutenção do objeto.

Art. 114. O contrato que previr a operação continuada de sistemas estruturantes de tecnologia da informação poderá ter vigência máxima de 15 (quinze) anos.

CHRISTIANNE DE CARVALHO STROPPA

CRISTIANA FORTINI

114 Hipóteses de operação continuada de sistemas estruturantes de tecnologia da informação

Segundo o então Secretário de Logística e Tecnologia da Informação (SLTI) do Ministério do Planejamento (MP), Orçamento e Gestão, Cristiano Heckert, "os sistemas estruturadores são mecanismos de organização por temas da administração pública federal, sendo previstos no Decreto-Lei nº 200/1967. Os sistemas estruturantes, por sua vez, são a forma tecnológica que dá suporte ao funcionamento destes sistemas estruturadores. Como exemplo, ele cita o Sipec, sistema estruturador que cuida do pessoal civil da administração, e que recebe o apoio de um sistema estruturante eletrônico, o Sigepe".[1] São contratos que pela complexidade na sua estruturação e execução atraem a necessidade de um prazo mais elástico de duração.[2]

O prazo será de até 15 (quinze) anos (art. 114), nos contratos com previsão de operação continuada de sistemas estruturantes de tecnologia da informação.

---

[1] Segundo o Secretário de Logística e Tecnologia da Informação (SLTI) do Ministério do Planejamento (MP), Orçamento e Gestão, Cristiano Heckert, "os sistemas estruturadores são mecanismos de organização por temas da administração pública federal, sendo previstos no Decreto-Lei nº 200/1967. Os sistemas estruturantes, por sua vez, são a forma tecnológica que dá suporte ao funcionamento destes sistemas estruturadores. Como exemplo, ele cita o Sipec, sistema estruturador que cuida do pessoal civil da administração, e que recebe o apoio de um sistema estruturante eletrônico, o Sigepe". Disponível em: https://www.serpro.gov.br/menu/noticias/noticias-antigas/noticias-2015/voce-sabe-o-que-sao-sistemas-estruturantes. Acesso em: 27 jun. 2021.

[2] Há, desde a edição do art. 30 do Decreto-Lei nº 200/1967, a previsão de que "Serão organizadas sob a forma de sistema as atividades de pessoal, orçamento, estatística, administração financeira, contabilidade e auditoria, e serviços gerais, além de outras atividades auxiliares comuns a todos os órgãos da Administração que, a critério do Poder Executivo, necessitem de coordenação central". E, no § 1º do art. 30, a determinação de que "Os serviços incumbidos do exercício das atividades de que trata este artigo consideram-se integrados no sistema respectivo e ficam, consequentemente, sujeitos à orientação normativa, à supervisão técnica e à fiscalização específica do órgão central do sistema, sem prejuízo da subordinação ao órgão em cuja estrutura administrativa estiverem integrados."

Art. 115. O contrato deverá ser executado fielmente pelas partes, de acordo com as cláusulas avençadas e as normas desta Lei, e cada parte responderá pelas consequências de sua inexecução total ou parcial.

§ 1º É proibido à Administração retardar imotivadamente a execução de obra ou serviço, ou de suas parcelas, inclusive na hipótese de posse do respectivo chefe do Poder Executivo ou de novo titular no órgão ou entidade contratante.

§ 2º (VETADO).

§ 3º (VETADO).

~~§ 4º (VETADO).~~

§ 4º Nas contratações de obras e serviços de engenharia, sempre que a responsabilidade pelo licenciamento ambiental for da Administração, a manifestação prévia ou licença prévia, quando cabíveis, deverão ser obtidas antes da divulgação do edital. (Promulgação partes vetadas)

§ 5º Em caso de impedimento, ordem de paralisação ou suspensão do contrato, o cronograma de execução será prorrogado automaticamente pelo tempo correspondente, anotadas tais circunstâncias mediante simples apostila.

§ 6º Nas contratações de obras, verificada a ocorrência do disposto no § 5º deste artigo por mais de 1 (um) mês, a Administração deverá divulgar, em sítio eletrônico oficial e em placa a ser afixada em local da obra de fácil visualização pelos cidadãos, aviso público de obra paralisada, com o motivo e o responsável pela inexecução temporária do objeto do contrato e a data prevista para o reinício da sua execução.

§ 7º Os textos com as informações de que trata o § 6º deste artigo deverão ser elaborados pela Administração.

CHRISTIANNE DE CARVALHO STROPPA

CRISTIANA FORTINI

115 Execução dos contratos

Sobre a temática da execução dos contratos, o art. 115 da Lei nº 14.133/2021 possui o mesmo conteúdo do art. 66 da Lei nº 8.666/1993: o contrato deverá ser executado fielmente pelas partes, de acordo com as cláusulas avençadas e as normas desta Lei, e cada parte responderá pelas consequências de sua inexecução total ou parcial.

O dever de fiel execução dos contratos decorre da função que estes desempenham no Direito Administrativo: tornam concreto o interesse público, objetivam a subjetividade do pacto e asseguram direitos e obrigações recíprocos. Para tanto, devem ser elaborados em linguagem clara, precisa e objetiva, prevendo modelos de execução e de gestão contratual (art. 6º, incisos XII e XXIII).[1]

Na esteira da ideia de que os contratos devem chegar ao seu termo, em estrita obediência ao pactuado (sem prejuízo das alterações realizadas), merece destaque a proibição de retardamento imotivado, em especial na execução dos contratos de obras e serviços, ou de suas parcelas, mesmo quando se esteja perante a posse de chefe do poder executivo ou de novo titular no órgão ou entidade contratante.

> Esta medida, embora pareça desnecessária, é fundamental, pois em nosso país é deveras comum que novos gestores, sobretudo ao assumirem novos mandatos, tomem atitudes pouco racionais e prejudiciais à continuidade de empreendimentos, motivados por interesse 'politiqueiros'.
>
> O respeito à regra do § 1º deve ser cobrado pelos órgãos de controle, notadamente Ministério Público e Tribunais de Contas.
>
> Obviamente, é possível que motivos legítimos possam justificar a suspensão ou retardamento da execução. Por exemplo, suspeitas de fraude podem exigir a sustação da execução, para apuração imediata. O que não se pode é impor a mesquinhez política em detrimento dos recursos públicos legitimamente gastos com o início da contratação; assim, a decisão de sustar a execução deve ser devidamente justificada, sob pena, inclusive, de responsabilização.[2]

A vedação busca coibir a prática, ainda comum no Brasil, de paralisação injustificada de contratos por razões políticas, prejudicando a continuidade de empreendimentos. O Tribunal de Contas da União identificou, através do Painel de Obras Paralisadas, que, em agosto de 2025, havia mais de 11 mil obras públicas paralisadas, com ênfase em projetos nas áreas de educação e saúde, que concentram a maioria das paralisações.[3] Tais que paralisações não fundamentadas em razões técnicas ou legais configuram falha grave de gestão e podem gerar responsabilização dos agentes.

Importante observar que a suspensão ou o retardamento podem ser legítimos quando amparados por motivos relevantes, como a apuração de fraude ou vícios graves na contratação. Contudo, nesses casos, a decisão deve ser devidamente justificada e formalizada, sob pena de responsabilização do gestor público.

A respeito do dever da Administração Pública de dar impulso ao contrato e evitar posturas que os paralisem, vale dizer que a Lei, de forma inovadora, prevê que o contratado tem direito à extinção do contrato, nos moldes do art. 137 § 2º nas seguintes hipóteses:

---

1 MOREIRA, Egon Bockmann. *Execução de contratos, governança e fiscalização na Nova Lei de Licitações*. Palestra proferida para o Centro de Estudos da PGE de Mato Grosso. Disponível em: https://www.youtube.com/watch?v=WKnHSLfpCwU. Acesso em: 27 jun. 2021.

2 TORRES, Ronny Charles Lopes de. *Leis de licitações públicas comentadas*. 12. ed. rev., ampl e atual. São Paulo: Ed. Juspodivm, 2021, p. 600.

3 Disponível em: https://amazonasatual.com.br/tcu-identifica-11-469-obras-publicas-paralisadas-em-todo-o-pais/#:~:text=TCU%20identifica%2011.469%20obras%20p%C3%BAblicas%20paralisadas%20em%20todo%20o%20pa%C3%ADs. Acesso em: 25 ago. 2025.

I - supressão, por parte da Administração, de obras, serviços ou compras que acarrete modificação do valor inicial do contrato além do limite permitido no art. 125 desta Lei;

II - suspensão de execução do contrato, por ordem escrita da Administração, por prazo superior a 3 (três) meses;

III - repetidas suspensões que totalizem 90 (noventa) dias úteis, independentemente do pagamento obrigatório de indenização pelas sucessivas e contratualmente imprevistas desmobilizações e mobilizações e outras previstas;

IV - atraso superior a 2 (dois) meses, contado da emissão da nota fiscal, dos pagamentos ou de parcelas de pagamentos devidos pela Administração por despesas de obras, serviços ou fornecimentos;

V - não liberação pela Administração, nos prazos contratuais, de área, local ou objeto, para execução de obra, serviço ou fornecimento, e de fontes de materiais naturais especificadas no projeto, inclusive devido a atraso ou descumprimento das obrigações atribuídas pelo contrato à Administração relacionadas a desapropriação, a desocupação de áreas públicas ou a licenciamento ambiental.

Nesses casos, o privado pode escolher continuar e demandar se for o caso o reequilíbrio (§ 3º, II do art. 137) ou comunicar seu interesse em pôr fim ao vínculo, situação em que a Administração Pública não poderá opor resistência.

Na hipótese do impedimento, ordem de paralisação ou suspensão do contrato, a Administração Pública deve se atentar para:

a) prorrogar automaticamente o cronograma de execução, pelo tempo correspondente, por se tratar de direito do contratado, anotando essa circunstância mediante simples apostila no processo administrativo.

b) tratando-se da contratação de obras e cuja interrupção ultrapassará o período de 1 (um) mês, deverá ser obrigatoriamente divulgada, em sítio eletrônico oficial e em placa a ser afixada em local da obra de fácil visualização pelos cidadãos, aviso público de obra paralisada – o texto deverá ser elaborado pela própria Administração –, com o motivo e o responsável pela inexecução temporária do objeto do contrato e a data prevista para o reinício da sua execução.

Em decorrência da derrubada do veto pelo Congresso Nacional, destaca-se o disposto no § 4º, do art. 115: nas contratações de obras e serviços de engenharia, sempre que a responsabilidade pelo licenciamento ambiental for da Administração, a manifestação prévia ou licença prévia, quando cabíveis, deverão ser obtidas antes da divulgação do edital. O TCU, no Acórdão nº 1.140/2005-Plenário, Rel. Min. Marcos Vinicios Vilaça, já reforçava que a ausência de licença ambiental prévia constituía falha de planejamento que compromete a execução contratual.

O dispositivo faz recordar o art. 92, que trata das cláusulas gerais dos contratos, e prevê em seu § 2º que "De acordo com as peculiaridades de seu objeto e de seu regime de execução, o contrato conterá cláusula que preveja período antecedente à expedição da ordem de serviço para verificação de pendências, liberação de áreas ou adoção de outras providências cabíveis para a regularidade do início de sua execução."

Como já referido, em caso de impedimento, ordem de paralisação ou suspensão do contrato, o cronograma de execução será prorrogado automaticamente pelo tempo correspondente, mediante apostila (art. 115, § 5º).

Nos casos em que a suspensão/paralisação/impedimento se alongar por mais de 1 (um) mês, caberá à Administração divulgar, em sítio eletrônico oficial e em placa afixada no local da obra, aviso público de obra paralisada, especificando o motivo e o responsável pela inexecução temporária do objeto, assim como a data prevista para o reinício da sua execução. O texto deve ser de autoria da Administração (art. 115, §§ 6º e 7º).

Como imputar um culpado, sem apuração, é a questão. Não parece possível dizer que há um "responsável" sem que se tenha uma apuração da situação. Eventual responsabilização do contratado para esses atrasos depende de conclusão em processo administrativo em que garantidos os direitos constitucionais de contraditório e ampla defesa (art. 5º, inciso LV da Constituição Federal).

Art. 116. Ao longo de toda a execução do contrato, o contratado deverá cumprir a reserva de cargos prevista em lei para pessoa com deficiência, para reabilitado da Previdência Social ou para aprendiz, bem como as reservas de cargos previstas em outras normas específicas.

Parágrafo único. Sempre que solicitado pela Administração, o contratado deverá comprovar o cumprimento da reserva de cargos a que se refere o *caput* deste artigo, com a indicação dos empregados que preencherem as referidas vagas.

CHRISTIANNE DE CARVALHO STROPPA

CRISTIANA FORTINI

116 Reserva de cargos

O art. 116 da Lei nº 14.133/2021 determina que, ao longo da execução contratual, o contratado deve cumprir as reservas de cargos previstas em lei para pessoas com deficiência, reabilitados da Previdência Social e aprendizes, bem como aquelas previstas em normas específicas. O parágrafo único dispõe que, sempre que solicitado, o contratado deverá comprovar o cumprimento, indicando os empregados que preencherem as referidas vagas.

Essa exigência concretiza os comandos constitucionais de igualdade material e de proteção à pessoa com deficiência (art. 7º, XXXI, e art. 37, VIII, CF/1988), bem como regulamentações específicas: a Lei nº 8.213/1991, art. 93, que obriga empresas com cem ou mais empregados a preencherem de 2% a 5% dos cargos com pessoas com deficiência ou reabilitados da Previdência Social; a Lei nº 10.097/2000, que disciplina a aprendizagem; e a Lei nº 13.146/2015 (Estatuto da Pessoa com Deficiência), que reforça a política de inclusão laboral.

Trata-se, portanto, de cláusula necessária dos contratos administrativos (art. 92, XV, da Lei nº 14.133/21), vinculada ao princípio da função social da contratação pública.

Do ponto de vista da fiscalização, a competência da Administração deve ser exercida dentro dos limites contratuais, restringindo-se à verificação documental e de informações objetivas sobre o cumprimento da obrigação, quando solicitada. Não cabe ao fiscal de contrato intervir na gestão interna de pessoal da contratada.

O Tribunal de Contas da União, em recentes deliberações, tem ressaltado que a fiscalização deve ser proporcional e orientada por riscos, cabendo à Administração priorizar contratações de maior impacto social, como aquelas com dedicação exclusiva de mão de obra. O Acórdão nº 1.205/2023-Plenário[1] reforçou que a verificação deve

[1] TCU. Acórdão nº 1.205/2023-Plenário. Rel. Min. Vital do Rêgo. Disponível em: https://pesquisa.apps.tcu.gov.br/documento/acordao-completo/*/NUMACORDAO%253A1205%2520ANOACORDAO%253A2023%2520/DTRELEVANCIA%2520desc%252C%2520NUMACORDAOINT%2520desc/0. Acesso em: 25 ago. 2024.

estar alinhada à gestão de riscos e às práticas de governança previstas no art. 11 da Lei nº 14.133/2124.

Adicionalmente, o Decreto nº 11.508/2023 atualizou a política de aprendizagem profissional, ampliando cotas e criando mecanismos de fiscalização mais rigorosos pelo Ministério do Trabalho, o que impacta diretamente a execução dos contratos administrativos que demandem alocação de mão de obra.

A doutrina contemporânea observa que a reserva de cargos nos contratos públicos representa um instrumento de contratações inclusivas. Pode-se sustentar que tal previsão amplia a função do contrato administrativo, que passa a ser não apenas a de atender às necessidades imediatas da Administração, mas também a de servir como mecanismo de implementação de políticas públicas de inclusão social.

Em síntese, o art. 116 reafirma que o contratado não pode dissociar a execução contratual das políticas de inclusão, cabendo à Administração exigir a comprovação do cumprimento, sem extrapolar os limites de sua competência fiscalizatória.

Art. 117. A execução do contrato deverá ser acompanhada e fiscalizada por 1 (um) ou mais fiscais do contrato, representantes da Administração especialmente designados conforme requisitos estabelecidos no art. 7º desta Lei, ou pelos respectivos substitutos, permitida a contratação de terceiros para assisti-los e subsidiá-los com informações pertinentes a essa atribuição.

§ 1º O fiscal do contrato anotará em registro próprio todas as ocorrências relacionadas à execução do contrato, determinando o que for necessário para a regularização das faltas ou dos defeitos observados.

§ 2º O fiscal do contrato informará a seus superiores, em tempo hábil para a adoção das medidas convenientes, a situação que demandar decisão ou providência que ultrapasse sua competência.

§ 3º O fiscal do contrato será auxiliado pelos órgãos de assessoramento jurídico e de controle interno da Administração, que deverão dirimir dúvidas e subsidiá-lo com informações relevantes para prevenir riscos na execução contratual.

§ 4º Na hipótese da contratação de terceiros prevista no *caput* deste artigo, deverão ser observadas as seguintes regras:

I - a empresa ou o profissional contratado assumirá responsabilidade civil objetiva pela veracidade e pela precisão das informações prestadas, firmará termo de compromisso de confidencialidade e não poderá exercer atribuição própria e exclusiva de fiscal de contrato;

II - a contratação de terceiros não eximirá de responsabilidade o fiscal do contrato, nos limites das informações recebidas do terceiro contratado.

CHRISTIANNE DE CARVALHO STROPPA

CRISTIANA FORTINI

117 Fiscalização dos contratos

Dentre as cláusulas exorbitantes (inciso III, art. 104), destaca-se a fiscalização da execução do contrato administrativo, disciplinada especificamente nos arts. 116 e 117 da Lei nº 14.133/2021, compreendendo a prerrogativa de supervisionar, acompanhar, fiscalizar e intervir na execução do contrato. Limitada a verificação do cumprimento dos deveres pelo contratado, pode ser:

a) passiva, quando corresponde ao mero acompanhamento por agentes administrativos da atividade do contratado.
b) ativa, assim denominada porque, a própria sequência da atividade do contratado depende de atos expedidos pela Administração (exames, aprovações).

Lembra Hely Lopes Meirelles que:

[a] fiscalização da execução do contrato abrange a verificação do material e do trabalho, admitindo testes, provas de carga, exame de qualidade, experiências de funcionamento e de produção, e tudo o mais que se relacionar com a perfeição da obra, do serviço ou do fornecimento. A sua finalidade é assegurar a perfeita execução do contrato, ou seja, a exata correspondência dos trabalhos com o projeto ou com as exigências previamente estabelecidas pela Administração, tanto nos seus aspectos técnicos quanto nos prazos de realização, e, por isso mesmo, há de pautar-se pelas cláusulas contratuais, pelas normas regulamentares do serviço e pelas disposições do caderno de obrigações, se existente.[1]

Em adendo, "não basta ter um contrato bem elaborado e adaptado às necessidades da Administração e aos interesses do contratado. É imperioso que haja uma gestão atenta e competente das atividades contratuais, visando a tornar efetivas as condições nele inscritas".[2]

A Lei nº 14.133/21 não conceitua fiscalização e gestão contratual,[3] mas a elas faz alusão várias vezes de forma conjunta.[4] Embora se trata de atividades distintas, elas guardam entre si uma correlação porque ambas vocacionadas a garantir que o contrato atenda o propósito que dele se espera, intuito que afinal impulsionou o agir administrativo.[5]

A preocupação com fiscalização e gestão contratual recebeu ao longo dos anos que se seguiram à Lei nº 8.666/1993 uma atenção especial sobretudo no que toca à prestação indireta de serviços. Isso porque, a despeito do que preconiza a Lei nº 8.666/1993 quanto à responsabilidade do contratado pelas obrigações trabalhistas[6], a Administração Pública se viu inúmeras vezes condenada judicialmente ao pagamento de verbas trabalhistas, diante de inadimplementos por parte do contratado.[7]

---

1 MEIRELLES, Hely Lopes. *Licitação e contrato administrativo.* 14. ed. São Paulo: Malheiros Editores, p. 235.

2 MARQUES NETO, Floriano de Azevedo. Licitações públicas e responsabilidade na gestão fiscal. *Revista Consulex*, ano IV, n. 40, out. 2001, p. 11.

3 Para os fins do disposto no Decreto Federal nº 11.246/2022, que regulamenta o §3º do art. 8º da Lei nº 14.133/2021, considera-se gestão de contrato a coordenação das atividades relacionadas à fiscalização técnica, administrativa e setorial e dos atos preparatórios à instrução processual e ao encaminhamento da documentação pertinente ao setor de contratos para a formalização dos procedimentos relativos à prorrogação, à alteração, ao reequilíbrio, ao pagamento, à eventual aplicação de sanções e à extinção dos contratos, entre outros (inciso I, art. 19).

4 Lei nº 14.133/2021. Art. 14, inciso IV e § 2º; art. 18, § 1º, inciso X; art. 25, art. 48 parágrafo único; art. 122 § 3º.

5 "É importante mencionar que, assim como ocorre na Lei nº 8.666/93, a Lei nº 14.133/21 não segmenta ou separa as atividades de gestão e fiscalização contratual" (PAIM, Flaviana V. Aspectos gerais da fiscalização de Contratos na Nova Lei de Licitações. *In*: HARGER, Marcelo (Coord.). *Aspectos polêmicos sobre a Nova Lei de Licitações e Contratos Administrativos:* Lei nº 14.133/2021. Belo Horizonte: Fórum, 2022. p. 316).

6 Lei nº 8.666/1993. Art. 71. O contratado é responsável pelos encargos trabalhistas, previdenciários, fiscais e comerciais resultantes da execução do contrato.
§ 1º A inadimplência do contratado, com referência aos encargos trabalhistas, fiscais e comerciais não transfere à Administração Pública a responsabilidade por seu pagamento, nem poderá onerar o objeto do contrato ou restringir a regularização e o uso das obras e edificações, inclusive perante o Registro de Imóveis.

7 "O acompanhamento contratual é etapa extremamente importante nas contratações da Administração Pública. É durante essa fase que temos, historicamente, os maiores problemas de corrupção, desvios éticos e de práticas

A atualização normativa reforçou a relevância do tema. O Decreto nº 11.246/2022, que regulamenta as atribuições de gestores e fiscais de contrato, ganhou densidade prática com a edição da IN SEGES/ME nº 52/2025, a qual detalhou competências, responsabilidades e mecanismos de reporte, em especial para assegurar que falhas não permaneçam sem comunicação formal. Essa evolução normativa conecta-se à exigência de governança contratual do parágrafo único do art. 11 da Lei nº 14.133/2021, que impõe à alta administração a implementação de estruturas de controle, gestão de riscos e monitoramento.

No plano institucional, o Modelo das Três Linhas de Defesa (IIA) vem sendo incorporado à Administração Pública como referência para a segregação de funções. Dessa forma, importante alinhar a atividade do fiscal e do gestor de contratos à lógica desse modelo, distinguindo a primeira linha (gestão operacional), a segunda linha (assessoria jurídica e controle interno) e a terceira linha (auditoria interna e controle externo).

A jurisprudência do TCU evoluiu no sentido de acentuar a responsabilidade do fiscal. O Acórdão nº 2.814/2025-Primeira Câmara[8] reafirmou que falhas na fiscalização geram culpa *in vigilando* da Administração, atraindo a responsabilidade subsidiária da União em contratos de prestação de serviços com dedicação exclusiva de mão de obra (art. 121, §2º). Além disso, a responsabilidade pessoal do fiscal de contrato pode ser caracterizada quando este deixa de acionar seus superiores em tempo hábil, mesmo havendo possibilidade do saneamento de falhas.

Do ponto de vista jurídico, a ON AGU nº 95/2023 reforçou a exigência de que a designação de fiscal de contrato seja formal e anterior à assinatura do contrato, vedando a prática, até então comum, de nomeações tardias ou posteriores à execução inicial. Essa orientação se alinha à lógica da prevenção de riscos e da rastreabilidade da atuação administrativa.

Por fim, convém ressaltar a atual discussão doutrinária sobre a distinção entre gestão contratual (visão macro) e fiscalização contratual (visão micro). A primeira envolve o olhar estratégico sobre todos os contratos da Administração, visando à eficiência e alinhamento com o planejamento institucional; a segunda corresponde ao acompanhamento pontual da execução do objeto, verificando qualidade, prazos e conformidade documental. Ambas, contudo, se complementam e integram o sistema de governança previsto no parágrafo único do art. 11 da Lei nº 14.133/2021.

117.1 Aspectos fiscalizados pela Administração

A despeito de a Lei nº 8.666/1993 estabelecer que a inadimplência do contratado, com referência aos encargos trabalhistas, fiscais e comerciais *não transfere*

---

que podem levar a sobrepreço e a ineficiência na aplicação de recursos públicos" (PAIM, Flaviana V. Aspectos gerais da fiscalização de Contratos na Nova Lei de Licitações. *In*: HARGER, Marcelo (Coord.). *Aspectos polêmicos sobre a Nova Lei de Licitações e Contratos Administrativos*: Lei nº 14.133/2021. Belo Horizonte: Fórum, 2022. p. 313).

[8] TCU. Acórdão nº 2.814/2025-Primeira Câmara. Rel. Min. Walton Alencar Rodrigues. Disponível em: https://pesquisa.apps.tcu.gov.br/documento/acordao-completo/*/NUMACORDAO%253A2814%2520ANOACORDAO%253A2025%2520COLEGIADO%253A%2522Primeira%2520C%25C3%25A2mara%2522/DTRELEVANCIA%2520desc%252C%2520NUMACORDAOINT%2520desc/0. Acesso em: 25 ago. 2025.

à Administração Pública a responsabilidade por seu pagamento, a Súmula 331 do TST pronunciava o entendimento oposto.

O reconhecimento da constitucionalidade do *caput* e do §1º do art. 71 da Lei nº 8.666/1993 pelo STF levou à alteração da Súmula 331. Nova redação foi conferida ao inciso IV e foram inseridos incisos V e VI, assim redigidos:

> V - Os entes integrantes da Administração Pública direta e indireta respondem subsidiariamente, nas mesmas condições do item IV, caso evidenciada a sua conduta culposa no cumprimento das obrigações da Lei nº 8.666, de 21/6/1993, especialmente na fiscalização do cumprimento das obrigações contratuais e legais da prestadora de serviço como empregadora. A aludida responsabilidade não decorre de mero inadimplemento das obrigações trabalhistas assumidas pela empresa regularmente contratada.
>
> VI – A responsabilidade subsidiária do tomador de serviços abrange todas as verbas decorrentes da condenação referentes ao período da prestação laboral.

Todo esse percurso desembocou em um conjunto de normas federais impulsionadas a salvaguardar os cofres públicos afetados pelas inúmeras condenações provenientes da Justiça do Trabalho, que ignoravam o teor do que preconizam o *caput* e o §1º do art. 71 da Lei nº 8.666/1993.

Entre as normas federais editadas ao longo dos anos para melhor planejamento, gestão e fiscalização dos contratos, merecem realce o Decreto Federal nº 9.507/2018 e a Instrução Normativa nº 05/2017 do Ministério do Planejamento, Desenvolvimento e Gestão.

A IN nº 05/2017, dedicada a fixar regras e diretrizes do procedimento de contratação de serviços sob o regime de execução indireta no âmbito da Administração Pública federal direta, autárquica e fundacional, prevê que as atividades de gestão e fiscalização "são o conjunto de ações que tem por objetivo aferir o cumprimento dos resultados previstos pela Administração para os serviços contratados, verificar a regularidade das obrigações previdenciárias, fiscais e trabalhistas, bem como prestar apoio à instrução processual e o encaminhamento da documentação pertinente ao setor de contratos para a formalização dos procedimentos relativos a repactuação, alteração, reequilíbrio, prorrogação, pagamento, eventual aplicação de sanções, extinção dos contratos, dentre outras, com vista a assegurar o cumprimento das cláusulas avençadas e a solução de problemas relativos ao objeto."

O Decreto Federal nº 9.507/2018 que dispõe sobre a execução indireta, mediante contratação, de serviços da administração pública federal direta e indireta igualmente faz referência à gestão e à fiscalização como conjunto de ações que objetivam aferir o cumprimento dos resultados estabelecidos pela contratada; verificar a regularidade das obrigações previdenciárias, fiscais e trabalhistas; e prestar apoio à instrução processual para a formalização dos procedimentos relativos a repactuação, reajuste, alteração, reequilíbrio, prorrogação, pagamento, aplicação de sanções, extinção dos contratos, entre outras, com vistas a assegurar o cumprimento das cláusulas do contrato a solução de problemas relacionados ao objeto.

Mas por mais que as atividades possam ser tratadas de forma geral, há distinção entre elas.

A fiscalização é ferramenta para que a gestão se viabilize. A fiscalização implica acompanhamento do contratado, não só com vistas a garantir a entrega desejada, nos moldes determinados no ato convocatório e pactuados no contrato, mas também se ocupa de verificar a regularidade documental, para apurar se requisitos exigidos na habilitação se mantém mas para além disso se restam atendidas as obrigações previdenciárias e trabalhistas, por exemplo.

A fiscalização é chamada de técnica[9] quando voltada ao objeto contratual propriamente dito. Atentar para o comportamento do contratado quanto à qualidade, à quantidade, às especificações, e ao tempo é a meta.

A fiscalização é chamada de administrativa[10] quando mira sobretudo a parte documental, importante para evitar sobressaltos e afastar a alegação de omissão pública especialmente diante de encargos previdenciários e trabalhistas.

O Decreto Federal nº 11.246/2022, que regulamenta o disposto no §3º do art. 8º da Lei nº 14.133/2021, dispondo sobre as regras de atuação dos gestores e fiscais de contratos, acresce a fiscalização setorial, que implica no acompanhamento da execução do contrato nos aspectos técnicos ou administrativos quando a prestação do objeto ocorrer concomitantemente em setores distintos ou em unidades desconcentradas de um órgão ou uma entidade (inciso IV, art. 19).

O fiscal deve agir de forma proativa e preventiva, observando o cumprimento, pelo contratado, das regras previstas no instrumento contratual, buscando os resultados esperados no ajuste e trazendo benefícios e economia para os órgãos e entidades da Administração Pública.

A fiscalização, como função de acompanhar a execução contratual, é ponto central para que decisões como prorrogação contratual, aplicação de sanções, rescisão sejam levadas a efeito. A fiscalização alimenta a gestão contratual, atividade essa que se caracteriza por um olhar de segunda ordem sobre o privado.

A gestão é o serviço geral de gerenciamento de todos os contratos; a fiscalização é pontual. A gestão é uma atividade administrativa propriamente dita, que pode ser exercido por uma pessoa ou um setor. Já a fiscalização é exercida necessariamente por um representante da Administração, chamado de fiscal, especialmente designado, como preceitua a lei, que cuidará pontualmente de cada contrato.[11]

---

9 Para os fins do disposto no Decreto Federal nº 11.246/2022, que regulamenta o §3º do art. 8º da Lei nº 14.133/2021, considera-se fiscalização técnica o acompanhamento do contrato com o objetivo de avaliar a execução do objeto nos moldes contratados e, se for o caso, aferir se a quantidade, a qualidade, o tempo e o modo da prestação ou da execução do objeto estão compatíveis com os indicadores estabelecidos no edital, para fins de pagamento, conforme o resultado pretendido pela administração, com o eventual auxílio da fiscalização administrativa (inciso II, art. 19).

10 Entende-se por fiscalização administrativa o acompanhamento dos aspectos administrativos contratuais quanto às obrigações previdenciárias, fiscais e trabalhistas e quanto ao controle do contrato administrativo no que se refere a revisões, a reajustes, a repactuações e a providências tempestivas nas hipóteses de inadimplemento (inciso III, art. 19).

11 A designação do contrato não pode ser genérica de órgão, deve necessariamente recair sobre servidor, o qual deve ser expressamente designado (TCU. Processo nº TC-005.838/2001-2. Acórdão nº 430/2005 – Plenário). No mesmo sentido, o TCU determinou que os fiscais sejam designados, de forma pessoal e nominal, para os contratos firmados pela entidade que ainda estejam vigentes, na forma do art. 67 da Lei nº 8.666/93 (Processo nº TC-012.927/2005-7. Acórdão nº 2711/2006 – 2ª Câmara).

117.2 Gestor e fiscal de contrato

Não se deve confundir gestor e fiscal de contrato.

O citado art. 117, que trata da fiscalização,[12] faz expressa referência à figura do fiscal ou fiscais do contrato[13] que será um servidor da Administração especialmente designado.

O art. 117 remete ao art.7º da mesma lei que arrola requisitos para a indicação dos agentes públicos hábeis a atuar no ciclo de contratação. Importante observar que o fiscal não é agente de contratação – este atua na fase preparatória e na fase de disputa até a homologação – e não há de cumprir os requisitos do art. 8º da Lei nº 14.133/2021, que são mais rigorosos em comparação ao art. 7º.

O fiscal, analisado o art. 7º, não precisa ser servidor estável ou empregado púbico dos quadros permanentes, embora essa seja a preferência à luz do inciso I[14]. Vê-se que para o legislador o vínculo mais estreito é vital na fase de planejamento e de disputa, mas assim não é na fase de execução do contrato. Soa estranho um nível de exigência menor para a designação de fiscais, considerando que o momento da execução contratual é mais sensível e menos exposto à luz do sol quando comparado à etapa de seleção do vencedor em especial em lei que valoriza o pregão, a forma eletrônica, a rastreabilidade das sessões de julgamento.

O art. 117 ainda impõe que os fiscais (por alusão do art. 7º) tenham atribuições relacionadas a licitações e contratos ou possuam formação compatível ou qualificação atestada por certificação profissional emitida por escola de governo criada e mantida pelo poder público; e não sejam cônjuge ou companheiro de licitantes ou contratados habituais da Administração nem tenham com eles vínculo de parentesco, colateral ou por afinidade, até o terceiro grau, ou de natureza técnica, comercial, econômica, financeira, trabalhista e civil.

A Lei não impõe expressamente que o fiscal seja dotado de conhecimento do objeto a ser fiscalizado, mas tal exigência, todavia, há se ser depreendida do caput do art. 7°, que impõe às autoridades públicas a realização de gestão por competências e, assim, exige, para cada função essencial à execução da NLLCA, prévia identificação de conhecimentos, habilidades e atitudes necessários para o desempenho satisfatório das respectivas atribuições, com a designação de agentes públicos que atendam às

---

[12] Carlos S. de Barros Junior, ao tratar do regime peculiar do contrato administrativo e sua execução, nota que, na linha dos abrandamentos e derrogações do princípio segundo o qual o contrato é a lei imutável das partes, no contrato administrativo "ocorre uma intervenção do poder público, sob esse duplo aspecto, o de um controle acentuado da execução do contrato, que assume a feição de vigilância e direção dessa execução – faculdades que também sobrepassam os poderes usuais das relações exclusivamente paritárias – e, como dissemos, a possibilidade de modificação unilateral das condições iniciais do contrato" (BARROS JUNIOR, Carlos S. de. *Contratos administrativos*. São Paulo: Editora Saraiva, p. 70-71).

[13] Pelo princípio da segregação de funções (arts. 5º e 7º, § 1º da Lei nº 14.133/2021) não se deve confundir a figura do fiscal com a do gestor.

[14] Mantenha representante, pertencente a seus quadros próprios de pessoal, especialmente designado para acompanhar e fiscalizar a execução dos contratos que celebrar, permitida a contratação de agentes terceirizados apenas para assisti-lo e subsidiá-lo de informações pertinentes a essa atribuição, a teor do art. 67 da Lei 8.666/93 (TCU. Acórdão 690/2005 – Plenário).
Designe fiscais considerando a formação acadêmica ou técnica do servidor/funcionário, a segregação entre as funções de gestão e de fiscalização do contrato, bem como o comprometimento concomitante com outros serviços ou contratos, de forma a evitar que o fiscal responsável fique sobrecarregado devido a muitos contratos sob sua responsabilidade (TCU. Acórdão 1094/2013 – Plenário).

necessidades identificadas, sob pena de se comprometer o atingimento do interesse público subjacente à contratação. O TCU já se posicionava esse sentido[15].

O princípio da segregação de funções, constante do art. 5º, também deve ser observado na análise do art. 117, ficando vedada a designação do mesmo agente público para atuação simultânea em funções mais suscetíveis a riscos, de modo a reduzir a possibilidade de ocultação de erros e de ocorrência de fraudes na respectiva contratação.

A compreensão do legislador, embora se explique, não deixa de sofrer crítica ao fundamento de que a participação de quem planejou o certame na fase de cumprimento do contrato poderia trazer subsídios e aprimorar a atividade administrativa. A isso se soma a dificuldade real de alocar distintos agentes para distintas funções quando reduzido o quantitativo de agentes, e ainda mais se observadas as exigências dos variados incisos do art. 7º.

Detalhe a se pontuar diz respeito à responsabilidade da alta administração, referida no parágrafo único do art. 11, a quem se atribui a responsabilidade pela governança das contratações e deve implementar processos e estruturas, inclusive de gestão de riscos e controles internos, para avaliar, direcionar e monitorar os processos licitatórios e os respectivos contratos, com o intuito de alcançar os objetivos estabelecidos no "caput" deste artigo, promover um ambiente íntegro e confiável, assegurar o alinhamento das contratações ao planejamento estratégico e às leis orçamentárias e promover eficiência, efetividade e eficácia em suas contratações.[16]

A Lei não detalha os pormenores da designação dos fiscais. Não dita quando ele deve ser indicado, mas não se pode cogitar de designação tardia, abrindo as portas a um comportamento inadequado. Também não indica se haverá sempre diversos tipos de fiscalização, voltadas a objetivos específicos e complementares. A já mencionada IN nº 05/2017 prevê a fiscalização técnica, administrativa, setorial e pelo Público Usuário.

Os §§ 1º e 2º, do mesmo dispositivo, atribuem ao fiscal autoridade para acompanhar sistematicamente o desenvolvimento do contrato (denominado "poder de polícia contratual"[17]), o que lhe possibilita corrigir, no âmbito da sua esfera de ação e no tempo certo, eventuais irregularidades ou distorções existentes.

A eficiência de um contrato está diretamente relacionada com o acompanhamento de sua execução. O fiscal do contrato tem grande responsabilidade pelos seus resultados, devendo observar o cumprimento, pelo contratado, das regras técnicas, científicas

---

15 TCU. Acórdão 839/2017 – Plenário. Rel. Min. Vital do Rêgo.

16 Compete à alta administração promover a gestão por competências, exigir avaliação da estrutura de recursos humanos, identificar as competências necessárias para cada função, e definir as responsabilidades e os papeis a serem desempenhados. O TCU tem apontado problemas ligados à governança ligados ao não envolvimento da alta administração. Governança envolve também obrigatoriamente cautelas na designação dos agentes públicos. Mais que isso, cabe estruturar o setor de contratação e de fiscalização. Não à toa que O TCU, em acórdão relatado pela Ministra Ana Arraes, sinalizou que o fiscal do contrato não pode ser responsabilizado caso não lhe sejam oferecidas condições apropriadas para o desempenho de suas atribuições. A preocupação com a profissionalização dos agentes públicos também ecoa do art. 173, que os "tribunais de contas deverão, por meio de suas escolas de contas, promover eventos de capacitação para os servidores efetivos e empregados públicos designados para o desempenho das funções essenciais à execução desta Lei, incluídos cursos presenciais e à distância, redes de aprendizagem, seminários e congressos sobre contratações públicas." Há, nesse dispositivo, a preocupação do legislador ordinário com a capacitação dos agentes públicos, como forma de contribuir para a profissionalização dos recursos humanos.

17 MOREIRA, Egon Bockmann. Execução de contratos, governança e fiscalização na Nova Lei de Licitações. Palestra proferida para o Centro de Estudos da PGE de Mato Grosso. Disponível em: https://www.youtube.com/watch?v=WKnHSLfpCwU. Acesso em: 27 jun. 2021.

ou artísticas previstas no instrumento contratual. Deverá adotar as providências necessárias ao fiel cumprimento do ajuste, tendo por parâmetro os resultados previstos no contrato. As decisões e providências que ultrapassarem a sua competência deverão ser encaminhadas a seus superiores, em tempo hábil, para a adoção das medidas convenientes.

Como consequência, a atribuição do fiscal inclui: "(1) providências efetivas, próprias de sua função, ainda que auxiliado por terceiros pela necessidade de esclarecimentos de determinada *área* técnica, como em outros casos; (2) o encaminhamento do caso concreto, para quem de direito, visando a uma solução que não cabe a ele definir, por questões de competência formal".[18]

A efetividade de sua atribuição está garantida pela previsão de auxílio dos órgãos de assessoramento jurídico e de controle interno da Administração, que deverão dirimir dúvidas e subsidiá-lo com informações relevantes para prevenir riscos na execução contratual. Concretiza-se, com isso, o dever de cooperação interadministrativa[19].

A designação do fiscal[20] poderá recair sobre o titular da unidade que tenha conhecimento técnico do objeto do contrato (como, aliás, determinado no inciso II do art. 7º da Lei nº 14.133/2021), ou em servidor capacitado para tal, sendo necessária à sua indicação no próprio instrumento contratual ou formalizada por meio de ato administrativo definindo suas atribuições e competências para dar ciência ao contratado.

Segundo Maria Luiza Machado Granziera, o fiscal de contrato "é um funcionário da Administração designado pelo ordenador de despesa, com a atribuição de acompanhar e fiscalizar a execução do contrato. Sua designação deverá estar prevista no instrumento contratual, ou formalizada em termo próprio, ou ainda em uma rotina interna, definindo suas atribuições e competências".[21]

Acerca da natureza jurídica do termo "agente público", reforçando a obrigatoriedade do atendimento das condições do art. 7º da Lei nº 14.133/2021,[22] poderá se tratar de exercente de cargo ou emprego no órgão. Consequentemente, é conveniente que sejam observadas as vedações para designação de servidor que: a) possua, com o contratado, relação comercial, econômica, financeira, civil ou trabalhista; b) seja amigo íntimo ou inimigo capital do contratado ou dos dirigentes do contrato; c) tenha parentesco com

---

[18] GRANZIERA, Maria Luiza Machado. *Contratos administrativos: gestão, teoria e prática*. São Paulo: Editora Atlas, 2002, p. 131-132.

[19] MOREIRA, Egon Bockmann. *Ob. Cit*.

[20] Há diversas determinações do Tribunal de Contas da União no sentido de que sejam formalmente indicados representantes da Administração para o acompanhamento e fiscalização dos contratos, à vista do que dispõe o *caput* do art. 67 da Lei nº 8.666/93 (Decisão nº 314/1995. Órgão julgador: Segunda Câmara. DOU, 28 nov. 1995, e Acórdão nº 1823/2004. Órgão julgador: Plenário. DOU, 24 nov. 2004). Por meio da Decisão nº 618/2002 – Plenário (DOU, 24 jun. 2002), o TCU ainda determinou ao Órgão auditado que inserisse "nos processos o ato de designação do representante da Administração com a incumbência de acompanhar e fiscalizar a execução do contrato, consoante determinado no art. 67 da Lei nº 8.666/93".

[21] GRANZIERA, Maria Luiza Machado. *Contratos administrativos: gestão, teoria e prática*. São Paulo: Editora Atlas, 2002, p. 130.

[22] Lei nº 14.133/2021. Art. 7º:
I – sejam, preferencialmente, servidor efetivo ou empregado público dos quadros permanentes da Administração Pública;
II – tenham atribuições relacionadas a licitações e contratos ou possuam formação compatível ou qualificação atestada por certificação profissional emitida por escola de governo criada e mantida pelo poder público; e
III – não sejam cônjuge ou companheiro de licitantes ou contratados habituais da Administração nem tenham com eles vínculo de parentesco, colateral ou por afinidade, até o terceiro grau, ou de natureza técnica, comercial, econômica, financeira, trabalhista e civil.

membro da família do contratado; d) por motivos éticos, não possa exercer a função com a austeridade exigida pelo interesse público ou, em a exercendo, comprometa a imagem pública da instituição.[23]

Aspecto relevante é saber se seria possível ao servidor designado para a função de gestor recusar esse encargo.

Marcos Vinícius Giaretta Dora Vieira, analisando a questão ainda sob a ótica da Lei nº 8.666/1993, "em regra, não, por tratar-se de previsão legal, cujo *único* requisito *é* ser um representante da Administração, que será especialmente designado para isso. No mais das vezes, constitui dever previsto nos estatutos de servidores desempenhar com zelo e presteza os trabalhos de que for incumbido e cumprir ordens superiores, representando quando forem manifestamente ilegais, sujeitando-se, pelo descumprimento desses deveres, *às* sanções administrativas cabíveis. Não podendo recusar-se a exercer essa atribuição, o servidor designado, consciente de suas limitações técnicas, poderá ou, até mesmo, deverá, formalmente, por escrito, cientificar a autoridade que o designou quanto a sua carência de conhecimentos, solicitando a contratação de terceiro para assisti-lo e subsidiá-lo de informações pertinentes a essa atribuição, na forma autorizada pelo mesmo art. 67."[24]

117.3 Contratação de terceiros

Em determinadas situações, conforme a complexidade do objeto do contrato, ou seu vulto, será possível que seja contratado terceiro para assistir e subsidiar com informações pertinentes o citado representante da Administração.[25]

Essa opção é recomendada, nas palavras de Lucas Rocha Furtado, "em grandes obras de engenharia, sobretudo. Essa contratação decorrerá da complexidade do objeto do contrato, haja vista ser impossível, em algumas hipóteses, ao representante (agente) da administração promover o acompanhamento de toda a execução do contrato. Em face dessa opção, seria celebrado, por hipótese, contrato de obra, e paralelamente a este, outro contrato, de gerenciamento. O contratado, no contrato de obra, teria o dever de executar a obra; no segundo caso, no de gerenciamento, o contratado iria acompanhar a execução da obra, reportando-se e relatando *à* Administração todos os fatos relacionados *à* sua execução."[26]

[23] O Tribunal de Contas do Distrito Federal recomendou que se evite nomear para compor a Comissão Permanente de Licitação servidores responsáveis pela execução de contratos ou aqueles, que devido ao exercício da função tenham relacionamento direto e frequente com fornecedores de bens ou serviços, atendendo, dessa forma, o princípio da segregação de funções (Processo nº 2995/1996. Decisão nº 10368/1996). Na mesma linha, o TCU decidiu que o executor do contrato (fiscal – art. 67, Lei nº 8.666/93) não pode ser encarregado de receber o objeto. Princípio da segregação das funções (Processo nº TC-006.338/1994-1. Acórdão nº 20/1996 - Plenário).
Maria Luiza Machado Granziera pondera que, embora *"a função do gestor de contratos se inicie efetivamente após a assinatura do instrumento, sua participação na formulação do edital e da minuta do contrato é de grande interesse, no que se refere à sugestão de novas condições ou propostas de alteração das condições normalmente adotadas, com base em sua experiência prática"* (GRANZIERA, Maria Luiza Machado. *Contratos administrativos: gestão, teoria e prática*. São Paulo: Editora Atlas, 2002, p. 132).

[24] VIEIRA, Marcos Vinícius Giaretta Dora. A Gestão de Contratos em face da Realidade das Unidades Administrativas Contratantes, *Boletim de Licitações e Contratos* – BLC, Julho/2010.

[25] Similar referência consta do art. 26 do Decreto Federal nº 11.246/2022, Decreto Federal nº 11.246/2022, que regulamenta o disposto no §3º do art. 8º da Lei nº 14.133/2021.

[26] FURTADO, Lucas Rocha. *Curso de licitações e contratos administrativos*, Belo Horizonte: Editora Fórum, p. 448.

Em sentido contrário, Jessé Torres Pereira Junior, pontua não conseguir "encaixar tranquilamente esta ideia de ser possível *à* Administração, a pretexto de que não tem ninguém nos seus quadros, contratar particulares para a realização desse trabalho, ou seja, terceirizar a fiscalização da execução"[27], porquanto somente o servidor tem o compromisso de lealdade e fidelidade com o serviço público.

Não obstante a relevância dos argumentos, cediço que a contratação de profissional ou empresa para assistir ou subsidiar o gestor do contrato não decorre de mera liberalidade da Administração, já que vinculada aos aspectos de complexidade do objeto, eficiência e economicidade[28].

Entretanto, afora não eximir o fiscal do contrato de sua responsabilidade, nos limites das informações recebidas, o terceiro contratado, pessoa física ou jurídica:

- responderá objetivamente, ou seja, sem necessidade de demonstração de dolo ou culpa, pela veracidade e precisão das informações prestadas[29];
- firmará termo de compromisso de confidencialidade; e
- não poderá exercer atribuição própria e exclusiva de fiscal de contrato.

---

[27] PEREIRA JUNIOR, Jessé Torres. Gestão dos Contratos Administrativos – A Figura do Gestor Contratual, palestra proferida no Painel das Jornadas de Estudos NDJ de Direito Administrativo, realizado no dia 31 de agosto de 2007, em São Paulo – SP (*Boletim de Licitações e Contratos* – BLC, Janeiro/2008, ps. 1 a 12).

[28] O TCU decidiu que a licitação para a contratação do projeto pode incluir item específico prevendo a futura contratação de fiscais para auxiliarem o executor do contrato (Processo nº TC-004.723/1995-3. Acórdão nº 50/1996 – Plenário. Súmula nº 185/TCU). Em outra decisão, alertou para Administração iniciar obra de grande vulto, igual ou superior a vinte milhões de reais (inciso II do art. 10 da Lei nº 11.653/2008 – PPA 2008/2011), após a contratação de empresa de consultoria para supervisão e acompanhamento da execução da obra (Processo nº TC-010.873/2009-8. Acórdão nº 1931/2009 – Plenário).

[29] "É que se a atividade realizada pela empresa ou profissional é uma atividade acessória à do fiscal, e se a responsabilidade do fiscal, por força do art. 37, § 6º, da Constituição é de índole subjetiva (somente imputável por dolo ou erro grosseiro – art. 28 da LINDB), deve-se aplicar ao caso a máxima de que o acessório segue o principal" (FERRAZ, Luciano. Contratos na Nova Lei de Licitações e Contratos. *In:* DI PIETRO, Maria Sylvia Zanella (Coord.). *Licitações e contratos administrativos:* inovações da Lei 14.133/21. Rio de Janeiro: Forense, 2021, p. 199).

Art. 118. O contratado deverá manter preposto aceito pela Administração no local da obra ou do serviço para representá-lo na execução do contrato.

CHRISTIANNE DE CARVALHO STROPPA

CRISTIANA FORTINI

118 Preposto indicado pelo contratado

O preposto do contratado, devidamente aceito pela Administração, deverá ser mantido no local da obra ou do serviço, representando-a na execução do contrato. "É para ele que devem ser dirigidas as ordens e solicitações feitas pelo fiscal e demais agentes públicos, em relação a correção de irregularidades na execução contratual"[1], especialmente na prestação de serviço com dedicação exclusiva de mão de obra.

A função do preposto *é* atuar como interlocutor direto da contratada, recebendo ordens e solicitações do fiscal do contrato e demais agentes públicos, especialmente para a correção de irregularidades na execução. Esse papel ganha especial relevância nas contratações de serviços contínuos com dedicação exclusiva de mão de obra, em que o acompanhamento deve ser imediato e constante.

A indicação do preposto deve ser formal, sendo necessário um "documento, tal como uma carta de preposto, em que a contratada indique os dados do preposto que a representará diante do contrato firmado. Esse documento indicará atribuições e responsabilidades do preposto indicado, ou seja, os poderes a ele conferidos e servirá como meio para a análise de aceitação por parte da Administração Contratante. Nada obsta que haja mais de um preposto indicado pela empresa com poderes específicos ou ainda que esse preposto não esteja integralmente dedicado ao contrato em regime de dedicação exclusiva de mão de obra durante toda a sua jornada, todos os dias do contrato, desde que assim seja aceito pela Administração".[2]

A mera indicação formal não é suficiente: é indispensável que o preposto detenha poderes efetivos de representação, de modo a viabilizar a solução tempestiva de questões surgidas na execução contratual. Assim, a Administração deve recusar designações simbólicas ou de pessoas sem capacidade real de deliberação, sob pena de comprometer a eficiência da fiscalização e a continuidade da execução.

O papel do preposto conecta-se à lógica da governança e da gestão de riscos prevista no parágrafo único do art. 11 da Lei nº 14.133/2021. Ao assumir a função de ponte entre Administração e contratado, o preposto contribui para a agilidade na comunicação,

---

[1] TORRES, Ronny Charles Lopes de. *Leis de licitações públicas comentadas*. 12. ed. rev., ampl e atual. São Paulo: Ed. Juspodivm, 2021, p. 609.

[2] PAIM, Flaviana V. Aspectos gerais da fiscalização de Contratos na Nova Lei de Licitações. *In*: HARGER, Marcelo (Coord.). *Aspectos polêmicos sobre a Nova Lei de Licitações e Contratos Administrativos*: Lei nº 14.133/2021. Belo Horizonte: Fórum, 2022. p. 319.

a redução de litígios e a efetividade do contrato. Trata-se, portanto, de instrumento de boa prática administrativa e de garantia de que o contratado cumpra de forma célere as determinações da fiscalização.

Em síntese, o art. 118 não apenas reforça a necessidade de uma representação formal do contratado, mas também indica que essa representação deve ser substancial e eficaz, com poderes concretos e aceitação expressa da Administração.

Art. 119. O contratado será obrigado a reparar, corrigir, remover, reconstruir ou substituir, a suas expensas, no total ou em parte, o objeto do contrato em que se verificarem vícios, defeitos ou incorreções resultantes de sua execução ou de materiais nela empregados.

CHRISTIANNE DE CARVALHO STROPPA

CRISTIANA FORTINI

119 Responsabilidade do contratado

Na esteira do previsto na Lei nº 8.666/1993 (art. 69), o art. 119 da Lei nº 14.133/2021 mantem a obrigação do contratado em reparar, corrigir, remover, reconstruir ou substituir, a suas expensas, no total ou em parte, o objeto do contrato em que se verificarem vícios, defeitos ou incorreções resultantes de sua execução ou de materiais nela empregados.

Em síntese, as obrigações nucleares do contratado são:

(i) o dever de entrega perfeita do objeto, conforme especificações do edital, projeto básico e contrato; e

(ii) o dever de reparação, quando constatados falhas, vícios ou impropriedades decorrentes da execução ou dos insumos utilizados.

A ocorrência de vícios de qualidade ou de projeto não transfere automaticamente o risco à Administração, cabendo ao contratado assumir os custos de reparação, sob pena de enriquecimento ilícito. No mesmo sentido, a responsabilidade pela integridade do objeto entregue é do contratado, independentemente da fiscalização da Administração.

Com a entrada em vigor da nova Lei, o tema deve ser interpretado em harmonia com a disciplina da matriz de riscos (art. 103, §3º, e art. 92, §2º), que admite hipóteses de alocação diversa de responsabilidades entre Administração e contratado, desde que justificadas e expressamente pactuadas. Assim, embora a regra geral seja a responsabilidade integral do contratado, a matriz de riscos pode prever situações em que eventos imprevisíveis ou alheios à execução direta sejam suportados pela Administração.

A doutrina contemporânea[1] tem defendido que a manutenção da obrigação de reparação pelo contratado deve ser lida à luz da gestão contratual por resultados, na qual a Administração deve não apenas exigir a entrega perfeita, mas também adotar mecanismos de monitoramento preventivo, de modo a evitar que falhas se acumulem e gerem maiores prejuízos.

---

[1] NÓBREGA, Marcos. Contratos administrativos e a matriz de riscos na Lei nº 14.133/21. *Revista de Direito Público*, Brasília, v. 58, n. 3, p. 115-140, 2024.
BONATTO, Hamilton. *Gestão por resultados e contratos administrativos*: eficiência e responsabilização na Lei nº 14.133/21. Belo Horizonte: Fórum, 2023.

Em suma, o art. 119 reforça a premissa de que o contratado deve garantir a entrega adequada e a integridade do objeto contratado, assumindo o ônus da reparação por falhas que decorrerem de sua conduta ou dos materiais empregados, ressalvadas as hipóteses de distribuição de riscos previamente pactuadas em cláusula contratual.

Art. 120. O contratado será responsável pelos danos causados diretamente à Administração ou a terceiros em razão da execução do contrato, e não excluirá nem reduzirá essa responsabilidade a fiscalização ou o acompanhamento pelo contratante.

CHRISTIANNE DE CARVALHO STROPPA

CRISTIANA FORTINI

120 Responsabilidade pelos danos causados

O art. 120 da Lei nº 14.133/2021 dispõe que o contratado será responsável pelos danos causados diretamente à Administração ou a terceiros em razão da execução do contrato, não sendo possível excluir ou reduzir essa responsabilidade pelo fato de a execução ter sido acompanhada ou fiscalizada pelo contratante.

Mesmo não constando como cláusula exorbitante na Lei nº 14.133/2021, não se pode esquecer que a sistemática de apuração da responsabilidade do contratado, prevista no seu art. 120, faz com que se possa defender a existência de um regime especial a ser observado, quando da formalização de seus contratos.

Não se trata de hipótese semelhante à prevista no art. 76 da Lei nº 13.303/2016, posto dizer expressamente que a responsabilidade é independente da comprovação de sua culpa ou dolo na execução do contrato. Praticamente a lei indica que todos os prejuízos ocorridos quando de sua execução deverão ser suportados pelo contratado, não podendo ele alegar que não teve intenção ou de que sua atuação incorreu em hipótese de imperícia, imprudência ou negligência.

Aliás, ainda sob a égide da Lei nº 13.303/2016, argui-se que o referido art. 76 inovou "desastrada e desastrosamente instituindo um pesado regime ilimitado de *responsabilidade objetiva* aos contratados[1], por defeitos ou incorreções incorridos no desempenho contratual (o que nem mesmo se dá na Lei 8.666/1993, segundo se constata de seu artigo 66)".[2]

Em comparação com a redação do art. 70 da Lei nº 8.666/1993, a Lei nº 14.133/21 parece intensificar a responsabilidade do contratado porque o art. 120 não repete a alusão a dolo e à culpa. Se assim for, a Lei está fixando a responsabilidade extracontratual de natureza objetiva[3].

---

[1] Alerta Marçal Justen Filho, que a "afirmativa da existência da responsabilidade objetiva deve ser interpretada em termos. Não há responsabilidade civil objetiva do Estado, mas há presunção de culpabilidade derivada da existência de um dever de diligência especial. Tanto é assim que, se a vítima tiver concorrido para o evento danoso, o valor de uma eventual condenação será minimizado" (JUSTEN FILHO, Marçal. A Responsabilidade do Estado. *In*: FREITAS, Juarez (Org.) *Responsabilidade civil do Estado*. São Paulo: Malheiros, 2006, p. 237).

[2] FERRAZ, Sergio. Dos Contratos das Empresas Estatais. *In:* FERRAZ, Sergio (Org.) *Comentários sobre a lei das estatais (Lei 13.303, de 20.6.2016)*. São Paulo: Malheiros, 2019, p. 227.

[3] Bastará à Administração Pública a indicação da existência de relação de adequação entre o dano e o comportamento, por ação ou omissão, lícita ou ilícita do contratado.

O instituto da responsabilidade objetiva[4] não é novidade, se analisado no contexto da prestação de serviços públicos, estando previsto no §6º, do art. 37 da CF/1988, com a seguinte redação:

> Art. 37, § 6º As pessoas jurídicas de direito público e as de direito privado prestadoras de serviços públicos responderão pelos danos que seus agentes, nessa qualidade, causarem a terceiros, assegurado o direito de regresso contra o responsável nos casos de dolo ou culpa.

Nesse sentido, aponta José dos Santos Carvalho Filho[5], ao analisar essa responsabilidade na Lei nº 13.303/2016, que as atividades contratadas pela Lei nº 8.666/1993 não se enquadram na categoria de *serviços públicos*, tal como devem estes ser interpretados no texto do art. 37, §6º, da Constituição. Destaca, entretanto, que a doutrina em geral tem qualificado referidas atividades como um dos ramos do serviço público, os denominados "serviços administrativos", em oposição aos serviços de utilidade pública. Assim, analogicamente, não há como atribuir a responsabilidade objetiva para as empresas contratadas pelas Empresas Estatais, agora com fundamento na Lei nº 13.303/2016, já que as mesmas caso venham a causar danos a terceiros, por força de conduta culposa e exclusiva de um de seus agentes, lhes será aplicada a responsabilidade civil a prevista no Código Civil, como responsabilidade subjetiva.[6]

Há, também, previsão de responsabilidade objetiva administrativa e civil de pessoas jurídicas pela prática de atos contra a administração pública, nacional ou estrangeira, como indicado no art. 1º, "caput", da Lei nº 12.846/2013.

Embora essa possa ter sido a inspiração para a redação do art. 76 da LRE e, também do art. 120 da Lei nº 14.133/2021, há quem defenda que a mudança do eixo de responsabilização se deve ao julgamento do *leading case* RE 591.874 do STF (Tema 246

---

4 Entendida como a "obrigação de indenizar que incumbe a alguém em razão de um procedimento lícito ou ilícito que produziu uma lesão na esfera juridicamente protegida de outrem. Para configurá-la, basta, pois, a mera relação causal entre o comportamento e o dano". (BANDEIRA DE MELLO, Celso Antônio. *Curso de direito administrativo*. 35. ed. rev. e atual. até a Emenda Constitucional 109, de 15.03.2021 e a Lei 14.133, de 1.4.2021 (Lei de Licitações e Contratos Administrativos). São Paulo: Malheiros, 2021, p. 951.).

5 CARVALHO FILHO, José dos Santos. Responsabilidade civil das Pessoas de Direito Privado Prestadoras de Serviços Públicos. *In*: FREITAS, Juarez (Org.) *Responsabilidade civil do Estado*. São Paulo: Malheiros, 2006, p. 152-153.

6 Em sentido contrário, Edgar Guimarães e José Anacleto Abduch defendem que a responsabilidade do contratado por danos causados diretamente a terceiros ou à empresa pública ou sociedade de economia mista, independentemente da comprovação de sua culpa ou dolo na execução do contrato se encontra em perfeita sintonia com o Código Civil brasileiro. (GUIMARÃES, Edgar; SANTOS, José Anacleto Abduch. *Lei das Estatais: comentários ao regime jurídico licitatório e contratual da Lei nº 13.303/2016*. Belo Horizonte: Fórum, 2017, p. 259).
Na hipótese da responsabilidade por vícios, defeitos ou correções, guarda semelhança à especificada no Código de Defesa do Consumidor como 'responsabilidade por vício do produto ou serviço', em que não se exige a ocorrência de um dano externo ao próprio bem ou serviço, bastando que ocorra o vício para que surja para o contratado dever de reparar, remover, reconstruir ou substituir, no todo ou em parte, o objeto do contrato. Quando da responsabilidade por danos causados em virtude da execução do contrato, também guarda semelhança à especificada no Código de Defesa do Consumidor como 'responsabilidade pelo fato do produto ou serviço', podendo ser enquadrada como uma responsabilidade aquiliana ou extracontratual, uma vez que se estende a qualquer terceiro que tenha sido afetado pelo prejuízo. Tal responsabilidade envolve a reparação de prejuízos que extrapolam o mero objeto do contrato, podendo abarcar outros danos materiais dele decorrentes. (ZYMLER, Benjamin; BAETA, André Pachioni; SILVA, André Vilanova da; MOREIRA, Daniel Miranda Barros; BISPO, Fernanda Schreiber; ALVES, Francisco Sérgio Mais; MACHADO, Karine Lílian de Sousa Costa; DIOS, Laureano Canabarro. *Novo regime jurídico de licitações e contratos das empresas estatais: análise da Lei nº 13.303/2016 segundo a jurisprudência do Tribunal de Contas da União*. Belo Horizonte: Fórum, 2018, p. 406-407).

da Repercussão Geral), em que se estabeleceu o precedente de que pessoas jurídicas de Direito Privado prestadoras de serviços públicos são objetivamente responsáveis em relação a terceiros usuários e não usuários.[7]

Não obstante, a aplicação prática do dispositivo deve ser compatibilizada com a matriz de riscos contratual, prevista nos arts. 92, §2º, e 103, §3º, da Lei nº 14.133/2021. Essa cláusula, obrigatória em alguns casos,[8] permite uma alocação clara das responsabilidades entre Administração e contratado, inclusive delimitando hipóteses em que a responsabilidade não poderá ser integralmente imputada ao particular. Assim, a responsabilidade objetiva não deve ser lida como ilimitada, mas como regra geral modulável, conforme o regime de riscos previamente pactuado.

A leitura do art. 120 deve ser feita em chave de equilíbrio contratual, sob pena de inviabilizar contratações mais complexas ou afastar competidores idôneos do mercado. A intensificação da responsabilidade do contratado deve vir acompanhada da clareza na alocação de riscos e da adoção de seguros e garantias que permitam sua gestão.

Em síntese, o art. 120 reafirma a responsabilidade ampla do contratado pelos danos decorrentes da execução contratual, mas sua aplicação exige uma interpretação sistemática, que considere o precedente constitucional do STF, a matriz de riscos e os limites de eficiência e proporcionalidade no regime das contratações públicas.

---

7 GUIMARÃES, Bernardo Strobel; RIBEIRO, Leonardo Coelho; RIBEIRO, Carlos Vinícius Alves; GIUBLIN, Isabella Bittencourt Mäder Gonçalves; PALMA, Juliana Bonacorsi de. *Comentários à lei das estatais (Lei nº 13.303/2016)*. Belo Horizonte: Fórum, 2019, p. 402.

8 "Evidentemente, a matriz de riscos não é capaz de prever todo e qualquer evento que cause alguma forma de desequilíbrio na relação contratual, mas possui um importante papel de proporcionar maior previsibilidade às relações contratuais, determinando de antemão qual parte é responsável por arcar com o risco, o que garante uma rápida e eficiente solução para eventual problema" (CAMPOS, Mariana; COELHO, Fernanda; FOLLADOR, Gabriel. Matriz de riscos na nova Lei de Licitações pode dar previsibilidade às contratações. *Revista Consultor Jurídico*. Disponível: https://www.conjur.com.br/2021-mar-23/opiniao-matriz-riscos-lei-licitacoes. Acesso em: 27 jun. 2021).

Art. 121. Somente o contratado será responsável pelos encargos trabalhistas, previdenciários, fiscais e comerciais resultantes da execução do contrato.

§ 1º A inadimplência do contratado em relação aos encargos trabalhistas, fiscais e comerciais não transferirá à Administração a responsabilidade pelo seu pagamento e não poderá onerar o objeto do contrato nem restringir a regularização e o uso das obras e das edificações, inclusive perante o registro de imóveis, ressalvada a hipótese prevista no § 2º deste artigo.

§ 2º Exclusivamente nas contratações de serviços contínuos com regime de dedicação exclusiva de mão de obra, a Administração responderá solidariamente pelos encargos previdenciários e subsidiariamente pelos encargos trabalhistas se comprovada falha na fiscalização do cumprimento das obrigações do contratado.

§ 3º Nas contratações de serviços contínuos com regime de dedicação exclusiva de mão de obra, para assegurar o cumprimento de obrigações trabalhistas pelo contratado, a Administração, mediante disposição em edital ou em contrato, poderá, entre outras medidas:

I - exigir caução, fiança bancária ou contratação de seguro-garantia com cobertura para verbas rescisórias inadimplidas;

II - condicionar o pagamento à comprovação de quitação das obrigações trabalhistas vencidas relativas ao contrato;

III - efetuar o depósito de valores em conta vinculada;

IV - em caso de inadimplemento, efetuar diretamente o pagamento das verbas trabalhistas, que serão deduzidas do pagamento devido ao contratado;

V - estabelecer que os valores destinados a férias, a décimo terceiro salário, a ausências legais e a verbas rescisórias dos empregados do contratado que participarem da execução dos serviços contratados serão pagos pelo contratante ao contratado somente na ocorrência do fato gerador.

§ 4º Os valores depositados na conta vinculada a que se refere o inciso III do § 3º deste artigo são absolutamente impenhoráveis.

§ 5º O recolhimento das contribuições previdenciárias observará o disposto no art. 31 da Lei nº 8.212, de 24 de julho de 1991.

CHRISTIANNE DE CARVALHO STROPPA

CRISTIANA FORTINI

121 Responsabilidade pelos encargos trabalhistas, previdenciários, fiscais e comerciais

Ainda sob a égide da Lei nº 8.666/1993, o contratado é o único responsável pelos encargos trabalhistas, previdenciários, fiscais e comerciais resultantes da execução do contrato (art. 71). Consequentemente, a inadimplência do contratado, com referência aos encargos trabalhistas, fiscais e comerciais, não transfere à Administração Pública a responsabilidade por seu pagamento, nem pode onerar o objeto do contrato ou restringir a regularização e o uso das obras e edificações, inclusive perante o registro de imóveis (§ 1º do mesmo artigo).

O Supremo Tribunal Federal, ao julgar procedente pedido formulado em ação declaratória de constitucionalidade, decidiu ser válida essa previsão legal: "Responsabilidade contratual. Subsidiária. Contrato com a administração pública. Inadimplência negocial do outro contraente. Transferência consequente e automática dos seus encargos trabalhistas, fiscais e comerciais, resultantes da execução do contrato, à administração. Impossibilidade jurídica. Consequência proibida pelo artigo 71, § 1º, da Lei federal nº 8.666/93. Constitucionalidade reconhecida dessa norma. Ação direta de constitucionalidade julgada, nesse sentido, procedente. Voto vencido. É constitucional a norma inscrita no artigo 71, § 1º, da Lei federal nº 8.666, de 26 de junho de 1993, com a redação dada pela Lei nº 9.032, de 1995".[1]

O STF confirmou o referido entendimento, tendo fixado a seguinte tese de repercussão geral: "O inadimplemento dos encargos trabalhistas dos empregados do contratado não transfere automaticamente ao Poder Público contratante a responsabilidade pelo seu pagamento, seja em caráter solidário ou subsidiário, nos termos do artigo 71, §1º, da Lei nº 8.666/93".[2]

Nessa linha, pela redação do item V, da Súmula nº 331, do Tribunal Superior do Trabalho,[3] "conforme o caso concreto, excepcionalmente, é possível a responsabilização do ente público tomador dos serviços, quando houver demonstração de que incorreu em dolo ou culpa na fiscalização contratual do cumprimento das obrigações da empresa contratada".[4]

A Lei nº 14.133/2021, mantendo a mesma redação, determina que somente o contratado é responsável pelos encargos trabalhistas, previdenciários, fiscais e comerciais resultantes da execução do contrato (art. 121), bem como que a inadimplência do contratado em relação aos encargos trabalhistas, fiscais e comerciais não transfere à Administração Pública a responsabilidade pelo seu pagamento e não pode onerar o objeto do contrato nem restringir a regularização e o uso das obras e das edificações, inclusive perante o registro de imóveis.

---

1 STF, Pleno, ADC nº 16/DF, relator ministro Cezar Peluso, DJe 9/9/2011.

2 STF, Pleno, RE 760.931/DF, Red. p/ ac. ministro Luiz Fux, DJe 2/5/2017.

3 Súmula 331, item V, do TST: "*V - Os entes integrantes da Administração Pública direta e indireta respondem subsidiariamente, nas mesmas condições do item IV, caso evidenciada a sua conduta culposa no cumprimento das obrigações da Lei nº 8.666, de 21.06.1993, especialmente na fiscalização do cumprimento das obrigações contratuais e legais da prestadora de serviço como empregadora. A aludida responsabilidade não decorre de mero inadimplemento das obrigações trabalhistas assumidas pela empresa regularmente contratada*".

4 GARCIA, Gustavo Filipe Barbosa. A responsabilidade da Administração por encargos de empresa contratada. *Revista Consultor Jurídico*. Disponível: https://www.conjur.com.br/2021-abr-10/garcia-administracao-encargos-empresa-contratada#_ftn3. Acesso em: 27 jun. 2021.

A lei, ao tratar da responsabilidade subsidiária e solidária, faz expressa referência às contratações de serviços contínuos com regime de dedicação exclusiva de mão de obra, na qual a Administração poderá responder solidariamente pelos encargos previdenciários e subsidiariamente pelos encargos trabalhistas se comprovada falha na fiscalização do cumprimento das obrigações do contratado (culpa *in vigilando*)[5].

A este respeito, destacamos que a Lei nº 14.133/2021 aborda dois tipos de contrato, ambos a envolver a terceirização. Há os contratos em que a mão de obra é absorvida com exclusividade pelo contratante e aqueles cuja mão de obra, embora predominante no custo, não é fornecida de forma exclusiva. Mas apenas o primeiro modelo de contrato é conceituado na Lei, em seu art. 6º, inciso XVI. Os serviços com regime de dedicação exclusiva de mão de obra são aqueles em que o modelo de execução contratual exige, dentre outros requisitos, que os empregados da contratada fiquem à disposição nas dependências da contratante para a prestação dos serviços; que a contratada não compartilhe os recursos humanos e materiais disponíveis de uma contratação para execução simultânea de outros contratos; e que a contratada possibilite a fiscalização pela contratante quanto à distribuição, controle e supervisão dos recursos humanos alocados aos seus contratos.

Como dizem Cristiana Fortini, Flaviana Paim e Renata Rainho: "Via de regra, são contratos que se caracterizam pelo fato de que o custo da mão de obra é totalmente absorvido pelo contrato. Há um aproveitamento total da jornada de trabalho do empregado alocado, de tal forma que este labora exclusivamente dedicado ao tomador do serviço. Por serem contratos de execução indireta, a demanda administrativa é atendida por meio da atuação de terceiros estranhos aos quadros da Administração contratante. A despeito da ausência de vínculo entre trabalhador e a entidade pública tomadora de serviço, cumpre a esta acompanhar e fiscalizar a atuação da empresa contratada, não apenas com vistas a checar se a métrica contratual está observada quanto à qualidade da execução, mas, ainda, ao efetivo respeito à legislação no que toca ao pagamento de verbas trabalhistas e rescisórias, como verdadeira obrigação acessória decorrente do contrato terceirizado."[6]

Nos contratos com dedicação exclusiva, há a possibilidade de uma real e efetiva fiscalização do cumprimento de obrigações trabalhistas e previdenciárias dos empregados alocados à execução contratual. Por isso, o § 2º do art. 121 prevê que "Exclusivamente nas contratações de serviços contínuos com regime de dedicação exclusiva de mão de obra, a Administração responderá solidariamente pelos encargos previdenciários e subsidiariamente pelos encargos trabalhistas se comprovada falha na fiscalização do cumprimento das obrigações do contratado."

O recolhimento das contribuições previdenciárias deve observar o disposto no art. 31 da Lei nº 8.212/1991.

---

[5] TCU. Acórdão nº 719/2018 – Plenário, Consulta. Revisor Min. Benjamin Zymler: ausência de previsão legal – contrato de empreitada não gera responsabilidade nas obrigações trabalhistas (TST – OJ-SDI1-191 – Res. 175/2011). Problema: IN nº 06/2018 – cláusulas assecuratórias de direitos trabalhistas quando da execução indireta de obras públicas.

[6] FORTINI, Cristiana. PAIM, Flaviana Vieira. RAINHO, Renata Costa. Os serviços contínuos na Nova Lei de Licitação. *Fórum de Contratação e Gestão Pública*. Belo Horizonte: Fórum, ano 20, n. 233, maio 2021.

Importante recordar que, para assegurar o cumprimento de obrigações pelo contratado, o art. 121 § 3º prevê que a Administração Pública, mediante disposição em edital ou em contrato, poderá, entre outras medidas:

- exigir caução, fiança bancária ou contratação de seguro-garantia com cobertura para verbas rescisórias inadimplidas;
- condicionar o pagamento à comprovação de quitação das obrigações trabalhistas vencidas relativas ao contrato;
- efetuar o depósito de valores em conta vinculada, ficando estes absolutamente impenhoráveis;
- em caso de inadimplemento, efetuar diretamente o pagamento das verbas trabalhistas, que devem ser deduzidas do pagamento devido ao contratado; e
- estabelecer que os valores destinados a férias, a décimo terceiro salário, a ausências legais e a verbas rescisórias dos empregados do contratado que participarem da execução dos serviços contratados serão pagos pelo contratante ao contratado somente na ocorrência do fato gerador.

A Lei não obriga a Administração Pública a adotar as cautelas. Talvez por se tratar de lei que contenha normas gerais, a Lei nº 14.133/2021 apenas sinaliza possíveis medidas, em sintonia com o que já se prática na esfera federal.

O Decreto Federal nº 9.507/2018 e a IN nº 05/2017, por exemplo, revelam a preocupação com o planejamento e a gestão de riscos dos contratos de prestação continuada. A exemplo, o art. 18 da IN nº 05/2017 traça como um dos procedimentos de gestão de riscos, obrigatórios para os contratos em que há serviços realizados em regime de dedicação exclusiva de mão de obra, procedimentos para o risco de descumprimento das obrigações trabalhistas, previdenciárias e com FGTS da contratada. No mesmo sentido, o Decreto Federal nº 9.507/2018 exige uma série de medidas de prevenção de riscos a partir da inserção de cláusulas obrigatórias nas avenças contratuais.

A exigência de prestação de garantia da contratada inclusive em relação ao pagamento de suas obrigações trabalhistas, previdenciárias e com o FGTS, regulada no inciso VI do art. 8º do Decreto, também é replicada na nova lei.

Os mecanismos de mitigação de riscos foram reforçados no plano federal pela IN SEGES/ME nº 52/2025, que atualizou regras de gestão e fiscalização dos contratos, ampliando a exigência de monitoramento preventivo e o uso da conta vinculada em situações de risco.

O art. 50 da nova lei também determina que o contratado apresente a comprovação do cumprimento de suas obrigações sempre que solicitado pela Administração Pública, sob pena de multa. No mesmo sentido, a minuta de contrato constante de anexo da IN nº 05/2017 já menciona garantia, cabendo recordar o caráter impositivo da minuta, conforme prevê o art. 35.

Importante lembrar que o art. 142 da Lei nº 14.133/2021 conta com a previsão de pagamento em conta vinculada ou pela efetiva comprovação do fato gerador, à semelhança das normas federais, como um ato discricionário do gestor a ser analisado caso a caso.

O art. 121 deve ser lido em conexão com os arts. 50 e 142 da Lei nº 14.133/21, posto que tais dispositivos fortalecem o regime de prevenção, privilegiando a regularidade contratual e reduzindo o risco de responsabilização da Administração.

Art. 122. Na execução do contrato e sem prejuízo das responsabilidades contratuais e legais, o contratado poderá subcontratar partes da obra, do serviço ou do fornecimento até o limite autorizado, em cada caso, pela Administração.

§ 1º O contratado apresentará à Administração documentação que comprove a capacidade técnica do subcontratado, que será avaliada e juntada aos autos do processo correspondente.

§ 2º Regulamento ou edital de licitação poderão vedar, restringir ou estabelecer condições para a subcontratação.

§ 3º Será vedada a subcontratação de pessoa física ou jurídica, se aquela ou os dirigentes desta mantiverem vínculo de natureza técnica, comercial, econômica, financeira, trabalhista ou civil com dirigente do órgão ou entidade contratante ou com agente público que desempenhe função na licitação ou atue na fiscalização ou na gestão do contrato, ou se deles forem cônjuge, companheiro ou parente em linha reta, colateral, ou por afinidade, até o terceiro grau, devendo essa proibição constar expressamente do edital de licitação.

CHRISTIANNE DE CARVALHO STROPPA

CRISTIANA FORTINI

122 Subcontratação

O contratado poderá subcontratar partes da obra, do serviço ou do fornecimento até o limite autorizado[1], em cada caso, pela Administração, ou seja, não há necessidade de autorização expressa específica, bastando que não haja vedação[2] e desde que mantidas as responsabilidades contratuais e legais e observados os limites de subcontratação previamente autorizados pela Administração para cada contratação.

Parece haver alteração na disciplina do tema quando se compara o caput e o § 2º do art. 123 da Lei nº 14.133/2021 com o que prevê o art. 72 da Lei nº 8.666/1993. Embora em ambos os casos os artigos prevejam que a subcontratação é possível no limite autorizado pela Administração, a inclusão do § 2º sugere um olhar mais favorável à subcontratação, desde que acompanhada de critérios de controle e transparência.

---

[1] TCU. Acórdão nº 1.748/2004 – Plenário. Rel. Min. Benjamin Zymler – situações excepcionais, quando estritamente necessária, justificativa técnica e circunstancial para a necessidade e percentual máximo admitido.
Proibição total: TCU. Acórdão nº 954/2012 – Plenário. Rel. Min. Ana Arraes; Acórdão nº 14193/2018 - 1ªCâmara. Rel. Min.-Subs. Weder de Oliveira.

[2] TCU. Acórdão nº 2.198/2015 - Plenário, Rel. Min.-Subs. Marcos Benquerer Costa.

Rafael Costa alerta que:

> A antiga restrição normativa que proibia a subcontratação de partes tecnicamente relevantes e sujeitas a qualificação técnica não encontra respaldo no novo arcabouço legal. A atual conjuntura possibilita a subcontratação das partes mais complexas e cruciais de um projeto, marcando uma transformação significativa.[3]

Como decorrência da subcontratada ser escolhida pelo contratado, não há vínculo entre esta e a Administração. Entretanto, a Administração poderá exigir que seja apresentada documentação comprovando a capacidade técnica da subcontratada[4], que será avaliada e juntada aos autos do processo correspondente.

Para resguardar o princípio da impessoalidade, fica expressamente vedada a subcontratação de pessoa física ou jurídica, se aquela ou os dirigentes desta mantiverem vínculo de natureza técnica, comercial, econômica, financeira, trabalhista ou civil com dirigente do órgão ou entidade contratante ou com agente público que desempenhe função na licitação ou atue na fiscalização ou na gestão do contrato, ou se deles forem cônjuge, companheiro ou parente em linha reta, colateral, ou por afinidade, até o terceiro grau, devendo essa proibição constar expressamente do edital de licitação.

Há, ainda, conforme o §4º do art. 74, vedação de subcontratação em contratos de serviços técnicos especializados de natureza predominantemente intelectual decorrentes de contratações diretas por inexigibilidade, mantendo a lógica de que tais contratações demandam a atuação direta do contratado.

Segundo Hamilton Bonatto, a subcontratação deve ser compreendida como instrumento legítimo de eficiência contratual, especialmente quando prevista em matriz de riscos, pois permite maior especialização técnica. Contudo, sem regras claras e fiscalização adequada, pode gerar perda de *accountability* e fragilização da execução contratual.[5]

Em apertada síntese, verificam-se três posições sobre o instituto da subcontratação:

- Permitida: quando limitada, prevista e fiscalizada.
- Vedada: em serviços técnicos especializados de natureza intelectual contratados por inexigibilidade (art. 74, §4º) e em hipóteses de conflito de interesse (art. 122, §3º).
- Recomendada: cláusula contratual específica prevendo limites, exigência de comprovação da capacidade técnica da subcontratada e fiscalização contínua.

Destaca-se o contido no Parecer AGU-CGU-GAB 2025-03, que consolida o entendimento sobre a subcontratação de parte do objeto contratual e a "pejotização" em contratos administrativos. O parecer conclui que é ilícita a exigência, por parte da Administração Pública, de que as empresas contratadas mantenham seus colaboradores exclusivamente no regime celetista.

---

3 COSTA, Rafael; FRANCO, Letícia. As novas fronteiras da subcontratação na era da Lei nº 14.1333/21. *Zênite Fácil*, categoria Doutrina, 07 mar. 2024. Disponível em: http://www.zenitefacil.com.br. Acesso em: 25 ago. 2025.

4 Exigências de documentos da subcontratada: termo de compromisso e atestados de qualificação técnica da parcela, admitida no edital, a ser subcontratada (TCU. Acórdão 1529/2006 – Plenário. Rel. Min. Augusto Nardes).

5 BONATTO, Hamilton. *Subcontratação e eficiência nos contratos administrativos*: riscos e limites na Lei nº 14.133/21. Belo Horizonte: Fórum, 2023.

Ademais, a "pejotização", quando realizada de forma lícita, não configura subcontratação, pois não envolve a transferência de uma parcela do objeto contratual para outra empresa, mas, sim, a contratação de mão de obra especializada pela própria contratada para executar o objeto. Assim, a "pejotização" não é, por si só, uma fraude à subcontratação. Essas conclusões são fundamentadas nos princípios constitucionais da livre-iniciativa e livre concorrência e estão em conformidade com a jurisprudência do Supremo Tribunal Federal que admite a terceirização de qualquer atividade.[6]

[6] Disponível em: https://ronnycharles.com.br/parecer-n-00003-2025-gab-cgu-cgu-agu/. Acesso em: 25 ago. 2025.

Art. 123. A Administração terá o dever de explicitamente emitir decisão sobre todas as solicitações e reclamações relacionadas à execução dos contratos regidos por esta Lei, ressalvados os requerimentos manifestamente impertinentes, meramente protelatórios ou de nenhum interesse para a boa execução do contrato.

Parágrafo único. Salvo disposição legal ou cláusula contratual que estabeleça prazo específico, concluída a instrução do requerimento, a Administração terá o prazo de 1 (um) mês para decidir, admitida a prorrogação motivada por igual período.

CHRISTIANNE DE CARVALHO STROPPA

CRISTIANA FORTINI

123 Dever de decisão

O art. 123 da Lei nº 14.133/2021 inova ao estabelecer que a Administração tem o dever explícito de decidir todas as solicitações e reclamações relacionadas à execução dos contratos, ressalvados apenas os requerimentos manifestamente impertinentes, meramente protelatórios ou destituídos de interesse para a boa execução contratual.

O dispositivo inspira-se no art. 48 da Lei nº 9.784/1999, que consagra o direito à decisão administrativa como corolário da eficiência, da segurança jurídica e do princípio republicano da motivação.

O prazo para decisão, contado da instrução do requerimento, será, em regra, de 1 (um) mês, com possibilidade de prorrogação por igual período, desde que devidamente motivada. A exceção decorrerá de disposição legal ou cláusula contratual que venha a fixar prazo específico.

Destaca-se, no entanto, interessante ressalva, já que parece autorizar o silêncio da Administração Pública nas hipóteses de requerimentos manifestamente impertinentes (fora do escopo do contrato), meramente protelatórios (com a intenção de atrasar o processo) ou de nenhum interesse para a boa execução do contrato. Em verdade, não se está a prever hipótese de não manifestação da Administração Pública, mas sim, em sentido oposto, deverá ser emitido um ato administrativo, cujo conteúdo, ao invés de decidir sobre a solicitação efetuada, elencará as razões pelas quais não irá tomar a decisão. Essa exigência reforça o princípio da motivação e assegura ao contratado o direito de controle sobre a legalidade da decisão.

Assim, o dispositivo legal não autoriza o silêncio administrativo, devendo expedir um ato administrativo.

CAPÍTULO VII
DA ALTERAÇÃO DOS CONTRATOS E DOS PREÇOS

Art. 124. Os contratos regidos por esta Lei poderão ser alterados, com as devidas justificativas, nos seguintes casos:

I – unilateralmente pela Administração:

a) quando houver modificação do projeto ou das especificações, para melhor adequação técnica a seus objetivos;

b) quando for necessária a modificação do valor contratual em decorrência de acréscimo ou diminuição quantitativa de seu objeto, nos limites permitidos por esta Lei;

II – por acordo entre as partes:

a) quando conveniente a substituição da garantia de execução;

b) quando necessária a modificação do regime de execução da obra ou do serviço, bem como do modo de fornecimento, em face de verificação técnica da inaplicabilidade dos termos contratuais originários;

c) quando necessária a modificação da forma de pagamento por imposição de circunstâncias supervenientes, mantido o valor inicial atualizado e vedada a antecipação do pagamento em relação ao cronograma financeiro fixado sem a correspondente contraprestação de fornecimento de bens ou execução de obra ou serviço;

d) para restabelecer o equilíbrio econômico-financeiro inicial do contrato em caso de força maior, caso fortuito ou fato do príncipe ou em decorrência de fatos imprevisíveis ou previsíveis de consequências incalculáveis, que inviabilizem a execução do contrato tal como pactuado, respeitada, em qualquer caso, a repartição objetiva de risco estabelecida no contrato.

§1º Se forem decorrentes de falhas de projeto, as alterações de contratos de obras e serviços de engenharia ensejarão apuração de responsabilidade do responsável técnico e adoção das providências necessárias para o ressarcimento dos danos causados à Administração.

§2º Será aplicado o disposto na alínea "d" do inciso II do caput deste artigo às contratações de obras e serviços de engenharia, quando a execução for obstada pelo atraso na conclusão de procedimentos de desapropriação, desocupação, servidão administrativa ou licenciamento ambiental, por circunstâncias alheias ao contratado.

HAMILTON BONATTO

124 Alterações contratuais

Se algum fato superveniente exigir, seja por não existir anteriormente ou por ser descoberto em momento posterior à licitação, é possível que o contrato administrativo seja alterado, por decisão unilateral da Administração ou por acordo entre as partes.

A Lei estabelece os casos em que a alteração pode se dar de modo unilateral pela Administração, e aqueles em que há necessidade de acordo entre as partes. O primeiro pode se dar diante da necessidade de a Administração modificar o projeto ou suas especificações ou, ainda, o valor do contrato em decorrência de acréscimo ou diminuição quantitativa de seu objeto. Evidentemente, mesmo que a alteração seja unilateral, e que o contratado deva aceitar tais alterações, ele não pode ser prejudicado em relação à equação econômico-financeira do contrato, que deve se manter sempre equilibrada, em respeito ao inciso XXI do art. 37 da Constituição da República.[1] Caso a alteração do projeto ou de suas especificações trouxerem ônus financeiro para o contratado, superior ao que ele deveria suportar quando firmou o contrato original, a Administração, ao aditar o contrato, deverá acrescer o valor proporcional ao quantitativo majorado, dentro dos limites legais. Por óbvio, da mesma forma se deve proceder na hipótese de a alteração diminuir o ônus do contratado, aditando o contrato para a redução do seu valor.

124.1 Alteração unilateral pela Administração

Os contratos administrativos têm suas cláusulas estabelecidas unilateralmente e de forma antecipada pela Administração, de modo que há obrigatoriedade de que a minuta do contrato faça parte do conjunto de anexos do instrumento licitatório, sem que com isso haja qualquer acordo com o particular.

A Administração possui um regime diferenciado que lhe dá prerrogativas que não são comuns nos contratos entre particulares, a exemplo da alteração unilateral do contrato sem que, com isso, necessite a concordância do contratado. Tais disposições são denominadas cláusulas exorbitantes.

Os casos em que a Administração pode alterar unilateralmente os contratos restringem-se à modificação: do projeto ou das especificações e do valor contratual pelo acréscimo ou diminuição quantitativa, nos limites determinados em lei. São esses, e não outros mais, os casos em que a Lei permite a alteração unilateral, os quais devem ser justificados nos autos do processo administrativo.

Essa prerrogativa é decorrente da condição de a Administração pública ser a responsável primeira pela defesa dos interesses públicos primários, sendo regente o princípio da supremacia do interesse público e sua indisponibilidade. O particular,

[1] Constituição da República de 1988: Art. 37 (...) XXI – ressalvados os casos especificados na legislação, as obras, serviços, compras e alienações serão contratados mediante processo de licitação pública que assegure igualdade de condições a todos os concorrentes, com cláusulas que estabeleçam obrigações de pagamento, mantidas as condições efetivas da proposta, nos termos da lei, o qual somente permitirá as exigências de qualificação técnica e econômica indispensáveis à garantia do cumprimento das obrigações.

ao participar de uma licitação e/ou firmar um contrato administrativo, se submete à possibilidade de mutabilidade do interesse público e, por consequência, do contrato.

Mesmo quando a Lei concede a prerrogativa à Administração Pública de alterar unilateralmente o contrato, não há óbice, ao contrário, é recomendado que a alteração possa se dar por acordo entre as partes, estabelecendo uma relação contratual mais colaborativa e de maior confiança.

São duas as formas de alteração dos contratos: a qualitativa, de que trata o inciso I, "a"; e a quantitativa, de que trata o inciso I, "b", ambos deste mesmo artigo. A primeira é condição e requisito necessário e fundamental para que a execução do objeto se efetive, pois, sem esta alteração ficaria inviabilizada a consecução do objeto contratado. A segunda, ao contrário, não é condição que impeça a execução do objeto, que pode ser concluído mesmo que não haja a alteração do objeto, da forma inicialmente planejada.

Os editais não podem prever proibições de alterações contratuais, sejam elas qualitativas ou quantitativas, em função da possibilidade de que ocorram fatos supervenientes à licitação. No entanto, é imprescindível que toda e qualquer alteração contratual seja fundamentada em parecer e estudo técnico que caracterizem os fatos motivadores da alteração como supervenientes ao tempo da licitação.

124.1.1 Modificação do projeto ou das especificações

Mesmo que o planejamento seja fundamental para o êxito de uma licitação e consequente contratação, não é raro, após ser firmado o contrato e iniciada a sua execução, surgir a necessidade de modificar o projeto ou as especificações para melhor adequação técnica, de forma a atingir o interesse público primário.

Por outro lado, também é comum que situações que não estavam previstas no momento do procedimento licitatório só sejam vislumbradas no decorrer da execução do contrato, obrigando à alteração qualitativa do projeto ou de suas especificações para a convergência técnica aos objetivos originalmente propostos. Isso pode ocorrer tanto por surgirem situações inesperadas após a licitação, ou em que pese elas já existissem anteriormente à licitação, mas estavam ocultas e só foram conhecidas durante a execução do contrato.

Exemplo dessa necessidade é o aparecimento de uma metodologia ou tecnologia que traga benefícios ao objeto e que não se conhecia à época da licitação, mas que passou a ser conhecida durante a execução contratual. A tecnologia, por ser outra da inicialmente prevista, exigirá modificação do projeto e das especificações para que haja uma elevação qualitativa no empreendimento. Como consequência dessa alteração qualitativa, pode haver uma alteração quantitativa em relação ao valor do contrato, para mais ou para menos.

Frise-se que essas alterações no projeto ou nas especificações não podem vir a alterar o objeto substancialmente, de forma a transformá-lo em outro objeto.

Para exemplificar a alteração qualitativa, toma-se a construção de uma escola em que, durante a obra, ao demolir a construção vizinha, surgiu a necessidade de erigir um muro de arrimo entre ambos os lotes, pois o previsto não se apresentava suficiente para a contenção de terra. Sem o muro de arrimo não haveria a possibilidade de continuar a construção da escola, sendo necessário alterar o projeto original para alterá-lo

qualitativamente. No caso, não houve alteração substancial no objeto, a escola continuou sendo uma escola com as mesmas características do objeto original.

A alteração unilateral pode ser a modificação das especificações, caso em que durante a obra uma determinada norma técnica foi alterada e exigiu especificações diferentes daquelas previstas originalmente. Esta alteração é qualitativa em relação às especificações. É possível que haja a alteração das especificações com as alterações nos projetos.

As alterações qualitativas, excepcionalmente, podem superar os limites quantitativos estabelecidos em lei, desde que realizadas por acordo entre as partes e sob determinadas condições. Não se vê óbice que as supressões superem esses limites, de modo que, não as aceitando, nascerá ao contratado o direito de extinção do contrato, conforme se denota do inciso I do §2º do art. 137 da Lei nº 14.133/2021.

Evidentemente, essas ocorrências devem ser justificadas nos autos, discorrendo sobre a necessidade do aditivo para a completa consecução do objeto, bem como demonstrar o fato superveniente que exigiu as alterações para a execução total do objeto contratado, sem transfigurá-lo em relação ao objeto original, o que exigiria uma nova licitação e um novo contrato. Ainda, é necessário, para a superação do percentual exigido em lei, que o contratado possua capacidade técnica e econômico-financeira para executar o objeto além do limite previsto em lei. Uma vez atendidos esses requisitos, sem culpa do contratado e de forma que o aditivo não resulte em valor superior a uma eventual nova licitação e contratação, é possível a superação do limite legal.

De toda forma, para qualquer alteração contratual deve ser preservada a intangibilidade do equilíbrio econômico-financeiro do contrato originalmente firmado.

124.1.2 Modificação do valor contratual pelo acréscimo ou diminuição quantitativa

Essa modificação pelo acréscimo ou diminuição quantitativa pode se perfazer unilateralmente quando o próprio objeto sofrer alteração na sua quantidade, seja para mais ou para menos, devendo respeitar os limites de acréscimos ou supressões de até 25% (vinte e cinco por cento) do valor inicial atualizado do contrato e, no caso de reforma de edifício ou de equipamento, o limite para os acréscimos será de 50% (cinquenta por cento).

Alteração quantitativa pode ser espelhada na construção de um hospital em que, no decorrer do contrato, tendo em vista o aumento da demanda de pacientes por motivos supervenientes, surge a necessidade de aumentar o número de leitos previstos no contrato original. A não construção deste espaço maior em nada prejudica o andamento da obra e, em consequência da execução do contrato, trata-se de uma alteração quantitativa.

Observe-se que a Lei é clara ao especificar que o percentual tem como base o "valor do contrato", evidentemente o reajustado, não o valor de um dos itens do contrato ou um dos serviços contratados. Não se trata, por exemplo, também, de um percentual relativo à área de uma edificação, ou à quilometragem de uma rodovia, ou a quantidade de kilowatts de uma usina, ou algo semelhante.

É possível, portanto, que haja um aumento na quantidade que não seja paralelo ao aumento do valor do contrato, isto é, pode haver um aumento no quantitativo, por exemplo, de 40% (quarenta por cento) e, no entanto, o aumento do valor do contrato ser inferior a 25% (vinte e cinco por cento). Neste caso, de acordo com a Lei, havendo

justificativa idônea, é claro, não haverá óbice em se realizar unilateralmente o aditivo contratual, mantendo-se, sempre, a preservação da equação econômico-financeira do contrato.

124.1.3 Proibição de alteração do objeto

Mesmo que a alteração esteja dentro dos limites admitidos pela Lei, ela não pode alterar o objeto de tal forma que se transforme em outro. Se a alteração for dessa monta, não é possível a efetivação de aditivo contratual. Se essas alterações forem substanciais a ponto de transformarem o objeto em outro, não resta outra solução senão a rescisão contratual e nova licitação para a contratação do novo objeto, diverso, portanto, daquele inicialmente planejado. Trata-se de condição *sine qua non* para a execução total do objeto agora pretendido.

124.2 Alteração por acordo entre as partes

Nem toda alteração contratual é decidida, pelo menos em seu conteúdo, unilateralmente pela Administração. Há determinados casos em que, mesmo que uma das partes não deseje a alteração, ela deverá ocorrer, sendo discutido apenas o seu conteúdo; e, em outros casos, é possível que uma das partes recuse a alteração contratual por ir em desfavor aos seus interesses.

Sempre o conveniente é que haja acordo entre as partes, independentemente da possibilidade legal de a Administração Pública poder exigir a alteração contratual. No entanto, em determinados casos, a Administração não tem autorização legal de alterar o contrato sem que haja o consentimento do contratado.

124.2.1 Substituição da garantia de execução

O art. 96 da Lei prevê, se exigida, que o contratado pode optar por oferecer garantia contratual como caução em dinheiro ou títulos da dívida pública, seguro garantia ou fiança bancária.

Ainda que essa prerrogativa de escolher a modalidade de garantia a ser ofertada seja do contratado, uma vez realizada numa forma, só poderá ser substituída por acordo entre as partes, isto é, não poderá ser efetivada unilateralmente.

Se cabe ao contratado a escolha da garantia, salvo na possibilidade de o órgão licitante exigir a prestação da garantia na modalidade seguro-garantia e prever a obrigação de a seguradora, em caso de inadimplemento pelo contratado, assumir a execução e concluir o objeto do contrato, não se vê a possibilidade de a Administração se opor à sua substituição, a não ser, evidentemente, se a garantia substituta não estiver prevista em lei, não for idônea ou for insuficiente em termos de valor para suprir a ausência da substituída.

Sempre que ocorrer alteração do valor do contrato haverá a obrigatoriedade de modificar o valor da garantia, seja para mais ou para menos.

124.2.2 Modificação do regime de execução

O art. 46 da Lei elenca os regimes de empreitada admitidos para a execução direta de obras e serviços de engenharia: empreitada por preço unitário; empreitada por preço global; empreitada integral; contratação por tarefa; contratação integrada; contratação semi-integrada; e fornecimento e prestação de serviço associado. O regime adotado deve constar explícita e obrigatoriamente no contrato, uma vez que é fundamental para sua gestão, especialmente em relação à forma de medição e de pagamento.

Durante a execução de determinado contrato é possível que se verifique, por questões técnicas, que o regime escolhido se tornou inaplicável naquele caso, gerando uma impossibilidade de continuidade da execução contratual. Nesse caso, a Lei permite que o regime seja modificado e adequado ao objeto contratado.

Em determinadas situações, ou se modifica o regime ou se rescinde o contrato, algo que sempre deve ser evitado, pois como regra é prejudicial à Administração e ao contratado, gera maiores dispêndios financeiros, provoca atraso na entrega do objeto e, com isso, fere o interesse público primário, bem como o princípio da manutenção dos contratos, decorrência lógica do princípio da boa-fé e da segurança jurídica aplicáveis.

Na licitação, ao se adotar o regime de execução de empreitada por preço global, considerando-se as características do objeto, é possível que a planilha orçamentária referente ao projeto básico ou ao termo de referência contenha o quantitativo a ser executado da obra ou serviço de engenharia com razoável precisão. No entanto, pode ocorrer que durante a execução do contrato venha a se observar que havia variações de quantidade intrínsecas ao tipo de objeto e que, por essa razão, não seria possível realizar a medição por preço certo e total, mas sim por preço certo de unidades determinadas. Tendo em vista que essa forma de medir e pagar os serviços executados não pode ser realizada pelo regime por preço global, mas pelo regime por preço unitário, é possível alterar o regime inicialmente pactuado, aditando-se o contrato.

Nesse caso, a alteração é obrigatória em razão da incoerência entre o regime escolhido originalmente e a realidade da execução da obra ou dos serviços de engenharia.

124.2.3 Modificação do modo de fornecimento

Assim como o regime de execução diz respeito à execução de obras e serviços de engenharia, o modo de fornecimento trata das compras, a exemplos do cronograma de entrega e do acondicionamento do bem. O fornecimento será em única etapa ou parcelado, especificando o(s) prazo(s) e o(s) local(is) de entrega(s).

O modo de fornecimento deve estar previsto no edital de licitações e no contrato, porém, questões supervenientes podem levar à conclusão de que é necessário alterar a forma ou os prazos de entrega, o que implica a elaboração e a assinatura de aditivo contratual.

Exemplo da possibilidade de modificação do modo de fornecimento é aquele em que consta no contrato a obrigação de entrega de uma certa quantidade do objeto a cada 30 (trinta) dias, mas por motivo superveniente, há redução da demanda e a necessidade de que a entrega seja feita a cada 45 (quarenta e cinco dias) dias. Neste caso, é possível aditar o contrato por meio de acordo entre as partes para modificar o cronograma de entrega do objeto.

Caso o contratado não aceite a modificação no modo de fornecimento, o contrato poderá ser extinto por razões de interesse público, justificadas pela autoridade máxima do órgão ou da entidade contratante, conforme prevê o inciso VIII ao art. 137 da Lei, sem que com isso se possa deixar de efetuar os pagamentos do que fora efetivamente entregue pelo contratado, havendo ainda a possibilidade de ser indenizado por perdas e danos.

Nesse caso de rescisão a Administração poderá convocar os demais licitantes classificados para a contratação remanescente, a fim de executar o que resta do contrato na forma de fornecimento modificada nas condições do licitante vencedor, porém com outro modo de fornecimento. Se um dos licitantes aceitar a contratação com um novo modo de fornecimento não se justificaria uma nova licitação, uma vez que contrariaria princípios como da economicidade, da celeridade e da eficácia.

124.2.4 Modificação da forma de pagamento

Essa modificação na forma de pagar não poderá implicar a alteração do valor do contrato a favor do contratante ou do contratado. Ao se estabelecerem as obrigações de pagamento devem ser mantidas as condições efetivas da proposta, conforme prevê o inciso XXI do art. 37 da Constituição da República.

A modificação da forma de pagamento deverá ter como escopo atender ao interesse público, e nunca poderá servir para privilegiar o contratado. Tal interesse deverá ser cabalmente demonstrado nos autos do processo administrativo, justificando, assim, o aditivo contratual a ser firmado.

Quando ocorrem aditivos em excesso e com justificativas sem embasamento fático condizente, há indícios de que a modificação da forma de pagamento com a alteração do cronograma físico-financeiro tem por objetivo atribuir vantagens não previstas no instrumento convocatório, e podem significar a inobservância do princípio da isonomia.

O edital da licitação expõe o prazo máximo para ser efetivado o pagamento ao contratado, logo, tal prazo só poderá ser modificado diante de uma justificativa plausível, que demonstre que essa alteração trará benefício à execução do contrato e não ferirá os princípios que regem as licitações e os contratos administrativos.

As alterações contratuais não podem trazer vantagens ou desvantagens extraordinárias a nenhuma das partes, seja porque tenderia a ferir direitos assegurados por princípios às demais concorrentes do pleito, seja porque poderia trazer prejuízos ao próprio contratado. A manutenção do equilíbrio econômico-financeiro tem previsão constitucional, como foi anteriormente destacado.

O instrumento para esse acordo deverá ser o aditivo contratual, porque significa um novo pacto. As apostilas não servem para instrumentalizar a modificação de forma de pagamento. A não ser, como prevê a Lei, em caso de impedimento, ordem de paralisação ou suspensão do contrato, quando o cronograma de execução poderá ser prorrogado automaticamente pelo tempo correspondente. Este período foi previamente estabelecido e não há motivos para pactuar seu quantitativo e discutir suas razões.

A ocorrência de modificação da forma de pagamento não é incomum e pode se dar, por exemplo, em relação à data de se efetivar o pagamento, em razão de alteração do cronograma físico-financeiro do contrato, ou do índice de reajuste em função de lei superveniente que permita ou obrigue essa mudança.

124.2.4.1 Pagamento antecipado

A regra insculpida no art. 145 da Lei estabelece a proibição de pagamento antecipado, parcial ou total, relativo a parcelas contratuais vinculadas ao fornecimento de bens, à execução de obras ou à prestação de serviços, portanto, as datas para pagamentos, previstas no instrumento convocatório e no contrato, devem ser rigorosamente seguidas, não podendo ser modificadas. Porém, esta regra não é absoluta, admitindo-se exceções.

As exceções encontram-se no §1º do mesmo artigo, o qual traz a possibilidade de antecipação de pagamento se, com isso, (1) houver sensível economia de recursos ou (2) se representar condição indispensável para a obtenção do bem ou para a prestação do serviço. Porém, neste caso não se trata de alteração da forma de pagamento, e a hipótese deverá ser previamente justificada no processo licitatório e expressamente prevista no edital de licitação ou instrumento formal de contratação direta.

124.2.5 Restabelecimento do equilíbrio econômico-financeiro

A Constituição da República, entre outras previsões, estabelece, no inciso XXI do art. 37,[2] que as condições efetivas da proposta devem ser mantidas. Isso implica a manutenção do equilíbrio econômico-financeiro do contrato, o qual, como regra, não deve ser abalado, pois, caso contrário, deverá haver acordo entre as partes para reequilibrá-lo. Isso significa manter a equivalência dos encargos do contratado e a remuneração devida ao contratante durante a execução do contrato, isto é, conservar a equação econômico-financeira.

A conservação da equação econômico-financeira, diante da ocorrência de algum fator de desequilíbrio, deve ser efetivada via aditivo. No caso de fatores ordinários, previstos no contrato, a exemplo do seu reajuste, o equilíbrio pode ser dar por simples apostila.

124.2.5.1 Fato posterior à data da proposta

Para que o equilíbrio econômico-financeiro seja considerado afetado é necessário demonstrar a ocorrência de um fato posterior à data da proposta e que cause danos a uma das partes.

A conclusão de que o preço que fora ofertado é inferior ou superior ao preço de mercado relativo ao bem, serviço ou obra contratada, por si só, não é justificativa para a alegação de desequilíbrio econômico-financeiro, pois quando a proposta é formulada a equação econômico-financeira do contrato se estabelece. Neste momento, a licitante se

---

[2] Art. 37. A administração pública direta e indireta de qualquer dos Poderes da União, dos Estados, do Distrito Federal e dos Municípios obedecerá aos princípios de legalidade, impessoalidade, moralidade, publicidade e eficiência e, também, ao seguinte:
(...)
XXI – ressalvados os casos especificados na legislação, as obras, serviços, compras e alienações serão contratados mediante processo de licitação pública que assegure igualdade de condições a todos os concorrentes, *com cláusulas que estabeleçam obrigações de pagamento, mantidas as condições efetivas da proposta, nos termos da lei*, o qual somente permitirá as exigências de qualificação técnica e econômica indispensáveis à garantia do cumprimento das obrigações. (Grifamos).

compromete a entregar uma demanda por um determinado preço. Só fatores externos e posteriores é que podem desequilibrar o contrato.

124.2.5.2 Culpa do contratado

Não é reconhecido como reequilíbrio econômico-financeiro em favor do contratado, quando a culpa pelo desequilíbrio é sua. Não pode ela se beneficiar de suas próprias atitudes omissivas ou comissivas. Se, por exemplo, ao fazer sua proposta, a licitante não levou em conta as variações de preços previsíveis de mercado, ao ser contratada não pode alegar essa omissão para, com isso, aditar o contrato a seu favor, aumentando o preço originalmente pactuado.

Outro exemplo: ao executar determinado serviço, o fez de forma que a fiscalização do contrato não o aceitou, posto ter apresentado vícios na execução, fato que obrigou o contratado a refazer aquele serviço. Nesse caso não cabe aditivo contratual, pois a Lei prevê (art. 119) que o "contratado será obrigado a reparar, corrigir, remover, reconstruir ou substituir, a suas expensas, no total ou em parte, o objeto do contrato em que se verificarem vícios, defeitos ou incorreções resultantes de sua execução ou de materiais nela empregados". Não caberia, portanto, reequilíbrio econômico-financeiro do contrato.

124.2.5.3 Equilíbrio econômico-financeiro

Um contrato administrativo em equilíbrio é aquele que mantém as condições geradas no início da vinculação durante todo o seu desenvolvimento.

Sustentar o equilíbrio econômico-financeiro de um contrato administrativo implica manter a equivalência dos encargos do contratado e a remuneração devida pelo contratante durante toda execução do contrato, isto é, conservar a equação econômico-financeira.

O equilíbrio do contrato pode ser alterado quando atuam fatores externos e/ou internos a ele que desequilibram o sistema. São exemplos a força maior, o caso fortuito ou fato do príncipe ou os decorrentes de fatos imprevisíveis ou previsíveis de consequências incalculáveis, que inviabilizam a execução do contrato tal como pactuado, respeitada a repartição objetiva de risco estabelecida no contrato, em qualquer caso, como prevê a Lei.

124.2.5.4 Caso fortuito e força maior

Há divergências doutrinárias do que sejam caso fortuito, força maior e a diferença entre ambas as expressões. Para alguns, um se caracteriza como um evento provocado pela natureza, a exemplo de enchentes, raios, ventanias etc. e outro seria provocado pelo homem, a exemplo das greves. Para outros, exatamente o contrário. De toda forma, importante é que caso fortuito e força maior são fatos imprevisíveis e, tanto um quanto outro, impedem a execução do contrato da forma inicialmente prevista. Assim, em nada prejudica, aqui, este desencontro de conceitos. O caso fortuito ou força maior criam para o contratado a impossibilidade de executar o contrato dentro da normalidade.

> [...] não distinguiremos, porém, essas categorias, visto que há grande divergência doutrinária na caracterização de cada um dos eventos. Alguns autores entendem que

a força maior é o acontecimento originário da vontade do homem, como é o caso da greve, por exemplo, sendo o caso fortuito o evento produzido pela natureza, como os terremotos, as tempestades, os raios e trovões. Outros dão caracterização exatamente contrária, considerando força maior os eventos naturais e caso fortuito os de alguma forma imputáveis ao homem. Há, ainda, quem considere caso fortuito um acidente que não exime a responsabilidade do Estado.[3]

Se a ocorrência de um fato tem como consequência a impossibilidade da execução contratual, não há outra forma de solução senão a rescisão do contrato; por outro lado, se mesmo alterando as condições de execução for possível sua continuidade, porém com ônus à parte, este deve ser reequilibrado para que a equação relativa à demanda e ao pagamento permaneçam como foi pactuado inicialmente.

124.2.5.5 Fato do príncipe

Fato do príncipe é caracterizado por um ato da Administração que, ainda que seja de caráter genérico, atinge a relação contratual de forma reflexa e altera o que fora pactuado originalmente por conta disso.

Para o que aqui interessa abordar, o fato do príncipe nasce de uma atuação da Administração Pública com fundamento constitucional e legal, e seus reflexos atingem e geram efeitos de forma significativa nos contratos administrativos, aumentando inesperadamente seus encargos, o que faz surgir a necessidade de reequilibrá-los. Para isso, deve haver o nexo de causalidade entre o fato ocorrido e as consequências provocadas por ele sobre a relação contratual.

Exemplo de fato do príncipe é a superveniência de uma norma elevando substancialmente a alíquota de um tributo que provoca um aumento substancial em determinado insumo, o que causa a elevação do preço do serviço contratado e, por consequência, afeta o equilíbrio econômico-financeiro do contrato.

124.2.5.6 Fatos imprevisíveis

Para que o fato seja caracterizado como imprevisível, deve ser inesperado, não premeditado, e para que atinja a relação contratual e justifique a aplicação da teoria da imprevisão, deve haver nexo de causalidade entre o fato e a afetação negativa ao pacto. Não basta alegar o fato, é preciso que a parte interessada demonstre sua existência e o nexo causal desta no impacto ao contrato.

O fato imprevisível deve causar dificuldades originalmente inexistentes para gerar a necessidade de reequilíbrio econômico-financeiro. Com isso, neste caso não se pode exigir do contratado a execução do contrato nas mesmas condições do inicial tratado.

Um fato imprevisível tende a alterar as condições incialmente pactuadas e desequilibrar o contrato. Não havendo culpa do contratado, a relação contratual deve voltar ao equilíbrio por meio de aditivo.

Fatos anteriores à data da proposta não podem ser aceitos como imprevisíveis.

---

[3] CARVALHO FILHO, José dos Santos. *Manual de Direito Administrativo*. 28. ed. rev., ampl. e atual. até 31.12.2014. São Paulo: Atlas, 2015. p. 586.

124.2.5.7 Fatos previsíveis de consequências incalculáveis

Esses são aqueles eventos não repetitivos ou ordinários, em que pese a possibilidade previsível de que aconteçam.

A aplicabilidade da teoria da imprevisão a um fato previsível acarreta o reequilíbrio econômico-financeiro se caracterizada a álea econômica, onde as consequências do evento forem incalculáveis, ordinariamente imperceptíveis. Deve estar dentro dos riscos normais do mercado próprio do objeto contratado e, ao mesmo tempo, tendo em vista a substância de sua incidência, origine riscos insuportáveis.

Se o fato ocorrer antes da data da proposta, se imprevisível ou previsível de consequência incalculável, não poderá ser aceito como motivo de revisão para o reequilíbrio econômico-financeiro. Isso porque ao se oferecer a proposta, uma vez o evento ocorrido, não se fala mais em imprevisibilidade, há elementos suficientes para o cálculo de suas consequências e precificação delas.

Os fatos previsíveis que possam ser estimados não geram a possibilidade de reequilíbrio econômico-financeiro, tendo em vista que o contratado deve ter o conhecimento necessário para compreender o seu negócio e ser previdente para calcular as consequências do evento já esperado. A Lei não resguarda o contratante e o contratado das situações que são extraordinárias em relação aos riscos do mercado próprio do objeto contratado, caracterizadas como álea ordinária.

124.2.5.8 Reequilíbrio econômico-financeiro em razão da variação da taxa cambial

A variação cambial no regime de câmbio flutuante é, como regra, causa ordinária de alteração de preço, não implicando mutabilidade nos contratos administrativos e não autorizando a recomposição de preços.

Para que a valorização da taxa cambial seja fator de desequilíbrio contratual e haja necessidade, por isso, de reequilíbrio econômico-financeiro do contrato, precisa se caracterizar como alteração inesperada do ambiente financeiro, diferente daquela da época da formulação da proposta de preço, e que onere o contratado de forma substancial, excessiva, além de haver nexo de causalidade entre a elevação da taxa cambial e a majoração dos encargos do contratado.

Mesmo que aparentemente esses requisitos sejam atendidos, isto é, que ocorra a imprevisibilidade, é preciso que seja uma variação extraordinária e anormal, mas ainda assim, deve ser demonstrado que a variação cambial influenciou na variação de preços relativos ao objeto contratado, no período da execução contratual e antes da aquisição pelo contratado, e que isso tenha sido o fator que ocasionou o desequilíbrio econômico-financeiro.

124.2.5.9 Reequilíbrio econômico-financeiro *stricto sensu* (revisão) e reajustamento de preços em conjunto

Não há óbice que ao tempo que foi aplicado o reajustamento de preços com previsão contratual também se efetive a revisão do contrato. Seus fundamentos são distintos. O reajustamento de preços previsto no §3º do art. 92 da Lei tem o escopo de

acompanhar a variação inflacionária. A revisão do contrato visa a restabelecer o equilíbrio econômico-financeiro inicial do contrato nas hipóteses de: força maior, caso fortuito ou fato do príncipe ou em decorrência de fatos imprevisíveis ou previsíveis de consequências incalculáveis, que inviabilizem a execução do contrato tal como pactuado, respeitada, em qualquer dos casos, a repartição objetiva de risco estabelecida no contrato, como está previsto na alínea "d" do inciso II do art. 124 da Lei.

124.2.5.10 Alterações decorrentes de falhas de projeto em obras e serviços de engenharia – apuração de responsabilidade

Estabelece o inciso XXV ao art. 6º da Lei, que o projeto básico deve ser um "conjunto de elementos necessários e suficientes, com nível de precisão adequado para definir e dimensionar perfeitamente a obra ou o serviço, ou o complexo de obras ou serviços objeto da licitação [...]". No entanto, não é incomum que após o início da execução contratual, os projetos básico e executivo para obras e serviços de engenharia necessitem de alterações devido a falhas na sua elaboração, o que pode gerar modificações no próprio contrato acordado entre as partes.

Surgindo tal necessidade, faz-se necessário que seja demonstrado de forma concreta pelo contratado que a inexecução do objeto se dá em função deste fator. Não havendo informações suficientes que garantam a segurança e a eficácia necessárias para que o objeto seja executado, deve ser calculado o quanto as reparações no projeto acarretaram alterações no valor do contrato, para mais ou para menos, e, assim, aditá-lo no sentido de realizar seu reequilíbrio econômico-financeiro. Diante de falhas no projeto, o contratado não pode, de forma unilateral, alterar o projeto por sua conta e risco. Deve, para isso, ser formalizado aditivo contratual para que a Administração possa analisar antecipadamente que tipo de alteração no projeto é necessária e eleger a melhor em relação às técnicas disponíveis.

À exceção da contratação integrada e semi-integrada, a elaboração do projeto básico e eventuais vícios nesses são de responsabilidade da Administração perante o contratado. Os demais regimes de empreitada resultam de obrigações de meio, cabendo ao contratado executar a obra ou o serviço de engenharia, conforme o projeto anexo ao edital. Na contratação semi-integrada, o contratado responde pelo projeto executivo e pelas alterações realizadas por ele e permitidas pelo contratante quando da elaboração do instrumento convocatório. Na *contratação semi-integrada*, embora a Administração forneça o projeto básico, o contratado tem a faculdade de alterá-lo, mediante autorização prévia e desde que demonstrada a superioridade técnica ou econômica da nova solução. Contudo, *caso opte por não realizar alterações, permanecendo com o projeto básico originalmente apresentado pela Administração, ele assume integralmente a responsabilidade técnica por essa escolha*, inclusive pelos vícios e inconsistências que poderiam ter sido corrigidos durante a elaboração do projeto executivo. Assim, na contratação semi-integrada, seja ao alterar, seja ao manter o projeto básico, o contratado responde pelos riscos decorrentes da solução adotada.

Ao se proceder os ajustes técnicos no projeto não pode haver alterações substanciais que venham a transformá-lo em outro. Se isso ocorrer, não há outra atitude a ser tomada senão a de extinguir aquele contrato e realizar nova licitação com base no novo projeto.

Alterações em projetos tendem a causar danos de várias ordens à Administração. Assim, a Lei exige que uma vez constatados vícios nos projetos, deve ser promovido procedimento administrativo para a apuração da responsabilidade e, como consequência, buscar o ressarcimento ao erário. Tais falhas podem ser do(s) projetista(s), e este(s) deve(m) ressarcir a Administração dos prejuízos causados.

124.2.5.11 Elevação extraordinária do preço de insumo

A elevação do preço do insumo implica a necessidade de reequilíbrio econômico-financeiro do contrato em razão da alínea *d* do inciso II do caput do art. 124 da Lei.

A variação do preço deve ser extraordinária, deve suplantar a expectativa do mercado em relação à inflação, de modo que os índices de reposição inflacionária sejam substancialmente superiores aos esperados, impactando relevantemente a economia do contrato.

Observe-se que a elevação deve ser anômala, não se cogitando que uma elevação ordinária que provoque uma variação normal do preço de mercado possa ocasionar a promoção do reequilíbrio econômico-financeiro, ou seja, a onerosidade deve ser excessiva.

De toda forma, para que a elevação extraordinária de preço do insumo justifique o reequilíbrio econômico-financeiro, deve ser demonstrado que o insumo foi adquirido após a alta substancial de seu preço, e não no momento do adimplemento da parcela.

Por outro lado, e a *contrario sensu*, o decréscimo extraordinário do preço também pode ser motivo de revisão do contrato para seu reequilíbrio, desde que seja substancial.

124.2.5.12 Ônus de requerer a revisão contratual

Cabe ao contratado, ao detectar a onerosidade excessiva em razão dos casos previstos em Lei e desvinculados de questões inflacionárias, requerer a revisão contratual e negociar com a Administração para reestabelecer o reequilíbrio econômico-financeiro. Em caso de a negociação não resultar frutífera, restará ao contratado os meios judiciais para buscar o reequilíbrio econômico-financeiro do contrato ou solicitar a rescisão do contrato com a possibilidade de requerer a indenização referente à diferença de preços.

124.3 Atraso na conclusão dos procedimentos de desapropriação, desocupação, servidão administrativa ou licenciamento ambiental

O ideal é que antes do início do procedimento licitatório sejam promovidas a desapropriação, a desocupação, a servidão administrativa ou o licenciamento ambiental, quando necessários. Porém, isso nem sempre acontece. Não é incomum o contratado se deparar com essas situações não resolvidas, impossibilitando o cumprimento do contrato administrativo, o que a doutrina chama de "fato da Administração", e que, consequentemente, gera a possibilidade da revisão do contrato para reequilibrá-lo.

Evidentemente, deve ser demonstrado que realmente houve desequilíbrio e que este foi derivado dessas causas, caso esses fatos tenham alterado a execução do contrato a ponto de interferir nas condições efetivas da proposta. Se a execução do contrato não foi atingida pelo atraso na conclusão desses procedimentos não há que se falar em reequilíbrio econômico-financeiro.

Art. 125. Nas alterações unilaterais a que se refere o inciso I do caput do art. 124 desta Lei, o contratado será obrigado a aceitar, nas mesmas condições contratuais, acréscimos ou supressões de até 25% (vinte e cinco por cento) do valor inicial atualizado do contrato que se fizerem nas obras, nos serviços ou nas compras, e, no caso de reforma de edifício ou de equipamento, o limite para os acréscimos será de 50% (cinquenta por cento).

HAMILTON BONATTO

125 Acréscimos ou supressões de 25 ou 50%

Para as alterações unilaterais do contrato, nos casos de modificação do projeto ou das especificações, para melhor adequação técnica a seus objetivos, e ainda quando for necessária a modificação do valor contratual em decorrência de acréscimo ou diminuição quantitativa de seu objeto, o contratado se obriga a aceitar, nas mesmas condições contratuais, acréscimos ou supressões de até 25% (vinte e cinco por cento) do valor inicial atualizado do contrato que se fizerem nas obras, nos serviços ou nas compras, e, no caso de reforma de edifício ou de equipamento, o limite para os acréscimos será de 50% (cinquenta por cento).

Observe-se que essas limitações estão associadas às alterações unilaterais, o que implica que nas alterações por acordo entre as partes não se dá tal restrição, seja para mais ou para menos. Portanto, independentemente de as alterações serem qualitativas (alínea "a" do inciso I do art. 123) ou quantitativas (alínea "b" do inciso I do art. 123), se estas forem unilaterais devem ser limitadas aos 25% (vinte e cinco por cento) ou 50% (cinquenta por cento). Porém, sendo uma alteração proveniente de acordo entre as partes, excepcionalmente, diante de determinadas condições, a alteração qualitativa não estará limitada a esses percentuais, para eventuais acréscimos. Quanto às supressões, de acordo com o que se denota do inciso I do §2º do art. 137 da Lei nº 14.133/2021, o limite de 25% ou 50% poderá ser superado se houver acordo entre as partes e, não havendo, o contratado tem o direito de requerer a extinção do contrato.

Deve ser observado que para a formalização de aditivo contratual há a necessidade de demonstração de um fato superveniente não considerado no edital e no contrato administrativo, isto é, um fato que não estava previsto quando da realização da licitação. Decorrência do princípio do planejamento, exige-se que o gestor anteveja, ainda na fase interna da licitação, as possíveis ocorrências ordinárias na execução contratual, especialmente em relação ao prazo, ao valor e à quantidade e qualidade do objeto a ser contratado.

De qualquer forma, qualquer alteração a ser realizada não pode transfigurar o objeto da contratação.

125.1 Acréscimos e supressões no mesmo contrato

Em razão de fatos supervenientes à licitação, não é incomum a necessidade de aditivos tanto para acréscimo quanto para supressão de serviços, e, por conseguinte, poderá haver acréscimo ou decréscimo no valor do contrato.

Essas ocorrências podem ser simultâneas, ou em diferentes datas, o que em nada altera a forma de cálculo dos limites permitidos por Lei.

Permanece o entendimento de que o conjunto de reduções e o de acréscimos devem ser sempre calculados sobre o valor original do contrato, aplicando-se a cada um desses conjuntos, individualmente e sem nenhum tipo de compensação entre eles, os limites de alteração estabelecidos no dispositivo legal.

Quando a Lei se refere ao "valor original", obviamente que não exclui a necessidade de reajustar esse valor se cumpridos os requisitos para isso, uma vez que o reajuste do contrato não o altera, mas apenas o faz em relação ao seu valor nominal.

Art. 126. As alterações unilaterais a que se refere o inciso I do caput do art. 124 desta Lei não poderão transfigurar o objeto da contratação.

HAMILTON BONATTO

126 Alteração qualitativa e transfiguração do objeto

O inciso I do caput do art. 124 diz respeito às alterações qualitativas, que configuram modificação do projeto ou das especificações, para melhor adequação técnica a seus objetivos.

Mesmo que a alteração do objeto seja inferior aos limites estabelecidos na Lei, essas alterações não podem converter o objeto licitado e contratado em outro diferente, desnaturando-o. A transfiguração do objeto ofenderia a dicção do inciso XXI do art. 37 da Constituição da República, que explicita a exigência da licitação pública para a contratação de obras, serviços, compras e alienações. Além de frustrar o princípio da obrigatoriedade de licitação, também irá descumprir o princípio da isonomia.

Essas alterações são excepcionais, pois quando se contrata um objeto, o dever de planejamento estabelece as suas características, seja em quantidade ou em qualidade.

Mesmo que não haja a transfiguração do objeto, para que o contrato seja alterado, o valor do aditivo a ser realizado, em atenção ao princípio da economicidade, jamais pode ser superior a uma rescisão contratual seguida de nova licitação e contratação para o mesmo objeto.

Quando se trata de possibilidade de alteração por acordo das partes nos casos elencados na Lei e superiores aos percentuais do art. 125, o contratado não é obrigado a aceitar que o aditivo seja firmado, podendo optar pela rescisão contratual. É possível ocorrer casos em que o aditivo poderia acarretar a necessidade de uma capacidade técnica ou econômico-financeira superior ao do contratado, o que inviabilizaria a execução contratual.

Ainda, em atendimento aos princípios da obrigatoriedade de licitação e da isonomia, a alteração a ser realizada deve ser condição para a execução do objeto originalmente contratado, um requisito *sine qua non* para a entrega do que fora pactuado inicialmente.

Art. 127. Se o contrato não contemplar preços unitários para obras ou serviços cujo aditamento se fizer necessário, esses serão fixados por meio da aplicação da relação geral entre os valores da proposta e o do orçamento-base da Administração sobre os preços referenciais ou de mercado vigentes na data do aditamento, respeitados os limites estabelecidos no art. 125 desta Lei.

HAMILTON BONATTO

127 Desconto global

Quando o preço unitário está contido na planilha orçamentária se resolve de forma fácil e óbvia: utiliza-se o preço planilhado para eventual aditivo. Porém, isso nem sempre acontece, caso em que a Lei prevê que deve ser calculado em função de duas situações diversas.

Dessas, a primeira é aquela em que se pretende acrescer um serviço que não está contido na planilha orçamentária, mas na tabela referencial utilizada para a elaboração da planilha referência de preços para a licitação. Então, calcula-se a razão entre o preço global, constante da planilha orçamentária do proponente, e o preço global contido da planilha de referência, anexa ao edital de licitação, subtraindo-se este valor de 1 (um) e multiplicando-o por 100 (cem) obtém-se o "desconto global". Assim, para contratar determinado serviço que não contemple preço unitário, utiliza-se o valor desse serviço na Tabela Referencial (a exemplo da Tabela Sinapi, se for uma obra de edificação) e multiplica-se pelo desconto global. O resultado é o preço a ser contratado por aquele serviço.

Uma segunda situação é aquela em que se pretende acrescer um serviço que não está contido da planilha orçamentária e nem na Tabela Referencial, como a Sinapi. Neste caso, deve prevalecer o preço de mercado trazido por meio de pesquisa pelos métodos estabelecidos na própria Lei, para obras, serviços de engenharia e serviços em geral. Esse preço de mercado deve ser multiplicado pelo desconto global, tal qual demonstrado anteriormente.

Art. 128. Nas contratações de obras e serviços de engenharia, a diferença percentual entre o valor global do contrato e o preço global de referência não poderá ser reduzida em favor do contratado em decorrência de aditamentos que modifiquem a planilha orçamentária.

HAMILTON BONATTO

128 Proibição de diminuir o desconto global em caso de aditivos

O desconto percentual global representa a relação entre o preço ofertado pelo contratado na licitação (preço contratado) e o preço de referência do orçamento referencial anexo ao edital, subtraído de 1 (um) e multiplicado por 100 (cem).

Quando são realizados aditivos ao contrato para acrescer serviços e, consequentemente, o valor do contrato é alterado, a razão entre a nova monta e o preço global de referência original, acrescido dos novos serviços, com preços da tabela referencial, não poderá ser menor que o desconto global originalmente contratado. Com o aditivo, portanto, o desconto global deve permanecer igual ou maior que o desconto originalmente ofertado pelo contratado.

Essa regra busca instrumentalizar a Administração para evitar o jogo de planilhas, artifício em que proponentes inescrupulosos manipulam os preços unitários da planilha orçamentária com o intuito de maximizar os ganhos. Assim, essa regra só tem razão de existir em função de eventuais aditivos, e uma vez não existindo essa possibilidade, a relação entre o valor global do contrato e o preço global de referência não sofre alteração.

128.1 Desconto linear

Outra forma de evitar o jogo de planilha em contratos cujo objeto seja obras ou serviços de engenharia é a utilização do desconto linear sobre todos os serviços da planilha orçamentária base de licitações. Quando é adotado o desconto linear, está-se, por uma via indireta, fixando o preço máximo, pois todo o desconto ofertado representará um valor a ser contratado com preços unitários e global, menores que o do orçamento referencial.

No caso do desconto linear, o licitante não oferece um valor para cada um dos serviços planilhados, e sim o mesmo desconto a todos os serviços que compõem a planilha orçamentária, de modo que será vencedor da licitação aquele licitante que oferecer o maior desconto, o que implica no menor preço global.

É preciso compreender que o desconto não é dado sobre uma tabela dinâmica a ser modificada a cada alteração dos insumos ou dos serviços, mas sobre uma planilha orçamentária com custos fixos por um ano, com data-base vinculada à data do orçamento estimado, isto é, respeitando a regra do reajuste de preços.

Perceba-se que o desconto linear não atinge, em hipótese alguma, variações oriundas da tabela referencial, pois esta é utilizada apenas para se estabelecer o preço inicial do contrato, quando se aplica o custo de cada serviço, o BDI e o desconto ofertado. No decorrer da execução contratual não se utiliza aquela tabela com alterações realizadas por novas pesquisas de mercado. Portanto, o desconto linear não impactará de forma diferente do que pode impactar o desconto ofertado em cada serviço.

Não se pode, portanto, confundir, desconto sobre uma tabela referencial com desconto sobre uma planilha orçamentária originada de uma tabela referencial. Estas variam, repita-se, periodicamente, geralmente mês a mês; enquanto a planilha orçamentária só varia quando há reajustamento de preços previstos em lei.

Sem dúvida alguma, como todo critério a ser utilizado, o de maior desconto linear também traz consigo riscos que não podem deixar de ser mencionados. O maior deles é, diante da oportunidade de ofertar o desconto, o licitante deixar de avaliar de forma crítica os elementos instrutores da licitação, tais quais os projetos arquitetônico e complementares e a planilha orçamentária.

A adoção do critério de aceitabilidade do maior desconto linear é uma sistemática que deixa matematicamente impossível a existência de sobrepreço na proposta e, principalmente, em eventuais aditivos contratuais de acréscimos ou supressões de serviços, o que implica a impossibilidade, também, de malsinados jogos de planilha e de cronograma.

128.2 Jogo de Planilha

Também chamado de Jogo de Preços, trata-se de artifício no qual os proponentes manipulam os preços unitários da planilha orçamentária com o intuito de maximizar os ganhos. Ocorre quando o orçamento possui alguns itens ou serviços com preços acima do mercado e outros abaixo, compensando-os entre si, para gerar o preço global. No entanto, ao aditar o contrato, o contratado pode, geralmente em conluio com um agente público, ou por despreparo deste, aumentar a quantidade dos itens/serviços que estão acima do preço de mercado e diminuir a quantidade dos que estão abaixo, ganhando, assim, em ambas as situações.

Portanto, quando diante de aditivo contratual com acréscimo e/ou supressão de serviços, o Jogo de Planilha acarreta o superfaturamento dos contratos, de forma que lesa os cofres públicos, além de prejudicar as empresas não vencedoras do pleito licitatório, em especial aquelas que não ofertaram preços utilizando deste vil artifício.

Art. 129. Nas alterações contratuais para supressão de obras, bens ou serviços, se o contratado já houver adquirido os materiais e os colocado no local dos trabalhos, estes deverão ser pagos pela Administração pelos custos de aquisição regularmente comprovados e monetariamente reajustados, podendo caber indenização por outros danos eventualmente decorrentes da supressão, desde que regularmente comprovados.

HAMILTON BONATTO

129 Alterações contratuais para supressão de obras, bens e serviços

Quando a Administração altera o contrato para suprimir obras, bens ou serviços, e o contratado adquiriu os materiais para o cumprimento da obrigação contratual, como reflexo, haverá ônus ao contratado, o qual deverá ser ressarcido.

O ressarcimento não se resume ao valor do material, mas se estende a outros fatores relativos àquela aquisição, como a correção monetária, o transporte do material, se não estiver incluído no preço, e outras formas de tornar o contratado indene para que não se caracterize um desequilíbrio econômico-financeiro do contrato. Por outro lado, o ônus da prova de que houve dano e qual a sua extensão cabe ao contratado, que deve submetê-la à Administração para obter o ressarcimento.

Importante perceber, por tratar-se de indenização, que o valor a ser ressarcido não é o valor constante na planilha orçamentária e respectiva composição onde se encontra o valor do material. Para ser indenizado, o contratado deverá apresentar a comprovação de quanto pagou pelos materiais adquiridos, por meio, por exemplo, das respectivas notas fiscais.

Evidentemente, uma vez os valores sendo ressarcidos ao contratado, os materiais adquiridos permanecem com a Administração, tendo em vista que esta pagou por eles.

Se a alteração contratual em razão da supressão de obras, bens ou serviços ocorrer sem culpa do contratado, surge a possibilidade de indenização pelos lucros cessantes, desde que, por óbvio, sejam plenamente demonstrados. O valor a ser ressarcido é o preço, descontado o lucro no caso de obras e serviços, não somente o custo, uma vez que para a aquisição dos materiais há despesas indiretas embutidas.

Art. 130. Caso haja alteração unilateral do contrato que aumente ou diminua os encargos do contratado, a Administração deverá restabelecer, no mesmo termo aditivo, o equilíbrio econômico-financeiro inicial.

HAMILTON BONATTO

130 Aumento ou diminuição dos encargos do contratado – manutenção do equilíbrio econômico-financeiro

Não é raro, após o início da execução contratual, surgirem questões não previstas anteriormente que acabam por diminuir ou aumentar a quantidade de bens ou serviços a serem adquiridos ou prestados pelo contratado. Essas alterações proporcionam, de imediato, o desequilíbrio do contrato, a favor ou em desfavor de cada uma das partes.

A obrigatoriedade de manutenção do equilíbrio econômico-financeiro do contrato está prevista no inciso XXI do art. 37 da Constituição da República, que se alterada deverá ser reequilibrada, instrumentalizando-se por meio de aditivo contratual.

Essas modificações, tendo em vista que aqui está se tratando de alteração unilateral, como regra geral, devem respeitar os limites impostos no art. 125 da Lei, isto é, 25% (vinte e cinco por cento) do valor inicial atualizado do contrato que se fizerem nas obras, nos serviços ou nas compras, e, no caso de reforma de edifício ou de equipamento, o limite para os acréscimos será de 50% (cinquenta por cento).

O instrumento de termo aditivo ao contrato deve estabelecer, simultaneamente, o *quantum* de redução ou acréscimo que os encargos sofreram e qual o valor relativo a essas alterações, o que, automaticamente, revela o impacto no valor do contrato em relação ao original.

Art. 131. A extinção do contrato não configurará óbice para o reconhecimento do desequilíbrio econômico-financeiro, hipótese em que será concedida indenização por meio de termo indenizatório.

Parágrafo único. O pedido de restabelecimento do equilíbrio econômico-financeiro deverá ser formulado durante a vigência do contrato e antes de eventual prorrogação nos termos do art. 107 desta Lei.

HAMILTON BONATTO

131 Reequilíbrio econômico-financeiro após extinto o contrato

O art. 131 da Lei nº 14.133/2021 busca pacificar o entendimento a respeito da possibilidade da preclusão lógica do direito ao reequilíbrio econômico-financeiro em caso de extinção do contrato. Entende-se que o reequilíbrio econômico-financeiro abarca a revisão do contrato (reequilíbrio econômico-financeiro *strictu sensu*), o reajustamento de preços, a repactuação e a correção ou atualização monetária. Preclusão lógica, entenda-se aqui, implica a pretensão de praticar ato incompatível com outro anteriormente praticado, tendo sua origem no direito processual, se caracterizando, quando há a perda, pela extinção ou consumação de uma faculdade processual, pelo fato de se exaurirem os limites dispostos em lei para o seu exercício. A máxima *venire contra factum proprium*, que tem clara ligação com a preclusão, significa a vedação de que as partes pratiquem condutas contraditórias.

O legislador compreendeu que o contratado, ao ficar silente durante a vigência do contrato, ou antes da prorrogação do contrato, a respeito do eventual reequilíbrio econômico-financeiro, está renunciando tacitamente a este direito. Portanto, o silêncio, neste caso, é eloquente.

O contratado não deve, portanto, esperar que um contrato se extinga para, depois, requerer o seu reequilíbrio econômico-financeiro; nem pode firmar aditivo para prorrogá-lo e, em momento posterior, fazer o requerimento para reequilibrá-lo. Este procedimento levará à preclusão lógica do direito ao reequilíbrio econômico-financeiro.

Ao tempo em que o *caput* do art. 131 permite que seja reconhecida a necessidade de haver reequilíbrio econômico-financeiro do contrato mesmo após sua extinção, o parágrafo primeiro do mesmo artigo condiciona essa possibilidade ao ônus da contratada requerê-lo durante a vigência do contrato e antes de eventual prorrogação.

Com isso, vê-se possível que o contratado possa, após demonstrar as razões e o memorial de cálculo que fundamentam o reequilíbrio econômico-financeiro, apresenta-los durante a vigência do contrato e de uma só vez, para, mesmo após a extinção contratual, poder receber os valores condizentes com o equilíbrio entre a demanda e a remuneração a ser paga pelo contratante.

Porém, com isso, não se pode aceitar a possibilidade de que o contratado, unilateralmente, sem aditivo, altere o projeto e as especificações técnicas nele contidas e,

em momento posterior, peça reequilíbrio econômico-financeiro (neste caso, revisão do contrato). É evidente que, em surgindo a necessidade de alteração dos projetos ou das especificações, estas devem ser realizadas a partir de solução aprovada pelo contratante e firmada em aditivo. Primeiro se firma o aditivo e, posteriormente, executa-se o contrato para que, assim, nasça o direito à liquidação e ao pagamento pelo que foi executado com base no contrato.

131.1 Pagamento por indenização

A Lei estabelece que na hipótese de reconhecimento do desequilíbrio econômico-financeiro, esta deverá ser concedida por meio de termo indenizatório, o que implica a necessidade de que a dívida seja reconhecida, isto é, que se comprove a necessidade de reequilíbrio econômico-financeiro em favor do contratado.

Se há ausência de termo aditivo ao contrato administrativo, a Administração deverá indenizar o contratado pelas prestações executadas e conferir o direito ao reequilíbrio econômico-financeiro, desde que atendida a exigência do parágrafo primeiro do artigo em comento.

131.2 Reequilíbrio econômico-financeiro após eventual prorrogação

Como já foi comentado, quando o contratado não formula o pedido de reequilíbrio econômico-financeiro durante a vigência do contrato e antes de eventual prorrogação, configura-se renúncia a este direito.

O contratado tendo direito ao reequilíbrio econômico-financeiro, ao firmar termo aditivo de prorrogação contratual sem solicitar esse direito, está ratificando os preços anteriormente pactuados. Neste caso, portanto, ocorre a preclusão lógica, caracterizada pela prática de atos contrários ao exercício desse direito em momento pretérito. No caso, o contratado, ao assinar o termo aditivo para a prorrogação, ou deixar de solicitar o reequilíbrio econômico-financeiro durante a vigência contratual, aceita os termos anteriormente pactuados, não podendo mais, em momento posterior, cogitar a alteração do pacto.

Da mesma forma, se o contratado iniciar a execução do contrato sem que com isso requeira a revisão contratual e estabeleça o preço revisado, reconhece que o preço que ofertou durante o procedimento licitatório é adequado e exequível naquelas condições, caracterizando-se, com isso, a renúncia ao reequilíbrio econômico-financeiro, tendo em vista a preclusão lógica.

Art. 132. A formalização do termo aditivo é condição para a execução, pelo contratado, das prestações determinadas pela Administração no curso da execução do contrato, salvo nos casos de justificada necessidade de antecipação de seus efeitos, sem prejuízo de a formalização ocorrer no prazo máximo de 1 (um) mês.

HAMILTON BONATTO

132 Aditivo contratual verbal

Primeiramente, é importante lembrar que, tal qual explícito no §2º do art. 95 da Lei, "é nulo e de nenhum efeito o contrato verbal com a Administração, salvo o de pequenas compras ou prestação de serviços de pronto pagamento, assim entendidas aquelas de valor não superior a R$10.000,00 (dez mil reais)".

Quando a Administração permite que o contratado execute determinado serviço não previsto no contrato original, sem que para isso firme um termo aditivo, caracteriza-se contrato verbal que, como regra, é nulo de pleno direito.

No entanto, a Lei traz a possibilidade, como exceção, de que o devido aditivo possa ser firmado apenas em momento posterior, para se antecipar seus efeitos, contanto que sua formulação seja feita no máximo depois de 1 (um) mês. Entende-se que a data base para cálculo de 1 (um) mês seja a data de início da execução dos serviços acrescidos.

132.1 Exceção: justificada a necessidade de antecipação de seus efeitos

A formalização do termo aditivo é condição para a execução pelo contratado das prestações determinadas pela Administração no curso da execução do contrato. A Lei trata a antecipação dos efeitos do aditivo como uma exceção e permite, em casos especiais, que a execução material do acréscimo ao objeto seja feita antes mesmo da formalização do termo aditivo. Porém, há necessidade de justificativa idônea e contundente para que se excepcionalize a regra da proibição do contrato verbal.

Com essa exceção, o legislador pretende atender a necessidades urgentes, aquelas que não podem esperar o trâmite dos procedimentos para formalizar o termo aditivo. Pode ocorrer que esse período de tramitação seja prejudicial à continuidade da execução que altera o cumprimento do objeto e venha a ocasionar prejuízo ou comprometer a continuidade dos serviços públicos ou a segurança de pessoas, obras, serviços, equipamentos e outros bens, públicos ou particulares. Os requisitos para que haja possibilidade de realização das prestações antes mesmo da formalização do aditivo são semelhantes àqueles que justificam a contratação por emergência.

Somente poderão ser antecipados os efeitos do aditivo para atendimento de situações que justifiquem que ele seja firmado, após a ocorrência do fato gerador.

132.2 O caso da empreitada por preço unitário

Um exemplo em que há justificativa para a celebração de termo aditivo, inclusive fundamentada na própria Lei, ocorre nos contratos firmados sob o regime de empreitada por preço unitário. Nesse regime, por sua própria definição legal, é admitida a variação das quantidades previstas inicialmente, pois o contratado se obriga a executar os serviços pelos preços unitários contratados, independentemente da variação dos quantitativos, desde que dentro dos limites legais.

Assim, quando da execução contratual e medição dos serviços, caso a quantidade efetivamente realizada seja diferente daquela estimada no orçamento inicial, é possível formalizar termo aditivo para pactuar o valor a ser pago ao contratado, refletindo o volume de serviços efetivamente executado. Importa ressaltar que, nesse caso, o aditivo não tem a finalidade de autorizar a alteração contratual, uma vez que essa autorização decorre automaticamente da própria natureza jurídica do regime de empreitada por preço unitário, que contempla variações de quantitativos como inerentes ao contrato. O aditivo, aqui, serve unicamente para ajustar o contrato à realidade da execução, possibilitando o pagamento correto e garantindo segurança jurídica às partes, devendo ser formalizado no prazo de até um mês, conforme previsto na legislação.

132.3 Prazo de um mês

Uma vez iniciada a execução das prestações adicionais ao objeto contratado, devem ser imediatamente adotados os procedimentos necessários para a elaboração do respectivo termo aditivo, de modo que sua formalização e assinatura ocorram dentro do prazo legal de um mês. Esse prazo tem como termo inicial a data em que se deu início à execução dos serviços ou fornecimentos acrescidos ao contrato.

Art. 133. Nas hipóteses em que for adotada a contratação integrada ou semi-integrada, é vedada a alteração dos valores contratuais, exceto nos seguintes casos:

I – para restabelecimento do equilíbrio econômico-financeiro decorrente de caso fortuito ou força maior;

II – por necessidade de alteração do projeto ou das especificações para melhor adequação técnica aos objetivos da contratação, a pedido da Administração, desde que não decorrente de erros ou omissões por parte do contratado, observados os limites estabelecidos no art. 125 desta Lei;

III – por necessidade de alteração do projeto nas contratações semi-integradas, nos termos do §5º do art. 46 desta Lei;

IV – por ocorrência de evento superveniente alocado na matriz de riscos como de responsabilidade da Administração.

HAMILTON BONATTO

133 Regra geral

A regra geral é que ao serem adotados os regimes de contratação integrada ou semi-integrada não haja aditivo contratual para a alteração de valores. No entanto, a Lei estabelece algumas exceções e, como tal, devem assim ser tratadas, pois esta relação de possibilidades é *numerus clausus*, isto é, trata-se de rol taxativo, fechado, de modo que são essas as possibilidades reservadas de alteração dos valores contratuais. Aquelas hipóteses que estão elencadas no art. 133 em comento são as únicas passíveis de alteração de valores.

133.1 Caso fortuito ou força maior

Caso haja a ocorrência de um fato imprevisível ou difícil de se prever, que gere uma ou mais consequências inevitáveis, caracterizado como caso fortuito ou força maior, de forma a atingir a execução do contrato e causar-lhe desequilíbrio econômico-financeiro, a Lei permite aditá-lo para retornar ao equilíbrio, isto é, às condições inicialmente pactuadas. Prevalece esta possibilidade, mesmo nos casos de contratação integrada e semi-integrada.

133.2 Alteração dos projetos ou das especificações

Pode surgir a necessidade de alterar os projetos ou as especificações a pedido da Administração, ainda que após a elaboração do projeto básico e executivo. Caso haja tal solicitação, a exemplo da inclusão de novos serviços não previstos originalmente, e após a aprovação do projeto básico, não há dúvidas de que será admissível o aditamento do contrato para reequilibrá-lo.

No entanto, quando se trata de alteração do anteprojeto, é comum e, característica própria deste documento técnico, não possuir todos os elementos necessários e suficientes para a execução da obra, tendo em vista o menor grau de definição do objeto. Com isso, é natural que, ao elaborar o projeto executivo, sejam pertinentes adequações ao projeto básico do objeto. Inabitual é não haver alterações no anteprojeto e nem efetuar ajustes às necessidades da construção. As modificações do anteprojeto, quando se trata da contratação integrada, não são permissíveis aos aditivos contratuais, mesmo que tais alterações tenham como escopo corrigir inconsistências no anteprojeto, as quais são inerentes a essa peça técnica e, como tal, fazem parte dos riscos atribuíveis ao contratado.

Importante perceber que antes da elaboração do projeto básico não há que se falar em aditivo contratual se houver adequações do anteprojeto. O aditivo só é possível no caso de alteração das especificações ou do projeto básico e a pedido da Administração. Não se pode confundir alterações no anteprojeto para realização de adequações necessárias com alteração no projeto básico a pedido na Administração. A primeira não é passível de aditivo contratual; e, a segunda, é passível, porém, cada caso deve ser analisado, para se aferir se há ou não alteração no valor do objeto contratado.

133.3 Observados os limites estabelecidos no art. 125 desta Lei

Este artigo prevê que haja limites para os acréscimos ou supressões de até 25% (vinte e cinco por cento) do valor inicial atualizado do contrato que se fizerem nas obras, nos serviços ou nas compras. Na hipótese de reforma de edifício ou de equipamento, este percentual é elevado para a possibilidade de 50% (cinquenta por cento). Portanto, mesmo nos regimes de contratação integrada e semi-integrada, esses limites devem ser, como regra, respeitados, conforme já discutido quando se comentou o art. 125 da Lei nº 14.133/2021. Quando se trata de alteração por acordo entre as partes, esse limite, como já visto anteriormente, pode ser ultrapassado, desde que cumpra determinados requisitos, conforme já mencionado.

133.4 Desde que não decorrentes de erros ou omissões do contratado

Se a necessidade de alteração das especificações ou do projeto básico ou executivo for originada por erro do contratado, não será o caso de aditamento do contrato. Sendo o contratado a responsável pela elaboração do projeto básico e executivo, no caso de contratação integrada; e executivo, no caso de contratação semi-integrada; qualquer alteração para a correção dos próprios erros na elaboração dos respectivos projetos correrão às suas expensas, uma vez que tais riscos financeiros adicionais são do próprio contratado. Este deve arcar com o ônus das alterações que devem ser realizadas, se decorrentes de sua atuação.

O art. 22 estabelece que o edital poderá contemplar matriz de alocação de riscos entre o contratante e o contratado e que, como prevê o §4º do mesmo artigo, [n]as contratações integradas ou semi-integradas, os riscos decorrentes de fatos supervenientes à contratação, associados à escolha da solução de projeto básico pelo contratado, deverão ser alocados como de sua responsabilidade na matriz de riscos.

133.5 Necessidade de alteração de especificações ou de projetos nas contratações semi-integradas

Na contratação semi-integrada, como previsto no §5º do art. 45, para que o contratado possa alterar o projeto, é necessário que demonstre a superioridade das inovações que propõe em termos de: redução de custos, aumento da qualidade, redução do prazo de execução ou facilidade de manutenção ou operação. Se for concretizar o que propõe, assume responsabilidade integral pelos riscos associados à alteração do projeto básico.

Entende-se que os aspectos a serem demonstrados não são cumulativos, podendo uma das causas das alterações das especificações ou dos projetos ser suficiente para que sejam autorizadas, não se permitindo, evidentemente, que com tais mudanças haja uma diminuição dos parâmetros dos demais elementos. Nesse sentido, quer-se dizer que é suficiente, por exemplo, que se demonstre a redução do prazo de execução sem que com isso sejam reduzidos custos, aumentada a qualidade ou facilitada a manutenção ou operação. Um dos ganhos é suficiente desde que não haja perda em qualquer um dos demais fatores.

Importante ressaltar, ainda, que, ao propor alterações no projeto básico, o contratado não poderá apresentar preço global para execução do contrato superior ao valor com o qual se sagrou vencedor do certame. Permitir tal elevação violaria o princípio da isonomia, pois outros licitantes poderiam alegar que, com o novo preço, também estariam aptos a realizar as inovações ou melhorias propostas pelo contratado vencedor. Assim, as alterações devem estar necessariamente restritas aos limites financeiros da proposta adjudicada, garantindo-se a legalidade, a competitividade e a integridade do procedimento licitatório.

133.6 Ocorrência de evento superveniente alocado na matriz de riscos como responsabilidade da Administração

Essa matriz de riscos, como foi explanado ao se comentar o art. 22 da Lei nº 14.133/2021, tem a função de definir de quem é a responsabilidade de arcar com ônus financeiros provenientes de eventos supervenientes à contratação, se é do contratante ou do contratado. Assim, quando for adotada a contratação integrada ou semi-integrada, é possível alterar o valor do contrato quando um evento efetivamente ocorre e na matriz de risco ele está alocado para a Administração.

Portanto, a matriz de risco traz uma evolução em relação ao contrato administrativo, de modo que os eventos futuros e incertos deixam de ser resolvidos apenas com base na teoria da imprevisão, no fato da administração e no fato do príncipe. Com a exigência da matriz de riscos depreende-se que há uma percepção de que a Administração não reúne todo conhecimento a respeito dos futuros eventos, uma vez que não é possuidor

de todas as informações a respeito do que pode acontecer na relação contratual. As variáveis relativas às possíveis mutações relacionais são conhecidas apenas em momentos posteriores à proposta e à assinatura do contrato, não se sabendo, neste momento, qual grau e nível de mutabilidade haverá no futuro.

Nos regimes de contratação integrada e semi-integrada, há um maior desconhecimento do objeto a ser executado em função da autonomia que o contratado possui para elaboração, no primeiro caso, do projeto básico e executivo, e, no segundo caso, do projeto executivo. Nesse sentido, a Lei exigiu que, desde a apresentação do instrumento convocatório, as partes saibam com maior clareza suas obrigações em relação às ocorrências supervenientes ao procedimento licitatório.

Art. 134. Os preços contratados serão alterados, para mais ou para menos, conforme o caso, se houver, após a data da apresentação da proposta, criação, alteração ou extinção de quaisquer tributos ou encargos legais ou a superveniência de disposições legais, com comprovada repercussão sobre os preços contratados.

HAMILTON BONATTO

134 Fato do Príncipe

Dentre os fatores que influenciam na mutação do contrato, destaca-se o chamado Fato do Príncipe, caracterizado por um ato da Administração Pública de caráter genérico que reflexamente atinge a relação contratual, alterando o inicialmente pactuado.[1]

A criação, alteração ou extinção de quaisquer tributos ou encargos legais ou a superveniência de disposições legais que possam alterar as condições do contrato caracteriza-se como um "Fato do Príncipe". Isso ocorre com "agravos econômicos oriundos de atos do Poder Público supervenientemente expedidos com base em competência alheia à sua posição contratual".[2] Porém deve haver um nexo causal entre o fato e as alterações das condições pactuadas. Assim, para que seja formalizado o aditivo contratual em favor do contratado, deverá ser demonstrado que o Fato do Príncipe lhe ensejou maior onerosidade. É possível o contrário, pois nada obsta que tal fato possa desonerar o contratado e, com isso, deve ser aditado o contrato para reduzir seu valor.

Considere-se a hipótese de que seja contratada uma obra onde grande parte dos materiais são de alumínio que, em regra, é importado. Nesse ínterim, suponha-se ainda, que entre a contratação e a execução haja um aumento substancial na alíquota do imposto sobre importação. Esse aumento impactará no preço do alumínio e, como consequência, na obra, de forma que o contrato será onerado causando um desequilíbrio na equação econômico-financeira. Neste caso, deverá haver aditivo contratual para que os preços dos serviços atingidos pelo aumento da alíquota do imposto de importação, e que estejam na planilha orçamentária, sejam revisados, nesta contingência, para mais.

Havendo nexo de causalidade entre o fato e a alteração das condições contratadas, seja para menos ou para mais, faz-se necessário aditar o contrato para que se retorne ao reequilíbrio econômico-financeiro estrito senso, também chamado de revisão contratual.

---

1 BONATTO, Hamilton. *Governança e gestão de obras públicas*: do planejamento à pós-ocupação. Belo Horizonte: Fórum, 2018.

2 MELLO, Celso Antônio Bandeira de. *Grandes temas de Direito Administrativo*. São Paulo: Malheiros Editores, 2009.

Art. 135. Os preços dos contratos para serviços contínuos com regime de dedicação exclusiva de mão de obra ou com predominância de mão de obra serão repactuados para manutenção do equilíbrio econômico-financeiro, mediante demonstração analítica da variação dos custos contratuais, com data vinculada:

I – à da apresentação da proposta, para custos decorrentes do mercado;

II – ao acordo, à convenção coletiva ou ao dissídio coletivo ao qual a proposta esteja vinculada, para os custos de mão de obra.

§1º A Administração não se vinculará às disposições contidas em acordos, convenções ou dissídios coletivos de trabalho que tratem de matéria não trabalhista, de pagamento de participação dos trabalhadores nos lucros ou resultados do contratado, ou que estabeleçam direitos não previstos em lei, como valores ou índices obrigatórios de encargos sociais ou previdenciários, bem como de preços para os insumos relacionados ao exercício da atividade.

§2º É vedado a órgão ou entidade contratante vincular-se às disposições previstas nos acordos, convenções ou dissídios coletivos de trabalho que tratem de obrigações e direitos que somente se aplicam aos contratos com a Administração Pública.

§3º A repactuação deverá observar o interregno mínimo de 1 (um) ano, contado da data da apresentação da proposta ou da data da última repactuação.

§4º A repactuação poderá ser dividida em tantas parcelas quanto forem necessárias, observado o princípio da anualidade do reajuste de preços da contratação, podendo ser realizada em momentos distintos para discutir a variação de custos que tenham sua anualidade resultante em datas diferenciadas, como os decorrentes de mão de obra e os decorrentes dos insumos necessários à execução dos serviços.

§5º Quando a contratação envolver mais de uma categoria profissional, a repactuação a que se refere o inciso II do caput deste artigo poderá ser dividida em tantos quanto forem os acordos, convenções ou dissídios coletivos de trabalho das categorias envolvidas na contratação.

§6º A repactuação será precedida de solicitação do contratado, acompanhada de demonstração analítica da variação dos custos, por meio de apresentação da planilha de custos e formação de preços, ou do novo acordo, convenção ou sentença normativa que fundamenta a repactuação.

HAMILTON BONATTO

135 Serviços contínuos com regime de dedicação exclusiva de mão de obra

Serviços continuados ou contínuos são aqueles que se estendem continuamente por mais de um exercício financeiro e, se interrompidos, tendem a comprometer a continuidade das funções executadas pelo órgão ou entidade pública.

Os serviços continuados com dedicação exclusiva de mão de obra são aqueles em que o contratado cede mão de obra à contratante, isto é, mantém seus empregados à disposição do órgão ou entidade pública em período integral e de forma exclusiva, para que estes executem tarefas de interesse da Administração.

Para que os serviços sejam considerados contínuos e com regime de dedicação exclusiva de mão de obra: (i) devem se estender continuamente; (ii) devem ser executados por mais de um exercício financeiro; (iii) em caso de eventual interrupção, há comprometimento da continuidade das funções do órgão ou da entidade pública; (iv) o contratado deve ceder mão de obra à contratante; (v) os empregados devem ficar à disposição do órgão ou entidade em período integral; (vi) os empregados devem trabalhar com exclusividade para o serviços contratados pela Administração; e (vii) as tarefas devem ser executadas conforme o interesse da Administração.

135.1 Serviços contínuos com predominância de mão de obra

A Lei equipara os serviços com predominância de mão de obra aos serviços contínuos com regime de dedicação exclusiva de mão de obra. Com primazia de mão de obra, os serviços se caracterizam por possuir um grande envolvimento de custos com salários, adicionais de remuneração, encargos sociais e benefícios auferidos aos trabalhadores.

135.2 Data-base

Data-base é a data em que se inicia a contagem de tempo para o cálculo do reajuste *stricto sensu* ou para a repactuação do contrato.

De acordo com o §7º do art. 25 da Lei, quando se trata de reajustamento de preços *stricto sensu*, a data-base deverá estar vinculada à data do orçamento estimado, podendo ser estabelecido mais de um índice específico ou setorial, em conformidade com a realidade de mercado dos respectivos insumos.

Repactuação de contrato é uma forma de manutenção do equilíbrio econômico-financeiro do pacto. Deve ser utilizada para serviços continuados com dedicação exclusiva da mão de obra, mediante a análise da variação dos custos contratuais. É necessário estar prevista no instrumento convocatório, que deve prever as datas vinculadas: (i) para os custos decorrentes do mercado, à data da apresentação das propostas; (ii) para os custos decorrentes da mão de obra, a data deve estar vinculada ao acordo ou à convenção coletiva à qual o orçamento esteja vinculado.

Quando houver regime de dedicação exclusiva de mão de obra ou predominância de mão de obra, os critérios de repactuação devem ser utilizados, mediante demonstração analítica da variação dos custos.

135.2.1 Apresentação da proposta para custos decorrentes do mercado

Há insumos, que não a mão de obra, que também são necessários para a execução dos serviços contratados e, por serem parametrizados por preços obtidos no mercado, seus reajustes não repercutem os acordos, as convenções ou os dissídios coletivos. Por isso, neste caso, a data-base a ser adotada é a data do orçamento estimativo.

135.2.2 Acordo, convenção coletiva ou dissídio coletivo ao qual a proposta esteja vinculada para os custos de mão de obra

Em relação à mão de obra, a data-base pode ser o acordo, a convenção coletiva ou o dissídio coletivo ao qual a proposta estiver vinculada. O acordo coletivo possui caráter normativo e é firmado entre uma ou mais empresas e o sindicato dos trabalhadores da categoria; a convenção coletiva de trabalho é um acordo de caráter normativo firmado entre o sindicato de determinada categoria econômica e o sindicato dos trabalhadores desta categoria econômica, gerando efeitos nas suas bases territoriais; o dissídio coletivo é instaurado quando as negociações entre os trabalhadores (ou os seus sindicatos) e os empregadores são frustradas. Então, os representantes dos trabalhadores ingressam com ação na Justiça do Trabalho que exara uma decisão de caráter normativo para solucionar o conflito.

Somente as matérias de caráter essencialmente trabalhista contidas no acordo, na convenção ou no dissídio coletivo se vinculam à Administração. Não se pode assujeitar o contratante (tomadora de serviços) a custos que não possuem este caráter, obrigações estas exclusivas do contratado. Qualquer pagamento de participação dos trabalhadores nos lucros ou resultados do contratado, ou que estabeleçam direitos não previstos em lei (valores ou índices obrigatórios de encargos sociais ou previdenciários), bem como de preços dos insumos relacionados ao exercício da atividade, são de responsabilidade exclusiva do contratado.

135.3 Acordos, convenções ou dissídios coletivos de trabalho que tratem de obrigações e direitos que somente se aplicam aos contratos com a Administração Pública

Se a convenção, o acordo ou o dissídio coletivo tiver em seu conteúdo dispositivos que tenham como escopo acrescentar direitos exclusivos aos trabalhadores que atuarão em serviços contratados pela Administração Pública, tais cláusulas não terão efeitos nesses contratos com a Administração Pública.

Esta norma tende a proteger a Administração Pública para que não lhe sejam oferecidos preços para a execução dos serviços diferentes dos que os contratados operam quando contratados por empresas privadas. A ideia é que a contratação pública tenha preços coerentes com os preços do mercado, e não se criem preços paralelos e superiores aos que ordinariamente se pratica nas relações privadas.

135.4 Interregno mínimo de 1 (um) ano

Ao se referir ao interregno mínimo para a repactuação, a Lei estabelece dois momentos distintos: o da primeira repactuação, que deve iniciar sua contagem a partir da data da apresentação da proposta; e as demais repactuações que deverão ter sua contagem a partir da repactuação anterior.

Em caso de repactuação de contrato subsequente à primeira, correspondente à mesma parcela objeto da nova solicitação, o prazo de 1 (um) ano utilizará como data-base aquela em que se iniciaram os efeitos financeiros da repactuação anterior do contrato, realizada independentemente daquela em que aditada ou apostilada.

135.5 Divisão da repactuação em parcelas

É comum que haja serviços que contenham, além da mão de obra, outros insumos necessários para executá-los, portanto, com datas-bases diferentes. Tal fato faz com que, no mesmo serviço, possa haver a necessidade de repactuação para a parcela relativa à mão de obra com data-base do acordo, convenção ou dissídio coletivo e, para os demais insumos, reajuste *stricto sensu* por índices, com data-base do orçamento estimativo. No entanto, em todos os casos, para que seja concedida a repactuação, deverá haver o interregno mínimo de 1 (um) ano entre cada uma delas e a sua homogênea.

Neste caso, deve haver previsão no edital da licitação e no contrato de que a parcela relativa à mão de obra será reajustada 1 (um) ano após a data do orçamento a que a proposta se refere, isto é, na data da convenção, acordo ou dissídio coletivo; e as parcelas referentes aos demais insumos deverão ser reajustadas 1 (um) ano após a data da apresentação da proposta e calculada com base em índices estipulados em edital.

135.6 Repactuação com mais de uma categoria profissional

Há serviços que são executados por empregados vinculados a mais de uma categoria profissional. Portanto, para cada categoria haverá, como regra, um acordo, convenção ou dissídio coletivo. As parcelas de mão de obra terão bases distintas para a repactuação, de modo que cada uma seja calculada com parâmetro no que estabeleceu seu acordo, convenção ou dissídio coletivo.

Neste caso, é devido anexar aos autos todos os documentos que comprovam a necessidade de repactuação com cópias dos acordos, convenções e/ou dissídios coletivos de trabalho, documentos que indicam os reajustes de cada categoria profissional. A repactuação deve ser elucidada com evidência em cada acordo, convenção e/ou dissídio coletivo de trabalho das categorias envolvidas na contratação.

135.7 Necessidade de solicitação de repactuação e demonstração analítica da variação

A repactuação, pela sua previsibilidade e ocorrência anual, é uma espécie de reajustamento. No entanto, pelo fato de necessitar de ajuste pós-contratual, demonstrando-se a variação dos custos dos insumos que fazem parte dos serviços contratados, possui características da revisão ou reequilíbrio econômico-financeiro *stricto sensu*.

Característica assemelhada à revisão, também exige a solicitação do interessado e a análise da outra parte. Realmente, há o que ser discutido para repactuar o contrato, a exemplo dos insumos lançados na planilha inicialmente e que, no decorrer do primeiro ano, foram amortizados. Tais despesas devem deixar de fazer parte do contrato e, para isso, o contratado tem o ônus de elaborar uma demonstração analítica atestando que houve variação dos custos para justificar que, pelo aumento, faz-se necessária a alteração do valor do contrato a seu favor. Essa demonstração deve ser submetida à análise do contratante e, em refletindo a variação coerente com o que o mercado apresenta, poderá ser aprovada.

A Lei estabelece que a repactuação deve ser precedida de solicitação do contratado para que este demonstre seu interesse na manutenção do equilíbrio econômico-financeiro por intermédio deste instituto. No caso da omissão em realizar o pedido até a data da prorrogação contratual, o contratado caracteriza, com este seu silêncio, um ato contrário à vontade de repactuar, ocorrendo, por isso, a preclusão lógica do direito à repactuação.

Quando comentado o art. 131, foi analisada a questão relativa à previsão legal de que a extinção do contrato não configurará óbice para o reconhecimento do desequilíbrio econômico-financeiro, hipótese em que será concedida indenização por meio de termo indenizatório. Porém, reafirma-se a necessidade de que o pedido de restabelecimento do equilíbrio econômico-financeiro deve ser formulado durante a vigência do contrato e antes de eventual prorrogação, sob pena da caracterização da preclusão lógica.

Art. 136. Registros que não caracterizam alteração do contrato podem ser realizados por simples apostila, dispensada a celebração de termo aditivo, como nas seguintes situações:

I – variação do valor contratual para fazer face ao reajuste ou à repactuação de preços previstos no próprio contrato;

II – atualizações, compensações ou penalizações financeiras decorrentes das condições de pagamento previstas no contrato;

III – alterações na razão ou na denominação social do contratado;

IV – empenho de dotações orçamentárias.

HAMILTON BONATTO

136 Simples apostila: não caracterização de alteração de contrato

O registro de alteração de contrato deve ser feito por intermédio de termo aditivo contratual, considerando-se que há um pacto a ser firmado, que necessita da aquiescência de ambas as partes, contratante e contratado. Porém, quando os registros a serem realizados não alteram as condições anteriormente estabelecidas no contrato, não cabe aditá-lo, mas somente proceder o apontamento do ocorrido realizando uma anotação.

Essa apostila pode ser feita no verso do contrato, porém, nos contratos administrativos tem sido comum a elaboração de um termo anexando-o ao termo original.

A Lei exemplifica a possibilidade de registrar por simples apostila com quatro casos, porém, note-se, esse elenco não é exaustivo, é *numerus apertus*. O legislador enfatiza que está dispensada a celebração de termo aditivo em situações *como* as citadas, ou seja, sempre que não ficar caracterizada a alteração do pacto inicialmente firmado e não houver alteração das bases em que fora firmado o contrato. Logo, a apostila é o meio idôneo quando necessário realizar assentamentos de medidas burocráticas ao contrato e a essência deste permanecer a mesma.

Além dos casos exemplificados pelo legislador, pode-se citar o caso em que o nome do gestor ou do fiscal do contrato faça parte do próprio termo contratual e haja necessidade de mudar este agente público responsável por aquelas questões. É evidente que não há necessidade de pactuar essa questão com o contratado, bastando apostilar a modificação do responsável e encaminhar-lhe cópia para ciência.

Como o apostilamento não caracteriza alteração das condições inicialmente pactuadas, não há necessidade de sua publicação, bastando anexar o termo aos autos do processo administrativo da contratação, ou anotar no verso do contrato original.

A apostila deve ser assinada pela autoridade pública que firmou o contrato original ou a quem ela tenha delegado esta função.

Em homenagem à economia processual, quando há necessidade de ao mesmo momento proceder uma alteração contratual e uma anotação burocrática ou reajuste de preços, não se vê óbice que ambas aconteçam no aditivo contratual e adotem seus procedimentos.

136.1 Reajuste ou repactuação de preços previstos

O reajuste, em sentido lato, é um gênero que comporta dois números: reajuste em sentido estrito e repactuação.

O reajuste tem a finalidade de compensação dos reflexos da inflação nos contratos administrativos. Tendo em vista a certeza da incidência de variação inflacionária, a Lei exige que haja previsão contratual para manutenção do valor da moeda, inclusive deve ser estabelecida sua periodicidade.

Entende-se que, tal qual já julgou o STJ, se não for estipulado em contrato cláusula de reajustamento de preços, por omissão na elaboração do instrumento convocatório "resta inviabilizado o pretendido reajustamento".[1] Entretanto, há possibilidade de se aditar o contrato para que essa possibilidade, prevista expressamente no inciso V do art. 91 da Lei, seja incluída, caso em que o índice específico ou setorial a ser escolhido deve ser o que mais reflita a realidade do mercado referente ao objeto contratado.

O não reajustamento do contrato no período estabelecido pela Lei caracteriza desequilíbrio econômico-financeiro, exceto, é evidente, se o contratado renunciar explicita ou tacitamente esse direito patrimonial.

136.2 Atualizações, compensações ou penalizações financeiras

A atualização financeira tem como escopo compensar perdas do valor da moeda, a exemplo de quando não se efetua o pagamento na data prevista em contrato. Como se trata apenas de reposição do valor da moeda para a preservação do valor do pagamento, e não de um novo pacto, a Lei previu que basta efetivar simples apostilamento ao contrato, anotando esta variação.

Após apuração de responsabilidade por eventuais infrações administrativas, a Administração pode aplicar asa penalidades previstas no art. 156 da Lei. As financeiras, como as multas, devem ser anotadas no contrato por meio de apostilamento, até porque não significa uma alteração no pacto, mas o cumprimento da Lei e do contrato.

136.3 Alterações na razão ou na denominação social do contratado

Quando há alterações na razão ou na denominação social do contrato não se faz necessário aditivo ao contrato, basta apostilar esta anotação. Igual solução se dá em relação às alterações do quadro societário do contratado, isto é, para demonstrar que houve remoção ou inclusão de sócios na empresa, ou na transferência de cotas entre sócios.

---

[1] REsp nº 730.568/SP, 2ª Turma, Relatora Ministra Eliana Calmon, julgamento em 06.set.2007, *DJ* datado de 26 set. 2007.

A alteração da razão social não modifica a personalidade jurídica da empresa, e esta permanece nas mesmas condições iniciais, podendo a empresa continuar com o mesmo CNPJ, entre outras coisas, apenas com nova denominação.

Diferem dos casos de fusão, cisão ou incorporação de empresa, nas quais há modificação nas condições iniciais do contrato original e, portanto, necessidade de análise da Administração para verificar se a nova empresa pode continuar a execução contratual, se há necessidade de ser firmado termo aditivo ao contrato para a legitimação da nova pessoa jurídica originada da transformação da empresa. Para isso, a Administração deve examinar se a nova empresa possui todos os requisitos mínimos de habilitação originalmente previstos no instrumento convocatório e se foram mantidas as condições estabelecidas no contrato original.

136.4 Empenho de dotações orçamentárias

Há situações em que é necessário modificar o empenho feito originalmente, principalmente nos casos de empenho estimativo ou global, tendo em vista a incerteza dos valores inerentes a essa espécie do documento contábil que materializa o primeiro estágio da realização da despesa pública. Essa modificação pode ocorrer, por exemplo, em razão de fatos supervenientes ao empenho original, caso da necessidade de modificação da rubrica orçamentária relativa à despesa a ser efetuada, ou da frustração de receitas de determinada rubrica ou, ainda, da simples incorreção da emissão original da nota de empenho.

A alteração do empenho de dotações orçamentárias é um ato unilateral da Administração, não cabendo, por isso, pactuar com o contratado, prescindindo de termo aditivo, bastando para isso o simples apostilamento.

Art. 137. Constituirão motivos para extinção do contrato, a qual deverá ser formalmente motivada nos autos do processo, assegurados o contraditório e a ampla defesa, as seguintes situações:

I - não cumprimento ou cumprimento irregular de normas editalícias ou de cláusulas contratuais, de especificações, de projetos ou de prazos;

II - desatendimento das determinações regulares emitidas pela autoridade designada para acompanhar e fiscalizar sua execução ou por autoridade superior;

III - alteração social ou modificação da finalidade ou da estrutura da empresa que restrinja sua capacidade de concluir o contrato;

IV - decretação de falência ou de insolvência civil, dissolução da sociedade ou falecimento do contratado;

V - caso fortuito ou força maior, regularmente comprovados, impeditivos da execução do contrato;

VI - atraso na obtenção da licença ambiental, ou impossibilidade de obtê-la, ou alteração substancial do anteprojeto que dela resultar, ainda que obtida no prazo previsto;

VII - atraso na liberação das áreas sujeitas a desapropriação, a desocupação ou a servidão administrativa, ou impossibilidade de liberação dessas áreas;

VIII - razões de interesse público, justificadas pela autoridade máxima do órgão ou da entidade contratante;

IX - não cumprimento das obrigações relativas à reserva de cargos prevista em lei, bem como em outras normas específicas, para pessoa com deficiência, para reabilitado da Previdência Social ou para aprendiz.

§1º Regulamento poderá especificar procedimentos e critérios para verificação da ocorrência dos motivos previstos no caput deste artigo.

§2º O contratado terá direito à extinção do contrato nas seguintes hipóteses:

I - supressão, por parte da Administração, de obras, serviços ou compras que acarrete modificação do valor inicial do contrato além do limite permitido no art. 125 desta Lei;

II - suspensão de execução do contrato, por ordem escrita da Administração, por prazo superior a 3 (três) meses;

III - repetidas suspensões que totalizem 90 (noventa) dias úteis, independentemente do pagamento obrigatório de indenização pelas sucessivas e contratualmente imprevistas desmobilizações e mobilizações e outras previstas;

IV - atraso superior a 2 (dois) meses, contado da emissão da nota fiscal, dos pagamentos ou de parcelas de pagamentos devidos pela Administração por despesas de obras, serviços ou fornecimentos;

V - não liberação pela Administração, nos prazos contratuais, de área, local ou objeto, para execução de obra, serviço ou fornecimento, e de fontes de materiais naturais especificadas no projeto, inclusive devido a atraso ou descumprimento das obrigações atribuídas pelo contrato à Administração relacionadas a desapropriação, a desocupação de áreas públicas ou a licenciamento ambiental.

§3º As hipóteses de extinção a que se referem os incisos II, III e IV do §2º deste artigo observarão as seguintes disposições:

I - não serão admitidas em caso de calamidade pública, de grave perturbação da ordem interna ou de guerra, bem como quando decorrerem de ato ou fato que o contratado tenha praticado, do qual tenha participado ou para o qual tenha contribuído;

II - assegurarão ao contratado o direito de optar pela suspensão do cumprimento das obrigações assumidas até a normalização da situação, admitido o restabelecimento do equilíbrio econômico-financeiro do contrato, na forma da alínea "d" do inciso II do *caput* do art. 124 desta Lei.

§4º Os emitentes das garantias previstas no art. 96 desta Lei deverão ser notificados pelo contratante quanto ao início de processo administrativo para apuração de descumprimento de cláusulas contratuais.

CHRISTIANNE DE CARVALHO STROPPA

CRISTIANA FORTINI

137 Introdução

Quando a Administração Pública formaliza um contrato tem por objetivo que ele seja plena e efetivamente adimplido pelas partes. Dessa forma, a regra sempre será a extinção decorrente do exaurimento do objeto, com a plena e efetiva execução do pactuado. A extinção antecipada deve ser vista como situação excepcional, "podendo advir de comportamentos atribuíveis às partes ou não, como ocorre no caso fortuito e na forma maior"[1]. Nesse contexto, existem situações em que a extinção contratual decorrerá de inadimplemento, entretanto, hipóteses advirão em que a ocorrência de

[1] FERRAZ, Luciano. Contratos na Nova Lei de Licitações e Contratos. *In:* DI PIETRO, Maria Sylvia Zanella (Coord.). *Licitações e contratos administrativos:* inovações da Lei 14.133/21. Rio de Janeiro: Forense, 2021, p. 214.

inadimplemento, caracterizada como irrelevante ou secundária, não envolvendo a satisfação de deveres relevantes, acarretará a imposição de sanções, mas não a decretação de sua extinção[2]. Isso porque o rompimento prematuro, ainda que provocado por inadimplemento do contratado, não é sempre a forma mais salutar de gerir o interesse público. Rompimentos podem provocar paralisias, por exemplo. Portanto, mesmo que se tenha referência à inexecução parcial como causa apta a alicerçar a extinção, a solução menos dramática, ainda que envolva punição do privado, pode ser mais benéfica. O mesmo raciocínio se aplica à inadimplência da administração. O §2º do art 137 diz do direito do contratado à extinção diante dos casos indicados nos incisos do referido parágrafo, mas não ignora que o particular pode preferir continuar a executar.[3]

Interessante sublinhar que a Lei não mais fala em rescisão, já que esta palavra tinha seus problemas de indefinição, pois, sob à exige da Lei nº 8.666/1993, também se referia à rescisão unilateral. A Lei nº 14.133/2021 optou pela palavra "extinção". O termo utilizado pelo art. 78 da Lei nº 8.666/1993 era "rescisão". Apenas uma única vez, e por falha de revisão, a nova Lei faz uso da palavra "rescisão" (art. 90, §7º).

Segundo análise do Blog Zênite, essa substituição não foi meramente semântica, mas buscou conferir maior abrangência ao conceito, de modo a abarcar todas as formas de desfazimento do contrato, sejam elas unilaterais, consensuais, arbitrais ou judiciais. A mudança, portanto, confere maior precisão terminológica e contribui para afastar a confusão que a Lei nº 8.666/1993 provocava ao empregar "rescisão" para situações diversas.[4]

Para Irene Nohara, referida substituição não resolve os problemas, "pois cria também problemáticas interpretativas, dado que extinção contratual é geralmente considerada gênero, do qual decorrem muitas outras espécies além da extinção implementada por rescisão unilateral da Administração."[5]

Por outro lado, não se pode descartar a classificação adotada pelos civilistas quanto ao fim do contrato. Assim:

> A *resolução* do contrato é a forma de extinção oriunda do inadimplemento de uma das partes em relação a suas obrigações contratuais. É prevista no art. 475 do Código Civil. De outro lado, a *resilição* é a modalidade extintiva que decorre da manifestação de vontade das partes: pode ser *unilateral,* quando uma das partes tem o poder de encerrar a relação contratual mediante denúncia notificada (art. 473, C. Civil) ou *bilateral,* quando advém da vontade de ambos os pactuantes (art. 472, C. Civil).

---

[2] JUSTEN FILHO, Marçal. *Comentários à lei de licitações e contratações administrativas*. São Paulo: Thomson Reuters Brasil, 2021, p. 1463.

[3] §2º O contratado terá direito à extinção do contrato nas seguintes hipóteses: I - supressão, por parte da Administração, de obras, serviços ou compras que acarrete modificação do valor inicial do contrato além do limite permitido no art. 125 desta Lei; II - suspensão de execução do contrato, por ordem escrita da Administração, por prazo superior a 3 (três) meses; III - repetidas suspensões que totalizem 90 (noventa) dias úteis, independentemente do pagamento obrigatório de indenização pelas sucessivas e contratualmente imprevistas desmobilizações e mobilizações e outras previstas; IV - atraso superior a 2 (dois) meses, contado da emissão da nota fiscal, dos pagamentos ou de parcelas de pagamentos devidos pela Administração por despesas de obras, serviços ou fornecimentos;

[4] ZENITE. Sobre a extinção dos contratos: quais as novidades previstas na nova Lei de Licitações? *Zênite*, 19 jul. 2021. Disponível em: https://zenite.blog.br/sobre-a-extincao-dos-contratos-quais-as-novidades-previstas-na-nova-lei-de-licitacoes/. Acesso em: 25 ago. 2025.

[5] NOHARA, Irene Patrícia. *Direito administrativo*. 10. ed. São Paulo, Atlas, 2020, p. 474.

Alguns se referem, ainda, à *rescisão*, cujo pano de fundo seria algum vício na relação jurídica, similar à *anulação*, em que pese o uso do termo para indicar tanto a resolução quanto a resilição. Trata-se apenas de parâmetros para distinguir as formas extintivas, já que sobre a classificação divergem usualmente os autores.

Todas essas categorias se enquadram na classe das *extinções imprevistas*, porque estão fora do que pretenderam as partes ao contratar. Com efeito, nenhum contratante desejaria que a outra parte fosse inadimplente. Em outro ângulo, existem as *extinções naturais*, em que o término do contrato traduz exatamente o que as partes desejaram ao pactuar; é o que ocorre quando o objeto é concluído regularmente.[6]

Além da terminologia, destaca-se que o art. 138 da Lei nº 14.133/2021 explicita as formas de extinção: unilateral pela Administração, consensual (inclusive por conciliação, mediação ou comitê de resolução de disputas), judicial ou arbitral. Esta última, em especial, representa inovação relevante ao reforçar o espaço da arbitragem e da solução consensual de conflitos no âmbito da contratação pública, ampliando a segurança jurídica e os meios de resolução.

Outro ponto inovador é o detalhamento, no art. 139, das consequências da extinção unilateral. Dentre elas, a assunção imediata do objeto pela Administração, a utilização de bens, equipamentos e pessoal empregados na execução, a execução da garantia contratual para ressarcimento de prejuízos e pagamento de verbas trabalhistas, previdenciárias e fundiárias, além da retenção de créditos devidos ao contratado. Essa disciplina mais minuciosa, ausente na Lei nº 8.666/1993, representa um avanço na sistematização das hipóteses e efeitos da extinção, trazendo maior clareza quanto às consequências práticas da decisão administrativa.

Enquanto a Lei nº 8.666/1993 utilizava indistintamente a expressão "rescisão", a Lei nº 14.133/2021 buscou uma organização conceitual mais clara, distinguindo hipóteses e disciplinando expressamente as consequências, o que contribui para maior previsibilidade e segurança jurídica no tratamento das causas extintivas (ZÊNITE, 2021).

137.1 Aspectos relevantes

Novidade na lei é a referência à necessidade de expedição de Regulamento para especificar os procedimentos e critérios para verificação da ocorrência dos motivos justificadores da extinção do contrato. Trata-se de previsão que não existe na Lei nº 8.666/1993 e que curiosamente parece se afastar do perfil mais invasivo do legislador, que trouxe para a lei várias regras e práticas aplicadas na esfera federal, visando transportá-las para Estados, Distrito Federal e Municípios. Se cabe aos regulamentos - porque terão que ser editados atos normativos pelas diversas esferas de governo - descer em minúcias, abre-se espaço para práticas distintas.

Ponto importante também é que, nos moldes do contido no art. 131, a extinção do contrato não se coloca como um impedimento para que se reconheça o direito do contratado ao reequilíbrio econômico-financeiro, hipótese em que a indenização será concedida por meio de termo indenizatório.

---

[6] CARVALHO FILHO, José dos Santos. *Manual direito administrativo*. 35. ed. São Paulo: Atlas, 2021, p. 260.

137.2 Procedimento a ser observado na extinção

O art. 137 indica: (i) a necessidade de motivação formal nos autos do processo; (ii) a plena garantia do exercício do contraditório e da ampla defesa; e (iii) o enquadramento nas hipóteses justificadoras.[7]

A essas regras se somam os comandos da LINDB, especialmente diante do dever de ponderação das consequências fáticas, práticas e jurídicas do decidir e de ponderação de possíveis soluções alternativas.

As situações que podem levar à extinção podem ser assim classificadas:

(a) comportamentos atribuíveis ao contratado (art. 137, "caput", incisos I a IV, VI, VII e IX);

(b) comportamentos atribuíveis à Administração (art. 137, incisos I a V);

(c) razões de interesse público justificadas pela máxima autoridade do contratante (art. 137, "caput", inciso VIII); e

(d) ocorrência de caso fortuito ou força maior, desde que impeditivos da execução do contrato (art. 137, "caput", inciso V)[8].

Questão importante se relaciona ao rol de hipóteses indicado no citado art. 137. Seria ele exemplificativo, porquanto não há a enumeração de outras situações que podem ser invocadas para justificar a extinção do contrato[9], ou exaustivo. As autoras perfilam entendimentos distintos. Cristiana Fortini entende que a redação do art. 137 caput indica uma lista exaustiva. A isso se soma o fato de que as hipóteses alinhavadas já parecem, por sua natureza, cobrir todos os cenários possíveis. Por outro lado, para Christianne Stroppa, o rol seria apenas enumerativo, porquanto, como decorrência da complexidade dos contratos alinhada à vigência alongada, outras situações podem demandar a extinção do contrato, mesmo que não expressamente indicadas no rol do referido artigo.

137.3 Comportamentos atribuíveis ao contratado

São comportamentos atribuíveis ao contratado:

(i) não cumprimento ou cumprimento irregular de normas editalícias ou de cláusulas contratuais, de especificações, de projetos ou de prazos;

(ii) desatendimento das determinações regulares emitidas pela autoridade designada para acompanhar e fiscalizar sua execução ou por autoridade superior;

(iii) alteração social ou modificação da finalidade ou da estrutura da empresa que restrinja sua capacidade de concluir o contrato;

---

[7] "A extinção contratual é uma categoria abrangente, que compreende uma pluralidade de situações em que se produz a extinção do vínculo jurídico estabelecido entre as partes. Uma parcela significativa desses casos não é objeto de tratamento no art. 137" (JUSTEN FILHO, Marçal. *Comentários à lei de licitações e contratações administrativas*. São Paulo: Thomson Reuters Brasil, 2021, p. 1461).

[8] FERRAZ, Luciano. Contratos na Nova Lei de Licitações e Contratos. *In:* DI PIETRO, Maria Sylvia Zanella (Coord.). *Licitações e contratos administrativos:* inovações da Lei 14.133/21. Rio de Janeiro: Forense, 2021, p. 214.

[9] "São hipóteses em que o contratado revela inabilidade para executar a prestação, ameaçando ou já acarretando desastres de monta. A Administração não pode aguardar inerte a concretização do evento danoso, cuja alta probabilidade de ocorrência deriva da conduta defeituosa demonstrada pelo particular" (JUSTEN FILHO, Marçal. *Comentários à lei de licitações e contratações administrativas*. São Paulo: Thomson Reuters Brasil, 2021, p. 1465).

(iv) decretação de falência ou de insolvência civil, dissolução da sociedade ou falecimento do contratado;
(v) atraso na obtenção da licença ambiental, ou impossibilidade de obtê-la, ou alteração substancial do anteprojeto que dela resultar, ainda que obtida no prazo previsto;
(vi) atraso na liberação das áreas sujeitas a desapropriação, a desocupação ou a servidão administrativa, ou impossibilidade de liberação dessas áreas;
(vii) não cumprimento das obrigações relativas à reserva de cargos prevista em lei, bem como em outras normas específicas, para pessoa com deficiência, para reabilitado da Previdência Social ou para aprendiz.

Na hipótese dos itens (v) e (vi), as situações ensejadoras da extinção podem ocorrer com ou sem culpa do contratado, atraindo, em cada caso, as consequências respectivas[10]. Ambas as hipóteses, como se verifica do §5º, art. 25[11], podem ser previstas como de responsabilidade do contratado; por sua vez, o art. 124, §2º[12], reconhece que podem existir circunstâncias impeditivas, que independem da vontade e da atuação do contratado[13].

Quando da ocorrência das demais situações, está a Administração Pública autorizada a extinguir unilateralmente o contrato administrativo, invocando a culpa do contratado. As consequências estão expressas no art. 139.

Saliente-se que os emitentes de garantias de que cuida o art. 96 deverão ser notificados pelo contratante quanto ao início de processo administrativo para apuração de descumprimento de cláusulas contratuais, conforme prevê o art. 137, §4º. A medida é necessária porque para além da aplicação de sanção poderá ocorrer a execução das garantias.[14]

---

10 FERNANDES, Felipe; PENNA, Rodolfo. *Nova lei de licitações e contratos para a advocacia pública*. São Paulo: Editora JusPodivm, 2021, p. 231.

11 Art. 25, §5º. O edital poderá prever a responsabilidade do contratado pela:
I – obtenção do licenciamento ambiental;
II – realização da desapropriação autorizada pelo poder público.

12 Art. 124, §2º. Será aplicado o disposto na alínea *d* do inciso II do *caput* deste artigo (teoria da imprevisão) às contratações de obras e serviços de engenharia, quando a execução for obstada pelo atraso na conclusão de procedimentos de desapropriação, desocupação, servidão administrativa ou licenciamento ambiental, por circunstâncias alheias ao contratado.

13 JUSTEN FILHO, Marçal. *Comentários à lei de licitações e contratações administrativas*. São Paulo: Thomson Reuters Brasil, 2021, p. 1477.

14 Art. 96. A critério da autoridade competente, em cada caso, poderá ser exigida, mediante previsão no edital, prestação de garantia nas contratações de obras, serviços e fornecimentos.
§1º Caberá ao contratado optar por uma das seguintes modalidades de garantia:
I - caução em dinheiro ou em títulos da dívida pública emitidos sob a forma escritural, mediante registro em sistema centralizado de liquidação e de custódia autorizado pelo Banco Central do Brasil, e avaliados por seus valores econômicos, conforme definido pelo Ministério da Economia;
II - seguro-garantia;
III - fiança bancária emitida por banco ou instituição financeira devidamente autorizada a operar no País pelo Banco Central do Brasil.
§2º Na hipótese de suspensão do contrato por ordem ou inadimplemento da Administração, o contratado ficará desobrigado de renovar a garantia ou de endossar a apólice de seguro até a ordem de reinício da execução ou o adimplemento pela Administração.
§3º O edital fixará prazo mínimo de 1 (um) mês, contado da data de homologação da licitação e anterior à assinatura do contrato, para a prestação da garantia pelo contratado quando optar pela modalidade prevista no inciso II do §1º deste artigo.

Também é possível a extinção unilateral do contrato nas hipóteses dos incisos V (caso fortuito ou força maior) e VIII (razões de interesse público), situações em que não há culpa do contratado.

137.4 Comportamentos atribuíveis à Administração

São comportamentos atribuíveis à Administração:

(i) supressão, por parte da Administração, de obras, serviços ou compras que acarrete modificação do valor inicial do contrato além do limite permitido no art. 125;

(ii) suspensão de execução do contrato, por ordem escrita da Administração, por prazo superior a 3 (três) meses;

(iii) repetidas suspensões que totalizem 90 (noventa) dias úteis, independentemente do pagamento obrigatório de indenização pelas sucessivas e contratualmente imprevistas desmobilizações e mobilizações e outras previstas;

(iv) atraso superior a 2 (dois) meses, contado da emissão da nota fiscal, dos pagamentos ou de parcelas de pagamentos devidos pela Administração por despesas de obras, serviços ou fornecimentos;

(v) não liberação pela Administração, nos prazos contratuais, de área, local ou objeto, para execução de obra, serviço ou fornecimento, e de fontes de materiais naturais especificadas no projeto, inclusive devido a atraso ou descumprimento das obrigações atribuídas pelo contrato à Administração relacionadas a desapropriação, a desocupação de áreas públicas ou a licenciamento ambiental.

Percebe-se uma redução dos prazos de tolerância com atrasos e suspensões da Administração Pública, se promovida uma comparação com os incisos XIV e XV do art. 78 da Lei nº 8.666/1993[15].

Também se observa uma oscilação. Ora o legislador fala em dias úteis ora fala e meses, ao disciplinar os casos em que a direito do contratado ao rompimento considerando falhas/posturas da entidade pública. Veja-se a diferença entre os incisos II e IV em comparação ao inciso III todos do §2º do art. 137. Não identificamos razão para isso.

Entretanto, a diferença mais significativa com a Lei nº 8.666/1993 decorre de textual referência ao *direito à extinção do contrato* pelo contratado, quando da ocorrência de uma das hipóteses arroladas no §2º, do art. 137.[16] Ou seja, é possível afirmar que a Lei

---

[15] Art. 78 XIV - a suspensão de sua execução, por ordem escrita da Administração, por prazo superior a 120 (cento e vinte) dias, salvo em caso de calamidade pública, grave perturbação da ordem interna ou guerra, ou ainda por repetidas suspensões que totalizem o mesmo prazo, independentemente do pagamento obrigatório de indenizações pelas sucessivas e contratualmente imprevistas desmobilizações e mobilizações e outras previstas, assegurado ao contratado, nesses casos, o direito de optar pela suspensão do cumprimento das obrigações assumidas até que seja normalizada a situação;
XV - o atraso superior a 90 (noventa) dias dos pagamentos devidos pela Administração decorrentes de obras, serviços ou fornecimento, ou parcelas destes, já recebidos ou executados, salvo em caso de calamidade pública, grave perturbação da ordem interna ou guerra, assegurado ao contratado o direito de optar pela suspensão do cumprimento de suas obrigações até que seja normalizada a situação;

[16] Esse entendimento está contido de forma expressa no art. 11 da Instrução Normativa SEGES/ME nº 77/2022: "Ressalvada a exceção prevista no inciso I do §3º do art. 137 da Lei nº 14.133, de 2021, o contratado terá

nº 14.133/2021 cria situação de extinção unilateral a favor do contratado, em decorrência de comportamentos atribuíveis à Administração Pública[17], implica dizer que a Lei "adotou um tratamento mais severo para hipóteses de rescisão por inadimplemento da Administração"[18].

Como anotado na Lei nº 8.666/1993, o contratado, apenas após o transcurso dos prazos nela referidos (atraso de pagamento superior a 90 dias, por exemplo), é que poderia pleitear a paralisação das atividades e a rescisão do ajuste, invocando, para tanto, a *exceptio non adimpleti contractus*[19]. Não se verificava hipótese de rompimento de vínculo unilateralmente pelo contratado, posto que dependente da aquiescência da Administração Pública[20].

Situação diversa é a indicada no §2º, art. 137 da Lei nº 14.133/2021, posto que, ocorrendo uma das hipóteses descritas nos seus incisos, bem como, evidenciado que não estão presentes as exceções descritas no §3º do mesmo dispositivo, basta que o contratado comunique, formal e motivadamente, sua vontade em extinguir o contrato, não competindo à Administração Pública qualquer juízo de valor sobre o solicitado. Trata-se de expressão de competência vinculada da Administração Pública[21].

Destacamos, todavia, que à luz do §3º do mesmo art. 137, para as hipóteses de extinção a que se referem os incisos II, III e IV do §2º deste artigo[22], deve se considerar que:

a) não serão admitidas as hipóteses propostas em caso de calamidade pública, de grave perturbação da ordem interna ou de guerra, bem como quando decorrerem

---

direito à extinção do contrato na hipótese de atraso superior a 2 (dois) meses, contado da emissão da nota fiscal ou de instrumento de cobrança equivalente, dos pagamentos ou de parcelas de pagamentos devidos pela Administração por despesas de obras, serviços ou fornecimentos".

17 "Esse direito decorre da ocorrência de fatos supervenientes atribuídos à Administração que impedem ou agravam a execução do contrato (art. 137, §2º, I a V). Alguns deles traduzem *fatos da Administração*, indicando conduta culposa desta e gerando o desfazimento do vínculo pela *resolução* do contrato" (CARVALHO FILHO, José dos Santos. *Manual direito administrativo*. 35. ed. São Paulo: Atlas, 2021, p. 261).

18 JUSTEN FILHO, Marçal. *Comentários à lei de licitações e contratações administrativas*. São Paulo: Thomson Reuters Brasil, 2021, p. 1462.

19 BANDEIRA DE MELLO, Celso Antônio. *Curso de direito administrativo*. 35. ed. rev. e atual. até a Emenda Constitucional 109, de 15.03.2021 e a Lei 14.133, de 1.4.2021 (Lei de Licitações e Contratos Administrativos). São Paulo: Malheiros, 2021, p. 585.

20 Sob a ótica da Lei nº 8.666/1993, o que se "verifica em boa parte das situações é o simples interesse do contratado de romper o vínculo, às vezes com disponibilidade para concluir algumas tarefas e em outras situações nem isso. Não há, entretanto, comportamento culposo prévio, não há força maior nem caso fortuito, não há interesse exclusivo e relevante da própria Administração Pública para extinguir unilateralmente o contrato. Do ponto de vista da Administração Pública, cabe-lhe, diante desse fato, verificar se é pertinente aquiescer com o pedido do contratado. Afinal, não há interesse público prévio que conduzisse à rescisão unilateral do contrato, mas somente o pedido de extinção do vínculo que coloca uma nova realidade que precisa ser considerada pelo órgão competente." (CARVALHO, Raquel. Pedido de rescisão pelo contratado: qual a saída para a Administração Pública? Disponível em: http://raquelcarvalho.com.br/2020/03/06/pedido-de-rescisao-pelo-contratado-qual-a-saida-para-a-administracao-publica/#2_O_enquadramento_da_extincao_do_contrato_administrativo_requerida_pelo_contratado. Acesso em: 17 set. 2021)

21 "Há situações que podem *autorizar o contratado a pretender a extinção do negócio jurídico*. No caso, ele terá direito a assim o fazer nas hipóteses listadas no §2º do art. 137, as quais, na nossa ótica, são *taxativas*" (HEINEN, Juliano. *Comentários à lei de licitações e contratos* administrativos. Salvador: Ed. Juspodvim, 2021, p. 694).

22 Suspensão de execução do contrato, por ordem escrita da Administração, por prazo superior a 3 (três) meses; repetidas suspensões que totalizem 90 (noventa) dias úteis, independentemente do pagamento obrigatório de indenização pelas sucessivas e contratualmente imprevistas desmobilizações e mobilizações e outras previstas;-atraso superior a 2 (dois) meses, contado da emissão da nota fiscal, dos pagamentos ou de parcelas de pagamentos devidos pela Administração por despesas de obras, serviços ou fornecimentos.

de ato ou fato que o contratado tenha praticado, do qual tenha participado ou para o qual tenha contribuído;

b) garante-se contratado o direito de optar pela suspensão do cumprimento das obrigações assumidas até a normalização da situação, admitido o restabelecimento do equilíbrio econômico-financeiro do contrato.

137.5 Por razões de interesse público

A Administração Pública poderá extinguir o contrato por razões de interesse pública, desde que devidamente justificadas pela máxima autoridade. Não se ignora que o contrato pode não mais interessar à Administração Pública desde que se indique uma razão real e sólida. Não se permitem caprichos. Não se permite que usando essa prerrogativa se pretenda, por exemplo, romper o contrato para em seguida convocar o remanescente, à luz do §7º do art. 90, para beneficiar um apadrinhado.

Deve ser recordado que o caput do art.137 menciona expressamente o dever de previamente ofertar ampla defesa e contraditório. Inclusive porque o privado pode trazer aos autos informações que contribuam para o aprimoramento da decisão administrativa. Eventualmente, a fala do privado pode ajudar a enxergar uma via alternativa menos traumática que a rescisão. Alterar o contrato, nos limites autorizados, pode se revelar mais adequado, por exemplo.

O pagamento de indenização, mesmo que silente a Lei, será devido, desde que os prejuízos estejam regularmente comprovados, aplicando-se as mesmas consequências previstas nos incisos, do §2º, art. 138.

137.6 Ocorrência de caso fortuito ou força maior

A ocorrência de caso fortuito ou força maior somente será aceita como motivo da extinção se ficar evidenciado o impedimento da execução do contrato[23].

Pode, então, ser invocada tanto pela Administração, quanto pelo contratado, sendo necessário e preferencial o consenso entre as partes, para formalização dessa extinção. Entretanto, a judicialização por parte do contratado não pode ser descartada, já que não há obrigatoriedade do esgotamento da esfera administrativa para que o contrato seja extinto.

Também nessa categoria de extinção contratual se enquadra a onerosidade excessiva, prevista no inciso II, §2º, art. 22 da Lei nº 14.133/2021, já que significa "a constatação de uma ocorrência independente da vontade das partes, que gera efeitos de extrema gravidade quanto à execução da prestação assumida por uma das partes, produzindo a inviabilidade material ou econômica quanto à execução do contrato. Diante de tal

[23] "Registre-se que as hipóteses de caso fortuito ou de força maior albergam tanto impossibilidade de cumprimento das prestações devidas pelo particular quanto daquelas que incumbem à Administração. Deve, desse modo, o fato decorrer de circunstâncias completamente alheias a ambas as partes do contrato para ser considerado caso de fortuito externo" (GUSMÃO, Diego Ornellas. Art. 137, V – Caso fortuito ou força maior, regularmente comprovados, impeditivos da execução do contrato. *In*: SARAI, Leandro (Org.). *Tratado da nova lei de licitações e contratos administrativos:* Lei 14133/21 Comentada por Advogados Públicos. São Paulo: Ed. Juspodvim, 2021, p. 1272).

cenário, o contrato deverá ser extinto, sem que se configure o inadimplemento de qualquer das partes. O particular será remunerado pelo que tiver executado até a data em que se configurou o evento danoso e o contrato será resolvido sem sancionamento para os contratantes"[24].

[24] JUSTEN FILHO, Marçal. *Comentários à lei de licitações e contratações administrativas*. São Paulo: Thomson Reuters Brasil, 2021, p. 1477.

Art. 138. A extinção do contrato poderá ser:

I - determinada por ato unilateral e escrito da Administração, exceto no caso de descumprimento decorrente de sua própria conduta;

II - consensual, por acordo entre as partes, por conciliação, por mediação ou por comitê de resolução de disputas, desde que haja interesse da Administração;

III - determinada por decisão arbitral, em decorrência de cláusula compromissória ou compromisso arbitral, ou por decisão judicial.

§1º A extinção determinada por ato unilateral da Administração e a extinção consensual deverão ser precedidas de autorização escrita e fundamentada da autoridade competente e reduzidas a termo no respectivo processo.

§2º Quando a extinção decorrer de culpa exclusiva da Administração, o contratado será ressarcido pelos prejuízos regularmente comprovados que houver sofrido e terá direito a:

I - devolução da garantia;

II - pagamentos devidos pela execução do contrato até a data de extinção;

III - pagamento do custo da desmobilização.

CHRISTIANNE DE CARVALHO STROPPA

CRISTIANA FORTINI

138 Hipóteses de extinção

A extinção poderá ser:

- pelo cumprimento do objeto contratual – forma de extinção natural;
- pelo advento do termo final – em especial nas contratações de serviços e fornecimentos contínuos;
- determinada por ato unilateral e escrito da Administração, exceto no caso de descumprimento decorrente de sua própria conduta (*non venire contra factum proprium*);
- consensual, por acordo entre as partes, por conciliação, por mediação ou por comitê de resolução de disputas, desde que haja interesse da Administração; e
- determinada por decisão arbitral, em decorrência de cláusula compromissória ou compromisso arbitral, ou por decisão judicial.

Discussão interessante envolve a extinção de contratos "velhos". Com esteio no contido do art. 191 da Lei nº 14.133/2021, até o dia 1º de abril de 2023, a Administração poderá optar por licitar ou contratar diretamente de acordo com esta Lei ou de acordo com as Leis nº 8.666/1993, nº 10.520/2002 (Pregão) e arts. 1º a 47-A da Lei nº 12.462/2011 (RDC), e a opção escolhida deverá ser expressamente indicada no edital ou no aviso ou instrumento de contratação direta, vedada a aplicação combinada desta Lei com as demais. O parágrafo único do mesmo dispositivo indica que se a Administração optar por licitar de acordo com as referidas legislações, o contrato respectivo será regido pelas regras nelas previstas durante toa a sua vigência.

É o que doutrinariamente se denomina ultratividade da lei no tempo[1], porquanto situações iniciadas sob a égide da lei anterior e que se perpetuam na sua existência jurídica sob o período de vigência temporal da lei nova. Dessa forma, a ultratividade implicará a exclusão dos efeitos imediatos e futuros da lei em vigor, no que tange particularmente a situações ou relações em curso no momento da alteração legislativa[2].

Como consequência, possível afirmar que os contratos formalizados com fundamento nas citadas legislações continuarão sendo por elas regidas, mesmo após o dia 1º de abril de 2023.

Entretanto, há posição doutrinária defendendo que, após essa data, com a revogação das Leis, as hipóteses de extinção dos contratos administrativos passarão a ser regidas pela Lei nº 14.133/2021. Como suporte, traz-se à colação que: "a rescisão legal dos contratos administrativos será sempre regida pela lei em vigor na data do acontecimento que a ensejou, e não na data em que o contrato foi firmado. Por se tratar de contratos administrativos, evidente que o regime jurídico de suas vicissitudes (aditivos e rescisões, e.g.) será o da lei em vigor, e não o da lei anterior".[3]

Quando da extinção determinada por ato unilateral da Administração e a extinção consensual deverão ser precedidas de autorização escrita e fundamentada da autoridade competente e reduzidas a termo no respectivo processo, com o fito de dar efetividade aos princípios constitucionais do devido processo legal, contraditório e ampla defesa (art. 5º, incisos LIV e LV), sem escusar, ainda, da observância das regras da LINDB (Decreto-Lei nº 4.657/1942, com as alterações trazidas pela Lei nº 13.655/2018).

138.1 Preferência pela extinção consensual e arbitral à extinção por decisão judicial

Superando o modelo trazido pela Lei nº 8.666/1993, a Lei nº 14.133/2021 indica uma preferência pela extinção consensual do contrato, desde que haja interesse da Administração Pública. Poderá também fazê-lo por conciliação, mediação (ambas disciplinadas pela Lei nº 13.140/2015) ou por comitê de resolução de disputas. A utilização dos meios alternativos de resolução de disputas encontra-se prevista nos arts. 151 a 154. No tocante à disciplina do uso da arbitragem, o tema é tratado pela Lei nº 9.307/1996.

---

1 ARAGÃO, Luciano. Ultratividade da Norma X Autotutela e Presunção de Legitimidade dos Atos Administrativos. Disponível em: https://www.lucianoaragao.com.br/ultratividade-da-norma-x-autotutela-e-presucao-de-legitimidade-dos-atos-administrativos/. Acesso em: 27 jun. 2021.

2 CARDOZO, José Eduardo Martins. *Da retroatividade da lei*. São Paulo: Revista dos Tribunais, 1995, p. 297.

3 STJ, REsp 710.078/SP – Segunda Turma. Rel. Min. Mauri Campbell Marques, julgado em 23/03/2010.

Essa possibilidade de uso de meios extrajudiciais[4], não obstante o silêncio da Lei nº 8.666/1993, foi resolvida pelo Enunciado nº 10, aprovado na Plenária da I Jornada de Direito Administrativo, pelo Conselho da Justiça Federal: "Em contratos administrativos decorrentes de licitações regidas pela Lei n. 8.666/1993, é facultado à Administração Pública propor aditivo para alterar a cláusula de resolução de conflitos entre as partes, incluindo métodos alternativos ao Poder Judiciário como Mediação, Arbitragem e Dispute Board".

Sobre o limite para a utilização da extinção consensual, sob a égide da Lei nº 8.666/1993, há entendimento no sentido de que não pode ser utilizada nas situações em que seria cabível a extinção unilateral. "Nesse sentido, o TCU, em Acórdãos relatados pelo Ministro Benjamim Zymler, entendeu que a extinção amigável do contrato 'tem aplicação restrita e não é cabível quando configurada outra hipótese que dê ensejo a rescisão unilateral ou anulação do ajuste' e, também, que ela 'não é medida adequada para solucionar contratação com superestimativa de quantitativos'[5]. Trata-se de raciocínio que pode ser aplicável também ao novo regime da Lei nº 14.133/2021"[6].

138.2 Consequências da extinção por culpa exclusiva da Administração Pública

Dentre as consequências da extinção decorrente de culpa exclusiva da Administração, o contratado será ressarcido pelos prejuízos regularmente comprovados que houver sofrido. De maneira expressa, a Lei faz alusão ao direito a:

- devolução da garantia;
- pagamentos devidos pela execução do contrato até a data de extinção; e
- pagamento do custo da desmobilização.

Necessário que esses direitos sejam efetivamente garantidos ao contratado.

A lei não esgota as parcelas que devem ser ressarcidas. Ela apenas indica algumas destas parcelas. Todos os prejuízos regularmente comprovados devem ser ressarcidos ainda que não listados no dispositivo. Não há novidade, visto que regra igual constava da Lei nº 8.666/1993 (art, 79, §2º).

---

[4] O assunto é retomado quando dos comentários aos arts. 151 a 154.

[5] Respectivamente, Acórdão 845/2017 – Plenário e Acórdão 2612/2016 – Plenário.

[6] TORRES, Ronny Charles Lopes de. *Leis de licitações públicas comentadas*. 12. ed. rev., ampl e atual. São Paulo: Ed. Juspodivm, 2021, p. 709.

Art. 139. A extinção determinada por ato unilateral da Administração poderá acarretar, sem prejuízo das sanções previstas nesta Lei, as seguintes consequências:

I - assunção imediata do objeto do contrato, no estado e local em que se encontrar, por ato próprio da Administração;

II - ocupação e utilização do local, das instalações, dos equipamentos, do material e do pessoal empregados na execução do contrato e necessários à sua continuidade;

III - execução da garantia contratual para:

a) ressarcimento da Administração Pública por prejuízos decorrentes da não execução;

b) pagamento de verbas trabalhistas, fundiárias e previdenciárias, quando cabível;

c) pagamento das multas devidas à Administração Pública;

d) exigência da assunção da execução e da conclusão do objeto do contrato pela seguradora, quando cabível;

IV - retenção dos créditos decorrentes do contrato até o limite dos prejuízos causados à Administração Pública e das multas aplicadas.

§1º A aplicação das medidas previstas nos incisos I e II do *caput* deste artigo ficará a critério da Administração, que poderá dar continuidade à obra ou ao serviço por execução direta ou indireta.

§2º Na hipótese do inciso II do *caput* deste artigo, o ato deverá ser precedido de autorização expressa do ministro de Estado, do secretário estadual ou do secretário municipal competente, conforme o caso.

CHRISTIANNE DE CARVALHO STROPPA

CRISTIANA FORTINI

139 Consequências da extinção determinada por ato unilateral da Administração

Sem prejuízo das sanções previstas nesta Lei, a lei prevê as seguintes consequências:

a) assunção imediata do objeto do contrato, no estado e local em que se encontrar, por ato próprio da Administração; e
b) ocupação e utilização do local, das instalações, dos equipamentos, do material e do pessoal empregados na execução do contrato e necessários à sua

continuidade. O ato administrativo a ser expedido deverá ser precedido de autorização expressa do ministro de Estado, do secretário estadual ou do secretário municipal competente, conforme o caso.

c) execução da garantia contratual para: (i) ressarcimento da Administração Pública por prejuízos decorrentes da não execução; (ii) pagamento de verbas trabalhistas, fundiárias e previdenciárias, quando cabível; (iii) pagamento das multas devidas à Administração Pública; e (iv) exigência da assunção da execução e da conclusão do objeto do contrato pela seguradora, quando cabível;
d) retenção dos créditos decorrentes do contrato até o limite dos prejuízos causados à Administração Pública e das multas aplicadas.

A utilização das medidas de assunção imediata do contrato e da ocupação e utilização do local, das instalações, dos equipamentos, do material e do pessoal empregados, está inserida no âmbito da competência discricionária da Administração Pública, entretanto somente se justificam se a finalidade for dar continuidade à obra ou ao serviço por execução direta ou indireta.

No caso de ter exigido garantia, nas modalidades previstas no art. 96, os emitentes deverão ser notificados pelo contratante quanto ao início de processo administrativo para apuração de descumprimento de cláusulas contratuais.

CAPÍTULO IX

DO RECEBIMENTO DO OBJETO DO CONTRATO

Art. 140. O objeto do contrato será recebido:

I – em se tratando de obras e serviços:

a) provisoriamente, pelo responsável por seu acompanhamento e fiscalização, mediante termo detalhado, quando verificado o cumprimento das exigências de caráter técnico;

b) definitivamente, por servidor ou comissão designada pela autoridade competente, mediante termo detalhado que comprove o atendimento das exigências contratuais;

II – em se tratando de compras:

a) provisoriamente, de forma sumária, pelo responsável por seu acompanhamento e fiscalização, com verificação posterior da conformidade do material com as exigências contratuais;

b) definitivamente, por servidor ou comissão designada pela autoridade competente, mediante termo detalhado que comprove o atendimento das exigências contratuais.

§1º O objeto do contrato poderá ser rejeitado, no todo ou em parte, quando estiver em desacordo com o contrato.

§2º O recebimento provisório ou definitivo não excluirá a responsabilidade civil pela solidez e segurança da obra ou serviço nem a responsabilidade ético-profissional pela perfeita execução do contrato, nos limites estabelecidos pela lei ou pelo contrato.

§3º Os prazos e os métodos para a realização dos recebimentos provisório e definitivo serão definidos em regulamento ou no contrato.

§4º Salvo disposição em contrário constante do edital ou de ato normativo, os ensaios, os testes e as demais provas para aferição da boa execução do objeto do contrato exigidos por normas técnicas oficiais correrão por conta do contratado.

§5º Em se tratando de projeto de obra, o recebimento definitivo pela Administração não eximirá o projetista ou o consultor da responsabilidade objetiva por todos os danos causados por falha de projeto.

§6º Em se tratando de obras, o recebimento definitivo pela Administração não eximirá o contratado, pelo prazo mínimo de 5 (cinco) anos, admitida a previsão de prazo de garantia superior no edital e no contrato, da

responsabilidade objetiva pela solidez e segurança dos materiais e dos serviços executados e pela funcionalidade da construção, da reforma, da recuperação ou da ampliação do bem imóvel, e, em caso de vício, defeito ou incorreção identificados, o contratado ficará responsável pela reparação, pela correção, pela reconstrução ou pela substituição necessárias.

HAMILTON BONATTO

140 Recebimentos provisório e definitivo do objeto contratual

O recebimento provisório tem o escopo de verificar se o objeto foi executado ou entregue de acordo com o contrato. Trata-se de uma análise ainda superficial, de acordo com a aparência do que se entrega. O contratado entrega o objeto à contratante e esta, após verificar a coerência com o que foi pactuado, assume a posse para administração do bem.

Com o recebimento provisório, é dada como realizada a entrega do bem, obra ou serviço pelo contratado e, portanto, abre-se a oportunidade para que esta receba o valor pactuado pela execução do objeto contratual.

Após esse recebimento definitivo começa a correr um prazo para que a Administração observe e constate se há ou não defeitos no objeto entregue ou no serviço ou obra executada. Este é o momento em que deve ser feita uma análise mais minuciosa e criteriosa do objeto que foi entregue e recebido provisoriamente e, agora, com um período mais longo de observação.

Portanto, o recebimento de um objeto fornecido à Administração Pública não se dá com a simples tradição, tal qual se verifica nos contratos privados, mas exige, como regra, duas etapas: recebimento provisório e recebimento definitivo. O recebimento provisório não significa que o contratado não possui mais obrigações derivadas do contrato, mas somente que deu por cumprida a avença. Com o recebimento definitivo tem-se que, após observação por determinado período, não foram constatadas irregularidades no cumprimento do contrato.

140.1 Recebimento de obras e serviços de engenharia

140.1.1 Obras e serviços de engenharia – Recebimento provisório

Ao se receber provisoriamente uma obra ou serviço de engenharia, os aspectos técnicos relativos ao contrato devem ser verificados, para constatar se o objeto está de acordo com o projeto básico e executivo, quando for o caso, e com as especificações constantes nos demais elementos instrutores anexos ao edital e ao contrato.

O recebimento provisório só pode ocorrer quando a obra estiver pronta e entregue como completa e encerrada pelo contratado. Caso ao realizar esta análise, o(s) responsável(eis) pelo recebimento perceber(em) que ainda faltam itens a serem dados

como acabados, deve(m) elaborar um termo detalhado indicando ao contratado o que ainda deve ser realizado e quais as incompletudes e irregularidades verificadas. Por isso, enquanto não estiver tudo concluído da forma prevista no edital, com o nível técnico exigido nas normas, nas legislações, no contrato e em seus elementos técnicos instrutores, a obra ou o serviço de engenharia não deve ser recebido provisoriamente, sob pena de o contratado receber o pagamento pelo que não executou ou pelo que executou de forma não condizente com os projetos e/ou especificações técnicas, portanto em desacordo com o contrato.

140.1.1.1 Obras e serviços de engenharia – Responsável pelo recebimento provisório

Tendo em vista os aspectos técnicos a serem observados, a Lei previu que este recebimento deve ser realizado pelo fiscal do contrato, posto ter sido quem acompanhou a execução do objeto durante toda o seu andamento e, por isso, possui maiores condições de verificar quaisquer eventuais inconsistências com o que foi contratado. O fiscal do contrato é um profissional a quem, necessariamente, deve ser atribuída esta função para que exerça tal ônus e, portanto, deve possuir qualificação técnica para formalizar termo detalhado com todas as características constatadas no objeto executado.

Em respeito ao princípio da segregação de funções, previsto no art. 5º da Lei nº 14.133/2021, vê-se que é defeso que o responsável pelo acompanhamento e fiscalização do contrato seja também responsável pelo recebimento definitivo ou participe de comissão designada para esta atividade.

Por outro lado, não se vê óbice a que o órgão ou entidade faça o recebimento provisório por meio de comissão especialmente designada para isso, porém, sempre com a participação do fiscal do contrato, tendo em vista a alínea "a" do inciso I do art. 140 da Lei. Há a possibilidade dessa situação vir a ser regulamentada pelas entidades e órgãos da Administração Pública dos três níveis da Federação.

140.1.2 Obras e serviços de engenharia – Recebimento definitivo

O recebimento definitivo de uma obra ou serviço de engenharia ocorre após determinado período do recebimento provisório, que tem o propósito de verificar se com o decorrer desse espaço de tempo a obra manteve as condições contratadas e recebidas.

Para que se receba definitivamente a obra, é possível que sejam feitos testes e provas exigidos por normas técnicas oficiais, para aferição da boa execução do objeto do contrato.

A Lei não estabelece qual o período de observação, mas obviamente não pode ser indefinido e mais elástico que o necessário, pois o contratado não pode ficar à mercê do contratante. Um prazo razoável deve ser estabelecido com base na complexidade do objeto, especialmente nos serviços e matérias que o compõe. Caso o órgão ou a entidade não tenha estabelecido esse prazo em regulamento, é possível que seja fixado um prazo máximo, com previsão no edital e no contrato.

Transcorrido o prazo estabelecido em contrato ou no regulamento, após o recebimento provisório, se a Administração não cumprir sua obrigação de receber

definitivamente o objeto, que não apresentou quaisquer irregularidades, nasce o direito do contratado de entender como definitivamente recebido esse objeto. Há, neste caso, um recebimento definitivo tácito.

Evidentemente, se não houver recebimento definitivo pelo fato de haver irregularidades no cumprimento do contrato, a Administração encontrou óbice em realizar tal recebimento, não há que se falar em direito do contratado em obtê-lo, mas ao contrário, surge a obrigação de que a Administração apure a responsabilidade por meio de um processo administrativo em face do contratado. Ao final desta regular apuração, se constatada a culpa pelos vícios detectados, o contratado deverá ser penalizado.

140.1.2.1 Obras e serviços de engenharia – Responsáveis pelo recebimento definitivo

A responsabilidade pelo recebimento definitivo, a depender do regulamento do órgão ou entidade, ou ainda, de previsão contratual, pode ficar a cargo de servidor do órgão ou entidade, ou de comissão designada para o feito. Note-se que o recebimento definitivo, em respeito, como mencionado anteriormente, ao princípio da segregação de funções, não é efetuado pelo fiscal da obra ou serviço de engenharia, tal qual no recebimento provisório. Se o legislador quisesse que o próprio responsável pelo acompanhamento e fiscalização da obra ou serviço de engenharia fosse o incumbido pelo recebimento definitivo, assim o teria explicitado, tal qual fez para o recebimento provisório. Porém, nada obsta que o fiscal da obra seja chamado para esclarecimentos necessários ao servidor ou à comissão responsável por este recebimento, no sentido de dirimir eventuais dúvidas.

Nesse momento, o(s) responsável(is) pelo recebimento definitivo deve(m) verificar se todas as exigências previstas no contrato foram cumpridas, sendo possível, quando couber, que se exija do contratado, entre o recebimento provisório e o definitivo, a título de observação da regularidade da execução da obra ou serviço de engenharia, às suas custas, testes e demais provas para aferição da boa execução do objeto do contrato exigidos por normas técnicas oficiais.

140.2 Recebimento das compras

140.2.1 Compras – recebimento provisório

Quando se trata de aquisições, o recebimento provisório é sumário, isto é, simplificado em razão da menor complexidade, comparado às obras e serviços de engenharia. Neste caso, cabe ao responsável pelo acompanhamento e fiscalização do contrato verificar se o material está em conformidade com o que foi contratado, em quantidade e especificações.

Caso o material esteja em desacordo, o responsável não deve realizar o recebimento provisório, pois corre-se o risco de o contratado receber os pagamentos respectivos e não vir a entregar o objeto de acordo com o que foi contratado.

140.2.1.1 Compras – Responsável pelo recebimento provisório

A Lei prevê que o recebimento provisório deverá ser feito pelo responsável pelo acompanhamento e fiscalização do contrato, porém, não se vê óbice que, a depender da complexidade do objeto e do volume da compra, o recebimento possa ser realizado por comissão designada pela autoridade superior, porém, com a participação do responsável pelo acompanhamento e fiscalização do contrato.

Como já explicitado em itens anteriores, em respeito ao princípio da segregação de funções, previsto no art. 5º da Lei nº 14.133/2021, vê-se que é defeso que o responsável pelo acompanhamento e fiscalização do contrato seja também responsável pelo recebimento definitivo ou participe de comissão designada para esta atividade.

140.2.2 Compras – Recebimento definitivo

O recebimento definitivo das compras deve ser realizado após transcorrido determinado período estabelecido em regulamento do órgão ou entidade ou no contrato, para que se possa verificar, após esse período, a conformidade do material com o previsto contratualmente. Também é possível que sejam realizados, quando for o caso, ensaios, testes e demais provas para aferição da qualidade do que foi entregue.

140.2.2.1 Compras – Responsáveis pelo recebimento definitivo

Como se observa na Lei, o recebimento definitivo, em respeito ao princípio da segregação de funções, não é realizado por aquele agente público responsável pelo acompanhamento e fiscalização do contrato, mas por outro servidor ou comissão designada pela autoridade competente. Se o legislador quisesse que o próprio fiscal do contrato efetuasse o recebimento definitivo, teria especificado na alínea "b" da mesma forma com que previu na alínea "a", ao tratar do recebimento provisório.

Neste momento, o(s) responsável(is) pelo recebimento definitivo devem verificar se todas as exigências previstas no contrato foram cumpridas. É possível, quando couber, que se exija do contratado, entre o recebimento provisório e o definitivo, a título de observação da regularidade da quantidade e especificações do objeto, às suas custas, que sejam feitos testes e demais provas exigidos por normas técnicas oficiais, para aferição da boa execução do objeto do contrato.

140.3 Rejeição do objeto

O objeto que tenha quantidade ou qualidade inferior ao que consta no contrato, tanto para obras e serviços de engenharia quanto para compras, não pode e não deve ser recebido. Se o objeto for de qualidade ou quantidade inferior ao previsto no contrato, o responsável pelo seu recebimento deve rejeitá-lo e somente após verificar a compatibilidade com o previsto no contrato, recebê-lo.

Nada obsta que, no caso de aquisições de bens e serviços isolados em que apenas parte do objeto esteja de acordo com o contrato e outra parte em desacordo, que se possa receber apenas a primeira e rejeitar a segunda, efetivando o recebimento parcial. Porém, o mesmo não pode ser admitido no caso de contrato em que o objeto é uma obra, pois esta,

conceitualmente, é "um conjunto harmônico de ações que, agregadas, formam um todo". Portanto, como regra, esta é indissociável, salvo no caso, por exemplo, de construção de blocos ou trechos distintos de obra, onde um pode ser medido independentemente de outro.

140.4 Responsabilidade civil e ético-profissional

A responsabilidade civil nasce da prática de um ato ilícito e está intrinsecamente ligada à obrigação de reparação de eventuais danos causados à contratante durante a relação obrigacional. Assim, mesmo após o recebimento provisório ou definitivo, a contratada permanece com a responsabilidade pela solidez e segurança da obra ou serviço, cabendo a ela, em caso de caracterização de ilícito que acarrete danos a outrem, em função da execução contratual, reparar tais danos, tornando a outra parte indene.

A responsabilidade ético-profissional decorre da obrigação do contratado no cumprimento de normas, valores e princípios éticos profissionais relativos à atividade que exerce. Assim, uma vez que o contrato não tenha sido executado com perfeição, nasce a obrigação do contratado de reparação de eventual dano, moral ou patrimonial, causado a terceiros, previsto no inciso V do art. 5º da Constituição da República.

140.5 Prazos e métodos de recebimentos

O regulamento do órgão ou entidade poderá estabelecer os métodos e prazos para o recebimento provisório e o definitivo. Caso não esteja no regulamento ou este ato administrativo não ocorra, os prazos e métodos de recebimento devem constar no contrato administrativo.

O prazo deve ser razoável e de acordo com a complexidade e vulto do objeto contratado, valendo-se da prática comum do mercado próprio do objeto.

O contratado tem o direito de saber como e quando será recebido o objeto, mantendo, assim, uma relação transparente entre os contraentes, razão esta que implica a necessidade de previsão no instrumento convocatório.

140.5.1 Ensaios, testes e demais provas para aferição da boa execução do objeto

Os ensaios, testes e demais provas têm como escopo a verificação de atendimento às especificações do objeto constantes no edital e no contrato. Deve haver coerência com o termo de referência ou com o projeto básico, que conferem parâmetros para o recebimento ou não do objeto.

Como regra, esse ônus é do contratado, porém é possível que o contrato ou um ato normativo inverta o dever dessa prova e repasse-o ao contratante. Caso o contrato seja omisso e não haja outra disposição em ato normativo, essa obrigação permanece com o contratado, que deve providenciá-las e custeá-las.

140.6 Responsabilidade dos projetistas

A responsabilidade por projetos deficientes é de quem os confeccionou. Constatada a existência de erro ou omissão relevante nos projetos das obras de interesse do contratante, deve ser procedida a devida apuração das responsabilidades do projetista. Ainda, diante de erros no projeto, a Administração tem a obrigação de instaurar processo administrativo para apuração de responsabilidade da empresa. "A aplicação de qualquer sanção administrativa pressupõe a observância do devido processo legal administrativo previsto no art. 5º, LV da CRFB, e ninguém ser considerado culpado até o término deste processo (art. 5º, LVII as CRFB)".[1] Porém, se concluído que a empresa projetista agiu com culpa, deve ser comunicado aos conselhos de classe para que, internamente, se assim entenderem por bem, busquem a responsabilização profissional.

Ao serem apurados os fatos, nem sempre se conclui que a responsabilidade é apenas dos projetistas. Quando presentes erros aparentes, grosseiros, o responsável pelo seu recebimento, o fiscal ou a comissão também devem ser responsabilizados juntamente com os projetistas.

Caso haja dano ao patrimônio público ou a terceiros, originado por erro grosseiro, tanto os projetistas quanto o servidor responsável devem responder de forma solidária pelo ressarcimento dos prejuízos causados. A Constituição da República, no inciso V do art. 5º, assegura o direito à indenização por dano material, moral ou à imagem.

Ainda deve ser analisada a responsabilidade do executor da obra quando há deficiência no projeto. A NBR-5671 estabelece no item 5.4 que:

> O autor do projeto é responsável pela sua elaboração e deve fazê-lo de forma que se apresente devidamente coordenado e integrado com os demais, contendo todos os elementos necessários à execução do empreendimento. Prevê, também, que o executante tem a responsabilidade de examinar previamente os projetos e executar o empreendimento, aplicando processos, materiais, componentes, subcomponentes, e equipamentos e ferramentas, respeitando os mesmos projetos e determinações técnicas destes.[2]

140.7 Responsabilidade quinquenal pela solidez e segurança ou funcionalidade – objetiva

O contratado para execução de uma obra pública responde durante 05 (cinco) anos pela solidez e segurança do trabalho, em razão dos materiais, conforme os termos do artigo 618 do Código Civil Brasileiro.

Diante do aparecimento de vícios no prazo estabelecido em lei, o contratante deverá acionar o contratado para o refazimento dos serviços defeituosos. Havendo omissão ou recusa do contratado, o contratante deverá tomar as medidas para a reparação dos danos, inclusive, se necessário, buscando a justiça para obrigar o contratado a reparar o dano.

---

1 PEDRA, Anderson Sant'ana. Sanções Administrativas nas Contratações Públicas. *In*: TORRES, Ronny Charles L. de (Coord.). *Licitações públicas*: homenagem ao jurista Jorge Ulisses Jacoby Fernandes. Curitiba: NP, 2016.

2 BONATTO, Hamilton. *Governança e gestão de obras públicas*: do planejamento à pós-ocupação. Belo Horizonte: Fórum, 2018.

O gestor omisso responderá de forma solidária pelos prejuízos derivados dos defeitos, devendo, inclusive, providenciar vistorias periódicas com o intuito de acompanhar a obra na pós-ocupação, observando se com o decorrer do tempo não surgirão defeitos.

A responsabilidade do contratado é objetiva, isto é, responde diretamente por danos causados a terceiros quando da execução contratual, independentemente de culpa ou dolo. O contratado só deixa de responder se houver uma excludente de responsabilidade, caracterizada nos casos de caso fortuito, força maior, culpa de terceiros ou, ainda, evidentemente, inexistência do vício construtivo.

O magistério da Professora Christianna Stroppa ensina que:

> A responsabilidade extracontratual da contratada, também chamada de responsabilidade aquiliana, passa a ser objetiva, atraindo a incidência do previsto no §6º, do art. 37 da CF/88, não sendo necessária a indicação de dolo ou culpa como condição para a responsabilização (art. 120). Basta que a Administração Pública indique a existência de relação de adequação entre o dano e o comportamento, por ação ou omissão, lícita ou ilícita, da contratada.[3]

Essa responsabilidade prevista na Lei de Licitações e Contratos Administrativos é a concretização da previsão do art. 618 do Código Civil: "Nos contratos de empreitada de edifícios ou outras construções consideráveis, o empreiteiro de materiais e execução responderá, durante o prazo irredutível de cinco anos, pela solidez e segurança do trabalho, assim em razão dos materiais, como do solo". Esse código é aplicado neste caso com fulcro no art. 89 da Lei nº 14.133/2021, a qual dispõe que são adotados para os contratos administrativos, supletivamente, os princípios da teoria geral dos contratos e as disposições de direito privado.

[3] STROPPA, Christianne de Carvalho. Algumas questões relevantes sobre os contratos administrativos na Nova Lei de Licitações. *In*: *Nova Lei de Licitações*: destaques importantes. Lei nº 14.133, de 1º de abril de 2021. Belo Horizonte: Fórum, 2021.

CAPÍTULO X

DOS PAGAMENTOS

Art. 141. No dever de pagamento pela Administração, será observada a ordem cronológica para cada fonte diferenciada de recursos, subdividida nas seguintes categorias de contratos:

I – fornecimento de bens;

II – locações;

III – prestação de serviços;

IV – realização de obras.

§1º A ordem cronológica referida no caput deste artigo poderá ser alterada, mediante prévia justificativa da autoridade competente e posterior comunicação ao órgão de controle interno da Administração e ao tribunal de contas competente, exclusivamente nas seguintes situações:

I – grave perturbação da ordem, situação de emergência ou calamidade pública;

II – pagamento a microempresa, empresa de pequeno porte, agricultor familiar, produtor rural pessoa física, microempreendedor individual e sociedade cooperativa, desde que demonstrado o risco de descontinuidade do cumprimento do objeto do contrato;

III – pagamento de serviços necessários ao funcionamento dos sistemas estruturantes, desde que demonstrado o risco de descontinuidade do cumprimento do objeto do contrato;

IV – pagamento de direitos oriundos de contratos em caso de falência, recuperação judicial ou dissolução da empresa contratada;

V – pagamento de contrato cujo objeto seja imprescindível para assegurar a integridade do patrimônio público ou para manter o funcionamento das atividades finalísticas do órgão ou entidade, quando demonstrado o risco de descontinuidade da prestação de serviço público de relevância ou o cumprimento da missão institucional.

§2º A inobservância imotivada da ordem cronológica referida no caput deste artigo ensejará a apuração de responsabilidade do agente responsável, cabendo aos órgãos de controle a sua fiscalização.

§3º O órgão ou entidade deverá disponibilizar, mensalmente, em seção específica de acesso à informação em seu sítio na internet, a ordem cronológica de seus pagamentos, bem como as justificativas que fundamentarem a eventual alteração dessa ordem.

CRISTIANA FORTINI

DANIEL BARRAL

141 Da ordem cronológica de pagamento

O art. 141 inaugura o capítulo que regulamenta o pagamento e estabelece a obrigatoriedade de atendimento da ordem cronológica destes pagamentos para cada fonte diferenciada de recursos, observada a tipologia de objeto contratado, a saber: I – fornecimento de bens; II – locações; III – prestação de serviços; ou IV – realização de obras.

É interessante observar que a Lei Geral de Licitações incorpora ao texto legal parte da regulamentação Federal, consubstanciada na Instrução Normativa SG/MPDG nº 2, de 6 de dezembro de 2016, sem que se tenha procedido à correção das impropriedades legislativas contidas na regulamentação anterior.

Com efeito, o art. 5º da Lei nº 8.666, de 1993,[1] aludia à necessidade de obediência da ordem cronológica para "cada fonte diferenciada de recursos", entretanto, por se tratar de um conceito orçamentário, relacionado à identificação da origem ou da procedência dos recursos utilizados no pagamento de determinada finalidade, a doutrina entendia que a expressão utilizada no mencionado dispositivo deveria se referir aos objetos contratados não à rubrica orçamentária propriamente dita, em razão do risco de frustração do objetivo da norma.[2]

---

[1] Art. 5º Todos os valores, preços e custos utilizados nas licitações terão como expressão monetária a moeda corrente nacional, ressalvado o disposto no art. 42 desta Lei, devendo cada unidade da Administração, no pagamento das obrigações relativas ao fornecimento de bens, locações, realização de obras e prestação de serviços, obedecer, para cada fonte diferenciada de recursos, a estrita ordem cronológica das datas de suas exigibilidades, salvo quando presentes relevantes razões de interesse público e mediante prévia justificativa da autoridade competente, devidamente publicada.
§1º. Os créditos a que se refere este artigo terão seus valores corrigidos por critérios previstos no ato convocatório e que lhes preservem o valor.
§2º A correção de que trata o parágrafo anterior cujo pagamento será feito junto com o principal, correrá à conta das mesmas dotações orçamentárias que atenderam aos créditos a que se referem.
§3º Observados o disposto no caput, os pagamentos decorrentes de despesas cujos valores não ultrapassem o limite de que trata o inciso II do art. 24, sem prejuízo do que dispõe seu parágrafo único, deverão ser efetuados no prazo de até 5 (cinco) dias úteis, contados da apresentação da fatura.

[2] Por todos, confira a lição de Marçal Justen Filho, ao comentar o artigo 5º da Lei nº 8.666, de 1993: "Não é possível interpretar o texto legislativo na acepção de 'rubricas orçamentárias'. O legislador, quando pretendeu indicar essa figura, sempre o fez de modo expresso e específico. Portanto, haveria de admitir-se que teria ocorrido erro na formulação redacional legislativa – o que não pode ser excluído de modo absoluto, mas deve ser reputado como excepcional. Mas o argumento mais relevante reside em que adotar a aludida interpretação conduziria a neutralizar a eficiência do dispositivo. É que restringir a preferência ao âmbito estrito da rubrica orçamentária conduziria à possibilidade de o Estado controlar o processo de liquidação das dívidas. Então, bastaria liberar recursos para determinadas rubricas e não para outras: o resultado seria a frustração da ordem cronológica das exigibilidades. Credores que fossem menos simpáticos aos olhos dos governantes não receberiam os pagamentos, na medida em que não ocorreria a liberação dos recursos para as rubricas orçamentárias 'adequadas'.
[..]
Diante de tais considerações deve reputar-se que a expressão legislativa relaciona-se à sistematização realizada pelo próprio art. 5º, quando se refere a 'fornecimento de bens, locações, realização de obras e prestação de serviços'. As verbas destinadas a cada um desses grupos de contratações deverão ser consideradas como 'fontes diferenciadas de recursos', de modo que o pagamento correspondente terá de respeitar a ordem cronológica das referidas categorias". (MARÇAL, Justen Filho. *Comentários à lei de licitações e contratos administrativo*. São Paulo: Dialética, 2012. p. 122).

Agora, apesar da Lei aludir às quatro categorias de contratos (fornecimento de bens, locações, prestação de serviços e realização de obras), como elementos determinantes para a instituição de ordens de pagamentos específicas, mantém a referência ao uso do mesmo termo orçamentário.

Em nosso entendimento, tendo o legislador adotado o critério da categoria do objeto contratual como elemento definidor da subdivisão das filas de pagamento, deve-se interpretar o temo "fonte diferenciada de recursos" em função das categorias contratuais já referidas. Assim, para os fins de cumprimento da norma em comento, pouco importa a rubrica orçamentária que suporta a despesa, mas sim a natureza do objeto contratual, elemento que efetivamente permite o controle da aplicação concreta dos princípios da impessoalidade e da moralidade nos pagamentos decorrentes dos contratos administrativos.

Deve ser sempre recordado que a maior atratividade advinda da concretização destes preceitos nas contratações públicas favorece o interesse público, enquanto incertezas repelem a presença privada, logo, diminuem o número de competidores e, consequentemente, podem dificultar o acesso à proposta mais vantajosa.

Como já referido, o art. 141 da Lei recupera o tema abordado no art. 5º da Lei nº 8.666, de 1993, mas dele cuida de forma mais detalhada e reverbera os eixos estruturantes da lei, com destaque para a governança e a transparência.[3]

A redação da Lei atende ainda a ponderações da Atricon[4] e revela uma maior preocupação com os princípios da impessoalidade, da moralidade e da segurança jurídica, inscritos no art. 5º da atual lei. Também há de se considerar que a Lei cobra da Alta Administração a adoção de medidas com vistas a "promover um ambiente íntegro e confiável".[5]

A Instrução Normativa Seges/ME nº 77, de 4 de novembro de 2022 confere maior detalhamento ao cumprimento da sobredita regra e esclarece aspectos operacionais, sendo aplicável tanto no âmbito da Administração Pública federal direta, autárquica e fundacional, quanto aos entes da Administração Pública estadual, distrital ou municipal, direta ou indireta quando estiverem executando recursos da União decorrentes de transferências voluntárias.

De acordo com o referido ato normativo infralegal, é a partir da liquidação da despesa, que deve ser realizada para a inclusão do crédito na respectiva sequência de pagamentos,[6] competindo tanto ao gestor do contrato quanto ao setor de pagamento

---

[3] FORTINI, Cristiana; AMORIM, Rafael Amorim de. *Um novo olhar para a futura lei de licitações e contratos administrativos*: a floresta além das árvores. [s.d.]. Disponível em: http://www.licitacaoecontrato.com.br/assets/artigos/artigo_download_85.pdf. Acesso em 15 jul. 2021.

[4] No âmbito da Associação dos Membros dos Tribunais de Contas do Brasil (ATRICON), o anexo único da Resolução Atricon nº 08/14 já afirmava a necessidade de prever, ainda que de forma não taxativa, os casos que poderiam configurar relevante interesse público para relativizar a ordem cronológica de pagamento, em uma de suas diretrizes: "Promover ações junto aos jurisdicionados, visando à edição de lei local e/ou decreto que regulamente o cumprimento do art. 5º da Lei nº 8.666/93, contemplando, no mínimo: (...) as situações que poderão vir a constituir, ainda que não de forma taxativa, relevantes razões de interesse público, a permitir excepcionar a regra da ordem cronológica, a propósito do que estabelece a parte final do artigo 5º, caput, da Lei nº 8.666/93";

[5] Art. 11, parágrafo único da Lei nº 14.133/21.

[6] "A primeira reflexão que surge é a seguinte: o instituto da compensação deve respeitar a ordem cronológica de pagamentos?

controlar para que a regra seja observada, sob pena de responsabilização tanto na seara administrativa quanto na penal. Nos moldes do §1º do art. 5º da referida norma,

> [c]onsidera-se liquidação de despesa o segundo estágio da despesa pública e consiste na verificação do direito adquirido pelo credor, tendo por base os títulos e documentos comprobatórios do respectivo crédito, após a execução do objeto ou de etapa do cronograma físico-financeiro do contrato, conforme o caso.

A Instrução Normativa Seges/ME nº 77, de 2022, também inova ao estabelecer o limite de prazo, tanto para a liquidação quanto para o pagamento das obrigações contratuais. Segundo o seu art. 7º, os referidos prazos estão limitados a dez dias úteis para a liquidação da despesa, a contar do recebimento da nota fiscal ou do instrumento de cobrança equivalente pela Administração e, igualmente, a 10 (dez) dias úteis para pagamento, a contar da liquidação da despesa, sendo este prazo reduzido pela metade para os pagamentos que não ultrapassem o limite estabelecido no inciso II do art. 75 da Lei nº 14.133, de 2021.

É importante atentar que após a Instrução Normativa Seges/ME nº 98, de 26 de dezembro de 2022, "autorizar" a aplicação da Instrução Normativa nº 5 de 26 de maio de 2017, para os processos de licitação e de contratação direta de serviços de que dispõe a Lei nº 14.133, de 1º de abril de 2021, poderia surgir, em tese, dúvida a respeito de qual prazo deveria ser observado para o pagamento da obrigação: ou aquele previsto no art. 7º da IN Seges/ME nº 77, de 2022, ou o estabelecido no item 4 do anexo XI da IN nº 5, de 2017,[7] que estabelece o prazo de 5 dias úteis para as despesas cujos valores não

---

Em nossa opinião, não. Explicamos. O intuito da ordem cronológica de pagamentos é evitar o favorecimento indevido e a preterição de determinados contratados da Administração. Ocorre que, ainda que a Lei nº 14.133/2021 não elenque a compensação como hipótese de alteração da ordem cronológica de pagamentos, essa medida busca obter, de forma mais célere e simples possível, os valores decorrentes de multas aplicadas no bojo de algum contrato. E isso não se trata de favorecimento ao contratado, pelo contrário, revela-se máxime como um procedimento de busca do resultado útil do poder exorbitante sancionador conferido à Administração.
Ademais, raciocínio em sentido diverso tornaria inócuo o instituto da compensação: se, para compensar, fosse necessário aguardar que o crédito do contratado alcançasse a primeira posição da ordem cronológica, estaríamos interpretando a norma em favor de uma postura burocrática e nada eficiente, contrariando diversos princípios do art. 5º da Lei nº 14.133/2021. Sem contar com o fato de que essa "espera" consumiria parte do prazo prescricional da multa, o que seria danoso para a Administração.
Por fim, nesse ponto, lembremos que a compensação, nos termos do art. 369 do Código Civil, se opera com dívidas vencidas (Lei nº 10.406/2002), o que nem sempre é o caso das despesas presentes na ordem de pagamento: algumas delas ainda estão dentro do prazo contratual. Daí o nosso posicionamento.
Em segundo lugar, suscita-se a seguinte questão: havendo compensação parcial, com remanescente de saldo em favor do contratado, esse crédito restante deve ir para o fim de sua respectiva fila? E mais, se esse valor restante a pagar ao contratado situar-se em patamar inferior ao limite do art. 75, inc. II, da Lei nº 14.133/2021, ele deveria ser transportado para a fila de pequenos credores?
Quanto à primeira parte, a resposta é não, pois a compensação não tem o condão de alterar qualitativamente a natureza da exigibilidade do crédito, o que inclui o prazo de pagamento. Se assim o fosse, a compensação parcial seria uma forma de dilatar o prazo da obrigação, o que se configuraria como conduta abusiva por parte da Administração, bem como não traria incentivos para a aceitação por parte do contratado". Trecho do artigo *Reflexões sobre a possibilidade de compensação entre débitos e créditos oriundos das Leis nº 8.666/93 e 14.133/21 e os impactos sobre a ordem cronológica de pagamentos*, dos autores Matheus Barbosa de Oliveira e Silva e Viviane Mafissoni. (Cf.: Reflexões sobre a possibilidade de compensação entre débitos e créditos oriundos das Leis nº 8.666/93 e 14.133/21 e os impactos sobre a ordem cronológica de pagamentos. *Dica do Ronny*, 20 fev. 2023. Disponível em: https://ronnycharles.com.br/reflexoes-sobre-a-possibilidade-de-compensacao-entre-debitos-e-creditos-oriundos-das-leis-n-o-8-666-93-e-14-133-21-e-os-impactos-sobre-a-ordem-cronologica-de-pagamentos/?fbclid=PAAabG-OZcnuociOx_bnYXxRv0ShRz0ZEVhsRtRsQIVxi9_xBw7vpUcPHhr7Q. Acesso em 10 mai. 2023.

[7] INSTRUÇÃO NORMATIVA Nº 5, DE 26 DE MAIO DE 2017

ultrapassem o limite de que trata o inciso II do art. 24 da Lei nº 8.666, de 1993, ou trinta dias contados do recebimento da Nota Fiscal ou Fatura, para os demais casos.

Entretanto, em nossa opinião, aplica-se o disposto no art. 7º da IN Seges/ME nº 77, de 2022. A uma, porque o seu comando é específico para a regulamentação da Lei nº 14.133, de 2021, enquanto as disposições da IN nº 5, de 2017, tinham por objeto a regulamentação da Lei nº 8.666, de 1993, que possuía regras diversas a respeito do prazo para pagamento, conforme dispõem os arts. 5º, §3º, para as despesas de pequeno valor, e o art. 40, inciso XIV, para os demais casos. Ora, como não foram reproduzidas na Lei nº 14.133/2021 os prazos para pagamento estabelecidos na Lei nº 8.666/1993, a regra da IN nº 5, de 2017, deve ser afastada em favor da aplicação da disposição específica da IN Seges/ME nº 77, de 2022.

Ainda sobre a contratação de prestação de serviços com regime de dedicação exclusiva, a IN Seges/ME nº 77, de 2022, dispõe que a irregularidade da contratada no que toca ao pagamento de verbas trabalhistas, previdenciárias ou relativas ao FGTS não altera o ingresso na ordem cronológica, podendo se promover a dedução em face do valor inadimplido. A IN autoriza ainda a existência de previsão editalícia que condicione a inclusão do crédito na sequência de pagamento à comprovação das quitações das obrigações trabalhistas vencidas.[8]

A IN Seges/ME nº 77, de 2022, esclarece que a despesa inscrita em restos a pagar não altera a posição da ordem cronológica de sua exigibilidade, não concorrendo com as liquidações do exercício corrente.[9]

A indenização que resultar da extinção do contrato por culpa da Administração, nos moldes do preconizado pelo §2º do art. 138 da Lei nº 14.133/2021 e a que decorrer do reconhecimento da nulidade do contrato, de que cuida o art. 149 da mesma lei, também deve observar a ordem cronológica.[10]

Todas essas regras conferem maior transparência e previsibilidade ao contratado quanto ao recebimento dos valores a ele devidos. Entretanto, o parágrafo primeiro do art. 141 admite, diante de relevante interesse público consubstanciado em cinco hipóteses elencadas em rol taxativo, a subversão da ordem de pagamentos. Interessa observar que esta alteração deve estar calcada em elementos aptos a demonstrar que a medida é necessária para garantir o atendimento do interesse público, não sendo suficiente

---

ANEXO XI
DO PROCESSO DE PAGAMENTO
4. O pagamento da obrigação deverá ocorrer no prazo previsto no contrato, limitado: a) ao quinto dia útil subsequente ao recebimento da Nota Fiscal ou Fatura, para despesas cujos valores não ultrapassem o limite de que trata o inciso II do art. 24 da Lei nº 8.666, de 1993, observado o disposto no seu §1º; ou
b) a trinta dias contados do recebimento da Nota Fiscal ou Fatura, para os demais casos.

[8] Art. 5º, §2º Nos contratos de prestação de serviços com regime de dedicação exclusiva de mão de obra, a situação de irregularidade no pagamento das verbas trabalhistas, previdenciárias ou referentes ao FGTS não afeta o ingresso do pagamento na ordem cronológica de exigibilidade, podendo, nesse caso, a unidade administrativa contratante deduzir parte do pagamento devido à contratada, limitada a dedução ao valor inadimplido.
§3º Na hipótese de que trata o §2º, a Administração, mediante disposição em edital ou contrato, pode condicionar a inclusão do crédito na sequência de pagamentos à comprovação de quitação das obrigações trabalhistas vencidas.

[9] Art. 5º, §4º A despesa inscrita em restos a pagar não altera a posição da ordem cronológica de sua exigibilidade, não concorrendo com as liquidações do exercício corrente.

[10] Art. 5º, §5º O pagamento das indenizações previstas no §2º do art. 138 e no art. 149 da Lei nº 14.133, de 1º de abril de 2021, deverá observar a ordem cronológica de exigibilidade, ainda que o contrato já tenha sido encerrado.

mero pedido da contratada, o que entendemos ser desejável, mas insuficiente para, isoladamente, balizar a decisão da autoridade competente.

Assim, a Administração deve, preferencialmente por intermédio de relatório do fiscal do contrato, demonstrar a correlação entre a medida adotada e o atendimento do interesse público, observando as particularidades do quadro fático existente.

Caso a autoridade competente entenda pela presença dos requisitos legais habilitantes para a quebra da ordem cronológica, deve decidir de maneira fundamentada nos autos, dando conhecimento dessa decisão aos órgãos de controle interno e externo, no prazo máximo de 30 dias, contatos da ocorrência do evento que motivou a alteração da ordem cronológica de pagamento, conforme dispõe o parágrafo único do art. 9º da IN Seges/ME nº 77, de 2022.

Como visto, a atual lei é mais rigorosa com relação à eventual alteração da ordem de pagamento. Reitera o dever de prévia justificativa da autoridade competente, que de resto já era exigível à luz da Lei nº 8.666/93, e estabelece o dever de posterior comunicação ao órgão do controle interno e ao Tribunal de Contas competente. Valem duas observações. A decisão que altera a ordem de pagamento há de ser publicada em face do que preconiza o §3º do art. 141, em coro com o que também impõe o caput do art. 5º da Lei antiga. Mas o texto atual avança exigindo que se divulguem mensalmente em seção específica, logo, destacada das demais, de forma a favorecer a transparência e o acesso à informação, a própria ordem cronológica. Claro que sob a ótica da transparência ativa, tal providência independe de lei, mas o realce ao dever, com a particularidade assinalada de se fazer a divulgação mensal e em local apropriado, é bem-vindo. A Associação dos Membros dos Tribunais de Contas do Brasil (ATRICON), o anexo único da Resolução Atricon nº 08/14 igualmente já afirmava sobre essa necessidade em uma de suas diretrizes:

> Definir como obrigatória a implementação, por parte da Administração Pública, de sistema informatizado que possibilite a divulgação em tempo real, na rede mundial de computadores, das diversas ordens cronológicas e das respectivas listas de credores, com ampla acessibilidade a qualquer cidadão, em atenção ao prescrito na Lei nº 12.527/11 (Lei da Transparência).

O legislador se referiu ao "sitio na internet" que há de corresponder ao sitio eletrônico oficial destinado, nos moldes do inciso LII do art. 6º, à divulgação centralizada de informações e de serviços de governo digital. A matéria não está, pelo que se percebe, entre as que reclamam divulgação no Portal nacional de Contratações Públicas. Isso porque, embora o inciso I do art. 174 pareça sugerir que todos os atos exigidos na lei sejam objeto de publicação no PNCP, sabe-se que a Lei nº 14.133/21 conceituou o sítio eletrônico oficial e lhe conferiu utilidade. Vale dizer, há vários dispositivos que mencionam a divulgação no sítio eletrônico oficial e não no PNCP.[11]

A posterior comunicação ao controle interno e ao Tribunal de Contas competente não era exigida na Lei nº 8.666/93.

A medida é salutar, porque alerta os gestores de que seus atos serão controlados e pode inibir alterações da ordem que, ainda que formalmente apoiadas em um dos incisos do §1º, de fato resultem de corrupção. Aos órgãos de controle cumprirá o

---

[11] Ver §3º do art. 25, art. 27 e §2º do art. 31 entre outros.

exame da regularidade da alteração. De se destacar que a inobservância imotivada, que entendemos ser o caso de alterações carentes de suporte formal bem como as apenas supostamente amparadas, ensejam apuração de responsabilidade do agente público responsável, pelos órgãos de controle, segundo o §2º do mesmo art. 141. Clama-se pelo controle em vários dispositivos, como se pode perceber.

A alteração, se for o caso de fazê-la, há de se apoiar em uma das hipóteses taxativamente arroladas ao longo dos incisos do §1º. A Lei nº 8666/93 não estipula quais seriam as situações excepcionais de relevante interesse coletivo que, segundo seu art. 5º, respaldariam o desapego à ordem.

Avança-se quando a Lei oferece um rol exaustivo. A expressão 'relevante interesse público' é demasiadamente larga e o legislador visivelmente desejou conferir mais segurança ao privado e menor discricionariedade ao gestor.

A abertura semântica amplia demasiadamente a discricionariedade administrativa do administrador público, o que facilita a prática de arbitrariedades e de desvio de poder, em detrimento da ordem cronológica dos pagamentos devidos. Por exemplo, caso a autoridade pública competente seja corrupta e receba vantagens escusas para a relativização da citada ordem, certamente a justificativa para tanto é mais facilmente realizada quando se está diante de conceito abstrato, tal qual o conceito de interesse público.

De acordo com as disposições do artigo em comento, as hipóteses em que poderá ser relativizada a ordem cronológica dos pagamentos são: (i) perturbação grave da ordem, emergência ou calamidade pública; (ii) se demonstrado o risco de descontinuidade do cumprimento do objeto contratual, o pagamento a microempresa, empresa de pequeno porte, agricultor familiar, produtor rural pessoa física, sociedades cooperativas e microempreendedor individual; (iii) se demonstrado o risco de descontinuidade do cumprimento do objeto contratual, o pagamento de serviços necessários ao funcionamento dos sistemas estruturantes; (iv) pagamentos de direitos oriundos de contratos em caso de falência, recuperação judicial ou dissolução da empresa contratada e (v) quando demonstrado o risco de descontinuidade da prestação do serviço ou o cumprimento de missão institucional, o pagamento de contrato cujo objeto seja indispensável para assegurar a integridade do patrimônio público ou para manter o funcionamentos das atividades finalísticas do órgão ou entidade.[12]

Os conceitos jurídicos indeterminados ainda se fazem presentes, mas ao menos eles afunilam o ambiente de alteração, em comparação às "razões de relevante interesse público" da Lei nº 8666/93.

A correta instrução deste incidente processual é medida imposta tanto por expressa determinação legal, como visto anteriormente, quanto também em razão das graves consequências que são apontadas na legislação em caso de descumprimento da

---

[12] No âmbito da Associação dos Membros dos Tribunais de Contas do Brasil (ATRICON), o anexo único da Resolução Atricon nº 08/14 já afirmava a necessidade de prever, ainda que de forma não taxativa, os casos que poderiam configurar relevante interesse público para relativizar a ordem cronológica de pagamento, em uma de suas diretrizes: "Promover ações junto aos jurisdicionados, visando à edição de lei local e/ou decreto que regulamente o cumprimento do art. 5º da Lei nº 8.666/93, contemplando, no mínimo: (...) as situações que poderão vir a constituir, ainda que não de forma taxativa, relevantes razões de interesse público, a permitir excepcionar a regra da ordem cronológica, a propósito do que estabelece a parte final do artigo 5º, caput, da Lei nº 8.666/93".

ordem cronológica de pagamentos. Com efeito, tanto o parágrafo segundo do art. 141 quanto o art. 337-H do CP inquinam de antijurídica a preterição da ordem cronológica de pagamentos, na esfera administrativa e penal, respectivamente.

Com isso, resta evidente que o correto manejo da legislação não admite atuações erráticas do administrador público, que deve manter estrito controle da ordem de pagamentos, inclusive para fins de atendimento da regra específica de publicidade prevista no parágrafo terceiro do art. 141. O §7º do art. 5º da IN Seges/ME 77/22 prevê que "[h]avendo preterição indevida da ordem cronológica de exigibilidade, o agente responsável pelo pagamento poderá incorrer nas penas do art. 337-H do Decreto-Lei nº 2.848, de 7 de dezembro de 1940".

Art. 142. Disposição expressa no edital ou no contrato poderá prever pagamento em conta vinculada ou pagamento pela efetiva comprovação do fato gerador.

Parágrafo único. (VETADO).

CRISTIANA FORTINI

DANIEL BARRAL

142 Pagamento em conta vinculada ou pela efetiva comprovação do fato gerador

A possibilidade de pagamento direto em conta vinculada ou pagamento pela efetiva comprovação do fato gerador é o tema de que cuida o art. 142. Trata-se de dispositivo que retoma o assunto já antes disciplinado no corpo da Lei nº 14.133/2021.

De início, é de se lembrar que a Lei possuía um dispositivo, qual seja, o §2º do art. 115, segundo o qual, nas contratações de obras, a expedição da ordem de serviço para execução de cada etapa seria obrigatoriamente precedida de depósito em conta vinculada dos recursos financeiros necessários para custear as despesas correspondentes à etapa a ser executada.

O dispositivo iria ao contrário do interesse público, visto que o TC, nos Acórdãos nºs 1188/2007-TCU/Plenário e 1079/2019-TCU/Plenário, revela que a grande causa da paralisação está quase sempre relacionada a problemas ocasionados pelo poder público, e que a mitigação dos riscos para o problema em questão envolve, principalmente, a garantia de fluxo orçamentário e financeiro contínuo para assegurar o adimplemento da execução contratual, hipótese corroborada pela significativa diminuição desse problema nas obras do PAC analisadas no Acórdão TCU nº 1079/2019-Plenário.[1]

O dispositivo restou vedado, ao estranho fundamento de que a medida contribuiria para aumentar significativamente o empoçamento de recursos, inviabilizando remanejamentos financeiros que possam se mostrar necessários ou mesmo para atendimento de demandas urgentes e inesperadas. O Congresso Nacional não logrou êxito na sua derrubada.

Além do dispositivo vetado, há ainda outra alusão à conta vinculada, bem como ao pagamento por fato gerador. O art. 121 se dedica à responsabilidade pelos encargos trabalhistas, previdenciários, fiscais e comerciais.

O §2º do art. 121 prescreve, na toada do que já previa a Lei nº 8.666/93, que, nas contratações de serviços contínuos com regime de dedicação exclusiva de mão de

[1] FORTINI, Cristiana; AMORIM, Rafael Amorim de. Obras públicas inacabadas e seguro-garantia: qual a sua importância e o que esperar da Nova Lei de Licitações. *A&C- Revista de Direito Administrativo e Constitucional*, Belo Horizonte, a. 20, n. 82, p. 87-127, out./dez. 2020.

obra, a Administração responderá solidariamente pelos encargos previdenciários e subsidiariamente pelos encargos trabalhistas, se comprovada falha na fiscalização do cumprimento das obrigações do contratado.

Logo, a regra está sintonizada com o extrato do julgamento proferido nos autos da ADC 16 pelo STF. Mas não só. Transportando para a Lei práticas previstas em normas federais, com destaque para a IN nº 5/2017 editada pelo Ministério do Planejamento, Orçamento e Gestão, e para o Decreto nº 9.507/18, o legislador indicou fazendo opção de não determinar o uso da lista exemplificativa de cautelas que podem ser adotadas para salvaguardar o interesse público e/ou o interesse dos trabalhadores.

O §3º do art. 121 prevê que, nas contratações de serviços contínuos com regime de dedicação exclusiva de mão de obra, para assegurar o cumprimento de obrigações trabalhistas pelo contratado, a Administração, mediante disposição em edital ou em contrato, poderá, entre outras medidas, efetuar o depósito de valores em conta vinculada e estabelecer que os valores destinados a férias, décimo terceiro salário, ausências legais e verbas rescisórias dos empregados do contratado que participarem da execução dos serviços contratados serão pagos pelo contratante (ao contratado), somente na ocorrência do fato gerador.

Portanto, a regra do art. 142 está recuperando o que já consta dos incisos III e V do §3º do art. 121. Mas não nos parece mera repetição. Primeiro, porque ela não se destina a um contrato em específico. Assim, diferentemente do alvo do art. 121, aqui se está diante de regra que pode ser utilizada em outros contratos, independentemente de seu objeto.

Assim, caso na fase preparatória se conclua que a medida pode favorecer o interesse público – e por que não também o interesse privado –, abre-se a oportunidade para que ela venha a ser incluída, inclusive, em contratos de obra.

A conta vinculada, se adotada, será preenchida com os valores totais ou parciais, ao sabor do que informar o edital, destinados ao contratado. E o pagamento por fato gerador também ocorrerá nos moldes desenhados no ato convocatório. Qual será a situação de fato que gerará o dever de efetuar o pagamento dependerá do que estabelecer o ato convocatório. Mas não necessariamente estamos a tratar das obrigações trabalhistas e de verbas rescisórias.

Sem embargo do veto aqui já comentado, não nos parece inviabilizada a medida, posto que o art. 142 permanece hígido e pode ser invocado para justificar a opção administrativa de lançar mão da conta vinculada e do pagamento por fato gerador.

Interessante observar que, diversamente do que prescrevia o vetado §3º do art. 115 e o atual §4º do art. 121, no art. 142 não se fala em impenhorabilidade dos valores constantes da conta vinculada. Mas parece-nos que essa deve ser a interpretação possível, porque são montantes destinados ao cumprimento da obrigação da entidade contratante.[2]

[2] Neste sentido, JUSTEN FILHO, Marçal. *Comentários à Lei de Licitações e Contratos Administrativos*. 1. ed. São Paulo: Revista dos Tribunais, 2021. p. 1522.

Art. 143. No caso de controvérsia sobre a execução do objeto, quanto a dimensão, qualidade e quantidade, a parcela incontroversa deverá ser liberada no prazo previsto para pagamento.

DANIEL BARRAL

143 Da liberação da parcela incontroversa em caso de discussão sobre aspectos do pagamento

Como sabido, o pagamento consubstancia o terceiro estágio da despesa pública, sendo precedido primeiro pelo empenho e depois pela liquidação. Conforme dispõe o art. 63 da Lei nº 4.320, de 17 de março de 1964, a liquidação consiste na verificação do direito adquirido pelo credor tendo por base os títulos e documentos comprobatórios do respectivo crédito e tem por finalidade determinar os elementos necessários para precisar o que, quanto e a quem deve ser pago para que se possa extinguir a obrigação previamente contratada.

Disso decorre que o pagamento não pode ocorrer sem que um representante da Administração indique, por meio de ato administrativo, a certeza a respeito da execução do objeto,[1] o que ocorre, nos termos da Lei nº 14.133, de 2021, pelo recebimento do objeto. O consectário lógico dessa afirmação encontra previsão no art. 140, parágrafo primeiro da Lei nº 14.133, de 2021, ao estabelecer que o objeto do contrato que não estiver em condições de ser recebido pela Administração será rejeitado, no todo ou em parte.

É em razão dessas considerações que julgamos criticável a terminologia empregada pelo legislador, pois a rigor, não existe controvérsia a respeito da execução do objeto. Sendo atribuição do representante da Administração receber ou rejeitar o objeto, o que haverá, quando muito, é inconformismo do particular com a decisão da Administração, que poderá ser objeto de reapreciação superior em caso de peticionamento do contratado.

Assim, o art. 143 procura regulamentar as situações em que o representante da Administração rejeite apenas parcela do objeto, determinando que a parte recebida seja imediatamente paga enquanto estiver pendente de análise o recurso contra a decisão que rejeitou parcela do objeto executado. Deste modo, nos parece necessária a existência de um incidente processual inaugurado pelo recurso da contratada em face da decisão que rejeita parcela do objeto contratado, pois caso não exista inconformismo por parte da contratada, não haverá propriamente controvérsia a ser dirimida pela Administração, subsistindo apenas a decisão da Administração de recebimento parcial do objeto.

Bem vistas as coisas, o art. 143 consubstancia regra processual acautelatória do direito do contratado ao atempado pagamento das prestações entregues e recebidas, sem que os valores destas fiquem retidos até a conclusão do incidente processual. Entretanto,

[1] O que exsurge evidente do art. 62 da Lei nº 4.320, de 1964: "O pagamento da despesa só será efetuado quando ordenado após sua regular liquidação".

em havendo fundado receio de inexecução contratual, em relação à parcela rejeitada e com fundamento no art. 139, IV, da Lei nº 14.133, de 2021, deve a Administração afastar a aplicação do art. 143 e proceder à retenção dos pagamentos devidos, mediante despacho fundamentado e, desde que, preenchidos os requisitos legais para esta medida acautelatória.

Ademais, a aplicação deste dispositivo deve ficar condicionada à possibilidade de aproveitamento da parcela do objeto recebido, ou seja, o representante da Administração não pode, a pretexto de aplicar o dispositivo em comento, receber algo em desconformidade com o objeto contratado.[2]

É em razão disso que refutamos, em princípio, a possibilidade de recebimento de objetos em níveis de qualidade inferiores às disposições contratuais. Ora, se a qualidade do objeto é elemento indissociável para a própria definição do objeto contratual (vide art. 6º, XIII, que estabelece o padrão de qualidade do bem como definidor do bem e serviço comum), e se a oferta de mercadoria ou prestação de serviços com qualidade diversa da prevista no edital pode consistir até mesmo uma fraude à licitação,[3] a entrega de objeto em qualidade diversa da contratada consistirá, invariavelmente, em descumprimento total do pactuado, não sendo possível a aplicação desta norma, que como visto, reclama o recebimento parcial do objeto.

De mais a mais, a variação da dimensão do objeto também nos parece desafiadora, dado que a especificação do objeto contratado, em princípio, levou em consideração a necessidade da Administração quando da fase de planejamento, de modo que a variação quanto à dimensão deverá ser acompanhada de demonstração da sua utilidade para a Administração a despeito da inexecução parcial por parte da contratada.

Assim, a variação admitida no art. 143 somente pode residir, em princípio, na quantidade dos bens entregues à Administração e, ainda assim, desde que o recebimento parcelado não torne a execução contratual imprestável para o interesse público.[4]

Deste modo, o artigo em comento deverá ser reservado às hipóteses em que o objeto contratado seja divisível, que a rejeição resida em termos quantitativos, que o recebimento fracionado do objeto seja útil para a Administração contratante, que a questão esteja pendente de análise no âmbito administrativo e que não haja fundado receio de inexecução contratual.

---

[2] O princípio da identidade da prestação (*aliud pro alio*) protege o credor contra o recebimento de coisa diversa, em quantidade ou qualidade que aquela contratada, conforme estabelecido no art. 313 do Código Civil: "o credor não é obrigado a receber prestação diversa da que lhe é devida, ainda que mais valiosa".

[3] Vide artigo 337-L do Código Penal: Art. 337-L. Fraudar, em prejuízo da Administração Pública, licitação ou contrato dela decorrente, mediante:
I - entrega de mercadoria ou prestação de serviços com qualidade ou em quantidade diversas das previstas no edital ou nos instrumentos contratuais;
II - fornecimento, como verdadeira ou perfeita, de mercadoria falsificada, deteriorada, inservível para consumo ou com prazo de validade vencido;
III - entrega de uma mercadoria por outra;
IV - alteração da substância, qualidade ou quantidade da mercadoria ou do serviço fornecido;
V - qualquer meio fraudulento que torne injustamente mais onerosa para a Administração Pública a proposta ou a execução do contrato:
Pena - reclusão, de 4 (quatro) anos a 8 (oito) anos, e multa.

[4] Igual previsão consta do art. 314 do Código Civil: "Ainda que a obrigação tenha por objeto prestação divisível, não pode o credor ser obrigado a receber, nem o devedor a pagar, por partes, se assim não se ajustou".

Art. 144. Na contratação de obras, fornecimentos e serviços, inclusive de engenharia, poderá ser estabelecida remuneração variável vinculada ao desempenho do contratado, com base em metas, padrões de qualidade, critérios de sustentabilidade ambiental e prazos de entrega definidos no edital de licitação e no contrato.

§1º O pagamento poderá ser ajustado em base percentual sobre o valor economizado em determinada despesa, quando o objeto do contrato visar à implantação de processo de racionalização, hipótese em que as despesas correrão à conta dos mesmos créditos orçamentários, na forma de regulamentação específica.

§2º A utilização de remuneração variável será motivada e respeitará o limite orçamentário fixado pela Administração para a contratação.

DANIEL BARRAL

144 Da remuneração variável vinculada ao desempenho do contratado

O art. 144 regulamenta a possibilidade de celebração de contratos que premiem a performance do contratado para além do mínimo indicado contratualmente. Conhecidos como contratos de performance,[1] este modelo de contratação procura incentivar o contratado a atender as metas definidas pelo Poder Público para a oferta de prestação superior àquela contratada mediante o estabelecimento de uma remuneração adicional.[2]

O Sistema de incentivos pode ser construído para que o contratado forneça um bem ou serviço de qualidade superior, inclusive ambientalmente mais sustentável que aquele especificado pela Administração ou que realize a entrega em prazo menor que aquele originalmente pactuado, ocasião em que fará jus a uma retribuição maior que a contratada (art. 144, *caput*), ou então, poderá ser estabelecido uma outra métrica, baseada em cortes de custos, sendo que nesta situação a remuneração variável será calculada

1 Cf.: Performance Contracting: Lessons from Performance Contracting Case Studies & A Framework for Public Sector Performance Contracting. *OECD*, 1999; e PETRIE, Murray. A Framework for Public Sector Performance Contracting, *OECD*, 2002.

2 A bem da verdade, os contratos de performance já encontram longa previsão no ordenamento jurídico nacional. A Lei das PPPs, admite, desde 2012, a previsão de pagamento ao parceiro privado de remuneração variável vinculada ao seu desempenho, conforme metas e padrões de qualidade e disponibilidade definidos no contrato. (Art. 6º, §1º, da Lei nº 11.079/2004). No mesmo sentido, o Regime Diferenciado de Contratações Públicas (RDC) admite a possibilidade de remuneração variável, na contratação das obras e serviços, vinculada ao desempenho da contratada, com base em metas, padrões de qualidade, critérios de sustentabilidade ambiental e prazo de entrega definidos no instrumento convocatório e no contrato (art. 10 da Lei nº 12.462/2011). Do mesmo modo, a Lei das Empresas Estatais autoriza, nas contratações de obras e serviços, inclusive de engenharia, a fixação de remuneração variável vinculada ao desempenho do contratado, com base em metas, padrões de qualidade, critérios de sustentabilidade ambiental e prazos de entrega definidos no instrumento convocatório e no contrato (art. 45 da Lei nº 13.303/2016).

com base em um percentual da economia gerada (arts. 6º, LII, 39 e 144, §1º todos da Lei nº 14.133, de 2021).[3]

Em ambos os casos, este modelo contratual tem por objetivo produzir um alinhamento dos interesses das partes contratantes, de modo que o contratado seja incentivado a desenvolver técnicas mais eficientes para o adimplemento contratual. Entretanto, a adoção desta técnica remuneratória vinculada ao desempenho reclama o cumprimento de alguns cuidados prévios.

Inicialmente, a opção por um destes dois modelos (remuneração variável ou contrato de eficiência) deve estar fundamentada em estudos conduzidos pela Administração durante a fase de planejamento, como exigido no art. 144, §2º, que evidenciem o potencial benefício da adoção destas técnicas remuneratórias a partir da análise da natureza do objeto contrato e, especialmente, dos objetivos estratégicos implementados por meio destes contratos administrativos.

Com isso queremos dizer que nem todo objeto contratual poderá, legitimamente, prever remuneração variável, pois sua adoção deve estar calcada em demonstração clara e objetiva de que o incremento da remuneração guarda correlação direta com vantagens econômicas ou sociais em favor da Administração Pública e da coletividade como um todo.

Portanto, a Administração Pública deverá demonstrar que as características e especificações do objeto a ser contratado, e ademais, o interesse público associado a esta prestação, estarão mais bem atendidos em contrato que incentive o particular a exceder o padrão médio dele esperado, para entregar uma prestação mais ágil, de melhor qualidade ou com o atendimento de parâmetros previamente definidos pela Administração.[4]

---

[3] Art. 6º LIII – contrato de eficiência: contrato cujo objeto é a prestação de serviços, que pode incluir a realização de obras e o fornecimento de bens, com o objetivo de proporcionar economia ao contratante, na forma de redução de despesas correntes, remunerado o contratado com base em percentual da economia gerada;
Art. 39. O julgamento por maior retorno econômico, utilizado exclusivamente para a celebração de contrato de eficiência, considerará a maior economia para a Administração, e a remuneração deverá ser fixada em percentual que incidirá de forma proporcional à economia efetivamente obtida na execução do contrato.
§1º Nas licitações que adotarem o critério de julgamento de que trata o *caput* deste artigo, os licitantes apresentarão:
I – proposta de trabalho, que deverá contemplar:
a) as obras, os serviços ou os bens, com os respectivos prazos de realização ou fornecimento;
b) a economia que se estima gerar, expressa em unidade de medida associada à obra, ao bem ou ao serviço e em unidade monetária;
II – proposta de preço, que corresponderá a percentual sobre a economia que se estima gerar durante determinado período, expressa em unidade monetária.
§2º O edital de licitação deverá prever parâmetros objetivos de mensuração da economia gerada com a execução do contrato, que servirá de base de cálculo para a remuneração devida ao contratado.
§3º Para efeito de julgamento da proposta, o retorno econômico será o resultado da economia que se estima gerar com a execução da proposta de trabalho, deduzida a proposta de preço.
§4º Nos casos em que não for gerada a economia prevista no contrato de eficiência:
I – a diferença entre a economia contratada e a efetivamente obtida será descontada da remuneração do contratado;
II – se a diferença entre a economia contratada e a efetivamente obtida for superior ao limite máximo estabelecido no contrato, o contratado sujeitar-se-á, ainda, a outras sanções cabíveis.

[4] Existem objetos contratuais que naturalmente se beneficiam mais deste tipo de modelo remuneratório. De uma maneira geral, recomenda-se a adoção de remuneração variável quando os ganhos da Administração ou a melhoria da qualidade dos empreendimentos possam ser economicamente mensuráveis, a exemplo de contratações de serviços de tecnologia da informação. Nesse sentido: BINENBOJM, Gustavo. Contratação administrativa com remuneração condicionada ao êxito: possibilidades e limites. *Revista Eletrônica da PGE-RJ*, Rio de Janeiro, v. 2, n. 1, jan./abr. 2019.

Por certo que este incentivo não será necessário em todo e qualquer contrato administrativo. A oferta de serviço de internet a um determinado órgão público deve ocorrer no quantitativo compatível com as necessidades de acesso. Uma oferta adicional de banda de internet pode não ser necessária, permanecer ociosa e, portanto, não agregar qualquer vantagem adicional ao atendimento do interesse público.

Neste trilhar de ideias, só será legítimo o estabelecimento de uma remuneração variável quando o ganho adicional do contratado necessariamente corresponder a um benefício em prol da Administração Pública.

Portanto, a fase de planejamento desses contratos deve demonstrar, por meio de projeções numéricas, o potencial benefício advindo da adoção desta técnica *vis a vis* o incremento do custo destinado ao custeio desta remuneração variável.

Ultrapassado este ponto, cumpre destacar alguns cuidados para a elaboração desses contratos. De acordo com a jurisprudência do Tribunal de Contas da União[5] (i) deve haver correspondência direta entre o esforço e a dificuldade esperados do contratado e o prêmio acordado, sob pena de se configurar situação de desproporcionalidade entre o serviço prestado e o preço;[6] (ii) a remuneração deve estar vinculada aos resultados obtidos, evitando-se situações em que a contraprestação crie incentivos para ocorrência de incidentes e problemas;[7] e (iii) a remuneração auferida nos contratos deve compensar eventual risco assumido pelo particular quanto a eventual circunstância incerta e imprevisível (sobretudo em contratos de risco, tal como na remuneração por êxito em contratos para prestação de serviços jurídicos em demandas judiciais).[8]

Por fim, é importante destacar que o estabelecimento de metas por parte da Administração Pública deve ocorrer dentro de um horizonte de razoabilidade, evitando-se a imposição de metas irreais, que incentivem a adoção de práticas ilegais para o seu atendimento ou que não estejam associadas ao direto desempenho do contratado, de modo que deve ser excepcional a remuneração do contratado condicionada a eventos futuros e incertos que não dependam integralmente de seu desempenho.

---

[5] BINENBOJM, Gustavo. Contratação administrativa com remuneração condicionada ao êxito: possibilidades e limites. *Revista Eletrônica da PGE-RJ*, Rio de Janeiro, v. 2, n. 1, jan./abr. 2019.

[6] "Nas contratações em que são pactuadas cláusulas de êxito, como remuneração pelos serviços prestados, deve haver correspondência direta entre o esforço e a dificuldade esperados do contratado e o prêmio acordado, sob pena de se configurar situação de desproporcionalidade entre o serviço prestado e o preço" (TCU. Acórdão nº 15.656/2018, Rel. Min. Bruno Dantas, Primeira Câmara, j. em 04.12.2018; TCU. Acórdão nº 1.730/2015, Rel. Min. Augusto Sherman, Plenário, j. em 15.07.2015; TCU. Acórdão nº 2.686/2008, Rel. Min. Ubiratan Aguiar, Plenário, j. em 26.11.2008).

[7] "De acordo com o novo modelo de contratação de TI, a remuneração deve estar vinculada aos resultados obtidos, admitindo-se apenas de forma excepcional o pagamento por hora trabalhada ou por posto de serviço. (...) [Deve-se evitar] modelos de remuneração em que a contraprestação da empresa contratada seja resultado exclusivo da quantidade de incidentes e problemas ocorridos, sugerindo que estabeleçam, sempre que possível, acordos de nível de serviço que favoreçam a redução de ocorrências dessa natureza e incentivem a boa prestação dos serviços contratados" (TCU. Acórdão nº 916/2015, Rel. Min. Augusto Sherman, Plenário, j. em 22.04.2015).

[8] "(...) para uma empresa que celebra contratos de risco, a remuneração auferida naqueles contratos em que se obtém sucesso deve necessariamente ser elevada, justamente para compensar o prejuízo incorrido nos outros contratos em que o resultado pretendido é frustrado. Também para o contratante, naqueles casos em que prepondera a incerteza de sucesso da demanda, o contrato de risco revela-se proveitoso, pois ele nada desembolsa pelo serviço prestado, somente comprometendo-se a partilhar com o contratado o eventual resultado favorável" (TCU. Acórdão nº 589/2004, Rel. Min. Walton Alencar Gonçalves, Plenário, j. em 19.05.2004).

Art. 145. Não será permitido pagamento antecipado, parcial ou total, relativo a parcelas contratuais vinculadas ao fornecimento de bens, à execução de obras ou à prestação de serviços.

§1º A antecipação de pagamento somente será permitida se propiciar sensível economia de recursos ou se representar condição indispensável para a obtenção do bem ou para a prestação do serviço, hipótese que deverá ser previamente justificada no processo licitatório e expressamente prevista no edital de licitação ou instrumento formal de contratação direta.

§2º A Administração poderá exigir a prestação de garantia adicional como condição para o pagamento antecipado.

§3º Caso o objeto não seja executado no prazo contratual, o valor antecipado deverá ser devolvido.

DANIEL BARRAL

145 Do pagamento antecipado

O artigo 145 busca sistematizar o tratamento do pagamento antecipado de obrigações relacionadas aos contratos administrativos.[1] Como indica o *caput* do art. 145, a regra é a vedação à antecipação de pagamentos, no norte do estabelecido no art. 62 da Lei nº 4.320, de 1964[2] e do art. 38 do Decreto nº 93.872, de 23 de dezembro de 1986.[3]

Com efeito, como já tivemos a oportunidade de destacar quando dos comentários ao art. 143, a liquidação consiste na verificação documental prévia ao pagamento,

[1] É importante destacar que a despeito da ausência de previsão na Lei nº 8.666, de 1993, o pagamento antecipado já era admitido pela Advocacia-Geral da União pela Orientação Normativa nº 37, de 13 de dezembro de 2011, e por diversos precedentes do Tribunal de Contas da União: Acórdão nº 1.383/2011 – Plenário; Acórdão nº 3.614/2013 – Plenário; Acórdão nº 158/2015 – Plenário; Acórdão nº 1.665/2015 – Plenário; Acórdão nº 374/2011 – Plenário. Em grande medida, as condicionantes impostas por esses precedentes para a adoção do pagamento antecipado de obrigações por parte da Administração pública estão hoje contempladas nas disposições do art. 145 da Lei nº 14.133, de 2021.

[2] Art. 62. O pagamento da despesa só será efetuado quando ordenado após sua regular liquidação. (BRASIL. Lei no 4.320, de 17 de março de 1964. Estatui Normas Gerais de Direito Financeiro para elaboração e contrôle dos orçamentos e balanços da União, dos Estados, dos Municípios e do Distrito Federal. *Diário oficial da União*, Brasília, 23 mar. 1964. Disponível em: http://www.planalto.gov.br/ccivil_03/leis/l4320.htm. Acesso em 10 abr. 2021).

[3] Art. 38. Não será permitido o pagamento antecipado de fornecimento de materiais, execução de obra, ou prestação de serviço, inclusive de utilidade pública, admitindo-se, todavia, mediante as indispensáveis cautelas ou garantias, o pagamento de parcela contratual na vigência do respectivo contrato, convênio, acordo ou ajuste, segundo a forma de pagamento nele estabelecida, prevista no edital de licitação ou nos instrumentos formais de adjudicação direta. (BRASIL. Decreto nº 93.872, de 23 de dezembro de 1986. Dispõe sobre a unificação dos recursos de caixa do Tesouro Nacional, atualiza e consolida a legislação pertinente e dá outras providências. *Diário oficial da União*, Brasília, 24 dez. 1986. Disponível em: http://www.planalto.gov.br/ccivil_03/decreto/d93872.htm. Acesso em 10 abr. 2021).

realizada por representante da Administração e tem por finalidade atestar o cumprimento das disposições contratuais que, ordinariamente, condicionam o pagamento à entrega do bem ou prestação do serviço por parte do contratado.

Trata-se de regra que privilegia o valor segurança, ao condicionar o pagamento do particular à prévia execução da sua prestação. Entretanto, e desde que propicie sensível economia de recursos ou se representar condição indispensável para a obtenção do bem ou para a prestação do serviço, o pagamento antecipado pode ser legitimamente previsto no instrumento contratual (art. 145, §1º). Ambas as situações fáticas legitimadoras do pagamento antecipado conformam hipóteses que reclamam o preenchimento de conceitos jurídicos indeterminados por parte da autoridade competente.

Quanto à primeira hipótese, é importante pontuar que, de uma maneira geral, a previsão de pagamento antecipado deverá ter um impacto positivo nos custos transacionais de qualquer contrato,[4] pois a imediata disponibilidade de recursos reduzirá o custo financeiro associado à execução do objeto contratado, que não dependerá de capital próprio para a execução do objeto contratual, além de eliminar as incertezas associadas ao tempo do recebimento após a entrega da prestação sob seu encargo, dentre outros custos transacionais.

Entretanto, como dispõe o §1º do art. 145, a antecipação do pagamento somente estará legalmente autorizada se a redução dos custos advinda da adoção desse mecanismo for relevante o suficiente para subverter a premissa maior estabelecida no caput que veda, em regra, o pagamento antecipado.

Nesse sentido, cabe ao gestor público demonstrar, diante das particularidades do caso concreto, que a redução de custos ocorrerá de modo mais acentuado que o esperado ordinariamente, seja pelas peculiares do objeto, pelas características do mercado ou mesmo por questões pontuais identificadas na fase de planejamento, como desabastecimentos, intensa procura ou demais elementos relevantes para esta avaliação mercadológica.

A segunda hipótese está associada ao contexto em que o pagamento antecipado representa condição indispensável para a obtenção do bem ou para a prestação do serviço. Trata-se, à toda evidência, de submissão da Administração às regras de funcionamento de determinado mercado fornecedor, sem a qual seria impossível satisfazer o interesse público. Exemplo dessa situação são os contratos de transporte aéreo, que exigem o pagamento de maneira antecipada à prestação dos serviços previamente contratados.

Presente uma dessas duas hipóteses habilitantes, e desde que haja prévia justificativa no processo licitatório e previsão expressa no edital de licitação ou instrumento formal de contratação direta, autorizar-se-á a realização do pagamento antecipado.

Diante do exposto é importante pontuar a impossibilidade de inclusão posterior, via aditivo contratual, do pagamento antecipado. Seja porque o art. 124, II, "c", veda expressamente a antecipação do pagamento, seja porque o art. 145 exige que a autoridade

[4] Como registram Anderson Sant'Ana Pedra, Rafael Sérgio de Oliveira e Ronny Charles Lopes de Torres: "Parece fundamental perceber que quanto mais trâmites burocráticos e quanto maior a incerteza sobre a conclusão do processo de compra, maiores se tornam os custos incidentes sobre a contratação; esses custos transacionais devem ser compreendidos como constrições econômicas que dificultam ou impedem os agentes de mercado de pactuar uma operação que parece lucrativa". (PEDRA, Anderson Sant'Ana *et al. A mística da impossibilidade de pagamento antecipado pela administração pública*. Disponível em: http://www.licitacaoecontrato.com.br/assets/artigos/artigo_34.html#_ftnref45. Acesso em 30 jun. 2021).

competente proceda à demonstração da sua necessidade quando da fase de planejamento da licitação, será invalida a inserção posterior de pagamento antecipado, por consistir em benesse injustificada ao particular, posto não estar associada a uma das duas hipóteses habilitantes.

Ora, se o preço já foi fixado na licitação, a inserção posterior de pagamento antecipado não reverterá na redução dos custos almejada pela Administração a partir da adoção desse mecanismo. Por outro lado, quanto à segunda hipótese, caso o certame tenha obtido interessados na prestação do bem ou serviço, estará demonstrado, *ipso facto*, que o pagamento antecipado não representou condição indispensável para sua obtenção.

Quanto à exigência de contracautelas para a realização do pagamento antecipado, acerta o legislador ao utilizar o operador deôntico facultativo ("poderá") no §2º, pois essa exigência deve estar associada às condições particularizadas do caso concreto. Em determinadas situações, a exemplo da escassez de oferta ou em mercados regulados, será inviável o estabelecimento de garantias adicionais e, diante dessas circunstâncias, a referida exigência poderá ser afastada de maneira fundamentada.

Por fim, o §3º estabelece que caso o objeto não seja executado no prazo contratual, o valor antecipado deverá ser devolvido, situação que merecerá tratamento específico no edital, sem prejuízo do estabelecimento de medidas punitivas diante do desvalor da conduta do contratado.

Art. 146. No ato de liquidação da despesa, os serviços de contabilidade comunicarão aos órgãos da administração tributária as características da despesa e os valores pagos, conforme o disposto no art. 63 da Lei nº 4.320, de 17 de março de 1964.

DANIEL BARRAL

146 Do dever de comunicação aos órgãos de Administração Tributária

O art. 146 veicula obrigação voltada à Administração Pública para apoiar o regular cumprimento das obrigações tributárias. Ainda que o art. 121 caput e §1º da Lei nº 14.133, de 2021[1] estabeleçam a obrigação exclusiva do contratado para o recolhimento dos encargos trabalhistas, previdenciários, fiscais e comerciais, deve o Estado adotar comportamento diligente quanto aos recolhimentos incidentes na relação contratação, impedindo comportamentos elisivos no recolhimento dos tributos.

[1] "Art. 121. Somente o contratado será responsável pelos encargos trabalhistas, previdenciários, fiscais e comerciais resultantes da execução do contrato.
§1º A inadimplência do contratado em relação aos encargos trabalhistas, fiscais e comerciais não transferirá à Administração a responsabilidade pelo seu pagamento e não poderá onerar o objeto do contrato nem restringir a regularização e o uso das obras e das edificações, inclusive perante o registro de imóveis, ressalvada a hipótese prevista no §2º deste artigo".

Capítulo XI

DA NULIDADE DOS CONTRATOS

Art. 147. Constatada irregularidade no procedimento licitatório ou na execução contratual, caso não seja possível o saneamento, a decisão sobre a suspensão da execução ou sobre a declaração de nulidade do contrato somente será adotada na hipótese em que se revelar medida de interesse público, com avaliação, entre outros, dos seguintes aspectos:

I – impactos econômicos e financeiros decorrentes do atraso na fruição dos benefícios do objeto do contrato;

II – riscos sociais, ambientais e à segurança da população local decorrentes do atraso na fruição dos benefícios do objeto do contrato;

III – motivação social e ambiental do contrato;

IV – custo da deterioração ou da perda das parcelas executadas;

V – despesa necessária à preservação das instalações e dos serviços já executados;

VI – despesa inerente à desmobilização e ao posterior retorno às atividades;

VII – medidas efetivamente adotadas pelo titular do órgão ou entidade para o saneamento dos indícios de irregularidades apontados;

VIII – custo total e estágio de execução física e financeira dos contratos, dos convênios, das obras ou das parcelas envolvidas;

IX – fechamento de postos de trabalho diretos e indiretos em razão da paralisação;

X – custo para realização de nova licitação ou celebração de novo contrato;

XI – custo de oportunidade do capital durante o período de paralisação.

Parágrafo único. Caso a paralisação ou anulação não se revele medida de interesse público, o poder público deverá optar pela continuidade do contrato e pela solução da irregularidade por meio de indenização por perdas e danos, sem prejuízo da apuração de responsabilidade e da aplicação de penalidades cabíveis.

CRISTIANA FORTINI

MARIANA MAGALHÃES AVELAR

147 Da irregularidade no procedimento licitatório ou na execução contratual

O capítulo dedicado à nulidade dos contratos apresenta a consagração do princípio do formalismo moderado, há muito decantado na doutrina brasileira (e não apenas) e também refletido em diversos outros textos legais, com destaque para a Lei nº 9.784/1999 e a LINDB.

Apesar de os processualistas já estarem há muito tempo em paz com a função instrumental de seus institutos, evitando a declaração da nulidade quando dela não resulta dano, princípio plasmado no brocado de *pas de nullité sans grief*, o mesmo não ocorreu entre administrativistas, que só passaram a aventar vias alternativas à anulação a conta gotas.

A dispersão normativa da legislação de processo administrativo, resultante da estrutura federativa brasileira, fez com que a estruturação da teoria das nulidades no direito brasileiro ocorresse de forma casuística e fragmentada.

Assim, passou-se a permitir, paulatinamente, a chancela pela autoridade competente de eventuais atos praticados por quem não tivesse poderes para agir ou decidir; o decurso do tempo sobre situações que se tornaram consolidadas ou que, por outras vias, acabaram realizando o objetivo pretendido; a inconformidade de atos não essenciais; a inconformidade de atos que não tivessem interferido sobre o resultado principal ou que não tivessem causado prejuízo.

A consagração da consensualidade (especialmente na figura do ajustamento de condutas), o pragmatismo e a musculatura cada vez mais pujante dos princípios da razoabilidade, da proporcionalidade e da segurança jurídica contribuíram para essa evolução de forma relevante, isso porque o olhar sobre as inconformidades passou a se pautar não pela repulsa inexorável, mas pela busca de uma solução que melhor endereçasse o interesse público, abrindo-se alternativas à decretação de nulidade, dado que essa nem sempre é a via que melhor o salvaguarda.

A NLLCA reflete o percurso já realizado, deixando no formal campo das licitações e contratos, a imperiosidade de se avaliarem as consequências possíveis advindas das diversas decisões que podem ser adotadas. O art. 20 da LINDB reclama o dever de considerar as consequências práticas da decisão, dado aqui igualmente presente, ainda que nas entrelinhas. E a ele se acopla o art. 21 da mesma Lei, que, enfrentando especificamente o tema da invalidação, impõe, de modo expresso, a indicação de suas consequências jurídicas e administrativas.

O art. 147 informa que uma vez constatada irregularidade no procedimento licitatório ou na execução contratual, somente será declarada a nulidade do contrato na hipótese em que se revelar medida de interesse público. É dizer, antes que a nulidade seja ultimada, deve-se considerar outras alternativas que possam se adequar ao caso concreto, inclusive evitando traumas e efeitos indesejáveis.

O dever legal de avaliar qual medida melhor atende ao interesse público é acompanhado de balizas interpretativas apresentadas em lista exemplificativa de fatores que devem guiar a atuação da Administração Pública, quais sejam:

> I – impactos econômicos e financeiros decorrentes do atraso na fruição dos benefícios do objeto do contrato;

> II – riscos sociais, ambientais e à segurança da população local decorrentes do atraso na fruição dos benefícios do objeto do contrato;
>
> III – motivação social e ambiental do contrato;
>
> IV – custo da deterioração ou da perda das parcelas executadas;
>
> V – despesa necessária à preservação das instalações e dos serviços já executados;
>
> VI – despesa inerente à desmobilização e ao posterior retorno às atividades;
>
> VII – medidas efetivamente adotadas pelo titular do órgão ou entidade para o saneamento dos indícios de irregularidades apontados;
>
> VIII – custo total e estágio de execução física e financeira dos contratos, dos convênios, das obras ou das parcelas envolvidas;
>
> IX – fechamento de postos de trabalho diretos e indiretos em razão da paralisação;
>
> X – custo para realização de nova licitação ou celebração de novo contrato;
>
> XI – custo de oportunidade do capital durante o período de paralisação.

A incorporação da lógica consequencialista pela NLLCA[1] é considerada um dos pontos altos da nova legislação. Como destacam Marcos Nóbrega e Flávio Teixeira Junior:

> Nessa esteira, por mais que se critique o PL nº 4.253/20 em alguns aspectos, não se pode olvidar que a incorporação de ideais consequencialistas na construção de uma "nova" teoria da invalidação atende aos anseios de um Direito Administrativo mais próximo da realidade da sociedade complexa, eis que pautado na análise dos riscos e nos impactos econômico-sociais, num contínuo movimento pendular entre o mundo fenomênico e o arcabouço *jus* normativo. Adota-se uma espécie de hermenêutica da facticidade, em que o direito não se sobrepõe aos fatos, mas dialoga com eles. A ressignificação do conceito de interesse público, cujo enfoque passa a ser o equilíbrio de interesses envolvidos, é um dos corolários desse movimento.[2]

O parágrafo único do art. 147 dispõe ainda que a Administração deverá optar pela manutenção do vínculo contratual e respectiva solução da irregularidade, por meio de indenização por perdas e danos, nos casos em que a paralisação ou a anulação não se revelar medida de interesse público. Tal medida ocorrerá sem prejuízo da apuração de responsabilidade e da aplicação de penalidades cabíveis.

[1] A esse respeito, veja-se: CÂMARA, J. A. Invalidação de contratos públicos na Nova Lei: um exemplo de consequencialismo. *JOTA*. Disponível em: https://www.jota.info/opiniao-e-analise/colunas/publicistas/invalidacao-decontratos-publicos-na-nova-lei-um-exemplo-de-consequencialismo-12012021. Acesso em 18 nov. 2021.

[2] TEIXEIRA JÚNIOR, Flávio Germano de Sena; NÓBREGA, Marcos. A Teoria das Invalidades na Nova Lei de Contratações Públicas e o equilíbrio dos interesses envolvidos. *Revista Brasileira de Direito Público – RBDP*, Belo Horizonte, a. 19, n. 72, p. 117-141, jan./mar. 2021.

Art. 148. A declaração de nulidade do contrato administrativo requererá análise prévia do interesse público envolvido, na forma do art. 147 desta Lei, e operará retroativamente, impedindo os efeitos jurídicos que o contrato deveria produzir ordinariamente e desconstituindo os já produzidos.

§1º Caso não seja possível o retorno à situação fática anterior, a nulidade será resolvida pela indenização por perdas e danos, sem prejuízo da apuração de responsabilidade e aplicação das penalidades cabíveis.

§2º Ao declarar a nulidade do contrato, a autoridade, com vistas à continuidade da atividade administrativa, poderá decidir que ela só tenha eficácia em momento futuro, suficiente para efetuar nova contratação, por prazo de até 6 (seis) meses, prorrogável uma única vez.

CRISTIANA FORTINI

MARIANA MAGALHÃES AVELAR

148 Da declaração de nulidade

Seguindo a tônica do art. 147, as disposições do art. 148 apresentam temperamento em relação às drásticas consequências da declaração de nulidade, quais sejam: a operação de efeitos retroativos, a desconstituir situação consolidada e retorno à situação fática anterior à celebração do contrato.

Quando tal retorno não for possível, a Lei prevê a resolução da questão pela via da indenização por perdas e danos, sem prejuízo de aplicação de penalidade após apuração de responsabilidade dos eventuais envolvidos.

Ainda, a Lei expressamente permite exceção ao caráter retroativo da declaração de nulidade em prol da continuidade do contrato. Nessas circunstâncias, o administrador poderá diferir a eficácia da decisão para momento futuro, por prazo de até seis meses, prorrogável uma única vez.

A disposição é essencial para diversas situações, quando a nulidade se revela a medida adequada, mas seus efeitos retroativos tradicionais não. A modulação de efeitos para que possam reverberar em outro momento não é novidade e já está formatada no art. 27 da Lei nº 9.868/1999. Não se quer com isso dizer que são irrelevantes as regras da NLLCA. Ao revés, prever isso de forma textual, admitindo que o administrador assim decida, gera conforto e estimula racionalidade neste sentido.

As disposições contribuem para construção do regime jurídico da convalidação na atuação contratual da Administração Pública. Como afirmam Marcos Nóbrega e Flávio Teixeira Júnior, consagra-se o caráter funcional da legalidade com a consagração

do resgate de atos formalmente viciados "quando a declaração de invalidade, a partir de um juízo de ponderação (dentro dos standards legais, obviamente), não atenderão equilíbrio de interesses envolvidos".[1]

[1] TEIXEIRA JÚNIOR, Flávio Germano de Sena; NÓBREGA, Marcos. A Teoria das Invalidades na Nova Lei de Contratações Públicas e o equilíbrio dos interesses envolvidos. *Revista Brasileira de Direito Público – RBDP*, Belo Horizonte, a. 19, n. 72, p. 117-141, jan./mar. 2021.

Art. 149. A nulidade não exonerará a Administração do dever de indenizar o contratado pelo que houver executado até a data em que for declarada ou tornada eficaz, bem como por outros prejuízos regularmente comprovados, desde que não lhe seja imputável, e será promovida a responsabilização de quem lhe tenha dado causa.

CRISTIANA FORTINI

MARIANA MAGALHÃES AVELAR

149 Do dever de indenizar

O art. 149 consagra que a declaração de nulidade não poderá implicar enriquecimento ilícito por parte da Administração, em disposição semelhante à anteriormente prevista no parágrafo único do art. 59 da Lei nº 8.666/1993.[1] A grande diferença é que a Nova Lei prevê expressamente a possibilidade de indenização por prejuízos regularmente comprovados e não apenas pelo que o contratado houver executado até a data em que a avença for declarada ou tornada eficaz.

A exceção a tal dever fica por conta das situações em que os prejuízos tenham sido causados pelo próprio contratado, por conta da proibição de que este se beneficie da sua própria torpeza. Entende-se que esta exclusão do dever de indenizar engloba apenas a alegação de eventuais prejuízos e danos e não o objeto da prestação dos serviços, obras ou fornecimentos efetivamente prestados. Isso porque a incorporação desses ao patrimônio da Administração deve ser devidamente remunerada, ainda que por preço a ser arbitrado caso o vício diga respeito à própria formação do preço contratual. Esse entendimento já havia sido consagrado pelo STJ à luz da Lei nº 8.666/1993:

> Com efeito, conquanto a verificação de nulidade do contrato administrativo, por ilegalidade praticada pelos contratantes, não gere a obrigação de indenizar eventuais danos que decorram do ato de anulação ou revogação (arts. 49, §1º, e 59, parágrafo único, da Lei nº 8.666/1993), *o fato* **é** *que há necessidade de a Administração Pública proceder ao pagamento dos serviços que foram prestados, não pelo preço que se cobrou, pois, afinal, a não observância das regras inerentes ao procedimento licitatório viciou a formação do preço ajustado, mas pelo valor que se apurar em procedimento de liquidação, cujo arbitramento deverá levar em consideração os custos da prestação dos serviços, com a exclusão da parte referente ao lucro, porquanto ilegalmente obtido.*[2]

Por fim, em qualquer causa, deverá ser apurada a responsabilidade de quem tenha dado azo aos prejuízos ou aos danos regularmente comprovados.

---

[1] Art. 59. [...] Parágrafo único. A nulidade não exonera a Administração do dever de indenizar o contratado pelo que este houver executado até a data em que ela for declarada e por outros prejuízos regularmente comprovados, contanto que não lhe seja imputável, promovendo-se a responsabilidade de quem lhe deu causa.

[2] STJ. Ag no REsp nº 93.432/SP, Rel. Min. Benedito Gonçalves, j. em 02.09.2013, *DJ* de 24.09.2013.

Art. 150. Nenhuma contratação será feita sem a caracterização adequada de seu objeto e sem a indicação dos créditos orçamentários para pagamento das parcelas contratuais vincendas no exercício em que for realizada a contratação, sob pena de nulidade do ato e de responsabilização de quem lhe tiver dado causa.

CRISTIANA FORTINI

MARIANA MAGALHÃES AVELAR

150 Caracterização adequada do objeto contratual e indicação dos créditos orçamentários para pagamento

Por fim, a legislação prevê dever de planejamento ao administrador para fins de caracterização adequada de seu objeto e respectiva indicação dos créditos orçamentários para pagamento das parcelas contratuais vincendas no exercício em que for realizada a contratação.

Em caso de descumprimento desse dever, a Lei prevê, na sua literalidade, a nulidade do ato de contratação, com a respectiva responsabilização de quem tenha dado causa à nulidade. Todo modo, sempre importa considerar, sobretudo após o que já se viu no art. 147, que não se pode compreender como vinculante a decretação de nulidade. A responsabilidade do agente também não se impõe objetiva, especialmente porque ela não o é, à luz do art. 37 parágrafo sexto da Constituição da República.

CAPÍTULO XII

DOS MEIOS ALTERNATIVOS DE RESOLUÇÃO DE CONTROVÉRSIAS

Art. 151. Nas contratações regidas por esta Lei, poderão ser utilizados meios alternativos de prevenção e resolução de controvérsias, notadamente a conciliação, a mediação, o comitê de resolução de disputas e a arbitragem.

Parágrafo único. Será aplicado o disposto no caput deste artigo às controvérsias relacionadas a direitos patrimoniais disponíveis, como as questões relacionadas ao restabelecimento do equilíbrio econômico-financeiro do contrato, ao inadimplemento de obrigações contratuais por quaisquer das partes e ao cálculo de indenizações.

Art. 152. A arbitragem será sempre de direito e observará o princípio da publicidade.

Art. 153. Os contratos poderão ser aditados para permitir a adoção dos meios alternativos de resolução de controvérsias.

Art. 154. O processo de escolha dos árbitros, dos colegiados arbitrais e dos comitês de resolução de disputas observará critérios isonômicos, técnicos e transparentes.

CHRISTIANNE DE CARVALHO STROPPA

CRISTIANA FORTINI

151 Dos meios alternativos de resolução de controvérsias

O Estado brasileiro é responsável por parcela relevantíssima dos conflitos judicializados nos quatro cantos do país.[1]

O entendimento de que o interesse público há de ser protegido por meio de uma suposta postura agressiva, litigiosa, por vezes unilateral, pautada pela compreensão de que a convergência com o privado revela incúria com o trato da coisa pública, é a postura tradicionalmente adotada pela Administração Pública, no bojo dos seus conflitos.[2]

[1] Nesse sentido, conferir: GALLI, Marcelo. Volume de processos envolvendo o Estado prejudicam acesso do cidadão à Justiça. *Revista Consultor Jurídico*, 10 ago. 2015. A título ilustrativo, menciona o autor, com fundamento em estudo elaborado pela Associação dos Magistrados Brasileiros (AMB), que, entre 2010 e 2013, a Fazenda Pública do Distrito Federal foi parte ativa em 71% dos processos em primeira instância. Na Bahia, durante o mesmo período, apenas três atores, todos do setor público, foram responsáveis por cerca da metade dos processos em primeira instância no âmbito da justiça baiana.

[2] A isso se soma a formação acadêmica dos profissionais do Direito, voltada não à consensualidade, mas à beligerância.

É relativamente recente o alerta de que demandar uma decisão pelo Poder Judiciário pode não ser a solução e que a litigiosidade agressiva nem sempre é o caminho otimizado para a consecução do interesse público,[3] conforme bem traduz Odete Medauar:

> A atividade de consenso-negociação entre Poder Público e particulares, mesmo informal, passa a assumir papel importante no processo de identificação de interesses públicos e privados, tutelados pela Administração. Esta não mais detém exclusividade no estabelecimento do interesse público; a discricionariedade se reduz, atenua-se a prática de imposição unilateral e autoritária de decisões. A Administração volta-se para a coletividade, passando a conhecer melhor os problemas e aspirações da sociedade. A Administração passa a ter atividade de mediação para dirimir e compor conflitos de interesses entre várias partes ou entre estas e a Administração. Daí decorre um novo modo de agir, não mais centrado sobre o ato como instrumento exclusivo de definição e atendimento do interesse público, mas como atividade aberta à colaboração dos indivíduos. Passa a ter relevo o momento do consenso e da participação.[4]

Ademais, importa dizer que, se a letargia do Poder Judiciário pode trazer alguma benesse para o Estado devedor, ela não é nem um pouco útil para o Estado que reclama do particular uma pronta atuação no âmbito das necessidades administrativas. E o tempo não é o único ponto negativo: a excessiva judicialização traz consigo alto custo para o mesmo Estado que poderia lucrar com a utilização do processo judicial, ou ao menos não gastar tanto: a manutenção de estruturas no interior do Poder Judiciário, a criação de Procuradorias, o pagamento de honorários, tudo a revelar a necessidade de repensar a resistência a soluções mais rápidas e mais amistosas, sobretudo em momentos de escassez financeira como os atuais, nos quais não raras vezes os poucos recursos públicos são sopesados pelo administrador público no escopo das chamadas escolhas trágicas.[5]

A isso se soma o fato de que judicializar implica perda de protagonismo e também de uma solução legitimada pelas partes interessadas na solução da controvérsia, o que também seria interessante no bojo de uma democracia de cunho participativo.

As partes, ao reverso do que seria o ideal, cedem a terceiro estranho à lide – o juiz competente – a capacidade de resolver um problema que elas próprias poderiam solucionar, houvesse sobretudo menos soberba estatal e menos resistência a uma cultura extrajudicial de resolução de controvérsias. Nesse diapasão, além de desprestigiarem a si próprias como hábeis a perseguir um desfecho, inclusive porque são as que mais

---

[3] Conferir, nesse sentido: FERRAZ, Luciano; GOUVEIA, Jorge Bacelar. Procedimento expropriatório e administração pública dialógica: estudo comparativo da expropriação no Brasil e Portugal. *Revista Brasileira de Estudos Políticos*, Belo Horizonte, n. 113, p. 477-532, jul./dez. 2016; FREITAS, Juarez. *Discricionariedade administrativa e o direito fundamental à boa administração pública*. 2. ed. São Paulo: Malheiros, 2009. p. 19; FORTINI, Cristiana; PEREIRA, Maria Fernanda Pires de Carvalho; CAMARÃO, Tatiana Martins da Costa. *Processo administrativo*: comentários à Lei nº 9.784/1999. 3. ed. rev. e ampl. de acordo com a visão dos Tribunais. Belo Horizonte: Fórum, 2012. p. 26; NETTO, Luísa Cristina Pinto e. *Participação administrativa procedimental*: natureza jurídica, garantias, riscos e disciplina adequada. Belo Horizonte: Fórum, 2009. p. 65.

[4] MEDAUAR, Odete. *O direito administrativo em evolução*. 2. ed. São Paulo: Revista dos Tribunais, 2003. p. 211.

[5] Sobre as escolhas trágicas no escopo dos recursos públicos escassos para a concretização da ampla gama de direitos fundamentais, interessante conferir: GALDINO, Flávio. *Introdução à teoria dos custos dos direitos*: direitos não nascem em árvores. Rio de Janeiro: Lumen Juris, 2005. p. 347; AMARAL, Gustavo. *Direito, escassez & escolha*: critérios jurídicos para lidar com a escassez de recursos e as decisões trágicas. 2. ed. Rio de Janeiro: Lumen Juris, 2010; CAVALCANTI, Caio Mário Lana. *Uma teoria do dever fundamental de pagar tributos*. Rio de Janeiro: CEEJ, 2019.

condições e conhecimento reúnem sobre os episódios, as partes enaltecem a voz de um personagem alheio às nuances e que, por estar até então à margem dos eventos, tem o desafio de primeiro tentar assimilar o ocorrido, para só depois – anos, por vezes décadas depois – tentar solucionar a lide.

E, ainda, a solução apontada pelo terceiro pode não contentar nenhuma das partes, podendo, inclusive, ser totalmente alheia às necessidades da realidade fática, e isso sequer pode causar estranheza, afinal, esse terceiro julgador sequer tem tato e intimidade com o objeto posto em discussão, máxime quando se está à frente de contratos de concessão administrativa – comuns ou especiais – que, em virtude de sua longa duração, conhecer bem o caso é ponto nodal para o justo deslinde de suas problemáticas. Logo, quando as partes em conflito se assenhoram da prerrogativa de edificar elas próprias a solução, a partir da convergência e do entendimento mútuo, ainda que com a relevante contribuição de um terceiro a quem cabe ajudar a pavimentar o caminho, mas sem ditá-lo, opera-se uma alteração significativa no *modus operandi*, de forma a abrir mão de uma solução que poderia ser a melhor para ambas as partes, nos termos da teoria do ganha-ganha da autocomposição dos conflitos.

Nesta toada, o desenvolvimento da sociedade e a experiência administrativa demonstraram que a postura clássica da litigiosidade, de fato, não era e não é a mais acertada, abrindo portas para a autocomposição de conflitos também no âmbito da Administração Pública, solução que pode ser não só mais rápida, mas, também, muitas vezes mais eficiente, legítima e condizente com o diálogo que torna toda e qualquer decisão mais legítima e democrática.

A Lei nº 8.666/93 estrutura-se a partir da ideia de que o interesse público será conquistado a partir do apego ao rito e à liturgia. Todo o seu ideário está no respeito ao passo a passo nela definido, à forma, à rigidez procedimental, características ínsitas ao modelo burocrático, tudo isso respaldado pelo fracassado intuito de frear a corrupção e de contribuir para a melhoria substancial global no bojo das contratações públicas.[6]

Ademais, também caracteriza a Lei nº 8.666/93 o pressuposto segundo o qual há antagonismo entre o interesse público e o privado – contratante e contratado –, razão pela qual a Lei se ocupa de salvaguardar o primeiro, prevendo uma série de cláusulas que traduziriam prerrogativas públicas a revelar uma posição de supremacia da Administração Pública no âmbito do contrato administrativo.

Tudo isso a colaborar para o acirramento do conflito e o recurso ao Judiciário, com vistas a que o terceiro dite a solução. Talvez por isso a Lei não contemple referências à contratualização dos litígios.

A Lei de Concessões de Serviços Públicos – Lei nº 8.987/1995 –, visando atrair o privado, porque ele estaria a assumir investimentos para posteriormente reaver o valor mediante pagamento de tarifas por usuários, sem embargos de outras fontes, representa um relativo distanciamento do perfil da Lei nº 8.666/1993. Importante novidade à época está no art. 21, semente para que os privados possam ter presença na fase doméstica da licitação. O procedimento de manifestação de interesse (PMI) consiste em um instrumento propiciador da cooperação privada na construção do ato convocatório e anexos de um

6 Nesse sentido, conferir: SADDY, André. Fase externa das licitações para a contratação de PPPs. *In*: SADDY, André; MORAES, Salus. *Tratado de parcerias público-privadas*: teoria e prática. Tomo IV: elaboração do edital e seus anexos, coordenado por Cristiana Fortini. Rio de Janeiro: CEEJ, 2019. p. 118.

eventual procedimento licitatório, por meio do qual a Administração Pública, a partir da exposição de suas demandas, recebe estudos, levantamentos, investigações ou projetos que deverão, para fins de real aproveitamento, passar pelo crivo do ente demandante.

O caminho em prol do reposicionamento das forças contratuais, com vistas a nivelar a relação estado e empresa, ganha contornos definitivos na Lei Geral de Parcerias Público-Privadas, publicada em 2004. A demanda por portos, escolas, rodovias, postos de saúde e aeroportos em um período pré-grandes eventos esportivos impunha um esforço demasiado do Estado, e não apenas financeiro, mas também de gestão pública. Novamente, o privado foi visto como um auxiliar relevante, seja para que sobre ele recaísse o investimento, seja para que ele assumisse a execução das atividades a ele delegadas.

No entanto, como imaginar que o privado toparia tal empreitada se o contrato ordinário lhe submetesse aos cânones da Administração Pública? Como fazer com que houvesse atrativo para que o particular pactuasse com o Poder Público? O desafio era atrair a participação do particular, capaz de impulsionar financeiramente o Estado. Efeito óbvio, como forma de exercer tal atração, estava na imperiosidade de fixar um ambiente de confiança e de estabilidade,[7] por vezes olvidado no bojo da Lei Geral de Licitações e Contratos Administrativos.

Todos esses aspectos são importantes para a compreensão dos passos que levaram à Lei nº 11.079/2004, às novas modelagens contratuais nela disciplinadas e aos demais institutos e regras que ela apresenta.

A isso se soma que os contratos anteriormente mencionados se estendem por largo período de tempo. A diversidade de intercorrências a alcançá-los será maior exatamente porque mais sujeitos a flutuações políticas, econômicas e técnicas. E os conflitos são prováveis. Afinal, serão décadas de relacionamento.

Como resolver os conflitos daí surgidos? Será o Poder Judiciário o remédio para sanar todos os litígios decorrentes da relação entre a Administração Pública e o particular? Entende-se que não necessariamente. Afinal, conforme já posto alhures, as partes contratantes são mais aptas a encontrar uma solução viável para a controvérsia concreta, razão pela qual deve ser mais valorizada a autocomposição, mecanismo de resolução de conflitos mais rápido, eficiente[8] e que condiz com a atual concepção de Administração Pública dialógica, coparticipativa e democrática.[9]

A Lei nº 11.079/2004 foi expressa sobre tal possibilidade em seu art. 11, III, dispositivo legal que permite a utilização de mecanismos privados de resolução de conflitos no bojo das Parcerias Público-Privadas. No ano seguinte, a Lei nº 8.987/1995 também passou a contar com dispositivo que remete ao contrato prever ou não o emprego de mecanismos privados para resolução de disputa, inclusive a arbitragem.[10]

---

[7] Nesse sentido, conferir: RODRIGUES, Victor Costa. Fase interna: adequações orçamentárias, consulta pública e licenças ambientais. *In*: SADDY, André; MORAES, Salus. *Tratado de parcerias público-privadas*: teoria e prática. Tomo IV: elaboração do edital e seus anexos, coordenado por Cristiana Fortini. Rio de Janeiro: CEEJ, 2019. p. 82.

[8] Nesse sentido: MOREIRA NETO, Diogo de Figueiredo. *Novas mutações* juspolíticas: em memória de Eduardo García de Enterría, jurista de dois mundos. Belo Horizonte: Fórum, 2016. p.187.

[9] Nesse sentido: CASTANHEIRO, Ivan Carneiro; OLIVEIRA, Andreia Mara de. Mediação na administração pública como medida democrática. *Revista Consultor Jurídico*, 27 jul. 2020.

[10] Nesse sentido, o art. 23-A introduzido pela Lei nº 11.196/05.

No mesmo sentido, a Lei nº 13.140/2015 dispõe sobre a autocomposição no âmbito do Poder Público, e possibilita a criação de câmaras de resolução administrativa de controvérsias, o que valoriza a solução extrajudicial de litígios.

Trata-se de mandamento legal que se harmoniza com o Código de Processo Civil de 2015, que trata a solução extrajudicial de conflitos de maneira preponderante e que impõe ao Estado, em seu art. 3º, §§2º e 3º, a dita solução consensual e extrajudicial, não mais como uma solução alternativa, mas como um meio prioritário de resolução de controvérsias. Por conseguinte, não apenas por uma questão de conveniência e oportunidade, mas por uma questão de mandamento legal, deve a Administração Pública priorizar a autocomposição, em detrimento da judicialização de toda e qualquer demanda. Não por outra razão é categórico o art. 3º, §3º do Código de Processo Civil, ao determinar que os juízes, os advogados (inclusive os advogados públicos, importa frisar!), os defensores públicos e os membros do Ministério Público têm o dever de estimular a desjudicialização. É de se destacar também o art. 174 do Código de Processo Civil, que robustece a possibilidade de criação de câmaras de mediação e conciliação e ratifica a pertinência dos termos de ajustamento de conduta, visando à solução extrajudicial de controvérsias envolvendo a Administração Pública.

Também a arbitragem é possível e muitas vezes desejável. Instituída no Brasil pela Lei nº 9.307/1996, e referenciada, como já dito, nas Lei nº 8.987/1995 e nº 11.079/2004, é alternativa à via judicial e também aos mecanismos de autocomposição. A Lei nº 13.129/2015 afasta, de uma vez por todas, eventual controvérsia residual quanto ao cabimento ou não de cláusula compromissória nos contratos de que é parte a Administração Pública.[11] Portanto, 11 anos após a Lei nº 11.079/2004 mencionar a solução extrajudicial de conflitos, aí incluída a arbitragem, a ordem jurídica brasileira contemplou de forma mais elástica a arbitragem de direito em situações a envolver direitos patrimoniais disponíveis, sem direcionar a contratos específicos.

Embora imponha a transferência da decisão a um terceiro alheio à situação do poder de solucionar litígios, nisso se aproximando do "porém" das decisões judiciais, representa um importante diferencial ligado ao aspecto técnico. Árbitros que possuem expertise e afinidade com o tema se debruçarão com maior facilidade sobre o ponto de discórdia.

Deve-se destacar, ainda, o Decreto nº 10.025/2019, que dispõe sobre a arbitragem para dirimir litígios entre a Administração Pública federal, nos setores portuário e ferroviário, que envolvam, por exemplo, a recomposição do equilíbrio econômico-financeiro dos contratos, o cálculo de indenizações decorrentes de extinção ou de transferência do contrato de parceria, e o inadimplemento de obrigações contratuais por quaisquer das partes, incluídas a incidência das suas penalidades e o seu cálculo.

A Lei de Licitações incorpora expressamente o que incorretamente ali se rotulam como "meios alternativos de soluções de controvérsias", expressão que ainda consagra nas entrelinhas a via judicial como caminho principal. O art. 151 faz alusão à conciliação, à mediação e à arbitragem, sem a eles se exaurir, repetindo no parágrafo único que

[11] "Art. 1º As pessoas capazes de contratar poderão valer-se da arbitragem para dirimir litígios relativos a direitos patrimoniais disponíveis.
§1º A administração pública direta e indireta poderá utilizar-se da arbitragem para dirimir conflitos relativos a direitos patrimoniais disponíveis".

as controvérsias devem se relacionar a direitos patrimoniais disponíveis, tais como o restabelecimento do equilíbrio econômico-financeiro do contrato, ao inadimplemento de obrigações contratuais por quaisquer das partes e ao cálculo de indenizações.[12]

Teria sido importante que a Lei tivesse expressamente feito referência à parte sancionatória, como o Decreto nº 10.025/2019 textualmente o fez. Mas, no nosso entender, a omissão não impede a contratualização nesta seara.[13] A Lei deveria ter feito alusão ao acordo substitutivo de sanção, que, diferentemente da arbitragem, da conciliação e da mediação, que dependem de terceiro, implica a contratualização pelas partes envolvidas no contrato.

Tais acordos são referenciados no art. 26 da LINDB[14] para além de diversas previsões setoriais, sobretudo no âmbito da atuação das agências reguladoras.[15] [16] A isso se soma o argumento de que se as situações que configuram atos de corrupção podem ser objeto de ajustes, problemas relacionados à execução do contrato também poderiam ser. Contudo, a previsão de transações ou acordos substitutivos na legislação de licitações estimularia o uso e conferiria maior segurança jurídica a esses instrumentos, cujo emprego pode contribuir para a correção dos rumos.

Vale mencionar que a Lei nº 14.133/2021, na parte reservada à extinção dos contratos, faz referência aos comitês de resolução de disputas como espaço para se consensualizar a extinção, e também à decisão arbitral, em decorrência de cláusula compromissória ou compromisso arbitral, evidentemente em situação de divergência entre as partes.[17]

---

[12] "Art. 151. Nas contratações regidas por esta Lei, poderão ser utilizados meios alternativos de prevenção e resolução de controvérsias, notadamente a conciliação, a mediação, o comitê de resolução de disputas e a arbitragem.
Parágrafo único. Será aplicado o disposto no *caput* deste artigo às controvérsias relacionadas a direitos patrimoniais disponíveis, como as questões relacionadas ao restabelecimento do equilíbrio econômico-financeiro do contrato, ao inadimplemento de obrigações contratuais por quaisquer das partes e ao cálculo de indenizações".

[13] FORTINI, Cristiana; AVELAR, Mariana. Considerações sobre o PL nº 4253/20 e a futura lei de licitações. *Consultor Jurídico*, 11 jan. 2021. Disponível em: https://www.conjur.com.br/2021-jan-14/interesse-publico-consideracoes-pl-425320-futura-lei-licitacoes. Acesso em 21 jul. 2021.

[14] "Art. 26. Para eliminar irregularidade, incerteza jurídica ou situação contenciosa na aplicação do direito público, inclusive no caso de expedição de licença, a autoridade administrativa poderá, após oitiva do órgão jurídico e, quando for o caso, após realização de consulta pública, e presentes razões de relevante interesse geral, celebrar compromisso com os interessados, observada a legislação aplicável, o qual só produzirá efeitos a partir de sua publicação oficial.
§1º O compromisso referido no *caput* deste artigo:
I – buscará solução jurídica proporcional, equânime, eficiente e compatível com os interesses gerais;
II – (VETADO);
III – não poderá conferir desoneração permanente de dever ou condicionamento de direito reconhecido por orientação geral;
IV – deverá prever com clareza as obrigações das partes, o prazo para seu cumprimento e as sanções aplicáveis em caso de descumprimento.

[15] Assim foi previsto no art. 32 da Lei nº 13.848/2019.

[16] CASIMIRO, Lígia Maria Silva Melo de; MAIA, Isabelly Cyrne Augusto. Reflexões sobre a articulação das agências reguladoras com os órgãos de defesa do consumidor e do meio ambiente (artigos 31 a 33 da Lei nº 13.848/2019) *In*: SCHIER, Adriana da Costa Ricardo *et al.* (Coord.). *Marco legal das Agências Reguladoras na visão delas*: comentários à Lei nº 13.848/2019 e à IN nº 97/2020. Belo Horizonte: Fórum, 2021. p. 183-195.

[17] "Art. 138. A extinção do contrato poderá ser:
I – ...
II – consensual, por acordo entre as partes, por conciliação, por mediação ou por comitê de resolução de disputas, desde que haja interesse da Administração;
III – determinada por decisão arbitral, em decorrência de cláusula compromissória ou compromisso arbitral, ou por decisão judicial".

Aspecto importante, afinado com a alusão a compromisso arbitral mencionado, está na previsão de aditamento dos contratos para inclusão de cláusula que contemple tais meios,[18] o que, na nossa opinião, não apenas autoriza que os contratos celebrados com base na Lei nº 14.133/2021 possam ser aditados para que se introduza tal mecanismo, como também pode impactar no passado, permitindo que contratos em vigor venham a sofrer aditamentos.

A introdução de ferramenta ou caminho para a solução da desavença (ainda que por vezes não se alcance a pacificação desejada, mas apenas se tenha uma decisão) capaz de prevenir ou remediar conflitos não violaria o princípio da vinculação ao ato convocatório, porque tal norma prestigia a proteção dos interesses envolvidos, inclusive os interesses privados, obstaculizando que na contramão do sinalizado no edital se venha a alterar condições da disputa ou da execução que tivessem sido apresentadas assim desde o início, atrairiam outros interessados ou afastaria a presença de certos licitantes. Ainda assim, a mutabilidade é autorizada na Lei nº 14.133/2021, porque não há como pretender a tutela do interesse público sem conceber alguma elasticidade. Mudar os contratos pode ser a solução para a garantia de sua sobrevida. Poder-se-ia argumentar que tanto quanto na Lei nº 8.666/1993, o art. 124 da Lei nº 14.133/2021 não prevê alteração para introdução de cláusulas que prevejam meios paralelos ao Poder Judiciário. Mas, se temas mais sensíveis como o reequilíbrio podem ser objeto de alteração consensual, não identificamos como resistir a mudanças que apenas serviriam para a consolidação de um ambiente mais seguro.

Normas como as aqui contempladas, ainda que relevantes, não desconstituem o pactuado, nem implicam subversão do edital, além disso, afinam-se com os ideais de segurança jurídica, estando embasadas no art. 26 da LINDB.

Importante destacar que apesar de apenas agora a Lei nacional de licitações e contratos abordar o tema dos Dispute Boards, contratos anteriores já poderiam assim prever. De fato, não apenas seria defensável, a despeito de ausência de lei que se autorizasse tal medida, como de fato vários contratos já previram o *dispute board*.

Em 2006, os "Dispute Boards" foram usados no contrato destinado à construção da Linha 4 do metrô de São Paulo. Em seguida, também foi utilizado na PPP da Linha F (12 – Safira) da CPTM. Segundo Antônio Luís Pereira de Sousa, essa técnica é muito difundida em contratos financiados pelo Banco Mundial e pelo Banco Interamericano de Desenvolvimento (BID), inclusive em muitas hipóteses como requisito que deve estar contido nos editais e contratos que se refiram a obras por eles financiadas.[19]

Instituições internacionais funcionaram como mola propulsora, porque suas normas já impunham o seu uso. Devemos recordar que a Lei nº 8.666/1993 era sensível às regras ditadas por agência oficial de cooperação estrangeira ou organismo financeiro multilateral de que o Brasil fosse parte, admitindo que condições decorrentes de acordos, protocolos, convenções ou tratados internacionais aprovados pelo Congresso Nacional, bem como as normas e procedimentos daquelas entidades, impactassem a contratação.[20]

---

18 "Art. 153. Os contratos poderão ser aditados para permitir a adoção dos meios alternativos de resolução de controvérsia".

19 SOUSA, Antônio Luís Pereira. Dispute Boards. *Instituto de Engenharia*. Disponível em: https://www.institutodeengenharia.org.br/site/wpcontent/uploads/2020/01/TKConsulting.ALPS_.ADRs-DBs.pdf. Acesso em 20 set. 2020.

20 Art. 42, §5º.

Contratos de concessão e PPP também costumam conter cláusula assim, mesmo que também não exista previsão legal expressa ao instituto nas Leis nº 8.987/1995 e nº 11.019/2004. Por isso o PL, cuja finalidade é a reunião e modernização das Leis mencionadas, reconhece o comitê de resolução de disputas como mecanismo alternativo de prevenção e solução de controvérsias, admitindo que ele venha a ser contemplado no contrato.

O Município de São Paulo, por meio da Lei nº 16.873, de 2018, e o Município de Belo Horizonte, por meio da Lei nº 11.241, de 2020, já previram os Dispute Boards, antes mesmo da Lei nº 14.133/2021.

Ante o exposto, já à guisa de arremate, conclui-se que não mais faz sentido pensar que a busca pelo interesse público não condiz com a autocomposição no âmbito das controvérsias que envolvem a Administração Pública. Ao reverso, é preciso extirpar as ainda vigentes nódoas do autoritarismo e da unilateralidade administrativas, de forma a sedimentar o consensualismo e no afã de que seja reconhecida de uma vez por todas uma lógica que inclusive é um dos sustentos do Código de Processo Civil de 2015: a autocomposição não mais é método alternativo de conflitos, mas método próprio e integrado que, certamente, traz mais benefícios que prejuízos quando comparado às soluções judiciais de resolução de controvérsias.

Capturando o que já preconizam as Leis nº 8.987/1995 e a Lei nº 11.079/2004 quanto à utilização de mecanismos privados de resolução de conflitos, bem como a Lei nº 13.140/2015, que dispõe sobre a autocomposição no âmbito do Poder Público e possibilita a criação de câmaras de resolução administrativa de controvérsias, a Nova Lei faz referência à arbitragem, à mediação, à conciliação e aos comitês de resolução de disputas. Não são os únicos mecanismos de que se pode lançar mão, mas apenas os que a lei faz alusão expressa. Logo, para além do que o art. 151 da Nova Lei de licitações e contratos já salienta, os contratos podem prever outros mecanismos.

Os "dispute boards", denominação aqui empregada com vistas a englobar possíveis oscilações terminológicas, são um potencial método de solução de conflitos cuja ideia central está na existência de comitês encarregados de examinar problemas nascidos da relação contratual. Composição, mandatos, competências, natureza vinculante ou não e regras procedimentais não constam da Lei e nem deveriam constar. Trata-se de informação que pode oscilar segundo a modelagem contratual, sem embargo de regras legais ou presentes em atos normativos a serem editadas pelos entes federados.

Os "dispute boards" buscam evitar o litígio ou abordá-lo concomitantemente à execução contratual. Podem ser constituídos com formatos e regras distintas, mas se caracterizam por serem conselhos/comitês cujos membros são indicados pelas partes. A promessa de uma possível solução mais rápida em comparação com outros métodos pode justificar eventual preferência por eles. Mas é preciso esclarecer que nem sempre será vinculante a decisão, podendo assumir natureza de recomendação, perfil inapto a conferir a agilidade na dissolução de problemas. Não se defende a afastabilidade do acesso ao Judiciário ou a aproximação com a sentença arbitral. Ao menos não no atual estágio de tratamento legislativo da matéria.

Até o advento da Lei nº 14.133/2021, não havia lei nacional a referenciá-los, mas já havia leis municipais.

No âmbito do Município de São Paulo, o tema foi tratado na Lei Municipal nº 16.873/2018, que regulamenta a instalação de Comitês de Prevenção e Solução de

Disputas em contratos administrativos continuados e celebrados pela municipalidade. Belo Horizonte, posteriormente, editou a Lei nº 11.241/2020, com o escopo de disciplinar "a utilização de Comitê de Prevenção e Solução de Disputas para prevenir e para solucionar conflito relativo a direito patrimonial presente em contrato administrativo de execução continuada".

O fato de a Lei nº 8.666/1993 não tratar do assunto não representou óbice à edição das leis municipais, especialmente porque a competência geral da União para produzir normas gerais não impede a produção legislativa pelos entes subnacionais.

As Leis Municipais preveem a competência dos comitês para apreciar conflitos relativos a direito patrimonial.[21] Questões contratuais como reequilíbrio econômico-financeiro do contrato, pedidos de indenização, reajustes, pedidos de correção monetária em razão de atraso no pagamento pela Administração.

A comparação entre as duas leis contribui para ilustrar como a disciplina pode ser distinta e como há espaço para que os contratos adotem modelos distintos. Não há, como já afirmamos, razão para regramentos detalhados na Lei nº 14.133/2021, que eliminariam tanto a competência dos subnacionais para adicionar os detalhes como padronizariam procedimentos que poderiam ser diversos em cada tipo de contrato.

A Lei nº 16.873/2018, do Município de São Paulo, prevê que os Comitês se dediquem aos "direitos patrimoniais disponíveis", enquanto a Lei de Belo Horizonte se limita a falar em "direitos patrimoniais". A Lei do Município de Belo Horizonte prevê sua aplicabilidade apenas para contratos de natureza continuada, retirando de sua esfera de incidência aqueles que se esgotam "em um só ato". A motivação desta limitação é retirar a incidência dos "Dispute Boards" dos contratos de objetos singelos, como mero fornecimento ou realização de tarefas simples. Todavia, a conclusão de que contratos que se esgotam "em um só ato" não são passíveis de gerar conflitos complexos é precipitada.

As duas leis disciplinam a competência do Comitê de Prevenção e Solução de Disputas, remetendo ao edital e ao contrato indicar como deve ser a atuação no caso concreto. No caso da Lei nº 16.873, de 2018, do Município de São Paulo, estabeleceu-se apenas que a decisão não tem caráter vinculante, tratando-se de mera recomendação. Já no que tange à Lei nº 11.241, de 19 de junho de 2020, do Município de Belo Horizonte, foram estabelecidas duas possibilidades:[22] caso nenhuma das partes notifique a outra sobre a insatisfação com a recomendação, ela passa a ser vinculativa e final, valendo como decisão e devendo ser cumprida integralmente. Por outro lado, se uma das partes não estiver satisfeita com a decisão, deverá notificar a outra parte no prazo de 30 dias, hipótese em que o litígio poderá ser submetido à jurisdição arbitral ou judicial.

Trata-se de previsão legal de valorização do silêncio da Administração, na esteira do que os autores já defenderam em outra ocasião.[23] Prevê também a Lei do Município

---

[21] A Lei do Município de São Paulo faz alusão a "direitos patrimoniais disponíveis" na toada da Lei de Arbitragem. A Lei do Município de Belo Horizonte não faz distinção entre direitos patrimoniais disponíveis ou indisponíveis.

[22] Regulação idêntica para ambas as leis comentadas.

[23] Neste sentido, já se manifestaram os autores do presente artigo: "Assim, defendemos, em prol do interesse do particular, que não pode ser aniquilado pelo interesse público primário, que a falta de resposta seja compreendida como silêncio positivo. A inação deve ser entendida como recepção ao pleito, de maneira a tornar desnecessária a interferência judicial". FORTINI, Cristiana; DANIEL, Felipe Alexandre Santa Anna Mucci. O silêncio administrativo: consequências jurídicas no Direito Urbanístico e em matéria de aquisição de estabilidade pelo servidor. *Fórum Administrativo – Direito Público*, Belo Horizonte, a. 6, n. 64, p. 7394-7402, jun. 2006.

de Belo Horizonte que a não aceitação da recomendação por uma das partes pode abrir a possibilidade de o litígio ser submetido ao Poder Judiciário ou instância arbitral.

O comitê de adjudicação é dotado de poder de decisão vinculante, o que não significa proibir o acesso ao Judiciário ou a demanda por arbitragem. A decisão não tem natureza de título executivo extrajudicial.

As Leis (do Município de São Paulo e do Município de Belo Horizonte) preveem também a criação do chamado "Comitê Híbrido", o qual poderá emitir recomendações (Comitê de Revisão) ou decisões terminativas (Comitê de Adjudicação). Neste caso, deverá o contrato regular as hipóteses em que o Comitê atuará com uma ou outra competência.

Quanto mais ampla a possibilidade de solução rápida dos conflitos, e sem necessariamente o recurso a terceiros, melhor para que o contrato possa avançar e cumprir o seu desiderato.

Assim, igualmente devem ser evitadas restrições legais para uso desse instrumento em determinados contratos. Como já afirmado, contratos expostos ao tempo tendem a gerar mais embates, mas não se pode ignorar também que essas disputas podem surgir nos vínculos contratuais de curta duração. Por isso, a previsão contida na Lei do Município de Belo Horizonte de uso dos *"dispute boards"* apenas nos contratos de natureza continuada soa inadequada.

TÍTULO IV
DAS IRREGULARIDADES

CAPÍTULO I
DAS INFRAÇÕES E SANÇÕES ADMINISTRATIVAS

Art. 155. O licitante ou o contratado será responsabilizado administrativamente pelas seguintes infrações:

I – dar causa à inexecução parcial do contrato;

II – dar causa à inexecução parcial do contrato que cause grave dano à Administração, ao funcionamento dos serviços públicos ou ao interesse coletivo;

III – dar causa à inexecução total do contrato;

IV – deixar de entregar a documentação exigida para o certame;

V – não manter a proposta, salvo em decorrência de fato superveniente devidamente justificado;

VI – não celebrar o contrato ou não entregar a documentação exigida para a contratação, quando convocado dentro do prazo de validade de sua proposta;

VII – ensejar o retardamento da execução ou da entrega do objeto da licitação sem motivo justificado;

VIII – apresentar declaração ou documentação falsa exigida para o certame ou prestar declaração falsa durante a licitação ou a execução do contrato;

IX – fraudar a licitação ou praticar ato fraudulento na execução do contrato;

X – comportar-se de modo inidôneo ou cometer fraude de qualquer natureza;

XI – praticar atos ilícitos com vistas a frustrar os objetivos da licitação;

XII – praticar ato lesivo previsto no art. 5º da Lei nº 12.846, de 1º de agosto de 2013.

RAFAEL AMORIM DE AMORIM

155 A prerrogativa sancionatória nas contratações públicas

As licitações e os contratos administrativos sempre estarão relacionados à satisfação de uma necessidade da Administração (específica, permanente e/ou prolongada), normalmente vinculada à materialização de uma política pública. Por essa razão, a

importância das contratações públicas ultrapassa a relação jurídica estabelecida entre a Administração e os particulares envolvidos em uma licitação ou na execução de um contrato, pois, ao prover bens e serviços de forma célere, eficiente, íntegra, econômica e sustentável, o alcance de suas finalidades determinará a satisfação de uma necessidade da Administração, com impactos, diretos ou indiretos, na materialização de funções legislativas, administrativas e/ou jurisdicionais.

Nesse cenário, os arts. 155 a 163 da Lei nº 14.133/2021 revelam os esforços do legislador para promover maior densificação normativa à prerrogativa sancionatória da Administração constante no art. 104 do mesmo diploma legal[1], como forma de desestimular comportamentos capazes de comprometer os resultados das licitações e contratos e a satisfação das necessidades públicas subjacentes. Há, em acréscimo aos dispositivos voltados ao fortalecimento da prevenção nas contratações públicas (arts. 169 a 173 da LLCA)[2], normas gerais relativas às infrações administrativas, às sanções correspondentes e aos procedimentos a serem observado pela Administração para apuração de fatos e eventual responsabilização de particulares, que, em conjunto, tudo à luz dos princípios reitores do Direito Administrativo Sancionador, possibilitaram a superação de seguintes problemas existentes na Lei nº 8.666/1993, Lei nº 10.520/2002 e Lei nº 12.462/2011[3].

Os princípios reitores do Direito Administrativo Sancionador são consectários de princípios constitucionais e, de fato, como explica Fabio Medina Osório, promovem "aproximações entre as mais diversas vertentes da disciplina da atuação estatal sancionatória" (Direito Penal e Direito Administrativo, por exemplo), mas, quando concretizados, sobretudo em infrações, sanções e processos administrativos sancionadores relacionados às contratações públicas, "resultam diferenciados, distintos, com contornos próprios e específicos"[4] [5]. Afinal, como ensina Alejandro Nieto, o Direito Administrativo Sancionador é, "como seu nome indica, um Direito Administrativo fundamentado diretamente no Direito Público estatal, não um Direito Penal envergonhado" (não é mero acaso, a propósito, que não se fala mais em Direito Penal Administrativo)[6].

---

1 LLCA - "Art. 104. O regime jurídico dos contratos instituído por esta Lei confere à Administração, em relação a eles, as prerrogativas de: [...] IV – aplicar sanções motivadas pela inexecução total ou parcial do ajuste;".

2 Ver: FORTINI, Cristiana; AMORIM, Rafael Amorim. Novo Olhar para as Contratações Públicas: Precedentes e Perspectivas da Lei nº 14.133/2021. In: MATOS, Marilene Carneiro.; ALVES, Felipe Dalenogare; AMORIM, Rafael Amorim, Nova Lei de Licitações e Contratos: Brasília, Edições Câmara, 2023. p. 113-149.

3 Segundo Thiago Marrara, a LLCA possibilitou a superação dos seguintes problemas existentes nos diplomas legais precedentes: "(i) a fragmentação das normas jurídicas; (ii) a consequente assimetria dos regimes jurídicos, já que as leis continham dispositivos próprios; (iii) as antinomias e divergências pontuais entre esses regimes simultâneos; (iv) a ausência de normas mais detalhadas sobre como apurar essas infrações e conduzir o processo sancionador; e (v) a confusão entre diversos tipos de comportamentos infrativos, ou seja, as infrações propriamente licitatórias, as infrações que ocorrem entre o final da licitação e a celebração do contrato, além das infrações propriamente contratuais". In.: MARRARA, Thiago. Infrações, Sanções e Acordos na Nova Lei de Licitações. p. 230. In.: DI PIETRO, Maria Sylvia Zanella. (Coord.). Licitações e Contratos Administrativos. 1. Ed. Rio de Janeiro: Forense, 2021. p. 226-263.

4 OSÓRIO, Fabio Medina. Direito Administrativo Sancionador. 3. ed. São Paulo: Revista dos Tribunais, 2009. p. 33/121/130.

5 Não se pode negar, como explica João Miguel Vilas Boas Pinto, que, "se há eterna controvérsia no mundo jurídico, [...] ela reside, parece-nos, na linha de fronteira entre o Direito Penal e o Direito Administrativo [...]". Ver: PINTO, João Miguel Vilas Boas. Do poder administrativo sancionatório: contributo para a consolidação da sua dogmática geral. Coimbra: Almedina, 2025. p. 40.

6 NIETO, Alejandro. *Derecho Administrativo sancionador*. 4. ed. Madrid: Tecnos, 2005. p. 27 (tradução livre).

Nesse contexto, a análise dos arts. 155 a 163 da Lei n° 14.133/2021, referente às irregularidades nas contratações públicas, deve ser balizada pelos princípios constitucionais que constituem o núcleo básico de fundamentação das regras que orientam o exercício do poder administrativo sancionador, a exemplo dos princípios da legalidade, do devido processo legal e da proporcionalidade. Igualmente, deve considerar todas as peculiaridades da prerrogativa sancionatória estatal relacionada às contratações públicas, a começar pela relação jurídica existente entre Administração e licitantes/contratados, passando pela compreensão das peculiaridades dos bens jurídicos tutelados, até chegar às finalidades subjacentes às infrações e às respectivas sanções.

A prerrogativa sancionatória da Administração não pode ser exercida de forma arbitrária, impedindo-se medidas ilegais e desarrazoadas contrárias ao Estado Democrático de Direito; ao mesmo tempo, não se pode exigir, com base em "belos princípios que ninguém tem coragem de refutar"[7], que o processo administrativo sancionador reproduza, por exemplo, as exigências próprias do processo penal, sob pena de inviabilizar a tutela eficiente do interesse público subjacente às contratações públicas. O poder administrativo sancionador é "um poder atribuído à administração pública para a gestão dos interesses públicos"[8], caracterizando-se como "um poder eminentemente funcional"[9], traduzido, nos arts. 155 a 163 da Lei n° 14.133/2021, na conformação de contratações públicas capazes de satisfazer as necessidades da Administração Pública.

Há, no ordenamento jurídico, competências amplas e elásticas em favor do legislador, que, ao disciplinar o Direito Administrativo Sancionador, estabelece os contornos legais dos princípios constitucionais com matizes diferenciados e características próprias[10], a fundamentar, a partir disso, um regime jurídico distinto, que compreende todos os elementos necessários para o exercício do poder sancionador, *in casu*, infrações, sanções e procedimentos específicos a serem observados pela Administração para fins de apuração e, se for o caso, responsabilização dos particulares. E, nessa linha, não se pode admitir que, "na emoção dos hiperprincípios", os doutrinadores administrativistas releguem "o direito positivo, substituindo-se a ele", tornando-se bem mais do que "um intérprete, mas um grão-legislador"[11].

Os esforços interpretativos aqui empreendidos para compreensão das infrações, sanções administrativas e processo sancionador da LLCA (arts. 155 a 163) privilegiam as escolhas legítimas do legislador, reconhecendo-se a existência de um regime jurídico-administrativo sancionador peculiar e substancialmente diverso de outros ramos[12], o

---

[7] Carlos Ari Sundfeld adverte: "belos princípios ninguém tem coragem de refutar, e muita gente se sente autorizada a tirar conclusões bem concretas apenas recitando fórmulas meio poéticas (aliás, de preferência muitas delas – como se enfileirar princípios, todos muito vagos, aumentasse a força da conclusão). A verdade é que motivações e discussões que ficam nesse plano de generalidades são insuficientes para conclusões concretas. A razão é óbvia: nesse plano, quase todo mundo tem alguma razão no que diz". In.: SUNDFELD, Carlos Ari. Direito Administrativo para Céticos. 2. ed. rev. ampl. São Paulo: Malheiros, 2014. p. 225.

[8] NIETO, Alejandro. Derecho Administrativo sancionador. 4. ed. Madrid: Tecnos, 2005. p. 27 (tradução livre).

[9] PINTO, João Miguel Vilas Boas. Do Poder Administrativo Sancionatório - Contributo para a Consolidação da sua Dogmática Geral. Coimbra: Almedina, 2025. p. 750.

[10] OSÓRIO, Fabio Medina. *Op. Cit.*

[11] SUNDFELD, Carlos Ari. *Op. Cit.* p. 181/199.

[12] Nessa perspectiva, acrescenta Juliana Palma, o "Direito Administrativo conta com normas que conformam o exercício da prerrogativa sancionatória pelo Poder Público, conferindo-lhe peculiaridade em relação ao sistema de direito penal, de forma que o transplante de princípios e preceitos próprios deste regime mostra-se inapropriado para lidar com a atuação administrativa sancionatória". In.: PALMA, Juliana Bonacorsi. Sanção e Acordo na Administração Pública. São Paulo: Malheiros, 2015. p. 89.

qual, devido às especificidades das relações jurídicas, da natureza singular do nicho de atuação punitiva da Administração[13], exige redobrada preocupação com o "equilíbrio entre os elevados interesses públicos protegidos pelo Estado e os interesses privados, individuais e particulares dos agentes sujeitos à atividade estatal sancionatória"[14], fundamental, ao final, para a conformação de uma estrutura de incentivos realmente orientada ao cumprimento das obrigações licitatórias e contratuais.

Destaca-se, antes de iniciar a análise específica dos arts. 155 a 163 da Lei n° 14.133/2021, que eles deverão ser aplicados exclusivamente em licitações, contratações diretas e contratos realizados sob a égide do mesmo diploma legal, observando-se, para todos os efeitos, em relação a contratos vigentes celebrados sob a égide da Lei n° 8.666/1993, Lei n° 10.520/2002 e Lei n° 12.462/2011, as regras constantes nos referidos diplomas legais, os quais, mesmo revogados formalmente, continuam a produzir efeitos em contratos celebrados previamente à sua revogação. A ultratividade das Leis já revogadas é fundamentada no parágrafo único do art. 191 da LLCA, que estabeleceu que, "se a Administração optar por licitar de acordo com as leis citadas no inciso II do *caput* do art. 193 desta Lei, o contrato respectivo será regido pelas regras nelas previstas durante toda a sua vigência".

O exercício da prerrogativa sancionatória pela Administração Pública deve considerar, ademais, as alterações realizadas pela Lei n° 13.655, de 25/5/2018 (regulamentadas pelo Decreto n° 9.830, de 10/6/2019), na Lei de Introdução às Normas do Direito Brasileiro (Decreto-Lei n° 4.657, de 4/9/1942), que, nas palavras de Yasser Gabriel, "ao menos sob o enfoque jurídico-positivo, iniciou um novo momento na relação Administração Pública e sanção, mais exigente quanto aos critérios para sancionar", com a introdução de novas premissas a serem observadas em todas as atividades sancionatórias estatais[15], mesmo quando relacionadas às contratações públicas.

155.1 Das infrações na Lei n° 14.133/2021

O art. 155 da LLCA é corolário do princípio da legalidade, que, para maior segurança jurídica dos particulares, exige a tipicidade das infrações administrativas, de modo a garantir previsibilidade acerca das consequências de suas ações e omissões e, consequentemente, da possibilidade de aplicação de sanção pela Administração.[16] Há, no art. 155 da LLCA, a "predeterminação normativa das condutas ilícitas", que, em

---

[13] Marcelo Madureira Prates explica, a propósito, que, como desdobramento das relações gerais e das relações especiais de sujeição, "não há hoje um único poder administrativo sancionador, mas sim variados poderes administrativos sancionadores, cada qual com origem, justificação, limites e regime jurídico próprios [...]". In.: PRATES, Marcelo Madureira. Sanção Administrativa Geral: Anatomia e Autonomia. Coimbra: Almedina, 2005. p. 26. Em decorrência, Pedro Costa Gonçalves, por exemplo, destaca a existência, no Direito Administrativo Sancionador, de "ilícitos de mera ordenação social (contraordenações)", de "ilícitos disciplinares" e, ainda, de "outros ilícitos administrativos", aqui se contemplando a "aplicação de sanções no âmbito de relações emergentes de contratos administrativos". In.: GONÇALVES, Pedro Costa. Manual de Direito Administrativo. Vol. I. Coimbra: Almedina, 2019. P. 1066-1077.

[14] OSÓRIO, Fabio Medina. *Op. Cit.* p. 174

[15] GABRIEL, Yasser. Sanções do Direito Administrativo. São Paulo: Almedina, 2023. p. 35-36.

[16] AMORIM, Rafael Amorim de. Aplicação do princípio da tipicidade nos atos lesivos previstos na Lei Anticorrupção Empresarial. p. 194-195. *In*: FÉRES, Marcelo Andrade; CHAVES, Natália Cristina. *Sistema anticorrupção e empresa.* Belo Horizonte: D'Plácido, 2018. p. 191-206.

conjunto com as sanções demarcadas no art. 156, constituirão garantia material e formal dos particulares contra o arbítrio na consecução da atividade sancionatória estatal.[17]

Porém, no âmbito da atividade sancionatória estatal relacionada às contratações públicas, há, como se constata em certos ilícitos constantes no art. 155 da LLCA, a inevitável utilização de "conceitos ou termos jurídicos indeterminados, cláusulas gerais e elementos normativos semanticamente vagos ou ambíguos",[18] que reclamam, para sua concretização, a utilização de outros parâmetros complementares, a exemplo dos instrumentos que disciplinam a licitação e das cláusulas do contrato, que viabilizam, no âmago da própria relação jurídico-administrativa, a densificação normativa necessária para eventual responsabilização do particular.[19]

O art. 155 da LLCA demarca, enfim, limites ao arbítrio na consecução da atividade sancionatória estatal,[20] devendo ser complementado, à luz das peculiaridades das relações jurídicas inerentes às contratações públicas, por disposições constantes em atos regulamentares, nos instrumentos que disciplinam as licitações e em cláusulas contratuais.[21] Nesse sentido, Marçal Justen Filho reconhece que "evoluiu de uma posição mais dogmática e rigorosa para uma concepção mais conciliadora", admitindo que a lei "contemple um limite mínimo de descrição da conduta"[22], passível, assim, de complementação por outros instrumentos normativos.

Há muitas contribuições doutrinárias acerca das sanções administrativas, mas, curiosamente, quanto às infrações administrativas, ainda que sejam um pressuposto das sanções e "temas indissoluvelmente ligados"[23], não existem aprofundamentos teóricos tão significativos[24]. Normalmente, quando ocorre o aprofundamento do debate em obras específicas sobre infrações e sanções em licitações e contratos administrativos[25],

---

17 ENTERRÍA, Eduardo García de; FERNÁNDEZ, Tomás-Ramón. *Curso de Direito Administrativo*. (Trad. José Alberto Froes. Rev. Carlos Ari Sundfeld). São Paulo: Revista dos Tribunais, 2014. v. II, p. 198.

18 OSÓRIO, Fabio Medina. *Direito Administrativo Sancionador*. 3. ed. São Paulo: Revista dos Tribunais, 2009. p. 209-230.

19 ENTERRÍA, Eduardo García de; FERNÁNDEZ, Tomás-Ramón. *Curso de Direito Administrativo*. (Trad. José Alberto Froes. Rev. Carlos Ari Sundfeld). São Paulo: Revista dos Tribunais, 2014. v. II, p. 196.

20 Nesse sentido, Alejandro Nieto explica que o princípio da tipicidade "tem um alcance muito diferente no Direito Administrativo e no Direito Penal", não comprometendo a "legalidade o emprego de fórmulas amplas, sempre que sua concreção seja razoavelmente factível em virtude de critérios lógicos, técnicos ou de experiência que permitam prever, com suficiente segurança, a conduta visada". (NIETO, Alejandro. *Derecho Administrativo sancionador*. 2. ed. Madrid: Tecnos, 1994. p. 293 (tradução livre).

21 Conforme Alice Voronoff, prevalece a "reserva legal relativa", não se aplicando, *in casu*, "a rigidez associada à legalidade penal, uma vez que, entre outras razões, o direito administrativo sancionador não lida, como regra, com a privação da liberdade de ir e vir dos administrados; não se volta, como regra, à tutela dos bens e valores mais caros do ordenamento jurídico, como a vida e a integridade física; não carrega, em geral, um olhar retributivo de causação de um mal ao infrator que mereça recebê-lo – todos fatores que, na seara criminal, respondem pelo maior rigor da legalidade criminal". (VORONOFF, Alice. *Direito Administrativo sancionador no Brasil*: justificação, interpretação e aplicação. Belo Horizonte: Fórum, 2018. p. 229).

22 JUSTEN FILHO, Marçal. Comentários à Lei de Licitações e Contratações Administrativas. São Paulo: Thomson Reuters Brasil, 2021. p. 1599.

23 MELLO, Celso Antônio Bandeira de. Curso de Direito Administrativo. 18. ed. rev. atual. São Paulo: Malheiros, 2005. p. 776.

24 FERREIRA, Daniel. Teoria Geral da Infração Administrativa a Partir da Constituição Federal de 1988. Belo Horizonte: Fórum, 2009. p. 231.

25 Ver, por exemplo: FERREIRA, Daniel. Teoria Geral da Infração Administrativa a Partir da Constituição Federal de 1988. Belo Horizonte: Fórum, 2009; ZARDO, Francisco. Infrações e Sanções em Licitações e Contratos Administrativos. São Paulo: Editora Revista dos Tribunais, 2015 (Versão Kindle); PARZIALE, Aniello. As Sanções nas Contratações Públicas – As Infrações, As Penalidades e o Processo Administrativo Sancionador. Belo Horizonte: Fórum, 2021.

a doutrina incorpora contribuições teóricas do Direito Penal (em especial, da teoria do delito), desconsiderando especificidades do Direito Administrativo Sancionador e, mais ainda, do nicho de atividade sancionatória relacionada às contratações públicas[26].

As infrações administrativas "indicam comportamentos, omissivos ou comissivos, imputáveis a pessoas físicas ou jurídicas, [...] que violam norma jurídica ordenadora de comportamento diverso"[27], a desencadear a atividade sancionatória administrativa. O art. 155 da LLCA consolida, no geral, infrações que já estavam previstas nos arts. 87 a 88 da Lei n° 8.666/1993, no art. 7° da Lei n° 10.520/2002, no art. 47 da Lei n° 12.460/2011 e no art. 5º da Lei n° 12.846/2013, com aperfeiçoamentos redacionais para contemplar todos os possíveis atos – mesmo não relacionados diretamente a uma licitação ou a um contrato administrativo – capazes de comprometer o alcance dos objetivos subjacentes às contratações públicas.

Nessa linha, ao editar o art. 155 da Lei n° 14.133/2021, o legislador positivou as infrações de uma forma "mais alargada"[28], não se limitando a delimitar tipos adstritos a licitações e contratos. É possível, a partir disso, sistematizar as doze infrações constantes na LLCA segundo sua finalidade normativa e os bens jurídicos por elas tutelados, classificando-as da seguinte forma:

(i) infrações que comprometem o êxito das licitações e o alcance dos seus respectivos objetivos (incisos IV, V, VI e XI do art. 155);

(ii) infrações que prejudicam a boa execução contratual (incisos I, II, III e VII do do art. 155); e

(iii) infrações que colidem com bens e valores que normalmente transcendem licitações e contratos específicos (incisos VIII, IX, X e XII do art. 155), observadas as peculiaridades do inciso XII do art. 155, que remete ao art. 5º da Lei n° 12.486/2013 (Lei Anticorrupção)[29 30].

Os incisos IV, V, VI e XI do art. 155 da LLCA buscam salvaguardar a licitação e o alcance dos seus respectivos objetivos, inclusive a própria celebração do contrato administrativo necessário para satisfação das necessidades da Administração. À vista das fases do processo de licitação, em especial com a habilitação posterior ao julgamento de propostas e lances (art. 17 da LLCA), as condutas proibitivas constantes nas infrações especificadas ganham importância redobrada, notadamente por desestimular a

---

26 Nesse sentido, por exemplo, Daniel Ferreira propõe a "Teoria Geral da Infração Administrativa, tal qual fazem os criminalistas em relação à Teoria Geral do Delito", definindo, a partir disso, a infração administrativa como "o comportamento típico, antijurídico e reprovável". Ver: FERREIRA, Daniel. Responsabilização Administrativa por Infrações Imputáveis a Licitantes e Contratos à Luz da Lei n° 14.133/2021. p. 345. *In.*: HARGER, Marcelo (Coord.) Aspectos Polêmicos sobre a Nova Lei de Licitações e Contratos Administrativos. Fórum: Belo Horizonte, 2022. p. 341-382.

27 MARRARA, Thiago. *Op. Cit.* p. 226.

28 MARRARA, Thiago. *Op. Cit.* p. 226.

29 FORTINI, Cristiana; AVELAR, Mariana. O Direito Administrativo Sancionador: Considerações sobre o PL 4.253/2020 e a Futura Lei de Licitações. Disponível em: http://www.novaleilicitacao.com.br/2021/01/20/o-direito-administrativo-sancionador-consideracoes-sobre-o-pl-4253-20-e-a-futura-lei-de-licitacoes/. Acesso em 26 jul. 2021.

30 Sobre os atos lesivos da Lei n° 12.846/2013, ver: CONTROLADORIA-Geral da União. Manual de Responsabilização de Entes Privados. Abr. 2022. p. 57-71. Disponível em: https://repositorio.cgu.gov.br/bitstream/1/68182/5/Manual_de_Responsabiliza%c3%a7%c3%a3o_de_Entes_Privados_abril_2022_Corrigido.pdf. Acesso em: 28 jan. 2023.

participação de aventureiros nas licitações e por mitigar riscos de concertação indevida entre particulares (por exemplo, o "esquema conhecido como 'coelho' ou 'kamizase'").[31]

Deve-se, à luz do art. 17 da Lei n° 14.133/2021, considerar que, no rito do procedimento licitatório previsto na LLCA, a habilitação ocorre depois do julgamento das propostas oferecidas pelos particulares, o que, por si só, denota a importância de se prever a infração: "deixar de entregar a documentação exigida para o certame" (inciso IV do art. 155); "não manter a proposta apresentada, salvo se houver fato superveniente devidamente justificado (inciso V do art. 155)"; "não celebrar o contrato ou não entregar a documentação exigida para a contratação" (inciso VI do art. 155), a qual se diferencia das duas infrações já comentadas por ocorrer após a homologação da licitação; e "praticar atos ilícitos com vistas a frustrar os objetivos da licitação" (inciso XI do art. 155), a exemplo de quando o particular infringe o inciso I do art. 63 da LLCA,[32] com apresentação de declaração inverídica de que atende aos requisitos de habilitação para participar irregularmente do certame.

Os incisos I, II, III e VII do art. 155 da LLCA tutelam a boa execução contratual, na tentativa de constranger os particulares a cumprirem as obrigações pactuadas, satisfazendo as necessidades da Administração Pública nos termos previstos no respectivo contrato administrativo. Há, no segundo grupo de infrações da Lei n° 14.133/2021, infrações de diferentes níveis de gravosidade, a começar pela simples inexecução parcial (inciso I do art. 155), que, se apurada e sancionada, mitiga o risco de ocorrência de infrações mais graves; passando pela inexecução parcial qualificada, que ocasiona "grave dano à Administração, ao funcionamento dos serviços públicos ou a interesse coletivo" (inciso II do art. 155), e pelo retardamento da execução ou da entrega do objeto da licitação sem motivo justificado (inciso VII do art. 155); até chegar à inexecução total do contrato (inciso III do art. 155).

Destacam-se, no terceiro grupo de infrações previstas na LLCA, tipos que tutelam bens e valores jurídicos mais relevantes, aqui se explicitando a concepção "mais alargada" das infrações na Lei n° 14.133/2021. São comportamentos que contrariam valores basilares do ordenamento jurídico, assim justificando, dado o grau mais elevado de reprovabilidade das condutas, sua definição como infração administrativa, *in casu*, apresentar declaração ou documentação falsa (inciso VIII do art. 155); fraudar a licitação ou praticar ato fraudulento na execução do contrato (inciso IX do art. 155); comportar-se de modo inidôneo ou praticar fraude de qualquer natureza (inciso X do art. 155); e, principalmente, praticar atos lesivos previstos na Lei Anticorrupção (inciso XII do art. 155 c/c art. 5º da Lei n° 12.846/2013[33]).

---

[31] Ver: SANTOS, Franklin Brasil; SOUZA, Kleberson Roberto. *Como combater a corrupção em licitações*: detecção e prevenção de fraudes. 3. ed. ampl. e atual. Belo Horizonte: Fórum, 2020. p. 201-205.

[32] LLCA – "Art. 63. Na fase de habilitação das licitações serão observadas as seguintes disposições: I - poderá ser exigida dos licitantes a declaração de que atendem aos requisitos de habilitação, e o declarante responderá pela veracidade das informações prestadas, na forma da lei";

[33] Lei n° 12.846/2013 - Art. 5º Constituem atos lesivos à administração pública, nacional ou estrangeira, para os fins desta Lei, todos aqueles praticados pelas pessoas jurídicas mencionadas no parágrafo único do art. 1º que atentem contra o patrimônio público nacional ou estrangeiro, contra princípios da administração pública ou contra os compromissos internacionais assumidos pelo Brasil, assim definidos:
I - prometer, oferecer ou dar, direta ou indiretamente, vantagem indevida a agente público, ou a terceira pessoa a ele relacionada;
II - comprovadamente, financiar, custear, patrocinar ou de qualquer modo subvencionar a prática dos atos ilícitos previstos nesta Lei;

Os incisos X e XII do art. 155 da LLCA assumem, no cenário contemporâneo, importância redobrada, sobretudo se considerado que "o legislador, ao editar um preceito, tem sempre em vista a tradução de um sentido e obtenção de uma finalidade"[34]. Eles representam uma resposta do legislador à crescente exigência de um ambiente de contratações públicas íntegro e confiável, possibilitando a aplicação de sanções a particulares que tenham comportamentos contrários ao Estado Democrático de Direito, ao patrimônio público nacional ou estrangeiro, aos princípios da administração pública e aos compromissos internacionais assumidos pelo Brasil.

Nessas circunstâncias, ainda que o ato lesivo não tenha sido realizado no âmbito das contratações públicas[35], o legislador considerou que, em certas condutas, o particular viola bens e valores jurídicos fundantes das contratações públicas (por exemplo, do art. 5º da LLCA, moralidade, interesse público, segurança jurídica, proporcionalidade), assim inviabilizando sua participação em licitações e celebração de contratos. Não se está, nessas situações, diante de infrações comuns, mas de infrações graves, a exemplo de "comportamento inidôneo" e de "fraudes de qualquer natureza" (inciso X do art. 155) e de "atos contra administração pública" (inciso XII do art. 155 c/c art. 5º da Lei n° 12.846/2013), que consubstanciam práticas não condizentes com um ambiente de contratações íntegro e confiável.

O Parecer n° 0001/2023/CONSUNIÃO/CGU/AGU, da lavra do Advogado da União Antônio Marinho da Rocha Neto, devidamente aprovado pelo Ministro Chefe da Advocacia-Geral da União (Parecer n° JM-01) e pelo Presidente da República, é paradigmático, pois concluiu, ao analisar os incisos X e XII do art. 155 da LLCA, que a intenção do legislador foi "instituir mecanismo a fim de proteger a Administração Pública, de modo a prevenir que tais pessoas, que tenham comprovadamente atuado de maneira inidônea, corrupta ou fraudulenta, venham a ter condições de celebrar contrato",

---

III - comprovadamente, utilizar-se de interposta pessoa física ou jurídica para ocultar ou dissimular seus reais interesses ou a identidade dos beneficiários dos atos praticados;
IV - no tocante a licitações e contratos:
a) frustrar ou fraudar, mediante ajuste, combinação ou qualquer outro expediente, o caráter competitivo de procedimento licitatório público;
b) impedir, perturbar ou fraudar a realização de qualquer ato de procedimento licitatório público;
c) afastar ou procurar afastar licitante, por meio de fraude ou oferecimento de vantagem de qualquer tipo;
d) fraudar licitação pública ou contrato dela decorrente;
e) criar, de modo fraudulento ou irregular, pessoa jurídica para participar de licitação pública ou celebrar contrato administrativo;
f) obter vantagem ou benefício indevido, de modo fraudulento, de modificações ou prorrogações de contratos celebrados com a administração pública, sem autorização em lei, no ato convocatório da licitação pública ou nos respectivos instrumentos contratuais; ou
g) manipular ou fraudar o equilíbrio econômico-financeiro dos contratos celebrados com a administração pública;
V - dificultar atividade de investigação ou fiscalização de órgãos, entidades ou agentes públicos, ou intervir em sua atuação, inclusive no âmbito das agências reguladoras e dos órgãos de fiscalização do sistema financeiro nacional."

[34] JANUÁRIO, Rui; CAETANO, Paulo. Caetano. A Corrupção e o Estado. Lisboa: Vieira da Silva, 2018.

[35] À semelhança do que ocorre no âmbito penal, que, na alínea "b" do inciso I do art. 92 do Código Penal, determina a perda de cargo, função pública ou mandato eletivo "quando for aplicada pena privativa de liberdade por tempo superior a 4 (quatro) anos", mesmo que o crime cometido não tenha correlação com o cargo, função pública ou mandato eletivo (por exemplo, policial condenado por homicídio, mesmo sem correlação com suas atribuições funcionais, pode perder seu cargo, como efeito acessório da condenação penal; professor condenado por estupro de vulnerável, mesmo sem correlação com suas atribuições funcionais, pode perder seu cargo, como efeito acessório da condenação penal).

assim possibilitando a "responsabilização administrativa daqueles que praticaram ou fomentaram atos antidemocrátricos", principalmente em razão do "elevado grau de reprovabilidade da conduta a ponto de inviabilizar o relacionamento jurídico com a Administração"[36].

Por derradeiro, a análise do art. 155 da LLCA revela que, quando cotejado o caso concreto com os tipos proibitivos já especificados, sobrevirão, muitas vezes, concurso de infrações: *(i)* de um lado, existe a hipótese de concurso formal, especificamente quando o particular praticar um ato reprovável passível de enquadramento em mais de um tipo previsto no art. 155, a se resolver, em regra, pelo seu enquadramento no tipo proibitivo mais gravoso, com possíveis reflexos na dosimetria da sanção; *(ii)* de outro lado, existe a hipótese de concurso material, circunstância em que o particular perpetra, simultânea ou sucessivamente, dois ou mais atos reprováveis pelo ordenamento, a exigir o enquadramento de cada ilícito no tipo proibitivo correspondente, com reflexos nas sanções a serem aplicadas.[37]

---

[36] Disponível em: https://www.in.gov.br/web/dou/-/despacho-do-presidente-da-republica-476375752. Acesso em: 12 abr. 2023.

[37] JUSTEN FILHO, Marçal. *Comentários à Lei de Licitações e Contratações Administrativas*. São Paulo: Thomson Reuters Brasil, 2021. p. 1606.

Art. 156. Serão aplicadas ao responsável pelas infrações administrativas previstas nesta Lei as seguintes sanções:

I – advertência;

II – multa;

III – impedimento de licitar e contratar;

IV – declaração de inidoneidade para licitar ou contratar.

§1º Na aplicação das sanções serão considerados:

I – a natureza e a gravidade da infração cometida;

II – as peculiaridades do caso concreto;

III – as circunstâncias agravantes ou atenuantes;

IV – os danos que dela provierem para a Administração Pública;

V – a implantação ou o aperfeiçoamento de programa de integridade, conforme normas e orientações dos órgãos de controle.

§2º A sanção prevista no inciso I do caput deste artigo será aplicada exclusivamente pela infração administrativa prevista no inciso I do caput do art. 155 desta Lei, quando não se justificar a imposição de penalidade mais grave.

§3º A sanção prevista no inciso II do caput deste artigo, calculada na forma do edital ou do contrato, não poderá ser inferior a 0,5% (cinco décimos por cento) nem superior a 30% (trinta por cento) do valor do contrato licitado ou celebrado com contratação direta e será aplicada ao responsável por qualquer das infrações administrativas previstas no art. 155 desta Lei.

§4º A sanção prevista no inciso III do caput deste artigo será aplicada ao responsável pelas infrações administrativas previstas nos incisos II, III, IV, V, VI e VII do caput do art. 155 desta Lei, quando não se justificar a imposição de penalidade mais grave, e impedirá o responsável de licitar ou contratar no âmbito da Administração Pública direta e indireta do ente federativo que tiver aplicado a sanção, pelo prazo máximo de 3 (três) anos.

§5º A sanção prevista no inciso IV do caput deste artigo será aplicada ao responsável pelas infrações administrativas previstas nos incisos VIII, IX, X, XI e XII do caput do art. 155 desta Lei, bem como pelas infrações administrativas previstas nos incisos II, III, IV, V, VI e VII do caput do referido artigo que justifiquem a imposição de penalidade mais grave que a sanção referida no §4º deste artigo, e impedirá o responsável de licitar ou contratar no âmbito da Administração Pública direta e indireta de todos os entes federativos, pelo prazo mínimo de 3 (três) anos e máximo de 6 (seis) anos.

§6º A sanção estabelecida no inciso IV do caput deste artigo será precedida de análise jurídica e observará as seguintes regras:

I – quando aplicada por órgão do Poder Executivo, será de competência exclusiva de ministro de Estado, de secretário estadual ou de secretário municipal e, quando aplicada por autarquia ou fundação, será de competência exclusiva da autoridade máxima da entidade;

II – quando aplicada por órgãos dos Poderes Legislativo e Judiciário, pelo Ministério Público e pela Defensoria Pública no desempenho da função administrativa, será de competência exclusiva de autoridade de nível hierárquico equivalente às autoridades referidas no inciso I deste parágrafo, na forma de regulamento.

§7º As sanções previstas nos incisos I, III e IV do caput deste artigo poderão ser aplicadas cumulativamente com a prevista no inciso II do caput deste artigo.

§8º Se a multa aplicada e as indenizações cabíveis forem superiores ao valor de pagamento eventualmente devido pela Administração ao contratado, além da perda desse valor, a diferença será descontada da garantia prestada ou será cobrada judicialmente.

§9º A aplicação das sanções previstas no caput deste artigo não exclui, em hipótese alguma, a obrigação de reparação integral do dano causado à Administração Pública.

RAFAEL AMORIM DE AMORIM

156 As possíveis sanções aplicáveis aos particulares

O art. 156 da LLCA demarca as sanções que, no caso de cometimento de infrações em licitações ou contratos, poderão ser aplicadas aos particulares, diferenciando-se do "regime do sistema contratual privado porque se situam em contexto inteiramente diverso"[1]. Constituem, também, corolário dos princípios da legalidade e da tipicidade e, em conjunto com as infrações administrativas, promovem a segurança jurídica dos particulares, garantindo-lhes previsibilidade acerca das ações e omissões reprováveis no âmbito das contratações públicas, passíveis de os sujeitarem à aplicação de sanção pela Administração, conforme prerrogativa sancionatória expressa constante no art. 104 da LLCA.[2]

[1] MARRARA, Thiago. Infrações, Sanções e Acordos na Nova Lei de Licitações. p. 227. In.: DI PIETRO, Maria Sylvia Zanella. (Coord.). Licitações e Contratos Administrativos. 1. Ed. Rio de Janeiro: Forense, 2021. p. 226-263.

[2] NLLCA – "Art. 104. O regime jurídico dos contratos instituído por esta Lei confere à Administração, em relação a eles, as prerrogativas de: [...] IV – aplicar sanções motivadas pela inexecução total ou parcial do ajuste".

Há, na doutrina administrativista, significativas controvérsias relacionadas às sanções administrativas, em especial polêmicas acerca de suas finalidades.[3] Não cabe aqui exaurir a análise de tais controvérsias,[4] mas, para correta compreensão do art. 156 da LLCA, é importante definir que "sanções são os dispositivos que o Direito usa ou ameaça", constituindo "a principal arma do arsenal coercitivo do Estado"[5], em razão da sua capacidade de desestimular a prática de infrações e de constranger os particulares a cumprirem suas obrigações no decorrer das licitações e dos contratos (finalidade preventiva geral e específica)[6] [7].

O alcance da finalidade preventiva das sanções não se satisfaz com a sua mera previsão abstrata no ordenamento jurídico, impondo-se, *a priori*, a repressão de atos ilícitos detectados, para fins de recomposição da legalidade e/ou compensação da Administração por prejuízos causados pelos particulares. Ou seja, as simples "ameaças" constantes nas sanções previstas no art. 156 da LLCA não são suficientes para o alcance de suas finalidades, a exigir, como regra, seja por meio de processo sancionador, seja por meio de instrumentos consensuais[8] [9], a aplicação das sanções cabíveis se constatado o cometimento de ilícito pelo particular, de modo a explicitar que as infrações não serão admitidas pela Administração, com o reforço do modelo de comportamento esperado dos particulares no decorrer da licitação ou da execução contratual.[10]

Nessa perspectiva, as sanções elencadas no art. 156 da LLCA não podem ser consideradas como simples "mal ou castigo" imposto aos particulares,[11] com finalidade exclusivamente repressiva (retributiva). Deve ser valorizada, em especial, sua finalidade preventiva, associada à sua capacidade de dissuadir a prática de novas infrações (pelo mesmo particular infrator, caso de prevenção específica; e, principalmente, por terceiros, caso de prevenção geral)[12], exigindo-se, ao se reconhecer a racionalidade ínsita às

[3] Há, de um lado, como explica Daniel Ferreira, corrente teórica com preocupação mais focada no aspecto "formal (lógico-jurídica)"; e, de outro, ganhando espaço no debate doutrinário contemporâneo, corrente teórica "com preocupação muito mais substancial (jurídico-material)". Ver: FERREIRA, Daniel. Vinte anos de reflexões acerca das sanções e das infrações administrativas: resolvendo alguns temas polêmicos, complexos e atuais. p. 97. *In*: PIMENTA, José Roberto Pimenta. *Direito administrativo sancionador*: estudos em homenagem ao Professor Emérito da PUC/SP Celso Antônio Bandeira de Mello. São Paulo: Malheiros, 2019. p. 87-100.

[4] Ver: VORONOFF, Alice. *Direito Administrativo Sancionador no Brasil*: justificação, interpretação e aplicação. Belo Horizonte: Fórum, 2018.

[5] SCHAUER, Frederick. A Força do Direito. Trad. André Luiz Freire. São Paulo: WMF Martins Fonte, 2022. p. 189/196.

[6] MELLO, Celso Antônio Bandeira de. *Curso de Direito Administrativo*. 18. ed. rev. atual. São Paulo: Malheiros, 2005. p. 777.

[7] ESTORNINHO, Maria João. Réquiem pelo Contrato Administrativo. Coimbra: Almedina, 2003. p. 128.

[8] Ver: PALMA, Juliana Bonacorsi. Sanção e acordo na Administração Pública. São Paulo: Malheiros, 2015.

[9] Haverá, nessa hipótese, aplicação do art. 17 da Lei nº 12.846/2013 c/c art. 189 da NLLCA, a saber: Lei nº 12.846/2013 – "Art. 17. A administração pública poderá também celebrar acordo de leniência com a pessoa jurídica responsável pela prática de ilícitos previstos na Lei nº 8.666, de 21 de junho de 1993, com vistas à isenção ou atenuação das sanções administrativas estabelecidas em seus arts. 86 a 88"; Lei nº 14.133/2021 – "Art. 189. Aplica-se esta Lei às hipóteses previstas na legislação que façam referência expressa à Lei nº 8.666, de 21 de junho de 1993, à Lei nº 10.520, de 17 de julho de 2002, e aos arts. 1º a 47-A da Lei nº 12.462, de 4 de agosto de 2011".

[10] PRATES, Marcelo Madureira. *Sanção Administrativa Geral*: anatomia e autonomia. Coimbra: Almedina, 2005. p. 127-129.

[11] OSÓRIO, Fabio Medina. *Direito Administrativo Sancionador*. 3. ed. São Paulo: Revista dos Tribunais, 2009. p. 95.

[12] Como bem sintetiza Rafael Munhoz de Melo, "pune-se para prevenir a ocorrência de novas infrações, desestimulando a prática de comportamentos tipificados como ilícitos". (MELO, Rafael Munhoz de. *Princípios Constitucionais de Direito Administrativo Sancionador*: as Sanções Administrativas à Luz da Constituição Federal de 1988. São Paulo: Malheiros, 2007. p. 76.

escolhas dos particulares, que seja considerada, no arranjo institucional sancionador, além da previsão abstrata das infrações, a probabilidade de efetiva aplicação das sanções correspondentes (*enforcement*), de modo que os retornos esperados pelos particulares, no caso de ocorrência de ilícito, lhes sejam sempre desfavoráveis,[13] o que conformará, ao final, uma estrutura de incentivos realmente orientada ao cumprimento das obrigações licitatórias e contratuais.[14] [15]

As sanções administrativas possuem, enfim, caráter instrumental, não podendo ser dissociadas das finalidades já demarcadas. Há, em conclusão, como explica Alice Voronoff, que se compreender que a "sanção não é um fim em si, mas um instrumento de direito administrativo", constitui "uma ferramenta [...] para a criação de incentivos voltados ao maior cumprimento da legislação" (ou seja, na lógica exposta, "a sanção administrativa não atua preponderantemente para fins retributivos, mas se volta sobretudo à finalidade de conformação da conduta dos particulares com vistas ao alcance de objetivos de interesse público confiados à Administração Pública").[16]

Em abstrato, explica Fabio Medina Osório, existem "graus variados de intensidade da sanção e do próprio efeito aflitivo"[17], o que, após análise do art. 156 da Lei n° 14.133/2021, pode ser constatado no marco legal ora analisado, especialmente com a classificação das sanções nele previstas da seguinte forma:

(i) de um lado, as sanções cujos efeitos alcançam, de forma preponderante, o vínculo específico do particular com a Administração, *in casu*, a advertência e multa;

(ii) de outro, as sanções que possuem efeitos gerais e alcançam relações jurídicas que transcendem uma licitação ou contrato administrativo, *in casu*, o impedimento de licitar e contratar e a declaração de inidoneidade para licitar ou contratar, cujo processo administrativo sancionador possui exigências formais mais robustas em razão das consequências mais gravosas no caso de aplicação de sanção.

Constata-se, assim, a preocupação do legislador em estabelecer sanções com diferentes níveis de gravosidade, de modo a possibilitar a aplicação de penalidade que seja proporcional à reprovabilidade da infração praticada pelo particular. Em especial quando consideradas a finalidade preventiva das sanções, é importante que exista um arsenal sancionatório compatível com a diversidade de infrações que podem ser praticadas pelos particulares: a começar por sanções brandas (advertência e multa de baixo valor) para ilícitos leves, inclusive para dissuadir a prática de infrações mais graves[18]; até

---

[13] COOTER, Robert; ULEN, Thomas. Direito e economia. (Trad. Luis Marcos Sander e Francisco Araújo da Costa). 5. ed. Porto Alegre: Bookman, 2010. p. 467-496.

[14] Nesse sentido, explica Gustavo Binenbojm, "mesmo as normas de comando e controle são estrutura de incentivos, sendo a sanção punitiva o meio de desestímulo a condutas socialmente indesejáveis". (BINENBOJM, Gustavo. Poder de polícia, ordenação, regulação: transformações político-jurídicas, econômicas e institucionais do Direito Administrativo Ordenador. 3. ed. Belo Horizonte: Fórum, 2020. p. 172).

[15] O referencial teórico do *homo economicus* é bastante criticado pela Teoria Comportamental ("Behavioral Law and Economics"), que, ao reconhecer que as pessoas são limitadamente racionais e que vieses cognitivos, heurísticas e emoções afetam suas decisões, explicita que o medo da punição nem sempre é suficiente para dissuadir comportamentos ilícitos. Ver: VORONOFF, Alice. Da Sanção à Regulação. CEEJ: Rio de Janeiro, 2025. p. 35.

[16] VORONOFF, Alice. *Direito Administrativo Sancionador no Brasil*: justificação, interpretação e aplicação. Belo Horizonte: Fórum, 2018. p. 79-80.

[17] OSÓRIO, Fabio Medina. Direito Administrativo Sancionador. 3. ed. São Paulo: Revista dos Tribunais, 2009. p. 91.

[18] Em estudo sobre o "efeito educativo" das sanções nas contratações públicas, foi constatado que a aplicação de advertência e multa provoca "uma diminuição na razão de chances de ocorrência de problemas mais graves no futuro", o que é explicado pelo fato de os "fornecedores entenderem o 'recado' e se esforçarem nos contratos

chegar às sanções mais severas (multa de valor elevado, impedimento de licitar e contratar e declaração de inidoneidade) para ilícitos graves, que comprometem seriamente os bens tutelados pelos arts. 155 a 163 da LLCA.

A análise das sanções previstas na LLCA deve considerar, como já destacado previamente, as alterações realizadas pela Lei n° 13.655, de 25/5/2018, na Lei de Introdução às Normas do Direito Brasileiro (Decreto-Lei n° 4.657, de 4/9/1942), que, nas palavras de Yasser Gabriel, "ao menos sob o enfoque jurídico-positivo, iniciou um novo momento na relação Administração Pública e sanção, mais exigente quanto aos critérios para sancionar", com a introdução de novas premissas a serem observadas em todas as atividades sancionatórias estatais mesmo quando relacionadas às contratações públicas.

156.1 Os parâmetros de dosimetria da sanção (§1º do art. 156)

O § 1° do art. 156 da Lei n° 14.133/2021 define, em consonância com o § 2° do art. 22 da Lei de Introdução às Normas do Direito Brasileiro[19], parâmetros de dosimetria a serem considerados pela Administração na materialização da atividade sancionatória, a saber:

(i) análise das peculiaridades do caso concreto;
(ii) avaliação da natureza e da gravidade da infração;
(iii) consideração de possíveis circunstâncias agravantes ou atenuantes;
(iv) delimitação dos danos eventualmente provocados à Administração; e
(v) implantação ou aperfeiçoamento de programa de integridade pelo licitante ou contratado, conforme normas e orientações dos órgãos de controle.

Há, como desdobramento dos parâmetros de dosimetria elencados no § 1° do art. 156 da LLCA, a possibilidade de individualização da(s) sanção(ões) a ser(em) aplicada(s) em cada caso concreto, que deverá ser motivada pela autoridade competente. Nesse sentido, o § 1° do art. 156 da LLCA deverá, após constatação do cometimento de infração e identificação da(s) sanção(ões) inicialmente correspondente(s), ser considerado pela Administração para

(i) avaliar se o caso concreto, as circunstâncias relacionadas e os danos provocados à Administração não justificam a imposição de penalidade mais grave (de advertência para impedimento de licitar e contratar ou de impedimento de licitar e contratar para declaração de inidoneidade, consoante §§ 2° a 5° do art. 156);

(ii) e depois, à exceção da advertência, que não admite gradação, para definir o *quantum* da multa sancionatória (de 0,5% a 30% do valor da contratação) e/ou do tempo do "impedimento de licitar e contratar" (até 3 anos) ou da "declaração de inidoneidade" (de 3 a 6 anos)..

Os parâmetros de dosimetria do § 1° do art. 156 da Lei n° 14.133/2021 determinarão, ao fim, o agravamento ou a atenuação da sanção a ser efetivamente aplicada ao particular,

---

subsequentes, evitando sanções mais pesadas [...]". In.: COSTA, Caio César de Medeiros. Análise do Efeito Educativo das Sanções nos Contratos Administrativos da Administração Pública Federal no Brasil. Cadernos ENAP n° 65. Brasília: ENAP, 2019. p. 32.

[19] Decreto-Lei n° 4.657, de 4/9/1942 (com as alterações realizadas pela Lei n 13.655/2018) – Lei de Introdução às Normas do Direito Brasileiro - Art. 22 [...] Na aplicação de sanções, serão consideradas a natureza e a gravidade da infração cometida, os danos que dela provierem para a administração pública, as circunstâncias agravantes ou atenuantes e os antecedentes do agente.

compatibilizando as previsões normativas abstratas com a gravidade da violação efetivamente realizada pelo particular. A(s) sanção(ões) a ser(em) aplicada(s), em cada caso concreto, deverá(ão) ser proporcional(is) à gravidade da infração praticada pelo particular, de modo a potencializar o alcance das finalidades da atividade sancionatória, explicitando que atos reprováveis pela LLCA não serão tolerados e, assim, reforçando o modelo de comportamento esperado dos particulares.

Convém destacar a importância do inciso V do § 1° do art. 156 da LLCA, porquanto, além de definir o programa de integridade como um dos parâmetros de dosimetria, ele acaba sinalizando, em conjunto com outros dispositivos[20], a importância dos programas de integridade no ambiente de contratações públicas[21], estimulando os particulares, por meio de "empurrões" dissimulados"[22], a se preocuparem com o *compliance* em suas relações com a Administração Pública, observando, por exemplo, no âmbito federal, as diversas exigências estabelecidas no Decreto n° 12.304, de 9/12/2024, que disciplina os programas de integridade[23].

---

[20] Há, a propósito, a necessidade de considerar o art. 7°, inciso VIII, da Lei n° 12.846/2013, que já previa, como um dos parâmetros de dosimetria das sanções previstas na Lei Anticorrupção, a existência de "mecanismos e procedimentos internos de integridade, auditoria e incentivo à denúncia de irregularidades e a aplicação efetiva de códigos de ética e de conduta no âmbito da pessoa jurídica".

[21] FORTINI, Cristiana; AVELAR, Mariana. O Direito Administrativo Sancionador: Considerações sobre o PL 4253/20 e a Futura Lei de Licitações. Disponível em: https://www.novaleilicitacao.com.br/2021/01/20/o-direito-administrativo-sancionador-consideracoes-sobre-o-pl-4253-20-e-a-futura-lei-de-licitacoes/. *Acesso em: 24 jul. 2023.*

[22] Ver: SUNSTEIN, Cass R.; THALLER, Richard H. Nudge: o Empurrão para a Escolha Certa. Trad. Macello Lino. Rio de Janeiro: Elsevier, 2009.

[23] Decreto Federal n° 12.304/2024 – "Art. 3º O programa de integridade será avaliado, quanto a sua implantação, seu desenvolvimento ou a seu aperfeiçoamento, de acordo com os seguintes parâmetros: I - comprometimento da alta direção da pessoa jurídica, incluídos os conselhos, evidenciado pelo apoio visível e inequívoco ao programa e pela destinação de recursos adequados; II - padrões de conduta, código de ética, políticas e procedimentos de integridade, aplicáveis a todos os empregados e administradores, independentemente do cargo ou da função exercida; III - padrões de conduta, código de ética e políticas de integridade estendidas, quando necessário, a terceiros, como fornecedores, prestadores de serviço, agentes intermediários e associados; IV - treinamentos e ações de comunicação periódicos sobre o programa de integridade; V - gestão adequada de riscos, incluída sua análise e reavaliação periódica, para a realização de adaptações necessárias ao programa de integridade e para a alocação eficiente de recursos; VI - registros contábeis que reflitam de forma completa e precisa as transações da pessoa jurídica; VII - controles internos que assegurem a pronta elaboração e a confiabilidade de relatórios e demonstrações financeiras da pessoa jurídica; VIII - procedimentos específicos para prevenir fraudes e ilícitos no âmbito de processos licitatórios, na execução de contratos administrativos ou em qualquer interação com o setor público, ainda que intermediada por terceiros, como pagamento de tributos, sujeição a fiscalizações ou obtenção de autorizações, licenças, permissões e certidões; IX - mecanismos específicos para assegurar o respeito aos direitos humanos e trabalhistas e a preservação do meio ambiente; X - independência, estrutura e autoridade da instância interna responsável pela aplicação do programa de integridade e pela fiscalização de seu cumprimento; XI - canais de denúncia de irregularidades, abertos e amplamente divulgados a funcionários e terceiros, e mecanismos destinados ao tratamento das denúncias e à proteção de denunciantes de boa-fé; XII - medidas disciplinares em caso de violação do programa de integridade; XIII - procedimentos que assegurem a pronta interrupção de irregularidades ou de infrações detectadas e a tempestiva remediação dos danos gerados; XIV - diligências apropriadas, baseadas em risco, para: a) contratação e, conforme o caso, supervisão de terceiros, como fornecedores, prestadores de serviço, agentes intermediários, despachantes, consultores, representantes comerciais e associados; b) contratação e, conforme o caso, supervisão de pessoas expostas politicamente e de seus familiares, colaboradores e pessoas jurídicas de que participem; e c) realização e supervisão de patrocínios e doações; XV - verificação, durante os processos de fusões, aquisições e reestruturações societárias, do cometimento de irregularidades ou ilícitos ou da existência de vulnerabilidades nas pessoas jurídicas envolvidas; XVI - transparência e responsabilidade socioambiental da pessoa jurídica; e XVII - monitoramento contínuo do programa de integridade com vistas ao seu aperfeiçoamento na prevenção, na detecção e no combate à ocorrência de fraudes, de irregularidades, de atos lesivos praticados contra a administração pública, nacional ou estrangeira, e de condutas que atentem contra os direitos humanos e trabalhistas e o meio ambiente."

156.2 Da correlação entre as infrações previstas no art. 155 e as sanções estabelecidas no *caput* do art. 156 (§§2º a 5º do art. 156)

Os §§2º ao 5º do art. 156 da LLCA fazem correlação entre as infrações definidas no art. 155 e as sanções previstas no caput do art. 156, estabelecendo, em conformidade com os princípios da legalidade, da tipicidade e da proporcionalidade, balizas legais para definição da sanção a ser aplicada aos particulares, os quais conseguem antever com razoável grau de certeza a sanção que estarão sujeitos caso incorram nos ilícitos já comentados.[24]

Há, assim, a diminuição da discricionariedade da Administração, que, em contraste com as Leis nº 8.666/1993, nº 10.520/2002 e nº 12.460/2011, terá balizas legais mais rígidas para definição da sanção a ser aplicada em caso de cometimento de infrações por licitantes ou contratados. Destaca-se, mais uma vez, que licitações e contratos realizados sob a égide das Leis nº 8.666/1993, nº 10.520/2002 e nº 12.460/2011 continuarão a observar, no tocante a infrações e sanções, o disposto nos referidos diplomas legais, não lhes aplicando o disposto nos arts. 155 a 163 da LLCA, tanto para beneficiar o particular, quanto para prejudicá-lo.

156.2.1 Da Advertência (§ 2º do art. 156 da LLCA)

O § 2° do art. 156 da Lei n° 14.133/2021 estabelece a aplicação de advertência, por escrito, nos casos de cometimento do ilícito de inexecução parcial do contrato definido no inciso I do caput do art. 155. A simples inexecução contratual não ocasiona, a priori, prejuízos mais significativos à Administração, o que fundamenta, em regra, a aplicação da sanção de advertência como forma de, principalmente, explicitar formalmente a insatisfação com a execução contratual e evitar a superveniência de infrações mais gravosas, estimulando, em razão dos efeitos pedagógicos subjacentes à sanção, a continuidade da execução contratual em conformidade com os termos pactuados pela Administração e pelo particular.

Há, na parte final do § 2° do art. 156 da LLCA, a possibilidade de a inexecução contratual justificar a imposição de penalidade mais gravosa, exigindo-se, para tanto, a análise do ilícito à luz dos parâmetros de dosimetria constantes no § 1° do art. 156. A reiteração do ilícito de inexecução parcial do contrato definido no inciso I do caput do art. 155 poderá, por exemplo, fundamentar a imposição de sanção mais gravosa ao particular.

156.2.2 Da Multa Sancionatória (§ 3º do art. 156 da LLCA)

O § 3° do art. 156 da LLCA disciplina, por sua vez, a aplicação da multa sancionatória, que: (i) poderá ser cominada ao responsável pela prática de qualquer infração constante no art. 155; (ii) terá o valor mínimo equivalente a 0,5% e máximo de 30% do valor estimado da contrat, quando a multa for aplicada em razão de infração no

---

[24] ENTERRÍA, Eduardo García de; FERNÁNDEZ, Tomás-Ramón. *Curso de Direito Administrativo*. Vol. II. Trad. José Alberto Froes. Rev. Carlos Ari Sundfeld. São Paulo: Revista dos Tribunais, 2014. p. 200-201.

decorrer da licitação, ou do valor efetivo do contrato nas demais hipóteses; e (iii) quando constatada a infração, será calculada pela Administração na forma estabelecida no edital ou no contrato, observados os parâmetros de dosimetria já comentados.

Nesse contexto, o valor da multa sancionatória deverá ser proporcional à gravidade da infração praticada pelo particular, impactando de forma razoável o patrimônio do infrator, com vistas a potencializar o efeito dissuasório subjacente à atividade sancionatória da Administração. Admite-se, ainda, conforme § 7° do art. 156 da LLCA, a aplicação conjunta da multa sancionatória com as demais penalidades previstas no art. 156, o que poderá sujeitar o particular, quando comprovada a prática de infração, as sanções de: (i) multa e advertência; (ii) multa e impedimento de licitar e contratar; ou (iii) multa e declaração de inidoneidade.

O § 8° do art. 156 da LLCA posssibilita que os valores devidos pelo particular a título de multa e de indenização por perdas e danos sejam: (i) descontados pela Administraçao de seus créditos eventualmente existentes em razão da execução contratual; (ii) se subsistir saldo devedor do particular, descontados da garantia prestada, o que se aplica, por óbvio, a todas as modalidades de garantia previstas no § 1° do art. 96 da Lei n° 14.133/2021 (caução, seguro-garantia e fiança); e, (iii) caso persista alguma diferença residual, aí sim cobrados judicialmente.

156.2.3 Do Impedimento de Licitar e Contratar (§ 4º do art. 156 da LLCA)

O § 4° do art. 156 da LLCA estabelece as balizas legais para fins de aplicação do "impedimento de licitar e contratar", vinculando tal sanção à prática de infrações que prejudicam a licitação ou o contrato: de um lado, as infrações "deixar de entregar a documentação exigida para o certame" (inciso IV), "não manter a proposta, salvo em decorrência de fato superveniente devidamente justificado (inciso V), e "não celebrar o contrato ou não entregar a documentação exigida para a contratação" (inciso VI); de outro, as infrações "dar causa à inexecução parcial do contrato que cause grave dano à Administração, ao funcionamento dos serviços públicos ou ao interesse coletivo (inciso II), "dar causa à inexecução total do contrato" (inciso III) e "ensejar o retardamento da execução ou da entrega do objeto da licitação sem motivo justificado" (inciso VII).

Destaca-se que os ilícitos administrativos contemplados no § 4° do art. 156 da LLCA ocasionam graves prejuízos ao bom andamento das licitações e dos contratos, prejudicando a satisfação das necessidades da Administração, sem necessariamente impactar bens e valores que transcendem a contratação pública específica. Portanto, salvo se justificada a imposição de penalidade mais grave, quando constatado o cometimento das infrações previstas nos incisos II, III, IV, V, VI e VII do caput do art. 155, a Administração aplicará ao particular, observados os parâmetros de dosimetria elencados no § 1° do art. 156, o impedimento de licitar ou contratar pelo prazo de até 3 (três) anos, cujos efeitos ficarão adstritos ao âmbito da Administração Pública direta e indireta do ente federativo que tiver aplicado a sanção.

156.2.4 Da Declaração de Inidoneidade (§ 5º do art. 156 da LLCA)

O § 5° do art. 156 da LLCA disciplina a aplicação da sanção de "declaração de inidoneidade para licitar ou contratar", penalidade a ser aplicada, como regra, aos responsáveis por infrações previstas nos incisos VIII, IX, X, XI e XII do caput do art. 155, que tutelam bens e valores que transcendem a contratação pública e constituem atos ilícitos mais reprováveis pelo ordenamento jurídico: "apresentar declaração ou documentação falsa exigida para o certame ou prestar declaração falsa durante a licitação ou a execução do contrato", "fraudar a licitação ou praticar ato fraudulento na execução do contrato", "comportar-se de modo inidôneo ou cometer fraude de qualquer natureza", "praticar atos ilícitos com vistas a frustrar os objetivos da licitação", "praticar ato lesivo previsto no art. 5º da Lei nº 12.846, de 1º de agosto de 2013".

Há, a propósito, a possibilidade de aplicação da "declaração de inidoneidade para licitar ou contratar" ao responsável pelas infrações previstas nos incisos II, III, IV, V, VI e VII do caput art. 155, desde que se justifique, na análise do caso concreto, a imposição de penalidade mais gravosa do que o "impedimento de licitar e contratar". A Administração aplicará a declaração de inidoneidade, conforme parâmetros de dosimetria elencados no § 1° do art. 156, pelo prazo mínimo de 3 (três) anos e máximo de 6 (seis) anos, o que impedirá o particular de licitar ou contratar no âmbito da Administração Pública direta e indireta de todos os entes federativos.

156.3 Considerações sobre os efeitos das sanções de impedimento de licitar e contratar e de declaração de inidoneidade

As sanções de "impedimento de licitar e contratar" e de "declaração de inidoneidade" não repercutem, a princípio, nos contratos já celebrados e com a devida execução em curso. Nesse sentido, em diferentes julgados, o Superior Tribunal de Justiça consagrou o entendimento de que as penalidades especificadas só devem, em regra, produzir "efeito para o futuro (efeito ex nunc), sem interferir nos contratos já existentes e em andamento", pois tal medida pode "representar prejuízo maior ao erário e ao interesse público [...]" (MS 13.101/DF). Tal entendimento não se aplica à renovação de contrato (nova relação jurídica contratual), a exigir, nessas circunstâncias, que seja considerada a seguinte orientação jurisprudencial:

> "a ausência do efeito rescisório automático não compromete nem restringe a faculdade que têm as entidades da Administração Pública de, no âmbito da sua esfera autônoma de atuação, promover medidas administrativas específicas para rescindir os contratos, nos casos autorizados e observadas as formalidades estabelecidas [...]". (MS 13964/DF; MS 14002/DF)

Há, ainda, controvérsias quanto ao alcance do "impedimento de licitar e contratar" e da "declaração de inidoneidade" às empresas públicas e sociedades de economia mista: (i) em relação ao "impedimento de licitar e contratar", a controvérsia é se os sancionados também ficam proibidos de licitar e contratar com empresas públicas e sociedades de economia mista do "ente federativo que tiver aplicado a sanção"; (ii) em relação à

"declaração de inidoneidade", a controvérsia é se os sancionados ficam proibidos de licitar e contratar perante empresas públicas e sociedades de economia mista de todos os entes federativos.

O art. 38, inciso III, da Lei n° 13.303/2016 delimita os parâmetros normativos para a resolução de tais controvérsias, pois veda particular a participar de licitação e a celebrar contratos quando declarado inidôneo "pela União, por Estado, pelo Distrito Federal ou pela unidade federativa a que está vinculada a empresa pública ou sociedade de economia mista, enquanto perdurarem os efeitos da sanção". Logo, em relação ao "impedimento de licitar e contratar" previsto no inciso III do art. 156 da LLCA, os efeitos da penalidade não devem, a princípio, alcançar as empresas estatais; e, em relação à "declaração de inidoneidade" prevista no inciso IV do art. 156 da LLCA, os efeitos da penalidades devem: a) quando aplicada pela União, Estados e Distrito Federal, alcançar as empresas estatais de todos os entes federativos; b) quando aplicada por Municípios, ficar adstritas às empresas estatais do próprio Município responsável pela aplicação da penalidade.

Há, antes de concluir a análise dos efeitos das sanções, a necessidade de considerar o art. 178 da Lei n° 14.133/2021, que, ao delimitar os tipos penais relacionados às contratações públicas, incluiu o art. 337-A no Código Penal, prevendo, como crime, "admitir à licitação empresa ou profissional declarado inidôneo" e "celebrar contrato com empresa ou profissional declarado inidôneo". O art. 193, inciso I, da LLCA revogou, na data da publicação do marco legal das contratações públicas, os arts. 89 a 99 da Lei n° 8.666/1993, com aplicação imediata dos novos tipos penais da Lei n° 14.133/2021 em todas as contratações públicas, inclusive quando realizadas por empresas estatais (art. 41 da Lei n° 13.303/2016 c/c § 1º do art. 1º e art. 189 da LLCA).

156.4 Das regras para aplicação da sanção de declaração de inidoneidade (§6º do art. 156)

Como já comentado, a declaração de inidoneidade é a sanção mais gravosa que pode ser aplicada pela Administração, com fundamento na Lei n° 14.133/2021. É, sem dúvida, a sanção prevista na LLCA que mais impacta os particulares, pois, além dos danos reputacionais relacionados a uma "declaração de inidoneidade", também os impede, pelo prazo mínimo de 3 (três) anos e máximo de 6 (seis) anos, de licitar e contratar no âmbito da Administração Pública direta e indireta de todos os entes federativos, aí se incluindo órgãos e entidades de quaisquer dos Poderes da União, dos Estados, do Distrito Federal e dos Municípios.

O §6º do art. 156 da LLCA traz, por isso, algumas exigências a serem observadas previamente à sua aplicação, a começar pela necessidade de o processo de responsabilização a que se refere o §1º do art. 158, quando tiver posicionamento final da comissão pela aplicação de declaração de inidoneidade, ser analisado pelo órgão de assessoramento jurídico da Administração, que deverá elaborar parecer jurídico com manifestação sobre a regularidade do processo sancionador e a proporcionalidade da penalidade sugerida, submetendo-o, em seguida, à decisão final da autoridade competente.

Há, depois de realizada a análise jurídica, preocupação em demarcar a autoridade competente para julgar o processo de responsabilização com recomendação de aplicação

de "declaração de inidoneidade"[25] feita pela comissão, estabelecendo-se competência exclusiva, não suscetível de delegação, das seguintes autoridades:

(i) em órgão do Poder Executivo, competência de ministro de Estado, de secretário estadual ou de secretário municipal;

(ii) em autarquia ou fundação pública, competência da autoridade máxima da respectiva entidade integrante da Administração Pública Indireta; e

(iii) em órgãos dos Poderes Legislativo e Judiciário, no Ministério Público e na Defensoria Pública, competência de autoridade de nível hierárquico equivalente às autoridades especificadas nos itens anteriores (inciso I do § 6° do art. 156 da LLCA).

A LLCA não determina o procedimento a ser adotado na hipótese de a análise jurídica identificar eventual irregularidade no processo de responsabilização ou considerar desproporcional a penalidade sugerida pela comissão. Em se tratando de parecer opinativo, considera-se, à luz do princípio da segregação de funções, que o processo sancionador deverá seguir seu rito procedimental padrão, cabendo a autoridade estabelecida nos incisos I e II do §6º do art. 156, titular de competência exclusiva, decidir motivadamente sobre o encaminhamento cabível, seja para determinar a correção de eventual vício procedimental, seja para aplicar penalidade menos gravosa, seja para aplicar a sanção de declaração de inidoneidade sugerida pela comissão.

Destaca-se, antes de concluir a análise do § 6° do art. 156 da LLCA, que leis especiais também podem estabelecer competência para autoridade máxima de órgão central de controle interno aplicar sanções cabíveis em licitações e contratos, admitindo-se, assim, desde que o titular ocupe cargo de nível hierárquico equivalente ao previsto no inciso I do § 6° do art. 156 da LLCA, que ele também julgue processo de responsabilização com recomendação de aplicação de "declaração de inidoneidade".

A Lei n° 14.600, de 19/6/2023, por exemplo, ao definir a estrutura orgânica do Poder Executivo Federal, em conformidade com disposições de leis que a precederam[26], estabeleceu, no art. 49, a possibilidade de a Controladoria-Geral da União instaurar, instruir e julgar processos administrativos sancionadores relacionados a órgãos e entidades do Poder Executivo Federal, aplicando, quando for o caso, a penalidade administrativa cabível, entendimento corroborado pelo Supremo Tribunal Federal no Recurso Ordinário em Mandado de Segurança n° 33.526/DF[27].

---

[25] A NLLCA não define a competência para aplicação das sanções de advertência, multa e impedimento de licitar e contratar, mas é recomendável que o regulamento a que se refere o § 3º do art. 8° da Lei n° 14.133/2021, ao estabelecer as "regras relativas à atuação do agente de contratação e da equipe de apoio, ao funcionamento da comissão de contratação e à atuação de fiscais e gestores de contratos", todas relacionadas a atribuições decisivas para o alcance dos objetivos das contratações públicas, também estabeleça a autoridade competente para eventual aplicação de sanções em licitações e contratos administrativos. Se a Administração não definir no plano infralegal a competência para aplicar as sanções já especificadas, observar-se-á, na esfera federal, o disposto no art. 17 da Lei n° 9.784/1999 ("Inexistindo competência legal específica, o processo administrativo deverá ser iniciado perante a autoridade de menor grau hierárquico para decidir) e, nas esferas estadual, distrital e municipal, o disposto em suas respectivas leis.

[26] Lei n° 10.683/2003 (arts. 17 e 18), com suas alterações posteriores (por exemplo, Lei n° 13.341/2016) e Lei n° 13.502/2017 (arts. 66 e 67); e Lei n° 13.844/2019 (arts. 51 e 52).

[27] O Supremo Tribunal Federal (STF), no Recurso Ordinário em Mandado de Segurança n° 33.526/DF, consagrou o seguinte entendimento: "embora o art. 87, § 3º, da Lei n° 8.666/1993 preveja ser da competência exclusiva do Ministro de Estado do órgão contratante a aplicação da sanção de declaração de inidoneidade para licitar ou contratar com a Administração Pública (art. 87, IV), os dispositivos de Lei acima mencionados permitem o exercício dessa competência também pelo Ministro de Estado Chefe da Controladoria-Geral da União, no exercício do seu dever de auditoria e controle interno no âmbito da Administração Pública federal, nos casos

156.5 Da aplicação da multa sancionatória (§§7º e 8º do art. 156)

O §7º do art. 156 da LLCA deixa claro que a multa sancionatória, que constitui sanção pecuniária, pode ser aplicada conjuntamente com as demais penalidades previstas no art. 156. Há, assim, a depender das balizas normativas (LLCA, instrumentos que disciplinam a licitação e cláusulas contratuais), a possibilidade de o particular, quando cometer uma infração no decorrer da licitação ou da execução contratual, vir a ser sancionado com aplicação conjunta de: multa e advertência; multa e impedimento de licitar e contratar; ou multa e declaração de inidoneidade.

Por sua vez, o §8º do art. 156 da LLCA deixa claro que, na hipótese de aplicação de multa e de indenização devida pelo particular por perdas e danos, a Administração deverá: (i) de pronto, descontar o valor devido de créditos eventualmente existentes em nome do particular em razão da execução contratual (não é apropriada a expressão "perda" constante no dispositivo legal especificado[28]); (ii) se subsistir saldo devedor do particular, descontar a diferença da garantia prestada, o que se aplica, por óbvio, a todas as modalidades de garantia previstas no §1º do art. 96 da Lei n° 14.133/2021 (caução, seguro-garantia e fiança); e, (iii) caso persista alguma diferença residual, aí sim, promover a cobrança judicial dos valores remanescentes.

156.6 Do dever de reparação do dano causado à Administração em razão da infração (§9º do art. 156)

As sanções constantes no art. 156 da LLCA têm a finalidade de reprimir a prática de atos reprováveis especificados no art. 155, para assim, ao recompor a legalidade e/ou compensar a Administração pelos prejuízos causados pelo particular, dissuadir licitantes e contratados de perpetrarem irregularidades, com o reforço do modelo de comportamento esperado dos particulares no decorrer da licitação e da execução contratual.

Nesse contexto, ainda que o resultado do processo sancionador tenha significativa gravosidade em desfavor do licitante ou do contratado, a exemplo de eventual aplicação conjunta de multa sancionatória em valor significativo e de declaração de inidoneidade, as sanções nunca se confundirão com a reparação integral dos danos causados à Administração Pública relacionados às infrações praticadas pelo particular transgressor. Nessa hipótese, a reparação integral do dano assume "conteúdo restituitório", submetendo-se a "princípios próprios, específicos, mais próximos, naturalmente, do Direito Civil"[29].

---

excepcionais previstos no Decreto n° 5.480/2005". Os casos excepcionais considerados pelo STF, à luz do inciso VIII do art. 4° do Decreto n° 5.480/2005, abarcam situações de irregularidades graves em que se constata: (*i*) a "inexistência de condições objetivas para sua realização no órgão ou entidade de origem"; (*ii*) a "complexidade e relevância da matéria"; (iii) envolvimento de autoridade de alto escalão; ou (*iv*) devido ao "envolvimento de servidores de mais de um órgão ou entidade".

[28] In.: BACELLAR FILHO, Romeu Felipe. Comentário ao art. 163. p. 679. In.: DAL POZZO, Augusto Neves; CAMAROSANO, Marcio; ZOCKUN, Mauricio. Lei de Licitações e Contratos Administrativos Comentada – Lei 14.133/21. São Paulo: Revista dos Tribunais, 2022. p. 676-682.

[29] OSÓRIO, Fabio Medina. *Direito Administrativo Sancionador*. 3. ed. São Paulo: Revista dos Tribunais, 2009. p. 101.

O § 9º do art. 156 da LLCA afasta qualquer controvérsia acerca do entendimento exposto e, em resumo, explicita que a aplicação das sanções da LLCA não excluem, "em hipótese alguma, a obrigação de reparação integral do dano causado à Administração", ou seja, o pagamento das perdas e danos (materiais e imateriais) provocados pelo ato ilícito do particular em desfavor da Administração.

Art. 157. Na aplicação da sanção prevista no inciso II do caput do art. 156 desta Lei, será facultada a defesa do interessado no prazo de 15 (quinze) dias úteis, contado da data de sua intimação.

RAFAEL AMORIM DE AMORIM

157 Do Processo Sancionador de Rito Simplificado

Na análise do art. 156 da LLCA, as sanções previstas no marco legal das contratações públicas foram classificadas em dois grupos:

(i) de um lado, advertência e multa, cujos efeitos ficam normalmente adstritos à relação entre a Administração e o licitante ou contratado; e

(ii) de outro, "impedimento de licitar e contratar" e "declaração de inidoneidade", cujos efeitos sempre transcendem à relação jurídico-administrativa em que se originou a infração e a aplicação da respectiva sanção, representando "restrições e privações bastante amplas"[1] aos direitos de licitantes e contratados.

A classificação das sanções facilita a compreensão dos arts. 157 a 158 da LLCA, que definem o procedimento a ser observado pela Administração para fins de apuração de possíveis infrações. A multa é, na prática, à luz do § 7° do art. 156 da LLCA, uma penalidade administrativa acessória, pois pode ser aplicada no caso de cometimento de qualquer infração tipificada no art. 155 da Lei n° 14.133/2021 e de forma cumulativa com qualquer sanção constante nos incisos I, III e IV do caput do art. 156 do mesmo diploma legal (multa e advertência; multa e impedimento de licitar e contratar; ou multa e declaração de inidoneidade). Não há a possibilidade de aplicação da sanção de multa isoladamente, dissociada de uma outra sanção prevista na LLCA.

Nesse contexto, a exemplo do que acontece em outras leis administrativas (p. ex. Lei n° 8.112, de 11.12.1990, que prevê processo administrativo disciplinar de rito sumário e o processo administrativo disciplinar de rito ordinário), a LLCA estabelece ritos procedimentais diferenciados para materialização do "princípio do dever de apuração"[2] [3] (em qualquer hipótese, os autos serão "preferencialmente digitais, de forma a permitir que sejam produzidos, comunicados, armazenados e validados por meio eletrônico" – inciso VI do art. 12 da Lei n° 14.133/2021), a saber:

---

[1] OSÓRIO, Fabio Medina. *Direito Administrativo Sancionador*. 3. ed. São Paulo: Revista dos Tribunais, 2009. p. 100.

[2] CONTROLADORIA-Geral da União. Manual de Responsabilização de Entes Privados. Abr. 2022. p. 28. Disponível em: https://repositorio.cgu.gov.br/bitstream/1/68182/5/Manual_de_Responsabiliza%c3%a7%c3%a3o_de_Entes_Privados_abril_2022_Corrigido.pdf. Acesso em: 28 jan. 2023.

[3] Há, como ensina Alice Voronoff, a necessidade de um "fino equilíbrio" a ser alcançado no Direito Administrativo Sancionador: de um lado, há exigências pragmáticas, demandando efetividade, eficiência e economicidade no alcance das finalidades subjacentes às infrações e sanções relacionadas às contratações; de outro, há exigências garantistas em favor dos particulares, a refrear o exercício arbitrário da atividade sancionatória relacionada às contratações públicas, impedindo-se medidas ilegais e desarrazoadas. E, obviamente, os parâmetros para o equilíbrio são definidos na legislação, respeitados os matizes diferenciados e os contornos próprios estabelecidos para concretização dos princípios constitucionais. In.: VORONOFF, Alice. Op. Cit. p. 119.

(i) o processo sancionador simplificado (disciplinado pelo art. 157 da LLCA), com exigências compatíveis com a menor gravosidade da infração e severidade das sanções (*in casu*, advertência e multa); e

(ii) o processo de responsabilização (disciplinado pelo art. 158 da LLCA, adiante analisado), com formalidades proporcionais à elevada gravosidade da infração e, principalmente, severidade das sanções (*in casu*, "impedimento de licitar e contratar" e "declaração de inidoneidade", que caracterizam "medidas gerais e *pro futuro*" que extrapolam a relação jurídica que originou a infração), aplicando-se, porém, caso os atos praticados também sejam tipificados na Lei n° 12.846/2013, o rito procedimental previsto na Lei Anticorrupção (conforme art. 159 da LLCA).

Os fiscais e gestores de contratos administrativos desempenham atribuições essenciais para o êxito da contratação pública, com a incumbência de garantir que as condições estabelecidas no edital e no instrumento contratual sejam cumpridas pelo particular no decorrer da execução contratual, realizando todas as anotações de ocorrências identificadas e determinando a regularização de faltas e defeitos observados (§.1° do art. 117 da LLCA). E, no exercício de suas atribuições, devem atentar para o "princípio do dever de apuração", coletando, sempre que identificarem possíveis infrações, os elementos necessários para subsidiar a autuação do processo sancionador, possibilitando, ao final, se for o caso, a aplicação das devidas sanções[4].

Há, no art. 157 da LLCA, a disciplina básica do processo sancionador simplificado, que apenas estabelece que, na "aplicação da sanção prevista no inciso II do caput do art. 156 desta Lei [multa], será facultada a defesa do interessado no prazo de 15 (quinze) dias úteis, contado da data de sua intimação". E, de resto, em razão da incidência mais significativa do princípio do formalismo moderado, a Administração deve se preocupar com as formalidades estritamente necessárias para "assegurar grau razoável e proporcional de certeza, segurança e respeito aos direitos e garantias dos particulares", observada a finalidade subjacente à apuração de possibilitar o alcance da verdade real[5].

O processo sancionador simplificado é um desdobramento do princípio da processualidade, que exige, previamente à imposição da sanção, a observância do contraditório e da ampla defesa em favor do particular[6], com a ressalva de que deve ser utilizado exclusivamente nas infrações que admitem a aplicação conjunta de advertência e multa, *in casu*, conforme § 2° do art. 156 da LLCA, quando praticado o ilícito de "inexecução parcial do contrato" previsto no inciso I do art. 155. Logo, quando constatada a possível prática de qualquer outra infração, os §§ 4° e 5° do art. 156 definem a aplicação de "impedimento de licitar e contratar" e de "declaração de inidoneidade", devendo-se observar, conforme art. 158 da LLCA, o rito do processo de responsabilização.

---

4 MINISTÉRIO DO PLANEJAMENTO, ORÇAMENTO E GESTÃO. Caderno de Logística – Sanções Administrativas. Set. 2015. p. 30-31. Disponível em: https://antigo.comprasgovernamentais.gov.br/images/conteudo/ArquivosCGNOR/caderno-de-logistica-de-sancao-2.pdf. Acesso em: 14 jan. 2022.

5 CONTROLADORIA-Geral da União. Manual de Responsabilização de Entes Privados. Abr. 2022. p. 30-31. Disponível em: https://repositorio.cgu.gov.br/bitstream/1/68182/5/Manual_de_Responsabiliza%c3%a7%c3%a3o_de_Entes_Privados_abril_2022_Corrigido.pdf. Acesso em: 28 jan. 2023.

6 ROCHA, Silvio Luís Ferreira da. Sanções Contratuais Administrativas no Direito Brasileiro. In: PIMENTA, José Roberto Pimenta. Direito administrativo sancionador: estudos em homenagem ao Professor Emérito da PUC/SP Celso Antônio Bandeira de Mello. São Paulo: Malheiros, 2019. p. 453-464.

Portanto, no decorrer da execução contratual, quando se deparar com possível infração de "inexecução parcial do contrato", sem grave dano ao erário, ao funcionamento dos serviços públicos e ao interesse coletivo, a Administração deverá:

(i) de início, juntar aos autos todos os indícios e provas do possível cometimento pelo particular da infração especificada no inciso I do art. 155 da LLCA, inclusive as anotações realizadas pelo fiscal do contrato das ocorrências relacionadas à execução contratual (§ 1° do art. 117 da LLCA);

(ii) na sequência, em respeito ao contraditório e à ampla defesa, intimar o contratado para lhe facultar, no prazo de 15 (quinze) dias úteis, a apresentação de defesa escrita (obs.: não se pode esquecer, a propósito, que o § 4° do art. 137 da da Lei n° 14.133/2021 prevê que "os emitentes das garantias previstas no art. 96 [...] deverão ser notificados pelo contratante quanto ao início de processo administrativo para apuração de descumprimento de cláusulas contratuais", o que deve ser observado também no caso de processo sancionador simplificado);

(iii) depois de concluída a instrução processual, os autos do processo sancionador simplificado deverão ser submetidos à autoridade competente para proferir o devido julgamento, observadas as competências estabelecidas em lei ou ato infralegal para proferir a decisão final.

Há, como resultado, a possibilidade de a autoridade julgadora motivadamente: (i) acolher as razões apresentadas pela defesa, com o arquivamento dos autos; ou (ii) rejeitar as alegações da defesa e, após análise dos parâmetros de dosimetria (§ 1º do art. 156 da LLCA), aplicar ao final do processo sancionador simplificado: a) apenas advertência; ou b) advertência e multa pecuniária. Em caso de aplicação de sanção ao particular, a penalidade não poderá ser considerada como simples "mal ou castigo" imposto aos particulares, com finalidade exclusivamente repressiva (retributiva), devendo, especialmente no caso de inexecução parcial, ser valorizada a finalidade preventiva, em razão do efeito dissuasório de novas infrações.

Art. 158. A aplicação das sanções previstas nos incisos III e IV do caput do art. 156 desta Lei requererá a instauração de processo de responsabilização, a ser conduzido por comissão composta de 2 (dois) ou mais servidores estáveis, que avaliará fatos e circunstâncias conhecidos e intimará o licitante ou o contratado para, no prazo de 15 (quinze) dias úteis, contado da data de intimação, apresentar defesa escrita e especificar as provas que pretenda produzir.

§1º Em órgão ou entidade da Administração Pública cujo quadro funcional não seja formado de servidores estatutários, a comissão a que se refere o caput deste artigo será composta de 2 (dois) ou mais empregados públicos pertencentes aos seus quadros permanentes, preferencialmente com, no mínimo, 3 (três) anos de tempo de serviço no órgão ou entidade.

§2º Na hipótese de deferimento de pedido de produção de novas provas ou de juntada de provas julgadas indispensáveis pela comissão, o licitante ou o contratado poderá apresentar alegações finais no prazo de 15 (quinze) dias úteis, contado da data da intimação.

§3º Serão indeferidas pela comissão, mediante decisão fundamentada, provas ilícitas, impertinentes, desnecessárias, protelatórias ou intempestivas.

§4º A prescrição ocorrerá em 5 (cinco) anos, contados da ciência da infração pela Administração, e será:

I – interrompida pela instauração do processo de responsabilização a que se refere o caput deste artigo;

II – suspensa pela celebração de acordo de leniência previsto na Lei nº 12.846, de 1º de agosto de 2013;

III – suspensa por decisão judicial que inviabilize a conclusão da apuração administrativa.

RAFAEL AMORIM DE AMORIM

158 Do Processo de Responsabilização de Rito Ordinário (art. 158, *caput*, §§1º, 2º e 3º)

O art. 158 da LLCA disciplina o denominado "processo de responsabilização", que deverá ser observado pela Administração sempre que se deparar com o possível cometimento das infrações previstas nos incisos II a XI do art. 155 da Lei n° 14.133/2021 (na hipótese do inciso XII do art. 155, o art. 159 determina aplicação do rito procedimental

da Lei Anticorrupção), cujos efeitos das sanções correspondentes – "impedimento de licitar e contratar" e "declaração de inidoneidade" – sempre estrapolam a relação jurídico-administrativa em que se originou a infração e a aplicação da respectiva sanção, exigindo formalidades compatíveis com a severidade das penalidades a serem eventualmente aplicadas ao particular.

Há, no art. 158 da LLCA, a preocupação em estabelecer um rito procedimental compatível com a gravosidade das infrações e, principalmente, com a severidade das sanções, que representam "restrições e privações bastante amplas"[1] aos direitos de licitantes e contratados pela Administração Pública. A instauração do "processo de responsabilização" deverá ser precedida de cuidadoso juízo de admissibilidade[2], com a juntada aos autos de elementos indiciários que denotem a possível prática de infração prevista no art. 155 da LLCA (inclusive, se for o caso, eventuais anotações realizadas pelo fiscal do contrato, conforme §1º do art. 117 da LLCA).[3]

O processo de responsabilização também é um desdobramento do princípio da processualidade, que exige, previamente à imposição da sanção, a observância do contraditório e da ampla defesa em favor do particular[4]. A competência para instauração do processo de responsabilização será definida em lei ou ato infralegal, que também disciplinará, em acréscimo à LLCA, a realização da apuração e a aplicação das sanções relacionadas a licitações e contratos. O ato formal de instauração do processo de responsabilização deverá, com base nos elementos indiciários constantes nos autos, definir os fatos a serem apurados e designar os membros da comissão, observadas as seguintes hipóteses:

(i) indicar 2 (dois) ou mais servidores estáveis no serviço público para compor a comissão responsável por realizar a apuração das possíveis infrações; ou

(ii) quando o órgão ou a entidade não tiver seu quadro funcional constituído por servidores estatutários, tal como ocorre na maioria dos Municípios brasileiros, conforme §1º do art. 158 da LLCA, indicar 2 (dois) ou mais empregados públicos pertencentes aos seus quadros permanentes, preferencialmente com, no mínimo, 3 (três) anos de tempo de serviço no órgão ou entidade pública.

Em respeito ao princípio da segregação de funções consagrado no art. 5º da LLCA, os membros da comissão não devem, em se tratando de possível ilícito cometido no

---

1 OSÓRIO, Fabio Medina. *Direito Administrativo Sancionador*. 3. ed. São Paulo: Revista dos Tribunais, 2009. p. 100.

2 Destaca-se a existência de leis especiais que estabelecem competência para autoridade máxima de órgão central de controle interno também instaurar processos sancionadores para apurar infrações relacionadas a licitações e contratos, a exemplo da Medida Provisória nº 1.154, de 1º de janeiro de 2023 (em deliberação pelo Congresso Nacional), que, ao estabelecer a estrutura orgânica do Poder Executivo Federal, a, estabeleceu a possibilidade de a Controladoria-Geral da União instaurar, instruir e julgar processos administrativos sancionadores relacionados a órgãos e entidades do Poder Executivo Federal, promovendo, quando for o caso, aplicação da penalidade administrativa cabível, entendimento corroborado pelo Supremo Tribunal Federal no Recurso Ordinário em Mandado de Segurança nº 33.526/DF .

3 Convém destacar o disposto no art. 27 da Lei nº 13.869/2019: "Art. 27. Requisitar instauração ou instaurar procedimento investigatório de infração penal ou administrativa, em desfavor de alguém, à falta de qualquer indício da prática de crime, de ilícito funcional ou de infração administrativa: Pena – detenção, de 6 (seis) meses a 2 (dois) anos, e multa. Parágrafo único. Não há crime quando se tratar de sindicância ou investigação preliminar sumária, devidamente justificada".

4 ROCHA, Silvio Luís Ferreira da. Sanções Contratuais Administrativas no Direito Brasileiro. In: PIMENTA, José Roberto Pimenta. Direito administrativo sancionador: estudos em homenagem ao Professor Emérito da PUC/SP Celso Antônio Bandeira de Mello. São Paulo: Malheiros, 2019. p. 453-464.

decorrer da licitação, ter atuado como agente de contratação, pregoeiro ou, se for o caso, como membro de comissão de contratação; e, em se tratando de possível ilícito cometido no decorrer da execução contratual, ter atuado como fiscal ou gestor do contrato. O processo de responsabilização deve ser conduzido por servidores que tenham condições de promover a apuração com independência, imparcialidade e isenção, devendo-se observar, em acréscimo, as hipóteses de impedimento e suspeição previstas no ordenamento pátrio, a exemplo do disposto no arts. 18 e 20 da Lei nº 9.784/1999, *in verbis*: Art. 18. É impedido de atuar em processo administrativo o servidor ou autoridade que:

> I – tenha interesse direto ou indireto na matéria;
>
> II – tenha participado ou venha a participar como perito, testemunha ou representante, ou se tais situações ocorrem quanto ao cônjuge, companheiro ou parente e afins até o terceiro grau;
>
> III – esteja litigando judicial ou administrativamente com o interessado ou respectivo cônjuge ou companheiro.
>
> [...]
>
> Art. 20. Pode ser argüida a suspeição de autoridade ou servidor que tenha amizade íntima ou inimizade notória com algum dos interessados ou com os respectivos cônjuges, companheiros, parentes e afins até o terceiro grau.

Os membros da comissão devem, após serem designados, avaliar se incorrem nas vedações elencadas, reportando, se for o caso, o fato à autoridade instauradora, para eventual substituição do servidor impedido ou suspeito. O processo de responsabilização, depois de instaurado, ficará exclusivamente a cargo da comissão constituída, que deverá examinar os fatos noticiados, as circunstâncias conhecidas e os elementos existentes nos autos, para, a partir disso, promover:

(i) a intimação do licitante ou do contratado para, "no prazo de 15 (quinze) dias úteis, apresentar defesa escrita e especificar as provas que pretenda produzir"; e

(ii) se for o caso, conforme §4º do art. 137 da LLCA, notificar o emitente da garantia do "início de processo administrativo [...]".

Há, em respeito ao contraditório e à ampla defesa, a necessidade de a comissão promover a produção de provas solicitadas, salvo quando se tratarem de "provas ilícitas, impertinentes, desnecessárias, protelatórias ou intempestivas", as quais deverão, conforme §3º do art. 158 da LLCA, ser indeferidas mediante decisão fundamentada da comissão. Se houver a "produção de novas provas" a pedido do particular ou por deliberação da comisão ou "juntada de provas julgadas indispensáveis pela comissão", o licitante ou o contratado, após a conclusão da fase instrutória, deverá ser novamente intimado pela comissão para apresentar, em relação a fatos delimitados, no prazo de 15 (quinze) dias úteis, alegações finais no processo de responsabilização.

A comissão deverá encerrar o seu trabalho com a elaboração do relatório final, que conterá, a partir das provas existentes nos autos e dos argumentos da defesa, um dos seguintes poscionamentos:

(i) pelo não cometimento de infração pelo licitante ou contratado, hipótese em que sugerirá à autoridade competente o arquivamento dos autos; ou

(ii) pelo cometimento de infração pelo licitante ou contratado, hipótese em que deverá: a) indicar a(s) infração(ões) cometida(s) pelo particular; b) propor a aplicação

de uma ou mais sanções; c) avaliar os parâmetros elencados no §1º do art. 156 da LLCA, para confirmar a proporcionalidade da penalidade e sugerir sua dosimetria, ou seja, o tempo do "impedimento de licitar e contratar" ou da "declaração de inidoneidade" e, sendo o caso, o valor da multa.

Como comentado na análise do §6º do art. 156 da LLCA, o processo de responsabilização não é encerrado com o relatório final da comissão, que consubstancia uma recomendação à autoridade competente para proferir o devido julgamento. A comissão deverá, após exarar o seu relatório final, submeter os autos à autoridade instauradora, que os remeterá, caso tenham sugestão de aplicação de declaração de inidoneidade, à análise prévia do órgão de assessoramento jurídico da Administração (não há óbice de, nas demais penalidades, os autos também serem analisados pela assessoria jurídica), o qual elaborará manifestação sobre a regularidade da apuração e a proporcionalidade da sanção sugerida pela comissão.

A LLCA não determina o procedimento a ser adotado na hipótese de a análise jurídica identificar eventual irregularidade no processo de responsabilização ou considerar desproporcional a penalidade sugerida pela comissão. Em se tratando de parecer opinativo, considera-se, à luz do princípio da segregação de funções, que o processo sancionador deverá seguir seu rito procedimental padrão, sendo submetido à decisão da autoridade competente, que poderá determinar a correção de eventual vício procedimental, aplicar penalidade menos gravosa ou aplicar a sanção de declaração de inidoneidade sugerida pela comissão.

Com efeito, a autoridade responsável pela instauração do processo de responsabilização nem sempre será a autoridade competente para proferir o devido julgamento, que será definida de acordo com a sugestão de penalidade constante no relatório final da comissão:

(i) se a comissão sugerir aplicação de "declaração de inidoneidade", a autoridade competente será definida conforme incisos I e II do § 6° do art. 156 da LLCA (a) em órgão do Poder Executivo, será ministro de Estado, secretário estadual ou secretário municipal; b) em autarquia ou fundação do Poder Executivo, será a autoridade máxima da entidade; c) em órgãos dos Poderes Legislativo e Judiciário, no Ministério Público e na Defensoria Pública, será autoridade de nível hierárquico equivalente às autoridades especificadas no inciso I do § 6° do art. 156 da LLCA); ou

(ii) quando a comissão sugerir outro encaminhamento, a autoridade competente será estabelecida na lei ou ato infralegal que demarca as competências no âmbito do órgão ou entidade responsável pela apuração.

Deverá haver, ao final, convergência entre as provas constantes nos autos, as conclusões da comissão e a decisão fundamentada proferida pela autoridade competente, com aplicação de penalidade proporcional ao nível de gravidade da infração perpetrada pelo particular em desfavor da Administração.

158.1 Da prescrição da pretensão sancionatória (§4º do art. 158)

Há, como decorrência da prática de eventual infração administrativa pelo particular, a possibilidade de a Administração exercer o seu poder sancionador, com a aplicação das sanções administrativas cabíveis. E, nesse contexto, sob risco de ser obstaculizado eventual exercício de pretensão punitiva, com a estabilização definitiva das relações

jurídicas, o §4º do art. 158 da LLCA estabelece prazos extintivos[5] que a Administração exerça sua prerrogativa sancionatória, seja para instauração do devido processo sancionador, seja para conclusão da apuração e aplicação da penalidade cabível.

O §4º do art. 158 da LLCA[6] inicia com a delimitação do termo inicial do cômputo do prazo prescrional, estabelecendo, nesse sentido, a ciência da infração pela Administração como início da contagem do prazo prescricional. Assim, diferentemente da esfera penal, em que a prescrição começa a correr, em regra, no dia em que o crime se consumou (art. 111 do Código Penal), o §4º do art. 158 da LLCA estabelece que a prescrição administrativa só começa a contar após a Administração tomar ciência da ocorrência da possível infração cometida pelo particular, o que acaba, na prática, conferindo um prazo mais amplo para que o órgão ou a entidade responsável pelo exercício da prerrogativa sancionatória promova a apuração e, se for o caso, aplique a devida sanção.

Haverá, muitas vezes, dificuldade em se demarcar a "ciência da infração pela Administração", o que ocasionará, em certas situações, controvérsias acerca do início ou não do cômputo do prazo prescricional. Como regra, desde que a notícia de possível infração esteja materializada em processo administrativo, existem duas possíveis hipóteses

(i) quando a infração ocorrer durante a licitação, o marco inicial da prescrição será a ciência da infração por agente público responsável pela condução do certame (agente de contratação, pregoeiro ou membro de comissão de licitação) ou pela autoridade competente por sua homologação; e

(ii) quando a infração ocorrer no decorrer da execução contratual, o marco inicial da prescrição iniciará será a ciência da infração por fiscal ou gestor do contrato[7]. A ciência da possível infração pela Administração desencadeará o início do prazo prescrional, que, depois de 5 (cinco) anos, obstaculizará o exercício da prerrogativa sancionatória, de modo a punir a Administração pela inércia no exercício dos seus poderes-deveres. Porém, nesse interregno, caso a Administração instaure o devido processo sancionador, haverá a interrupção do cômputo da prescrição, retornando-se a zero o prazo prescricional. A redação dos incisos II e III do §4º do art. 158 da LLCA denota que, depois de instaurado o processo, deverá iniciar o cômputo de novo prazo prescrional, de modo a constranger a Administração a concluir o processo sancionador em um tempo razoável.

Portanto, nessa lógica, exsurgem dois possíveis momentos de início de cômputo do prazo prescricional: o primeiro inicia com a ciência do possível ilícito pela Administração, a qual, para não concretização da prescrição, deverá instaurar o processo sancionador antes do decurso de 5 (cinco) anos; o segundo deve iniciar após a intauração do processo sancionador, que, para não concretização da prescrição, deverá ser julgado em definitivo

[5] Convém lembrar, como ensina José dos Santos Carvalho Filho, que o assunto "prescrição administrativa" é "inçado de dificuldades, dúvidas e controvérsias e nunca assumiu ares de pacificação entre os estudiosos", possuindo, em seu núcleo comum, "a ideia de prazo extintivo", cujo fundamento é "a inércia do interessado". (CARVALHO FILHO, José dos Santos. *Manual de Direito Administrativo*. 27. ed. São Paulo: Atlas, 2014. p. 979-982).

[6] Destaca-se, a propósito, que o §4º do art. 158 da LLCA tem redação muito semelhante ao disposto no art. 25, caput e parágrafo único, da Lei nº 12.846/2013.

[7] Excepcionalmente, se os agentes públicos especificados atuarem de forma orquestrada com os particulares na prática de ilícitos relacionados a licitações e contratos, o marco inicial do cômputo da prescrição ocorrerá a partir da ciência de autoridade pública com competência para tomar as providências cabíveis para realização da apuração com independência, imparcialidade e isenção.

pela Administração antes de decorridos 5 (cinco) anos. Há, portanto, em flagrante evolução à Lei nº 8.666/1993, prazos extintivos de pretensão punitiva pela Administração, o que proporciona mais segurança jurídica aos particulares.

A prescrição objetiva punir a inércia da Administração, o que não se verifica nas hipóteses de celebração de acordo de leniência (nos termos da Lei nº 12.846/2013) e de decisão judicial que inviabilize a conclusão da apuração administrativa. Nessas situações, os incisos II e III do §4º do art. 158 da LLCA determinam que, enquanto subsistirem obrigações pendentes de cumprimento pelo particular em acordo de leniência ou efeitos de decisão judicial, haverá a suspensão do cômputo do prazo prescricional, ou seja, "a paralisação temporária da fluência do prazo prescricional [...], o qual, uma vez cessada a causa suspensiva, recomeça a correr, computando-se o período transcorrido antes da suspensão".[8]

[8] MELLO, Celso Antônio Bandeira de. *Curso de Direito Administrativo*. 18. ed. rev. atual. São Paulo: Malheiros, 2005. p. 964.

Art. 159. Os atos previstos como infrações administrativas nesta Lei ou em outras leis de licitações e contratos da Administração Pública que também sejam tipificados como atos lesivos na Lei nº 12.846, de 1º de agosto de 2013, serão apurados e julgados conjuntamente, nos mesmos autos, observados o rito procedimental e a autoridade competente definidos na referida Lei.

Parágrafo único. (VETADO).

RAFAEL AMORIM DE AMORIM

159 Da apuração e do julgamento conjunto das infrações previstas na LLCA e na Lei Anticorrupção

A LLCA incorpora ao marco legal das contratações públicas disposições já existentes no arcabouço normativo, conferindo-lhes, ao positivá-las em uma lei de alcance nacional, maior força e relevâncias jurídicas.[1] Nesse sentido, o art. 159 da Lei n° 14.133/2021 representa um exemplo da estratégia adotada pelo legislador de incorporar à lei nacional experiências positivas existentes em atos infralegais, pois, no art. 16 do Decreto n° 11.129, de 11/7/2022[2], ao regulamentar a Lei Anticorrupção (Lei n° 12.846/2013) no âmbito federal, existe previsão análoga ao art. 159 da LLCA, a saber:

> Art. 16. Os atos previstos como infrações administrativas à Lei nº 14.133, de 1º de abril de 2021, ou a outras normas de licitações e contratos da administração pública que também sejam tipificados como atos lesivos na Lei nº 12.846, de 2013, serão apurados e julgados conjuntamente, nos mesmos autos, aplicando-se o rito procedimental previsto neste Capítulo.

O disposto no Decreto n° 11.129/2022 tem, obviamente, seu alcance limitado aos órgãos e entidades federais. Na época da publicação da LLCA, existiam, nos entes subnacionais, disposições infralegais diversas na regulamentação da Lei Anticorrupção, o que ocasionava prejuízos à economia e celeridade processual e, muitas vezes, ao admitir que um fato fosse apurado em processos sancionadores distintos, comprometia

[1] FORTINI, Cristiana; AMORIM, Rafael Amorim. *Um novo olhar para a futura Lei de licitações e contratos administrativos*: a floresta além das árvores. p. 3. Disponível em: http://www.licitacaoecontrato.com.br/assets/artigos/artigo_download_85.pdf. Acesso em 24 mai. 2021.

[2] O Decreto n° 11.129, de 11/7/2022, revogou o Decreto 8.420, de 18/3/2015, o qual estabelecia, no art. 12, o que segue: "Art. 12. Os atos previstos como infrações administrativas à Lei nº 8.666, de 21 de junho de 1993, ou a outras normas de licitações e contratos da administração pública que também sejam tipificados como atos lesivos na Lei nº 12.846, de 2013, serão apurados e julgados conjuntamente, nos mesmos autos, aplicando-se o rito procedimental previsto neste Capítulo."

seriamente os princípios da instrumentalidade das formas e da segurança jurídica, com decisões conflitantes quanto: (i) à instauração ou não da apuração; (ii) à definição acerca da necessidade de realização de atos de instrução; e (iii) aos resultados dos processos sancionadores.[3]

Nesse contexto, ainda que seja reprodução quase literal do art. 16 do Decreto n° 11.129/2022, o art. 159 da LLCA é importante por trazer maior racionalidade ao regime jurídico sancionador, determinando, em todo o País, que atos previstos como infrações administrativas no art. 155 da Lei nº 14.133/2021 (ou em outras leis de licitações e contratos da Administração Pública) e, simultaneamente, na Lei nº 12.846/2013 sejam apurados e julgados conjuntamente, na forma do rito procedimental estabelecido na Lei Anticorrupção e observada autoridade competente definida na mesma Lei e no regulamento aplicável[4] [5].

O art. 159 da LLCA contribui para maior coerência no exercício do ius puniendi e, assim, proporciona maior segurança jurídica aos particulares, que já sabem, desde logo, que os entes da Federação, quando se depararem com a hipótese especificada no dispositivo legal ora analisado, adotarão a mesma regra, com a instauração de um único processo de responsabilização, observando-se a autoridade competente e o rito procedimental da Lei Anticorrupção (arts. 8º a 15), o que, ao final, promoverá economia e celeridade processual e garantirá racionalidade no exercício da prerrogativa sancionatória, com um único julgamento a ser proferido pela Administração.[6]

Nesse caso, além da possibilidade de os ilícitos serem enquadrados simultaneamente nos tipos proibitivos constantes no art. 155 da LLCA e no art. 5º da Lei nº 12.846/2013, a autoridade julgadora poderá aplicar as sanções previstas nos dois diplomas legais, com a ressalva de que, em relação à multa, penalidade pecuniária prevista no inciso II do art. 156 da LLCA e no inciso I do art. 6º da Lei Anticorrupção, será necessário observar o disposto no §3º do art. 22 da Lei de Introdução às Normas do Direito Brasileiro,

---

3 Antes da edição do Decreto Estadual n° 48.821, de 16/5/2024, que, no art. 6º, já disciplina a apuração de forma análoga ao disposto no art. 159 da LLCA, o Estado de Minas Gerais, quando um fato configurasse infração relacionada à Lei de Licitações e, simultaneamente, ato lesivo disciplinado pela Lei Anticorrupção, adotava dois processos sancionadores: o primeiro, sob a égide da Lei Estadual nº 13.994, de 18.09.2001 (regulamentada pelo Decreto Estadual nº 45.902, de 27.01.2012, com alterações posteriores), era instaurado, conduzido e julgado no âmbito do próprio órgão ou entidade estadual responsável pela licitação ou contrato administrativo, ocasionando, ao final, se for o caso, aplicação das sanções previstas em Lei de Licitação; por sua vez, o segundo, sob a égide da Lei Anticorrupção (regulamentada pelo Decreto Estadual nº 46.782, de 26.06.2015 – já revogado pelo Decreto n 48.821/2024), era instaurado, conduzido e julgado no âmbito da Controladoria-Geral do Estado, ocasionando, ao final, se for o caso, aplicação das sanções previstas no art. 6º da Lei nº 12.846/2013.

4 Sobre o processo administrativo de responsabilização previsto na Lei n° 12.846, de 1.8.2013, ver: CONTROLADORIA-Geral da União. Manual de Responsabilização de Entes Privados. Abr. 2022. Disponível em: https://repositorio.cgu.gov.br/bitstream/1/68182/5/Manual_de_Responsabiliza%c3%a7%c3%a3o_de_Entes_Privados_abril_2022_Corrigido.pdf. Acesso em: 14 jul. 2025.

5 No âmbito federal, a Lei n° 14.600, de 19/6/2023, estabeleceu, no art. 49, a competência da Controladoria-Geral da União para "instaurar processos administrativos de responsabilização de pessoas jurídicas com fundamento na Lei nº 12.846, de 1º de agosto de 2013, acompanhar e, quando necessário, avocar tais procedimentos em curso em órgãos e entidades federais para exame de sua regularidade ou condução de seus atos, além de poder promover a declaração de sua nulidade ou propor a adoção de providências ou a correção de falhas, bem como celebrar, quando cabível, acordo de leniência ou termo de compromisso com pessoas jurídicas;".

6 FORTINI, Cristiana; AVELAR, Mariana. *O Direito Administrativo Sancionador*: considerações sobre o PL 4.253/2020 e a futura Lei de Licitações. Disponível em: http://www.novaleilicitacao.com.br/2021/01/20/o-direito-administrativo-sancionador-consideracoes-sobre-o-pl-4253-20-e-a-futura-lei-de-licitacoes/. Acesso em: 26 jul. 2021.

que determina que as "sanções aplicadas ao agente serão levadas em conta na dosimetria das demais sanções de mesma natureza e relativas ao mesmo fato"[7].

O diálogo entre a LLCA e a Lei Anticorrupção ainda exige revisitar o disposto no art. 17 da Lei nº 12.846/2013, para destacar que, na hipótese prevista no caput do art. 159 da LLCA, a Administração provavelmente se deparará com a possibilidade de celebrar acordo de leniência com particulares, admitindo-se, em tais situações, desde que observadas as exigências constantes no art. 16 da Lei nº 12.846/2013, a atenuação ou isenção das sanções estabelecidas nos arts. 86 a 88 da Lei nº 8.666/1993, o que, por conta da previsão expressa do art. 189 da LLCA,[8] também possibilitará atenuação ou isenção das sanções definidas no art. 156 do marco legal das contratações públicas.

Nesse sentido, o art. 33 do Decreto n° 11.129/2022 estabelece que, no âmbito federal, o "acordo de leniência será celebrado com as pessoas jurídicas responsáveis pela prática dos atos lesivos previstos na Lei nº 12.846, de 2013, e dos ilícitos administrativos previstos na Lei nº 14.133, de 2021, e em outras normas de licitações e contratos, com vistas à isenção ou à atenuação das respectivas sanções", desde que da colaboração resulte: (i) "a identificação dos demais envolvidos nos ilícitos, quando couber;" e (ii) "a obtenção célere de informações e documentos que comprovem a infração sob apuração".

O acordo de leniência, explica Gustavo Binenbojm,[9] não poderá ser "um ato de liberalidade do Estado em favor dos infratores", mas deverá representar, nessas situações, "uma solução pragmática voltada à obtenção dos melhores resultados práticos possíveis quanto ao desestímulo à prática de condutas infracionais em grupo ou em rede".

---

[7] Ver: SPINELLI, Mario Vinicius Claussen; AMORIM, Rafael Amorim de. Interfaces entre a Lei Anticorrupção (Lei n° 12.846/2013) e a Nova Lei de Licitações (Lei n 14.133/2021). In.: VIANNA, Marcelo Pontes; CARVALHO, Vinicius Marques de. Orgs.) Lei Anticorrupção – A Visão dos Agentes Públicos na Implementação da LAC. São Paulo: Singular, 2024. p. 131-148.

[8] LLCA – "Art. 189. Aplica-se esta Lei às hipóteses previstas na legislação que façam referência expressa à Lei nº 8.666, de 21 de junho de 1993, à Lei nº 10.520, de 17 de julho de 2002, e aos arts. 1º a 47-A da Lei nº 12.462, de 4 de agosto de 2011".

[9] BINENBOJM, Gustavo. *Poder de polícia, ordenação, regulação*: transformações político-jurídicas, econômicas e institucionais do Direito Administrativo ordenador. 3. ed. Belo Horizonte: Fórum, 2020. p. 118-119.

Art. 160. A personalidade jurídica poderá ser desconsiderada sempre que utilizada com abuso do direito para facilitar, encobrir ou dissimular a prática dos atos ilícitos previstos nesta Lei ou para provocar confusão patrimonial, e, nesse caso, todos os efeitos das sanções aplicadas à pessoa jurídica serão estendidos aos seus administradores e sócios com poderes de administração, à pessoa jurídica sucessora ou à empresa do mesmo ramo com relação de coligação ou controle, de fato ou de direito, com o sancionado, observados, em todos os casos, o contraditório, a ampla defesa e a obrigatoriedade de análise jurídica prévia.

RAFAEL AMORIM DE AMORIM

160 Da desconsideração da personalidade jurídica

O art. 160 da LLCA revela a preocupação do legislador com a efetividade das sanções administrativas, que não constituem "um fim em si", mas sim "uma ferramenta para a criação de incentivos voltados ao maior cumprimento da legislação".[1] E, nessa perspectiva, para que as finalidades preventivas e repressivas sejam alcançadas, com a conformação de uma estrutura de incentivos realmente orientada à satisfação das obrigações pelos particulares, é fundamental que eles estejam realmente sujeitos aos efeitos das sanções, em especial quando aplicados "impedimento de licitar e contratar" ou "declaração de inidoneidade".

Ciente disso, à semelhança do art. 14 da Lei nº 12.846/2013[2], o art. 160 da LLCA incorpora ao marco legal referido o instituto da desconsideração da personalidade jurídica ("*disregard doctrine*"), cuja origem remonta a iniciativas estrangeiras voltadas a "impedir a fraude e o abuso de direito".[3] E, nessa linha, a LLCA possibilita a desconsideração da personalidade jurídica quando a pessoa jurídica for utilizada com abuso de direito para facilitar, encobrir ou dissimular a prática dos atos ilícitos previstos na Lei nº 14.133/2021 (desvio de finalidade); ou provocar confusão patrimonial, que são definidos no Código Civil:

---

1 VORONOFF, Alice. Direito Administrativo Sancionador no Brasil: justificação, interpretação e aplicação. Belo Horizonte: Fórum, 2018. p. 79-80.

2 Lei nº 12.846/2013 – "Art. 14. A personalidade jurídica poderá ser desconsiderada sempre que utilizada com abuso do direito para facilitar, encobrir ou dissimular a prática dos atos ilícitos previstos nesta Lei ou para provocar confusão patrimonial, sendo estendidos todos os efeitos das sanções aplicadas à pessoa jurídica aos seus administradores e sócios com poderes de administração, observados o contraditório e a ampla defesa".

3 REQUIÃO, Rubens. Abuso de Direito e fraude através da personalidade jurídica (Disregard Doctrine). *Revista dos Tribunais*, São Paulo, v. 410. p. 12-24, dez. 1969.

> "Art. 50. [...] § 1º [...] desvio de finalidade é a utilização da pessoa jurídica com o propósito de lesar credores e para a prática de atos ilícitos de qualquer natureza.
>
> § 2º Entende-se por confusão patrimonial a ausência de separação de fato entre os patrimônios, caracterizada por:
>
> I - cumprimento repetitivo pela sociedade de obrigações do sócio ou do administrador ou vice-versa;
>
> II - transferência de ativos ou de passivos sem efetivas contraprestações, exceto os de valor proporcionalmente insignificante; e
>
> III - outros atos de descumprimento da autonomia patrimonial.
>
> § 3º O disposto no caput e nos §§ 1º e 2º deste artigo também se aplica à extensão das obrigações de sócios ou de administradores à pessoa jurídica."

A desconsideração da personalidade jurídica procura, em síntese, evitar "que, agindo indevidamente por meio de terceiro, o sancionado consiga burlar obliquamente" os efeitos da sanção que tiver recebido, comprometendo o alcance das finalidades esperadas e, consequentemente, "a higidez do mercado de contratações públicas para continuar usufruindo das vantagens dele oriundas"[4]. A desconsideração da personalidade jurídica determina "a ineficácia relativa do limite patrimonial da pessoa jurídica"[5], ou seja, ocasiona a superação da diferenciação entre o capital de uma pessoa jurídica e o patrimônio:

(i) de administradores e sócios (inclusive, sócios ocultos[6]);

(ii) de pessoa jurídica sucessora; ou

(iii) de empresa do mesmo ramo com relação de coligação ou controle (de fato ou de direito) com o sancionado.

Poder-se-á identificar a possível fraude no curso do processo de responsabilização ou depois de concluída a apuração e já aplicada a devida sanção administrativa, exigindo-se, assim que constatado o desvio de finalidade ou a confusão patrimonial, a intimação do particular envolvido para que exerça o contraditório e a ampla defesa, dentro das balizas estabelecidas na LLCA e, se for o caso, no respectivo regulamento. A desconsideração da personalidade jurídica deverá ser precedida de análise do órgão de assessoramento jurídico da Administração, que subsidiará a decisão final da autoridade administrativa competente quanto à extensão de todos – repita-se: todos – os efeitos das sanções previstas no art. 156 da LLCA para:

(i) pessoas físicas (desconsideração da personalidade jurídica direta); ou

(ii) pessoas jurídicas (desconsideração da personalidade jurídica indireta)[7], aqui se exigindo a comprovação de elementos que demonstrem "que, coberta por simples máscara formal, outra empresa está atunado artificialmente no lugar da sancionada",

---

[4] SUNDFELD, Caros Ari; GABRIEL, Yasser. A Interdição de Licitar e Contratar com a Administração Pública. P. 93. In.: . COELHO, Fábio Ulhoa; TEPEDINO, Coelho; LEMES, Selma Ferreira (coords.). A Evolução do Direito no Século XXI – Homenagem ao professor Arnoldo Wald. São Paulo: IASP, 2022. P. 89-103.

[5] BITTENCOURT, Sidney. Nova Lei de Licitações Passo a Passo. 3. ed. rev. ampl. e atual. Belo Horizonte: Fórum, 2024. p. 984-985.

[6] Destaca-se, a título ilustrativo, o entendimento exarado no Recurso Especial nº 2.055.325, em que o Superior Tribunal de Justiça admitiu a responsabilização de sócio oculto que, no caso concreto, "conduzia e administrava, de fato, a empresa".

[7] CARVALHO, Matheus; OLIVEIRA, João Paulo; ROCHA, Paulo Germano. *Nova Lei de Licitações comentada.* Salvador: Juspodivm, 2021. p. 632.

contornando as sanções aplicadas e, assim, "gerando e distribuindo, aos mesmos indíviduos, os proveitos que a sancionada obteria"[8].

A LLCA, ao tratar da desconsideração da personalidade jurídica, não traz grande novidade, porquanto, antes mesmo da existência de previsão legal expressa, o Superior Tribunal de Justiça já admitia, em decisão paradigmática, eventual extensão dos efeitos das sanções nos casos de desvio de finalidade da pessoa jurídica ou confusão patrimonial, notadamente quando constatada pela Administração a tentativa de o particular burlar os efeitos de penalidade aplicada em processo administrativo sancionador, "desde que facultado ao administrado o contraditório e a ampla defesa em processo administrativo regular".[9]

A desconsideração da personalidade jurídica não é, em resumo, "um dogma intransponível",[10] mas consubstancia uma medida excepcional adotada, a teor do art. 160 da LLCA, pela própria Administração,[11] quando efetivamente constata a utilização de pessoa jurídica para facilitar, encobrir ou dissimular a prática dos atos ilícitos[12] ou para provocar confusão patrimonial. O § 1º do art. 14 da LLCA reflete a preocupação do legislador com a efetividade das sanções aplicadas, impossibilitando particular participar de licitação ou da execução de contrato "em substituição a outra pessoa, física ou jurídica, com o intuito de burlar a efetividade da sanção a ela aplicada, inclusive a sua controladora, controlada ou coligada [...]".

Destaca-se, uma vez mais, a necessidade de cautela na desconsideração da personalidade jurídica, a exigir análise jurídica prévia para conferir maior segurança jurídica quanto à regularidade e à proporcionalidade da medida a ser tomada pela autoridade competente. E, em se tratando de medida excepcional, ao final do devido processo administrativo sancionador, quando constatado abuso de direito e fraude através de

---

8 SUNDFELD, Caros Ari; GABRIEL, Yasser. A Interdição de Licitar e Contratar com a Administração Pública. P. 96-97. In.: . COELHO, Fábio Ulhoa; TEPEDINO, Coelho; LEMES, Selma Ferreira (coords.). A Evolução do Direito no Século XXI – Homenagem ao professor Arnoldo Wald. São Paulo: IASP, 2022. P. 89-103.

9 Ver: RMS nº 15166/BA. Relator ministro Castro Meira, da Segunda Turma do Superior Tribunal de Justiça (Julgado em 07.08.2003).

10 PEDRA, Anderson Sant'ana; TORRES, Ronny Charles Lopes. O regime sancionatório na Nova Lei de Licitações. p. 242. *In*: BELÉM, Bruno; Carvalho, Matheus; CHARLES, Ronny (Coords.). *Temas controversos da Nova Lei de Licitações e contratos*. São Paulo: Juspodivm, 2021. p. 211-258.

11 O Supremo Tribunal Federal, nesse contexto, em medida cautelar proferida pelo ministro Celso de Mello no Mandado de Segurança nº 32494-DF (ainda pendente de julgamento), demarcou que "a denominada *'disregard doctrine'* representa um importante contributo teórico que permite ao Estado, agindo na perspectiva de uma dada situação concreta, afastar *'hic et nunc'*, de modo pontual, a personalidade jurídica de determinada entidade, em ordem a neutralizar a ocorrência de confusão patrimonial, de desvio de finalidade, de práticas abusivas e desleais ou de cometimento de atos ilícitos, além de, no plano das relações jurídicas com a Pública Administração, também prevenir ofensa ao postulado da moralidade e de resguardar a incolumidade do erário".

12 O Tribunal de Contas da União (TCU) considera, para fins de desconsideração de personalidade jurídica, além de outros elementos, a transferência de acervo técnico de pessoa jurídica sancionada para outra pessoa jurídica, pois tal prática possibilita a demonstração de capacidade técnico-operacional exigida como requisito de habilitação, esvaziando, assim, os efeitos da penalidade. O Acórdão nº 1.831/2014-Plenário, por exemplo, reconheceu a configuração da fraude "a partir da assunção do acervo técnico e humano", compreendendo que "a transferência de toda a capacidade operacional de uma entidade para outra evidencia o propósito de dar continuidade às atividades da empresa inidônea sob nova denominação", a justificar a "desconsideração da personalidade jurídica para extensão ou aplicação de penalidade"; enquanto o Acórdão nº 1.246/2020-Plenário considerou que, "quando os administradores de determinada empresa, em razão de ela se encontrar na iminência de sofrer sanção administrativa restritiva de direito, transferem o seu acervo técnico a outra empresa do mesmo grupo econômico com o objetivo específico de continuar as atividades da primeira, resta caracterizada a hipótese de sucessão fraudulenta, cabendo estender à sucessora os efeitos da penalidade aplicada à sucedida".

pessoa jurídica, a competência para promover a desconsideração da personalidade jurídica será de autoridade de hierarquia equivalente à autoridade responsável por inicialmente aplicar as penalidades cujos efeitos serão estendidos (em caso de declaração de inidoneidade, observar-se-ão os incisos I e II do § 6° do art. 156 da LLCA; nas demais sanções, observa-se-á a lei ou ato infralegal pertinente).

Art. 161. Os órgãos e entidades dos Poderes Executivo, Legislativo e Judiciário de todos os entes federativos deverão, no prazo máximo de 15 (quinze) dias úteis, contado da data de aplicação da sanção, informar e manter atualizados os dados relativos às sanções por eles aplicadas, para fins de publicidade no Cadastro Nacional de Empresas Inidôneas e Suspensas (CEIS) e no Cadastro Nacional de Empresas Punidas (CNEP), instituídos no âmbito do Poder Executivo federal.

Parágrafo único. Para fins de aplicação das penas previstas nos incisos I, II, III e IV do caput do art. 156 desta Lei, o Poder Executivo regulamentará a forma de cômputo e as consequências da soma de diversas sanções aplicadas a uma mesma empresa e derivadas de contratos distintos.

RAFAEL AMORIM DE AMORIM

161 Do Cadastro Nacional de Empresas Inidôneas e Suspensas (CEIS) e do Cadastro Nacional de Empresas Punidas (CNEP)

O art. 161 da LLCA determina a publicação das sanções aplicadas por órgãos e entidades públicas no Cadastro Nacional de Empresas Inidôneas e Suspensas (CEIS) e no Cadastro Nacional de Empresas Punidas (CNEP), ambos instituídos pelo Poder Executivo federal, disponibilizados no Portal da Transparência mantido pela Controladoria-Geral da União[1] e, conforme §3º do art. 174 da LLCA, com acesso já integrado ao Portal Nacional de Contratações Públicas[2].

Há, subjacente ao art. 161 da LLCA, a preocupação do legislador com a transparência das sanções aplicadas pela Administração Pública, pois a sua publicação no CEIS/CNEP promoverá o alcance das suas finalidades: por um lado, o efeito repressivo será efetivamente concretizado, sobretudo com o acesso facilitado às informações no PNCP, que, no caso das penalidades previstas nos incisos III e IV do caput do art. 156, impossibilitará a participação dos infratores em licitações e contratos; por outro lado, o efeito pedagógico será potencializado, com o reforço do modelo de comportamento esperado de licitantes e contratados e a dissuasão da prática de outras infrações.

O art. 161 da LLCA exige que os órgãos e entidades dos Poderes Executivo, Legislativo e Judiciário de todos os entes federativos informem ao CEIS e ao CNEP, no prazo máximo de 15 (quinze) dias, a aplicação de sanção aos particulares em razão das infrações

[1] BRASIL. Portal da Transparência. *Sanções*. Disponível em: http://www.portaltransparencia.gov.br/sancoes. Acesso em 30 jul. 2021.

[2] Ver: https://www.gov.br/pncp/pt-br/central-de-conteudo/noticias/portal-nacional-de-compras-publicas-conta-com-novas-funcionalidades-para-ampliar-transparencia-e-facilitar-o-acesso-a-documentos. Acesso em: 7 mar. 2025.

relacionadas às contratações públicas, mantendo-as constantemente atualizadas. Existe, a propósito, determinação semelhante nos arts. 22 e 23 da Lei nº 12.846/2013, regulamentados pelo Poder Executivo Federal nos arts. 58 a 63 do Decreto nº 11.129, de 11/07/2022, exigindo-se, para registro de cada sanção aplicada, ao menos as seguintes informações:

> Decreto nº 11.129/2022 [...] Art. 60. Constarão do CEIS e do CNEP, sem prejuízo de outros a serem estabelecidos pela Controladoria-Geral da União, dados e informações referentes a:
>
> I - nome ou razão social da pessoa física ou jurídica sancionada;
>
> II - número de inscrição da pessoa jurídica no Cadastro Nacional da Pessoa Jurídica - CNPJ ou da pessoa física no Cadastro de Pessoas Físicas - CPF;
>
> III - tipo de sanção;
>
> IV - fundamentação legal da sanção;
>
> V - número do processo no qual foi fundamentada a sanção;
>
> VI - data de início de vigência do efeito limitador ou impeditivo da sanção ou data de aplicação da sanção;
>
> VII - data final do efeito limitador ou impeditivo da sanção, quando couber;
>
> VIII - nome do órgão ou da entidade sancionadora;
>
> IX - valor da multa, quando couber; e
>
> X - escopo de abrangência da sanção, quando couber.

Há, como já comentado na análise de outros dispositivos da LLCA, a necessidade de considerar que a publicidade das sanções no CEIS/CNEP e o acesso facilitado por meio do PNCP contribuirá para a efetivação do disposto no inciso III do art. 14, que reforça a proibição de particular "disputar licitação ou participar da execução de contrato, direta ou indiretamente", quando se encontrar, "ao tempo da licitação, impossibilitada de participar da licitação em decorrência de sanção que lhe foi imposta"; e para a eficácia do disposto no §4º do art. 91, que determina que, "antes de formalizar ou prorrogar o prazo de vigência do contrato", a Administração deverá consultar o CEIS/CNEP, emitir as certidões negativas de inidoneidade e de impedimento e juntá-las ao respectivo processo.[3] [4]

A exclusão dos dados e informações do CEIS e do CNEP deverá ocorrer, de forma automática ou mediante requerimento do particular, depois de decorrido prazo

---

[3] O art. 178 da LLCA, ao estabelecer os crimes em licitações e contratos administrativos (incluídos no Título XI da Parte Especial do Código Penal), inclusive definiu o tipo penal de "contratação inidônea", a saber:
"Art. 337-M. Admitir à licitação empresa ou profissional declarado inidôneo:
Pena – reclusão, de 1 (um) ano a 3 (três) anos, e multa.
§1º Celebrar contrato com empresa ou profissional declarado inidôneo:
Pena – reclusão, de 3 (três) anos a 6 (seis) anos, e multa.
§2º Incide na mesma pena do caput deste artigo aquele que, declarado inidôneo, venha a participar de licitação e, na mesma pena do §1º deste artigo, aquele que, declarado inidôneo, venha a contratar com a Administração Pública".

[4] O Sistema de Cadastramento Unificado de Fornecedores (Sicaf), registro cadastral do Poder Executivo Federal, está completamente integrado ao Ceis/Cnep, o que possibilita, no âmbito federal, a consulta a apenas um dos dois sistemas para verificar a existência de sanção que impeça o particular de disputar licitação ou de participar da execução de contrato. Ver: ttps://www.gov.br/compras/pt-br/acesso-a-informacao/noticias/integracao-completa-de-bancos-de-dados-reforca-transparencia-e-agilidade-em-contratos-governamentais. Acesso em: 7 mar. 2025

previamente estabelecido no ato sancionador ou após a reabilitação do infrator na forma prevista no art. 163 da LLCA. Portanto, em se tratando de "impedimento de licitar e contratar" e de "declaração de inidoneidade", cumprido o prazo original determinado no ato sancionador, independentemente da reabilitação prevista no art. 163 da LLCA, haverá a exclusão das informações da sanção do CEIS/CNEP, o que possibilitará ao particular, se não subsistir registro de outra sanção no sistema informatizado, disputar licitações e participar de execuções contratuais.

Ressalva-se, ao final, que uma pessoa física ou jurídica pode participar de várias licitações e manter múltiplos vínculos contratuais com a Administração Pública, com a possibilidade de praticar distintas infrações e, em contrapartida, receber diferentes sanções por órgãos e entidades dos Poderes Executivo, Legislativo e Judiciário de todos os entes federativos. E, por essa razão, preocupada com a segurança jurídica, para conferir previsibilidade a particulares e à Administração Pública, o parágrafo único do art. 161 da LLCA impõe ao Poder Executivo a edição de regulamento para disciplinar a forma de cômputo e as consequências da soma de diversas sanções aplicadas a uma mesma empresa e derivadas de contratações públicas diversas.

O exemplo a seguir facilita a compreensão do conteúdo normativo do regulamento a que se refere o parágrafo único do art. 161 da LLCA:

(i) imagine a empresa "J", que mantém contratos com o Município "Y" e com o Estado "Z" e pratica ilícitos graves no decorrer da execução de cada contrato;

(ii) após responder processos administrativos sancionadores no âmbito de cada ente federativo, ela é sancionada, no ano X, pelo secretário do Município "Y" com a penalidade de declaração de inidoneidade pelo prazo de 5 (cinco) anos e pelo respectivo secretário do Estado "Z", no ano X+1, com a mesma penalidade pelo prazo de 3 (três) anos;

(iii) o regulamento deverá "disciplinar a forma de cômputo e as consequências da soma" das penalidades hipotéticas referidas, o que determinará o tempo total em que a empresa "J" ficará proibida de licitar e contratar com a Administração Pública, com os devidos registros das sanções no CEIS/CNEP.

Art. 162. O atraso injustificado na execução do contrato sujeitará o contratado a multa de mora, na forma prevista em edital ou em contrato.

Parágrafo único. A aplicação de multa de mora não impedirá que a Administração a converta em compensatória e promova a extinção unilateral do contrato com a aplicação cumulada de outras sanções previstas nesta Lei.

RAFAEL AMORIM DE AMORIM

162 Da multa de mora e da sua conversão em compensatória

Há, na LLCA, como já comentado previamente, a previsão de "contratos por escopo", voltados à satisfação de necessidades específicas da Administração (ver, p. ex., inciso XVII do art. 6º), a exemplo da construção de uma nova unidade hospitalar e do fornecimento de equipamentos específicos necessários para o início do seu funcionamento; e "contratos de duração" voltados à satisfação de necessidades permanentes ou prolongadas da Administração (ver, p. ex., incisos XV e XVI do art. 6º), a exemplo do fornecimento de alimentação para os pacientes e de serviços de limpeza e conservação.[1]

Os contratos administrativos estarão, em qualquer hipótese, sempre relacionados à satisfação de uma necessidade da Administração (específica, permanente e/ou prolongada), normalmente vinculada à materialização de uma política pública. E, nesse contexto, os instrumentos que disciplinam a licitação e o próprio contrato administrativo sempre estabelecem prazos a serem observados pelos particulares, cuja importância vai além da relação jurídica estabelecida entre a Administração e o contratado, pois determina a satisfação tempestiva ou não das necessidades subjacentes à contratação, com reflexos na materialização das políticas públicas.

Em decorrência, o atraso injustificado na execução do contrato ocasiona prejuízos inequívocos à Administração Pública e, de forma reflexa, à própria sociedade, cuja gravidade dos danos materiais e imateriais provocados dependerá da materialidade, relevância e criticidade do objeto da contratação para consecução de uma política pública (por exemplo, o atraso de duas semanas no início da obra de ampliação do hospital é, a priori, muito menos grave do que o atraso de duas horas no fornecimento de almoço para pacientes), o que, obviamente, deverá ser considerado na definição da multa de mora nos instrumentos que disciplinam a licitação e no contrato administrativo, não existindo impedimento para sua incidência de forma progressiva e cumulativa.

O art. 162, *caput*, da LLCA possibilita o "específico sancionamento dos incumprimentos" de prazo que se produzem no interior da relação bilateral estabelecida,

[1] Ver: JUSTEN FILHO, Marçal. *Comentários à Lei de Licitações e Contratações Administrativas*. São Paulo: Thomson Reuters Brasil, 2021. p. 1294-1295.

como "consequência da relação contratual e não de uma genérica previsão punitiva da Administração Pública"[2], dai decorrendo as seguintes funções:

(i) a primeira é realçar a preocupação do legislador com o "atraso injustificado na execução do contrato", diferenciando a multa de mora (também denominada de "cláusula penal", sempre aplicada no decorrer da execução contratual) da multa sancionatória prevista no inciso II do art. 156 da LLCA, aplicável, conforme já comentado na análise realizada do art. 155, quando perpetradas as infrações que comprometem o êxito das licitações (incisos IV, V, VI e XI do art. 155), as infrações que prejudicam a boa execução contratual (incisos I, II, III e VII do art. 155), e, até mesmo, as infrações que colidem com bens e valores que normalmente transcendem licitações e contratos específicos (incisos VIII, IX, X e XII do art. 155);

(ii) a segunda, diferentemente das demais causas de inexecução parcial do contrato, é determinar a obrigatoriedade de aplicação de multa de mora sempre que constatada a inexecução parcial em razão do atraso injustificado na execução contratual (normalmente, com base no art. 117 da LLCA, o fiscal do contrato é o responsável por constatar a mora, anotando-a em registro próprio para fundamentar a cobrança pela autoridade competente); e

(iii) a terceira é, sem prejuízo de outras medidas de responsabilização, possibilitar que, após notificação prévia do particular, a Administração, por meio da autoridade competente definida em regulamento, que é normalmente o próprio gestor do contrato, aplique de forma célere a multa de mora, nos exatos termos estabelecidos nos instrumentos que disciplinam a licitação e no contrato administrativo, inclusive quanto aos valores previamente delimitados, sem a necessidade de um processo sancionador prévio, com vistas a constranger o particular a honrar posteriormente os compromissos assumidos[3].

Quando a simples imposição de multa de mora contratual, a ser diretamente descontada dos créditos eventualmente existentes em favor do particular, não produzir os efeitos desejados, o parágrafo único do art. 162 da LLCA estabelece a possibilidade de conversão da multa moratória em compensatória, o que possibilitará a extinção unilateral do contrato em razão dos prejuízos causados pelo particular à satisfação das necessidades subjacentes à contratação. Não se estará mais, nessa hipótese, diante de simples inexecução contratual, mas, quando alcançado determinado limite temporal de atraso injustificado, configurar-se-á a infração de inexecução total do contrato (inciso III do art. 155 da LLCA), que desencadeará, além da conversão da multa moratória em compensatória e da extinção unilateral do contrato administrativo, outras medidas de responsabilização do particular.

A incidência do parágrafo único do art. 162 da LLCA exigirá a observância das regras estabelecidas no edital e no contrato, que deverão refletir a materialidade, a relevância e a criticidade do objeto da contratação pública. Nessa perspectiva, ao serem revisitados os exemplos expostos previamente, é possível vislumbrar a possibilidade

[2] OSÓRIO, Fabio Medina. *Direito Administrativo Sancionador*. 3. ed. São Paulo: Revista dos Tribunais, 2009. p. 99.

[3] Estudo sobre o "efeito educativo" das sanções nas contratações públicas demonstra que a multa provoca "uma diminuição na razão de chances de ocorrência de problemas mais graves no futuro", o que é explicado pelo fato de os "fornecedores entenderem o 'recado' [...], evitando sanções mais pesadas [...]". In.: COSTA, Caio César de Medeiros. Análise do Efeito Educativo das Sanções nos Contratos Administrativos da Administração Pública Federal no Brasil. Cadernos ENAP nº 65. Brasília: ENAP, 2019. p. 32.

de, em um contrato para ampliação de um hospital, ser admitido atrasos injustificados por semanas ou meses, sem a necessidade de extinção unilateral do contrato; mas, em um contrato de fornecimento de alimentação para pacientes de um hospital público, não é factível a possibilidade de o contrato admitir atrasos injustificados por horas ou dias, sem possibilitar sua extinção unilateral pela Administração.

Portanto, o parágrafo único do art. 162 da LLCA deverá ser concretizado conforme regras estabelecidas no edital e no contrato, que, no caso de não cumprimento ou cumprimento irregular dos compromissos assumidos, constituirão motivo para extinção unilateral do contrato, a ser promovida pela autoridade competente e reduzida a termo no próprio processo que instrumentaliza a execução contratual (inciso I do caput do art. 137 c/c inciso I do caput e §1º art. 138 da LLCA), com a conversão da multa moratória em compensatória, sem prejuízo de aplicação de outras sanções cabíveis, desde que observado o devido processo legal e respeitado o contraditório e a ampla defesa, na forma estabelecida na legislação.

Art. 163. É admitida a reabilitação do licitante ou contratado perante a própria autoridade que aplicou a penalidade, exigidos, cumulativamente:

I – reparação integral do dano causado à Administração Pública;

II – pagamento da multa;

III – transcurso do prazo mínimo de 1 (um) ano da aplicação da penalidade, no caso de impedimento de licitar e contratar, ou de 3 (três) anos da aplicação da penalidade, no caso de declaração de inidoneidade;

IV – cumprimento das condições de reabilitação definidas no ato punitivo;

V – análise jurídica prévia, com posicionamento conclusivo quanto ao cumprimento dos requisitos definidos neste artigo.

Parágrafo único. A sanção pelas infrações previstas nos incisos VIII e XII do caput do art. 154 desta Lei exigirá, como condição de reabilitação do licitante ou contratado, a implantação ou aperfeiçoamento de programa de integridade pelo responsável.

RAFAEL AMORIM DE AMORIM

163 Da reabilitação dos Licitantes e Contratados Infratores

O "impedimento de licitar e contratar", sanção prevista no inciso III do caput no art. 156 e cuja aplicação é disciplinada pelo §4º do mesmo dispositivo legal, pode ser aplicado pelo prazo de até 3 (três) anos, com alcance adstrito à Administração Pública direta e indireta do ente federativo que tiver aplicado a sanção; a "declaração de inidoneidade", sanção prevista no inciso IV do caput no art. 156 e cuja aplicação é disciplinada pelo §5º do mesmo dispositivo legal, pode ser aplicada pelo prazo mínimo de 3 (três) anos e máximo de 6 (seis) anos, com alcance da Administração Pública direta e indireta de todos os entes federativos.

No contexto exposto, em flagrante evolução à Lei nº 8.666/1993, o art. 163 da LLCA estabelece a possibilidade de a Administração promover a reabilitação de licitantes e contratados antes do cumprimento do prazo total da sanção administrativa, desde que o particular observe, em regra, quatro exigências: (i) reparação integral do dano causado à Administração; (ii) pagamento da multa, quando aplicada; (iii) transcurso de, no mínimo, 1 (um) ano, no caso de impedimento de licitar e contratar[1] ou de, no mínimo, 3 (três) anos, no caso de declaração de inidoneidade, ambos contados da decisão final da

[1] Caso a penalidade de impedimento de licitar e contratar seja aplicada por período de até 1 (um) ano, o particular deverá cumprir o prazo integral da sanção, não existindo, nessa hipótese, a possibilidade de reabilitação antes do período original previsto no ato sancionatário.

autoridade competente; e, (iv) se for o caso, cumprimento das condições de reabilitação definidas no ato punitivo.[2]

O parágrafo único do art. 163 da LLCA traz uma exigência adicional a ser observada pela Administração previamente à reabilitação do particular, que é a obrigatoriedade de o licitante ou contratado implantar ou aperfeiçoar seu programa de integridade quando o fundamento da penalidade aplicada tiver sido o cometimento de ato ilícito previsto nos incisos VIII ("apresentar declaração ou documentação falsa [...]) e XII ("praticar ato lesivo previsto no art. 5º da Lei nº 12.846/2013").[3] Ocorre, assim, a consagração da importância dos programas de integridade no ambiente de contratações públicas, os quais deverão demonstrar a superação dos motivos determinantes da punição pelo particular.[4]

Há, no Decreto n° 12.304, de 9/12/2024, a definição dos requisitos que, no âmbito federal, deverão ser considerados para avaliação nos programas de integridade para fins de reabilitação dos particulares:

> Art. 3º O programa de integridade será avaliado, quanto a sua implantação, seu desenvolvimento ou a seu aperfeiçoamento, de acordo com os seguintes parâmetros:
>
> I - comprometimento da alta direção da pessoa jurídica, incluídos os conselhos, evidenciado pelo apoio visível e inequívoco ao programa e pela destinação de recursos adequados;
>
> II - padrões de conduta, código de ética, políticas e procedimentos de integridade, aplicáveis a todos os empregados e administradores, independentemente do cargo ou da função exercida;
>
> III - padrões de conduta, código de ética e políticas de integridade estendidas, quando necessário, a terceiros, como fornecedores, prestadores de serviço, agentes intermediários e associados;
>
> IV - treinamentos e ações de comunicação periódicos sobre o programa de integridade;
>
> V - gestão adequada de riscos, incluída sua análise e reavaliação periódica, para a realização de adaptações necessárias ao programa de integridade e para a alocação eficiente de recursos;
>
> VI - registros contábeis que reflitam de forma completa e precisa as transações da pessoa jurídica;

---

[2] Neste caso, como identificaram Cesar Pereira e Rafael Schwind na experiência internacional, é possível que a Administração estabeleça, no ato punitivo, como requisito para posterior reabilitação, a adoção de medidas de pessoal, a exemplo de eventual afastamento de "acionistas, executivos e empregados que tiveram relação com a prática de atos delituosos"; e de "medidas estruturais e organizacionais". (PEREIRA, Cesar A. Guimarães; SCHWIND, Rafael Wallbach. *Autossaneamento (self-cleaning) e reabilitação de empresas no direito brasileiro anticorrupção*. Ago. 2015. Disponível em: https://www.migalhas.com.br/depeso/225754/autossaneamento--self-cleaning--e-reabilitacao-de-empresas-no-direito-brasileiro-anticorrupcao. Acesso em 10 jul. 2021).

[3] Constata-se, após análise conjunta do art. 155 e do parágrafo único do art. 163 da LLCA, provável equívoco redacional no último dispositivo legal citado, pois, se considerados os tipos proibitivos constantes nos incisos VIII a XII do art. 155, não se vislumbra razão para inclusão do inciso VIII e exclusão dos incisos IX a XI, todos envolvendo ilícitos tão graves quanto "apresentar declaração ou documentação falsa exigida para o certame ou prestar declaração falsa durante a licitação ou a execução do contrato". Nesse contexto, como o inciso IV do caput do art. 163 da LLCA permite que a Administração estabeleça no ato punitivo condições para posterior reabilitação do particular, é recomendável, como boa prática, que, quando a sanção for decorrente de infração prevista nos incisos IX a XI do art. 155 da LLCA, o ato punitivo também contenha a necessidade de implantação ou aperfeiçoamento de programa de integridade como condição de posterior reabilitação do licitante ou contratado.

[4] Como já comentado na análise do inciso V do § 1º do art. 156 da LLCA, o art. 57 do Decreto Federal nº 11.129, de 11/7/2022, traz alguns parâmetros para avaliação dos programas de integridade. .

VII - controles internos que assegurem a pronta elaboração e a confiabilidade de relatórios e demonstrações financeiras da pessoa jurídica;

VIII - procedimentos específicos para prevenir fraudes e ilícitos no âmbito de processos licitatórios, na execução de contratos administrativos ou em qualquer interação com o setor público, ainda que intermediada por terceiros, como pagamento de tributos, sujeição a fiscalizações ou obtenção de autorizações, licenças, permissões e certidões;

IX - mecanismos específicos para assegurar o respeito aos direitos humanos e trabalhistas e a preservação do meio ambiente;

X - independência, estrutura e autoridade da instância interna responsável pela aplicação do programa de integridade e pela fiscalização de seu cumprimento;

XI - canais de denúncia de irregularidades, abertos e amplamente divulgados a funcionários e terceiros, e mecanismos destinados ao tratamento das denúncias e à proteção de denunciantes de boa-fé;

XII - medidas disciplinares em caso de violação do programa de integridade;

XIII - procedimentos que assegurem a pronta interrupção de irregularidades ou de infrações detectadas e a tempestiva remediação dos danos gerados;

XIV - diligências apropriadas, baseadas em risco, para:

a) contratação e, conforme o caso, supervisão de terceiros, como fornecedores, prestadores de serviço, agentes intermediários, despachantes, consultores, representantes comerciais e associados;

b) contratação e, conforme o caso, supervisão de pessoas expostas politicamente e de seus familiares, colaboradores e pessoas jurídicas de que participem; e

c) realização e supervisão de patrocínios e doações;

XV - verificação, durante os processos de fusões, aquisições e reestruturações societárias, do cometimento de irregularidades ou ilícitos ou da existência de vulnerabilidades nas pessoas jurídicas envolvidas;

XVI - transparência e responsabilidade socioambiental da pessoa jurídica; e

XVII - monitoramento contínuo do programa de integridade com vistas ao seu aperfeiçoamento na prevenção, na detecção e no combate à ocorrência de fraudes, de irregularidades, de atos lesivos praticados contra a administração pública, nacional ou estrangeira, e de condutas que atentem contra os direitos humanos e trabalhistas e o meio ambiente.

Depreende-se, do art. 163 da LLCA, o seguinte procedimento a ser observado para efetivação da reabilitação:

(i) começa pela obrigatoriedade de o particular protocolar o pedido perante a própria autoridade que aplicou a penalidade, devidamente instruído com as comprovações de atendimento das exigências estabelecidas;

(ii) passa pela necessidade de avaliação técnica do cumprimento das condições de reabilitação definidas no ato punitivo, inclusive, se for o caso, do programa de integridade, observando-se, no âmbito federal, o Decreto n° 12.304, de 9/12/2024;

(iii) continua pela necessidade de análise prévia do órgão de assessoramento jurídico da Administração, que deverá, em sua manifestação, apresentar posicionamento conclusivo sobre o cumrprimento dos requisitos pelo particular; e

(iv) finaliza com a decisão do pedido de reabilitação, que será proferida pela própria autoridade que inicialmente aplicou a sanção administrativa.

As sanções administrativas possuem finalidades retributiva e preventiva, sempre voltadas à conformação de uma estrutura de incentivos orientada ao cumprimento das

obrigações licitatórias e contratuais. Há, no art. 163 da LLCA, uma presunção legal de que, quando o licitante ou contratado sancionado atender as exigências já comentadas, com atenção redobrada à avaliação da efetividade do programa de integridade, haverá o alcance das finalidades inicialmente desejadas pela imposição da sanção administrativa, a determinar, a partir disso, a devida reabilitação do particular, com a extinção antecipada da eficácia da sanção de "impedimento de licitar e contratar" ou da "declaração de inidoneidade".

Logo, como decorrência da reabilitação, o particular deverá ser excluído do Cadastro Nacional de Empresas Inidôneas e Suspensas (CEIS) e do Cadastro Nacional de Empresas Punidas (CNEP), o que novamente lhe possibilitará, ao não mais incorrer na vedação constante no inciso III do art. 14 da LLCA, disputar licitações e participar de execuções de contratos administrativos.

CAPÍTULO II

DAS IMPUGNAÇÕES, DOS PEDIDOS DE ESCLARECIMENTO E DOS RECURSOS

Art. 164. Qualquer pessoa é parte legítima para impugnar edital de licitação por irregularidade na aplicação desta Lei ou para solicitar esclarecimento sobre os seus termos, devendo protocolar o pedido até 3 (três) dias úteis antes da data de abertura do certame.

Parágrafo único. A resposta à impugnação ou ao pedido de esclarecimento será divulgada em sítio eletrônico oficial no prazo de até 3 (três) dias úteis, limitado ao último dia útil anterior à data da abertura do certame.

ANDERSON SANT'ANA PEDRA

164 Impugnação e solicitação de esclarecimento (art. 164)

O *processo de contratação* desenvolve-se por meio de um procedimento administrativo, ou seja, por meio de uma sucessão (rito ou marcha) concatenada de atos administrativos, cada qual com objetivo próprio, mas todos, conjuntamente, tendo por finalidade a efetivação da contratação pública mais vantajosa.

Tem-se, assim, que cada fase (momento) desse procedimento licitatório visa atingir determinada utilidade, e a fase trazida pelo art. 164 da Lei nº 14.133/2021 (LLCA) objetiva efetivar a possibilidade de um controle social por meio de *mecanismos de contribuição* (impugnação e solicitação de esclarecimento) pelo particular como forma de efetivação de uma democracia direta (ativa ou participativa).

164.1 Controle social e mecanismos de contribuição

Defender a transparência da Administração Pública com a ampla divulgação de seus atos só se justifica como mecanismo de controle social, sob pena de a divulgação dos editais, dos contratos administrativos e dos avisos da contratação direta serem meros atos burocráticos sem perspectivas de resultados.

O *controle social* perante a Administração Pública deve ser entendido como qualquer *mecanismo de intervenção* acionado por cada cidadão individualmente, por grupo social organizado ou por pessoa jurídica, a fim de: *i*) apresentar ponderações e reflexões que possam influenciar decisões administrativas discricionárias; *ii*) induzir o agir administrativo para o comportamento ou a decisão que a sociedade anseia; *iii*) desestimular e impedir os comportamentos contrários às normas jurídicas e/ou às

normas técnicas; *iv*) contribuir para o aperfeiçoamento técnico; e/ou, *v*) restabelecer à conformidade técnica e/ou política.

Não se pode perder de vista a possibilidade de importantes contribuições do particular para a decisão administrativa a partir de legítimas interferências processuais.

A intervenção do particular no processo administrativo por meio de contribuições não deve ser analisada sempre como um mecanismo de tutela de seus interesses subjetivos perante a Administração, mas como um "expediente organizativo destinado à tomada das melhores decisões administrativas, em resultado dessa cooperação".[1]

O modelo de controle social oscila a partir de uma perspectiva histórica, cultural, política, econômica e, notadamente, normativa e tecnológica, com o avanço da *internet* e o acesso fácil à informação (transparência). É nessa última perspectiva que devem ser vistos a *impugnação* e o *pedido de esclarecimento* contemplados no art. 164.

Todo controle social, adequado para cada sociedade e circunstância, objetiva garantir um consenso (relativo) de convivência harmônica entre a Administração Pública, a sociedade e os cidadãos, apresentando sua importância face a necessidade de se alcançar a legitimidade ótima no exercício da função administrativa.

O controle social e a participação popular na gestão da Administração Pública é inerente à concepção de uma democracia participativa e de um republicanismo, compreendidos ambo, no art. 1º da Constituição brasileira de 1988 e em vários outros enunciados normativos constitucionais direcionados à Administração Pública, *v.g.*, expressões dirigidas à Administração Pública (art. 5º, inc. XXXIII (direito de acesso à informação administrativa); art. 5º inc. XXXIV, al. "a" (direito de petição) e al. "b" (direito de certidão); art. 29, inc. XII (participação no planejamento municipal); art. 37, §3º (participação do cidadão na Administração Pública).

Além do art. 164, tem-se outras legislações que tratam do controle social mediante a utilização de mecanismos de participação popular, como consultas ou audiências públicas ou audiências, destacando aqui: *i*) Lei nº 13.655/2018, que alterou a LINDB, introduzindo a *consulta pública* como condicionante, quando for o caso, para a celebração de termo de compromisso (art. 26, *caput*); *ii*) Lei nº 9.784/1999, que prevê, em caráter facultativo, a consulta pública e a audiência pública, além de outros meios, quando se tratar de "matéria relevante, poderão estabelecer outros meios de participação de administrados, diretamente ou por meio de organizações e associações legalmente reconhecidas" (art. 33); e, *iii*) Lei nº 13.460/2017, com a previsão de funcionamento de conselhos de usuário de serviço público.

Contudo, como é difícil evitar completamente o exercício disfuncional do controle social, deve-se ter o cuidado de não considerar que este esteja em um lugar superior, inquestionável e inatingível, porquanto o *controle social* carece também de mediação e precisa ser institucionalizado e constantemente legitimado.[2]

---

[1] SILVA, Vasco Manuel Pascoal Dias Pereira da. *Em busca do acto administrativo perdido*. Coimbra: Almedina, 1995. p. 306.

[2] Nesse sentido: FREITAS, Juarez. O controle social do orçamento público. *Interesse público – IP*, a. 3, n. 11, p. 13-26, jul./set. 2001. p. 27.

164.2 Finalidade do enunciado normativo

Por vezes, os requerimentos particulares (impugnações, recursos e petições) direcionados à Administração Pública são vistos com maus olhos ou, no mínimo, com desconfiança pelos agentes públicos. Não deveria ser assim!

Esses requerimentos devem ser considerados como sendo um mecanismo utilizado pelo particular, a fim de contribuir para a boa contratação pública, tratando-se de ferramentas instrumentalizadoras de uma *democracia participativa (colaborativa)*

Como se sabe, nos processos de contratação pública existe uma *assimetria informacional* enorme entre a Administração (contratante) e o mercado (contratado).

Obviamente que não se pode ter a ingenuidade de imaginar que todas as petições terão o objetivo de contribuir para o aperfeiçoamento da gestão administrativa. Deve-se estar imbuído no aproveitamento de toda e qualquer informação que for trazida em sede de impugnação ou de pedido de esclarecimento, sendo irrelevantes os interesses[3] que conduziram o particular em participar formalmente desse momento de contribuição com a Administração Pública.

Como visto na abordagem aos princípios elencados no art. 5º, a Administração Pública deve atuar sempre em observância às normas que orientam as contratações públicas, destacando a legalidade estrita, a transparência, a impessoalidade, a eficiência e o interesse público, devendo os institutos da *impugnação* e da *solicitação de esclarecimentos* serem encarados como mecanismos legitimadores da decisão administrativa e, por consectário lógico, como forma de blindagem contra qualquer manipulação não republicana.

164.3 Dever fundamental de contribuir com a Administração Pública

Mesmo diante da inexistência da expressa menção ao termo "deveres fundamentais" na Constituição brasileira de 1988, resta inegável que a manutenção do extenso e necessário rol de direitos fundamentais depende da observância desses deveres.

Chegar-se-ia ao caos social se o ordenamento constitucional abraçasse, tão somente, previsões normativas vinculadas aos *direitos fundamentais*, sem a consequente contraprestação consubstanciada nos respectivos *deveres fundamentais*.[4]

A relação "direitos x deveres" representa um vínculo indissolúvel e simbiótico, essencial à manutenção da harmonia de um Estado que não almeja elevar os interesses individuais à satisfação da coletividade, mas sim de quem vislumbra "valores comunitários diferentes e contrapostos aos valores e interesses individuais consubstanciados na figura dos direitos fundamentais".[5]

---

[3] Esses interesses podem perpassar motivações: *i*) político-partidárias (atravancar a gestão de adversários políticos); *ii*) pessoais (inimizades); *iii*) negociais (atrasar o procedimento licitatório para possibilitar a regularização perante um órgão técnico e/ou fiscal; firmar parceria com fornecedor ou prolongar o contrato vigente mediante aditivo em razão da não conclusão da licitação); *iv*) ideológicas (não permitir a mudança de forma de gestão para supostamente proteger determinado seguimento ou política pública (categoria de trabalhadores, meio ambiente, educação etc.); dentre outras.

[4] SILVA, Rodrigo Monteiro da. Iniciativa popular e democracia participativa: entraves à construção de uma cidadania ativa. *Revista Derecho y cambio social*, Lima (Peru), n. 43, a. XIII, p. 1-17, 2016. Disponível em: http://www.derechoycambiosocial.com/revista043/INICIATIVA_POPULAR_E_DEMOCRACIA_PARTICIPATIVA.pdf. Acesso em 02 mar. 2022.

[5] NABAIS, José Casalta. *O dever fundamental de pagar impostos*. Coimbra: Almedina, 2004. p. 37.

Direitos e *deveres* devem caminhar juntos, sem sobreposições, com a finalidade de buscar a construção e a solidificação de uma gestão que busque efetivar o *direito fundamental* à *boa administração pública*.[6]

Os *deveres fundamentais* são aqueles que se referem a dimensões básicas da vida do homem em sociedade, à satisfação de necessidades que afetem setores importantes para a organização e o funcionamento eficiente das instituições públicas para o exercício pleno dos direitos fundamentais,[7] inclusive o da *boa administração pública*.

Dito isso, tem-se que os institutos da *impugnação* e da *solicitação de esclarecimento* se apresentam como um *dever fundamental* de cada particular, pessoa física ou jurídica, de contribuir para uma *boa administração pública*.

164.4 Impugnação ao edital

A *impugnação* se presta para que o particular aponte para a Administração a ocorrência de uma suposta irregularidade perante o sistema normativo, seja em face das disposições da LLCA ou de qualquer outra contida em instrumento normativo primário ou secundário, tais como: leis especiais, leis locais, regulamentos orgânicos, normas técnicas etc.

A impugnação pode recair sobre qualquer disposição do edital ou de seus anexos, seja o edital referente a qualquer modalidade licitatória (art. 28) ou aos procedimentos auxiliares (art. 78).

Objetiva a impugnação possibilitar ao particular que aponte à Administração a existência de ilegitimidades, irregularidades, atecnias e/ou inconsistências, permitindo que se efetue a correção ou a adequação.

164.4.1 Impugnação à contratação direta

Nos termos do parágrafo único do art. 73, o "ato que autoriza a contratação direta ou o extrato decorrente do contrato deverá ser divulgado e mantido à disposição do público em sítio eletrônico oficial".

O objetivo do enunciado normativo com a divulgação do "ato que autoriza a contratação direta" é permitir o controle social, principalmente pelo mercado (outros possíveis interessados), permitindo que analise se efetivamente estão preenchidos os requisitos para a contratação direta e, caso entenda que não, que seja impugnada a contratação direta.

Não faz sentido divulgar a contratação direta e não admitir impugnação sobre a mesma, sob pena de a divulgação se tornar mera formalidade sem utilidade prática.

Caso seja procedente a impugnação, o ato que autorizou a contratação direta será invalidado e, conforme o caso, será imediatamente iniciada a fase externa com a divulgação do edital da licitação.

---

6 A fim de evitar repetições sobre o *direito fundamental* à *boa administração pública*, recomendamos a leitura dos comentários ao art. 5º.

7 PECES-BARBA MARTÍNEZ, Gregório. Los deberes fundamentales. *Doxa*, Alicante, n. 4, p. 329, 1987.

164.4.2 Direito de petição

Servindo como uma "regra de reserva" (ou "soldado de reserva") para toda e qualquer situação em que *não se tenha um prazo processual* disponível, inclusive o de impugnar o edital ou a contratação direta, deve-se valer da garantia constitucional contida no art. 5º, XXXIV, al. "a" da CF, que prescreve que "são a todos assegurados, independentemente do pagamento de taxas, o direito de petição aos Poderes Públicos em defesa de direitos ou contra ilegalidade ou abuso de poder".[8]

A origem do direito de petição remonta à Inglaterra, durante a Idade Média, por meio do *right of petition*, que se consolidou no *Bill of Rights*, de 1689, que trazia a possibilidade de os súditos peticionarem para a realeza.

Trata-se de uma "reclamação" dirigida ao Estado, que se instrumentaliza por meio de *direito de petição* e que, historicamente, tem sido denominado também de *direito de representação*.

Sob o prisma constitucional, tem-se que no "conceito de petição há de se compreender a reclamação dirigida à autoridade competente para que reveja ou eventualmente corrija determinada medida",[9] seja qual for o instrumento utilizado. A abrangência do *direito de petição* compreende, dentro de si, a *representação*, a *reclamação* e a *queixa*;[10] "são todos os pedidos e recursos administrativos relativos ao exercício do poder público".[11]

O *direito de petição*[12] pode ser definido como um direito que pertence a uma pessoa (física ou jurídica) de provocar mediante requerimento (petição) a atenção da Administração Pública sobre determinado ato administrativo (comissivo ou omissivo) ou situação instalada.

Entende-se que o *direito de petição* serve para complementar o direito fundamental da *liberdade de opinião*,[13] apresentando-se como um *direito político democrático do cidadão*,[14] constituindo um *direito de participação*.[15]

O *direito de petição* pode servir tanto para denunciar uma lesão efetiva ao erário ou ao ordenamento jurídico, quanto para requerer a retificação do ato, o redirecionamento da situação instalada ou até mesmo para provocar a quebra da inércia administrativa que seja ilegal.

---

[8] Conferir ainda o art. 37, §3º da CF: "Art. 37. [...] §3º A lei disciplinará as formas de participação do usuário na administração pública direta e indireta, regulando especialmente: [...] III – a disciplina da representação contra o exercício negligente ou abusivo de cargo, emprego ou função na administração pública".

[9] MENDES, Gilmar Ferreira; BRANCO, Paulo Gustavo Gonet. *Curso de direito constitucional*. 6. ed. São Paulo: Saraiva, 2011. p. 518.

[10] Nesse sentido: BASTOS, Celso; MARTINS, Ives Gandra da Silva. *Comentários à Constituição do Brasil*. 2. ed. São Paulo: Saraiva, 2001. v. 2, p. 182; TAVARES, André Ramos. *Curso de direito constitucional*. 14. ed. rev. e ampl. São Paulo: Saraiva, 2016. p. 735.

[11] PIEROTH, Bodo; SCHLINK. *Direitos fundamentais*. (Trad. António Francisco de Sousa e António Franco). São Paulo: Saraiva, 2012. p. 478.

[12] O *direito de petição* distingue-se do *direito de ação* previsto no art. 5º, XXXV da CF, que prescreve que "a lei não excluirá da apreciação do Poder Judiciário lesão ou ameaça a direito". O *direito de ação* significa a possibilidade de qualquer pessoa se dirigir ao Judiciário, a fim de obter o exercício da jurisdição estatal, e não apenas isso, mas também significa que qualquer pessoa tem direito à adequada, efetiva e tempestiva tutela jurisdicional.

[13] BACHOFF, Otto; STOBER, Rolf; WOLFF, Hans J. *Direito administrativo*. (Trad. António F. de Sousa). Lisboa: Calouste Gulbenkian, 2006. v. 1, p. 513.

[14] SCHMITT, Carl. *Teoría de la Constitución*. Madrid: Revista de Derecho Privado, 1934. p. 196.

[15] PIEROTH, Bodo; SCHLINK. *Direitos fundamentais*. (Trad. António Francisco de Sousa e António Franco). São Paulo: Saraiva, 2012. p. 477.

Como se viu, a natureza jurídica do *direito de petição* é a de prerrogativa de cunho democrático-participativo e por isso deve ser *absolutamente informal* no que se refere aos seus requisitos e pressupostos para utilização, estando legitimado para propositura qualquer pessoa, física ou jurídica, nacional ou estrangeira.

O objeto a ser tutelado pelo *direito de petição* é o comportamento da Administração Pública, que não pode se apresentar ofensivo ao ordenamento jurídico (ilícito) ou transbordar seus limites (abusivo).

Importante destacar, por se tratar de uma garantia fundamental de berço constitucional, que o *direito de petição* não pode ser destituído de eficácia, não podendo a autoridade a quem é dirigida manter-se inerte perante a petição.

Em razão da sua eficácia constitucional, o direito de petição obriga as autoridades públicas a procederem, com o seu recebimento, exame e resposta razoável, sob pena de configurar-se violação ao direito líquido e certo do peticionário.[16]

O agente público deve ser responsabilizado caso deixe de adotar qualquer providência corretiva no edital, mesmo com os alertas contidos na impugnação sobre cláusulas restritivas à competitividade, uma vez que o agente público tem o dever de adotar providências de ofício, com vistas à correção de ilegalidades que cheguem ao seu conhecimento.[17]

Embora a Constituição não traga consequências sancionatórias em caso de inércia da autoridade, pode o interessado utilizar do mandado de segurança, a fim de compelir o pronunciamento da autoridade desidiosa; além dessa autoridade poder responder perante os órgãos de controle por se tratar de um indício de irregularidade na condução do procedimento licitatório.

164.4.2.1 Anonimato

Muitos entendem que o eventual exercício do direito de petição pode ser visto por alguns agentes públicos como um comportamento contrário a determinados interesses e, em razão desse requerimento, podem sofrer algum tipo de retaliação.

A fim de evitar retaliações futuras é comum que o direito de petição seja exercido de forma anônima.

Entendemos que esse não é o mecanismo adequado para o exercício de uma garantia fundamental nem mesmo contribuirá para o aperfeiçoamento do controle social com o seu respectivo amadurecimento, principalmente em razão de a própria Constituição brasileira de 1988 garantir a livre manifestação de pensamento, mas vedar o anonimato (art. 5º, inc. IV).[18]

Contudo, em razão do dever de a Administração controlar seus próprios atos (autotutela), não se pode desprezar qualquer informação ou petição que permita o aperfeiçoamento do agir administrativo, devendo dar o mínimo de atenção e processamento, objetivando sempre garantir a integridade do agir administrativo.

---

[16] MORAES, Alexandre. *Constituição do Brasil interpretada*. São Paulo: Atlas, 2002. p. 290.

[17] Nesse sentido: TCU. 1ª Câmara, Acórdão nº 7.289/2022.

[18] "Repudiamos petições apócrifas. Elas são incompatíveis com o projeto que temos para o direito de petição e poderia transformá-lo em gracioso meio de cidadania". (BONIFÁCIO, Artur. *Direito de petição*: garantia constitucional. São Paulo: Método, 2004. p. 87).

Assim, para que supostas irregularidades não venham a ser desconsideradas de plano, sem qualquer tipo de análise, deve-se dar o encaminhamento a qualquer petição, mesmo que anônima, para que a Administração afaste, de forma motivada, qualquer irregularidade ou até mesmo dúvida sobre o que está sendo desenvolvido no processo de contratação.[19]

164.4.3 Ausência de impugnação e convalidação

A ausência de impugnação às cláusulas editalícias ou da minuta contratual não convalidam suas disposições nas relações entre um eventual contratado que se manteve inerte diante da possibilidade de impugnação e a Administração contratante.

Havendo *ilegalidade* ou *vício insanável* nas cláusulas que regem a relação entre o particular e a Administração (edital ou contrato) que afronte o interesse público ou o direito indisponível do licitante não ocorrerá a convalidação pela mera ausência de impugnação pelo particular, podendo a Administração Pública valer-se do seu dever-poder de controlar seus atos e corrigir a ilegalidade, desde que observadas as consequências dessa decisão.[20]

164.4.4 Impugnação e medida judicial

A impugnação não deve ser considerada como condição (requisito) para o manejo de uma medida judicial com o objetivo de demonstrar um suposto *interesse de agir*.

Em homenagem à garantia constitucional do acesso à justiça (inafastabilidade de jurisdição) (art. 5º, inc. XXXV da CF) o particular, licitante ou não, pode utilizar da medida judicial que entenda oportuna: mandado de segurança, ação ordinária ou ação popular, sem que previamente tenha impugnado o edital ou outra decisão administrativa.

Eventual impugnação não impede a propositura de ação judicial, independentemente do resultado da impugnação ou até mesmo que esteja pendente a sua apreciação pela Administração, desde que presentes as condições da ação e os pressupostos processuais para interposição da medida judicial escolhida.

164.4.5 Impugnação e outras representações perante órgãos de controle

Nos termos do art. 170, §4º, da LLCA, "qualquer licitante, contratado ou pessoa física ou jurídica poderá representar aos órgãos de controle interno ou ao tribunal de contas competente contra irregularidades na aplicação desta Lei".

---

[19] Nesse sentido: "Desde que devidamente motivada e com amparo em investigação ou sindicância, é permitida a instauração de processo administrativo disciplinar com base em denúncia anônima, em face do poder-dever de autotutela imposto à Administração". (STJ. 1ª Seção, Súmula nº 611, *DJe* 14.05.2018).

[20] A fim de evitar repetições, recomendamos a leitura dos comentários ao art. 5º sobre a aplicação da LINDB (consequencialismo decisório) e sobre o princípio da autotutela.

A representação perante os órgãos de controle ou ao tribunal de contas também pode ser utilizada como mecanismo de prevenção pelo controle social, a fim de promover a escorreita atuação da Administração Pública no processo de contratação.

Tem-se então que o direito previsto no art. 164 pode ser exercido isolado ou conjuntamente com o direito de representação previsto no art. 170, §4º da LLCA, não sendo o exercício de um excludente do outro.

Fundamentando o seu entendimento no princípio da eficiência, o TCU, em julgado peculiar, informou a um particular-representante que deve ser acionado inicialmente a primeira e a segunda linhas de defesa (art. 169 da LLCA), no âmbito do próprio órgão/entidade, antes do ingresso junto à terceira linha de defesa, constituída pelo órgão central de controle interno e tribunais de contas, evitando, por exemplo, a apresentação de pedidos de esclarecimentos ou impugnação a edital lançado concomitantemente com o ingresso de representações/denúncias junto ao TCU, sob pena de poder acarretar duplos esforços de apuração desnecessariamente.[21]

Divergimos desse entendimento do TCU em razão de inexistir qualquer dispositivo legal que traga essa condição para o manuseio da representação contida no art. 170, §4º, da LLCA.

164.4.6 Não impugnação e aceitação tácita

Caso o licitante se mantenha inerte diante de determinado enunciado normativo editalício e/ou contratual, não apresentando impugnação, estará, de certo modo, aceitando-o tacitamente[22] e contribuindo para o esvaziamento do seu direito de questionar futuramente, seja administrativa ou judicialmente.

Importante registrar desde logo que a questão merece especial atenção, tendo em vista que enquanto o art. 41, §2º da Lei nº 8.666/1993 prescreve expressamente que "decairá do direito de impugnar os termos do edital de licitação perante a administração", caso a impugnação não seja feita no prazo ali assinalado, o art. 164 da LLCA não trouxe qualquer texto normativo nesse sentido.

Trata-se de questão delicada, já que envolve o direito constitucional de ação (art. 5º, XXXV da CF). Contudo, não se pode olvidar de que *ninguém pode se beneficiar da própria torpeza,*[23] ou seja, não pode o licitante manter-se inerte como uma estratégia para obter favorecimento indevido e pessoal. Tal comportamento configura *abuso de direito*.

Em interessante julgado, o STJ, analisando em sede recursal julgamento proferido em mandado de segurança, entendeu que se o impetrante do *mandamus* "não impugnou as exigências do edital e acatou, sem qualquer protesto, a habilitação de todas as concorrentes", não pode utilizar da via judicial para se insurgir contra as regras postas

[21] TCU. Plenário, Acórdão nº 572/2022.

[22] No mesmo sentido: TORRES, Ronny Charles Lopes de. *Lei de licitações públicas comentadas*. 12. ed. São Paulo: JusPodivm, 2021. p. 785.

[23] "*Nemo creditur turpitudinem suam allegans* (ninguém alcança acolhida alegando a própria torpeza). *Nemo de improbitate sua consequitur actionem* (ninguém consegue ação vitoriosa graças à improbidade sua)". (MAXIMILIANO, Carlos. *Hermenêutica e aplicação do direito*. 19. ed. Rio de Janeiro: Forense, 2001. p. 213).

somente após o julgamento da proposta, tendo em vista o "efeito da preclusão"[24] ou da decadência.[25]

Deve ficar claro que, sendo possível extrair do enunciado normativo duas ou mais interpretações razoáveis, a ausência de impugnação não implicará automaticamente na aceitação tácita, por exemplo, da interpretação mais favorável aos interesses da Administração, já que ao ler o enunciado editalício, o licitante pode ter tido uma interpretação que entenda mais adequada e igualmente razoável. Contudo, não impugnar um enunciado normativo que, p. ex., traga uma obrigação com custo considerável e depois questionar sua legitimidade, a fim de se eximir dessa responsabilidade, pode configurar uma tentativa de se beneficiar da própria torpeza.

164.5 Pedido de esclarecimento

O *pedido de esclarecimento* trazido no *caput* do art. 164 se apresenta como um instituto infralegal que se presta como instrumento da garantia constitucional ao *direito de informação*.

As palavras como signos linguísticos que constituem um edital ou um contrato administrativo são péssimos veículos de exteriorização do pensamento e da decisão administrativa e, muito embora possa ter uma aparência translúcida quanto à forma, não revela perfeitamente o seu conteúdo, principalmente em razão das interfaces que podem ser realizadas com outros enunciados normativos editalícios, contratuais, regulamentares, legais ou constitucionais. Sempre haverá uma margem para dúvidas e interpretações variadas, até porque impossível se apegar a uma apreciação literal e exclusiva de determinado enunciado normativo.

Nem mesmo o *enunciado normativo* reputado claro exclui a interpretação, até porque a própria clareza é conceito relativo, pois um edital, um contrato, um parecer (técnico ou jurídico) ou ato administrativo claro em seu ditado pode ser obscuro em relação aos fins para os quais tende.

Por mais que a linguagem utilizada pela Administração Pública no seu agir administrativo demonstre uma aparente claridade e certeza, deve ela ser encarada como uma obra humana, com todas as suas deficiências e fraquezas, sem embargo de ser alguma coisa mais do que um alinhamento ocasional de palavras e sinais.

Também nessa linha, valiosa é a lição de Atienza, quando afirma que é impossível eliminar toda a vagueza dos conceitos, haja vista que o veículo utilizado pelos mesmos é uma linguagem natural, e não uma linguagem artificial, construída com o propósito de eliminar as imprecisões.[26]

---

[24] STJ. 1ª Turma, REsp nº 402.711/SP. *DJ* 19.08.2002. p. 145. Consta no voto do Rel. Min. José Delgado: "[...] Por último, é relevante acentuar que a impetrante participou de todo o certame licitatório, sem apresentar qualquer impugnação. Aceitou o edital com todas as regras dispostas, bem como concordou com o resultado da habilitação. Não tem, portanto, direito líquido e certo para, após o julgamento das propostas, por não ter sido a vencedora, alegar existência de vício no edital que a ela também aproveitou. Isto posto, nego provimento ao presente recurso. [...]".

[25] Conferir ainda: STJ. 2ª Turma, REsp nº 402.826/SP, *DJ* 24.03.2003. p. 201: "[...] 1. A partir da publicação do edital de licitação, nasce o direito de impugná-lo, direito que se esvai com a aceitação das regras do certame (divergência na Corte, com aceitação da tese na 2ª Turma, nos precedentes ROMS nº 10.847/MA e RMS nº 15.051/RS). [...]". Observe que na própria ementa é trazida a divergência, tratando-se de matéria controvertida. Em todo o seu voto, a Relatora trata como sendo "decadência" do direito.

[26] ATIENZA, Manuel. *Introducción al derecho*. México, DF: Fontamara, 2000. p. 19: "Probablemente es impossible eliminar del todo la vaguedad de nuestros conceptos, en especial cuando el vehículo de los mismos es el lenguaje

Pode-se afirmar que a parêmia latina *in claris cessat interpretatio*[27] não tem qualquer aplicabilidade, pois qualquer enunciado normativo editalício ou contratual, claro ou ambíguo, comporta interpretação,[28] sendo dever da Administração Pública responder a solicitação de esclarecimento, a fim de afastar qualquer dúvida existente. Um enunciado normativo editalício ou contratual, por mais claro que possa parecer, principalmente para aqueles que participaram da fase preparatória da contratação, sempre permitirá interpretações outras; sendo as dúvidas um sentimento natural, devem ser bem compreendidas pela Administração.

Pode-se então dizer que a resposta ao *pedido de esclarecimento* é, em linhas gerais, uma explicação da Administração sobre a dúvida ou a interpretação do requerente, esclarecendo ou delimitando o significado de *enunciado normativo* de edital ou de contrato, do texto de parecer, de termo de referência, de estudo técnico preliminar, de matriz de risco, de ato administrativo[29] ou até mesmo de um comportamento (omissivo ou comissivo) administrativo. É reproduzir por outras palavras um pensamento anteriormente exteriorizado; mostrar o sentido verdadeiro de uma expressão; extrair, da frase, sentença ou enunciado, tudo o que no mesmo se contém. É procurar e definir a significação de conceitos e intenções, fatos e indícios, afinal, tudo pode ser interpretado, inclusive o silêncio.[30]

Deve a Administração levar a sério o *pedido de esclarecimento* e responder de forma clara e objetiva os questionamentos formulados, evitando respostas protocolares, padronizadas ou de caráter genérico que não sanam as dúvidas suscitadas. Tal comportamento seria afrontoso aos princípios da publicidade e da transparência.[31]

164.5.1 Garantia constitucional ao direito de informação

O art. 5º, XXXIII, da CF traz como garantia constitucional que "todos têm direito a receber dos órgãos públicos informações de seu interesse particular, ou de interesse coletivo ou geral, que serão prestadas no prazo da lei, sob pena de responsabilidade, ressalvadas aquelas cujo sigilo seja imprescindível à segurança da sociedade e do Estado".[32]

---

natural (castellano, catalán, inglés...) y no un lenguaje artificial construido a propósito para eliminar en lo posible la vaguedad y las imprecisiones en general (el lenguaje científico)".

[27] Ou, *in claris non fit interpretatio*. Observa-se desse modo que realmente é infiel o brocardo, pois o edital, o contrato, o parecer (técnico ou jurídico) ou o ato administrativo tido como "claro" contém o perigo de ser assim entendido apenas no sentido imediato, decorrente dos seus dizeres, quando, na verdade, pode ter um valor mais amplo e profundo que não advém de suas palavras, sendo imprescindível a interpretação de todos os *enunciados normativos*, pareceres e atos administrativos, por conterem conceitos com contornos imprecisos. O brocardo deve ser entendido no sentido de que o esforço hermenêutico é mais simples ou mais complexo, conforme o entendimento do texto normativo seja mais ou menos fácil, pois sustentar a clareza do preceito é já ter realizado prévio labor interpretativo.

[28] No mesmo sentido: FERRAZ JR., Tercio Sampaio. *A ciência do direito*. 3. ed. São Paulo: Atlas, 2001. p. 68; FRANÇA, R. Limongi. *Hermenêutica jurídica*. 7. ed. São Paulo: Saraiva, 1999. p. 22; MAXIMILIANO, Carlos. *Hermenêutica e aplicação do direito*. 19. ed. Rio de Janeiro: Forense, 2001. p. 27 e 196; RÁO, Vicente. *O direito e a vida dos direitos*. 5. ed. São Paulo: Revista dos Tribunais, 1999. p. 468.

[29] O pedido de esclarecimento pode recair sobre o conteúdo de um ato administrativo normativo que baliza a contratação.

[30] MAXIMILIANO, Carlos. *Hermenêutica e aplicação do direito*. 19. ed. Rio de Janeiro: Forense, 2001. p. 7-8.

[31] No mesmo sentido: TCU. Plenário, Acórdão nº 90/2020.

[32] Conferir ainda o art. 37, §3º da CF: "Art. 37. [...] §3º A lei disciplinará as formas de participação do usuário na administração pública direta e indireta, regulando especialmente: [...]; II – o acesso dos usuários a registros administrativos e a informações sobre atos de governo, observado o disposto no art. 5º, X e XXXIII; [...]".

Observe que a garantia constitucional anteriormente posta visa a dar concretude ao princípio da *transparência,* caso a Administração Pública atue de forma opaca, mesmo que não intencionalmente.

A Lei nº 12.527/2011 (Lei de Acesso à Informação – LAI) que regulamenta o art. 5º, XXXIII da CF, prescreve que qualquer interessado pode apresentar pedido de acesso a informações aos órgãos e entidades da Administração Pública, por qualquer meio legítimo (§2º), devendo o pedido conter apenas a identificação do requerente e a especificação da informação requerida, não podendo a Administração fazer exigências formais ou substanciais que inviabilizem a solicitação de acesso à informação (art. 10, *caput* e §1º), nem mesmo os motivos determinantes da solicitação (§3º).

O acesso à informação, nos termos da LAI (art. 7º), compreende o direito de obter orientação e diversas espécies de informações, destacando a "informação pertinente à administração do patrimônio público, utilização de recursos públicos, licitação, contratos administrativos" (inc. VI).

O art. 11, *caput* da LAI disciplina que o órgão ou a entidade da Administração Pública deverá autorizar ou conceder o acesso imediato à informação disponível e, caso não seja possível o acesso imediato à informação, a mesma deverá ser disponibilizada em prazo não superior a 20 (vinte) dias (§1º), podendo ser prorrogado por mais 10 (dez) dias (§2º), mas sempre informando ao solicitante razões de fato e de direito para cada comportamento administrativo quanto à informação, notadamente: forma de acesso e reprodução, atraso, recusa (total ou parcial) ou redirecionamento da solicitação para outro órgão ou entidade.

164.5.2 Esclarecimento de contratação direta e de contrato administrativo

Embora o art. 164, *caput,* faça menção explícita à solicitação de esclarecimento sobre os termos do *edital,* entende-se, notadamente em razão da garantia constitucional ao direito de informação (art. 5º, inc. XXXIII da CF), que a solicitação de esclarecimento pode ser perpetrada em face de qualquer ato relacionado à contratação pública, inclusive as realizadas diretamente, bem como durante a execução contratual.

Assim, eventuais dúvidas sobre os motivos de fato e de direito que ensejaram uma contratação direta, um aditivo de acréscimo ou supressão ou até mesmo um reequilíbrio contratual devem ser supridas por intermédio de uma *solicitação de esclarecimento,* que se configura, conforme já dito, como um mecanismo de controle social que objetiva contribuir para uma gestão pública segura, transparente, impessoal e eficiente.

164.5.3 Esclarecimento da omissão

É possível o manejo do pedido de esclarecimento, a fim de a Administração suprir eventual omissão do edital ou de seus anexos.

164.5.4 Recusa ao pedido de esclarecimento

Não se consegue encontrar motivo com racionalidade jurídica, notadamente em razão de ser o acesso à informação uma garantia constitucional concretizada tanto pelo

art. 164 quanto pela Lei nº 12.527/2011 (Lei de Acesso à Informação) para a Administração negar, dificultar, manter-se inerte perante uma solicitação de esclarecimento que se presume legítima e de boa-fé, até prova em contrário.

Algo que possa ser claro e óbvio para um agente público que participou da fase preparatória da licitação, pode não ser para o cidadão, para a empresa que pretende participar da licitação, devendo fazer estes fazerem uso do pedido de esclarecimento, se assim entenderem necessário, para lançar luzes naquilo que não consegue enxergar com clareza, não podendo a Administração se recusar a prestar os esclarecimentos solicitados, sob pena de responsabilização.

Eventual desconfiança da Administração em face dos reais motivos e interesses do pedido de esclarecimento não podem servir de justificativa para a recusa de esclarecimento ou inércia deliberada.

A inércia deliberada não encontra justificativa no sistema normativo, enquanto a recusa à solicitação de esclarecimento somente poderá ocorrer nas hipóteses em que o "sigilo seja imprescindível à segurança da sociedade e do Estado" (art. 5º, inc. XXXIII, *in fine* da CF) regulamentadas pelos arts. 23, 24 e 25 da LAI, de "informações pessoais" (art. 5º, inc. X da CF) tratadas pelo art. 31 da LAI ou relacionadas a outras restrições legais[33] (art. 22 da LAI).

A LAI prescreve, em seu art. 32, inc. I, como sendo conduta ilícita que enseja a responsabilidade do agente público, a recusa em fornecer informação requerida, "nos termos desta Lei, retardar deliberadamente o seu fornecimento ou fornecê-la intencionalmente de forma incorreta, incompleta ou imprecisa".

Para efeito de responsabilização não precisa o requerimento ser formulado com fundamento na LAI, bastando para tanto o pedido de esclarecimento e a inércia deliberada da Administração.

164.5.5 Eficácia vinculante do esclarecimento

Com a resposta ao pedido de esclarecimento estão todos, Administração, requerente e demais participantes, vinculados[34] ao conteúdo do que foi respondido, notadamente, em razão da publicização da resposta no sítio eletrônico oficial.

A eficácia vinculante da resposta decorre do princípio da segurança jurídica e da boa-fé administrativa, não havendo superfície para se invocar o princípio da vinculação ao instrumento convocatório, para não observar a resposta ofertada, em razão inclusive do *caráter aditivo* da resposta ao conteúdo do edital.

Os *esclarecimentos* prestados administrativamente possuem natureza vinculante para todos (Administração e licitantes), não sendo possível admitir, quando da análise das propostas ou dos documentos, interpretação distinta daquela contida nos *esclarecimentos*, sob pena de violação ao instrumento convocatório, já que os *esclarecimentos* passam a integrar, formal ou informalmente, o edital.[35]

---

[33] O art. 24 da LLCA contempla, *v.g.*, o "orçamento sigiloso".

[34] Para o STJ, a resposta formulada administrativamente apresenta cunho vinculante para todos os envolvidos, desde que tenha sido a todos comunicada. (STJ. 1ª Seção, MS nº 13.005/DF, *DJe* 17.11.2008; STJ. 2ª Turma, REsp nº 198.665/RJ, *DJ* 03.05.1999. p. 137).

[35] No mesmo sentido: TCU. Plenário, Acórdão nº 179/2021; TCU. 1ª Câm., Acórdão nº 14.951/2018.

164.6 Procedimento e prazo

Por serem institutos que efetivam garantias constitucionais, a impugnação ou o pedido de esclarecimento devem ser admitidos por qualquer meio legítimo, físico ou eletrônico, devendo o requerimento conter apenas a identificação do requerente e a especificação da impugnação ou da informação solicitada, não podendo a Administração fazer exigências formais ou substanciais, ou utilizar qualquer tipo de pretexto para inviabilizar o seu manejo.

Tais requerimentos podem ser subscritos por qualquer pessoa, jurídica ou física, pretenso licitante ou não, independentemente de preencher as condições para participação da licitação ou de demonstrar interesse jurídico individual ou qualquer outra tentativa de limitar a ampla legitimidade trazida pelo art. 164.

O exercício dessas garantias constitucionais independe da demonstração de interesse jurídico na questão, pois não se relaciona à defesa de direito, mas à correção de ilegalidade, contribuição para esclarecimento ou a fim de evitar excesso ou desvio de poder, sempre objetivando o interesse público em sentido amplo.[36]

O direito de petição, em sentido amplo, objetiva controlar a Administração Pública em face de ilegalidades, excesso de poder e abuso de poder, mesmo que não esteja acompanhada de ameaça ou violação a direito específico individualizado, servindo desse modo como um instrumento de controle da ilegitimidade objetiva, entendida como a simples desconformidade do agir em face do sistema normativo, "sem que dela resulte violação de nenhum interesse concreto juridicamente protegido".[37]

Não exige o dispositivo qualquer tipo de comprovação: cidadania, capacidade eleitoral, atividade desenvolvida etc. Esses requerimentos também não exigem a representação por advogado. A informalidade[38] deve prevalecer inclusive com a possibilidade de que o requerimento seja formulado oralmente e reduzida a termo pelo agente público, embora a regra seja a forma escrita.

O art. 164 prescreve que "qualquer pessoa é parte legítima para impugnar edital de licitação por irregularidade na aplicação desta Lei ou para solicitar esclarecimento sobre os seus termos, devendo protocolar o pedido até 3 (três) dias úteis antes da data de *abertura do certame*".

Nota-se que o dispositivo define que o requerimento de impugnação ou de pedido de esclarecimento pode ser impetrado até 3 (três) dias úteis antes da data de *abertura do certame*. Por utilizar a expressão "até" ("inclusive") conclui-se que o terceiro dia útil anterior ao certame também está incluído no prazo, ou seja, o requerimento poderá ser protocolizado inclusive no terceiro dia útil que antecede o certame.[39]

O dia que deve ser considerado como o da "abertura do certame" será aquele fixado pelo edital para a abertura das propostas ou da habilitação, caso ocorra a inversão de fases que alude o §1º do art. 17 da LLCA.

---

[36] Nesse sentido: SUNDFELD, Carlos Ari. *Licitação e contrato administrativo*. São Paulo: Malheiros. 1994. p. 181.

[37] MOREIRA NETO, Diogo de Figueiredo. *Direito da participação política*. Rio de Janeiro: Renovar, 1992. p. 107.

[38] "Embora informal, é de mister a correta identificação do peticionário, bem assim, o seu domicílio, até mesmo para eventual emenda à falta de clareza do texto e de objeto à petição [...] sob pena do arquivamento liminar do petitório. [...] Certo que quando a petição for conjunta bastará a identificação de um dos peticionários". (BONIFÁCIO, Artur. *Direito de petição*: garantia constitucional. São Paulo: Método, 2004. p. 87).

[39] Essa sistemática de contagem foi utilizada pelo TCU na interpretação do art. 18 do Decreto Federal nº 5.450/2005. Conferir: TCU. Plenário, Acórdão nº 2.167/2011; TCU. Plenário, Acórdão nº 1/2007.

Deve-se computar somente os dias em que ocorrer expediente administrativo no órgão ou entidade competente, devendo ser excluído o dia do início e incluído o dia do vencimento (art. 183, *caput* e inc. III).

Entende-se que, para ser considerado dia útil, o expediente deve ocorrer na integralidade, não considerando dia útil caso ocorra redução do horário habitual de funcionamento do órgão ou entidade ou se houver indisponibilidade eletrônica (art. 183, §2º).

164.6.1 Resposta e efeito suspensivo

De partida calha registrar que a LLCA não determinou a concessão automática de efeito suspensivo em razão da mera apresentação de impugnação. A princípio, mesmo ocorrendo a impugnação, o processo de contratação e seu prazo continuam transcorrendo normalmente, assumindo a Administração apenas o dever de respondê-la. Contudo, é possível que o agente de contratação ou o pregoeiro, motivadamente, suspendam o processo, caso verifique razão suficiente para tanto.

Nos termos do parágrafo único do art. 164, a resposta ao requerimento de impugnação ou ao pedido de esclarecimento deverá ocorrer no prazo de até 3 (três) dias úteis, limitado ao último dia útil anterior à data da abertura do certame. Nota-se, assim, que caso o requerimento seja interposto no último dia de prazo, a Administração terá apenas 2 (dois) dias úteis para divulgar a resposta.

O prazo fixado para a Administração pública é considerado prazo impróprio, ou seja, o seu não cumprimento, por si só, não enseja a responsabilização do agente público competente nem mesmo a invalidação da resposta.

Caso a Administração não consiga responder no último prazo fixado pela legislação,[40] recomendamos a suspensão do certame, com o adiamento da sua abertura pelo prazo necessário para se efetivar a resposta, inclusive, com sua publicização, afinal, a Lei condicionou a resposta antes da "abertura do certame".

A resposta à impugnação ou ao pedido de esclarecimento deve contemplar, de modo fundamentado, todos os pontos (quesitos) e argumentos trazidos pelo requerente, sob pena de ofender o princípio da motivação contido no art. 50 da Lei nº 9.784/1999.[41]

Não basta qualquer resposta, a mesma deve ser motivada, trazendo os motivos de fato e de direito que sustentam a escolha administrativa, destacando, notadamente, as circunstâncias que a ensejaram (primado da realidade).[42]

[40] Nos termos do parágrafo único do art. 164: o "último dia útil anterior à data da abertura do certame".

[41] Nesse sentido: TCU. Plenário, Acórdão nº 1.636/2007.

[42] Conferir art. 22 da LINDB: "Art. 22. Na interpretação de normas sobre gestão pública, serão considerados os obstáculos e as dificuldades reais do gestor e as exigências das políticas públicas a seu cargo, sem prejuízo dos direitos dos administrados. §1º Em decisão sobre regularidade de conduta ou validade de ato, contrato, ajuste, processo ou norma administrativa, serão consideradas as circunstâncias práticas que houverem imposto, limitado ou condicionado a ação do agente".

164.6.1.1 Provimento do requerimento

Ocorrendo o *reconhecimento da irregularidade* apontada na impugnação, ou se, ao apreciar o pedido de esclarecimento, a Administração tiver que retificar ato ou enunciado normativo obscuro, terá a Administração[43] que reabrir o prazo para a apresentação da documentação e da proposta.

Entendemos que qualquer decisão a partir de impugnação ou pedido de esclarecimento que vier a causar repercussão significativa na participação de interessados no certame, seja em razão de formulação de propostas, condições de participação (habilitação) ou qualquer outro requisito/exigência, deverá a Administração reabrir o prazo para apresentação das propostas,[44] assim, alterações *materiais* (substanciais) no edital ou em sua interpretação ensejam a reabertura de prazo (art. 55, §1º) para a apresentação de propostas; em contrapartida, meras alterações *formais* não exigem tal comportamento da Administração.

Tem-se, então, que

> a alteração significativa de cláusulas editalícias, capaz de afetar as propostas dos licitantes, ainda que feitas por meio das respostas aos pedidos de esclarecimentos de licitantes, sem a devida republicação do edital e reabertura de prazos para apresentação de propostas, ofende os princípios da publicidade, da vinculação ao instrumento convocatório e da isonomia.[45]

Contudo, analisando um caso concreto, o TCU entendeu que a alteração de requisitos de habilitação técnica sem a reabertura de prazo seria possível desde que remanescesse um "período razoável para a juntada da documentação de habilitação cabível".[46] Trata-se, como dito, da análise de caso concreto, não devendo servir de modelo paramétrico.

Situação delicada ocorre quando a resposta ao requerimento praticamente inova o sistema normativo, criando "nova norma" que não seria possível extrair do ato ou enunciado normativo questionado. Trata-se de circunstância delicada por envolver o limite da interpretação, do texto normativo e do intérprete.

Diante dessa circunstância que pode ensejar dúvidas, recomendamos que seja reaberto o prazo nos termos do art. 55, §1º da LLCA.

164.6.1.2 Meio de divulgação

Nos termos do parágrafo único do art. 164, a "resposta à impugnação ou ao pedido de esclarecimento será divulgada em sítio eletrônico oficial no prazo de até 3 (três) dias úteis, limitado ao último dia útil anterior à data da abertura do certame".

---

[43] Prescreve o art. 55, §1º da NLCCA: "Art. 55. [...] §1º Eventuais modificações no edital implicarão nova divulgação na mesma forma de sua divulgação inicial, além do cumprimento dos mesmos prazos dos atos e procedimentos originais, exceto quando a alteração não comprometer a formulação das propostas".

[44] TCU. Plenário, Acórdão nº 702/2014.

[45] TCU; Plenário, Acórdão nº 2.032/2021.

[46] TCU. Plenário, Acórdão nº 2.057/2013.

Destaca-se que a Lei impõe a divulgação da resposta apenas no "sítio eletrônico oficial", definido no art. 6º, inc. LII da LLCA, e não no PNCP (art. 174), contudo, nada impede que a Administração divulgue também em outros meios, e entendemos ser uma boa prática a divulgação da resposta no PNCP, a fim de concentrar no veículo de divulgação primevo.

Considera-se irregular a ausência de publicação da resposta à impugnação ou ao pedido de esclarecimento ao edital, de maneira objetiva, antes da data da abertura das propostas.[47]

Não se pode confundir a resposta à impugnação ou ao pedido de esclarecimento com uma eventual modificação no edital, decorrente, ou não, de uma provocação particular. Nos termos do art. 55, §1º da LLCA, "[e]ventuais modificações no edital implicarão nova divulgação na mesma forma de sua divulgação inicial, além do cumprimento dos mesmos prazos dos atos e procedimentos originais, exceto quando a alteração não comprometer a formulação das propostas.

164.6.1.3 Resposta específica

Em homenagem ao princípio da transparência e da motivação dos atos administrativos, as respostas às impugnações e aos pedidos de esclarecimentos devem ocorrer com a devida motivação e de forma clara e específica, não se admitindo respostas administrativas vagas, genéricas ou insuficientes.[48]

164.6.2 Exemplificando a contagem do prazo

Adotando como exemplo uma licitação cuja abertura esteja marcada para o dia 19 de maio de 2023 (sexta-feira).

O requerimento de *impugnação* ou de *pedido de esclarecimento* deve ser apresentado até o dia 16 (terça-feira). O dia 19 foi excluído da contagem e o dia 06 incluído. A resposta, neste caso, deverá ocorrer até o dia 18 de maio (quinta-feira).

Tendo agora uma abertura marcada para o dia 15 de maio de 2023 (segunda-feira), o requerimento de impugnação ou de pedido de esclarecimento deve ser apresentado até o dia 10 (quarta-feira). O dia 15 foi excluído da contagem e o dia 10 incluído. A resposta, neste caso, deverá ocorrer até o dia 12 de maio (sexta-feira).

Como se percebe, eventualmente, a resposta ao requerimento ocorrerá em 2 (dois) dias úteis.

Havendo a possibilidade de protocolização eletrônica, não pode a Administração limitar a impugnação ou o pedido de esclarecimento ao horário de funcionamento do protocolo físico, vez que o peticionamento poderá ocorrer de maneira remota, via *internet*, até o último instante (23h59) da data limite.[49]

---

47 TCU. Plenário, Acórdão nº 1.016/2022.

48 No mesmo sentido: TCU. Plenário, Acórdão nº 2.245/2010.

49 Nesse mesmo sentido: TCU. Plenário, Acórdão nº 969/2022.

164.6.3 Requerimento interposto em desacordo com o art. 164

Caso uma impugnação ou um pedido de esclarecimento seja interposto sem observar o prazo trazido pelo art. 164, deverá o mesmo ser recebido e apreciado como sendo o exercício da garantia constitucional de direito de petição ou do direito à informação e, para tanto, o legislador constituinte não fixou prazo para a interposição e nem para a resposta.[50]

A Administração Pública tem o dever-poder de controlar a legitimidade de seus atos (princípio da autotutela),[51] corrigindo-os, quando eivados de vícios (art. 71, inc. III), ou então revogando-os, caso não se mostrem mais oportunos ou convenientes (art. 71, inc. II).

Ocorrendo essa situação, deve a Administração receber o requerimento e processá-lo à margem do art. 164, adotando as medidas que entender pertinentes inclusive se for o caso, exercer o *poder geral de cautela* e suspender o processo de contratação, caso os fundamentos trazidos pelo requerimento se mostrem consistentes e, aprioristicamente, apontem que merecem uma atenção maior.

Não sendo o caso de suspensão do processo de contratação, a resposta não precisará ser ofertada até o último dia útil anterior à data de abertura do certame, devendo ocorrer no tempo adequado para a Administração. Mas, frise-se, a resposta deverá ser ofertada consignando inclusive a razão pela qual está sendo efetivada naquela circunstância.

Desconsiderar um requerimento apresentado em desacordo com o art. 164 seria uma conduta administrativa ineficiente e contrária ao interesse público, tendo em vista que no momento do "encerramento da licitação" (art. 71 da LLCA) a autoridade superior poderá: *i*) determinar o retorno dos autos para saneamento de irregularidades; *ii*) revogar a licitação por motivo de conveniência e oportunidade; e, *iii*) proceder à anulação da licitação, de ofício ou mediante provocação de terceiros, sempre que presente ilegalidade insanável.

Assim, qualquer impugnação deverá ser apreciada pela Administração, mesmo que intempestiva por inexistir preclusão em face ao princípio da legitimidade. Sugere-se que a Administração receba e aprecie a impugnação. Em razão da intempestividade, o requerimento deve ser recebido como direito de petição (garantia constitucional) e apreciado, considerando inclusive o dever-poder de a Administração rever seus atos a qualquer tempo, em homenagem ao princípio da autotutela, revogando os inconvenientes ou inoportunos, e invalidando os ilegítimos.

Que fique claro que o requerimento apresentado fora do prazo não obriga a Administração a respondê-lo até o último dia útil anterior à abertura do certame, nem impõe a suspensão do certame, já que não será recebido como "impugnação" do art. 164, mas como garantia constitucional do direito de petição.

164.6.4 Competência para julgamento

A princípio, o requerimento deve ser direcionado a quem subscreveu o edital, pois este será o preposto da Administração perante o mercado e a sociedade em geral.

---

50 No mesmo sentido: MARRY, Michelle; TORRES, Ronny Charles Lopes de. *Regime diferenciado de contratações*. 2. ed. Salvador: JusPodivm, 2020. p. 290.

51 A fim de evitar repetições, recomendamos a leitura dos comentários aos art. 5º e 165.

A LLCA não indicou expressamente quem é a autoridade competente para apreciar a impugnação ou o pedido de esclarecimento, devendo o regulamento orgânico tratar a questão.

A eventual atuação do agente responsável pela confecção do edital como preposto da Administração não significa que ele seja o responsável por todas as decisões ocorridas durante a fase preparatória, muito pelo contrário, de acordo com o princípio da segregação de funções, as responsabilidades, principalmente as de cunho técnico, devem ser separadas e individualizadas.

Caso a impugnação ou o pedido de esclarecimento recaia, p. ex., sobre uma restrição técnica ou um esclarecimento decorrente de algo trazido no termo de referência, a resposta deverá ser prestada pelo agente (competente) que elaborou o termo de referência, por intermédio do agente que elaborou o edital. Deve o responsável pelo edital receber o requerimento com a impugnação ou o pedido de esclarecimento e encaminhar para quem elaborou o termo de referência; esse, por sua vez, responde ao subscritor do edital, que então encaminhará a resposta ao requerente.

Nesse sentido, importante consignar o art. 8º, §3º da LLCA, que prescreve que as regras relativas à atuação do agente de contratação ou do pregoeiro "serão estabelecidas em regulamento, e deverá ser prevista a possibilidade de eles contarem com o apoio dos órgãos de assessoramento jurídico e de controle interno" para o desempenho de suas funções.

É possível que regulamentação interna defina a(s) competência(s) de atuação perante os requerimentos de impugnação e de pedido de esclarecimento, podendo inclusive definir outro agente competente para responder a esses requerimentos, como, p. ex., a autoridade superior daquela que expediu o edital.

Em razão da informalidade inerente às garantias constitucionais, caso o requerimento seja direcionado a um agente público sem a competência necessária para respondê-lo, este deverá adotar as providências cabíveis para encaminhá-lo ao agente público competente.

164.6.5 Provimento e reabertura de prazo

Caso seja dado provimento à impugnação pela Administração, é dispensável que essa decisão seja submetida à autoridade superior para ratificação, devendo, contudo, ser dada nova divulgação ao edital na "mesma forma de sua divulgação inicial, além do cumprimento dos mesmos prazos dos atos e procedimentos originais, exceto quando a alteração não comprometer a formulação das propostas" (art. 55, §1º).

164.6.6 Recurso

Sendo a decisão da impugnação pela improcedência tomada pelo agente da contratação ou pelo pregoeiro, é possível o manejo de recurso à autoridade (competente) superior (sem efeito suspensivo), nos termos do art. 56 da Lei nº 9.784/1999.[52]

[52] Nesse sentido: AMORIM, Victor Aguiar Jardim de. *Licitações e contratos administrativos*: teoria e jurisprudência. 4. ed. Brasília: Senado Federal, 2021. p. 149.

164.6.7 Gratuidade

O art. 2º, parágrafo único, inc. XI da Lei nº 9.784/1999[53] proíbe a "cobrança de despesas processuais, salvo nos casos previstos em lei". A regra é, pois, a gratuidade.

Assim, inexistindo na LLCA qualquer norma sobre aspectos financeiros de despesas processuais relacionadas ao processo de contratação, não há que se cogitar em qualquer tipo de cobrança.

Não deve haver cobrança alguma ao peticionário, mesmo havendo eventualmente a necessidade de diligências para o atendimento do seu requerimento.[54]

Soma-se a isso o fato de que os requerimentos de impugnação e de pedido de esclarecimentos se prestam como mecanismos de controle social e de contribuição para a Administração Pública, não se justificando qualquer exigência que se apresente como dificultador do exercício desses mecanismos.

Nesse sentido, o art. 5º, inc. XXXIV da CF trouxe que o direito de petição é assegurado "independentemente do pagamento de taxas", devendo tal expressão ser interpretada no sentido amplo e não apenas como espécie tributária.

---

[53] Sobre a aplicação da Lei nº 9.784/1999 aos demais entes da federação, sugere-se a leitura dos comentários ao art. 5º (princípio da legalidade).

[54] Nesse sentido: PEDRA, Adriano Sant'Ana. O direito de petição no controle dos vícios dos editais de licitações. *In*: CHEIM JORGE, Flávio; ABELHA, Marcelo. *Direito processual e a administração pública*. Rio de Janeiro: Forense Universitária, 2010. p. 5.

Art. 165. Dos atos da Administração decorrentes da aplicação desta Lei cabem:

I – recurso, no prazo de 3 (três) dias úteis, contado da data de intimação ou de lavratura da ata, em face de:

a) ato que defira ou indefira pedido de pré-qualificação de interessado ou de inscrição em registro cadastral, sua alteração ou cancelamento;

b) julgamento das propostas;

c) ato de habilitação ou inabilitação de licitante;

d) anulação ou revogação da licitação;

e) extinção do contrato, quando determinada por ato unilateral e escrito da Administração;

II – pedido de reconsideração, no prazo de 3 (três) dias úteis, contado da data de intimação, relativamente a ato do qual não caiba recurso hierárquico.

§1º Quanto ao recurso apresentado em virtude do disposto nas alíneas 'b' e 'c' do inciso I do caput deste artigo, serão observadas as seguintes disposições:

I – a intenção de recorrer deverá ser manifestada imediatamente, sob pena de preclusão, e o prazo para apresentação das razões recursais previsto no inciso I do caput deste artigo será iniciado na data de intimação ou de lavratura da ata de habilitação ou inabilitação ou, na hipótese de adoção da inversão de fases prevista no §1º do art. 17 desta Lei, da ata de julgamento;

II – a apreciação dar-se-á em fase única.

§2º O recurso de que trata o inciso I do caput deste artigo será dirigido à autoridade que tiver editado o ato ou proferido a decisão recorrida, que, se não reconsiderar o ato ou a decisão no prazo de 3 (três) dias úteis, encaminhará o recurso com a sua motivação à autoridade superior, a qual deverá proferir sua decisão no prazo máximo de 10 (dez) dias úteis, contado do recebimento dos autos.

§3º O acolhimento do recurso implicará invalidação apenas de ato insuscetível de aproveitamento.

§4º O prazo para apresentação de contrarrazões será o mesmo do recurso e terá início na data de intimação pessoal ou de divulgação da interposição do recurso.

§5º Será assegurado ao licitante vista dos elementos indispensáveis à defesa de seus interesses.

ANDERSON SANT'ANA PEDRA

165 Recursos administrativos (art. 165)

O recurso administrativo *lato sensu* objetiva permitir que eventual ilegitimidade decisória ou abuso de poder (*excesso* ou *desvio*) seja reexaminado pela Administração. Para tanto, indispensável a verificação de um importante pressuposto processual, que é o *interesse recursal,* que será demonstrado pela lesão aos interesses do recorrente.

O Capítulo II (Das impugnações, dos pedidos de esclarecimento e dos recursos) do Título IV (Das irregularidades) da Lei nº 14.133/2021 (LLCA), em seu art. 165, contempla as seguintes espécies de *recurso administrativo* (*lato sensu*): *i*) recurso hierárquico (*stricto sensu*) (inc. I); e, *ii*) pedido de reconsideração (inc. II); ambos como mecanismos que permitem ao particular (licitante ou contratado) insurgir-se em face de decisão administrativa relacionada ao processo de contratação.

165.1 Cabimento

Da simples leitura das alíneas trazidas no inc. I do art. 165 nota-se que é possível o manejo do recurso hierárquico para situações que envolvam não apenas as decisões relacionadas à fase de seleção do particular (habilitação ou julgamento das propostas), mas também aquelas relacionadas à execução contratual.

Já o pedido de reconsideração (art. 165, inc. II) pode combater toda e qualquer decisão, da 'qual não caiba recurso hierárquico', contida em um processo de contratação, pouco importando se da fase preparatória, da fase de seleção ou da fase de execução contratual.

É possível também o manejo de *recursos administrativos* em face de decisões contidas em procedimentos auxiliares da licitação[1] (art. 78), em processos de contratação direta[2] (art. 72), em processos de padronização (art. 43) e em processos sancionatórios (arts. 166 e 167).

Em algumas circunstâncias específicas, principalmente quando o processo de contratação se desenvolve em estruturas administrativas pequenas, é possível que a decisão administrativa recorrida tenha sido praticada pela autoridade máxima do órgão ou entidade, o que, por consectário lógico e pragmático, esvazia-se de forma substancial o manejo do recurso hierárquico, vez que, na essência, o que se terá é um recurso apreciado pela própria autoridade recorrida, ou seja, tratar-se-á de um *pedido de reconsideração*.

165.2 Tutela recursal: aspectos propedêuticos

165.2.1 Conceito

Etimologicamente, a expressão *recurso* origina-se do latim *recursus* e significa o ato de retornar para o lugar em que estava, prestando-se como '*remédio, ação* ou *medida*

---

[1] No mesmo sentido: JUSTEN FILHO, Marçal. *Comentários* à *Lei de Licitações e Contratações Administrativas*: Lei nº 14.133/2021. São Paulo: Revista dos Tribunais, 2021. p. 1673.

[2] Inclusive por terceiros interessados.

ou todo *socorro*, indicados por lei, para que se *proteja* ou se *defenda* o direito ameaçado ou violentado'.[3] Na análise da expressão é possível encontrar o seu *telos*, que é fazer cessar a decisão tida como desfavorável.

O recurso administrativo trata-se de um *meio* dentro de uma mesma relação processual, *in casu*, processo de contratação, que o particular vencido ou que entenda prejudicado utiliza para obter a *invalidação* ou a *reforma*, total ou parcial, de uma decisão administrativa.

A LLCA não trouxe uma definição para o instituto *recurso* em seu art. 6º ou em qualquer outro dispositivo. Limitou-se a LLCA em elencar no seu art. 165 os recursos cabíveis: *i*) recurso hierárquico ou *stricto sensu*; e, *ii*) pedido de reconsideração; as hipóteses de cabimento e os prazos para interposição, além de contemplar, nos arts. 166 e 167, quando se tratar de aplicação de sanções.

Tem-se que o recurso *lato sensu* é o principal meio administrativo utilizado para combater decisões administrativas prejudiciais ao interesse do particular (licitante ou contratado) prejudicado em processos de contratação pública.

Os recursos administrativos (*lato sensu*) possuem uma característica essencial que se assemelha aos recursos judiciais: não dão origem à formação de nova relação processual, inserem-se na relação jurídica já estabelecida e de onde foi proferida a decisão administrativa de que se recorre, não dando início a um novo processo.

Pode-se então afirmar que recurso é uma forma de renovar o exercício do direito petição em uma fase seguinte do procedimento. Caracteriza-se, pois, em última análise, como uma extensão do direito de petição e de defesa, provocando o alongamento da *mesma* relação jurídica processual, instaurando o chamado *procedimento recursal* que se estenderá até a apreciação do recurso servindo como um 'remédio' dentro da mesma relação processual de que dispõe o(s) prejudicado(s), para obter(em) a reforma, a invalidação, o esclarecimento ou a integração de uma decisão administrativa.[4]

165.2.1.1 Recurso e duplo grau

Não integra a essência do conceito de *recurso administrativo* que a sua apreciação seja realizada por um órgão ou agente público de hierarquia superior e distinta daquele que proferiu a decisão.[5]

O que caracteriza os recursos administrativos é a possibilidade de se reexaminar a matéria anteriormente decidida pela Administração, mesmo que seja feito pela própria autoridade que prolatou a decisão administrativa recorrida, não sendo legítimo associar aos recursos administrativos a noção de 'duplo grau de jurisdição", já que recursos administrativos são caracterizados pela voluntariedade e pela pretensão em obter novo julgamento pela Administração (devolução), mesmo que não esteja relacionado a graus distintos de análise.

---

[3] SILVA, De Plácido. *Vocabulário jurídico*. 16. ed. Rio de Janeiro: Forense, 1999. p. 684.

[4] Nesse sentido: CHEIM JORGE, Flávio. *Teoria geral dos recursos cíveis*. 7. ed. São Paulo: Revista dos Tribunais, 2015. p. 41.

[5] Nesse sentido: CHEIM JORGE, Flávio. *Teoria geral dos recursos cíveis*. 7. ed. São Paulo: Revista dos Tribunais, 2015. p. 41-42.

Em algumas espécies recursais, como o *recurso hierárquico* (art. 165, inc. I), a apreciação por órgão ou agente público hierarquicamente superior integra a própria natureza da espécie, mas o pedido de reconsideração (art. 165, inc. II) será apreciado pela mesma autoridade que prolatou a decisão recorrida.

165.2.2 Garantia constitucional

O art. 5º, inc. LV da CF assegura o contraditório e a ampla defesa aos litigantes em processo administrativo, com os meios e recursos a ela inerentes.

O direito de interpor recurso administrativo *lato sensu* independe de previsão expressa em lei ou em demais diplomas normativos, pois decorre do *direito de petição* integrante do rol dos direitos e garantias fundamentais previstos constitucionalmente (art. 5º, XXXIV, al. 'a'), sem olvidar que nos processos administrativos o direito de recorrer está baseado na garantia de ampla defesa (art. 5º, inc. LV), como uma de suas consequências.[6] [7]

É nesse contexto que o art. 165 e seguintes da LLCA devem ser lidos e compreendidos – como uma decorrência lógica das garantias constitucionais do devido processo legal (art. 5º, inc. LIV da CF) e da ampla defesa e do contraditório (art. 5º, inc. LV da CF), a fim de que o intérprete-aplicador do direito busque sempre a melhor eficácia normativa, considerando o processo administrativo recursal como instrumento de garantia dos direitos do administrado e de legitimação ótima da decisão administrativa, com vistas ao atendimento dos interesses públicos sob o pálio da legitimidade inerente ao exercício da função administrativa, de forma segura, transparente, impessoal e eficiente no processo de contratação pública.

165.2.3 Aplicação subsidiária da Lei nº 9.784/1999

Conforme prescreve o art. 1º da Lei nº 9.784/1999 e consta na sua ementa, esta Lei "estabelece *normas básicas* sobre o processo administrativo no âmbito da Administração Federal direta e indireta".

Trata-se de normas que se aplicam a todos os processos e procedimentos administrativos no âmbito da União,[8] contudo, o procedimento específico recursal trazido pela LLCA será regido por suas próprias normas, aplicando-se-lhes apenas subsidiariamente a Lei nº 9.784/1999.[9]

---

6 MEDAUAR, Odete. *A processualidade no direito administrativo*. 2. ed. São Paulo: Revista dos Tribunais, 2008. p. 124.

7 Sobre o 'direito de petição' e a fim de evitar repetições, recomendamos a leitura dos comentários ao art. 164.

8 'Art. 1º [...] §1º Os preceitos desta Lei também se aplicam aos órgãos dos Poderes Legislativo e Judiciário da União, quando no desempenho de função administrativa'. (Lei nº 9.784/1999).

9 'Art. 69. Os processos administrativos específicos continuarão a reger-se por lei própria, aplicando-se-lhes apenas subsidiariamente os preceitos desta Lei'. (Lei nº 9.784/1999).

165.2.3.1 Demais entes da federação

Conforme remansoso entendimento doutrinário[10] e jurisprudencial,[11] tem-se que a Lei nº 9.784/1999 pode ser aplicada de forma subsidiária pelos Estados e Municípios quando houver lacunas no sistema normativo (estadual, distrital ou municipal) que regula o processo administrativo no âmbito local, servindo como parâmetro interpretativo e integrativo para os demais entes federativos, caso se verifique uma omissão na LLCA e não haja legislação própria no respectivo ente.

Para outra parte da doutrina as normas da Lei nº 9.784/1999 que consagram princípios têm aplicação imediata para além da esfera federal.[12]

Tem-se também que a Lei nº 9.784/1999 traz enunciados normativos que disciplinam o processo administrativo de forma ampla e os recursos em geral (art. 56 e segs.), podendo suas normas irradiarem-se para o processo de contratação, para o processo sancionatório etc., desde que objetive tutelar o direito do administrado e o melhor cumprimento dos fins da Administração.

165.2.4 Aplicação subsidiária do CPC

O art. 15 do CPC[13] prescreve que na ausência de normas que regulem o processo administrativo, aplicar-se-á as disposições do CPC de forma supletiva e subsidiaria.

Assim, com o advento do CPC de 2015, tornou-se obrigatória a aplicação da processualística civil ao processo administrativo, ainda que de forma supletiva e subsidiária, exigindo apenas teste de calibração entre as normas do CPC e as normas próprias do processo administrativo, o que se consegue por meio da interpretação sistemática e da ponderação dos princípios envolvidos,[14] tendo em vista que os objetivos do processo administrativo são a proteção dos direitos dos administrados e o melhor cumprimento dos fins da Administração.

Citado dispositivo deve ser interpretado a partir do *princípio da especialidade*, ou seja, somente quando houver regra especial específica contrária à regra geral do CPC é que *lex specialis derogat generalis*.[15]

---

[10] Nesse sentido: CARVALHO FILHO, José dos Santos. *Processo administrativo federal*. 5. ed. São Paulo: Atlas, 2013. p. 37-38; FERRAZ, Sérgio; DALLARI, Adilson Abreu. *Processo administrativo*. 2. ed. São Paulo: Malheiros, 2007. p. 10; PEDRA, Anderson Sant'Ana; SILVA, Rodrigo Monteiro da. *Improbidade administrativa*. Salvador: JusPodivm, 2019.

[11] STJ. 2ª Turma, REsp nº 1.148.460/PR, Rel. Min. Castro Meira, *DJe* 28.10.2010; STJ. 1ª Seção, Súmula nº 633, *DJe* 17.06.2019: 'A Lei nº 9.784/1999, especialmente no que diz respeito ao prazo decadencial para a revisão de atos administrativos no âmbito da Administração Pública federal, pode ser aplicada, de forma subsidiária, aos estados e municípios, se inexistente norma local e específica que regule a matéria'.

[12] FORTINI, Cristiana; PEREIRA, Maria Fernanda Pires de Carvalho; CAMARÃO, Tatiana Martins da Costas. *Processo administrativo*: comentários à Lei nº 9.784/1999. 3. ed. Belo Horizonte: Editora Fórum, 2012. p. 35.

[13] "Art. 15. Na ausência de normas que regulem processos eleitorais, trabalhistas ou administrativos, as disposições deste Código lhes serão aplicadas supletiva e subsidiariamente".

[14] MOREIRA, Egon Bockmann. *Processo administrativo*: princípios constitucionais, a Lei nº 9.784/1999 e o código de processo civil/2015. 5. ed. São Paulo: Malheiros, 2017. p. 94-95.

[15] NERY JÚNIOR, Nelson; NERY, Rosa Maria de Andrade. *Comentários ao código de processo civil*: novo CPC – Lei nº 13.105/2015. São Paulo: Revista dos Tribunais, 2016. p. 232.

Cabe ao Código de Processo Civil, como sendo a *lei geral de processo*, não apenas disciplinar a jurisdição civil, mas também servir como a "principal fonte do direito processual no ordenamento jurídico brasileiro".[16]

165.2.4.1 Cabimento de embargos de declaração

Como sabido, as petições administrativas se apresentam como um corolário do Estado Democrático de Direito e uma prerrogativa de todo administrado que se sinta atingido por qualquer decisão administrativa.

Nesse sentido, a Constituição brasileira de 1988 consagrou como garantia fundamental o *direito de petição* trazido no art. 5º, XXXIV, al. 'a', ao assegurar a todos o "direito de petição aos Poderes Públicos em defesa de direitos ou contra ilegalidade ou abuso de poder".[17]

Pode-se entender o *direito de petição* como sendo o direito que pertence a uma pessoa (física ou jurídica) de invocar a atenção dos poderes públicos sobre uma questão, para denunciar uma lesão e pedir a reorientação da situação ou para solicitar uma modificação da situação jurídica instalada, no sentido mais favorável aos interesses do peticionante ou da sociedade.[18]

Como já visto, por terem os recursos administrativos *lato sensu* fundamento na garantia constitucional do direito de petição (art. 5º, XXXIV, al. 'a') e por serem consectário lógico da garantia constitucional da ampla defesa (art. 5º, inc. LV), não há razão para entender ser incabível a utilização dos embargos de declaração como instrumento para esclarecer obscuridade ou eliminar contradição, para suprir omissão ou ainda para corrigir erro material.[19]

Agrega-se a esse fundamento constitucional o contido no art. 15 do CPC, que prescreve que na ausência de normas que regulem processo administrativo, aplicar-se-á as disposições do CPC de forma supletiva e subsidiária.

Não existindo no *microssistema normativo das contratações públicas* dispositivo expresso no sentido da aplicação do CPC em caso de lacuna, nem vedação à utilização dos embargos de declaração, aplica-se as disposições do Código de Processo Civil por ser a *lei geral de processo*.

Silente o *microssistema normativo das contratações públicas* quanto ao cabimento de embargos de declaração nas decisões proferidas nos processos de contratação pública, em observância às garantias constitucionais da ampla defesa e da motivação que rege o processo administrativo, admite-se a sua oposição como instrumento de colmatação da decisão administrativa recorrida.

---

16 THEODORO JÚNIOR, Humberto. *Curso de direito processual civil*. 57. ed. Rio de Janeiro: Forense, 2016. vol. I, p. 99.

17 Sobre o "direito de petição", e a fim de evitar repetições, recomendamos a leitura dos comentários ao art. 164.

18 No mesmo sentido: SILVA, José Afonso da. *Comentário contextual à Constituição*. 2. ed. São Paulo: Malheiros, 2006. p. 130.

19 "Art. 1.022. Cabem embargos de declaração contra qualquer decisão judicial para: I – esclarecer obscuridade ou eliminar contradição; II – suprir omissão de ponto ou questão sobre o qual devia se pronunciar o juiz de ofício ou a requerimento; III – corrigir erro material". (CPC).

165.2.4.1.1 Consequências da interposição

A interposição de embargos de declaração não possui efeito suspensivo, interrompendo-se o prazo para a interposição de eventual recurso hierárquico ou pedido de reconsideração.[20]

A eficácia da decisão embargada ou do processo de contratação poderá ser suspensa pela autoridade competente, se demonstrada a probabilidade de provimento dos embargos de declaração com efeito infringente ou, sendo relevante a fundamentação, se houver risco de dano grave ou de difícil reparação para o embargante ou para o interesse público.[21]

Eventualmente, em sede de embargos de declaração, é possível que ocorra a modificação da decisão administrativa, desde que ela seja obscura, contraditória, omissa ou tenha algum erro material, de modo que a partir de sua integração, seu novo fundamento ou complementação acarrete, necessariamente, a alteração da decisão administrativa – trata-se do chamado *efeito infringente*.

165.2.5 Princípios recursais

165.2.5.1 Devido processo legal

Procedimento é a forma de atuar do *processo*, é a marcha do processo, é a sequência concatenada de atos prevista em lei (*lato sensu*) que tem por objetivo dar um resultado final ao *processo*.

165.2.5.2 Taxatividade

Para o adequado funcionamento do sistema recursal e do devido processo legal deve ser observado o princípio da *taxatividade*.

Pelo *princípio da taxatividade* em sede recursal devem ser manejadas apenas as espécies recursais previstas expressamente pelo sistema normativo, não se admitindo a criação de espécies recursais por meio de uma interpretação extensiva ou analógica.

Contudo, não se deve confundir a taxatividade com o *direito de petição*[22] como garantia constitucional.

165.2.5.3 Formalismo moderado

Como o direito administrativo não é sistematizado, os recursos administrativos recebem tratamento disperso pela legislação.

Em razão da pluralidade de atos normativos e em diferentes órbitas federativas, não deve a Administração atuar com excessivo rigor sobre a forma dos recursos

---

[20] 'Art. 1.026. Os embargos de declaração não possuem efeito suspensivo e interrompem o prazo para a interposição de recurso'. (CPC).

[21] 'Art. 1.026. [...] §1º A eficácia da decisão monocrática ou colegiada poderá ser suspensa pelo respectivo juiz ou relator se demonstrada a probabilidade de provimento do recurso ou, sendo relevante a fundamentação, se houver risco de dano grave ou de difícil reparação'. (CPC).

[22] A fim de evitar repetições, recomendamos a leitura dos comentários ao art. 164.

administrativos, principalmente em razão de que os mesmos podem ser elaborados pelo próprio recorrente, já que inexigível a representação técnica por advogado. Trata-se do *princípio do formalismo moderado* (ou *informalismo*),[23] que serve de socorro apenas para o particular-recorrente, mas não para a Administração, que possui corpo técnico capacitado e conhece as normas recursais de regência.

O *princípio do formalismo moderado* não impede a análise dos pressupostos recursais básicos para o conhecimento de qualquer recurso administrativo.

165.2.5.3.1 Fungibilidade

Pelo *princípio da fungibilidade*[24] os recursos administrativos podem ser qualificados de forma equivocada, sem rigor técnico e, mesmo assim, deverão ser aceitos pela Administração, caso atendidos os pressupostos recursais; devendo receber o devido encaminhamento de acordo com a espécie recursal mais favorável ao administrado-recorrente.[25]

165.2.5.4 Verdade real

Pelo princípio da *verdade real* (ou *verdade material*) deve a Administração, durante o procedimento administrativo recursal, ter sua conduta orientada para apuração dos fatos que realmente ocorreram e não se contentar com o que foi trazido pelas razões e contrarrazões recursais.

Apesar de competir ao recorrente a prova dos fatos que tenha alegado, a Administração também tem o dever de instruir o feito com documentos de que tem posse, bem como dados, informações e fatos de que tenha conhecimento. Deve ainda a Administração fazer com que a produção de provas pelo recorrente realize-se do modo menos oneroso para este.[26]

165.2.5.5 Autotutela

Pelo princípio da autotutela, a Administração Pública tem o dever de rever os seus atos, anulando-os, quando se apresentarem viciados, ou então revogando-os, quando se apresentarem inoportunos ou inconvenientes.

A Lei nº 9.784/1999 assim prescreve:

> Art. 53. A Administração deve anular seus próprios atos, quando eivados de vício de legalidade, e pode revogá-los por motivo de conveniência ou oportunidade, respeitados os direitos adquiridos.

---

[23] Entendemos que a expressão 'informalismo' não é a mais adequada por sugerir um entendimento de que não há ritos, formas e pressupostos no processo administrativo. A fim de evitar repetições desnecessárias, recomendamos a leitura do art. 5º (princípio do formalismo moderado).

[24] Para Dromi, o *princípio da fungibilidade* é, na essência, um consectário lógico do *princípio do formalismo moderado*, que o autor intitula de 'informalismo'. (DROMI, Roberto. *El procedimiento administrativo*. Buenos Aires: Ediciones Ciudad Argentina, 1996. p. 78).

[25] TCU. Plenário, Acórdão nº 1.887/2017.

[26] A fim de evitar repetições, recomendamos a leitura dos comentários ao art. 5º (princípio da verdade real).

Não diferente é a advertência de Gasparini, para quem a "Administração Pública está obrigada a policiar, em relação ao mérito e à legalidade, os atos administrativos que pratica. Cabe-lhe, assim, retirar do ordenamento jurídico os atos inconvenientes e inoportunos e os ilegítimos".[27]

Assim, o agente público que se deparar com um ato viciado ou inconveniente (ou inoportuno) e se mantiver inerte, não adotando os meios necessários para a sua invalidação, poderá ser responsabilizado.

Registra-se que embora a Súmula nº 473 do STF[28] utilize a expressão "pode anular", tem-se que ela deva ser entendida como "deve anular", sem desconsiderar, obviamente, a hipótese de modulação dos efeitos da invalidação do ato administrativo, nos termos do art. 21, parágrafo único da LINDB.

165.2.5.6 Ampla defesa e contraditório

Pelas garantias constitucionais da *ampla defesa* e do *contraditório,* qualquer atitude da Administração que possa atingir direito subjetivo do particular deverá ser antecedida de oportunidade para o exercício da *defesa plena,* que ensejará inclusive a possibilidade de o particular *contradizer* tudo o que lhe foi imputado pela Administração.

Para o exercício dessas garantias constitucionais, o §5º do art. 165 assegurou ao recorrente "vista dos elementos indispensáveis à defesa de seus interesses".[29] Pode o recorrente exigir da Administração todas as informações e documentos que entender indispensáveis para o pleno exercício do direito recursal, salvante se o que vier a ser disponibilizado pela Administração colocar em risco a segurança da sociedade ou do Estado.[30]

Caso as informações ou documentos necessários não sejam disponibilizados integralmente ao recorrente, não se tem iniciado a contagem do prazo recursal em razão da impossibilidade material do exercício da garantia constitucional de forma ampla.

Admite-se, excepcionalmente, o exercício da ampla defesa e do contraditório de forma diferida, nos casos em que a suspensão imediata do contrato (poder geral de cautela) se impõe como única forma de preservar o interesse público.[31]

Importante ferramenta para o exercício da ampla defesa e do contraditório, as *alegações finais* receberam atenção específica no art. 158, §2º da LLCA, que trouxe de forma expressa que na hipótese de deferimento de pedido de produção de novas provas ou de juntada de provas julgadas indispensáveis pela comissão, o licitante ou o contratado poderá apresentar *alegações finais* no prazo de 15 (quinze) dias úteis, contado da data da intimação.

---

[27] GASPARINI, Diogenes. *Direito administrativo*. 9. ed. São Paulo: Saraiva, 2004. p. 18.

[28] 'A administração pode anular seus próprios atos, quando eivados de vícios que os tornam ilegais, porque dêles não se originam direitos; ou revogá-los, por motivo de conveniência ou oportunidade, respeitados os direitos adquiridos, e ressalvada, em todos os casos, a apreciação judicial'. (STF. Súmula nº 473. *DJ* 10.12.1969).

[29] Conferir também o art. 3º da Lei nº 9.784/1999, que elenca os direitos do administrado (recorrente) perante a Administração.

[30] Conferir art. 4º, inc. III, e art. 23, ambos da Lei nº 12.527/2011.

[31] "Art. 45. Em caso de risco iminente, a Administração Pública poderá, motivadamente, adotar providências acauteladoras sem a prévia manifestação do interessado". (Lei Federal nº 9.784/1999).

165.2.5.6.1 Cautelares e contraditório diferido

É possível, em razão de um poder geral de cautela, o adiamento do exercício do contraditório e da ampla defesa, podendo a Administração não implementar uma sanção, mas *antecipar* seus efeitos mediante o poder geral de cautela.

O poder geral de cautela pode ser usado pela Administração sempre objetivando tutelar o interesse público e um possível dano iminente, postergando, assim, o exercício da ampla defesa e do contraditório.

Consigna-se que caso posteriormente reste demonstrado que o poder geral de cautela foi utilizado indevidamente, não havendo responsabilidade do particular, será a hipótese de indenização pelos danos que eventualmente o particular tenha suportado.

165.2.5.7 Não surpresa

A Administração, ao apreciar o recurso, estará vinculada aos fundamentos da decisão recorrida, não podendo inovar nos motivos de fato ou de direito. Caso a Administração inove na sua fundamentação, terá que editar nova decisão reabrindo o procedimento recursal.[32] [33]

165.2.5.8 Tipicidade recursal moderada

Pelo princípio da *tipicidade recursal* a impetração de determinado recurso com seus efeitos característicos deve ter previsão expressa no ordenamento jurídico.

Contudo, o direito de interpor recurso administrativo independe de previsão expressa em lei ou demais normas, vez que decorre do *direito de petição*[34] insculpido no art. 5º, inc. XXXV, al. 'a' da CF, integrante do rol dos direitos e garantias fundamentais. Além disso, nos processos administrativos, o direito de recorrer está baseado na garantia de ampla defesa, como uma de suas consequências, por isso a *tipicidade recursal moderada*.[35]

No âmbito das garantias constitucionais está o direito do administrado de utilizar dos recursos administrativos por se tratar de um corolário do Estado de Direito e uma prerrogativa de todo administrado. "Inconcebível é a decisão administrativa única e irrecorrível, porque isso contraria a índole democrática de todo julgamento que possa ferir direitos individuais e afronta o princípio constitucional da ampla defesa, que pressupõe mais de um grau de jurisdição. Decisão única e irrecorrível é a consagração do arbítrio, intolerado pelo nosso direito".[36]

---

[32] No mesmo sentido: TCU. Plenário, Acórdão nº 337/2021.

[33] "Art. 10. O juiz não pode decidir, em grau algum de jurisdição, com base em fundamento a respeito do qual não se tenha dado às partes oportunidade de se manifestar, ainda que se trate de matéria sobre a qual deva decidir de ofício". (CPC).

[34] Sobre o "direito de petição", e a fim de evitar repetições, recomendamos a leitura dos comentários ao art. 164.

[35] MEDAUAR, Odete. *A processualidade no direito administrativo*. 2. ed. São Paulo: Revista dos Tribunais, 2008. p. 124. No mesmo sentido: DROMI, Roberto. *El procedimiento administrativo*. Buenos Aires: Ediciones Ciudad Argentina, 1996. p. 73: 'Derecho a impugnar la decisión.- El debido proceso adjetivo y el derecho de defensa constitucionalmente resguardado exigen que no se cercene, prohíba u obstaculice con limitaciones extraconstitucionales y/o inconstitucionales la íposibilidad real de impugnar las decisiones adminstrativas por vía administrativa recursiva o por vía judicial a través del proceso administrativo'.

[36] MEIRELLES, Hely Lopes. *Direito administrativo brasileiro*. 6. ed. São Paulo: Revista dos Tribunais, 1978. p. 625. No mesmo sentido: STJ. 1ª Seção, MS nº 7.225/DF, *DJ* 25.06.2001, p. 98.

165.2.5.9 Singularidade

Os recursos também devem ser *singulares*, ou seja, apenas um recurso para cada decisão administrativa, gerando a *preclusão consumativa*.

Pelo *princípio da singularidade* (*unirrecorribilidade* ou *unicidade*) não há a possibilidade de ser interposto mais de um recurso administrativo em face de uma mesma decisão. A mesma questão não pode ser objeto de mais de um recurso administrativo simultaneamente.[37]

Interposto um recurso hierárquico (art. 165. inc. I) ou um pedido de reconsideração (art. 165, inc. II) em face de uma determinada decisão administrativa e ocorrendo um novo posicionamento da Administração sobre a *quaestio*, não há que se cogitar em um novo *recurso hierárquico* ou um novo *pedido de reconsideração*, sob pena de termos um *looping* processual.

Havendo previsão em regulamento local/orgânico seria possível o manejo de um outro recurso para uma outra instância superior, mas não uma repetição recursal em razão, inclusive, de ter ocorrido a preclusão consumativa naquela esfera de decisão, tendo sido oportunizado, a todos os interessados, a apresentação de suas razões e contrarrazões recursais.

O raciocínio anterior não se aplica caso ocorra a reconsideração da decisão administrativa pela própria autoridade que tiver editado o ato ou proferida a decisão recorrida. Nesse caso, entendemos que se trata de uma nova decisão pela mesma autoridade, permanecendo a faculdade recursal para a apreciação da *quaestio* pela autoridade superior, não tendo ocorrido nessa circunstância o esgotamento das instâncias administrativas.

165.2.5.10 *Non reformatio in pejus*

Sendo um dos pressupostos recursais o *interesse* do recorrente que se corporifica na observação do binômio *necessidade-utilidade*, e compreendendo a *utilidade recursal* exatamente à busca de uma situação mais vantajosa para os interesses do recorrente, aprioristicamente, não se pode admitir, em sede recursal, o *reformatio in pejus*, ou seja, uma reforma para agravar (piorar) o que já estava decidido.

Contudo, o princípio do *non reformatio in pejus* ganha outra roupagem no sistema recursal administrativo, considerando, notadamente, o dever-poder de a Administração agir sempre de acordo com os princípios da legalidade e do interesse público.[38]

A questão no sistema recursal administrativo deve ser enfrentada considerando o parágrafo único do art. 64 da Lei nº 9.784/1999, que prescreve que se da decisão sobre o recurso administrativo "decorrer gravame à situação do recorrente, este deverá ser cientificado para que formule suas alegações antes da decisão", ou seja,

[37] No mesmo sentido: MOREIRA, Egon Bockmann. *Processo administrativo*: princípios constitucionais, a Lei nº 9.784/1999 e o código de processo civil/2015. 5. ed. São Paulo: Malheiros, 2017. p. 435; PORTANOVA, Rui. *Princípios do processo civil*. 3. ed. Porto Alegre: Livraria do Advogado, 1999. p. 271.

[38] No mesmo sentido: STJ. 2ª Turma, RMS nº 21.981/RJ. *DJe* 05.08.2010: '[...] 3. Em processo administrativo não se observa o princípio da *'non reformatio in pejus'* como corolário do poder de autotutela da Administração, traduzido no princípio de que a Administração pode anular os seus próprios atos. As exceções devem vir expressas em lei. [...]'.

admite-se o *reformatio in pejus*, desde que previamente seja assegurado o contraditório e a ampla defesa.[39]

165.2.5.11 Gratuidade

A gratuidade do processo administrativo é uma decorrência do princípio da ampla defesa.

A Administração é parte do processo administrativo, logo, não faz sentido onerar o particular. Fazê-lo seria cercear o direito de defesa e afligir a isonomia.

O art. 2º, parágrafo único, inc. XI da Lei nº 9.784/1999 proíbe a "cobrança de despesas processuais, salvo nos casos previstos em lei". A regra é, pois, a gratuidade.

Assim, considerando que a LLCA não trouxe qualquer exigência de despesa processual e que o exercício do recurso colabora para a legitimidade e integridade dos atos da Administração Pública, não há superfície para se cogitar qualquer tipo de pagamento de custas processuais.

Soma-se ainda o entendimento da Súmula Vinculante nº 21, do STF, que prescreve que "é inconstitucional a exigência de depósito ou arrolamento prévios de dinheiro ou bens para admissibilidade de recurso administrativo".[40]

165.3 Admissibilidade recursal: pressupostos

Apesar de o recurso administrativo *lato sensu* ser considerado um mecanismo de efetivação de garantias constitucionais e do *princípio da informalidade*, a processualística administrativa exige alguns *pressupostos* (*requisitos* ou *condição*) para que o recurso administrativo seja manuseado legitimamente.

A doutrina processual brasileira tem utilizado de critérios diferentes para a classificação desses pressupostos.

Uma das correntes faz a divisão em *pressupostos objetivos* e *pressupostos subjetivos*. Enquanto os *pressupostos objetivos* dizem respeito ao próprio recurso em si mesmo considerado (adequação, tempestividade e motivação), os *pressupostos subjetivos* referem-se à pessoa do recorrente (legitimidade e o interesse recursal).[41]

Outra corrente divide os pressupostos de admissibilidade recursal em *intrínsecos* e *extrínsecos*. Os *pressupostos intrínsecos* são concernentes à própria existência da possibilidade recursal (cabimento, legitimidade, interesse e inexistência de fato impeditivo ou extintivo do poder de recorrer) e os pressupostos extrínsecos relacionam-se com o modo de exercício (tempestividade e regularidade formal).[42]

---

[39] "Ainda que parte significativa da doutrina e da jurisprudência acolha a *reformatio in pejus*, aduzindo argumentos importantes a seu favor, não podemos deixar de manifestar nosso receio, já superficialmente indicado, quanto aos reflexos oblíquos que daí podem advir, sobretudo se considerarmos a coluna vertebral que sustenta a Constituição de 1988 e, daí,toda a ordem jurídica brasileira. O viés democrático, a busca de uma processualidade em todos os âmbitos da ação estatal, a preocupação com a ampla defesa há de ser[em] considerados quanto da avaliação sobre o instituto". (FORTINI, Cristiana; PEREIRA, Maria Fernanda Pires de Carvalho; CAMARÃO, Tatiana Martins da Costas. *Processo administrativo*: comentários à Lei nº 9.784/1999. 3. ed. Belo Horizonte: Editora Fórum, 2012. p. 215).

[40] STF. Plenário, Súmula Vinculante nº 21, *DJe* 10.11.2009.

[41] SEABRA FAGUNDES, Miguel. *Dos recursos ordinários em matéria civil*. Rio de Janeiro: Forense, 1946. p. 29.

[42] BARBOSA MOREIRA, José Carlos. *O juízo de admissibilidade no sistema dos recursos civil*. Rio de Janeiro: [s/ed.], 1968. p. 46; NERY JÚNIOR, Nelson. *Princípios fundamentais*: teoria geral dos recursos. 5. ed. São Paulo: Revista dos Tribunais, 2000. p. 240.

Diferentemente da análise da legitimidade processual civil, no processo administrativo deve-se considerar a busca da verdade material, os princípios da legalidade e do interesse público, sem olvidar que o recorrente também exerce o importante e democrático papel de *controlador social*,[43] razão pela qual alguns desses pressupostos podem e devem ser relativizados sempre de forma fundamentada pela autoridade competente, em razão do *princípio da informalidade*.[44]

O *juízo de admissibilidade recursal* será realizado pela autoridade competente para apreciar o recurso.

Tratando-se de recurso hierárquico, nos termos do art. 165, §2º, serão dois os momentos de *juízo de admissibilidade*. Primeiro pela autoridade que praticou o ato (*a quo*), que poderá reconsiderar a decisão recorrida. Mantendo-se a decisão recorrida, o recurso será encaminhado para a autoridade hierárquica com competência para apreciar o recurso (*ad quem*), que fará um novo juízo de admissibilidade.

Entendemos que caso a autoridade *a quo* proceda com um juízo negativo de admissibilidade, deverá encaminhar o recurso hierárquico para a autoridade *ad quem*, que também deverá exercer o juízo de admissibilidade e, se convergir o entendimento, ratificar a manifestação da autoridade *a quo*, ou então conhecer do recurso e apreciar o seu mérito.

165.3.1 Decisão

O primeiro pressuposto é a *existência* de uma decisão administrativa. Sem uma decisão não há possibilidade de recorrer, por faltar requisito essencial, afinal, na falta do que combater, do que se irá recorrer?

A necessidade de verificação desse pressuposto parece óbvia, contudo, é comum a utilização de recurso administrativo a fim de questionar uma omissão administrativa (ou "não ato"). O recurso não é o instrumento adequado para a melhor resposta à inércia administrativa.

A manifestação de vontade da Administração é materializada, comumente, de forma expressa e escrita,[45] por meio de atos administrativos.

A *omissão* ou o *silêncio administrativo* não configura um *ato administrativo*, já que ausente manifestação formal da vontade da Administração.[46] [47]

Tem-se então que o *silêncio administrativo* não configura uma decisão, razão pela qual em face de um comportamento omisso não cabe *recurso hierárquico* nem *pedido de reconsideração*.

---

[43] A fim de evitar repetições, sugere-se a leitura dos comentários ao art. 164 sobre o "Controle Social".

[44] Conferir o art. 63, *caput* da Lei nº 9.784/1999, atentando-se também para o que prescreve o §2º do mesmo dispositivo.

[45] Excepcionalmente, o sistema normativo traz a possibilidade de atos não escritos, tais como: contratos verbais (art. 95, §2º da NLLCA), iluminação semafórica, silvo (apito) de agente de trânsito; sinalizações verticais e horizontais etc.

[46] Enquanto no direito civil o 'silêncio importa anuência, quando as circunstâncias ou os usos o autorizarem, e não for necessária a declaração de vontade expressa'. (Art. 111 do Código Civil).

[47] CARVALHO FILHO, José dos Santos. *Manual de direito administrativo*. 35. ed. São Paulo: Atlas, 20121. p. 113-115.

165.3.1.1 Silêncio administrativo

O silêncio administrativo (ou omissão administrativa) autoriza o particular interessado a utilizar de outros meios (administrativo ou judicial), a fim de compelir a Administração a decidir, mas não o manejo de *recursos administrativos* trazido no art. 165.

É possível questionar administrativamente o comportamento omisso do agente público competente para decidir, representando-o (direito de petição) perante o seu superior hierárquico para que a Administração verifique as razões da omissão e de eventual *abuso de poder* e, se for o caso, determine que se prolate a decisão ou avoque a competência, se houver permissão normativa para tanto.

Tratando-se de uma omissão ilegítima em que seja verificada a extrapolação injustificada e irrazoável do prazo fixado para decidir, pode o interessado valer-se de ação judicial (ação ordinária ou mandado de segurança), objetivando compelir a Administração a decidir, requerendo ao Judiciário a fixação de prazo para que decida,[48] sob pena de pagamento de multa diária pela autoridade omissa.

165.3.2 Legitimidade

O recurso administrativo é adstrito ao sujeito (pessoa física ou jurídica) que esteja participando do processo de contratação, seja em qualquer fase de uma licitação, procedimento auxiliar, contratação direta, processo de padronização ou na fase de execução contratual.

Nesse contexto, compreende-se também como legitimado para o manejo recursal o particular que está tentando participar do processo de contratação, mas que foi impedido pela Administração – documentação ou proposta não recebidos, protocolização a destempo etc. Dessa decisão que impede a participação no processo de contratação cabe recurso administrativo, mesmo que o objeto recursal seja exatamente a discussão envolvendo a (im)possibilidade de participação no certame.

O sujeito que não estiver legitimado para manejar os recursos administrativos poderá utilizar do *direito de petição*[49] para questionar qualquer decisão administrativa.

165.3.3 Interesse recursal e sucumbência

O interesse recursal concretiza-se na observação do binômio necessidade-utilidade.

A *necessidade recursal* se verifica quando resta somente o manejo do recurso administrativo como mecanismo para alterar a decisão recorrida na esfera administrativa.

Já a *utilidade recursal* é quando o manejo recursal permitir alcançar situação mais vantajosa para os interesses do recorrente do que a decidida, ou para reformar a decisão, a fim de ajustá-la ao sistema normativo, afastando eventual vício nela contido.

Como se nota, o recurso administrativo pode ser interposto tanto em razão de decisão administrativa praticada em face do próprio recorrente, como também é possível

---

[48] O pedido judicial deve se restringir à determinação para que a Administração ou determinada autoridade decida e à fixação de multa em caso de não cumprimento. O pedido não deve se intrometer no mérito da decisão administrativa, mas apenas impor a obrigação de decidir em tempo fixado.

[49] A fim de evitar repetições, recomendamos a leitura dos comentários ao art. 164.

o manejo recursal para combater decisão praticada em face de terceiros que estejam participando do processo de contratação.

Obviamente que a perspectiva do *interesse recursal* deve ocorrer sobre o prisma do recorrente, até porque é possível que uma decisão aparentemente não seja do interesse do recorrente, sob uma perspectiva de um terceiro, mas para quem participa do negócio pode vir a ser.

Suponha que duas empresas (M e J) estejam participando de uma licitação. Ambas são classificadas, sendo M em primeiro lugar e J em segundo lugar. Por motivos supervenientes à apresentação da proposta a execução do objeto não é mais do interesse de *ambas*. A Administração, sem motivação legítima, inabilita a empresa M por saber que ela não tem interesse e então adjudica o objetivo para a empresa J, que também não tem mais interesse na contratação. Entendemos que a empresa J ostenta interesse recursal, mesmo sendo a "vencedora" do certame, mas por não mais possuir desejo para a execução do objeto.

165.3.3.1 Sucumbência

A *sucumbência* se relaciona com o *interesse recursal*, podendo ela ser *parcial* ou *total*.

Como bem anota Bockmann, todo recurso tem como "pressuposto lógico-jurídico a ofensa a interesse do recorrente: na medida em que sofreria os efeitos adversos da decisão", sendo o recurso o meio adequado a afastar tal "efeito injusto".[50] Assim, quem é favorecido por determinada decisão administrativa, ou por ela não é afetado, mesmo que indiretamente, não detém, a princípio, interesse recursal.

Os recursos administrativos, como qualquer recurso, subordinam-se, para sua admissibilidade, à presença do interesse recursal, que somente se verifica quando a decisão administrativa recorrida implicar em sucumbência do interessado, seja por colocá-lo em situação jurídica pior do que a que tinha anteriormente, seja por lhe acarretar efeitos desfavoráveis, seja por não ter obtido no processo tudo o que pretendia.[51]

Tal pressuposto de admissibilidade recursal deve ser relativizado quando em cotejo com o direito processual civil, considerando, notadamente, a busca da *verdade material* e os *princípios da legalidade* estrita, da *autotutela* e do *interesse público*.

Desse modo, não é necessário que o licitante tenha sucumbido para poder impetrar o recurso, bastando que aponte a suposta irregularidade praticada pela Administração Pública ou que sofra alguma ameaça de prejuízo.

Exemplificando: em um processo de contratação em que ocorra a inversão das fases (art. 17, §1º) um recurso hierárquico pode ser interposto por um licitante 'A', que foi habilitado em face de uma decisão que também habilitou o licitante 'T'. Nenhum dos licitantes sucumbiu, contudo, o licitante 'A' possui interesse recursal para manejar um recurso objetivando a reforma da decisão administrativa, a fim de inabilitar o licitante 'T', utilizando como fundamento o dever de a Administração praticar seus atos de acordo com o sistema normativo e que os documentos do licitante 'T' estão irregulares.

---

50 MOREIRA, Egon Bockmann. *Processo administrativo*: princípios constitucionais, a Lei nº 9.784/1999 e o código de processo civil/2015. 5. ed. São Paulo: Malheiros, 2017. p. 435.

51 STJ. 4ª Turma, REsp nº 49.580/MG, *DJ* 19.09.1994. p. 24699.

165.3.3.2 Discordância sobre o fundamento de decisão favorável

O recurso deve ser interposto em face da decisão administrativa propriamente dita, sendo que a análise deve ser realizada sob a perspectiva do interesse recursal.

Eventual discordância sobre o fundamento de uma decisão administrativa favorável deve ser discutida por meio de embargos de declaração,[52] caso se verifique obscuridade, contradição, erro material e, notadamente, *omissão* quando a decisão: *i*) se limitar à indicação, à reprodução ou à paráfrase de ato normativo, sem explicar sua relação com a causa ou a questão decidida; *ii*) empregar conceitos jurídicos indeterminados, sem explicar o motivo concreto de sua incidência no caso; *iii*) invocar motivos que se prestariam a justificar qualquer outra decisão; *iv*) não enfrentar todos os argumentos deduzidos no processo capazes de, em tese, infirmar a conclusão adotada; *v*) se limitar a invocar precedente ou enunciado de súmula, sem identificar seus fundamentos determinantes nem demonstrar que o caso sob julgamento se ajusta àqueles fundamentos; e, *vi*) deixar de seguir enunciado de súmula, jurisprudência ou precedente invocado pela parte, sem demonstrar a existência de distinção no caso em julgamento ou a superação do entendimento.[53]

165.3.4 Fundamentação (motivação) e dialeticidade

O recurso administrativo deve estar devidamente fundamentado (motivado), trazendo as questões de *fato* e de *direito* que provocaram a irresignação do recorrente e que enseja a revisitação da decisão pela Administração, devendo revestir-se de *conteúdo jurídico*[54] – o mero descontentamento do recorrente com a decisão recorrida não justifica, por si só, o cabimento do recurso.

Nessa fundamentação deverá o recorrente apresentar, de forma detalhada, argumentativa, racional e inteligível, a motivação (fundamentos) que entende suficiente para reformar a decisão recorrida.

A fundamentação deverá ser formulada com os apontamentos dos motivos de *fato* e de *direito* que embasam o inconformismo do recorrente e que sejam aptos a impugnar, de forma consistente e direta as razões lançadas na decisão administrativa guerreada, tudo de acordo com o princípio da *dialeticidade recursal*.

Por motivo de *fato* deve-se contraditar no recurso as questões fáticas (probatórias) que foram consideradas pela decisão guerreada, e por motivo de *direito* os fundamentos normativos (lei, regulamento ou dispositivos editalícios ou contratuais), jurisprudenciais ou doutrinários que equivocadamente foram utilizadas no *decisum*.

A partir da apresentação dos motivos, deverá o recurso administrativo demonstrar a existência de erro *in procedendo* ou erro *in judicando* a exigir a *invalidação* ou a *reforma* da decisão administrativa recorrida.

O *error in procedendo* é o erro que a Administração pratica no desenvolvimento do procedimento administrativo ou na prolação da decisão administrativa, violando norma processual (direito adjetivo).

---

[52] A fim de evitar repetições, recomendamos a leitura do tópico 'Tutela Recursal: aspectos propedêuticos', contido no início dos comentários ao art. 165, que ora enfrentamos.

[53] Conferir: art. 1.022, *caput* e parágrafo único c/c art. 489, §1º, ambos do CPC.

[54] TCU. Plenário, Acórdão nº 1.148/2014.

Já o erro *in judicando* é o erro de julgamento, quando a Administração se equivoca ao aplicar o direito material (direito substantivo).

Contudo, caso os motivos trazidos pela fundamentação recursal passem totalmente à margem da decisão administrativa, o recurso não deve ser conhecido por ofensa ao *princípio da dialeticidade recursal*.[55]

De igual modo, não havendo qualquer fundamentação no recurso administrativo, mesmo que sinteticamente, o mesmo não poderá ser conhecido, já que torna infrutífera uma mínima tentativa de revisitação do *decisum* pela Administração, pois sem o apontamento de motivo será ineficiente qualquer reanálise de um ato administrativo que se pressupõe legítimo.

O recurso administrativo comporta a discussão de qualquer fato (superveniente ou pretérito)[56] em razão do *dever-poder* de a Administração rever seus atos (autotutela), bem como a juntada de qualquer documento e requerimento para produção de novas provas.[57] Frise-se, todavia, que caso o objeto do recurso seja a ausência de apresentação tempestiva de documentos, o recurso administrativo não poderá ser o meio adequado para sanar esse possível vício com a juntada posterior de documento.[58]

Contudo, a utilização de qualquer fundamentação ou documentação relacionada a *fato pretérito,* já de conhecimento ou posse do recorrente, deve ser analisada com *cautela* no que concerne ao cabimento, tendo em vista a imperiosa necessidade de verificar uma tentativa de aproveitamento indevido da situação, já que *ninguém pode se beneficiar da própria torpeza,*[59] ou seja, aprioristicamente, não poderia o recorrente escolher o "melhor" momento para trazer essa nova fundamentação ou documento, se teve oportunidade anteriormente e, de forma deliberada, preferiu não o fazer em proveito próprio, configurando por isso *abuso de direito*.

Por fim, no *recurso hierárquico* previsto no art. 165, inc. I, al. 'b' e 'c', tem-se que a apresentação dos motivos de fato e de direito (motivação) deve ocorrer em dois momentos: *i*) em um primeiro momento de forma sucinta, juntamente com a manifestação imediata de recorrer; e, *ii*) posteriormente, com a apresentação das razões recursais, que o recorrente deverá apresentar de forma detalhada. Isso, porém, será melhor desenvolvido adiante, nos comentários sobre o recurso hierárquico ('Julgamento e habilitação').

165.3.5 Regularidade formal

Não se deve exigir do particular (recorrente) formalidades excessivas, principalmente pelo fato de que não precisa estar representado tecnicamente por advogado,

---

[55] Conferir: art. 932, *caput* inc. III do CPC.

[56] Em sentido contrário: JUSTEN FILHO, Marçal. *Comentários à Lei de Licitações e Contratações Administrativas*: Lei nº 14.133/2021. São Paulo: Revista dos Tribunais, 2021. p. 1674: "O recurso não comporta inovação quanto aos fatos pertinentes, ressalvadas as hipóteses de fatos novos (ocorridos supervenientes) ou que, embora, pretéritos, somente se tornaram conhecidos em momento posterior".

[57] "Art. 29. As atividades de instrução destinadas a averiguar e comprovar os dados necessários à tomada de decisão realizam-se de ofício ou mediante impulsão do órgão responsável pelo processo, sem prejuízo do direito dos interessados de propor atuações probatórias". (Lei Federal nº 9.784/1999).

[58] A fim de evitar repetições, recomendamos a leitura dos comentários ao art. 164.

[59] '*Nemo creditur turpitudinem suam allegans* (ninguém alcança acolhida alegando a própria torpeza). *Nemo de improbitate sua consequitur actionem* (ninguém consegue ação vitoriosa graças à improbidade sua)'. (MAXIMILIANO, Carlos. *Hermenêutica e aplicação do direito.* 19. ed. Rio de Janeiro: Forense, 2001. p. 213).

podendo manejar diretamente o recurso administrativo. Além do que, no processo administrativo impera o *princípio da informalidade*.

Contudo, alguns requisitos são essenciais até para que a Administração consiga tomar conhecimento no tempo devido da irresignação do particular-recorrente.

Nesse contexto, o recurso administrativo deverá ser interposto nos termos trazidos pelo edital. Em regra, sendo *processo eletrônico,* o recurso administrativo deverá ser aceito na forma eletrônica, devendo o edital fixar o(s) meio(s) adequado(s) para tanto: e-mail, sistema eletrônico específico, WhatsApp institucional etc. Sendo o *processo físico,* poderá o recurso administrativo ser manejado por meio de peticionamento físico perante o protocolo da Administração ou também eletronicamente, tudo de acordo com os parâmetros editalícios.

Deve o recurso ser direcionado à autoridade competente, para analisar o recurso, destacando que no caso do recurso hierárquico (art. 165, inc. I) seu direcionamento será para a autoridade que tiver editado o ato ou proferido a decisão recorrida, que, se não *reconsiderar* o ato ou a decisão, encaminhará o recurso com a sua motivação à autoridade superior e competente para apreciar o recurso (art. 165, §2º).

165.3.6 Tempestividade

A *manifestação* quanto à intenção de impetrar recurso bem como a apresentação das razões recursais deverão ocorrer dentro do prazo fixado pelo edital.

Havendo a possibilidade de protocolização eletrônica não pode a Administração limitar a sua interposição ao horário de funcionamento do protocolo físico, vez que o peticionamento poderá ocorrer de maneira remota, via *internet*, até o último instante (23h59) do prazo recursal.[60]

165.3.6.1 Prazo e contagem

O prazo para a interposição dos recursos administrativos é de 3 (três) dias úteis e deverá ser contado com a exclusão do dia do começo e a inclusão do dia do vencimento, observando-se ainda as disposições do art. 183 da LLCA.

Tratando-se de *recurso hierárquico,* o prazo será "contado da data de intimação ou de lavratura da ata" (art. 165, inc. I); e, sendo *pedido de reconsideração,* o prazo será "contado da data de intimação" (art. 165, inc. II); mas sempre considerando a data da efetiva ciência da decisão administrativa recorrida.

O prazo pode ser iniciado mesmo que o particular não tenha participado da sessão púbica (física ou virtual) de julgamento das propostas ou de habilitação, mas desde que nessa sessão pública tenha sido dada divulgação da decisão administrativa recorrida.

Caso tenha sido divulgada a decisão, mas o processo administrativo (físico ou eletrônico), no todo ou em parte, não esteja disponível para o exercício da "ampla" defesa por meio de recurso administrativo, o prazo recursal não será iniciado. Somente se inicia a contagem do prazo recursal quando ocorre a divulgação da decisão administrativa e todos os documentos integrantes do processo administrativo estejam à disposição do pretenso recorrente.

---

[60] Em sentido semelhante: TCU. Plenário, Acórdão nº 969/2022.

165.3.6.2 Recurso apresentado fora do prazo

Caso a manifestação imediata ou o recurso seja interposto sem observar o prazo trazido pelo art. 165 e as regras editalícias, deverá o mesmo ser recebido e apreciado como sendo o exercício da garantia constitucional do *direito de petição* e, para tanto, o legislador constituinte não fixou prazo para a interposição e nem para a resposta.

A Administração Pública tem o *dever-poder* de controlar a legitimidade de seus atos (autotutela), corrigindo-os, quando eivados de vícios, ou então revogando-os, caso não se mostrem mais oportunos ou convenientes.

Ocorrendo essa situação, deve a Administração receber o recurso e processá-lo à margem do regramento trazido pelo art. 165 e segs.

Qualquer recurso administrativo deverá ser recebido e apreciado pela Administração, mesmo que apresentado intempestivamente por inexistir *preclusão* em razão de a Administração ter que desenvolver sua função administrativa de acordo com o sistema normativo. Em razão da intempestividade, o recurso administrativo deve ser recebido como direito de petição (garantia constitucional) e apreciado, considerando inclusive o dever-poder de a Administração rever seus atos a qualquer tempo, em homenagem ao princípio da autotutela, revogando os inconvenientes ou inoportunos e invalidando os ilegítimos.

O recurso administrativo apresentado fora do prazo, considerando também o princípio da fungibilidade, será recebido como uma mera petição, não estando obrigada a Administração a conceder efeito suspensivo nos termos do *caput* do art. 168 da LLCA. Contudo, pode a Administração, se for o caso, exercer o *poder geral de cautela*[61] sobre o processo de contratação, caso o fundamento trazido pelo recurso/petição se mostre consistente e, aprioristicamente, sinalize que merece uma atenção maior inclusive com a suspensão do processo.

Diante de situações em que se verifique justo receio de prejuízo de difícil ou incerta reparação, será igualmente legítima a concessão de efeito suspensivo à petição intempestiva.[62]

165.3.6.3 Prazo recursal estendido

É possível que a Administração estenda, de forma antecipada e impessoal, o prazo recursal.

Por se tratar de um prazo muito curto, salutar para que seja efetivamente garantida a "ampla" defesa prevista constitucionalmente que a Administração estenda o prazo recursal, a fim de permitir que o recorrente aprofunde nos fundamentos, quando se tratar de decisões administrativas complexas ou que produza as provas necessárias para melhor instrução processual.

---

[61] "Art. 45. Em caso de risco iminente, a Administração Pública poderá motivadamente adotar providências acauteladoras sem a prévia manifestação do interessado". (Lei nº 9.784/1999).

[62] Conferir art. 61, parágrafo único da Lei nº 9.784/1999.

165.3.7 Pedido

No recurso administrativo deverá constar pedido claro, determinado e específico, requerendo a *invalidação* ou a *reforma* da decisão recorrida.

Ao requerer a *invalidação* da decisão administrativa, o recurso deverá demonstrar que a mesma se encontra com um vício que não pode ser saneado e que o ato deve ser retirado do ordenamento jurídico face à irregularidade que compromete a sua validade.

Ao requerer a *reforma* da decisão administrativa, o recurso deverá demonstrar que ela se encontra com fundamentação e conclusão inadequadas, que não se harmonizam com o sistema normativo (leis, regulamentos, edital ou contrato administrativo), com a doutrina e/ou com os precedentes administrativos e/ou judiciais, devendo, pois, ser *corrigida*.

É possível a elaboração de *pedidos cumulados* de forma: *i*) *subsidiária*, quando a Administração conhece do posterior (acessório), quando não acolher o anterior (principal); ou, *ii*) *alternativa*, quando se formula mais de um pedido para que a Administração acolha um deles.

165.4 Momento recursal

Na linha do procedimento padrão adotado pela LLCA, o momento recursal se concentra com o momento da decisão final relativa à análise dos documentos habilitatórios.

165.5 Recurso hierárquico

O art. 165 traz a possibilidade de o particular (licitante ou contratado) manejar o recurso hierárquico (ou recurso *stricto sensu*) em face de: a) ato que defira ou indefira pedido de pré-qualificação de interessado ou de inscrição em registro cadastral, sua alteração ou cancelamento; b) julgamento das propostas; c) ato de habilitação ou inabilitação de licitante; d) anulação ou revogação da licitação; e, e) extinção do contrato, quando determinada por ato unilateral e escrito da Administração.

165.5.1 Hipóteses de cabimento

O art. 165, inc. I, elenca cinco hipóteses de cabimento do *recurso hierárquico*.

O art. 166 da LLCA traz o *recurso hierárquico* como recurso próprio, em face de decisão administrativa que aplique as sanções de advertência, multa ou impedimento de licitar e contratar,[63] mas com prazo distinto.

165.5.1.1 (In)deferimento em pré-qualificação ou cadastro

Nos termos do art. 165, inc. I, al. 'a', cabe recurso hierárquico do "ato que defira ou indefira pedido de pré-qualificação de interessado ou de inscrição em registro cadastral, sua alteração ou cancelamento".

[63] A fim de evitar repetições, recomendamos a leitura dos comentários ao art. 166.

A *pré-qualificação* e o *registro cadastral* são procedimentos auxiliares das licitações e das contratações previstos no art. 78, incs. II e V e com disciplinamento nos arts. 80 e 87, respectivamente, todas os dispositivos da LLCA.

Na essência, a decisão administrativa que (in)defere a pré-qualificação *subjetiva* (art. 80, inc. I da LLCA) ou o registro cadastral, ou ainda que altere ou cancele esse registro, é uma decisão similar àquela prevista na al. 'c' do mesmo inc. I do art. 165.

Já a decisão administrativa que (in)defere a pré-qualificação *objetiva* (art. 80, inc. II da LLCA) é, na essência, uma decisão similar àquela prevista na al. 'b' do mesmo inc. I do art. 165, pois se trata de uma análise de requisitos de uma eventual proposta e sua (des)classificação.

165.5.1.2 Julgamento das propostas

A decisão administrativa atinente ao julgamento das propostas e sua (des)classificação (art. 59 da LLCA) relacionam-se à análise de: *i*) vícios insanáveis; *ii*) especificações técnicas; *iii*) preços inexequíveis ou sobrepreço; *iv*) exequibilidade demonstrada; *v*) conformidade com quaisquer outras exigências (condições).

Compreende ainda o conceito de *julgamento das propostas* para efeito de cabimento de recurso hierárquico a decisão administrativa que, a partir da análise de seus conteúdos, fixe uma ordem classificatória.

165.5.1.3 (In)habilitação de licitante

Nos termos do art. 62 da LLCA, a "habilitação é a fase da licitação em que se verifica o conjunto de informações e documentos necessários e suficientes para demonstrar a capacidade do licitante de realizar o objeto da licitação", sob os aspectos: jurídico, técnico, fiscal, social, trabalhista e econômico-financeiro.

Nesse contexto, a decisão administrativa que habilita ou inabilita o licitante compreende o ato que admite ou nega a sua participação no certame.

165.5.1.4 Anulação ou revogação de licitação

Prescreve o art. 71 da LLCA que, encerradas as fases de julgamento (art. 61) e habilitação (art. 64), e exauridos os recursos administrativos (art. 165), o processo licitatório será encaminhado à autoridade superior, que poderá: *i*) determinar o retorno dos autos para saneamento de irregularidades; *ii*) revogar a licitação por motivo de conveniência e oportunidade; *iii*) proceder à anulação da licitação, de ofício ou mediante provocação de terceiros, sempre que presente ilegalidade insanável; *iv*) adjudicar o objeto; e, v) homologar a licitação.

Como se nota pela leitura do art. 71, o agir da Administração Pública deve estar direcionado a homenagear os princípios da segurança jurídica, da eficiência e do interesse público.

Soma-se a esses princípios o exercício da ampla defesa e do contraditório, a serem manejados pelo recurso hierárquico nos termos do art. 165, inc. I al. 'd', que autoriza a sua interposição em caso de *anulação* ou *revogação* da licitação.

Nos termos do art. 71, a *autoridade superior* decidirá sobre a *anulação* ou a *revogação* da licitação, em regra, no momento derradeiro do processo, contudo, é possível que decisões administrativas com esse conteúdo sejam proferidas em momento processual outro, sendo igualmente cabível o recurso hierárquico.

165.5.1.4.1 Anulação ou invalidação

Aquela ideia vetusta de que a verificação de qualquer vício conduziria à nulidade do ato ou da licitação começa a ficar no passado e, cada vez mais, deve-se: *i*) buscar a convalidação dos atos com vícios sanáveis;[64] *ii*) levar em consideração, antes de qualquer decisão de invalidação, as consequências jurídicas e práticas dessa decisão (consequencialismo decisório);[65] *iii*) analisar a adequação da decisão, considerando inclusive as possíveis medidas alternativas;[66] e, *iv*) analisar a proporcionalidade, a fim de não impor aos sujeitos atingidos um ônus excessivo.[67]

A anulação (ou *invalidação*)[68] do ato administrativo é o desfazimento do ato administrativo em razão da existência de uma desconformidade com determinada norma-regra (vício de legalidade) ou com determinada norma-princípio (vício de legitimidade), sendo a existência de um *vício* o pressuposto para a invalidação do ato administrativo.

165.5.1.4.2 Revogação

Enquanto a *invalidação* do ato ou do processo licitatório é um *dever* (ato vinculado) para a Administração, que decorre de uma ilegitimidade verificada, a *revogação* é uma *faculdade* (ato discricionário) que, a partir de uma análise subjetiva, mas devidamente motivada, concluirá a autoridade superior sobre a (des)necessidade da contratação, a partir da sua análise e da sua percepção acerca do interesse público envolvido, inclusive diante de eventuais fatos (administrativos e/ou jurídicos) supervenientes.[69]

---

[64] "Art. 55. Em decisão na qual se evidencie não acarretarem lesão ao interesse público nem prejuízo a terceiros, os atos que apresentarem defeitos sanáveis poderão ser convalidados pela própria Administração". (Lei Federal nº 9.784/1999).

[65] "Art. 21. A decisão que, nas esferas administrativa, controladora ou judicial, decretar a invalidação de ato, contrato, ajuste, processo ou norma administrativa, deverá indicar de modo expresso suas consequências jurídicas e administrativas". (LINDB).

[66] "Art. 20. [...] Parágrafo único. A motivação demonstrará a necessidade e a adequação da medida imposta ou da invalidação de ato, contrato, ajuste, processo ou norma administrativa, inclusive em face das possíveis alternativas". (LINDB).

[67] "Art. 21. [...] Parágrafo único. A decisão a que se refere o *caput* deste artigo deverá, quando for o caso, indicar as condições para que a regularização ocorra de modo proporcional e equânime e sem prejuízo aos interesses gerais, não se podendo impor aos sujeitos atingidos ônus ou perdas que, em função das peculiaridades do caso, sejam anormais ou excessivos". (LINDB).

[68] Embora o legislador e diversos doutrinadores se refiram à expressão "anulação", adotamos o termo "invalidação" para significar qualquer desconformidade insanável do ato ou do processo, evitando-se, assim, que a utilização da expressão "anulação" possa sugerir um desfecho apenas da *anulabilidade* e não da *nulidade*. A utilização da expressão *invalidação* objetiva alcançar um sentido amplo, abrangendo a *anulabilidade* e a *nulidade*, e realçando o que entendemos importante: a existência de um vício em um ato ou no procedimento licitatório. No mesmo sentido: CARVALHO FILHO, José dos Santos. *Manual de direito administrativo*. 35. ed. São Paulo: Atlas, 2021. p. 166.

[69] A *revogação* da licitação somente pode ser realizada pela própria Administração promotora da licitação em razão do juízo de conveniência e oportunidade que lhe é inerente e que se relaciona com o interesse público envolvido.

Nos termos do §2º do art. 70 da LLCA, o motivo determinante ensejador da "revogação do processo licitatório deverá ser resultante de fato superveniente devidamente comprovado". Como se percebe, não basta o 'mero' juízo de oportunidade e de conveniência, já que o comando normativo foi além, exigindo 'fato superveniente' com a devida comprovação.

165.5.1.5 Extinção unilateral do contrato

A al. 'e' do inc. I do art. 165 prescreve que cabe recurso hierárquico em caso de "extinção do contrato, quando determinada por ato unilateral e escrito da Administração".

O art. 137 da LLCA elenca as situações que poderão ensejar a extinção do contrato, que deverá ser formalmente motivada, assegurando-se a ampla defesa e o contraditório.

Nos termos do art. 138, inc. I e §1º da LLCA a extinção por ato unilateral pela Administração deverá ser precedida de autorização escrita e fundamentada da autoridade competente e reduzida a termo no respectivo processo.

165.5.1.5.1 Invalidação do contrato

As hipóteses de extinção do contrato elencadas pelo art. 137 da LLCA e que permitem o recurso hierárquico são, de certo modo, situações de *rescisão* contratual em razão de irregularidades no cumprimento das obrigações principais ou acessórias, caso fortuito ou força maior impeditivo da execução do contrato e também de *revogação* por razões de conveniência e oportunidade.

O inc. I do art. 165 foi omisso em não elencar como hipótese de recurso hierárquico as situações relacionadas à invalidação do contrato em razão de irregularidade no processo de contratação ou na execução contratual em que não seja possível o saneamento (art. 147 da LLCA).

A decisão administrativa que envolve a invalidação de um contrato é tão importante e delicada que não merece, apenas e simplesmente, a utilização do pedido de reconsideração[70] (art. 165, inc. II) em seu caráter *residual* como um 'soldado de reserva', mas também o manejo do *recurso hierárquico*.

165.5.2 Manifestação imediata

Quando a decisão versar sobre o julgamento de *propostas* (al. 'b') ou de *habilitação* ou *inabilitação* de licitante (al. 'c'), a *manifestação* sobre o interesse recursal deverá ocorrer "*imediatamente*, sob pena de preclusão", nos termos do art. 165, §1º, inc. I.

Atente-se que o dispositivo (art. 165, §1º) prescreve que a "intenção de recorrer deverá ser manifestada imediatamente, sob pena de preclusão", e que o prazo para apresentação das razões recursais é único e de 3 (três) dias úteis, sendo que será iniciado da data de intimação ou da lavratura da ata de habilitação ou inabilitação ou, na hipótese

---

Já a *anulação* pode ser realizada pela própria Administração e também por outro órgão no exercício do controle externo.

[70] No mesmo sentido: JUSTEN FILHO, Marçal. *Comentários à Lei de Licitações e Contratações Administrativas*: Lei nº 14.133/2021. São Paulo: Revista dos Tribunais, 2021. p. 1677.

de adoção da inversão de fases (art. 17, §1º da LLCA), da ata de julgamento. As razões recursais também serão apreciadas em momento único.

A *manifestação imediata* deve ocorrer logo após *cada ato decisório*, cada *marcação*, até para servir como mecanismo de colaboração para que a Administração haja com eficiência e que não dê prosseguimento ao certame a partir de decisões questionáveis e sem qualquer reflexão. Assim, ocorrendo a fase de julgamento e, talvez, sendo classificada irregularmente determinada proposta, a empresa que pretende recorrer dessa decisão deve manifestar-se imediatamente, sob pena de preclusão, repetindo-se a situação e o dever de manifestar-se imediatamente também logo após a fase de habilitação.[71] [72]

Para as demais decisões elencadas no inc. I do *caput* do art. 165 não se exige a *manifestação imediata*, devendo o recurso ser interposto no prazo de 3 (três) dias úteis, contado da data de intimação ou de lavratura da ata.

Deve a regulamentação ou o edital fixar qual o prazo ou até em qual momento a Administração entenderá como sendo uma manifestação 'imediata'. Qual o ato jurídico, a 'marcação' que define o momento em que pode ocorrer a manifestação imediata?[73] Quantos minutos ou horas após a decisão da fase de julgamento e da fase de habilitação? Não pode a Administração adotar um prazo exíguo para essa manifestação, sob pena de inviabilizar o direito recursal e a garantia constitucional do *contraditório*.[74]

Deve ainda a Administração atentar-se quando a licitação for eletrônica ou presencial (art. 17, §2º da LLCA), bem como na hipótese de em uma licitação o licitante (pretenso recorrente) não estiver participando no momento da divulgação da decisão.

A ausência da manifestação imediata da intenção de recorrer acarreta a *preclusão temporal* do exercício do direito (art. 165, §1º, inc. I).

165.5.2.1 Desnecessidade de fundamentação

Na manifestação imediata que se exige para o recurso hierárquico relacionado à fase de julgamento e de habilitação, nos termos do art. 165, §1º, inc. I, é inexigível

---

[71] A título exemplificativo, no mesmo sentido que defendemos, a Instrução Normativa SEGES/ME nº 73/2022 prescreve: "Art. 40. Qualquer licitante poderá, durante o prazo concedido na sessão pública, não inferior a 10 minutos, de forma imediata após o término do julgamento das propostas e do ato de habilitação ou inabilitação, em campo próprio do sistema, manifestar sua intenção de recorrer, sob pena de preclusão, ficando a autoridade superior autorizada a adjudicar o objeto ao licitante declarado vencedor".

[72] Em sentido contrário: LEONEZ, Angelina; BOAVENTURA, Carmen Iêda Carneiro; OLIVEIRA, Rafael Sérgio Lima de. *A fase recursal na Nova Lei de Licitações*: uma análise comparativa com as Leis nº 8.666/93, 10.520/2002 e 12.462/2011. Brasília: Portal L&C, 2021. Disponível em: http://www.licitacaoecontrato.com.br/artigo/a-fase-recursal-na-nova-lei-de-licitacoes-18062021.html. Acesso em 25 jun. 2021: "Aos nossos olhos, seria mais eficiente que a regulamentação da matéria adotasse como prática da NLLC o modelo do pregão da Lei nº 10.520/2002, unificando a fase de manifestação da intenção de recorrer no momento em que for declarado o vencedor. Enxergamos que esse padrão simplifica o procedimento para os candidatos e para a Administração, de modo que vai ao encontro do princípio da eficiência (art. 37 da Constituição c/c o art. 5º da Lei nº 14.133/2021)".

[73] Seria a 'declaração do vencedor' tal qual definido pela Lei nº 10.520/2002 em seu art. 4º, inc. XVIII? Ou a *marcação* seria 'após o término de cada sessão', como define o art. 53 do Decreto Federal nº 7.581/2011, que regulamenta o RDC?

[74] A título exemplificativo a Instrução Normativa SEGES/ME nº 73/2022 prescreve: "Art. 40. Qualquer licitante poderá, durante o prazo concedido na sessão pública, não inferior a 10 minutos, de forma imediata após o término do julgamento das propostas e do ato de habilitação ou inabilitação, em campo próprio do sistema, manifestar sua intenção de recorrer, sob pena de preclusão, ficando a autoridade superior autorizada a adjudicar o objeto ao licitante declarado vencedor".

que sejam apresentadas as razões (fundamento) do recurso.[75] [76] Basta a manifestação tempestiva da intenção de recorrer, as razões (motivos) deverão ser apresentadas no prazo de 3 (três) dias úteis.[77]

Apesar de não ser obrigatório o apontamento das razões recursais nesse momento processual, eles são importantes e contribuem sobremaneira para uma possível correção imediata do agir administrativo para o rumo da juridicidade administrativa, sem ter que, necessariamente, transcorrer todo o procedimento recursal para então adequar o entendimento da Administração ao sistema normativo.

165.5.3 Razões recursais e apreciação em fase única

Nos termos do art. 165, §1º, inc. II, havendo qualquer matéria a ser questionada durante a licitação, seja ela relacionada à *fase de julgamento* ou à *fase de habilitação*, o *momento de interposição das razões recursais* (mas não da manifestação imediata) e de apreciação dar-se-á, em regra, em momento único e após a *classificação final*, que ocorre após a *fase de habilitação*.

Nesse momento final da licitação é que o interessado deverá expor e/ou confirmar sua intenção de recorrer em face de toda e qualquer decisão ou comportamento que tenha ocorrido durante o certame, seja relacionado à *fase de julgamento* ou à *fase de habilitação*. Frise-se, aqui, nosso entendimento de que a *manifestação imediata* deve ocorrer após cada fase distintamente,[78] as razões recursais deverão ser apresentadas em conjunto e apreciadas em um só momento (fase única).

Não se tem dúvida de que quando se está diante do procedimento ordinário trazido pelo art. 17 da LLCA em que a fase de julgamento precede a fase de habilitação, o momento da apresentação das razões e da apreciação é único, dúvida maior surge quando ocorre a inversão das fases (art. 17, §1º da LLCA), mas essa questão será tratada em subtópico adiante ("inversão de fases").

165.5.3.1 Não apresentação das razões

É possível que o licitante manifeste imediatamente a intenção de recorrer, contudo, não apresente no prazo as razões recursais.

---

[75] No mesmo sentido: JUSTEN FILHO, Marçal. *Comentários à Lei de Licitações e Contratações Administrativas*: Lei nº 14.133/2021. São Paulo: Revista dos Tribunais, 2021. p. 1676.

[76] Em sentido contrário: LEONEZ, Angelina; BOAVENTURA, Carmen Iêda Carneiro; OLIVEIRA, Rafael Sérgio Lima de. *A fase recursal na Nova Lei de Licitações*: uma análise comparativa com as Leis nº 8.666/93, 10.520/2002 e 12.462/2011. Brasília: Portal L&C, 2021. Disponível em: http://www.licitacaoecontrato.com.br/artigo/a-fase-recursal-na-nova-lei-de-licitacoes-18062021.html. Acesso em 25 jun. 2021: "Outro ponto que a NLLCA não traz é o requisito da motivação da manifestação da intenção de recorrer. Esse é um elemento imprescindível para a eficiência do certame. Trata-se de requisitos de admissibilidade do recurso no Pregão da Lei nº 10.520/2002 (art. 4º, XVIII). Assim é para inibir os licitantes de apresentarem intenções recursais protelatórias. [...] Por isso, seria aconselhável que, para a higidez do sistema recursal no novo regime de contratação pública nacional, a motivação fosse considerada um requisito de admissão da intenção de recorrer".

[77] Importante consignar que o art. 4º, inc. XX da Lei nº 10.520/2002 traz regime recursal diferente do previsto no art. 165, §1º, inc. I da NLLCA. A Lei do Pregão exige "manifestação imediata e *motivada* do licitante" sob pena de decadência do direito do recurso.

[78] Conferir comentários no item imediatamente anterior.

Entendemos que o direito recursal é exercido no momento em que o licitante manifesta imediatamente a intenção de recorrer, sendo as *razões* uma complementação ao exercício do direito recursal já manifestado.

A LLCA não trouxe qualquer consequência para a não apresentação das razões recursais. Não se pode concluir que o transcurso do prazo *in albis* acarretaria uma carência superveniente do recurso.

Importante consignar que o processamento do recurso hierárquico independe da apresentação formal de suas razões no tríduo. Se da motivação ofertada no momento da manifestação da intenção de recorrer for possível inferir os fundamentos de fato e/ou de direito que ensejam a irresignação do licitante, com elementos mínimos e necessários, deve a Administração analisar essa motivação, mesmo que as razões não sejam formal e detalhadamente apresentadas.[79]

Contudo, caso ocorra a manifestação imediata de interesse recursal, mas sem a apresentação de qualquer motivo para tanto, e após o tríduo não for apresentada qualquer razão recursal, deverá a Administração não conhecer do recurso (juízo de admissibilidade negativo) em virtude da ausência dos pressupostos recursais da fundamentação e da dialeticidade.

165.5.3.2 Inovação nos fundamentos

Como já firmado, apesar de ser uma boa prática, mas não obrigatória, de acordo com a LLCA, na manifestação imediata da intenção de recorrer devem se trazidos os fundamentos recursais, mesmo que minimamente.

Uma vez apresentados esses fundamentos na manifestação imediata o recorrente não se encontra a eles vinculados para a apresentação das suas razões recursais, podendo inovar sem fronteiras.

Ora, se o recorrente não está obrigado a trazer a motivação (fundamentação) quando da manifestação imediata, não faz sentido ter consequências adversas se trouxer essa fundamentação.

165.5.3.3 Inversão de fases

O *caput* do art. 17 da LLCA trouxe como regra que nos procedimentos licitatórios, aprioristicamente, ter-se-á a *fase de julgamento* (inc. IV) e, logo em seguida, a *fase de habilitação* (inc. V).

Contudo, o §1º do mesmo dispositivo prescreveu a possibilidade de se inverter esses momentos, para que a *fase de habilitação* ocorra primeiro do que a *fase de julgamento*, desde que devidamente motivada essa escolha com a explicitação dos benefícios decorrentes e expressa e previamente estabelecida em edital.

---

[79] Na lição de Jacoby Fernandes, caso as razões não sejam apresentadas oportunamente, "o direito de recorrer não decaiu. Ao apresentar a motivação na sessão, o recorrente externou o seu inconformismo". (FERNANDES, Jorge Ulisses Jacoby. *Sistema de registro de preços e pregão*. 6. ed. Belo Horizonte: Fórum, 2015. p. 534). No mesmo sentido: OLIVEIRA. Rafael Sérgio Lima de; AMORIM. Victor Aguiar Jardim de. *Pregão eletrônico*: comentários ao Decreto Federal nº 10.024/2019. Belo horizonte: Fórum, 2020. p. 209.

A dúvida que surge é pelo fato de o art. 165, §1º, inc. II, ter trazido a previsão de que a apreciação do recurso "dar-se-á em fase única", atraindo então o imbróglio: se ocorrer a inversão de fases ter-se-á um ou dois momentos recursais?[80] A LLCA não trouxe expressamente a possibilidade de quebra de unicidade recursal.

A razão de se inverter as fases é para que a Administração faça uma 'pré-seleção' e permita seguir para a *fase de julgamento* das propostas somente as empresas que se apresentarem aptas (habilitadas) a contratar com a Administração, sendo essa decisão muito delicada e complexa, pois envolve a análise de diversos documentos, englobando perspectivas variadas (jurídica, técnica, contábil, econômico-financeira, fiscal, sustentabilidade e outras).

Pela complexidade da *fase de habilitação* há de se esperar que a Administração adote decisão segura e com um agir eficiente, razão pela qual entendemos que, caso a Administração inverta as fases, com a *habilitação* precedendo o *julgamento,* deve-se ter dois momentos recursais distintos[81] com a oportunidade de apresentação inclusive de razões e de contrarrazões recursais,[82] convolando-se, assim, em uma *fase recursal plural.*

Objetiva-se, com esse entendimento, que o procedimento transcorra de forma segura e eficiente, resolvendo cada questão sensível no seu devido momento a fim de evitar retroceder em questões já discutidas e que, se revisitadas somente no momento derradeiro do certame, poderão ensejar uma ineficiente e desgastante atuação administrativa, representando um "alto custo procedimental"[83] já que se terá que retomar praticamente todo o procedimento em razão de uma indevida exclusão de um licitante na *fase de habilitação,* impedindo-o de participar da *fase de julgamento* das propostas.

Inquestionável que ao adotar o entendimento de *fase recursal plural,* ter-se-á um procedimento mais moroso, em razão da possibilidade de duplo efeito suspensivo – um em cada fase (habilitação e julgamento). Em razão dessa circunstância, o ônus argumentativo, com a "explicitação dos benefícios" para a inversão das fases, previsto no art. 17, §1º da LLCA, aumenta significativamente.

---

80 Destaca-se que o legislador não adotou aqui, ao menos expressamente, a mesma construção trazida no art. 27 da Lei nº 12.462/2011 (Lei do RDC): "Art. 27. Salvo no caso de inversão de fases, o procedimento licitatório terá uma fase recursal única, que se seguirá à habilitação do vencedor".

81 No mesmo sentido: JUSTEN FILHO, Marçal. *Comentários à Lei de Licitações e Contratações Administrativas*: Lei nº 14.133/2021. São Paulo: Revista dos Tribunais, 2021. p. 1681; LEONEZ, Angelina; BOAVENTURA, Carmen Iêda Carneiro; OLIVEIRA, Rafael Sérgio Lima de. *A fase recursal na Nova Lei de Licitações*: uma análise comparativa com as Leis nº 8.666/93, 10.520/2002 e 12.462/2011. Brasília: Portal L&C, 2021. Disponível em: http://www.licitacaoecontrato.com.br/artigo/a-fase-recursal-na-nova-lei-de-licitacoes-18062021.html. Acesso em 25 jun. 2021. Afirmam, ainda, os autores: "Assim, questionamos a manutenção da apreciação em fase única do recurso relativo às etapas de julgamento das propostas e de habilitação, nas situações em que há a inversão das fases nos termos do §1º do art. 17 da NLLCA. Nessas ocasiões haverá primeiramente a habilitação/inabilitação dos licitantes para, posteriormente, ocorrer a etapa de apresentação das propostas e de lances e, em seguida, o julgamento das propostas. Com isso, a pendência de questões relativas à etapa habilitatória pode trazer máculas irremediáveis ao certame".

82 Em sentido diferente: "Haverá fase recursal única com procedimento ordinário ou com inversão de fases". (TORRES, Ronny Charles Lopes de. *Lei de licitações públicas comentadas.* 16. ed. São Paulo: JusPodivm, 2025. p. 905). Na linha de Torres é o regramento contido no §1º do art. 40 da Instrução Normativa SEGES/ME nº 73/2022 e a doutrina de: AMORIM, Victor Aguiar Jardim de. *Licitações e contratos administrativos*: teoria e jurisprudência. 4. ed. Brasília: Senado Federal, 2021. p. 181.

83 LEONEZ, Angelina; BOAVENTURA, Carmen Iêda Carneiro; OLIVEIRA, Rafael Sérgio Lima de. *A fase recursal na Nova Lei de Licitações*: uma análise comparativa com as Leis nº 8.666/93, 10.520/2002 e 12.462/2011. Brasília: Portal L&C, 2021. Disponível em: http://www.licitacaoecontrato.com.br/artigo/a-fase-recursal-na-nova-lei-de-licitacoes-18062021.html. Acesso em 25 jun. 2021.

Entendemos que não se harmoniza com o objetivo da norma que permite a inversão de fases a interpretação pela mantença do licitante na fase competitiva na hipótese de ele manifestar imediatamente interesse recursal em face da sua inabilitação, já que a antecipação da habilitação objetiva, exatamente, retirar da competição aqueles que não têm as condições necessárias para a execução do contrato, para não influenciar negativamente a fase de julgamento das propostas.

165.5.4 Processamento

O recurso hierárquico será elaborado (petição física ou eletrônica) e protocolizado nos termos fixados pela Administração (edital ou regulamentação orgânica) dentro do prazo de 3 (três) dias úteis e será dirigido à autoridade que tiver editado o ato ou proferida a decisão recorrida, mesmo que a competência para decisão não seja sua.

Uma vez apresentada as razões recursais, terão os demais *interessados* o mesmo prazo de 3 (três) dias úteis para apresentar as contrarrazões recursais.

O prazo para apresentação das contrarrazões terá início na data de *intimação* pessoal ou de *divulgação* da interposição do recurso (art. 165, §4º), e elas deverão ser manejadas (forma e mecanismo de protocolização) nos termos fixados pela Administração.

Importante que a Administração fixe como se dará a intimação pessoal e a divulgação da interposição do recurso, se por meio físico e/ou eletrônico (e-mail, sistema etc.).

Estão contidos nesse rol de *interessados* para oferecerem contrarrazões todos aqueles que participam do certame, inclusive os eventuais desclassificados ou inabilitados.

A autoridade que subscreveu o ato ou a decisão recorrida terá 3 (três) dias úteis para se *manifestar* após apresentação das contrarrazões ou transcorrido *in albis* o prazo para manifestação dos demais interessados, podendo então: *i*) não conhecer do recurso (juízo de admissibilidade negativo) em razão do não atendimento de algum pressuposto recursal; *ii*) *reconsiderar* o seu entendimento; ou, *iii*) *encaminhar* o recurso com a *motivação* que ratificou a mantença da decisão recorrida à autoridade superior (art. 165, §2º).

A motivação pela autoridade que proferiu a decisão recorrida deverá levar em conta as *razões recursais* e as respectivas *contrarrazões*, se apresentadas, manifestando-se conclusivamente sobre todos os argumentos expostos, seja para reconsiderar a decisão, reformando ou invalidando-a, ou para encaminhar o processo à autoridade superior e competente para apreciar o recurso. Entendemos que qualquer manifestação conclusiva da Administração, inclusive eventual reconsideração pela mesma autoridade que praticou a decisão recorrida, somente deve ocorrer após levar em consideração também os argumentos das contrarrazões, se existentes.

Caso ocorra a reconsideração da decisão administrativa, entendemos que se trata de uma nova decisão, reabrindo a possibilidade de manejo recursal em face da novel decisão (reconsiderada) a ser apreciada pela autoridade superior. A fim de evitar recurso em face da decisão reconsiderada, sugere-se que essa decisão, juntamente com as razões e as contrarrazões recursais, sejam enviadas à autoridade superior, a fim de ratificação e, por consectário lógico, consumação da preclusão administrativa.

Caso não ocorra a reconsideração da decisão administrativa, deverá o processo ser enviado para a autoridade superior, que terá o prazo de 10 (dez) dias úteis para proferir

a decisão, prazo este que será contado a partir do recebimento dos autos, se processo for físico, ou a partir da disponibilização, se o processo for eletrônico.

Trata-se de *prazo impróprio,* cuja inobservância não acarreta nenhuma consequência automática à autoridade omissa nem aos interessados em razão do efeito suspensivo do recurso.

Uma omissão irrazoável em decidir autoriza o particular a provocar a Administração ou o Judiciário para que decida, além de ensejar, em tese, responsabilização administrativa da autoridade omissa.

É possível questionar administrativamente o comportamento omisso do agente público competente para decidir, representando-o (direito de petição) perante o seu superior hierárquico, para que a Administração verifique as razões da omissão e de eventual *abuso de poder* e, se for o caso, determine que se prolate a decisão.

Tratando-se de uma omissão ilegítima em que seja verificada uma extrapolação injustificada e irrazoável do prazo fixado para decidir o recurso, pode o interessado valer-se de ação judicial (ação ordinária ou mandado de segurança), objetivando compelir a autoridade competente a decidir, requerendo ao Judiciário a fixação de prazo para que decida o recurso,[84] sob pena de pagamento de multa diária pela autoridade omissa.

165.5.4.1 Realização de diligência

Sempre que necessário, para aclarar os fatos, afastar dúvidas ou obscuridades sobre os documentos apresentados, ou mesmo para complementar informações necessárias para uma apreciação recursal escorreita, admite-se a realização de diligência na fase recursal,[85] objetivando permitir a busca da verdade real e proporcionar segurança ao *decisum*.

165.6 Pedido de reconsideração

Como um recurso *residual* para *todo* e *qualquer* "ato do qual não caiba recurso hierárquico" previsto no art. 165, inc. I, tem-se o *pedido de reconsideração,* com previsão no art. 165, inc. II, a ser utilizado no mesmo prazo do *recurso hierárquico*.

Pode o *pedido de reconsideração* ser utilizado em face de qualquer decisão administrativa que não caiba o *recurso hierárquico*, mas desde que preenchido os pressupostos recursais.

Apesar de ser um recurso residual trazido expressamente pela Lei, não deve ser confundido nem substituído pelo *direito de petição* previsto constitucionalmente, tratando-se de medida administrativa específica e com prazo próprio (3 (três) dias úteis) para se insurgir em face de atos administrativos no decorrer de um processo de contratação.

---

[84] O pedido judicial deve se restringir à determinação para que a Administração ou determinada autoridade decida e à fixação de multa em caso de não cumprimento. O pedido não deve se intrometer no mérito do recurso administrativo, mas apenas impor a obrigação de decidir em tempo fixado.

[85] No mesmo sentido: TCU. 2ª Câmara, Acórdão nº 4.827/2009: '9.6.1.9. Atente à possibilidade de promoção de diligência pela comissão ou autoridade superior, em qualquer fase da licitação, para esclarecer ou complementar a instrução do processo licitatório [...]'.

O *pedido de reconsideração*, como o próprio nome sugere, será apreciado pela mesma autoridade que praticou a decisão recorrida, que analisará se reconsidera o *decisum* guerreado em face das razões apresentadas pelo recorrente.

O art. 167 da LLCA traz o pedido de reconsideração como recurso próprio em face de sanção que *declare a inidoneidade para licitar ou contratar*,[86] mas com prazo distinto.

165.6.1 Procedimento de contratação direta

É possível a impetração de pedido de reconsideração em face de decisão relacionada ao julgamento de proposta em procedimento para a contratação direta, insurgindo-se, p. ex., em face de algum vício na instrução processual (art. 72 da LLCA) ou nas hipóteses de contratação direta.

Não é incomum estar-se diante de uma contratação emergencial que apesar de não ser possível a realização de um procedimento licitatório formal e burocrático, nada impede a realização de um procedimento administrativo simplificado em que haja superfície para o manejo, mesmo que exíguo, de medidas administrativas que visem a homenagear os princípios da publicidade, da motivação, da ampla defesa, do contraditório, ou seja, o devido processo legal.

Havendo ou não esse processo administrativo simplificado, é possível aos demais interessados no objeto contratual manusearem *pedido de reconsideração* para que a Administração reanalise a decisão tomada.

165.6.2 Processamento

A Lei nº 14.133/2021 não detalhou o rito procedimental do pedido de reconsideração, razão pela qual, por analogia e *mutatis mutandi*, deve-se seguir o mesmo rito do processamento estabelecido para o *recurso hierárquico*.[87]

O *pedido de reconsideração* será elaborado (petição física ou eletrônica) e protocolizado nos termos fixados pela Administração (edital ou regulamentação orgânica) dentro do prazo de 3 (três) dias úteis e será dirigido à mesma autoridade que proferiu a decisão recorrida.

Caso se trate de alguma decisão da Administração na fase de julgamento, habilitação, contratação direta ou que cuide de um interesse processual *direto* de outro(s) interessado(s), deve-se propiciar aos demais *interessados* o mesmo prazo de 3 (três) dias úteis para apresentar as contrarrazões. Sendo a decisão objeto do pedido de reconsideração relacionada à fase contratual ou versando sobre a aplicação de sanção, não há que oportunizar contrarrazões por inexistir *particular* com interesse processual direto.

165.7 Competência recursal

A competência recursal relaciona-se tanto ao recebimento, quanto à apreciação e à decisão.

---

[86] A fim de evitar repetições, recomendamos a leitura dos comentários ao art. 167.

[87] A fim de evitar repetições, recomendamos a leitura dos comentários ao processamento do *recurso hierárquico*.

A competência para o *recurso hierárquico* é atribuída à autoridade superior definida pela regulamentação orgânica do órgão ou da entidade; e, em regra, é a autoridade imediatamente superior àquela que proferiu a decisão recorrida.[88]

Já para o *pedido de reconsideração* a competência para apreciar o recurso será da mesma autoridade que proferiu a decisão recorrida, que poderá *reconsiderar* o entendimento anterior.

Caso o recurso administrativo seja direcionado à autoridade incompetente, deverá a Administração corrigir a tramitação, enviando o recurso protocolizado para a autoridade competente, para então exercer a legítima competência: recebimento, apreciação e decisão.

Conforme prescreve o art. 168, parágrafo único da LLCA, a autoridade competente será auxiliada pelo órgão de assessoramento jurídico, bem como pode ser auxiliada por qualquer outro órgão técnico, inclusive o de controle interno, nos termos do art. 8º, §3º da LLCA.[89]

Importante consignar que, em muitas oportunidades, a decisão está a cargo do agente de contratação, do pregoeiro ou da autoridade superior, mas as decisões sobre os recursos administrativos poderão ser fundamentadas em pareceres técnicos, de acordo com o princípio da segregação de funções (arts. 5º e 7º, §1º LLCA),[90] devendo a autoridade responsável pela decisão recursal ter a cautela necessária e não decidir sobre matérias estranhas à sua formação e à competência técnica do seu cargo, sem a oitiva prévia do órgão técnico competente.

Eventual decisão em recurso administrativo por *autoridade incompetente,* mas que posteriormente recebe a anuência da *autoridade competente,* como, p. ex., em sede de homologação da licitação, tem o seu *vício saneado* pela manifestação de vontade última da autoridade superior e competente, e por se tratar de vício relativo ao sujeito (competência) que é convalidável.[91]

165.8 Efeitos

Tanto o recurso hierárquico quanto o pedido de reconsideração possuem efeitos *devolutivo* e *suspensivo,* até que sobrevenha decisão final da autoridade competente,[92] colocando o ato administrativo recorrido inconcluso, pendente de posicionamento final.

---

[88] Nos termos do art. 13, inc. II da Lei nº 9.784/1999, a competência para decidir recursos administrativos não pode ser objeto de delegação.

[89] A fim de evitar repetições, recomendamos a leitura dos comentários ao art. 168.

[90] "Art. 50. Os atos administrativos deverão ser motivados, com indicação dos fatos e dos fundamentos jurídicos, quando: [...] V – decidam recursos administrativos; [...] §1º A motivação deve ser explícita, clara e congruente, podendo consistir em declaração de concordância com fundamentos de anteriores pareceres, informações, decisões ou propostas que, neste caso, serão parte integrante do ato". (Lei nº 9.784/1999).

[91] Nesse sentido: STJ. 2ª Turma, REsp nº 1.348.472/RS, *DJe* 28.05.2013. Conferir: ZANCANER, Weida. *Da convalidação e da invalidação dos atos administrativos*. 2. ed. São Paulo: Malheiros, 1996. p. 101.

[92] A fim de evitar repetições, recomendamos a leitura dos comentários ao art. 168.

165.9 Resultado recursal

Antes de exercer o *juízo de mérito* sobre o recurso administrativo interposto, deve a autoridade competente exercer um *juízo preliminar* de admissibilidade[93] (*juízo de prelibação*), analisando os *pressupostos recursais* para então concluir pelo *conhecimento* ou *não conhecimento* do recurso.

Não conhecendo do recurso por algum defeito grave em seus pressupostos recursais, a autoridade competente não avançará na análise do mérito recursal. Em razão do princípio da *informalidade* e do *direito de petição*, deve a autoridade competente, em caso de vício superável nos pressupostos recursais, conhecer do recurso e apreciar o seu mérito, homenageando assim o interesse público e o seu dever de rever seus atos (autotutela).

Conhecendo do recurso administrativo, a autoridade competente então passará a analisar o seu mérito, para concluir, ao final, pelo *provimento, invalidando* ou *reformando*, total ou parcialmente, a decisão recorrida, ou pelo *não provimento*, confirmando a decisão recorrida.

O *juízo preliminar* e o *juízo de mérito* deverão ser devidamente fundamentados, enfrentando de forma clara, específica e determinada todos os argumentos apresentados, tanto pelas *razões* quanto pelas *contrarrazões*, e sem inovar nos fundamentos, trazendo argumentos de fato ou de direito estranhos à decisão recorrida, às razões ou às contrarrazões apresentadas, sob pena de reinaugurar o procedimento recursal.

A decisão sobre o recurso administrativo deverá ser devidamente motivada de forma clara, congruente[94] e impessoal, considerando o interesse público em jogo e as disposições da LINDB.

A autoridade competente, para as suas decisões, contará com o auxílio do órgão de assessoramento jurídico, que deverá dirimir dúvidas e subsidiá-la com as informações necessárias.[95]

Nos termos do §3º do art. 165, o "acolhimento do recurso implicará invalidação apenas de ato insuscetível de aproveitamento". Trata-se da ideia de procurar homenagear a eficiência, a segurança jurídica e o interesse público, procurando aproveitar ao máximo aquilo que foi produzido pela Administração, utilizando do saneamento, previsto também no art. 71 da LLCA.

Havendo requerimento de invalidação de ato ou contrato, deve a decisão considerar para o julgamento do recurso administrativo os parâmetros elencados no art. 147 da LLCA e aqueles contidos na LINDB.[96]

---

[93] Conferir o art. 63, *caput* da Lei nº 9.784/1999, atentando-se também para o que prescreve o §2º do mesmo dispositivo.

[94] "Art. 50. Os atos administrativos deverão ser motivados, com indicação dos fatos e dos fundamentos jurídicos, quando: [...] V – decidam recursos administrativos; [...] §1º A motivação deve ser explícita, clara e congruente, podendo consistir em declaração de concordância com fundamentos de anteriores pareceres, informações, decisões ou propostas, que, neste caso, serão parte integrante do ato". (Lei nº 9.784/1999).

[95] A fim de evitar repetições, recomendamos a leitura dos comentários ao art. 168.

[96] A fim de evitar repetições, recomendamos a leitura dos comentários ao art. 5º.

Art. 166. Da aplicação das sanções previstas nos incisos I, II e III do caput do art. 156 desta Lei caberá recurso no prazo de 15 (quinze) dias úteis, contado da data da intimação.

Parágrafo único. O recurso de que trata o caput deste artigo será dirigido à autoridade que tiver proferido a decisão recorrida, que, se não a reconsiderar no prazo de 5 (cinco) dias úteis, encaminhará o recurso com sua motivação à autoridade superior, a qual deverá proferir sua decisão no prazo máximo de 20 (vinte) dias úteis, contado do recebimento dos autos.

ANDERSON PEDRA

166 Recurso em face de sanções aplicadas (art. 166)

166.1 Regime diferenciado de prazos

O art. 166 da Lei nº 14.133/2021 (LLCA)estabelece um regime diferenciado de prazos quando o recurso se relacionar às sanções, de forma específica, para as seguintes espécies sancionatórias: advertência, multa e impedimento de licitar e contratar; sendo que da declaração de inidoneidade cabe o pedido de reconsideração (art. 167).

Esse tratamento diferenciado para a *declaração de inidoneidade* se justifica em razão de a aplicação dessa espécie sancionatória e sua apreciação recursal envolver a análise de questões mais sensíveis, com importante repercussão na atividade econômica do recorrente, além de envolver matérias fáticas e jurídicas mais complexas, que exigem um tempo maior para um bom manuseio e, se for o caso, obtenção de informações e documentos para melhor instruir o recurso.

166.2 Dilação dos prazos

Tratando-se de recurso sobre decisão administrativa que tenha conteúdo sancionatório (advertência, multa ou impedimento de licitar e contratar) seu prazo de interposição será de 15 (quinze) dias úteis, bem mais alargado que aqueles previstos no art. 165 da LLCA.

A autoridade responsável pela decisão recorrida terá o prazo de 5 (cinco) dias úteis para reconsiderar sua decisão ou então encaminhar o recurso com sua motivação à autoridade superior, que deverá decidir no prazo máximo de 20 (vinte) dias úteis, contado do recebimento dos autos. Observe que o prazo para a decisão da autoridade superior será contado do recebimento dos autos e não da protocolização do recurso.

166.2.1 Prazo impróprio

O prazo fixado para a Administração Pública é considerado *impróprio*, ou seja, o seu não cumprimento, por si só, não enseja a responsabilização do agente público competente, nem afeta o conteúdo da decisão recorrida pendente de reapreciação.

Contudo, tais prazos não podem ser alongados de forma irrazoável, sob pena de atrair para a Administração e para o agente público a responsabilidade pelas consequências da tardia decisão.

Como os recursos têm efeito suspensivo, o retardamento irrazoável da apreciação do recurso pode ensejar consequências mais gravosas ao recorrido que, a princípio, não deveria suportar.

Imagine que uma decisão de impedimento de licitar e contratar por 2 (dois) meses seja aplicada a uma empresa no mês de fevereiro. Essa empresa então recorre imediatamente na perspectiva de que, em razão do prazo trazido pelo parágrafo único do art. 166, a decisão ocorreria, no mais tardar, no mês de maio, e que caso fosse mantida, a punição poderia ser cumprida sem maiores prejuízos afinal no seu nicho de mercado, as licitações e renovações dos seus contratos ocorrem a partir do mês de outubro.

Caso a decisão sobre o recurso atrase de forma irrazoável e ocorra no mês de outubro, o recorrente será prejudicado sobremaneira, pois recairá sobre ele prejuízos maiores que aqueles relacionados à decisão primeira recorrida, e tais consequências não decorrem automaticamente do recurso, porque não se trata de um risco inerente ao recurso, mas sim de um atraso demasiado na apreciação do recurso.

Infelizmente, não é incomum alguns poucos agentes públicos "segurarem" a apreciação do recurso e decidirem em momentos estratégicos de mercado para favorecerem outras empresas que concorrem com a recorrida em um flagrante e abjeto *abuso de poder*.

166.3 Competência para apreciação do recurso

O art. 166, *caput*, prescreve que o recurso deverá ser dirigido à autoridade administrativa que tiver proferido a decisão recorrida, e que, caso a decisão não seja reconsiderada, o recurso será encaminhado à "autoridade superior", para que decida sobre o recurso.

Como se nota, a apreciação do recurso em um primeiro momento ocorrerá pela mesma autoridade que decidiu, que terá a oportunidade de reconsiderar a sua decisão; e, em um segundo momento, por uma "autoridade superior".

Essa "autoridade superior" que decidirá sobre o recurso deve estar definida no regulamento orgânico do respectivo órgão ou entidade que fixa sua estrutura administrativa e competências.

A autoridade que deverá tomar a decisão sobre o recurso pode valer-se do auxílio de órgão de assessoramento jurídico e de órgão de assessoramento técnico, nos termos do parágrafo único do art. 168 da LLCA.

166.4 Aplicação das normas dos arts. 165 e 168

O recurso em face de sanções aplicadas utilizará, no que couber, das normas que emanam dos enunciados normativos contidos no arts. 165[1] e 168, formando um sistema recursal coerente e integrado.

[1] A fim de evitar repetições, recomendamos a leitura dos comentários ao art. 165, notadamente dos tópicos que cuidam dos aspectos propedêuticos e pressupostos processuais.

Art. 167. Da aplicação da sanção prevista no inciso IV do caput do art. 156 desta Lei caberá apenas pedido de reconsideração, que deverá ser apresentado no prazo de 15 (quinze) dias úteis, contado da data da intimação, e decidido no prazo máximo de 20 (vinte) dias úteis, contado do seu recebimento.

ANDERSON PEDRA

167 Pedido de reconsideração (art. 167)

Ao pedido de reconsideração previsto no art. 167 a ser interposto em face da aplicação da sanção de declaração de inidoneidade para licitar ou contratar, aplica-se a mesma lógica procedimental trazida no art. 166.[1]

Nos termos do art. 156, inc. IV, §5º da Lei nº 14.133/2021 (LLCA), a sanção de declaração de inidoneidade para licitar ou contratar envolve a aplicação de penalidade mais gravosa prevista na legislação, proibindo o sancionado de licitar ou de contratar no âmbito da Administração Pública direta e indireta de todos os entes federativos, pelo prazo mínimo de 3 (três) anos e máximo de 6 (seis) anos.

Como se trata de uma sanção com efeitos potencialmente muito graves, o legislador, nos termos do art. 156, §6º da LLCA, atribuiu essa competência sancionatória à autoridade de *maior estatura hierárquica* da organização administrativa, razão pela qual resta afastado, por consectário lógico, o cabimento de *recurso* (hierárquico) para autoridade superior, restando apenas a possibilidade de manejo de *pedido de reconsideração*.

167.1 Competência para apreciação do pedido de reconsideração

Nos termos do art. 156, §6º da LLCA, a declaração de inidoneidade para licitar e contratar observará as seguintes regras: *i*) quando aplicada por órgão do Poder Executivo, será de competência exclusiva de ministro de Estado, de secretário estadual ou de secretário municipal, já quando aplicada por autarquia ou fundação, será de competência exclusiva da autoridade máxima da entidade; e, *ii*) quando aplicada por órgãos dos Poderes Legislativo e Judiciário, pelo Ministério Público e pela Defensoria Pública no desempenho da função administrativa, será de competência exclusiva de autoridade de nível hierárquico equivalente às autoridades referidas no inc. I do §6º do art. 156, na forma de regulamento.

[1] A fim de evitar repetições, recomendamos a leitura dos comentários ao art. 166.

167.2 Procedimento e prazo

O pedido de reconsideração deverá ser apresentado no prazo de 15 (quinze) dias úteis, contado da data da intimação e decidido no prazo máximo de 20 (vinte) dias úteis contado do seu recebimento.

O prazo para apreciação é impróprio e sua não observância não acarreta nenhuma consequência automática à autoridade omissa.

167.3 Reabilitação

Além do *pedido de reconsideração,* pode o sancionado utilizar-se do instituto da reabilitação não para questionar o *decisum,* mas para minorar seus efeitos no tempo.

A reabilitação não é uma espécie recursal, mas sim um instituto jurídico com previsão no art. 163, *caput* da LLCA, que admite o licitante ou o contratado sancionado pela Administração se *reabilitar,* desde que, cumulativamente: *i*) repare integralmente o dano causado; *ii*) pague eventual multa que lhe foi aplicada; *iii*) tenha transcorrido o prazo mínimo de 1 (um) ano da aplicação da penalidade, no caso de impedimento de licitar e contratar, ou de 3 (três) anos da aplicação da penalidade, no caso de declaração de inidoneidade; e, *iv*) tenha atendido às condições de reabilitação definidas no ato punitivo.

O parágrafo único do mesmo art. 163 trouxe ainda que, caso a sanção tenha decorrido dos incs. VIII (apresentar declaração ou documento falso) ou XII (ato lesivo elencado no art. 5º da Lei nº 12.846/2013), ambos do *caput* do art. 155, exigir-se-á ainda como condição de reabilitação do licitante ou do contratado, além dos requisitos trazidos no *caput,* a implantação ou o aperfeiçoamento de programa de integridade pelo responsável.

Diferentemente de um recurso que envolve apreciação de requisitos subjetivos e decisão de mesma linha, entendemos que o instituto da reabilitação comporta a apreciação de requisitos objetivos que, se cumpridos, impõe à autoridade que aplicou a sanção a reabilitação do sancionado para participar das licitações e celebrar contratos, independentemente da espécie sancionatória aplicada (impedimento ou declaração de inidoneidade). Não há margem de discricionariedade para a autoridade competente reabilitar. Cumprindo os requisitos trazidos pelo art. 163, o sancionado terá direito à reabilitação por se tratar de *ato vinculado.*

167.4 Aplicação das normas dos arts. 165 e 168

O recurso em face de sanções aplicadas utilizará, no que couber, das normas que emanam dos enunciados normativos contidos nos arts. 165[2] e 168, formando um sistema recursal coerente e integrado.

2 A fim de evitar repetições, recomendamos a leitura dos comentários ao art. 165, notadamente dos tópicos que cuidam dos aspectos propedêuticos e pressupostos processuais.

Art. 168. O recurso e o pedido de reconsideração terão efeito suspensivo do ato ou da decisão recorrida até que sobrevenha decisão final da autoridade competente.

Parágrafo único. Na elaboração de suas decisões, a autoridade competente será auxiliada pelo órgão de assessoramento jurídico, que deverá dirimir dúvidas e subsidiá-la com as informações necessárias.

ANDERSON PEDRA

168 Efeitos recursais (art. 168)

O art. 168 é explícito ao contemplar o automático *efeito suspensivo* tanto para o recurso quanto para o pedido de reconsideração, englobando-se aí as situações e espécies recursais elencadas nos arts. 165, 166 e 167 da Lei nº 14.133/2021 (LLCA).

Assim, além do *efeito devolutivo* típico de qualquer recurso, até que sobrevenha decisão final da autoridade competente, ter-se-á também o *efeito suspensivo*.

168.1 Efeito devolutivo

Por *efeito devolutivo* deve-se entender o retorno da avaliação do caso para a Administração, que se manifestará por meio da autoridade competente, para que reanalise a situação posta, a partir dos fundamentos recursais e das contrarrazões e edite uma nova decisão em substituição à decisão recorrida.

Em outras palavras: o recurso devolve à Administração o conhecimento da matéria decidida, sendo a própria essência do recurso administrativo.[1]

168.2 Efeito suspensivo

O *efeito suspensivo* consiste na suspensão dos efeitos da decisão recorrida até que sobrevenha uma nova decisão administrativa pela autoridade competente recursal. Somente após a novel decisão que o processo seguirá o seu curso e a decisão da Administração poderá ser exigida.

O art. 168, *caput*, prescreve que o "recurso" e o "pedido de reconsideração" terão efeito suspensivo, não fazendo qualquer distinção sobre as espécies recursais, o que conduz ao entendimento de que qualquer recurso *lato sensu* terá *efeito suspensivo* afinal aquilo que o legislador não distinguiu não cabe ao intérprete fazê-lo.

---

[1] No mesmo sentido: PORTANOVA, Rui. *Princípios do processo civil*. 3. ed. Porto Alegre: Livraria do Advogado, 1999. p. 277.

Considerando o caráter residual do pedido de reconsideração, o efeito suspensivo nessa espécie recursal deve ser harmonizado com o princípio da *eficiência* e da *singularidade*, razão pela qual entendemos que esse efeito somente pode ser exigido uma única vez pelo administrado-recorrente. Se utilizou do efeito suspensivo em um *recurso hierárquico* ou em um *pedido de reconsideração*, eventual decisão insatisfatória combatida por pedido de reconsideração não terá, necessariamente, *novo* efeito suspensivo.

Quando for o caso de decisões no decorrer da licitação (art. 165, inc. I, als. "a", "b" e "c", p. ex.), a sua continuidade ficará sobrestada até que se resolva o recurso.

A decisão recorrida não produzirá efeitos enquanto não ocorrer o julgamento do recurso com o respectivo trânsito em julgado administrativo. Havendo a interposição de Embargos de Declaração, os efeitos da decisão administrativa também não poderão ser exigidos enquanto não ocorrer o trânsito em julgado do *decisum*.

O efeito suspensivo em sua essência é um consectário lógico da garantia constitucional da ampla defesa e objetiva permitir uma proteção efetiva dos direitos do administrado que foram supostamente lesados pelo Estado.

Tratando-se de recurso hierárquico previsto nas al. "b" e "c" do inc. I do art. 165, a simples manifestação imediata de recorrer será suficiente para suspender o certame, devendo-se aguardar a apresentação das razões, das contrarrazões e a decisão da autoridade superior para somente assim seguir o rito.

A previsão de efeito suspensivo aos recursos administrativos nos processos de contratação é uma medida salutar e muito bem-vinda, pois prosseguindo o certame e pendente a apreciação do recurso, a autoridade superior tenderia a manter a decisão recorrida para não ter que refazer o procedimento a partir do que foi reformado pelo recurso.[2]

Consigna-se que o efeito suspensivo não se aplica ao direito de petição de forma automática, podendo ocorrer, em caso de risco eminente e de forma motivada, a adoção de providências acauteladoras (poder geral de cautela).[3]

168.2.1 Retroatividade benigna

É possível conceder *efeito suspensivo* de que trata o art. 168 em *recurso* ou *pedido de reconsideração* em face de decisão administrativa fundada na Lei nº 8.666/1993 ou o efeito suspensivo somente poderá ser concedido a *recurso* ou *pedido de reconsideração* impetrado em face de decisão administrativa oriunda de licitação ou contrato administrativo alicerçado na Lei nº 14.133/2021?

O art. 5º, inc. XL da CRFB prescreve que "a lei penal não retroagirá, salvo para beneficiar o réu" – trata-se do princípio da retroatividade benigna.

Repousa a dúvida no direito administrativo sancionador sobre a aplicação, ou não, da retroatividade benigna nos processos de responsabilização administrativa, ou se a retroação mais favorável seria aplicável apenas na seara penal.

---

[2] Em sentido contrário: LEONEZ, Angelina; BOAVENTURA, Carmen Iêda Carneiro; OLIVEIRA, Rafael Sérgio Lima de. A fase recursal na Nova Lei de Licitações: uma análise comparativa com as Leis nº 8.666/93, 10.520/2002 e 12.462/2011. Brasília: *Portal L&C*, 2021. Disponível em: http://www.licitacaoecontrato.com.br/artigo/a-fase-recursal-na-nova-lei-de-licitacoes-18062021.html. Acesso em 25 jun. 2021.

[3] "Art. 45. Em caso de risco iminente, a Administração Pública poderá motivadamente adotar providências acauteladoras sem a prévia manifestação do interessado". (Lei nº 9.784/1999).

Essa questão foi debatida pelo STF no bojo da discussão sobre a (ir)retroatividade das alterações na Lei de Improbidade Administrativa promovida pela Lei nº 14.230/2021, restando cristalizada no Tema nº 1.199 pela possibilidade de retroação de norma administrativa mais benéfica desde que não venha a incidir sobre a coisa julgada.

Além da garantia constitucional da retroatividade benigna, entendemos também que deve ser concedido o efeito suspensivo trazido pelo art. 168 às decisões administrativas decorrentes da Lei nº 8.666/1993, por se tratar de norma de direito processual (administrativo) e que deve ser aplicada imediatamente aos processos em curso, de forma cogente, respeitando somente os atos processuais já praticados e as situações jurídicas consolidadas sob a vigência da norma revogada (arts. 14 e 15 do CPC e art. 6º da LINDB).

Nos autos do Mandado de Segurança nº 5022219-84.2021.4.04.7000, a Justiça Federal de piso do Estado do Paraná, em decisão liminar,[4] concedeu efeito suspensivo ao recurso administrativo, entendendo que o art. 168 da LLCA "configura norma de processo administrativo, de ordem pública e aplicação cogente, não podendo ser afastada para os prazos recursais que ainda não se iniciaram sob a vigência da lei anterior (Lei nº 8.666/1993)" e que "não depende de regulamentação, na medida em que se refere a simples atribuição de efeitos suspensivo a recurso administrativo, estando plenamente em vigor".

168.3 Trânsito em julgado administrativo

Por decisão final da autoridade competente deve-se entender a decisão que não cabe qualquer tipo de recurso na esfera administrativa, inclusive embargos de declaração, ou seja, para que a decisão tenha efeito afastando a automática suspensão dos efeitos pela mera interposição de recurso, deve ocorrer o trânsito em julgado administrativo.

Até que sobrevenha o *trânsito em julgado administrativo* os efeitos da decisão recorrida estarão suspensos.

168.4 Auxílio da assessoria jurídica

O art. 168, parágrafo único, impõe que na elaboração de suas decisões envolvendo a apreciação de recurso ou pedido de reconsideração, "a autoridade competente será auxiliada pelo órgão de assessoramento jurídico, que deverá dirimir dúvidas e subsidiá-la com as informações necessárias".

Inquestionavelmente, a LLCA trouxe em diversos momentos a possibilidade de manifestação do órgão de assessoramento jurídico,[5] mas entendemos que tais prescrições devem ser lidas e interpretadas de forma sistemática com o art. 8º, §3º da LLCA, que prescreve que as regras relativas à atuação dos personagens envolvidos no processo de contratação "serão estabelecidas em regulamento, e deverá ser prevista a possibilidade de eles contarem com o apoio dos órgãos de assessoramento jurídico e de controle interno, para o desempenho das funções essenciais à execução do disposto nesta Lei".

---

[4] O processo foi extinto, sem resolução do mérito, por falta de interesse de agir superveniente decorrente da perda do objeto (o recurso administrativo foi julgado).

[5] Art. 19, inc. IV; art. 53, *caput*; art. 72, inc. III, art. 117, §3º, art. 156, §6º e art. 163, inc. V.

Como se nota do texto do parágrafo único do art. 168, o auxílio do órgão de assessoramento jurídico ocorrerá quando necessário "dirimir dúvidas" da autoridade competente e para subsidiá-la com informações.

Nos termos da regulamentação prevista no art. 8º, §3º da LLCA é importante que a Administração incentive a edição de súmulas, enunciados, respostas a consultas, pareceres normativos, a fim de homenagear os princípios da segurança jurídica e da eficiência e evitar que processos sejam remetidos de forma desnecessária ao órgão de assessoramento jurídico, apenas para cumprir formalidades burocráticas.[6]

Nesse sentido, aliás, a Lei nº 13.655/2018 incluiu o art. 30 no Decreto-Lei nº 4.657/1942 (LINDB), trazendo a previsão de adoção de "regulamentos, súmulas administrativas e respostas à consulta", com o objetivo de "aumentar a segurança jurídica na aplicação das normas", e que os instrumentos utilizados para tanto devem ter "caráter vinculante em relação ao órgão a que se destinam, até ulterior revisão".[7]

O órgão de assessoramento jurídico deve ser sempre utilizado quando houver a necessidade de suprir uma dúvida jurídica ou complementar com alguma informação também jurídica, mas não de forma automática e burocrática.

Deve-se exigir da Administração uma atuação padronizada, com adoção de enunciados e sistematicidade do procedimento, a fim de contribuir para que não ocorra uma eventual lentidão ou paralisia no exercício dos papéis dos órgãos de assessoramento jurídico, em razão da sua importância e das múltiplas possibilidades de utilização.

Pois bem, o art. 168, parágrafo único, desloca o órgão de assessoramento jurídico para sua função típica de consultoria jurídica, exigindo sua readaptação, já que nos termos do art. 38, par. único da Lei nº 8.666/1993, sua atuação *disfuncional* era basicamente de "controle".

Ao exercer a atividade de consultoria jurídica, o órgão de assessoramento jurídico deverá analisar os autos de acordo com os parâmetros de legitimidade, avaliando eventuais erros e enfrentando o dilema da decisão, analisando se há respaldo jurídico para a pretensão administrativa em face do recurso ou pedido de reconsideração interposto. Nesta atividade de consultoria jurídica, convém que o assessor jurídico atue de maneira altiva, considerando os fundamentos recursais e harmonizando-os com o princípio da legalidade e do interesse público em face das *soluções possíveis*, dos *riscos jurídicos* e do *consequencialismo decisório*[8] envolvidos na tomada de decisão; aconselhando ou orientando a autoridade competente e munindo-a de informações necessárias para uma tomada de decisão eficiente e segura.

Entendemos que salvante caso de manifesta desproporcionalidade, não deverá o órgão de assessoramento jurídico imiscuir-se na dosimetria da sanção aplicada, tendo em

---

[6] Em sentido contrário: "Todas as decisões da autoridade administrativa devem ser antecedidas da oportunidade para manifestação do órgão de assessoramento jurídico. Impõe-se ouvir a assessoria jurídica antes de proferir decisão suscetível de recurso ou de pedido de reconsideração. Na sequência, e se houver a efetiva interposição de recurso ou de pedido de reconsideração, é indispensável uma nova manifestação de cunho jurídico". (JUSTEN FILHO, Marçal. *Comentários à lei de licitações e contratações administrativos*: Lei nº 14.133/2021. São Paulo: Revista dos Tribunais, 2021. p. 1683).

[7] "Inclui no Decreto-Lei nº 4.657, de 4 de setembro de 1942 (Lei de Introdução às Normas do Direito Brasileiro), disposições sobre segurança jurídica e eficiência na criação e na aplicação do direito público".

[8] Nos termos do art. 20 e 21 da LINDB, qualquer decisão administrativa deverá levar em consideração suas consequências práticas, jurídicas e administrativas, devendo sua motivação demonstrar a necessidade, a adequação e a proporcionalidade da escolha realizada.

vista que se trata de decisão administrativa que deverá observar e analisar os parâmetros (art. 156, §1º) para a calibração da sanção justa, sendo essa uma competência típica de órgão administrativo sancionador.

168.5 Auxílio de outros órgãos técnicos

Apesar de o art. 168, parágrafo único, mencionar apenas o auxílio do órgão de assessoramento jurídico, a autoridade competente, caso necessite dirimir dúvidas ou informações necessárias para apreciação do recurso, deverá exigir o auxílio de qualquer outro órgão técnico da Administração, notadamente pelo que consta no art. 8º, §3º da LLCA que prescreve que as regras relativas à atuação dos personagens envolvidos no processo de contratação "serão estabelecidas em regulamento, e deverá ser prevista a possibilidade de eles contarem com o apoio dos órgãos de assessoramento jurídico e de controle interno para o desempenho das funções essenciais à execução do disposto nesta Lei".

CAPÍTULO III
DO CONTROLE DAS CONTRATAÇÕES

Art. 169. As contratações públicas deverão submeter-se a práticas contínuas e permanentes de gestão de riscos e de controle preventivo, inclusive mediante adoção de recursos de tecnologia da informação, e, além de estar subordinadas ao controle social, sujeitar-se-ão às seguintes linhas de defesa:

I – primeira linha de defesa, integrada por servidores e empregados públicos, agentes de licitação e autoridades que atuam na estrutura de governança do órgão ou entidade;

II – segunda linha de defesa, integrada pelas unidades de assessoramento jurídico e de controle interno do próprio órgão ou entidade;

III – terceira linha de defesa, integrada pelo órgão central de controle interno da Administração e pelo tribunal de contas.

§1º Na forma de regulamento, a implementação das práticas a que se refere o caput deste artigo será de responsabilidade da alta administração do órgão ou entidade e levará em consideração os custos e os benefícios decorrentes de sua implementação, optando-se pelas medidas que promovam relações íntegras e confiáveis, com segurança jurídica para todos os envolvidos, e que produzam o resultado mais vantajoso para a Administração, com eficiência, eficácia e efetividade nas contratações públicas.

§2º Para a realização de suas atividades, os órgãos de controle deverão ter acesso irrestrito aos documentos e às informações necessárias à realização dos trabalhos, inclusive aos documentos classificados pelo órgão ou entidade nos termos da Lei nº 12.527, de 18 de novembro de 2011, e o órgão de controle com o qual foi compartilhada eventual informação sigilosa tornar-se-á corresponsável pela manutenção do seu sigilo.

§3º Os integrantes das linhas de defesa a que se referem os incisos I, II e III do caput deste artigo observarão o seguinte:

I – quando constatarem simples impropriedade formal, adotarão medidas para o seu saneamento e para a mitigação de riscos de sua nova ocorrência, preferencialmente com o aperfeiçoamento dos controles preventivos e com a capacitação dos agentes públicos responsáveis;

II – quando constatarem irregularidade que configure dano à Administração, sem prejuízo das medidas previstas no inciso I deste §3º, adotarão as providências necessárias para a apuração das infrações administrativas,

observadas a segregação de funções e a necessidade de individualização das condutas, bem como remeterão ao Ministério Público competente cópias dos documentos cabíveis para a apuração dos ilícitos de sua competência.

RAFAEL AMORIM DE AMORIM

169 Do controle das contratações públicas

O Capítulo III do Título IV da LLCA (arts. 169 a 173) reflete, como já comentado na análise de dispositivos legais precedentes, a preocupação do legislador com todo o sistema de contratações públicas[1], o que nos levou a destacar, em outra ocasião, que o legislador, ao elaborar a Lei n 14.133/2021, procurou enxergar, "metaforicamente falando, [...] a floresta além das árvores" e, assim, a partir de uma visão sistêmica, estabeleceu, com base no inciso XXVII do art. 22 da Constituição Federal, "normas gerais que podem impulsionar mudanças estruturais na área responsável por prover os bens e serviços necessários à consecução das atividades finalísticas de cada órgão ou entidade pública".[2]

Em termos teóricos, a LLCA incorpora a tendência observada no direito administrativo contemporâneo de superação da "clássica concepção liberal da legalidade", que admitia, nos diplomas legais precedentes, certa "impenetrabilidade da lei e do parlamento" em aspectos internos da Administração relativos às contratações públicas, notadamente quando não se relacionassem "com os particulares em termos de envolver a susceptibilidade de limitar ou lesar as suas posições jurídicas",[3] ou seja, sob a égide das leis precedentes (Lei n° 8.666/1993, por exemplo), as atividades internas – aquelas "cujos efeitos se esgotam dentro da própria Administração – constituíam um domínio quase exclusivo da Administração, ainda que fossem determinantes para os resultados alcançados nas licitações e contratos.[4]

A LLCA promove, nesse aspecto, uma disrupção, porquanto, ao contribuir para superação da "marginalização da legalidade", suplanta a ideia de existir no interior da Administração uma zona subtraída do domínio legal,[5] com a demarcação de normas que permeiam todo o sistema de contratações públicas[6] dos entes federativos, desde

---

[1] Ver: FORTINI, Cristiana; AMORIM, Rafael Amorim. Novo Olhar para as Contratações Públicas: Precedentes e Perspectivas da Lei n° 14.133/2021. In: MATOS, Marilene Carneiro.; Alves, Felipe Dalenogare; Amorim, Rafael Amorim, Nova Lei de Licitações e Contratos: Brasília, Edições Câmara, 2023. p. 113-149.

[2] FORTINI, Cristiana; AMORIM, Rafael Amorim. *Um novo olhar para a futura Lei de Licitações e contratos Administrativos*: a floresta além das árvores. p. 12-13. Disponível em https://www.licitacaoecontrato.com.br/artigo/um-novo-olhar-para-futura-lei-licitacoes-contratos-administrativos-floresta-alem-das-arvores-10022021.php#!. Acesso em 14 jun. 2025.

[3] OTERO, Paulo. *Legalidade e Administração Pública*: o sentido da vinculação administrativa à juridicidade. 4. reimp. Coimbra: Almedina, 2019. p. 179-180.

[4] OTERO, Paulo. Manual de Direito Administrativo. Vol. I. 3. Reimp. Coimbra: Almedina, 2019. p. 224.

[5] OTERO, Paulo. *Legalidade e Administração Pública*: o sentido da vinculação administrativa à juridicidade. 4. reimp. Coimbra: Almedina, 2019. p. 179-180.

[6] A Organização para a Cooperação e Desenvolvimento Econômico (OCDE), no documento "Recomendação do Conselho em Matéria de Contratações Públicas", ao reconhecer o "sistema de contratação pública" como

disposições relativas às variáveis estruturais (por exemplo, estrutura organizacional, processos de trabalho, recursos humanos, tecnologia *etc.*), até disposições específicas das licitações (fases interna e externa) e dos contratos administrativos. Logo, a LLCA subordina à lei toda a atividade administrativa determinante dos resultados das contratações públicas[7], impondo à administração pública obediência "às normas jurídicas que regem as relações entre ela e os particulares e também seu próprio funcionamento interno"[8].

Nesse contexto, ao se reconhecer que os "sistemas de contratações públicas" constituem "pilar nuclear das administrações públicas"[9], existem inovações na LLCA que têm o potencial de promover "uma grande reforma administrativa", caso implementadas algumas "providências indispensáveis",[10] a começar por medidas de fortalecimento da governança das contratações, passando pela profissionalização, fortalecimento do planejamento nos diversos níveis (estratégico, tático e operacional) e incorporação definitiva dos recursos de tecnologia da informação e comunicação (viabilizada, principalmente, pelo Portal Nacional de Contratações Públicas), até chegar às medidas voltadas à prevenção e repressão de ilícitos capazes de comprometer o alcance dos objetivos das contratações públicas.[11]

A LLCA tem, assim, uma característica diferenciada: como as leis antecedentes se concentravam na fase externa das licitações e na execução contratual, elas alcançavam basicamente a esfera administrativa e, assim, vinculavam exclusivamente os agentes administrativos; agora, ao ampliar o conteúdo normativo do marco legal das contratações públicas, incorporando preocupações que perpassam todo o sistema de contratações públicas, inclusive o controle, a LLCA acaba disciplinando, em alguma medida, a atuação de todos aqueles que desempenham atribuições relacionadas a contratações

---

um dos pilares nucleares da boa administração pública, destaca que eles promovem alocação significativa de recursos (aproximadamente 13% do PIB dos países membros da OCDE) e disponibilizam os bens e serviços necessários para a concretização da missão institucional de órgãos e entidades, podendo, assim, desempenhar "um papel relevante e estratégico na promoção da eficácia do setor público e no estabelecimento da confiança dos cidadãos". In.: OCDE Recomendação do Conselho em matéria de contratos públicos. *OCDE*. Disponível em https://legalinstruments.oecd.org/en/instruments/OECD-LEGAL-0411. Acesso em 15 jul. 2025).

7 Com base nas lições de Diogo Freitas do Amaral, é possível dizer que o legislador, ao absorver uma concepção mais moderna do princípio da legalidade, que compreende a lei não apenas como limite, mas também como pressuposto e fundamento da ação administrativa, "cobre e abarca todos os aspectos da atividade administrativa, não apenas aqueles que possam consistir na lesão de direitos ou interesse dos particulares". (AMARAL, Diogo Freitas do. *Curso de Direito Administrativo*. 4. ed. Coimbra: Almedina, 2018. v. II, p. 39-40).

8 CORREIA, Sérvulo. Legalidade e autonomia contratual nos contratos administrativos. Coimbra: Almedina, 2003.

9 ORGANIZAÇÃO PARA A COOPERAÇÃO E DESENVOLVIMENTO ECONÔMICO. Recomendação do comitê de governança pública da OCDE em contratações públicas. 2015. Disponível em https://legalinstruments.oecd.org/en/instruments/OECD-LEGAL-0411. Acesso em 15 jul. 2025.

10 JUSTEN FILHO, Marçal. Nova Lei de Licitações e Reforma Administrativa. *Jota*, fev. 2021. Disponível em: https://www.jota.info/opiniao-e-analise/colunas/publicistas/nova-lei-de-licitacoes-e-reforma-administrativa-16022021. Acesso em 26 jun. 2021.

11 Há, como salientamos em outra oportunidade, a necessidade de os operadores jurídicos adotarem uma nova lógica de compreensão do marco legal das contratações públicas, que "demandará, antes da execução de normas específicas a serem aplicadas a cada contratação que será realizada, a adequação de estruturas organizacionais, o aperfeiçoamento dos processos de trabalho, a absorção do planejamento às rotinas, o desenvolvimento dos recursos humanos, a incorporação de novas tecnologias de informação e comunicação e a implementação de práticas de gestão de riscos e controles internos". (FORTINI, Cristiana; AMORIM, Rafael Amorim. *Um novo olhar para a futura Lei de Licitações e contratos Administrativos*: a floresta além das árvores. p. 20. Disponível em https://www.licitacaoecontrato.com.br/artigo/um-novo-olhar-para-futura-lei-licitacoes-contratos-administrativos-floresta-alem-das-arvores-10022021.php#!. Acesso em 14 jun. 2025).

públicas, o que contempla, conforme nomenclaturas da Lei de Introdução às Normas do Direito Brasileiro (incluídas pela Lei nº 13.655, de 25.04.2018), as esferas administrativa e controladora.

Nesse sentido, nos arts. 169 a 173 da LLCA, o termo "controle" não é empregado em uma acepção restrita, ao contrário, é utilizado em uma acepção ampla para, ao ir além de tipologias consagradas[12], contemplar atividades preventivas, detectivas e repressivas necessárias para impulsionar contratações públicas, cada vez mais, céleres, íntegras, econômicas, eficientes e sustentáveis[13], impondo a participação da alta administração dos órgãos e entidades, dos diversos agentes administrativos subalternos e, até mesmo, dos agentes dos órgãos de assessoramento jurídico e dos órgãos de controle. E, para tanto, a LLCA absorveu:

(i) influências de "regras não jurídicas" (ou "extrajurídicas"),[14] incluindo "regras científicas e de boas práticas [*legis artis*], standards e padrões técnicos, regras de boa gestão", até mesmo, em alguns casos, com sua incorporação material ao marco legal das contratações públicas[15]; e

(ii) experiências exitosas identificadas nas regras jurídicas infralegais, "incorporando-as à Lei n° 14.133/2021 para lhes dar mais força e relevância jurídicas, cientes do papel das leis nacionais como principal instrumento indutor de inovação na Administração Pública".[16]

A interpretação dos arts. 169 a 173 da LLCA levará em consideração os argumentos expostos, ciente da existência de reações contrárias de doutrinadores pátrios às mudanças legislativas, em especial por adentrarem em assuntos antes não legislados, superando, muitas vezes, posições historicamente estabelecidas. Aqui, no entanto, a opção interpretativa adotada prestigiará a escolha legítima do legislador de também disciplinar as atividades de controle das contratações públicas, valorizará a força normativa do diploma legal e depreenderá exclusivamente do texto legal, ainda que influenciado por "regras não jurídicas" ("extrajurídicas") ou por regras jurídicas infralegais, o sentido normativo que mais contribua para a evolução das contratações públicas.

Há, sem prejuízo do exposto até o momento, a necessidade de destacar, antes de iniciar a análise dos arts. 169 a 173 da LLCA, que o marco legal das contratações públicas, apesar de estabelecer princípios e regras que permeiam todo o sistema de contratações públicas, contém normas com densidades variadas,[17] subsistindo, em meio

---

[12] Ver: MEDAUER, Odete. Controle da Administração Pública. 4. ed. Belo Horizonte: Fórum, 2020. p. 33-47

[13] Ver: FORTINI, Cristiana; AMORIM, Rafael Amorim. Novo Olhar para as Contratações Públicas: Precedentes e Perspectivas da Lei n° 14.133/2021. In: MATOS, Marilene Carneiro.; ALVES, Felipe Dalenogare; AMORIM, Rafael Amorim, Nova Lei de Licitações e Contratos: Brasília, Edições Câmara, 2023. p. 113-149.

[14] OTERO, Paulo. *Legalidade e Administração Pública*: o sentido da vinculação administrativa à juridicidade. 4. reimp. Coimbra: Almedina, 2019. p. 763.

[15] GONÇALVES, Pedro Costa. *Manual de Direito Administrativo*. Coimbra: Almedina, 2019. v. 1, p. 188/191.

[16] FORTINI, Cristiana; AMORIM, Rafael Amorim. *Um novo olhar para a futura Lei de Licitações e contratos Administrativos*: a floresta além das árvores. p. 3. Disponível em https://www.licitacaoecontrato.com.br/artigo/um-novo-olhar-para-futura-lei-licitacoes-contratos-administrativos-floresta-alem-das-arvores-10022021.php#!. Acesso em 14 jun. 2025.

[17] De Almiro do Couto e Silva, ao adaptar suas ideias à realidade da LLCA, é possível dizer, para fins ilustrativos, que a LLCA tem, em suas normas, "por vezes [...] fios tão estreitos, que não deixam qualquer espaço [...]"; "outras vezes, porém, os fios [...] são mais abertos", permitindo, nas palavras de Paulo Otero, que a Administração exerça a "respectiva tarefa de determinação e densificação" do texto legal. (SILVA, Almiro do Couto. Poder Discricionário no Direito Administrativo Brasileiro. *Revista de Direito Administrativo*, Rio de Janeiro, v. 179-180, p. 51-67, jan./jun. 1990. p. 51).

a conceitos jurídicos indeterminados, previsões discricionárias e lacunas propositais, "abertura normativa de espaços de conformação"[18] da LLCA pela própria Administração Pública, que, assim, poderá exercer, dentro das balizas legais e observados os "mínimos exigíveis", sua liberdade criativa para complementar o quadro normativo,[19] [20] conforme a realidade fática de cada órgão ou entidade pública da União, dos Estados, do Distrito Federal e dos Municípios.[21]

169.1 A Gestão de Riscos e os Controles Preventivos (art. 169, *caput* e §1º)

O art. 169 da LLCA não pode, de início, ser dissociado do art. 11 do mesmo diploma legal, que, ao demarcar a responsabilidade da alta administração dos órgãos e entidades pela governança das contratações, também explicitou sua responsabilidade pela implementação da gestão de riscos e de controles internos, como forma de prevenir a ocorrência de eventos negativos, inclusive fraude e corrupção,[22] capazes de comprometer o alcance dos objetivos elencados nos incisos I a IV do caput do art. 11 do marco legal das contratações públicas[23]. Há, assim, logo no início da LLCA, a demarcação da prevenção como eixo estruturante, o que repercute nas variáveis estruturais (leia-se: estrutura organizacional, processos de trabalho, recursos humanos, *etc.*) e em aspectos específicos decisivos dos resultados de cada contratação pública (leia-se: fase interna, fase externa e execução contratual).

Nessa linha, ao explicitar sua consciência quanto à "imperfeição intrínseca das leis", notadamente a incapacidade de a lei "antecipar, prevenir ou contrariar" todos

---

18 ALMEIDA, Mário Aroso. *Teoria Geral do Direito Administrativo*. 6. ed. rev. e ampl. Coimbra: Almedina, 2020. p. 95.

19 CORREIA, Sérvulo. Legalidade e autonomia contratual nos contratos Administrativos. Coimbra: Almedina, 2003. p. 340.

20 Há, para devida regulamentação da LLCA, a necessidade de se compatibilizar atos infralegais sem correlação direta com as contratações públicas às novas determinações do legislador, aqui se destacando, a título exemplificativo, com o propósito de fomentar o debate, a Instrução Normativa nº 03, de 9 de junho de 2017 (com alterações promovidas pela Instrução Normativa nº 7, de 6 de dezembro de 2017), editada pela Secretaria Federal de Controle Interno da Controladoria-Geral da União, que, ao definir diretrizes para o exercício do controle no âmbito do Poder Executivo Federal, colide, muitas vezes, com a LLCA, em especial com o art. 169 da Lei nº 14.133/2021. Ver: https://repositorio.cgu.gov.br/handle/1/33409. Acesso em: 14 jul. 2025.

21 FORTINI, Cristiana; AMORIM, Rafael Amorim. *Um novo olhar para a futura Lei de Licitações e contratos Administrativos*: a floresta além das árvores. p. 3-4. Disponível em: Disponível em https://www.licitacaoecontrato.com.br/artigo/um-novo-olhar-para-futura-lei-licitacoes-contratos-administrativos-floresta-alem-das-arvores-10022021.php#!. Acesso em 14 jun. 2025.

22 Sobre "riscos de fraude e corrupção", a "Pesquisa Global sobre Fraudes e Crimes Econômicos da PWC" demonstrou que, no Brasil, 65% das fraudes acontecem devido a oportunidades decorrentes de falhas existentes nos controles internos, o que revela, nas palavras de Santos e Souza, com suporte em pesquisa da KPMG, que "o meio mais eficaz para combater fraudes é, sem dúvida alguma, a prevenção e mitigação de riscos em processos e métodos, por meio da implantação de controles internos preventivos e detectivos". (SANTOS, Franklin Brasil; SOUZA, Kleberson Roberto. *Como combater a corrupção em licitações*. 3. ed. ampl. e atual. Belo Horizonte: Fórum, 2020. p. 34).

23 "Art. 11. O processo licitatório tem por objetivos: I - assegurar a seleção da proposta apta a gerar o resultado de contratação mais vantajoso para a Administração Pública, inclusive no que se refere ao ciclo de vida do objeto; II - assegurar tratamento isonômico entre os licitantes, bem como a justa competição; III - evitar contratações com sobrepreço ou com preços manifestamente inexequíveis e superfaturamento na execução dos contratos; IV - incentivar a inovação e o desenvolvimento nacional sustentável."

os riscos subjacentes às contratações públicas[24], o legislador não concebeu o controle como simples "atividade que fecha o ciclo da atividade administrativa",[25] mas como sistema dinâmico que permeia toda a organização administrativa e que, por meio da estrutura organizacional, dos processos de trabalho e de todos os profissionais envolvidos nas contratações públicas – inclusive da alta administração –, promove, contínua e permanentemente, atividades preventivas, detectivas e repressivas necessárias para que os objetivos subjacentes às licitações e aos contratos administrativos sejam alcançados[26], com a substituição da "preocupação do tostão pelo controle do milhão"[27].

O art. 169 da LLCA explicita a compreensão do legislador quanto à insuficiência de um modelo de "administração repressiva", que se limita a "responder fatos já ocorridos", pois, em acréscimo às regras estabelecidas nos arts. 155 a 163 da Lei n° 14.133/2021, ele também delimita as balizas legais para a conformação de um modelo de "administração preventiva", que age para impedir a "produção de certos eventos, combatendo as suas causas ou reduzindo os riscos da sua ocorrência"[28]. Determina, por isso, que as contratações públicas sejam submetidas a "práticas contínuas e permanentes de gestão de riscos e de controle preventivo",[29] impondo à alta administração dos órgãos e entidades a responsabilidade por institucionalizá-las, notadamente ao compreender que as contratações públicas constituem atividades-meios determinantes dos resultados de todas as atividades-fins da Administração Pública brasileira.

Como já alertou o Tribunal de Contas da União (Acórdão n° 1064/2024-Plenário), a alta administração não pode exercer "o papel meramente figurativo de referendar atos administrativos" e, no que aqui interessa, deve exercer a efetiva "direção, coordenação e supervisão dos trabalhos" voltados à institucionalização das práticas contínuas e permanentes de gestão de riscos e de controle preventivo, necessárias para "proporcionar segurança razoável com relação à realização dos objetivos" das contratações públicas[30]. E, conforme modelo consagrado pelo legislador no art. 169 da LLCA, o trabalho da alta administração deve ser complementado pela atuação das denominadas três linhas de defesa,[31] as quais:

---

[24] OTERO, Paulo. Legalidade e Administração Pública – O Sentido da Vinculação Administrativa à Juridicidade. Coimbra: Almedina, 2019. p. 158.

[25] FERRAZ, Luciano. *Controle e consensualidade*. Belo Horizonte: Fórum, 2019. p. 82.

[26] MEDAUER, Odete. Controle da Administração Pública. 4. ed. Belo Horizonte: Fórum, 2020.

[27] FREIRE, Victor Amaral. O Tribunal de Contas e sua Jurisdição. In. Revista do Tribunal de Contas do Rio de Janeiro. Jun./1982. p. 43.

[28] OTERO, Paulo. Manual de Direito Administrativo. Vol. I. 3. Reimp. Coimbra: Almedina, 2019. p. 223-224.

[29] Há, como possível referencial em matéria de gestão de riscos, as seguintes regras não jurídicas (ou extrajurídicas): ABNT NBR ISO 31000 – Gestão de Riscos: Princípios e Diretrizes; ABNT NBR ISO 37001 – Sistemas de Gestão Antissuborno; INTOSAI GOV 9130 – Diretrizes para Normas de Controle Interno do Setor Público – Informações Adicionais sobre Gestão de Risco nas Entidades; COSO I – Controle Interno – Estrutura Integrada; COSO II– Gerenciamento de Riscos Corporativos Integrado com Estratégia e Performance; International Professional Practices Framework (IPPF).

[30] MIRANDA, Rodrigo Fontenelle de A. Implementando a Gestão de Riscos no Setor Público. 3 ed. rev. ampl. e atual. Belo Horizonte: Fórum, 2024. p. 34.

[31] Há, como referencial da LLCA, até mesmo pela nomenclatura utilizada pelo legislador, os trabalhos do "The Institute of Internal Auditors" (IAA), especialmente a "Declaração de posicionamento do IIA: as três linhas de defesa no gerenciamento eficaz de riscos e controles (jan. 2013)", depois atualizada em "Modelo das três linhas do IAA 2020 – Uma Atualização das Três Linhas de Defesa=". (Cf.: Declaração de posicionamento do IIA: as três linhas de defesa no gerenciamento eficaz de riscos e controles. *IAA – The Institute of Internal Auditors*, jan. 2013. Disponível em: https://repositorio.cgu.gov.br/bitstream/1/41842/12/As_tres_linhas_de_defesa_Declaracao_de_

(i) iniciam pelos agentes administrativos e autoridades diretamente responsáveis pelas licitações e contratos;

(ii) continuam nas unidades de assessoramento jurídico e de controle interno que devem lhes dar suporte; e

(iii) finalizam no órgão central de controle interno e no tribunal de contas competente.[32][33]

O Tribunal de Contas da União destacou, no Acórdão n° 1064/2024-Plenário, "a importância da atuação preventiva" no controle das contratações, inclusive das autoridades que atuam na estrutura de governança. Não há, todavia, "um modelo universal (*one size fits all*)" que pretensamente funcionaria "diante de todo e qualquer cenário",[34] demarcando-se, na LLCA, balizas legais a serem observadas em um cenário de excessiva "complexificação administrativa" e de indesejada "neofeudalização administrativa", na tentativa de conformação de uma política de controle que supere a conflitualidade[35] e promova o diálogo, a cooperação e a coordenação intraorgânica, interorgânica e interadministrativa das atividades de prevenção, detecção e repressão de ilícitos[36], observados os custos e benefícios envolvidos[37].

A LLCA contrapõe, assim, em alguma medida, a tendência observada, nas últimas décadas, de sobrevalorização do controle exercido por órgãos especializados de controle interno e externo, que, na lógica adotada pelo marco legal das contratações públicas, constituem a terceira linha de defesa e exercem controles que podem ser assim denominados:

(i) controle interorgânico – alcança órgãos despersonalizados (por exemplo, é o controle exercido pela Controladoria-Geral da União no Ministério dos Transportes; pelo Tribunal de Contas do Distrito Federal na Secretaria de Educação do Distrito Federal, *etc.*); e

(ii) controle interadministrativo – alcança entidades com personalidade jurídica própria, notadamente autarquias, fundações, empresas públicas, sociedades de economia

---

Posicionamento.pdf. Acesso em 28 jun. 2021; Cf.: Modelo das três linhas do IAA 2020: uma atualização das três linhas de defesa. *IAA – The Institute of Internal Auditors*, jul. 2020. Disponível em: https://na.theiia.org/translations/PublicDocuments/Three-Lines-Model-Updated-Portuguese.pdf. Acesso em 28 abr. 2023).

[32] BRASIL. Tribunal de Contas da União. *Referencial básico de gestão de riscos*. Abr. 2018. p. 59. Disponível em: https://portal.tcu.gov.br/inicio/. Acesso em 28 jun. 2025.

[33] Destaca-se, por curiosidade, o disposto no art. 13 do Decreto-Lei n° 200, de 25/2/1967 (ainda vigente), que, desde a década de 1960, estabelece, no âmbito federal, o que segue: "Art. 13 O contrôle das atividades da Administração Federal deverá exercer-se em todos os níveis e em todos os órgãos, compreendendo, particularmente: a) o controle, pela chefia competente, da execução dos programas e da observância das normas que governam a atividade específica do órgão controlado; b) o controle, pelos órgãos próprios de cada sistema, da observância das normas gerais que regulam o exercício das atividades auxiliares; c) o controle da aplicação dos dinheiros públicos e da guarda dos bens da União pelos órgãos próprios do sistema de contabilidade e auditoria."

[34] RIBEIRO, Leonardo Coelho. O Direito Administrativo como caixa de ferramentas e suas estratégias. *Revista de Direito Administrativo,* Rio de Janeiro, v. 272, p. 209-279, mai./ago. 2016. p. 221.

[35] Ver: OTERO, Paulo. Manual de Direito Administrativo. Vol. I. 3. Reimp. Coimbra: Almedina, 2019. p.422-427

[36] FORTINI, Cristiana; AMORIM, Rafael Amorim. *Um novo olhar para a futura Lei de licitações e contratos Administrativos*: a floresta além das árvores. Disponível em https://www.licitacaoecontrato.com.br/artigo/um-novo-olhar-para-futura-lei-licitacoes-contratos-administrativos-floresta-alem-das-arvores-10022021.php#!. Acesso em 14 jun. 2025.

[37] Os custos dos controles não podem, como já consagrado no art. 14 do Decreto-Lei nº 200, de 25.02.1967, superar os benefícios esperados, a justificar, nessa lógica, a supressão de controles puramente formais ou com custos superiores aos riscos identificados, o que também é corroborado pelo disposto no art. 169, §1º, da LLCA.

mista e suas subsidiárias (por exemplo, é o controle exercido pelo Tribunal de Contas do Estado de Minas Gerais na Fundação de Amparo à Pesquisa do Estado de Minas Gerais; pela Controladoria-Geral da União na Universidade Federal do Rio Grande do Sul, *etc.*).[38]

A LLCA, ao elevar à primeira linha os agentes públicos do próprio órgão ou entidade responsáveis pelas contratações e ao definir como segunda linha as unidades de assessoramento jurídico e de controle interno, procura resgatar o protagonismo ao controle "intraorgânico" (também denominado de "controle interno da gestão"), que compreende todos os controles exercidos dentro do próprio órgão ou entidade (na denominada "organização jurídico-administrativa interna"[39]), considerando-os "como uma dimensão insuprimível do exercício das competências administrativas"[40]. Os agentes públicos e autoridades responsáveis pelas contratações públicas têm o dever de agir e devem assumir uma postura proativa voltada à prevenção, sem esperar a atuação dos órgãos especializados de controle interno e externo para implementação de medidas de gestão de riscos e de controles preventivos de forma permanente e contínua[41].

Há, como pressuposto, a certeza de que agentes públicos e autoridades diretamente envolvidos nas licitações e contratos conhecem – mais do que ninguém – o respectivo sistema de contratações públicas e, por isso, com a valorização do controle "intraorgânico", devem, na condição de corresponsáveis pelo controle das contratações públicas, incorporar a gestão de riscos e os controles preventivos às suas rotinas, com o propósito de diminuir incertezas quanto ao alcance dos resultados desejados[42]. Logo, à luz do inciso I do caput do art. 169 da LLCA, eles devem identificar, analisar e avaliar os riscos existentes nos respectivos sistemas de contratações públicas, para depois, com base na probabilidade de ocorrência e no seu possível impacto, promover o devido tratamento dos riscos críticos, implementando as medidas de controle necessárias, inclusive com a adoção de recursos de tecnologia da informação, para mitigar os riscos

---

38 Como referência das nomenclaturas citadas, devidamente adaptadas ao marco legal das contratações públicas, foram utilizados os trabalhos de: (i) Roberto Dromi (In.: DROMI, Roberto. *Derecho Administrativo*. 5. ed. Buenos Aires: Ciudad Argentina, 1996. p. 673-678), que é inspirado no trabalho de Karl Loewenstein (In: LOEWENSTEIN, Karl. Teoria de la Constitución. 2. ed. Trad. Alfredo Gallego Anabitarte. Barcelona: Ariel, 1970); (ii) OTERO, Paulo. Manual de Direito Administrativo. v. 1. 3 reimp. Coimbra: Almedina, 2013. p.422-427; (iii) Odete Medaur (In.: MEDAUER, Odete. Controle da Administração Pública. 4. ed. Belo Horizonte: Fórum, 2020); e (iv) Eurico Bitencourt Neto (In.: BITENCOURT NETO, Eurico. *Concertação Administrativa interorgânica*: Direito Administrativo e organização no Século XXI. São Paulo: Almedina, 2017. p. 198-201).

39 MEDAUR, Odete. Controles internos da Administração Pública. *Revista da Faculdade de Direito da Universidade de São Paulo*, São Paulo, v. 84-85, 1989/1990. p. 39-55. Disponível em: https://www.revistas.usp.br/rfdusp/issue/view/5418. Acesso em 6 jul. 2021.

40 Nas palavras de Marçal Justen Filho, "no passado prevalecia a orientação de que o controle era uma atividade alheia e distinta da gestão, cuja titularidade era atribuída a órgãos distintos"; agora, "embora não negue a existência de órgãos de controle interno e externo, a Lei nº 14.133/2021 é orientada à internalização do controle relativamente à própria atividade administrativa". (JUSTEN FILHO, Marçal. *Comentários à Lei de licitações e contratações Administrativas*. São Paulo: Thomson Reuters Brasil, 2021. p. 1686-1688).

41 Destacam-se, a propósito, as conclusões de Rodrigo Valgas dos Santos, no sentido de que "a gestão de riscos também serve como importante ferramenta para limitação e blindagem do gestor por suas decisões", pois, quando "as decisões forem precedidas de gestão de riscos", as "chances de responsabilização dos administradores públicos serão reduzidas e a própria Administração será menos exposta a riscos" ou, se os riscos forem inevitáveis, "possibilitará um melhor enfrentamento dos problemas de modo transparente". (SANTOS, Rodrigo Valgas. *Direito Administrativo do medo*: risco e fuga da responsabilização dos agentes públicos. São Paulo: Thomson Reuters Brasil, 2020. p. 312).

42 MIRANDA, Rodrigo Fontenelle de A. Implementando a Gestão de Riscos no Setor Público. 3 ed. rev. ampl. e atual. Belo Horizonte: Fórum, 2024. p. 34.

de materialização de eventos adversos e aumentar a probabilidade de êxito no alcance dos resultados esperados.[43]

O mundo real não se satisfaz, porém, com a atuação preventiva exclusiva dos agentes públicos e autoridades diretamente envolvidos nas licitações e contratos, a exigir a "articulação funcional e estrutural"[44] de outras unidades e órgãos. Há, ainda no âmbito do "controle intraorgânico", agora constituindo a segunda linha de defesa, a necessidade de envolvimento de unidades subalternas do próprio órgão ou entidade dotadas de competência especializada, *in casu*, unidades de assessoramento jurídico e de controle interno do próprio órgão ou entidade, que, ao assumirem responsabilidades que vão além do simples controle ritualístico e burocrático das contratações, passam a ser responsáveis por auxiliar a primeira linha e monitorar as medidas de controle preventivo implementadas e a exposição a riscos residuais, devendo propor a supressão de falhas e contribuir para o desenvolvimento contínuo e para a efetividade da gestão de riscos,[45] sem prejuízo de também promoverem atividades complementares de detecção e repressão de ilícitos.

Em acréscimo, o inciso III do caput do art. 169 da LLCA disciplina os controles interorgânico e interadministrativo, que são materializados por órgãos centrais de controle interno (*in casu*, controladorias, secretarias dotadas de competência especializada etc.) e pelos tribunais de contas na condição de terceira linha, os quais, "em postura nitidamente colaborativa e não hierárquica" (ver Ação Direta de Inconstitucionalidade n 5.705/SC, ministro relator André Mendonça, julgada em 6.6.2025), são responsáveis por realizar avaliações independentes e objetivas da governança das contratações, inclusive das atividades de gestão de riscos e dos controles preventivos implementados.[46] O foco dos órgãos especializados de controle interno e externo passa a ser prevenção, o que exige avaliações dos "controles intraorgânicos" (primeira e segunda linhas), acompanhadas, sempre que necessário, de recomendações capazes de potencializar a capacidade institucional, agregando valor ao sistema de contratações públicas[47] [48], observada a desnecessidade de "barreiras burocráticas contraproducentes"[49].

---

[43] BRASIL. Tribunal de Contas da União. *Referencial básico de combate à fraude e corrupção.* 2. ed. Set. 2018. p. 20. Disponível em: https://portal.tcu.gov.br/inicio/. Acesso em 18 jan. 2021.

[44] JUSTEN FILHO, Marçal. *Comentários à Lei de licitações e contratações Administrativas.* São Paulo: Thomson Reuters Brasil, 2021. p. 1688.

[45] Cf.: Declaração de posicionamento do IIA: as três linhas de defesa no gerenciamento eficaz de riscos e controles. *IAA – The Institute of Internal Auditors*, jan. 2013. p. 4-5. Disponível em: https://repositorio.cgu.gov.br/bitstream/1/41842/12/As_tres_linhas_de_defesa_Declaracao_de_Posicionamento.pdf. Acesso em 28 jun. 2021.

[46] BRASIL. Tribunal de Contas da União. *Referencial básico de combate à fraude e corrupção.* 2. ed. Set. 2018. p. 20-21. Disponível em: https://portal.tcu.gov.br/inicio/. Acesso em 18 jan. 2021.

[47] FORTINI, Cristiana; AMORIM, Rafael Amorim. *Um novo olhar para a futura Lei de Licitações e contratos Administrativos*: a floresta além das árvores. Disponível em https://www.licitacaoecontrato.com.br/artigo/um-novo-olhar-para-futura-lei-licitacoes-contratos-administrativos-floresta-alem-das-arvores-10022021.php#!. Acesso em 14 jun. 2025.

[48] Não se trata, a propósito, de "criação de mais controles e mais burocracia"; ao contrário, é possível "descobrir oportunidades de remover controles desnecessários, que se tornam empecilhos à entrega de resultados [...]". (Cf.: Referencial básico de governança organizacional para organizações públicas e outros entes jurisdicionados do TCU. 3. ed. *Portal TCU*, 2020. p. 15. Disponível em: https://portal.tcu.gov.br/inicio/. Acesso em 12 dez. 2020).

[49] BOGÉA, Daniel. TCU e a desburocratização do controle – Simplificação do controle é o melhor caminho para aperfeiçoar a gestão pública p. 363. In.: ROSILHO, André (Org.). Direito administrativo e controle de contas. Belo Horizonte: Fórum, 2023. p. 363-365.

O art. 169 da LLCA vai contribuir, com o tempo, para superação de problemas detectados pelo Tribunal de Contas da União quanto à fragilidade recorrente dos controles internos dos próprios órgãos e entidades públicas[50], promovendo o diálogo e a cooperação entre as linhas de defesa. Haverá, nesse contexto, a necessidade de os entes federativos compatibilizarem as determinações do marco legal à sua realidade fática, a exigir, para tanto, conforme previsto no §1º do art. 169 da LLCA, a edição de regulamento dentro das balizas legais definidas,[51] com vistas a estabelecer uma política estruturada e coordenada de controle[52], incutindo-a, sem esquecer dos custos e benefícios envolvidos, na cultura organizacional da Administração Pública[53] por meio de "um conjunto de ações, métodos, procedimentos e rotinas"[54] estabelecidos para mitigação de riscos críticos, de modo a potencializar o alcance dos objetivos almejados nas contratações públicas, notadamente prover bens e serviços necessários para consecução dos serviços públicos de forma cada vez mais célere, íntegra, econômica, eficiente e sustentável[55].

169.2 Do acesso irrestrito a documentos e informações pelos órgãos especializados de controle interno e externo (§2º do art. 169)

Há, no §2º do art. 169 da LLCA, disposição análoga ao art. 85, caput e §2º, da Lei nº 13.303, de 30.06.2016 (Estatuto das Estatais), que também se preocupa em disponibilizar

[50] No Acórdão TCU nº 588-2018-Plenário (Voto do Ministro Bruno Dantas, p. 5), o TCU destacou, em relação à gestão de riscos dos órgãos e entidades públicas, que "mais de 79% das organizações não adota ou adota precariamente um modelo de gestão de riscos das contratações", o que acarreta as seguintes consequências: "51.1. Insucesso no alcance das metas da área de gestão de contratações; 51.2. Perda de investimento em contratações que não atendem às necessidades da organização; 51.3. Impossibilidade de usufruir do objeto da contratação em virtude de falta de preparo da infraestrutura da organização e/ou outras dificuldades, como: falta de pessoal capacitado para gerir o contrato e/ou clima organizacional desfavorável; 51.4. Gasto indevido de recursos com a manutenção de controles desnecessários ou ineficientes". (BRASIL. Tribunal de Contas da União. *Consulta*. Disponível em: https://portal.tcu.gov.br/inicio/. Acesso em 12 dez. 2020).

[51] Destaca-se que as "regras não jurídicas", a exemplo de normas técnicas provenientes de entidades internacionais (por exemplo, IIA, COSO, INTOSAI), quando contrárias às determinações legais, ainda que possam ter inspirado o legislador, não poderão ser consideradas na regulamentação a ser editada pelos entes federativos, suplantando-se, assim, posições historicamente estabelecidas de forma alheia à legislação pátria, que situavam, muitas vezes, os denominados "controles internos" e "controle externo" em planos antagônicos. Portanto, a regulamentação não poderá subverter os comandos legais, exigindo-se, sob risco de manifesta ilegalidade, a conformação de uma política de controle que promova a cooperação e a coordenação intraorgânica, interorgânica e interadministrativa, sem esquecer, como bem sintetizou Cláudio Madureira, que as linhas "concebidas pelo legislador para o controle das contratações públicas ultrapassam o âmbito interno, estendendo, portanto, também ao controle externo" (tribunal de contas). (MADUREIRA, Cláudio. Licitações, contratos e controles Administrativos. Belo Horizonte: Fórum, 2021. p. 487).

[52] No Acórdão TCU nº 572/2022, o próprio Tribunal de Contas da União, ao explicitar sua preocupação "com duplos esforços de apuração desnecessariamente, em desfavor do erário e do interesse público", reconheceu a importância de serem observadas as linhas de defesa estabelecidas no art. 169 da LLCA, considerando o princípio da eficiência que exige atuação coordenada das instâncias de controle. Disponível em: https://pesquisa.apps.tcu.gov.br/#/documento/acordao-completo/*/NUMACORDAO%253A572%2520ANOACORDAO%253A2022/DTRELEVANCIA%2520desc%252C%2520NUMACORDAOINT%2520desc/0/%2520. Acesso em: 22 fev. 2023.

[53] DROMI, Roberto. Modernización del Control Público. p. 6514. *Fórum Administrativo – Direito Público*, Belo Horizonte, a. 5, n. 58, dez. 2005. p. 6511-6525.

[54] SPINELLI, Mario Vinicius Claussen. Controle Interno e Controle Social da Administração Pública. *In.:* MACHADO, Eloisa (Org.). Controle da Administração Pública. São Paulo: FGV, 2014 p. 64-65.

[55] FORTINI, Cristiana; AMORIM, Rafael Amorim. Novo Olhar para as Contratações Públicas: Precedentes e Perspectivas da Lei nº 14.133/2021. In: MATOS, Marilene Carneiro.; Alves, Felipe Dalenogare; Amorim, Rafael Amorim, Nova Lei de Licitações e Contratos: Brasília, Edições Câmara, 2023. p. 113-149.

os meios necessários para que os órgãos especializados de controle interno e externo exerçam suas respectivas atribuições, possibilitando-lhes o acesso irrestrito a documentos e informações relativas a todas as etapas das contratações públicas (desde a licitação, incluindo as fases interna e externa, até a execução contratual), para que possam realizar suas atividades de prevenção, detecção e repressão de ilícitos no âmbito dos órgãos e entidades sob suas alçadas.

O §2º do art. 169 da LLCA, além de alcançar informações pessoais de licitantes e contratados e de agentes públicos envolvidos ou beneficiados pelas contratações (art. 31 da Lei de Acesso à Informação - Lei nº 12.527/2011[56]), também alcança informações excepcionalmente classificadas como sigilosas por serem consideradas "imprescindíveis à segurança da sociedade ou do Estado" nos termos do art. 23 do mesmo diploma legal[57]. Há, a propósito, exigência de elevado ônus argumentativo quanto à adequação, necessidade e proporcionalidade em sentido estrito para fins de restrição do acesso público a informações, não se admitindo que os órgãos e entidades considerem as informações como pessoais ou as classifiquem como sigilosas para prejudicar a transparência e dificultar o controle social (é, por exemplo, o que acontece, muitas vezes, na classificação de despesas realizadas por meio do Cartão de Pagamento do Governo Federal).

---

[56] Lei nº 12.527/2011 – "Art. 31. O tratamento das informações pessoais deve ser feito de forma transparente e com respeito à intimidade, vida privada, honra e imagem das pessoas, bem como às liberdades e garantias individuais.
§ 1º As informações pessoais, a que se refere este artigo, relativas à intimidade, vida privada, honra e imagem:
I - terão seu acesso restrito, independentemente de classificação de sigilo e pelo prazo máximo de 100 (cem) anos a contar da sua data de produção, a agentes públicos legalmente autorizados e à pessoa a que elas se referirem; e
II - poderão ter autorizada sua divulgação ou acesso por terceiros diante de previsão legal ou consentimento expresso da pessoa a que elas se referirem.
§ 2º Aquele que obtiver acesso às informações de que trata este artigo será responsabilizado por seu uso indevido.
§ 3º O consentimento referido no inciso II do § 1º não será exigido quando as informações forem necessárias:
I - à prevenção e diagnóstico médico, quando a pessoa estiver física ou legalmente incapaz, e para utilização única e exclusivamente para o tratamento médico;
II - à realização de estatísticas e pesquisas científicas de evidente interesse público ou geral, previstos em lei, sendo vedada a identificação da pessoa a que as informações se referirem;
III - ao cumprimento de ordem judicial;
IV - à defesa de direitos humanos; ou
V - à proteção do interesse público e geral preponderante.
§ 4º A restrição de acesso à informação relativa à vida privada, honra e imagem de pessoa não poderá ser invocada com o intuito de prejudicar processo de apuração de irregularidades em que o titular das informações estiver envolvido, bem como em ações voltadas para a recuperação de fatos históricos de maior relevância.
§ 5º Regulamento disporá sobre os procedimentos para tratamento de informação pessoal."

[57] Lei nº 12.527/2011 – "Art. 23. São consideradas imprescindíveis à segurança da sociedade ou do Estado e, portanto, passíveis de classificação as informações cuja divulgação ou acesso irrestrito possam:
I - pôr em risco a defesa e a soberania nacionais ou a integridade do território nacional;
II - prejudicar ou pôr em risco a condução de negociações ou as relações internacionais do País, ou as que tenham sido fornecidas em caráter sigiloso por outros Estados e organismos internacionais;
III - pôr em risco a vida, a segurança ou a saúde da população;
IV - oferecer elevado risco à estabilidade financeira, econômica ou monetária do País;
V - prejudicar ou causar risco a planos ou operações estratégicos das Forças Armadas;
VI - prejudicar ou causar risco a projetos de pesquisa e desenvolvimento científico ou tecnológico, assim como a sistemas, bens, instalações ou áreas de interesse estratégico nacional;
VII - pôr em risco a segurança de instituições ou de altas autoridades nacionais ou estrangeiras e seus familiares; ou
VIII - comprometer atividades de inteligência, bem como de investigação ou fiscalização em andamento, relacionadas com a prevenção ou repressão de infrações."

De qualquer forma, os órgãos especializados de controle interno e externo não podem ter o acesso cerceado a informações pessoais e sigilosas, com a ressalva de que, ao obterem acesso a referidas informações, eles passarão a ser corresponsáveis pela manutenção da restrição de acesso público, salvo se as informações forem caracterizadas como pessoais ou classificadas como sigilosas irregularmente. Portanto, o compartilhamento de informações pessoais e sigilosas no âmbito da Administração Pública continuará a exigir, em regra, a observância do prazo previsto no inciso I do § 1º do art. 31 da Lei nº 12.527/2011 (prazo máximo de 100 anos para informações pessoais) e dos prazos e hipóteses estabelecidos nos §§ 1º a 3º do art. 24 do mesmo diploma legal, a saber:

> Art. 24. A informação em poder dos órgãos e entidades públicas, observado o seu teor e em razão de sua imprescindibilidade à segurança da sociedade ou do Estado, poderá ser classificada como ultrassecreta, secreta ou reservada.
>
> § 1º Os prazos máximos de restrição de acesso à informação, conforme a classificação prevista no caput, vigoram a partir da data de sua produção e são os seguintes:
>
> I - ultrassecreta: 25 (vinte e cinco) anos;
>
> II - secreta: 15 (quinze) anos; e
>
> III - reservada: 5 (cinco) anos.
>
> § 2º As informações que puderem colocar em risco a segurança do Presidente e Vice-Presidente da República e respectivos cônjuges e filhos(as) serão classificadas como reservadas e ficarão sob sigilo até o término do mandato em exercício ou do último mandato, em caso de reeleição.
>
> § 3º Alternativamente aos prazos previstos no § 1º, poderá ser estabelecida como termo final de restrição de acesso a ocorrência de determinado evento, desde que este ocorra antes do transcurso do prazo máximo de classificação.
>
> § 4º Transcorrido o prazo de classificação ou consumado o evento que defina o seu termo final, a informação tornar-se-á, automaticamente, de acesso público.

O disposto na parte final do §2º do art. 169 da LLCA tem correlação com o §2º do art. 25 da Lei nº 12.527/2011, que estabelece que "o acesso à informação classificada como sigilosa cria a obrigação para aquele que a obteve de resguardar o sigilo", sob risco de eventual configuração do ilícito previsto no inciso IV do caput do art. 32 da Lei de Acesso à Informação (*in casu*, "divulgar ou permitir a divulgação [...] de informação sigilosa ou informação pessoal"), que poderá ocasionar a responsabilização do agente público ou militar e, nos termos dos §§ 1º e 2º do dispositivo legal citado, a aplicação de sanções[58].

[58] Lei nº 12.527/2011 – "Art. 32 [...] § 1º Atendido o princípio do contraditório, da ampla defesa e do devido processo legal, as condutas descritas no *caput* serão consideradas:
I - para fins dos regulamentos disciplinares das Forças Armadas, transgressões militares médias ou graves, segundo os critérios neles estabelecidos, desde que não tipificadas em lei como crime ou contravenção penal; ou
II - para fins do disposto na Lei nº 8.112, de 11 de dezembro de 1990, e suas alterações, infrações administrativas, que deverão ser apenadas, no mínimo, com suspensão, segundo os critérios nela estabelecidos.
§ 2º Pelas condutas descritas no *caput*, poderá o militar ou agente público responder, também, por improbidade administrativa, conforme o disposto nas Leis nºs 1.079, de 10 de abril de 1950, e 8.429, de 2 de junho de 1992."

169.3 Das consequências de impropriedades e irregularidades identificadas em atividades de controle (§3º do art. 169)

O §3º do art. 169 da LLCA volta a orientar as três linhas de defesa já analisadas, notadamente (i) agentes e autoridades responsáveis pelas licitações e contratos (primeira linha); (ii) unidades de assessoramento jurídico e de controle interno (segunda linha); (iii) órgão central de controle interno e tribunal de contas competente (terceira linha). O objetivo dos dispositivos legais já comentados é, em resumo, promover uma política de controle que contribua para cooperação e coordenação intraorgânica, interorgânica e interadministrativa, com foco prioritário na implementação de medidas de prevenção de eventos adversos capazes de comprometer os resultados das licitações e contratos, o que pressupõe aperfeiçoamento contínuo da gestão de riscos e dos controles preventivos existentes no sistema de contratações públicas.

Há, contudo, balizas legais que possibilitam a coexistência dos modelos de administração preventiva e repressiva[59], não se negando, como constatado na análise dos arts. 155 a 163 da Lei n° 14.133/2021, a importância do "arsenal coercitivo do Estado"[60]. Nessa perspectiva, os incisos I e II do §3º do art. 169 da LLCA têm importância redobrada por nortearem os controles intraorgânicos, interorgânicos e interadministrativos em suas atividades detectivas e repressivas, especialmente por demarcarem no plano legal a diferenciação entre impropriedade e irregularidade, a saber:

(i) impropriedade é caracterizada por ato de agente público que não se coaduna à legislação, mas que não ocasiona danos materiais ou imateriais à Administração, constituindo, em resumo, simples erro formal;

(ii) irregularidade caracteriza-se por ato contrário à legislação que provoca danos materiais ou imateriais à Administração ("a expressão dano à Administração deve ser interpretada de forma mais ampla"[61]), prejudicando, em alguma medida, o alcance das finalidades das contratações públicas e a satisfação das necessidades que originaram à realização da licitação ou contratação direta.

O inciso I do §3º do art. 169 da LLCA disciplina os encaminhamentos a serem adotados pelas linhas de defesa citadas quando constatarem simples impropriedades: inicialmente, adotar as medidas necessárias para o saneamento da impropriedade; depois realizar diagnóstico das causas determinantes da impropriedade; e, por último, respeitada a discricionariedade do gestor público, promover a implementação de medidas para mitigar riscos de sua nova ocorrência, notadamente por meio do aperfeiçoamento dos controles preventivos e da capacitação dos agentes públicos responsáveis. Nessas situações, a preocupação central é evitar a ocorrência de novas impropriedades, o que exigirá, após a identificação de suas possíveis causas, a adoção de controles preventivos e de ações de capacitação para os agentes públicos que desempenham funções essenciais na execução das contratações públicas.[62]

---

[59] OTERO, Paulo. Manual de Direito Administrativo. Vol. I. 3. Reimp. Coimbra: Almedina, 2019. p. 223-224.

[60] SCHAUER, Frederick. A Força do Direito. Trad. André Luiz Freire. São Paulo: WMF Martins Fonte, 2022. p. 189/196.

[61] FERRAZ, Luciano; MOTTA, Fabricio. Controle das Contratações Públicas. p. 276. In.: DI PIETRO, Maria Sylvia Zanella. (Coord.). Licitações e Contratos Administrativos. 1. Ed. Rio de Janeiro: Forense, 2021. p. 254-279.

[62] Convém considerar a existência de elevada rotatividade de pessoal nas áreas relacionadas ao macroprocesso de contratação pública, o que explica, mesmo diante dos esforços empreendidos para capacitação dos agentes

Por sua vez, o inciso II do §3º do art. 169 da LLCA disciplina os encaminhamentos a serem adotados pelas linhas no caso de constatação de irregularidade em licitações e contratos: inicialmente, se for possível, promover o saneamento da irregularidade; depois realizar diagnóstico das causas determinantes da irregularidade; em continuidade, promover a implementação de medidas para mitigar riscos de sua nova ocorrência, com o aperfeiçoamento dos controles preventivos e, se for o caso, capacitação dos agentes públicos responsáveis; e, ao mesmo tempo, adotar as providências necessárias para apuração das infrações administrativas, observadas a segregação de funções[63] e a necessidade de individualização das condutas; e, por último, remeter ao Ministério Público competente cópias dos documentos cabíveis para apuração dos demais ilícitos de sua competência.

A constatação de irregularidade pelos controles intraorgânicos, interorgânicos e interadministrativos em atividades detectivas e repressivas não dispensará a identificação de suas causas determinantes e o aperfeiçoamento da gestão de riscos e dos controles preventivos. E, sempre com o propósito de promover um ambiente de contratações "mais íntegro e confiável", também exigirá a responsabilização dos agentes públicos e privados responsáveis por atos ilícitos, não apenas como forma de reprimi-los pelas infrações praticadas, impondo-lhes um "mal ou castigo" (finalidade repressiva),[64] mas, principalmente, para dissuadir a prática de novos ilícitos, reforçando o modelo de comportamento esperado pela legislação (finalidade preventiva especial e geral).[65]

públicos, as recorrentes impropriedades e irregularidades existentes em licitações e contratos (por exemplo, no âmbito da Administração Pública federal, a Controladoria-Geral da União identificou que, de janeiro de 2015 a dezembro de 2018, houve rotatividade equivalente a 73,98% dos agentes públicos, ou seja, no período de 4 anos, de cada quatro agentes públicos das áreas relacionadas ao macroprocesso de contratação, houve alteração de aproximadamente três servidores). Há, pois, como uma das medidas preventivas mais importantes para mitigação de riscos em contratações, a necessidade de implementação de ações para diminuição considerável da rotatividade de pessoal, o que potencializará os resultados desejados nas ações de capacitação. (Cf.: Relatório de avaliação: contratos de terceirização. *Controladoria-Geral da União*, 4 nov. 2019. p. 15. Disponível em: https://auditoria.cgu.gov.br/download/13680.pdf. Acesso em 6 jul. 2021).

63 Não custa lembrar que a segregação de funções foi consagrada como princípio das contratações públicas (art. 5º, caput, da LLCA), impondo-se às autoridades máximas dos órgãos e entidades sua observância, com a vedação de "designação do mesmo agente público para atuação simultânea em funções mais suscetíveis a riscos, de modo a reduzir a possibilidade de ocultação de erros e de ocorrência de fraudes na respectiva contratação" (art. 7º, caput e §1º, da LLCA). Haverá, por isso, em muitas situações, quando constatada a ocorrência de irregularidade, a participação de mais de um agente público, a exigir prévia individualização das condutas para fins de responsabilização.

64 OSÓRIO, Fabio Medina. *Direito Administrativo sancionador*. 3. ed. São Paulo: Revista dos Tribunais, 2009. p. 95.

65 PRATES, Marcelo Madureira. *Sanção Administrativa geral*: anatomia e autonomia. Coimbra: Almedina, 2005. p. 127-129.

Art. 170. Os órgãos de controle adotarão, na fiscalização dos atos previstos nesta Lei, critérios de oportunidade, materialidade, relevância e risco e considerarão as razões apresentadas pelos órgãos e entidades responsáveis e os resultados obtidos com a contratação, observado o disposto no §3º do art. 169 desta Lei.

§1º As razões apresentadas pelos órgãos e entidades responsáveis deverão ser encaminhadas aos órgãos de controle até a conclusão da fase de instrução do processo e não poderão ser desentranhadas dos autos.

§2º A omissão na prestação das informações não impedirá as deliberações dos órgãos de controle nem retardará a aplicação de qualquer de seus prazos de tramitação e de deliberação.

§3º Os órgãos de controle desconsiderarão os documentos impertinentes, meramente protelatórios ou de nenhum interesse para o esclarecimento dos fatos.

§4º Qualquer licitante, contratado ou pessoa física ou jurídica poderá representar aos órgãos de controle interno ou ao tribunal de contas competente contra irregularidades na aplicação desta Lei.

RAFAEL AMORIM DE AMORIM

170 Dos critérios a serem adotados pelos órgãos de controle para realização de trabalhos relacionados à execução da Lei nº 14.133/2021 (art. 170, *caput*)

Há, para se compreender os arts. 170 e 171 da LLCA, a necessidade de serem apresentadas algumas considerações preliminares, a começar pela necessidade de reiterar a competência consagrada no art. 22, inciso XXVII, da Constituição Federal (CF/88), que demarca a possibilidade de o legislador editar leis nacionais para tratar de "normas gerais de licitação e contratação", compreendendo todas as atividades internas e externas necessárias para materialização satisfatória das contratações públicas, incluindo-se o planejamento, a execução e o controle. Portanto, do art. 22, inciso XXVII, da CF/88, advém a competência do legislador nacional para disciplinar a atuação de todos aqueles que desempenham atribuições relacionadas às contratações, o que contempla as esferas administrativa e controladora, inclusive os tribunais de contas.

A alegação de inconstitucionalidade de dispositivos da LLCA que orientam a atuação dos tribunais de contas sob a justificativa de contrariarem os "arts. 73, caput,

e 96, I, 'a'", da CF/88 não merece prosperar,[1] pois, assim como os tribunais judiciários exercem suas competências em conformidade com o direito material e processual editado com base no art. 22 da CF/88, não há óbice de o legislador nacional também definir, no direito das contratações públicas, agora com fundamento no art. 22, inciso XXVII, da CF/88, regras materiais e processuais a serem observadas pelos tribunais de contas no exercício de suas competências relacionadas às contratações públicas, o que possibilitará o tratamento uniforme da matéria em todo o País, contribuindo para que todas as atividades subjacentes à contratação, no âmbito das esferas administrativa e controladora, estejam sujeitas a regras padronizadas.

No contexto exposto, ao adentrar na polêmica comentada, Conrado Tristão explica que, por aplicação analógica da alínea "a" do inciso I do art. 96 da Constituição Federal, os tribunais de contas não estão imunes a normas processuais, pleiteando-se, no Acordão TCU nº 2.463/2021,[2] "prerrogativa que nem os tribunais judiciais possuem – STF incluso".[3] Há, portanto, apesar de respeitáveis opiniões divergentes de membros de tribunais de contas,[4] duas considerações preliminares a se fazer:

(i) interpretação restritiva das competências do legislador consagradas no art. 22, inciso XXVII, da CF/88 não se coaduna ao arcabouço constitucional, o qual exige "homogeneidade e harmonia nacionais" no tratamento das contratações públicas;[5] e

(ii) do conteúdo normativo dos arts. 170 e 171 da LLCA, sob risco de sérios prejuízos à função legiferante do Congresso Nacional, não se depreende qualquer ingerência nas autonomias funcional, administrativa e financeira dos tribunais de contas,[6]

---

1 Ver: GODINHO, Heloisa Helena Antonácio M. Controle externo das licitações e a Lei nº 14.133/2021. O regime sancionatório na Nova Lei de licitações. *In*: BELÉM, Bruno; CARVALHO, Matheus; CHARLES, Ronny (Coords.). *Temas controversos da Nova Lei de licitações e contratos*. São Paulo: Juspodivm, 2021. p. 181-209.

2 Disponível em: https://pesquisa.apps.tcu.gov.br/#/documento/acordao-completo/*/NUMACORDAO%253A2463%2520ANOACORDAO%253A2021%2520COLEGIADO%253A%2522Plen%25C3%25A1rio%2522/DTRELEVANCIA%2520desc%252C%2520NUMACORDAOINT%2520desc/0/%2520. Acesso em: 31 jan. 2022.

3 TRISTÃO, Conrado. Tribunais de Contas são imunes a leis de processo? Nova Lei de Licitações impõe prazo para decisão de mérito em cautelares. p. 355-356. *In*: ROSILHO, André (Org.). *Direito administrativo e controle de contas*. Belo Horizonte: Fórum, 2023. p. 355-356.

4 Até a edição da LLCA, os tribunais de contas não levantaram vozes contrárias aos "arts. 4º e 113, §§1º e 2º, da Lei nº 8.666/1993", que, desde a decisão paradigmática do Mandado de Segurança nº 24.510, sob relatoria da ministra Ellen Gracie, fundamentaram suspensões de licitações pelos tribunais de contas de todo o país, assim justificando reiteradas decisões cautelares em processos de controle por todo o país. Com a edição da LLCA, com base no art. 22, inciso XXVII, da CF/88, o legislador conferiu poderes aos tribunais de contas, ao mesmo tempo em que estabeleceu balizas legais para o exercício de tais poderes, observando-se que os tribunais de contas não suscitam inconstitucionalidade quando o legislador lhes confere poder, mas, muitas vezes, suscitam inconstitucionalidade quando o legislador estabelece balizas legais para o exercício desse mesmo poder, a evidenciar interpretações antagônicas à luz do mesmo parâmetro de controle de constitucionalidade (art. 22, inciso XXVII, da CF/88).

5 MOREIRA, Egon Bockmann. Por uma nova compreensão das 'normas gerais de licitação'. *Jota*, 4 mai. 2021. Disponível em: https://www.jota.info/opiniao-e-analise/colunas/publicistas/por-uma-nova-compreensao-das-normas-gerais-de-licitacao-04052021. Acesso em 20 jul. 2021.

6 O Supremo Tribunal Federal, em diversos julgados, a exemplo da ADI nº 4.418, sob relatoria do ministro Dias Toffoli, consagrou o entendimento de que "as cortes de contas seguem o exemplo dos tribunais judiciários, sendo também detentoras de autonomia funcional, administrativa e financeira, das quais decorre, essencialmente, a iniciativa reservada para instaurar processo legislativo que pretenda alterar sua organização e funcionamento, conforme interpretação sistemática dos arts. 73, 75 e 96, II, da CF". E não é novidade que as autonomias funcional, administrativa e financeira do Poder Judiciário, inclusive do Supremo Tribunal Federal, estão delimitadas, respectivamente, pelos arts. 95, 96 e 99 da CF/88, não se confundindo, obviamente, em um Estado Democrático de Direito, com regras materiais e processuais editadas com fundamento no art. 22 da CF/88 e balizadoras do exercício da função jurisdicional, sempre vinculada às normas editadas pelo legislador nacional, o que, por

mas simples regras materiais e processuais necessárias para potencializar o alcance das finalidades das contratações públicas, todas conformadoras da atuação das esferas administrativa e controladora.

As críticas aos arts. 170 e 171 da LLCA representam reações naturais à legítima decisão do Poder Legislativo de, no exercício da competência consagrada no art. 22, inciso XXVII, da CF/88, superar posições historicamente estabelecidas de forma alheia à legislação nacional, disciplinando, a partir disso, todo o ciclo da contratação pública, o que, por envolver todas as atividades que lhes são intrínsecas, inclusive as atividades de controle, promoverá maior equilíbrio institucional ao orientar a atuação das esferas administrativa e controladora, com mais simetria na atuação dos tribunais de contas de todo o País e maior segurança jurídica de agentes públicos e privados que atuam em licitações e contratos.[7]

Há, no *caput* do art. 170 da LLCA, parâmetros a serem observados pelos órgãos especializados de controle nas atividades de fiscalização[8] relacionadas a licitações e contratos, a começar por delimitar alguns critérios a serem observados pela esfera controladora para substituição da "preocupação do tostão pelo controle do milhão",[9] determinando a avaliação da oportunidade, materialidade, relevância e risco na seleção e priorização de objetos a serem fiscalizados. O marco legal das contratações públicas procura, assim, estimular fiscalizações que proporcionem benefícios superiores aos seus custos, ou seja: *(i)* sejam realizadas em momento oportuno (oportunidade); *(ii)* envolvam despesas públicas consideráveis (materialidade); *(iii)* sejam de interesse efetivo da sociedade em razão de impacto econômico e/ou social significativo (relevância); e *(iv)* estejam mais suscetíveis a eventos adversos capazes de comprometer o alcance dos resultados desejados nas contratações públicas, em especial quando a gestão de riscos e os controles preventivos são insatisfatórios.[10]

---

razões óbvias, também se aplica aos tribunais de contas, órgãos auxiliares do próprio Poder Legislativo no exercício do controle externo.

7 Destaca-se, a propósito, que o Supremo Tribunal Federal, no Mandado de Segurança nº 35.410, sob relatoria do ministro Alexandre de Moraes, julgado em 12.04.2021, não se pronunciou diretamente sobre a Súmula nº 347 do STF ("O Tribunal de Contas, no exercício de suas atribuições, pode apreciar a constitucionalidade das leis e dos atos do poder público"), mas afastou, em definitivo, a possibilidade de tribunal de contas apreciar a constitucionalidade de lei, vedando "o afastamento da eficácia de dispositivo legal por decisão administrativa". Portanto, os tribunais de contas deverão se submeter às determinações constantes na LLCA em suas atividades relacionadas ao controle das contratações públicas.

8 Deve-se considerar, para compreensão do alcance do conteúdo normativo do art. 170 da LLCA, o disposto no art. 70 da CF/88, que define, sem prejuízo do controle interno de cada Poder, a competência do Poder Legislativo para exercer o controle externo, contemplando, com auxílio do tribunal de contas, "fiscalização contábil, financeira, orçamentária, operacional e patrimonial", que compreende, à luz dos arts. 41 a 47 da Lei nº 8.443/1992 e dos arts. 238 a 243 do Regimento Interno do TCU, as seguintes espécies: levantamentos, auditorias, inspeções, acompanhamentos e monitoramento.

9 FREIRE, Victor Amaral. O Tribunal de Contas e sua Jurisdição. *Revista do Tribunal de Contas do Rio de Janeiro*, jun. 1982. p. 43.

10 Ver: BRASIL. Tribunal de Contas da União. Orientações para seleção de objetos e ações de controle. *Portal TCU*, 2016. Disponível em: https://portal.tcu.gov.br/fiscalizacao-e-controle/auditoria/selecao-de-objetos-e-acoes-de-controle/. Acesso em 25 jul. 2021.

170.1 Das regras a serem observadas pelos órgãos de controle na fiscalização da execução da Lei nº 14.133/2021 (art. 170, caput e §§1º, 2º e 3º)

Os órgãos de controle, inclusive os integrantes da terceira linha de uma política estruturada e coordenada de controle (órgão central de controle interno da Administração e tribunal de contas), devem, em seus trabalhos, ter especial preocupação em agregar valor às contratações públicas, também contribuindo para promover "relações íntegras e confiáveis" e para potencializar a "eficiência, eficácia e efetividade" nos resultados das contratações. Nesse sentido, os trabalhos dos órgãos de controle não poderão se desvincular da prevenção, a exigir, por isso, a observância do disposto no §3º do art. 169 da LLCA, que, como já comentado, sem prejuízo de outras medidas, sempre impõe diagnóstico das causas de impropriedades e irregularidades detectadas e implementação de medidas para mitigar riscos de sua nova ocorrência, com aperfeiçoamento dos controles preventivos e da capacitação dos agentes públicos.

Nessas circunstâncias, ciente de que o diálogo entre as esferas administrativa e controladora é fundamental para a melhoria contínua das contratações públicas e da necessidade de mitigar o problema de "insuficiência de procedimentalização dos mecanismos de controle",[11] o art. 170 da LLCA estabelece algumas regras básicas a serem observadas nos processos de fiscalização relacionados a contratações públicas, tanto pelas unidades técnicas quanto pelas instâncias de deliberação dos órgãos especializados de controle, a saber:

(i) até a conclusão da fase de instrução, os órgãos e entidades fiscalizadas podem apresentar suas razões, que não poderão ser desentranhadas dos autos (§1º do art. 170);

(ii) a omissão na prestação de informações não retardará os prazos de tramitação e, consequentemente, não impedirá as deliberações dos órgãos de controle (§2º do art. 170);

(iii) os órgãos de controle podem desconsiderar documentos impertinentes, meramente protelatórios ou de nenhum interesse para o esclarecimento dos fatos (§3º do art. 170);

(iv) os órgãos de controle devem, em suas deliberações, considerar as razões apresentadas pelos fiscalizados, bem como os resultados por eles alcançados em suas contratações públicas (*caput* do art. 170).

O art. 170 da LLCA está alinhado às melhores práticas já adotadas por alguns órgãos de controle e, além de uniformizar a matéria em todo o País e promover a padronização mínima dos processos de fiscalização, tem o mérito de: *(i)* estimular a cooperação e a coordenação dos controles intraorgânicos, interorgânicos e interadministrativos; *(ii)* demarcar os papéis desempenhados pelas esferas administrativa e controladora, valorizando as razões apresentadas pelo agentes administrativos;[12] e *(iii)* promover o

---

[11] PALMA, Juliana Bonacorsi de. Quais são os desafios do sistema brasileiro de controle? Legislação não se preocupou em dar equilíbrio e eficiência à rede de controles. p. 42. *In*: ROSILHO, André (Org.). *Direito administrativo e controle de contas*. Belo Horizonte: Fórum, 2023. p. 41-42.

[12] Destaca-se, a propósito, o disposto no art. 13 do Decreto nº 9.830, de 10/6/2019, que, ao regulamentar os arts. 20 a 30 do Decreto-Lei nº 4.657, de 4/9/1942 (incluídos pela Lei nº 13.655, de 25/4/2018), deixou claro que "a análise da regularidade da decisão não poderá substituir a atribuição do agente público, dos órgãos ou das entidades da administração pública no exercício de suas atribuições e competências, inclusive quanto à definição de políticas públicas".

diálogo entre as fontes normativas, especialmente com o art. 22 da Lei de Introdução às Normas do Direito Brasileiro, que exige que os órgãos de controle considerem "os obstáculos e as dificuldades reais do gestor e as exigências das políticas públicas a seu cargo" e as "circunstâncias práticas que houverem imposto, limitado ou condicionado a ação do agente".

170.2 Da possibilidade de qualquer pessoa representar contra ilegalidade em procedimentos de contratação pública (§4º do art. 170)

Não há novidade significativa no §4º do art. 170 da LLCA, que, em sua essência, reproduz o disposto no §1º do art. 113 da Lei nº 8.666/1993,[13] explicitando-se apenas a possibilidade de qualquer pessoa física ou jurídica, inclusive licitante e contratado, quando tiver ciência de possível irregularidade na aplicação do marco legal, representar aos órgãos de controle interno ou ao tribunal de contas competente, para fins de apuração e, se for o caso, desde que observado o §3º do art. 169 da LLCA, eventual responsabilização de potenciais transgressores.

O ápice do controle social é alcançado por meio de denúncias/representações, ferramentas decisivas para prevenção, detecção e, se for o caso, repressão de ilícitos. Porém, o §4º do art. 170 da LLCA não pode ser dissociado de outros dispositivos relacionados ao controle das contratações públicas, em especial do art. 169 da LLCA, devendo-se observar, a propósito, o Acórdão TCU nº 572/2022, em que o Tribunal de Contas da União orientou o representante da seguinte forma:

> [...] considerando o princípio da eficiência insculpido no art. 37 da Constituição Federal e as disposições previstas no art. 169 da Lei nº 14.133/2021, deve o interessado acionar inicialmente a primeira e segunda linha de defesa, no âmbito do próprio órgão/entidade, antes do ingresso junto à terceira linha de defesa, constituída pelo órgão central de controle interno e tribunal de contas, evitando, por exemplo, a apresentação de pedidos de esclarecimentos ou impugnação a edital lançado, ou mesmo de recurso administrativo concomitantemente com o ingresso de representações/denúncias junto a esta Corte de Contas, sob pena de poder acarretar duplos esforços de apuração desnecessariamente, em desfavor do erário e do interesse público; [...].[14]

Destaca-se, por último, que o controle social é aliado do controle oficial (intraorgânico, interorgânico e interadministrativo), impondo-se, em um Estado Democrático de Direito, a disponibilização de instrumentos de participação e transparência.[15]

---

[13] O §4º do art. 170 da LLCA tem fundamento no §2º do art. 74 da CF/88 ("§2º Qualquer cidadão, partido político, associação ou sindicato é parte legítima para, na forma da lei, denunciar irregularidades ou ilegalidades perante o Tribunal de Contas da União.) e é um desdobramento de compromissos internacionais assumidos pelo País, a exemplo do art. 13 da Convenção das Nações Unidas Contra a Corrupção ("Cada Estado Parte adotará medidas apropriadas para garantir que o público tenha conhecimento dos órgão pertinentes de luta contra a corrupção [...] e facilitará o acesso a tais órgãos, quando proceder, para a denúncia, inclusive anônima, de quaisquer incidentes que possam ser considerados constitutivos de um delito [...]").

[14] Disponível em: https://pesquisa.apps.tcu.gov.br/#/documento/acordao-completo/*/NUMACORDAO%253A572%2520ANOACORDAO%253A2022/DTRELEVANCIA%2520desc%252C%2520NUMACORDAOINT%2520desc/0/%2520. Acesso em: 22 fev. 2023.

[15] MEDAUER, Odete. *Controle da Administração Pública.* 4. ed. Belo Horizonte: Fórum, 2020. p. 169.

O §4º do art. 170 da LLCA dialoga, pois, com outras medidas do mesmo diploma legal voltadas a potencializar o controle social, em especial com a transparência ativa a ser impulsionada pelo Portal Nacional de Contratações Públicas (art. 174), que disponibilizará: (i) livre acesso às informações das contratações públicas de todos os entes federativos (por exemplo, planos de contratações, editais, contratos etc.), inclusive em formato de dados abertos; e (ii) funcionalidades para facilitar a interlocução de pessoas físicas e jurídicas com a Administração (por exemplo, "sistema de gestão compartilhada com a sociedade de informações referentes à execução do contrato", inclusive com recurso informatizado de acompanhamento de obras).

Art. 171. Na fiscalização de controle será observado o seguinte:

I – viabilização de oportunidade de manifestação aos gestores sobre possíveis propostas de encaminhamento que terão impacto significativo nas rotinas de trabalho dos órgãos e entidades fiscalizados, a fim de que eles disponibilizem subsídios para avaliação prévia da relação entre custo e benefício dessas possíveis proposições;

II – adoção de procedimentos objetivos e imparciais e elaboração de relatórios tecnicamente fundamentados, baseados exclusivamente nas evidências obtidas e organizados de acordo com as normas de auditoria do respectivo órgão de controle, de modo a evitar que interesses pessoais e interpretações tendenciosas interfiram na apresentação e no tratamento dos fatos levantados;

III – definição de objetivos, nos regimes de empreitada por preço global, empreitada integral, contratação semi-integrada e contratação integrada, atendidos os requisitos técnicos, legais, orçamentários e financeiros, de acordo com as finalidades da contratação, devendo, ainda, ser perquirida a conformidade do preço global com os parâmetros de mercado para o objeto contratado, considerada inclusive a dimensão geográfica.

§1º Ao suspender cautelarmente o processo licitatório, o tribunal de contas deverá pronunciar-se definitivamente sobre o mérito da irregularidade que tenha dado causa à suspensão no prazo de 25 (vinte e cinco) dias úteis, contado da data do recebimento das informações a que se refere o §2º deste artigo, prorrogável por igual período uma única vez, e definirá objetivamente:

I – as causas da ordem de suspensão;

II – o modo como será garantido o atendimento do interesse público obstado pela suspensão da licitação, no caso de objetos essenciais ou de contratação por emergência.

§2º Ao ser intimado da ordem de suspensão do processo licitatório, o órgão ou entidade deverá, no prazo de 10 (dez) dias úteis, admitida a prorrogação:

I – informar as medidas adotadas para cumprimento da decisão;

II – prestar todas as informações cabíveis;

III – proceder à apuração de responsabilidade, se for o caso.

§3º A decisão que examinar o mérito da medida cautelar a que se refere o §1º deste artigo deverá definir as medidas necessárias e adequadas, em face das alternativas possíveis, para o saneamento do processo licitatório, ou determinar a sua anulação.

§4º O descumprimento do disposto no §2º deste artigo ensejará a apuração de responsabilidade e a obrigação de reparação do prejuízo causado ao erário.

171 Das atividades de fiscalização da execução da Lei nº 14.133/2021 pelos órgãos de controle (*caput* do art. 171)

O art. 171 da LLCA é um desdobramento do artigo precedente, com novas regras norteadoras das fiscalizações que, além de dar tratamento uniforme à matéria em todo o País, submetendo as atividades de fiscalização à mínima padronização, também objetivam incentivar o diálogo e a cooperação intraorgânica, interorgânica e interadministrativa necessárias para o êxito de uma política estruturada e coordenada de controle. Há, no entanto, caso observada a sequência lógica de uma fiscalização, a constatação de que o conteúdo normativo dos incisos do art. 171 do marco legal das contratações públicas não está organizado da melhor forma, aqui se expondo a matéria conforme sua ordem lógica, de modo a facilitar a compreensão das determinações do legislador.

Começa-se, pois, pela análise do inciso III do art. 171 da LLCA, aplicável às fiscalizações de obras públicas, notadamente quando contratadas sob os regimes de execução "empreitada por preço global", "empreitada integral", "contratação semi-integrada" e "contratação integrada", cuja característica comum é, no geral, a contratação do particular pela Administração por preço certo e total para execução do objeto desejado. Em tais situações, na definição dos objetivos das fiscalizações de obras a serem realizadas, os órgãos de controle devem considerar as finalidades subjacentes às respectivas contratações, direcionando suas preocupações preponderantemente para avaliação da execução satisfatória das obras públicas, em conformidade com os termos pactuados entre a Administração e particular.

O inciso III do art. 171 da LLCA dispensa, a princípio, a preocupação dos órgãos de controle com a avaliação de preços unitários em contratação de obra sob um dos regimes de execução já especificados previamente, desde que o preço total pactuado seja compatível com a realidade do mercado de obras públicas e que não tenham sido identificadas impropriedades/irregularidades na licitação.[1] Assim, ao fiscalizarem a execução de obras, os órgãos de controle devem:

(i) ter preocupação com eventuais vícios, defeitos ou incorreções que comprometam a qualidade, a segurança, a durabilidade e o desempenho da obra executada; e

(ii) em relação ao valor do contrato, assegurar a conformidade do preço global do objeto contratado aos parâmetros de mercado, considerada inclusive a dimensão geográfica (por exemplo, a duplicação de uma rodovia no Estado de São Paulo não enfrenta as mesmas dificuldades da duplicação de uma rodovia no Estado do Amapá, o que obviamente repercute no preço final do contrato).

Há, no inciso II do art. 171 da LLCA, alguns parâmetros que orientam toda a atuação de agentes e membros dos órgãos de controle, exigindo-se que os procedimentos sejam conduzidos de forma objetiva e imparcial. O inciso II do art. 171 da LLCA é

[1] Há, nesse contexto, para mitigar riscos de sobrepreço, a necessidade de cuidado redobrado na análise do valor estimado pela Administração na fase interna da licitação (§2º do art. 23) e de eventuais desclassificações indevidas de propostas na fase externa do certame com fundamento no §4º do art. 59 da LLCA.

compatível com o art. 20 da Lei de Introdução às Normas do Direito Brasileiro, que veda decisões com base em valores jurídicos abstratos, impondo que os resultados das fiscalizações sejam fundamentados exclusivamente em evidências obtidas no decorrer dos trabalhos, todas organizadas de acordo com as normas técnicas cabíveis e juntadas nos autos do respectivo processo de controle, proibindo-se que interesses pessoais e interpretações tendenciosas interfiram na apresentação e no tratamento dos fatos levantados.

O inciso I do art. 171 da LLCA estimula o diálogo e a cooperação entre as esferas administrativa e controladora[2] e, especialmente quando as deliberações puderem resultar em determinações ou recomendações capazes de impactar as rotinas de trabalho dos órgãos e entidades fiscalizadas, estabelece a necessidade de os órgãos de controle oportunizarem prévia manifestação dos gestores públicos acerca de eventuais propostas de encaminhamentos. O objetivo é que, ao final dos processos de controle, ao considerarem os subsídios de quem mais conhece a organização jurídico-administrativa de cada órgão ou entidade pública e avaliarem os custos e benefícios relacionados às medidas aventadas, os órgãos de controle tenham efetivas condições de contribuir para potencializar a capacidade institucional da Administração e de agregar valor às contratações públicas, sem restringir os espaços legítimos de discricionariedade dos gestores públicos.[3] [4]

---

[2] O TCU, antes mesmo da publicação da LLCA, sob influência do texto do projeto de lei debatido no Congresso Nacional, à época aprovado pela Câmara dos Deputados em 10.10.2019 e remetido para deliberação final do Senado Federal, editou a Resolução-TCU nº 315/2020 para disciplinar "a elaboração de deliberações que contemplem medidas a serem tomadas pelas unidades jurisdicionadas [...]", determinando, nos seus arts. 14 e 15, que: "Art. 14. A unidade técnica instrutiva deve oportunizar aos destinatários das deliberações a apresentação de comentários sobre as propostas de determinação e/ou recomendação, solicitando, em prazo compatível, informações quanto às consequências práticas da implementação das medidas aventadas e eventuais alternativas"; "Art. 15. As propostas finais de deliberação devem considerar as manifestações das unidades jurisdicionadas e, em especial, justificar a manutenção das propostas preliminares caso apresentadas consequências negativas ou soluções de melhor custo-benefício" (BRASIL. *Resolução TCU nº 315, de 22 de abril de 2020.* Dispõe sobre a elaboração de deliberações que contemplem medidas a serem tomadas pelas unidades jurisdicionadas no âmbito do Tribunal de Contas da União e revoga a Resolução-TCU 265, de 9 de dezembro de 2014. Disponível em: https://pesquisa.apps.tcu.gov.br/#/documento/ato-normativo/resolu%25C3%25A7%25C3%25A3o%2520315/%2520/score%2520desc/0/%2520. Acesso em: 25 jun. 2021).

[3] Há, na Resolução-TCU nº 315/2020, alguns conceitos importantes: "Art. 2º [...] I – *determinação*: deliberação de natureza mandamental que impõe ao destinatário a adoção, em prazo fixado, de providências concretas e imediatas com a finalidade de prevenir, corrigir irregularidade, remover seus efeitos ou abster-se de executar atos irregulares; II – *ciência*: deliberação de natureza declaratória que cientifica o destinatário sobre a ocorrência de irregularidade, quando as circunstâncias não exigirem providências concretas e imediatas, sendo suficiente, para fins do controle, induzir a prevenção de situações futuras análogas; e III – *recomendação*: deliberação de natureza colaborativa que apresenta ao destinatário oportunidades de melhoria, com a finalidade de contribuir para o aperfeiçoamento da gestão ou dos programas e ações de governo".

[4] Sobre os avanços decorrentes da Resolução-TCU nº 315/2020 no diálogo entre as esferas controladora e judicial, André de Castro Braga identificou, após análise de 320 acórdãos do Tribunal de Contas da União, uma diminuição média de 40% no número de determinações constantes em cada acórdão ("antes da Resolução, média de 8,9 determinações por acórdão; após, 5,3 determinações"), com aumento médio 24% do número de recomendações em cada acórdão ("antes, média de 1,78 por acórdão; após, 2,21"). BRAGA, André de Castro. Resolução nº 315 do TCU: início de uma revolução no controle? Evidências sugerem que o TCU entrou em rota de autocontenção. p. 346. *In*: ROSILHO, André (Org.). *Direito administrativo e controle de contas*. Belo Horizonte: Fórum, 2023. p. 345-347.

171.1 Da suspensão cautelar do processo licitatório pelos tribunais de contas (§§1º, 2º, 3º e 4º do art. 171)

Nos §§1º a 4º do art. 171 da LLCA, o legislador estabeleceu, de forma explícita, a competência dos tribunais de contas para "suspender cautelarmente o processo licitatório", ao mesmo tempo em que definiu regras que eles devem observar para o exercício desse mesmo poder. Não custa lembrar que, sob a égide da Lei nº 8.666/1993, a partir da decisão exarada pelo Supremo Tribunal Federal no Mandado de Segurança nº 24.510-7/DF, a competência dos tribunais de contas para "determinar suspensão cautelar" era depreendida do art. 4º e dos §§1º e 2º do art. 113 da Lei citada, que não fazem menção explícita a tal competência já consagrada pelos órgãos de controle externo, sob alegação de existência de um poder geral de cautela.

A LLCA, ao positivar explicitamente a competência dos tribunais de contas para determinar a suspensão cautelar do processo licitatório, reconhece tal instituto como instrumento necessário para prevenir danos ao erário, mas, ciente de que toda licitação visa à satisfação de uma necessidade da Administração, necessária para materialização das políticas públicas, estabelece as regras a serem observadas pelos tribunais com o objetivo de evitar "a banalização da suspensão cautelar"[5]. Nesse contexto, a LLCA possibilita, de um lado, que os tribunais de contas adotem medidas acautelatórias para prevenir a concretização de danos ao erário e, de outro, mitiga riscos de excessos dos órgãos de controle externo, no sentido de inviabilizar, por longo período ou até mesmo de forma definitiva, a realização das contratações públicas.[6]

Há, para tanto, a exigência de que os tribunais de contas observem alguns requisitos, estimulando-os a serem "criteriosos e prudentes ao lançar mão de medida tão agressiva":[7] (i) expor objetivamente as causas da ordem de suspensão; (ii) explicitar o modo como será garantido o atendimento do interesse público obstado pela suspensão da licitação, em especial quando envolver objetos essenciais ou contratação por emergência. Os tribunais de contas, ao exararem a decisão cautelar, suspendendo o processo licitatório, deverão ainda observar os ditames da Lei de Introdução às Normas do Direito Brasileiro, em especial a proibição de decisão com base em valores jurídicos abstratos sem considerar as consequências práticas da decisão e a exigência de que a motivação demonstre a necessidade e a adequação da medida imposta (art. 20, *caput* e parágrafo único).

A LLCA impõe, no §2º do art. 171, a necessidade de os tribunais de contas promoverem a intimação do órgão ou entidade responsável pelo processo licitatório suspenso, o qual, no prazo de 10 (dez) dias úteis, admitida sua prorrogação, deverá: (i) informar as medidas adotadas para cumprimento da decisão cautelar; (ii) prestar todas as informações cabíveis; e, (iii) se for o caso, proceder à apuração de responsabilidade.

---

[5] LIMA, Diogo Uebbe. *Competências Cautelares do Tribunal de Contas da União*. Belo Horizonte: Fórum, 2022. p. 135.

[6] Como se verá na análise do §4º do art. 170 da LLCA, o Tribunal de Contas da União, no Acórdão TCU nº 572/2022, apreciou representação de possível irregularidade em licitação e considerou prejudicado pedido de concessão de medida cautelar por não serem inicialmente acionadas a primeira e a segunda linhas de defesa estabelecidas no art. 169 da LLCA, antes do ingresso junto à terceira linha constituída pelo órgão central de controle interno e pelo tribunal de contas. Disponível em: https://pesquisa.apps.tcu.gov.br/#/documento/acordao-completo/*/NUMACORDAO%253A572%2520ANOACORDAO%253A2022/DTRELEVANCIA%2520desc%252C%2520NUMACORDAOINT%2520desc/0/%2520. Acesso em: 22 fev. 2023.

[7] LIMA, Diogo Uebbe. *Competências Cautelares do Tribunal de Contas da União*. Belo Horizonte: Fórum, 2022. p. 135.

O tribunal de contas, a partir do recebimento das informações provenientes do órgão ou entidade responsável pela licitação, deverão se pronunciar sobre o mérito da irregularidade que tenha dado causa à suspensão no prazo de 25 (vinte e cinco) dias úteis, passível de prorrogação por igual período uma única vez.

Constata-se, assim, a preocupação do legislador com medidas cautelares que, sob a égide das leis precedentes, suspendiam a licitação por tempo excessivo, sem pronunciamento definitivo dos tribunais de contas, comprometendo a satisfação das necessidades da Administração e a materialização de políticas públicas. Logo, no exercício legítimo da sua função legiferante, que submete todos os tribunais do País a normas editadas pelo Congresso Nacional ("STF incluso"),[8] além das exigências já comentadas, o §3º do art. 171 da LLCA exige que a decisão dos tribunais de contas referente ao mérito da medida cautelar deve:

(i) preferencialmente, avaliar as alternativas possíveis e, a partir disso, definir medidas necessárias e adequadas para o saneamento do processo licitatório; e

(ii) excepcionalmente, não sendo possível o saneamento de eventual irregularidade identificada, determinar a anulação do processo licitatório, indicando as consequências jurídicas e administrativas dessa decisão.

A suspensão das licitações poderá suscitar duas situações: de um lado, o órgão ou a entidade responsável pelo processo licitatório poderá não prestar as informações no prazo estabelecido, o que, obviamente, obstaculizará o início do cômputo do prazo para decisão de mérito pelo tribunal de contas, mantendo os efeitos da medida cautelar por longo período, a exigir apuração de responsabilidade pela omissão e eventual obrigação de reparação de prejuízo causado ao erário (§4º); de outro lado, o tribunal de contas poderá não observar o prazo estabelecido para proferir a decisão de mérito, assim cessando os efeitos da medida cautelar de forma automática, com a possibilidade de continuidade do processo licitatório.

[8] Ver: TRISTÃO, Conrado. Tribunais de Contas são imunes a leis de processo? Nova Lei de Licitações impõe prazo para decisão de mérito em cautelares. p. 355-356. *In*: ROSILHO, André (Org.). *Direito administrativo e controle de contas*. Belo Horizonte: Fórum, 2023. p. 355-356.

Art. 173. Os tribunais de contas deverão, por meio de suas escolas de contas, promover eventos de capacitação para os servidores efetivos e empregados públicos designados para o desempenho das funções essenciais à execução desta Lei, incluídos cursos presenciais e a distância, redes de aprendizagem, seminários e congressos sobre contratações públicas.

RAFAEL AMORIM DE AMORIM

173 O dever das Escolas de Contas de promover ações de capacitação em matéria de contratação pública

O legislador, ao elaborar **à** Lei nº 14.133/2021, estava ciente de que, como falava Otto Von Bismarck, "com funcionários ruins, as melhores leis não servem para nada", o que o influenciou a consignar, no Parecer aprovado da Comissão Especial da Câmara dos Deputados que deu origem ao diploma legal especificado, que, "se não tivermos bons agentes públicos", o marco legal das contratações "não será aplicado de forma adequada, persistindo as dificuldades enfrentadas historicamente em nosso país".[1] [2]

O art. 173 da LLCA está alinhado à preocupação do legislador com a profissionalização na área de licitações e contratos e com a prevenção de ilícitos capazes de comprometer o resultado das contratações públicas. Há, para compreensão do dispositivo legal especificado, a necessidade de fazer referência aos arts. 7º e 8º da LLCA, que determinam aos órgãos e entidades públicas a realização de gestão por competências, o que pressupõe avaliação dos recursos humanos disponíveis, identificação das competências necessárias para cada função essencial na área de licitações e contratos administrativos, definição clara das responsabilidades e dos papéis a serem desempenhados por cada função essencial e, ao final, seleção e designação de agentes públicos que tenham conhecimentos, habilidades e atitudes compatíveis com as responsabilidades a serem assumidas e atribuições a serem desempenhadas.[3]

Nessas circunstâncias, ao formular o art. 173 da LLCA, o legislador estava ciente de que os tribunais de contas, na condição de terceira linha de uma política estruturada e coordenada de controle, têm enormes condições de contribuir para a gestão de

---

[1] Comissão Especial Destinada a Proferir Parecer ao Projeto de Lei nº 1.292/1995. Parecer apresentado pelo deputado João Arruda em 3/12/2018. p. 42-43. Disponível em: https://www.camara.leg. br/proposicoesWeb/fichadetramitacao?idProposicao=2188019. Acesso em: 10 mar. 2022.

[2] Ver: FORTINI, Cristiana; AMORIM, Rafael Amorim. Novo Olhar para as Contratações Públicas: Precedentes e Perspectivas da Lei nº 14.133/2021. In: MATOS, Marilene Carneiro.; Alves, Felipe Dalenogare; Amorim, Rafael Amorim, Nova Lei de Licitações e Contratos: Brasília, Edições Câmara, 2023. p. 113-149.

[3] FORTINI, Cristiana; AMORIM, Rafael Amorim. *Um novo olhar para a futura Lei de Licitações e Contratos Administrativos:* a floresta além das árvores. Disponível em https://www.licitacaoecontrato.com.br/artigo/um-novo-olhar-para-futura-lei-licitacoes-contratos-administrativos-floresta-alem-das-arvores-10022021.php#!. Acesso em 14 jun. 2025.

competências na área de licitações e contratos, pois suas atividades são capazes de identificar as principais fragilidades de pessoal:

(i) desde trabalhos específicos para diagnosticar a situação dos recursos humanos no âmbito dos órgãos e entidades, que podem identificar insuficiência de pessoal (aspecto quantitativo) e/ou déficit de competências (aspecto qualitativo);[4]

(ii) até fiscalizações empreendidas nas contratações públicas, que conformam uma base valiosa de informações quanto às principais causas de impropriedades e irregularidades relacionadas à execução do marco legal das contratações públicas.

O art. 173 da LLCA estabelece, então, na tentativa de fortalecer a prevenção e potencializar a profissionalização, a obrigatoriedade de os tribunais de contas promoverem, por meio de suas Escolas de Contas, ações de capacitação para os servidores e empregados públicos dos respectivos órgãos e entidades públicas sob sua alçada, em especial mediante realização de cursos presenciais e à distância, construção de redes de aprendizagem e promoção de seminários e congressos sobre contratações.

Nesse contexto, os tribunais de contas deverão direcionar as ações de aprendizagem previstas no art. 173 da LLCA para desenvolver os recursos humanos de órgãos e entidades de acordo com o déficit de competências identificado em seus trabalhos,[5] sobretudo para prevenir a reiteração de condutas que configuram impropriedades ou irregularidades (conforme incisos I e II do §3º do art. 169 da LLCA). E, assim, à medida que privilegiem a prevenção em detrimento da repressão, além de potencializar o diálogo entre as esferas administrativa e controladora, os tribunais de contas darão maior contribuição para a execução satisfatória da LLCA e para o alcance dos resultados desejados nas contratações públicas[6].

---

[4] Por exemplo, no Acórdão nº 588-2018-Plenário (Voto do Ministro Bruno Dantas, p. 5), o TCU, em relação às pessoas dos órgãos e entidades que participaram do levantamento, identificou que "mais de 65% das organizações encontram-se em estágio inicial de capacidade", o que acarreta as seguintes consequências: "50.1. Desconhecimento acerca das competências necessárias ao desempenho adequado das atividades realizadas pela área de gestão de contratações; 50.2. Alocação e movimentação de pessoal para a área de gestão de contratações sem qualificação técnica necessária; 50.3. Designação de gestor não capacitado adequadamente para exercer atividades críticas atinentes à gestão de contratações; e 50.4. Prejuízo ao alcance das metas definidas para a área de gestão de contratações, por falta de pessoal capacitado". (BRASIL. Tribunal de Contas da União. *Consulta*. Disponível em: https://portal.tcu.gov.br/inicio/. Acesso em 12 dez. 2020).

[5] Como anota Fernando Abrucio, especialmente no âmbito dos municípios, o maior problema das administrações "é a fragilidade de sua burocracia em termos de qualificação e independência junto aos poderes políticos". (ABRUCIO, Fernando Luiz. Federalismo e Lei Orgânica da Administração Pública: desafios e Oportunidades de Modernização dos Governos Subnacionais p. 382. *In*: MODESTO, Paulo (Coord.). *Nova Organização Administrativa Brasileira*. 2. ed. rev. e amp. Belo Horizonte: Fórum, 2010. p. 377-394).

[6] Destaca-se, a título exemplificativo, o trabalho desempenhado pela Escola de Gestão Pública do Tribunal de Contas do Estado do Paraná, que disponibiliza diversos cursos de formação e capacitação para servidores de órgãos e entidades que lhes são jurisdicionados. Ver: https://egp.tce.pr.gov.br/. Acesso em: 28 jan. 2023.

TÍTULO V
DISPOSIÇÕES GERAIS

CAPÍTULO I
DO PORTAL NACIONAL DE CONTRATAÇÕES PÚBLICAS (PNCP)

Art. 174. É criado o Portal Nacional de Contratações Públicas (PNCP), sítio eletrônico oficial destinado à:

I – divulgação centralizada e obrigatória dos atos exigidos por esta Lei;

II – realização facultativa das contratações pelos órgãos e entidades dos Poderes Executivo, Legislativo e Judiciário de todos os entes federativos.

§1º O PNCP será gerido pelo Comitê Gestor da Rede Nacional de Contratações Públicas, a ser presidido por representante indicado pelo Presidente da República e composto de:

I – 3 (três) representantes da União indicados pelo Presidente da República;

II – 2 (dois) representantes dos Estados e do Distrito Federal indicados pelo Conselho Nacional de Secretários de Estado da Administração;

III – 2 (dois) representantes dos Municípios indicados pela Confederação Nacional de Municípios.

§2º O PNCP conterá, entre outras, as seguintes informações acerca das contratações:

I – planos de contratação anuais;

II – catálogos eletrônicos de padronização;

III – editais de credenciamento e de pré-qualificação, avisos de contratação direta e editais de licitação e respectivos anexos;

IV – atas de registro de preços;

V – contratos e termos aditivos;

VI – notas fiscais eletrônicas, quando for o caso.

§3º O PNCP deverá, entre outras funcionalidades, oferecer:

I – sistema de registro cadastral unificado;

II – painel para consulta de preços, banco de preços em saúde e acesso à base nacional de notas fiscais eletrônicas;

III – sistema de planejamento e gerenciamento de contratações, incluído o cadastro de atesto de cumprimento de obrigações previsto no §4º do art. 88 desta Lei;

IV – sistema eletrônico para a realização de sessões públicas;

V – acesso ao Cadastro Nacional de Empresas Inidôneas e Suspensas (Ceis) e ao Cadastro Nacional de Empresas Punidas (Cnep);

VI – sistema de gestão compartilhada com a sociedade de informações referentes à execução do contrato, que possibilite:

a) envio, registro, armazenamento e divulgação de mensagens de texto ou imagens pelo interessado previamente identificado;

b) acesso ao sistema informatizado de acompanhamento de obras a que se refere o inciso III do caput do art. 19 desta Lei;

c) comunicação entre a população e representantes da Administração e do contratado designados para prestar as informações e esclarecimentos pertinentes, na forma de regulamento;

d) divulgação, na forma de regulamento, de relatório final com informações sobre a consecução dos objetivos que tenham justificado a contratação e eventuais condutas a serem adotadas para o aprimoramento das atividades da Administração.

§4º O PNCP adotará o formato de dados abertos e observará as exigências previstas na Lei nº 12.527, de 18 de novembro de 2011.

§5º (VETADO).

MARCOS NÓBREGA

174 O Portal Nacional de Contratações Públicas (PNCP)

É importante frisar que nas últimas décadas o modelo de licitações no Brasil passou de apenas um núcleo irradiador, com a Lei nº 8.666/1993, para em seguida se transformar em um sistema de compras, tendo a lei geral com polo irradiador, somado a leis específicas. Em termos de mudança estrutural de incentivos, um grande avanço – duas décadas atrás – foi a instituição do pregão, que com a simples medida de inversão de fases garantiu uma substancial economia de custos de transação, o que refletiu nos preços licitados. Essa foi a primeira grande revolução.

A segunda revolução se dará agora com a Nova Lei de Licitações e a possibilidade de criação de mecanismos de *rating* para diminuir a assimetria de informação entre a Administração Pública e o licitante. Isso ajuda a reduzir o problema da seleção adversa, quando por razões diversas o mercado não consegue sinalizar para a Administração Pública as verdadeiras características do licitante. Ocorre que, quando o mercado sobre forte assimetria de informações, as melhores empresas acabam sendo expulsas do mercado por absoluta falta de incentivo, remanescendo as empresas de pior qualidade.

Dessa forma, não é incomum que a Administração Pública acabe adquirindo bens e serviços de baixa qualidade, culminando com frustração e desídia com o interesse público.

174.1 Do Comitê Gestor da Rede Nacional de Contratações Públicas (§1º do art. 174)

Esse é um dispositivo importante, porque vai determinar a composição do Comitê Gestor da Rede Nacional de Contratações Públicas, que estabelecerá a gestão e as diretrizes para o Portal Nacional de Compras Públicas. Como é um portal nacional, andou bem o legislador ao conferir caráter plural à sua composição. Dessa forma, representantes dos Estados e também dos municípios estarão representados. Um ponto importante é definir a governança desse comitê, ou seja, suas regras de gestão e de tomada de decisão, que deverá estabelecer regras claras para o seu funcionamento.

174.2 Das informações que constarão do PNCP (§2º do art. 174)

O PNCP é mais do que um banco de dados, deverá funcionar como um ecossistema de compras que poderá (e deverá) ser também usado para outros fins. Aliás, essa é uma tônica das plataformas diversas que existem, surgem com uma finalidade especifica (Amazon começou somente vendendo livros) e na medida em que vão ganhando escala vão estabelecendo um avanço para outras áreas. A Amazon, por exemplo, vende uma infinidade de bens, provê serviços de informação e nuvem e comercializa seus próprios produtos, como Kindle, Comcast e Alexa.

Assim vai acontecer com essa plataforma, na medida em que for ganhando escada e aumentando a sua base de informações, terá condições de prover outros tipos de serviço, como treinamento e capacitação customizados para os diversos entes federados; crédito para as empresas de setores específicos; fonte de dados para pesquisas; critérios mais confiáveis para comparação de preços, entre tantos. As possibilidades são infindáveis.

O rol contido nesse dispositivo é exemplificativo, mas já dá uma boa ideia do escopo do PNCP. Deve conter os planos de contratação anuais de cada ente federado. Um grande mal que assola as compras públicas no país é a falta de planejamento e o "emergencialismo". Muita coisa é feita de supetão, não raro fazendo com que o ente federado acabe comprando produtos de má qualidade. No caso de municípios, por exemplo, é sabido que grande parte dos seus gastos com compras públicas advém dos setores de saúde e educação. Gastos esses que são corriqueiros e se repetem todo ano. Um planejamento, por mínimo que seja, ajudaria na elaboração de compras mais racionais. Em um estágio mais avançado, o próprio PNCP poderá embutir um módulo que ajudaria os municípios a elaboraram seu planejamento de compras com base no histórico de compras dos municípios. Aliás, não é demais pensar que o banco de dados do PNCP pode auxiliar no chamado *predict procurement*, utilizando ferramentas de inteligência artificial para aumentar a eficiência nas compras públicas.

Nesse mesmo diapasão, o PNCP deve conter catálogos eletrônicos de padronização. Nesse caso, mais uma vez corrobora a ideia de diminuição de assimetria de informação entre a Administração Pública e os licitantes. Padrões bem estabelecidos podem ser um

importante instrumento para evitar o problema da seleção adversa e impedir que a Administração compre produtos de baixa qualidade.

O PNCP deve também conter os editais de credenciamento e de pré-qualificação, avisos de contratação direta e editais de licitação, com seus respectivos anexos. Essa é a base primeira dos documentos que servirão de lastro para a formação de robusto sistema de informação. O credenciamento é um poderoso instrumento de revelação de informação, assim como os instrumentos de pré-qualificação. Da mesma forma, o estabelecimento no banco de dados de editais de licitação pode ser importante instrumento para auxílio aos entes federados, sobretudo para uso em licitações de bens padronizáveis.

Também deve conter as atas de registro de preços; os contratos e termos aditivos; e as notas fiscais eletrônicas, quando for o caso. Nesse último caso, o cruzamento de outros bancos de dados com o PNCP poderá ser muito útil para robustecer as informações, como seria o caso de notas fiscais eletrônicas.

Por fim, o PNCP estabelecerá uma base sólida para o que chamaríamos de licitação 2.0, ou seja, um sistema que, além de colher dados, aponta tendências e utiliza ferramentas modernas, fazendo uso de algoritmos para auxiliar na melhoria do padrão das contas públicas no país.

174.3 Das funcionalidades do PNCP (§3º do art. 174)

Esse parece ser um dos dispositivos mais importantes dessa lei de licitações e contratos. Muitas críticas têm surgido (algumas fundadas) de que a lei foi incapaz de apresentar avanços nas compras públicas, outros dizem que a lei representa um retrocesso em alguns pontos. Críticas à parte, o dispositivo em comento abre espaço para uma grande revolução nas compras públicas no Brasil. Dá-se, com dissemos, a criação de um verdadeiro ecossistema de compras públicas, dinâmico, proativo e capaz de se auto aperfeiçoar, englobando várias funcionalidades que podem se expandir com o tempo.

A ideia é que, no futuro, o PNCP possa gerenciar mais ativamente as compras via pregão, contratação direta e a registro de preços, fazendo o cruzamento de dados e ajudando a gestão a elaborar melhor o seu planejamento de compras, otimizando, assim, a busca do interesse público.

Um exemplo seria captar tendências e sazonalidades. Talvez (hoje não sabemos) seja melhor comprar um bem específico em determinado período do ano, porque os dados mostram que os preços oscilam ano a ano nesse mesmo período. Tem-se, portanto, uma janela de oportunidade para realizar compras nesse momento. Da mesma forma, pode-se estimar qual o impacto no preço se a quantidade comprada atingir determinado patamar. Esses são apenas exemplos de grandes oportunidades que podem ser construídas com o PNCP.

Claro que essa plataforma somente será exitosa se for boa para a Administração pública e também para os fornecedores. No caso da Administração Pública, algumas possibilidades são viáveis. Em primeiro lugar, pode-se construir um sistema ponta a ponta, ou seja, do registro ao pagamento, entronizando na própria plataforma os mecanismos de pagamento para o fornecedor, dando agilidade à execução da despesa pública.

Além disso, o PNCP pode promover transparência e fácil acesso aos dados dos fornecedores. Essa certamente é uma das grandes vantagens, posto que o princípio da transparência sempre foi festejado como um dos mais importantes princípios da Administração Pública. O grande problema, no entanto, é como operacionalizá-lo, como torná-lo efetivo. Uma plataforma desse patamar estabelece inéditas oportunidades para aprimoramento da transparência e *accountability* públicos. Tudo isso, é claro, mediante atenção às regras de proteção de dados estabelecidas na LGPD.

Se, de fato, o PNCP avançar para um ambiente de e-marketplace para dispensa eletrônica, isso possibilitará opções de pesquisar; comparar; selecionar e comprar. É sabido que o Governo Federal criou, em 2020, a chamada "Dispensa Eletrônica", que é o "balão de ensaio" para um e-marketplace. Certamente, a dispensa eletrônica usará das funcionalidades do PNCP para ser operacionalizada.

O PNCP também possibilitará a elaboração de listas de produtos para diversas categorias, o que possibilitará uma infinidade de informações sobre os fornecedores de diversos cantos do país, sobretudo porque terá acesso ao Cadastro Nacional de Empresas Inidôneas e Suspensas (CEIS) e ao Cadastro Nacional de Empresas Punidas (CNEP), o que significa uma grande oportunidade de coleta de dados e cruzamento de informações.

Da mesma forma, o PNCP apresenta vantagens para o fornecedor, posto que este terá acesso direto aos vários níveis de governo e condição de participar de mercados que, em condições normais, não teria acesso. Além disso, o PNCP sofistica os mecanismos de *rating*, o que recompensará a boa performance das empresas que participaram de licitações anteriores. Como a sistemática de compras públicas é continua, e as empresas que já forneceram para o Governo tendem a continuar fornecendo no futuro, estas terão a oportunidade de melhorar suas performances, atuando em determinadas áreas e setores. No mesmo sentido, o PNCP permitirá que vendedores fakes e inativos sejam desativados.

174.4 O PNCP e o formato de dados abertos (§4º do art. 174)

A Lei de Proteção de Dados foi um marco importante para a transparência das informações e para o fortalecimento de aspectos de controle da gestão pública. Para o que aqui nos interessa, a LGPD estabelece, em seu art. 8º, §3º, II, que os órgãos e entidades públicas deverão utilizar todos os meios e instrumentos legítimos de que dispuserem, sendo obrigatória a divulgação em sítios oficiais da internet. E nesse sentido, esses dados divulgados pela Administração Pública deverão possibilitar o acesso automatizado por sistemas externos em formatos abertos, estruturados e legíveis por máquina.

As dificuldades para a abertura de dados governamentais apontam para desafios técnicos e de infraestrutura, no entanto, ao definir o novo paradigma de dados aberto, depreende-se que entraremos em novo patamar de transparência e controle social.

O formato de dados aberto, segundo apontam Dutra e Lopes,[1] possibilita que a sociedade gere novas informações que podem ensejar o aprimoramento da prestação de serviços públicos. No entanto, de acordo com os autores, e citando o OpenGovData.org,[2] há oito princípios referentes a dados abertos:

---

1 DUTRA, Cláudio; LOPES, Karen. Dados abertos: uma forma inovadora de transparência. *VI Congresso do CONSAD de gestão pública*, abril, 2013. Disponível em: http://www.sgc.goias.gov.br/upload/arquivos/2014-09/dados-abertos---uma-forma-inovadora-de-transparEncia.pdf. Acesso em 10 jun. 2021.

2 Disponível em: www.opengovdata.org. Acesso em 10 jun. 2021.

1. Completos. Todos os dados públicos estão disponíveis. Dado público é o dado que não está sujeito a limitações válidas de privacidade, segurança ou controle de acesso.
2. Primários. Os dados são apresentados tais como coletados na fonte, com maior nível de granularidade e sem agregação ou modificação.
3. Atuais. Os dados são disponibilizados tão rapidamente quanto necessário à preservação do seu valor.
4. Acessíveis. Os dados são disponibilizados para o maior alcance possível de usuários e para o maior conjunto possível de finalidades.
5. Compreensíveis por máquina. Os dados são razoavelmente estruturados de modo a possibilitar o processamento automatizado.
6. Não discriminatórios. Os dados são disponíveis para todos, sem exigência de requerimento ou cadastro.
7. Não proprietários. Os dados são disponíveis em formato sobre o qual nenhuma entidade detenha controle exclusivo.
8. Livres de licenças. Os dados não estão sujeitos a nenhuma restrição de direito autoral, patente ou propriedade intelectual. Restrições sensatas relacionadas à privacidade, segurança e privilégios de acesso são permitidas.

Conforme se vê, os desafios para a transparência e o uso adequado desses dados é muito grande e esse dispositivo da NLLCA deverá ter um impacto imenso nos padrões de accountability em geral e na gestão pública em particular.

Art. 175. Sem prejuízo do disposto no art. 174 desta Lei, os entes federativos poderão instituir sítio eletrônico oficial para divulgação complementar e realização das respectivas contratações.

§1º Desde que mantida a integração com o PNCP, as contratações poderão ser realizadas por meio de sistema eletrônico fornecido por pessoa jurídica de direito privado, na forma de regulamento.

§2º Até 31 de dezembro de 2023, os Municípios deverão realizar divulgação complementar de suas contratações mediante publicação de extrato de edital de licitação em jornal diário de grande circulação local.

MARCOS NÓBREGA

175 Da possibilidade de instituir sítios eletrônicos oficiais complementares

A ideia é que o PNCP esteja abastecido com dados de todos os entes federados, no entanto isso não impede que os demais entes elaborem suas próprias plataformas para compras públicas. Plataformas já existem em alguns estados e municípios e poderão ser aprimoradas. No entanto, com o passar do tempo, e considerando que a plataforma federal será robusta e com diversas funcionalidades, a tendência é que haja ampla adesão dos demais entes federados.

175.1 Do uso de sistema eletrônico fornecido por pessoa jurídica de direito privado (§1º do art. 175)

O §1º observa que as contratações poderão ser realizadas por meio de sistema eletrônico fornecido por pessoa jurídica de direito privado, no entanto isso dependerá de regulamentação. É preciso deixar claro quais são as regras de segurança desses sistemas, as características informacionais que os compreendem, bem como checar se há vieses nos algoritmos que subsidiam o funcionamento da ferramenta. O uso dessas ferramentas privadas é possível, no entanto, é necessário assegurar a sua integração com o PNCP.

Nesse ponto a Lei não deixa claro o que seria essa integração, e isso perpassa aspectos de tecnologia da informação e de segurança de dados.

175.2 Da publicação complementar do extrato de edital de licitação em jornal diário de grande circulação local (§2º do art. 175)

Esse dispositivo é curioso. Até agora o artigo 173 e 174 tratam do PNCP, que é um instrumento poderoso de aperfeiçoamento das compras públicas e olha para o futuro.

Esse §2º fala que os municípios deverão publicar extrato de edital em jornal de grande circulação. É provável que quando o leitor ler esse texto nem mais existam jornais de grande circulação nos municípios. Aliás, há tempos e tempos é divulgado o Atlas da Notícia, que informa a abrangência dos jornais pelo país. Atualmente, em 2021,[1] 3.280 municípios brasileiros não possuem nenhum veículo de informação local, ou seja, sem jornal, site, blog ou emissora de rádio e TV. Acho que o legislador estava pensando em outro país quando elaborou essa norma.

[1] Cf.: Sites encolhem desertos de notícia no Brasil. *Folha de São Paulo*, edição eletrônica, 02 fev. 2021. Disponível em; https://www1.folha.uol.com.br/mercado/2021/02/sites-encolhem-desertos-de-noticia-no-brasil.shtml. Acesso em: 10 jun. 2021.

Art. 176. Os Municípios com até 20.000 (vinte mil) habitantes terão o prazo de 6 (seis) anos, contado da data de publicação desta Lei, para cumprimento:

I – dos requisitos estabelecidos no art. 7º e no caput do art. 8º desta Lei;

II – da obrigatoriedade de realização da licitação sob a forma eletrônica a que se refere o §2º do art. 17 desta Lei;

III – das regras relativas à divulgação em sítio eletrônico oficial.

Parágrafo único. Enquanto não adotarem o PNCP, os Municípios a que se refere o caput deste artigo deverão:

I – publicar, em diário oficial, as informações que esta Lei exige que sejam divulgadas em sítio eletrônico oficial, admitida a publicação de extrato;

II – disponibilizar a versão física dos documentos em suas repartições, vedada a cobrança de qualquer valor, salvo o referente ao fornecimento de edital ou de cópia de documento, que não será superior ao custo de sua reprodução gráfica.

RAFAEL SÉRGIO LIMA DE OLIVEIRA

176 Da aplicação diferida de partes da Lei nº 14.133/2021 aos municípios com até 20.000 (vinte mil) habitantes

O art. 176 estabelece um prazo de transição maior em relação a alguns institutos da NLLCA para os municípios com até 20.000 (vinte mil) habitantes. Em regra, os órgãos e entidades de direito público interno têm um prazo de 2 (dois) anos, contados de 1º de abril de 2021 (data da publicação da NLLCA), para se adaptar à Lei nº 14.133/2021 (art. 191 c/c o art. 193, II, da NLLCA). Com isso, a partir de 1º de abril de 2023, a Administração direta, autárquica e fundacional federal, estadual, distrital e de alguns municípios estará obrigada a observar todos[1] os dispositivos da NLLCA no exercício de suas atividades contratuais.

O dispositivo em comento, entretanto, concede aos municípios com até 20.000 (vinte mil) habitantes o prazo de 6 (seis) anos, contado da data de publicação da Lei nº 14.133/2021, para a obrigatoriedade de observância de algumas regras da NLLCA. Esse diploma legal reconhece que o cumprimento dessas regras por municípios de pequeno porte demanda um esforço relevante, motivo pelo qual essas entidades da federação recebem do art. 176 uma carência que vai até 1º de abril de 2027.

---

[1] Devemos lembrar que já há uma forte discussão em relação à natureza de *norma geral* (art. 22, XXVII, da Constituição) de diversos dispositivos da NLLCA, o que nos faz consignar que, possivelmente, algumas das normas da Lei nº 14.133/2021 poderão ser consideradas normas específicas da União, motivo pelo qual não seriam de observância obrigatória para estados, municípios e Distrito Federal.

176.1 Da aplicação diferida das regras relativas à gestão de pessoas (inciso I do art. 176)

O art. 176, inciso I, concede carência de 6 (seis) anos aos municípios de menor porte, nos termos do *caput* desse artigo, para observar as regras do art. 7º e do *caput* do art. 8º da NLLCA. Esses últimos dispositivos tratam de normas relativas aos Agentes Públicos que lidam com licitação e contrato.

O art. 7º versa sobre cânones basilares da gestão de pessoas na área contratual, ao passo que o art. 8º tem um objeto de regulação mais específico.

Do art. 7º podemos extrair os seguintes comandos:[2] a) gestão por competência (*caput* e inciso II); b) preferência para a designação de servidor ocupante de cargo efetivo ou empregado público dos quadros permanentes da Administração para o exercício das funções relativas à licitação e contrato (inciso I); c) impedimento daqueles que tenham relações com licitantes ou contratados habituais da Administração (inciso III); e d) segregação de funções (§1º).

Algumas dessas regras reclamam alterações estruturais da organização administrativa das entidades municipais, ocasionando até a necessidade de refazimento da sua força de trabalho, inclusive pela realização de concursos públicos. Nesse prumo, as entidades municipais de menor porte contam com o prazo alongado para implementar as regras postas no parágrafo anterior.

Acontece, entretanto, que alguns dos preceitos postos no art. 7º são basilares para a ordem constitucional pátria, não comportando uma modulação de sua aplicação pela legislação infraconstitucional. Esse é o caso do inciso III do art. 7º da NLLCA, que impede que agentes públicos ligados a licitantes e contratantes habituais da Administração licitante e contratante atuem em processos de contratação pública. A inobservância dessa regra feriria de morte princípios como os da impessoalidade, o da moralidade e o da igualdade (arts. 5º e 37 da Constituição), razão pela qual sua obediência é imposta independentemente de disposição legal. Isto é, trata-se de imposição constitucional. Ademais, a observância desses princípios decorre do art. 5º da NLLCA, que não tem sua aplicação diferida no tempo para os entes da federação tratados no art. 176 da NLLCA.

Em certa medida, o mesmo pode ser dito da *segregação de funções*, que também está consagrada como princípio do novo regime de contratação pública no art. 5º da Lei nº 14.133/2021. Obviamente, dada a realidade de muitos municípios do porte indicado no *caput* do art. 176, não será possível segregar funções dentro dos patamares desejados. Nesse sentido, vale o diferimento da aplicação desse cânone em entidades municipais de menor porte, a fim de que esses entes se adequem a tal modelo.

Porém, não se pode cogitar de modulação da segregação de funções em relação às atividades de execução e de conferência da legalidade e da efetividade dos processos de licitação e contrato. Com isso, até mesmo no regime da Lei nº 8.666/1993 c/c a Lei nº 10.520/2002,[3] deve haver a segregação das funções de execução, de assessoramento jurídico e de controle interno. A confusão dessas atribuições de conferência da legalidade

---

[2] Vide comentários ao art. 7º, nesta obra.

[3] O TCU já se manifestou neste sentido, inclusive: "Viola o princípio da segregação de funções o exame dos aspectos legais que envolvem licitações e contratos efetuados por instância diretamente subordinada à área responsável pela contratação". (Enunciado da Jurisprudência Selecionada do TCU – Acórdão nº 1.682/2013 – Plenário).

e da efetividade no mesmo agente responsável pela execução torna tal verificação inútil, já que essa revisão só tem seus efeitos se concretizada por um sujeito estranho à atividade de realização do ato revisado.

Em relação ao art. 8º, não resta dúvida que o diferimento da regra contida em seu *caput* diz respeito à exigência de vínculo efetivo do Agente de Contratação, assim como do Pregoeiro e dos membros da Comissão de Contratação.[4] A rigor, questiona-se se tal requisito é norma geral nos termos do art. 22, XXVII, da Constituição. A prevalecer a natureza de norma específica dessa exigência, ela nem precisaria ser observada pelos entes estaduais, distritais e municipais. Porém, o disposto no art. 176, inciso I, deixa claro que essa não é a visão do legislador federal.

Nesse rumo, o diferimento da exigência de efetividade do vínculo do Agente de Contratação ocorre como uma medida de reconhecimento da necessidade de adaptação da estrutura de pessoal dos municípios de menor porte, o que reclama a realização de concursos públicos.

Importante dizer que os municípios com até 20.000 (vinte mil) habitantes podem desde já realizar licitações nos moldes da NLLCA, atribuindo a condução de uma concorrência, por exemplo, a um Agente de Contratação. O que o *caput* e o inciso I do art. 176 fazem é flexibilizar o cumprimento dos requisitos dos arts. 7º e 8º. Ou seja, eles não impedem que sejam adotadas as posturas instituídas por estes últimos dispositivos. Há apenas a flexibilização das exigências legais para a implantação de tais posturas dentro do prazo indicado no *caput* do art. 176. Com isso, é possível que um município de até 20.000 (vinte mil) habitantes, dentro dos 6 (seis) anos admitidos pela Lei, realize uma licitação e atribua a sua condução a um Agente de Contração[5] que não ocupe cargo ou emprego de vínculo efetivo.

176.2 Da aplicação diferida da obrigatoriedade da licitação sob a forma eletrônica (inciso II do art. 176)

O §2º do art. 17 da NLLCA estabelece a preferência pela realização das licitações "sob a forma eletrônica", admitindo a forma presencial em "hipótese excepcional" (§5º do art. 17) e desde que motivada. Na verdade, a Lei nº 14.133/2021 consagra a virtualização do procedimento licitatório,[6] pois prevê a realização de todas as modalidades sob a forma eletrônica (§2º do art. 17), preferindo atos praticados em formato digital (art. 12, VI, c/c o art. 17, §4º) e impondo a divulgação de tais atos em sítio eletrônico oficial (art. 6º, LII, c/c o art. 174, I).

A implementação da forma eletrônica da licitação também é uma prática que envolve a reestruturação de áreas da Administração municipal. Por isso, a Lei nº 14.133/2021 difere a observância da regra de preferência do §2º do art. 17 para os municípios com população de até 20.000 (vinte mil) habitantes.

A bem da verdade, o §2º do art. 17 não impõe a obrigatoriedade da forma eletrônica da licitação, como indica o inciso II do art. 176. Há ali a previsão literal de uma preferência

4 Vide comentários ao art. 8º, nesta obra.

5 O mesmo vale para o Pregoeiro e para os membros da Comissão de Contratação.

6 Vide comentários ao art. 17, nesta obra.

com a exigência de exposição dos motivos que eventualmente ensejem o afastamento de tal predileção. Desse modo, o dispositivo não obriga o certame eletrônico, ele apenas obriga a Administração a motivar a decisão de realizar a licitação na forma presencial para afastar a preferência legal pelo procedimento virtual. Com isso, o que fica suspenso durante os 6 (seis) anos a que se refere o *caput* do art. 176 é o dever de motivar a decisão de realizar uma licitação na forma presencial.

Com isso, os municípios de até 20.000 (vinte mil) habitantes poderão realizar licitações na forma presencial, sem apresentar motivação excepcional, até 1º de abril de 2027. Assim sendo, os atos da licitação poderão ser praticados em meio físico, dispensada a forma digital – embora ela seja possível, a depender da preferência do ente licitante.

Vale dizer que o inciso II do art. 176 posterga a observância "da obrigatoriedade de realização da licitação sob a forma eletrônica" prevista no §2º do art. 17 da Lei em comento. Não há o diferimento no tempo da obediência à regra de que, nos certames presenciais, a sessão pública deve ser "registrada em ata e gravada em áudio e vídeo" (parte final do §2º do art. 17). Inclusive, essa imposição conta com previsão específica no §5º do mesmo art. 17. Por isso, os municípios do porte indicado no *caput* do art. 176 poderão realizar licitações presenciais, sem necessidade de motivação para tanto, mas com a obrigação de registrar a sessão pública em áudio e vídeo, juntando a gravação nos autos do processo depois do seu encerramento.

176.3 Da aplicação diferida das regras relativas à divulgação em sítio eletrônico oficial (inciso III e parágrafo único do art. 176)

Na linha do diferimento contido no inciso II do art. 176, o inciso III desse mesmo artigo posterga a obrigatoriedade de os municípios de até 20.000 (vinte mil) habitantes divulgarem os atos de execução da NLLCA em sítio eletrônico oficial, no caso, o Portal Nacional de Contratações Públicas a que se refere o art. 174.

Já tivemos a oportunidade de dizer que o sítio eletrônico oficial eleito pela Lei nº 14.133/2021 para divulgação dos atos exigidos nesse diploma é o PNCP.[7] Com isso, interpretamos que a NLLCA estabelece uma verdadeira relação de sinonímia entre *sítio eletrônico oficial* e *Portal Nacional de Contratações Públicas*. Aliás, o art. 174, *caput*, da Nova Lei de Licitações é cristalino em dizer que o PNCP é um sítio eletrônico oficial, sendo complementado pelo seu inciso I, que estabelece o Portal Nacional como *locus* de divulgação centralizada e obrigatória dos atos exigidos pela Lei nº 14.133/2021.

O comando do inciso III do art. 176 em comento dá conta de que a Administração dos municípios de menor porte poderá deixar de divulgar os atos de execução da NLLCA por meio do PNCP. A adoção do PNCP por parte dos municípios de até 20.000 (vinte mil) habitantes é possível desde logo, mas não é obrigatória. Se assim desejarem, esses entes da federação poderão aderir ao PNCP só a partir de 1º de abril de 2027. Com isso, até essa data não estariam obrigados a cumprir, por exemplo, o disposto no art. 54, *caput*, e no art. 94, ambos da NLLCA. A rigor, o diferimento temporal aqui previsto se refere aos dispositivos mencionados e, especialmente, ao inciso I do art. 174, que contém a cláusula geral de publicação dos atos de execução da Nova Lei de Licitações no PNCP.

[7] Vide comentários ao art. 54, nesta obra.

Se optarem pela não adesão ao PNCP durante o decurso do prazo a que se refere o *caput* do art. 176, os municípios de até 20.000 (vinte mil) habitantes deverão fazer a publicação dos atos para os quais a Lei nº 14.133/2021 exige publicidade no respectivo diário oficial, admitida a publicação de extrato (inciso I do parágrafo único do art. 176). Além disso, deverão disponibilizar a versão física dos documentos em suas repartições, sem a cobrança de taxas, mas permitida a cobrança de valores relativos aos custos da produção gráfica do documento (inciso II do parágrafo único do art. 176).

CAPÍTULO II
DAS ALTERAÇÕES LEGISLATIVAS

Art. 177. O caput do art. 1.048 da Lei nº 13.105, de 16 de março de 2015 (Código de Processo Civil), passa a vigorar acrescido do seguinte inciso IV:

"Art.1.048.

IV - em que se discuta a aplicação do disposto nas normas gerais de licitação e contratação a que se refere o inciso XXVII do caput do art. 22 da Constituição Federal". (NR)

RAFAEL SÉRGIO LIMA DE OLIVEIRA

177 Da priorização da tramitação de processos relativos à aplicação das normas gerais de licitação e contratação

O art. 177 da NLLCA altera o art. 1.048 do Código de Processo Civil nacional para incluir os processos nos quais se discuta a aplicação das normas gerais de licitação e contratação a que se refere o inciso XXVII do art. 22 da Constituição dentre aqueles que devem ter prioridade de tramitação em qualquer juízo ou tribunal.

A rigor, nos termos do art. 1º da Lei nº 14.133/2021, esse diploma estabelece normas gerais de licitação e contratação, razão pela qual se poderia dizer que os processos nos quais se discute a aplicação de quaisquer dos dispositivos da Lei em comento merecem a prioridade prevista no inciso III do art. 1.048 do Código de Processo Civil. A despeito da discussão sobre a natureza de norma geral de todos os dispositivos da NLLCA, esse tratamento prioritário deve ser conferido a todos os processos judiciais em que se discute a aplicação de seus dispositivos, exceto se reconhecida pela autoridade judicial competente a natureza de norma federal do comando da Lei nº 14.133/2021 em discussão judicial.

Art. 178. O Título XI da Parte Especial do Decreto-Lei nº 2.848, de 7 de dezembro de 1940 (Código Penal), passa a vigorar acrescido do seguinte Capítulo II-B:

"CAPÍTULO II-B

DOS CRIMES EM LICITAÇÕES E CONTRATOS ADMINISTRATIVOS

Contratação direta ilegal

Art. 337-E. Admitir, possibilitar ou dar causa à contratação direta fora das hipóteses previstas em lei:

Pena – reclusão, de 4 (quatro) a 8 (oito) anos, e multa.

Frustração do caráter competitivo de licitação

Art. 337-F. Frustrar ou fraudar, com o intuito de obter para si ou para outrem vantagem decorrente da adjudicação do objeto da licitação, o caráter competitivo do processo licitatório:

Pena – reclusão, de 4 (quatro) anos a 8 (oito) anos, e multa.

Patrocínio de contratação indevida

Art. 337-G. Patrocinar, direta ou indiretamente, interesse privado perante a Administração Pública, dando causa à instauração de licitação ou à celebração de contrato cuja invalidação vier a ser decretada pelo Poder Judiciário:

Pena – reclusão, de 6 (seis) meses a 3 (três) anos, e multa.

Modificação ou pagamento irregular em contrato administrativo

Art. 337-H. Admitir, possibilitar ou dar causa a qualquer modificação ou vantagem, inclusive prorrogação contratual, em favor do contratado, durante a execução dos contratos celebrados com a Administração Pública, sem autorização em lei, no edital da licitação ou nos respectivos instrumentos contratuais, ou, ainda, pagar fatura com preterição da ordem cronológica de sua exigibilidade:

Pena – reclusão, de 4 (quatro) anos a 8 (oito) anos, e multa.

Perturbação de processo licitatório

Art. 337-I. Impedir, perturbar ou fraudar a realização de qualquer ato de processo licitatório:

Pena – detenção, de 6 (seis) meses a 3 (três) anos, e multa.

Violação de sigilo em licitação

Art. 337-J. Devassar o sigilo de proposta apresentada em processo licitatório ou proporcionar a terceiro o ensejo de devassá-lo:

Pena – detenção, de 2 (dois) anos a 3 (três) anos, e multa.

Afastamento de licitante

Art. 337-K. Afastar ou tentar afastar licitante por meio de violência, grave ameaça, fraude ou oferecimento de vantagem de qualquer tipo:

Pena – reclusão, de 3 (três) anos a 5 (cinco) anos, e multa, além da pena correspondente à violência.

Parágrafo único. Incorre na mesma pena quem se abstém ou desiste de licitar em razão de vantagem oferecida.

Fraude em licitação ou contrato

Art. 337-L. Fraudar, em prejuízo da Administração Pública, licitação ou contrato dela decorrente, mediante:

I – entrega de mercadoria ou prestação de serviços com qualidade ou em quantidade diversas das previstas no edital ou nos instrumentos contratuais;

II – fornecimento, como verdadeira ou perfeita, de mercadoria falsificada, deteriorada, inservível para consumo ou com prazo de validade vencido;

III – entrega de uma mercadoria por outra;

IV – alteração da substância, qualidade ou quantidade da mercadoria ou do serviço fornecido;

V – qualquer meio fraudulento que torne injustamente mais onerosa para a Administração Pública a proposta ou a execução do contrato:

Pena – reclusão, de 4 (quatro) anos a 8 (oito) anos, e multa.

Contratação inidônea

Art. 337-M. Admitir à licitação empresa ou profissional declarado inidôneo:

Pena – reclusão, de 1 (um) ano a 3 (três) anos, e multa.

§1º Celebrar contrato com empresa ou profissional declarado inidôneo:

Pena – reclusão, de 3 (três) anos a 6 (seis) anos, e multa.

§2º Incide na mesma pena do caput deste artigo aquele que, declarado inidôneo, venha a participar de licitação e, na mesma pena do §1º deste artigo, aquele que, declarado inidôneo, venha a contratar com a Administração Pública.

Impedimento indevido

Art. 337-N. Obstar, impedir ou dificultar injustamente a inscrição de qualquer interessado nos registros cadastrais ou promover indevidamente a alteração, a suspensão ou o cancelamento de registro do inscrito:

Pena – reclusão, de 6 (seis) meses a 2 (dois) anos, e multa.

Omissão grave de dado ou de informação por projetista

Art. 337-O. Omitir, modificar ou entregar à Administração Pública levantamento cadastral ou condição de contorno em relevante dissonância com a realidade, em frustração ao caráter competitivo da licitação ou em detrimento da seleção da proposta mais vantajosa para a Administração Pública, em contratação para a elaboração de projeto básico, projeto executivo ou anteprojeto, em diálogo competitivo ou em procedimento de manifestação de interesse:

Pena – reclusão, de 6 (seis) meses a 3 (três) anos, e multa.

§1º Consideram-se condição de contorno as informações e os levantamentos suficientes e necessários para a definição da solução de projeto e dos respectivos preços pelo licitante, incluídos sondagens, topografia, estudos de demanda, condições ambientais e demais elementos ambientais impactantes, considerados requisitos mínimos ou obrigatórios em normas técnicas que orientam a elaboração de projetos.

§2º Se o crime é praticado com o fim de obter benefício, direto ou indireto, próprio ou de outrem, aplica-se em dobro a pena prevista no caput deste artigo.

Art. 337-P. A pena de multa cominada aos crimes previstos neste Capítulo seguirá a metodologia de cálculo prevista neste Código e não poderá ser inferior a 2% (dois por cento) do valor do contrato licitado ou celebrado com contratação direta".

RAFAEL SÉRGIO LIMA DE OLIVEIRA

178 Dos crimes em licitações e contratos administrativos

O art. 178 da Nova Lei de Licitações retira deste diploma legal o tratamento da matéria criminal, incluindo no Título XI do Código Penal, relativo aos Crimes Contra a Administração Pública, o Capítulo II-B, que trata *Dos Crimes em Licitações e Contratos Administrativos*. Assim, a matéria criminal relativa à contratação pública é inserida no Código Penal pátrio.

Art. 179. Os incisos II e III do caput do art. 2º da Lei nº 8.987, de 13 de fevereiro de 1995, passam a vigorar com a seguinte redação:

"Art. 2º.

II – concessão de serviço público: a delegação de sua prestação, feita pelo poder concedente, mediante licitação, na modalidade concorrência ou diálogo competitivo, a pessoa jurídica ou consórcio de empresas que demonstre capacidade para seu desempenho, por sua conta e risco e por prazo determinado;

III – concessão de serviço público precedida da execução de obra pública: a construção, total ou parcial, conservação, reforma, ampliação ou melhoramento de quaisquer obras de interesse público, delegados pelo poder concedente, mediante licitação, na modalidade concorrência ou diálogo competitivo, a pessoa jurídica ou consórcio de empresas que demonstre capacidade para a sua realização, por sua conta e risco, de forma que o investimento da concessionária seja remunerado e amortizado mediante a exploração do serviço ou da obra por prazo determinado". (NR)

RAFAEL SÉRGIO LIMA DE OLIVEIRA

179 Da possibilidade de licitação na modalidade diálogo competitivo para contratação de concessão de serviço público e de concessão de serviço público precedida da execução de obra pública

O art. 179 da NLLCA altera a Lei de Concessão de Serviço Público – Lei nº 8.987, de 13 de fevereiro de 1995 –, para admitir o uso da modalidade de licitação diálogo competitivo, prevista no art. 32 do *novel* diploma, na contratação de concessões de serviços públicos, precedidas da realização de obras públicas ou não. Sobre o tema, vide comentários ao art. 32 desta obra.

Art. 180. O caput do art. 10 da Lei nº 11.079, de 30 de dezembro de 2004, passa a vigorar com a seguinte redação:

"Art. 10. A contratação de parceria público-privada será precedida de licitação na modalidade concorrência ou diálogo competitivo, estando a abertura do processo licitatório condicionada a:

....". (NR)

RAFAEL SÉRGIO LIMA DE OLIVEIRA

180 Da possibilidade de licitação na modalidade diálogo competitivo para contratação de Parceria Público-Privada

O art. 180 da Lei nº 14.133/2021 altera a Lei nº 11.079, de 30 de dezembro de 2004, para admitir o uso da modalidade de licitação diálogo competitivo, prevista no art. 32 da NLLCA, na contratação de Parceria Público-Privada (PPP). Importante dizer que o diálogo competitivo criado na Europa em 2004 (Diretiva nº 2004/18/CE) tinha foco na contratação de PPP, motivo pelo qual, ainda quando da tramitação do Projeto de Lei que resultou na Lei em comento, alertamos que seria relevante admitir na legislação nacional o uso do diálogo competitivo para as PPPs.[1] Sobre o tema, vide comentários ao art. 32 desta obra.

[1] OLIVEIRA, Rafael Sérgio Lima de. O diálogo competitivo do Projeto de Lei de Licitação e Contrato Brasileiro. *Portal L&C*. Disponível em: http://www.licitacaoecontrato.com.br/artigo/o-dialogo-competitivo-do-projeto-de-lei-de-licitacao-e-contrato-brasileiro-20052021.html. Acesso em 19 ago. 2021.

CAPÍTULO III
DISPOSIÇÕES TRANSITÓRIAS E FINAIS

Art. 181. Os entes federativos instituirão centrais de compras, com o objetivo de realizar compras em grande escala, para atender a diversos órgãos e entidades sob sua competência e atingir as finalidades desta Lei.

Parágrafo único. No caso dos Municípios com até 10.000 (dez mil) habitantes, serão preferencialmente constituídos consórcios públicos para a realização das atividades previstas no caput deste artigo, nos termos da Lei nº 11.107, de 6 de abril de 2005.

RAFAEL SÉRGIO LIMA DE OLIVEIRA

181 A centralização das contratações públicas

A centralização de procedimentos de contratação pública é uma postura que tem ganhado cada vez mais força no âmbito da Administração Pública. Trata-se de um movimento que ultrapassa as fronteiras nacionais. A rigor, é de se dizer que em outros países a centralização das compras governamentais já está bem mais avançada do que no Brasil.

A razão para a centralização é, primeiramente, o fato de a concentração das contratações de diversos órgãos e entidades em um único procedimento tender a reduzir o valor da compra em razão da elevada escala; segundo, porque a criação de um órgão ou entidade especializado na realização de procedimentos de contratação pública ocasiona a formação de um corpo técnico altamente qualificado na matéria.[1]

A Lei nº 14.133/2021 segue essa tendência, pois prevê, no art. 181 em comento, o dever dos entes federativos de instituir centrais de compras. Além disso, no seu art. 19, inciso I, determina aos órgãos com competência regulamentar o dever de "instituir instrumentos que permitam, preferencialmente, a centralização dos procedimentos de aquisição e contratação de bens e serviços".

A despeito disso, a NLLCA não trouxe em seu texto institutos que instrumentalizem suficientemente as centrais de compras, o que pode ocasionar uma atuação limitada dessas entidades. Para se ter uma ideia, a título de exemplo, mencionamos o Código de Contratos Públicos (CCP) português, art. 261.[2] Tal dispositivo autoriza claramente

[1] No Direito europeu, a centralização das compras governamentais é incentivada pela Diretiva nº 2014/24/UE, que em seu *Considerando nº 69* aponta quais as vantagens dessa postura centralizadora: "Dado o grande volume de compras, estas técnicas poderão contribuir para aumentar a concorrência e contribuir para profissionalizar as aquisições públicas".

[2] Esse dispositivo é muito bem sintetizado por Pedro Fernández Sánchez, que diz:

que a central de compras atue diretamente no mercado, sendo a contratante de bens e serviços, situação em que os destinatários finais do objeto contratado adquirem o bem ou o serviço diretamente da central.[3] Outro modo de atuação da central é a hipótese em que ela é mandatária do órgão ou entidade a que se destina o objeto da licitação, motivo pelo qual a central, nessa hipótese, apenas realiza os atos materiais em nome da unidade administrativa beneficiária. Há ainda a possibilidade de a central fazer todo o procedimento de licitação, mas a contratação ficar a cargo de cada um dos órgãos ou entidades a que se destina o objeto. Por último, a central pode ser chamada a dar assistência técnica à unidade administrativa para realização de um certame.[4]

A NLLCA, entretanto, não é clara em relação a esses arranjos institucionais a serem firmados entre a unidade demandante do objeto da contratação e a central de compras.

No regime da Lei nº 14.133/2021, a principal ferramenta de operacionalização da centralização de procedimentos adjudicatórios é o Sistema de Registro de Preços (SRP) dos arts. 82 a 86. A Nova Lei de Licitações incorporou a figura do compartilhamento de licitação no SRP quando previu a figura do órgão ou entidade participante, aquele que "participa dos procedimentos iniciais da contratação para registro de preços e integra a ata de registro de preços" (art. 6º, XLVIII). Notemos que esse órgão ou entidade pode usar a ata para fazer suas contratações, mas ele não é o responsável pela condução da licitação que resulta na ata. Essa missão é do órgão ou da entidade gerenciadora (art. 6º, XLVII).

Outra figura que teria um forte potencial para a centralização é a pré-qualificação do art. 80 da NLLCA. Esse procedimento auxiliar se assemelha ao Sistema de Aquisição Dinâmico (SAD) do Direito europeu (art. 34 da Diretiva nº 2014/24/UE).[5] O SAD é um forte instrumento das centrais de compras, porque por meio dele elas pré-selecionam os interessados em participar das disputas futuras relativas a "bens ou serviços de uso corrente" (art. 34, nº 1, da Diretiva nº 2014/24/UE). Diante de uma demanda específica de um órgão ou entidade consumidor(a) dos serviços da central, esta apenas publica

---

"1. O nº 1 do art. 261 do CCP enumera as distintas modalidades de actuação das centrais de compras:
i) Elas podem adquirir no mercado através de um mandato que lhe é cometido pelas entidades beneficiárias;
ii) Podem adquirir prestações diretamente no mercado, distribuindo-as às entidades beneficiárias, constituindo um *agrupamento de encomendas;*
iii) Podem celebrar acordos-quadro – aqui qualificados como contratos públicos de aprovisionamento –, de acordo com as regras acima estudadas e constantes dos artigos 251 e seguintes do CCP;
iv) Podem instituir sistemas de aquisição dinâmicos, de acordo com as regras a estudar seguidamente e constantes dos artigos 237 e seguintes;
v) Podem instituir catálogos eletrónicos, nos termos do disposto no art. 62-A;
vi) Podem, finalmente, prestar às entidades adjudicantes serviços de actividades auxiliares de apoio às actividades aquisitivas". (SÁNCHEZ, Pedro Fernández. *Direito da Contratação Pública*. Lisboa: AAFDL, 2020. v. II, p. 808).

[3] Com o intuito de instrumentalizar essa operação, o art. 5º, nº 4, alínea *g*, do Código de Contratos Públicos de Portugal, prevê que a demanda do destinatário final do objeto da contratação perante a central é uma hipótese de contratação direta.

[4] A título de exemplo, *vide* art. 37 da Diretiva europeia nº 2014/24/UE.

[5] Diz o nº 1º do art. 34 da Diretiva nº 2014/24/UE: "Para a compra de bens ou serviços de uso corrente geralmente disponíveis no mercado e cujas características satisfaçam as exigências das autoridades adjudicantes, estas podem utilizar um sistema de aquisição dinâmico. O sistema de aquisição dinâmico deve funcionar como um processo inteiramente eletrônico e estar aberto, durante o período de vigência do sistema de aquisição, a qualquer operador económico que satisfaça os critérios de seleção. Pode ser dividido em categorias de produtos, obras ou serviços objetivamente definidas com base em características do concurso a lançar na categoria em causa. Essas características podem incluir uma referência à dimensão máxima autorizada dos contratos específicos a adjudicar ou a uma área geográfica específica na qual os contratos específicos a adjudicar serão executados".

o edital para que as empresas previamente selecionadas apresentem suas propostas. Essa é a mesma lógica da pré-qualificação, que pode ser utilizada pela central para selecionar previamente os fornecedores de bens e os prestadores dos serviços comumente demandados pelos vários órgãos e entidades que utilizam seus serviços.

Todavia, as possibilidades do registro de preços e da pré-qualificação ainda são poucas, diante do grande potencial de uma central. É preciso avançar nessas ferramentas para que a centralização de compras governamentais no Brasil venha a ter resultados expressivos.

181.1 A constituição de consórcios públicos para a instalação de centrais de compras (Parágrafo único do art. 181)

O *caput* do art. 181 coloca a instituição de centrais de compras na responsabilidade dos entes da federação. O parágrafo único desse mesmo artigo reconhece a dificuldade de municípios de pequeno porte, especificamente aqueles com até 10.000 (dez mil) habitantes, de instaurar sozinhos a centralização das contratações públicas.

Por isso, o parágrafo em comento estabelece que esses entes da federação devem preferir instalar as respectivas centrais por meio da junção de esforços com outros entes da federação, constituindo consórcios púbicos nos termos da Lei nº 11.107/2005.

Em nossa avaliação, o parágrafo único do art. 181 fere a Constituição, por restringir de forma indevida a autonomia federativa dos municípios com até 10.000 (dez mil) habitantes. Lei federal não pode determinar a maneira como esses entes da federação se organizarão para a consecução de suas atividades. Não resta dúvida que o dispositivo em foco extrapola os limites do inciso XXVII do art. 22 da Constituição, ultrapassando as fronteiras das "normas gerais de licitação e contratação".

Não resta dúvida, no entanto, que a constituição de consórcio é uma excelente ferramenta para os municípios de menor porte. A rigor, trata-se de instrumento valioso para todos os entes federados.[6] A ideia de centralização de compras tem em sua base o substrato da união de esforços, que encontra na constituição de consórcios uma excelente alternativa, sem prejuízo de outras opções previstas em lei.

---

[6] Para se ter uma ideia, o nº 2 do art. 39 da Diretiva europeia nº 2014/24/UE autoriza que um órgão ou entidade de um Estado-Membro da União Europeia se valha de uma central de compras de outro Estado-Membro da União.

Art. 182. O Poder Executivo federal atualizará, a cada dia 1º de janeiro, pelo Índice Nacional de Preços ao Consumidor Amplo Especial (IPCA-E) ou por índice que venha a substituí-lo, os valores fixados por esta Lei, os quais serão divulgados no PNCP.

RAFAEL SÉRGIO LIMA DE OLIVEIRA

182 A atualização dos valores previstos na Lei nº 14.133/2021

As disposições da NLLCA contam com valores que balizam a aplicação de algumas de suas regras. A atualização desses valores é de fundamental importância para que se preserve essas referências.

Em linhas gerais, a Lei nº 14.133/2021 exige um procedimento mais rígido para contratações de maior importância. Se os montantes previstos no diploma não forem devidamente atualizados, os valores reais serão desconsiderados e procedimentos mais rigorosos serão aplicados a casos que não representam mais a mesma importância daquela que tinham no momento da publicação da Lei. Por isso, a desatualização dos valores previstos na Nova Lei de Licitações tende a burocratizar as contratações públicas, fazendo com que a flexibilidade trazida na norma perca espaço.

Preocupado com a preservação das balizas pecuniárias trazidas na Lei nº 14.133/2021, o Legislador impôs ao Poder Executivo federal a missão de atualizar os valores da NLLCA, indicando desde já qual critério a ser utilizado para tanto.

Vale lembrar que o art. 120 da Lei nº 8.666/1993 continha regra com o mesmo objetivo de manutenção das referências de preço, porém, este último dispositivo foi praticamente negligenciado pelo Executivo federal ao longo da vigência da Lei nº 8.666/1993. De fato, isso era possível porque o art. 120 mencionado dizia que os "valores fixados por esta Lei *poderão* ser anualmente revistos pelo Poder Executivo Federal" (grifo nosso). Ou seja, não havia aí a imposição de um dever legal, mas sim a atribuição de uma faculdade.

O art. 182 da Lei nº 14.133/2021 não segue esse mesmo caminho. O texto da Nova Lei impõe ao Executivo federal o dever de anualmente atualizar os valores de referência contidos em seu texto. Mais do que isso, o novo diploma ainda estabelece a data a partir da qual deve ocorrer a atualização e qual o índice a ser aplicado. Com isso, todos os anos, o Executivo federal deverá aplicar o Índice Nacional de Preços ao Consumidor Amplo Especial – IPCA-E (ou o que vier a substituí-lo) a todos os valores previstos na NLLCA. O índice a ser aplicado é o referente ao período de 1º de janeiro a 31 de dezembro do ano que se finda, a fim de que tal atualização seja considerada a partir de 1º de janeiro do ano que se inicia. Renovados os valores por ato do Executivo federal, deverão todos eles ser publicados no PNCP.

Cabe dizer que a atualização feita pelo Executivo federal conta com abrangência de nível nacional. Não é dado a cada ente da federação fazer a respectiva atualização.[1] Fato é que o Legislador nacional prevê a renovação desses valores com o intuito de conservação do sentido da norma. Se cada ente da federação pudesse fazer essa atualização baseado em seus critérios, não estaria preservado o sentido da norma no seu nascedouro. Ademais, essas balizas pecuniárias do sistema de contratação pública têm relevância nacional, motivo pelo qual devem tais quantias ser preservadas por ato de autoridade Federal.[2]

O Executivo federal tem atualizado os valores previstos na Lei nº 14.133/2021. O Decreto nº 10.922, de 30 de dezembro de 2021, atualizou os valores para 2022 e o Decreto nº 11.317, de 29 de dezembro de 2022, atualizou os valores para 2023.

[1] É fato que, nos termos do art. 182 em comento, isso não faria muita diferença, pois há um dever legal de atualizar com base no IPCA-E referente a um mesmo período, implicando valores idênticos, ainda que fixados por autoridades diferentes.

[2] Essa discussão surgiu no Direito pátrio quando da publicação do Decreto nº 9.412/2018, que atualizou os valores do art. 23 da Lei nº 8.666/1993. Na oportunidade, o Tribunal de Contas do Estado do Paraná (TCE-PR) decidiu da seguinte forma: "Tendo em vista que as normas gerais previstas na Lei de Licitações se aplicam aos Poderes da União, dos Estados, do Distrito Federal e dos Municípios, os limites financeiros das modalidades licitatórias ali previstos, devidamente atualizados por Decreto do Poder Executivo Federal, também devem ser aplicados aos Estados e Municípios, de modo direto, sem a necessidade de qualquer providência pelos Poderes Estaduais ou Municipais" (Acórdão nº 1.200/19 – Tribunal Pleno).

Art. 183. Os prazos previstos nesta Lei serão contados com exclusão do dia do começo e inclusão do dia do vencimento e observarão as seguintes disposições:

I – os prazos expressos em dias corridos serão computados de modo contínuo;

II – os prazos expressos em meses ou anos serão computados de data a data;

III – nos prazos expressos em dias úteis, serão computados somente os dias em que ocorrer expediente administrativo no órgão ou entidade competente.

§1º Salvo disposição em contrário, considera-se dia do começo do prazo:

I – o primeiro dia útil seguinte ao da disponibilização da informação na internet;

II – a data de juntada aos autos do aviso de recebimento, quando a notificação for pelos correios.

§2º Considera-se prorrogado o prazo até o primeiro dia útil seguinte se o vencimento cair em dia em que não houver expediente, se o expediente for encerrado antes da hora normal ou se houver indisponibilidade da comunicação eletrônica.

§3º Na hipótese do inciso II do caput deste artigo, se no mês do vencimento não houver o dia equivalente àquele do início do prazo, considera-se como termo o último dia do mês.

RAFAEL SÉRGIO LIMA DE OLIVEIRA

183 Da contagem dos prazos previstos na Nova Lei de Licitações

A contagem dos prazos previstos na NLLCA segue a regra de que se exclui o dia do começo e inclui o dia final (vencimento). O *dia do começo* é conceituado no §1º do artigo em comento. Esse dispositivo determina que se considera *dia do começo do prazo*: a) o primeiro dia útil seguinte ao da disponibilização da informação na internet; b) a data de juntada aos autos do aviso de recebimento, quando a notificação for pelos correios.

Já tivemos a oportunidade de falar que a NLLCA adota o princípio da *virtualização* do procedimento de contratação pública,[1] inclusive porque praticamente abandona a publicação por meio físico[2] e adota como meio de divulgação oficial o Portal Nacional

[1] Vide comentários aos arts. 17 e 54 desta obra.

[2] A exceção fica por conta do §1º do art. 54, que requer a publicação do extrato do edital em diário oficial e em jornal diário de grande circulação.

de Contratações Públicas, sítio eletrônico oficial de divulgação centralizada e obrigatória dos atos exigidos pela Lei nº 14.133/2021 (art. 174, I, da Lei nº 14.133/2021). Em nossa avaliação, esse é o meio oficial eleito pela Lei nº 14.133/2021 para divulgação dos atos necessários à sua execução. Desse modo, sempre que a Nova Lei de Licitações exige a divulgação em sítio eletrônico oficial, ela se refere à publicação no PNCP. A bem da verdade, enxergamos no inciso I do art. 174 a cláusula legal de eleição do PNCP como sítio eletrônico oficial de publicação obrigatória dos atos para os quais a NLLCA exige a divulgação.[3]

Ou seja, a regra da Nova Lei de Licitações é a divulgação oficial dos atos de execução dos procedimentos de contratação pública na internet. Com isso, o §1º, inciso I, do art. 183 em comento incorpora a mesma sistemática do §2º do art. 224 do Código de Processo Civil, diferenciando a data de "disponibilização da informação na internet" da data de publicação, sendo esta última considerada a de começo do prazo.

A disponibilização da informação na internet se dá com o carregamento (*upload*) do ato a ser divulgado no Portal Nacional de Contratações Públicas. Embora já disponível para o público, ainda não se considera o dia da disponibilização da informação como data de divulgação oficial, não sendo, por isso, tal data considerada o dia do começo.

A rigor, a Lei nº 14.133/2021 requer que a data da publicação seja o dia útil que se inicia com o ato já disponível no ambiente virtual legalmente escolhido para a divulgação (art. 174, I). Nessa linha, se o Agente Público responsável disponibiliza no sítio eletrônico oficial o ato a ser divulgado às 17 (dezessete) horas de uma quarta-feira, sendo a quinta-feira seguinte um dia útil, esta deve ser considerada o dia do começo. Como tal, a quinta-feira não será computada na contagem do prazo, pois o dia do começo é excluído do cômputo (*caput* do art. 183). O primeiro dia do prazo será a sexta-feira. Assim será porque o *caput* do art. 183 expressamente exclui o dia do começo da contagem. Sendo o dia do começo o dia útil seguinte ao da disponibilização da informação na internet, este não deve ser computado no espaço temporal legalmente estabelecido.

Os prazos previstos na NLLCA, em sua maioria, são estabelecidos em dias úteis, assim considerados os dias em que ocorrer expediente administrativo no órgão ou entidade competente (inciso III do art. 183).

Nos casos em que os prazos são expressos em dias corridos, os dias de final de semana e os feriados deverão ser computados, assim como aqueles em que não houver expediente no órgão, pois o inciso I do artigo em comento determina que esses prazos sejam "computados de modo contínuo". Entretanto, mesmo nessas hipóteses, o lapso não se vence "em dia em que não houver expediente, se o expediente for encerrado antes da hora normal ou se houver indisponibilidade da comunicação eletrônica" (art. 183, §2º). Em tais situações, o vencimento é automaticamente prorrogado para o primeiro dia útil seguinte (art. 183, §2º).

Os prazos firmados em meses ou anos contam-se de data a data, conforme determina o inciso II do *caput* do art. 183. Isso significa que o lapso legal de 6 (seis) meses para implantação do programa de integridade a que se refere o §4º do art. 25 da NLLCA, por exemplo, se iniciado em 10 de janeiro, vencerá em 10 de julho do mesmo ano. Se em uma dada situação o prazo se iniciar em data sem correspondência no mês de vencimento,

---

[3] Vide comentários ao art. 54, nesta obra.

o lapso se finda no último dia deste último mês (§3º do art. 183). Imaginemos que o mesmo intervalo temporal de 6 (seis) meses anteriormente citado se inicie em 30 de agosto, temos que o seu vencimento ocorrerá em 28 de fevereiro, já que este é o último dia do mês de vencimento.

Apesar de ter adotado o PNCP como meio oficial de publicação dos atos de execução da NLLCA, esse diploma ainda admite em alguns casos a notificação (ou intimação) por meio físico do interessado no ato praticado. Nesses casos, o início do prazo se dará com a juntada da comprovação da notificação ou da intimação nos autos, conforme determina o inciso II do §1º do art. 183. É fato que a parte final do referido inciso II se refere à notificação "pelos correios". Porém, esse mesmo modelo deve ser aplicado para qualquer espécie de notificação realizada por meio físico, como é o caso em que agente público do órgão ou entidade entrega ao preposto da empresa contratada uma notificação.

Atentemos para o fato de que a expressão "juntada aos autos" deve se aplicar a processos que tramitam em autos físicos e aos que são processados em autos eletrônicos. Nesta última situação, considera-se como data da juntada aquela em que ocorre o carregamento (*upload*) do comprovante da notificação ou da intimação na plataforma, com a vinculação ao respectivo processo.

Art. 184. Aplicam-se as disposições desta Lei, no que couber e na ausência de norma específica, aos convênios, acordos, ajustes e outros instrumentos congêneres celebrados por órgãos e entidades da Administração Pública, na forma estabelecida em regulamento do Poder Executivo federal.

RAFAEL SÉRGIO LIMA DE OLIVEIRA

184 Da aplicação da Lei nº 14.133/2021 a outras espécies de ajustes firmados pela Administração Pública

Diversas são as espécies de ajustes firmados pela Administração Pública. Poder-se-ia dizer que o contrato administrativo é o ajuste clássico, mas o Poder Público usa outras avenças para firmar parcerias entre si e com entidades da iniciativa privada.

Desses instrumentos de parceria, destacam-se os convênios, uma espécie de ajuste pelo qual o órgão ou entidade pública firma uma parceria com outra unidade da Administração Pública ou com um ente de direito privado para realização de uma ação de interesses comuns. Há em tal hipótese a união de esforços.

A Lei nº 14.133/2021 prevê que esses ajustes *congêneres* serão regrados por regulamento do Poder Executivo federal, consideradas, no que couber, as normas da NLLCA. Cabe aqui uma interpretação conforme a Constituição, pois não é dado ao Poder Executivo federal regulamentar os tais ajustes *congêneres* no âmbito dos estados, do Distrito Federal e dos municípios. Cada ente federado tem a garantia constitucional de fazer o seu próprio regulamento.

Art. 185. Aplicam-se às licitações e aos contratos regidos pela Lei nº 13.303, de 30 de junho de 2016, as disposições do Capítulo II-B do Título XI da Parte Especial do Decreto-Lei nº 2.848, de 7 de dezembro de 1940 (Código Penal).

RAFAEL SÉRGIO LIMA DE OLIVEIRA

185 Dos crimes em licitações e contratos administrativos no âmbito das empresas estatais

O art. 173, §1º, da Constituição prevê que as empresas públicas e as sociedades de economia mista, assim como suas subsidiárias, terão um estatuto jurídico próprio, fixado por lei. O inciso III do referido §1º estabelece que tal estatuto deve dispor acerca de licitação e contratação de obras, serviços, compras e alienações. O diploma que cumpre essa missão constitucional é a Lei nº 13.303/2016 – Lei das Estatais –, mencionada no artigo em comento.

A Lei das Estatais não dispõe acerca dos crimes em licitações e contratos administrativos das empresas públicas e sociedades de economia mista. O art. 41 da Lei nº 13.303/2016 prevê a aplicação dos crimes tipificados na Lei nº 8.666/1993 (arts. 89 a 99) no âmbito das estatais. Ocorre que os arts. 89 a 99 da Lei nº 8.666/1993 já foram imediatamente revogados pelo art. 193, inciso I, da Lei nº 14.133/2021, que levou a tipificação das condutas criminosas em matéria de licitação e contrato para o Código Penal, razão pela qual o art. 185 da NLLCA estende ao âmbito das empresas estatais as normas tipificadoras de condutas criminosas em matéria de licitação e contrato previstas no Capítulo II-B do Título XI da Parte Especial do Código Penal, conforme fixado pelo art. 178 da NLLCA.

Art. 186. Aplicam-se as disposições desta Lei subsidiariamente à Lei nº 8.987, de 13 de fevereiro de 1995, à Lei nº 11.079, de 30 de dezembro de 2004, e à Lei nº 12.232, de 29 de abril de 2010.

RAFAEL SÉRGIO LIMA DE OLIVEIRA

186 Da aplicação subsidiária da Nova Lei de Licitações a leis específicas de licitação e contratos

A Lei nº 14.133/2021 não trouxe para si a regulamentação de todos os institutos relativos à licitação e contratos utilizados pela Administração Pública brasileira. Há espécies de contratos que, dadas as suas especificidades, são regulados por diplomas legais apartados. Essas leis, geralmente, dedicam-se a regular situações específicas de tais licitações e contratos administrativos. Por isso, seria possível dizer que a Lei nº 14.133/2021 é a *Lei Geral* de Licitações e Contratos Administrativos nacional, de modo que as demais são aplicadas de forma conjugada com a lei geral.

O art. 186 em comento estabelece essa regra de aplicação integrada para os seguintes diplomas:

Lei nº 8.987/1995	Dispõe sobre o regime de concessão e permissão da prestação de serviços públicos previsto no art. 175 da Constituição Federal, e dá outras providências.
Lei nº 11.079/2004	Institui normas gerais para licitação e contratação de parceria público-privada no âmbito da Administração Pública.
Lei nº 12.232/2010	Dispõe sobre as normas gerais para licitação e contratação pela Administração Pública de serviços de publicidade prestados por intermédio de agências de propaganda e dá outras providências.

Fonte: Elaborado pelo Autor.

Essas leis prevalecerão diante dos institutos por elas regulados, mas caso silenciem em relação a algum ponto versado na NLLCA, esta última será aplicada ao caso de forma integrada com a lei específica mencionada no art. 186 em estudo.

Art. 187. Os Estados, o Distrito Federal e os Municípios poderão aplicar os regulamentos editados pela União para execução desta Lei.

RAFAEL SÉRGIO LIMA DE OLIVEIRA

187 Da aplicação dos regulamentos editados pela União aos demais entes da federação

O modelo de Estado federativo conta com a competência implícita de autoadministração de cada um dos entes da federação. Obviamente, tal autonomia administrativa se desenvolve nos termos previstos na Constituição.

Em matéria de licitação e contrato, a Constituição de 1988 atribuiu à União a competência para legislar sobre *normas gerais de licitação e contratação* (art. 22, XXVII). A competência da União foi exercida com a edição do diploma legal em comento, que em seu art. 1º diz que se trata de lei voltada a estabelecer normas gerais de licitação e contratação para as Administrações Públicas da União, dos estados, do Distrito Federal e dos municípios.

Fica para os demais entes federados a missão de estabelecer suas próprias regras específicas. Com sua competência de legislar, fixando normas de licitação e contratação que não conflitem com as normas gerais firmadas pela União, cada estado, município e o Distrito Federal tem competência para editar seus próprios regulamentos.

O que o art. 187 admite é que os entes estaduais, distritais e municipais tomem de empréstimo os regulamentos federais, aplicando-os aos seus processos de contratação pública. Tal postura é opcional e depende da edição de ato formal pela respectiva autoridade estadual, distrital ou municipal. Há aqui uma renúncia ao poder de regulamentar seus processos de licitação e contratos administrativos, conforme as especificidades regionais e locais, por isso exige-se um ato formal de adoção do normativo federal.

Atentamos que o art. 187 se refere a regulamentos cuja edição é de competência concorrente entre os entes da federação, pois há na NLLCA casos de regulamentos que são da competência privativa do Poder Executivo federal. É o caso daquele previsto no art. 182, que atribui ao Executivo federal a tarefa de atualizar anualmente os valores fixados na Lei nº 14.133/2021. Não é dado a cada ente da federação baixar um ato de atualização desses valores.[1]

[1] Vide comentários ao art. 182, nesta obra.

Art. 189. Aplica-se esta Lei às hipóteses previstas na legislação que façam referência expressa à Lei nº 8.666, de 21 de junho de 1993, à Lei nº 10.520, de 17 de julho de 2002, e aos arts. 1º a 47-A da Lei nº 12.462, de 4 de agosto de 2011.

RAFAEL SÉRGIO LIMA DE OLIVEIRA

189 Da recepção expressa da legislação correlata de licitação e contrato e dos regulamentos pelo novo regime de contratação pública nacional

A NLLCA passa a ser a referida pela legislação editada no regime tradicional e que fazia remissão às Leis nºs 8.666/1993, 10.520/2002 e 12.462/2011. Com isso, o intérprete dessa legislação correlata deverá entender que a referência a essas últimas leis é agora uma remissão à Lei nº 14.133/2021.

A Lei nº 13.303/2016 – Lei das Estatais –, por exemplo, menciona a "modalidade de licitação denominada *pregão*, instituída pela Lei nº 10.520, de 17 de julho de 2002" (art. 32, IV). Pelo art. 189 da Nova Lei de Licitações, o art. 32, inciso IV, da Lei das Estatais passa agora a fazer referência ao pregão instituído pela Lei nº 14.133/2021.

Vale dizer que o termo utilizado pelo dispositivo em comento é de ampla abrangência, pois se refere à "legislação", o que abarca as leis, ordinárias e complementares, e os regulamentos, de primeiro grau (decretos) e dos demais níveis (portarias, instruções normativas etc.). Com isso, a NLLCA expressamente recepciona os atos normativos infralegais baixados para regulamentar as leis referidas no art. 189.

Obviamente que esse fenômeno da recepção exige do intérprete da legislação um cotejamento de compatibilidade das regras antigas em relação às novas, de modo que só serão recepcionados pelo regime recém-inaugurado os comandos normativos contidos na legislação pré-existente que sejam compatíveis com a Lei nº 14.133/2021.

Não se desconhece os riscos da adoção da recepção dos regulamentos. É cediço que essa discussão acerca da adequação dos atos infralegais anteriores diante da NLLCA é passível de inúmeras controvérsias capazes de comprometer a segurança jurídica. Não resta dúvida que o ideal é a edição de novos atos regulamentares, concebidos já nos padrões da NLLCA. Porém, a ausência de regulamentos pode impossibilitar a utilização de ferramentas contratuais indispensáveis para a consecução de políticas públicas. Imaginemos que não se tenha um novo regulamento sobre o Sistema de Registro de Preços, previsto no art. 82 da Lei em comento. Ficaria a Administração impossibilitada de licitar para registrar preço? A bem da verdade, o fenômeno da recepção visa a evitar o vazio normativo, que tende a ser pior que o ambiente de controvérsia. Fato é que com o aproveitamento da regulamentação pré-existente, os institutos legais podem ser utilizados, embora com algum ruído. Sem a possibilidade de aproveitar esses atos

infralegais, a Administração cairia em um vazio normativo apto a paralisar a consecução de algumas políticas públicas.

Vale dizer que a Advocacia-Geral da União adotou o entendimento anteriormente esboçado,[1] entendendo, porém, que a recepção dos regulamentos relativos ao regime antigo pelo sistema da Nova Lei de Licitações só ocorrerá no momento em que as Leis nºs 8.666/1993, 10.520/2002 e 12.462/2011 forem revogadas, o que acontece em 1º de abril de 2023 (art. 191, inciso II, da Lei nº 14.133/2021).

[1] Parecer nº 2/2021/CNMLC/CG/AGU.

Art. 190. O contrato cujo instrumento tenha sido assinado antes da entrada em vigor desta Lei continuará a ser regido de acordo com as regras previstas na legislação revogada.

RAFAEL SÉRGIO LIMA DE OLIVEIRA

190 Da irretroatividade das regras de regência do contrato administrativo previstas na NLLCA

O art. 190 traz a irretroatividade das regras da NLLCA, deixando claro que tais normas não poderão retroagir para regular contratos assinados antes do início da sua vigência.

A Lei nº 14.133/2021 entrou em vigor na data de sua publicação (art. 194), isto é, em 1º de abril de 2021. Entretanto, como explanado nos comentários ao art. 191, há contratos administrativos que serão assinados após o início da sua vigência e que serão regidos pelas regras da Lei nº 8.666/1993. Lado outro, como diz a letra do art. 190 em comento, não será possível que contratos anteriores à NLLCA sejam regidos pelas regras desse *novel* diploma.

O fato é que a transição normativa do regime tradicional para o da NLLCA é fixada pelo art. 191, que tem como paradigma a incomunicabilidade entre os sistemas das Leis nºs 8.666/1993, 10.520/2002 e 12.462/2011 e o da Lei nº 14.133/2021. Com isso, o contrato resultante de licitação ou contratação direta realizada nos moldes do regime anterior é regulado por esse mesmo regime. Na situação dos contratos a que se refere o art. 190, aqueles firmados antes da vigência da Lei nº 14.133/2021, eles, obviamente, foram resultantes de licitações ou contratações diretas realizadas nos moldes do regime tradicional, razão pela qual não sofrem a incidência das regras da Nova Lei de Licitações.

Art. 191. Até o decurso do prazo de que trata o inciso II do caput do art. 193, a Administração poderá optar por licitar ou contratar diretamente de acordo com esta Lei ou de acordo com as leis citadas no referido inciso, desde que:

I – a publicação do edital ou do ato autorizativo da contratação direta ocorra até 29 de dezembro de 2023; e (Incluído pela Medida Provisória nº 1.167, de 2023)

II -a opção escolhida seja expressamente indicada no edital ou no ato autorizativo da contratação direta.

§1º Na hipótese do caput, se a Administração optar por licitar de acordo com as leis citadas no inciso II do caput do art. 193, o respectivo contrato será regido pelas regras nelas previstas durante toda a sua vigência.

§2º É vedada a aplicação combinada desta Lei com as citadas no inciso II do caput do art. 193.

RAFAEL SÉRGIO LIMA DE OLIVEIRA

191 Da transição do regime tradicional para o da Nova Lei de Licitações

A NLLCA foi promulgada e publicada sem previsão de uma *vacatio legis*. Isso porque o seu art. 194 diz que este diploma entra em vigor na data de sua publicação. Enxergamos aqui uma fórmula problemática para uma norma da magnitude da Lei nº 14.133/2021. Porém, é indene de dúvidas que o legislador pátrio fez a opção da vigência imediata, desafiando a si próprio em face do disposto no art. 8º da Lei Complementar nº 95/1998, que reserva o vigor instantâneo para leis de "pequena repercussão".

Diante disso, desde a sua redação original, o art. 191 da NLLCA trouxe um período de transição, prevendo um intervalo de convivência de 2 (dois) anos entre o novo regime e o sistema tradicional. Isto é, embora a Lei nº 14.133/2021 já estivesse em vigor desde a sua publicação, ocorrida em 1º de abril de 2021, continuava vigorando também os diplomas relativos ao que denominamos de regime tradicional, que são a Lei nº 8.666/1993, a Lei nº 10.520/2002 e a Lei nº 12.462/2011. Estas últimas só estariam revogadas em 2 de abril de 2023, data em que se encerraria os 2 (dois) anos a que se referia o inciso II do art. 193 da Nova Lei.

Acontece, porém, que a definição das regras de transição do regime tradicional para o da Lei nº 14.133/2021 foi um dos temas mais polêmicos até então acerca da Nova Lei de Licitações. Houve várias interpretações conflitantes em vários campos, desde a doutrina às instituições, que divergiram em diversos pontos acerca da regra que deveria orientar a transição. A polêmica se deu pelo fato de a redação original do art. 191 da Lei nº 14.133/2021 não deixar claro qual seria o ato a ser praticado que no procedimento do antigo regime que garantiria a ultratividade das Leis nº 8.666/193, 10.520/2002 e 12.462/2011. Em outras palavras, não constava na redação original do art. 191[1] em comento, qual seria o ato jurídico perfeito que, uma vez praticado, nos termos do art. 6º da Lei de Introdução às Normas do Direito Brasileiro, fixaria o regime tradicional como o adequado a reger o processo de contratação mesmo após a sua revogação. Aliado a tal indefinição, veio um movimento político de base municipalista que reivindicou junto ao Poder Executivo federal a prorrogação da vigência das leis do regime tradicional, pelo que foi editada a Medida Provisória nº 1.167, de 31 de março de 2023, diploma que dá ao art. 191 a redação ora comentada.

Nos termos do texto original do art. 191, no curso dos 2 (dois) anos iniciais de vigência da NLLCA, a Administração contratante teria a opção de licitar (procedimento competitivo) ou de contratar diretamente (procedimento não concorrencial), seguindo as regras do novel regime ou as do sistema tradicional, devendo o edital ou o instrumento contratual, na hipótese de inexigibilidade ou de dispensa, indicar qual o regramento eleito pelo gestor para a contratação. Com a nova redação do art. 191, esse prazo no qual o gestor público tem a opção de contratar com base em um sistema ou em outro foi estendido até 29 de dezembro de 2023, último dia útil deste ano, o que acresceu mais 9 (nove) meses de vida às leis do antigo sistema de licitação e contrato nacional.

Cabe aqui observar que a Lei nº 14.133/2021 não exige que um órgão ou entidade mude de uma só vez de um regime para outro. É possível, a depender da opção do Gestor, que um órgão ou entidade realize, durante esses 2 (dois) anos, contratações no regime novo e no antigo, concomitantemente. Isso significa dizer que a Administração não se vincula ao novo regime pelo fato de fazer uma licitação nele. É plenamente possível realizar uma licitação no regime da Lei nº 14.133/2021 e, depois, tornar a licitar de acordo com o sistema tradicional. A rigor, a Nova Lei traz (tanto na redação original como na atual), em seu art. 191, uma fase de experiência, oportunizando à Administração a experimentação do novo regime com vistas à superação da curva de aprendizagem a ser enfrentada pelos agentes públicos na implementação da Lei nº 14.133/2021.

A despeito dessa alternativa expressamente concedida ao gestor para a aplicação da Nova Lei, houve um caloroso debate acerca da implementação das condições necessárias para o uso imediato da Lei nº 14.133/2021. A discussão girou em torno, especificamente, da necessidade de regulamentação de alguns dispositivos e da implementação do Portal Nacional de Contratações Públicas, sítio eletrônico oficial criado pelo art. 174 da NLLCA.

Em relação ao primeiro ponto, entendemos que se trata de uma questão que só pode ser resolvida de forma tópica. Isto é, há pontos na Nova Lei que de fato carecem de uma regulamentação para terem a devida eficácia jurídica, porém, existem outros

[1] Redação original do art. 191:
Art. 191. Até o decurso do prazo de que trata o inciso II do *caput* do art. 193, a Administração poderá optar por licitar ou contratar diretamente de acordo com esta Lei ou de acordo com as leis citadas no referido inciso, e a opção escolhida deverá ser indicada expressamente no edital ou no aviso ou instrumento de contratação direta, vedada a aplicação combinada desta Lei com as citadas no referido inciso.
Parágrafo único. Na hipótese do *caput* deste artigo, se a Administração optar por licitar de acordo com as leis citadas no inciso II do *caput* do art. 193 desta Lei, o contrato respectivo será regido pelas regras nelas previstas durante toda a sua vigência.

institutos do novo regime que podem ter aplicação mesmo sem regulamentação. De um modo geral, seria até possível dizer que, salvo casos específicos, os dispositivos da Lei nº 14.133/2021 são dotados de densidade normativa hábil a uma aplicação sem regulamentação.

De toda forma, o art. 189 admite expressamente o fenômeno da recepção dos regulamentos editados para o regime tradicional pela Lei nº 14.133/2021.[2] Com isso, seria possível aplicar a NLLCA, valendo-se da regulamentação das leis antigas, desde que compatível com o regime recém-inaugurado. Ressalvamos que a Advocacia-Geral da União entendeu que o fenômeno da recepção dos regulamentos, no caso da Nova Lei de Licitações, só poderia ocorrer com a revogação das Leis nºs 8.666/1993, 10.520/2002 e 12.462/2011,[3] o que só acontece em 30 de dezembro de 2023 (art. 193, II, da NLLCA).

Em relação ao PNCP,[4] tal sítio eletrônico já foi implantado (pncp.gov.br). Embora ainda não esteja operando com todas as funcionalidades, já é possível utilizá-lo para o que a NLLCA considera essencial, que é a divulgação dos atos necessários para a execução deste diploma legal (art. 174, I), em especial a publicação dos editais de licitação (art. 54) e dos contratos administrativos (art. 94).

191.1 Da incomunicabilidade entre os regimes de contratação antigo e o da NLLCA (§2º do art. 191)

O art. 191 em foco inadmite que haja uma mescla entre os regimes de contratação tradicional e o da Lei nº 14.133/2021. A parte final do *caput* do dispositivo em comento é expressa na vedação da aplicação combinada da NLLCA e das Leis nºs 8.666/1993, 10.520/2002 e 12.462/2011. Uma vez que se opte pela contratação em um dos regimes, esse deve ser seguido em sua integralidade. Ou seja, não há a possibilidade de mesclar, aplicando à contratação no sistema antigo alguns dispositivos da Nova Lei ou o contrário.

191.2 Da congruência entre o regime de contratação e o de execução contratual (§1º do art. 191)

O §1º do art. 191 estabelece que o regime de execução contratual deve seguir a opção feita pela Administração em relação ao sistema de licitação ou de contratação direta, conforme dispõe o *caput* do mesmo artigo. Ou seja, na hipótese de uma licitação, o contrato será regulado pelo regime licitatório correspondente ao eleito. Se a Administração optar por licitar no novo regime, o contrato decorrente seguirá as regras da Lei nº 14.133/2021; se, por outro lado, a opção for pelo sistema tradicional, o contrato obedecerá, durante todo o seu período de vigência, às regras fixadas pela Lei nº 8.666/1993.

---

2 *Vide* comentários ao art. 189.

3 Parecer nº 2/2021/CNMLC/CGU/AGU.

4 O Parecer nº 2/2021/CNMLC/CGU/AGU entendeu que a regulamentação do PNCP era condição de eficácia para a aplicação da NLLCA. Já o TCU considerou que o PNCP não é condição de eficácia para a aplicação da Lei nº 14.133/2021, asseverando ser possível a utilização da dispensa prevista no art. 75 da NLLCA pelo próprio TCU, com a publicação dos atos exigidos pela Nova Lei no Diário Oficial da União (Acórdão nº 2.458/2021 – Plenário).

O parágrafo único em estudo estabelece que o regime de execução contratual guarde congruência com o da contratação, por licitação ou por inexigibilidade ou dispensa. Desse modo, a Administração não escolhe o regime do contrato, pois uma vez eleito o sistema sobre o qual se funda a contratação (direta ou por licitação) há automaticamente a vinculação às normas de execução contratual.

Importante dizer que tal situação fará com que as regras relativas aos contratos administrativos previstas na Lei nº 8.666/1993 se protraiam no tempo. Tais normas vigorarão para além de 30 de dezembro de 2023, se após essa data ainda vigerem contratos celebrados em decorrência de licitações ou contratações diretas calcadas no antigo regime de contratação pública.

191.3 Da data limite para contratações fundadas no regime tradicional

Um ponto que merecia definição na redação original do art. 191 da NLLCA é o relativo ao ato que encarna a concretização da opção pelo regime da licitação ou da contratação direta, para fins de verificação do limite temporal de aplicação do regime tradicional. Na qualidade de procedimento administrativo, a adjudicação de um contrato público, seja por licitação ou por contratação direta, envolve uma série de atos, que vão desde a abertura do procedimento até a adjudicação e a homologação. Com isso, na redação original do art. 191, questionou-se qual seria o ato a ser praticado até 1º de abril de 2023, para que se considerasse ainda aplicáveis as normas do regime de contratação tradicional.

Em nossa avaliação, esse limite era a divulgação do edital (art. 54), no caso da licitação, e a divulgação do ato que autoriza a contratação direta ou do contrato que dela decorre (Parágrafo Único do art. 72), nas hipóteses de dispensa e inexigibilidade. Essa foi, inclusive, a interpretação inicialmente adotada pela Secretaria de Gestão do então Ministério da Economia, conforme o Comunicado SEGES nº 10/2022. Porém, a Advocacia-Geral da União – AGU, por meio do Parecer nº 06/2022, da Câmara Nacional de Licitações e Contratos Administrativos, entendeu que a opção pelo regime se dava com o ato da autoridade competente que, ainda na fase interna da licitação ou na instrução do processo de contratação direta, indicasse qual era o sistema legal que orientaria a contratação. Essa interpretação da AGU veio a ser acatada posteriormente pela SEGES (Portaria nº 720/2023) e por diversos órgãos estaduais e municipais, assim como pelo Tribunal de Contas da União (Acórdão nº 507/2023). Porém, a Medida Provisória nº 1.167/2023 deu nova redação ao art. 191 em comento e fixou que o ato jurídico perfeito apto a garantir a ultratividade das Leis nºs 8.666/1993, 10.520/2002 e 12.462/2011, é a publicação do edital ou do ato autorizativo da contratação direta, que deve ocorrer até o dia 29 de dezembro de 2023.

Desse modo, no caso de uma licitação, se o edital do certame for publicado no PNCP[5] até 29 de dezembro de 2023, essa disputa poderá continuar a seguir as regras do regime tradicional e o decorrente contrato será guiado pelas normas da Lei nº 8.666/1993.

Entendemos que a redação atual é mais adequada, posto que a licitação é um procedimento de seleção pelo qual a Administração se compromete com atores externos ao

---

[5] O meio oficial e principal de divulgação do instrumento convocatório. Sobre o tema, *vide* comentários ao art. 54.

publicar o instrumento convocatório. Ou seja, durante a fase interna (etapa preparatória), há apenas uma preparação para a prática do ato pelo qual efetivamente se instaura a relação jurídica da licitação, o que ocorre com a convocação dos interessados em participar da disputa. Enquanto acontece a fase preparatória, não se pode dizer que está instalada a seleção, pois em tal momento há apenas efeitos *intramuros*.

O mesmo se diga no caso da publicação do ato que autoriza ou do contrato decorrente de tal autorização nas hipóteses de contratação direta.

Art. 192. O contrato relativo a imóvel do patrimônio da União ou de suas autarquias e fundações continuará regido pela legislação pertinente, aplicada esta Lei subsidiariamente.

RAFAEL SÉRGIO LIMA DE OLIVEIRA

192 Da regência dos contratos relativos a imóveis pertencentes a entes de direito público da Administração Pública federal

O patrimônio imobiliário das entidades públicas de direito público federais é regido por legislação própria, já que tal matéria é informada por uma série de peculiaridades. Com isso, os contratos relativos aos imóveis da União e os de suas autarquias e fundações são regidos por legislação própria,[1] aplicando-se a NLLCA apenas de forma subsidiária.[2]

1 Os imóveis da União são regidos por: Lei nº 13.240/2015, Lei nº 9.636/1998 e Decreto-Lei nº 9.760/1946.

2 Essa mesma fórmula de aplicação subsidiária já era prevista no regime da Lei nº 8.666/1993 (Parágrafo único do art. 121).

Art. 193. Revogam-se:

I – os arts. 89 a 108 da Lei nº 8.666, de 21 de junho de 1993, na data de publicação desta Lei;

II – em 30 de dezembro de 2023:

a) a Lei nº 8.666, de 1993;

b) a Lei nº 10.520, de 2002; e

c) os art. 1º a art. 47-A da Lei nº 12.462, de 2011.

RAFAEL SÉRGIO LIMA DE OLIVEIRA

193 Da revogação do antigo regime de contratação pública nacional

O art. 193 traz as regras acerca da revogação do antigo regime de contratação pública nacional.

O inciso I do dispositivo em comento revoga imediatamente as normas da Lei nº 8.666/1993, relativas aos crimes em matéria de licitação e contrato e as referentes ao processo e procedimento judicial. As regras relativas aos crimes de licitação e contratos administrativos passam a ser previstas no Código Penal, conforme determinação do art. 178 da Lei nº 14.133/2021.

O inciso II do art. 193 prevê que os dispositivos da Lei nº 8.666/1993 não mencionados no inciso I, assim como a Lei nº 10.520/2002 e os arts. 1º a 47 da Lei nº 12.462/2021 estarão revogados em 30 de dezembro de 2023.[1]

Vale dizer que a redação ora comentada foi incluída pela Medida Provisória nº 1.167/2023, que prolongou a vigência das leis mencionadas no inciso I do art. 193 em análise.

[1] *Vide* comentários ao art. 191, nesta obra.

Art. 194. Esta Lei entra em vigor na data de sua publicação.

RAFAEL SÉRGIO LIMA DE OLIVEIRA

194 Da vigência da Nova Lei de Licitações

O art. 194 não prevê *vacatio legis* para a NLLCA. Sua vigência é imediata. As questões relativas à aplicação da Lei nº 14.133/2021 são devidamente exploradas nos comentários ao art. 191.

Anderson Sant'Ana Pedra
Advogado e Consultor (Anderson Pedra Advogados). Procurador do Estado do Espírito Santo. Pós-doutor em Direito pela Universidade de Coimbra (UC). Doutor em Direito do Estado pela Pontifícia Universidade Católica de São Paulo (PUC-SP). Professor de Direito Constitucional e Administrativo da Faculdade de Direito de Vitória (FDV/ES). Membro Fundador do Instituto Nacional da Contratação Pública (INCP).

Cristiana Fortini
Professora da UFMG. Doutora em Direito Administrativo pela Universidade Federal de Minas Gerais (UFMG). Foi professora Visitante da Universidade de Pisa. Foi *Visiting Scholar* na George Washington. Presidente do Instituto Brasileiro de Direito Administrativo (IBDA).

Christianne de Carvalho Stroppa
Professora Doutora e Mestre pela PUC/SP. Professora de Direito Administrativo da Pontifícia Universidade Católica de São Paulo, Professora de cursos de Especialização no COGEAE/ PUCSP, na Faculdade Damásio de Jesus, na Faculdade CERS e na Faculdade Baiana de Direito. Ex-Assessora de Gabinete no Tribunal de Contas do Município de São Paulo. Ex-Procuradora na Universidade de São Paulo. Advogada especialista em Licitações e Contratos Administrativos. Membro associado do Instituto Brasileiro de Direito Administrativo IBDA, do Instituto de Direito Administrativo Paulista IDAP, do Instituto dos Advogados de São Paulo IASP e do Instituto Nacional de Contratação Pública - INCP. Autora de diversos artigos e palestrante na área da contratação pública.

Daniel Barral
Procurador Federal da Advocacia-Geral da União (AGU). Mestre em Direito Público pela Universidade Nova de Lisboa, Especialista em Direito Público pela Universidade Anhanguera-Uniderp e em Direito Empresarial pela Fundação Getúlio Vargas (FGV). É Membro do Instituto de Direito Administrativo Sancionador Brasileiro – IDASAN, do Instituto Nacional da Contratação Pública – INCP, Professor na área de licitações e contratos administrativos.

Felipe Boselli
Doutor em Direito pela Universidade Federal de Santa Catarina (UFSC). Sócio da Boselli Advogados Associados. Sócio da Boselli Licitações. Autor de diversos livros e artigos. Professor na área de contratações públicas em todo o País.

Hamilton Bonatto
Procurador do Estado do Paraná. Atua junto à Procuradoria Consultiva de Obras e Serviços de Engenharia da PGEPR. Graduado em Engenharia Civil. Licenciatura Plena em matemática. Especialista em Direito Constitucional, em Advocacia Pública, em Ética e educação e em Construção de Obras Públicas. Mestre em Planejamento e Governança.

Marcos Nóbrega
Doutor em Direito pela Universidade Federal de Pernambuco (UFPE). Professor da Faculdade de Direito do Recife (UFPE). Conselheiro Substituto do TCE-PE. *Visiting Scholar* na Harvard Law School e no MIT.

Mariana Magalhães Avelar
Mestre e Doutora em Direito e Administração Pública pela Universidade Federal de Minas Gerais (UFMG), onde atuou como professora voluntária. Pesquisadora visitante no Max Planck Institute for Comparative Public Law and International Law, em Heidelberg, e na Goethe Universität, em Frankfurt am Main. Especialista em Gestão e Finanças pela Fundação Dom Cabral (FDC). Professora da pós-graduação do MBA de Concessões da PUC MG e do MBA de Licitações e Contratos do IPOG, bem como de cursos in company voltados às estatais pelo Instituto de Pós-Graduação e Graduação (IPOG) e do MBA de Infraestrutura, Concessões e PPPs da PUC Minas.

Rafael Amorim de Amorim
Consultor Legislativo da Câmara dos Deputados, área VIII - Administração Pública e Direito Administrativo. Sócio de Holthe, Amorim e Lazari Advocacia. Mestre em Direito. Professor da Pós-Graduação do IBMEC/DF.

Rafael Sérgio Lima de Oliveira
Doutorando em Ciências Jurídico-Políticas pela Universidade de Lisboa. Mestre em Direito e Especialista em Direito Público. Participou do Programa de Intercâmbio Erasmus+, desenvolvendo pesquisa na área de Direito da Contratação Pública na Università degli Studi di Roma - Tor Vergata. É Procurador Federal da Advocacia-Geral da União (AGU) e Fundador do Portal L&C (licitacaoecontrato.com.br).

Tatiana Camarão
Mestre em Direito Administrativo pela UFMG. Diretora de Gestão e Relações Institucionais da empresa Meta 5. Diretora de Relações Institucionais do Instituto Mineiro de Direito Administrativo (IMDA). Membro do Instituto Nacional da Contratação Pública (INCP). Professora da Pós-Graduação PUC Minas. Coordenadora e Professora da LEC - *Legal Etichs Compliance*.

FSC
www.fsc.org
MISTO
Papel | Apoiando uma gestão florestal responsável
FSC® C092828

2023 CARBON NEUTRAL
SAVE cerrado

Esta obra foi composta em fonte Palatino Linotype, corpo 10
e impressa em papel Offset 75g (miolo) e Supremo 250g (capa)
pela Gráfica Formato, em Belo Horizonte/MG.